Beiträge zum ausländischen und internationalen Privatrecht

57

Herausgegeben vom

Max-Planck-Institut für ausländisches
und internationales Privatrecht

Europäisches Gemeinschaftsrecht und Internationales Privatrecht

von

Eckart Brödermann

und

Holger Iversen

J. C. B. Mohr (Paul Siebeck) Tübingen

Eckart *Brödermann*, geb. 1958, hat in Paris, Harvard und Hamburg studiert. Er ist in New York und Hamburg als Rechtsanwalt zugelassen.

Holger *Iversen*, geb. 1964, hat in Konstanz, Hamburg, Lausanne und Chicago studiert.
Er war von 1990 bis 1992 Mitarbeiter am Max-Planck-Institut (Hamburg) und ist in New York als Rechtsanwalt zugelassen.

Zitiervorschlag:
Brödermann in *Brödermann/Iversen*, Europäisches Gemeinschaftrecht und IPR, Rn. ...

Die Deutsche Bibliothek – CIP-Einheitsaufnahme

Europäisches Gemeinschaftsrecht und internationales Privatrecht / von Eckart Brödermann und Holger Iversen. –
Tübingen: Mohr, 1994
(Beiträge zum ausländischen und internationalen Privatrecht; 57)
ISBN 3-16-146319-6
NE: Brödermann, Eckart; Iversen, Holger; GT

Das Buch wurde von Gulde-Druck in Tübingen aus der Bembo gesetzt, auf alterungsbeständiges Werkdruckpapier der Papierfabrik Gebr. Buhl in Ettlingen gedruckt und von der Großbuchbinderei Heinr. Koch in Tübingen gebunden.

ISSN 0340-6709

Vorbemerkung

Das vorliegende Gemeinschaftswerk umfaßt zwei thematisch einander ergänzende Arbeiten zum Verhältnis zwischen dem Europäischen Gemeinschaftsrecht und dem Internationalen Privatrecht der EU-Mitgliedstaaten. Der Teil I „Europäisches Gemeinschaftsrecht als Quelle und Schranke des Internationalen Privatrechts" (Brödermann) wurde im Wintersemester 1992/93, der Teil II „EG-Richtlinien und Internationales Privatrecht" (Iversen) im Wintersemester 1993/94 von dem Fachbereich Rechtswissenschaft I der Universität Hamburg als Dissertation angenommen.

Unseren Doktorvätern, Prof. Dr. Gert Nicolaysen (Teil I) und Prof. Dr. Jan Kropholler (Teil II), die wechselseitig auch den anderen Teil als Zweitkorrektoren betreut haben, danken wir für ihre Hilfe und zahlreiche Anregungen. Ohne ihre konstruktive Kritik und Unterstützung wären die „fachübergreifenden" Arbeiten so nicht möglich gewesen. Insbesondere danken wir ihnen auch für ihr Vorwort. Weiterhin danken wir den Direktoren des Max-Planck-Instituts für ausländisches und internationales Privatrecht in Hamburg für die Aufnahme der Arbeiten in die „Beiträge zum ausländischen und internationalen Privatrecht" und für die großzüge Unterstützung bei den Druckkosten. Bei der Institutsbibliothek und ihren Mitarbeitern bedanken wir uns für die Mühe und Geduld bei der Beschaffung von Literatur, ohne die eine Vertiefung vieler – insbesondere rechtsvergleichender – Fragen nicht möglich gewesen wäre.

Teil I ist im wesentlichen während eines Promotionsstudiums von Eckart Brödermann im Anschluß an das Assessorexamen entstanden. Ohne die berufliche Tätigkeit seiner Frau und die ergänzende finanzielle Unterstützung durch die Fritz Carl Wilhelm Stiftung, Vaduz, wäre dies nicht möglich gewesen. Wissenschaftlich war die Atmosphäre im Max-Planck-Institut ausgesprochen förderlich. Insbesondere gilt der Dank für Anregungen zu dieser Arbeit Herrn Prof. Dr. Behrens, Frau Ellen Braun, Frau Dott. Fabiola Mascardi, Herrn Dr. Heinz Mansel, Herrn Dr. Dieter Martiny und Herrn Dr. Oliver Remien. Besonders herzlich möchte sich Eckart Brödermann aber bei seiner Frau Silke für viel Toleranz und technische Unterstützung bedanken.

Teil II ist während der Tätigkeit von Holger Iversen als wissenschaftlicher Mitarbeiter am Max-Planck-Institut für ausländisches und internationales Privatrecht in Hamburg entstanden. Die dortige wissenschaftliche Atmosphäre hat auch diese Arbeit sehr gefördert. Angeregt wurde das Thema dieser Arbeit von Herrn Dr. Dieter Martiny, der aber nicht nur bei der Konkretisierung des Themas behilflich war, sondern auch sonst ständig für konstruktive Gespräche zur Verfügung stand. Weiterhin haben Herr Dr. Hans-Ulrich Brunner, Herr

Dr. Johannes Conradi, Herr Dr. Hanno Merkt und Frau Kirsten von Rönn die Erstellung dieser Arbeit tatkräftig unterstützt. Besonders dankt Holger Iversen jedoch seiner Frau Dorothee und seinem Bruder Hayo, die immer da waren, wenn er sie brauchte. Die Veröffentlichung des Teil II wurde von der Mathews-Stiftung finanziell gefördert.

Die Manuskripte sind für die Drucklegung auf den Stand vom 1. Januar 1994 gebracht worden. Später erschienene Veröffentlichungen konnten nur in begrenztem Umfang berücksichtigt werden

Hamburg, im September 1994

Eckart Brödermann Holger Iversen

Vorwort

Die beiden Dissertationen, die in diesem Band vereinigt vorgelegt werden, sind getrennt entstanden, wenn auch nicht ohne die notwendigen Absprachen über die gegenseitige Abgrenzung. Die Themen passen nahtlos zueinander und sie fügen sich zu einer Einheit, die eine gemeinsame Veröffentlichung rechtfertigt und durch den gemeinsamen Buchtitel bezeichnet wird: Europäisches Gemeinschaftsrecht und IPR. Die Gemeinschaft wird äußerlich befestigt mit durchlaufenden Randnummern und einem zusammenfassenden Sachregister.

Der Buchtitel beschreibt zugleich das übergreifende Thema beider Arbeiten in der Zusammenführung zweier Rechtsgebiete: Europarecht und Internationales Privatrecht. Ihre Zusammengehörigkeit war nie zweifelhaft, sie wird indes hier definitiv zum Augenschein gebracht und in ihrer Tragweite verdeutlicht. Sie erweist ihre praktische Bedeutung am Ziel des Binnenmarktes: Er setzt einen reibungslosen Rechtsverkehr zwischen den verschiedenen Rechtsordnungen der Mitgliedstaaten voraus, und es ist eine Aufgabe auch des mitgliedstaatlichen IPR, diesem Ziel zu dienen.

Die beiden Dissertationen behandeln die unterschiedlichen Wirkungen zwischen Gemeinschaftsrecht und IPR. Gemeinschaftsrecht (Primärrecht, Verordnungen und Richterrecht) ist einerseits Quelle und Schranke des mitgliedstaatlich angewendeten IPR (Brödermann), andererseits verändert die Rechtsangleichung durch Richtlinien in den Mitgliedstaaten das Terrain für die Anwendung des nationalen IPR (Iversen). Die Bearbeitung der an diesen Schnittstellen gelegenen Themen erforderte profunde Kenntnisse im IPR und ebenso die zuverlässige Beherrschung des gemeinschaftsrechtlichen Instrumentariums und seiner Wirkungsweise. – Beide Rechtsgebiete waren auch bei der Betreuung und Begutachtung der Dissertationen gefordert. Sie erfolgte wechselweise aus der Perspektive des europarechtlich orientierten IPR (Kropholler) und aus der Sicht des (öffentlichrechtlich orientierten) Europarechts (Nicolaysen); für die Zweitvoten standen die Erstgutachter der jeweils anderen Arbeit zur Verfügung. Auch in dieser Hinsicht kann von guter Zusammenarbeit und nützlicher Ergänzung geprochen werden.

Als primärrechtliche Quelle des IPR steht im Mittelpunkt der Arbeit von Brödermann Art. 58 Abs. 1 EGV, in dem die Voraussetzungen für die Anwendbarkeit des Niederlassungsrechts auf Gesellschaften festgelegt werden; ein wesentliches Ziel ist, den Charakter dieser Vorschrift als IPR-Norm nachzuweisen. – In Verordnungen der EG findet sich gemeinschaftliches IPR in der VO über die Europäische Wirtschaftliche Interessenvereinigung (EWIV) sowie den Vorschlägen zur Europa-AG und weiteren Vereinigungen auf europäischer Ebene;

diese bislang wenig beachteten IPR-Normen werden aufgespürt und ihre Strukturmerkmale und Funktionen herausgearbeitet. Schließlich werden für einzelne Bereiche des deutschen IPR (wie die Regelung der Geschäftsfähigkeit in Art. 7 EGBGB oder des Deliktsrechts in Art. 38 EGBGB) und für verschiedene Figuren des Allgemeinen Teils des IPR (wie Qualifikation, Renvoi und ordre public) die Schranken aufgezeigt, die das Gemeinschaftsrecht durch das Konformitätsgebot setzen kann.

Die Bedeutung von Richtlinien für das nationale IPR wird von Iversen für zwei verschiedene Konstellationen untersucht: Erstens, welche Auswirkungen haben umgesetzte materiellrechtliche Richtlinien auf das IPR? Diese Frage wird am Beispiel der Produkthaftungsrichtlinie erörtert. Besonderheiten ergeben sich etwa für das Offenlassen der Rechtswahl, die Grenzen der Parteiautonomie, den Ausschluß des Renvoi, die Sonderanknüpfung zwingenden Rechts und das Eingreifen des ordre public. Zweitens, wie wirkt sich eine im Ausland nicht umgesetzte Richtlinie auf die Lösung entsprechender Auslandsfälle aus? Diese Problematik wird anhand des Beispiels der in Spanien nicht rechtzeitig umgesetzten Haustürwiderrufsrichtlinie und der in der Folge entstandenen sog. Gran-Canaria-Fälle behandelt, welche die deutschen Zivilgerichte stark beschäftigt haben. Iversen begründet für diese Fälle das Widerrufsrecht des deutschen Verbrauchers, nachdem er alle bekannten Begründungsversuche verworfen hat, mit dem Vorbehalt des ordre public, und zwar nicht etwa wegen des materiellen Inhalts der Richtlinie, sondern weil in der Anwendung richtlinienwidrigen fremden Rechts jedenfalls dann ein Verstoß gegen das Gebot der Gemeinschaftstreue (Art. 5 Abs. 2 EGV) und damit gegen einen wesentlichen Grundsatz des deutschen Rechts zu sehen sei, wenn die Richtlinie konkret genug sei, um als Ersatzrecht direkt angewendet zu werden. Hier wird die gemeinsame Überzeugung beider Verfasser, daß eine gemeinschaftsrechtliche Pflicht bestehe, das IPR als Mittel zur europäischen Integration einzusetzen, noch einmal besonders deutlich.

Diese Andeutungen zum wissenschaftlichen Ertrag der Dissertationen mögen genügen. Zusammengenommen bieten die beiden Arbeiten einen in dieser Breite und Dichte bislang einmaligen Überlick über die wachsende Bedeutung des Gemeinschaftsrechts für das IPR.

Jan Kropholler *Gert Nicolaysen*

Inhaltsübersicht

Teil I

(Eckart Brödermann)

Das Europäische Gemeinschaftsrecht als Quelle und Schranke des Internationalen Privatrechts (Primärrecht, Verordnungen, Richterrecht)

Teil II

(Holger Iversen)

EG-Richtlinien und Internationales Privatrecht

Inhaltverzeichnis

Teil II

(Holger Iversen)

EG-Richtlinien und Internationales Privatrecht

Abkürzungsverzeichnis[1]

a. A.	anderer Ansicht
a. a. O.	am angegebenen Ort
a. F.	alte Fassung
Abk.	Abkommen
ABl.	Amtsblatt der Europäischen Gemeinschaften
Abs.	Absatz
AcP	Archiv für die civilistische Praxis
a. E.	am Ende
AG	Amtsgericht
AGBG	Gesetz zur Regelung des Rechts der Allgemeinen Geschäftsbedingungen
AktG	Aktiengesetz
Aktiengesellschaft	Die Aktiengesellschaft
Alt.	Alternative
a. M.	am Main
Am.J.Comp.Law	The American Journal of Comparative Law
Anglo-Am.L.Rev.	The Anglo-American Law Review
Anh.	Anhang
Anm.	Anmerkung
Anm. d. Verf.	Anmerkung des Verfassers
AnwBl.	Anwaltsblatt
AöR	Archiv für öffentliches Recht
ArbGG	Arbeitsgerichtsgesetz
ArchVR	Archiv für das Völkerrecht
arg.	argumentum
Art.	Artikel, article(s), articolo
Artt.	Artikel (Plural)
AS	Amtliche Sammlung des Bundesrechts (Schweiz)
AT	Allgemeiner Teil
Aufl.	Auflage
AWD/RIW	Außenwirtschaftsdienst des Betriebsberaters/Recht der internationalen Wirtschaft

[1] Bis auf wenige Ausnahmen wurde bei der Abkürzung von Zeitschriften im Zweifel den Abkürzungsvorschlägen im Zeitschriftenverzeichnis des letzten veröffentlichten Gesamtregisters von *Rabels Zeitschrift für ausländisches und internationales Privatrecht* gefolgt (RabelsZ, hrsg. vom Max-Planck-Institut für ausländisches und internationales Privatrecht, Gesamtregister für Jahrgang 35 (1971) – 44 (1980) und Zeitschriftenverzeichnis sowie Kurze Hinweise für Autoren, Redaktion: Jürgen *Thieme*, Tübingen 1985, 185–282).

B.C.Int'l & Comp. L Rev	Boston College International and Comparative Law Review
BAG	Bundesarbeitsgericht
BAGE	Entscheidungen des Bundesarbeitsgerichts
BayObLG	Bayerisches Oberstes Landesgericht
BayObLGZ	Entscheidungen des Bayerischen Obersten Landesgerichts in Zivilsachen, Neue Folge
BayVBl.	Bayerisches Verwaltungsblatt
BB	Der Betriebs-Berater
Bd.	Band
Bearb.	Bearbeiter
BegrRegE	Begründung zum Regierungsentwurf
Beil.	Beilage
ber.	berichtigt
BerDGesVölkR	Berichte der Deutschen Gesellschaft für Völkerrecht
bespr.	besprochen
Bespr.	Besprechung
BFH	Bundesfinanzhof
BFHE	Sammlung der Entscheidungen und Gutachten des Bundesfinanzhofes
BGB	Bürgerliches Gesetzbuch
BGBl.	Bundes-Gesetzblatt
BGH	Bundesgerichtshof
BGHZ	Entscheidungen des Bundesgerichtshofes in Zivilsachen
BierStG	Biersteuergesetz
BörsG	Börsengesetz
Bol. Of. Estado	(Spanisches) Boletin Oficial des Estado
BR Deutschland	Bundesrepublik Deutschland
BR-Drucks.	Bundesrats-Drucksache
BSG	Bundessozialgericht
BStBl.	Bundessteuerblatt
BT-Drucks.	Bundestags-Drucksache
Bull. EG	Bulletin der Europäischen Gemeinschaften
BVerfG	Bundesverfassungsgericht
BVerfGE	Entscheidungen des Bundesverfassungsgerichts
BVerwG	Bundesverwaltungsgericht
BVerwGE	Entscheidungen des Bundesverwaltungsgerichts
bzw.	beziehungsweise
c.	chapter
C.c.	Código civil
Cah. dr. eur.	Cahiers de droit européen
C. civ.	Code civil
CEE	Communauté Economique Européenne
CISG	United Nations Convention on Contracts for the International Sale of Goods (= Wiener Übereinkommen der Vereinten Nationen über den internationalen Warenkauf) vom 11. April 1980

Civ. Just. Q.	Civil Justice Quarterly
Clunet	Journal du droit international privé
C.M.L.Rep.	Common Market Law Reports
C.M.L.Rev	Common Market Law Review
Company Lawyer	The Company Lawyer
D.	Recueil Dalloz de doctrine, de jurisprudence et de législation
Dalloz (Jurisprudence Générale)	Jurisprudence Générale. Recueil périodique et critique de Jurisprudence, de Législation et de Doctrine en matière civile, commerciale, criminelle, administrative et de droit public
Dalloz (Bulletin législatif)	Le Bulletin Législativ Dalloz
DAR	Deutsches Autorecht
DB	Der Betrieb
DDR	Deutsche Demokratische Republik
dens.	denselben
ders.	derselbe
DI	Derecho internacional
dies.	dieselbe, dieselben
d. i. p.	diritto internazionale privato; droit international privé
Dir. communit. scambi int.	Diritto comunitario e degli sambi internationali
Dir. econ.	Il diritto dell'èconomia
Diss.	Dissertation
DM	Deutsche Mark
DNotZ	Deutsche Notar-Zeitschrift
DÖV	Die öffentliche Verwaltung
Dok.	Dokument
Dott.	Dottore
D.R.	(Porgugiesisches) Diário da República
DRiG	Deutsches Richtergesetz
DSteuerR	Deutsches Steuerrecht
Duke L J	Duke Law Journal
DVBl.	Deutsches Verwaltungsblatt
DZWiR	Deutsche Zeitschrift für Wirtschaftsrecht
EA	Europa-Archiv
EAG	Europäische Atomgemeinschaft
EBE/BGH	Eildienst: Bundesgerichtliche Entscheidungen
ECU	European Currency Unit
éd.	édition
EEA	Einheitlich Europäische Akte vom 1. Juli 1987
EEC	European Economic Community
EFTA	European Free Trade Association (Europäische Freihandelsassoziation)
EG	Europäische Gemeinschaft
EGBGB	Einführungsgesetz zum Bürgerlichen Gesetzbuch
EGKS	Europäische Gemeinschaft für Kohle und Stahl

EGKSV	Vertrag über die Gründung der Europäischen Gemeinschaften für Kohle und Stahl
EG-Schuldvertrags-übereinkommen	siehe EVÜ
EGV	Vertrag über die Gründung einer Europäischen Gemeinschaft
EG-Vertrag	siehe EGV
EGVVG	Einführungsgesetz zum Gesetz über den Versicherungsvertrag
EheG	Ehegesetz
Einf.	Einführung
Einl.	Einleitung
endg	endgültig
ELR	European law review
EMRK	Europäische Menschenrechtskonvention
Erw.	Erwägung (in einem Urteil des EuGH)
EU	Europäische Union
EuG	Europäisches Gericht erster Instanz
EUGEN	Europäische Genossenschaft
EUGEN-Vorschlag 91	Vorschlag für eine Verordnung (EWG) des Rates über das Statut der Europäischen Genossenschaft (KOM(91) 273 endg. – SYN 388)
EUGGES	Europäischer Gegenseitigkeitsverein
EUGGES-Vorschlag	Vorschlag für eine Verordnung (EWG) des Rates über das Statut der Europäischen Gegenseitigkeitsgesellschaft (KOM (91) 273 endg. – SYN 391)
EuGH	Europäischer Gerichtshof
EuGRZ	Europäische Grundrechte-Zeitschrift
EuGVÜ	Europäisches Übereinkommen über die gerichtliche Zuständigkeit und die Vollstreckung gerichtlicher Entscheidungen in Zivil- und Handelssachen
EuIPRÜ	Europäisches Übereinkommen zum IPR; siehe EVÜ
EuR	Europarecht
EURATOM	Europäische Atomgemeinschaft
EURATOM–Vertrag	Vertrag zur Gründung der Europäischen Atomgemeinschaft vom 25. 3. 1957
Eur. Comp. L. Rev.	European Competition Law Review
EurGemR	Europäisches Gemeinschaftsrecht
Eur.L.Rev.	European Law Review
Europe	Europe, Revue mensuelle
EuSchVÜ	Europäisches Schuldvertragsrechtsübereinkommen; siehe EVÜ
EUV	Europäischer Verein
EU-Vertrag	Vertrag über die Europäische Union
EUV–Vorschlag 91	Vorschlag für eine Verordnung (EWG) des Rates über das Statut des Europäischen Vereins (KOM (91) 273 endg. – Syn 386)

EuZVR	Europäische Zeitschrift für Verbraucherrecht
EuZW	Europäische Zeitschrift für Wirtschaftsrecht
EVÜ	Europäisches Übereinkommen über das auf vertragliche Schuldverhältnisse anzuwendende Recht
EVÜ 1984	Übereinkommen über den Beitritt der Republik Griechenland zu dem am 19. Juni 1980 in Rom zur Unterzeichnung aufgelegten Übereinkommen über das auf vertragliche Schuldverhältnisse anzuwendende Recht
EWG	Europäische Wirtschaftsgemeinschaft (bis 31. 10. 1993, jetzt: EG)
EWGV	Vertrag zur Gründung der Europäischen Wirtschaftsgemeinschaft (bis 31. 10. 1993, jetzt: EGV)
EWG-Vertrag	siehe EWGV
EWiR	Entscheidungen zum Wirtschaftsrecht
EWR-Ausführungsgesetz	Gesetz zur Ausführung des Abkommens vom 2. Mai 1992 über den Europäischen Wirtschaftsraum
EWIV	Europäische wirtschaftliche Interessenvereinigung
EWIV-Verordnung	Verordnung (EWG) Nr. 2137/85 des Rates vom 25. Juli 1985 über die Schaffung einer Europäischen wirtschaftlichen Interessenvereinigung
EWR-Vertrag	Abkommen über den Europäischen Wirtschaftsraum vom 2. Mai 1992
EWS	Europäisches Wirtschafts- und Steuerrecht
f.	folgende
Fasc.	Fascicule
FernUSG	Gesetz zum Schutz der Teilnehmer am Fernunterricht
fevr.	février
ff.	folgende (Plural)
Fn.	Fußnote; Fußnoten
FR	Finanz-Rundschau
FS	Festschrift
G	Générale
GemR	Gemeinschaftsrecht
GeschOBT	Geschäftsordnung des Bundestages
GG	Grundgesetz für die Bundesrepublik Deutschland
GmbH	Gesellschaft mit beschränkter Haftung
GmbH-Rdsch.	GmbH-Rundschau
GRUR	Gewerblicher Rechtsschutz und Urheberrecht
GRUR Int.	Gewerblicher Rechtsschutz und Urheberrecht, Internationaler Teil
GS	Gedächtnisschrift
G.U.C.E.	Gazetta Ufficiale delle Communità Europee
h.M.	herrschende Meinung
Halbj.	Halbjahr
Harv. Int.L.J.	Harvard International Law Journal

Harv. L. R.	Harvard Law Review
HausTW-Richtlinie	Richtlinie des Rates vom 20. 12. 1985 betreffend den Verbraucherschutz im Falle von außerhalb von Geschäftsräumen geschlossenen Verträgen (Anhang II)
HausTWG	Gesetz über den Widerruf von Haustürgeschäften und ähnlichen Geschäften
Hdb. EG-WirtschafsR	Handbuch des EG-Wirtschaftsrechts
HGB	Handelsgesetzbuch
HGBaF	Handelsgesetzbuch alte Fassung
Hon.	Honorable
Hrsg., hrsg.	Herausgeber, herausgegeben
I. C. J. Reports	International Court of Justice Reports
ICLQ	International and Comparative Law Quarterly
i. e.	id est
IGH	Internationaler Gerichtshof
insbes.	insbesondere
Int.	International
Int. Comp. & Com. L. Rev.	International Company and Commercial Law Review
Int. Comp. L. Q.	International and Comparative Law Quarterly
integration	integration, Vierteljahreszeitschrift des Instituts für Europäische Politik in Zusammenarbeit mit dem Arbeitskreis Europäische Integration
IntGesR	Internationales Gesellschaftsrecht
IPG	Gutachten zum internationalen und ausländischen Privatrecht
IPR	Internationales Privatrecht
IPRax	Praxis des Internationalen Privat- und Verfahrensrechts
IPR-VertragsÜ	siehe: EVÜ
IPRspr.	Die deutsche Rechtsprechung auf dem Gebiete des Internationalen Privatrechts
i. S.	im Sinne (von)
i. V. m.	in Verbindung mit
IWB	Internationale Wirtschaftsbriefe
i. w. S.	im weiteren Sinne
IZPR	Internationales Zivilprozeßrecht
JahrbJZ	Jahrbuch Junger Zivilrechtswissenschaftler
J. Air L.	Journal of Air Law and Commerce
jan	janvier
JBL	Journal of Business Law
JBl.	Juristische Blätter (Österreich)
J. C. M. Stud.	Journal of Common Market Studies
J. C. P.	Jurisclasseur Périodique (= La Semaine Juridique)
J. off. CE	Journal officiel des Communautés européennes
JöR	Jahrbuch des öffentlichen Rechts der Gegenwart
JuS	Juristische Schulung

JW	Juristische Wochenschrift
JZ	Juristenzeitung
Kap.	Kapitel
KStG	Körperschaftsteuergesetz
Leg.Iss.Eur.Integr.	Legal Issues of European Integration
LG	Landgericht
LGDCU	Ley General para la Defensa de los Consumidores y Usuarios
lit.	litera, literae
Lloyd's Marit. Com.L.Q.	Lloyd's Maritime and Commercial Law Quarterly
Lovtidende A	Lovtidende for Kongeriget Danmark, Afdeling A
L.Q.Rev.	The Law Quarterly Review
Ltd.	Limited
MDR	Monatsschrift für Deutsches Recht
Mich.J.Int.Law	Michigan Journal of International Law
Mich.L.Rev.	Michigan Law Review
Mio.	Millionen
MittRhNotK	Mitteilungen der Rheinischen Notarkammer
MPI	Max-Planck-Institut für ausländisches und internationales Privatrecht
mr.	magister
MünchKomm	Münchener Kommentar zum Bürgerlichen Gesetzbuch
Nederlands Staatsblad	Staatsblad van het Koninkrijk der Nederlanden
n. F.	neue Fassung
NJW	Neue Juristische Wochenschrift
NJW-RR	Neue Juristische Wochenschrift-Rechtsprechungs-Report
No.	numeró
Nr.	Nummer
NVwZ	Zeitschrift für Verwaltungsrecht
Off.J.EC	Official Journal of the Europen Communities
OHG	Offene Handelsgesellschaft
OLG	Oberlandesgericht
op	ordre public
ÖRWirt.	Österreichisches Recht der Wirtschaft
p.a.	per annum
Pas.belg.	Pasicrisie Belge, Recueil général de la jurisprudence des cours et tribunaux de Belgique en matiére civile, commerciale, criminelle, de droit public et administratif

Pas. lux.	Pasicrisie Luxembourgeoise, Recueil trimestriel de la jurisprudence luxembourgeoise
PHI	Produkthaftpflicht International
PLC	Private limited company
pp.	perge perge (fahre fort; und so weiter)
ProdHaft-Richtlinie	Richtlinie des Rates vom 25.7.85 zur Angleichung der Rechts- und Verwaltungsvorschriften der Mitgliedstaaten über die Haftung für fehlerhafte Produkte (Anhang I)
ProdHaftG	Gesetz über die Haftung für fehlerhafte Produkte (Produkthaftungsgesetz), BGBl. 1989 I, 2198
RabelsZ	Rabels Zeitschrift für ausländisches und internationales Privatrecht
RDI	Revista di Diretto Internationale
Rec.	Recueil de la jurisprudence de la Cour (ab 1990; et du Tribunal de première instance)
Rec. des Cours	Recueil des Cours de l'Académie de Droit International de La Haye
rechtswiss.	rechtswissenschaftliche
Rep.	Reports of Cases before the Court (seit 1990: Reports of Cases before the Court of Justice and the Court of First Instance)
Rev.crit.dr.internat. privé	Revue critique de droit international privé
Rev.der.Merc.(Madrid)	Revista de Derecho Mercantil (Madrid)
Rev.dr.int.comp.	Revue de droit international et de droit comparé
Rev. gén. ass.	Revue Générale des Assurances Terrestres
Rev. Gen. Der. (Valencia)	Revista General de Derecho (hrsg. in Valencia)
Rev. Instituc. Eur.	Revista de Instituciones Europeas
Rev. int. dr. comp.	Revue international de droit comparé
Rev.M.C.	Revue du Marché Commun
Rev.trim.com.éco.	Revue trimestrielle de droit commercial de droit économique
Rev.trim.dr.europ.	Revue trimestrielle de droit européen
RG	Reichsgericht
RGBl.	Reichsgesetzblatt
RGZ	Entscheidungen des Reichsgerichts in Zivilsachen
Riv.dir.int.priv.proc.	Rivista di diritto internazionale privato e processuale
Riv.dir.eur.	Rivista di diritto Europeo
Riv. socièta	Rivista della società
Riv.trim.proc.	Rivista trimestrale di diritto e procedura civile
RIW	Recht der Internationalen Wirtschaft/Außenwirtschaftsdienst des Betriebsberaters
Rn.	Randnummer, Randnummern
Rs.	Rechtssache
Rspr.	Rechtsprechung
RuStAG	Reichs- und Staatsangehörigkeitsgesetz

s.	siehe
S.	Seite
Schw.Jb.Int.R.	Schweizer Jahrbuch für internationales Recht
Schw.Z.int.eur.R.	Schweizerische Zeitschrift für internationales und europäisches Recht/Revue suisse de droit international et de droit européen
SE	Societas Europae
SE-Vorschlag 91	Geänderter Vorschlag für eine Verordnung (EWG) des Rates über das Statut der Europäischen Aktiengesellschaft (91/C 176/01) vom 16. Mai 1991, ABl. 1991 Nr. C 176/1
sec.	section
Slg.	Sammlung der Rechtsprechung des [Europäischen] Gerichtshofes (seit 1990: Sammlung der Rechtsprechung des Gerichtshofes und des Gerichts erster Instanz)
s. o.	siehe oben
sog.	sogenannt(e)
Staatsblad	Staatsblad van het Konkinkrijk der Nederlanden
St. Rspr.	Ständige Rechtsprechung
s. u.	siehe unten
Tätigkeitsbericht	Tätigkeiten des Gerichtshofes und des Gerichts Erster Instanz der Europäischen Gemeinschaften
TranspR	Transportrecht
u.a.	unter anderem
UN	United Nations (Vereinte Nationen)
Unterabs.	Unterabsatz
U.N.T.S.	United Nations Treaty Series
Urt.	Urteil
US	United States
USA	United States of America (Vereinigte Staaten von Amerika)
UWG	Gesetz gegen den unlauteren Wettbewerb
v.	vom, versus
VAG	Versicherungsaufsichtsgesetz
verb.	verbundene
VerfGH	Verfassungsgerichtshof
VersR	Versicherungsrecht
verst.	verstorben
VersWirt	Versicherungswirtschaft
vgl.	vergleiche
VO	Verordnung
Vol.	Volume
Vorbem.	Vorbemerkung
VuR	Verbraucher und Recht

WBl.	Wirtschaftsrechtliche Blätter (Österreich)
WiVerw.	Wirtschaft und Verwaltung (Vierteljahresbeilage zur Zeitschrift Gewerbearchiv)
W.L.R.	Weekly Law Reports
WM	Wertpapier-Mitteilungen
WRP	Wettbewerb in Recht und Praxis
WuW	Wirtschaft und Wettbewerb
ZaöRV	Zeitschrift für ausländisches öffentliches Recht und Völkerrecht
z. B.	zum Beispiel
ZBB	Zeitschrift für Bankrecht und Bankwirtschaft
ZERP-DP	Zentrum für Europäische Rechtspolitik an der Universität Bremen
ZEuP	Zeitschrift für Europäisches Privatrecht
ZfRV	Zeitschrift für Rechtsvergleichung (Österreich) (seit 1991: Zeitschrift für Rechtsvergleichung, internat. Privatrecht und Europarecht)
ZfSR	Zeitschrift für schweizer Recht
ZG	Zeitschrift für Gesetzgebung
ZgesVersWiss.	Zeitschrift für die gesamte Versicherungswissenschaft
ZGR	Zeitschrift für Unternehmens- und Gesellschaftsrecht
ZHR	Zeitschrift für das gesamte Handelsrecht und Wirtschaftsrecht
ZIAS	Zeitschrift für internationales Arbeits- und Sozialrecht
Ziff.	Ziffer
ZIP	Zeitschrift für Wirtschaftsrecht und Insolvenzpraxis
zit.	zitiert
ZPO	Zivilprozeßordnung
ZRP	Zeitschrift für Rechtspolitik
ZS	Zivilsenat
ZSR	Zeitschrift für Schweizerisches Recht
ZVglRWiss.	Zeitschrift für vergleichende Rechtswissenschaft
ZUntGesellschR	Zeitschrift für Unternehmens- und Gesellschaftsrecht
ZWirtR	Zeitschrift für Wirtschaftsrecht

Teil I

Europäisches Gemeinschaftsrecht als Quelle und Schranke des Internationalen Privatrechts (Primärrecht, Verordnungen, Richterrecht)

Unter besonderer Berücksichtigung des Internationalen Gesellschaftsrechts (Art. 58 EG-Vertrag)

von

Eckart Brödermann

Für Silke

Kapitel 1: Einführung in das Spannungsfeld zwischen Gemeinschaftsrecht und IPR

§ 1 Beziehungen zwischen dem Gemeinschaftsrecht und dem Internationalen Privatrecht

I. Rolle des IPR in einem zunehmend integrierten Europa

In einer Zeit zunehmender Bedeutung des Europäischen Gemeinschaftsrechts haben privatrechtliche Fälle mit Auslandsbezug häufig eine europäische Dimension. Soweit dem Gemeinschaftsrecht Lösungsvorgaben zu entnehmen sind, sind sie vorrangig vor den nationalen Rechtsquellen zu beachten; denn das Gemeinschaftsrecht geht nationalem Recht als eigene Rechtsordnung grundsätzlich vor[1]. 1

Allein mit Hilfe des Gemeinschaftsrechts sind grenzüberschreitende privatrechtliche Probleme allerdings in der Regel nicht zu lösen. Der EG-Vertrag[2] geht davon aus, daß das Gemeinschaftsrecht und die verschiedenen nationalen Rechtsordnungen der Mitgliedstaaten auf Dauer nebeneinander bestehen blei- 2

---

[1] EuGH 15. 7. 1964, Rs. 6/64 (*Costa/E.N.E.L.*), Slg. 1964, 1251, 1270 (Schlußantrag *Lagrange* 1281, 1284ff.); st. Rspr., vgl. nur EuGH 17. 12. 1970, Rs. 11/70 (*Internationale Handelsgesellschaft/Einfuhr- und Vorratsstelle für Getreide und Futtermittel*), Slg. 1970, 1125, 1135, Erw. 3; EuGH 9. 3. 1978, Rs. 106/77 (*Staatliche Finanzverwaltung/Simmenthal*), Slg. 1978, 629, 643–644 (Schlußantrag *Reischl*, S. 647, 653); EuGH 19. 6. 1990, Rs. C-213/89 (*The Queen/Factortame Ltd. u. a.*), Slg. 1990, I-2466, 2473 (insbesondere Erw. 18) – 2474; zuletzt konkludent bestätigt durch EuGH 19. 11. 1990, verb. Rs. C-6/90 und 9/90 (*Francovich und Bonifaci/Italienische Republik*), Erw. 31–32, u. a. abgedruckt in: EWS 1991, 392; NJW 1992, 165 (weitere Fundstellen und Literaturhinweise zu diesem Urteil unten in Rn. 81 Fn. 85).

[2] Vertrag zur Gründung der Europäischen Gemeinschaft vom 25. 3. 1957 (BGBl. II 766; berichtigt in BGBl. 1957 II 1678 und in BGBl. 1958 II 64); zuletzt geändert durch die *Einheitliche Europäische Akte (EEA)* vom 28. 2. 1986 (ABl. 1987 Nr. L 169 S. 1; BGBl. 1986 II 1104), die seit dem 1. 7. 1987 in Kraft ist (ABl. Nr. L 169 S. 29; BGBl. 1987 II 451); und durch den *Vertrag über die Europäische Union (EU-Vertrag)*, abgeschlossen am 7. Februar 1992 in *Maastricht* (Bulletin der Bundesregierung 1992, Nr. 16, S. 113 vom 12. 2. 1992; ABl. 1992 Nr. C 224/1, 2 und BGBl. 1993 II 1251), in Kraft seit dem 1. 11. 1993. Vgl. die Kommentierung des Vertrages durch *Durand*, in: Commentaire Mégret, 2. Aufl., Bd. 1, S. 357–445. *Weitere Änderungen* stehen aufgrund des im März 1994 beschlossenen Beitritts von Finnland, Östereich, Norwegen und Schweden bevor (vgl. den *Bericht des Generalsekretariats des Rates vom 9. 3. 1994* über die Ergebnisse der Verhandlungen über den Beitritt Österreichs, Schwedens, Finnlands und Norwegens zur Europäischen Union, erstellt unter der Verantwortung der Präsidentschaft des Rates in Zusammenarbeit mit den Dienststellen der Kommission, SN 1838/2/94 Rev 2, OR. EN, jhe/HL/lk).

ben sollen[3]. Dies belegt in besonders deutlicher Weise das durch den *Vertrag über die Europäische Union* (EU-Vertrag) nunmehr in Artikel 3 b Abs. 2 EG-Vertrag als allgemeines Grundprinzip[4] verankerte *Subsidiaritätsprinzip*. Danach soll die Gemeinschaft in den Bereichen, die nicht in ihre ausschließliche Zuständigkeit fallen, nur tätig werden, „sofern und soweit die Ziele der in Betracht gezogenen Maßnahmen auf [der][5] Ebene der Mitgliedstaaten nicht ausreichend erreicht werden können".[6] Darüberhinaus gebietet die Regelung in Artikel 3 b Abs. 3 des EG-Vertrages, durch die das Subsidiaritätsprinzip noch zementiert wird[7], daß die Maßnahmen der Gemeinschaft das für die Erreichung der Ziele des EG-Vertrages erforderliche Maß nicht überschreiten dürfen. Das Privatrecht bleibt den nationalen Rechtsordnungen unter diesen Umständen auch in Zukunft in großen Teilen vorbehalten[8].

3 Die auf das nationale Recht durchschlagende *Rechtsangleichung* findet nur statt, „soweit dies für das ordnungsgemäße Funktionieren des Gemeinsamen Marktes erforderlich ist" (Art. 3 Buchstabe h EG-Vertrag[9]). In den angeglichenen

---

[3] Vgl. *Rittner*, JZ 1990, 838, 842 unter 2.b.: Der EWG-Vertrag (jetzt: EG-Vertrag) habe die Unterschiede zwischen den einzelnen Privatrechtsordnungen bewußt in Kauf genommen.

[4] Ähnlich *Brüggemeier/Joerges(-Joerges)* in: Gemeinsames Privatrecht, S. 233, 285 (Rücksichtnahme auf die Autonomie der Mitgliedstaaten als ein *Rechtsprinzip* des Gemeinschaftsrecht).

[5] Ergänzung v. *Verf.* gegenüber dem Abdruck von Artikel 3 b EG-Vertrag im Bulletin und im Amtsblatt (a. a. O., Rn. 2 Fn. 2).

[6] Vgl. aus der Literatur zum Subsidiaritätsprinzip nur *Pipkorn*, EuZW 1992, 697 (mit einem bemerkenswerten Hinweis zur Enzykla Quadragesimo Anno von 1931: Gerechtigkeit durch Beachtung des Subsidiaritätsprinzips) und *Möschel*, NJW 1993, 3025–3028.

[7] In diesem Sinne auch die *Kommission* in: Bull. EG, Beilage 3/92, S. 14 Rn. 21–22; siehe auch *Durand*, in: Commentaire Mégret, 2. Aufl., Bd. 1, S. 357, 425–435.

[8] Durch Artikel 3 b EG-Vertrag und Artikel F Abs. 1 EU-Vertrag in weite Ferne gerückt ist die Schaffung eines *einheitlichen europäischen Gesetzbuches*; so jetzt auch *Mengoni*, S. 3.

Für eine europäische Kodifikation noch *Tilmann*, FS Oppenhoff, 495, 500ff.; *ders.*, Tagungsbericht, mit Hinweis auf die vom Europäischen Parlament angenommene Entschließung vom 26. Juni 1989 zur Vorbereitung eines Europäischen Gesetzbuches für das Privatrecht (Forderung 1 der Entschließung zu den Bemühungen um eine Angleichung des Privatrechts der Mitgliedstaaten, ABl. 1989 Nr. C 158 S. 400); ausführlich jetzt auch *ders.* in: *Gemeinsames Privatrecht*, S. 485, 486ff., 497ff. (*Tilmann* tritt für eine Kodifikation, deren Ansatzpunkte er im einzelnen erörtert, in den Jahren 2000–2010 ein; diese hält er trotz des Vertrages von Maastricht – vgl. S. 494 – für realistisch). Vgl. ferner den Tagungsbericht von *Kötz* über ein Kölner Symposium vom 27.6. 1991 zum Thema „Kodifikation des wirtschaftsnahen Zivilrechts": RabelsZ 56 (1992) 317–319, sowie *Drobnig*, FS Steindorff, 1141–1154 (rechtsvergleichend); *Lando*, RabelsZ 56 (1992) 261–273 sowie *Kötz* in: *Gemeinsames Privatrecht*, S. 95ff., insbesondere S. 104 und 108 (für die „Wiederbegründung eines gemeineuropäischen Zivilrechts"); *Lando* in: *Gemeinsames Privatrecht*, S. 473, 474f.; *Müller-Graff*, NJW 1993, 13, 23 und *Blaurock*, JZ 1994, 270, 276 („Die Schaffung eines europäischen Zivilrechts ist eine Aufgabe für die künftige Generation").

Kritisch gegenüber einem europäischen Zivilgesetzbuch *Ulmer*, JZ 1992, 1, 5 (unter III.2.: Eine umfassende Rechtsangleichung sei „wenig realistisch"); *Remien*, JZ 1992, 277, 280f. unter III.1; *Kohler*, IPRax 1992, 277, 278 unter II.; *Taschner* in: *Gemeinsames Privatrecht*, S. 155ff., insbesondere S. 161–163 und 165; siehe auch die Thesen 1 und 2 von *Götz*, JZ 1994, 265, 266–269.

[9] Vgl. aus der umfangreichen Literatur zur Rechtsangleichung nur beispielhaft: *Everling*, FS

Rechtsgebieten bleibt Raum für nationale Unterschiede[10]. Prominente Beispiele bieten das Recht der Produkthaftung[11] und das Recht der Verbraucherkreditverträge[12]. *Rechtsvereinheitlichung* privatrechtlicher Gebiete, die nationale Unterschiede vollends aufhebt, ist äußerst selten. Sie wird vom EG-Vertrag, wie die Regelungen zur Rechtsangleichung zeigen, nicht angestrebt[13]. Soweit sie stattfindet, ist sie partiell und kommt ohne Verweisungen auf nationales Recht nicht aus[14]. Auf Beispiele wird bei der Erörterung von IPR-Regelungen zurückzukommen sein, die in der Verordnung Nr. 2137/85 zur Schaffung der *Europäischen Wirtschaftlichen Interessenvereinigung*[15] und in mehreren Verordnungsentwürfen enthalten sind[16].

Sogar auf Rechtsangleichung wird in Folge des *Anerkennungsprinzips* in vielen 4
Bereichen bewußt verzichtet[17]: Nach diesem Prinzip sind die unterschiedlichen

---

Steindorff, 1155–1173 sowie *Müller-Graff*, FS Börner, 303 (mit einer umfangreichen Untersuchung zur „Erforderlichkeit" von Rechtsvereinheitlichung [S. 323ff., insbesondere S. 327–331], die zugleich kompetenzbegründend und kopetenzbeschränkend wirke: So die Folgerung auf S. 333).

[10] Vgl. Grabitz/*Langeheine*, Art. 100 Rn. 9 und *Kovar* in Constantinesco/Jacqué, Art. 100 Anm. 14 Abs. 2. Siehe auch die bereits durch die EEA (oben Rn. 2 Fn. 2) geschaffene Möglichkeit der Aufrechterhaltung abweichenden nationalen Rechts, ohne daß diese Möglichkeit in der EG-Richtlinie ausdrücklich vorbehalten ist: Artikel 100 a Abs. 4 EG-Vertrag; vgl. dazu *Pipkorn* in: Groeben/Thiesing/Ehlermann, insbesondere Art. 100a, Rn. 4 und Rn. 83–87, sowie *ders.* in *Beutler/Pipkorn/Streil*, S. 389f.

[11] Vgl. statt vieler nur *H. Koch*, ZHR 152 (1988), 537–563, *Hohloch*, FS Keller (1989), S. 433–449, und *Magnus*, JZ 1990, 1100–1108, insbesondere zum unterschiedlichen Gebrauch der Mitgliedstaaten von den in der *Richtlinie des Rates vom 25. 7. 1985 zur Angleichung der Rechts- und Verwaltungsvorschriften der Mitgliedstaaten über die Haftung fehlerhafte Produkte* (85/374/EWG; ABl. 1985 Nr. L 210 S. 1; hier abgedruckt im Anhang I) eingeräumten Optionen (S. 1101, linke Sp.) und zum Fortbestand national unterschiedlichen Haftungsrechts (S. 1108), sowie *Kötz* in: *Gemeinsames Privatrecht*, S. 95, 97–98. Siehe aus der neueren Literatur auch *Reich*, Europäisches Verbraucherschutzrecht, S. 282ff., insbesondere Rn. 195 auf S. 307 (für eine enge Auslegung der Ausnahme von der Haftung für landwirtschaftliche Produkte und Entwicklungsgefahren) und *Hodges*, Rn. 1–015 bis 1–030, 5–015 sowie die tabellarischen Übersichten auf S. 171 zur unterschiedlichen Umsetzung der Richtlinie in EG- und/oder EWR-Mitgliedstaaten.

[12] Vgl. nur *Wolf*, FS Heinsius, S. 967–969, *Remien*, ZEuP 1994, 34, 42f. (zum „Günstigkeitsvorbehalt" in Artikel 8 der Richtlinie 93/13/EWG über mißbräuchliche Klauseln in Verbraucherverträgen vom 5. 4. 1993, ABl. 1993 Nr. L 95 S. 29).

[13] Deutlich aus dem Blickwinkel des Internationalen Privatrechts bereits 1963 *Moser*, FS St. Gallen, 363, 374: „*Rechtsangleichung, nicht Rechtsvereinheitlichung*, das ist das Fazit der EWG für unser Thema." (Kursivdruck im Original). Ähnlich *Lutter*, Europäisches Gesellschaftsrecht S. 5 (zum Gesellschaftsrecht): „Rechtsangleichung statt Rechtsvereinheitlichung war das Zauberwort des hier angestrebten Kompromisses ...".

[14] *Kritisch* dazu *Oppetit*, FS Loussouarn, 311, 316 unter 3°.

[15] EWG-Verordnung 2137/85 über die Schaffung einer Europäischen wirtschaftlichen Interessenvereinigung (EWIV), ABl. EG 1985 Nr. L 199, S. 1, abgedruckt bei *von Borries/Winkel* unter Nr. 315; vgl. dazu das deutsche Ausführungsgesetz: Gesetz zur Ausführung der EWG-Verordnung über die Europäische wirtschaftliche Interessenvereinigung (EWIV-Ausführungsgesetz) vom 14. April 1988, BGBl. I 1988, S. 514.

[16] Unten § 5 ab Rn. 304.

[17] *Kommission der Europäischen Gemeinschaften*, Weißbuch von 1985, Rn. 63 und 65; vgl. auch *Rigaux*, FS Loussouarn, S. 341, 345.

Regelungen der nationalen Rechtsordnungen in vielen Bereichen als gleichwertig anzuerkennen, so daß es einer Rechtsangleichung nicht bedarf. Ursprünglich von der Rechtsprechung des Gerichtshofs zur Durchsetzung der Freiheit des Warenverkehrs geschaffen[18], hat sich das Anerkennungsprinzip zunehmend mehr durchgesetzt[19]. Seit der Änderung des EG-Vertrages durch die Einheitliche Europäische Akte im Jahre 1987[20] hat das Anerkennungsprinzip auch im EG-Vertrag selbst einen Ausdruck gefunden: Nach dem in Artikel 100 b EG-Vertrag vorgesehenen Verfahren der sog. *Äquivalenzanerkennung* kann der Rat, – im Verfahren nach Artikel 189 b EG-Vertrag (vor Maastricht: im Verfahren der Zusammenarbeit mit dem Europäischen Parlament[21]) – beschließen, daß nationale, nicht angeglichene Vorschriften, die für den Aufbau des Binnenmarktes von Bedeutung sind, als den Vorschriften eines anderen Mitgliedstaates gleichwertig anerkannt werden müssen[22].

5 Unter diesen Umständen kommt dem Internationalen Privatrecht (IPR) auch in Zukunft eine Schlüsselrolle zu[23]: Durch räumliche Kollisionsnormen regelt es die Abgrenzung bzw. die Auswahl zwischen den verschiedenen betroffenen nationalen Rechtsordnungen (vgl. Art. 3 Abs. 1 Satz 1 EGBGB) und Teilrechtsordnungen (Art. 4 Abs. 3 EGBGB). Zur Zeit gibt es zwölf solcher nationaler Rechtsordnungen[24]. Hinzu treten – wie in Deutschland – die Teilrechtsordnungen[25].

---

[18] Vgl. die sog. *Dassonville* und *Cassis de Dijon* (= *Rewe-Zentral-AG*)-Entscheidungen: EuGH 11.7. 1974, Rs. 8/74 (*Staatsanwaltschaft/Benoît und Gustave Dassonville*), Slg. 1974, 837, insbesondere S. 853, Erw.en 6–7/9; EuGH 20.2. 1979, Rs. 120/78 (*Rewe-Zentral-AG/Bundesmonopol für Branntwein*), Slg. 1979, 649, dort insbesondere auf S. 664, Erw. 14.

[19] Vgl. den Überblick bei *Behrens*, EuR 1992, 145, 156–159; für eine kritische Auseinandersetzung mit den Folgen des Anerkennungsprinzips siehe *Steindorff* in FS Lorenz, 561–576, und *Vignes* in: Mélanges Boulois, S. 533–546 („Le rapprochement des législations mérite-t-il encore son nom ?").

[20] Vgl. oben Rn. 2 Fn. 2.

[21] Artikel 100 b Abs. 1 Unterabsatz 2 i. V. m. 100 a Abs. 1 Satz 2, 149 Abs. 2 EG-Vertrag a. F.

[22] Vgl. *Pipkorn* in: *Groeben/Thiesing/Ehlermann*, Artikel 100 b, Rn. 13–22; *Dauses*, EuZW 1990, 8, 9 unter III; *Matthies*, FS Steindorff, 1287, 1292–1301.

[23] So schon aus der Sicht des gemeinschaftsrechtlichen Entwicklungsstandes von 1966: *von Caemmerer*, FS Hallstein, S. 63, 94 unten („... bleibt es bei der Herrschaft der Kollisionsnormen"). Zu weit geht der Hinweis von *Fletcher* (S. 46) auf den Übergang von „*apparent* conflicts" zwischen den nationalen Rechtsordnungen auf „*false* ones" in Folge von Harmonisierungsmaßnahmen.

Die Bedeutung des IPR neben gemeinschaftsweit vereinheitlichtem Sachrecht ist im neueren Schrifttum verschiedentlich betont worden: Vgl. z. B. *Ulmer*, JZ 1992, 1, 6–7; *Remien*, JZ 1992, 277, 278 vor 2. und 281 unter III.2.; und *ders.*, JahrbJZ 1991, 35 unter III.2.j.; *Kohler*, IPRax 1992, 277, 280 unter V.1; *Jayme/Kohler*, IPRax 1992, 346, 348; *Kreuzer* in: Gemeinsames Privatrecht, 373, 387f., 408 oben; *Müller-Graff* in: Gemeinsames Privatrecht, 7, 28. Siehe aus der neueren Rechtsprechung des Gerichtshofs: EuGH (Zweite Kammer), 24.1. 1991, Rs. C-339/89 (*Alsthom Atlantique SA/Compagnie de construction mécanique Sulzer SA*), Slg. 1991, I-107, 120 (Beginn des Urteils), 124 Erw. 15: Hinweis auf die Möglichkeit der Vermeidung von besonders strengem französischem Recht zur Verkäuferhaftung durch Wahl eines anderen Vertragstatuts.

[24] Die Zahl wird sich – unter der Voraussetzung der Zustimmung der nationalen Parlamente

II. Bedeutung des Gemeinschaftsrechts für das IPR

1. Vorrang des Gemeinschaftsrechts aus gemeinschaftsrechtlicher und kollisionsrechtlicher Sicht

Die Kollisionsnormen des deutschen IPR gehören grundsätzlich dem nationalen Recht an. Dies ist auch dann der Fall, wenn völkerrechtlich vereinheitlichtes IPR angewendet wird. Auch dieses kommt als nationales IPR zur Anwendung[26]. Ausnahmen, die im zweiten Kapitel dieser Arbeit erörtert werden, können sich aus dem Gemeinschaftsrecht ergeben. 6

Als nationales Recht unterliegt das deutsche IPR ebenso wie das nationale Sachrecht den Bestimmungen des Gemeinschaftsrechts[27]: Der *Vorrang des Gemeinschaftsrechts* stellt das tragende Prinzip für das Verhältnis zwischen Gemeinschaftsrecht und nationalem Recht dar[28]. Er läßt sich für den Anwendungsbereich des EG-Vertrages unmittelbar aus dem Abschluß dieses Vertrages ableiten[29], folgt aber auch aus dem Grundsatz der Gemeinschaftstreue (Artikel 5 EG- 7

– voraussichtlich in Kürze auf 16 nationale Rechtsordnungen erhöhen (vgl. Fn. 2). Weitere Staaten haben Beitrittsanträge gestellt: So z. B. Malta, die Türkei und Zypern (*Kommission*, Bull. EG, Beilage 3/92, S. 9).

[25] Zur Bedeutung der Aufrechterhaltung von nationalen Rechtsordnungen und Teilrechtsordnungen vgl. *Jayme*, Ein Internationales Privatrecht für Europa, S. 8, 9–12: Erhaltung der kulturellen Identität der Menschen, die von einem gesamteuropäischen Bewußtsein nur überlagert und nicht verdrängt werden soll (siehe aber auch den Hinweis auf praktische Probleme der Mehrsprachigkeit im Besprechungsaufsatz von *Kropholler*, RabelsZ 56 [1992] 330–331). Zur Bedeutung der nationalen Rechtsordnungen auch eindringlich *Hallstein*, RabelsZ 28 (1964) 211, 230–231. Siehe ferner nur *Kretschmer*, in: *Tilmann*, Rundgespräche, S. 11 (für ein „Europa der Vielfalt") sowie *Schmidt-Leithoff* in: FS Rittner, 597–611, vor allem ab S. 607 (unter 3.) und auf S. 611.

[26] *Brödermann/Rosengarten* 3 (Arbeitsblock unter I.2) m. w.N; *Lüderitz* Rn. 40 unter 1.b.

Etwas anderes gilt grundsätzlich z. B. in Frankreich, wo völkerrechtlich vereinheitlichtes Recht als Völkerrecht zur Anwendung kommt und nach Art. 55 der Verfassung vom 4. Oktober 1958 von der Ratifikation und Publikation an unter dem Vorbehalt der Gegenseitigkeit höherrangig ist. Vgl. den Abdruck von Artikel 55 bei *Debbasch/Pontier* (Textsammlung), auf S. 279, 290, sowie *Mayer*, Rn. 42 m. w. N.

[27] Es unterliegt darüberhinaus dem Einfluß der Europäischen Menschenrechtskonvention (Konvention zum Schutze der Menschenrechte und Grundfreiheiten vom 4. 11. 1950, BGBl. 1952 II 686): Ausführlich *Engel*, RabelsZ 53 (1988), 1–51; siehe aus der neueren Literatur darüber hinaus z. B. *ders.*, ZEuP 1993, 150, 152 -158 und Staudinger/*Großfeld*, IntGesR Rn. 136–140 (zum Einfluß der EMRK auf die Sitztheorie); *Remien*, JZ 1992, 277, 281 unter III.2 (vor Fn. 79) sowie *Ehricke*, EuGRZ 1993, 113–118. Seit Inkrafttreten des EU-Vertrags von Maastricht (vgl. oben Rn. 2 Fn. 2) entspricht die Beachtung der Europäischen Menschenrechtskonvention zumindest im Bereich des IPR gemeinschaftsrechtlichen Ursprungs (vgl. dazu unten Rn. 55 ff.) auch den ausdrücklichen Vorgaben von Artikel F Abs. 2 EUV.

[28] Siehe oben Rn. 1 Fn. 1.

[29] So EuGH *Costa/E.N.E.L.* (oben Rn. 1 Fn. 1), Slg. 1964, 1251, 1269–1270; deutlich auch *von Simson*, EuR 1970, 185, 188 (2. Absatz); *Ipsen*, Gemeinschaftsrecht, S. 277, Rn. 36 (mit Hinweis auf *von Simson* in Fn. 50); *ders.*, EuR 1979, 223, 227 (oben); vgl. aber auch bereits EuGH

Vertrag)[30] und dem allgemeinen Diskriminierungsverbot in Artikel 6 Abs. 1 EG-Vertrag (früher: Art. 7 Abs. 1 EWG-Vertrag)[31]. Dieses tragende Prinzip gilt gegenüber nationalem IPR ebenso uneingeschränkt wie gegenüber anderen nationalen Rechtsvorschriften[32]. Die eigene Rechtsordnung des Gemeinschaftsrechts wirkt innerhalb ihres Anwendungsbereichs[33] auf das deutsche IPR ein, indem sie jenes verdrängt oder ergänzt. Der Gerichtshof hat den Vorrang des Gemeinschaftsrechts vor nationalem Recht jeder Art und Form wiederholt festgestellt[34]. Für das autonome deutsche IPR hat der deutsche Gesetzgeber den Vorrang des Gemeinschaftsrechts in klarstellender Weise in Art. 3 Abs. 2 Sätze 1 und 2 EGBGB festgehalten[35].

8 In die *kollisionsrechtliche Begriffswelt* übertragen, bedeutet dies folgendes: Soweit die IPR-Frage der räumlichen Abgrenzung zwischen den nationalen Rechtsordnungen der Mitgliedstaaten sowohl im nationalen IPR als auch in gemeinschaftsrechtlichen Vorschriften geregelt wird, liegen für denselben Gegenstand Regelungen verschiedener Rechtsquellen vor. Aus kollisionsrechtlicher Sicht bestimmt in solchen Fällen das *Rangkollisionsrecht*, welcher Quelle Recht anwendbar ist[36]. In der Literatur ist aus dieser kollisionsrechtlichen Sicht zu Recht festgestellt worden, daß das (vertikal wirkende) Rangkollisionsrecht dem (horizontal wirkenden) räumlichen Kollisionsrecht vorgeht[37].

---

5. 2. 1963, Rs. 26/62 (*Algemene Transport- en Expeditie Onderneming Van Gend & Loos/Niederländische Finanzverwaltung*), Slg. 1963, 1, 24–25 (Ableitung von Rechten einzelner Marktbürger [heute: Unionsbürger] aus Artikel 12 EWGV [heute: EGV] unter Betonung der Bedeutung des EWG-Vertragsschlusses).

[30] Zum Verhältnis zwischen Artikel 5 EG-Vertrag und der Pflicht zum gemeinschaftstreuem Verhalten: Vgl. *Zuleeg* in *Groeben/Thiesing/Ehlermann*, Art. 5, Rn. 3 und 5 (Artikel 5 EWG-Vertrag als wesentlicher Ausdruck der Gemeinschaftstreue). Die in Artikel 5 EG-Vertrag fixierten Pflichten zu gemeinschaftstreuem Verhalten sind ihrerseits bereits unmittelbar aus dem Abschluß des EG-Vertrages abzuleiten: *Nicolaysen*, Europarecht I, S. 70. Siehe auch unten Rn. 419.

[31] EuGH *Costa/E.N.E.L.* (oben Rn. 1 Fn. 1), Slg. 1964, 1251, 1270 oben.

[32] Vgl. bereits *Fletcher* S. 45: „question of the extent to which membership of the Community *per se* places all Member States under a duty to modify ... their rules of private international law" (Kursivdruck im Original).

[33] Auf diese Einschränkung haben bereits *Beitzke*, ZRvgl. 5 (1964) 80, 89; *Makarov*, Eranion Maridakis, Bd. 3, 230, 236 und *Zweigert*, FS Hallstein 554, 557–558, hingewiesen. Ebenso z. B. *Suhr* 19–23 und *Drobnig*, RabelsZ 34 (1970) 636, 645–646; *ders.*, Cah.dr.eur. 6 (1970) 526, 534, unter b). Deutlich ist z. B. der Wortlaut von Art. 7 Abs. 1 EGWV: „Unbeschadet besonderer Bestimmungen dieses Vertrags ist *in seinem Anwendungsbereich* jede Diskriminierung aus Gründen der Staatsangehörigkeit verboten." (Kursivdruck vom *Verf.*).

[34] Vgl. oben Rn. 1 Fn. 1.

[35] Vgl. Begr. RegE, BT-Drucks. 10/504, S. 36; Bericht des Rechtsausschusses, BT-Drucks. 10/5632, S. 39 rechte Spalte.

[36] Vgl. *Kegel*, Mélanges Overbeck, 47, 48 Abs. 3 und 56f. unter Hinweis auf das rangkollisionsrechtliche Beispiel von Art. 31 GG (Bundesrecht bricht Landesrecht).

[37] Vgl. *Martiny* in: *v. Bar*, Gemeinschaftsrecht und IPR, 213–214; vgl. auch MünchKomm.*(-Sonnenberger)*, Einl. Rn. 110 unter (1).

Aus *gemeinschaftsrechtlicher Sicht* ist dieser Gedankenschritt schwer verständlich: *Jede* gemeinschaftsrechtliche Norm enthält auf Grund des Vorrangprinzips die immanente „rangkollisionsrechtliche" Anweisung, daß sie nationales Recht unmittelbar (Verordnungen) oder mittelbar (Richtlinien) verdrängt. Ebenso wie jede gemeinschaftsrechtliche Sachnorm enthält jede gemeinschaftsrechtliche IPR-Norm die immanente rangkollisionsrechtliche Aussage, daß sie innerhalb ihres Anwendungsbereiches einer nationalen IPR-Norm für denselben Regelungsgegenstand vorgeht. Soweit die allein aus dem Gemeinschaftsrecht folgenden Voraussetzungen vorliegen, bricht Gemeinschaftsrecht das nationale Recht[38] und damit auch das deutsche IPR. Deshalb erscheint ein besonderer rangkollisionsrechtlicher Zwischenschritt, der aus der Eigenständigkeit der gemeinschaftsrechtlichen Rechtsordnung folgt, überflüssig. 9

Dennoch ist es für die Untersuchung des Einflusses des Gemeinschaftsrechts auf das IPR wichtig, sich die Vorrangwirkung des Gemeinschaftsrechts auch vor dem Hintergrund der kollisionsrechtlichen Begriffsbildung zu vergegenwärtigen. Sonst werden die Unterschiede zwischen gemeinschaftsrechtlichen Regelungen, die nur rangkollisionsrechtlich wirken, und solchen mit rangkollisionsrechtlicher und internationalprivatrechtlicher „Doppelwirkung" nicht hinreichend deutlich[39]. Auf Beispiele wird zurückzukommen sein[40]. Die kollisionsrechtliche Sichtweise, auf die gelegentlich in dieser Arbeit zurückzukommen sein wird, ist als ein Instrument für die Herausarbeitung internationalprivatrechtlicher Ergebnisse einsetzbar. Den Vorrang des Gemeinschaftsrechts vor nationalem Recht stellt sie nicht in Frage. 10

2. *Wirkungsmöglichkeiten des Gemeinschaftsrechts auf das IPR*

Wirkt eine in der Normenhierarchie vorrangige Normenebene auf eine andere ein, so gibt es stets zwei Möglichkeiten der Wirkungsweise. Die vorrangigen Normen können zur Regelung eines Gegenstandes die nachrangigen Normen verdrängen und selbst als *Rechtsquelle* wirken. In der deutschen Rechtsordnung entfaltet zum Beispiel das Grundgesetz gelegentlich unmittelbare Drittwirkung zwischen Privaten: So ist eine Vereinbarung, die die Koalitionsfreiheit der 11

[38] Vgl. *Spetzler*, RIW 1990, 286–290, und *Nicolaysen*, Europarecht I, S. 39–40 sowie S. 33 ff. zu den Voraussetzungen der unmittelbaren Wirksamkeit des Gemeinschaftsrechts; vgl. auch bereits *Grabitz*, Gemeinschaftsrecht bricht nationales Recht, insbesondere S. 113–114 (seinerzeit noch mehr These als Realität).

[39] Dies kann zu Fehlern führen: In der früheren Literatur zum Verhältnis von Gemeinschaftsrecht und IPR ist zum Beispiel versucht worden, auch rangkollisionsrechtliche Normen des Gemeinschaftsrechts als IPR-Normen zu begreifen: Vgl. *Marazzi*, Dir. econ. 1962, 791, 793.

[40] Vgl. z. B. unten Rn. 120 zur Frage, ob Artikel 58 EG-Vertrag zusätzlich zu seiner rangkollisionsrechtlichen Aussage auch eine internationalprivatrechtliche enthält.

Deutschen verletzt[41], nach Artikel 9 Abs. 3 Satz 2 GG nichtig[42]. Das Grundgesetz selbst bestimmt die Rechtsfolge. – In der Alternative können höherrangige Normen die Regelung eines Gegenstandes dem niederrangigeren Recht überlassen, diesem aber zugleich zur Wahrung bestimmter Grundprinzipien Vorgaben machen und *Grenzen auferlegen*. Das Grundgesetz ist diesen Weg vor allem in seinem Artikel 1 Absatz 3 gegangen, nach welchem die Gesetzgebung, die vollziehende Gewalt und die Rechtsprechung an die Grundrechte als „unmittelbar geltendes Recht" mit der Folge gebunden sind, daß sie nur in grundrechtskonformer Weise handeln dürfen[43]. Das Grundgesetz beschränkt die Repräsentanten der staatlichen Gewalt. Insbesondere dürfen Gesetze nur in grundrechtskonformer Weise entstehen[44]; und sie sind in verfassungskonformer Weise auszulegen[45].

12 Für den Einfluß des Europäischen Gemeinschaftsrechts auf das deutsche Internationale Privatrecht lassen sich in den Grenzen des Anwendungsbereichs des Gemeinschaftsrechts beide Wirkungsalternativen von vorrangigem gegenüber nachrangigem Recht nachweisen[46]:

13 Zum Teil sind in den letzten Jahren internationalprivatrechtliche Normen gemeinschaftsrechtlichen Ursprungs entstanden. Das Gemeinschaftsrecht wirkt in diesen Fällen als Rechtsquelle. In diesen Fällen ist die EG meist selbst aktiv zur Regelung internationalprivatrechtlicher Fragen tätig geworden. Zumindest war sie – bei vom EG-Vertrag angeregten Staatsverträgen – an der Entstehung der internationalprivatrechtlichen Normen beteiligt[47]. Aus der Sicht des nationalen Richters kann die Existenz von internationalprivatrechtlichen Normen gemeinschaftsrechtlichen Ursprungs im Einzelfall bedeuten, daß die Frage nach dem anwendbaren Recht allein nach diesen Normen unter Ausschluß des autonomen nationalen IPR zu entscheiden ist.

14 Zum Teil wirkt das allgemeine Gemeinschaftsrecht, das nicht zur Regelung internationalprivatrechtlicher Fragen geschaffen wurde, kraft seiner Existenz (*eo ipso*) auf das nationale IPR ein. In diesen Fällen beeinflußt das Gemeinschaftsrecht das IPR, ohne daß die Gemeinschaft speziell zur Lösung internationalprivatrechtlicher Fragen tätig geworden ist. Aus der Sicht des deutschen

---

[41] Es bleibe dahingestellt, ob Artikel 9 Abs. 3 Satz 1 GG ein selbständiges Grundrecht bildet (so z. B. *von Münch* in: *von Münch*, GG, Bd. 1, Art. 9 Rn. 54ff., insbes. Rn. 56 a. E.).

[42] Zur unmittelbaren Drittwirkung von Artikel 9 Abs. 3 Satz 2 GG vgl. nur BAG (1. Senat) 14. 2. 1967, BAGE, 19, 217, 223; *von Münch* in: *von Münch*, GG, Bd. 1, Vorbemerkungen zu Art. 1–19, Rn. 29 und a. a. O. Art. 9 Rn. 76; *Scholz* in: *Maunz/Dürig/Herzog*, Art. 9, Rn. 4, 171, 332f.

[43] Vgl. auch Artikel 20 Abs. 3 GG.

[44] Vgl. zum Vorrang der Verfassung nur z. B. *Wahl*, NVwZ 1984, 401–409.

[45] Vgl. nur beispielhaft zum Gebot der verfassungskonformen Auslegung: *Zippelius*, in: Bundesverfassungsgericht und Grundgesetz, Bd. 2, S. 108–124; *Hesse*, Rn. 79–85.

[46] Vgl. auch *Müller-Graff*, der zwischen Privatrechtsschöpfung und Privatrechtsbeschränkung unterscheidet; in: Privatrecht und Gemeinschaftsrecht, S. 20–24.

[47] Dies war namentlich bei der Schaffung des EG-Schuldvertragsübereinkommens der Fall: Vgl. die Stellungnahme der Kommission vom 17. 3. 1980, ABl. 1980 Nr. L 94 S. 39. Siehe auch unten Rn. 31 Fn. 125.

Richters bedeutet dies, daß er auch in Fällen, in denen IPR gemeinschaftsrechtlichen Ursprungs nicht anwendbar ist, diesen Einfluß zu prüfen hat. Auch in diesen Fällen kann das Gemeinschaftsrecht zu Anwendungsbeschränkungen des nationalen IPR zwingen oder Auslegungsvorgaben stellen. Dies ist sogar dann möglich, wenn das nationale IPR nicht autonomen, sondern staatsvertraglichen Ursprungs ist. Hierauf wird zurückzukommen sein[48].

§ 2 Ausgangspunkte

I. *Stand der Überlegungen in der Literatur*

In der Literatur sind diese Fragen teilweise schon vor über 25 Jahren gesehen 15
worden, allerdings vor dem Hintergrund eines anderen Entwicklungsstandes des Gemeinschaftsrechts[49]. Dies bedingte andere Schwerpunkte der Diskussion. Zum Beispiel wurde der Vorrang des Gemeinschaftsrechts[50] bereits zu einer Zeit gesehen, als der Gerichtshof den Vorrang noch nicht ausdrücklich festgestellt hatte[51]. Ebenso wurde die Bedeutung des allgemeinen Diskriminierungsverbotes in Artikel 7 Abs. 1 EWG-Vertrag (jetzt: Art. 6 Abs. 1 EG-Vertrag) erörtert[52], lange bevor diese Norm für unmittelbar anwendbar erklärt wurde[53].

---

[48] Dazu unten Rn. 430–436.

[49] Erste Auseinandersetzungen mit der Thematik finden sich bei: *Savatier*, Rev. crit. d. i. p. 48 (1959), 237–258, insbesondere S. 237–239 und S. 252 unten – 258 (auch abgedruckt in: Les Problèmes Juridiques et Economiques du Marché Commun, S. 55.71); *ders.*, in: Travaux du Comité Français de Droit International Privé 1960–1962, S. 2-34 (mit Diskussionsbeiträgen S. 34–37); *Wengler*, DJT - FS I (1960), 239, 288 (unter 19.) – 304 (Ausführungen allgemeiner Natur; aus der Verweisung in Fn. 119 wird deutlich, daß *Wengler* unter „vertragliche[n] Verbote[n] der diskriminierenden Behandlung" (S. 296) auch Verbote in den Gründungsverträgen gemeint hat, vgl. den Verweis in Fn. 95 auf Art. 70 Abs. 2 EGKS); *v. Brunn*, NJW 1962, 985, 987 f. (der EWG-Vertrag [jetzt: EG-Vertrag] enthalte kein IPR, doch sei der EWG-Vertrag bei ordre public-Prüfungen zu berücksichtigen); *Marazzi*, Dir. econ. 1962, 791–800; *Moser*, FS St. Gallen, 363–375 (1963); *Wengler*, Rev. crit. d. i. p. 52 (1963), 203, 217–220; *Beitzke*, ZRVgl. 5 (1964) 80, 89; *ders.*, ZHR 127 (1965), 1–47; *Hallstein*, RabelsZ 28 (1964) 211–231; *Makarov*, Eranion Maridakis, Bd. 3, 231–245 (1964); *Steindorff*, Gleichheitssatz (1965), S. 45 (unter 3.) ff, 48 (unter c), 51, 53 (unter 5.); *von Caemmerer*, FS Hallstein, 63, 92–95 (1966); *Meise* 260–283 (1966); *Zweigert*, FS Hallstein, 555–569 (1966); *Drobnig*, Am. J. Comp. L. 15 (1966–67), 204, 205–206; *Suhr* (1967).

[50] Siehe den Hinweis auf die *Costa/E.N.E.L.*-Entscheidung in Rn. 1 Fn. 1.

[51] *Savatier*, Rev. crit. d. i. p. 48 (1959), 237, 250–253; *ders.*, in: Travaux du Comité Français de Droit International Privé 1960–1962, S. 2, 29 f.

[52] Vgl. z. B. *Moser*, FS St. Gallen, 363, 375 Fn. 52 (Artikel 7 EWG-Vertrag [jetzt: Art. 6 EG-Vertrag] verbiete die Anknüpfung an die *lex patriae* im Verhältnis der Mitgliedstaaten untereinander); a. A. *Beitzke*, ZRVgl. 5 (1964) 80, 89. Für eine Erörterung aus heutiger Sicht siehe unten Rn. 465 ff.

[53] EuGH 29. 10. 1980, Rs. 22/80 (*Boussac Saint-Frères SA/Gerstenmeier*), Slg. 1980, 3427, 3428 (Beginn des Urteils), 3436 Erw. 9; vgl.: *Thorn*, Antwort im Namen der Kommission auf die schriftliche Anfrage Nr. 2338/82, ABl. 1983 Nr. C 177/14 (Aufzählung von Entscheidungen,

16 Ende der sechziger und in den siebziger Jahren ist die Diskussion um das Verhältnis zwischen Gemeinschaftsrecht und nationalem IPR weitergeführt worden, zum Teil durch die Diskussion ausgewählter Aspekte[54], vor allem des Gesellschaftsrechts[55], und zum Teil bei umfassender Fragestellung[56]. Auch in der Literatur dieser Zeit entsprach die Schwerpunktbildung dem damaligen Stand des Gemeinschaftsrechts. Überwiegend entstand die Literatur jener beiden Jahrzehnte noch vor den Entscheidungen des Gerichtshofs, in denen er die wichtigsten Regelungen zu den Grundfreiheiten des freien Personenverkehrs und des Dienstleistungsverkehrs für unmittelbar anwendbar erklärt hat[57]. Dementsprechend wurden zum Beispiel Fragen der Diskriminierung auf Grund der Anknüpfung an die Staatsangehörigkeit noch nicht aus der Sicht der Grundfreiheiten, sondern ausschließlich aus der Sicht des allgemeinen Diskriminierungsverbotes erörtert[58]. Soweit die Grundfreiheiten in diesem Zusammenhang überhaupt angesprochen wurden, wurde eine internationalprivatrechtliche Bedeutung der Inländergleichbehandlungsgebote in den Bestimmungen zu den Grundfreiheiten abgelehnt[59].

---

durch welche einzelne Normen des EWG-Vertrages [jetzt: EG-Vertrages] für unmittelbar anwendbar erklärt worden sind).

[54] Vgl. z. B. *Steindorff*, Gleichheitssatz, S. 45–48 und 53 unter 5. (zur Bedeutung des Diskriminierungsverbotes für das Kollisionsrecht, einschließlich des Internationalen Privatrechts); *Niessen*, NJW 1968, 2170–2172 (IPR der unerlaubten Handlungen); *Kropholler*, RabelsZ 33 (1969), 601, 614–616 (Deliktsrecht); *Drobnig*, RabelsZ 34 (1970), 636–662 (zur Anknüpfung an die Staatsangehörigkeit); *Reichert-Facilides*, FS Donati, Bd. 1, S. 465–479 (Versicherungsvertragsrecht); *Gamillscheg*, RabelsZ 37 (1973), 284–316 (intereuropäisches Arbeitsrecht); *Reichelt*, ZVRvgl. 16 (1975), 217–226 (zum ordre public); *Reichert-Facilides*, FS Reimer Schmidt (1976), S. 1023, 1032–1035 (Versicherungsprivatrecht).

[55] Erörtert wurden vor allem die Frage der Anerkennung von Gesellschaften, die in einem Übereinkommen nach Artikel 220 EWG-Vertrag (jetzt: EG-Vertrag) geregelt werden sollte; vgl. dazu z. B.: *Houin*, Rev.trim.dr.europ. 1 (1965), 11–27; *Drobnig*, ZHR 129 (1966/67), 93–120; insbesondere S. 114–119; *Geßler*, DB 1967, 324–327; *Großfeld*, RabelsZ 31 (1967), 1, 16–22, 47; *Goldmann*, RabelsZ 31 (1967), 201–232; *Beitzke*, RIW/AWD 1968, 91–96; *ders.* in: FS Luther, 1, 11–14 und 17–19; *Stein*, Mich.L.Rev. 68 (1969–70), 1327–1354; *Drobnig*, Aktiengesellschaft 1973, 90–98 und 125–131.

Darüberhinaus wurden auch bereits Fragen eines europäischen Aktienrechts erörtert; vgl. *Ficker* in: Liber amicorum Sanders (1972), 37–48.

[56] Vgl. *Drobnig*, Cah. dr. eur. 6 (1970), 526–543; *Badiali*, Il diritto degli stati, insbesondere S. 202–429 (Parte Speciale, Capitolo III: „Il rinvio alle norme di singoli stati nel cosidetto ‚diritto internazionale privato' delle communità"); *Monaco*, Riv. dir. int. 1973, 206, 213–223; *Loussouarn*, Rev. trim. dr. eur. 1974, 708–727; *Ortiz-Arce*, Rev. Instituc. Eur. 1 (1974), 1077–1018; *Graveson*, FS Cohn, 61–74 (1975); *Fawcett*, Anglo-Am. L. Rev. 7 (1978), 230–242.

[57] Vgl. zum freien Personenverkehr: a) zur Freizügigkeit (Art. 48 EG-Vertrag): EuGH 4. 12. 1974, Rs. 41/74 (*van Duyn/Home Office*), Slg. 1974, 1337, 1347 Erw. 4–5/7; b) zur Niederlassungsfeiheit der Unternehmer (Art. 52 EG-Vertrag): EuGH 21. 6. 1974, Rs. 2/74 (*Reyners/Belgischer Staat*), Slg. 1974, 631, 652 Rn. 24/28; vgl. zur Dienstleistungsfreiheit (Artt. 59 und 60 Abs. 3 EG-Vertrag): EuGH 3. 12. 1974, Rs. 33/74 (*van Binsbergen/Bestuur van de Bedrijfsvereniging voor de Metaalnijverheid*), Slg. 1974, 1299, 1310 Erw. 18 i. V. m. 1311 Erw. 24/26.

[58] Siehe *Drobnig*, RabelsZ 34 (1970), 636–662; *ders.*, Cah.dr.eur. 6 (1970) 526, 531–539.

[59] *Drobnig*, Cah.dr.eur. 6 (1970) 526, 532 (Absatz 1 a. E.); anders *ders.* vor dem Hintergrund

Das in den achtziger und zu Beginn der neunziger Jahre veröffentlichte Schrifttum ist kaum noch zu überblicken. Dies gilt vor allem für die ausländische Literatur. Zugangshindernisse, und seien sie nur sprachlicher Natur, zwingen hier manchmal zu bedauerlichen Beschränkungen[60]. Das deutsche Schrifttum aus dieser Zeit entstand vor allem[61] anläßlich von fünf für das Spannungsfeld „Gemeinschaftsrecht und IPR" bedeutenden Ereignissen und Entwicklungen: 17

(1) der Veröffentlichung des Urteils des Europäischen Gerichtshofs vom 24. 10. 1978 in der Sache *Société Générale Alsacienne /Koestler*[62], in der der Generalanwalt *Reischl* in seinen Schlußanträgen ausdrücklich von einer Pflicht der Mitgliedstaaten zu „‚integrationsfreundlichem' Verhalten" bei der Anwendung ihres nationalen IPR sprach[63]. Das Gericht ist dem Generalanwalt konkludent gefolgt[64]; 18

(2) dem Abschluß des EG-Übereinkommens über das auf vertragliche Schuldverhältnisse anzuwendende Recht vom 19. Juni 1980 (EVÜ)[65] und seiner Umsetzung im deutschen IPR-Reformgesetz vom 25. Juli 1986[66]. Wiewohl nicht auf Artikel 220 19

des heutigen Entwicklungsstandes des Gemeinschaftsrechts in: Gemeinschaftsrecht und IPR, 185, 190 (Text vor Fn. 9).

60 Nicht berücksichtigt werden konnten die weiterführenden Hinweise auf niederländisches Schrifttum von *Duintjer Tebbens* in: Forty Years On; S. 49–69 *passim*; zur Frage der Anerkennung von Gesellschaften siehe die Hinweise auf niederländisches Schrifttum bei *Timmermans*, RabelsZ 48 (1984) 1 ff., Fn. 81 auf S. 38.

61 Vgl. darüberhinaus z. B. *von Bar*, JZ 1985, 961, 963–964 (zum Internationalen Deliktsrecht).

62 EuGH 24. 10. 1978, Rs. 15/78 (*Société générale alsacienne/Koestler – „Börsentermingeschäfte und freier Dienstleistungsverkehr"*), Slg. 1978, 1971; vgl. *Samtleben*, RabelsZ 45 (1981), 218–252; *Steindorff*, EuR 1981, 426–441; *ders.*, IPRax 1982, 49, 50. Vgl. jetzt auch *Heinz*, S. 110–139 (insbesondere S. 126 ff.) sowie im ausländischen Schrifttum jüngst *Rigaux*, FS Loussouarn, S. 341, 350–351.

Inzwischen ist das in der Sache *Koestler* erörterte *IPR der Börsentermingeschäfte* geändert worden: Siehe jetzt § 61 BörsG in der Fassung vom 11. 7. 1989 (BGBl. I 1412; auch abgedruckt bei *Jayme/Hausmann* Nr. 65 in Teil I unter L.II) und dazu *Jayme/Kohler*, IPRax 1989, 337, 342 (Einordnung der Norm unter Art. 7 Abs. 2 EVÜ bzw. Art. 34 EGBGB); *Dannhoff*, DZWiR 1992, 273, 277 Fn. 62 (ebenso); *Schlosser*, FS Steindorff, 1378, 1387 ff. (Subsumtion der Norm unter Art. 5 Abs. 4 Buchst. b EVÜ bzw. Art. 29 Abs. 4 Ziff. 2); *Raeschke-Kessler*, EuZW 1990, 145, 150 (gegen die Anwendung von Art. 29 EGBGB auf § 61 BörsG, dessen Gemeinschaftsrechtskonformität der Autor bezweifelt) und *Samtleben*, IPRax 1992, 362, 366 unter VI. 5: Die Beurteilung von § 61 BörsG sei eine „offene" Frage; siehe auch *Seeberg*, ZIP 1992, 600, 603 (Erörterung von § 61 BörsG aus dem Blickwinkel des *ordre public*).

63 Schlußanträge *Reischl*, Slg. 1978, 1981, 1987, rechte Spalte, 2. Absatz.

64 Vgl. insbesondere Slg. 1978, 1971, 1980, Erw. 6, 2. Halbsatz.

65 ABl. 1980 Nr. L 266 S. 1; BGBl. 1986 II 810; bei *Jayme/Hausmann* abgedruckt unter Nr. 43 (1. Teil, H.I.1.); vgl. auch den Hinweis auf die Auslegungsprotokolle zum EVÜ unten in Rn. 31 Fn. 128.

66 BGBl. 1986 I 1142 (vgl. bei *Jayme/Hausmann* unter Nr. 1 den Abdruck der Vorschriften, in denen der deutsche Gesetzgeber das EVÜ umgesetzt hat: Artt. 11 Abs. 2–4, 12 Abs. 1, 27–37 n. F. EGBGB). Vgl. aus dem umfangreichen deutschen Schrifttum: *Firsching*, IPRax 1981, 37–43; *Max-Planck-Institut*, Stellungnahme zum Regierungsentwurf, RabelsZ 47 (1983), 595, 665–671; *von Hoffmann*, IPRax 1984, 155–173; *Kohler*, EuR 1984, 155–173; *Bernhardt*, DB 1986, 2009, 2011–2013; *Sandrock*, RIW 1986, 841, 842–844; *Pirrung* in: Gemeinschaftsrecht und IPR, 21–70; *Ebke* in: Gemeinschaftsrecht und IPR, 77–106; *Walch*, insbesondere ab S. 100 (zu Art. 36 EGBGB); *Martiny*, ZEuP 1993, 298–305. Für Literaturnachweise speziell zur *Auslegung* des

EWG-Vertrag (jetzt: EG-Vertrag) gestützt, weist dieses Übereinkommen zur IPR-Vereinheitlichung einen besonderen Bezug zum Gemeinschaftsrecht auf[67];

20 (3) der Veröffentlichung mehrerer Entscheidungen deutscher Gerichte – vor allem des Bayerischen Obersten Landesgerichts[68] – und der *Daily Mail*-Entscheidung des Europäischen Gerichtshofs[69], die alle einen Bezug sowohl zur Niederlassungsfreiheit von Gesellschaften (Artikel 58 EG-Vertrag) als auch zum Internationalen

---

EVÜ und des auf der Grundlage des EVÜ entstandenen deutschen Rechts siehe unten Rn. 31 Fn. 129.

Im Ausland hat das EVÜ ebenfalls zu einer Flut von Veröffentlichungen geführt. Vgl. nur *North* (Hrsg.), Contract Conflicts; *Williams*, Int. Comp. L.Q. 35 (1986), 1–31; *Schockweiler* in: Livre jubilaire Saint-Yves 1946–1986, 763–801; *Rigaux*, Cah. dr. eur. 1988, 306–321; *Virgós Soriano* in: *Garcia de Enterría/Gonzales-Campos/Muñoz Madado*, Band III, Parte Quinta, mit umfangreichen weiteren Nachweisen in Fn. 1; *ders.*, Noticias C.E.E. 1990, 83–94; *Forlati*, Giurisdizione e legge applicabile, 109–203; *North*, Rec. des Cours 220 (1990-I) 9, 176–205; *Lagarde*, Rev. crit. d.i.p. 1991, 287–340; *Young*, Lloyd's Marit.Com.L.Q. 1991, 314–325; *Mann*, L.Q.Rev. 1991, 353–355; *Plender*, The European Contracts Convention; *Reich*, C.M.L.Rev. 1992, 861, 882–883.

Die zum Teil ähnlichen Probleme bei der Entstehung anderer Staatsverträge mit besonderem Bezug zum Gemeinschaftsrecht sind ebenfalls in der Literatur gesehen und erörtert worden: Vgl. z.B. *Würmeling*, Kooperatives Gemeinschaftsrecht, S. 11–152 (generell zu Übereinkommen nach Artikel 220 EGV); *Thieme* in: Vorschläge und Gutachten zum Entwurf eines EG-Konkursübereinkommens, S. 213, 221 (unter 2.) – 229 (speziell zum Konkursrecht); vgl. auch *Hanisch* in: Vorschläge und Gutachten zum Entwurf eines EG-Konkursübereinkommens, S. 491–496; *Struycken*, Rec. des Cours 232 (1992-I) 257, 291–300.

67 Vgl. bereits oben Rn. 13 Fn. 47 sowie unten Rn. 68.

68 BayObLG 18.7. 1985, BayObLGZ 1985, 272 (*betreffend die Landshuter Druckhaus Ltd.*); BayObLG 21.3. 1986, BayObLGZ 1986, 61 (*betreffend die Landshuter Druckhaus Ltd. & Co. KG*); BayObLG 18.9. 1986, BayObLGZ 1986, 351 (*2. Entscheidung betreffend die Landshuter Druckhaus Ltd.*). Vgl. *Niessen*, NJW 1986, 1408 (im Text wortgleich mit: *ders.*, AG 1986, 116); *Deville*, RIW 1986, 298–299; *Großfeld*, IPRax 1986, 145–146 und 351–355; *Ebke*, ZGR 1987, 245–270; *Behrens*, RabelsZ 52 (1988), 498–525; *Ebenroth/Eyles*, DB 1988, Beilage Nr. 2/88 (insbesondere ab S. 15); *Grothe*, Die ausländische KG & Co. 125–205 und 304–321.

Vgl. jetzt auch BayObLG 7.5. 1992, 3 Z BR 14/92, MittRhNotK 1992, 195; EuZW 1992, 548 mit Anmerkung *Behrens*.

Vgl. aus der Rechtsprechung anderer deutscher Gerichte: LG Stuttgart 31.7. 1989, IPRax 1991, 118 (ohne Hinweise auf das Gemeinschaftsrecht) und die Besprechung von G. *Fischer*, IPRax 1991, 100 (siehe dort die Erörterung zum Gemeinschaftsrecht auf S. 103f. unter IV).

69 EuGH 27.9. 1988, Rs. 81/87 (*The Queen/Daily Mail*), Slg. 1988, 5483. Vgl. aus dem umfangreichen deutschen Schrifttum (repräsentative Auswahl): *Behrens*, IPRax 1989, 354–361; *Ebenroth/Eyles*, DB 1989, 363–372 und 413–417; *Großfeld/Luttermann*, JZ 1989, 386–387; *Sandrock*, RIW 1989, 505–513; *Sandrock/Austmann*, RIW 1989, 249–253; MünchKomm/*Ebenroth*, Nach Art. 10 EGBGB, Rn. 201; Hachenburg/*Behrens*, Allgemeine Einleitung B, Rn. 106, 169ff.; *Sack*, JuS 1990, 352–356; *Knobbe-Keuk*, ZHR 154 (1990), 325–356; *Eyles*, S. 348–352; *Drobnig* in: Gemeinschaftsrecht und IPR, S. 185–206; *Großfeld/König*, RIW 1992, 433, 434–435.

Auch im ausländischen Schrifttum ist die „Daily Mail"-Entscheidung beachtet worden: Vgl. z.B. *Berlin*, Dominique: Jurisprudence fiscale européenne, Rev.trim.dr.europ. 25 (1989), 245, 260–262 (Nr. 14–18); *Santa Maria*, Diritto commerciale comunitario, S. 10, 11, 29; *Reindl*, Mich.J.Int.Law 11 (1989–90), 1270, 1278ff., 1280ff.; *Séché*, in: Commentaire Mégret, 2. Aufl., Bd. 3, S. 47 Fn. 50; *Clarke*, in: Corporate Law, The European dimension, 161, 166f.; *Mascardi*, Riv.società 1991, 7121, 1727, Fn. 13; *Capelli*, Dir.comunit.scambi int. 1992, 50–54.

Gesellschaftsrecht aufweisen. Vor allem auf die *Daily Mail*-Entscheidung wird ausführlich zurückzukommen sein[70];

(4) dem Bemühen deutscher Gerichte, Wertungen des deutschen harmonisiertes Verbraucherschutzrechts auf in Spanien abgeschlossene Kaufverträge zwischen deutschen Touristen und deutschen Verkäufern anzuwenden[71]: Zum Teil wurde das neue deutsche IPR gemeinschaftsrechtlichen Ursprungs[72] bei dieser Gelegenheit in Folge unterschiedlicher Wege so angewendet, daß das deutsche Haustürwiderrufsgesetz[73] zur Anwendung gebracht werden konnte[74]. Zum Teil haben die Gerichte spanisches Recht angewendet und dabei die in Spanien seinerzeit noch nicht umgesetzte[75], dem deutschen Haustürwiderrufsgesetz zu Grunde liegende EG-Richtlinie 85/577 vom 20. 12. 1985 betreffend den Verbraucherschutz im Fall von außerhalb von Geschäftsräumen abgeschlossenen Verträgen[76] unmittelbar im Privatrechtsverkehr *angewendet*[77]. Der Widerspruch zur feststehenden Rechtsprechung des Gerichtshofs gegen die unmittelbare Drittwirkung von Richtlinien im Privatrechtsverkehr[78] 21

---

70 Rn. 207–259.

71 Vgl. hierzu ausführlich Teil II Rn. 772ff.

72 Vgl. oben Rn. 19 Fn. 66.

73 Gesetz über den Widerruf von Haustürgeschäften und ähnlichen Geschäften vom 16. 1. 1986 (BGBl. I 122; geändert durch das Verbraucherkreditgesetz: Gesetz über Verbraucherkredite, zur Änderung der Zivilprozeßordnung und anderer Gesetze vom 17. 12. 1990, BGBl. I 2840).

74 Einen zuverlässigen Überblick über die neun (!) verschiedenen Wege, die von der Rechtsprechung begangen und in der ausführlich Literatur erörtert werden, gibt *Sack*, IPRax 1992, 24, 27f. unter 2.b.aa (mit umfangreichen Hinweisen); siehe aus der Rechtsprechung des Bundesgerichtshofs BGH 19. 9. 1990 – VIII ZR 239/89 – (BGHZ 112, 204, 209: Frage des anwendbaren Rechts offen gelassen) und BGH 15. 11. 1990 – I ZR 22/89 – (BGHZ 113, 11, 16). Siehe aus dem neueren Schrifttum jetzt auch *Bernhard*, GRUR Int. 1992, 366–373 und den Bericht von *Becker* über ein von *Jayme* am 28. 12. 1991 in Trier gehaltenes Referat: IPRax 1992, 336.

75 Siehe mittlerweile Artt. 5–6 des *Ley 26/1991 sobre contratos celebrados fuera de los establecimientos mercantiles* vom 21. 11. 1991, Bol.Of.Estado 1991, Nr. 283, dort Ziffer 28519, S. 38165ff.

76 ABl. 1985 Nr. L 372 S. 31; abgedruckt im Anhang II.

77 AG Bremerhaven 27. 6. 1990, NJW-RR 1990, 1083 (= EuZW 1990, 294); OLG Celle, 28. 8. 1990, IPRax 1991, 334 (= EuZW 1990, 550); vgl. auch den Hinweis von *Jayme/Kohler* auf eine entsprechende Entscheidung des LG Hildesheim vom 11. 12. 1991–7 S 236/91 – (IPRax 1992, 346, 347 Fn. 30).

78 EuGH 26. 2. 1986, Rs. 152/84 (*Marshall/Southampton and South-West Hampshire Area Health Authority*), Slg. 1986, 723, 749 Rn. 48 (Grundsatzentscheidung); seitdem feststehende Rechtsprechung. Siehe nur folgende Urteile:

(1) EuGH 8. 10. 1987, Rs. 80/86 (*Strafverfahren gegen Kolpingshuis Nijmegen BV*), Slg. 1987, 3969, 3985 Rn. 9;

(2) EuGH 22. 2. 1990, Rs. C-221/88 (*Europäische Gemeinschaft für Kohle und Stahl/Busseni*), Slg. 1990, I-495, 525 Rn. 23 (Dieses Urteil betrifft zwar eine Empfehlung nach dem EGKS-Vertrag, doch besteht für die Frage der Drittwirkung kein Unterschied zwischen einer solchen Empfehlung und einer Richtlinie, vgl. EuGH a. a. O. S. I-525 Rn. 21);

(3) EuGH 13. 11. 1990, Rs. C-106/89 (*Marleasing SA/La Coercial Internacional de Alimentación SA*), Slg. 1990, I-4135, 4158 Rn. 6. Für Literaturhinweise zu dieser Rechtsprechung siehe unten Rn. 78 Fn. 80.

(4) EuGH 14. 7. 1994, Rs. C-91/92 (*Paola Faccini Dori/Recreb Srl*), EuZW 1994, 498 (ohne

wurde dabei übersehen[79]. Zulässig – und nach der inzwischen ergangenen Rechtsprechung des Gerichtshofes im Fall *Marleasing*[80] auch geboten – wäre es nur gewesen zu prüfen, ob das anwendbare Statut (hier: spanisches Vertragsrecht) der Auslegung zugänglich war. In diesem Fall wäre die noch nicht umgesetzte Richtlinie bei der *Auslegung* zu berücksichtigen gewesen[81].

22 (5) Weiteres Schrifttum entstand anläßlich der Diskussion und Verabschiedung versicherungsrechtlicher EG-Richtlinien[82] und anläßlich des Inkrafttretens des

---

Übernahme der vom Generalanwalt *Lenz* vorgeschlagenen Rechtsprechungsänderung für die Zukunft, AnwBl 1994, 266, 273).

[79] Vgl. *Rengeling/Middeke/Gellermann*, Rn. 1204 (gemeinschaftsrechtlich nicht geforderter vorauseilender Gemeinschaftsgehorsam). – Das *Amtsgericht Bremerhaven* (a. a. O. Rn. 21 Fn. 77, in NJW-RR 1990 auf S. 1084 rechte Spalte; in EuZW 1990 auf S. 295 rechte Spalte) und das *OLG Celle* (a. a. O. Rn. 21 Fn. 77, in IPRax 1991 auf S. 335 unter 3.; in EuZW 1990 auf S. 551 unter 3.) haben sich auf ein und dieselbe Entscheidung des Gerichtshofs gestützt, die die unmittelbare Wirkung von Richtlinien *gegenüber dem Staat* betraf (EuGH 19. 1. 1982, Rs. 8/81 [*Becker/Finanzamt Münster-Innenstadt*], Slg. 1982, 53, vgl. dort S. 70f. Erw. 23–25; s. u. Rn. 78 Fn. 78). Zumindest das bereits 1986 verkündete Urteil in der Sache *Marshall* wäre im Zeitpunkt der Entscheidungen der Gerichte erkennbar gewesen, – wenn auch nur mit Hilfe der im Europarecht einschlägigen Literatur (vgl. EuR 1986, 265, 272 Erw. 48). – Für kritische Anmerkungen zum Urteil des OLG Celle siehe *Herber*, EuZW 1991, 401–404; siehe auch *Weymüller*, RIW 1991, 501, 504 (nicht nur ablehnend) sowie unten Teil II Rn. 854f.

[80] Vgl. oben Rn. 21 Fn. 78 unter (3) und dazu aus der neueren Literatur z. B. *Klinke*, ZGR 1993, 1, 19–21. – Mittlerweile gefestigte Rechtsprechung des Gerichtshofs: vgl. z. B. EuGH 16. 12. 1993, Rs. C-334/92 (*Teodore Wagner Miret/Fondo de Garantia Salarial*), EuZW 1994, 182, 183 Erw. 20; EuGH 14. 7. 1994 (*Faccini Dori*; zitiert in Fn. 78).

[81] Slg. 1990, I-4156, 4158f., Erw. 7–8. Auf diesen Punkt hat besonders deutlich *Curtin*, C.M.L.Rev. 27 (1990), 709, 724–725 hingewiesen. Nachdrücklich jetzt auch *Reich*, C.M.L.Rev. 1992, 861, 882:

„If Article 5 (2) of the Rome Convention only protects the ‚consumer at home', a *supplementary Community conflict rule* should be developed allowing a protection of the consumer abroad in a country which, by violating its obligations under Article 5 of the Treaty, has not implemented secondary Community law. The *forum* judge should not participate in the violation of Community law obligations by the non-complying Member State in enforcing them outside the latter's jurisdiction." (Kursivdruck im Original).

Zu der – bisher nur theoretischen – Bedeutung der *Marleasing*-Entscheidung für *internationalprivatrechtliche* Regelungen in Richtlinien vgl. unten unter Rn. 78–80.

[82] Vgl. z. B. *Hübner*, ZgesVersWiss. 72 (1983), 21–40 (zu Vorschlägen für eine zweite Richtlinie zur Koordinierung der die direkte Schadenversicherung betreffenden Rechts- und Verwaltungsvorschriften und zur Erleichterung des freien Dienstleistungsverkehrs im Versicherungswesen); *Roth*, Internationales Versicherungsvertragsrecht, S. 722–761 (eingehende Bestandsaufnahme und Untersuchung); *ders.*, RabelsZ 55 (1991), 623, 633–634 (Überblick); *Reichert-Facilides*, VersWirt 1991, 805ff. unter II. und III. *passim* (Überblick); *Lorenz*, ZgesVersWiss. 1991, 121, 132–141 (zur Zweiten Richtlinie des Rates vom 8. 11. 1990 zur Koordinierung der Rechts- und Verwaltungsvorschriften für die Direktversicherung [Lebensversicherung]); *Roth*, NJW 1993, 3028, 3031 und IPRax 1994, 165–167, 169; *Jayme/Kohler*, IPRax 1993, 357, 360 sowie die Hinweise von *Kreuzer* in: Gemeinsames Privatrecht, S. 373, 401 und 406 Fn. 130.

Auch im europäischen Ausland werden die internationalprivatrechtlichen Regelungen in den versicherungsrechtlichen Richtlinien erörtert, vgl. zum Beispiel: *Fallon*, Rev. gén. ass. 60 (1989), 242–267; *Loussouarn*, Rev. gén. ass. 69 (1989), 291–305; *Smulders/Glazener*, C.M.L.Rev. 1992, 775–797; *Reich*, C.M.L.Rev. 1992, 861, 869–877; *Rigaux*, FS Loussouarn, S. 341, 347 Rn. 13.

Zweiten Durchführungsgesetzes/EWG zum Versicherungsaufsichtsgesetz vom 28. Juni 1990[83], das Regelungen zum IPR des Versicherungsvertragsrechts enthält[84].

Hinzu kommt zum europäischen Sachrecht entstandenes Schrifttum, in dem 23
auch internationalprivatrechtliche Fragen erörtert werden[85]. Gleichzeitig drang das Gemeinschaftsrecht in den letzten Jahren in zunehmendem Maße in die Kommentarliteratur[86] und, wenn auch noch nicht überall in nennenswertem Umfang, in die Lehrbuchliteratur zum IPR vor[87]. Einige Hinweise zum IPR sind auch in neueren Lehrbüchern zum Gemeinschaftsrecht zu finden[88].

Insgesamt ist festzustellen, daß sich die neuere deutsche Literatur vor allem 24
ausgewählten Fragen gewidmet hat. Aufsätze und Bücher, die sich um die größeren Linien und Zusammenhänge bemühen, wurden in den achtziger Jah-

---

[83] Gesetz zur Durchführung versicherungsrechtlicher Richtlinien des Rates der Europäischen Gemeinschaft (Zweites Durchführungsgesetz/EWG zum VAG), BGBl. 1990 I 1249, 1257.

[84] Artt. 7–13 EGVVG (BGBl. 1990 I 1247). Vgl. aus dem Schrifttum: *Reichert-Facilidis*, IPRax 1990, 1–8; *Fricke*, IPRax 1990, 361–364; *Basedow*, NJW 1991, 785–794; *Biagosch*, S. 141–212; *Hübner* in: Gemeinschaftsrecht und IPR, 111–127; *Hahn*, S. 10ff., 15–65 und 156–165; *Mankowski*, VersR 1993, 154–163. Siehe weiter die von *Lorenz* und *Reichert-Facilides* vorgelegten Gutachten im Auftrag der II. Kommission des Deutschen Rates für Internationales Privatrecht, in: *Stoll* (Hrsg.), Stellungsnahmen, S. 210ff., 242ff. sowie *Brüggemeier/Joerges (-Joerges)* in: Gemeinsames Privatrecht, S. 233, 248–251; vgl. auch die rechtsvergleichenden Hinweise von *Jayme/Kohler*, IPRax 1992, 346, 356 unter VII.

[85] Vgl. beispielsweise aus dem deutschen Schrifttum zur EWIV: *Ganske*, DB 1985, Beilage Nr. 20 zu Heft 35, S. 4 (unter 4.), S. 6-7 (unter 11.a); *Gleichmann*, ZHR 149 (1985) 633, 648–650; *Abmeier*, NJW 1986, 2987, 2988f. unter II.2; *Meyer-Landrut*, S. 15–34; *Scriba*, S. 49f., *Hartard*, S. 29, 144; *Hatzig*, S. 9ff. Parallel sind auch im europäischen Ausland internationalprivatrechtliche Fragen erörtert worden, die die EWIV mit sich bringt, vgl. aus der Vielzahl der Beispiele (und beschränkt auf die Literatur in europarechtlich orientierten Periodika): *Israël*, Rev.M.C. 1985, 645, 653–654; *Petriccione*, Leg.Iss.Eur.Integr. 1986/2, 17, 40–43; *Keutgen*, Cah.dr.eur. 23 (1987), 492, 499–511; *Horsmans/Nicaise*, S. 20–26.

Internationalprivatrechtliche Fragen werden zum Teil auch im Schrifttum zum Produkthaftungsgesetz vom 15. 12. 1989 (BGBl. I 2198) erörtert: Vgl. aus dem umfangreichen Schrifttum die oben Rn. 3 Fn. 11 zitierten Aufsätze.

[86] Vgl. z. B. Soergel/*Kegel*, Vorb. 449ff. vor Art. 7 EGBGB; RGRK/*Wengler*, Bd. VI/1, S. 97 (Text bei Fn. 99, in der – in Bd. VI/2, S. 782 – der Text von Art. 7 EWG-Vertrag [jetzt: Art. 6 EG-Vertrag] wiedergegeben wird) und Bd. VI/2, S. 848f., Fn. 4; Staudinger/*Sturm*, Einl. 237 zu Art. 7ff. EGBGB; MünchKomm/*Sonnenberger*, Einleitung Rn. 52, 110, 180–182, 215, 227, 268; MünchKomm/*Ebenroth*, Nach Art. 10, Rn. 12ff.; MünchKomm/*Kreuzer*, Art. 38, Rn. 304; Staudinger/*Großfeld*, IntGesR, *passim* (die 1993 erschienene 13. Auflage enthält viele Hinweise zum Einfluß des Gemeinschaftsrechts, siehe insbesondere Rn. 113–135, 605–622).

[87] Vgl. namentlich *Raape/Sturm*, S. 116 und 204 (bereits im Jahre 1977); *von Bar*, IPR, Bd. 1, Rn. 165–175; *ders.*, IPR II, z. B. Rn. 679–681 (Deliktsrecht); *Kropholler*, IPR, § 55 I 5; *Brödermann/Rosengarten*, S. 38–40; *Lüderitz*, insbes. Rn. 245, 282, 307. – Hinzutritt die Behandlung des Brüsseler EWG-Übereinkommens über die gegenseitige Anerkennung von Gesellschaften und juristischen Personen vom 29. 7. 1968 (BGBl. 1972 II 370; nicht in Kraft): Vgl. etwa *Ferid*, Rn. 5–69 bis 5–77.

[88] Vgl. namentlich *Bleckmann*, Europarecht, Rn. 1116; *Pipkorn* in: *Beuther/Bieber/Pipkorn/Streil*, S. 397, 407 (Ziff. 11.5.4), 409ff.

ren meist im Ausland[89] veröffentlicht (zum Teil allerdings unter Beteiligung deutscher Wissenschaftler)[90]. Erst seit 1990 erlebt die Frage nach dem Einfluß des Gemeinschaftsrechts als Grundlagenthema die gebotene Renaissance[91].

II. Die Wahl des inhaltlichen Ansatzes: Gemeinschaftsrecht als Quelle und Schranke

25 Im deutschen Internationalen Privat- und Verfahrensrecht vollzieht sich zur Zeit ein Bewußtseinswandel. Die Bestandsaufnahme der Literatur hat gezeigt, daß die Fragen aus dem Spannungsfeld zwischen Europäischem Gemeinschaftsrecht und IPR seit einigen Jahren in zunehmendem Maße erörtert werden. Auch von der internationalprivatrechtlichen Rechtspraxis wird das Europäische Gemeinschaftsrecht nicht mehr so leicht verdrängt. In neueren Urteilen

[89] Vgl. *Institut Universitaire International Luxembourg* (Hrsg.), L'influence des Communautés européennes (schon 1981 veröffentlicht); *Ballarino*, Dir. comunit. scambi int. 1982, 1–13; *Fletcher* (1982); *Saulle* (1983); *Treves/Pocar* u. a. (Hrsg.), Verso una disciplina comunitaria della legge applicabile ai contratti (1983); *Badiali*, Rec. des Cours 191 (1985-II) 9–181; *Lasok/Stone* (1987); *Centrum voor Buitenlands Recht en Internationaal Privaatrecht, Universiteit van Amsterdam* (Hrsg.), Forty Years On (1990); *Fernández Rozas*, Rev. Instituc. Eur. 1990, 785–825. Nicht zugänglich – auch nicht durch Korrespondenz mit Madrid – war leider der bei *Virgós Soriano* in: Tratado de derecho comunitario europeo III, Fn. 113 zitierte Aufsatz von *Gonzáles-Campos*: Cuestiones de DI privado en las comunidades europeas.

[90] Siehe *Drobnig* in: L'influence des Communautés européennes, S. 1-12; *Jayme*, Les Petites Affiches 1985, 13–17. Siehe auch den von *Jayme* in Deutschland veröffentlichten Bericht über eine *Tagung in Paris*, die Fragen der Neuorientierung des *portugiesischen* Internationalen Privat- und Verfahrensrechts anläßlich des Beitritts Portugals zu den Europäischen Gemeinschaften betraf (IPRax 1990, 346–347).

[91] Vgl. *von Bar* (Hrsg.), Gemeinschaftsrecht und IPR (1991) mit Beiträgen von *Drobnig, Ebke, G. Fischer, Hübner, Martiny, Pirrung, Schnyder* und *Volken* (Bespr. *Brödermann*, MDR 1991, 1077; siehe auch den zusammenfassenden Bericht von *Mansel* über die Osnabrücker Tagung, die der Veröffentlichung des Bandes vorausging: IPRax 1990, 344–346); *Jayme*, Ein Internationales Privatrecht für Europa (1991); *Roth*, RabelsZ 55 (1991), 623–673; *Brödermann*, MDR 1992, 89–95; *Bernhard*, EuZW 1992, 437–443; *Reich*, RabelsZ 56 (1992) 444, 490–517; *Jayme*, IPRax 1992, 339–340; *Kreuzer* in: Gemeinsames Privatrecht, S. 373–447 sowie die Tagungsberichte von *Reiffert*, EuR 1992, 320, 325 unter IV.4 und *Remien*, JZ 1993, 301–302 über die Tagung des Arbeitskreises für Europäische Integration zum Thema „Gemeinschaftsrecht und Privatrecht" im April 1992; *Roth*, IPRax 1994, 165–174; *Jayme*, IPRax 1994, 253 (Bericht über eine Tagung zum Thema „Europäischer Binnenmarkt: Internationales Privatrecht und Rechtsangleichung"). – Siehe aber auch schon *Roth*, Internationales Versicherungsvertragsrecht, S. 691–699 (1985) sowie die begrüßenswerte und hilfreiche – bereits vor Jahren begonnene – Aufsatzreihe von *Jayme/Kohler* in IPRax 1985, 65–71; IPRax 1988, 133–140; IPRax 1989, 337–346; IPRax 1990, 353–361; IPRax 1991, 361–369; IPRax 1992, 346–356; IPRax 1993, 357–371 (jeweils zum Internationalen Privat- und Verfahrensrecht der EG).

Auch im Ausland reißt die Diskussion um Themen aus dem Spannungsfeld zwischen Gemeinschaftsrecht und IPR nicht ab. Siehe insbesondere *Struycken*, Rec. des Cours 232 (1992-I) 258–383 und *Rigaux*, FS Loussouarn, 341–354. Siehe ferner den Bericht von *Furtak* zur Gründung einer *Europäischen Gruppe für Internationales Privatrecht* in Louvain-la-Neuve im Oktober 1991 (IPRax 1992, 128–130).

werden gemeinschaftsrechtliche Zweifelsfragen bei der Entscheidung internationalprivatrechtlicher Fragen offen erörtert[92].

Der Aufbau und Ausbau der EG und das ehrgeizige Projekt eines europäischen Binnenmarktes ab dem 1. 1. 1993[93] haben damit auch im IPR Spuren hinterlassen. Noch deutlicher sind sie im Internationalen Zivilverfahrensrecht (IZVR), der Schwesterdisziplin des IPR, zu erkennen[94]. Wie häufig in der Rechtsgeschichte hat das Verfahrensrecht die Rolle des Vorreiters übernommen: 26

Beim Abschluß des EWG-Vertrages (jetzt: EG-Vertrages) gingen die Mitgliedstaaten davon aus, daß einige internationalprivat- und verfahrensrechtliche Fragen in den Grenzen der Erforderlichkeit auf dem Verhandlungswege über internationale Verträge geregelt werden sollten (Art. 220 EG-Vertrag). 1968 einigten sich die Mitgliedstaaten sowohl über ein internationalprivatrechtliches Übereinkommen (über die gegenseitige Anerkennung von Gesellschaften)[95] als auch über ein internationalverfahrensrechtliches Übereinkommen nach Artikel 220 EWG-Vertrag (jetzt: EG-Vertrag). Nur das verfahrensrechtliche Übereinkommen wurde zum Erfolg[96]. Das *Europäische Übereinkommen über die gerichtliche Zuständigkeit und Vollstreckung gerichtlicher Entscheidungen in Zivil- und Handelssachen (EuGVÜ)* vom 29. 7. 1968[97] ist mittlerweile über zwanzig Jahre alt: Es trat am 1. Februar 1973 in den sechs ursprünglichen Mitgliedstaaten in Kraft[98]. Zur Zeit (1. 5. 1994) gilt es für Deutschland in der Fassung des *zweiten* Beitrittsübereinkommens vom 25. 10. 1982[99] im Verhältnis zu allen Mitgliedstaaten der EU außer Spanien und Portugal[100]; in Kürze wird es in der Fassung des *dritten* 27

---

92 Vgl. z. B. die oben Rn. 20 Fn. 68 genannten Urteile des Bayerischen Obersten Landesgerichts oder die – wenn auch im Ergebnis nicht haltbaren – Erörterungen des Hanseatischen Oberlandesgerichts Hamburg zur Gemeinschaftsrechtskonformität von Art. 38 EGBGB (dazu bereits *Verf.* in MDR 1992, 89, 91 rechte Spalte und unten in Rn. 495–499).

93 Vgl. einerseits *Kommission*, Weißbuch von 1985, Rn. 1 auf S. 4 (Ziel eines Binnemarktes); andererseits *Kommission*, in: Bull. EG/Beilage 1/92, S. 15, 16 (überwiegend positive Bilanz).

94 Siehe *Verf.* in MDR 1992, S. 89, 93–95 m. w. N.

95 Brüsseler EWG-Übereinkommens über die gegenseitige Anerkennung von Gesellschaften und juristischen Personen vom 29. 7. 1968; vgl. oben Rn. 16 Fn. 55 und Rn. 23 Fn. 87.

96 Zum Scheitern des gesellschaftsrechtlichen Übereinkommens siehe später den Exkurs in Rn. 263.

97 ABl. 1972 Nr. L 299 S. 32 nebst *Protokoll zu dem Übereinkommen* auf S. 43; BGBl. 1972 II 774 (abgedruckt in ABl. 1989 Nr. L 285 S. 1 und bei *Jayme/Hausmann* in der in Deutschland z.Zt. [1. 5. 1994] noch nicht in Kraft getretenen Fassung des *dritten* Beitrittsübereinkommens zum EuGVÜ vom 26. 5. 1989); vgl. den Bericht von *Jenard* zu dem Übereinkommen in: ABl. 1979 Nr. C 59 S. 1-65. Aus der neueren Literatur zum EuGVÜ siehe nur beispielhaft *Kropholler*, Europäisches Zivilprozeßrecht; *O'Malley/Layton*, European Civil Practice; *Schack*, Rn. 73–111; *Audit*, Droit international privé, S. 403–461 (Rn. 495–579); *Mercier/Dutoit*, S. 3–14 und S. 31–181; *Layton*, Civ. Just. Q. 11 (1992) 28–37; *Struycken*, Rec. des Cours 232 (1992-I) 257, 325 f., 327–349 sowie die seit 1988 jährlich erscheinenden Berichterstattungen von *Jayme/Kohler* in der IPRax, zuletzt IPRax 1992, 346, 349–354 und IPRax 1993, 357, 360–367.

98 BGBl. 1973 II 60.

99 BGBl. 1988 II 453.

100 Vgl. BGBl. II 1989 214 und 752; sowie *Bundesminister der Justiz* in: Bundesanzeiger 1991 Beilage Nr. 180 a, S. 9. Spanien und Portugal sind inzwischen dem EuGVÜ in der Fassung des *dritten* Beitrittsübereinkommen beigetreten – siehe die Nachweise unten in Rn. 28 Fn. 110 –, das

Beitrittsübereinkommens im Verhältnis zu allen Mitgliedstaaten der EU gelten[101]. Es enthält *IZVR gemeinschaftsrechtlichen Ursprungs*[102], das nach der Rechtsprechung des Gerichtshofs dem deutschen autonomen IZVR vorgeht[103]. Nach einem Auslegungsprotokoll vom 3. Juni 1971 ist der Gerichtshof für die einheitliche Interpretation des Übereinkommens zuständig[104]. Im Laufe der Jahre haben die nach dem Protokoll vorlegungsberechtigten nationalen Gerichte der Mitgliedstaaten[105] dem Gerichtshof häufig Auslegungsfragen zum EuGVÜ vorgelegt, so daß das IZVR gemeinschaftsrechtlichen Ursprungs durch umfangreiche Judikatur des Gerichtshofes ergänzt wird[106].

28 Das EuGVÜ ist Quelle des IZVR gemeinschaftsrechtlichen Ursprungs, dessen Ausbau durch einheitliche Interpretation eben geschildert wurde. Weiteres *IZVR gemeinschaftsrechtlichen Ursprungs* enthalten zwei in Deutschland zur Zeit (1. 5. 1994) noch nicht in Kraft getretene – aber in Kürze in Kraft tretende[107] – Übereinkommen zum Internationalen Zivilverfahrensrecht[108]:

---

bis zur deutschen Ratifikation noch nicht im Verhältnis zu Deutschland gilt. Dies hat zur Folge, daß das EuGVÜ im Verhältnis zwischen Deutschland und Spanien bzw. Portugal zur Zeit in *keiner* Fassung gilt, obwohl alle drei Staaten dem EuGVÜ in einer seiner Fassungen beigetreten sind. Zur Geltung des EuGVÜ in den *neuen Bundesländern* siehe die bei *Jayme/Kohler*, IPRax 1993, 357, 361–362, abgedruckte und von ihnen kritisch kommentierte Mitteilung der Bundesrepublik Deutschland vom 2. 9. 1991.

101 Vgl. jetzt das *Gesetz* vom 20. 4. 1994 *zu dem Übereinkommen vom 26. Mai 1989 über den Beitritt des Königreichs Spanien und der Portugiesischen Republik zum Übereinkommen über die gerichtliche Zuständigkeit und die Vollstreckung gerichtlicher Entscheidungen in Zivil- und Handelssachen sowie zum Protokoll betreffend die Auslegung des Übereinkommens durch den Gerichtshof*, BGBl. 1994 II 518. Siehe hierzu den Abdruck des EuGVÜ in der Fassung des *dritten* Beitrittsübereinkommens in ABl. 1990 Nr. C 189 S. 1 und bei *Jayme/Hausmann* unter Nr. 72.

102 Zur Begriffsbildung vgl. unten Rn. 54ff. die parallelen Erwägungen zum IPR gemeinschaftsrechtlichen Ursprungs.

103 EuGH 13. 11. 1979, Rs. 25/79 (*Sanicentral GmbH/Collin*), Slg. 1979, 3423, 3429, Erw. 5; EuGH 15. 11. 1983, Rs. 228/82 (*Duijnstree/Goderbauer*), Slg. 1983, 3663, 3674f., Erw.en 13–14. Vgl. dazu *Stauder*, IPRax 1985, 76, 77 rechte Spalte.

104 *Protokoll betreffend die Auslegung des Übereinkommens vom 27. September 1968 über die gerichtliche Zuständigkeit und Vollstreckung gerichtlicher Entscheidungen in Zivil- und Handelssachen durch den Gerichtshof* vom 3. Juni 1971 i. d. F. des Beitrittsübereinkommens vom 25. 10. 1982 zum Beitritt Dänemark, Irlands und Großbritanniens zum EuGVÜ (ABl. 1978 Nr. L 304 S. 97; BGBl. 1972 II 846 i. V. m. 1983 II 802, 819). Vgl. zu dem Protokoll den Bericht von *Jenard* in: ABl. 1979 Nr. C 59 S. 66, 67–70; siehe auch z. B. die Kommentierung von *Kropholler*, EuGVÜ, Einl Rn. 16–25.

105 Nicht vorlageberechtigt sind die Gerichte erster Instanz: Vgl. Art. 2 des in der vorigen Fußnote genannten Protokolls. Die Vertragsstaaten sind in diesem Punkt bewußt von Vorbild des Artikel 177 EG-Vertrag abgewichen, um Mißbrauch (Prozeßverschleppungen) zu verhindern: Vgl. *Jenard* a. a. O. (vorige Fußnote) S. 67 unter III.8 vor 1. und unter III.8 unter 2; *Kropholler*, EuGVÜ, Einl Rn. 20.

106 *Kropholler*, Europäisches Zivilprozeßrecht, hat im Urteilsregister ab S. 510 für den Zeitraum von 1976 bis Januar 1993 über 70 Urteile des Gerichtshofs zur Auslegung des EuGVÜ aufgeführt. Seitdem hat die Rechtsprechung nicht still gestanden: Siehe z. B. die Zusammenfassung von *Jayme/Kohler*, IPRax 1993, 357, 362–365.

107 Vgl. das oben in Rn. 27 Fn. 101 zitierte Gesetz vom 20. 4. 1994 zum Übereinkommen von Donastia-San Sebastian und das *Gesetz* vom 30. 9. 1994 *zu dem Übereinkommen vom 16.*

(1.) Das *Übereinkommen von Donostia-San Sebastian* vom 26. 5. 1989 (= *drittes* Beitritts-Übereinkommen zum EuGVÜ; anläßlich des Beitritts Spaniens und Portugals zur EG erarbeitet)[109]. Es ist bereits in Frankreich, Griechenland, Italien, Luxemburg, den Niederlanden, Portugal und Spanien und dem Vereinigten Königreich in Kraft[110].

(2.) und das *Übereinkommen von Lugano* vom 16. 9. 1988 (= Übereinkommen zwischen den Mitgliedstaaten der EG und der EFTA)[111]. Es ist nach dem Stand

---

September 1988 über die gerichtliche Zuständigkeit und die Vollstreckung gerichtlicher Entscheidungen in Zivil- und Handelssachen, BGBl. 1994 II 2658.

108 IZVR gemeinschaftlichen Ursprungs enthalten auch die Zuständigkeitsregelungen im Vorschlag für die *europäische Aktiengesellschaft* vom 1. 5. 1991 (ABl. 1991 Nr. C 176, S. 1, 62), vgl. z. B. Art. 117a des Vorschlags (Art. 64 Abs. 2 des internen Dokuments des Rats 5269/93, Anlage I, enthält eine entsprechende Regelung. Die in diesem Dokument vorgeschlagenen Änderungen werden z. Zt. in Brüssel erörtert. Dem Dokument, das dem Verfasser von der Kommission nur unter Herausnahme des Deckblattes für wissenschaftliche Zwecke überlassen wurde, ist nicht zu entnehmen, in welchem Verfahrensstadium sich der SE-Vorschlag z. Zt. befindet. Da durch den EU-Vertrag von *Maastricht* (vgl. oben Rn. 2 Fn. 2) das Verfahren der Zusammenarbeit nach Art. 149 Abs. 2 a.F EWG-Vertrag abgeschafft worden ist [vgl. dazu noch *Wenz*, S 15–17], ist im Hinblick auf die im SE-Vorschlag angegebene, wenn auch noch nicht beschlossene Rechtsgrundlage [so Fn. 2 des Dokuments 5269/93, Anlage I] in Art. 100a EG-Vertrag davon auszugehen, daß sich das weitere Verfahren nach Art. 189 EG-Vertrag richtet [vgl. Art. 100a Abs. 1 n. F. EG-Vertrag]. Danach dürfte als nächstes die Festlegung eines *gemeinsamen Standpunktes* durch den Rat anstehen, Art. 189 b Abs. 2 Unterabs. 2 EGV).

109 *Übereinkommen über den Beitritt des Königreichs Spaniens und der Portugiesischen Republik zum Übereinkommen über die gerichtliche Zuständigkeit und die Vollstreckung gerichtlicher Entscheidungen in Zivil- und Handelssachen sowie zum Protokoll betreffend die Auslegung dieses Übereinkommens durch den Gerichtshof in der Fassung des Übereinkommens über den Beitritt des Königreichs Dänemark, Irland und des Vereinigten Königreichs Großbritanniens und Nordirland und des Übereinkommens über den Beitritt der Republik Griechenland*, geschlossen in *Donastia-San Sebastian* am 26. 5. 1989, ABl. 1989 Nr. L 285 S. 1; BGBl. 1994 II 519. Siehe zum Abdruck des EuGVÜ in der Fassung des Übereinkommens von Donastia-San Sebastian die Hinweise in Rn. 27 Fn. 101.

Für eine offiziöse *Kommentierung* des Übereinkommens siehe: *de Almeida Cruz/Desantes Real/Jenard*, ABl. 1990 Nr. C 189 S. 35–56. Vgl. ferner z. B. *Jayme/Kohler*, IPRax 1989, 338–339; und *Kohler*, EuZW 1991, 303–307 sowie die ausführliche Monographie von *Trunk*, S. 95–138.

110 In Frankreich, den Niederlanden und Spanien in Kraft seit dem 1. 2. 1991 (Mitteilung des Rates, ABl. 1991 Nr. C 17 S. 2); seit dem 1. 12. 1991 im Vereinigten Königreich (Mitteilung des Rates, ABl. 1991 Nr. C 308 S. 1; für Einzelheiten vgl. *Beaumont*, Int. Comp. L.Q. 1992, 206, 207 unter B.), seit dem 1. 2. 1992 im Großherzogtum Luxemburg (Mitteilung des Rates, ABl. 1992 Nr. C 16 S. 1); seit dem 1. 5. 1992 in Italien in Kraft (Miteilung des Rates, ABl. 1992 Nr. C 64 S. 1); und seit dem 1. 7. 1992 in Griechenland und Portugal (Mitteilung des Rates, ABl. 1992 Nr. C 144 S. 1).

111 *Übereinkommen über die gerichtliche Zuständigkeit und die Vollstreckung gerichtlicher Entscheidungen in Zivil- und Handelssachen*, geschlossen in *Lugano* am 16. 9. 1988 (88/592/EWG), ABl. EG 1988 Nr. L 319 S. 9; abgedruckt bei: *Jayme/Hausmann* Nr. 77.

Kommentierung des Übereinkommens durch *Jenard/Möller*, Bericht, ABl. 1990 Nr. C 189 S. 57–122 (auch abgedruckt bei: *Stoll* (Hrsg.), Stellungnahmen, S. 38–138); siehe auch: *Jayme/Kohler*, IPRax 1989, 340–341; *Schwander* (Hrsg.), Das Lugano-Übereinkommen; *Minor*, C.M.L.Rev. 27 (1990), 507–519; *Pirrung* in: *Stoll* (Hrsg.), Stellungnahmen, S. 161–170; *Trunk*, S. 27–93; siehe ferner die Beiträge von *Berti*, *Stoffel*, *Schwander* und *Kren* in: *Schwander/Stoffel* vom 1. 1. 1994 im Verhältnis zwischen Finnland, Frankreich, Irland, Italien, Luxemburg, den Niederlanden, Norwegen, Portugal, Schweden, der Schweiz und dem Vereinigten Königreich in Kraft[112].

29 Neben dieser Wirkung als Rechtsquelle gebietet das Gemeinschaftsrecht Beschränkungen für die Anwendung des nationalen IZVR. Bereits 1969 hat der Bundesgerichtshof entschieden, daß die Regelungen in Artikel 85 EWG-Vertrag (jetzt: EG-Vertrag) zu der bei der Anerkennung oder Vollstreckbarerklärung eines Schiedsspruchs durch das staatliche Gericht zu beachtenden „öffentlichen Ordnung" im Sinne des § 1041 Abs. 1 Nr. 2 ZPO gehören[113]. Im Jahr 1980 hatte der Gerichtshof darüber zu entscheiden, ob die Regelung in § 688 Abs. 1 ZPO zum Mahnverfahren gemeinschaftsrechtskonform ist[114]. Im Jahr 1993 hat der

(Hrsg.), FS *Vogel* (S. 337, 357, 395, 419), sowie: *Audit*, Droit international privé, S. 462–467; *Mercier/Dutoit*, S. 14–23; *McCaffrey*, Civ. Just. Q. 11 (1992) 12–27; *Jung*, Civ. Just. Q. 11 (1992) 38–51; *White*, Civ. Just. Q. 11 (1992) 52–61; *Cheshire/North*, S. 442–444; *Volken*, Schw. Z. int. eur. R. 1992, 223–249 (Wiedergabe und Erörterung der ersten Entscheidungen des Gerichtshofs zum Lugano-Übereinkommen); *Bajons*, ZfRV 1993, 45–61.

Das Übereinkommen wird durch *drei Protokolle* ergänzt, vor allem ein *Protokoll Nr. 1 über bestimmte Zuständigkeits–, Verfahrens- und Vollstreckungsfragen* (ABl. 1988 Nr. L 319 S. 29; auszugsweise abgedruckt bei: *Jayme/Hausmann* Nr. 77, Anhang) und ein *Protokoll Nr. 2 über die einheitliche Auslegung des Übereinkommens* (ABl. 1988 Nr. L 319 S. 31; auszugsweise abgedruckt bei: *Jayme/Hausmann* Nr. 77, Anhang, ab S. 327): Siehe zu Protokoll Nr. 2 die anregenden Ausführungen von *Kohler*, in: Ein internationales Zivilverfahrensrecht für Gesamteuropa, S. 11–28, insbesondere ab S. 17 (Abdruck der Diskussion dieses Referats mit Beiträgen von Peter *Gottwald*, Anton *Schnyder*, Heinz *Strohbach*, Zdenèk *Kucera*, Feliks *Zedler*, Erik *Jayme*, Konstantinos *Kerameus* und Gustaf *Möller*, ebendort S. 29–33).

112 Das Übereinkommen trat am 1. 1. 1992 in FRANKREICH, den NIEDERLANDEN und der SCHWEIZ ist in Kraft (*Siehr*, Kurzinformation, RabelsZ 56 (1992) 177; sowie (ohne Angabe eines Verfassers): Europe 1992 Nr. 2, dort Nr. 76, Fasc. 3100, und: Rev. crit. d. i. p. 1992, 607 sowie *Jayme/Hausmann*, Fn. 1 auf S. 293). Danach ist es in LUXEMBURG am 1. 2. 1992, im VEREINIGTEN KÖNIGREICH am 1. 5. 1992 und in PORTUGAL am 1. 7. 1992 in Kraft getreten (Rev. crit. d. i. p. 1992, 607; *Jayme/Kohler*, IPRax 1992, 346 unter 2. und 354f., mit Hinweisen auf von einigen Vertragsstaaten erklärte Vorbehalte). Mittlerweile trat das Übereinkommen auch am 1. 12. 1992 in ITALIEN, am 1. 1. 1993 in SCHWEDEN, am 1. 5. 1993 in NORWEGEN und am 1. 7. 1993 in FINNLAND in Kraft (AS 1993, 2058 unter Hinweis auf einen Vorbehalt Schwedens; siehe auch *Jayme/Kohler*, IPRax 1993, 357, 358 sowie *Jayme/Hausmann*, Fn. 1 auf S. 293). In IRLAND trat das Übereinkommen am 1. 1. 1994 in Kraft. Für DEUTSCHLAND siehe Rn. 28 Fn. 107.

113 BGH 27. 2. 1969 – KZR 3/68 (München), NJW 1969, 978, 979–980 unter III.2; bestätigt durch BGH 31. 5. 1972 – KZR 43/71 (Hamburg), NJW 1972, 2180, 2181, linke Spalte unter I. Vgl. – im gleichen Sinne – aus dem neueren Schrifttum nur: *von Zumbusch*, GRUR Int. 1988, 541, 551 (Text um Fn. 140); *Schlosser*, Schiedsgerichtsbarkeit, Rn. 878; *Raeschke-Kessler*, EuZW 1990, 145, 147 unter 2.a. – Im *Schiedsverfahren* selbst hat ein privates Schiedgericht Gemeinschaftsrecht gegebenenfalls zwar zu beachten, doch kann es die Vorlage einer gemeinschaftsrechtlichen Frage nur mit Hilfe eines staatliches Gerichtes erreichen (in Deutschland, wie *Raeschke-Kessler* a. a. O. unter 2.b. zu Recht betont, über § 1036 Abs. 1 ZPO): EuGH 23. 3. 1982, Rs. 102/81 (*„Nordsee" Deutsche Hochseefischerei GmbH/Reederei Mond Hochseefischerei u. a.*), Slg. 1982, 1095, 1111 Erw. 14.

114 EuGH 29. 10. 1980, Rs. 22/80 (*Boussac Saint-Frères SA/Gerstenmeier*), Slg. 1980, 3427, 3436–3437: Die Regelung in § 688 Abs. 1 ZPO wurde erst nach eingehender Prüfung eines möglichen Verstoßes gegen Artikel 7 Abs. 1 EWG-Vertrag (jetzt: Art. 6 Abs. 1 EG-Vertrag) als gemeinschaftsrechtskonform eingestuft.

Gerichtshof entschieden, daß die Regelungen zur Dienstleistungsfreiheit in Artt. 59, 60 EG-Vertrag es einem Mitgliedstaat verbieten, von einem in Ausübung seines Berufs handelnden Unionsbürger mit Wohnsitz in einem anderen Vertragsstaat die Zahlung einer Prozeßkostensicherheit zu verlangen, nur weil er Angehöriger eines anderen Mitgliedstaates ist[115]. Der Sache nach ist die Regelung in § 110 ZPO zur Prozeßkostensicherheit damit im Hinblick auf das allgemeine Diskriminierungsverbot in Artikel 6 Abs. 1 EG-Vertrag (früher: Art. 7 Abs. 1 EWG-Vertrag) gegenüber Klägern aus anderen Mitgliedstaaten grundsätzlich unanwendbar[116]: Das Gemeinschaftsrecht beschränkt den Anwendungsbereich von Regelungen des nationalen IZVR.

Dies zeigt auch die jüngste Entscheidung des Gerichtshofs, in der eine Rege- 30
lung des deutschen IZVR gemeinschaftsrechtlich überprüft wurde. In dem Rechtsstreit *Mund & Fester ./. Hatrax Internationaal Transport* entschied der Gerichtshof, daß innerhalb des Anwendungsbereichs des EuGVÜ eine Unterscheidung bei der Beurteilung von Arrestgründen danach, ob der Arrest im Inland oder im Ausland zu vollstrecken wäre (vgl. § 917 Abs. 1 und 2 ZPO), gegen das allgemeine Diskriminierungsverbot von Artikel 7 EWG-Vertrag (jetzt: Art. 6 EG-Vertrag) in Verbindung mit Artikel 220 EG-Vertrag verstößt[117]. In Anbetracht dieser Urteile erscheint es sachgerecht, von einem *Gebot der Gemeinschaftsrechtskonformität des nationalen IZVR* (kurz: *Konformitätsgebot*) auszugehen[118].

Der Überblick zeigt, daß die Doppelfunktion des Gemeinschaftsrechts als 31

---

115 EuGH 1.7. 1993, Rs. C-20/92 (*Hubbard/Hamburger*) zur Klage eines Testamentsvollstreckers, abgedruckt in: MDR 1993, 795; EuZW 1993, 514; IPRax 1994, 203.

116 In diesem Sinne auch *Schlosser*, EuZW 1993, 659, 660 unter III.2. und 661, und *Jayme/Kohler*, IPRax 1993, 357, 370 unter VI.1; a. A. Kaum, IPRax 1994, 180, 182f. Vgl. auch den Hinweis des Gerichtshofs auf Art. 7 EWGV in Erw. 10 des Urteils *Hubbard/Hamburger* sowie OLG München, Beschluß vom 17.11. 1992, IPRax 1994, 200; a. A. noch OLG Düsseldorf, Beschluß vom 10.2. 1993, EuZW 1993, 326, und LG Lübeck 13. 11. 1992 – Az 3 O 207/92 (unveröffentlicht): Der Anwendungsbereich des EG-Vertrages sei nicht berührt. – Siehe schließlich das Schrifttum zum Vorlagebeschluß des Landgerichts Hamburg (ABl. 1992 Nr. C 47 S. 20): *Verf.* in: MDR 1992, S. 89, 94–95; *Zimmermann*, RIW 1992, 707–712.

117 EuGH 10.2. 1994, Rs. C-398/92 (*Mund & Fester/Hatrex Internationaal Transport*), MDR 1994, 300; EuZW 1994, 216. Siehe dazu kritisch *Thümmel*, EuZW 1994, 242ff. – Siehe aus der Literatur zum Vorlagebeschluß des Hanseatischen Oberlandesgerichts Hamburg vom 16.11. 1992 (ABl. 1992 Nr. C 339 S. 10; EuZW 1993, 264) nur *Mankowski*, VersR 1993, 182 und *Ehricke*, IPRax 1993, 380–382.

118 So *Verf.* in MDR 1992, 89, 95 rechte Spalte unter Nr. 7 und S. 93ff.; siehe jetzt ausführlich *Wolf*, in: Wege zu einem europäischen Zivilprozeßrecht, S. 35–67 (zur Einwirkung der Grundfreiheiten auf das Zivilprozeßrecht: Begründung und Anwendungsbeispiele). – Hinzuweisen ist in diesem Zusammenhang auch auf die Arbeit der sog. *Storme*-Kommission, die zur Zeit unter dem Vorsitz des Belgiers Marcel *Storme* an der Erarbeitung eines Modellgesetzes für ein *einheitliches europäisches Zivilverfahrensrecht* arbeitet (vgl. *Prütting*, FS Baumgärtel, 457, 460–461; *Remien* JZ 1992, 277, 283 linke Spalte, siehe weiter *Storme* selbst: RabelsZ 55 [1992] 290, 298). Dieses könnte eines Tages als Richtlinie verabschiedet werden: So noch der Hinweis von *Taschner* am 3.4. 1992 in der Diskussion zu seinem Referat über die „Privatrechtsentwicklung durch die Europäische Gemeinschaft" während der Tagung des *Arbeitskreises Europäische Integration e. V.* zum Thema „Gemeinsames Privatrecht in der Gemeinschaft"; nach Maastricht

Quelle und Schranke im Internationalen Zivilverfahrensrecht besonders deutlich zu erkennen ist. Im IPR zeichnet sich, wie bereits angedeutet wurde[119], eine parallele Entwicklung ab. Sie ist bei weitem noch nicht so fortgeschritten. Das Schuldrechtsübereinkommen vom 19. Juni 1980 (EVÜ)[120] ist zwar seit dem 1. April 1991 in acht[121] – und inzwischen sogar in zehn[122], teilweise sogar in elf[123] – Mitgliedstaaten in Kraft, doch gilt es in Deutschland nur in abgeänderter Form[124]. Trotz öffentlicher Rüge durch die *Kommission* nach Artikel 189 Abs. 5 EWG-Vertrag (jetzt: EG-Vertrag)[125] hat der deutsche Gesetzgeber das EVÜ durch das IPR-Reformgesetz von 25. Juli 1986 (vorzeitig) in einer in einigen Details *veränderten* Fassung in nationales Recht umgesetzt[126]. Gleichzeitig hat der

---

verhaltener: *ders.* in: *Gemeinsames Privatrecht*, S. 155, 165; *kritisch*: *Stürner*, in: Wege zu einem europäischen Zivilprozeßrecht, S. 1, 17 (eine Richtlinie wäre „verhängisvoll").

119 Oben Rn. 12–14.

120 Vgl. oben Rn. 19 Fn. 65.

121 *Rat*, Mitteilung, ABl. EG 1991 Nr. C 52, S. 1; *Lagarde*, Rev. crit. d. i. p. 1991, 287, 287–288 (dort insbesondere Fn. 3); *Jayme/Kohler*, IPRax 1991, 361 (unter I.), 364 (unter IV. 1) und die Kurzinformation der Redaktion von RabelsZ in: RabelsZ 55 (1991), 770: Nach der erforderlichen Ratifikation des Übereinkommens durch sieben Mitgliedstaaten (Belgien, Dänemark, Bundesrepublik Deutschland, Frankreich, Italien, Luxemburg, Vereinigtes Königreich) trat das EVÜ am 1. 4. 1991 zugleich auch in Griechenland als achtem Mitgliedstaat in Kraft, weil am 1. 4. 1991 ebenfalls das 1. Beitrittsübereinkommen zum EVÜ vom 10. 4. 1984 (EVÜ 1984) in Kraft trat, in dem Griechenland dem EVÜ beigetreten ist (Übereinkommen über den Beitritt der Republik Griechenland zu dem am 19. Juni 1980 in Rom zur Unterzeichnung aufgelegten Übereinkommen über das auf vertragliche Schuldverhältnisse anzuwendende Recht (84/297/EWG), ABl. EG 1984 Nr. L 146 S. 1). Vgl. die oben in dieser Fußnote angegebenen Fundstellen; für *Italien* beachte darüber hinaus den nachträglich nach Art. 22 Abs. 1 Buchstabe a EVÜ erklärten Vorbehalt, den Artikel 10 Abs. 1 Buchstabe e EVÜ nicht anzuwenden: BGBl. 1992 II 550.

122 Seit dem 1. 9. 1991 ist das EVÜ auch in den *Niederlanden* in Kraft: Zustimmungsgesetz vom 31. 1. 1991 (Rijkswet van 31 januari, houdende goedkeuring van het op 19 juni 1980 te Rome tot stand gekomen Verdrag inzake het recht dat van toepassing is op verbintenissen uit overeenkomst, met Protocol en gemeenschappelijke Verklaringen [Trb. 1980, 156]), Staatsblad 1991, Nr. 53 (auf diese Fundstelle haben zuerst *Jayme/Kohler*, IPRax 1991, 361, Fn. 3, hingewiesen); für das Inkrafttreten am 1. 8. 1993 in den niederländischen Antillen siehe die Mitteilung des Rates, ABl. 1993 Nr. C 187 S. 1. – Am 1. 1. 1992 trat das EVÜ darüberhinaus in *Irland* (mit einem Anwendungsvorbehalt für Art. 7 Abs. 1 EVÜ) in Kraft: BGBl. 1992 II 550. – Weiter sieht das am 18. 5. 1992 unterzeichnete *Übereinkommen von Funchal* den Beitritt von Spanien und Portugal zum EVÜ vor, vgl. *Jayme/Kohler*, IPRax 1992, 346, 355 unter VI. 3.

Ferner ist am 18. 5. 1992 ein Beitrittsübereinkommen zum EVÜ von allen zwölf Mitgliedstaaten einschließlich Spanien und Portugal unterzeichnet worden: Rev. crit. d. i. p. 1992, 608.

123 Nach einer Mitteilung des Rates ist am 1. 9. 1993 das Beitrittsübereinkommen Spaniens und Portugals zum EVÜ vom 18. 5. 1992 im Verhältnis zwischen Spanien und den Niederlanden in Kraft getreten, ABl. 1993 Nr. C 187 S. 1.

124 Vgl. oben Rn. 19 Fn. 66.

125 *Empfehlung der Kommission* vom 15. 1. 1985 (an die Bundesrepublik Deutschland gerichtet), ABl. 1985 Nr. L 44 S. 42–43.

126 Gesetz zur Neuregelung des Internationales Privatrechts vom 25. Juli 1986 (BGBl. 1986 I 1142); für Einzelheiten vgl. *Pirrung* in: Gemeinschaftsrecht und IPR, 21, 49; und die *Empfehlung der Kommission* vom 15. 1. 1985 ABl. 1985 Nr. L 44 S. 42, 43 linke Spalte. Siehe auch die Schrifttumshinweise oben Rn. 19 Fn. 66.

deutsche Gesetzgeber in Artikel 1 Abs. 2 des Zustimmungsgesetzes zum EVÜ vom selben Datum[127] in einem Vorbehalt erklärt, daß die das IPR der Schuldverträge regelnden Artikel 1–21 des EVÜ innerstaatlich nicht unmittelbar anwendbar seien. Damit gilt das EVÜ nicht in allen Mitgliedstaaten in derselben Fassung. Probleme der einheitlichen Auslegung des Übereinkommens[128] sind unter diesen Umständen vorprogrammiert[129]. Die zu dem Übereinkommen beschlossenen Auslegungsprotokolle vom 19. 12. 1988[130] sind noch nicht in Kraft[131]. Für die *Bundesrepublik Deutschland* ist zweifelhaft, welche Bedeutung den Auslegungsprotokollen zukommen kann: Das zweite Protokoll gibt dem Gerichtshof die Zuständigkeit zur Auslegung des *EVÜ*, das nach Artikel 1 Abs. 2 des Zustimmungsgesetzes vom 25. 7. 1986[132] in Deutschland gerade kein unmittelbar anwendbares Recht enthält[133]. Deshalb ist die gemeinschaftsrechtsweite Parallelentwicklung des schuldrechtlichen IPR im Vergleich zum IZVR noch nicht gesichert.

Das Schuldrechtsübereinkommen stellt das sichtbarste Zeichen für den Beginn einer Entwicklung dar, in der das Gemeinschaftsrecht in zunehmender Weise von den oben bereits abstrakt erörterten[134] Wirkungsmöglichkeiten als vorrangige Rechtsordnung Gebrauch machen dürfte. Ein weiteres ähnlich pro- 32

---

[127] Gesetz zu dem Übereinkommen vom 19. Juni 1980 über das auf vertragliche Schuldverhältnisse anzuwendende Recht vom 25. Juli 1986, BGBl. II 809.

[128] Vgl. Art. 18 EVÜ und Art. 36 EGBGB.

[129] Zu Problemen der einheitlichen Auslegung eingehend und kritisch z. B. *Jayme/Kohler*, IPRax 1989, 337, 343f.; *Junker*, RabelsZ 55 (1991) 674–696; *Walch*, S. 145ff. (insbesondere unter I. und III.).

[130] (1) Das 1. Protokoll räumt den nationalen Gerichten der Rechtsmittelinstanzen ein *fakultatives Vorlagerecht* ein (Art. 2): ERSTES PROTOKOLL betreffend die Auslegung des am 19. Juni 1980 in Rom zur Unterzeichnung aufgelegten Übereinkommens über das auf vertragliche Schuldverhältnisse anzuwendende Recht durch den Gerichtshof der Europäischen Gemeinschaften, ABl. 1989 Nr. L 48 S. 1; auszugsweise auch abgedruckt bei *Jayme/Hausmann* unter Nr. 45.

(2) Das 2. Protokoll überträgt dem Gerichtshof die *Auslegungszuständigkeiten*: ZWEITES PROTOKOLL zur Übertragung bestimmter Zuständigkeiten für die Auslegung des am 19. Juni 1980 in Rom zur Unterzeichnung aufgelegten Übereinkommens über das auf vertragliche Schuldverhältnisse anzuwendende Recht auf den Gerichtshof der Europäischen Gemeinschaften, ABl. 1989 Nr. L 48 S. 17; auszugsweise auch abgedruckt bei *Jayme/Hausmann* unter Nr. 46.

(3) Zwei getrennte Protokolle waren erforderlich, um *irischen* verfassungsrechtlichen Problemen gerecht zu werden: Nähere Erklärung bei *Jayme/Kohler*, IPRax 1989, 337, 343 unter 4.a. Mittlerweile scheinen sich diese Probleme gelöst zu haben. Irland soll im Dezember 1993 auch das 1. Protokoll ratifiziert haben.

[131] Erforderlich ist die Ratifikation des 1. Protokoll durch mindestens sieben und des 2. Protokolls durch alle Mitgliedstaaten. Vgl. nur *Junker*, RabelsZ 55 (1991) 674, 687. Beide Protokolle sind mittlerweile von GRIECHENLAND, ITALIEN, IRLAND, LUXEMBURG, den NIEDERLANDEN und dem VEREINIGTEN KÖNIGREICH ratifiziert worden: *Jayme/Hausmann*, Fn. 1 zu Nr. 45 und zu Nr. 46 (noch nicht für die erst im Dezember 1993 erfolgte Ratifikation des ersten Protokolls durch Irland). – In *Deutschland* ist die Ratifikation der beiden Protokolle empfohlen worden: Siehe *Kropholler* in: *Stoll* (Hrsg.), Stellungnahmen, S. 170ff. (176 unter IV. 1).

[132] Siehe oben Rn. 31 Fn. 127.

[133] Deutlich zu diesem Widerspruch: *Jayme/Kohler*, IPRax 1989, 337, 343 unter 4.b.

[134] Oben Rn. 11.

minentes Beispiel für den zunehmenden Einfluß des Gemeinschaftsrechts auf das IPR bietet das bereits erwähnte Versicherungsvertragsrecht (Artt. 7–13 EGVVG), in dem erstmals IPR-Normen aus Richtlinien in deutsches Recht umgesetzt worden sind[135].

33 Aus diesem Befund leitet sich der Aufbau der nachfolgenden Untersuchungen in dieser Arbeit (Teil I dieses Buches) ab. Dort soll versucht werden, den Einfluß des Gemeinschaftsrechts auf das IPR genauer herauszuarbeiten. Die Erörterung einiger nicht so gut wie das EVÜ sichtbarer Beispiele soll zeigen, daß der Einfluß schon heute weiter reicht, als dies auf den ersten Blick scheinen mag. Zum Beispiel sind internationalprivatrechtliche Regelungen gelegentlich in Verordnungen zu finden[136]. An anderen Stellen, wo man *a priori* einen Einfluß vermuten dürfte, erweist er sich als praktisch nicht existent[137].

34 Es soll gezeigt werden, daß sowohl die Rechtsquellen- als auch die Rechtsschrankenfunktion des Gemeinschaftsrechts verhältnismäßig weit ausgebaut sind. Die aus dem IZVR bekannte Doppelfunktion des gemeinschaftsrechtlichen Einflusses wiederholt sich im IPR, das in Folge dieses Einflusses neue Unterscheidungen erlebt: Das Gemeinschaftsrecht kann das traditionelle IPR unmittelbar nur soweit verändern, als dies Streitigkeiten zwischen Unionsbürgern[138] oder ihnen gleichgestellten Gesellschaften[139] betrifft[140]. Gebietet zum Beispiel das Gemeinschaftsrecht die Unanwendbarkeit einer nationalen IPR-Norm im Verhältnis zwischen Unionsbürgern[141], so ist es Sache des nationalen Gesetzgebers zu entscheiden, ob er die Norm generell streichen will. Aus dem Gemeinschaftsrecht folgt insoweit kein Handlungszwang.

Je weiter die Eingriffe des Gemeinschaftsrechts in das IPR reichen, desto größer wird die mögliche Kluft zwischen dem innergemeinschaftlichen IPR-System und den traditionellen IPR-Regeln, die im Verhältnis zu den über 170 anderen Staaten der Erde gelten[142]. Die Betrachtung des gemeinschaftsrechtli-

---

135 Vgl. oben Rn. 22.

136 Dazu § 5 ab Rn. 304.

137 Vgl. unten Rn. 453ff., 487.

138 Vgl. Art. 8 EGV. Der Begriff *Unionsbürger* ist durch Artikel G des EU-Vertrages (vgl. oben Rn. 2 Fn. 2) in den EG-Vertrag eingeführt worden und löst den von Ipsen geprägten Begriff *Marktbürger* ab (vgl. *Ipsen* in: Lüneburger Symposion, S. 94; *ders.* in: *Ipsen/Nicolaysen*, NJW 1964, 339, 340, Text bei Fn. 2; und *ders.*, Europäisches Gemeinschaftsrecht, Rn. 8/6.). Der europäische Gesetzgeber hat damit der Diskussion um die Ersetzung des Begriffs Marktbürger durch den Begriff *Europäischer Bürger* ein Ende gesetzt, vgl. *Oppermann*, Europarecht, Rn. 181, 183–185, 1463ff.; *ders.*, Lüneburger Symposion, S. 87, 89–93; *Everling*, EuR 1990, Beiheft 1, S. 81 und S. 100–103 sowie *Ipsen*, Lüneburger Symposion S. 94, 95). Zur Unionsbürgerschaft siehe *H. G. Fischer*, EuZW 1992, 566–569 sowie den Bericht der Komission vom 21. 12. 1993 über die Unionsbürgerschaft, KOM (93) 702 endg.

139 Vgl. Artt. 58, 66 EG-Vertrag.

140 In diesem Sinne bereits implizit *Savatier*, Rev. crit. d. i. p. 48 (1959), 237, 239.

141 Vgl. die Darstellung unten ab Rn. 495 zu Art. 38 EGBGB.

142 Das United Nations Handbook 1992 nennt allein 179 Mitglieder der Vereinten Nationen (einschließlich der 12 EG-Mitgied-Staaten). Seitdem (Stand: 1.11. 1993) sind über 16 Mitgliedstaaten hinzugekommen: Vgl. die *Bekanntmachungen über den Geltungsbereich der Vereinten Nationen* vom 4. 2. 1992 (BGBl. II 174) und vom 23. 6. 1992 (BGBl. II 528) sowie die Aufteilung der

chen Einflusses auf das IPR bedeutet zugleich eine Auseinandersetzung mit der Unterscheidung zwischen IPR-Fragen mit und ohne Gemeinschaftsbezug[143].

Die Auswahl der Belegbeispiele für den Einfluß des Gemeinschaftsrechts auf 35
das IPR fiel schwer. Eine umfassende Darstellung war bei der Fülle des Stoffes nicht möglich. Im *zweiten* Kapitel der Arbeit wird das Gemeinschaftsrecht als Rechtsquelle des IPR untersucht. Zunächst soll die in der Literatur umstrittene Frage nach der Bedeutung des EG-Vertrages als Rechtsquelle des Internationalen Gesellschaftsrechts aufgegriffen werden (§ 4): Die Beweisführung für den IPR-Normcharakter von Artikel 58 Abs. 1 (*erste Voraussetzung*) EG-Vertrag ist lang, aber erforderlich. Denn die Regelung in Artikel 58 EG-Vertrag – die durch den Vertrag über die Europäische Union nicht abgeändert worden ist – enthält, soweit ersichtlich, das einzige IPR-Beispiel des Primärrechts, das unmittelbare Wirkung zwischen Privaten entfaltet[144]. Weiteres IPR gemeinschaftsrechtlichen Ursprungs ist in Verordnungen enthalten; erste Strukturen dieser IPR-Normen

---

ehemaligen Tschechischen Republik zum 1. 1. 1993 und die Gründung von Erithrea zum 23. 5. 1993.

143 (1)Noch weiter gehen die aus britischer Sicht wegen der Einbindung in den Commonwealth gebotenen Unterscheidungen: Vgl. *Fawcett*, Anglo-Am.L.Rev. 7 (1978), 230–242.

(2)Zwischen die beiden Ebenen – der EG-internen und der weltweit-internationalen – ist zusätzlich noch die Ebene des *Europäischen Wirtschaftsraums* getreten: Vgl. dazu bereits die Entschließung des *Parlaments* vom 14. 2. 1992, EuGRZ 1992, 88–89 sowie das am 1. 1. 1994 im Verhältnis zwischen der EG, der EGKS, den zwölf Mitgliedstaaten der EG sowie *Österreich, Finnland, Island, Norwegen und Schweden* in Kraft getretene *Abkommen über den Europäischen Wirtschaftsraum* (EWR-Vertrag) vom 2. 5. 1992 (ABl. 1994 Nr. L 1 S. 3; BGBl. 1993 II 266, 267) und das am gleichen Tag in Kraft getretene *Anpassungsprotokoll zum Abkommen über den Europäischen Wirtschaftsraum* (ABl. 1994 Nr. L 1 S. 572; BGBl. 1993 II 1294, 1295), vgl. die *Mitteilung* (ABl. 1994 Nr. L 1 S. 606) und die *Bekanntmachung* vom 16. 12. 1993 (BGBl. 1993 I 2436); zum Inkrafttreten des EWR-Vertrages im Verhältnis zu *Liechtenstein* siehe Art. 1 Abs. 2, 3 des Anpassungsprotokolls. Die Schweiz, die den EWR-Vertrag zunächst in Porto ebenfalls unterzeichnet hatte (vgl. die *Botschaft* des Schweizerischen Bundesrates *zur Genehmigung des Abkommens über den Europäischen Wirtschaftsraum* vom 18. Mai 1992, Bundesblatt (Schweiz), A, Nr. 33, Band IV vom 21. 8. 1992, S. 1-542), hat den Vertrag hingegen nicht ratifiziert (vgl. den 3. Erwägungsgrund in der Präambel zum Anpassungsprotokoll). Siehe für Deutschland auch das *EWR-Ausführungsgesetz* vom 27. 4. 1993 (BGBl. 1993 I 512, 2436) und das *Gesetz zur Anpassung des EWR-Ausführungsgesetzes* (BGBl. 1993 I 1666, 2436).

Der Europäische Wirtschaftsraum wird – zumindest für einen Übergangszeitraum (vgl. Rn. 2 Fn. 2) – ebenso wie das Gemeinschaftsrecht Einfluß auf das nationale IPR nehmen, weil der *acquis communautaire* Rechtsgrundlage des Europäischen Wirtschaftsraums ist: Vgl. nur Art. 7 EWR-Vertrag (Übernahme von EG-Verordnungen und von Umsetzungsverpflichtungen aus EG-Richtlinien), Art. 6 EWR-Vertrag (Übernahme von Entscheidungen des Gerichtshofs zur Auslegung von übernommenen Gemeinschaftsrecht) und die Artt. 8–77 EWR-Vertrag (Einzelheiten zu den Grundfreiheiten). Siehe aus der ersten *Literatur* zum EWR-Vertrag: *Krenzler*, integration 15 [1992], 61 und 62ff.; *Hummer*, EuZW 1992, 361, insbesondere S. 369 unter 4.; *Rack*, EuZW 1992, 373, 374ff. unter II.; *Hess/Raaflaub*, EuZW 1992, 379, insbesondere ab S. 380 unter III, *kritisch*: *Garrone*, Schw.Z.int.eur.R. 1993, 251–271 – Vgl. ferner aus der Tätigkeit des *Gerichtshofs*: EuGH 14. 12. 1991 (Gutachten 1/91) und EuGH 10. 4. 1992 (Gutachten 1/92), erstattet auf Antrag der Kommission der Europäischen Gemeinschaften (zur Vereinbarkeit des im EWR-Vertrag vorgesehenen gerichtlichen Kontrollsystems mit dem EG-Vertrag): EuR 1992, 163 und EuR 1992, 287.

144 Siehe aber auch die Hinweise zu Artikel 30 EG-Vertrag unten Rn. 409.

sind zu erkennen. Auch diesen IPR-Normen wird im zweiten Kapitel nachgegangen (§ 5). Schließlich ist zur Bedeutung des Gemeinschaftsrechts als Rechtsquelle des IPR noch darauf hinzuweisen, daß auch der Gerichtshof im Wege der Rechtsprechung gemeinschaftsrechtliches IPR schaffen kann (§ 6).

36 Deutlich wird der Einfluß des Gemeinschaftsrechts auch im autonomen IPR. Hier kann aus dem Vorrang des Gemeinschaftsrechts auf ein „Gebot der Gemeinschaftsrechtskonformität" geschlossen werden. Dieser Einwirkungsform des Gemeinschaftsrechts und einigen repräsentativen Beispielen seiner Auswirkung ist das *dritte* Kapitel dieses Teils gewidmet.

III. Eingrenzung des Themas

Um den Rahmen dieser Arbeit nicht zu sprengen, waren einige thematische Beschränkungen unumgänglich:

1. „Internationales Privatrecht"

37 Der Begriff „Internationales Privatrecht" wird in seinem engen Sinne verstanden. Fragen des Internationalen Zivilverfahrensrechts (IZVR) werden grundsätzlich ausgeklammert[145] und nur dort angesprochen, wo dies zur Klärung internationalprivatrechtlicher Fragen erforderlich ist[146]. Auf die Vorreiterfunktion des IZVR im Verhältnis zum IPR wurde bereits hingewiesen[147].

Zum Teil enthält das *IZVR gemeinschaftsrechtlichen Ursprungs* für prozeßrechtliche Vorfragen IPR-Regelungen. So beruft Artikel 52 EuGVÜ selbst das für die Feststellung des Parteienwohnsitzes anwendbare Recht[148]. Auch diese Fragen werden nicht vertieft.

Schließlich wird diese Arbeit im wesentlichen auf Fragen des *deutschen* IPR beschränkt.

2. „Europäisches Gemeinschaftsrecht"

38 Der Begriff des „Europäischen Gemeinschaftsrechts" steht in dieser Arbeit für das Recht des EG-Vertrages und das gemeinschaftsrechtliche Sekundärrecht.

---

[145] Vgl. nur oben Rn. 27–30. Für einen Überblick siehe *Verf.* in MDR 1992, S. 89, 93–95 m. w.N sowie – zum EuGVÜ und zum Luganer Übereinkommen (vgl. auch oben Rn. 28–29) – *Jayme/Kohler*, IPRax 1992, 346, 349–355 und IPRax 1993, 357, 360–368.

[146] Siehe unten Rn. 482ff. (zu § 549 Abs. 1 ZPO).

[147] Siehe oben Rn. 26ff.

[148] Vgl. den kritischen Überblick bei *Kropholler*, Europäisches Zivilprozeßrecht, Art. 52 Rn. 1–6; Artikel 53 EuGVÜ enthält hingegen nur eine rangkollisionsrechtliche Regelung und verweist zur Bestimmung des Sitzes von Gesellschaften und *trusts* auf die Vorschriften des nationalen IPR des Forums (vgl. nur *Kropholler* a. a. O. Art. 53 Rn. 1: Die Vorfrage der Anerkennung von Gesellschaften und juristischen Personen habe das Übereinkommen bewußt nicht geregelt).

Vorschriften aus dem EGKS- und dem EAG-Vertrag werden grundsätzlich nicht erwähnt: Privatrechtsfälle mit EG-Auslandsbezug berühren im Normalfall nicht den Anwendungsbereich der EGKS- und der EAG-Verträge.

Nicht eingegangen wird grundsätzlich auf Fragen, die sich aus der Schaffung des *Europäischen Wirtschaftsraums*[149] ergeben[150]. Diese Fragen führen zu einem weiteren – in Anbetracht der Übernahme des *acquis communautaire*[151] – zum Teil parallelen Themenkomplex, der nicht Gegenstand dieser Arbeit ist[152].

3. *„Einfluß des Gemeinschaftsrechts"*

Die Arbeit untersucht den bestehenden Einfluß des Gemeinschaftsrechts auf das deutsche IPR. Fragen zukünftiger Einflußmöglichkeiten werden ausgeklammert. Insbesondere wird der jüngst gemachte Vorschlag, im Verordnungswege ein einheitliches europäisches IPR-Gesetzbuch zu schaffen[153], nicht erörtert werden. Dieser Vorschlag, der den alten Traum von einem international vereinheitlichtem IPR[154] in ein neues gemeinschaftsrechtliches Gewand kleidet[155], ist aus internationalprivatrechtlicher Sicht zu begrüßen. Aus der – vorrangigen – gemeinschaftsrechtlichen Perspektive erscheint seine Durchführbarkeit zweifelhaft. Er stößt im Hinblick auf das Subsidiaritätsprinzip[156] an die kompetenzrechtlichen Grenzen der Gemeinschaft[157]. Eine intensivere Beschäftigung mit dem Vorschlag trotz dieser kompetenzrechtlichen Fragen setzt eine Bestandsaufnahme des bestehenden Einflusses des Gemeinschaftsrechts voraus. Dieser soll die vorliegende Arbeit dienen. 39

---

149 Vgl. oben Rn. 34 Fn. 143, Absatz 2.

150 Vgl. aber unten Rn. 43, 301 f. sowie den Hinweis von *Jayme/Kohler*, IPRax 1993, 357, 360 auf Anhang IX des EWR-Vertrags, der für das *versicherungsrechtliche* IPR von Bedeutung ist.

151 Vgl. wiederum oben Rn. 34 Fn. 143, Absatz 2.

152 Einen Eindruck von der Vielfalt der aus der Schaffung des Europäischen Wirtschaftsraums folgenden Fragen vermittelt für den Bereich des IZVR, das insoweit wiederum eine Vorreiterstellung einnehmen könnte, der von *Jayme* herausgegebene Tagungsband zu einem Heidelberger Symposion vom 27. 2. 1991 bis 1. 3. 1991 (Ein internationales Zivilverfahrensrecht für Gesamteuropa, siehe dort z. B. den Hinweis auf den EWR in der Einführung von *Jayme*, auf S. 4).

153 So *Kreuzer* in einem Vortrag von 1992 (referiert bei *Ruffert*, EuR 1992, 320, 325 unter IV. 4) und *ders.* in: Gemeinsames Privatrecht, S. 373, 410 in Verbindung mit S. 430 ff., 434 f., 438 und 447 (erweiterte Fassung dieses Vortrags).

154 International vereinheitlichtes IPR führt bekanntlich zu internationalem Entscheidungseinklang; vgl. nur *Kropholler*, IPR, § 6. III. 1. auf S. 36 oben und § 6 vor I. (Entscheidungseinklang als „formales Ideal des IPR").

155 So auch *Kreuzer* selbst in: Gemeinsames Privatrecht, S. 373, 412.

156 Dazu oben Rn. 2.

157 Zu kompetenzrechtlichen Grenzen der Rechtsvereinheitlichung zuletzt *Müller-Graff*, FS Börner, 303, 333 i. V. m. S. 325 ff. Dementsprechend tritt *Kreuzer* dafür ein, die Verordnung zur Schaffung eines europäischen IPR-Gesetzbuches auf Artikel 235 EG-Vertrag zu stützen. Dabei handelt es sich um eine *Kompetenzergänzungsvorschrift* (vgl. nur *Geiger*, Art. 235 Rn. 1), die einen *einstimmigen* Ratsbeschluß zu einem Vorschlag der Kommission, nach Anhörung des Europäischen Parlamentes, vorraussetzt.

4. Rechtsquellen

40 Die Darstellung der Rechtsquellen wird auf unmittelbar wirkendes gemeinschaftsrechtliches IPR begrenzt. Verzichtet wird auf die Darstellung des harmonisierten IPR, vor allem im Einführungsgesetz zum Versicherungsvertragsgesetz[158]. Die Anwendung des harmonisierten IPR bringt vor allem *allgemeine* Probleme der richtlinienkonformen Anwendung mit sich[159], die zumindest strukturell keine speziellen internationalprivatrechtlichen Fragen aufwerfen. Ähnliches gilt für das IPR, das seinen Ursprung in gemeinschaftsrechtsnahen Staatsverträgen hat. Auch dieses wird grundsätzlich ausgespart werden. Sowohl für die Fragen, die das EVÜ betreffen, als auch jene, die das IPR des Versicherungsrechts betreffen, wird auf die ausführlichen Darstellungen im deutschen und ausländischen Schrifttum verwiesen[160].

41 Aus der Beschränkung auf unmittelbar wirkendes gemeinschaftsrechtliches IPR folgt weiter, daß – zunehmend zu beobachtende – internationalprivatrechtliche Regelungen in nicht oder noch nicht umgesetzten Richtlinien[161] und in Richtlinienvorschlägen[162] nicht erörtert werden. Gleiches gilt für die Fragen nach der internationalprivatrechtlichen Bedeutung von sachrechtlichen Regelungen in Richtlinien[163].

---

158 Vgl. oben Rn. 22 Fn. 84.

159 Vgl. hierzu in der neueren Literatur z. B. *Gellermann*, S. 103–114, und unten Rn. 78.

160 Vgl. oben Rn. 19 Fn. 66 und Rn. 22 Fn. 82. Das jüngste Beispiel von internationalprivatrechtlichen Regelungen in *versicherungsrechtlichen* Richtlinien bietet Art. 27 der *„Dritten Richtlinie Schadensversicherung"* (Richtlinie 92/49/EWG des Rates vom 18. 6. 1992 zur Koordinierung der Rechts- und Verwaltungsvorschriften für die Direktversicherung [mit Ausnahme der Lebensversicherung] sowie zur Änderung der Richtlinien 73/239/EWG und 88/357/EWG; ABl. L 1992 Nr. 228 S. 1); siehe aber auch Art. 28 der Richtlinie. *Gegen* die *Qualifikation* der Regelung in Art. 28 der Richtlinie als internationalprivatrechtliche Regelung: *Fahr*, VersR 1992, 1033, 1036 unter 4.; *für* die internationalprivatrechtliche *Bedeutung* der Regelung: *Reich* C.L.Rev. 1992, 861, 873f.; *Roth*, IPRax 1994, 165, 166 (Text bei Fn. 16).

161 Vgl. Art. 6 Abs. 2 der *Richtlinie 93/13/EWG vom 5. 4. 1993 über mißbräuchliche Klauseln in Verbraucherverträgen* (ABl. 1993 Nr. L 95 S. 29; kritisch dazu z. B. *Jayme/Kohler*, IPRax 1993, 357, 358–359 mit weiteren Schriftumsnachweisen in Fn. 15; *Remien*, ZEuP 1994, 34, 64; *Roth*, IPRax 1994, 165, 168f.) und Art. 12 der *Richtlinie 93/7/EWG vom 15. 3. 1993 über die Rückgabe von unrechtmäßig aus dem Hoheitsgebiet eines Mitgliedstaats verbrachten Kulturgütern* (ABl. 1993 Nr. L 74 S. 74; siehe dazu *Jayme/Kohler*, IPRax 1993, 357, 359–360 mit weiterem Schrifttumsnachweis; *Roth*, IPRax 1994, 165, 173). Siehe ferner die Hinweise von *Kreuzer* auf räumliche Kollisionsregeln in Richtlinien zum Wirtschaftsaufsichtsrecht (in: Gemeinsames Privatrecht, S. 373, 391 und 402).

162 Vgl. insbesondere die internationalprivatrechtlichen Regelungen in Art. 9 des am 2. 7. 1992 von der *Kommission* vorgelegten *Vorschlag für eine Richtlinie des Rates zum Schutz der Erwerber bei Verträgen über die Nutzung von Immobilien als Teilzeiteigentum*, ABl. C 1992 Nr. 222 S. 5 (siehe dazu *Jayme/Kohler*, IPRax 1993, 357, 359; *Roth*, IPRax 1994, 165, 170) und in Art. 3 des geänderten *Vorschlags für eine Richtlinie des Rates über die Entsendung von Arbeitnehmern in Rahmen der Erbringung von Dienstleistungen*, ABl. 1993 Nr. C 187 S. 5 (siehe dazu *Däubler*, EuZW 1993, 370, 372 unter 2.; *Jayme/Kohler*, IPRax 1993, 357, 359; *Roth*, IPRax 1994, 165, 168). Siehe auch die Hinweise von *Kreuzer* in: Gemeinsames Privatrecht, S. 373, 402.

163 Siehe hierzu ausführlich Teil II Rn. 659ff.; siehe jüngst auch *Roth*, IPRax 1994, 165, 172f., 174 zur kollisionsrechtlichen Bedeutung der sachrechtlichen Regelungen in der *Richtlinie 93/83/*

Nur bei der Erörterung der Grundbegriffe werden das harmonisierte IPR und das IPR aus Staatsverträgen[164] mit einbezogen werden: Die Erörterung des gemeinschaftsrechtlichen IPR setzt die Abgrenzung von Nebendisziplinen voraus.

5. Gemeinschaftsrechtliches Sachrecht

Die Arbeit konzentriert sich auf Fälle, in denen das IPR zur Fallösung vor 42
deutschen Gerichten gebraucht wird. Soweit sich die Lösung des Falles bereits aus gemeinschaftsrechtlichem Sachrecht ergibt, bedarf es nicht der Anwendung von IPR. Ähnlich wie bei der Anwendung von völkerrechtlich vereinheitlichtem Sachrecht mit eigenen Rechtsanwendungsnormen gibt es bei der Anwendung von gemeinschaftsrechtlichem Sachrecht keinen Raum für die Anwendung von IPR, soweit das Sachrecht den Fall regelt[165]. Zum Beispiel kann sich die Nichtigkeit einer Kartellabsprache unabhängig von dem im übrigen auf den Vertrag anwendbaren nationalen Recht aus Artikel 85 Abs. 2 EG-Vertrag ergeben[166]. Ebenso ist eine Europäische Wirtschaftliche Interessenvereinigung (EWIV) nach Art. 1 Abs. 2 der EWIV-Verordnung[167] unabhängig von dem im übrigen auf die EWIV anwendbaren nationalen Recht handlungs- und geschäftsfähig.

Die Anwendbarkeit des Gemeinschaftsrechts folgt in diesen Fällen unmittelbar aus dem Vorrang des Gemeinschaftsrechts vor nationalem Recht. Nur gelegentlich hält das Gemeinschaftsrecht besondere Abgrenzungskriterien bereit. So enthält Art. 85 Abs. 1 EG-Vertrag neben dem sachrechtlichen Kartellverbot auch Anknüpfungspunkte zur Bestimmung seines Anwendungsbereiches[168]. Diese sollen selbst dann nicht erörtert werden, wenn sie grenzüberschreitend wirken und das Gemeinschaftsrecht gegenüber dem Recht von Drittstaaten abgrenzen[169]. Dies folgt aus der folgenden Beschränkung:

EWG zur Koordinierung urheberrechtlicher Vorschriften betreffend Satellitenrundfunk und Kabelweiterverbreitung (ABl. 1993 Nr. L 248 S. 15).

164 Zur Begriffsbildung siehe unten Rn. 54ff.

165 Vgl. zum völkerrechtlich vereinheitlichten Sachrecht mit eigenen Rechtsanwendungsnormen: *Brödermann/Rosengarten*, S. 88 und *Herber* in: *v. Caemmerer/Schlechtriem*, CISG, Vor Artt. 1–6, Rn. 6 (zum Ausschluß des IPR im Anwendungsbereich des Wiener Übereinkommens der Vereinten Nationen über Verträge über den internationalen Warenkauf, BGBl. 1989 II 586, 588).

166 *Struycken*, Rec. des Cours (1992-I) 257, 301f. spricht von einer „injection poctuelle" des Gemeinschaftsrechts auf Privatrechtsverhältnisse, die im übrigen einem durch das anwendbare IPR berufenen nationalen Sachrecht unterliegen (mit der Folge eines „statut binaire", a. a. O. S. 302).

167 Vgl. oben Rn. 3 Fn. 15.

168 EuGH 27.9. 1988, verb. Rs. 89, 104, 114, 116, 117 und 125 bis 129/85 (*A. Ahlström Osakeyhtiö u. a./Kommission, – „Zellstoff"*), Slg. 1988 5193, 5242f. Erw. 11–14; *Kleinschmidt* in: *Reithmann/Martiny*, Rn. 797; *Basedow*, NJW 1989, 627, 633ff. unter V.; *Martinek*, IPRax 1989, 347–354; *Schnyder* in: Gemeinschaftsrecht und IPR, S. 3, 6ff.; siehe auch *Brödermann/Rosengarten* S. 39 und *Emmerich* in: Dauses, Hdb. EG-WirtschaftsR., H.I. Rn. 22.

169 In der in der vorigen Fußnote zitierten Zellstoffentscheidung hat sich das Gemein-

6. *„Intra-Community conflicts"*

43 Diese Arbeit betrifft nur Fälle, die einen Sachverhaltsbezug zu mehreren Mitgliedstaaten aufweisen (sog. „*Intra-Community* conflicts")[170]. Der Einfluß des Gemeinschaftsrechts auf die Abgrenzung von nationalem Recht gegenüber dem Recht von Drittstaaten („*external* conflicts") wird nicht dargestellt[171]. Ebenso soll die Abgrenzung von Gemeinschaftsprivatrecht[172] gegenüber dem nationalen Recht von Drittstaaten nicht erörtert werden[173].

Hingegen wird auf Fälle, die den Anwendungsbereich des EWR-Vertrages betreffen[174], in gebotener Kürze hinzuweisen sein, da der EWR-Vertrag mittelbar den Anwendungsbereich des Gemeinschaftsrechts über das Gebiet der Vertragsstaaten des EG-Vertrages hinaus ausdehnt[175].

---

schaftsrecht gegenüber finnischen Unternehmen durchgesetzt: Vgl. den Sachverhalt in Slg. 1988, 5240ff. Erw. 1–10.

[170] Vgl. *Fletcher* 44.

[171] Vgl. dazu z. B. *Fletcher*, S. 52f. sowie *Jayme/Kohler*, IPRax 1992, 346 unter I.4. Für das IPR gilt das gleiche Gebot der Differenzierung, zu dem das Europarecht auch in anderen Bereichen zwingt: Vgl. z. B. die Unterscheidung in §§ 53b, 53c n. F. Kreditwesengesetz zwischen Unternehmen mit Sitz „*in einem anderen Mitgliedstaat* der Europäischen Wirtschaftsgemeinschaft" bzw. „*außerhalb* der Europäischen Wirtschaftsgemeinschaft" (eingefügt durch Artikel 1 Nr. 37 des Gesetzes über das Kreditwesen und andere Vorschriften über Kreditinstitute, BGBl. 1992 I 2211, 2222).

[172] Der Begriff geht auf *Müller-Graff*, Privatrecht und Gemeinschaftsrecht, S. 24 (unter III., vor 1) und S. 27 zurück (so auch die Einschätzung von *Mansel*, JZ 1992, 415, linke Spalte).

Zum Gemeinschaftsprivatrecht zuletzt *Müller-Graff*, a. a. O.: FS Börner, 303, 313–342 und *Ulmer*, JZ 1992, 1–8 (auf S. 4 rechte Spalte verwendet *Ulmer* den Begriff „europäisches Privatrecht"); siehe jetzt auch die Veröffentlichungen der von *Müller-Graff* und *Taschner* am 2. und 3. 4. 1992 in Trier gehaltenen Vorträge (auf der von *Müller-Graff* organisierten Konferenz zum Thema „Gemeinsames Privatrecht in der Europäischen Gemeinschaft"), in: *Gemeinsames Privatrecht*, 7–44 und 155–165. Siehe ferner *Remien*, JZ 1992, 277–284; und *ders.* in: JahrbJZ 1991, 11–42.

[173] Solche Abgrenzungsfragen gegenüber EG-ausländischem nationalen Recht haben sich in der Vergangenheit vor allem für das EG-Kartellrecht gestellt: Vgl. bereits oben Rn. 42 Fn. 168 sowie *Bael/Bellis*, §§ 253–255; *Kuhlmann*, S. 31ff., 62ff.; *Schnyder* in: Gemeinschaftsrecht und IPR, S. 3-15; *Roth*, RabelsZ 55 (1991), 623, 628–629; *Kreuzer* in: Gemeinsames Privatrecht, S. 373, 389f. spricht insoweit von *Gemeinschaftskartellkollisionsrecht*.

In Art. 24 der am 21. 9. 1990 in Kraft getretenen *Fusionskontrollverordnung* (Verordnung (EWG) Nr. 4064/89 des Rates vom 21. Dezember 1989 über die Kontrolle von Unternehmenszusammenschlüssen, in berichtigter Fassung abgedruckt in: ABl. 1990 Nr. L 257 S. 14–25) wird die Existenz solcher Abgrenzungsfragen vorausgesetzt; kritisch zur Vorgehensweise der EG *Mestmäcker* in: *Immenga/Mestmäcker*, Vor § 23, Rn. 231f.

In einem am 23. 9. 1991 unterzeichneten und in Kraft getretenen *Abkommen zwischen der EG und den USA* sind solche Abgrenzungsfragen ausdrücklich aufgegriffen worden (Art. I Abs. 1 des „Competition Laws Co-Operation Agreement 1991 [EEC-USA], adopted by the Commission of the European Communities and the Government of the United States of America" vom 23. September 1991; abgedruckt in: Commercial Laws of Europe 1991, 383–390 [auf englisch]; WuW 1992, 36 [auf deutsch]). Siehe dazu *Mozet*, EuZW 1992, 201–203 sowie EuGH 9. 8. 1994, Rs. C-327/91 (*Französische Republik/Kommission*), Tätigkeitsbericht Nr. 93/94, 3f. und EuZW 1994, 566ff. (Nichtigerklärung der Handlung der Kommission beim Vertragsabschluß).

[174] Vgl. oben Fußnote Rn. 42 Fn. 143 Abs. 2.

[175] Vgl. unten Rn. 301f.

7. *Teilnahme der EG am Rechtsverkehr*

Nicht behandelt werden ferner alle internationalprivatrechtlichen Fragen, die sich aus der Teilnahme der Europäischen Gemeinschaft am Rechtsverkehr ergeben. Hiermit werden zum Beispiel die Frage des auf die Rechts- und Geschäftsfähigkeit der Gemeinschaft anwendbaren Rechts[176] und die haftungsrechtliche Regelung in Art. 215 EG-Vertrag von der Darstellung ausgeschlossen[177]. Ferner werden durch diese Eingrenzung die internationalprivatrechtlichen Fragen ausgeschlossen, die aus dem Abschluß „nicht-völkerrechtlicher Verträge" durch die Europäische Gemeinschaft entstehen[178]. Damit wird insbesondere auf die Behandlung internationalprivatrechtlicher Fragen durch den Europäischen Gerichtshof verzichtet werden, wenn dieser auf Grund einer Schiedsklausel nach Art. 181 EG-Vertrag (Art. 42 EGKSV; Art. 153 EAGV) angerufen wird[179]. Ebenso ausgeschlossen von der Darstellung in dieser Arbeit ist die Parallelfrage, wie der Gerichtshof in seiner übrigen Rechtsprechung *internationalprivatrechtliche Vorfragen* löst[180]; hier folgen besondere Probleme bereits aus der Tatsache, daß 44

---

[176] Vgl. Art. 211 EGV und dazu aus der umfangreichen Literatur: *Drobnig*, Am.J.Comp.L. 15 (1966–67) 204, 206 unten – 207; *Ortiz-Arce*, Rev. Instituc. Eur. 1 (1974) 1077, 1110–1111; *Lasok/Stone*, S. 36–37 (unter IV).

[177] Ausführlich *Fines* (mit einem tabellarischen Rechtsprechungsüberblick der von 1963–1989 vom Gerichtshof verkündeten Urteile, die die Artt. 178, 215 Abs. 2 EG-Vertrag betreffen, S. 425–449); vgl. ferner z. B. *Drobnig*, Am.J.Comp.L. 15 (1966–67) 204, 211 („Contracts") und 215 („Torts"); *Badiali*, Il diritto degli stati..., S. 77–133; *Monaco*, Riv.dir.int. 1973, 206, 218 (unter 8.) -220; *Ortiz-Arce*, Rev. Instituc. Eur. 1 (1974) 1077, 1114–1117; *Saulle*, S. 107–128 (vor allem ab S. 113); *Lasok/Stone*, S. 37 (Abs. 3) – 44 (Darstellung von Beispielen aus der Rechtsprechung des Gerichtshofes) sowie 44–58 (insbesondere S. 44ff. – „The Liability – A Rule of Conflict of Laws ?"); *Schockweiler* u. a., Rev.trim.dr.eur. 26 (1990) 27, 54–72. Für ein neueres Beispiel aus der Rechtsprechung vgl.: EuGH (Fünfte Kammer) 26. 6. 1990, Rs. C-152/88 (*Sofrimport/Kommission*), Slg. 1990, I-2504, 2510–2512 (deutlich Erw. 32 auf S. I-2512 zur Ermittlung des anwendbaren Zinssatzes nach Art. 215 Abs. 2 EWGV, jetzt: EGV).

[178] Dazu *Grunwald*, EuR 1984, 227, 239–242 und 262 (praxisbezogene Darstellung, die dogmatisch nicht recht befriedigt: Mit keinem Wort werden z. B. die Schwierigkeiten erwähnt, die sich daraus ergeben, daß der Gerichtshof im Falle seiner Zuständigkeit nach Art. 181 EGV keine *lex fori* zur Verfügung steht); differenzierter *Badiali*, Rec. des Cours 191 (1985-II) 9, 37ff. Vgl. ferner die treffenden Hinweise bei *Remien*, ZVglRWiss. 87 (1988), 105, 108f. (insbesondere in Fn. 19: Anwendbarkeit des in Rn. 19 Fn. 65 zitierten EVÜ). Vgl. auch *Struycken*, Rec. des Cours 232 (1992-I), 257, 308–310 (zum anwendbaren Recht auf Verträge, die vom Europäischen Entwicklungsfonds – siehe dazu den Beschluß des Rates 92/97/EWG vom 16. 12. 1991, ABl. 1992 Nr. L 40 S. 1 – finanziert werden).

[179] Vgl. dazu *Drobnig*, Am.J.Comp.L. 15 (1966–67) 204, 211 unten – 212; *Monaco*, Riv.dir. int. 1973, 206, 213–218; *Ortiz-Arce*, Rev. Instituc. Eur. 1 (1974) 1077, 1111 (unter 2.) – 1114; *Saulle*, S. 58–106; *Badiali*, Rec. des Cours 191 (1985-II) 9, 31ff., 92ff. sowie die Hinweise in Rn. 44 Fn. 178.

[180] Vgl. die aus der Rechtsprechung des Gerichtshofs von *Drobnig*, Am.J.Comp.L. 15 (1966–67) 204, 211 (unter d) und 217 („Movable Property") – 219 oben referierten Beispiele. Siehe ferner die Schlußfolgerungen a. a. O., S. 224 (ab Absatz 3: „Independant rules") – 226 (vor b) und 227 („Functionally-Related Rules") – 229. Siehe aus der neueren Literatur z. B. *Struycken*, Rec. des Cours 232 (1992-I) 257, 307–308 und *Rigaux*, FS Loussouarn, S. 341, 348–350.

der Gerichtshof nicht auf ein IPR der „lex fori" zurückgreifen kann[181]. Sie fallen unter das *IPR der Europäischen Gemeinschaften*(oder: IPR der Europäischen Union[182]), das in dieser Arbeit nicht erörtert wird.

8. *Anwendung fremden Rechts*

45 Schließlich soll eine weitere Themeneingrenzung zur Abgrenzung gegenüber Teil II dieses Buches vorgenommen werden: Im dritten Kapitel soll vor allem der Einfluß von unmittelbar wirkendem Gemeinschaftsrecht auf das nationale IPR untersucht werden. Ausgeklammert wird die Frage nach der Einwirkung des Gemeinschaftsrechts auf das deutsche IPR in den Fällen, in denen ein anderer Mitgliedstaat eine EG-Richtlinie zum Verbraucherschutz nicht umgesetzt hat. In diesen Fällen stellt sich – wie bereits erwähnt[183] – vor allem die Frage, ob und wie deutsches Verbraucherschutzrecht, das der im Ausland nicht umgesetzten EG-Richtlinie entspricht, zur Anwendung gebracht werden soll[184]. In diesen Fällen wirkt das Gemeinschaftsrecht nur mittelbar auf das IPR ein.

9. *Folgerung*

46 Inhaltlich verbleiben zwei aus der Sicht des deutschen Richters zentrale Fragen bei der Bearbeitung internationalprivatrechtlicher Probleme in privatrechtlichen Fällen mit Bezug zum Recht mehrerer Mitgliedstaaten: Wie und wo ist spezielles IPR gemeinschaftsrechtlichen Ursprungs zu beachten (Kapitel 2, §§ 3–6), und wie und wo beeinflußt das allgemeine Gemeinschaftsrecht das nationale IPR (Kapitel 3, §§ 7–8)?

IV. Methodische Beschränkung

47 Im Interesse besserer Übersichtlichkeit wurden nicht nur inhaltliche, sondern auch methodische Beschränkungen in Kauf genommen: Bei Streitfragen, die nur mittelbar das Thema dieser Arbeit betreffen, wurde grundsätzlich im Gemeinschaftsrecht die Rechtsprechung des Europäischen Gerichtshofs und im

---

181 Dazu *Marazzi*, Dir. econ. 1962, 795, 797; *Badiali*, Il diritto degli stati..., S. 260–264; *Monaco*, Riv.dir.int. 1973, 206, 211 (unter 5.) – 213; *Ortiz-Arce*, Rev. Instituc. Eur. 1 (1974) 1077, 1108 (Texte bei Fn. 66); *Saulle*, S. 38–40; *Badiali*, Rec. des Cours 191 (1985-II) 9, 41 (unter 4.) – 42. *Struycken*, Rec. des Cours 232 (1992-I) 257, 308 hat hierzu vorgeschlagen, daß der Beitritt der EU zu IPR vereinheitlichenden Staatsverträgen Abhilfe schaffen könne. Im Fall des EVÜ bedarf es möglicherweise aber gar nicht erst eines Beitritts der Europäischen Union: Vgl. *Remien*, ZVglRWiss. 87 (1988) 108 Fn. 19.

182 Zur Begriffsbildung vgl. unten Rn. 53.

183 Vgl. oben Rn. 21.

184 Vgl. hierzu die Hinweise oben in Rn. 21 Fn. 74 sowie ausführlich Teil II Rn. 768 ff.

IPR die Rechtsprechung des Bundesgerichtshofs zu Grunde gelegt. Diese Haltung wurde auch dort eingenommen, wo die Positionen der Rechtsprechung – etwa zur Zulässigkeit von Inländerdiskriminierungen[185] – zweifelhaft sind[186].

---

185 St. Rspr., vgl. nur EuGH 28. 3. 1979, Rs. 175/78 (*Saunders*), Slg. 1979, 1129, 1135 Erw. 9–11; EuGH 27. 10. 1982, Rs. 35 und 36/82 (*Morson/Niederländischer Staat u. a.*), Slg. 1982, 3723, 3736 f., Erw. 15–18; zuletzt bestätigt durch EuGH (Sechste Kammer) 23. 4. 1991, Rs. C-41/90 (*Höfner und Elser/Macraton GmbH*), Slg. 1991, I-1979, 2020 Erw. 37 und 40; und durch EuGH (Zweite Kammer) 28. 1. 1992, Rs. C-332/90 (*Steen/Deutsche Bundespost*), EuZW 1992, 189, Erw. 9. Vgl. aus der Literatur nur beispielhaft die Rechtsprechungsdarstellungen von *Zuleeg* in: *Groeben/Thiesing/Ehlermann*, Artikel 7 Rn. 16; *Nicolaysen*, Europarecht I, S. 63; *Jessurun d'Oliveira*, in: Fourty Years On, S. 71, 76–82.

186 Die Rechtsprechung zur Zulässigkeit von Inländerdiskriminierungen führt z. B. dazu, daß den Staatsangehörigen eines Mitgliedstaates ein Nachteil daraus erwachsen kann, sich gegen den Gebrauch der Freizügigkeitsfreiheit zu entschließen. Vgl. *Nicolaysen*, Europarecht I, S. 63 unter Hinweis auf EuGH 7. 2. 1979, Rs. 115/78 [*Knoors/Staatssekretär für Wirtschaft*], Slg. 1979, 399, 409; vgl. auch die ausführliche Kritik an der Rechtsprechung zur Zulässigkeit der Inländerdiskriminierung in der Literatur: *Reitmaier*, *passim* (vor allem gestützt auf systematische und teleologische Erwägungen); *Münnich*, ZRvgl. 1992, 92–100.

Zunehmend wird in der Literatur erörtert, die Folgen der Rechtsprechung des Gerichtshofs mit Hilfe der Gleichheitssätze und Grundrechte des innerstaatlichen Verfassungsrechts zu begrenzen: Vgl. z. B. *Weis*, NJW 1983, 2721, 2725–2726; *Hilf*, FS Doehring, S. 339, 350–351; *Spätgens*, FS Gamm, 201, 210–212; *Nicolaysen*, EuR 1991, 95, ab S. 107; vorsichtig in dieser Richtung auch *Gavalda/Parléani*, Rn. 238 ff. (zur Inländerdiskriminierung im Bereich der Niederlassungs- und Dienstleistungsfreiheit, vgl. Rn. 242 Abs. 2) und *Basedow*, Beiheft 14 zur ZSR (1991), 65, 81. Vgl. in diesem Sinne jetzt auch den Vorlagebeschluß des *Landgerichts Passau* vom 27. 10. 1993 (EuZW 1994, 187) und des *Landgerichts Düsseldorf* vom 24. 11. 1993 (EuZW 1994, 188) zum Bundesverfassungsgerichts zu der Frage, ob die Anwendung des Verbots vergleichender Werbung in § 6e UWG auf deutsche Staatsbürger gegen den Gleichheitssatz in Artikel 3 Abs. 1 GG verstößt, da die Regelung in § 6e UWG nach der Entscheidung des Gerichtshofs im Fall *Yves Rocher* (vgl. unten Rn. 403 Fn. 821) gegenüber ausländischen Unionsbürgern unanwendbar ist (im Ansatz ebenso: *OLG Düsseldorf*, Beschluß vom 30. 12. 1993–2 U 180/93, EuZW 1994, 189, 190; im Ergebnis lehnt das OLG Düsseldorf aber einen Verstoß gegen den Gleichheitssatz ab, weil die Regelung in § 6e UWG nach der Rechtsprechungsänderung des Gerichtshofs im Fall *Keck und Mithouard* (EuZW 1993, 770; vgl. Rn. 403 Fn. 821 und den Exkurs in Rn. 406) auch gegenüber ausländischen Unionsbürgern anwendbar sei. – *Gemeinschaftsrechtlich* ist die Überprüfung von Inländerdiskriminierungen *auch* nach nationalem Recht unbedenklich, so jetzt ausdrücklich EuGH 16. 6. 1994 – Rs. C-132/93 (*Steen/Deutsche Bundespost*), EuZW 1994, 480.

Zugleich wird aber auch nach gemeinschaftsrechtlichen Lösungen des Problems gesucht: *Jessurun d'Oliveira*, in: Fourty Years On, S. 71, 82–86 (Unzulässigkeit der Inländerdiskriminierung mit den Zielen der Einheitlichen Europäischen Akte begründet; eine zusätzliche Regelung sei nicht erforderlich); *Wölker* in: *Groeben/Thiesing/Ehlermann*, Artikel 48 Rn. 11 Satz 2 und Artikel 49 Rn. 13 (für eine *Regelung* auf Gemeinschaftsebene); *Nicolaysen*, EuR 1991, 95, ab S. 99 (mit *Lösungsvorschlägen* für den Warenverkehr: Aus Art. 30 EG-Vertrag i. V. m. dem Wettbewerbsprinzip auf S. 104; aus Art. 34 EG-Vertrag auf S. 107); vorsichtig in dieser Richtung auch *Gavalda/Parléani*, Rn. 68 a. E., und *Behrens*, EuR 1992, 145, 161 (unten) – 162; siehe aber auch die Überlegungen von *Basedow*, Beiheft 14 zur ZSR (1991), 65, 81–82, der der Inländerdiskriminierung auch eine integrationsfördernde Seite abgewinnt. Im Hinblick auf kompetenzrechtliche Grenzen *zustimmend* zur Rechtsprechung der Inländerdiskriminierung jetzt auch *Durand*, in: Commentaire Mégret, 2. Aufl., Bd. 1, S. 53 (Rn. 74 a. E.).

Kapitel 2: Gemeinschaftsrecht als Rechtsquelle des Internationalen Privatrechts

48 In der Diskussion um das Verhältnis zwischen IPR und Gemeinschaftsrecht ist eine Verständigung über die zu verwendenden Begriffe noch nicht erkennbar. Deshalb sollen zunächst die in dieser Arbeit verwendeten und vorausgesetzten Begriffe definiert werden, in denen sich die unterschiedlichen Einflußmöglichkeiten des IPR als Rechtsquelle widerspiegeln. Erst nach der Begriffsklärung soll dem unmittelbar wirkenden *gemeinschaftsrechtlichen IPR* als repräsentative Erscheinungsform für *IPR gemeinschaftsrechtlichen Ursprungs* nachgegangen werden.

§ 3 Grundlagen

I. Begriffsklärung

1. Bestandsaufnahme der in der Literatur verwendeten Begriffe

49 In der Literatur zum Einfluß des Europäischen Gemeinschaftsrechts auf das IPR begegnet man einer Vielfalt von Oberbegriffen: IPR der Europäischen Gemeinschaften[1], europäisches IPR[2], Kollisionsnormen für das Recht der Mitgliedstaaten[3], einheitliches Kollisionsrecht für die EG-Staaten[4], europäisches

---

[1] So z. B. *Marazzi*, Dir. econ. 1962, 791, 795 (am Ende): „diritto internazionale privato della Comunità"; *Badiali*, Rec. des Cours 191 (1985-II) 9, 37: „droit international privé des Communautés européennes"; *Jayme/Kohler*, IPRax 1985, 65 (unter I.: „internationales Privat- und Verfahrensrecht der EG") sowie *dies.* in ihren Folgeaufsätzen IPRax 1988, 133, IPRax 1989, 337, IPRax 1990, 353, IPRax 1991, 361, IPRax 1992, 346, und IPRax 1993, 357; *Jayme*, Ein Internationales Privatrecht für Europa, S. 32 (vor 1.).

[2] *Herber* in: *Tilman*, Rundgespräch, S. 16; *Suárez Robledando*, Actualidad Civil N°. XI, unter 3 („Derecho Internacional Privado Europeo"); jetzt auch *Bernhard*, EuZW 1992, 437 (Text vor Fn. 4: „europäisches internationales Privatrecht").

[3] *Roth*, RabelsZ 55 (1991), 623, 630 (Überschrift zu 2.).

[4] *Pirrung*, in: Gemeinschaftsrecht und IPR, S. 33 (unter 3.).

Kollisionsrecht[5], Gemeinschaftskollisionsrecht[6], gemeinschaftsrechtliches Kollisionsrecht[7], EG-Kollisionsrecht[8]. Diesen Begriffen ist gemeinsam, daß sie sehr weite Deutungen zulassen und zum Teil in ihrer weiten Bedeutung verwendet werden. Für die Diskussion internationalprivatrechtlicher Fragen in dem hier verstanden, eingegrenzten Sinne[9] sind sie nicht geeignet:

Die Begriffe „Kollisionsnorm" und „Kollisionsrecht" erfassen ihrem Wort- 50
laut nach neben Normen mit internationalprivatrechtlichem Gehalt das in dieser Arbeit nicht näher zu erörternde Rangkollisionsrecht. Ferner umfassen sie andere Abgrenzungsnormen, die nicht für die Lösung privatrechtlicher Fälle zwischen Personen des Privatrechts heranzuziehen sind: Ausdrücklich subsumiert zum Beispiel *Roth* Artikel 215 Abs. 1 EG-Vertrag unter den von ihm geprägten Begriff „*Kollisionsnormen für das Recht der Mitgliedstaaten*"[10]; Artikel 215 EG-Vertrag betrifft die in dieser Arbeit ausgegrenzten Fragen der Teilnahme der EG am Rechtsverkehr. *Sonnenberger*, der den Begriff „*europäisches Kollisionsrecht*" verwendet[11], nennt als Belegbeispiel[12] unter anderem Artikel 36 der EWIV-Verordnung. Diese Norm bestimmt für den Fall der Zahlungsunfähigkeit einer Europäischen wirtschaftlichen Interessenvereinigung (EWIV) die Anwendbarkeit einzelstaatlichen Rechts, ohne die Kriterien für die Auswahl zwischen den in Betracht kommenden nationalen Rechten festzulegen. Damit enthält Artikel 36 der EWIV-Verordnung eine rangkollisionsrechtliche und keine internationalprivatrechtliche Aussage[13]. Der Begriff „europäisches Kollisionsrecht" reicht damit über das IPR hinaus. *Jayme* führt in seiner Darstellung zum „System eines *europäischen Kollisionsrechts*" die Vorschriften der EWIV-Verordnung über den Anwendungsbereich der Verordnung ohne nähere Eingrenzung als Beispiel an[14]. Auch nach dem Verständnis von *Jayme* erfaßt der Begriff „europäisches Kollisionsrecht" daher das in der EWIV-Verordnung enthaltene Rangkollisionsrecht. Damit ist der Begriff „europäisches Kollisionsrecht" ähnlich wie der Begriff „Kollisionsnormen für das Recht der Mitgliedstaaten" weit zu verstehen

---

[5] MünchKomm/*Sonnenberger*, Einleitung Rn. 215 (Text vor Fn. 529); *Martiny* in: Gemeinschaftsrecht und IPR, S. 211, 224; *Jayme*, Ein Internationales Privatrecht für Europa, S. 32 (Überschrift V.); *Bernhard*, EuZW 1992, 437, 440 (III. 1). Vgl. auch *Grothe*, Diskussionsbeitrag, referiert durch *ihn selbst* in seinem Diskussionsbericht in: Gemeinschaftsrecht und IPR, S. 208: „europarechtliche Kollisionsnorm."

[6] *Roth*, RabelsZ 55 (1991), 623, 628 (Überschrift zu 1.); *Kreuzer* in: Gemeinsames Privatrecht, S. 373, 389.

[7] *Schnyder* in: Gemeinschaftsrecht und IPR, S. 3 (Überschrift).

[8] *Sack*, nach *Grothe*, Diskussionsbericht, in: Gemeinschaftsrecht und IPR, S. 17.

[9] Vgl. die Themenbegrenzung in Rn. 44.

[10] *Roth*, RabelsZ 55 (1991), 623, 631.

[11] MünchKomm/*Sonnenberger*, Einleitung Rn. 215 (Text vor Fn. 529).

[12] A.a.O. (vorige Fußnote) in Fn. 529.

[13] Der ausschließlich rangkollisionsrechtliche Gehalt von Art. 36 der EWIV-Verordnung ist darüberhinaus an der Wahl des Wortes „einzelstaatlich" zu erkennen. Auf diese sprachliche Differenzierung wird unten in Rn. 312f. zurückzukommen sein.

[14] *Jayme*, Ein Internationales Privatrecht für Europa, S. 32 i. V. m. S. 35 (unter a).

und für die Beschreibung ausschließlich internationalprivatrechtlicher Fragen nicht geeignet.

51 Gleiches gilt für den Begriff „*Gemeinschaftskollisionsrecht.*" *Roth* versteht unter diesem Begriff Normen, die den internationalen Anwendungsbereich des Gemeinschaftsrechts mit privatrechtlichem Gehalt beschreiben[15]. *Kreuzer* verwendet den gleichen Begriff und definiert ihn als die Summe der „Rechtsanwendungsnormen, die den räumlichen Anwendungsbereich von gemeinschaftsrechtlichen, in allen Mitgliedstaaten unmittelbar oder mittelbar geltenden privatrechtlichen Sachnormen bestimmen[16]. Damit erfaßt der Begriff Gemeinschaftskollisionsrecht die in dieser Arbeit nicht behandelten Fragen der Abgrenzung des Gemeinschaftsrechts – wie z. B. des EG-Kartellrechts – gegenüber ausländischem Recht[17]. Dieselbe Bedeutung haben auch der von *Schnyder* gebrauchte Begriff "gemeinschaftsrechtliches Kollisionsrecht„[18] und der von *Sack* referierte Begriff "EG-Kollisionsrecht„[19].

52 Der von *Herber*, *Suárez Robledando* und *Bernhard* verwendet Begriff „*europäisches IPR*"[20] soll ebenfalls vermieden werden. Auch dieser Begriff ist mehrdeutig. Nur aus dem jeweiligen Zusammenhang läßt sich bei Verwendung dieses Begriffs schließen, ob er nur Gemeinschaftsrecht oder auch anderes Recht – etwa Staatsverträge nach Artikel 220 EG-Vertrag – erfassen soll. Darüberhinaus ließen sich unter den Begriff „europäisches IPR" auch Normen subsumieren, die das IPR über die Grenzen der EG hinaus betreffen oder die keinen Bezug zum Gemeinschaftsrecht aufweisen. Diese Mehrdeutigkeit soll vermieden werden. Will man auf den Bezug zum Gemeinschaftsrecht hinweisen, so ist das Adjektiv „gemeinschaftsrechtlich" treffender als das umgangssprachliche Beiwort „europäisch".

53 Schließlich überzeugt die Formulierung „*IPR der Europäischen Gemeinschaften*" nicht. Für die Verwendung dieser Formulierung spricht, daß sie gerade in der deutschen Literatur in dem engen, begrenzten Sinne verwendet worden ist, der

---

15 *Roth*, RabelsZ 55 (1991), 623, 628 unter 1. vor a).

16 *Kreuzer* in: Gemeinsames Privatrecht, S. 373, 389. *Kreuzer* a. a. O. S. 388, geht von dem Oberbegriff *Kollisionsrechtintegration* aus, unter den alle räumlichen Rechtsanwendungsnormen fallen, die *in irgendeiner Weise* durch die EG veranlaßt sind. Im einzelnen unterscheidet er zwischen *Gemeinschaftskollisionsrecht* (kurz für: „Gemeinschaftsrechts-Kollisionsrecht"), *gemeinschaftsrechtsergänzendem Kollisionsrecht* (das mitgliedstaatliches Recht zur Ausfüllung von Lücken im Gemeinschaftsrecht beruft) und *vergemeinschaftlichtem bzw. integriertem Kollisionsrecht* (im *vereinheitlichten* oder *angeglichenen* Recht oder in *gemeinschaftsbezogenen* Staatsverträgen). Aufgrund der bereits erörterten Gefahr der Vermengung von internationalprivatrechtlichen und rangkollisionsrechtlichen Normen soll dieser Terminologie nicht gefolgt werden.

17 Vgl. *Roth*, RabelsZ 55 (1991), 623, 628–629 und oben Rn. 42 Fn. 168 und Rn. 43 Fn. 173). Soweit die Bestimmung des Anwendungsbereichs von EG-Kartellrecht betroffen ist, spricht *Kreuzer* in: Gemeinsames Privatrecht, S. 373, 389, wie bereits in Rn. 43 Fn. 173 erwähnt, von *Gemeinschaftskartellkollisionsrecht*.

18 *Schnyder* erörtert unter diesem Begriff Fragen der Anwendbarkeit von EG-Wettbewerbsrecht bei Sachverhalten mit Beziehungen zu Drittstaaten. *Schnyder* in: Gemeinschaftsrecht und IPR, S. 3-15.

19 Vgl. *Sack*, nach *Grothe*, Diskussionsbericht, in: Gemeinschaftsrecht und IPR, S. 17.

20 Vgl. oben Rn. 49 Fn. 2.

den Gegenstand dieser Arbeit beschreibt: Nach dem von *Jayme* und *Kohler* zu Grunde gelegten Verständnis erfaßt der Begriff „IPR der Europäischen Gemeinschaften" internationalprivatrechtliche Normen im gemeinschaftlichen Sekundärrecht und alle staatsvertraglichen IPR-Normen, die – etwa über Artikel 220 EG-Vertrag[21] – einen besonderen Bezug zum Gemeinschaftsrecht aufweisen[22]. Der Begriff „IPR der Europäischen Gemeinschaften" ist in der ausländischen Literatur hingegen so verwendet worden, daß er die IPR-Normen mit einbezieht, die bei der *Teilnahme der EG am Privatrechtsverkehr* anzuwenden sind[23]. Bei dieser Deutung umfaßt der Begriff Normen wie Artikel 215 EG-Vertrag, die außerhalb des IPR im hier vorausgesetzten, engen Sinne liegen[24]. Der Begriff „IPR der Europäischen Gemeinschaften" ist damit mehrdeutig. Schon deshalb soll der Begriff nicht verwendet werden, um nur die internationalprivatrechtlichen Normen zu beschreiben, die Privatpersonen und nicht auch die EG selbst betreffen. Darüberhinaus wird das in der ausländischen Literatur beobachtete weite Verständnis des Begriffes „*IPR der Europäischen Gemeinschaften*" – unter Einbeziehung der auf die Teilnahme der EG am Rechtsverkehr anwendbaren IPR-Normen – dem Wortlaut der Formulierung besonders gerecht[25]. Auch aus diesem Grund sollte der Begriff deshalb nicht in dem von *Jayme* und *Kohler* verstandenen, engen Sinne verwendet werden.

Mit den in der Literatur vorgefundenen Begriffen ist im Ergebnis nicht auszukommen.

2. *Eigene Begriffsbildungen*

Das Gemeinschaftsrecht kann in unterschiedlicher Weise bei der Schaffung 54
von IPR-Normen mitwirken. Unmittelbar wirkendes IPR in Verordnungen ist anders zu beurteilen als IPR-Normen in Richtlinien. Die unterschiedliche „Rechtsquellenfunktion" des Gemeinschaftsrechts fordert begriffliche Unterscheidungen, aus denen die Art der Einwirkung des Gemeinschaftsrechts bei der Entstehung von IPR-Normen deutlich wird. Darüberhinaus ist ein Ober-

---

21 Art. 220 EG-Vertrag ist durch den Vertrag über die Europäische Union (vgl. oben Rn. 2 Fn. 2) nicht verändert worden.

22 In ihrer Aufsatzreihe in IPRax 1985, 65–71; 1988, 133–140; 1989, 337–346; 1990, 353–361; 1991, 361–369; 1992, 346–359; und 1993, 357–371 erörtern *Jayme* und *Kohler* vor allem staatsvertraglich vereinheitlichtes IPR mit Bezug zum Gemeinschaftsrecht; sie gehen aber auch auf sekundäres Gemeinschaftsrecht ein (so in IPRax 1988, 133, 140 unter 2.; IPRax 1992, 346, 356; IPRax 1993, 357, 358).

23 In diesem Sinne *Badiali*, Rec. des Cours 191 (1985-II) 9–181 (vgl. z. B. S. 37ff.); wohl auch *Marazzi*, Dir. econ. 1962, 791, 795 (vgl. die Erörterung zu Art. 215 EWG-Vertrag [jetzt: EG-Vertrag] auf S. 796).

24 Vgl. oben Rn. 44.

25 Zum IPR der Europäischen Gemeinschaften (oder IPR der Europäischen Union) vgl. oben Rn. 44.

begriff erforderlich, der alles IPR, das eine besondere Beziehung zum Gemeinschaftsrecht aufweist, gegenüber anderem IPR abgrenzt[26].

a) IPR gemeinschaftsrechtlichen Ursprungs

55 Unter dem Oberbegriff *IPR gemeinschaftsrechtlichen Ursprungs* sollen alle internationalprivatrechtlichen Normen zusammengefaßt werden, die einen besonderen Bezug zum Gemeinschaftsrecht aufweisen und deshalb besonderen Regeln unterliegen können. Er erfaßt:

– *erstens* IPR-Normen, die zur Gemeinschaftsrechtsordnung gehören (IPR-Normen in den Gründungsverträgen und EG-Verordnungen; IPR kraft Richterrechts),
– *zweitens* IPR-Normen, deren Entstehung auf die Gemeinschaftsrechtsordnung zurückzuführen ist (IPR in umgesetzten Richtlinien),
– und *drittens* IPR-Normen, die sonst schon bei ihrer Entstehung einen besonderen Bezug zur Gemeinschaftsrechtsordnung aufweisen (vor allem IPR-Normen in bestimmten Staatsverträgen, insbesondere solchen nach Artikel 220 EG-Vertrag; vom nationalen Gesetzgeber zur Umsetzung von Vorgaben der Rechtsprechung des Gerichtshofs entwickeltes IPR).

Unerheblich soll es sein, ob diese Normen ihre Normqualität gegenüber dem einzelnen Privatrechtssubjekt erst durch den nationalen Gesetzgeber erlangen und deshalb nationales Recht sind. Dies ist bei umgesetzten Richtlinien nach Artikel 189 Abs. 3 EG-Vertrag[27] und bei Staatsverträgen[28] der Fall.

Exkurs: Die im *Vertrag über die Europäische Union* vorgenommene Änderung der Regelungen in Art. 189 EG-Vertrag hat keine Auswirkung auf die Zweistufigkeit von Richtlinien[29]. Zwar sieht Artikel 189 Abs. 1 EG-Vertrag nunmehr vor, daß auch das Europäische Parlament, gemeinsam mit dem Rat, Richtlinien erlassen kann, doch ist die Regelung in Artikel 189 Abs. 3 EG-Vertrag nicht verändert worden. In diesen Fällen soll das europäische Parlament über den Erlaß der Richtlinie (mit-) entscheiden, doch bestimmt nach wie vor das nationale Parlament über die Umsetzung der Richtlinie.

56 Das IPR gemeinschaftsrechtlichen Ursprungs soll von anderem IPR abgegrenzt werden, das bei seiner Entstehung keinen besonderen Bezug zur Gemeinschaftsrechtsordnung aufweist. Es ist daher von dem allein unter der Ägide eines nationalen Gesetzgebers entstandenem autonomen IPR ebenso zu unterscheiden wie von völkervertraglich vereinbarten IPR-Normen, die ohne jedwede Beteili-

---

[26] Die im folgenden erörterten Begriffe hat der *Verf.* großen Teils bereits in MDR 1992, 89 in einem auf dem Entwurf dieser Arbeit beruhenden Aufsatz verwendet.

[27] Eine Ausnahme vom Grundsatz der zweistufigen Wirkungsweise kommt für IPR-Regelungen in Richtlinien grundsätzlich nicht in Betracht: Dazu unten Rn. 78ff.

[28] Vgl. z. B. die Zusammenfassung bei *Brödermann/Rosengarten*, S. 3 (im Arbeitsblock unter 2., 2. Spiegelstrich).

[29] Vgl. unten Rn. 78 Fn. 76.

gung der EG entstanden sind. Jene Normen sollen unter dem Oberbegriff *IPR autonomen und völkervertraglichen Ursprungs* zusammengefaßt werden[30].

Der Oberbegriff *IPR gemeinschaftsrechtlichen Ursprungs* geht damit über die 57
traditionelle Unterscheidung zwischen *staatsvertraglich vereinheitlichtem* und *autonomem* IPR hinaus. Diesen beiden IPR-Ordnungsbegriffen stellt der Oberbegriff *IPR gemeinschaftsrechtlichen Ursprungs* nicht nur eine dritte Gruppe zur Seite[31]. Über die IPR-Normen, die z. B. über Artikel 220 EG-Vertrag einen Bezug zur Gemeinschaftsrechtsordnung haben[32], erfaßt der Oberbegriff *IPR gemeinschaftsrechtlichen Ursprungs* eine Teilmenge des staatsvertraglich vereinheitlichten IPR[33]. Über die IPR-Normen, die ihren Ursprung in Richtlinien haben, umfaßt der Oberbegriff *IPR gemeinschaftsrechtlichen Ursprungs* weiter eine Teilmenge des nationalen Rechts, das nicht staatsvertraglichen Ursprungs ist[34].

Der Oberbegriff *IPR gemeinschaftsrechtlichen Ursprungs* übernimmt die Funk- 58
tion der Abgrenzung gegenüber IPR-Normen, die nicht gemeinschaftsrechtlichen Ursprungs sind. Dies ist erforderlich, da alle IPR-Normen mit einem besonderen Bezug zur Gemeinschaftsrechtsordnung teilweise anderen Regeln unterliegen. So gebietet zum Beispiel Artikel 36 EGBGB für die Auslegung der Artikel 27ff. EGBGB (IPR des Schuldrechts) die Berücksichtigung des Wortlautes des EVÜ und der Rechtspraxis in den anderen Mitgliedstaaten[35].

Durch den ausdrücklichen Hinweis auf den gemeinschaftsrechtlichen Ur- 59
sprung der Norm nimmt der Begriff zugleich eine aus dem Blickwinkel des Einflusses des Gemeinschaftsrechts wichtige *Erinnerungsfunktion* war: Selbst nationales IPR kann gemeinschaftsrechtlichen Ursprungs sein und deshalb zum Beispiel nach anderen Methoden als autonomes nationales Recht auszulegen sein[36].

Da der Begriff „IPR gemeinschaftsrechtlichen Ursprungs" nicht anderweitig 60
belegt ist, sei er ferner gegenüber den Begriffen „Gemeinschaftskollisionsrecht"

---

30 Dazu unten Kapitel 3 (§§ 7–8).

31 Das *gemeinschaftsrechtliche IPR*; dazu unten Rn. 63–64.

32 Diese Regelung ist durch den Vertrag über die Europäische Union (vgl. oben Rn. 2 Fn. 2) nicht verändert worden.

33 Auch wenn man z. B. Verträge wie das EVÜ als „kooperatives Gemeinschaftsrecht" oder als „part of the Community legal order" begreift (vgl. unten Rn. 67 Fn. 47), so bleiben diese rechtstechnisch Staatsverträge, die von den Mitgliedstaaten der EU ratifiziert werden müssen und nach den bisher gängigen Ordnungsbegriffen des IPR als „staatsvertraglich vereinheitlichtes IPR" zu klassifizieren sind.

34 Gleiches gilt auch für vom nationalen Gesetzgeber zur Umsetzung von Vorgaben der Rechtsprechung des Gerichtshofs entwickeltes IPR: Vgl. Rn. 66 und Rn. 402ff.

35 Siehe die Nachweise oben in Rn. 31 Fn. 129 sowie *Walch*, S. 100ff., insbesondere S. 145ff. und dort S. 147f.

36 Eine ähnliche Erinnerungsfunktion für das Privatrecht im Ganzen erfüllt die von *Mansel*, JZ 1991, 529, 531 (linke Spalte, Text nach Fn. 30) geprägte Formulierung „einheitliches übernationales Privatrecht *europäischen Ursprungs*" (Kursivdruck nicht im Original). In Anwendung der im Text zum Adjektiv „europäisch" angestellten Überlegungen sollte man vom *Privatrecht gemeinschaftsrechtlichen Ursprungs* sprechen (vgl. auch *Mansel* selbst, a. a. O. rechte Spalte, der umgesetztes Richtlinienrecht als „Normen mit *gemeinschaftsrechtlichem* Hintergrund" bezeichnet; Kursivdruck nicht im Original).

und „gemeinschaftsrechtliches Kollisionsrecht" dahingehend abgegrenzt, daß er Fragen der Abgrenzung des gemeinschaftsrechtlichen Sachrechts gegenüber dem Recht von Drittstaaten nicht erfassen soll. In jenen Fällen ist Europäisches Gemeinschaftsrecht, nicht nationales Recht, gegenüber fremdem nationalen Recht abzugrenzen. Deshalb sind die Begriffe „Gemeinschafts*kollisions*recht" und „gemeinschaftsrechtliches *Kollisions*recht" für die in jenen Fällen anwendbaren Abgrenzungsnormen treffender als Formulierungen, die den Begriff IPR verwenden: Die Abgrenzung des Gemeinschaftsrechts gegenüber dem Recht von Drittstaaten ist keine Frage des inter*nationalen* Privatrechts. Darüberhinaus dürfte in diesen Fällen das gegenüber dem Recht von Drittstaaten abzugrenzende Gemeinschaftsrecht nur selten Gemeinschafts*privat*recht sein; es wird häufig öffentlichrechtlicher Natur sein. Auch aus diesem Grunde sollte der Begriff „Internationales *Privat*recht" für die Beschreibung der in diesen Fällen anwendbaren Abgrenzungsnormen vermieden werden.

61 Ferner soll der Begriff „IPR gemeinschaftsrechtlichen Ursprungs" bei dem hier vorausgesetzten engen Verständnis kein Kollisionsrecht umfassen, das Fragen der Teilnahme der EG selbst am Rechtsverkehr regelt. Für jene Art von Kollisionsrecht eignet sich, wie bereits erörtert, der Oberbegriff „IPR der Europäischen Gemeinschaften". Der Begriff „IPR gemeinschaftsrechtlichen Ursprungs" soll ausschließlich der in dieser Arbeit untersuchten Fragestellung gerecht werden, welche IPR-Normen aus der Sicht eines nationalen Richters bei der Bearbeitung von Privatrechtsfällen mit Bezug zum Recht mehrerer Mitgliedstaaten anzuwenden sind.

b) Begriffe für die Erscheinungsformen des IPR gemeinschaftsrechtlichen Ursprungs

62 Die Begriffsbildung für die drei Erscheinungsformen des „IPR gemeinschaftsrechtlichen Ursprungs" wird durch das Gemeinschaftsrecht weitgehend vorgegeben.

aa) Gemeinschaftsrechtliches IPR

63 Der Begriff „gemeinschaftsrechtliches IPR" ist wörtlich zu verstehen: Er beschreibt die Gesamtheit der Rechtssätze, die zum einen im Privatrechtsverkehr als Gemeinschaftsrecht unmittelbare Geltung vor innerstaatlichen Gerichten beanspruchen (*gemeinschaftsrechtliches Element*), und die zum anderen sagen, welchen Staates Privatrecht anzuwenden ist (*internationalprivatrechtliches Element*)[37].

64 Diese Definition beruht auf zwei Überlegungen: Das *internationalprivatrecht-*

---

[37] Die Beschreibung des internationalprivatrechtlichen Elements übernimmt die Definition des IPR von *Kegel*, IPR, S. 3.

liche Element grenzt den Begriff von Versuchen ab, auch rangkollisionsrechtliche Aussagen des Gemeinschaftsrechts als IPR zu erfassen[38]. Das *gemeinschaftsrechtliche Element* grenzt den Begriff gegenüber den IPR-Normen ab, die erst unter Mitwirkung des nationalen Gesetzgebers Normqualität im Privatrechtsverkehr erhalten. Nur IPR-Normen, die als Gemeinschaftsrecht im Privatrechtsverkehr wirken können, sollen als gemeinschaftsrechtliches IPR definiert werden[39]. Musterbeispiel sind in Verordnungen enthaltene IPR-Normen, die unmittelbar in jedem Mitgliedstaat gelten (Artikel 189 Abs. 2 Satz 2 EG-Vertrag[40]; Art. 161 Abs. 2 EAG)[41]. Denkbar sind aber auch, wie noch zu zeigen sein wird[42], *durch die Rechtsprechung des Gerichtshofs* geschaffene IPR-Regelungen. In diesen Fällen soll im folgenden vom *IPR kraft Richterrechts* (als Unterfall des gemeinschaftsrechtlichen IPR) gesprochen werden.

bb) Harmonisiertes IPR

Unter *harmonisiertem* nationalen IPR (oder: *angeglichenem* IPR[43]) sind die Rege- 65
lungen im nationalen IPR zu verstehen, die Umsetzungen von IPR-Regelungen in Richtlinien enthalten. Sie sind gemeinschaftsrechtlichen Ursprungs, weil sie auf EG-Richtlinien zurückzuführen sind. Sie sind nationales IPR, weil sie erst durch die Umsetzung in das nationale Recht Normqualität erlangen. Sie sind harmonisiert, weil sie zumindest grundsätzlich in ähnlicher Form in allen Mitgliedstaaten zu finden sind. Da umgesetztes Richtlinienrecht stets nationales Recht ist, kann das Adjektiv „national" weggelassen werden. Es reicht, von *harmonisiertem IPR* zu sprechen.

Die Wahl dieses Begriffs folgt aus der Tatsache der Harmonisierung des mitgliedstaatlichen IPR durch Richtlinien. Der Begriff ist selbstverständlich und wird durch die Literatur nahe gelegt, die die Frage der Harmonisierung des IPR anspricht[44]. Das EG-Schuldvertragsrechtsübereinkommen vom 19. Juni 1980

[38] So aber *Marazzi*, Dir. econ. 1962, 791, 793: „Cioè [= norme de diritto internazionale private, Anm. d. *Verf.*] se esistano norme de produzione giuridica che esprimano il potere normativo esterno dell'ente cui si è accennato e *che risolvano i conflitti di leggi tra la Comunità e gli stati membri* o tra le legislazioni degli Stati membri." (Kursivdruck nicht im Original).

[39] Ähnlich hat *Müller-Graff* für den von ihm geprägten Begriff „Gemeinschaftsprivatrecht" (s. o. Rn. 43 Fn. 172) als „die kraft Gemeinschaftsrechts gemeinschaftsweit *inhaltsidentisch* verbindlichen Privatrechtssätze" definiert (Privatrecht und Gemeinschaftsrecht, S. 27; Kursivdruck nicht im Original); gleichwohl versteht *Müller-Graff* unter Gemeinschaftsprivatrecht allerdings auch *angeglichenes* Privatrecht: *ders.*, FS Börner, 303, 313, und in: Gemeinsames Privatrecht, 7, 18f.

[40] Diese Regelung wird durch den Vertrag über die Europäische Union (vgl. oben Rn. 2 Fn. 2) nicht verändert werden.

[41] So schon EuGH 14. 12. 1971, Rs. 43/71 (*Politi/Finanzministerium der Italienischen Republik*), Slg. 1971, 1039, 1049 Rn. 9 (= EuGH, 7. 3. 1972, Rs. (*Marimex/Finanzministerium der Italienischen Republik*), Slg. 1972, 89, 96 Rn. 5) sowie *Ipsen*, Gemeinschaftsrecht, 5/57.

[42] Unten Rn. 92ff., 402ff.

[43] Diese Begriffsalternative entspricht der Begriffswahl von *Kreuzer*, der vom *angeglichenem* Kollisonsrecht gesprochen hat: Vgl. oben Rn. 51 Fn. 16.

[44] So z. B. *Roth*, RabelsZ 55 (1991), 623, 633.

(EVÜ) verwendet den ähnlichen Oberbegriff „harmonisiertes innerstaatliches Recht"; der Sache nach wird damit harmonisiertes IPR erfaßt[45].

cc) IPR-Normen aus gemeinschaftsrechtsnahen Staatsverträgen und aus Richterrecht entwickeltes IPR

66 In der Gruppe für die dritte Erscheinungsform von IPR werden alle internationalprivatrechtlichen Regelungen zusammengefaßt, die nicht in die anderen beiden Gruppen (gemeinschaftsrechtliches IPR, harmonisiertes IPR) fallen. Die Schaffung eines Sammelbegriffs für diese Gruppe ist nicht erforderlich. Dem Zweck, den Bezug einer internationalprivatrechtlichen Regelung zum Gemeinschaftsrecht zu verdeutlichen, wird es gerechter, wenn man dem Ursprung der IPR-Normen entsprechende Begriffe verwendet. So sind IPR-Normen vorstellbar, die *vom nationalen Gesetzgeber* zur Umsetzung von Vorgaben geschaffen werden, die aus der Rechtsprechung des Gerichtshofs folgen. In solchen Fällen bietet es sich an, von *aus Richterrecht entwickeltem IPR (gemeinschaftsrechtlichen Ursprungs)* zu sprechen[46].

67 Schwieriger ist die Begriffsbestimmung für IPR, daß über Staatsverträge mit der Gemeinschaftsrechtsordnung verbunden ist:

Bei der Begriffswahl für diese Erscheinungsform von IPR gemeinschaftsrechtlichen Ursprungs wird von der Prämisse ausgegangen, daß in Staatsverträgen nach Artikel 220 EG-Vertrag enthaltenes IPR zumindest kein Gemeinschaftsrecht im engeren Sinne enthalten ist[47]. Darüberhinaus sind zwei Umstände zu berücksichtigen:

68 Zunächst ist dem Umstand Rechnung zu tragen, daß nicht nur auf Artikel 220 EWG-Vertrag (jetzt: EG-Vertrag) beruhende Übereinkommen einen besonderen Bezug zum Gemeinschaftsrecht aufweisen. Auch andere Staatsverträge weisen einen Bezug zum Gemeinschaftsrecht auf, der zu Besonderheiten – etwa bei der Auslegung – führen kann. So wurde vor allem das Europäische Schuldvertragsrechtsübereinkommen (EVÜ) *nicht* auf Artikel 220 EWG-Vertrag (jetzt: EG-Vertrag) gestützt, obwohl es zunächst in Ausführung von Artikel 220 erster

[45] Art. 20 EVÜ bestimmt: „Dieses Übereinkommen berührt nicht die Anwendung der *Kollisionsnormen* für vertragliche Schuldverhältnisse auf besonderen Gebieten, die in Rechtsakten der Organe der Europäischen Gemeinschaften oder *in dem in Ausführung dieser Akte harmonisiertem innerstaatlichen Recht* enthalten sind oder enthalten sein werden." (Kursivdruck nicht im Original). Diese Regelung ist in Art. 3 Abs. 2 Satz 2 EGBGB in nicht ganz so deutlicher Weise wiederzufinden.

[46] Für diese Erscheinungsform von IPR gemeinschaftsrechtlichen Ursprungs fehlt es noch an einem Anwendungsbeispiel: Siehe aber unten Rn. 402ff., 417.

[47] Für die Einordnung als *Völkerrecht*: *Schwartz* in: FS Greve, S. 551–607; *Rigaux*, FS Loussouarn, S. 341, 343 a. E. Für die Einordnung als *kooperatives Gemeinschaftsrecht*: *Würmeling*, S. 92, 111; ähnlich *Plender*, Rn. 1.01ff. (insbesondere Rn. 1.04: part of the Community legal order) sowie – nach Maastricht – jetzt auch *Struycken*, Rec. des Cours 232 (1992-I) 257, 291ff., insbesondere S. 294 (zum EU-Vertrag von Maastricht), 295 („oeuvre d'achèvement du Traité de Rome") sowie S. 325f., 328ff. (zur Integration des EuGVÜ ins Gemeinschaftsrecht).

und vierter Spiegelstrich EWG-Vertrag ausgearbeitet worden war[48]. Dennoch weist das Übereinkommen einen besonderen Bezug zum Gemeinschaftsrecht aus: Die Kommission war über die Jahre am Entstehungsprozeß des Übereinkommens beteiligt[49]. Das Übereinkommen ist als ein Teilschritt zur Vereinheitlichung des Internationalen Privatrechts zu verstehen[50]. Für den Fall, daß die Mitgliedstaaten nicht ernsthaft über ein Auslegungsprotokoll verhandeln, durch das dem Gerichtshof Auslegungsbefugnisse übertragen werden sollen, hat sich die Kommission ausdrücklich „den Erlaß eines auf den EWG-Vertrag gestützten Rechtsaktes zur Verwirklichung der angestrebten Vereinheitlichung des internationalen Privatrechts" vorbehalten[51]. Unter diesen Umständen ist das EVÜ – ebenso wie andere Übereinkommen, bei denen ähnliche Umstände vorliegen[52] – zur staatsvertraglichen Erscheinungsform von IPR gemeinschaftsrechtlichen Ursprungs zu rechnen. Es soll deshalb von *gemeinschaftsrechtsnahen* Staatsverträgen gesprochen werden: Eine Bezugnahme etwa allein auf „Staatsverträge nach Artikel 220 EG-Vertrag" reicht nicht aus.

Ferner ist bei der Bezeichnung der dritten Erscheinungsform von IPR gemeinschaftsrechtlichen Ursprungs der Umstand zu berücksichtigen, daß der deutsche Gesetzgeber internationalprivatrechtliche Übereinkommen nicht immer in ihrer ursprünglichen Fassung als nationales Recht in Kraft setzt. Dies war vor allem beim praktisch besonders wichtigen EVÜ der Fall[53]. Die Bezeichnung „IPR-Normen in gemeinschaftsrechtsnahen Staatsverträgen" – die auf den ersten Blick nahe liegt – reicht daher nicht aus. Die im EVÜ vereinheitlichten Normen sind anders als in anderen Mitgliedstaaten im deutschen Recht nicht im Staatsvertrag selbst, sondern im EGBGB zu suchen[54]. Diese Vorgehensweise zwingt zu einer umständlicheren Begriffsbildung, die das IPR gemeinschaftsrechtlichen Ursprungs, das staatsvertraglich verankert ist, beschreibt. Es muß eine Formulierung gewählt werden, die die in das EGBGB umgesetzten 69

---

[48] *Schwartz* in: *Groeben/Thiesing/Ehlermann*, Artikel 220, Rn. 84–88.

[49] Vgl. nur *Stellungnahme der Kommission* vom 17. 3. 1980, ABl. 1980 Nr. L 94 S. 39 unter I. (1. Absatz) und S. 40, rechte Spalte, Absatz 3.

[50] *Stellungnahme der Kommission* vom 17. 3. 1980, ABl. 1980 Nr. L 94 S. 39 unter I (2. Absatz); *Empfehlung der Kommission* vom 15. 1. 1985, ABl. 1985 Nr. L 44 S. 42 unter I. (2. Absatz): „Das EuIPRÜ [= EVÜ, Anm. d. *Verf.*] bildet den ersten Schritt zu der Vereinheitlichung und der Kodifizierung allgemeiner Kollisionsnormen auf dem Gebiet des Zivilrechts in der Gemeinschaft."

[51] *Stellungnahme der Kommission* vom 17. 3. 1980, ABl. 1980 Nr. L 94 S. 39, 41 unter V. 2.

[52] Denkbar ist dies bei dem „Übereinkommen über die Insolvenzverfahren" (Konkursübereinkommen), das zur Zeit unter Beteiligung des Rates der Europäischen Gemeinschaften verhandelt wird (vgl. *Rat*, Vorentwurf Konkursübereinkommen). Hier scheint zwischen den Delegationen noch Uneinigkeit darüber zu herrschen, ob oder inwieweit das Übereinkommen auf Artikel 220 EG-Vertrag gestützt werden soll. In der Begründung des Vorentwurfs vom 28. 6. 1991 heißt es: „Hier müsste noch geklärt werden, ob nicht Artikel 220 EWG-Vertrag [jetzt: EG-Vertrag] als Rechtsgrundlage für dieses Übereinkommen herangezogen *wurde*." *Rat*, Begründung des Vorentwurfs Konkursübereinkommen, S. 35, Rn. 58 (Kursivdruck nicht im Original).

[53] Siehe oben Rn. 31.

[54] Vgl. oben Rn. 19 Fn. 66.

Normen aus dem Schuldvertragsrechtsübereinkommen erfaßt. Formulierungen wie „IPR in gemeinschaftsrechtsnahen Staatsverträgen" oder „in gemeinschaftsrechtsnahen Staatsverträgen vereinheitlichtes IPR" reichen nicht aus. Auch die schlagwortartige Bezugnahme auf „Konventionsrecht"[55] ist zu ungenau.

70 Aus den erörterten Gründen folgt, daß die dritte Erscheinungsform von IPR gemeinschaftsrechtlichen Ursprungs sowohl IPR umfaßt, das in gemeinschaftsrechtsnahen Staatsverträgen selbst enthalten ist, als auch IPR, das aus solchen Verträgen abgeleitet wurde. Beide Merkmale können mit dem Begriff *IPR aus gemeinschaftsrechtsnahen Staatsverträgen* zusammengefaßt werden[56].

II. Rechtsquellen des IPR gemeinschaftsrechtlichen Ursprungs

1. Allgemeine Voraussetzungen

71 Die Begriffsbildung für die Erscheinungsformen des *IPR gemeinschaftsrechtlichen Ursprungs* beruhte auf ihren Rechtsquellen. So folgt für das *harmonisierte IPR*, für das *IPR aus gemeinschaftsrechtsnahen Staatsverträgen* und für das *aus Richterrecht entwickelte IPR* bereits aus der Begriffsbildung, daß erst der nationale Gesetzgeber diesen Normen Rechtsqualität im Privatrechtsverkehr eines Mitgliedstaates verleiht.

72 Für das *gemeinschaftsrechtliche IPR* folgt aus der Definition des Begriffes, daß seine Normqualität allein der Gemeinschaftsrechtsordnung entspringt. Welche Normen über das Musterbeispiel der Verordnungen hinaus[57] Rechtsquelle des gemeinschaftsrechtlichen IPR sein können, ist allein nach dem Gemeinschaftsrecht zu klären. Da das Internationale Privatrecht grundsätzlich den Privatrechtsverkehr betrifft, kann gemeinschaftsrechtliches IPR nur in den Fällen vorliegen, in denen das Gemeinschaftsrecht Drittwirkung entfalten darf. Dafür müssen die allgemeinen Voraussetzungen für den *Durchgriff*[58] des Gemeinschaftsrechts auf Unionsbürger oder ihnen gleichgestellte Gesellschaften vorliegen[59]:

---

[55] So *Roth*, RabelsZ 55 (1991), 623, 634.

[56] Man könnte auch von „IPR aus gemeinschafts*zielbezogenen* Staatsverträgen sprechen"; denn nach der Begriffbildung von *Kreuzer* handelt es sich bei diesen Staatsverträgen um „gemeinschaftszielbezogene Staatsverträge" (so in: Gemeinsames Privatrecht, S. 373, 389).

[57] Vgl. bereits oben Rn. 64; siehe auch Rn. 77 und Rn. 304ff.

[58] Die Formulierung geht auf *Ipsen* zurück: Gemeinschaftsrecht, 5/52. Sie hat sich durchgesetzt, vgl. nur *Nicolaysen*, Europarecht I, S. 33 und *Oppermann*, Europarecht, Rn. 536.

[59] Der folgende Überblick beruht auf den Darstellungen von: Grabitz/*Grabitz*, Art. 189 Rn. 13; *Daig/Schmidt* in: *Groeben/Thiesing/Ehlermann*, Artikel 189, Rn. 10 (dort jeweils auch umfangreiche Rechtsprechungsnachweise); *Nicolaysen*, Europarecht I, S. 34–38 und *Oppermann*, Rn. 536. Vgl. ferner die ausführlichen Erörterungen von: *Constantinesco*, Die unmittelbare Anwendbarkeit von Gemeinschaftsnormen, S. 18ff. (20), 23ff. und ab S. 63; die Habilitationsschrift von *Zuleeg*, EG-Recht im innerstaatlichen Bereich, insbesondere S. 173ff. (177–185); und *Ipsen*, Gemeinschaftsrecht, 5/54–64.

- Die Norm muß hinreichend klar und eindeutig und in der Sache vollständig sein[60]; 73
- sie darf an keine materielle Bedingung geknüpft sein[61];
- ihre Anwendung darf nicht einen Rechtsakt des nationalen Gesetzgebers erfordern[62] oder vom Ermessen der Gemeinschaftsorgane oder der Mitgliedstaaten abhängen[63];
- ein Anwendungsvorbehalt – etwa aus Gründen der öffentlichen Ordnung – muß der gerichtlichen Nachprüfung zugänglich sein[64].

Ob diese Voraussetzungen vorliegen, ist grundsätzlich für jede IPR-Regelung genau zu prüfen. Hierauf soll im folgenden (unter anderem) näher eingegangen werden.

2. *Im einzelnen: Grundsatzüberlegungen zu den Rechtsquellen des gemeinschaftsrechtlichen IPR*

Als Quellen des gemeinschaftsrechtlichen IPR kommen ernsthaft vier Formen des Gemeinschaftsrechts in Betracht: der EG-Vertrag, Verordnungen, Richtlinien und Richterrecht[65]. 74

---

60 So schon EuGH 5. 2. 1963, Rs. 26/62 (*Van Gend & Loos/Niederländische Finanzverwaltung*), Slg. 1962, 1, 25 letzter Absatz Satz 1 und EuGH 16. 6. 1966, Rs. 57/65 (*Lütticke/Hauptzollamt Saarlouis*), Slg. 1966, 257, 266 (3. Abs.).

61 So die Formulierung von *Daig/Schmidt* in: *Groeben/Thiesing/Ehlermann*, Artikel 189, Rn. 10; vgl. auch EuGH 21. 6. 1974, Rs. 2/74 (*Reyners/Belgischer Staat*), Slg. 1974, 631, 652 Rn. 24/28: Dort hat der Gerichtshof in der Begründung der unmittelbaren Anwendbarkeit von Art. 52 EWG-Vertrag [jetzt: EG-Vertrag] betont, daß die Erfüllung des von Art. 52 EWG-Vertrages klar umrissenen Zieles (Niederlassungsfreiheit) durch die Verwirklichung abgestufter Maßnahmen „zwar erleichtert, *nicht aber bedingt* werden sollte." (Kursivdruck nicht im Original).

62 So schon EuGH 5. 2. 1963, Rs. 26/62 (*Van Gend & Loos/Niederländische Finanzverwaltung*), Slg. 1962, 1, 25 letzter Absatz Satz 2.

63 EuGH 4. 12. 1974, Rs. 41/74 (*van Duyn/Home Office*), Slg. 1974, 1337, 1347 Rn. 5/7 Satz 2 am Ende.

64 EuGH 4. 12. 1974, Rs. 41/74 (*van Duyn/Home Office*), Slg. 1974, 1337, 1347 Rn. 5/7 (unmittelbare Anwendbarkeit von Art. 48 EWG-Vertrag [jetzt: EG-Vertrag] trotz des Vorbehalts in seinem Absatz 3, weil der Vorbehalt der gerichtlichen Nachprüfung zugänglich sei).

65 Nicht eingegangen wird auf ungeschriebenes Gemeinschaftsgewohnheitsrecht und auf die allgemeinen Rechtsgrundsätze, die den Rechtsordnungen der Mitgliedstaaten gemeinsam sind (vgl. *Oppermann*, Europarecht Rn. 404), auf die Entscheidungen sowie die Empfehlungen und Stellungnahmen (vgl. Art. 189 Abs. 1, 4–5 EG-Vertrag). Die genannten allgemeinen Rechtsgrundsätze könnten allerdings für die Entwicklung des *IPR der Europäischen Gemeinschaften* (vgl. oben Rn. 44, 53) von Bedeutung sein: In diesem Sinne (jeweils zur Erörterung von Artikel 215 EWG-Vertrag [jetzt: EG-Vertrag]): *Marazzi*, Dir. econ. 1962, 791, 796; *Drobnig*, Am.J-.Comp.L. 15 (1966–67) 204, 212 (vor Fn. 32). Generell kritisch: *Badiali*, Rec. des Cours 191 (1985-II) 9, 42ff.

a) EG-Vertrag

75 Für den EG-Vertrag ist vorab zu betonen, daß er *als Gemeinschaftsrecht* das gemeinschaftsrechtliche Element der Definition des gemeinschaftsrechtlichen IPR[66] erfüllt: Zwar erhielten die Regelungen des EG-Vertrages (früher: EWG-Vertrages) ursprünglich ihre Normqualität in Deutschland durch ein nationales Zustimmungsgesetz zum EG-Vertrag (damals: EWG-Vertrag)[67] und durch die Erfüllung der völkerrechtlichen Voraussetzungen zum Inkrafttreten nach Artikel 247 EG-Vertrag (damals: EWG-Vertrag)[68]. Zugleich bedeutete der Vertragsschluß aber auch einen *Gründungsakt*, der die Gemeinschaft als eigene Rechtsordnung geschaffen hat[69]. Der EG-Vertrag hat damit seinen Geltungsgrund in der gemeinschaftsrechtlichen Rechtsordnung selbst[70]. Deshalb erfüllen räumliche Abgrenzungsnormen im EG-Vertrag das gemeinschaftsrechtliche Element der Definition von gemeinschaftsrechtlichem IPR.

76 Weiter spricht für den möglichen Rechtsquellencharakter des EG-Vertrages die Tatsache, daß einzelne Normen des Vertrages unter bestimmten Voraussetzungen unmittelbare Wirkung für und gegen den Einzelnen entfalten können[71]. Gleichzeitig ist allerdings die Existenz von IPR-Normen im EG-Vertrag *a priori* unwahrscheinlich: Die Schaffung eines gemeinsamen Wirtschaftsmarktes gebietet zunächst die Regelung wichtigerer Probleme als die unmittelbare Regelung von IPR-Fragen durch die Vertragsstaaten selbst. Dennoch ist der IPR-Quellencharakter des EG-Vertrages nicht grundsätzlich auszuschließen. Die später vorzunehmende genaue Betrachtung von Artikel 58 EG-Vertrag wird zeigen, daß zumindest diese Norm gemeinschaftsrechtliches IPR enthält[72].

---

[66] Vgl. oben Rn. 63f.

[67] Gesetz vom 27.7. 1957 zu den Verträgen vom 25. März 1957 zur Gründung der Europäischen Wirtschaftsgemeinschaft und der Europäischen Atomgemeinschaft, BGBl. 1957 II 753.

[68] Nach Artikel 247 Abs. 2 EWG-Vertrag (jetzt: EG-Vertrag) trat das Übereinkommen am 1.1. 1958 in Kraft; vgl. die Bekanntmachung vom 27.12. 1957 über das Inkrafttreten der Verträge zur Gründung der Europäischen Wirtschaftsgemeinschaft und der Europäischen Atomgemeinschaft (BGBl. 1958 II 1).

[69] EuGH 15.7. 1964, Rs. 6/64 (*Costa/E.N.E.L.*), Slg. 1964, 1251, 1270; zuletzt bestätigt durch: EuGH 19.11. 1990, Rs. C-6/90 und 9/90 (*Francovich und Bonifaci/Italienische Republik*), NJW 1992, 165, 166 Erw. 31; vgl. im übrigen nur *Nicolaysen*, Europarecht I, S. 30.

[70] *Ipsen*, Gemeinschaftsrecht, § 2 Rn. 30 auf S. 63; *Oppermann*, Rn. 395.

[71] Grundlegend: EuGH 5.2. 1963, Rs. 26/62 (*Van Gend & Loos/Niederländische Finanzverwaltung*), Slg. 1962, 1, 24–27 (zu Artikel 12 EWG-Vertrag [jetzt: EG-Vertrag]). Eine Aufzählung der vom Gerichtshof für unmittelbar anwendbar erklärten Normen des EG-Vertrages geben: *Thorn*, Antwort im Namen der Kommission auf die schriftliche Anfrage Nr. 2338/82, ABl. 1983 Nr. C 177/14 (auf diese Fundstelle hat *Nicolaysen*, Europarecht I, S. 36 Fn. 16 hingewiesen); Grabitz/*Grabitz*, Art. 189 Rn. 13.

[72] § 4 (ab Rn. 304).

b) Verordnungen

Verordnungen sind, wie bereits erwähnt[73], die Musterquelle des gemeinschaftsrechtlichen IPR. Für sie läßt sich die Zulässigkeit des Durchgriffs[74] und damit ihre Qualität als gemeinschaftsrechtliches IPR abstrakt bejahen: Verordnungen sind „in allen ihren Teilen" verbindlich (Artikel 189 Abs. 2 Satz 2 EG-Vertrag), also einschließlich ihrer IPR-Teile[75]. Im geltenden Recht sind bereits einige Verordnungen mit IPR-Regelungen in Kraft; auf sie wird unten in § 5 (Rn. 304 ff.) zurückzukommen sein. Das Problem von IPR in Verordnungen ist nicht die unmittelbare Anwendbarkeit, sondern die Frage, wo es zu finden ist. 77

c) Richtlinien

Im Vergleich zu Verordnungen läßt sich für internationalprivatrechtliche Regelungen in Richtlinien die Frage nach dem Rechtsquellencharakter für gemeinschaftsrechtliches IPR grundsätzlich in entgegengesetzter Weise beantworten. Wegen des für Richtlinien geltenden Grundsatzes der Zweistufigkeit[76] ist eine unmittelbare *Anwendung* auf Privatrechtsverhältnisse ausschließlich in den Fällen denkbar, in denen der nationale Gesetzgeber die fristgerechte oder vollständige Umsetzung versäumt hat[77]. Nach der feststehenden Rechtsprechung des Gerichtshofs sind nicht umgesetzte Richtlinien zwar unter bestimmten Voraussetzungen gegenüber dem Staat[78], nicht aber unmittelbar im Privatrechtsverkehr anwendbar[79]. Hier ist nicht der Ort, auf die Kritik an der Recht- 78

---

[73] Oben Rn. 64 und 72.

[74] Vgl. Rn. 72 f.

[75] Wegen der allgemeinen Wirkung von Verordnungen sei dieses Wortspiel erlaubt. Gemeinhin dient die Formulierung, daß Verordnungen „in allen ihren Teilen" verbindlich sind, der Abgrenzung gegenüber Richtlinien: Vgl. nur Grabitz/*Grabitz*, Art. 189 Rn. 49 und *Daig/Schmidt* in: Groeben/Thiesing/Ehlermann, Artikel 189 Rn. 29, Abs. 3.

[76] Vgl. nur Grabitz/*Grabitz*, Art. 189 Rn. 51; *Isaac* in: Constantinesco/Jacqué Art. 189 Anm. 10 („législation à deux étages"); *Nicolaysen*, Europarecht I, S. 161 sowie unten Teil II Rn. 505 ff.

[77] Vgl. nur *Geiger*, Art. 189 Rn. 15–16.

[78] Grundlegend: EuGH 4. 12. 1974, Rs. 41/74 (*Yvonne van Duyn/Home Office*), Slg. 1974, 1337, 1349 Erw. 13/14, EuGH 5. 4. 1979, Rs. 148/78 (*Strafverfahren gegen Tullio Ratti*), Slg. 1979, 1629, 1642 f. Erw. 18–24 und EuGH 19. 1. 1982, Rs. 8/81, (*Becker/Finanzamt Münster-Innenstadt*), Slg. 1982, 53, 70 f., Erw. 17–25 (bestätigt durch EuGH 10. 6. 1982, Rs. 255/81 (*Grendel GmbH/Finanzamt für Körperschaften in Hamburg*), Slg. 1982, 2301, 2312, Erw. 9–12); siehe dazu BVerfG 8. 4. 1987–2 BvR 687/85 –, BVerGE 75, 223, 240–244 (Billigung der rechtsfortbildenden Vorgehensweise des Gerichtshofes aus verfassungsrechtlicher Sicht). Vgl. aus der Literatur nur *Isaac* in: Constantinesco/Jacqué, Art. 189 Anm. 13 (insbes. Fn. 21) sowie *Everling*, FS Carstens, S. 95, 113 (Würdigung der Rechtsprechung des Gerichtshofs als exemplarischer Fall richterlicher Rechtsfortbildung); *Börner*, in: FS Kegel II, S. 57–74 (kritisch zustimmend); und *Hilf*, EuR 1988, 1, 8–11 (zum Beschluß des Bundesverfassungsgerichts).

[79] Siehe die Rechtsprechungsnachweise in Rn. 21 Fn. 78.

sprechung des Gerichtshofes einzugehen[80]. Die Frage der horizontalen Drittwirkung von Richtlinien ist ein allgemeines Problem des Gemeinschaftsrechts, für das die Diskussion aus dem Blickwinkel der in Richtlinien enthaltenen IPR-Regelungen keine Besonderheiten zeigt. Im folgenden soll deshalb mit dem Gerichtshof davon ausgegangen werden, daß internationalprivatrechtliche Regelungen in Richtlinien grundsätzlich erst nach ihrer Umsetzung in innerstaatliches Recht Wirkung im privatrechtlichen Rechtsverkehr entfalten und insbesondere zur richtlinienkonformen Auslegung zwingen[81].

---

[80] Vgl. die Eingrenzung des Themas oben in Rn. 47. In der Literatur ist die Rechtsprechung umstritten. *Kritisch* z. B. (Auswahl aus dem kaum überschaubaren Schrifttum): *Manin*, Rev. trim. dr. europ. 26 (1990), 669–693, insbesondere ab S. 687; *Nicolaysen*, Europarecht I, S. 165 (mit einer möglichen Erklärung für die Entstehung der Rechtsprechung) und *ders.*, EuR 1986, 370 in einer Anmerkung zu dem in Rn. 21 Fn. 78 zitierten Urteil *Marshall* (Der Gerichtshof habe „die Chance verpaßt, seiner Rechtsprechung zur unmittelbaren Wirksamkeit von Gemeinschaftsrecht einen Schlußstein einzusetzen."); Für die unmittelbare Drittwirkung bereits *ders.*, EuR 1984, 380, 386–392 (besonders deutlich auf S. 387: horizontale Direktwirkung „unausweislich"); Für die Drittwirkung von Richtlinien in der neueren Literatur auch: *Millan Moro*, Rev. Instituc. Eur. 18 (1991), 845, 853ff. (die Nichtzulassung der horizontalen Drittwirkung führe zu Diskriminierungen ...), 856ff. (... und zur Verletzung von Grundprinzipien des Gemeinschaftsrechts); *Herdegen*, RIW. 1992, 89, 92 (gegen die „kupierte" Drittwirkung von Gentechnikrichtlinien, soweit sie insbesondere Informationspflichten der Anwender und Betreiber regeln); *Emmert*, EWS 1992, 56, 63 rechte Spalte und 67; *Emmert/Pereira de Azevedo*, Rev. trim. dr. europ. 1993, 503, 518–524; siehe auch *Reich*, C.M.L.Rev. 1992, 861, 881–882 sowie Grabitz/*Grabitz*, Art. 189 Rn. 61 a (unter „Kritik"). Für die Drittwirkung von Richtlinien nach Inkrafttreten des Vertrages von Maastricht: Schlußantrag des Generalanwalts Otto Lenz in der Sache *P. Faccini Dori/Revrub S.r.l.*, Rs. C-91/92 (Tätigkeitsbericht des Gerichtshofes und des Gerichts erster Instanz der Europäischen Gemeinschaften, Nr. 5/94, S. 14.

Gegen die Drittwirkung von Richtlinien haben sich ausgesprochen: z. B. *Bach*, 1990, 1108, 1115; *Herber*, EuZW 1991, 401, 402–403; siehe weiter: *Everling* in: FS Carstens, S. 95, 109–111 (im Ergebnis dem Gerichtshof zustimmend, obwohl „viel dafür" spräche, die direkte horizontale Wirkung zuzulassen) sowie *Gellermann*, S. 125ff., 153ff., 171–172 (Ablehnung der Drittwirkung von Richtlinien, weil Richtlinien eine Sonderverbindung nur zwischen dem Mitgliedstaat und dem Unionsbürger, nicht aber zwischen den Unionsbürgern untereinander begründen).

Einen vermittelnden Weg erwägt *Léon Sanz*, Rev. Der.Merc. (Madrid) 1990, 801, 808 Fn. 10 Abs. 2–3: Unmittelbare Drittwirkung soweit Richtlinien zwingendes Recht enthalten, weil dann den *Staat* – zumindest im Gesellschaftsrecht – die mutmaßliche Pflicht träfe, diesem Recht entgegenstehende Verträge für nichtig zu erklären („... siempre que una Directiva contenga una norma de Derecho necesario habriá un *hipotético deber* del Estado de declarar la nulidad de los actos on contratos realizados por los particolares en violacíon de la norma comunitaria aunque no estuviera incorporada." Kursivdruck nicht im Original.) – Auch dieser Weg ändert nichts daran, daß die Umsetzungspflicht des Staates nur gegenüber der Gemeinschaft, nicht aber gegenüber dem Einzelnen besteht. Zumindest schafft eine Richtlinie keine Rechte und Pflichten zwischen Unionsbürgern untereinander (vgl. *Gellermann*, a. a. O., voriger Absatz).

[81] Dies entspricht der feststehenden Rechtsprechung des Gerichtshofs: Vgl. z. B. EuGH 13. 12. 1983, Rs. 218/82 (*Kommission/Rat*), Slg. 1983, 4063, 4075, Erw. 15; EuGH 10. 4. 1984, Rs. 14/83 (*von Colson und Kamann/Land Nordrhein-Westfalen*), Slg. 1984, 1891, 1909 Erw. 26; EuGH 13. 11. 1990, Rs. C-106/89 (*Marleasing SA/La Coercial Internacional de Alimentación SA*), Slg. 1990, I-4135, 4159 Erw. 8.

Es ist allerdings zu beachten, daß die Bedeutung der Rechtsprechung des Gerichtshofs gegen die unmittelbare Drittwirkung von Richtlinien durch zwei neuere Entscheidungen des Gerichtshofs begrenzt wird[82]. In zwei Fallkonstellationen kann nicht umgesetzten Richtlinien *ausnahmsweise* unmittelbare innerstaatliche Bedeutung zukommen: 79

Im Fall einer IPR-Regelung in einer *nicht umgesetzten Richtlinie* gebietet das bereits erwähnte[83] Urteil des Gerichtshofs vom 13. November 1990 im Fall *Marleasing* die Prüfung, ob das nationale IPR unter *Berücksichtigung der noch nicht umgesetzten Richtlinie* ausgelegt werden kann[84]. Für einen Anwendungsfall fehlt es zur Zeit im deutschen IPR an einem praktischen Beispiel. 80

Eine weitere Begrenzung der Rechtsprechung des Gerichtshofs gegen die Drittwirkung von Richtlinien dürfte aus der Entscheidung vom 19. November 1991 im Fall *Francovich und Bonifaci/Italien*[85] folgen. Es ist nicht auszuschließen, 81

Siehe Teil II Rn. 634 sowie aus der neueren deutschen Literatur zustimmend z. B.: *Bleckmann*, Europarecht, Rn. 858; *Zuleeg* in: *Groeben/Thiesing/Ehlermann*, Artikel 5, Rn. 7; *Spetzler*, RIW 1991, 579–582 (Vorrang der richtlinienkonformen Auslegung); *Steindorff*, Aktiengesellschaft 1988, 57, 58; *Götz*, NJW 1992, 1849, 1853f.; *Lutter*, JZ 1992, 593ff., 605–607 (besonders differenzierend); *Klinke*, ZGR 1993, 1, 19–21; *Classen*, EuZW 1993, 83, 86f.; *Gellermann*, S. 103–114 (bei Betonung der aus den nationalen Auslegungsregeln folgenden Grenzen der richtlinienkonformen Auslegung). Kritisch gegenüber der richtlinienkonformen Auslegung: *Di Fabio*, NJW 1990, 947–954 (siehe hierzu wiederum *Lutter*, JZ 1992, 593, 605); ausdrücklich *gegen* Spetzler: *Dänzer-Vanotti*, RIW 1991, 754–755. In der Regel wird in der Literatur selbstverständlich vom Gebot der richtlinienkonformen Auslegung ausgegangen: Vgl. z. B. *Magnus*, JZ 1990, 1100, 1102 unter 3.; *Pfeiffer*, ZBB 1992, 1, 7 unter IV.1. und Fn. 43 a. E. - Siehe aus der ausländischen Literatur nur z. B. *Struycken*, Rec. des Cours 232 (1992-I) 257, 287 Rn. 16.

82 So auch die Einschätzung von *Emmert*, EWS 1992, 56, 61ff.

83 Oben Rn. 21.

84 Vgl. oben Rn. 21 Fn. 81 sowie aus der neueren Literatur z. B. *Klinke*, ZGR 1993, 1, 21–22.

85 EuGH 19.11. 1991, Rs. C-6/90 und 9/90 (*Francovich und Bonifaci/Italienische Republik*), abgedruckt in: EWS 1991, 392; EuZW 1991, 758; DZWiR 1992, 22 (mit einem „Hinweis" von *Kollatz* auf S. 25f.); NJW 1992, 165; JZ 1992, 305; RIW 1992, 243; EuGRZ 1992, 60 (ungekürzt); EuR 1992, 75 (ungekürzt); für den Abdruck der *französischen* Fassung siehe: J.C.P. 1992, Édition Générale, Jurisprudence, Nr. 21783 auf S. 12; J.C.P. 1992, Édition Entreprise, Études et Chroniques, S. 86 (als „Annexe" zur Urteilsanmerkung von *Simon*, Une étape décisive, ab S. 83 unter Nr. 123); jetzt auch abgedruckt in: Rev.trim.dr.europ. 1992, 181–193. Die *italienische* Originalfassung wurde in der hektographierten Fassung berücksichtigt, für deren Überlassung d. *Verf.* Frau Dott. di ricerca Fabiola *Mascardi* vom Istituto di Diritto Internazionale der Universität Mailand und Herrn Rechtsanwalt Dott. Francesco *Munari* vom Studio Carbone e D'Angelo aus Mailand gleichermaßen dankt. Zustimmende Anmerkungen von: *Bahlmann*, DZWiR 1992, 61–64; *Barav*, J.C.P. 1992, éd. G., II, 21783 auf S. 14–16; *H. G. Fischer*, EuZW 1992, 41–44; *Hailbronner*, JZ 1992, 284–289; *Meier*, RIW 1992, 245–246; *Simon* a. a. O. S. 83–86; *Schlemmer-Schulte/Ukrow*, EuR 1992, 82–95; *Schockweiler*, Rev.trim.dr.eur. 28 (1992) 27, 40–50 (S. 46: „aboutissement final et logique d'une évolution jursiprudentielle"). *Kritischer*: *Karl*, RIW 1992, 440–448 (bezweifelt die Kompetenz des Gerichtshofes, da die Rechtsvereinheitlichung dem Rat obliege: S. 444f., 448). Siehe weiter: *Ravarani*, Pas. lux. 1992, 77, 241–244 (Rn. 201); *Pesendorfer*, ÖRWirt. 1992, 102–103 sowie nunmehr die Diskussion zur Staatshaftung wegen verspäteter Umsetzung der Richtlinie 90/314/EWG über Pauschalreisen vom 13.6. 1990 (ABl. 1990 Nr. L 158 S. 59), hierzu *LG Bonn*, EuZW 1994, 442ff. sowie aus der Literatur z. B. *Ewert*, RIW 1993, 881–887; *Führich*, EuZW 1993, 725–729; *Leith/Sosnitza*, MDR 1993, 1159–1165;

daß dieses Grundlagenurteil[86] in einer extremen Fallkonstellation auch für IPR-Normen in Richtlinien Bedeutung erhalten kann.

82 Zunächst zum Inhalt des Urteils: Mit der Entscheidung hat der Gerichtshof im Wege der Rechtsfortbildung einen allgemeinen gemeinschaftsrechtlichen *Staatshaftungsanspruch* geschaffen[87]; methodisch hat sich der Gerichtshof dabei mit der Rechtsfortbildung einer Technik bedient, die gemeinschaftsrechtliche Tradition hat und aus deutscher verfassungsrechtlicher Sicht vom Bundesverfassungsgericht gebilligt worden ist[88]. Ursprünglich aus dem Zwang heraus entwickelt, die Rechtsverweigerung zu vermeiden[89], hat der Gerichtshof inzwischen viele vom Gemeinschaftsrecht nicht geregelte oder über den Text des Gemeinschaftsrechts hinausgehende Grundsatzfragen im Wege der Rechtsfortbildung entschieden[90]. So auch die Frage der Staatshaftung[91]:

Schimke, EuZW 1993, 698–702. Vgl. zur gemeinschaftlichen Staatshaftung schließlich *Gellermann*, S. 203–252 sowie Teil II Rn. 856ff.

86 So die einhellige Meinung bereits in den ersten Kommentaren, besonders deutlich *Simon*, Une étape décisive, S. 83 („un des ‚grands arrêts' du contentiuex commmunautaire"); ähnlich z. B. *Bahlmann*, DZWiR 1992, 61, 63 unter III. vor 1.; *Barav*, J.C.P. 1992, éd. G., II, 21783 auf S. 14, 16; *H. G. Fischer*, EuZW 1992, 41; *Gavalda/Parléani*, J.C.P., éd. Entreprise, 1992, Chronique Nr. 130, S. 122, 126 unter II. A.a; *Schlemmer-Schulte/Ukrow*, EuR 1992, 82, 88 ("Meilenstein in der Integrationsgeschichte der Rechtsprechung des EuGH„). – Das Urteil ist mittlerweile durch die Entscheidung vom 16. 12. 1993 im Fall *Teodore Wagner Miret* (vgl. oben Rn. 21 Fn. 80) bestätigt worden: EuZW 1994, 182, 183 Erw. 22f. (vgl. *Bröhmer*, EuZW 1994, 184).

87 Zur Entwicklung der Rechtsprechung des Gerichtshofs bis *Francovich* siehe *Ravarani*, Pas. lux. 1992, 77, 241–242 (Rn. 201ff.). Schon 1960 hatte der Gerichtshof in allgemeinen Worten die Staatshaftung der Mitgliedstaaten aus Artikel 86 EGKS-Vertrag (dem Art. 5 EG-Vertrag grundsätzlich entspricht) abgeleitet: Siehe EuGH 16. 12. 1960, Rs. 6/60 (*Humblet/Belgischer Staat*), Slg. 1960, 1165, 1185 unten.

88 Das Bundesverfassungsgericht hat die Vorgehensweise der Anerkennung der unmittelbaren Wirksamkeit von Richtlinien gegenüber dem Staat gebilligt: Vgl. oben Rn. 78 Fn. 78. *Kritisch* zur Rechtsfortbildung durch den Gerichtshof: *Dänzer-Vanotti*, BB 1991, 1015, 1016–1018.

89 Vgl. EuGH, 12. 7. 1957, verb. Rs. 7/56 und 3–7/57 [*Algera u. a./Gemeinsame Versammlung*], Slg. 1957, 83, 118 oben; *Schwarze*, Europäisches Verwaltungsrecht, Bd. 2, S. 1391.

90 Vgl. z. B. *Schwarze*, Europäisches Verwaltungsrecht, Bd. 2, S. 1391–1395; *Nicolaysen*, Europarecht I, S. 49, 178. Bekannte Beispiele der Rechtsfortbildung durch den Gerichtshof bieten namentlich:

– die Entwicklung der Voraussetzungen, unter denen *Richtlinien unmittelbar gegenüber dem Staat wirken* können: Siehe die Rechtsprechungsnachweise oben in Rn. 78 Fn. 78;

– die Schaffung eines *gemeinschaftsrechtlichen Erstattungsanspruches* im Falle der gemeinschaftsrechtswidrigen Erhebung von Abgaben; EuGH 16. 12. 1976, Rs. 33/76 (*Rewe-Zentralfinanz eG und Rewe-Zentral-AG/Landwirtschaftskammer für das Saarland*), Slg. 1979, 1989, 1997 Erw. 3 i. V. m. 1998 Erw. 5 sowie die am gleichen Tage entschiedene Rs. 45/76 (*Comet BV/ Produktschap voor Siergewassen*), Slg. 1976, 2043, 2053 Erw. 11/18; st. Rspr., vgl. z. B. EuGH 29. 6. 1988, Rs. 240/87 (*Deville/Administration des impôts*), Slg. 1988, 3513, 3527 Erw. 11;

– und die Schaffung *prozessualer Rechte*: EuGH 15. 10. 1987, Rs. 222/86 (*UNECTEF/Heylens u. a.*), Slg. 1987, 4097, 4117f., Erw. 16–17 (Zugang zu den Gerichten zur Überprüfung der Gemeinschaftsrechtskonformität einer ablehnenden Entscheidung über die Anerkennung eines Diploms); EuGH 19. 6. 1990, Rs. C-213/89 (*The Queen/Factortame Ltd. u. a.*), Slg. 1990, I-2466,

Das Urteil *Francovich* ist in grundsätzlicher Weise formuliert[92]. Es kann jede Verletzung des Gemeinschaftsrechts durch einen Mitgliedstaat erfassen[93]. Nach dem Urteil hat der Einzelne – also der Unionsbürger und jede ihm gleichgestellte Gesellschaft – unter bestimmten Voraussetzungen einen *gemeinschaftsrechtlichen* Anspruch auf Ersatz der Schäden, die ihm durch den Verstoß eines Mitgliedstaates gegen das Gemeinschaftsrecht entstehen[94]. Der Verstoß des Mitgliedstaates kann in legislativem Unrecht bestehen[95]. Im Fall der nicht rechtzeitigen oder unvollständigen Umsetzung einer Richtlinie, so der Gerichtshof, verlange gerade die Tatsache, daß die Wirksamkeit der gemeinschaftsrechtlichen Regelung vor nationalen Gerichten von der Tätigkeit des nationalen Gesetzgebers abhän- 83

2473 (ab Erw. 18) – 2474 (Recht auf Nichtanwendung gemeinschaftsrechtlich zweifelhafter nationaler Vorschriften im einstweiligen Rechtsschutzverfahren vor nationalen Gerichten); EuGH 21.2. 1991, verb. Rs. C-143/88 und C-92/88 (*Zuckerfabrik Süderdithmarschen AG und Soest GmbH/Hauptzollamt Itzehoe und Paderborn*), EuZW 1991, 313 Erw. 16 (Recht auf Aussetzung eines auf einer Verordnung beruhenden nationalen Verwaltungsaktes im vorläufigen Rechtsschutz und Recht auf inzidente Normenkontrolle; noch weitergehend *Schlemmer-Schulte*, EuZW 1991, 307, 309: Aus dem Urteil folge über den Wortlaut von Artikel 177 EWG-Vertrag [jetzt: EG-Vertrag] hinaus eine allgemeine Vorlagepflicht aller nationalen Gerichte bei zweifelhafter Gültigkeit des Gemeinschaftsrechts); äußerst kritisch zu diesem Urteil: *Dänzer-Vanotti*, BB 1991, 1015–1018; zustimmend hingegen *Engel*, Die Verwaltung 25, 1992, S. 437, 439f. i. V. m. 462f. (der Gerichtshof habe europäischen Vertrauensschutz an die Stelle der divergierenden nationalen Regelungen gesetzt).

91 Die Rechtsfortbildung im Fall *Francovich* unterscheidet sich allerdings qualitativ von anderen Fällen, weil sie nicht auf wertender Rechtsvergleichung fußt (kritisch *Schlemmer-Schulte/Ukrow*, EuR 1992, 82, 91; die von *Meier*, RIW 1992, 245, 246 unter 3. gegebene rechtsvergleichende Auslegung vermag d. *Verf.* nicht so recht davon zu überzeugen, daß der Gerichtshof im Fall *Francovich* tatsächlich mit den Mitteln der Rechtsvergleichung gearbeitet hat: Allein das Denken in Anspruchsgrundlagen ist noch kein Beispiel wertender Rechtsvergleichung). Der Weg der wertenden Rechtsvergleichung dürfte dem Gerichtshof verschlossen gewesen sein (ähnlich *Hailbronner*, JZ 1992, 284, 288 rechte Spalte). Zumindest das britische, deutsche und holländische Recht lassen eine Haftung für legislatives Unrecht nicht zu (vgl. die rechtsvergleichende Darstellung von *Schockweiler* u. a., Rev.trim.dr.eur. 26 (1990) 27, 54, und die Länderberichte ab S. 30 jeweils unter „2. Actes susceptibles d'engager la responsabilité", unter Hinweis auf unter engen Voraussetzungen haftungszulassende Lösungen im dänischen, französischen, luxemburgischen und protugiesischen Recht; ausführlich zur Haftung für legislatives Unrecht nach luxemburgischen Recht *Ravarani*, Pas. lux. 1992, 77, 212–253 und dort insbesondere Rn. 201 a. E. auf S. 244: Das luxemburgische Staatshaftungsrecht verstoße gegen das Gemeinschaftsrecht).

92 Vgl. den Übergang von der 28. zur 29. Erwägung des Urteils (Fundstellen: Oben Rn. 81 Fn. 85). Zur Befugnis des Gerichtshofs zur Abstraktion über den vorgelegten Sachverhalt hinaus siehe die Habilitationsschrift von *Schwarze*, Die Befugnis zur Abstraktion, ab S. 105, 111ff. (zum Gebot der Abstraktion); 182ff. (zur Notwendigkeit der Rechtsschöpfung durch den Gerichtshof).

93 EuGH (a. a. O., Rn. 81 Fn. 85), Erw. 37, 38.

94 EuGH (a. a. O., Rn. 81 Fn. 85), Erw. 31ff., 37.

95 Anders das Staatshaftungsrecht vieler Mitgliedstaaten (s. o. Rn. 82 Fn. 91) einschließlich des *deutschen Staatshaftungsrechts*: BGH (3. ZS) 10.12. 1987 („Waldsterben"), BGHZ 102, 350, 357ff., 367f.; BGH (3. ZS) 7.7. 1988, NJW 1989, 101; OLG Köln 20.6. 1991-7 U 143/90, EuZW 1991, 574 (als „nicht rechtskräftig" veröffentlicht; mit Anm. *Meier* auf S. 576).

ge, daß dem von der Richtlinie begünstigten Einzelnen ein Entschädigungsanspruch zu gewähren sei[96].

84 *Zum Vergleich*: Kurz vor der Entscheidung des Gerichtshofs in der Sache Francovich hatte das *Oberlandesgericht Köln* nach *deutschem* Staatshaftungsrecht einen Staatshaftungsanspruch wegen unterlassener Anpassung des deutschen Rechts an das Gemeinschaftsrecht abgelehnt[97]. Jenes Urteil betrifft einen Folgestreit nach der Entscheidung des Gerichtshofs zum deutschen Reinheitsgebot für Bier im Fall *Kommission/Bundesrepublik Deutschland*[98]. In dieser Entscheidung hatte der Gerichtshof die Anwendung des – inzwischen aufgehobenen[99] – § 10 BierStG[100] auf ausländische Marktbürger für gemeinschaftsrechtswidrig erklärt[101]. Nach § 10 BierStG durften unter der Bezeichnung „Bier" nur Getränke in den Verkehr gebracht werden, die dem Reinheitsgebot in § 9 BierStG entsprechen. Der Rechtsstreit vor dem Oberlandesgericht Köln betraf den Versuch einer französischen Brauerei, den Schaden geltend zu machen, der ihr nach ihrem Vortrag in Folge des deutschen Verbots in § 10 BierStG entstanden sei. Das Urteil des Oberlandesgerichts verneint vier denkbare staatshaftungsrechtliche Anspruchsgrundlagen: (1) § 839 BGB i. V. m. Art. 34 GG; (2) § 823 Abs. 2 BGB i. V. m. Art. 171 EWG-Vertrag (jetzt: EG-Vertrag); (3) Ansprüche aus den Grundsätzen zum enteignenden oder enteignungsgleichen Eingriff; sowie (4) als gemeinschaftsrechtliche „Anspruchsgrundlage": Art. 171 EWG-Vertrag (jetzt: EG-Vertrag). Die französische Brauerei hat mittlerweile Revision gegen dieses Urteil beim *Bundesgerichtshof* eingelegt. Dieser hat das Verfahren z. Zt. ausgesetzt und dem *Europäischen Gerichtshof* nach Art. 177 EG-Vertrag vorgelegt, um einzelne, aus *Francovich* folgende Fragen klären zu lassen[102].

85 Die Voraussetzungen des *gemeinschaftsrechtlichen Anspruchsgrundes* hat der Gerichtshof für den Fall der nicht rechtzeitigen oder unvollständigen Umsetzung einer Richtlinie wie folgt in der 40. Erwägung des Urteils *Francovich* konkretisiert[103]:

(1) Die nicht umgesetzte Richtlinie muß den Mitgliedstaaten das *Ziel* vorgeben, *Rechte an Einzelne zu verleihen*. Die Richtlinie muß also, als umgesetztes nationales Recht gedacht, Rechte für den Einzelnen schaffen.

(2) Der Inhalt dieser Rechte muß durch die Richtlinie *hinreichend bestimmt* worden sein.

---

[96] EuGH (a. a. O., Rn. 81 Fn. 85), Erw. 34.

[97] Siehe den Nachweis oben in Rn. 83 Fn. 95.

[98] EuGH 12. 3. 1987, Rs. 178/84 (*Kommission/Bundesrepublik Deutschland* – „Vertragsverletzung – Reinheitsgebot für Bier"), Slg. 1987, 1227.

[99] § 10 Abs. 1 und 2 BierStG ist aufgehoben worden durch § 6 Abs. 1 Nr. 1 der Bier*verordnung* (!) – BGBl. 1990 I 1332, 1333; vgl. die Ermächtigungsgrundlage in Art. 4 Abs. 1 Nr. 8 des Gesetzes zur Gesamtreform des Lebensmittelrechts vom 15. 8. 1974, BGBl. 1974 I 1945, 1963 f.

[100] Abgedruckt in: BGBl. 1952 I 149, 150 f. sowie in der – insoweit noch unveränderten – bereinigten Fassung vom 15. 4. 1986: BGBl. 1986 I 527, 528, 530.

[101] A. a. O. (Rn. 84 Fn. 98), S. 1268 ff. und 1272 ff.

[102] BGH, Beschluß vom 28. 1. 1993 – III ZR127/91, EuZW 1993, 226 mit Anmerkung *Streinz*, EuZW 1993, 599–605.

[103] EuGH (a. a. O., Rn. 81 Fn. 85).

(3) Zwischen der Nichtumsetzung der Richtlinie und dem Schaden muß ein *Kausalzusammenhang* bestehen.

Für das Verfahrensrecht und für die Fragen der Haftungsausfüllung hat der Gerichtshof auf nationales Recht verwiesen[104]; hierauf wird zurückzukommen sein[105]. Der *Anspruchsgrund* selbst folgt – zumindest für den Fall der Haftung für die Nichtumsetzung von Richtlinien – aus dem Gemeinschaftsrecht[106]. 86

Exkurs: In diesem Punkt sind die aufgeführten Haftungsvoraussetzungen der Staatshaftung bereits so genau bestimmt, daß für die Anwendung von nationalem Recht grundsätzlich kein Raum bleibt[107]. Hierfür spricht auch die 41. Erwägung, in der der Gerichtshof darauf hingewiesen hat, daß die erörterten Voraussetzungen zur Anspruchsbegründung ausreichen. Die Erwägung lautet[108]:

„Diese Voraussetzungen reichen aus, um den einzelnen einen *Anspruch* auf Entschädigung zu geben, der *unmittelbar im Gemeinschaftsrecht begründet* ist." (Kursivdruck nicht im Original).

In der italienischen Originalfassung[109]:

„Tale condizioni sono sufficienti a far sorgere a vantaggio dei singoli *il diritto ad ottenere un risarcimento, che trova direttamente il suo fondamento nel diritto comunitario.*" (Kursivdruck nicht im Original).

Die spätere Verweisung auf materielles Schadensrecht in der 42. und 43. Erwägung läßt auf der Ebene des Anspruchsgrundes allenfalls Raum für ein nationales Gesetz, daß die in der 40. Erwägung vom gemeinschaftsrechtlichen Voraussetzungen kopiert; denn die Verweisung in der 42. Erwägung steht ausdrücklich „unter dem Vorbehalt" der 41. Erwägung („Con questa riserva").

Hingegen wäre es in Folge der abschließenden Aufzählung der Anspruchsvoraussetzungen in der 40. Erwägung nicht zulässig, die Anspruchsvoraussetzungen durch 87

---

[104] EuGH (a. a. O., Rn. 81 Fn. 85), Erw. 42–43; vgl. jetzt auch die Vorlagebeschlüsse des Bundesgerichtshofs (oben Rn. 84 Fn. 102).

[105] Rn. 93.

[106] Ebenso *Bahlmann*, DZWiR 1992, 61, 63 unter III.3.; *Hailbronner*, JZ 1992, 284, 288 (rechte Spalte); *Meier*, RIW 1992, 245, 246 unter 3.; *Schlemmer-Schulte/Ukrow*, EuR 1992, 82, 83 (nach Fn. 7); *Karl*, RIW 1992, 440, 446 unter ii (Text nach Fn. 83); *H. G. Fischer*, EuZW 1992, 41, 42ff.; so wohl auch *Pesendorfer*, ÖRWirt. 1992, 102, 103; nicht so deutlich *Simon*, Une étape décisive, S. 85 unter Rn. 14: „*le principe* du droit à répétition ou au droit à réparation procède directement du droit communautaire, mais les modalités d'exercice de l'action en répétition ou de l'action en indemnité relèvent de l'autonomie procédurale des droits nationaux." Die Annahme, der *Grundsatz* (principe) der Haftung folge aus dem Gemeinschaftsrecht, reicht nicht so weit wie die hier vertreten Auffassung, daß die *Anspruchsvoraussetzungen* aus dem Gemeinschaftsrecht folgen. A. A. LG Bonn EuZW 1994, 442, 443 und EuZW 1994, 445f. mit kritischer Anm. *Huff* sowie z. B. *Rengeling/Middeke/Gellermann*, Rn. 1211: Der Gerichtshof habe nur eine Verpflichtung der Mitgliedstaaten zur Schaffung eines nationalen Staatshaftungsanspruchs geschaffen.

[107] Erste Konsequenzen aus der Sicht des deutschen Staatshaftungsrechts hat *H. G. Fischer* in EuZW 1992, 41, 44 aufgezeigt: Zum Beispiel ist gegenüber Angehörigen anderer Mitgliedstaaten nicht mehr die Verbürgung der Gegenseitigkeit zu prüfen, wenn sie den gemeinschaftsrechtlichen Staatshaftungsanspruch geltend machen.

[108] NJW 1992, 165, 167.

[109] Vgl. die oben in Rn. 81 Fn. 85 genannte italienische Fundstelle.

nationales Recht zu ergänzen und damit einzuschränken[110]: Die bei isolierter Betrachtung mißverständliche 43. Erwägung verweist zwar auf die formellen und *„materiellen"* Voraussetzungen des nationalen Staatshaftungsrechts („le condizioni, formali *e sostanziali* stabilite dalle diverse legislazioni nazionali in materia di risarcimento"; Kursivdruck nicht im Original). Aus der Stellung dieser Erwägung *hinter* der Verweisung auf nationales Recht in der 42. Erwägung folgt aber, daß die Bezugnahme auf materielles Schadensersatzrecht in der 43. Erwägung nur soweit reicht wie die Verweisung auf nationales Recht in der vorangehenden 42. Erwägung: Diese steht, wie erwähnt, ausdrücklich unter dem „Vorbehalt" der in den Erwägungen 40–41 genannten Anspruchsvoraussetzungen. Die 43. Erwägung dient in Folge ihrer Stellung im Urteil nur dem Zweck, die Folgen des Verweises auf nationales Recht in der 42. Erwägung zu präzisieren und damit zu begrenzen. In der 43. Erwägung betont der Gerichtshof vorsorglich (*arg.*: „Auch"; „inoltre") den aus dem Recht der öffentlich-rechtlichen Erstattungsansprüche bekannten Grundsatz, daß eine Verweisung auf nationales Recht nicht dazu führen darf, daß ein gemeinschaftsrechtlich begründeter Erstattungsanspruch durch nationale Rechtsvorschriften praktisch undurchsetzbar oder übermäßig erschwert wird[111].

88 Unter besonderen Umständen ist es denkbar, daß einem Einzelnen durch die Nichtumsetzung einer IPR-Richtlinie oder einer einzelnen IPR-Norm in einer Richtlinie ein Schaden entsteht. Man denke etwa an den Fall einer Richtlinie, die einer Branche besonders weitreichende Rechtswahlfreiheiten einräumt oder umgekehrt einen Verbraucher bei der Bestimmung des anwendbaren Rechts in besonderem Maße schützt[112]: Es ist nicht auszuschließen, daß unter diesen Umständen allein wegen der Nichtumsetzung einer Richtlinie von einem Gericht ein für den Einzelnen ungünstigeres Recht angewendet wird. Der dem Einzelnen daraus entstehende Schaden wäre nach den Grundsätzen des Urteils *Francovich* zu ersetzen.

89 Voraussetzung dieser Argumentation ist, daß der gemeinschaftsrechtliche Staatshaftungsanspruch auch die Fälle erfaßt, in denen der Schaden im Privatrechtsverkehr entstanden ist. Dies ist der Fall[113]. Hierfür spricht die ausführliche Darstellung der Haftungsvoraussetzungen in der 40. Erwägung des Urteils[114].

---

[110] So – vorsichtig – auch *Karl*, RIW 1992, 440, 446 unter ii (Text nach Fn. 83).

[111] So der Gerichtshof zum gemeinschaftsrechtlichen Erstattungsanspruch wegen unter Verstoß gegen das Gemeinschaftsrecht erhobener Abgaben; siehe nur das vom Gerichtshof in der 43. Erwägung selbst genannte Urteil *San Giorgio*, EuGH 9. 11. 1983, Rs. 199/82, Slg. 1983, 3595, 3612 Erw. 12.

[112] Nach Artikel 20 EVÜ und nach Art. 3 Abs. 2 Satz 2 EGBGB ist der Erlaß von kollisionsrechtlichen Richtlinien für Spezialgebiete denkbar. Vgl. das oben Rn. 40 Fn. 160 genannte versicherungsrechtliche Beispiel; und den Bericht von *Jayme/Kohler*, IPRax 1992, 346, 356 unter VII, zur fehlerhaften Umsetzung der internationalprivatrechtlichen Regelungen in der Richtlinie 88/357/EWG durch Portugal.

[113] Ebenso *Hailbronner*, JZ 1992, 284, 285 rechte Spalte; *Schlemmer-Schulte/Ukrow*, EuR 1992, 82 unter II.1. und 85 unter 3; *Karl*, RIW 1992, 440, 447 linke Spalte unter bb). Vorsichtig in dem hier vertretenen Sinne auch *Barav*, J.C.P. 1992, éd. G., II, 21783 auf S. 14, 16 a. E. A.A. *Bahlmann*, DZWiR 1992, 61, 63f. unter III.4. Wohl nicht erörtert bei: *H.G. Fischer*, EuZW 1992, 41 (s. die weite Formulierung auf S. 43 links unten vor Fn. 13).

[114] Urteil, a. a. O. (oben Rn. 81 Fn. 85).

Der Gerichtshof hat die Natur der Rechte, die die Richtlinie dem Einzelnen verleiht, nicht näher eingeschränkt. Eine solche Einschränkung wäre auch nicht sinnvoll gewesen: Das Urteil *Francovich* geht weiter als die Rechtsprechung zur unmittelbaren Richtlinienwirkung[115]. Es will bewußt den Fall erfassen, daß der Anspruchsgegner des Unionsbürgers, für den die Richtlinie ein subjektives Recht schaffen will, *nicht* der Staat ist[116]. In jenen Fällen ist der Unionsbürger meist schon hinreichend durch die Rechtsprechung zur unmittelbaren Anwendbarkeit von Richtlinien geschützt[117]. Der Fall *Francovich und Bonifaci* selbst betrifft Rechte von Arbeitnehmern, die nicht notwendigerweise gegenüber dem Staat bestehen: In dem Fall ging es um „Garantierechte" der Arbeitnehmer auf Zahlung von Ausfallgeldern im Falle der Zahlungsunfähigkeit des Arbeitgebers[118]. Die unmittelbare Anwendbarkeit der Richtlinie 80/987, die die Einrichtung eines Garantiesystems zur Sicherstellung der Zahlung solcher Gelder vorsieht[119], scheiterte in dem Fall gerade daran, daß nicht festzustellen war, ob der Staat nach dem von ihm zu errichtenden Garantiesystem Schuldner der Ausfallgelder werden würde[120]. Grund für die vom Gerichtshof angenommene Staatshaftung für die Nichtumsetzung der Richtlinie 80/987 war das von der Richtlinie beschriebene Ziel, dem Arbeitnehmer ein subjektives Recht auf eine Garantie für die Befriedigung eines Teiles der gegenüber dem Arbeitgeber undurchsetzbaren Ansprüche zu geben („*l'attribuzione* ai lavoratori subordinati *del diritto* ad una garanzia per il pagamento di loro crediti non pagati relativi alla retribuzione")[121]. Der Gerichtshof hat gerade auch die möglicherweise privatrechtliche Ausgestaltung des Garantiesystems bei der Begründung eines Staatshaftungsanspruches mit berücksichtigt[122].

Für die Staatshaftung für im Privatrechtsverkehr entstandene Schäden spricht 90

---

[115] Vgl. oben Rn. 78 Fn. 78.

[116] Deutlich *Schlemmer-Schulte/Ukrow*, EuR 1992, 82, 85: „Wer Adressat dieser Rechte, d.h. Verpflichteter ist, ob es sich mithin um vertikal oder horizontal wirkende Richtlinien handelt, ist unbeachtlich." Ähnlich *Hailbronner*, JZ 1992, 284, 285 (rechte Spalte, Abs. 2). Konkludent so auch *Meier*, RIW 1992, 245, 246 (der Gerichtshof sei qualitativ über die Rechtsprechung gegen die Drittwirkung von Richtlinien hinausgegangen). A.A. *Bahlmann*, DZWiR 1992, 61, 63f. unter III.4: Die Staatshaftung betreffe nur Fälle, in denen ein unmittelbares Recht gegenüber dem Staat besteht.

[117] Schäden können nur in den Fällen entstehen, in denen ein Mitgliedstaat die unmittelbare Wirkung einer nicht fristgerecht umgesetzten Richtlinie mißachtet. Auch in diesen Fällen kommt nach der Rechtsprechung im Fall *Francovich* ein Staatshaftungsanspruch in Betracht.

[118] Im Fall *Francovich* war die Einzelzwangsvollstreckung aus einem Urteil auf Zahlung von 6 Mio. Lire aus einer Lohnforderung fruchtlos verlaufen; im Fall *Bonifaci* war über das Vermögen des Arbeitgebers Konkurs eröffnet worden. DZWiR 1992, 165, Erw. 5–6 (insoweit in der NJW und der EWS nicht abgedruckt).

[119] Richtlinie des Rates vom 20. Oktober 1980 zur Angleichung der Rechtsvorschriften der Mitgliedstaaten über den Schutz der Arbeitnehmer bei Zahlungsunfähigkeit des Arbeitgebers (80/987/EWG), ABl. 1980 Nr. L 283 S. 23.

[120] Urteil, a.a.O. (oben Rn. 81 Fn. 85), Erw. 25–27.

[121] Vgl. Urteil, a.a.O. (oben Rn. 81 Fn. 85), Erw. 44 Satz 2 (Kursivdruck nicht im Original).

[122] Urteil, a.a.O. (oben Rn. 81 Fn. 85), Erw. 25.

weiter, daß der Gerichtshof den Staatshaftungsanspruch aus der Verletzung gemeinschaftsrechtlicher Pflichten und nicht aus den in der Richtlinie bezeichneten Pflichten abgeleitet hat. Haftungsauslösendes Moment für die Nichtumsetzung von Richtlinien ist die Nichterfüllung der gemeinschaftsrechtlichen Umsetzungspflicht aus Artikel 189 Abs. 3 EG-Vertrag[123]: In den Fällen, in denen die Richtlinien dem Unionsbürger – bzw. einer ihm gleichgestellten Gesellschaft – subjektive Rechte einzelner verleihen wollen, verändert sich die Umsetzungspflicht qualitativ. Sie wird über die Pflicht gegenüber der Gemeinschaft und den anderen Mitgliedstaaten hinaus zur Pflicht gegenüber dem Bürger[124]. Mit anderen Worten: Die Umsetzungspflicht der Mitgliedstaaten beinhaltet zugleich eine Pflicht gegenüber den Unionsbürgern, wenn die Richtlinie, als umgesetztes nationales Recht gedacht, für den Einzelnen – und zwar auch den Inländer[125] – hinreichend bestimmte subjektive Rechte schafft. In diesem Fall steht dem Einzelnen ein Staatshaftungsanspruch auf Ersatz des durch die Nichtumsetzung der Richtlinien entstandenen Schadens zu[126].

91 Damit ist die Prämisse der Möglichkeit der Staatshaftung für die Nichtumsetzung von Richtlinien erwiesen, die dem einzelnen privatrechtliche Rechte schaffen können. Das Urteil *Francovich* erfaßt danach grundsätzlich auch IPR-Regelungen in Richtlinien und begrenzt ebenso wie die Rechtsprechung im Fall *Marleasing* die Wirkungen der Unanwendbarkeit von Richtlinien im Privatrechtsverkehr. Dennoch ist die Unanwendbarkeit der Richtlinien im Privatrechtsverkehr der Grundsatz: Sie scheiden deshalb als Rechtsquellen von gemeinschaftsrechtlichen IPR aus; nur sollte man bei dieser Aussage die dargestellten Beschränkungen nicht übersehen.

---

123 EuGH (a. a. O., Rn. 81 Fn. 85), Erw. 39.

Die Umsetzungspflicht ist durch den EU-Vertrag nicht verändert worden: Vgl. oben den Exkurs in Rn. 55. Sie läßt sich mit *Söllner*, S. 69, zusätzlich auch auf Artikel 5 EG-Vertrag stützen (der durch den EU-Vertrag ebenfalls nicht verändert worden ist). Doch ist dies nicht erforderlich: Die Umsetzungspflicht folgt bereits aus Artikel 189 Abs. 3 i. V. m. mit dem Grundsatz der Gemeinschaftstreue, der seinerseits bereits allein mit Hilfe des Abschlusses des EG-Vertrages begründet werden kann: Vgl. *Nicolaysen*, Europarecht I, S. 70.

124 Die Bedeutung dieses Punktes verkennt *Bahlmann*, DZWiR 1992, 61, 63f. unter III.4.: Entscheidend für die Staatshaftung ist nicht das Recht des Bürgers gegenüber dem Staat auf Einrichtung eines Garantiesystems, sondern das Recht auf Umsetzung der Richtlinie, die für den Bürger einen *Zahlungsanspruch* gegenüber einer wie auch immer gearteten Garantieeinrichtung vorsieht.

125 Der nach der Rechtsprechung des Gerichtshofs notwendige Bezug zum Gemeinschaftsrecht folgt allein aus der gemeinschaftsrechtlichen Umsetzungspflicht. Damit gewinnt das Urteil auch Bedeutung für die hier nicht zu vertiefende Diskussion um die (Un-)Zulässigkeit von Inländerdiskriminierungen (s. o. Rn. 47 Fn. 186).

126 EuGH (a. a. O., Rn. 81 Fn. 85), Erw. 39–41.

d) Richterrecht

Das Richterrecht des Gerichtshofs kommt für gemeinschaftsrechtliches IPR ebenso wie für andere Rechtsgebiete[127] als Rechtsquelle in Betracht[128]. Es ist nicht nur für das im dritten Teil dieser Arbeit zu erörternde Konformitätsgebot von Bedeutung. Es kann auch selbst Rechtquelle für gemeinschaftsrechtliches IPR sein. 92

Diese *Möglichkeit* läßt sich mit Hilfe des bereits in anderem Zusammenhang erörterten Fall *Francovich* zum Staatshaftungsrecht[129] zeigen, obwohl das Urteil nach der in Kontinentaleuropa üblichen Trennung öffentliches Recht betrifft, so daß die Frage der räumlichen Abgrenzung der nationalen Rechte eine Frage des *Internationalen Öffentlichen Rechts* darstellt:

Im einzelnen: In dem Urteil hat der Gerichtshof für die Fragen der Zuständigkeit der Gerichte, des Verfahrensrechts und der haftungsausfüllenden Kausalität auf nationales Recht verwiesen[130]. Über die rangkollisionsrechtliche Entscheidung hinaus, daß insoweit nationales Recht anzuwenden ist, stellt sich die Frage nach der Auswahl des nationalen Rechts. Der Gerichtshof hatte die Möglichkeit, diese räumliche Abgrenzungsfrage mit zu entscheiden und damit Internationales Öffentliches Recht zu schaffen. Er hat sie nicht genutzt: Sei es, daß er die Frage nicht gesehen hat, daß er ihr ausgewichen ist, oder daß er sie nicht für erwähnenswert hielt, weil der Fall *Francovich* keinen Bezug zum Recht eines anderen Mitgliedstaates aufwies[131]. Das Urteil enthält keinerlei Hinweis zur Auswahl des nationalen Rechts. Der nationale Richter, der über einen gemeinschafsrechtlichen Staatshaftungsanspruch zu entscheiden hat, wird also mit Hilfe des anwendbaren nationalen Internationalen Privatrechts (bzw. Internationalen Öffentlichen Rechts) bestimmen müssen, welchen Staates Recht über die Anspruchshöhe entscheidet. Nach deutschem Kollisionsrecht haftet der Staat grundsätzlich nach *eigenem Recht*[132], das aber seinerseits gemeinschaftsrechtskonforn sein muß[133]. 93

Aus rechtspraktischer Sicht sei darauf hingewiesen, daß die räumliche Abgrenzung nationaler Rechte im Bereich der Staatshaftung kaum jemals zu einem Problem werden dürfte. Schon aus prozessualen Gründen (Stichwort: Immunität) wird man den Staat stets vor seinen eigenen Gerichten verklagen. 94

Zusammenfassend ist festzuhalten, daß der Gerichtshof im Fall *Francovich* kein

---

[127] Vgl. etwa *Schwarze*, Europäisches Verwaltungsrecht, Bd. 1, S. 57ff.

[128] Vgl. auch das oben in Rn. 42 Fn. 168 zitierte *Zellstoff*-Urteil des Gerichtshofs, daß *Gemeinschaftskollisionsrecht* zur Abgrenzung von Gemeinschaftsrecht gegenüber dem Recht von Drittstaaten geschaffen hat (zur Begriffsbildung siehe oben Rn. 60).

[129] Dazu ausführlich oben Rn. 82ff.

[130] EuGH (a. a. O., Rn. 81 Fn. 85), Erw. 42.

[131] In der Tat reichte der Fall nur insoweit über die Grenzen Italiens hinaus, als die gemeinschaftsrechtliche Pflicht zur Richtlinienumsetzung aus Artikel 189 Abs. 3 EG-Vertrag betroffen war.

[132] *Kegel*, IPR, § 18.IV.1.c (S. 467).

[133] Vgl. jetzt die Fragen des Bundesgerichtshofs im Beschluß vom 28. 1. 1993 (EuZW 1993, 226), die insbesondere die Vereinbarkeit deutscher haftungsrechtlicher Grenzen der Staatshaftung mit dem Gemeinschaftsrecht betreffen.

räumliches Abgrenzungsrecht geschaffen hat. Zugleich zeigt der Fall, daß grundsätzlich die Möglichkeit dazu besteht.

Ob der Gerichtshof von der Möglichkeit, selbst IPR zur Abgrenzung der nationalen Privatrechtsordnungen zu schaffen, Gebrauch gemacht hat, läßt sich nur im Einzelfall entscheiden. Auf einen Beispielfall, dem zumindest internationalprivatrechtliche Bedeutung zuzumessen ist, wird später zurückzukommen sein[134].

e) Zwischenergebnis

95 Als Zwischenergebnis ist festzuhalten: Gemeinschaftsrechtliches IPR ist im sekundären Gemeinschaftsrecht in Verordnungen, nicht aber in Richtlinien zu suchen. Primäres Gemeinschaftsrecht kann ebenfalls gemeinschaftsrechtliches IPR enthalten; ob dies der Fall ist, hängt im Einzelfall davon ab, ob die besonderen Voraussetzungen für die unmittelbare Anwendbarkeit von Normen des Gemeinschaftsrechts vorliegen. Durch Richterrecht geschaffenes IPR ist denkbar; feststellbar ist es nur mittels sorgfältiger Einzelfallprüfung.

§4 Gemeinschaftsrechtliches IPR im EG-Vertrag (Artikel 58 EG-Vertrag)

96 Gemeinschaftsrechtliches IPR im europäischen Primärrecht ist selten. Mit Artikel 58 EG-Vertrag enthält der EG-Vertrag zumindest eine Norm, die zum gemeinschaftsrechtlichen IPR zu zählen ist[135]; dies wird im folgenden zu zeigen sein. Damit soll die im Schrifttum umstrittene Tatsache belegt werden, daß auch der EG-Vertrag selbst zu den Rechtsquellen des IPR gemeinschaftsrechtlichen Ursprungs zu zählen ist[136].

---

134 §6, ab Rn. 403.

135 Wie bereits oben in Rn. 35 erwähnt, ist diese Norm durch den EU-Vertrag nicht abgeändert worden.

136 Gegen die Bedeutung des EG-Vertrages als Quelle von IPR z. B.: *Monaco*, Rev. dir. int. 1973, 206, 213 sowie S. 222 (speziell gegen den IPR-Charakter von Artikel 58 EG-Vertrag); *Santa Maria*, in: Studi in memoria di Giuliano, S. 804, 833 und *ders.*, Diritto commerciale comunitario, S. 29 und 125: Artikel 58 EWG-Vertrag [jetzt: EG-Vertrag] enthalte keine IPR-Norm; ähnlich auch *Marazzi*, Dir. econ. 1962, 791, 794: „Tale disposizioni del trattato [wie Art. 58 EG-Vertrag, Anm. d. *Verf.*] *non si prefigge lo scopo di determinare la legge regolatrice la capacità giuridica delle predette società e non costituisce quindi una regola vincolante i tribunali nazionali chiamati a decidere un eventuale conflitto di legge in detta materia*; ..." (Kursivdruck nicht im Original). Wenn *Marazzi* an anderer Stelle, a. a. O. S. 795, von „norme internazionale privato della Comunità" spricht, so meint er damit Normen des EG-Vertrages, die die in dieser Arbeit nicht erörterten Fragen der Teilnahme der EG am Privatrechtsverkehr betreffen; vgl. oben die Themeneingrenzung in Rn. 44.

Ähnlich wie *Marazzi* in der zitierten Passage auch *Schapira/Le Tallec/Blaise*, S. 627 zu Artikel 58 Abs. 1 EWG-Vertrag (jetzt: EG-Vertrag): „Ce texte ... concerne exclusivement – il faut le

Da die Auslegung von Artikel 58 EG-Vertrag in besonders intensivem Maße umstritten ist[137], ist es erforderlich, eine Interpretation in kleinen Schritten vorzunehmen und diese einzeln darzustellen. Erst die Summe der Argumente zeigt, daß an der internationalprivatrechtlichen Bedeutung von Artikel 58 Abs. 1 EG-Vertrag im Grunde nicht mehr gezweifelt werden kann. Nur über die Tragweite der internationalprivatrechtlichen Bedeutung von Artikel 58 EG-Vertrag wird man noch einige Jahre streiten können. 97

I. Artikel 58 EG-Vertrag: Einführung und Präzisierung der Fragestellung

Zunächst sind die Prämissen zu klären, nach denen die Auslegung von Artikel 58 EG-Vertrag erfolgen soll. 98

1. Einführung: Artikel 58 EG-Vertrag als Argument in der Entscheidung zwischen der Sitz- und der Gründungstheorie

Artikel 58 EG-Vertrag stellt „nach den Rechtsvorschriften eines Mitgliedstaates gegründete" Gesellschaften unter bestimmten weiteren Voraussetzungen den Staatsangehörigen von Mitgliedstaaten gleich (Man kann daher auch von der „Gleichstellungsklausel" sprechen[138]). In Verbindung mit den Artikeln 52ff. EG-Vertrag enthält Artikel 58 EG-Vertrag eine Regelung für das Niederlassungsrecht; in Verbindung mit den Artikeln 66 und 59ff. ist Artikel 58 Abs. 1 EG-Vertrag für die Dienstleistungsfreiheit von Bedeutung[139]. 99

---

souligner – la jouissance du droit d'établissement, ..., *à l'exclusion de tout problème de conflits de lois*: on peut donc admettre que ceux-ci restent soumis aux droit positifs nationaux, situation qui risque de créer des ambiguïtés." (Kursivdruck nicht im Original).

FÜR DIE BEDEUTUNG VON ARTIKEL 58 EG-VERTRAG ALS RECHTSQUELLE DES IPR: Vgl. für deutsches Schrifttum zum Teil die unten in Rn. 100 Fn. 142 Abs. 1, genannten Verfasser sowie *Grasmann*, Rn. 194; vgl. im übrigen etwa *Loussouarn*, Rev. trim. dr. eur. 1974, 708, 716–717. Der Auslegung von Artikel 58 EG-Vertrag als IPR-Quelle zumindest nicht verschlossen: *Mascardi*, Riv.società 1991, 7121, 1727, Fn. 13 („Occorre sottolineare, infine, che la sentenza *Daily Mail* lascia aperta la questione del riconoscimento all'art. 58 del valore di *norma internazionalprivatistica*." – Zweite Hervorhebung nicht im Original).

FÜR EINE NUR MITTELBARE BEDEUTUNG VON ARTIKEL 58 EG-VERTRAG FÜR DAS INTERNATIONALE GESELLSCHAFTSRECHT: *Drobnig* in: Gemeinschaftsrecht und IPR, S. 185 unten; ähnlich wohl *Behrens*, ZGR 1994, 1, 17 (Das Gemeinschaftsrecht lege mindestens implizit die Konzeption der Gründungstheorie zugrunde, S. 17; im übrigen führe die Sitztheorie im Einzelfall zu konkreten Behinderungen der Niederlassungsfreiheit, S. 18 oben – S. 19).

137 Vgl. bereits die vorige Fußnote; näheres sogleich im Text.

138 *Grothe*, Die ausländische KG & Co., spricht von der „Gleichstellungsformel". Dieser Begriff ist unglücklich ausgewählt: Die Gleichstellung von Gesellschaften mit natürlichen Personen ist kein mathematisches Problem.

139 Durch den EU-Vertrag von Maastricht (vgl. oben Rn. 2 Fn. 2) sind die Regelungen in den Artt. 49, 54 Abs. 2, 56 Abs. 2 und 57 EWG-Vertrag zum Teil abgeändert worden. Für die Auslegung von Artikel 58 des Vertrages sind die Änderungen nicht von Bedeutung.

100 Der kollisionsrechtliche Gehalt von Artikel 58 EG-Vertrag ist vor allem im *deutschen* Schrifttum seit Jahren umstritten[140], und zwar vor allem im deutschen *Schrifttum zum Internationalen Gesellschaftsrecht*[141]:

Von Vertretern der sog. „Gründungstheorie" ist Artikel 58 EG-Vertrag als Argument dafür verwendet worden, daß sich das Gesellschaftsstatut nach der Rechtsordnung zu richten habe, nach der die Gesellschaft gegründet wurde[142]. Die Gründungstheorie hat zur Folge, daß die Gesellschafter bei der Gründung einer Gesellschaft frei entscheiden können, welches Recht die Gesellschaft beherrschen soll[143]. Zum Teil wird die Gründungstheorie in eingeschränkter Form

---

[140] Für Nachweise zum Streit über den kollisionsrechtlichen Gehalt von Art. 58 EG-Vertrag im *ausländischen* Schrifttum siehe bereits oben Rn. 96 Fn. 136.

[141] Auch im deutschen Schrifttum zum *Gemeinschaftsrecht* wird der kollisionsrechtliche Gehalt von Artikel 58 EG-Vertrag erörtert. Gegen eine internationalprivatrechtliche Bedeutung der Norm hat sich *Bleckmann* ausgesprochen, in: WiVerw. 1987, 119, 123 unter (2); widersprüchlich – oder korrigierend – dazu: *ders.*, Europarecht Rn. 1116 (Die nationalen Regeln über die Staatsangehörigkeit seien durch Artikel 58 EWG-Vertrag [jetzt: EG-Vertrag] ersetzt. Diese Aussage spricht gerade für den internationalprivatrechtlichen Gehalt von Artikel 58 EG-Vertrag, weil zu den nationalen Regeln über die Staatsangehörigkeit auch das deutsche IPR zu zählen ist, das das Rechtsfähigkeitsstatut beruft, vgl. unten Rn. 124 Fn. 215). Gegen die Einordnung von Artikel 58 EWG-Vertrag als „kollisionsrechtliche Regelung" z.B. im neueren Schrifttum auch *Roth* in: Hdb. EG-WirtschR E. I. Rn. 91 und *Kreuzer* in: Gemeinsames Privatrecht, S. 373, 423.

[142] Vgl. nur beispielhaft aus dem neueren Schrifttum: *Wessel/Ziegenhahn*, GmbH-Rundschau 79 (1988), 423, 428: „Die Sitztheorie wird als nicht gemeinschaftsrechtskonformes nationales Recht durch die europarechtlichen Kollisionsnormen Art. 52, 58 EWG-Vertrag [jetzt: EG-Vertrag], soweit diese reichen, verdrängt"; *Drobnig* in: Gemeinschaftsrecht und IPR, S. 185, 192ff. (insbesondere auf S. 194 oben: Art. 58 Abs. 1 EWG-Vertrag [jetzt: EG-Vertrag] zwinge dazu, für das Gesellschaftsstatut vom Gründungsrecht auszugehen; allerdings spricht *Drobnig* – wie bereits erwähnt – Artikel 58 EG-Vertrag nur eine „mittelbare Relevanz für das internationale Gesellschaftsrecht" zu, vgl. S. 185 unten); *Grothe*, Die ausländische KG & Co., S. 193–197 (für eine eingeschränkte Gründungstheorie, die erst später – nach Abschluß der gesellschaftsrechtlichen Harmonisierungsmaßnahmen nach Art. 54 Abs. 3 lit. g EG-Vertrag – durch die uneingeschränkte Gründungstheorie zu ersetzen sei); *Knobbe-Keuk*, ZHR 154 (1990), 325, 342–345, 353f., 355–356; *dies.*, DB 1990, 2573, 2580–2581; zumindest konkludent auch *Haidinger*, S. 158ff., 169.

In der Rechtsprechung hatte Art. 58 EWG-Vertrag (jetzt: EG-Vertrag) – zumindest vorübergehend – ebenfalls zu Zweifeln an der in Deutschland herrschenden Sitztheorie geführt. Vgl. BayObLG, 3. ZS, 21. 3. 1986 (*Landshuter Druckhaus Ltd. & Co. KG*) BayObLGZ 1986, 61, 63 unter II.2.a und auf S. 73 unter c: Das Gericht hatte die Frage, ob Artikel 58 EWG-Vertrag zur Anwendung der Gründungstheorie zwingt, angesprochen und dem Gerichtshof ausdrücklich nur deshalb nicht vorgelegt, weil die Frage nicht entscheidungserheblich war; ähnlich BayObLG, 3. ZS, 18. 9. 1986 (*Landshuter Druckhaus Ltd.*), BayObLGZ 1986, 351, 359–360; anders noch BayObLG, 3. ZS., 18. 7. 1985, BayObLGZ 1985, 272, 280 unter 2.: Die Sitztheorie werde nicht durch das Gemeinschaftsrecht verdrängt; vgl. die Untersuchung der Rechtsprechung bei *Behrens*, RabelsZ 52 (1988), 498, 501–503 und bei *Grothe*, Die ausländische KG & Co., S. 126–127 sowie die oben, Rn. 20 Fn. 68 zitierten Urteilsanmerkungen. – Inzwischen ist das Bayerische Oberste Landesgericht unter Hinweis auf die *Daily Mail*-Entscheidung zur Sitztheorie zurückgekeht: BayObLG 7. 5. 1992–3 Z BR 14/92 – MittRhNotK 1992, 196; EuZW 1992, 548 (mit kritischer Anm. *Behrens*); und – beschränkt auf den Leitsatz – IPRax 1992, 389 (mit kritischer Anm. *Kronke*).

[143] Vgl. nur Staudinger/*Großfeld*, IntGesR Rn. 19; Hachenburg/*Behrens*, Einleitung Rn. 125.

vertreten, so daß etwa zwingende Vorschriften des Sitzstaates zu beachten sind; dabei soll es aber beim Gründungsrecht als Gesellschaftsstatut bleiben[144].

Vertreter der in Rechtsprechung und Lehre herrschenden „Sitztheorie“[145], die 101
in Deutschland auch gesetzlich verankert ist[146], sind demgegenüber der Auffassung, daß das Gesellschaftsstatut das Recht des Staates sei, in dem der tatsächliche Verwaltungssitz der Gesellschaft liegt[147]. Die Rechtswahlmöglichkeiten der Gesellschafter sollen dadurch begrenzt[148], die Flucht in regelungsärmere Rechtsordnungen soll vermieden werden[149]. Die Vertreter der Sitztheorie sind der Ansicht, daß Artikel 58 EG-Vertrag der Anknüpfung an den Sitz der Gesellschaft nicht entgegenstehe[150].

Deshalb spricht man auch – noch genauer – von der *Gründungsrechtstheorie* im Gegensatz zur *Gründungsorttheorie*, vgl. *Firsching*, Einführung, S. 186–187.

144 So die sog. „Überlagerungstheorie“ von *Sandrock*, die auf eine intensive Auswertung der US-amerikanischen Erfahrungen mit interzonalem Gesellschaftsprivatrecht zurückgeht; vgl. nur beispielhaft *Sandrock*, RabelsZ 42 (1978), 227, 246–265; und *ders.*, RIW 1989, 505, 512–513 (mit Hinweisen auf weitere Fundstellen, S. 505, Fn. 3). – Eine „eingeschränkte Gründungstheorie“ vertritt *Behrens* in Hachenburg/*Behrens*, Einl Rn. 128 (Anwendung zwingender Schutzvorschriften des Sitzstaates nicht grundsätzlich, sondern nur nach einer Bedarfsprüfung im Einzelfall). – Vgl. im übrigen den Überblick zu Modifikationen der Gründungstheorie bei MünchKomm/*Ebenroth*, Nach Art. 10, Rn. 162–176.

145 Vgl. z. B. RG, abgedruckt bei *Seelig/Scheele*, JW 33 (1904), 231 unter I.1.; RGZ 159, 33, 46; BGH 17. 10. 1968 (BGHZ 51, 27, 28); 30. 1. 1970 (BGHZ 53, 181, 183); 2. 4. 1970 (53, 383, 385); 5. 11. 1980 (78, 318, 334 unter 2.a); 21. 3. 1986 (BGHZ 97, 269, 271); OLG Saarbrücken, 21. 4. 1989, DB 1989, 1076 linke Spalte; OLG Frankfurt/Main 24. 4. 1990, DB 1990, 1224 rechte Spalte; Staudinger/*Großfeld*, IntGesR, Rn. 22–26 m. w. N.; Hachenburg/*Behrens*, Einleitung Rn. 111 m. w. N. und kritischen Hinweisen; *Kegel*, IPR § 17 II 1 auf S. 365; *Kropholler*, IPR, § 55 I auf S. 456 (bei Betonung der Einschränkungen); Soergel/*Lüderitz*, Bd. 8, Vor Art. 7, Rn. 199. – Die *Sitztheorie* wird in den meisten Staaten der Gemeinschaft angewendet: Einzelheiten unten in Rn. 149 Fn. 289.

146 Hierauf hat *von Bar*, IPR, Bd. 2, Rn. 620 hingewiesen: Nach Artikel 2 des „Gesetzes zu dem Übereinkommen vom 29. Februar 1968 über die gegenseitige Anerkennung von Gesellschaften und juristischen Personen“ vom 18. Mai 1972 (BGBl. II 369) soll das – nie in Kraft getretene – Übereinkommen nicht auf Gesellschaften anwendbar sein, deren *tatsächlicher Sitz* außerhalb des Geltungsbereiches des Übereinkommens liegt. Damit ist der Gesetzgeber in dem Zustimmungsgesetz von der Sitztheorie ausgegangen. Das Gesetz ist im Gegensatz zum Übereinkommen in Kraft. (Zum Scheitern des Übereinkommens siehe unten Rn. 263).

147 Staudinger/*Großfeld*, IntGesR, Rn. 17; Hachenburg/*Behrens*, Einleitung Rn. 109.

148 Staudinger/*Großfeld*, IntGesR, Rn. 34; *Ebenroth*, JZ 1988, 18, 22 unter c.aa.

149 Staudinger/*Großfeld*, IntGesR, Rn. 18; deutlich auch *Ebenroth*, JZ 1988, 18, 20 rechte Spalte unten (e contrario): „Die die Interessen der Gesellschaftsgründung einseitig privilegierende Gründungstheorie bietet ein Instrument, eine Gesellschaft einer Rechtsordnung zu unterstellen, in deren Rahmen der Schutz nationaler und individueller Interessen wesentlich laxer ausgestaltet ist als in der Rechtsordnung des Staates, in welchem der wirtschaftliche Schwerpunkt liegt.“

150 So etwa *Großfeld*, IPRax 1986, 145 unter II. und 146 unter V.; *Ebke*, ZGR 1987, 245, 246, 253–265; *Ebenroth/Eyles*, DB 1988, Beilage 2/88, 10–15; *dies.*, DB 1989, 363, 413–417; *Eyles*, S. 357, 373, 501 unter 14.

2. Abgrenzung der Auslegungsfrage gegenüber allgemeinen gesellschaftsrechtlichen Überlegungen

102 Im folgenden ist auf die Diskussion zwischen Sitz- und Gründungstheoretikern nur insoweit einzugehen, als sie zur Klärung der Frage beiträgt, ob der EG-Vertrag gemeinschaftsrechtliches IPR enthält. Sie ist von der grundsätzlichen Frage nach der allgemeinen Unterscheidung zwischen der Sitz- und der Gründungstheorie zu unterscheiden. Um jene allgemeine Frage geht es hier ebensowenig wie um die Frage nach der Zulässigkeit der identitätswahrenden Sitzverlegung[151]. Gegenstand der folgenden Untersuchung ist ausschließlich der IPR-Quellencharakter von Artikel 58 EG-Vertrag. Theoretisch kann man sogar der Gründungstheorie folgen und zugleich den IPR-Quellencharakter von Artikel 58 EG-Vertrag negieren; ein Beispiel dafür bieten die Publikationen von *Santa Maria*[152].

103 Die Begrenzung der Diskussion auf die Frage nach dem IPR-Quellencharakter von Artikel 58 EG-Vertrag bedingt den Fortfall einer im gesellschaftsrechtlichen Schrifttum häufig anzunehmenden Prämisse: Zumindest für die Auslegung von Artikel 58 EG-Vertrag ist das „Postulat der Einheit des Gesellschaftsstatuts“[153] aufzugeben. Aus gemeinschaftsrechtlicher Sicht ist es *a priori* nicht auszuschließen, daß Artikel 58 EG-Vertrag nur für einige und nicht für alle Fragen des Gesellschaftsrechts die Anknüpfung des Gesellschaftsstatuts bestimmt. Ist dies der Fall, so ist erst auf einer zweiten Diskussionsebene zu überlegen, ob aus der gemeinschaftsrechtlichen Anknüpfung von gesellschaftsrechtlichen Teilbereichen auf die Anknüpfung aller Fragen des Gesellschaftsstatuts zu schließen ist. Dies mag wegen des Funktionszusammenhanges zwischen den einzelnen Regelungsbereichen des Gesellschaftsrechts[154] zur Erhaltung der gesellschaftsrechtlichen Rechtseinheit geboten sein. Doch ist diese Frage nach der Ausdehnung des Anwendungsbereiches eines gemeinschaftsrechtlich (möglicherweise) vorgegebenen Anknüpfungspunktes eine allgemeine Frage der

---

[151] Anders *Kreuzer* in: Gemeinsames Privatrecht, S. 373, 424. Zur Frage der identitätswahrenden Sitzverlegung siehe nur unten Rn. 296ff.

[152] *Santa Maria* folgt der Gründungstheorie; in: *ders.*, Le società nel d. i. p., S. 98„ ... le società costituite all'estero sono soggette alla legge del luogo di costituzione.“ Gleichzeitig lehnt *Santa Maria* den IPR-Quellencharakter von Artikel 58 EWG-Vertrag (jetzt: EG-Vertrag) ab; in: Studi in memoria di Giuliano, S. 804, 833: „Si osserva ancora che la previsione dell'articolo 58 del trattato ... trova ... un'ulteriore limitazione in considerazione della sua stessa natura. Nel senso che l'Art. 58 non contiene una norma di diritto internazionale privato ...“ (nahezu wortgleich mit *ders.*, Diritto commerciale comunitario, S. 29).

[153] Hachenburg/*Behrens*, Einleitung Rn. 157 und Rn. 129; vgl. ferner BGH 11.7. 1957 (BGHZ 25, 134, 144) und 5.11. 1980 (BGHZ 78, 318, 334 unter 2.a); Staudinger/*Großfeld*, IntGesR, Rn. 13 und 239–240; MünchKomm/*Ebenroth*, Nach Art. 10 EGBGB, Rn. 244–245; *Schmidt*, Gesellschaftsrecht, S. 21; *Firsching*, Einführung, S. 188 (vor Fn. 10).

[154] Auf den Funktionszusammenhang haben hingewiesen: *Koppensteiner*, S. 109; *Wiedemann* in: FS Kegel I, S. 187, 198 und, diesen folgend, *Ebenroth*, vgl. nur *Ebenroth*, Verdeckte Vermögenszuwendungen, S. 338f.; *Ebenroth/Sura*, RabelsZ 43 (1979), 315, 318 oben; MünchKomm/*Ebenroth*, Nach Art. 10, Rn. 135.

Ausstrahlung des Gemeinschaftsrechts auf das nationale IPR des Gesellschaftsrechts. Für die Auslegung von Artikel 58 EG-Vertrag ist durch den Blick auf etwaige Auswirkungen der Auslegung auf das nationale IPR nichts zu gewinnen[155].

3. Abgrenzung der Auslegungsfrage gegenüber allgemeinen internationalprivatrechtlichen Überlegungen

Die Frage, ob Artikel 58 EG-Vertrag eine internationalprivatrechtliche Rege- 104
lung enthält, ist ausschließlich mit Hilfe der gemeinschaftsrechtlichen Auslegungsmethoden zu klären: Neben dem Wortlaut, dem Aufbau, dem Zweck und dem systematischen Zusammenhang der Norm sind die Strukturen, die Prinzipien und der Geist des Gemeinschaftsrechts zu beachten[156]. Die *allgemeinen* Gerechtigkeitsüberlegungen und Interessenabwägungen des Internationalen Privatrechts[157] müssen demgegenüber zurücktreten. Sie sind für die Auslegung von Artikel 58 EG-Vertrag unerheblich. Dies hat freilich keinen „Freibrief" gegen die Gerechtigkeit zur Folge[158]: Auch die spezifischen Interessen des Gemeinschaftsrechts gebieten etwa die Beachtung von Grundrechten[159]. Die Abgrenzung zu den allgemeinen internationalprivatrechtlichen Wertungen soll nur eine wichtige Themenbeschränkung betonen: Es macht einen Unterschied, ob man nach der Lösung eines Problems für den begrenzten Wirtschaftsraum der EU oder nach einer gegenüber allen Staaten der Erde anwendbaren Lösung eines

[155] Für eine deutliche Trennung der mit der Auslegung von Artikel 58 EG-Vertrag zusammenhängenden Fragen auch *Struycken*, Rec. des Cours 232 (1992-II) 257, 361 und *Behrens*, ZGR 1994, 1, 4ff. (vgl. insbesondere S. 7 oben).

[156] Aufzählung nach *Nicolaysen*, Europarecht I, S. 48; vgl. die wiederholten Hinweise des Gerichtshofs auf die in der Aufzählung genannten Auslegungskriterien: z. B. in EuGH 5.2. 1963, Rs. 26/62 (*Van Gend & Loos/Niederländische Finanzverwaltung*), Slg. 1962, 1, 24; EuGH 15.7. 1964, Rs. 6/64 (*Costa/E.N.E.L.*), Slg. 1964, 1251, 1269 unten; und EuGH 21.2. 1984, Rs. 337/82 (*St. Nikolaus Brennerei/Hauptzollamt Krefeld*), Slg. 1984, 1051, 1062, Erw. 10. Vgl. ferner aus dem neueren deutschen Schrifttum zur Auslegung des Gemeinschaftsrechts: *Bleckmann*, Europarecht, Rn. 250ff., insbesondere Rn. 250–252, 254, 258–260; *Oppermann*, Europarecht, Rn. 577–585 und *Zuleeg* in: *Groeben/Thiesing/Ehlermann*, Artikel 1, Rn. 30–36.

[157] Vgl. nur *Kegel* § 2, insbesondere ab S. 80 („internationalprivatrechtliche Gerechtigkeit") und ab S. 82 („internationalprivatrechtliche Interessen"); *Kropholler*, § 4 („Gerechtigkeit im IPR") und § 5 („Interessen und Wertungen").

[158] Dies ist selbstverständlich, wird aber in Folge einer entsprechenden Nachfrage während einer Diskussion meiner Thesen mit einem „Internationalprivatrechtler" betont.

[159] Vgl. Art. F Abs. 2 EU-Vertrag. Siehe im Schrifttum (noch aus der Zeit vor Maastricht) z. B. die Darstellungen bei *Nicolaysen*, Europarecht I, § 3, S. 53–67, bei *Oppermann*, Europarecht, Rn. 411–418 – beide mit Hinweisen auf die Entschließung des Europäischen Parlaments zur Erklärung der Grundrechte und Grundfreiheiten vom 12.4. 1989 (ABl. 1989 Nr. C 120 S. 51) – sowie die umfassende Darstellung von *Beutler* in: *Groeben/Thiesing/Ehlermann*, Bd. 4, Anhang C, S. 6199–6239. Vgl. aus dem neuren Schrifttum *Vergès* in: Mélanges Boulois, S. 513–531; *Hilf*, EuR 1992, 19–30. Beispielhaft aus der Judikatur des Gerichtshofs: EuGH 15.10. 1987, Rs. 222/86 (*UNECTEF/Heylens u. a.*), Slg. 1987, 4097, 4117 Erw. 14f. (Grundrecht des freien Zugangs zur Beschäftigung).

internationalprivatrechtlichen Problems sucht[160]. Den Umgang mit Scheingesellschaften aus Liechtenstein interessiert das Gemeinschaftsrecht zum Beispiel nicht[161]. Das Gemeinschaftsrecht kann nur für die Bestimmung des Gesellschaftsstatuts von Gesellschaften mit Bezug zu mehreren Mitgliedstaaten von Bedeutung sein. Die allgemeinen Interessenabwägungen des IPR sind erst dort zu beachten, wo für den von Artikel 58 EG-Vertrag nicht erfaßten Bereich zwischen der Anknüpfung an den Sitz einer Gesellschaft oder der Anknüpfung an ihren Gründungsort zu entscheiden ist[162]. Erst auf dieser Ebene geht es um die Ausbildung von IPR-Normen, bei der die Interessen des IPR zu wahren sind[163]. Mögliche Unterschiede zwischen einem EU-internen IPR und einem allgemeinen IPR (für die Beziehungen zu den anderen Staaten der Erde) sind daher aus gemeinschaftsrechtlicher Sicht hinzunehmen[164]. Wenn aus dem Gemeinschaftsrecht Vorgaben für das IPR folgen, so ist es eine hier nicht zu erörternde Frage des nationalen IPR, ob diesen nicht nur gemeinschaftsintern, sondern allgemein gefolgt werden soll[165].

Mit dieser Themenbegrenzung ist der Weg frei für eine von gesellschaftsrechtlichen und allgemeinen internationalprivatrechtlichen Interessen unabhängige Auslegung von Artikel 58 EG-Vertrag; auf die genannten Interessen ist erst später, nach der Auslegung, zurückzukommen[166].

4. *Ziel der Auslegung von Artikel 58 EG-Vertrag und Auslegungsmethode*

105 Ziel der Auslegung ist die Beantwortung zweier Fragen, die durch die Definition des gemeinschaftsrechtlichen IPR vorgegeben sind[167]:

---

160 Vgl. *Fawcett*, Anglo-Am.L.Rev. 7 (1978), 230–242 unter Hinweis auf das unterschiedliche Umfeld (context), in dem sich IPR-Normen entwickeln (S. 236).

161 Vgl. dazu z. B. BGH 30. 1. 1970 (BGHZ 53, 181, 183); 11. 3. 1986 (BGHZ 97, 269, 272 a. E.). Es ist allerdings darauf hinzuweisen, daß Liechtenstein eines Tages Vertragspartner des EWR-Übereinkommens werden wird (vgl oben Rn. 34 Fn. 143). Diese Überlegung ändert aber nichts an der Tatsache, daß eine gemeinschaftsrechtliche Lösung zur Zeit ohne Rücksicht auf das Problem liechtensteinischer Scheingesellschaften zu suchen ist.

162 Für einige außerhalb der EU gelegene Staaten ist die Entscheidung bereits in Staatsverträgen gefällt: Vgl. Soergel/*Lüderitz*, Vor Art. 7, Rn. 207–208 und MünchKomm/*Ebenroth*, Nach Art. 10, Rn. 124–129. Diese lassen keinen oder nur begrenzten Freiraum für die Bildung von autonomen IPR, weil sie zur Anknüpfung an den Sitz oder das Gründungsrecht zwingen (positiv hierzu *Beitzke* in: FS Luther, 1, 4 vor II.).

163 Vgl. *Kegel*, § 2.II. auf S. 82.

164 Vgl. bereits oben Rn. 34.

165 Vgl. etwa *Kötz*, GmbH-Rdsch. 1965, 69, 70 unter 4., der mit Hilfe allgemeiner Überlegungen zur europäischen Integration grundsätzlich für die Gründungstheorie plädiert hat: Im „Zeitalter des Abbaus ökonomischer Grenzen und der Harmonisierung des Gesellschaftsrechts in Europa“ gehöre der Gründungstheorie die Zukunft; ihr sei der Vorzug zu geben.

166 Unten ab Rn. 279.

167 Vgl. oben Rn. 63.

1) Bestimmt Artikel 58 EG-Vertrag für einen Anknüpfungsgegenstand des Privatrechts, welchen Staates Recht anwendbar ist (vgl. das internationalprivatrechtliche Element der Definition)?

2) Ist eine möglicherweise in Artikel 58 EG-Vertrag enthaltene internationalprivatrechtliche Regelung unmittelbar im Privatrechtsverkehr anwendbar (vgl. das gemeinschaftsrechtliche Element der Definition)?

Für die Beantwortung der zweiten Frage ist zu berücksichtigen, daß der Gerichtshof Artikel 58 EG-Vertrag seit 1986 wiederholt für unmittelbar anwendbar erklärt hat[168]. Die unmittelbare Anwendbarkeit der Norm wird grundsätzlich in der Literatur auch von den Autoren hingenommen, die der Frage der unmittelbaren Anwendbarkeit kritisch gegenüberstehen[169]. In der folgenden Untersuchung soll der Problemkreis der unmittelbaren Anwendbarkeit von Artikel 58 EG-Vertrag nur insoweit erörtert werden, als er die möglicherweise in Artikel 58 EG-Vertrag enthaltene IPR-Verweisung betrifft. 106

Über die Rechtsprechung zur unmittelbaren Anwendbarkeit von Artikel 58 EG-Vertrag hinaus soll die Rechtsprechung des Gerichtshofs in der folgenden Darstellung *zunächst* unberücksichtigt bleiben. Diese unorthodoxe Vorgehensweise hat einen Grund: Die bei der Auslegung von Artikel 58 EG-Vertrag zu berücksichtigenden Urteile – insbesondere die *Daily Mail*-Entscheidung[170] – sind in sich so vielschichtig, daß ihre Darstellung die folgenden Ausführungen überfrachten würde. Stattdessen soll versucht werden, zunächst Artikel 58 EG-Vertrag „unbelastet" von diesen Urteilen auszulegen. Erst später soll an geeigneter Stelle geprüft werden, ob 107

---

[168] EuGH 28.1. 1986, Rs. 270/83 (*Kommission/Französische Republik*), Slg. 1986, 273, 304 Erw. 18; EuGH 10.7. 1986, Rs. 79/85 (*Segers/Bestuur van de Bedrijfsvereniging voor Bank- en Verzekeringswezen, Groothandel en Vrije Beroepen*), Slg. 1986, 2375, 2387 Erw. 12–14 und 2387 Erw. 16; und – am deutlichsten – EuGH 27.9. 1988, Rs. 81/87 (*The Queen/Daily Mail*), Slg. 1988, 5483, 5510 Erw. 15.

Vgl. die Darstellung und Auslegung der Urteile aus der Sicht der Sitztheorie bei *Ebenroth/Eyles*, DB 1989, 363, 370–372 und bei *Eyles*, S. 344–352 (nur *Segers* und *Daily Mail*); aus der Sicht der Gründungstheorie bei *Grothe*, Die ausländische KG & Co., S. 136–138 (nur *Kommission/Frankreich* und *Segers*); alle m. w. N.

[169] Vgl. etwa *Großfeld*, IPRax 1986, 352 unter III.3. und *Ebke*, ZGR 1987, 245, 250 und 253 (vor 3.); *Ebke* hegt in seinem vor *Daily Mail* geschriebenen Aufsatz allerdings weiterhin Zweifel an der unmittelbaren Geltung von Artikel 58 EWG-Vertrag (jetzt: EG-Vertrag): a. a. O. S. 257–258. – Für andere Autoren ist die unmittelbare Anwendbarkeit von Artikel 58 EWG-Vertrag (jetzt: EG-Vertrag) hingegen selbstverständlich: so namentlich *Behrens*, RabelsZ 52 (1988), 498, 504 (allerdings wohl nur in dem *gemeinschaftsrechtlich* zwingenden Sinne, daß sich eine Gesellschaft auf Artikel 58 EGV in Verbindung mit Artikel 52 EGV selbst berufen darf: So S. 504 untere Hälfte; im Hinblick auf den Verweisungscharakter von Artikel 58 EGV hält *Behrens* den Begriff „unmittelbare Anwendbarkeit" hingegen – aus einer eher *kollisionsrechtlichen* Sicht – für unzutreffend: S. 504 obere Hälfte), siehe weiter *ders.*, ZGR 1994, 1, 20; *Drobnig* in: Gemeinschaftsrecht und IPR, S. 185, 187 oben.

Zum Teil wird noch über die Reichweite der unmittelbaren Anwendbarkeit diskutiert: So *Pohlmann*, S. 113–117. Diese Frage geht über die grundsätzliche Frage nach der unmittelbaren Anwendbarkeit von Artikel 58 EG-Vertrag hinaus und wird bei der Auseinandersetzung mit der *Daily Mail*-Entscheidung des Gerichtshofs in Rn. 207ff. berücksichtigt werden.

[170] Vgl. ausführlich unten ab Rn. 207.

das Auslegungsergebnis in Anbetracht der einschlägigen Entscheidungen des Gerichtshofs zu halten ist[171].

II. Ausgangspunkt der Auslegung: Der Wortlaut

1. Wiedergabe des Wortlauts

108 Ausgangspunkt für die Auslegung ist der Wortlaut der Norm[172]. Artikel 58 Abs. 1 EG-Vertrag ist – zur Zeit[173] – in zehn authentischen Fassungen in Kraft[174]. Der Gerichtshof hat wiederholt festgestellt, daß bei der Auslegung des EWG-Vertrages (jetzt: EG-Vertrages) alle zehn Vertragssprachen[175] gleichermaßen zu berücksichtigen sind[176]. Den bereits nach Artikel 248 Abs. 1, 1. Halbsatz EG-Vertrag verbindlichen vier Ursprachen der Gemeinschaft gebührt kein Vorrang[177]. Nur beispielhaft seien sie daher an dieser Stelle gemeinsam mit der Mehrzahl der übrigen Fassungen als Ausgangspunkt für die Auslegung von Artikel 58 Abs. 1 EG-Vertrag wiedergegeben werden[178]:

---

171 Unten ab Rn. 191.

172 Vgl. nur *Zuleeg* in: *Groeben/Thiesing/Ehlermann*, Artikel 1, Rn. 30.

173 Vgl. oben Rn. 2 Fn. 2 a. E.

174 Grabitz/*Schweitzer*, Art. 248 Rn. 2; *Weber* in: *Groeben/Thiesing/Ehlermann*, Artikel 248 Rn. 3.

175 Es handelt sich – in alphabetischer Reihenfolge – um: dänisch, deutsch, englisch, französisch, gälisch (= irisch), griechisch, italienisch, niederländisch, spanisch, portugiesisch. Vgl. nur Grabitz/*Schweitzer*, Art. 248 Rn. 5. Ferner gibt es eine norwegische Fassung, die nicht Vertragsversion ist, weil Norwegen einen Beitrittsvertrag nie ratifiziert hat (*Meng* in *Groeben/Thiesing/Ehlermann*, Artikel 237 Rn. 19).

176 EuGH 6. 10. 1982, Rs. 283/81 (*Srl C.I.L.F.I.T. und Lanificio di Gavardo SpA/Ministero della sanità*), Slg. 1982, 3415, 3430 Rn. 18. Vgl. auch: EuGH 3. 3. 1977, Rs. 80/76 (*North Kerry Milk Products Ltd./Minister für Landwirtschaft und Fischereiwesen*), Slg. 1977, 425, 435 Erw. 11/12; EuGH 27. 10. 1977, Rs. 30/77 (*Boucherau*), Slg. 1977, 1999, 2010 Erw. 13/14; EuGH 22. 5. 1985, Rs. 13/83 (*Parlament/Rat*), Slg. 1985, 1513, 1592 Erw. 34 (konkludent). – Die Kommission will an der Gleichwertigkeit der Sprachen auch im Falle der Erweiterung der EG auf 20 Mitglieder (mit bis zu 15 Sprachen) oder auf 30 Mitglieder (mit bis zu 25 Sprachen) festhalten, ohne dabei für Arbeitssitzungen „pragmatische Lösungen" auszuschließen: Bull. EG, Beilage 3/92, S. 16 Rn. 26. Vgl. in diesem Zusammenhang nur *Jayme*, Ein internationales Privatrecht für Europa, S. 12ff. („Mehrsprachigkeit als europäischer Rechtswert").

177 Vgl. *Weber* in: *Groeben/Thiesing/Ehlermann*, Artikel 248 Rn. 8; differenzierender, aber im Ergebnis ähnlich *Hilf*, Die Auslegung mehrsprachiger Verträge, S. 93 (siehe dort Abs. 2 a. E.: Text nach Fn. 401). Der EU-Vertrag von Maastricht (vgl. oben Rn. 2 Fn. 2) hat die Regelung in Art. 248 EG-Vertrag nicht abgeändert. Die eigene Sprachenregelung dieses Vertrages in seinem Artikel „S" führt aber dazu, daß die gleiche Authentizität aller zehn Sprachen der Gemeinschaft in Zukunft für die durch den EU-Vertrag veränderten Teile des EG-Vertrages völkervertraglich (und gemeinschaftsrechtlich) auch *ausdrücklich* festgeschrieben worden ist.

178 Alle vier Fassungen werden in dem im BGBl. 1957 II 766, 814–815 abgedruckten Wortlaut wiedergegeben, der keiner Berichtigung bedurfte (vgl. BGBl. 1957 II 1678).

– auf Deutsch:

„Für die Anwendung dieses Kapitels stehen *die nach den Rechtsvorschriften eines Mitgliedstaates gegründeten Gesellschaften, die ihren satzungsmäßigen Sitz, ihre Hauptverwaltung oder Hauptniederlassung innerhalb der Gemeinschaft haben*, den natürlichen Personen gleich, die Angehörige der Mitgliedstaaten sind." (Hervorhebungen nicht im Original).

– auf Französisch:

„Les sociétés *constiuées en conformité de la législation d'un Etat membre et ayant leur siège statutaire, leur administration centrale ou leur principal établissement à l'intérieur de la Communauté*, sont assimiliées, pour l'application des dispositions du présent chapitre, aux personnes physiques ressortissants des États membres." (Hervorhebungen nicht im Original).

– auf Italienisch:

„Le società *costituite conformemente alla legislazione di uno Stato membro e avanti la sede sociale, l'ammistrazione centrale o il centro d'attività principale all'interno della Communità*, sono equiparente, ai fini dell'applicazione delle disposizioni del presente capo, alle persone fisiche aventi la cittadinanza degli Stati membri." (Hervorhebungen nicht im Original).

– auf Niederländisch:

„De vennootschappen *welke in overeenstemming met de wetgeving van een Lid-Staat zijn opgericht en welke hun statutaire zetel, hun hoofdbestuur of hun hoofvestiging binnen de Gemeenschap hebben*, worden voor de toepassing van de bepalingen van dit hoofdstuk gelijkgesteld met de natuurlijke personen die onderdanen zijn van de Lid-Staten." (Hervorhebungen nicht im Original).

In der nachfolgenden Erörterung sollen vor allem diese vier Fassungen beispielhaft angeführt werden. Dies bedeutet nicht, daß weitere Fassungen nicht berücksichtigt wurden. Um die gelegentliche Bezugnahme auf weitere Fassungen von Artikel 58 Abs. 1 EG-Vertrag besser nachvollziehbar zu machen, seien darüberhinaus folgende Fassungen zitiert[179]: 109

– die dänische Fassung[180]:

„*Selskaber, som er oprettet i overeensstemmelse med en Medlemsstats lovgivning, og hvis*

[179] (1) Die *griechische* Fassung wird in der bei *Dagtoglou*, EWG-Vertrag (Textausgabe, S. 47) wiedergegebenen Fassung berücksichtigt, die hier aus technischen Gründen nicht im Original wiedergegeben werden kann. In lateinischen Buchstaben sagt sie folgendes:

„Oi etaeries pou echoun systathei symphona me tin nomothesia enos Kratous melous kai oi opoies echoun tin katastatiki tous etra, tin kentrikitous dioikisi i tin kyria egatastasi tous entos tis Koinotios exomoionotae, gia tin efarmogi ton diataxeon tou parantos kefalaeou, pros ta physika prosopa pou einae ypikooi, ton Kraton melon."

Auf deutsch:

„Die Gesellschaften, die nach dem Recht eines Mitgliedstaates gegründet worden sind, und die ihren satzungsmäßigen Sitz, ihre Hauptverwaltung oder Hauptniederlassung innerhalb der Gemeinschaft haben, stehen für die Anwendung von Vorschriften dieses Kapitels den natürlichen Personen gleich, die Angehörige von Mitgliedstaaten sind."

An dieser Stelle sei Herrn RA Philippos *Kostaras* aus Athen für seine Hilfe bei der Umschreibung des griechischen Textes und für die Übersetzungshilfe gedankt.

(2) Die *irische* Fassung in gälischer Sprache konnte leider nicht berücksichtigt werden.

[180] Lovtidende A 1972 Nr. 447, S. 965, 1232.

vedtigtsmissige hjemsted, hovedkontor eller hovedvirksomhed er beliggende inden for Fillesskabet, ligestilles for så vidt angår anvendelsen af bestemmelserne i dette kapitel med personer, der er statsborgere i Medlemsstaterne." (Hervorhebungen nicht im Original).

– die englische Fassung[181]:

„*Companies or firms formed in accordance with the law of a Member State and having their registered office, central administration or principal place of business within the Community* shall, for the purposes of this Chapter, be treated in the same way as natural persons who are nationals of Member States." (Hervorhebungen nicht im Original).

– die spanische Fassung[182]:

„*Las sociedades constituidas de conformidad con la legislación de un Estado miembro y cuya sede social, administración central o centro de actividad principal se encuentre dentro de la Comunidad* quedarán equiparadas, a efectos de aplicación de las disposiciones del presente Capítolo, a las personas físicas nacionales de los Estados miembros." (Hervorhebung nicht im Original).

– die portugiesische Fassung[183]:

„*As sociedades constituídas em conformidade com a legislaçâo de um Estado membro e que tenham a sua sede social, administrativa central ou estabelecimento principal na Communidade* sâo, para efeitos do disposto no presente capítulo, equiparadas às pessoas singulares, nacionaios dos Estados membros." (Hervorhebung nicht im Original).

110 Artikel 58 Abs. 2 EG-Vertrag erläutert den Begriff der Gesellschaften: Nur Gesellschaften, die einen Erwerbszweck verfolgen, werden vom Absatz 1 erfaßt[184].

111 Alle zitierten Fassungen von Artikel 58 Abs. 1 EG-Vertrag stellen Erwerbsgesellschaften im Sinne von Absatz 2 den Staatsangehörigen der Mitgliedstaaten für die Anwendung „dieses Kapitels" (Artikel 52ff. EG-Vertrag) unter zwei Voraussetzungen gleich. Die *erste* Voraussetzung betrifft ihre Gründung; die *zweite* ihren besonderen Bezug zur Gemeinschaft. Diese beiden Voraussetzungen stehen kumulativ nebeneinander[185]. Dies wird in den zitierten ausländischen Fassungen besonders deutlich, weil sie an Stelle einer Verknüpfung durch einen

---

181 Zitiert nach: Treaties establishing the European Communities u.a., Luxemburg 1987, S. 271. Die zitierte Fassung ist die in Brüssel verwendete offiziöse Fassung; anders die Übersetzung in U.N.T.S. 1958 (298), S. 11, 40. Eine offizielle englische Fassung war *d. Verf.* nicht zugänglich: Halsbury's Statute of England, 4. Aufl., Current Statutes Service, Binder B, chapter 17 verweist in der „Preliminary Note" zum European Communities (Finance) Act 1985 auf die 3. Aufl., Bd. 42 S. 78; in den Current Law Statutes Annotated 1972 wird unter chapter 68 nur eine Zusammenfassung des European Communities Act 1972 wiedergegeben. Nach Stichproben *des Verf.* stimmt die bei *Smit/Herzog* wiedergegebene Fassung des EWG-Vertrages (jetzt: EG-Vertrages) mit der hier zitierten offiziösen Fassung überein.

182 Bol. Of. Estado 1986, Nr. 1, S. 366, 373.

183 D.R. 1985, I. Série, N° 215, dort Nr. 2032, S. 399, 412.

184 Einzelheiten bei *Troberg* in: *Groeben/Thiesing/Ehlermann*, Artikel 58 Rn. 2–4; *Eyles*, S. 81 (unten) – 82; *Schapira/Le Tallec/Blaise*, S. 630f. In der älteren Literatur ähnlich bereits *Capotorti*, Riv.dir.int.priv.proc. 1 (1965), 5, 6–9.

185 Unbestritten; vgl. z.B. *Troberg* in: *Groeben/Thiesing/Ehlermann*, Artikel 58 Rn. 5.

Relativsatz das sprachlich deutlichere „und" verwenden („et", „e", „en")[186]. Inhaltlich besteht zwischen den Fassungen deshalb kein Unterschied[187].

2. *Möglichkeit einer IPR-Verweisung in Artikel 58 Abs. 1 EG-Vertrag (Artikel 58 EG-Vertrag als selbstgerechte Sachnorm)*

Gemeinschaftsrechtliches IPR könnte die *erste Voraussetzung* von Artikel 58 Abs. 1 EG-Vertrag enthalten. Sie kommt ohne Bezugnahme auf nationales Recht nicht aus. Die Gesellschaften müssen „*nach den Rechtsvorschriften eines Mitgliedstaates*" gegründet worden sein. Diese Verweisung könnte nicht nur als rangkollisionsrechtliche Aussage, sondern als IPR-Verweisung zu verstehen sein: Nach traditionellem, kontinentaleuropäischem Internationalem Privatrecht verknüpfen IPR-Normen zur Bestimmung des anwendbaren nationalen Rechts einen Anknüpfungsgegenstand mit einem Anknüpfungspunkt[188]. In Artikel 58 EG-Vertrag könnte der nicht ausdrücklich genannte Anknüpfungsgegenstand „Gesellschaftsgründung" mit dem Anknüpfungspunkt „auf die Gründung angewendete Rechtsvorschriften" verknüpft sein. Durch die Verweisung würde das Gründungsrecht berufen werden (Gründungsrechtstheorie) und nicht etwa das Recht am Ort der Gründung[189] oder das Recht am Sitz der Hauptverwaltung[190]. Zugleich verbietet der EG-Vertrag durch die ausdrückliche Bezugnahme auf nationales Recht die Lösung der Vorfrage nach der Gesellschaftsgründung allein mit den Auslegungsmitteln des Gemeinschaftsrechts[191]: Die *Vorfrage*, ob eine Erwerbsgesellschaft „gegründet" worden ist und damit als möglicher Träger der Niederlassungs- und Dienstleistungsfreiheit existiert, ist nach nationalem Recht und nicht nach Gemeinschaftsrecht zu entscheiden. Die Überlegung, ob die Bezugnahme auf nationales Recht eine IPR-Verweisung enthält, liegt daher nahe. 112

Der Annahme einer IPR-Verweisung könnte entgegen stehen, daß Artikel 58 113

186 Ebenso auch die anderen zitierten Fassungen („og", „and", „y", „e") sowie die griechische Fassung („kai", vgl. Rn. 109 Fn. 179).

187 Nähere Ausführungen zum Verhältnis der beiden Voraussetzungen zueinander unten ab Rn. 154.

188 Vgl. statt vieler: *Kropholler,* IPR, § 12 II; *von Bar,* IPR Bd. 1, Rn. 516; noch detaillierter *Kegel,* Mélanges Overbeck, S. 47, 53. Statt vom Anknüpfungspunkt spricht man auch vom Anknüpfungsmoment: So z. B. *Kegel* a. a. O. und *Kropholler,* IPR, a. a. O. unter § 12 II 2 und § 19. Für eine rechtsvergleichende Darstellung der traditionellen kontinentaleuropäischen Anknüpfungsmethode im IPR vgl. *Audit,* Rec. des Cours 186 (1984-III) 219–397, insbesondere S. 271–306 (Darstellung der Entstehung und Funktion von klassischen IPR-Normen der Art „Anknüpfungsgegenstand-Anknüpfungspunkt" bzw. „catégorie-rattachement", – so die Begriffswahl auf S. 271 unten).

189 So die Gründungsortstheorie: Vgl. oben Rn. 100 Fn. 143 Satz 2.

190 So die Sitztheorie: Vgl. oben Rn. 101 Fn. 145.

191 *Roth,* RabelsZ 55 (1991), 623, 636 (*e contrario*: Das Prinzip autonomer Auslegung sei überall dort anzuwenden, wo das Gemeinschaftsrecht nach seiner Zweckrichtung eine Bezugnahme auf mitgliedstaatliches Recht ausschließen will). Siehe zum Vorfragenproblem auch *Badiali,* Rec. des Cours 191 (1985 – II) 9, 34 (der sich allerdings noch für den generellen Rückgriff auf nationales Recht zur Klärung der Bedeutung von privatrechtlichen Begriffen ausspricht).

Abs. 1 EG-Vertrag seinem Ziel nach vor allem eine *sachrechtliche Regelung* enthält: Die Rechtsfolge von Artikel 58 EG-Vertrag liegt in der Gleichstellung von Gesellschaften mit Staatsangehörigen der Mitgliedstaaten für die Anwendung der (sekundären)[192] Niederlassungsfreiheit und der Dienstleistungsfreiheit. Doch schließt diese sachrechtliche Bedeutung von Artikel 58 Abs. 1 EG-Vertrag den internationalprivatrechtlichen Gehalt der Norm nicht grundsätzlich aus. Aus den allgemeinen Lehren des Internationalen Privatrechts ist bekannt, daß Sachnormen internationalprivatrechtliche Verweisungen enthalten können.

114 Man spricht von *„selbstgerechten Sachnormen"*[193] (auch: „selbstbegrenzten"[194] oder „selbstbeschränkten"[195] Sachnormen). Dies sind Sachnormen, die die Regelung ihres räumlichen Anwendungsbereichs nicht dem allgemeinen IPR überlassen, sondern selbst regeln[196] und in Folge dessen für diese Regelung ein verstecktes kollisionsrechtliches Element enthalten[197]. (Beispiel aus dem deutschen autonomen Recht: § 92 c Abs. 1 HGB[198]). Bei Artikel 58 EG-Vertrag könnte es sich um eine solche selbstgerechte Sachnorm handeln. Voraussetzung ist, daß die Norm selbst ihren räumlichen Anwendungsbereich regelt.

115 Betrachtet man Artikel 58 Abs. 1 EG-Vertrag als Ganzes, so steht die Norm auf zwei Beinen: der Gesellschaftgründung und dem Gesellschaftssitz, den beiden Voraussetzungen von Absatz 1 der Norm. Diese einheitliche Betrachtung – die in der Literatur zu beobachten ist[199] – birgt die Gefahr in sich, daß die möglichen Unterschiede für die Auslegung der beiden räumlichen Abgrenzungsvoraussetzungen „Gründung" und „Sitz" (im Sinne der zweiten Voraus-

---

192 Dies ist die Folge der *Daily Mail*-Entscheidung; vgl. unten Rn. 256 ff.

193 So die Begriffsbildung von *Kegel*, IPR, § 6.I.5 (S. 192 f.); *ders.* in: Gedächtnisschrift Ehrenzweig, S. 51–87; *kritisch*: *von Overbeck*, RabelsZ 43 (1979), 386, 390; *Kropholler*, IPR, § 12 IV.2 (Fn. 13).

194 So wohl schon *De Nova* in: Diritto internazionale 1959, 500–502: „norme sostanziali autolimitate" (zitiert bei *Kegel*, IPR a. a. O. [vorige Fußnote]; die Zeitschrift „Diritto internazionale" war *d. Verf.* leider nicht zugänglich).

195 *Kropholler*, IPR, § 12 IV.2 auf S. 86–87.

196 *Kegel*, IPR, § 6.I.5, auf S. 192; *ders.* in: Gedächtnisschrift Ehrenzweig, S. 51, besonders deutlich auf S. 69: „Die autolimitierte Sachnorm ist Sachnorm, soweit sie eine sachliche Regelung trifft. Sie ist Kollisionsnorm, soweit sie sich autolimitiert; denn insoweit legt sie fest, wann sie und nicht eine ausländische Sachnorm anzuwenden ist."

197 *Kegel* in: Gedächtnisschrift Ehrenzweig, S. 51, a. a. O. (vorige Fußnote) und 86 unter Nr. 3; *Kropholler*, IPR, § 12 IV.2 auf S. 87.

198 Art. 92 c HGB bestimmt (i. d. F. der Änderungen vom 23. 10. 1989, BGBl. I 1910, 1911 und vom 27. 4. 1993, BGBl. I 512, 530): „Hat der Handelsvertreter seine Tätigkeit für den Unternehmer nach dem Vertrag nicht innerhalb des Gebietes der Europäischen Gemeinschaften oder der anderen Vertragsstaaten des Abkommens über den Europäischen Wirtschaftsraum auszuüben, so kann hinsichtlich aller Vorschriften dieses Abschnitts etwas anderes vereinbart werden." Bei Tätigkeit des Handelsvertreters *innerhalb der EG und/oder innerhalb des Europäischen Wirtschaftsraums* sind die in Art. 92 c HGB genannten Vorschriften (einschließlich Art. 89 b HGB) danach zwingend anzuwenden. Damit enthält Art. 92 c HGB eine internationalprivatrechtliche Aussage. Vgl. *Kegel*, IPR § 6.I.5, auf S. 192 und *Kropholler*, IPR, § 12 IV.2 auf S. 87 (beide noch zu Art. 92 c HGB a. F.).

199 Vgl. nur beispielhaft die oben Rn. 100 Fn. 142 Abs. 1 und in Rn. 101 Fn. 150 genannten Autoren.

setzung von Artikel 58 Abs. 1 EG-Vertrag) nicht beachtet werden. Unterschiede bestehen, weil – wie zu zeigen sein wird – *nur* für die *erste Voraussetzung* von Artikel 58 Abs. 1 EG-Vertrag ausdrücklich auf nationales Recht Bezug genommen wird. Im folgenden werden die beiden Voraussetzungen daher getrennt von einander betrachtet werden, ohne daß dabei die Beziehung zwischen den beiden Voraussetzungen mißachtet werden soll.

Die weitere Untersuchung konzentriert sich also hauptsächlich auf das Tatbe- 116
standsmerkmal der Gesellschaftsgründung in der *ersten Voraussetzung* von Artikel 58 Abs. 1 EG-Vertrag. Für die *Vorfrage*, ob das Tatbestandsmerkmal „gegründete Gesellschaft" vorliegt, enthält Artikel 58 Abs. 1 EG-Vertrag eine *ausdrückliche* Verweisung auf nationales Recht: Die Vorfrage soll, wie erwähnt, „nach den Rechtsvorschriften eines Mitgliedstaates" entschieden werden. Beim Wortlaut dieser Regelung wird die folgende Untersuchung ansetzen. Die Vorfrage der Gründung regelt die Norm nicht selbst, sondern sie beruft zur Klärung dieser Frage ein nationales Recht. Damit stellt sich das Problem, ob die Berufung nationalen Rechts nur rangkollisionsrechtlichen oder auch internationalprivatrechtlichen Charakter hat. Ist dies der Fall, so handelt es sich bei Artikel 58 EG-Vertrag um eine *selbstgerechte Sachnorm*. Denn in diesem Fall enthält Artikel 58 Abs. 1 EG-Vertrag zur Bestimmung von einem seiner Tatbestandsmermale eine internationalprivatrechtliche Regelung. Die Anwendbarkeit von Artikel 58 EG-Vertrag als Normeinheit hängt dann von der Erfüllung einer Voraussetzung ab, die nach dem von Artikel 58 Abs. 1 (*erste Voraussetzung*) EG-Vertrag selbst berufenen Recht zu erfüllen ist.

Von der Auslegung der ausdrücklichen Verweisung in der *ersten Voraussetzung* 117
zu unterscheiden ist die Frage, ob Artikel 58 EG-Vertrag als *versteckte IPR-Norm* darüberhinaus *generell* (und nicht nur im Anwendungsbereich des Niederlassungs- und Dienstleistungsrechts) dazu zwingt, an das Gründungsrecht anzuknüpfen. Diese Frage wird zunächst zurückgestellt[200]. Im folgenden soll nur untersucht werden, ob Artikel 58 EG-Vertrag selbst bestimmt, nach welchen Staates Gesellschaftsrecht über die Vorfrage der Gründung einer Erwerbsgesellschaft zu entscheiden ist.

Selbst wenn der IPR-Verweisung in Artikel 58 EG-Vertrag nur eine Bedeu- 118
tung für die Entscheidung einer Vorfrage zukäme, wäre rechtsquellentheoretisch bereits eine Erkenntnis gewonnen: Das deutsche IPR des Gesellschaftsrechts enthält dann zumindest für den Anwendungsbereich der (sekundären) Niederlassungs- und der Dienstleistungsfreiheit eine zwingende, vorrangige geschriebene IPR-Norm, die den unausweichlichen Ausgangspunkt für die weitere gesellschaftsrechtliche und internationalprivatrechtliche Diskussion darstellt. Wie im folgenden zu zeigen sein wird, ist dies der Fall.

---

200 Dazu unten Rn. 279ff. und Rn. 288ff.

III. Untersuchung des Wortlauts der Bezugnahme auf nationales Recht in Artikel 58 Abs. 1, erste Voraussetzung EG-Vertrag

119 Der Vergleich der deutschen Fassung mit den zitierten ausländischen Fassungen zeigt, daß mit der Bezugnahme auf nationales Recht in Artikel 58 Abs. 1 EG-Vertrag eine Gründung „in Übereinstimmung" (in overeenstemming; en conformité; conformemente)[201] mit dem Recht eines Mitgliedstaates zu verstehen ist. Die deutsche Fassung geht weiter als die anderen Fassungen, weil sie mit dem Wort „nach" die Anwendung der Rechtsvorschriften eines Mitgliedstaates besonders deutlich suggeriert. Dies entspricht aber dem Ziel der Vorschrift: Gegründete, d. h.: existente Gesellschaften sollen den natürlichen Personen gleichgestellt werden. „In Übereinstimmung" mit dem Recht eines Mitgliedstaates kann eine Gesellschaft nur bei Anwendung dieses Rechtes gegründet werden[202]. Der Wortlaut von Artikel 58 Abs. 1 EG-Vertrag ruft also zur Anwendung nationaler Rechtsvorschriften auf. Damit ist eine *rangkollisionsrechtliche* Aussage in Artikel 58 Abs. 1 EG-Vertrag festgestellt.

120 Eine über die rangkollisionsrechtliche Verweisung hinausgehende *internationalprivatrechtliche* Aussage von Artikel 58 Abs. 1 EG-Vertrag liegt nur dann vor, wenn die Verweisung zugleich das anwendbare nationale Recht auswählt. Eine solche Auswahl könnte mit der Formulierung „Rechtsvorschriften *eines* Mitgliedstaates" vorgegeben sein (législation d'*un* Etat membre; legislazione di *uno* Stato membro; wetgeving van *een* Lid-Staat)[203]. Damit ist das Recht *irgendeines Mitgliedstaates* gemeint[204]: Diese vom Wortlaut getragene Auslegung entspricht dem sich im Gemeinschaftsrecht zunehmend mehr durchsetzenden Gedanken der grundsätzlichen Gleichwertigkeit von Fakten, die in den einzelnen Mitgliedstaaten geschaffen werden[205]. Die Gründung einer Erwerbsgesellschaft schafft Tatsachen. Diese werden nach Artikel 58 Abs. 1 EG-Vertrag unter bestimmten Voraussetzungen (Bezug zur EG durch Sitz, Hauptverwaltung oder -niederlassung) und für bestimmte Zwecke (der Anwendung dieses Kapitels, also der Art. 52ff. EG-Vertrag) anerkannt. Ob die nach Artikel 58 EG-Vertrag erhebliche Tatsache – eine Gesellschaftsgründung – wirklich vorliegt, ist nach einem von zwölf Rechten zu entscheiden. Eine große, aber genau bestimmbare Zahl

---

201 Ebenso auch die englische, die spanische und die portugiesische Fassung: „in accordance with"; „de conformidad con"; „em conformidade com".

202 Der praxisfremde, hypothetische Fall zweier identischer Rechtsordnungen, die beide die Eintragung der Gesellschaft auch im jeweils anderen Staat zuließen, kann außer Acht bleiben: Nur in diesem Fall könnte eine Gesellschaft nach dem Recht „a" gegründet werden und der Gründungsakt gleichzeitig mit dem Recht „b" übereinstimmen.

203 Ebenso auch die englische, die spanische und die potugiesische Fassung: „the law of *a* Member State"; „la legislación de *un* Estado miembro"; „com a legislaçâo de *um* Estado membro".

204 Vgl. schon *Badiali*, Il diritto degli stati, S. 394: „l'Art. 58 si limita a richiedere che le società beneficiarie della libertà di stabilimento siano costituite in conformità al diritto di *uno qualsiasi* degli Stati membri." (Kursivdruck im Original).

205 Zur zunehmenden Bedeutung des Anerkennungsprinzips siehe oben Rn. 4.

von Rechtsordnungen wird alternativ berufen: Wenn nur eine von ihnen zur wirksamen Gründung einer Gesellschaft führt, so liegt die *erste Voraussetzung* von Artikel 58 Abs. 1 EG-Vertrag vor, die Gründung einer Gesellschaft. Das dahinterstehende Günstigkeitsprinzip ist aus dem IPR bekannt[206]. Das Besondere an der alternativen Anknüpfung in Artikel 58 Abs. 1 EG-Vertrag im Vergleich zum Durchschnittsfall einer alternativen Anknüpfung ist lediglich ihr quantitatives und qualitatives Ausmaß: Die IPR-Verweisung in Artikel 58 Abs. 1 EG-Vertrag betrifft – zur Zeit – zwölf Rechte; dies liegt in der Natur der EG. Ferner verweist Artikel 58 Abs. 1, 1. Voraussetzung EG-Vertrag auf die „Rechtsvorschriften" (législation; legislazione; wetgeving) der Staaten und nicht auf einen ausdrücklich näher eingegrenzten Teil der nationalen Rechtsvorschriften. Zum Vergleich: Artikel 11 Abs. 1 EGBGB[207], der eine bekannte alternative Anknüpfung enthält, verweist alternativ auf die „Formvorschriften" zweier Staaten. Strukturell entspricht Artikel 58 EG-Vertrag in seiner *ersten Voraussetzung* also jeder anderen alternativen Anknüpfungsnorm des IPR: Die Norm sagt, welchen Staates Privatrecht anzuwenden ist.

Es ist nunmehr zu prüfen, ob dieses vorläufige Auslegungsergebnis, nach welchem Artikel 58 Abs. 1 (*erste Voraussetzung*) EG-Vertrag eine IPR-Regelung in Form einer *alternativen Sachnormverweisung* enthält, vor anderen Auslegungskriterien Bestand hat.

IV. Erstes Hilfsindiz: Sachnormverweisung

Ein erstes Indiz für die Richtigkeit der Annahme, daß die *erste Voraussetzung* 121
von Artikel 58 Abs. 1 EG-Vertrag eine IPR-Verweisung enthält, läßt sich durch die Beantwortung der Frage gewinnen, ob die Verweisung tatsächlich eine Sachnormverweisung oder ob sie eine Gesamtverweisung darstellt[208]. Die Tauglichkeit der Bestimung der Verweisungsart als Auslegungskriterium soll belegt werden (1.), bevor zu prüfen ist, welche Verweisungsart vorliegt (2.).

1. Tauglichkeit der Verweisungsart als Indiz für die Bestimmung des IPR-Gehalts

Handelt es sich um eine Sachnormverweisung, so enthält Artikel 58 EG- 122
Vertrag notwendigerweise eine IPR-Regelung, die über die rangkollisionsrechtliche Abgrenzung des Gemeinschaftsrechts hinausgeht. Der EG-Vertrag träfe in

---

206 Vgl. nur *Kropholler*, IPR, § 20.II.; *Mayer*, Rn. 141; *Baum*, S. 89–95.

207 Abgedruckt bei *Jayme/Hausmann* unter Nr. 1.

208 Zur Unterscheidung zwischen *Gesamtverweisungen*, dem Regelfall im deutschen autonomen IPR (Art. 4 Abs. 1 Satz 1 EGBGB), bei denen auf eine Rechtsordnung in seiner Gesamtheit unter Einschluß des IPR verwiesen wird, und *Sachnormverweisungen*, dem Regelfall bei Verweisungen im staatsvertraglich vereinheitlichten IPR (*von Bar*, IPR, Bd. 1, Rn. 212), vgl. z. B. *Meyer-Landrut*, S. 18–19; *Brödermann/Rosengarten*, IPR, S. 7-8 unter B.I. und S. 9 unter I.1.

diesem Fall die Auswahl des anwendbaren Sachrechts in Form einer alternativen Berufung von zwölf Rechten. Führt eines der zwölf Sachrechte zu einer wirksamen Gesellschaftsgründung, so ist die Gesellschaft als gegründet anzusehen. Artikel 58 Abs. 1 (*erste Voraussetzung*) EG-Vertrag erfüllt in diesem Fall alleine die IPR-Funktion.

123 Anders liegt es im Fall einer Gesamtverweisung. In diesem Fall könnte der Verweisung zwar ebenfalls eine IPR-Funktion zukommen, doch ist dies nicht zwingend. Als Gesamtverweisung begriffen, könnte die *erste Voraussetzung* von Artikel 58 Abs. 1 EG-Vertrag sowohl einen internationalprivatrechtlichen als auch einen ausschließlich rangkollisionsrechtlichen Charakter haben: In beiden Fällen bleibt die Auswahl des anwendbaren Sachrechts dem nationalen IPR überlassen. Der Unterschied bestünde im wesentlichen darin, daß eine rangkollisionsrechtliche Verweisung nur zum IPR des Forums führen würde, während eine internationalprivatrechtliche Verweisung auch fremdes IPR zur Anwendung bringen könnte. Beruft dieses ein anderes Sachrecht als das deutsche IPR, so könnte dies bei einem in Deutschland geführten Rechtsstreit für die Rechts- und Parteifähigkeit einer in einem anderen Mitgliedstaat gegründeten Gesellschaft bedeutende Folgen haben. Ein Beispiel:

124 Klagt eine in London gegründete *private limited company* mit Hauptverwaltungssitz in Hamburg[209], so führt das *rangkollisionsrechtliche* Verständnis von Artikel 58 Abs. 1 (*erste Voraussetzung*) EG-Vertrag über das deutsche autonome IPR ins deutsche Sachrecht: Ein vorrangig zu beachtender Staatsvertrag[210] ist zur Lösung der Frage nach der Rechtsfähigkeit und der Parteifähigkeit[211] der Gesellschaft nicht anwendbar. Im Verhältnis zwischen der Bundesrepublik Deutschland und Großbritannien besteht keine entsprechende staatsvertragliche Regelung[212]. Deshalb ist autonomes deutsches IPR anzuwenden. Ein deutscher Richter, der mit der herrschenden Meinung im deutschen autonomen Internationalen Gesellschaftsrecht von der Sitztheo-

---

209 Diese Fälle sind nicht häufig, weil man in der Praxis schon zur Vermeidung psychologischer Schwierigkeiten in Gesprächen mit Geschäftspartnern grundsätzlich das Gesellschaftsrecht des Hauptverwaltungssitzes wählen wird (vgl. *Wiedemann*, Gesellschaftsrecht, Bd. I, S. 791). Gelegentlich fallen das Sitz- und Gründungsrecht aber auch in der Praxis auseinander (vgl. etwa OLG Hamburg 28. 8. 1970, RIW/AWD 1970, 518). In einem wahrhaft „europäischen" Binnenmarkt mag gelegentlich auch ein praktisches Bedürfnis bestehen, etwa das Verwaltungszentrum einer ausländischen Tochtergesellschaft zum Hauptverwaltungssitz der Muttergesellschaft in einem anderen Mitgliedstaat zu verlegen: Vgl. zuletzt *Behrens*, ZGR 1994, 1, 3.

210 Vgl. Art. 3 Abs. 1 Satz 2 EGBGB.

211 Das Personalstatut entscheidet grundsätzlich auch über die Parteifähigkeit: BGH 17. 10. 1968, BGHZ 51, 27, 28; *Schack*, Rn. 530; Stein-Jonas/*Leipold*, § 55 Rn. 1; weitergehend *Geimer*, Rn. 2202f. (Parteifähig sei, wer nach seinem Heimatrecht rechts- *oder* parteifähig sei).

212 Vgl. Soergel/*Lüderitz*, Vor Art. 7, Rn. 207–208 sowie BGBl. 1991 II, Fundstellennachweis B, S. 123–126. Anderes gilt z. B. im Verhältnis zu den Niederlanden: Vgl. Artt. 1 und 2 des „Vertrages zwischen dem Deutschen Reiche und den Niederlanden über die gegenseitige Anerkennung der Aktiengesellschaften und anderer kommerzieller, industrieller oder finanzieller Gesellschaften" vom 11. 2. 1907 (RGBl. 1908, 65; wieder in Kraft gesetzt durch die „Bekanntmachung über die Wiederanwendung deutsch-niederländischer Vorkriegsverträge", BGBl. II 1952, 435).

rie[213] und von der Einheit des Gesellschaftsstatuts[214] ausgeht, wird daher deutsches Sachrecht als das am Sitz der Hauptverwaltung geltende deutsche Recht auf die Frage nach der Rechtsfähigkeit der Gesellschaft anwenden[215]. Mangels Neugründung und Eintragung im Handelsregister[216] muß er danach vom Untergang der Gesellschaft ausgehen[217].

Versteht man die *erste Voraussetzung* von Artikel 58 Abs. 1 EG-Vertrag hingegen als *internationalprivatrechtliche* Gesamtverweisung, so könnte sich die *private limited company* mit Verwaltungssitz in Hamburg auf englisches IPR berufen. Dieses folgt der Gründungstheorie[218] und beruft deshalb das englische (Gründungs)-recht zur Entscheidung über die Rechtsfähigkeit. Danach bestünde die Gesellschaft fort; denn nach englischem Gesellschaftsrecht führt die Verlegung des Hauptverwaltungssitzes nicht zur Auflösung der Gesellschaft[219]. Nach englischem Recht wäre die Gesellschaft dank der Verweisung im englischen IPR auf englisches Sachrecht also als „gegründet" anzusehen.

Das Beispiel zeigt, daß bei einer Auslegung der *ersten Voraussetzung* von 125
Artikel 58 Abs. 1 EG-Vertrag als Gesamtverweisung sowohl eine internationalprivatrechtliche als auch eine rangkollisionsrechtliche Deutung möglich und sinnvoll sein könnte. Für den Fall der Sachnormverweisung wurde hingegen festgestellt[220], daß Artikel 58 Abs. 1 (*erste Voraussetzung*) EG-Vertrag in diesem Fall zwingenderweise eine IPR-Regelung enthält.

Deswegen soll im folgenden geprüft werden, ob eine Sachnormverweisung vorliegt. Ist dies der Fall, taugt die Entscheidung zwischen einer Sachnorm- und einer Gesamtverweisung als Indiz für die Bestätigung oder Falsifikation der mit

---

213 Vgl. oben Rn. 101 Fn. 145.

214 S. o. Rn. 103 Fn. 153.

215 Nach deutschem Internationalen Privat- und Prozeßrecht unterliegt die Rechts- und Parteifähigkeit einer Gesellschaft dem Recht ihres Sitzes: BGH 11. 7. 1957 (BGHZ 25, 134, 144); 17. 10. 1968 (BGHZ 51, 27, 28) und 21. 3. 1986 (BGHZ 97, 269, 271); OLG Saarbrücken, 21. 4. 1989, DB 1989, 1076 linke Spalte.

216 § 11 Abs. 1 GmbHG.

217 Vgl. nur BGH 21. 3. 1986, BGHZ 97, 269, 271–272 und OLG Zweibrücken 27. 6. 1990, DB 1990, 1660 sowie Staudinger/*Großfeld*, IntGesR Rn. 556–562, 573, 607 ff., 622; MünchKomm/*Ebenroth*, Nach Art. 10, Rn. 217 und *Hausmann* in: *Reithmann/Martiny* Rn. 858.

Die Frage, ob die Gesellschaft als untergegangen anzusehen ist, ist im gesellschaftsrechtlichen Schrifttum nicht unumstritten: Vgl. etwa *Behrens*, RIW 1986, 590–594 (zur identitätswahrenden Sitzverlegung einer luxemburgischen GmbH nach Deutschland bei Anpassung an das deutsche Gesellschaftsrecht); zustimmend z. B. *Knobbe-Keuk*, DB 1990, 2573, 2578 rechte Spalte (bei kritischer Darstellung des oben genannten Beschlusses des OLG Zweibrücken); *dies.*, ZHR 154 (1990), 325, 334–335 m. w. N. in Fn. 39; vgl. jüngst erneut *Behrens*, ZGR 1994, 1, 9–12, 19 (am Ende von III.4.b), sowie 22–23 (für eine *Pflicht* der Mitgliedstaaten, ihr materielles Gesellschaftsrecht dahingehend *zu verändern*, daß ein Umzug der Gesellschaften innerhalb der EG ohne Auflösung und Neugründung möglich wird; im Anschluß an *Roth* in: Dauses, Hdb. EG-WirtschaftsR., E. I. Rn. 92).

218 *Dicey/Morris*, Bd. 2, Rule 154 Abs. 1, S. 1103–1104; *Cheshire/North*, S. 174.

219 In der Entscheidung EuGH 27. 9. 1988, Rs. 81/87 (*The Queen/Daily Mail*), Slg. 1988, 5483 ging es um *steuerliche* Umzugsschranken (S. 5507 Erw. 5); gesellschaftsrechtlich ging der Gerichtshof von der Gültigkeit einer Verlegung des Hauptverwaltungssitzes nach englischem Gesellschaftsrecht aus (a. a. O. Erw. 3).

220 Vgl. Rn. 122.

Hilfe des Wortlautes ermittelten These, Artikel 58 Abs. 1 (*erste Voraussetzung*) EG-Vertrag enthalte eine IPR-Verweisung.

2. *Abgrenzung Sachnorm-/Gesamtverweisung*

a) Abgrenzung mit Hilfe des Wortlautes

126 Anders als im später erlassenen IPR in Verordnungen, bestand 1957 noch keine Einigung über die Begriffe, mittels derer man später – etwa in der EWIV-Verordnung[221] – die Unterscheidung zwischen Sachnorm- und Gesamtverweisung deutlich gemacht hat[222]. Die Verweisung auf nationale „Rechtsvorschriften" in Artikel 58 EG-Vertrag ist vom Wortlaut her neutral. Diese Wortwahl erlaubt sowohl die Deutung als Gesamtverweisung als auch die Deutung als Sachnormverweisung.

127 Etwas anderes ergibt sich aus der Verwendung des Wortes „gründen": Das Partizip des Verbes „gründen" (constituer; costituire; oprichten) spricht gegen die Annahme einer Gesamtverweisung und für die Auslegung als Sachnormverweisung. Man kann Gesellschaften nur unter Anwendung von Sachrecht gründen. Mit Hilfe des IPR können Gesellschaften allenfalls „anerkannt", nicht aber „gegründet" werden. Diese Beobachtung stimmt unabhängig von dem internationalprivatrechtlichen Vorverständnis, mit dem man das Wort „gründen" auslegt.

128 In diesem Zusammenhang ist zu betonen, daß die Entscheidung zwischen einer gemeinschaftsrechtlichen Sachnorm- oder Gesamtverweisung nicht vom jeweiligen nationalen Vorverständnis abhängen darf. Die Bezugnahme auf nationales Recht für die Frage der Gesellschaftsgründung setzt voraus, daß zunächst auf gemeinschaftsrechtlicher Ebene (hier: durch Auslegung des EG-Vertrages) zu entscheiden ist, welcher Natur die Verweisung ist. Dennoch sollen die zwei in den Mitgliedstaaten anzutreffenden Möglichkeiten des internationalprivatrechtlichen Vorverständnisses im folgenden berücksichtigt werden: Führen beide, wie zu zeigen sein wird, zum selben Ergebnis, so ist das Auslegungsergebnis überzeugender und besser durchzusetzen. Ein ureigenes gemeinschaftsrechtliches (Vor)-Verständnis zum IPR, das vorrangig zu beachten wäre[223], existiert nicht. 1957 mag das im romanischen Rechtskreis anzutreffende Vorverständnis gegenüber dem anderen, in Deutschland zu beobachtenden Vorverständnis vorgeherrscht haben. Diese Überlegung ist bereits im Hinblick auf Artikel 248 Abs. 1, 1. Halbsatz EG-Vertrag unerheblich und nicht zu vertiefen. Im Gegenteil: Aus der Regelung in Artikel 215 Abs. 2 EG-Vertrag ist zu entnehmen, daß im Bereich des gemeinschaftsrechtlichen IPR ein Auslegungsergebnis dann besonders verläßlich sein dürfte, wenn es den Rechtsord-

[221] Vgl. oben Rn. 3 Fn. 15.
[222] Siehe unten Rn. 312–313.
[223] Vgl. *Bleckmann*, Europarecht, Rn. 251.

nungen aller Mitgliedstaaten entspricht. Dies spricht für die Überprüfung des Auslegungsergebnisses an Hand aller in den Mitgliedstaaten anzutreffenden Möglichkeiten, die die nationalen Rechtsordnungen der Mitgliedstaaten als Vorverständnis für die Auslegung von etwaigem IPR in Artikel 58 EG-Vertrag vorgeben. Jedes Vorverständnis führt, wie bereits angedeutet, zum selben Auslegungsergebnis.

Im folgenden soll dem deutschen und dem romanischen Vorverständnis nachgegangen werden; in den Staaten, die wie England[224] der Gründungstheorie folgen, stellt sich das Problem der Anerkennung nicht.

aa) Abgrenzung nach deutschem Vorverständnis

Hält man – wie in Deutschland[225] oder in der neueren spanischen Lehre[226] – 129 die Frage nach der Anerkennung ausländischer Gesellschaften für ein Scheinproblem, das allein mit den Mitteln des IPR zu lösen ist (im folgenden: „deutsches Vorverständnis"), so kann man ausländische Gesellschaften mit Hilfe des IPR allenfalls anerkennen und nicht gründen.

Das vom IPR berufene Gesellschaftsstatut entscheidet über die Rechtsfähig- 130 keit – d. h. die Existenz – der Gesellschaft[227]. So betrachtet, nimmt das nationale

224 Vgl. den Nachweis oben in Rn. 124 Fn. 218.

225 So die heute herrschende Lehre, vgl. z. B. *Koppensteiner*, S. 108–109; *Ebenroth*, vgl. nur Verdeckte Vermögenszuwendungen, S. 338–339; *ders.*, JZ 1988, 18, 23 m. w. N.; Staudinger/*Großfeld*, IntGesR Rn. 164–165; Hachenburg/*Behrens*, Einl Rn. 157; *Kegel*, IPR, § 17.II.2 auf S. 366; *Kropholler*, § 55.I.2 (vor a); *Drobnig* in: Gemeinschaftsrecht und IPR, 185, 189–190; *Kronke*, referiert von *Grothe*, in: Gemeinschaftsrecht und IPR, S. 207; *Kreuzer* in: Gemeinsames Privatrecht, S. 373, 422 Fn. 188.

Anders z. B. noch *Fikentscher*, MDR 1957, 71 (die Darstellungsweise entspricht dem romanischen Vorverständnis). Aus heutiger Sicht a. A. *Ebke*, referiert von *Grothe*, in: Gemeinschaftsrecht und IPR, S. 207 (die Anerkennungsfrage sei schon deshalb kein Scheinproblem, weil Artikel 220 EWG-Vertrag [jetzt: EG-Vertrag] hierüber den Abschluß eines Übereinkommens vorsehe). Aber auch *Ebke* geht davon aus, daß die Anerkennung ausschließlich mit Hilfe der internationalprivatrechtlichen Anknüpfung zu lösen ist: ZGR 1987, 245, 247 ff.

226 Deutlich – vor allem im Anschluß an deutsche Autoren – *Calvo Caravaca*, Rev. Gen. Der. (Valencia), 44 (1988) 3679, 3693 (= *ders.* in: *González Campos/Fernández Rozas* u. a., Derecho internacional privado, S. 179): „... siguiendo un análisis impecable, desde la perspectiva de la dogmática jurídica, que *el problema del reconocimiento* de las sociedades extranjeras carece en sí mismo de objeto y *no es*, en rigor, *un problema distinto al de la determinación del estatuto personal* de dichas sociedades, dada la imposibilidad lógica y jurídica de distingiur en las sociedades entre capacidad jurídica y capacidad de obrir, dicho con otras palabras, la imposibilidad de la eventual sumisión de la capacidad jurídica y de la capacidad de obrar a ordenamientos jurídicos diferentes." (Kursivdruck nicht im Original. Anders als in dem oben zitierten Buch „Derecho internacional privado" folgt dieser Ausführung in dem zitierten Aufsatz eine ausführliche Fußnote Nr. 37 mit Hinweisen zu Schriften von *Beitzke*, *Drobnig*, *Behrens*, *Ebenroth/Sura* und *Keller/Siehr*).

227 Vgl. für Nachweise aus der deutschen Rechtsprechung oben Rn. 124 Fn. 215. So auch schon der historische Ausgangspunkt der Anerkennungsdiskussion; vgl. *Drobnig*, FS von Caemmerer, S. 688: „Der Ausgangspunkt war offenbar überall, daß die Rechtsstellung und insbesondere die Rechtsfähigkeit einer ausländischen Gesellschaft auch im Inland nach dem Recht ihres Heimatstaates ... beurteilt wurde."

IPR die „Anerkennungsfunktion" war. Dahinter versteckt sich bei genauerer Analyse die *Lösung eines Substitutionsproblems*, auch wenn man sich dies meist nicht bewußt macht[228]. Gesellschaften im Sinne des auf einen Sachverhalt anwendbaren nationalen oder fremden Rechts sollen solche sein, die nach dem vom inländischen IPR berufenen Recht wirksam gegründet worden sind.

Genauer: Verwendet das deutsche *Internationale Privat- oder Prozeßrecht* den Systembegriff „Gesellschaften" oder einen Oberbegriff, der Gesellschaften umfaßt (Beispiel: Parteien[229]), so ist ein *Vorfragenproblem* zu lösen (*im Sinne einer sog. Erstfrage*)[230]: Das Kollisionsrecht setzt die Existenz der Gesellschaft, d. h. ein Rechtsverhältnis, voraus. Die Erstfrage, ob das Rechtsverhältnis vorliegt, wird mit Hilfe des IPR entschieden: Gesellschaften, die nach dem vom deutschen IPR berufenen deutschen oder ausländischen Gesellschaftsstatut wirksam gegründet worden sind, bestehen für die Zwecke der Anwendung der Kollisionsnorm.

Verwendet das (mit Hilfe des deutschen IPR ermittelte) *deutsche oder fremde Sachrecht* einen entsprechenden Systembegriff (Beispiel aus dem französischen Recht: „l'un"; „l'autre"[231]), so ergibt die Auslegung des französischen Sachrechts, daß „der eine" – „l'un" – auch eine Gesellschaft sein kann. Das *Vorfragenproblem* (im engen Sinne[232]), ob eine Gesellschaft besteht, ist mit Hilfe des IPR und des von ihm berufenen Gesellschaftsstatuts zu lösen.

Wenn eine Gesellschaft nach dem durch die Vorfragenanknüpfung berufenen Recht existiert, dann muß man sich *in einem zweiten Schritt* die Frage stellen, ob die Gesellschaft eine „Gesellschaft" im Sinne des sachrechtlichen Systembegriffs ist. Denn man muß davon ausgehen, daß der Gesetzgeber, der eine Sachnorm schafft, in nationalen Systembegriffen denkt. Deshalb bedarf es des *Zwischenschrittes* (= zweiten Schrittes) zur Beantwortung der Frage, ob auch eine nach anderen Systembegriffen geschaffene Gesellschaft (Beispiel: eine englische *private limited company*) unter den nationalen Systembegriff zu subsumieren ist. Diesen Vorgang nennt man *Substitution*[233]. Man bejaht die Frage, wenn ausländische Gesellschaften nach den Wertungen des inländischen Rechts den deutschen gleichgestellt sind (sog. funktionale Äquivalenz[234]). Für die funktionale Äquivalenz reicht es aus, daß das vom inländischen IPR

---

228 Beispielhaft ist die Beobachtung von *Drobnig*, FS von Caemmerer, S. 688, 689: „In Wahrheit geht es lediglich um die unmittelbare Anwendbarkeit des Personalstatuts ausländischer Gesellschaften, ohne jeden Gedanken an eine außerdem erforderliche Anerkennung."

229 Z. B. Art. 27 Abs. 1 Satz 1 EGBGB: „Der Vertrag unterliegt dem von den Parteien gewählten Recht"; oder: „Parteifähigkeit".

230 Vgl. *Kropholler*, § 18.II; Staudinger/*Henrich*, Art. 18 Rn. 8; *Brödermann/Rosengarten*, S. 23 (Fall 12): Man spricht von Erstfragen, wenn bereits die Kollisionsnorm ein Rechtsverhältnis voraussetzt.

231 Vgl. Art. 1582 Abs. 1 Code civil: „La vente est une convention par laquelle *l'un* s'oblige à livrer une chose, et *l'autre* à la payer."

232 Vgl. nur *Brödermann/Rosengarten* S. 22f. (Fall 11) m. w. N. auf S. 25 vor III.

233 Vgl. *Kropholler*, § 33.II.-IV. und *Mansel*, FS Lorenz, 689, 689–701; deutlich S. 701 unter D. 1. (unter Hinweis auf *Wengler*, RabelsZ 8 [1934], 148, 162–163): An die Lösung einer Vorfrage schließt sich regelmäßig ein Substitutionsvorgang an, der in der Praxis allerdings meist nicht bewußt wird.

234 *Mansel* a. a. O. Meist wird sogar „funktionale Identität" vorliegen, etwa bei einer GmbH. – Voraussetzung der Substitution ist, daß der nationale Systembegriff die Subsumtion ausländischer Gebilde (z. B. Gesellschaften) zuläßt. Bei Gesellschaften ist dies der Fall, denn die

berufene ausländische Sachrecht zu einer äquivalenten Rechtsfolge, nämlich der Rechtsfähigkeit einer Gesellschaft, führt. Danach gibt Artikel 58 EG-Vertrag vor, daß die nach dem von seinem Abs. 1 (*erste Voraussetzung*) berufenen Rechtsordnungen gegründeten Gesellschaften als funktional äquivalent einzustufen sind[235].

Eines besonderen Anerkennungsaktes bedarf es also nach deutschem Vorver- 131
ständis deshalb nicht, weil das deutsche Recht die Rechtsfolge des vom IPR ausgewählten Rechts („wirksame Gesellschaftsgründung") akzeptiert. Da die Anerkennung stets mit den Mitteln des IPR erfolgt, kann man nach diesem Vorverständnis von der Identität der Probleme sprechen: Die Anerkennung einer ausländischen juristischen Person und die Anwendung der IPR-Norm fallen zusammen[236].

Zur Gründung der Gesellschaften leistet das IPR hingegen bei diesem Vorver- 132
ständnis keinen Beitrag. Die Gründung kann nur nach einem nationalen Sachrecht erfolgen, das das IPR beruft. Dieses Vorverständnis schließt es aus, in Artikel 58 Abs. 1 (*erste Voraussetzung*) EG-Vertrag eine Gesamtverweisung zum IPR zu sehen. Die Norm wirkt wie eine nationale IPR-Norm, die zur Entscheidung über die Gründung das gesellschaftsrechtliche Sachrecht beruft, das die Gesellschaft als gegründet erachtet.

bb) Abgrenzung nach romanischem Vorverständnis

Versteht man die Anerkennung – wie in Frankreich[237], Italien[238] oder Bel- 133
gien[239] – als ein im Verhältnis zur Frage nach dem Gesellschaftsstatut gesondertes Problem (im folgenden: „romanisches Vorverständnis"[240]), so schließt der Gebrauch des Wortes „gründen" ebenfalls eine Gesamtverweisung auf nationales Recht aus. Nach diesem Vorverständnis ist die Anerkennung ausländischer Gesellschaften von der Bestimmung des Gesellschaftsstatuts grundsätzlich zu

---

inländischen Normen, die den Begriff „Gesellschaften" verwenden, sind sog. *offene Normen* (vgl. *Mansel*, FS Lorenz, S. 689, 697), die die Subsumtion ausländischer Gesellschaften unter diesen Begriff grundsätzlich gestatten.

[235] Vgl. das Parallelbeispiel bei *Mansel* a. a. O. S. 689: Inländische Rechtsfolgen einer nach ausländischem Recht durchgeführten Adoption.

[236] *Drobnig*, ZHR 129 (1966–67), 93, 109. – Dennoch sollte man nicht von einer „automatischen Anerkennung" sprechen (so z. B. Staudinger/*Großfeld*, IntGesR Rn. 163 und – Rn. 126 der Vorauflage des Staudinger/*Großfeld* folgend – auch noch *Brödermann/Rosengarten*, IPR, S. 68), da hinter der Lösung der Anerkennungsfrage, wie dargestellt, die Lösung von Subsumtionsproblemen steht. Gegen den Begriff der „automatischen Anerkennung" wendet sich auch *Drobnig*, FS von Caemmerer, S. 688, 689 (mit anderer Begründung).

[237] *Batiffol/Lagarde*, Rn. 199–202; *Mayer*, Rn. 1043–1045; *Holleaux/Foyer/Geouffre de la Pradelle*, Rn. 233–235; *Ripert/Roblot*, Droit commercial, Bd. 1, Rn. 1710–1714; vgl. ferner aus der deutschsprachigen Literatur zum französischen Recht *Pohlmann*, S. 98.

[238] Vgl. *Santa Maria*, Le società nel d. i. p., S. 199–206.

[239] *Rigaux*, Droit international privé Bd. 1, Rn. 143 (S. 99 Abs. 2); siehe jetzt deutlich auch *Rigaux/Fallon*, Droit international privé, Rn. 1573 (2. Spiegelstrich unter 2°) sowie *Rigaux*, FS Loussouarn, S. 341, 346 Rn. 11.

[240] Der Begriff bezieht sich auf die Mehrheit im romanischen Schrifttum. Für eine abweichende Ansicht vgl. *Calvo Caravaca* oben Rn. 129 Fn. 226.

unterscheiden[241]. Artikel 58 Abs. 1 (*erste Voraussetzung*) EG-Vertrag enthält danach zunächst eine gemeinschaftsrechtliche Anerkennungsregelung[242], die für die Frage der *Anerkennung* keine Bezugnahme auf nationales Anerkennungsrecht oder IPR gestattet. Denn Artikel 58 EG-Vertrag betrifft insoweit eine ganz andere Denkkategorie. Zugleich enthält Artikel 58 EG-Vertrag auch bei einem Verständnis als Anerkennungsnorm eine IPR-Sachnormverweisung für die Vorfrage der Gründung.

134 Um dies nachzuvollziehen, hilft es, sich zunächst die Funktion und Struktur von Anerkennungsnormen zu vergegenwärtigen: Nach dem romanischen Vorverständnis ist die IPR-Frage nach dem auf die Gründung anwendbaren Gesellschaftsstatut der Anerkennungsfrage *vor*gelagert[243]. Zunächst ist in einem *ersten*

---

241 Für einen zusammenfassenden Überblick über die Gründe für diese Einstellung siehe *Drobnig*, ZHR 129 (1966–67), 93, 106–109; *ders.*, FS von Caemmerer, S. 687, 690–692.

242 So in der Tat das Verständnis im romanischen Schrifttum, vgl.:

– die Franzosen *Gavalda/Parléani*, Rn. 249 und 250 (dort auf S. 156); *Schapira/Le Tallec/Blaise*, S. 706f. (implizit unter A.: Das Brüsseler EG-Übereinkommen über die Anerkennung von Gesellschaften und juristischen Personen dehne die *Anerkennung* [„reconnaisance“] von Gesellschaften im Verhältnis zu Artikel 58 EWG-Vertrag [jetzt: EG-Vertrag] aus); vgl. auch die romanische Einordnung der Anerkennungsproblematik durch den Deutschen *Pohlmann*, der Artikel 58 EWG-Vertrag (jetzt: EG-Vertrag) in seinem Kapitel über Anerkennung erörtert (S. 110–116): Aus der Darstellung des *französischen* Internationalen Gesellschaftsrechts heraus ist dies verständlich;

– die Italiener *Capotorti*, Riv.dir.int.priv.proc. 1 (1965), 5, 18 (= *ders.* in: *Quadri/Monaco/Trabucchi*, Bd. 1, S. 457): Aus Art. 58 EWG-Vertrag (jetzt: EG-Vertrag) folge „l'obbligo di riconcoscere“ ausländische Gesellschaften; *Monaco*, Riv. dir. int. 1973, 206, 222: „Sembra quindi da convidere l'opinione per cui l'art.58, 1° comma, contiene l'implicito accordo degli Stati membri di *riconscere* reciprocamente, nel quadro comunitario, le società da esso menzionate, ...“. (Kursivdruck nicht im Original); *Santa Maria* in: Studi in memoria di Giuliano, S. 804, 833 und in: *ders.*, Diritto commerciale comunitario, S. 29 (riconoscimento implicito); *Mascardi*, Riv.società 1991, 7121, 1727, Fn. 13 (Hinweis zu Art. 58 EWG-Vertrag [jetzt: EG-Vertrag] anläßlich der Erörterung von *Daily Mail*: „Basta qui sottolineare che l'inserzione dell'art. 58 nel sistema del Trattato pare avere per lo meno prodotto l'automatica entrata in vigore di un principio generale di riconscimento tra gli stati membri delle società individuate dalla norma stessa.“);

– den Belgier *Rigaux*, Droit international privé, Bd. 1, Rn. 143 (auf S. 99 im Kleingedruckten wird Artikel 58 Abs. 1 EWG-Vertrag [jetzt: EG-Vertrag] als Anerkennungsnorm aufgeführt);

– vgl. auch den Holländer *Timmermans*, RabelsZ 48 (1984) 1, 39.

243 So deutlich *Capotorti*, Riv.dir.int.priv.proc. 1 (1965), 5, 17–18 (= *ders.* in: *Quadri/Monaco/Trabucchi*, Bd. 1, S. 456 unten): „Questa significa, in sostanza, che *prima de riconoscere un ente* il quale si affermi costituito seondo le norme di un altro Stato membro, dovrà accetarsi se non siano piuttosto applicabili le norme (sulla costituzione degli enti di quel tipo) proprie della *lex fori*: nel quel caso il problema del riconoscimento non si porrà affatto.“ (Erste Hervorhebung hinzugefügt).

Zumindest konkludent stellen auch folgende Autoren die IPR-Frage vor die Anerkennungsproblematik: *Holleaux/Foyer/Geouffre de la Pradelle*, Rn. 233: „la reconnaissance de la personnalité *conférée par la loi de leur siège* ne va pas de soi.“ (Kursivdruck nicht im Original); ähnlich auch *Mayer*, Rn. 1043 und *Vander Elst/Weser*, S. 249.

Einige Autoren mögen die Reihenfolge nicht näher erörtert haben und von einem *Nebeneinander* der Anerkennungs- und der IPR-Frage ausgegangen sein (vgl. die zusammenfassende

Schritt zu prüfen, ob die Gründung einer Gesellschaft nach inländischem oder ausländischem Recht zu beurteilen ist. Führt das IPR ins inländische Recht, entsteht kein Anerkennungsproblem. Ein Beispiel aus dem *französischen* IPR, das für das Denken im romanischen Rechtskreis repräsentativ ist: Nach der in Frankreich grundsätzlich angewendeten „Sitztheorie“[244] entsteht gar nicht die Frage, ob eine in London gegründete *private limited company* mit Hauptverwaltungssitz in Paris anzuerkennen ist. Es handelt sich aus französischer Sicht um eine inländische Gesellschaft, für die kein Anerkennungsproblem zu lösen ist. Wenn die Gesellschaft die inländischen Gründungsvoraussetzungen nicht erfüllt, ist sie nicht wirksam gegründet. Führt das IPR ins ausländische Recht (und nimmt das ausländische Recht gegebenenfalls die Verweisung an)[245], so ist in einem *zweiten Schritt* zu überlegen, ob die nach ausländischem Sachrecht gegründete Gesellschaft nach inländischem Recht anzuerkennen ist. Diese Reihenfolge entspricht der Logik des Denkens in Anerkennungskategorien: Man kann nur ein Rechtsgebilde anerkennen, das existiert.

Ein Belegbeispiel: Die logische Reihenfolge folgt bereits aus Artikel 1 des Anerkennungsgesetzes für belgische Aktiengesellschaften vom 30.5./11.6. 1857[246]: 135

Darstellung von *Drobnig*, ZHR 129 (1966–67), 93, 106–108). Dies soll hier nicht weiter vertieft werden. Soweit ersichtlich, dürften alle Autoren, die von einem romanischen Vorverständnis ausgehen, den im Text sogleich zu erörternden Fall der Londoner Gesellschaft mit Sitz in Paris nicht anders lösen, als dies im Text geschieht. Auch *Fikentscher* (MDR 1957, 71) dürfte die Anerkennung nicht als Vorfrage des IPR begriffen haben (so aber die Interpretation von *Drobnig*, ZHR 129 [1966–67] 93, 107–108, Text bei Fn. 60). *Fikentscher* will die Vorfrage nach der Existenz der Gesellschaft vorab nach dem Personalstatut entscheiden, bevor er die Frage nach der Anerkennung stellt (MDR 1957, 71, deutlich rechte Spalte, Abs. 3).

244 Art. 1837 Abs. 1 Code civil (i. d. F. vom 4. 1. 1978): „Toute société dont le siège est situé sur le territoire français est soumise aux dispositions de la loi française.“; ganz ähnlich: Art. 3 Abs. 1 des Gesetzes über Handelsgesellschaften (Loi n° 66–537 du 24 juillet 1966); beachte ferner Art. 154 desselben Gesetzes (Möglichkeit der identitätswahrenden Sitzverlegung ins Ausland bei Statutenwechsel); vgl. aus dem Schrifttum: *Batiffol/Lagarde*, Rn. 193 auf S. 230–231 und Rn. 194; *Holleaux/Foyer/Geouffre de la Pradelle*, Rn. 231 (unter Hinweis auf die unabhängig vom Gesellschaftsstatut gebotene Anwendung von „lois d'application immédiates). Eine ausführliche deutschsprachige Darstellung der Sitztheorie im französischen Recht bietet *Pohlmann*, S. 46–58. – Für die Gründungstheorie im französischen IPR: *Audit*, Droit international privé, Rn. 1087–1088 und Rn. 1081.

245 Die *Renvoi*-Prüfung ist nach französischem Recht erforderlich: Cour d'Appel de Paris (3e chambre), 19. 3. 1965, *Banque ottomane*, Clunet 93 (1966), 118 mit Anm. *Goldmann* ab S. 132 (dort zum *Renvoi*: S. 136); und Rev. crit. d. i. p. 56 (1967), 85 mit Anm. *Lagarde* ab S. 101. Siehe im übrigen nur *Audit*, Droit international privé, Rn. 220 a. E.

In diesem Punkt ist das *französische* IPR nicht für alle romanischen Rechtsordnungen repräsentativ. Nach *italienischem* Recht ist ein Renvoi des ausländischen IPR nicht zu beachten, so daß es auch keiner IPR-Prüfung nach ausländischem Recht bedarf: Siehe Art. 30 der „Disposizioni sulla legge in generale“ des italienischen Codice civile; vgl. dazu nur *Vitta*, Diritto internazionale privato, Bd. 1, S. 344–348; und *Barile*, Lezioni, S. 125–129.

246 *Loi qui autorise les Sociétés anonymes et autres Associations commerciales, industrielles ou fincières, légalement constituées en Belgique, à exercer leurs droits en France* vom 30.5./11. 6. 1857, abgedruckt in: Dalloz (Jurisprudence Générale) 1857, IV. Teil, S. 75.

„Les sociétés anonymes et les autres associations commerciales, industrielles ou financières *qui sont soumises à l'autorisation du gouvernement belge, et qui l'ont obtenue*, peuvent exercer tous leurs droits et ester en justice en France, en se conformant aux lois de l'empire." (Kursivdruck nicht im Original).

136 Diese Formulierung ist noch heute von indirekter Bedeutung, wenn auch nur in beschränktem Maße und nur für die Anerkennung der von dem Gesetz erfaßten Gesellschaftstypen[247].

Im einzelnen: Zur Anerkennung von Gesellschaften anderer ausländischer Staaten (als Belgien) enthält Artikel 2 des Gesetzes eine Ermächtigungsnorm zum Erlaß von Anerkennungsverordnungen in der Art des zitierten Artikel 1. Die Verabschiedung des Gesetzes von 1857 war erforderlich geworden, um auf der Grundlage der Gegenseitigkeit die Anerkennung französischer Aktiengesellschaften in Belgien zu ermöglichen[248]. Inzwischen ist die Anerkennung von Gesellschaften im Verhältnis zwischen Belgien und Frankreich – über Artikel 58 EG-Vertrag hinaus – staatsvertraglich geregelt[249]. Dennoch ist der zitierte Artikel 1 des Gesetzes von 1857 durch ca. 20 Dekrete nach Artikel 2 des Gesetzes[250], die alle auf dem Wortlaut von Artikel 1 aufbauen[251], nach wie vor Grundlage des französischen autonomen Anerkennungsrechtes von Aktiengesellschaften[252]; teilweise sind die Dekrete allerdings nach Artikel 55 der französischen Verfassung[253] durch staatsvertragliche Regelungen verdrängt worden[254].

137 Nach dem zitierten Wortlaut von Artikel 1 des Gesetzes von 1857 sollen nur solche Aktiengesellschaften in Frankreich tätig werden und damit anerkannt werden können, die bereits in Belgien die nach belgischem Recht erforderliche

[247] Zur Beschreibung der Gesellschaften, auf die das Gesetz anwendbar ist vgl. *Niboyet*, Rn. 799. Zur Aufzählung der Gesellschaften, die hingegen ohne Dekret anerkannt werden vgl. *dens.* Rn. 808 (u. a. listet die Aufzählung die GmbH auf).

[248] Vgl. die Motive, a. a. O. (vorige Fußnote) unter Nr. 1 (S. 75 rechte Spalte) und Nr. 12–13 (S. 77). Zur Rechtslage vor 1857: siehe die Motive a. a. O. unter Nr. 1, N. 10ff. sowie *Niboyet*, Rn. 798; *Batiffol/Lagarde*, Rn. 201.

[249] *Convention d'Établissement entre la France et la Belgique* vom 6. 10. 1927, Dalloz (Bulletin législatif) 1927, 542; noch in Kraft: Vgl. *Ripert/Roblot*, Rn. 1713 unter 2°.

[250] Auflistung bei *Niboyet*, Rn. 805; auf diese verweisen noch 1981 *Batiffol/Lagarde*, Rn. 201 auf S. 244.

[251] So *Niboyet* Rn. 805 auf S. 448 vor Fn. 5.

[252] Das Gesetz von 1857 ist noch in Kraft, vgl. den Hinweis auf dieses Gesetz bei *Ripert/Roblot*, Rn. 1713 unter 1°; von der Gültigkeit des Gesetzes geht auch die Darstellung bei *Holleaux/Foyer/Geouffre de la Pradelle*, Rn. 234 aus. Vgl. auch die Ausführung von *Pohlmann*, S. 101–105; beachte insbesondere die Einschätzung auf S. 104: „Das Gesetz von 1857 hängt wie ein Damoklesschwert an einem Haar in der Luft, bereit zu fallen und für Schwierigkeiten in den Fällen zu sorgen, in denen keine Verordnung ergangen ist."

[253] Zu Art. 55 der französischen Verfassung s. o. Rn. 6 Fn. 26 Abs. 2.

[254] Vgl. oben Rn. 136 Fn. 249 sowie *Ripert/Roblot*, Rn. 1713 unter 2°. Das eine von *Ripert/Roblot* genannte Beispiel enthält Artikel 6 Abs. 1 des Niederlassungs- und Schiffahrtsvertrages zwischen der Bundesrepublik Deutschland und der Französischen Republik vom 27. 10. 1956 (BGBl. 1957 II 1662, 1664; in Kraft seit dem 24. 7. 1959, BGBl. II 929). Einen umfassenderen und zuverlässigen Überblick über in Frankreich wirksame staatsvertragliche Anerkennungsregelungen gibt *Pohlmann*, S. 117–122.

konstitutive Genehmigung erhalten haben und deshalb nach belgischem Recht existieren. Die Anerkennungsnorm setzt danach die Existenz der Gesellschaft voraus.

Für die Vorfrage, ob die belgische Gesellschaft nach belgischem Recht genehmigt wurde (und ob deshalb das Gesetz von 1857 anwendbar ist), verweist Artikel 1 des Gesetzes von 1857 auf belgisches Recht. Das bedeutet – zumindest grundsätzlich – nichts anderes, als daß die Gesellschaften zunächst im Ausland gegründet worden sein müssen, bevor sie in Frankreich anerkannt werden können. Über die Vorfrage der Gründung entscheidet allein das ausländische (belgische) Sachrecht; denn eine Genehmigung kann nur nach Sachrecht und nicht nach IPR erteilt werden. Die Anerkennungsnorm selbst verweist für die Entscheidung über die Vorfrage der Genehmigung auf ausländisches Sachrecht.

Ebenso Artikel 58 EG-Vertrag: Er verweist als Anerkennungsnorm für die 138
Vorfrage der Gesellschaftsgründung auf ausländisches Recht; und zwar alternativ auf die Rechte der anderen Mitgliedstaaten. Inländisches Recht kann aus der Sicht eines nationalen Richters romanischen Denkens nicht durch Artikel 58 Abs. 1 (*erste Voraussetzung*) EG-Vertrag berufen werden, weil sonst kein Anerkennungsproblem besteht.

Für die Auslegung der Verweisung auf – ausländisches – nationales Recht *als* 139
Sachnormverweisung spricht zunächst das bereits aus der Auslegung vor dem Hintergrund des deutschen Grundverständnisses bekannte Argument[255], daß Gesellschaften nur nach Sachrecht und nicht nach IPR gegründet werden können. Hinzutritt ein Argument, das dem Verständnis von Artikel 58 EG-Vertrag als Anerkennungsnorm eigen ist: Als Anerkennungsnorm verstanden, will Artikel 58 Abs. 1 EG-Vertrag die gegenseitige Anerkennung der Gesellschaften anderer Mitgliedstaaten im Bereich der Niederlassungs- und Dienstleistungsfreiheit sichern. Zu diesem Denken paßt es nur, die nach dem Sachrecht der anderen Mitgliedstaaten gegründeten Gesellschaften als Begünstigte einzustufen[256]. Die Annahme einer Gesamtverweisung, die – wie im nächsten Abschnitt gezeigt werden wird[257] – den Kreis der Begünstigten potentiell auf Gesellschaften aus Drittstaaten ausdehnt, paßt in dieses Denken nicht. Aus *italienischer* Sicht schließlich würde die Annahme einer Gesamtverweisung auch deshalb befremden, weil das italienische IPR grundsätzlich nur Sachnormverweisungen ausspricht[258]. Im italienischen Schrifttum ist daher Artikel 58 EG-Vertrag auch als Sachnorm- und nicht als Gesamtverweisung ausgelegt worden[259].

Als Sachnormverweisung begriffen, macht die Verweisung auf nationales 140

---

255 Oben Rn. 127.

256 Vgl. *Bischoff* in: Constantinesco/Jacqué, Art. 58 Rn. 5 zu Art. 58 Abs. 1 (*erste Vorraussetzung*) EGV: „Cette première condition ne suscite guère de problème, si ce n'est qu'il convient de préciser que c'est le *droit matériel de l'Etat membre* qui est visé, et non ses règles de droit international privé." (Hervorhebung hinzugefügt).

257 Rn. 144f.

258 Das italienische IPR läßt den Renvoi nicht zu: Vgl. oben Rn. 134 Fn. 245 Abs. 2.

259 *Capotorti*, Riv.dir.int.priv.proc. 1 (1965), 5, 10: „Riferendosi ai diritti *interni* degli Stati membri, la norma ..."; Kursivdruck nicht im Original; *Monaco*, Riv.dir.int. 1973, 205, 222: „In

Recht also auch nach dem romanischen Vorverständnis Sinn. Ist eine Gesellschaft nach dem von Artikel 58 Abs. 1 (*erste Voraussetzung*) berufenen ausländischen Statut wirksam gegründet worden, so ist sie bei Vorliegen der zusätzlichen sachrechtlichen Voraussetzungen von Artikel 58 EG-Vertrag für die Zwecke der Niederlassungs- und Dienstleistungsfreiheit anzuerkennen[260].

141 Die hier dargestellte Auslegung von Artikel 58 Abs. 1 EG-Vertrag als alternative IPR-Sachnormverweisung für die Vorfrage der Gesellschaftsgründung wird im Schrifttum aus dem romanischen Rechtskreis bisher nicht vertreten[261]. Immerhin wird die internationalprivatrechtliche Bedeutung von Artikel 58 EG-Vertrag auch im romanischen Schrifttum gelegentlich erahnt. Ein Zitat aus dem französischen Standardwerk von *Batiffol/Lagarde* belegt, daß das Verständnis von Artikel 58 Abs. 1 EG-Vertrag als IPR-Sachnormverweisung für die Vorfrage der Gesellschaftsgründung mit dem romanischen Denken in Anerkennungskategorien vereinbar ist[262]:

„Il se pose tout d'abord *un problème de conflit de lois*. Il résulte en effet de l'article 58 que *la loi de l'État selon laquelle la société s'est constituée peut être autre que celle de son siège social réel*. Dès lors, dans le cas où une société de siège réel français se sera constituée selon une loi qui, comme la loi hollandaise ..., n'exige pas un siège réel sur son territoire, les tribaunaux français seront-ils tenus de *soumettre* cette société à la loi hollandaise ?" (Kursivdruck nicht im Original)[263].

In der Passage wird die internationalprivatrechtliche Bedeutung von Artikel 58 EG-Vertrag ausdrücklich angesprochen. Die Möglichkeit, daß eine nach ihrem (holländischen) Gründungsrecht entstandene Gesellschaft mit Sitz in Paris *als ausländische Gesellschaft* anzuerkennen ist, wird gesehen. Damit wird die *Möglichkeit* anerkannt, daß die Anerkennungsnorm selbst eine die Sitztheorie des

---

altri termini, l'Art. 58, 1° comma, non subordina la sua applicazione al rispetto delle norme di diritto internazionale privato degli Stati membri."

260 Darüberhinaus dürfte Art. 58 EG-Vertrag nach italienischem Verständnis noch eine dritte Funktion wahrnehmen, für die aus deutscher Sicht gar kein Regelungsbedarf besteht: Artikel 58 EG-Vertrag erkennt die Möglichkeit der Existenz einer Gesellschaft als juristische Person an. Vgl. *Capotorti*, Riv.dir.int.priv.proc. 1 (1965), 5, 17 (fast identisch mit *ders.* in: *Quadri/Monaco/Trabucchi*, Bd. 1, S. 456): „... riteniamo che l'Art. 58 implicitamente riconsca la capacità giuridica e di agire degli enti in esso contemplati – sempre che, beninteso, *si tratta di persone giuridiche, e non di meri ragruppamenti di indivudui* – ..." (Kursivdruck nicht im Original).

261 Dies dürfte im wesentlichen daran liegen, daß zwischen der ersten und zweiten Vorraussetzung von Art. 58 Abs. 1 EGV nicht hinreichend unterschieden wird. *Struycken*, Rec. des Cours 232 (1992-I) 257, 361 begreift die internationalprivatrechtliche Frage nach dem auf die Gesellschaft anwendbaren Recht sowie weitere die Frage, ob dieses Recht zur Existenz der Gesellschaft führt, als *Vorfragen*, die zu beantworten sind, *bevor* mit der Prüfung der niederlassungsrechtlichen Fragen von Art. 58, 52 EG-Vertrag zu beginnen ist. Dabei wird übersehen, daß die Regelungen in Artikel 58 Abs. 1 EG-Vertrag bereits zur Prüfung der weiteren niederlassungsrechtlichen Vorraussetzungen von Art. 58 EG-Vertrag zwingen, wenn eine Gesellschaftsgründung – im Sinn von Art. 58 Abs. 1 (*erste Vorraussetzung*) EG-Vertrag – stattgefunden hat.

262 Der Auslegung von Artikel 58 EG-Vertrag als IPR-Norm zumindest nicht grundsätzlich verschlossen auch: *Mascardi*, zitiert oben Rn. 96 Fn. 136 Abs. 3 a. E.

263 *Batiffol/Lagarde*, Bd. 1, Rn. 198.

autonomen IPR verdrängende IPR-Regelung enthält. Im nachfolgenden Satz wird diese Aussage zwar relativiert: Die Autoren erwägen, ob nicht Überlegungen des Rechtsmißbrauchs der Anerkennung entgegenstehen[264]. Inzwischen hat der Gerichtshof in der *Daily Mail*-Entscheidung[265] auch entschieden, daß Artikel 58 EG-Vertrag nicht dazu zwingt, eine in einem anderen Mitgliedstaat gegründete Gesellschaft mit inländischem Hauptverwaltungssitz als rechtsfähig zu behandeln[266]. Doch ist dies für die Zwecke der hier vorgenommenen Prüfung unerheblich: Die zitierte Passage zeigt, daß die Auslegung von Artikel 58 Abs. 1 (*erste Voraussetzung*) EG-Vertrag mit der romanischen Auffassung *vereinbar* ist, nach der Artikel 58 EG-Vertrag eine Anerkennungsnorm ist[267]. Zugleich ist aus den bereits erörterten Gründen auch bei einer Auslegung mit romanischem Vorverständnis die Interpretation der Verweisung als Gesamtverweisung auszuschließen.

cc) Zwischenergebnis

Aus allem folgt, daß Artikel 58 Abs. 1 (*erste Voraussetzung*) EG-Vertrag nach 142
jedem denkbaren internationalprivatrechtlichen Vorverständnis als alternative Sachnormverweisung auf zwölf nationale Rechtsordnungen auszulegen ist. Dies schließt nicht aus, daß Artikel 58 EG-Vertrag nach dem Schrifttum aus dem romanischen Rechtskreis zugleich auch als Anerkennungsnorm begriffen wird. Dieses Verständnis ist aus deutscher Sicht nicht erforderlich, weil mit der Entscheidung für das Gründungsrecht als Gesellschaftsstatut über die Anerkennung ausländischer Gesellschaften bereits mitentschieden worden ist.

Aus romanischer und aus deutscher Sicht zwingt die Auslegung als IPR- 143
Sachnormverweisung dazu, für den Bereich der Niederlassungs- und Dienstleistungsfreiheit an die Gründung anzuknüpfen. Die Auswirkungen dieser Anknüpfung werden noch zu erörtern sein[268]. An dieser Stelle sei nur darauf hingewiesen, daß auch aus romanischer Sicht nur die internationalprivatrechtliche Folge bemerkenswert ist: Die Anerkennung stellt aus romanischer Sicht trotz des anderen theoretischen Vorverständnisses kein großes *praktisches* Problem dar. Die meisten Gesellschaften werden anerkannt, sei es auf staatsvertraglicher, gewohnheitsrechtlicher oder anderer Grundlage[269].

---

264 Gemeinschaftsrechtlich wäre die Zulassung der Rechtsmißbrauchsschranke nur in den Grenzen von Artikel 56 (bzw.: 66, 56) EG-Vertrag möglich.

265 EuGH 27.9. 1988, Rs. 81/87 (*The Queen/Daily Mail*), Slg. 1988, 5483 (s. bereits oben Rn. 20 Fn. 69).

266 Näheres unten ab Rn. 207.

267 Vgl. auch schon *Savatier*, Rev. Crit.dr.int.privé 48 (1959), 237, 242 unten, der allerdings Artikel 58 EWG-Vertrag (jetzt: EG-Vertrag) als Ausdruck der Sitztheorie (miß-)versteht.

268 Vgl. unten ab Rn. 270.

269 Vgl. nur beispielhaft für FRANKREICH (mit Hinweisen auf die Anerkennung per Dekret): *Batiffol/Lagarde*, Rn. 200 i. V. m. Rn. 202 Abs. 2; *Ripert/Roblot*, Rn. 1713; siehe auch die Auflistung bei *Niboyet*, Rn. 808; für LUXEMBURG: Art. 158 des Gesetzes betreffend die Handelsgesellschaften von 1915 (*Loi du 10 août 1915, concernant les sociétés commerciales*, in französischer und

b) Systematisches Argument

144 Die Auslegung als Sachnormverweisung paßt in das System des EG-Vertrages und insbesondere in den systematischen Zusammenhang des Niederlassungs- und Dienstleistungskapitels des EG-Vertrages[270]. Dies zeigt der Vergleich mit dem Gegenteil: Wäre Artikel 58 EG-Vertrag als Gesamtverweisung unter Einschluß des einzelstaatlichen IPR zu verstehen, so bestünde zumindest die latente Gefahr, daß auch Gesellschaften ohne sachrechtlichen Bezug zur Rechtsordnung der EG als „nach dem Recht eines Mitgliedstaates gegründet" zu betrachten wären; diese Gefahr wäre besonders groß bei Staaten, die – wie Großbritannien[271] oder die Niederlande[272] – der Gründungstheorie folgen: Bei der Auslegung von Artikel 58 Abs. 1 (*erste Voraussetzung*) EG-Vertrag als internationalprivatrechtliche Gesamtverweisung wäre eine nach dem Recht von Hong Kong gegründete Gesellschaft mit Satzungssitz in Hong Kong wegen der nach englischem Recht zum Zuge kommenden Gründungstheorie als „nach englischem Recht gegründet" einzustufen. Mit einer Hauptniederlassung innerhalb der Gemeinschaft (Art. 58 Abs. 1 *zweite Voraussetzung* EG-Vertrag) könnte sie sich vor einem deutschen Gericht darauf berufen[273]. Der Kreis der nach englischem Recht gegründeten Gesellschaften wäre besonders weit. Dies widerspräche dem Ziel der Artt. 52ff., 59ff. EG-Vertrag, die nur Gesellschaften mit einem besonderen Bezug zur Gemeinschaft an der Niederlassungs- und der Dienstleistungsfreiheit teilhaben lassen. Dieses Ziel kommt nicht nur in der später noch zu erörternden *zweiten Voraussetzung* von Artikel 58 Abs. 1 EG-Vertrag zum Ausdruck, nach der eine gewisse Anbindung der Gesellschaften an die Gemeinschaft verlangt wird (durch ihren satzungsmäßigen Sitz, ihre Haupt-

deutscher Sprache abgedruckt in der in Luxemburg herausgegebenen Reihe *Recueils des Lois*), der in der angegebenen deutschen Fassung folgendes bestimmt: „Alle Gesellschaften oder Vereinigungen, welche im Auslande errichtet sind und dort ihren Sitz haben, können im Großherzogtum ihre Geschäfte betreiben und vor Gericht auftreten."

270 Zu der eigenständiden Funktion einer Sachnormverweisung im Verhältnis zu Art. 220 EGV siehe später Rn. 262.

271 Siehe oben Rn. 124 Fn. 218.

272 Dies folgt aus einem Gegenschluß zur Aussage eines Gesetzes vom 25. 7. 1959 (Nederlands Staatsblad 1959, Nr. 256; in Kraft getreten am 7. 10. 1959, vgl. den Beschluß vom 12. 9. 1959, Nederlands Staatsblad 1959, Nr. 347): Art. 1 des Gesetzes bestimmt, die Niederlande seien kein Staat, das den wirklichen Sitz als Bezugspunkt für die Anerkennung ausländischer Gesellschaften nimmt. Aus dieser Aussage ist ein Bekenntnis zur Gründungstheorie geschlossen worden: Vgl. die bei *Lemaire*, S. 199, wiedergegebene Aussage des damaligen Justizministers. Vgl. ferner ebendort ab S. 198 sowie *van Rooij/Pollak*, Private International Law in the Netherlands, S. 169.

273 Die Zulässigkeit einer ausländischen Hauptniederlassung nach dem Recht von Hong Kong sei unterstellt. Sie ist wahrscheinlich; das Recht von Hong Kong beruht – vorbehaltlich anstehender Veränderungen in Folge der Übernahme durch China – auf dem englischen Recht (vgl. *Fleck/Mayer-Marsilius*, Bd. 7, unter „Hong Kong"/„Gesellschaften"). Nach englischem Recht ist die Gesellschaftsgründung durch Registrierung im Inland bei anschließender ausschließlicher Tätigkeit im Ausland möglich (*Dicey/Morris*, Conflict of Laws, Bd. 2, Rule 154 Abs. 2 und S. 1105f.).

verwaltung oder ihre Hauptniederlassung). Dieses Ziel folgt auch aus dem Erfordernis der „Ansässigkeit" in der Gemeinschaft, die von einer Gesellschaft im Falle der Anwendbarkeit von Artikel 58 EG-Vertrag zusätzlich verlangt wird: Ohne Ansässigkeit in der Gemeinschaft[274] sollen sich Gesellschaften nicht (nach Artt. 58, 52ff. EG-Vertrag) auf die Niederlassungs- oder (nach Artt. 66, 58, 59ff. EG-Vertrag) auf die Dienstleistungsfreiheit berufen können[275]. Damit soll die Gefahr des Mißbrauchs durch „Briefkastenfirmen" vermieden werden[276]. Die Anbindung der Gesellschaft an die Gemeinschaft wird also mehrfach in den Vorschriften des Vertrages zum Dienstleistungs- und Niederlassungsrecht verlangt. Diesem Ziel dient es, wenn man die Verweisung auf nationales Recht in der *ersten Voraussetzung* von Artikel 58 Abs. 1 EG-Vertrag als Sachnormverweisung begreift.

Sicherlich läßt sich auch umgekehrt argumentieren: Wenn die andere, *zweite* 145
Voraussetzung in Artikel 58 Abs. 1 EG-Vertrag und das Erfordernis der „Ansässigkeit" aus Artikel 52 oder 59 EG-Vertrag bereits die Anbindung an die Gemeinschaft sicherstellen, so muß die *erste Voraussetzung* zur Verwirklichung dieses Zieles nicht beitragen. Berücksichtigt man jedoch, daß durch das Verständnis der *ersten Voraussetzung* in Artikel 58 Abs. 1 EG-Vertrag als Sachnormverweisung der Forderung nach einem möglichst engen Bezug zum Gemeinschaftsrecht schon im Vorfeld des Niederlassungs- und Dienstleistungsrechts gedient werden kann, so ist diesem Verständnis der Verweisung der Vorzug zu geben.

c) Zwischenergebnis und Würdigung aus internationalprivatrechtlicher Sicht

Als Zwischenergebnis ist festzuhalten, daß die Bezugnahme auf nationales 146
Recht in Artikel 58 Abs. 1 EG-Vertrag eine *Sachnormverweisung* enthält. Damit ist über den Wortlaut hinaus ein erstes Indiz dafür gewonnen, daß die *erste Voraussetzung* von Artikel 58 Abs. 1 EG-Vertrag als IPR-Norm zu verstehen ist. Praktisch hat die Einordnung als Sachnormverweisung zur Folge, daß das von Artikel 58 Abs. 1 (*erste Voraussetzung*) EG-Vertrag berufene nationale Gesell-

[274] Zur Bedeutung der Ansässigkeit vgl.: *Rat der EG*, Allgemeines Programm zur Aufhebung der Beschränkung des freien Dienstleistungsverkehrs, ABl. 1962 S. 32 und das Parallelprogramm zur Niederlassungsfreiheit (ABl. 1962 S. 36). Vgl. auch unten Rn. 183, 188f.

[275] So z. B. schon *Everling*, Niederlassungsrecht, S. 39–40 (unter IV.2) und *Nicolaysen*, Gemeinschaftsrecht, S. 111 (zur Niederlassungsfreiheit). Ganz herrschende Meinung, vgl. nur *Troberg* in: *Groeben/Thiesing/Ehlermann*, Artikel 58 Rn. 8. Ähnlich *Vignes* in: *Mégret/Louis/Vignes* u. a. (1. Aufl.), Art. 52–66, Rn. 32 (zur Niederlassungs- und Dienstleistungsfreiheit); *Séché*, in: Commentaire Mégret, 2. Aufl., Bd. 3, S. 60f. (zur Dienstleistungsfreiheit); *Fernandez de la Gandara/Calvo Caravaca*, S. 58.

[276] *Nicolaysen*, Gemeinschaftsrecht, S. 111; diesem folgend: Grabitz/*Randelzhofer*, Art. 58 Rn. 2; siehe auch *Troberg* in: *Groeben/Thiesing/Ehlermann*, Artikel 58 Rn. 8.

schaftsrecht für die Zwecke der Anwendung des Artikels über alle Voraussetzungen der Gründung entscheidet[277].

147 Aus internationalprivatrechtlicher Sicht ist die Auslegung als Sachnormverweisung überzeugend, weil staatsvertraglich vereinbartes IPR im Zweifel eine Sachnorm- und keine Gesamtverweisung enthält[278]. Dieser Erfahrungssatz war für die Entscheidung über den Sachnormcharakter von Artikel 58 Abs. 1 (*erste Voraussetzung*) EG-Vertrag nicht fruchtbar zu machen, weil es dabei um die Existenz und nicht um die Wirkung von IPR ging. Mit einem Erfahrungssatz zur IPR-Auslegung läßt sich die Existenz des IPR nicht begründen. Dennoch ist bemerkenswert, daß das Ergebnis der Auslegung einen aus den allgemeinen Lehren des IPR bekannten Erfahrungssatz bestätigt.

d) Praktikabilität des Ergebnisses: Keine Normenhäufung

148 Aus rechtspraktischer Sicht sei ergänzt, daß die Einordnung der *ersten Voraussetzung* von Artikel 58 Abs. 1 EG-Vertrag als Sachrechtsverweisung praktikabel ist. Eine *Kumulation von Rechtsordnungen* (Normenhäufung) ist als Folge der alternativen Anknüpfung an zwölf Rechte so gut wie *undenkbar*: In keinem der Mitgliedstaaten der EG läßt sich – soweit ersichtlich – eine Gesellschaft gründen, ohne daß sie zugleich in dem Staat auch zumindest ihren satzungsmäßigen Sitz registriert[279]. Dies schließt die vier Staaten ein, deren IPR die Rechtsfähigkeit von Gesellschaften nach dem *Gründungsrecht* beurteilt (Dänemark[280], Großbritannien[281], Irland[282], die Niederlande[283]). Das Gesellschaftsrecht dieser Staaten verlangt einen inländischen Satzungssitz als Gründungsvoraussetzung[284]; das

---

277 Vgl. *Dabin u. a.* in: *Smit/Herzog*, Article 58, § 58.04 auf S. 2-643–2-644: „What exactly is meant by ‚formation' must be determined by reference to the law under which the company which asserts the right of establishment claims to have been founded."

278 *Kropholler*, Einheitsrecht, S. 335 (insbesondere unter III.1); *von Bar*, IPR, Bd. 2, Rn. 212; *Brödermann/Rosengarten*, S. 9 (unter I.1. am Ende); *Sauveplanne*, Kapitel 6, Renvoi, S. 6-19 unter Nr. 19, in: International Encyclopedia of Comparative Law, Bd. 3.

279 In diesem Sinne *Dabin u. a.* in: *Smit/Herzog*, Article 58, § 58.05 auf S. 2-643 unten (allerdings ohne rechtsvergleichende Belegstellen); vgl. auch *Behrens*, ZGR 1994, 1, 5.

280 *Philip*, S. 357 Abs. 2 Satz 1: „Registeringen af selskabet i et land vil normalt kunne lgges til grund ved afgoerelsen af den anvendelige lov." Auf deutsch: „Die Registrierung einer Gesellschaft in einem Staat wird man normalerweise der Entscheidung über das anwendbare Recht zu Grunde legen können." (Für die Übersetzungshilfe dankt *d. Verf.* seiner Frau).

281 Siehe oben Rn. 124 Fn. 218.

282 *Binchy*, S. 484 unter „domicile".

283 Siehe oben Rn. 144 Fn. 272. Vgl. auch *Struycken*, Rec. des Cours 232 (1992-I) 257, 360 („La doctrine néerlandaise du siège statutaire est toujours une vache sacrée, mais un peu moins sacrée qu'auparavant, sous la pression du phénomène de sociétés de statut étranger douteuses et qui établissent leur siège réel aux Pays Bas.")

284 Vgl. (ohne Anspruch auf Vollständigkeit):

– für GROSSBRITANNIEN: Section 2 (1) und (2) und 10 (1) des *Companies Act 1985* (1985 chapter 6; abgedruckt im *Butterworths Company Law Handbook* ab S. 3); sie betreffen respektive das Memorandum of Association und die Registrierung;

dänische Recht verlangt – zumindest für die Gesellschaft mit beschränkter Haftung und die Aktiengesellschaft – sogar, daß der satzungsmäßige Sitz einen inländischen Hauptverwaltungssitz nennt[285].

In den anderen (acht) Mitgliedstaaten wird – soweit ersichtlich – ebenfalls ein inländischer Satzungssitz verlangt[286]. Dieses Erfordernis besteht neben dem Verlangen nach einem inländischen Hauptverwaltungssitz, mit dem der Satzungssitz nicht überall und in allen Fällen identisch sein muß[287]. Dies läßt sich wie folgt begründen: 149

Diese Staaten folgen in ihrem autonomen IPR[288] der Sitztheorie, wenn sie auch zum Teil umstritten ist[289]. Deshalb ist auf der sachrechtlichen Ebene des

– für IRLAND: die Aussage des irischen Richters *Keane*, Rn. 9.06 (mißverständlich für die GmbH dagegen *Jura Europae/Lang*, Bd. IV, Ireland, Rn. 80.00.19);

– für die NIEDERLANDE: Art. 177 Abs. 3 des Burgerlijk Wetboek, Boek 2 (betreffend die Gesellschaften mit beschränkter Haftung): „De zetel moet zijn gelegen in Nederland."

[285] § 4 Nr. 2 des dänischen Aktiengesetzes *Aktieselskabsloven* vom 13. 1. 1973; in deutscher und dänischer Fassung abgedruckt in der Textausgabe der *Revisionsfirmaet C. Jesperen* (der Text scheint von späteren Änderungen nicht betroffen zu sein: Vgl. die Hinweise in *Jura Europae*, Bd. III., Dänemark unter 70.10.3). Ebenso der gleichlautende § 4 Nr. 2 des dänischen GmbH-Gesetzes *Anpartsselskabsloven* vom 13. 6. 1973 i. d. F. vom 13. 1. 1984; in deutscher und dänischer Fassung abgedruckt in der Textausgabe der *Revisionsfirmaet C. Jesperen* (der Text scheint von späteren Änderungen nicht betroffen zu sein: Vgl. die Hinweise in *Jura Europae*, Bd. III., Dänemark unter 70.20.3).

[286] Vgl. jetzt auch *Behrens*, ZGR 1994, 1, 5: Das Privileg der beschränkten Haftung sei durchweg an die Eintragung in einem Register gebunden, und für die Zuständigkeit des Registers komme es nach allen Rechtsordnungen auf den Satzungssitz an.

[287] Vgl. etwa im deutschen Recht der GmbH den Streit, ob unter dem Sitz i. S § 3 Abs. 1 Nr. 1 GmbHG wie in § 5 Abs. 2 AktG der Hauptverwaltungssitz zu verstehen ist (vgl. *Scholz/Emmerich*, § 3 Rn. 5: Nach herrschender Meinung sei dies zu verneinen, doch dürfe die Wahl nicht willkürlich sein).

[288] Staatsvertragliche Lösungen seien hier ausgeklammert: Vgl. etwa den oben Rn. 136 Fn. 249 genannten belgisch-französischen Staatsvertrag von 1927.

[289] Vgl. für:

BELGIEN: Cour de Cassation, 1re chambre, 12. 11. 1965, Pas. belg. 153 (1966), Bd. 1, S. 336, 339 (linke Spalte unten bis rechte Spalte oben); *Vander Elst*, Rn. 55.1.2° auf S. 245 und Rn. 55.5.1° auf S. 253; a. A. wohl *Rigaux*, Droit international privé, Bd. 1, Rn. 138 auf S. 96 (Gründungsrechtstheorie) und *Rigaux/Fallon*, Droit international privé, Bd. 2, Rn. 1575 (auf S. 733);

DEUTSCHLAND: oben Rn. 101 Fn. 145;

FRANKREICH: oben Rn. 134 Fn. 244;

GRIECHENLAND: Art. 10 des Astikos kodikos („Die Rechtsfähigkeit der juristischen Person richtet sich nach dem Recht ihres Sitzes"): Dabei ist nach der griechischen Rechtsprechung unter dem „Sitz" der Gesellschaft der tatsächliche Sitz der Hauptverwaltung zu verstehen (Mpournoús, S. 162–164); für die Übersetzungshilfe dankt *d. Verf* Herrn RA *Nikolaos Lyberis* aus Athen;

ITALIEN: Artt. 2505, 2509 Codigo civile, dazu *Balladore Pallieri*, Rn. 46 auf S. 150; andere Auslegung in Richtung Gründungsortstheorie bei *Santa Maria*, Le società nel d. i. p., S. 115; von der Sitztheorie geht auch der Gesetzentwurf für ein neues italienisches Privatrecht aus: Art. 23 Abs. 1 Satz 1 („Le società, le associazioni, le fondazioni ed ogni altro ente, pubblico o privato, anche se privo di natura associativa, sono sottoposti al diritto dell Stato nel quale se trova la loro amministrazione centrale." Riv. dir. int. priv. proc. 25 (1989), 932, 936);

LUXEMBURG: *Schockweiler*, Les conflits de lois (1990), Rn. 215 auf S. 59–60, unter Bezugnah-

Gesellschaftsrechts *a priori* zu erwarten, daß die Gesellschaftsgründung nach inländischem Recht einen inländischen Hauptverwaltungssitz und einen inländischen Satzungssitz voraussetzt. Aus der Anknüpfung an die Sitztheorie folgt in Verbindung mit dem Gedanken der Einheit der Rechtsordnung, daß nach diesen Rechtsordnungen eine Gesellschaft ohne inländischen Hauptverwaltungssitz nicht wirksam gegründet werden kann. Das nationale IPR ginge in seinen Anforderungen deutlich weiter als das inländische Sachrecht, wenn es die Gesellschaftsgründung nach dem am Sitz der Hauptverwaltung geltenden Recht beurteilt, während das inländische Sachrecht keinen inländischen Hauptverwaltungssitz verlangt. Aus dem gesellschaftsrechtlichen Verlangen eines inländischen Hauptverwaltungssitzes als *Gründungs*voraussetzung folgt die Notwendigkeit eines inländischen Satzungssitzes: Hinter der Gründungsvoraussetzung eines inländischen Hauptverwaltungssitzes steht die Forderung nach der wirtschaftlichen Einbindung einer Gesellschaft in das Inland, nach dessen Recht sie gegründet wird.

150 Dieser Forderung nach größtmöglicher Einbindung würde es widersprechen, wenn das nationale Gesellschaftsrecht es zuließe, bei inländischem Hauptverwaltungssitz einen ausländischen Satzungssitz zu bestimmen. Zumindest betont ein inländischer Satzungssitz die der wirtschaftlichen Einbindung der Gesellschaft entsprechende *rechtliche* Einbindung. Die stichprobenartige Überprüfung von einigen der nationalen Sachrechte der Mitgliedstaaten, in denen die Sitztheorie gilt, bestätigt die Annahme, daß das Sachrecht in den Mitgliedstaaten der Sitztheorie grundsätzlich einen inländischen Hauptverwaltungssitz und einen inländischen Satzungssitz ausdrücklich verlangen oder stillschweigend voraus-

---

me auf das Handelsgesellschaftsgesetz von 1915 (*Loi du 10 août 1915, concernant les sociétés commerciales*, in französischer und deutscher Sprache abgedruckt in der in Luxemburg herausgegebenen Reihe *Recueils des Lois*), dessen Art. 159 bestimmt in der genannten deutschen Fassung: „Jede Gesellschaft, die ihre Hauptniederlassung im Großherzogtum hat, ist dem luxemburgischen Gesetz unterworfen, obschon ihre Errichtungsurkunde im Auslande aufgenommen worden ist." Vgl. auch den bereits oben, Rn. 143 Fn. 269 a. E. zitierten Art. 158 des Gesetzes (er enthält eine Anerkennungsnorm, die für die internationalprivatrechtliche Vorfrage auf das ausländische Sitzrecht verweist).

Portugal: Art. 3 Abs. 1 Satz 1 des portugiesischen Código das Sociedades Commerciais vom 2. 9. 1986 (abgedruckt in der Textausgabe von *Pimentel* und in der Textsammlung von *Fermer Correia/Ferreira Pinto* unter Nr. 15a, S. 259);

Spanien: So die spanische Rechtsprechung; vgl. *Calvo Caravaca*, Art. 9°.11., S. 104 (linke Spalte vor 2.), in: Comentario del Código civil; für die Sitztheorie auch *ders.* in: *González Campos/Fernandez Rozas* u. a., Derecho internacional privado, S. 156 unter 7. Siehe auch Art. 5.° Abs. 1 des spanischen Aktiengesetzes vom 22. 12. 1989 (*Real Decreto Legislativo 1564/ 1989 de 22 de diciembre, por el que se aprueba el texto refundido de la Ley de Sociedades Anónimas*, Bol. Of. Estado 1989 Nr. 310, dort Ziffer 30361, S. 40012ff.): „Serán españolas y se regirán por la presente Ley todas las Sociedades Anónimas que tengan su *domicilio* en territorio español, cualquiera que sea *el lugar* en que se hubieren constituido." (Kursivdruck nicht im Original). Nur der Ort der Gründung darf im Ausland liegen; die Gründung selbst muß den Gründungsvoraussetzungen des spanischen Rechts entsprechen.

setzen dürften[290]. Unter diesen Umständen ist es so gut wie unvorstellbar, daß eine Gesellschaft zugleich nach mehreren Sachrechten gegründet wird.

Eine Normenhäufung in Folge der alternativen Anknüpfung an das Grün- 151
dungsrecht mehrerer Rechtsordnungen ist deshalb beim gegenwärtigen Stand der nationalen Gesellschaftsrechtsordnungen auszuschließen. Sollte es wider Erwarten im Ausnahmefall oder im Falle einer Gesetzesänderung zu einer Nor-

---

290 Vgl. für:

DEUTSCHLAND: *Aktienrecht*: *arg.* aus § 5 Abs. 2 AktG (betr. das Erfordernis des Satzungssitzes) i. V. m. §§ 36 Abs. 1, 14 AktG (Anmeldung beim Gericht am Sitzort). Im Recht der *GmbH*: § 3 Abs. 1 Nr. 1 GmbHG i. V. m. § 7 Abs. 1 GmbHG (Bei einem ausländischen Sitz wäre kein inländisches Gericht für die Eintragung in das Handelsregister zuständig; vgl. *Hachenburg/Ulmer*, § 7 GmbHG Rn. 1). Für die Richtigkeit der Einschätzung, daß das deutsche Gesellschaftsrecht grundsätzlich einen inländischen Hauptverwaltungs- und Satzungssitz verlangt, spricht weiter, daß nach deutschem Gesellschaftsrecht ein Gesellschafterbeschluß zur Sitzverlegung ins Ausland als Auflösungsbeschluß ausgelegt wird: Vgl. nur *Hausmann* in: *Reithmann/Martiny* Rn. 859 (Abs. 2); Staudinger/*Großfeld*, IntGesR Rn. 579–585; MünchKomm/*Ebenroth*, Nach Art. 10, Rn. 220–222; *Knobbe-Keuk*, ZHR 154 (1990), 325, 350–351; kritisch und a. A. Hachenburg/*Behrens*, Einl Rn. 170 (wenn der Gläubigerschutz auf andere Weise gesichert werde, stehe das deutsche Gesellschaftsrecht dem Wegzug einer deutschen Gesellschaft nicht entgegen).

FRANKREICH: *arg.* aus Artt. 2, 3 und 5 des Gesetzes über Handelsgesellschaften (*Loi n° 66–537 du 24 juillet 1966*) i. V. m. Art. 1er. Nr. 2°, 14 Abs. 1 der Handels- und Gesellschaftsregisterverordnung (*Décret n° 84–406 du 30 mai 1984*): Gesellschaften müssen in der Satzung bzw. im Gründungsvertrag einen Sitz nennen (Art. 2 des Gesetzes); liegt der Sitz in Frankreich, gilt französisches Recht (Art. 3 Abs. 1 des Gesetzes); die Gesellschaften sind im *registre de commerce* einzutragen (Art. 5 Abs. 1 Satz 1 des Gesetzes); zuständig für die Eintragung ist das Gericht am Ort des Sitzes (Art. 1er. Nr. 2°, 14 Abs. 1 des Dekretes).

LUXEMBURG: Das Erfordernis eines inländischen Hauptverwaltungssitzes dürfte sich – bei aller Vorsicht bei der Auslegung – aus Art. 27 des Handelsgesellschaftsgesetz von 1915 (*Loi du 10 août 1915, concernant les sociétés commerciales*, in französischer und deutscher Sprache abgedruckt in der in Luxemburg herausgegebenen Reihe *Recueils des Lois*) ergeben, der auf Aktiengesellschaften und Gesellschaften mit beschränkter Haftung anwendbar ist (vgl. *Heinen/Dennewald*, S. 87 unter 1.2. und S. 153 unter 1.2. [mit einem nicht nachvollziehbaren Hinweis auf ein Gesetz vom 24. 4. 1983] sowie *Neuss*, GmbH-Rdsch. 1992, 83, 87 unter IV. 1. a). Die Norm verlangt die Angabe des „siège social" im Gesellschaftsvertrag. In Anbetracht der internationalprivatrechtlichen Regelung in Artt. 158 f. des Handelsgesellschaftsgesetzes von 1915 (dazu oben Rn. 143 Fn. 269 a. E.) dürfte unter dem „siège social" ein inländischer Sitz zu verstehen sein. Darüberhinaus dürfte sich die Beschränkung auf einen inländischen Sitz – wie in Deutschland – auch aus der beschränkten Zuständigkeit des zentralen Registers (Registre central des sociétés, dazu *Heinen/Dennewald*, S. 15) ergeben.

SPANIEN: Für Aktiengesellschaften folgt das Gebot eines inländischen Sitzes für spanische Aktiengesellschaften aus Artt. 5° und 6° des spanischen Aktiengesetzes vom 22. 12. 1989 (*Real Decreto Legislativo 1564/1989 de 22 de diciembre, por el que se aprueba el texto refundido de la Ley de Sociedades Anónimas,* Bol. Of. Estado 1989 Nr. 310, dort Ziffer 30361, S. 40012 ff.). Art. 5° Abs. 1 unterwirft Aktiengesellschaften mit Sitz in Spanien dem spanischen Recht (Wortlaut oben in der vorigen Fußnote unter „Spanien"). Abs. 2 der Norm zwingt zum *spanischen* Satzungssitz bei wirtschaftlicher Haupttätigkeit in Spanien: „Deberán tener su domicilio en España las Sociedades Anónimas, cuyo principal establecimiento o explotación radique dentro de su territorio." Art. 6° Abs. 1 verlangt, daß der Satzungssitz am Sitz der Hauptverwaltung oder der Hauptniederlassung liegen muß: „La Sociedad fijará su domicilio dentro del territorio menhäufung kommen, so stellt sich ein allgemeines IPR-Problem, das mit dem Mittel der Angleichung[291] lösbar wäre. Beim gegenwärtigen Stand der nationalen Gesellschaftsrechtsordnungen ist das Problem so praxisfremd, daß es hier nicht vertieft werden soll. Dies gilt um so mehr, als die nationalen Gesellschaftsrechtsordnungen in zunehmendem Maße mit Hilfe von Richtlinien nach Artikel 54 Abs. 3 g EG-Vertrag angeglichen werden[292].

e) Ergebnis: Alternative Sachnormverweisung

152 Als Ergebnis dieses Abschnitts ist festzuhalten, daß Artikel 58 Abs. 1 (*erste Voraussetzung*) EG-Vertrag eine Sachnormverweisung, die alternativ auf das Recht der zwölf Mitgliedstaaten verweist, und keine Gesamtverweisung enthält. Dieses Ergebnis bietet über den Wortlaut von Artikel 58 EG-Vertrag hinaus ein *erstes Indiz* für die Richtigkeit der These, daß die Verweisung als gemeinschaftsrechtliches IPR auszulegen ist.

Das Ergebnis entspricht einer Beobachtung, die sich für Verordnungen wie-

---

español en el lugar en que se halle el Centro de su efectiva administración y dirección, o en que radique su principal establecimiento o explotación."

[291] Vgl. den Überblick über die Angleichungsmöglichkeiten bei *Brödermann/Rosengarten*, S. 25–29; siehe ferner *Kropholler*, IPR § 34.

[292] Vgl. *Klinke*, ZGR 1993, 1, 9 („*Europäisches Unternehmensrecht* ist ... überwiegend vom Gemeinschaftsgesetzgeber erlassenes Sekundärrecht"). – Zur gesellschaftsrechtlichen Rechtsangleichung im einzelnen: *Behrens* in: Dauses, Hdb. EG-WirtschaftsR, E.III.2 (Rn. 18–110); *Goerdeler*, FS Steindorff, 1211–1227; *Lutter*, Europäisches Unternehmensrecht, S. 33–142 (Abdruck der erörterten Richtlinien und Richtlinienvorschläge ab S. 163); *Wymeersch* in: *Hopt/Wymeersch*, S. 49–111 (Abdruck der erörterten Richtlinien ab S. 355; siehe für einen Abdruck der *englischen* Fassungen von gesellschaftsrechtlichen Richtlinien auch die von *Mead* herausgegebene Textsammlung „European Community Company Law"; für den Abdruck der *französischen* Fassungen siehe *Commission*, L'Harmonisation du droit des sociétés); siehe ferner *Hommelhoff* in: Gemeinsames Privatrecht, S. 287–293 (insbesondere ab S. 292 zu der aktuellen Frage nach der Bedeutung des Subsidiaritätsprinzips, das weiterer gesellschaftsrechtlicher Rechtsvereinheitlichung weder entgegenstehen dürfte noch sollte). – Zu den gesellschaftsrechtlichen Richtlinien in der Rechtsprechung des Gerichtshofs vgl. z. B. *Klinke*, ZGR 1993, 1, 9–10 und 19–24.

Nützliche Überblicke über die gesellschaftsrechtliche Rechtsangleichung geben *Behrens*, EuZW 1990, 13–17; GmbH-Rdsch. 1993, 129, 131, 134; und in: Die GmbH-Rechte in den EG-Staaten, S. 2-16; *Wiesner*, EuZW 1992, 270–279 und EuZW 1993, 500–510; *Finken/Weibrecht*, ZWirtR 1990, 959–966; *Gleichmann* in: *Groeben/Thiesing/Ehlermann*, Bd. 4, Anhang C, S. 6325–6355; *Commentaire Mégret*, 2. Aufl., Bd. 3, S. 338f. (Liste des Actes); *Werklauff*, Eur.L-.Rev. 1992, 207–231.

Zum Stand der Umsetzung von gesellschaftsrechtlichen Richtlinien in den Mitgliedstaaten siehe ferner: (1) den Anhang B zum 8. Jahresbericht der *Kommission* an das Europäische Parlament über die Kontrolle der Anwendung des Gemeinschaftsrechts – 1990 – (91/C 338/01): Verstöße gegen Richtlinien, ABl. 1991 Nr. 338 S. 1, 142ff. unter „Finanzinstitutionen und Gesellschaftsrecht"; und (2) Antwort vom 26. 2. 1991 von Herrn *Bangemann* im Namen der Kommission auf die schriftliche Anfrage Nr. 1055/90 betreffend die Durchführung von Richtlinien im Gesellschaftsrecht, ABl. 1991 Nr. C 187 S. 1. In *Deutschland* ist zuletzt durch ein *Gesetz zur Durchführung der Elften gesellschaftlichen Richtlinie des Rates der Europäischen Gemeinschaften und* derholen läßt. Dort enthalten Gesamtverweisungen, wie noch zu zeigen sein wird, rangkollisionsrechtliche Verweisungen, während Sachnormverweisungen eigene IPR-Regelungen darstellen[293].

V. Zweites Indiz: Funktion der IPR-Verweisung

Ein zweites Indiz für den IPR-Charakter von Artikel 58 Abs. 1 (*erste Voraussetzung*) EG-Vertrag läßt sich über den Wortlaut hinaus aus der Funktion der IPR-Verweisung ermitteln. Die funktionale Untersuchung soll mit dem unmittelbaren Umfeld der IPR-Verweisung beginnen: Insoweit ist zu beobachten, daß die IPR-Verweisung eine eigene Funktion innerhalb von Artikel 58 EG-Vertrag wahrnimmt (1.). Ferner erfüllt die IPR-Verweisung eine eigene Funktion innerhalb der Systematik des Niederlassungs- und Dienstleistungsrechts, Artikel 52ff., 59ff. EG-Vertrag (2.). Schließlich nimmt die IPR-Verweisung eine eigene Funktion im System des Gesamtvertrages wahr (3.). 153

1. Eigene Funktion im Verhältnis zur zweiten Voraussetzung von Artikel 58 Abs. 1 EG-Vertrag

Die beiden Voraussetzungen von Artikel 58 Abs. 1 EG-Vertrag stehen, wie bereits erwähnt[294], kumulativ nebeneinander. Ferner wurde während der Diskussion um den Sachnormverweisungscharakter der *ersten Voraussetzung* bereits festgestellt[295], daß die *erste Voraussetzung* von Artikel 58 Abs. 1 EG-Vertrag als Sachnormverweisung der gleichen Funktion wie die *zweite Voraussetzung* dient: der Anbindung der Gesellschaften an die Gemeinschaft als Voraussetzung für die Teilhabe an der Niederlassungs- oder Dienstleistungsfreiheit. 154

An dieser Stelle soll die Frage nach dem Verhältnis der beiden Voraussetzungen zueinander vertieft werden. Dafür ist zunächst die *zweite Voraussetzung* von Artikel 58 Abs. 1 EG-Vertrag zu untersuchen[296].

über Gebäudeversicherungsverhältnisse vom 22.7. 1993, BGBl. I 1282 (vgl. die Kommentierung durch Staudinger/*Großfeld*, IntGesR Rn. 946–962).

293 Vgl. unten Rn. 312–315.

294 Oben Rn. 111 und 115.

295 Oben Rn. 119ff.

296 Im Schrifttum werden die beiden Voraussetzungen von Artikel 58 Abs. 1 EG-Vertrag nicht immer deutlich voneinander getrennt. Dies führt zu Mißverständnissen: Vgl. etwa *Bleckmann*, WiVerw. 1987, 119, 124 unter 5.b (wegen seiner gleichgestellten Anforderungen führe Artikel 58 EWG-Vertrag [jetzt: EG-Vertrag] zu einer unzulässigen Kumulation der Gründungs-, der Sitz- und der Kontrolltheorie; das internationalprivatrechtliche Mißverständnis in dieser Aussage – die Verkennung der Möglichkeit der alternativen Anknüpfung – hat bereits *Grothe*, Die ausländische KG & Co., S. 180, geklärt).

a) Auslegung von Artikel 58 Abs. 1 (zweite Voraussetzung) EG-Vertrag als Sachnorm

155 Aufgrund einer Diskrepanz zwischen der deutschen und den ausländischen Fassungen von Artikel 58 Abs. 1 EG-Vertrag ist vorab zu erörtern, welche Bedeutung der deutschen Fassung zukommt (aa). Erst danach soll der Sachnormcharakter der *zweiten Voraussetzung* dargestellt werden (bb).

aa) Unterschiede in den sprachlichen Fassungen

156 Vor allem nach der deutschen Fassung von Artikel 58 Abs. 1 EG-Vertrag ist es denkbar, daß die Subsumtion unter die Tatbestandsmerkmale der *zweiten Voraussetzung* des Absatzes (satzungsmäßiger Sitz pp.) mit Hilfe des nationalen Rechts zu erfolgen hat[297]. In diesem Fall enthielte Artikel 58 Abs. 1 EG-Vertrag auch für seine *zweite Voraussetzung* eine *Verweisung* auf nationales Recht.

157 In der deutschen Fassung steht das Wort Gesellschaften in der Mitte des Absatzes, auf das sich sowohl die vorangestellte Bezugnahme auf nationales Recht als auch der nachfolgende Relativsatz beziehen:

> „Für die Anwendung dieses Kapitels stehen die *nach den Rechtsvorschriften eines Mitgliedstaates gegründeten Gesellschaften, die* ihren satzungsmäßigen Sitz, ihre Hauptverwaltung oder Hauptniederlassung innerhalb der Gemeinschaft haben, ..." (Kursivdruck nicht im Original)[298].

158 Über das Substantiv „Gesellschaften" besteht eine Verbindung von der Verweisung auf nationales Recht in der *ersten Voraussetzung* bis zu den in der *zweiten Voraussetzung* genannten Tatbestandsalternativen: Die Bezugnahme auf nationales Recht in der Formulierung „nach den Rechtsvorschriften" enthält eine adverbiale Bestimmung der Art und Weise[299], die sich auf das Partizip „gegründeten" bezieht. Das an Stelle eines Adjektivs gebrauchte Partizip „gegründeten"[300] beschreibt seinerseits eine Eigenschaft des Substantives „Gesellschaften", auf das sich der nachfolgende Relativsatz bezieht. In diesem Relativsatz wird das Verhältnis zu dem in der ersten Voraussetzung genannten Substantiv „Gesellschaften" durch die Possessivpronomen „ihren" und „ihre"[301] vor den Substantiven Sitz, Hauptverwaltung oder Hauptniederlassung besonders betont.

159 In Folge der Verknüpfung zwischen der ersten und zweiten Voraussetzung über das Wort „Gesellschaften" könnte es die zitierte deutsche Fassung zulassen, Artikel 58 Abs. 1 EG-Vertrag als Einheit dahingehend auszulegen, daß die in der zweiten Voraussetzung genannten Begriffe (Sitz, Hauptverwaltung, Hauptnie-

---

297 Ähnlich der Ansatz bei *Grothe*, Die ausländische KG & Co., S. 180: Er prüft, ob die *zweite Voraussetzung* „Anknüpfungsalternativen" enthält und lehnt dies ab (S. 181–182).

298 Zitiert nach BGBl. 1957 II 766, 814.

299 Vgl. *Drosdowski* (Hrsg.), Duden, Bd. 4, Rn. 1074.

300 Zur Möglichkeit dieser Verwendung eines Partizips siehe *Drosdowski*, a. a. O. (vorige Fußnote) Rn. 320.

301 Vgl. ebendort Rn. 544.

derlassung) nach demselben nationalen Recht zu beurteilen wären, nach welchem bereits das Gesellschafts(gründungs)statut zu beurteilen ist. Bei dieser Auslegung entschiede also nationales Recht und nicht das Gemeinschaftsrecht selbst über den Inhalt und die Bedeutung der Tatbestandsvoraussetzungen der *zweiten Voraussetzung*[302].

Der Vergleich mit den ausländischen Fassungen zeigt, daß diese Auslegung von Artikel 58 Abs. 1 EG-Vertrag nicht zu halten ist[303]: Alle oben zitierten acht ausländischen Fassungen[304] beginnen – ebenso wie die griechische Fassung[305] – mit dem vorangestellten Substantiv für „Gesellschaften" in der jeweiligen Sprache. Es folgen zwei nachgeordnete, aber untereinander gleichgeordnete Nebensätze, die sich auf dieses Substantiv beziehen. So heißt es etwa in der französischen Fassung: 160

„*Les sociétés constiuées* en conformité de la législation d'un Etat membre et *ayant* leur siège statutaire, leur administration centrale ou leur principal établissement à l'intérieur de la Communauté, ..." (Kursivdruck nicht im Original)[306].

Die *erste Voraussetzung* ist in allen zitierten ausländischen Fassungen im Partizip Perfekt[307] gefaßt. In der griechischen Fassung steht sie in einem im Perfekt gehaltenen Relativsatz. Für die *zweite Voraussetzung* wurde in den ausländischen Fassungen eine andere Zeit verwendet, die inhaltlich allerdings keine Abweichungen voneinander bedingen. In der niederländischen und der griechischen Fassung wurde für die *zweite Voraussetzung* das Präsens verwendet (hebben, echouv), in der französischen, italienischen, dänischen und englischen Fassung das Partizip Präsens[308], und in der spanischen und portugiesischen Fassung der Konjunktiv II[309]. Nur in der niederländischen, der griechischen und der portugiesischen Fassung ist die *zweite Voraussetzung* im Präsens gehalten (hebben, échouv, tenham). 161

In allen diesen ausländischen Fassungen beziehen sich beide Nebensätze auf das Wort Gesellschaften. Die Bezugnahme auf nationales Recht der Mitglied- 162

302 So für die Beurteilung des Begriffs „satzungsmäßiger Sitz" konkludent *Schapira/Le Tallec/Blaise*, S. 628 (die anderen Tatbestandsvoraussetzungen beschreiben sie hingegen ohne Hinweise auf nationales Recht); konkludent wohl auch *Ebenroth/Eyles*, DB 1989, 413, 415 (= *Eyles*, S. 357), zwar nicht ausdrücklich zur Auslegung der Tatbestandsvoraussetzungen von Art. 58 Abs. 1 (*zweite Voraussetzung*) EWG-Vertrag (jetzt: EG-Vertrag), aber zur Beurteilung ihres Verhältnisses zueinander: Die nationalen Rechtsordnungen sollen darüber entscheiden, ob die Sitzvarianten in Artikel 58 Abs. 1 EWG-Vertrag kumulativ oder alternativ nebeneinander stehen.

303 *Schapira/Le Tallec/Blaise* a. a. O. (vorige Fußnote), die von der französischen Fassung ausgegangen sein dürften, geben für die Bezugnahme auf nationales Recht keine Begründung.

304 Vgl. oben Rn. 108–109.

305 Vgl. oben Rn. 109 Fn. 179.

306 Zitiert nach BGBl. 1957 II 766, 814.

307 Auch: „2. Partizip", so *Drosdowski* (Hrsg.), Duden, Bd. 4, Rn. 317.

308 Auch: „1. Partizip", so *Drosdowski* (Hrsg.), ebendort Rn. 316.

309 Vgl. *Irmen*, S. 624 und *Drosdowski* (Hrsg.), Duden, Bd. 4, Rn. 259. – Für die Erörterung der spanischen und der portugiesischen Fassung dankt der *Verf.* Frau *Barros de Brito* von der Universität Lissabon.

staaten steht ausnahmslos mitten im ersten Partizipsatz, der deutlich durch ein „und" vom nächsten Satzteil getrennt wird. Nach allen diesen Fassungen ist es daher grammatisch unmöglich, daß sich die Bezugnahme auf nationales Recht auch auf die *zweite Voraussetzung* erstreckt. Die beiden Voraussetzungen von Artikel 58 Abs. 1 EG-Vertrag sind danach unabhängig voneinander zu verstehen.

163 Dieses Auslegungsergebnis wird durch andere grammatische Argumente gestützt: Anders als nach der deutschen Fassung schaffen die in den meisten ausländischen Fassungen enthaltenen Possessivpronomen vor den Tatbestandsvoraussetzungen satzungsmäßiger Sitz, Hauptverwaltung und Hauptniederlassung[310] keine Verknüpfung zwischen den beiden Voraussetzungen von Artikel 58 Abs. 1 EG-Vertrag. Denn in diesen Fassungen ist das Wort „Gesellschaften" den beiden Voraussetzungen, wie bereits erwähnt, vorangestellt. Es ist nicht, wie in der deutschen Fassung, in der *ersten Voraussetzung* enthalten. Schließlich spricht – aus der Sicht der ausländischen Fassungen – folgendes für die deutliche Trennung der beiden Voraussetzungen und der daheraus folgenden begrenzten Bedeutung der Bezugnahme auf nationales Recht: Wenn für die Auslegung der zweiten Voraussetzung nationales Recht von Nöten wäre, wäre dies in Artikel 58 Abs. 1 EG-Vertrag selbst bestimmt worden. Die ausdrückliche Bezugnahme auf nationales Recht in der *ersten Voraussetzung* der Norm zeigt, daß das Verhältnis zum nationalen Recht in Artikel 58 Abs. 1 EG-Vertrag geregelt worden ist. Es ist nach dem Wortlaut der Norm konkludent dahingehend geregelt worden, daß nur zur Feststellung der *ersten Voraussetzung* nationales Recht zu verwenden ist.

164 Die deutsche Fassung steht diesem Auslegungsergebnis nicht entgegen. Es liegt kein Fall einer offensichtlichen Diskrepanz vor, in der dem Wortlaut und der Grammatik nur in eingeschränktem Maße Bedeutung zukommt[311]. Auch nach der deutschen Fassung ist es möglich, wenn auch nicht zwingend, die Bedeutung der Verweisung auf nationales Recht auf die erste Voraussetzung zu begrenzen. Dem Komma in Artikel 58 Abs. 1 EG-Vertrag kommt in diesem Fall eine besonders deutliche Trennungsfunktion zu. Der Stellung des Wortes „Gesellschaften" wird bei dieser Auslegung hingegen keine besondere Bedeutung beigemessen. Auch nach der deutschen Fassung kann eine nach nationalem Recht gegründete Gesellschaft „ihre Hauptniederlassung" allein nach den Kriterien des Gemeinschaftsrechts errichten. Unter diesen Umständen ist bei der Auslegung der deutschen Fassung dem durch die ausländischen Fassungen vorgegebenen Ergebnis zu folgen.

165 Für die Richtigkeit dieses Schlusses sprechen die im Amtsblatt abgedruckten deutschen Fassungen des *Allgemeinen Programms des Rates zur Aufhebung der*

---

[310] Z. B. „*leur* siège statutaire", „*hun* statutaire zetel"; anders aber die italienische Fassung: „*la* sede sociale".

[311] Vgl. zur Vorgehensweise im Fall einer offensichtlichen Diskrepanz EuGH 3. 3. 1977, Rs. 80/76 (*North Kerry Milk Products Ltd./Minister für Landwirtschaft und Fischereiwesen*), Slg. 425, 435 Erw. 10/11 i. V. m. Erw. 9/10.

Beschränkungen der Niederlassungsfreiheit vom 18.12. 1961[312] und des entsprechenden *Allgemeinen Programms des Rates zur Aufhebung der Beschränkungen des freien Dienstleistungsverkehrs* vom gleichen Datum[313]. Dort nennt der *Rat* die Gesellschaften als Begünstigte des jeweiligen Programms. Dabei beschreibt er sie mit den gleichen Kriterien, die aus Artikel 58 Abs. 1 EG-Vertrag bekannt sind. Dies zeigen besonders die ausländischen Fassungen der Programme: In der französischen und in der italienischen Fassung werden dieselben Formulierungen wie in Artikel 58 Abs. 1 EG-Vertrag verwendet[314]. Nur die deutsche Fassung entspricht nicht ihrem Original in Artikel 58 EG-Vertrag. Stattdessen werden Gesellschaften nunmehr mit ähnlichen Formulierungen und bei ähnlichem Satzbau eingegrenzt, wie sie aus den anderen Fassungen von Artikel 58 Abs. 1 EG-Vertrag bekannt sind. So heißt es z. B. im Programm zur Dienstleistungsfreiheit:

„... werden ... begünstigt:

– ...

– *die Gesellschaften, die* nach den Rechtsvorschriften eines Mitgliedstaates gegründet wurden *und* ihren satzungsmäßige Sitz, ihre Hauptverwaltung oder ihre Hauptniederlassung innerhalb der Gemeinschaft haben, ..." (Kursivdruck nicht im Original)[315].

Diese grammatische Veränderung der deutschen Fassung gegenüber Artikel 58 Abs. 1 EG-Vertrag spricht dafür, daß der *Rat* die in Artikel 58 EG-Vertrag genannten Kriterien so versteht, wie sie hier ausgelegt wurden. Sollte der grammatische Unterschied zu Artikel 58 EG-Vertrag allein an der Person des Übersetzers im einen und im anderen Fall liegen, so ist dies um so mehr ein Indiz dafür, daß der abweichenden deutschen Fassung von Artikel 58 Abs. 1 EG-Vertrag keine große Bedeutung zuzumessen ist. 166

Als *Zwischenergebnis* ist festzuhalten: Aus dem Vergleich der Fassungen von Artikel 58 Abs. 1 EG-Vertrag folgt, daß das Auslegungsergebnis vor allem aus den übereinstimmenden *ausländischen Fassungen* abzuleiten ist. Danach sind die beiden Voraussetzungen von Artikel 58 Abs. 1 EG-Vertrag *unabhängig voneinander* zu beurteilen. Nur für die Subsumtion unter die *erste Voraussetzung* von Artikel 58 Abs. 1 EG-Vertrag (Gesellschaftsgründung) beruft die Norm nationales Recht. 167

bb) Folgerungen für die Auslegung der zweiten Voraussetzung

Die durch die ausländischen Fassungen vorgegebene Notwendigkeit, die beiden Voraussetzungen von Artikel 58 Abs. 1 EG-Vertrag grundsätzlich ge- 168

312 ABl. 1962 S. 36.

313 ABl. 1962 S. 32.

314 Im Programm zur Niederlassungsfreiheit sind sie lediglich um eine für die Zwecke dieser Untersuchung irrelevante Bezugnahme auf überseeische Gebiete ergänzt worden. J.off.CE 1962, S. 32 bzw. S. 36; G.U.C.E. 1962, 32 bzw. S. 36.

315 ABl. 1962 S. 32 in Abschnitt I.

trennt voneinander auszulegen, legt den Schluß nahe, nur die *erste* und nicht auch die *zweite Voraussetzung* von Artikel 58 Abs. 1 EG-Vertrag als IPR-Norm auszulegen. Diese enthält Sachrecht und kein IPR[316]. Eine Auslegung als Kollisionsnorm kommt ohne Verweisung auf nationales Recht[317] nicht in Betracht.

169 Die *zweite Voraussetzung* enthält drei Sachverhaltsalternativen[318]; das Wort „oder" weist sie als Alternativen aus[319]. Mangels ausdrücklicher Bezugnahme auf nationales Recht sind die Sachverhaltsalternativen der *zweiten Voraussetzung* wie anderes Sachrecht autonom im Hinblick auf die Ziele des EG-Vertrages auszulegen[320]. Liegt nach dem Begriffsverständis des Gemeinschaftsrechts eine

316 Im Ergebnis ebenso, aber noch vorsichtig, *Grothe*, Die ausländische KG & Co., S. 181: „Gleichwohl dürfte eine Interpretation der Merkmale Satzungssitz, Hauptverwaltung, Hauptniederlassung als alternative Anknüpfungspunkte unzulässig sein." Undeutlich noch *ders.*, a. a. O. S. 180: „Die Gleichstellungsformel beinhaltet vielmehr eine eigenständige Kollisionsnorm; dem klaren Wortlaut zufolge stellen die Merkmale satzungsmäßiger Sitz, Hauptverwaltung, Hauptniederlassung echte Tatbestandsalternativen dar." Hier werden die erste und die zweite Voraussetzung von Artikel 58 EG-Vertrag vermengt: Nur die erste Voraussetzung enthält IPR und damit eine „eigenständige Kollisionsnorm". In diesem Sinne konkludent auch *Grothe* selbst a. a. O. S. 182 a. E.

317 Dies ist der Grund. Unerheblich ist hingegen das von *Ebenroth/Eyles*, DB 1989, 413, 416 linke Spalte (= *Eyles*, S. 358) vorgebrachte Argument, das nicht festgelegte Rangverhältnis der Sitzvarianten stünde der Annahme einer „europarechtliche Kollisionsnorm" entgegen: Eine Kollisionsnorm muß keineswegs das Rangverhältnis ihrer Anknüpfungsmerkmale enthalten; hier wird die Möglichkeit der Alternativanknüpfung im IPR verkannt (vgl. dazu nur einführend *Brödermann/Rosengarten*, IPR, S. 7, vertiefend *Kropholler*, IPR, § 20.II, und umfassend *Baum*, Alternativanknüpfungen). Von einem „entscheidenden Einwand" kann keine Rede sein.

318 So auch *Capotorti*, Riv.dir.int.priv.proc. 1 (1965), 5, 12; *Renauld*, Kapitel 2.32. in Rn. 43 Abs. 2; *Everling* in: *Wohlfahrt/Everling/Glaesner/Sprung*, Art. 58 Anm. 1; *ders.*, Niederlassungsrecht, S. 39; *Grothe*, Die ausländische KG & Co., S. 178; Grabitz/*Randelzhofer*, Art. 58 Rn. 11; *Dabin u. a.* in: *Smit/Herzog*, Article 58, § 58.05 auf S. 2-644 unten.

319 Wie schon *Großfeld* 1967 (in: RabelsZ 31 [1967], 1, 18) und *Boetticher* 1973 betont haben (*ders.*, S. 148 Fn. 1), ist die Diskussion, ob das „oder" in der *zweiten Voraussetzung* durch ein „und" zu ersetzen sei, um ein Redaktionsversehen auszugleichen (so etwa *Audinet*, Clunet 86 [1959], 982, 1016 [= 1017]), ausgestanden. Es bleibt bei der Alternativität. Vgl. nur *Capotorti*, Riv.dir.int.priv.proc. 1 (1965), 5, 12 (= *ders.* in: *Quadri/Monaco/Trabucchi*, Bd. 1, S. 454) sowie *Dabin u. a.* a. a. O. (vorige Fußnote), die ein Redaktionsversehen unter Hinweis auf den liberalen Geist der Gründungsväter der EG bestreiten; gegen *Audinet* u. a. auch *Ebenroth/Eyles* a. a. O. und *Grothe*, Die ausländische KG & Co., S. 179.

320 Vgl. EuGH 14. 1. 1982, Rs. 64/81 (*Coram & Fils SA/Hauptzollamt Gronau*), Slg. 1982, 13, 24 Erw. 8; EuG (Fünfte Kammer) 8. 3. 1990, Rs. T-41/89 (*Schwedler/Parlament*), Slg. 1990, II-81, 88 Erw. 89. – Von einer autonomen Auslegung der in der *zweiten Voraussetzung* verwendeten Begriffe gehen konkludent aus: *Everling*, in: *Wohlfahrt/Everling/Glaesner/Sprung*, Art. 58 Anm. 1; *ders.*, Niederlassungsrecht S. 38–39; *Renauld*, Kapitel 2.30 in Rn. 41–43; *Troberg* in: *Groeben/Thiesing/Ehlermann*, Artikel 58 Rn. 7 (2. Abs. auf S. 1027), und Grabitz/*Randelzhofer*, Art. 58 Rn. 11. Sie definieren die Begriffe ohne Bezugnahme auf nationales Recht. Vgl. zum Grundsatz der autonomen Auslegung auch *Roth*, RabelsZ 55 (1991), 623, 636 (mit Beispielen zur autonomen Auslegung von im Gemeinschaftsrecht verwendeten familienrechtlichen Begriffen); *Jayme/Kohler*, IPRax 1992, 346, 349 unter III.4.

A.A. wohl *Schapira/Le Tallec/Blaise*, S. 628 (konkludent). Sie betonen, daß der Begriff des satzungsmäßigen Sitzes („siège statutaire") in den einzelnen Mitgliedstaaten unterschiedlich verstanden werde, und daß die Mißbrauchsgrenze unterschiedlich gezogen werde. Wenn damit die Interpretation des Begriffs „satzungsmäßiger Sitz" nach nationalem Recht gemeint sein soll, der drei Tatbestandsalternativen vor, so ist die in Artikel 58 Abs. 1 EG-Vertrag enthaltene *zweite Voraussetzung* erfüllt[321]. Für die Anwendung von nationalem Recht bleibt kein Raum[322].

b) Folgerungen für das Verhältnis der beiden Voraussetzungen zueinander

Als IPR-Verweisung verstanden, wird die *erste Voraussetzung* von Artikel 58 Abs. 1 EG-Vertrag durch gemeinschaftsrechtliches Sachrecht begrenzt[323]. Dies ist zumindest der Normzweck der *zweiten Voraussetzung*. Mit Hilfe der in Artikel 58 Abs. 1 (*zweite Voraussetzung*) EG-Vertrag genannten sachrechtlichen Voraussetzungen für die Anwendung der Gleichstellungsklausel wird sichergestellt, daß Gesellschaften als Träger der Niederlassungs- oder Dienstleistungsfreiheit mit dem Territorium der Gemeinschaft in einer tatsächlichen Beziehung stehen (und zwar durch ihren satzungsmäßigen Sitz, ihre Hauptverwaltung oder ihre Hauptniederlassung). Neben der *juristischen* Anbindung an die Gemeinschaft durch die Gründungsvoraussetzung tritt die mehr *tatsächlich* orientierte sachrechtliche Voraussetzung[324]. 170

Umgekehrt bedeutet die Begrenzung des IPR durch gemeinschaftliches Sachrecht aus der Sicht des Sachrechts folgendes: Die Anwendung der sachrechtlichen Voraussetzungen setzt die Existenz bzw. Gründung der Gesellschaft voraus. Für die Beurteilung dieser Frage spricht Artikel 58 Abs. 1 (*erste Voraussetzung*) EG-Vertrag eine alternative IPR-Sachnormverweisung aus. Durch die IPR-Verweisung überläßt das Gemeinschaftsrecht das Urteil über eine Vorfrage zur Anwendbarkeit der Artikel 52ff., 59ff. EG-Vertrag auf Gesellschaften dem Recht der Mitgliedstaaten bzw. dem Recht eines bestimmten Mitgliedstaates. Der Tatbestand von Artikel 58 EG-Vertrag wird mit Hilfe der (IPR-)Verweisung auf nationales Recht um die Sachrechtsvoraussetzungen des berufenen nationalen Rechts erweitert. Das internationalprivatrechtliche Element der Verweisung hat die Funktion, unter den ergänzend zum gemeinschaftsrechtlichen Sachrecht heranzuziehenden nationalen Rechten das richtige auszuwählen. Damit kommt der IPR-Sachnormverweisung nach der Systematik von Artikel 58 171

---

widerspricht diese Auffassung der oben genannten Rechtsprechung. Im übrigen ist auch die Mißbrauchsgrenze einheitlich mit Hilfe von Art. 56 EG-Vertrag (bzw. Artt. 66, 56 EG-Vertrag) zu bestimmen.

321 Nach dieser Auslegung ist die bei *Grothe*, Die ausländische Kapitalgesellschaft & Co., S. 181 aufgezeigte Auslegung abzulehnen, nach der jeweils nur das Tatbestandsmerkmal heranzuziehen sein soll, das auf diejenige Rechtsordnung hinweist, nach deren Regeln die konkrete Gesellschaft gegründet sei. Diese Auslegung widerspricht der eigenständigen Funktion der *zweiten Voraussetzung*.

322 Eine nähere Auseinandersetzung mit der von *Ebenroth* und *Eyles* vertretenen Auffassung (oben Rn. 159 Fn. 302 a. E.) ist unter diesen Umständen nicht erforderlich.

323 *Grasmann*, Rn. 194; wohl konkludent auch *Boetticher*, S. 148; diesen im Ergebnis zustimmend *Grothe*, Die ausländische KG & Co., S. 182 vor Fn. 245.

324 Ähnlich *Gavalda/Parléani*, Rn. 255–256: Neben das „rattachement juridique“ trete ein „lien ... juridico-économique“.

EG-Vertrag eine *eigene Funktion* zu[325]. Gleichzeitig wird sichergestellt, daß Minimalerfordernisse erfüllt sind. Deshalb werden der Verweisung auf nationales Recht sachrechtliche Voraussetzungen zur Seite gestellt.

172 Diese *Struktur* eines durch gemeinschaftsrechtliches Sachrecht begrenzten gemeinschaftsrechtlichen IPR paßt zu einem System, das aus Kompromissen zusammenwachsen muß: Die EG-Vertragsstaaten haben sich für die Gründungstheorie entschieden und die Tragweite dieser Entscheidung durch parallel wirkendes gemeinschaftsrechtliches Sachrecht begrenzt[326]. Damit ist bereits zum ersten Mal ein Merkmal beobachtet worden, daß sich bei der Untersuchung des in Verordnungen enthaltenen IPR wiederfinden wird: Gemeinschaftsrechtliches IPR wird häufiger durch parallel wirkendes gemeinschaftsrechtliches Sachrecht begrenzt[327].

173 Die *praktischen Folgen* dieser Kumulation von Voraussetzungen dürften allerdings äußerst begrenzt sein: Da sich, wie bereits erörtert wurde[328], in keinem der Mitgliedstaaten der EG eine Gesellschaft zu gründen lassen scheint, ohne daß sie zugleich in dem Staat zumindest ihren satzungsmäßigen Sitz hat, wird eine Gesellschaft mit der Erfüllung der *ersten Voraussetzung* von Artikel 58 Abs. 1 EG-Vertrag stets zugleich auch die *zweite Voraussetzung* erfüllen[329]. Aus rechtspraktischer Sicht kommt der *zweiten Voraussetzung* von Artikel 58 Abs. 1 EG-Vertrag damit beim gegenwärtigen Stand der nationalen Gesellschaftsrechtsordnungen nur eine „Wächterfunktion" zu: Die Voraussetzung gewönne nur dann eine praktische Bedeutung, wenn ein Mitgliedstaat sein nationales Gesellschaftsrecht etwa dahingehend änderte, daß auch Gesellschaften mit einem ausländischen Satzungssitz (z. B. Bahamas, Cayman Islands) wirksam nach dem Recht des Mitgliedstaates gegründet werden können.

174 Umgekehrt läßt sich nicht argumentieren. Ein Verzicht auf die IPR-Verweisung ist nicht möglich: Beließe es der EG-Vertrag allein bei der *zweiten Voraussetzung* von Artikel 58 Abs. 1 EG-Vertrag, hätte eine in Delaware/USA gegründete Gesellschaft[330] mit einer Londoner Hauptverwaltung einen Anspruch auf Teilhabe an der Niederlassungs- und Dienstleistungsfreiheit. Dies will Artikel

---

325 Eine eigenständige Funktion der ersten und zweiten Vorraussetzung von Art. 58 EGV setzt auch *Bischoff* in: *Constantinesco/Jacqué*, Art. 58 Anm. 6a) voraus: „Il [i. e. ce deuxième lien] ne se confond pas nécessairement avec le premier".

326 Vgl. *Troberg* in: *Groeben/Thiesing/Ehlermann*, Artikel 58 Rn. 1.

327 Vgl. z. B. unten Rn. 310f.

328 Vgl. oben Rn. 148ff.

329 Dies sehen für in den Niederlanden gegründete Gesellschaften auch *Schapira/Le Tallec/Blaise*, S. 628.

Troberg in: *Groeben/Thiesing/Ehlermann*, Artikel 58 Rn. 7 Abs. 2 dürfte hingegen von einer falschen Prämisse ausgehen, wenn er die Möglichkeit eines satzungsmäßigen Sitzes in einem Drittstaat anspricht. Für seine weitere Prämisse in Rn. 7 Abs. 1 Satz 3 (Möglichkeit der Gründung unter ausländischem Recht, und zwar in einem Staat, der der Gründungstheorie folgt) hat *d. Verf.* kein Belegbeispiel ausfindig machen können. Sollte sie stimmen, so käme der Kumulation von Voraussetzungen gelegentlich eine praktische Bedeutung zu.

330 In *Delaware* sind Gesellschaften verhältnismäßig einfach zu gründen: Vgl. nur *Hatzis-Schoch*, RIW 1992, 539f.

58 Abs. 1 EG-Vertrag verhindern. Die IPR-Verweisung auf das Gründungsrecht nimmt deshalb innerhalb der Systematik von Artikel 58 Abs. 1 EG-Vertrag eine wichtige und eigenständige Funktion wahr.

c) Zwischenergebnis und Folgerungen für die Auslegung von Artikel 58 Abs. 1 (erste Voraussetzung) EG-Vertrag

Nach dem Wortlaut und nach dem objektiven Gehalt von Artikel 58 Abs. 1 175 EG-Vertrag sollen die beiden Voraussetzungen unabhängig voneinander, aber parallel wirken. Dabei kommt der *ersten Voraussetzung* von Artikel 58 Abs. 1 EG-Vertrag eine eigenständige Funktion zu, die gegenüber der *zweiten Voraussetzung* sogar die wichtigere ist.

Mit der Beobachtung einer *eigenen Funktion* von Artikel 58 Abs. 1 (*erste Voraussetzung*) EG-Vertrag ist ein weiteres Indiz für die Richtigkeit der Interpretation von Artikel 58 EG-Vertrag als IPR-Quelle und Sachnormverweisung gewonnen worden. Das Nebeneinander von gemeinschaftsrechtlichem IPR und gemeinschaftsrechtlichem Sachrecht entspricht darüberhinaus einer Erscheinungsform von gemeinschaftsrechtlichem IPR, die sich in Verordnungen wiederfinden wird. Damit paßt das Auslegungsergebnis als Sachrecht auch in das gemeinschaftsrechtliche Gesamtverständnis von der Funktion von IPR.

2. *Funktion innerhalb des Niederlassungs- und Dienstleistungsrechts*

Bisher ging es um den Mikrokosmos von Artikel 58 EG-Vertrag. Nunmehr 176 geht es um die noch wichtigere Frage, ob die Auslegung als IPR-Norm aus der Sicht des Niederlassungs- und Dienstleistungsrechts sinnvoll oder gar geboten ist. Erfüllt die *erste Voraussetzung* von Artikel 58 Abs. 1 EG-Vertrag bei ihrer Auslegung als IPR-Norm eine eigene Funktion im System des Niederlassungs- und Dienstleistungsrechts, so liegt ein weiterer wichtiger Anhaltspunkt für die Richtigkeit der Auslegung als IPR-Norm vor. Dies ist, wie gezeigt werden soll, der Fall.

a) Indizien für die eigenständige Funktion von Artikel 58 Abs. 1 (erste Voraussetzung) EG-Vertrag als IPR-Verweisung

Um über die eigenständige Funktion von Artikel 58 Abs. 1 (*erste Voraussetzung*) EG-Vertrag als IPR-Verweisung zu urteilen, ist es erforderlich, sich 177 zunächst die Tragweite der Verweisung zu vergegenwärtigen (aa-bb).

aa) Bedeutung der Verweisung auf das Gründungsrecht

178 Die gemeinschaftsrechtliche Verweisung auf das Gründungssachrecht schafft eigene gemeinschaftsrechtliche Rechte der Gesellschaft. Auf Grund der Verweisung auf das Gründungsrecht in Artikel 58 Abs. 1 (erste Voraussetzung) EG-Vertrag entsteht für eine Erwerbsgesellschaft im Sinne von Artikel 58 Abs. 2 EG-Vertrag durch ihre Gründung in Übereinstimmung mit der nationalen Rechtsordnung eines Mitgliedstaates ein *bedingtes Recht* auf Ausübung der Niederlassungs- und Dienstleistungsfreiheit[331]. Wird die Gründung mit einem tatsächlichen Bezug zur Gemeinschaft verbunden[332], – worüber die Gesellschaft frei entscheiden kann –, so schafft die Verweisung subjektive Rechte der Gesellschaft mit Drittwirkung im Privatrechtsverkehr: Denn Artikel 58 sowie Artikel 52 (*Niederlassungsfreiheit*) und 59 (*Dienstleistungsfreiheit*) EG-Vertrag sind nach feststehender Rechtsprechung des Gerichtshofs unmittelbar anwendbar[333]; die noch nach der *Daily Mail*-Entscheidung[334] um die unmittelbare Anwendbarkeit von Artikel 58 EG-Vertrag geführte Diskussion ist müßig[335].

---

[331] Ähnlich *Boetticher*, S. 148 (im ersten Absatz) und S. 211–212; vgl. auch *Schapira/Le Tallec/Blaise*, S. 628 (letzter Satz vor b).

[332] Vgl. Art. 58 Abs. 1 (*zweite Voraussetzung*) EG-Vertrag sowie vor allem die Voraussetzung der Ansässigkeit, Artt. 52 Abs. 1 Satz 2, 59 Abs. 1 EG-Vertrag.

[333] Für Art. 58 EG-Vertrag siehe die Nachweise zur Rechtsprechung des Gerichtshofs oben Rn. 106 Fn. 168.

Für Art. 52 EG-Vertrag (*Niederlassungsfreiheit*): EuGH 21.6. 1974, Rs. 2/74 (*Reyners/Belgischer Staat*), Slg. 1974, 631, 652 (ab Erw. 24/28) – 653 (auch abgedruckt in: EuR 1975, 129 mit Anm. *Nicolaysen*); seitdem st. Rspr., vgl. z.B. EuGH 18.6. 1985, Rs. 197/84 (*Steinhauser/Stadt Biarritz*), Slg. 1985, 1819, 1826 Erw. 14; oder EuGH 10.7. 1986, Rs. 79/85 (*Segers/Bestuur van de Bedrijfsvereniging voor Bank- en Verzekeringswezen, Groothandel en Vrije Beroepen*), Slg. 1986, 2375, 2387 Erw. 12; EuGH 27.9. 1988, Rs. 81/87 (*The Queen/Daily Mail*), Slg. 1988, 5510 Erw. 15.

Für Art. 59 EG-Vertrag (*Dienstleistungsfreiheit*): EuGH 3.12. 1974, Rs. 33/74 (*van Binsbergen/Bestuur van de Bedrijfsvereniging voor de Metaalnijverheid*), Slg. 1974, 1299, 1311 Erw. 24/26; EuGH 18.1. 1979, Rs. 110 und 111/78 (*Ministère public und Chambre Syndicale des Agents artistiques et Impresarii de Belgique, ASBL/van Wesemael u.a.*), Slg. 1979, 35, 52 Erw. 26; EuGH 17.12. 1981, Rs. 279/80 (*Strafverfahren Webb*), Slg. 1981, 3305, 3324, Erw. 13. In der neueren Rechtsprechung des Gerichtshofs wird die unmittelbare Anwendbarkeit von Art. 59 EWG-Vertrag (jetzt: EG-Vertrag) vorausgesetzt: Vgl. z.B. EuGH 25.7. 1991, Rs. C-288/89 (*Stichting Collectieve Antennenvoorziening Gouda u.a./Commissariaat voor de Media*), EuZW 1991, 699, 700 Nr. 10–15.

[334] EuGH 27.9. 1988, Rs. 81/87 (*The Queen/Daily Mail*), Slg. 1988, 5505 (Beginn des Urteils); s. bereits oben Rn. 20 Fn. 69.

[335] Vgl. etwa *Wessel/Ziegenhahn*, GmbH-Rundschau 79 (1988), 423, 427–428. Selbst *Großfeld* zum Beispiel, der Artikel 58 EWG-Vertrag (jetzt: EG-Vertrag) früher – wie auch andere (*Wiedemann*, Gesellschaftsrecht I, S. 793–794) – für einen *Programmsatz* hielt (RabelsZ 31 [1967] 1, 19; Staudinger/*Großfeld*, IntGesR 12. Aufl. Rn. 92), hat die Rechtsprechung des Gerichtshofs akzeptiert (IPRax 1986, 351, 352 unter III.3.; RabelsZ 1992 [56] 594, 595 und in Staudinger/*Großfeld*, IntGesR Rn. 114). Gleiches gilt für den 3. Zivilsenat des Bayerischen Oberlandesgerichts: Dieser hatte die unmittelbare Anwendbarkeit von Art. 58 EWG-Vertrag (jetzt: EG-Vertrag) zunächst als Frage aufgeworfen (vgl. die oben Rn. 100 Fn. 142 Abs. 2 angedeutete Rechtsprechungsänderung: Insbesondere BayObLGZ 1986, 61, 73 unter c) und folgt inzwischen *Daily Mail*: Siehe BayObLG, 7.5. 1992–3 Z BR 14/92, ebenfalls oben in Rn. 100 Fn. 142

Zu den aus der Gründung folgenden subjektiven Rechten einer Gesellschaft im Sinne von Artikel 58 EG-Vertrag gehört zum Beispiel das Recht, einen Mietvertrag über Büroräume für eine Zweigniederlassung abzuschließen[336], Einrichtungsgegenstände für diese Räume kaufen[337] oder gegebenenfalls eine Konzession zu erwerben[338]. Die Gesellschaft hat weiter ein Recht darauf, Personal aus der Hauptniederlassung in die Leitungs- oder Überwachungsorgane der Agenturen, Zweigniederlassungen oder Tochtergesellschaften zu entsenden[339]. Man wird der Gesellschaft alle Tätigkeiten gestatten müssen, welche für die sinnvolle Nutzung der Niederlassungs- und der Dienstleistungsfreiheit erforderlich sind[340]: Vom Kauf eines Flugtickets für Angestellte des Unternehmens über den Abschluß einer Glasbruchversicherung bis zur Anmietung von Tennisplätzen für die Angestellten einer Zweigniederlassung[341]. Ein aus der Rechtsprechung zu Artikel 52 EG-Vertrag bekanntes Argument wird damit auf Artikel 58 EG-Vertrag übertragen: Aus Artikel 58 EG-Vertrag folgt nicht nur das Recht zur Aufnahme, sondern auch zur Ausübung der Niederlassungs- und Dienstleistungsfreiheit[342]. Ob die Niederlassungs- oder Dienstleistungsfreiheit im Ein- 179

Abs. 2 zitiert. Vgl. schließlich *Ebke*, ZGR 1987, 245, 250 (Kritik der unmittelbaren Anwendbarkeit, aber Akzeptanz der Rechtslage).

336 EuGH 18. 6. 1985, Rs. 197/84 (*Steinhauser/Stadt Biarritz*), Slg. 1985, 1819, 1827 Erw. 16–17.

337 Vgl. das *Allgemeine Programm zur Aufhebung der Beschränkungen der Niederlassungsfreiheit* vom 18. 12. 1961 vom *Rat der EG* (ABl. 1962 S. 36, 37 unter Abschnitt III, A. Absatz 3 rechte Spalte unten unter d), das nach dem in der vorigen Fußnote zitierten Urteil des Gerichtshofs als Auslegungsinstrument zur Bestimmung der Reichweite der Niederlassungsfreiheit herangezogen werden kann (EuGH, a. a. O. Erw. 15).

338 Vgl. das *Allgemeine Programm zur Aufhebung der Beschränkungen der Niederlassungsfreiheit* a. a. O. (vorige Fn.) unter c.

339 So ausdrücklich das in der vorletzten Fußnote genannte Programm in Abschnitt III, letzter Absatz vor B (ABl. 1962 S. 36, 38).

340 Ähnlich argumentieren *Batiffol/Lagarde*, Rn. 203 (dort S. 248 unter 2°) zum französischen Recht der Anerkennung ausländischer Gesellschaften: Werde eine Gesellschaft anerkannt, so müsse das Gründungsrecht auch die Befugnisse der Organe regeln sowie z. B. die Fähigkeit, sich als Gesellschaft rechtlich zu verpflichten. *Batiffol/Lagarde* schließen aus der Anerkennung der Existenz der Gesellschaft auf systemimmanente Grundbefugnisse, die der Anerkennung einen Sinn geben. Nicht anders wird hier im Text argumentiert.

341 Vgl. generell als Auslegungshilfe das *Allgemeine Programm zur Aufhebung der Beschränkungen der Niederlassungsfreiheit* (oben Rn. 179 Fn. 337) und das Parallelprogramm zur Dienstleistungsfreiheit, das einen ähnlichen Katalog von Befugnissen enthält (ABl. 1962 S. 32, 33). Auch dieses Programm ist nach der Rechtsprechung des Gerichtshofs eine zulässige Auslegungshilfe: Vgl. EuGH 31. 1. 1984, Rs. 286/82 und 26/83 – *Luisi und Carbone* – Slg. 1984, 377, 401 f. (Erw. 11–15).

342 Vgl. EuGH 18. 6. 1985, Rs. 197/84 (*Steinhauser/Stadt Biarritz*), Slg. 1985, 1819, 1827 Erw. 16: „Die in Artikel 52 vorgesehene Niederlassungsfreiheit betrifft schließlich nicht nur die Aufnahme selbständiger Erwerbstätigkeiten, sondern auch deren Ausübung im weitesten Sinn." – Zur Frage, ob Artikel 52 EG-Vertrag auch die *negative (sekundäre) Niederlassungsfreiheit* garantiert, vgl. die Schlußanträge des Generalanwalts *Lenz* vom 10. 2. 1994 (noch unveröffentlicht) in der dem Gerichtshof zur Zeit vorliegenden Rechtssache C-1/93 (*Halliburton Services BV/Staatssecretaris van Financiën*), betreffend das Recht, für eine Zweigniederlassung erworbene

zelfall betroffen ist, ist mit Hilfe der allgemeinen für diese Grundfreiheiten entwickelten Kriterien zu bestimmen[343].

180 Unmittelbare Anwendbarkeit der Artikel 58 und 52, 59 EG-Vertrag bedeutet, daß sich eine Gesellschaft für ihre Existenz (Rechtsfähigkeit) auf das von der Verweisung berufene Gründungsrecht berufen kann, um ihre oben dargestellten subjektiven Rechte geltend zu machen. Soweit die Niederlassungs- und Dienstleistungsfreiheit reichen, kann niemand ihre Existenz in Frage stellen. Dies wird mit Hilfe des in der deutschen und neueren spanischen Literatur beobachteten Vorverständnisses[344] besonders deutlich: Nach diesem Verständnis schafft die IPR-Verweisung in Folge der Kongruenz der IPR-Frage mit der Anerkennungsfrage subjektive Rechte. Nach romanischem Verständnis[345] trägt das IPR durch die Lösung der internationalprivatrechtlichen Vorfrage zur Anerkennung nach Artikel 58 EG-Vertrag bei. Auch nach diesem Verständnis ist zum Beispiel eine in Irland gegründete Gesellschaft in Folge der Gründung nach dem von Artikel 58 EG-Vertrag berufenen irischem Sachrecht in den anderen Mitgliedstaaten anzuerkennen, soweit dies die Niederlassungs- und Dienstleistungsfreiheit gebieten.

181 Bei dieser Betrachtung ist allerdings zu beachten, daß auch den *anderen Anwendungsvoraussetzungen* der Artikel 58, 52 und 59 EG-Vertrag eine Funktion zukommt. Die Sitzbedingungen von Artikel 58 Abs. 1 (*zweite Voraussetzung*) EG-Vertrag erfüllen, wie erörtert, eine Wächterfunktion[346]. Ferner gebieten Artikel 52 Abs. 1 Satz 2 EG-Vertrag für die (sekundäre) Niederlassungsfreiheit und Artikel 59 Abs. 1 EG-Vertrag für die Dienstleistungsfreiheit, daß die Gesellschaften in der Gemeinschaft ansässig sein müssen[347]. Deshalb schafft die Verweisung auf das Gründungsrecht nur *bedingte Rechte* der Gesellschaft: Einer durch die berufenen Gründungsrechte eingegrenzten Zahl von Gesellschaften verleiht die Verweisung in Artikel 58 Abs. 1 (*erste Voraussetzung*) den *Status* des potentiellen Gemeinschaftsrechtssubjektes mit dem *bedingten Recht*, im Falle der Erfüllung der weiteren Bedingungen der Artikel 58, 52ff. und 59ff. EG-Vertrag, an der Niederlassungs- und Dienstleistungsfreiheit teilnehmen zu dürfen. Da die Erfüllung der Bedingungen im freien Ermessen der Gesellschaften steht,

---

Immobilie mit der Zweigniederlassung – und ohne Ungleichbehandlungen – wieder zu verkaufen.

343 Vgl. für die Dienstleistungsfreiheit etwa die Rechtsprechung zu Artikel 60 EG-Vertrag, z.B. EuGH 26.4. 1988, Rs. 352/85 (*Bond van Adverteerders u.a./Niederländischer Staat*), Slg. 1988, 2085, 2131 Erw. 16 (zum Erfordernis der Entgeltlichkeit); einen hilfreichen Rechtsprechungsüberblick zum sachlichen Anwendungsbereich und zur Reichweite der Dienstleistungsfreiheit geben *Hailbronner/Nachbaur*, EuZW 1992, 105–113 (ab S. 106); Beispiele für Dienstleistungen führt z.B. *Troberg* in: *Groeben/Thiesing/Ehlermann*, Artikel 60 Rn. 15–17 auf.

344 Vgl. zu diesem Vorverständis oben Rn. 129ff. Zur nur auslegungs*unterstützenden* (und nicht auslegungstragenden) Bedeutung von nationalen Vorverständnissen für die Auslegung von Gemeinschaftsrecht siehe bereits oben ab Rn. 128.

345 Vgl. oben Rn. 133ff.

346 Oben Rn. 173.

347 Diese Voraussetzungen sind durch den EU-Vertrag von Maastricht (vgl. oben Rn. 2 Fn. 2) nicht abgeändert worden.

handelt es sich um *Potestativbedingungen*, wie sie auch im nationalen Recht gelegentlich vorkommen[348]. Die Existenz der Gesellschaft als potentielles Gemeinschaftsrechtssubjekt wird aber in Folge der Verweisung auf das Gründungsrecht schon anerkannt. Der nach der Rechtsordnung eines Mitgliedstaates gegründeten Gesellschaft stehen bereits grundsätzlich Rechte zu: Auch bedingte Rechte sind Rechte.

Erfüllt die nach der Rechtsordnung eines Mitgliedstaates gegründete Gesell- 182
schaft alle Voraussetzungen von Artikel 58 EG-Vertrag – bei jeder Handelsgesellschaft ist dies praktisch stets nach der Erfüllung der nationalen Gründungsvoraussetzungen der Fall[349] –, so sollte man statt von einem bedingten Recht von einem *ruhenden Recht* der Gesellschaft auf Teilnahme an der Niederlassungs- und Dienstleistungsfreiheit sprechen. Dieser Begriff wird der Parallele zu der Situation der Unionsbürger besser gerecht. Bei Gesellschaften wie bei Unionsbürgern erwacht das ruhende Recht auf Teilnahme an der Niederlassungs- und Dienstleistungsfreiheit erst zu einem uneingeschränkten Recht, wenn die zusätzlichen Voraussetzungen der Ansässigkeit von Artikel 52 Abs. 1, 59 Abs. 1 EG-Vertrag erfüllt sind[350].

Genauer: Die Gesellschaften unterscheiden sich in diesem Punkt nicht von den 183
Staatsbürgern der Mitgliedstaaten, mit denen sie durch Artikel 58 EG-Vertrag gleichgestellt werden: Auch Unionsbürger entscheiden frei darüber, ob sie von ihren Grundfreiheiten Gebrauch machen wollen. Sie partizipieren wie Gesellschaften nur dann an der – sekundären – Niederlassungsfreiheit und an der Dienstleistungsfreiheit, wenn sie dem sachrechtlichen Erfordernis der Ansässigkeit genügen[351]. In der Vergangenheit hat der Gerichtshof wiederholt betont, daß nationales Recht Marktbürger (heute: Unionsbürger) nicht wegen ihrer Ansässigkeit in einem anderen Mitgliedstaat als demjenigen, in dem eine Dienstleistung erbracht werden soll, diskriminieren darf[352]. Das Erfordernis der Ansässigkeit selbst ist damit nicht in

[348] Vgl. für DEUTSCHLAND: § 495 Abs. 1 BGB (Kauf auf Probe); vgl. für FRANKREICH die Legaldefinition für vertragliche Potestativbedingungen in Art. 1170 Code civile: „La condition *potestative* est celle qui fait dépendre l'exécution de la convention d'un évènement qu'il est au pouvoir de l'une ou de l'autre des parties contractantes de faire arriver ou d'empêcher."

[349] Vgl. oben Rn. 148ff.

[350] Vgl. auch *Behrens*, ZGR 1994, 1, 16: Der Kreis der von der Niederlassungsfreiheit Begünstigten werde durch das Kriterium der *Angehörigkeit* zu einem Mitgliedstaat und zusätzlich durch das Kriterium der *Ansässigkeit* innerhalb der Gemeinschaft begrenzt.

[351] Vgl. FÜR DIE SEKUNDÄRE NIEDERLASSUNGSFREIHEIT: Art. 52 Abs. 1 Satz 2 EG-Vertrag und dazu *van Gerven* in: *Smit/Herzog*, Article 52, Rn. 52.06 (Abs. 2); *Troberg* in: *Groeben/Thiesing/Ehlermann*, Artikel 52 Rn. 60; FÜR DIE DIENSTLEISTUNGSFREIHEIT: Art. 59 Abs. 1 EG-Vertrag und dazu *van Gerven/Verougstraete*, in: *Smit/Herzog*, Article 59, Rn. 59.06; *Grabitz/Randelzhofer*, Art. 59 Rn. 17; *Troberg* in: *Groeben/Thiesing/Ehlermann*, Artikel 59 Rn. 29; *Oppermann*, Europarecht, Rn. 1488; *Gavalda/Parléani* Rn. 236.

[352] St. Rspr. seit EuGH 3. 12. 1974, Rs. 33/74 (*van Binsbergen/Bestuur van de Bedrijfsvereniging voor de Metaalnijverheid*), Slg. 1974, 1299, 1311 Rn. 27: Dort erklärt der Gerichtshof noch die Diskriminierung eines Marktbürgers (heute: Unionsbürgers) wegen seines „Aufenthalts" in einem anderen Mitgliedstaat als dem des Dienstleistungsempfängers für unzulässig; vgl. aus der neueren Rechtsprechung, die wegen der Verwendung des Wortes „ansässig" noch deutlicher ist, z. B. EuGH 26. 4. 1988, Rs. 352/85 (*Bond van Adverteerders u. a./Niederländischer Staat*), Slg.

Frage gestellt worden[353]. Will ein Franzose eine Agentur in Frankfurt eröffnen oder Dienstleistungen in Köln anbieten, so steht ihm ebensowenig wie einer in London gegründeten Erwerbsgesellschaft das Gemeinschaftsrecht zur Seite, wenn er von einem geschäftlichen Hauptsitz in Liechtenstein oder New York aus operiert[354]. Nur im Bereich der *primären* Niederlassungsfreiheit sind natürliche Personen von der Voraussetzung der Ansässigkeit befreit[355]. Ob dies auch für Gesellschaften gilt, soll erst später erörtert werden[356].

184 Aus der vergleichbaren Situation von Gesellschaften und Unionsbürgern folgt der oben gemachte Vorschlag, von einem *ruhenden Recht* zu sprechen. Bei Unionsbürgern wäre es zwar der Sache nach vertretbar, aber dennoch befremdend, von einem bedingten Recht auf Teilnahme an Grundfreiheiten zu sprechen. Der Begriff des „ruhenden Rechts" paßt besser: Ebenso wie es ruhende nationale Staatsbürgerschaften geben kann, kann es – wie etwa im Fall eines auf Dauer in Ägypten lebenden Engländers – ein ruhendes Recht auf Teilnahme an der Niederlassungs- und Dienstleistungsfreiheit geben.

185 Versteht man die Verweisung als IPR-Sachnormverweisung, die das anwendbare Gründungssachrecht alternativ bestimmt, stellt diese Verweisung die Brücke zwischen den nach dem nationalen Recht eines Mitgliedstaates gegründeten Gesellschaften und dem Niederlassungs- und Dienstleistungsrechts der Gemeinschaft dar. Ein nationales IPR wird nicht zwischengeschaltet. Die *Verweisung allein schafft* für die nach dem nationalem Recht eines Mitgliedstaates gegründeten Gesellschaften *eigene Rechte* innerhalb der Gemeinschaft, die von allen Mitgliedstaaten zu achten sind. Die Verweisung ist unter diesen Umständen *unmittelbar anwendbar*[357]; sie erfüllt damit zugleich die gemeinschaftsrechtliche Voraussetzung der unmittelbaren Anwendbarkeit nach der Definition von gemeinschaftsrechtlichem IPR[358].

186 Verstünde man die Verweisung hingegen nur als rangkollisionsrechtliche Aussage, so würde die Verweisung allein noch nicht die Verbindung zwischen dem Gemeinschaftsrecht und den Gesellschaften herstellen. Gerade die Interpre-

---

1988, 2085, 2132 Rn. 21; EuGH 25. 7. 1991, Rs. C-288/89 („Fernsehwerbung"), EWS 1991, 393 Erw. 9; Namen der Parteien in der Zeitschrift EWS nicht genannt).

[353] So konkludent, aber deutlich z. B. EuGH 26. 4. 1988, Rs. 352/85 (siehe vorige Fußnote) in Erw. 17 auf S. 2131.

[354] Vgl. auch die Beispiele von *van Gerven* in: *Smit/Herzog*, Article 52, Rn. 52.06 (Abs. 2 a. E.); und von *Troberg* in: *Groeben/Thiesing/Ehlermann*, Artikel 52 Rn. 61 (ein vielleicht etwas lebensnaheres Beispiel).

[355] *van Gerven* in: *Smit/Herzog*, Article 52, Rn. 52.06 (Abs. 1); *Troberg* in: *Groeben/Thiesing/Ehlermann*, Artikel 52 Rn. 60 Satz 1. Ein Deutscher, der seit Jahren in New York lebt, kann also von dort aus nach Frankreich ziehen und dort eine selbständige Tätigkeit als Kaufmann aufnehmen.

[356] Vgl. unten die Auslegung der *Daily Mail*-Entscheidung ab Rn. 207.

[357] Anders *Behrens*, RabelsZ 52 (1988), 498, 504, der die Auffassung vertritt, Art. 58 EWG-Vertrag (jetzt: EG-Vertrag) selbst sei „einer unmittelbaren Anwendbarkeit gar nicht zugänglich", weil er keine subjektiven Rechte schaffe. Die unmittelbare Anwendbarkeit von Art. 58 EWG-Vertrag folge aus Art. 52 EWG-Vertrag, auf dessen Tatbestandsseite Art. 58 EWG-Vertrag gehöre (vgl. oben Rn. 106 Fn. 169).

[358] Vgl. oben Rn. 63.

tation als IPR-Sachnormverweisung erlaubt also, der Verweisung in Artikel 58 Abs. 1 (*erste Voraussetzung*) in besonders weitgehendem Maße eine eigenständige Funktion zuzusprechen.

Im Ergebnis ist daher festzustellen, daß die Auslegung von Artikel 58 Abs. 1 (*erste Voraussetzung*) EG-Vertrag als IPR-Verweisung die Funktion der Verweisung in besonderem Maße betont. Dieses Ergebnis läßt sich weiterhin auf die Allgemeinen Programme zur Niederlassungs- und Dienstleistungsfreiheit von 1961 stützen.

bb) Argument aus den Allgemeinen Programmen von 1961

In dem am 18. 12. 1961 vom *Rat* beschlossene *Allgemeine Programm zur Aufhebung der Beschränkungen des freien Dienstleistungsverkehrs*[359] und dem Parallelprogramm gleichen Datums zur Niederlassungsfreiheit[360] nennt der *Rat* als Begünstigte unter anderem Gesellschaften im Sinne von Artikel 58 EG-Vertrag[361]. Ausdrücklich geht er dabei auf Gesellschaften ein, die nur einen satzungsmäßigen Sitz in der Gemeinschaft haben. Für diese Gesellschaften präzisiert er das bereits aus Artt. 52 Abs. 1 Satz 2, 59 Abs. 1 EG-Vertrag folgende Erfordernis der Ansässigkeit. So heißt es im Programm zur Dienstleistungsfreiheit[362]: 187

„... *sollten diese Gesellschaften indessen nur ihren satzungsmäßigen Sitz innerhalb der Gemeinschaft haben,* so muß ihre Tätigkeit in tatsächlicher und dauerhafter Verbindung mit der Wirtschaft eines Mitgliedstaats stehen; diese Verbindung darf aber nicht von der Staatsangehörigkeit, insbesondere derjenigen der Gesellschafter, der Mitglieder der Leitungs- oder Überwachungsorgane oder der Inhaber des Gesellschaftskapitals, abhängig gemacht werden."[363] (Kursivdruck nicht im Original).

Den *Programmen* liegt die Erkenntnis zu Grunde, daß allein mit dem alternativen sachrechtlichen Erfordernis in Artikel 58 Abs. 1 (*zweite Voraussetzung*) EG-Vertrag die wirtschaftliche Einbindung der Gesellschaften in die Gemeinschaft nicht zu gewährleisten ist. Die oben erörterte Begrenzungsfunktion des gemeinschaftsrechtlichen Sachrechts gegenüber dem IPR[364] kann daher in wirkungsvoller Weise nur von dem Erfordernis der *Ansässigkeit* nach Artt. 52 Abs. 1 Satz 2, 59 Abs. 1 EG-Vertrag wahrgenommen werden. Erst durch dieses Erfordernis wird z. B. vermieden, daß sich eine nach englischem Recht 188

---

359 Vgl. den Hinweis oben in Rn. 179 Fn. 341.

360 Vgl. oben Rn. 179 Fn. 337.

361 Vgl. bereits oben Rn. 165.

362 ABl. 1962 S. 32 in Abschnitt I. Ähnlich, nur um eine Bezugnahme auf überseeische Gebiete ergänzt, lautet die Formulierung im Programm zur Niederlassungsfreiheit: ABl. 1962 S. 36 unter I (linke Spalte, Spiegelstrich vier, der die *sekundäre* Niederlassungsfreiheit betrifft).

363 Für eine Auslegung dieses Programmtextes siehe *Schapira/Le Tallec/Blaise*, S. 632f. und *Bischoff* in: *Constantinesco/Jacqué*, Art. 58 Anm. 17–18.

364 Vgl. oben Rn. 170–173.

gegründete, ausschließlich in Ägypten tätige Gesellschaft[365] auf die Niederlassungs- oder Dienstleistungsfreiheit berufen kann[366].

189 Damit hat der *Rat* zugleich anerkannt, daß die Gesellschaftsgründung nach einer nationalen Rechtsordnung grundsätzlich zu einem Recht auf Ausübung der Dienstleistungsfreiheit und auf Ausübung der *sekundären* Niederlassungsfreiheit führt[367]. Dies gilt auch dann, wenn die Gesellschaften zur Gründung nur einen inländischen Satzungssitz nachzuweisen brauchen. Eine nach dem von Artikel 58 Abs. 1 (*erste Voraussetzung*) EG-Vertrag berufenen Sachrecht gegründete Erwerbsgesellschaft hat also auch nach dem Grundverständnis des *Rates* die freie Wahl, die Gründung durch Ansässigkeit mit einer gemeinschaftsbezogenen Realität zu untermauern und sodann die Möglichkeiten der Niederlassungs- und Dienstleistungsfreiheit zu nutzen. Die Auslegung von Artikel 58 Abs. 1 (*erste Voraussetzung*) EG-Vertrag als IPR-Verweisung mit der Folge, daß den nach der Rechtsordnung eines Mitgliedstaates gegründeten Gesellschaften bereits eigene bedingte Rechte entstehen (oben Rn. 181 ff.) paßt daher zu dem Verständnis der *Programme* von der Niederlassungs- und Dienstleistungsfreiheit.

cc) Zwischenergebnis

190 Als Zwischenergebnis ist festzuhalten, daß die Auslegung als IPR-Verweisung der *ersten Voraussetzung* von Artikel 58 Abs. 1 EG-Vertrag in besonderem Maße eine eigene Funktion zuerkennt. Diese Interpretation findet eine weitere Stütze in den *Programmen* zum Niederlassungs- und Dienstleistungsrecht, mit denen sie zumindest vereinbar ist.

Bevor endgültig entschieden werden kann, ob dieses Ergebnis zu halten ist, ist die Auseinandersetzung mit Urteilen des Gerichtshofs erforderlich, die gegen die Auslegung von Artikel 58 Abs. 1 (*erste Voraussetzung*) EG-Vertrag als IPR-Verweisung sprechen könnten.

---

[365] So das Beispiel Nr. 3 bei *Dicey/Morris*, Conflict of Laws 11. Aufl., Bd. 2, Rule 173, Text auf S. 1133.

[366] Vgl. bereits oben Rn. 144. Unzutreffend ist unter diesen Umständen die Ansicht, daß Art. 58 Abs. 1 EGV die Ansässigkeit für juristische Personen definiere und Gesellschaften nicht zusätzlich den Anforderungen der Ansässigkeit nach Art. 52 Abs. 1 Satz 2 EGV unterworfen seien (so aber *Luchsinger*, S. 104–106). Diese Ansicht verkennt die unterschiedlichen Funktionen, die den beiden Voraussetzungen in Art. 58 Abs. 1 EGV und der Ansässigkeit nach Art. 52 Abs. 1 Satz 2 EGV zukommt. – Für die *kumulative* Anwendung aller Voraussetzungen von Art. 58, 52 EGV auf Gesellschaften auch: *Troberg* in: Groeben/Thiesing/Ehlermann, Art. 58 Rn. 8; *Bischoff* in: Constantinesco/Jacqué, Art. 58 Rn. 16–17.

[367] Das Programm zur Niederlassungsfreiheit bezieht sich nur auf die sekundäre Niederlassungsfreiheit: Siehe oben Rn. 187 Fn. 362.

b) Auslegungsvorgaben durch die Rechtsprechung des Gerichtshofs

aa) Kommission/Frankreich, Segers und Commerzbank AG

Dreimal schon hat der Gerichtshof für Gesellschaften im Sinne von Artikel 58 EG-Vertrag hervorgehoben, daß 191

„ihr *Sitz* im angegebenen Sinn, *ebenso wie die Staatsangehörigkeit* bei natürlichen Personen, dazu dient, ihre Zugehörigkeit zur Rechtsordnung eines Mitgliedstaates zu bestimmen.“ (Hervorhebung nicht im Original)[368].

Diese Formulierung könnte als ein Auslegungshinweis zu werten sein, etwa der Gestalt, daß Artikel 58 EG-Vertrag so auszulegen sei, daß dem Sitz einer Gesellschaft (bzw. der Hauptverwaltung oder der Hauptniederlassung) innerhalb der allgemeinen Auslegungsgrenzen so viel Bedeutung wie irgend möglich beizumessen wäre. Die Formulierung könnte deshalb als Indiz dafür zu werten sein, daß die Bezugnahme auf nationales Recht in der *ersten Voraussetzung* von Artikel 58 Abs. 1 EG-Vertrag keine IPR-Verweisung enthält, das das anwendbare Gründungssachrecht bestimmt. Wenn man die Verweisung in Artikel 58 Abs. 1 (*erste Voraussetzung*) EG-Vertrag als rangkollisionsrechtliche Verweisung verstünde, bliebe Raum für die Anwendung der Sitztheorie, die die Bedeutung des Gesellschaftssitzes betont.

Die nähere Lektüre der Urteile *Kommission/Frankreich, Segers* und *Commerzbank AG* zeigt, daß diese Auslegung verfehlt wäre[369]. In allen drei Fällen hat der Gerichtshof die Rechte der im Ausland gegründeten Gesellschaften *kraft ihrer Gründung* anerkannt[370]. Die Betonung der Bedeutung des Gesellschaftssitzes dient nur dem Zweck, Ungleichbehandlungen von Gesellschaften auf Grund ihres Sitzes für gemeinschaftsrechtlich unzulässig zu erklären (1). Darüberhinaus sprechen systematische Argumente dagegen, der zitierten Passage eine Bedeutung für die Auslegung der Verweisung in Artikel 58 Abs. 1 (*erste Voraussetzung*) EG-Vertrag zuzusprechen (2). 192

---

[368] EuGH 28. 1. 1986, Rs. 270/83 (*Kommission/Französische Republik*), Slg. 1986, 273, 304 in Erw. 18, Satz 2; insoweit = EuGH 10. 7. 1986, Rs. 79/85 (*Segers/Bestuur van de Bedrijfsvereniging voor Bank- en Verzekeringswezen, Groothandel en Vrije Beroepen*), Slg. 1986, 2375, 2387 Erw. 12–13. Auf die Übereinstimmung dieser Erwägungen hat bereits *Grothe*, Die ausländische KG & Co., S. 181, hingewiesen. – In der jüngsten Entscheidung EuGH 13. 7. 1993, Rs. C-330/91 (*The Queen/Ireland Revenue Commissioners, ex parte: Commerzbank AG*), EuZW 1993, 740 ist anstelle des Adjektivs „angegebenen“ das Wort „genannten“ verwendet worden (so jedenfalls in der veröffentlichten Übersetzung). Für den Inhalt der zitierten Passage ist dies unerheblich. – Vgl. auch Rn. 12 der Schlußanträge des Generalanwalts *Lenz* vom 10. 2. 1994 (noch unveröffentlicht) in der dem Gerichtshof zur Zeit vorliegenden Rechtssache C-1/93 (*Halliburton Services BV/Staatssecretaris van Financiën*).

[369] So im Ergebnis auf Grund anderer Erwägungen zu *Kommission/Frankreich* und zu *Segers* schon *Grothe*, Die ausländische KG & Co., S. 181–182.

[370] Ähnlich *Grothe*, Die ausländische KG & Co., S. 181, Text vor Fn. 243 (zum Urteil im Fall *Segers*).

(1) Bedeutung für das Diskriminierungsverbot

193 Im Fall *Kommission/Frankreich* ging es um steuerliche Rechte ausländischer Versicherungsgesellschaften mit (aus französischer Sicht) ausländischem Hauptverwaltungssitz, die in Frankreich eine Zweigniederlassung oder eine Agentur unterhielten oder ein französisches Tochterunternehmen gegründet hatten. Solche Gesellschaften wurden im französischen Steuerrecht anders als Versicherungsgesellschaften behandelt, die ihren Hauptsitz in Frankreich hatten[371]. Der Gerichtshof hat in der steuerlichen Ungleichbehandlung der ausländischen Versicherungsgesellschaften ohne Hauptsitz in Frankreich einen Verstoß gegen die Niederlassungsfreiheit gesehen[372]. Die aus der Existenz bzw. der Gesellschaftgründung folgenden Rechte auf Niederlassungsfreiheit hat der Gerichtshof damit anerkannt. Dabei hat er die aus Artikel 58 EG-Vertrag folgende Selbstverständlichkeit betont, daß zusätzlich zur Gründung auch der Sitz, die Hauptverwaltung oder die Hauptniederlassung in der Gemeinschaft zu liegen hätten[373]. IPR-Fragen hat der Gerichtshof in der oben zitierten Passage nicht angesprochen. Mit dem Hinweis in der zitierten Passage auf den Sitz von Gesellschaften hat der Gerichtshof nur die Aussage vorbereitet, daß man Gesellschaften ebenso wenig nach ihrem Sitz diskriminieren darf wie natürliche Personen nach ihrer Staatsangehörigkeit. Dies wird deutlich aus dem der zitierten Passage unmittelbar folgenden Satz:

> „Würde man *also* zulassen, daß der Mitgliedstaat der Niederlassung nach seinem Belieben eine ungleiche Behandlung allein deshalb vornehmen kann, weil sich der Sitz einer Gesellschaft in einem anderen Mitgliedstaat befindet, so würde diese Vorschrift [i.e. Art. 52 EG-Vertrag, Anm. des *Verf.*] ausgehöhlt." (Hervorhebung nicht im Original)[374].

Die Gleichstellung von Sitz und Staatsangehörigkeit dient also nur dem Zweck, den Sitz als Kriterium für Diskriminierungen von Gesellschaften auszuscheiden.

194 Gleiches gilt für die Übernahme der verfänglichen Passage im Fall *Segers*[375]. Dort ging es um die Gleichstellung einer im Vereinigten Königreich gegründeten Gesellschaft mit einer Zweigniederlassung in den Niederlanden im Verhältnis zu einer nach niederländischem Recht gegründeten Gesellschaft[376]. Der Gerichtshof hat wie im Fall *Kommission/Frankreich* das Niederlassungsrecht der

---

371 EuGH 28.1. 1986, Rs. 270/83 (*Kommission/Französische Republik*), Slg. 1986, 273, 300 Erw. 6. Näheres zum Tatbestand in den Schlußanträgen *Mancini*, Slg. 1986, 275–276.

372 A.a.O. S. 307 Erw. 28.

373 S. 304 Erw. 18 Satz 1.

374 EuGH 28.1. 1986, Rs. 270/83 (*Kommission/Französische Republik*), Slg. 1986, 273, 304 in Erw. 18, Satz 3.

375 Zitiert oben: Rn. 191 Fn. 368.

376 Vgl. die Formulierung der Vorlagefrage 1), Slg. 1986, 2384–2385 Erw. 6; es ging zunächst um Rechte der Gesellschaft und nicht um die des Geschäftsführers: Vgl. S. 2387–2388, Erw. 14–15.

im Ausland gegründeten Gesellschaft unterstrichen[377]. Die oben[378] zitierte verfängliche Passage dient – wie im Fall *Kommission/Frankreich* – dem Zweck, die Aussage zu stärken, daß die Mitgliedstaaten Gesellschaften nicht auf Grund ihres Sitzes diskriminieren dürfen. Dies folgt aus der Erwägung 14 des Urteils, die der verfänglichen Passage unmittelbar folgt:

„... Denn wie der Gerichtshof in dem vorerwähnten Urteil vom 28. Januar 1986[379] bereits ausgeführt hat, würde Artikel 58 EWG-Vertrag [jetzt: EG-Vertrag] ausgehöhlt, wenn man es zuließe, daß der Niederlassungsstaat ungehindert eine *ungleiche Behandlung allein deshalb vornehmen kann, weil sich der Sitz einer Gesellschaft in einem anderen Mitgliedstaat befindet.*" (Hervorhebung nicht im Original)[380].

In der jüngsten Entscheidung *Commerzbank AG*[381] ging es wiederum um steuerrechtliche Diskriminierungen. Einer Zweigniederlassung der deutschen Commerzbank AG im Vereinigten Königreich wurde die Auszahlung von Zinsen auf Steuerrückforderungen verweigert, weil das englische Steuerrecht eine Verzinsung nur für Gesellschaften vorsah, die im Abrechnungszeitraum *im Vereinigten Königreich ansässig* waren[382]. Auch in der Entscheidung *Commerzbank AG* hat der Gerichtshof die oben in Rn. 191 zitierte Passage wiederholt, um zu betonen, daß Gesellschaften nicht augrund ihres Sitzes diskriminiert werden dürfen. Eine Unterscheidung nach dem Sitz würde – wie eine Unterscheidung nach der Staatsangehörigkeit bei natürlichen Personen – die Regelungen zur Niederlassungsfreiheit in den Artikeln 58, 52 EG-Vertrag in der Tat aushöhlen[383]. 195

Die Gleichstellung der Staatsangehörigkeit der Unionsbürger mit dem Sitz von Gesellschaften hat damit in den drei erörterten Urteilen ihren besonderen Grund in der Argumentation gegen die Zulässigkeit von Diskriminierungen aus Gründen der Staatsangehörigkeit. Schon dies spricht gegen eine Bedeutung der genannten Urteile für die internationalprivatrechtliche Entscheidung zwischen der Anknüpfung an den Sitz oder das Gründungsrecht der Gesellschaft. Hinzu tritt ein nun zu zeigendes systematisches Argument. 196

(2) Systematisches Argument

Die vom Gerichtshof vorgenommene Gleichstellung des Gesellschaftssitzes mit der Staatsangehörigkeit kann aus systematischen Gründen keine Bedeutung für die Auslegung der Gesellschaftsgründung haben. Nach der Systematik der Regelungen zur Niederlassungs- und Dienstleistungsfreiheit im EG-Vertrag sind die Gesellschafts*gründung*, für die Artikel 58 Abs. 1 (*erste Voraussetzung*) EG-Vertrag, und die Staatsangehörigkeit von Unionsbürgern nicht miteinander 197

377 S. 2387 Erw. 14 Satz 1.

378 Rn. 191.

379 I.e. *Kommission/Französische Republik*, oben Rn. 193 Fn. 374.

380 Slg. 1986, 2387.

381 Zitiert oben: Rn. 191 Fn. 368.

382 EuZW 1993, 741, 742.

383 Vgl. EuZW 1993, 741, 742 Erw. 13.

vergleichbar. Deshalb ist der vom Gerichtshof vorgenommenen – systematisch richtigen – Gleichstellung des Gesellschafts*sitz*es mit der Staatsangehörigkeit von Unionsbürgern kein Indiz dahingehend zu entnehmen, daß der Gesellschaftssitz bei der Auslegung und Anwendung von Artikel 58 Abs. 1 EG-Vertrag in besonderem Maße zu berücksichtigen ist.

198 Die systematische Entsprechung des Gesellschaftssitzes mit der Staatsangehörigkeit zeigt der Vergleich der gemeinschaftsrechtlichen Voraussetzungen für die Teilnahme von Gesellschaften und von natürlichen Personen an der Niederlassungs- und Dienstleistungsfreiheit:

Für Erwerbsgesellschaften im Sinne von Artikel 58 Abs. 2 EG-Vertrag setzt die Ausübung der (passiven) Niederlassungs- und der Dienstleistungsfreiheit dreierlei voraus: die *Gründung* (Art. 58 Abs. 1, *erste Voraussetzung* EG-Vertrag); den *Sitz* in der Gemeinschaft (im weiten Sinne von Art. 58 Abs. 1, *zweite Voraussetzung* EG-Vertrag); und die *Ansässigkeit*[384]. Ohne Ansässigkeit in der Gemeinschaft besteht nur ein „ruhendes Recht" der Gesellschaft auf Ausübung der (passiven) Niederlassungs- und auf Ausübung der Dienstleistungsfreiheit[385].

199 Gleiches gilt für natürliche Personen: Auch Unionsbürger müssen zunächst geboren werden; erst durch die *Geburt* werden sie rechtsfähig. Hiervon geht das Gemeinschaftsrecht in Übereinstimmung mit allen Rechtsordnungen der Mitgliedstaaten grundsätzlich aus[386]. Unterschiede bestehen hinsichtlich des genauen Zeitpunktes des Beginns der Rechtsfähigkeit und der Rechte des ungeborenen Lebens. Einige romanische Rechtsordnungen verlangen im Gegensatz etwa zur deutschen oder italienischen Rechtsordnung die *Lebensfähigkeit* des Babys als Voraussetzung der Rechtsfähigkeit[387]. Dies ändert jedoch nichts daran, daß alle

---

[384] *Behrens*, ZGR 1994, 1, 16 stellt hingegen nur auf die Angehörigkeit (= Gründung) und die Ansässigkeit ab. Dem ist nicht zuzustimmen: Der zweiten Voraussetzung von Art. 58 Abs. 1 EGV bleibt keine eigenständige Funktion, die Art. 58 Abs. 1 EGV voraussetzt (vgl. oben Rn. 170 und Rn. 188 Fn. 366).

[385] Vgl. oben Rn. 184.

[386] Vgl. beispielhaft für DEUTSCHLAND: § 1 BGB (Rechtsfähigkeit ab Vollendung der Geburt);

FRANKREICH: *Planiol*, Bd. 1, Rn. 406 („*Tout être humain* est une personne juridique." Kursivdruck im Original); *Marty/Raynaud*, Bd. 1, Rn. 141 auf S. 262 unter a (Als „être vivant" ist der Mensch „doué de personnalité"); *Goubeaux*, Rn. 5–7;

ITALIEN: Art. 1 Abs. 1 Codice civile („La capacità giuridica si acquista dal momento della nascita");

NIEDERLANDE: Art. 1 Abs. 1 des Burgerlijk Wetboek, Boek 1: „*Allen* die zich in Nederland bevinden, zijn vrij en bevoegd tot het genot van de burgerlijke rechten." (Kursivdruck nicht im Original). – Auf deutsch: „*Alle*, die sich in den Niederlanden aufhalten, sind frei und zur Ausübung der bürgerlichen Rechte befugt." Übersetzung von *Weber* in: *Bergmann/Ferid*, Bd. 6, Niederlande, S. 49. Unter dem Wort „alle" sind lebend geborene Menschen zu verstehen. Dies folgt aus Art. 2 desselben „Boek 1". Er lautet in der Übersetzung von *Weber* (a. a. O.): „Das Kind, mit dem eine Frau schwanger ist, wird als bereits geboren angesehen, soweit dessen Belange dies erfordern. Kommt es tot zur Welt, gilt es als niemals vorhanden gewesen."

SPANIEN: Art. 29 Código civil („El nacimiento determina la personalidad; ...").

[387] So bereits *Schnitzer*, Bd. 2, S. 484–485.

Vgl. für SPANIEN: Art. 30 Código civil, der in der Übersetzung von *Rau* bei *Bergmann/Ferid*,

Rechtsordnungen grundsätzlich von der Rechtsfähigkeit in Folge der Geburt ausgehen. Da auch die Ausübung von gemeinschaftsrechtlichen Freiheits*rechten* die Rechtsfähigkeit der Rechtssubjekte voraussetzt, gilt auch in der Gemeinschaft der Grundsatz: Unionsbürger müssen geboren und damit rechtsfähig sein, um die Freiheitsrechte ausüben zu können.

Exkurs: Soweit ersichtlich ist die Frage noch unerörtert, welche Voraussetzungen das Gemeinschaftsrecht an die Rechtsfähigkeit knüpft und ob sie in dieser Frage auf nationales Recht verweist. Praktisch können diese Unterschiede in Extremfällen werden: Wäre im Fall *Cowan*[388] nicht ein Engländer, sondern eine spanische, schwangere Touristin ohne eine französische „Fremdenkarte" Opfer des Überfalls am Ausgang einer Pariser Métrostation geworden, so hätten die aus der Dienstleistungsfreiheit fließenden Rechte auf *Nichtanwendung*[389] einer diskriminierenden Bestimmung des französischen *Code de Procédure Pénale* der Spanierin zugestanden[390]. Denn als Touristin wäre sie Empfängerin von Dienstleistungen und in dieser Eigenschaft vom Gemeinschaftsrecht geschützt gewesen[391]. Wäre in Folge des Überfalls 200

Bd. 8, S. 18, bestimmt: „Für die bürgerlichen Wirkungen gilt als geboren nur diejenige Frucht, welche menschliche Gestalt hat und vierundzwanzig Stunden nach völliger Trennung vom Mutterleib gelebt hat." Nur wenn ein spanisches Kind die ersten 24 Stunden überlebt, wirkt die Erlangung der Rechtsfähigkeit auf den Zeitpunkt der Geburt zurück. (Dies folgt aus einem Schluß *a majore ad minus* aus Art. 29, 2. Halbsatz Código civil, der im Falle des Überlebens von 24 Stunden dem *nasciturus* eigene Rechte zuerkennt. Ist schon dieser – unter der 24 Stunden-Voraussetzung – rechtsfähig, so ist es erst recht das geborene Kind, das ebenfalls 24 Stunden überlebt).

Vgl. für FRANKREICH: Art. 725 Abs. 2 Nr. 3° Code civil (Das nicht lebensfähig geborene Kind ist nicht erbberechtigt); ähnlich Art. 311–4 Code civil: Danach ist eine Klage auf Feststellung der Vaterschaft von der Lebensfähigkeit des Kindes abhängig („Aucune action n'est réçue qunat à la filiation d'un enfant qui n'est pas né viable."). Für die Regelungen im *deutschen* und *italienischen* Recht siehe die vorige Fußnote.

388 EuGH 2.2. 1989, Rs. 186/87 (*Cowan/Trésor public*), Slg. 1989, 195; siehe dazu die kritische Anm. *Mertens de Wilmars*, Cah.dr.eur. 26 (1990), 396–402 (Er tritt – in Übereinstimmung mit dem Generalanwalt *Lenz* [Schlußanträge Slg. 1988, 203, 209, insbesondere Erw. 30] – für eine nähere Eingrenzung *ex ante* des Begriffs „touriste bénéficiaire (potentiel) de prestations de services" ein).

389 Verstößt nationales Recht gegen das Gemeinschaftsrecht, ist es nicht anwendbar (diese Selbstverständlichkeit wird in Folge mehrfacher entsprechender Nachfragen gestandener „Internationalprivatrechtler" in der Diskussion einiger Thesen aus dem Parallelbereich des Internationalen Zivilverfahrensrechts betont): EuGH 9.3. 1978, Rs. 196/77 (*Staatliche Finanzverwaltung/Simmenthal*), Slg. 1978, 629, 645, Erw. 24; st. Rspr., vgl. z.B. EuGH (Zweite Kammer) 11.7. 1989, Rs. 170/88 (*Ford España SA/Estado Español*), Slg. 1989, 230 (Abgekürzte Veröffentlichung des Urteils), Leitsatz 2 auf S. 2308; vgl. aus dem Schrifttum nur *Oppermann*, Rn. 539–541.

390 Im Fall *Cowan* scheiterte ein Entschädigungsanspruch des englischen Touristen gegenüber dem französischen Staat zunächst an einer Vorschrift des französischen Strafprozeßrechts, nach der nur Ausländern mit französischer Fremdenkarte der Anspruch gewährt wurde. Das Urteil des Gerichtshofs führte – bei etwas vereinfachter Darstellung – zur Feststellung der Unanwendbarkeit der französischen Ausschlußklausel. Vgl. EuGH a.a.O. (oben Rn. 200 Fn. 388), Tenor auf S. 223.

391 Auch Touristen nehmen als Empfänger von Dienstleistungen am freien Dienstleistungsverkehr teil (so die treffende Zusammenfassung von *Martiny* in: Gemeinschaftsrecht und IPR, S. 211, 237): EuGH 31.1. 1984, Rs. 286/82 und 26/83 – *Luisi und Carbone* – Slg. 1984, 377, 403

ein Kind mit körperlichen Gebrechen zur Welt gekommen, denen es binnen der ersten 24 Stunden erlegen wäre, so hätte sich die Frage nach den aus der passiven Dienstleistungsfreiheit folgenden Rechten eines später nicht lebensfähig geborenen *nasciturus* gestellt. Darf es einen Unterschied machen, ob das Kind spanische Eltern oder deutsche Eltern hat? Nur im letzten Fall ist es bereits gleich nach der Geburt rechtsfähig[392]. Ohne Rechtsfähigkeit ist ein aus der Dienstleistungsfreiheit fließender *Anspruch* auf Nichtanwendung des gemeinschaftsrechtswidrigen nationalen Rechts nicht denkbar[393].

201 Für die Zwecke der hier vorgenommenen Beweisführung reicht die Aussage, daß die Ausübung der Freiheitsrechte die *Geburt* der Unionsbürger voraussetzt. Ein Recht auf die Ausübung der Freiheitsrechte entsteht damit noch nicht. Hierfür ist weiter erforderlich, daß die geborenen Personen *Staatsangehörige* eines Mitgliedstaates sind (Artt. 52 Abs. 1 und 59 Abs. 1 EG-Vertrag)[394]. Schließlich müssen sie in der Gemeinschaft *ansässig* sein, um mehr als ein „ruhendes Recht" auf Ausübung der Niederlassungs- und der Dienstleistungsfreiheit inne zu haben[395].

202 Angesichts der vergleichbaren Dreiteilung der Voraussetzungen für die Ausübung der Niederlassungs- und Dienstleistungsfreiheit entspricht dem Gesell-

---

Erw. 16); u. a. auch abgedruckt in: EuR 19 (1984), 392 mit Anm. *Hafke*; Cah.dr.eur. 20 (1984), 696 mit Anm. *Séché*; Dir.comunit.scambi int. 23 (1984), 465 mit Anm. *Grassi* (ab S. 481, insbesondere ab S. 497ff., und dort vor allem S. 505); bestätigt durch EuGH das *Cowan*-Urteil (oben Rn. 200 Fn. 388), Slg. 1989, 195, 220f. Erw. 15.

[392] Vgl. die Unterschiede zwischen der deutschen Rechtsordnung einerseits (oben Rn. 199 Fn. 386 Abs. 1) und der spanischen und französischen Rechtsordnung andererseits (oben Rn. 199 Fn. 387). Nach *deutschem* Recht bestünde ein Anspruch des Kindes: Vgl. BGH 20. 12. 1952 (BGHZ 8, 243 – „*Lues*"). Nach *spanischem* Recht stehen dem *nasciturus* die „ihm günstigen Rechte" nur dann zu, wenn er 24 Stunden überlebt (Art. 29, 2. Halbsatz i. V. m. Art. 30 des Código civil; vgl. aus erbrechtlicher Sicht: *Diez-Picazo/Gullón*, S. 241 vor A).

[393] Das gebildete Beispiel ist sicherlich extrem, doch zeigt die kürzlich erfolgte Einordnung des *Schwangerschaftsabbruchs* als Dienstleistung im Sinne der Artt. 59, 60 EWG-Vertrag (jetzt: EG-Vertrag), daß auch das pränatale Leben vom Gemeinschaftsrecht erfaßt werden kann: Vgl. EuGH 4. 10. 1991, Rs. C 159/90 (*The Society for the Protection of Unborn Children Ireland Ltd./ Stephen Grogan e. a.*), Rev.trim.dr.europ. 1992, 163, 165f. Erw. 16–21, mit Anmerkung *Gaudemet-Tallon*, ebendort S. 167–180 (mit dem treffenden Kommentar: „L ‚économique' est omniprésent", S. 167f.).

[394] Das Gemeinschaftsrecht setzt *grundsätzlich* voraus, daß Unionsbürger die Staatsangehörigkeit eines Mitgliedstaates innehaben. Vgl. über die im Text genannten Regelungen des Niederlassungs- und Dienstleistungsrechts hinaus für die Freizügigkeit: EuGH 5. 7. 1984, Rs. 238/83 (*Caisse d'allocations familiales de la région parisienne/Meade*), Slg. 1984, 2631, 2638 Erw. 7; *Wölker* in: *Groeben/Thiesing/Ehlermann*, Vorbemerkung zu den Artikeln 48 bis 50, Rn. 41 (mit Hinweis auf die zitierte Entscheidung in Fn. 173); Grabitz/*Randelzhofer* Art. 48 Rn. 7.

Eine Ausnahme gilt etwa nach Art. 12 der *Verordnung Nr. 1612/68 über die Freizügigkeit der Arbeitnehmer innerhalb der Gemeinschaft* vom 15. 10. 1968 (ABl. 1968 Nr. L 257, S. 2, ber. in Nr. L 295, S. 12; geändert durch VO Nr. 312/76 vom 9. 2. 1976: ABl. 1976 Nr. 39, S. 2; abgedruckt bei von *Borries/Winkel* unter Nr. 740). Nach dieser Vorschrift gesteht das Gemeinschaftsrecht *Kindern von „EG-Arbeitnehmern"* ein *eigenes* Recht auf Ausbildung zu; vgl. *Wölker* in: *Groeben/ Thiesing/Ehlermann*, Artikel 48, Rn. 72 i. V. m. der Vorbemerkung zu den Artikeln 48 bis 50, Rn. 42).

[395] Hierzu bereits oben Rn. 183–184.

schaftssitz die Staatsangehörigkeit. Die Gesellschaftgründung hingegen entspricht der Geburt des Menschen[396]. Durch Gründung wird die Gesellschaft, durch Geburt der Mensch rechtsfähig. So wie die Feststellung des Gesellschafts*sitzes* oder ihrer Hauptniederlassung nach Artikel 58 Abs. 1 (*zweite Voraussetzung*) EG-Vertrag die Existenz der Gesellschaft in Folge ihrer Gründung voraussetzt[397], setzt die *Staatsangehörigkeit* die Geburt voraus.

Exkurs: Nicht vertieft werden soll an dieser Stelle die Frage, ob die aus der Geburt 203
folgende Rechtsfähigkeit und die Staatsangehörigkeit in einem Abhängigkeitsverhältnis zueinander stehen. Versteht man die Staatsangehörigkeit als einen *Status*[398], so steht die Frage nach der Rechtsfähigkeit des Unionsbürgers *neben* der Frage nach der Staatsangehörigkeit. Begreift man – in Anlehnung an den völkerrechtlichen Begriff der Staatsangehörigkeit[399] – die Staatsangehörigkeit als ein *Rechtsverhältnis*[400], so setzt die Staatsangehörigkeit die Rechtsfähigkeit *voraus*. In diesem Fall ist die Staatsangehörigkeit mit Rechten und Pflichten des Staatsbürgers gegenüber seinem Heimatstaat verbunden. Nach beiden Auffassungen, über deren Auswahl das jeweils betroffene nationale Staatsrecht der Mitgliedstaaten zu entscheiden hat[401], ist

---

396 Vgl. *Behrens*, ZGR 1994, 1, 16: Auch *Behrens* vergleicht die Voraussetzungen der Niederlassungsfreiheit für natürliche Personen und Gesellschaften, setzt aber bereits die Gesellschaftsgründung der Staatsangehörigkeit natürlicher Personen gleich. Dies ist für einen zweistufigen Ausgangspunkt (vgl. oben Rn. 198 Fn. 384) konsequent, wird aber – wie dargestellt – der von Artt. 52, 58 Abs. 1 EGV vorausgesetzten Dreistufigkeit (vgl. wiederum Rn. 198 F. 384 und Rn. 198) nicht gerecht.

397 Vgl. bereits oben Rn. 171.

398 So BVerfG (Zweiter Senat) 31. 7. 1973, BVerfGE 36 (1974) 1, 30 („Status des Staatsangehörigen"); (Erster Senat) 21. 5. 1974, BVerfGE 37 (1975) 217 (bedeutsamer Status); (Zweiter Senat) 21. 10. 1987, BVerfGE 77 (1988) 137, 153 unter II. (zur ruhenden Staatsangehörigkeit der in der Deutschen Demokratischen Republik lebenden Bundesbürger); für das Verständnis der Staatsangehörigkeit als Status siehe aus der umfangreichen Literatur z. B. *Wengler*, FS Schätzel, 545, 546 unten und 554 (ein „Bereitschaftsstatus"); *Makarov/v. Mangoldt*, Bd. 1, Einleitung I, Rn. 4; *Mansel*, Personalstatut, Rn. 52; *Hailbronner/Renner*, Einl. I. C. Rn. 5–6.

399 Aus völkerrechtlicher Sicht ist die Staatsangehörigkeit als *Rechtsverhältnis* zu verstehen: IGH, 6. 4. 1955 (*Liechtenstein/Guatemala, – „Nottebohm"*), I. C. J. Reports 1955, 4, auf S. 23 (insoweit z. B. auch abgedruckt bei *v. Verdross/Simma*, § 1194 und bei K. Ipsen/*Gloria*, Völkerrecht, § 24 Rn. 6); K. Ipsen/*Gloria*, Völkerrecht, § 24 Rn. 3; siehe auch den bei *v. Verdross/Simma*, § 1191 Fn. 8 zitierten Auszug aus einer Entscheidung des britisch-mexikanischen Claims Commission vom 8. 11. 1929: „A man's nationality is a continuing *legal* relationship between the sovereign State on the one hand and the citizen on the other."

Die völkerrechtliche Sicht ist staatsrechtlich nicht verbindlich: Die Tragweite der *Nottebohm*-Entscheidung ist auf die Frage der völkerrechtlichen *Durchsetzung* einer nationalen Staatsangehörigkeit gegenüber anderen Staaten beschränkt. Die allgemeinen Voraussetzungen der staatlichen Zuerkennung einer nationalen Staatsangehörigkeit hat der Internationale Gerichtshof nicht erörtert: Insoweit sind die Staaten völkerrechtlich frei, die Anknüpfungspunkte selbst festzulegen und über die staatsrechtliche Einordnung der Staatsangehörigkeit zu entscheiden. Vgl. *Wengler*, FS Schätzel, 545, 549, *Nguyen Quoc Dinh/Dailler/Pellet*, Rn. 329 auf S. 444 unter 1° b) sowie *Mansel*, Personalstatut Rn. 165.

400 So in Deutschland *Schmitt Glaeser*, in: Münchener Rechts-Lexikon, Bd. 3, „Staatsangehörigkeit", S. 437; *Grawert* in: Handbuch des Staatsrechts, Bd. I, § 14 Rn. 33 a. E.; so auch BVerfG (Zweiter Senat) 15. 4. 1980, BVerfGE 54 (1981), 47, 70 unten (im Gegensatz zu den in Rn. 203 Fn. 398 genannten Entscheidungen; siehe *Hailbronner/Renner*, Ein. I C Rn. 3).

401 Vgl. Grabitz/*Randelzhofer* Art. 48 Rn. 8. Das Recht der Mitgliedstaaten, nach nationalem

die Staatsangehörigkeit der Unionsbürger von der Voraussetzung der Geburt zu trennen, die zur Existenz des Menschen führt. Nur ein existentes Wesen kann einen Status oder Rechte haben[402].

204 Von den genannten drei Voraussetzungen für die Ausübung der Niederlassungs- und Dienstleistungsfreiheit hat der EG-Vertrag für die Unionsbürger nur zwei (*Staatsangehörigkeit und Ansässigkeit*), für die Gesellschaften aber alle drei (*Gründung, Sitz und Ansässigkeit*) geregelt. Dies darf über die Parallelität der Voraussetzungen für Unionsbürger und Gesellschaften nicht hinwegtäuschen: Bei *Gesellschaften* war die Regelung aller drei Voraussetzungen notwendig. Durch das Erfordernis der Gründung „nach den Rechtsvorschriften eines Mitgliedstaates" haben die Vertragsstaaten des EG-Vertrages die Anbindung der Gesellschaften an die Gemeinschaft intensiviert[403]. Bei den *Unionsbürgern* war eine solche zusätzliche Intensivierung nicht erforderlich: Soweit ersichtlich sah keine der nationalen Staatsrechtsordnungen der Mitgliedstaaten die Möglichkeit des Erwerbs der Staatsangehörigkeit ohne eine gewisse tatsächliche Verbindung des Menschen mit dem Gebiet oder der Rechtsordnung der Gemeinschaft[404].

205 Trotz der Tatsache, daß das Gemeinschaftsrecht von den drei Grundvoraussetzungen zur Anwendung der Niederlassungs- und Dienstleistungsbestimmungen nur zwei bei den natürlichen Personen und drei bei den juristischen Personen geregelt hat, sind die Anwendungsvoraussetzungen für Unionsbürger und Erwerbsgesellschaften vergleichbar. In Folge der festgestellten Parallelität entspricht der Gesellschaftssitz von juristischen Personen der Staatsangehörigkeit von Unionsbürgern. Aus dem Vergleich zwischen diesen beiden Anwendungsvoraussetzungen in der oben zitierten Passage aus den Urteilen *Kommis-*

Recht zu bestimmen, wer Staatsangehöriger sein soll, folgt aus dem Völkerrecht: Vgl. nur K. Ipsen/*Gloria*, Völkerrecht, § 24 Rn. 4–5; *v. Verdross/Simma*, § 1192.

402 Praktische Bedeutung kann die Entscheidung zwischen den beiden Auffassungen in der oben im Exkurs in Rn. 200 gebildeten Abwandlung vom Fall *Cowan* bekommen. Versteht man die Staatsangehörigkeit wie *Diéz-Picazo/Gullon*, S. 315 als ein Rechtsverhältnis, so wird das „spanische" Kind wegen der Regelung in Art. 30 Código civil (oben Rn. 199 Fn. 387) erst nach 24 Stunden spanischer Staatsangehöriger. Das Kind hätte vor Ablauf dieser Frist keinesfalls Rechte aus der passiven Dienstleistungsfreiheit.

Verstünde man die Staatsangehörigkeit hingegen als Status, gäbe es *spanische nicht rechtsfähige Staatsbürger*: Denn nach Art. 17 Código civil in der Fassung durch das Gesetz Nr. 18/1990 über die Reform des Código civil auf dem Gebiet der Staatsangehörigkeit kennt das spanische Recht den Erwerb der Staatsangehörigkeit durch Geburt: Vgl. für Einzelheiten *Mangold*, IPRax 1992, 391 und 393 (Abdruck von Art. 17 n.F Código civil).

403 Vgl. bereits oben Rn. 174.

404 Solch eine Verbindung verlangt z. B. das *deutsche* Recht in § 3 RuStAG. Das *spanische* Recht verlangt sie in Art. 17 Código civil (siehe oben Rn. 203 Fn. 402 Abs. 2). Für das *französische* Recht siehe z. B. Art. 17 ff. des Code de la nationalité française (in der Fassung des Gesetzes Nr. 73–42 vpm 9. 1. 1973) und dazu statt vieler *Audit*, Droit international privé, Rn. 941 sowie als deutliches Beispiel für die Prüfung der Verbindung in der Praxis: *Cour d'Appel de Paris* (1 re chambre civile), 21. 6. 1991, D. 1992, 158 mit Anm. *Guiho* (Würdigung aus der Sicht des Effektivitätsgrundsatzes: „principe d'effectivité, qui veut que la nationalité corresponde à une réalité vécue").

sion/Frankreich, Segers und *Commerzbank AG*[405] ist also keinerlei Hinweis für die Auslegung von Artikel 58 Abs. 1 (*erste Voraussetzung*) EG-Vertrag zu entnehmen.

(3) Zwischenergebnis

Nach allem enthält die gleichlautende verfängliche Passage aus den Urteilen *Kommission/Frankreich, Segers* und *Commerzbank AG* keine Auslegungsvorgabe für die Auslegung von Artikel 58 Abs. 1 (*erste Voraussetzung*) EG-Vertrag. 206

bb) Daily Mail

Das Urteil des Gerichtshofs in der Sache *The Queen v H. M. Treasury and Commissioners of Inland Revenue, ex parte Daily Mail and General Trust PLC* vom 27. 9. 1988[406] enthält mehrere Passagen, denen Auslegungsvorgaben für die Auslegung von Artikel 58 Abs. 1 (*erste Voraussetzung*) EG-Vertrag zu entnehmen sein könnten. In dem Urteil ging es im wesentlichen um die Frage, ob ein Mitgliedstaat einer Erwerbsgesellschaft, die ihren Sitz in einen anderen Mitgliedstaat verlegen will, den *Wegzug* wegen steuerlicher Auswirkungen verbieten darf, ohne gegen das Niederlassungsfreiheitsrecht der Gesellschaft zu verstoßen[407]. 207

Im einzelnen: Um ca. 25 Mio. englische £ Steuern zu sparen[408], wollte eine englische Gesellschaft, die in London registrierte *Daily Mail and General Trust PLC*[409] (im folgenden: Daily Mail PLC), ihre Geschäftsleitung in die Niederlande verlegen. Bereits in England gebildete stille Reserven wären in den Niederlanden nicht zu versteuern gewesen[410]. Nach englischem *Gesellschaftsrecht* war eine solche Verlegung des Hauptsitzes ins Ausland möglich, ohne daß die Gesellschaft damit ihre Eigenschaft als Gesellschaft britischen Rechts verlor[411]. Nach dem einschlägigen briti-

---

[405] Oben Rn. 191.

[406] EuGH 27. 9. 1988, Rs. 81/87 (*The Queen/Daily Mail*), Slg. 1988, 5483. Vgl. die Schrifttumsnachweise oben in Rn. 20 Fn. 69.

[407] Deutlich der Generalanwalt *Darmon*: „En effet, il s'agit de la prétention, par une société, à l'exercice du droit d'établissement et, notamment, *des conditions auxquelles pourrait être subordonné, dans l'État d'origine où est maintenu son siège statutaire, le transfert du siège* de son administration centrale dans un autre État membre." Rec. 1988, 5500 unter 2 a. E. (Kursivdruck nicht im Original).

[408] Vgl. Sitzungsbericht, Slg. 1988, 5484, 5486, linke Spalte, letzter Absatz; und Erw. 7 des Urteils (Slg. 1988, 5506, 5507–5508). Zur Steuerhöhe vgl. die Kalkulation im Sitzungsbericht a. a. O. auf S. 5487.

[409] Vgl. Sitzungsbericht, Slg. 1988, 5484, 5485 (unter 2.). – PLC steht für *private limited company*, die englische Form der *Gesellschaft mit beschränkter Haftung*.

[410] Vgl. den Sitzungsbericht, Slg. 1988, 5484, 5486 linke Spalte unten und *Behrens*, IPRax 1986, 354, 356 rechte Spalte unten.

[411] Urteil, Slg. 1988, 5506, 5507, Erw. 3; vgl. ferner die Wiedergabe der Stellungnahme der Kommission im (ursprünglich in englischer Sprache verfaßten) Sitzungsbericht des Berichterstatters *Due*, Rep. 1988, 5484, 5498 linke Spalte unten. (Englisch war die Verfahrenssprache: Rep. 1988, Fn. auf S. 5484; *Due* selbst, der jetzige Präsident des Gerichtshofs, ist Däne: C. M. L. Rep./Antitrust Reports 1992, S. 1).

schen Einkommens- und Körperschafts*steuergesetz* von 1970 war die Sitzverlegung allerdings von der Zustimmung des Finanzministeriums abhängig[412], die nicht erteilt wurde[413]. Daraufhin erhob die *Daily Mail PLC* vor der Queen's Bench Division des High Court of Justice eine Feststellungsklage mit dem Ziel, feststellen zu lassen, daß ihr aus Artikel 52 EWG-Vertrag (jetzt: EG-Vertrag) ein Recht auf Sitzverlegung ohne Zustimmung des Finanzministeriums zustehe[414]. Das englische Gericht setzte das Verfahren aus und legte dem Gerichtshof – unter anderem – die Frage nach der Zulässigkeit des steuerrechtlichen Zustimmungserfordernisses vor[415]. Nur um diese erste Frage aus dem Vorlagebeschluß geht es im folgenden[416].

208 Zur Beantwortung der Frage nach der Zulässigkeit von Wegzugsbeschränkungen hat sich der Gerichtshof intensiv mit der Niederlassungsfreiheit von Gesellschaften im Sinne von Artikel 58 EG-Vertrag auseinandergesetzt[417]. Im Kern hat der Gerichtshof entschieden, daß Gesellschaften im Sinne von Artikel 58 EG-Vertrag „beim gegenwärtigen Stand des Gemeinschaftsrechts" nur ein Recht auf Ausübung der *sekundären*, nicht aber der *primären* Niederlassungsfrei-

---

Der Fortbestand einer Gesellschaft kommt aus der Sicht des Zuzugsstaates in der Tat grundsätzlich nur dann in Betracht, wenn das Recht des Wegzugsstaates den Umzug in den Zuzugsstaat ohne Identitätsverlust gestattet (vgl. nur Staudinger/*Großfeld*, IntGesR Rn. 588): Andernfalls führt auch die Anknüpfung an das Gründungsrecht zur Nichtexistenz der Gesellschaft.

412 Urteil, Slg. 1988, 5506, 5507, Erw. 5.

413 Sitzungsbericht, Slg. 1988, 5484, 5487 rechte Spalte (konkludent). Hinter dem englischen Zustimmungserfordernis stand die Sicherung von Ansprüchen nach englischem Steuerrecht, das seinerzeit ausschließlich auf den Ort der Geschäftsleitung abstellte („central management and control test"): So *Ebenroth/Eyles*, DB 1989, 363, 368–369 unter Hinweis auf *RA Schmidt*, RIW 1987, 35–37. 1988.

Aus *heutiger Sicht* ist die *Daily Mail*-Fallkonstellation unwahrscheinlicher geworden (vgl. schon *Clarke*, in: Corporate law, The European dimension, S. 161, 167): Seit dem 15. 3. 1988 werden nach englischem Recht gegründete Gesellschaften grundsätzlich auch dann vom englischen Steuerrecht erfaßt, wenn sie ihre *residence* außerhalb des Vereinigten Königreichs haben (*Finance Act 1988* – 1988 c. 39 –, section 66 [abgedruckt in: Law Reports, Statutes, 1988, part 2, S. 2389, 2473]; Ausnahmen einschließlich einer Ausnahme auf Grund eines *Treasury consent* – der in der *Daily Mail*-Fallkonstellation nicht gegeben wurde – regelt *Schedule* 7: Siehe dort § 2 Abs. 1 littera b: Law Reports a. a. O. S. 2583f.).

Zur Beurteilung grenzüberschreitender Sitzverlegungen aus der Sicht des *deutschen Steuerrechts* siehe *Debatin*, GmbH-Rdsch. 1991, 164–170.

414 Sitzungsbericht, Slg. 1988, 5484, 5487 (unter 5.).

415 Vgl. die Wiedergabe der *ersten* vorgelegten Frage im Urteil: Slg. 1988, 5506, 5508–5509 (Erw. 9).

416 So auch *Drobnig*, in: Gemeinschaftsrecht und IPR, S. 185, 202.

417 Dies war nicht selbstverständlich: Es handelte sich um ein *britisches* Zustimmungserfordernis gegenüber einer *britischen* Gesellschaft (vgl. die Begründung zur Anwendbarkeit der Niederlassungsfreiheitsbestimmungen das *Daily Mail*-Urteil selbst, Slg. 1988, 5505, 5510 Erw. 16 und dazu MünchKomm/*Ebenroth*, Nach Art. 10, Rn. 201 Text bei Fn. 671, sowie *Ebenroth/Eyles*, DB 1989, 363, 372 linke Spalte Abs. 3; bis auf minimale Abweichungen wortgleich mit: *Eyles*, S. 349–350); der Bezug zur Niederlassungsfreiheit lag im Willen der Gesellschaft, von ihrer Niederlassungsfreiheit – wenn sie denn insoweit besteht – Gebrauch zu machen. Zur Bedeutung der 16. Erwägung als Argument für die Einordnung der Vorschriften zur Niederlassungsfreiheit als Beschränkungsverbot s. u. Rn. 212 Fn. 429.

heit haben[418]. Das bedeutet, daß eine Gesellschaft im Sinne von Artikel 58 EG-Vertrag zwar in Ausübung ihrer *sekundären* Niederlassungsfreiheit in einem anderen Mitgliedstaat eine Agentur, Zweigniederlassung oder Tochtergesellschaft gründen darf; sie hat aber keinen gemeinschaftsrechtlichen Anspruch, ihren Sitz unter Wahrung ihrer Identität und Aufgabe ihrer Tätigkeit im Ursprungsland (oder Beschränkung des Auftretens im Ursprungsland auf die Form einer abhängigen Zweigniederlassung, Agentur oder Tochtergsellschaft) in einen anderen Mitgliedstaat zu verlegen (*primäre* Niederlassungsfreiheit)[419].

Der Bedeutung der *Daily Mail*-Entscheidung für die Auslegung von Artikel 209
58 Abs. 1 (*erste Voraussetzung*) EG-Vertrag ist nun im einzelnen nachzugehen. Nur die Exegese der einzelnen Erwägungen und die Untersuchung ihrer jeweiligen Funktion führt zum Verständnis der am Ende in den Erwägungen 23–24 gezogenen Schlußfolgerungen des Gerichtshofs, nach denen er die Entscheidung zwischen der Sitz- und Gründungstheorie den nationalen Kollisionsrechten überlassen haben und die Gemeinschaftsrechtkonformität der Sitztheorie anerkannt haben soll[420]. Diese Einschätzung stimmt nur zum Teil. Der Auslegung von Artikel 58 Abs. 1 (*erste Voraussetzung*) EG-Vertrag als IPR-Sachnormverweisung steht die *Daily Mail*-Entscheidung nicht entgegen: Aus der Zulassung der Sitztheorie im Bereich der *primären* Niederlassungsfreiheit kann nicht auf die Notwendigkeit der internationalprivatrechtlichen Anknüp-

---

418 Ausdrücklich für das Recht auf *sekundäre* Niederlassungsfreiheit: Urteil, Slg. 1988, 5505, 5510f. (Erw. 15–18 Satz 1). Gegen das Recht auf *primäre* Niederlassungsfreiheit: a. a. O. S. 5512 Erw. 24 und Tenor auf S. 5514, unter 1).

419 Zur Abgrenzung zwischen primärer und sekundärer Niederlassungsfreiheit siehe nur: *Troberg* in: *Groeben/Thiesing/Ehlermann*, Art. 52, Rn. 12–18; *Séché*, in: Commentaire Mégret, 2. Aufl., Bd. 3, S. 36f.

420 So die fast einhellige Einschätzung im *deutschen* Schrifttum: Vgl. *Pohlmann*, S. 117; *Großfeld/Luttermann*, JZ 1989, 384, 387 unter IV.1. (plädieren aber langfristig für „flexiblere Lösungen"); *Ebenroth/Eyles*, DB 1989, 363, 373 rechte Spalte und 413, 417 unter V.; Hachenburg/*Behrens* Einl Rn. 123; *Knobbe-Keuk*, ZHR 154 (1990), 325, 332; MünchKomm/*Ebenroth*, Nach Art. 10, Rn. 201; *Schmidt*, Gesellschaftsrecht, S. 22 Fn. 60; *Drobnig* in: Gemeinschaftsrecht und IPR, S. 185, 203 (bei seiner allgemein formulierten Aussage hat *Drobnig* allerdings nur die Beurteilung der Sitzverlegungsfälle im Auge; dies folgt aus S. 188 oben und aus S. 205 unter VII.1.a); *von Bar*, IPR, Bd. 2, Rn. 633; *U. Koch*, NJW 1992, 404, 412 linke Spalte; *Veelken*, RabelsZ 56 (1992), 186, 187 (Text vor Fn. 7); *Großfeld/König*, RIW 1992, 434, 435 unter 4. (mit der Einschränkung, die Entscheidung sichere *vorläufig* den Bestand der Sitztheorie); *Großfeld*, RabelsZ 56 (1992), 594, 595 und WM 1992, 2121, 2123; *Assmann* in: *Hopt/Wiedemann*, AktG, Großkommentar Einl Rn. 535. Im *ausländischen* Schrifttum ähnlich: *Reindl*, Mich.J.Int.Law 11 (1989–90), 1270, 1283; *Santa Maria*, Diritto commerciale comunitario, S. 11.

A.A. *Sandrock/Austmann*, RIW 1989, 249, 253 (die europarechtliche Diskussion um das Kollisionsrecht der Gesellschaften sei noch nicht ausgereizt); *Sandrock*, RIW 1989, 505, 511 (Beschränkung der Bedeutung der Entscheidung auf Sitzverlagerungsfälle); ähnlich auch *Behrens*, IPRax 1989, 354, 361 (regt erneute Vorlegung an); siehe auch *ders.*, EuZW 1992, 548, in einer Anmerkung zu BayObLG, 7.5. 1992–3 Z BR 14/92 (EuZW 1992, 548; MittRhNotK 1992, 196; betreffend eine Sitzverlegung von Deutschland nach England): *Behrens* äußert sich kritisch gegenüber der Sitztheorie; doch sei es hinzunehmen, daß das Gericht diese Theorie bei der Beurteilung der Sitzverlegung unter Hinweis auf die *Daily Mail*-Entscheidung angewendet habe. *Brödermann/Rosengarten*, IPR, S. 68 unten haben die Entscheidung noch offengelassen.

fung an den Sitz im Bereich der *sekundären* Niederlassungsfreiheit geschlossen werden. Im Gegenteil: Dort ist – in Ergänzung der *Daily Mail*-Entscheidung – die Anknüpfung an das Gründungsrecht gemeinschaftsrechtlich geboten[421].

Vor der Erörterung der einzelnen Erwägungen der *Daily Mail*-Entscheidung (unten (2) bis (6)) ist es erforderlich, sich die generelle Vorgehensweise des Gerichtshofs zu vergegenwärtigen, die die Bedeutung späterer Erwägungen erklärt (1).

(1) Aufspaltung der Vorlagefrage

210 Der Gerichtshof hat die Frage nach der Zulässigkeit des Zustimmungserfordernisses zunächst in zwei Teile zerlegt. Der Beurteilung des Zustimmungserfordernisses hat der Gerichtshof die Frage vorangestellt, ob die Artikel 52, 58 EWG-Vertrag (jetzt: EG-Vertrag) einer nach nationalem Recht gegründeten Gesellschaft mit inländischem Satzungssitz *überhaupt* das Recht gewähren, den Sitz der Geschäftsleitung in einen anderen Mitgliedstaat zu verlegen. Nur wenn die Niederlassungsfreiheit auch ein Recht auf Sitzverlegung erfasse, solle sich die weitere Frage nach der Zulässigkeit des Zustimmungserfordernisses stellen[422].

211 Diese Aufspaltung der „ersten Frage" in zwei Fragen ist im Schrifttum heftig kritisiert worden. Einige Rezensenten des Urteils hätten es lieber gesehen, wenn der Gerichtshof sich auf die steuerrechtliche Frage beschränkt hätte und Fragen der Sitzverlegung ausgespart hätte[423]. Dieser Kritik ist für die *Auslegung* des Urteils nicht näher nachzugehen: Das Urteil ist als Faktum in der Welt[424]. Es ist in seiner veröffentlichten Form daraufhin zu untersuchen, ob es Auslegungsvorgaben für die Auslegung von Artikel 58 Abs. 1 (*erste Voraussetzung*) EG-Vertrag enthält.

212 Es sei immerhin angemerkt, daß gute Gründe für den vom Gericht eingeschlagenen Weg sprachen. Zum einen war die Frage nach der Reichweite der Niederlassungsfreiheit ausführlich erörterter Gegenstand des Verfahrens[425]. Dies allein hätte aus rechtspraktischer Sicht zumindest ein *obiter dictum* zu dieser Frage gerechtfertigt. Darüberhinaus – und dies ist der wesentliche Grund – erlaubte der vom Gerichtshof eingeschlagene Weg die Beantwortung der vorgelegten Frage nach der Zulässigkeit der steuerrechtlichen Wegzugsbeschränkungen; denn die Frage nach der Reichweite der Niederlassungsfreiheit ist logisch vorrangig[426]. Die Alternative, die Zulässigkeit der steuerrechtlichen Wegzugs-

---

[421] Der Bereich der sekundären Niederlassungsfreiheit wird im Schrifttum weitgehend ausgespart: Vgl. z. B. *Drobnig*, in: Europäisches Gemeinschaftsrecht und IPR, S. 185, 188.

[422] Urteil, Slg. 1988, 5505, 5509 Erw. 11.

[423] So z. B. *Behrens*, IPRax 1989, 354, 357; *Knobbe-Keuk*, ZHR 154 (1990), 325, 332–333 und 333 Abs. 1; *dies.*, DB 1990, 2573, 2579 unter 4.; *Drobnig* in: Gemeinschaftsrecht und IPR, S. 185, 204 unter b).

[424] Ebenso pragmatisch z. B.: *Behrens*, ZGR 1994, 1, 22 (unter III. 5. b am Ende).

[425] Vgl. den Sitzungsbericht, Slg. 1988, 5484, 5489 rechte Spalte (zum Vorbringen der Klägerin); 5494 rechte Spalte Abs. 3 (zum Vorbringen der Beklagten); 5498 linke Spalte (zum Vorbringen der Kommission).

[426] So auch *Behrens*, IPRax 1987, 354, 357 linke Spalte unter IV. 1. (2. Absatz).

beschränkungen isoliert zu erörtern und die Frage nach der primären Niederlassungsfreiheit offen zu lassen[427], wäre nicht minder steinig gewesen, weil nach der Rechtsprechung des Gerichtshofs steuerliche Interessen grundsätzlich keine Beschränkungen der Niederlassungsfreiheit rechtfertigen[428]. Sie wäre auch logisch unbefriedigend gewesen: Die Auseinandersetzung mit Rechtfertigungsgründen setzt nun einmal grundsätzlich die Feststellung einer Beschränkung voraus[429]. Unter den gegebenen Umständen ist es daher nachvollziehbar, daß der Gerichtshof den von ihm eingeschlagenen Weg gewählt hat.

---

427 Dies hätte z. B. *Drobnig* gern gesehen; vgl. *ders.* in: Gemeinschaftsrecht und IPR, S. 185, 204 unter a).

428 EuGH 28. 1. 1986, Rs. 270/83 (*Kommission/Französische Republik*), Slg. 1986, 273, 306 Erw. 25, bestätigt durch die Entscheidung *Commerzbank AG* (vgl. oben Rn. 191 Fn. 368), EuZW 1993, 740, 742 Erw. 19. – *Behrens*, IPRax 1989, 354, 360 rechte Spalte Abs. 3–4, hat allerdings aufgezeigt, daß dieser Weg gangbar gewesen wäre. Ähnlich *Knobbe-Keuk*, DB 1990, 2573, 2579 rechte Spalte vor 5.

429 Die Frage, ob die Niederlassungsfreiheit ein erweitertes Diskriminierungsverbot oder ein Beschränkungsverbot enthält, ist zumindest im *deutschen* Schrifttum umstritten:

Für die Einordnung als Beschränkungsverbot spricht bereits die 16. Erwägung der *Daily Mail*-Entscheidung (Slg. 1988, 5505, 5510): „Zwar sollen diese Bestimmungen [gemeint sind Artt. 52, 58 EG-Vertrag; Anm. *d. Verf.*] ihrer Fassung nach insbesondere die Inländerbehandlung im Aufnahmemitgliedstaat sicherstellen, *sie verbieten aber auch dem Herkunftsstaat, die Niederlassung seiner Staatsangehörigen oder einer nach seinem Recht gegründeten, der Definition des Artikel 58 genügenden Gesellschaft in einem anderen Mitgliedstaat zu behindern.* Wie die Kommission zu Recht ausgeführt hat, wären die in Artikel 52ff. gewährten Rechte sinnentleert, wenn der Herkunftsstaat Unternehmen verbieten könnte, auszuwandern, um sich in einem anderen Mitgliedstaat niederzulassen." Deutlich für die Einordnung der Niederlassungsfreiheit als Beschränkungsverbot jetzt auch der Gerichtshof in zwei neueren Entscheidungen: EuGH 30. 3. 1993, Rs. C-168/91 (*Christos Konstantinidis*), EuZW 1993, 376, 377 Erw. 15–18 und EuGH 31. 3. 1993, Rs. C-19/92 (*Dieter Kraus/Land Baden-Württemberg*), EuZW 1993, 322, 324 Erw. 32, siehe hierzu *Behrens*, ZGR 1994, 1, 15–16.

Auf die Bedeutung der *Daily Mail*-Entscheidung für die Einordnung der Niederlassungsfreiheit als Beschränkungsverbot haben bereits *Behrens*, IPRax 1989, 357, 359–360, *Sack*, JuS 1990, 352, 355 rechte Spalte und *Knobbe-Keuk*, DB 1990, 2573, 2574 (Text bei Fn. 23) sowie 2581 unter 7., hingewiesen; vorsichtig für die Einordnung als Beschränkungsverbot auch bereits *Steindorff*, EuR 1988, 19–32 (vor *Daily Mail*); für die Einordnung als Beschränkungsverbot ferner: *Troberg* in: *Groeben/Thiesing/Ehlermann*, Artikel 59 Rn. 4ff., 12–13 (*Troberg* wird von *Hailbronner/Nachbaur*, EuZW 1992, 105, 109 Fn. 59 unter Hinweis auf Artikel 59 Rn. 4 für die Gegenmeinung aufgeführt); *Haidinger*, S. 162ff., 167, 169.

A. A. und für die Einordnung als – erweitertes – Diskriminierungsverbot z. B. *Everling*, DB 1990, 1853, 1857 linke Spalte und 1858 linke Spalte; Grabitz/*Randelzhofer*, Art. 52 Rn. 36ff. (konkludent); *Hailbronner*, JuS 1991, 917ff., insbesondere S. 919 rechte Spalte unten); *Nachbaur*, EuZW 1991, 470, 471 unter 3.; *Hailbronner/Nachbaur*, EuZW 1992, 105, 109, Text um Fn. 159.

In der *ausländischen* Literatur wird die Frage nach der Einordnung der Niederlassungsfreiheit als Beschränkungsverbot soweit ersichtlich bisher nicht erörtert. Die Freiheit scheint noch durchweg als Inländergleichbehandlungsgebot verstanden zu werden: So z. B. *van Gerven* u. a. in: *Smit/Herzog*, Article 52, 52.04; *Ballarino*, Lineamenti, S. 353 unter a) („realizzazione della parità"); *Mathijsen*, S. 151.

(2) Erwägungen Nr. 15–19

213 Nach der Darstellung der Auffassungen der Parteien und der Kommission[430] beginnen die wesentlichen Erwägungen des Gerichtshofs mit der Betonung des unmittelbar aus Artikel 58 EG-Vertrag folgenden Rechts der Gesellschaften auf Ausübung der *sekundären* Niederlassungsfreiheit (Erwägungen 15–18 Satz 1)[431]. Diese Aussagen sind für die Entscheidung über den IPR-Charakter von Artikel 58 Abs. 1 (*erste Voraussetzung*) EG-Vertrag zunächst als neutral zu bewerten. Sie helfen jedoch, die sogleich zu erörternde 19. Erwägung zu verstehen.

214 In den Sätzen 2 und 3 der 18. Erwägung hat der Gerichtshof zur Problematik der identitätswahrenden Sitzverlegung, also der Frage nach der *primären* Niederlassungsfreiheit übergeleitet. Die erste *Auslegungsvorgabe* für Artikel 58 Abs. 1 (*erste Voraussetzung*) EG-Vertrag könnte erst die 19. Erwägung des Urteils enthalten. In der amtlichen deutschen Fassung lautet die 19. Erwägung wie folgt:

> „Im Gegensatz zu natürlichen Personen werden Gesellschaften aufgrund einer Rechtsordnung, beim gegenwärtigen Stand des Gemeinschaftsrechts aufgrund einer nationalen Rechtsordnung, gegründet. *Jenseits der jeweiligen nationalen Rechtsordnung,* die ihre Gründung und Existenz regelt, *haben sie keine Realität.*“[432] (Hervorhebung hinzugefügt).

215 Diese Erwägung könnte der Einordnung von Artikel 58 Abs. 1 (*erste Voraussetzung*) EG-Vertrag als IPR-Sachnormverweisung entgegenstehen: Nach dieser Interpretation führt die Verweisung auf nationales Gründungsrecht grundsätzlich zur Realität in der Gemeinschaft, auch außerhalb der jeweiligen nationalen Rechtsordnung[433]. Der Vergleich mit ausländischen Fassungen zeigt[434], daß die 19. Erwägung die Realität von Gesellschaften „jenseits der nationalen Rechtsordnungen“ gar nicht in Frage stellen wollte:

---

430 Urteil, Slg. 1988, 5505, 5509f., Erw. 12–14.

431 Urteil, Slg. 1988, 5505, 5510f. Zu Erwägung Nr. 16 vgl. bereits Abs. 2–3 der vorletzten Fußnote.

432 Slg. 1988, S. 5505, 5511.

433 Ähnlich – wenn auch nicht im Hinblick auf eine IPR-Verweisung in Artikel 58 EWG-Vertrag (jetzt: EG-Vertrag) – *Behrens* in der Diskussion der 19. Erwägung: „Soweit nämlich die Kollisionsnormen anderer Staaten auf das Recht verweisen, nach dem die Gesellschaft gegründet worden ist und nach dem sie existiert ..., wird die Gesellschaft auch außerhalb des Gründungsstaates als Rechtssubjekt behandelt.“ (IPRax 1989, 354, 359 linke Spalte).

434 *Kritisch* gegenüber der Berücksichtigung aller Fassungen von Urteilen des Gerichtshofs und für die *Aufwertung der Urversion* jetzt: *Braselmann*, EuR 1992, 55, 58f. und 73f. (siehe dort aber auch den Hinweis in Fn. 54, daß es gelegentlich zwei Urversionen gibt). Nach dieser Auffassung wäre im vorliegenden Fall ohne nähere Begründung auf die französische Fassung zurückzugreifen gewesen. Diese Auffassung – für die der *Verf.* mit der Einschränkung Sympathie hegt, daß stets *zusätzlich* zur Urversion die gegebenenfalls abweichende Version der *Verfahrenssprache* gleichermaßen maßgebend sein müßte – entspricht aber bisher nicht der Rechtsprechung des Gerichtshofs: Vgl. nur die bei *Braselmann*, a. a. O. S. 60ff. erörterten Beispiele und die Rechtsprechungsnachweise oben in Rn. 108 Fn. 176. – Für die Notwendigkeit, *mehrsprachig* zu arbeiten nachdrücklich *Remien*, JZ 1992, 277, 283 unter III.6.; vgl. auch *Jayme*, Ein internationales Privatrecht für Europa, S. 12–14; *Flessner*, RabelsZ 56 (1992) 243, 257–258 und *Remien*, RabelsZ 56 (1992) 300, 307.

Wichtig sind im Falle *Daily Mail PLC* die englische und die französische Fassung: Englisch war Verfahrenssprache[435]; französisch war die von Generalanwalt *Darmon* in der Originalfassung seiner Schlußanträge verwendet Sprache[436]. Die englische Fassung der 19. Erwägung weicht von der deutschen in erheblichem Maße ab: 216

„In that regard it should be borne in mind that, unlike natural persons, companies are creatures of the law and, in the present state of Community law, creatures of national law. *They exist only by virtue of the varying legislation* which determines their incorporation and functioning."[437] (Hervorhebung nicht im Original).

Ähnlich heißt es in der französischen Fassung:

„A cet égard, il convient de rappeler que, contrairement aux personnes physiques, les sociétés sont des entités créées en vertu d'un ordre juridique et, en l'état actuel du droit communautaire, d'un ordre juridique national. *Elles n'ont d'existence qu'à travers les différentes législations nationales* qui en déterminent la constitution et le fonctionnement."[438] (Hervorhebung hinzugefügt).

Gesellschaften entstehen nach diesen Fassungen „kraft ihrer nationalen Rechtsordnungen"[439]. Sie entstehen also nach einer nationalen Rechtsordnung und können in Folge ihrer Gründung durchaus „Realität" außerhalb des Gründungsrechts haben. 217

Sprachlicher Exkurs: Die im Text gewählte Übersetzung der englischen und der französischen Fassung, nach der Gesellschaften „*kraft* ihrer nationalen Rechtsordnung" entstehen, ist sprachlich geboten.

Die Richtigkeit der Übersetzung der englischen Formulierung „by virtue of" mit dem Wort „kraft" läßt sich mit Hilfe von deutsch-englischen Wörterbüchern belegen, die die Formulierung „by virtue of" ausdrücklich mit dem Wort „kraft" in Verbindung mit dem Genetiv übersetzen[440].

Die Übersetzung der französischen Formulierung „à travers" mit dem Wort „kraft" bedarf hingegen einer ausführlicheren Begründung: Wäre die Formulierung „à travers" in ihrem ursprünglichen, vom lateinischen *transversus* abgeleiteten *räumlichen* Sinne zu verstehen[441], wäre dies ein Indiz für die Richtigkeit der im Text

---

[435] Siehe bereits oben Rn. 207 Fn. 411 oder die Fußnote in Slg. 1988, 5505.

[436] Slg. 1988, Fn. auf S. 5500.

[437] Rep. 1988, 5483, 5511 Erw. 19.

[438] Rec. 1988, 5483, 5511 Erw. 19.

[439] Entsprechend heißt es auch in der italienischen Fassung, abgedruckt in Dir.comunit. scambi int. 1990, 43: „Al riguardo occorre ricordare che, diversamente dalle persone fisiche, le società sono enti creati da un ordinamento giuridico e, allo stato attuale del diritto comunitario, da un ordinamento giuridico nazionale. *Esse esistono solo in forza delle diverse legislazioni nazionali* che ne disciplinano costituzione e funzionamento" (insoweit auch abgedruckt bei *Santa Maria*, Diritto commerciale communitario, S. 10).

[440] So z. B. *v. Eichborn*, S. 1120; *Langenscheidts Enzyklopädisches Wörterbuch* der englischen und deutschen Sprache, Teil I, 2. Band, S. 1612.

[441] Vgl. *Littré*, Bd. 4, S. 6450 unter „travers", siehe dort insbesondere Nr. 1: „Étendue d'un corps considéré dans sa largeur, c'est-à-dire comme s'il allait perpendiculairement d'une limite à une autre."

zitierten amtlichen Übersetzung der 19. Erwägung. In jener Übersetzung ist die Formulierung „à travers" räumlich verstanden worden; anders ist die Schlußfolgerung, *jenseits* der jeweiligen nationalen Rechtsordnung hätten Gesellschaften keine Realität, nicht zu erklären.

Ein solch räumliches Verständnis der Formulierung „à travers" ist nicht zwingend: Das französische Lexikon von Paul-Emile *Littré* „Dictionnaire de la langue française" stellt 16 Bedeutungen des Wortes „travers" vor[442]. Danach wird das Wort häufig in abstrahierter Weise gebraucht. *Littré* zitiert aus den „Maximen" von *La Rochefoucauld* (1613–1680):

„Quelque soin que l'on prenne de couvrir ses passions par des apparences de piété et d'honneur, elles paraissent toujours *au travers de* ces voiles." (Kursivdruck nicht im Original)[443].

Hier wird die Formulierung „au travers de" in einer abstrahierten Form verwendet, die noch räumliche Bezüge aufweist. Frei übersetzt besagt die Passage folgendes:

„Wie immer man sich bemüht, seine Leidenschaften (seine Sucht) durch Erscheinungen der Frömmigkeit und Ehre zu verdecken, sie (die Leidenschaften) scheinen stets *durch* diese Schleier *hindurch*."[444].

Noch weiter in der Abstraktion geht das folgende von *Littré* zitierte Beispiel aus dem Werk von *Blaise Pascal* (1623–1662):

„Les chrétiens hérétiques l'ont connu [Dieu] *à travers son humanité*, et adorent Jésus-Christ." (Kursivdruck nicht im Original)[445].

Hier wird die Fomulierung „à travers" in einem *kausalen* Sinne gebraucht, der der Übersetzung „kraft" nahe kommt. Die Passage von *Pascal* bedeutet – bei freier Übersetzung -:

„Die ketzerischen Christen haben ihn [Gott] an seiner Menschlichkeit (oder: durch seine Menschlichkeit) erkannt und beten Jesus Christus an."

Die – durch Jesus Christus gezeigte – Menschlichkeit Gottes wird als *Ursache* für die Erkenntnis der Ungläubigen dargestellt. Auf diese Ursache wird durch die Formulierung „à travers" in Verbindung mit einem Akkusativ hingewiesen[446]. Ebenso weist die oben zitierte 19. Erwägung der *Daily Mail*-Entscheidung auf die nationalen Rechtsordnungen als *Ursache* für die Existenz von Gesellschaften hin.

218 Für eine solche *kausale* Bedeutung der Formulierung „à travers" in der 19. Erwägung spricht schließlich auch der Zusammenhang mit dem vorhergehenden ersten Satz der 19. Erwägung: Dort spricht der Gerichtshof von der Gesellschaftsgründung (*création* bzw. *créées*), die beim gegenwärtigen Stand des Gemeinschaftsrechts nur mittels nationaler Rechtsordnungen (*ordre juridique national*) möglich sein soll. Dieser Gedanke wird im folgenden Satz fortgeführt: Die Existenz – eine Folge der Gründung – soll sich wiederum aus nationalem Recht ergeben (*à travers les différentes*

---

442 *Littré*, Bd. 4, S. 6450–6452.

443 *Littré*, Bd. 4, S. 6450 unter „travers", 15.

444 Die Übersetzung „durch etwas hindurch" für „à travers quelquechose" bietet das *Langenscheidts Grosswörterbuch Französisch* an (S. 958 unter I.1).

445 *Littré*, a. a. O.

446 Ähnlich ist auch das Beispiel aus *Langenscheidts Grosswörterbuch Französisch*, nach dem „juger quelqu'un, quelquechose à travers ses préjugés" mit den Worten „jemanden, etwas *nach* einer vorgefaßten Meinung beurteilen" übersetzt werden soll (S. 958 unter I.1). Auch in diesem Beispiel weist die Formulierung „à travers" auf eine Ursache hin: Das Urteil über eine Person oder Sache folgt in dem Beispiel aus einer vorgefaßten Meinung.

législations nationales). Ebenso wie die im ersten Satz erläuterte Gesellschaftsgründung vom nationalen Recht abhängt, hängt die im zweiten Satz dargestellte Gesellschaftsexistenz vom nationalen Recht ab. Diese Parallelität spricht ebenfalls für die im Text gewählte Übersetzung, nach der Gesellschaften ausweislich der englischen und französischen Fassungen der *Daily Mail*-Entscheidung „*kraft* ihrer nationalen Rechtsordnungen" entstehen.

Besser als die amtliche Fassung der 19. Erwägung trifft danach die in einigen deutschen Zeitschriften abgedruckte Übersetzung: 219

„Im Gegensatz zu natürlichen Personen sind Gesellschaften Einheiten, die aufgrund einer Rechtsordnung, und zwar, beim gegenwärtigen Stand des Gemeinschaftsrechts, einer nationalen Rechtsordnung geschaffen werden. *Ihre einzige Existenzgrundlage sind die verschiedenen nationalen Rechtsordnungen*, die für ihre Errichtung und Funktionsweise maßgeblich sind." (Kursivdruck nicht im Original)[447].

Der Text der englischen und der französischen Fassung der 19. Erwägung wird im Folgenden für die Auslegung zu Grunde gelegt werden[448]; danach enthält die Erwägung keine Auslegungsvorgabe in dem oben erörterten Sinne[449]. Im Gegensatz zur deutschen Fassung stehen die zitierten ausländischen Fassungen – wie auch die italienische Fassung[450] – mit den übrigen Erwägungen des Urteils im Einklang[451]. Die deutsche Fassung paßt nicht zu den vorangehenden Feststellungen des Gerichtshofs zur passiven Niederlassungsfreiheit. Auch die Ausübung der passiven Niederlassungsfreiheit verlangt, daß die nach der Rechtsordnung eines Mitgliedstaates gegründeten Gesellschaften in den anderen Mitgliedstaaten „Realität" haben. Die englische und die französische Fassung passen darüberhinaus besser als die deutsche zu der nachfolgenden Erwägung Nr. 20, in der der Gerichtshof die in der 19. Erwägung angesprochenen *verschiedenen* Rechtsordnungen näher dargestellt hat („*varying* legislation which determines their incorporation and functioning"; „les *différentes* législations nationales qui en déterminent la constitution et le fonctionnement"). 220

Denkbar ist, daß die 19. Erwägung auch nach dem Inhalt der englischen oder französischen Fassung eine *Auslegungsvorgabe* für Artikel 58 EG-Vertrag enthält. 221

---

447 DB 1989, 269, 270; JZ 1989, 384, 385; insoweit auch wiedergegeben bei *Sandrock*, RIW 1989, 249, 250 (ohne Hinweis auf den sprachlichen Unterschied), während in RIW 1989, 304, 306 die amtliche Fassung abgedruckt worden ist.

448 Damit entfällt insoweit eine nähere Auseinandersetzung mit dem deutschen Schrifttum, das von der amtlichen deutschen Fassung der 19. Erwägung ausgegangen ist: So z. B. *Behrens*, IPRax 1989, 357, 359 linke Spalte.

449 Oben Rn. 215.

450 Vgl. Rn. 217 Fn. 439.

451 Im übrigen – dies sei nur am Rande angemerkt – entsprechen nur die englische und die französische Fassung der 19. Erwägung der Stellungnahme der Kommission, auf die die Erwägung zurückzuführen sein dürfte (*arg.* aus der ausdrücklichen Bezugnahme auf die Ausführungen der Kommission in der 20. Erwägung). In der englischsprachigen Originalfassung des Sitzungsberichtes gibt der berichterstattende Richter *Due* die Stellungnahme der Kommission wie folgt wieder: „Legal persons *depend* for their existence *on their law of incorporation*..." (Rep. 1988, 5484, 5498 linke Spalte; Kursivdruck nicht im Original).

Aus kollisionsrechtlicher Sicht kommt etwa folgende Argumentation in Betracht: Nationales Recht umfaßt nationales IPR und nationales Sachrecht. Wenn Gesellschaften nur kraft der nationalen Rechtsordnungen entstehen und leben, so verdanken sie ihre Existenz der Verbindung aus nationalem Internationalen Gesellschaftsrecht und nationalem Sachrecht; denn erst das IPR beruft in Folge eines bestimmten Anknüpfungspunktes das nationale Gesellschaftsrecht zur Anwendung. Verstünde man die 19. Erwägung in dieser Weise, so folgte bereits aus der 19. Erwägung, daß die Niederlassungsfreiheit das Internationale Gesellschaftsrecht nicht erfaßt. Eine solche Auslegung würde zu der in der Literatur durchweg anzutreffenden Einschätzung passen, daß der Gerichtshof das Internationale Gesellschaftsrecht außerhalb des Anwendungsbereiches der Vorschriften über die Niederlassungsfreiheit gestellt hat[452]. Diese Auslegung der 19. Erwägung spräche gegen die Interpretation von Artikel 58 Abs. 1 (*erste Voraussetzung*) EG-Vertrag als IPR-Sachrechtsverweisung.

222 Die 19. Erwägung in dem dargestellten Sinne auszulegen, hieße sie zu überfrachten. Nur ein Leser mit einem ausgeprägtem „IPR-Horizont" wird bei einem Hinweis auf das nationale Gründungsrecht an nationales IPR denken. Logisch hätte er recht. Bei durchschnittlichem Erwartungshorizont wird man unter nationalem Recht, das die Gründung und Funktionsweise einer Gesellschaft regelt, eher an Sachrecht denken: Gesellschaften werden in erster Linie nach sachrechtlichen Regelungen gegründet. Da es in der großen Mehrzahl der vom Gerichtshof entschiedenen Fälle um sachrechtliche Probleme und Beschränkungen geht[453], ist davon auszugehen, daß der Gerichtshof das internationale Privatrecht ausdrücklich genannt hätte, wenn er es ausnahmsweise in seine Erwägungen hätte einbeziehen wollen. Schon aus diesem Grund ist die 19. Erwägung dahingehend auszulegen, daß sie eine ausschließlich sachrechtliche Aussage enthält und *keine Auslegungsvorgabe* für die Interpretation von Artikel 58 Abs. 1 (*erste Voraussetzung*) EG-Vertrag enthält.

223 Darüberhinaus spricht für die Auslegung der 19. Erwägung als sachrechtlicher Hinweis die Wiedergabe der Ansicht der Kommission in der 14. Erwägung[454]. Auf diese Ansicht hat der Gerichtshof in der 20. Erwägung, die die Beobachtungen der 19. Erwägung ausführt, ausdrücklich Bezug genommen[455]. In der 14. Erwägung hat der Gerichtshof die Ansicht der Kommission in einer Weise wiedergegeben, die keinen Zweifel daran läßt, daß die Kommission – zumindest nach dem für die Auslegung der 19. Erwägung allein wichtigen Verständnis des Gerichtshofes – nur nationales Gesellschafts- und Steuerrecht, nicht aber Internationales Gesellschaftsrecht im Auge hatte. Beispielhaft sei ein Auszug aus der 14. Erwägung in der englischen Verfahrenssprache wiedergegeben:

---

[452] Vgl. die Nachweise oben in Rn. 209 Fn. 420.

[453] Eine Ausnahme stellt das oben Rn. 18 Fn. 62 genannten Urteil EuGH 24. 10. 1978, Rs. 15/78 (*Société générale alsacienne/Koestler*) dar.

[454] Slg. 1988, S. 5505, 5510.

[455] In der deutschen Fassung: Slg. 1988, S. 5505, 5511 Erw. 20 Satz 2.

„The Commission emphasizes first of all that in the present state of Community law, the conditions under which a company may transfer its central management and control from one Member State to another are still *governed by the national law of the State in which it is incorporated and of the State to which it wishes to move.* In that regard, the Commission refers to the differences between the *national systems of company law.* Some of them permit the transfer of the central management and control of a company and, among those, certain attach no legal consequences to such a transfer, *even in regard to taxation.*" (Hervorhebungen nicht im Original).

Im 1. Satz der zitierten Passage wird davon ausgegangen, daß in Fällen der Verlegung des Hauptverwaltungssitzes beide betroffenen Rechte anwendbar sind, das des Wegzugs- und das des Zuzugsstaates. Schon dies spricht dagegen, daß der Hinweis auf „national law" auch IPR umfaßt, das die Frage des anwendbaren Rechts erneut zu lösen hätte. Ebenso dürfte der Hinweis auf „national systems of company law" im 2. Satz der zitierten Passage nicht dahingehend zu verstehen sein, daß er auch „private international law" bzw. „conflicts of law" mit umfassen sollte. Andernfalls – diese Vermutung sei gewagt – hätte die Kommission das IPR ausdrücklich genannt, ebenso wie sie das Steuerrecht genannt hat („legal consequences ... in regard to taxation"). Für die Richtigkeit dieser Auslegung spricht zunächst der vorangehende Satz, der, wie erwähnt, keinen Raum für die Entscheidung von IPR-Fragen durch nationales Recht läßt. Ferner bestand für die Kommission, die sich den Fragen der Sitzverlegung nicht in grundsätzlicher Weise zugewendet hatte, kein Anlaß, Fragen des Internationalen Gesellschaftsrechts zu erörtern: Da im Vereinigten Königreich und in den Niederlanden die Gründungstheorie gilt[456], lag kein internationalprivatrechtlicher Konflikt vor[457]. Die der *Daily Mail PLC* entgegenstehenden Hindernisse waren allein sachrechtlicher Natur. 224

Bisher sind der *Daily Mail*-Entscheidung also *noch keine Vorgaben* für die Auslegung von Artikel 58 Abs. 1 (*erste Voraussetzung*) zu entnehmen.

(3) Erwägungen Nr. 20–21 Satz 1

Auch der 20. Erwägung und Satz 1 der 21. Erwägung sind keine Auslegungsvorgaben für die Interpretation von Artikel 58 Abs. 1 (*erste Voraussetzung*) zu entnehmen. 225

Der erste Teil der 20. Erwägung lautet[458]:

„Hinsichtlich *dessen, was für die Gründung einer Gesellschaft an Verknüpfung mit dem nationalen Gebiet erforderlich ist,* wie hinsichtlich der Möglichkeit einer nach nationalem Recht gegründeten Gesellschaft, diese Verknüpfung nachträglich zu ändern, bestehen erhebliche Unterschiede im Recht der Mitgliedstaaten. Hierauf hat die Kommission hingewiesen."[459] (Hervorhebungen hinzugefügt).

---

[456] Oben Rn. 124 Fn. 218 und Rn. 144 Fn. 272.

[457] Ähnlich z. B. *Behrens*, IPRax 1989, 354, 360 linke Spalte Absatz 3; *Knobbe-Keuk*, ZHR 154 (1990), 332–333.

[458] Slg./Rep./Rec. 1988, S. 5505, 5511.

[459] Slg. 1988, S. 5505, 5511, Erw. 20 Sätze 1–2.

Auf englisch:

„As the Commission has emphasized, the legislation of the Member States varies widely in regard to *both the factor providing a connection to the national territory required for the incorporation* of a company and the question whether a company incorporated under the legislation of a Member State may subsequently modify that connecting factor."[460] (Hervorhebungen nicht im Original).

Auf französisch:

„Ainsi que la Commission l'a souligné, les législations des États membres diffèrent largement en ce qui concerne *tant le lien de rattachement au territoire national exigé en vue de la constitution d'une société* que la possibilité, pour une société constituée conformément à une telle législation, de modifier ultérieurement ce lien de rattachement."[461] (Hervorhebungen nicht im Original).

226 Nach allen drei zitierten Fassungen setzt sich der Gerichtshof in der 20. Erwägung rechtsvergleichend mit zwei Problemen des nationalen Sachrechts auseinander, in den *kursiv* hervorgehobenen Passagen mit den Voraussetzungen der *Gesellschaftsgründung* und in den unterstrichenen Passagen mit der Möglichkeit der Sitzverlegung. Dabei spricht der Gerichtshof nur von der Möglichkeit, ein bereits für die Gesellschaftsgründung vorausgesetztes Band zwischen einer Gesellschaft und einem Mitgliedstaat nachträglich zu ändern. Dies folgt aus dem Gebrauch des Demonstrativpronomens „dieser" vor dem Wort „Verknüpfung" („*diese* Verknüpfung", „*that* connecting factor", „*ce* lien"). Durch dieses Pronomen weist der Gerichtshof identifizierend[462] auf die im ersten Teil des 1. Satzes angesprochenen Gründungsvoraussetzungen hin. Damit schlägt der Gerichtshof die Brücke von den in der Erwägung Nr. 19 angesprochenen Unterschieden der nationalen Gründungsvoraussetzungen zu entsprechenden Unterschieden hinsichtlich der sachrechtlichen Voraussetzungen der Sitzverlegung im Sachrecht des Wegzugsstaates. Von der Gesellschaftsgründung leitet die 20. Erwägung zum eigentlichen Gegenstand der Entscheidung über: den sachrechtlichen Voraussetzungen und Schranken der Sitzverlegung aus der Sicht des Wegzugsstaates[463].

227 Aus dem Hinweis auf nachträgliche *Änderungs*möglichkeiten der Gründungsvoraussetzungen[464] folgt, daß der Gerichtshof im zweiten Teil des Satzes nur die Frage anspricht, inwieweit das Gründungsrecht den Gesellschaften gestattet, eine Gründungsvoraussetzung zu verändern, ohne dadurch ihre „Existenz", ihre Eigenschaft als rechtsfähige, nach nationalem Recht gegründete Gesellschaft, zu

[460] Rep. 1988, S. 5505, 5511 Erw. 20 Satz 1.

[461] Rec. 1988, S. 5483, 5511 Erw. 20 Satz 1.

[462] Vgl. *Drosdowski* (Hrsg.), Duden, Bd. 4, Rn. 552.

[463] A.A. (ohne nähere Begründung): *Drobnig* in: Gemeinschaftsrecht und IPR, S. 185, 202 unten: Das Gericht habe in der 20. Erwägung Unterschiede in den Kollisionsrechten der Mitgliedstaaten betont.

[464] Vgl. Satz 1 der 20. Erwägung a. E.: „diese Verknüpfung nachträglich zu *ändern*"/„subsequently *modify* that connecting factor"/„*modifier* ultérieurement ce lien de rattachement". (Kursivdruck nicht im Original).

verlieren[465]. Von internationalprivatrechtlichen Fragen ist an dieser Stelle des Urteils ebensowenig wie in der 19. Erwägung die Rede: Die zur Auslegung jener Erwägung angestellten Erwägungen sind auf die Auslegung der 20. Erwägung zu übertragen. Die Frage, welches Recht über die Rechtsfähigkeit einer Gesellschaft entscheidet, ist eine gesonderte Frage, die – wenn sie gemeint worden wäre – ausdrücklich angesprochen worden wäre. Sie hat nichts mit der Frage zu tun, ob eine Gesellschaft nach nationalem Sachrecht fortbesteht, wenn sie eine Gründungsvoraussetzung verändert.

Die in dem bisher untersuchten ersten Teil der 20. Erwägung beobachtete 228
Überleitung von den Gründungsvoraussetzungen zur Änderung dieser Voraussetzungen hat der Gerichtshof in den folgenden Teilen der 20. Erwägung ausgeführt. Die Aussagen, die sich auf die *Gesellschaftsgründung* beziehen, werden wieder *kursiv* zitiert; diejenigen, in denen der Gerichtshof sachrechtliche Wegzugsschranken darstellt, werden wieder unterstrichen. Das Ende der 20. Erwägung lautet in der deutschen Fassung:

„*In einigen Staaten muß nicht nur der satzungsmäßige, sondern auch der wahre Sitz, also die Hauptverwaltung der Gesellschaft, im Hoheitsgebiet liegen*; die Verlegung der Geschäftsleitung aus diesem Gebiet setzt somit die Liquidierung der Gesellschaft mit allen Folgen voraus, die eine solche Liquidierung auf gesellschafts- und steuerrechtlichem Gebiet mit sich bringt. Andere Staaten gestehen den Gesellschaften das Recht zu, ihre Geschäftsleitung ins Ausland zu verlegen, aber einige, unter ihnen das Vereinigte Königreich, beschränken dieses Recht; die rechtlichen Folgen der Verlegung, insbesondere auf steuerlichem Gebiet, sind in jedem Mitgliedstaat anders."[466] (Hervorhebungen hinzugefügt).

Auf englisch:

„*Certain States require that not merely the registered office but also the real head office, that is to say the central administration of the company, should be situated on their territory*, and the removal of the central administration from that territory thus presupposes the winding-up of the company with all the consequences that winding-up entails in company law and tax law. The legislation of other States permits companies to transfer their central administration to a foreign country but certain of them, such as the United Kingdom, make that right subject to certain restrictions, and the legal consequences of a transfer, particularly in regard to taxation, vary from one Member State to another."[467] (Hervorhebungen nicht im Original).

Auf französisch:

„*Certaines législations exigent que non seulement le siège statutaire mais également le siège réel, à savoir l'administration centrale de la société, soient situés sur le territoire* et le déplacement de l'administration centrale hors de ce territoire suppose donc la dissolution de la société avec toutes les conséquences qu'une telle dissolution entraîne sur le plan du droit des sociétés et du droit fiscal. D'autres législations reconnaissent aux sociétés le droit de transférer leur administration centrale à l'étranger, mais quelques-

---

465 So die Rechtslage in LUXEMBURG: Vgl. *Behrens*, RIW 1986, 590, 591–592; vgl. auch Art. 163 des SCHWEIZERISCHEN IPR-Gesetzes (auf diese Regelung hat bereits *Behrens*, ZGR 1994, 1, 10 Fn. 11 hingewiesen).

466 Slg. 1988, S. 5505, 5511, Erw. 20 Sätze 3–4.

467 Rep. 1988, S. 5505, 5511 Erw. 20 Sätze 2–3.

unes, tel le Royaume-Uni, soumettent ce droit à certaines restrictions et les conséquences juridiques du transfert, notamment sur le plan fiscal, varient d'une État membre à l'autre."[468] (Hervorhebungen nicht im Original).

229 Das zitierte Ende der 20. Erwägung enthält in allen drei Fassungen zwei Sätze (im folgenden: vorletzter und letzter Satz der Erwägung 20[469]). Im vorletzten Satz der Erwägung betont der Gerichtshof, daß in Staaten, deren Gesellschaftsrecht einen innerstaatlichen Hauptverwaltungssitz als Gründungsvoraussetzung verlangt[470], die Sitzverlegung die Auflösung der Gesellschaft voraussetzt. Damit erörtert der Gerichtshof wiederum eine *sachrechtliche* Folge, wie sie etwa aus dem deutschen Gesellschaftsrecht bekannt ist: Dieses wertet den Gesellschafterbeschluß zur Sitzverlegung als Auflösungsbeschluß[471]. Im letzten Satz der Erwägung Nr. 20 stellt der Gerichtshof die beanstandete englische Wegzugsbeschränkung als vergleichsweise weniger gravierend dar: In Folge der unmittelbaren Gegenüberstellung mit den Auflösungsfolgen einer Sitzverlegung nach anderen Rechtsordnungen, erscheint – *a majore ad minus* – die englische Wegzugsbeschränkung aus rechtsvergleichender Sicht nicht überzogen. Denn die *gesellschaftsrechtliche* Folge des *Untergangs* („mort civile")[472], die stets mit erheblichen *steuerlichen* Nachteilen verbunden sind[473], trifft eine Gesellschaft grundsätzlich in noch härterem Maße, als die im *Daily Mail*-Fall erörterten ausschließlich steuerlichen Nachteile nach englischem Recht[474]. In Anlehnung an die Erwägung Nr. 19 läßt sich schließen, daß nach englischem Recht gegründete Gesellschaften im Wegzugsfall gesellschaftsrechtlich länger existieren („Realität haben") als zum Beispiel deutsche Gesellschaften.

230 *Exkurs:* Die Gegenüberstellung der englischen Wegzugsbeschränkungen mit anderen Rechtsordnungen, nach denen der Wegzug gesellschaftsrechtlich zum Untergang führt, hatte der Generalanwalt *Darmon* vorbereitet. In seinen Schlußanträgen stellt er das vom Gerichtshof aufgegriffene Argument *„a majore ad minus"* noch

---

[468] Rec. 1988, S. 5483, 5511 Erw. 20 Sätze 2–3.

[469] Diese umständliche Ausdrucksweise ist erforderlich, weil die verschiedenen Fassungen der 20. Erwägung insgesamt unterschiedlich viele Sätze enthalten. Die deutsche hat vier, die anderen haben drei Sätze.

[470] Vgl. die Hinweise auf das dänische Recht in Rn. 148 Fn. 285 und auf das deutsche, französische, luxemburgische und spanische Recht in Rn. 150 Fn. 290; siehe auch den Text zu diesen Fußnoten.

[471] Siehe oben Rn. 124 Fn. 217. – Nicht alle Staaten, die einen Hauptverwaltungssitz als Gründungsvoraussetzung verlangen, gehen soweit: Siehe *Behrens*, RIW 1986, 590, 591 f. zur Möglichkeit des identitätswahrenden Wegzugs ins Ausland nach *luxemburgischem* Gesellschaftsrecht; vgl auch *Behrens*, ZGR 1994, 1, 10.

[472] Schlußanträge von Generalanwalt *Darmon*, Rec. 1988, 5500, 5503 unter Nr. 11.

[473] Ein Staat, der *gesellschaftsrechtlich* im Wegzugsfall vom Untergang der Gesellschaft ausgeht, wird auf diese Weise stets auch die *steuerliche* Abwicklung (vor allem die Aufdeckung und Versteuerung stiller Reserven) verlangen: Vgl. Schlußanträge *Darmon*, Rep. 1988, 5500, 5503 unter Nr. 11; siehe z. B. im *deutschen* Steuerrecht § 12 Abs. 1 KStG.

[474] Aus praktischer Sicht werden ausschließlich steuerliche Nachteile freilich leicht als ebenso gravierend empfunden wie gesellschaftsrechtliche Nachteile, die mit steuerlichen gepaart sind.

pointierter dar. Er beginnt den entscheidenden Teil seiner Anträge[475] mit der Darstellung der *Prämisse*, es sei „allgemein anerkannt" („généralement reconnu"), daß es nicht dem Gemeinschaftsrecht widerspreche, wenn das nationale Recht die Liquidierung als Voraussetzung der Emigration einer Gesellschaft fordere. Unter diesen Umständen sei es paradox („paradoxal"), wenn ein Mitgliedstaat steuerliche Nachteile hinnehmen müsse, weil er eine solche Liquidierung nicht fordere und damit gesellschaftsrechtlich den Zielen der Gemeinschaft besser entspreche.

Zum Beleg seiner *Prämisse* hat sich der Generalanwalt ausdrücklich nur auf ein belgisches Buch von 1969 gestützt[476]. Ohne weitere Belegstellen legt der Autor dieses Buches in einem eigenen Gedankengang dar, daß das Gründungsrecht im Fall des Wegzugs einer Gesellschaft den Untergang der Gesellschaft vorsehen kann:

„Sans nul doute, *la libération de l'établissement n'interdit point aux états de continuer à considérer qu'une société* constituée sous l'empire de leur législation *entre, de plein droit, en dissolution si elle transfère à l'étranger son siège social.* Et en ce cas, le [sic] société ne pourrait revendiquer le droit d'établissement au regard de l'état, où elle comptait s'implanter puisqu'elle n'existerait plus au regard de sa loi d'origine."[477] (Kursivdruck nicht im Original).

Man mag Zweifel hegen, ob diese eine Belegstelle von 1969 wirklich die heutige gemeinschaftsrechtliche *„opinio juris"* treffend wiedergibt. Den Zweifeln näher nachzugehen, lohnt nicht; denn die von Generalanwalt *Darmon* zu Grunde gelegte Prämisse wurde auch von der *Kommission* getragen. Diese hat die Folge, daß in vielen Rechtsordnungen der Umzug einer Gesellschaft zu ihrem Untergang führt, dargestellt, aber nicht beanstandet[478]. In einer früheren Passage seiner Schlußanträge hatte Generalanwalt *Darmon* diese Auffassung der Kommission ausdrücklich beachtet[479]. Die Auffassung der Kommission in diesem Punkt dürfte damit den Ursprung der im Schrifttum so heftig kritisierten *Daily Mail*-Entscheidung darstellen.

Der vom Gerichtshof verwendete Schluß *„a majore ad minus"* von der Zuläs- 231
sigkeit strengerer nationaler Regelungen auf die Zulässigkeit der weniger strengen englischen Rechtsordnung setzt voraus, daß man die strengeren Regelungen anderer Rechtsordnungen für gemeinschaftsrechtskonform hält. Hiervon ist der Gerichtshof ebenso wie Generalanwalt *Darmon* in seinen Schlußanträgen[480] ausgegangen. Diese Auffassung des Gerichtshofs wird durch ein systematisches Argument in der 21. Erwägung des Urteils belegt: Der EG-Vertrag selbst geht von den festgestellten Unterschieden im nationalen Recht aus. Der *Obersatz* der 21. Erwägung lautet[481]:

---

[475] Dies wird durch die Einleitung von Nr. 13 der Anträge deutlich: „Cependant, en son état actuel, le droit communautaire ne s'oppose pas, selon nous, à ce qu'..." Rec. 1988, 5500, 5502 unter Nr. 13.

[476] Rec. 1988, 5500, 5502 Nr. 13, Fn. 22.

[477] *Renauld*, Kapitel 2.47 unter Rn. 64.

[478] Vgl. des Sitzungsbericht: Rep. 1988, 5484, 5498 *passim*, besonders deutlich in der rechten Spalte: „...and a legal person has the right to change its residence, *where that possibility is provided for under national company law*." (Hervorhebung hinzugefügt).

[479] Rec. 1988, 5500, 5501 unter Nr. 6: „Enfin, selon la Commission, il appartient au droit national de déterminer si, en l'absence de dissolution, une société peut transférer sa résidence."

[480] Siehe den Exkurs in Rn. 230.

[481] Slg./Rep./Rec. 1988, 5505, 5512.

„Der EWG-Vertrag [jetzt: EG-Vertrag] trägt *diesen Unterschieden* im nationalen Recht Rechnung." (Kursivdruck nicht im Original).

Auf englisch:

„The Treaty has taken account of *that variety* in national legislation." (Kursivdruck nicht im Original).

Auf französisch:

„Le traité a tenu compte de *cette disparité* des législations nationales." (Kursivdruck nicht im Original).

232 Unter den in diesem Satz angesprochenen Unterschieden („diesen Unterschieden") sind die erörterten, in der 20. Erwägung dargestellten *sachrechtlichen* Unterschiede zu verstehen. Gemeint sind also nicht nur die unterschiedlichen sachrechtlichen Voraussetzungen für eine Gesellschaftsgründung, sondern auch die unterschiedlichen sachrechtlichen Voraussetzungen für einen Wegzug der Gesellschaft aus dem Gründungsstaat in einen anderen Mitgliedstaat. Mit dem Hinweis, der EWG-Vertrag (jetzt: EG-Vertrag) trage den genannten Unterschieden Rechnung, bringt der Gerichtshof zum Ausdruck, daß die steuerlichen Wegzugsbeschränkungen des englischen Rechts gemeinschaftsrechtlich nicht zu beanstanden seien. Wenn der EG-Vertrag die erörterten sachrechtlichen Unterschiede ausdrücklich berücksichtigt hat, so hat er – nach der Argumentation des Gerichtshofes – die unterschiedlichen sachrechtlichen Beurteilungen des Wegzugs von Gesellschaften als gemeinschaftsrechtskonform hingenommen.

Zwischenergebnis: Bisher enthält die *Daily Mail*-Entscheidung also noch *keine Vorgabe für die Auslegung* von Artikel 58 Abs. 1 (*erste Voraussetzung*) EG-Vertrag.

(4) Erwägungen Nr. 21 Sätze 2–4 und Erwägung Nr. 22

233 Kritisch sind möglicherweise die folgenden Sätze, in denen der Gerichtshof sein systematisches Argument aus dem Obersatz der 21. Erwägung belegt hat: Diese Sätze enthalten die entscheidenden Erwägungen, die die vom Schrifttum hauptsächlich kritisierte Schlußfolgerung[482] in der 23. und 24. Erwägung tragen.

Für die Auslegung der folgenden Sätze ist es hilfreich, wenn man sich vorab ihre Funktion verdeutlicht. Grundsätzlich waren nach diesem Obersatz weitere Belegsätze erforderlich: Aus der 20. Erwägung wurde bereits deutlich, daß der Gerichtshof das Argument *„a majore ad minus"* verwenden wollte, in dem von der Gemeinschaftsrechtskonformität strengerer Rechtsvorschriften anderer Mitgliedstaaten auf die Zulässigkeit der englischen steuerrechtlichen Regelung geschlossen wird. Der Gerichtshof konnte sich schlecht wie der Generalanwalt ohne weitere Begründung darauf zurückziehen, daß der Untergang von Gesellschaften aus der Sicht des Wegzugsstaates „anerkanntermaßen" gemeinschafts-

[482] Vgl. *Behrens*, IPRax 1989, 354, 357 rechte Spalte und 359 linke Spalte Abs. 2; *Sandrock*, RIW 1989, 249, 250 (Text um Fn. 18 und rechte Spalte, Absatz 2); *Knobbe-Keuk*, ZHR 154 (1990), 325, 332–333; *Drobnig* in: Gemeinschaftsrecht und IPR, S. 185, 203 (vor und nach 2.). – Für eine zustimmende Kritik vgl. *Ebenroth/Eyles*, DB 1989, 413, 417 unter V.

rechtskonform sei[483]. Ebensowenig bot es sich an, wie die Kommission die strengeren Vorschriften anderer Mitgliedstaaten als gemeinschaftsrechtskonform einzustufen und die englische steuerrechtliche Beschränkung für unzulässig zu erachten (hierzu der folgende Exkurs).

Exkurs: Die Kommission hat in der Tat *einerseits* die Rechtsordnungen, die beim Wegzug nationaler Gesellschaften von deren Untergang ausgehen, konkludent als gemeinschaftsrechtskonform eingestuft: „Any legal person may be wound up and reincorporated in another Member State, and a legal person *has the right to change residence, where that possibility is provided for under national company law.*“[484] (Kursivdruck nicht im Original). *Andererseits* hat die Kommission im unmittelbar folgenden Satz einen steuerlichen Zustimmungsvorbehalt des Wegzugsstaates für unzulässig erachtet: „... where national company law draws a distinction between nationality and residence, and provides for the retention of nationality by companies which decide to estabish residence abroad, *Article 52 of the Treaty confers on a company the right to exercise that choice without being dependent on an authorization from national fiscal authorities.*“[485] 234

Diese Argumentation überzeugt nicht. Das Vorliegen eines Verstoßes gegen das Gemeinschaftsrecht hängt vom Gemeinschaftsrecht selbst und nicht vom nationalen Recht ab. Ein Verstoß gegen das Gemeinschaftsrecht kommt nicht in Betracht, wenn strengere Rechtsordnungen als gemeinschaftsrechtskonform zu werten sind und die beanstandeten nationalen Regelungen für einen bestimmten Sachverhalt (hier: Wegzug einer Gesellschaft) als Ganzes betrachtet eine gemeinschaftsrechtsfreundlichere Aussage treffen. Eine solche Argumentation wirkt in der Tat „paradox“[486]. 235

Da weder der Weg des Generalanwaltes noch der Weg der Kommission eine überzeugende Grundlage für das Argument „*a majore ad minus*“ boten, mußte der Gerichtshof einen anderen Weg einschlagen. Der Obersatz der 21. Erwägung, der EWG-Vertrag (jetzt: EG-Vertrag) habe den in der 20. Erwägung angesprochenen sachrechtlichen Unterschieden Rechnung getragen, ist für sich alleine noch nicht überzeugend. Eine nähere Begründung war erforderlich. In den Sätzen 2–4 der 21. Erwägung nennt der Gerichtshof vertrags- 236

---

[483] Siehe den Exkurs in Rn. 230.

[484] Zitiert in der englischen Verfahrenssprache; Sitzungsbericht von Berichterstatter *Due* in: Rep. 1988, 5484, 5498 rechte Spalte. Auf deutsch (in indirekter Rede wiedergegeben): „Jede juristische Person könne liquidiert und in einem anderen Mitgliedstaate neu gegründet werden; jede juristische Person *habe das Recht zur Verlegung ihres Sitzes, wenn diese Möglichkeit im nationalen Gesellschaftsrecht vorgesehen sei.*“ (Hervorhebung hinzugefügt). Slg. 1988, 5484, 5498 rechte Spalte.

[485] Auf deutsch: „Soweit das nationale Gesellschaftsrecht deshalb zwischen Staatszugehörigkeit und Sitz unterscheide und Gesellschaften, die ihren Sitz im Ausland begründen wollten, die Beibehaltung der Staatszugehörigkeit ermögliche, *räume Artikel 52 EWG-Vertrag [jetzt: EG-Vertrag] einer Gesellschaft das Recht ein, diese Wahl ohne Zustimmung der nationalen Steuerbehörden auszuüben.*“ (Hervorhebung hinzugefügt). Vgl. die Fundstelle a. a. O. (vorige Fußnote).

[486] So die Formulierung des Generalanwalts, der dabei nicht ausdrücklich – aber in hinreichend erkennbarer Weise – auf die Argumentation der Kommission Bezug genommen hat. Vgl. oben Rn. 230.

immanente, systematische Erwägungen; die nachfolgende 22. Erwägung enthält ein systematisches Argument unter Einbeziehung des sekundären Gemeinschaftsrechts. Zunächst Satz 2 der 21. Erwägung[487]:

„Bei der Definition der Gesellschaften, denen die Niederlassungsfreiheit zugute kommt, in Artikel 58 EWG-Vertrag [jetzt: EG-Vertrag] werden der *satzungsmäßige Sitz, die Hauptverwaltung und die Hauptniederlassung einer Gesellschaft als Anknüpfung gleich geachtet.*“ (Kursivdruck nicht im Original).

Auf englisch:

„In defining, in Article 58, the companies which enjoy the right of establishment, the Treaty *places on the same footing, as connecting factors, the registered office, central administration and principal place of business of a company.*“ (Kursivdruck nicht im Original).

Auf französisch:

„En définissant, à l'article 58, les sociétés pouvant bénéficier du droit d'établissement, le traité *a mis sur le même pied le siège statutaire, l'administration centrale et le principal établissement d'une société en tant que lien de rattachement.*“ (Kursivdruck nicht im Original).

237 Dieser Satz könnte eine internationalprivatrechtliche Aussage im Sinne einer Auslegungsvorgabe für Artikel 58 Abs. 1 (*erste Voraussetzung*) EG-Vertrag enthalten. Dies ist nicht der Fall.

Vorab sei betont, daß der Gebrauch des Wortes „Anknüpfung“ („connecting factor“; „lien de rattachement“) nicht *eo ipso* darauf hindeutet, daß der Gerichtshof in Satz 2 der 21. Erwägung eine internationalprivatrechtliche Aussage getroffen habe. Der Ausdruck „Anknüpfung“ wird zwar gerade im IPR häufig gebraucht, weil das kontinentaleuropäische IPR von der Zuordnung von Lebenssachverhalten zu einer bestimmten Rechtsordnung im Wege der Anknüpfung lebt[488]. Doch handelt es sich bei dem Begriff „Anknüpfung“ um einen Oberbegriff des allgemeinen Kollisionsrechts[489], der auch den Anknüpfungspunkt von Sachnormen beschreiben kann: So ist die Gleichstellungsklausel in Artikel 58 EG-Vertrag unter anderem nur dann anzuwenden, wenn einer der drei Anknüpfungspunkte der sachrechtlichen *zweiten Voraussetzung* von Absatz 1 vorliegt. Die sachrechtliche Bedeutung von Satz 2 der 21. Erwägung wird darüberhinaus durch den Vergleich mit Satz 1[490] der 20. Erwägung deutlich, auf die sich die 21. Erwägung bezieht. In der 20. Erwägung ging es dem Gerichtshof – wie bereits erörtert – um die Zuordnung der Gesellschaft zum Gebiet eines Mitgliedstaates für die Zwecke der Gründung. Bezeichnenderweise wurde in der deutschen Fassung der 20. Erwägung an Stelle des in der englischen Fassung im Verhältnis zur 21. Erwägung unveränderten Ausdrucks „connecting factor“ das Wort „*Ver*knüpfung“ gewählt.

---

[487] Slg./Rep./Rec. 1988, 5505, 5512.

[488] Vgl. oben Rn. 112 und insbesondere Rn. 112 Fn. 188.

[489] Vgl. z. B. *Kegels* Ausführungen zum personalen Kollisionsrecht in: Mélanges Overbeck, 47, 55.

[490] Die Zählung stimmt für alle in dieser Arbeit erörterten Fassungen.

238 Satz 2 der 21. Erwägung nimmt nur auf die *zweite Voraussetzung* von Artikel 58 Abs. 1 EG-Vertrag Bezug, die – wie erörtert[491] – gemeinschaftsrechtliches *Sachrecht* enthält: Die in dieser Voraussetzung genannten Alternativen werden in Satz 2 der 21. Erwägung wiederholt. Mit Satz 2 der 21. Erwägung hat der Gerichtshof hervorgehoben, daß der EG-Vertrag in Artikel 58 nicht danach unterscheidet, ob Gesellschaften durch ihren satzungsmäßigen Sitz, ihre Hauptverwaltung oder ihre Hauptniederlassung mit der „Gemeinschaft"[492] bzw. dem „nationalen Gebiet" eines Mitgliedstaates[493] verknüpft sind. Jede der drei genannten Formen von Verbindung zwischen einer Gesellschaft und der Gemeinschaft genügt der Erfüllung der sachrechtlichen Voraussetzungen in Artikel 58 Abs. 1 (*zweite Voraussetzung*) EG-Vertrag. Jede der Alternativen führt für nach nationalem Recht gegründete Erwerbsgesellschaften zur Gleichstellung mit Unionsbürgern[494]. Mit der Bezugnahme auf die sachrechtliche *zweite* Voraussetzung in Artikel 58 Abs. 1 EWG-Vertrag (jetzt: EG-Vertrag) kann der Gerichtshof *keine Auslegungsvorgabe* für die *erste* Voraussetzung von Artikel 58 Abs. 1 EG-Vertrag gegeben haben. Stattdessen hat er – wie dies allein sinnvoll war – sein Argument auf den Obersatz gestützt, der EWG-Vertrag (jetzt: EG-Vertrag) habe den verschiedenen nationalen Gesellschaftsrechtsordnungen Rechnung getragen.

239 Für sich betrachtet, reicht Satz 2 der 21. Erwägung als Beleg für den Obersatz aber noch nicht aus: Nach Artikel 58 Abs. 1 (*zweite Voraussetzung*) EG-Vertrag genügt es, wenn der satzungsmäßige Sitz, die Hauptverwaltung oder die Hauptniederlassung *in der Gemeinschaft* liegen. Artikel 58 EG-Vertrag bietet zwar ein Indiz dafür, daß der EG-Vertrag unterschiedliche nationale Gründungsvoraussetzungen als gleichwertig erachtet, wenn es darum geht zu entscheiden, ob eine Gesellschaft ein Recht auf Ausübung der Niederlassungs- und Dienstleistungsfreiheit hat. Die weitergehende Gleichberechtigung der Alternativen als zulässige sachrechtliche Umzugsbeschränkungen läßt sich mit Artikel 58 EG-Vertrag aber nicht begründen. Im Gegenteil: Aus der Sicht der *zweiten Voraussetzung* von Artikel 58 Abs. 1 EG-Vertrag darf es nicht darauf ankommen, ob eine der Voraussetzungen in einem *bestimmten* Mitgliedstaat erfüllt wird[495]. Der Wortlaut von Artikel 58 EG-Vertrag ist umzugsfreundlich.

240 Unter diesen Umständen bedurfte der Gerichtshof weiterer Argumente, um die Richtigkeit des Obersatzes der 21. Erwägung zu begründen. Zunächst berief

[491] Rn. 169.

[492] So die Formulierung in Artikel 58 Abs. 1 (*zweite Voraussetzung*) EG-Vertrag.

[493] Vgl. die oben in Rn. 225 zitierte Erwägung Nr. 20 des Urteils.

[494] Mit keinem Wort deutet der Gerichtshof an, daß die anderen Voraussetzungen von Artikel 58 EWG-Vertrag (jetzt: EG-Vertrag) nicht zu erfüllen wären. Deshalb ist der Umstand, daß der Gerichtshof nicht zusätzlich auf die Gründungsvoraussetzung Bezug genommen hat, nicht zu beanstanden (so aber *Drobnig*, in: Gemeinschaftsrecht und IPR, S. 185, 204 unter b). Eine Bezugnahme auf die *erste Voraussetzung* EWG-Vertrag hätte den Zweck des Satzes, die Aussage im Obersatz zu belegen, nicht fördern können.

[495] So deutlich *Grothe*, Die ausländische KG & Co., S. 178; *Drobnig*, in: Gemeinschaftsrecht und IPR, S. 185, 204 unter b) a. E.

sich der Gerichtshof in Satz 3 der Erwägung wieder auf ein vertragsimmanentes systematisches Argument[496]:

„In Artikel 220 EWG-Vertrag [jetzt: EG-Vertrag] ist, soweit erforderlich, der Abschluß von Übereinkommen unter den Mitgliedstaaten vorgesehen, um unter anderem die Beibehaltung der Rechtspersönlichkeit bei *Verlegung des Sitzes von einem Mitgliedstaat in einen anderen* sicherzustellen." (Kursivdruck nicht im Original).

Auf englisch:

„*Moreover*, Article 220 of the Treaty provides for the conclusion, so far as necessary, of agreements between the Member States with a view to securing *inter alia* the retention of legal personality *in the event of transfer of the registered office of companies from one state to another.*" (Hervorhebungen nicht im Original).

Auf französisch:

„*En outre*, à son article 220, le traité a prévu la conclusion, en tant que de besoin, de conventions entre les États membres en vue d'assurer, notamment, le maintien de la personnalité juridique *en cas de transfert du siège de pays en pays.*" (Kursivdruck nicht im Original).

241 In allen drei Fassungen hat der Gerichtshof im Kern darauf verwiesen, daß der EWG-Vertrag mit Artikel 220 EWG-Vertrag (jetzt: EG-Vertrag) die Unterschiede zwischen den Rechtsordnungen der Mitgliedstaaten hinsichtlich der Zulassung von identitätswahrenden Sitzverlegungen hingenommen hat. Die Unterschiede zwischen den einzelnen Fassungen sind insoweit nicht erheblich (näheres im folgenden Exkurs).

Exkurs: Bemerkenswert ist immerhin, daß die englische Fassung von den anderen darin abweicht, daß sie auf die Verlegung des eingetragenen Sitzes („registered office") abstellt. Dieser Unterschied wird nicht weiter untersucht, weil er der Kernaussage – dem Hinweis auf Artikel 220 EWG-Vertrag (jetzt: EG-Vertrag) – nicht entgegensteht. Der EG-Vertrag selbst spricht in Artikel 220 EG-Vertrag auch in der englischen Fassung nur von der Sitzverlegung und nicht von der Verlegung des „registered seat"[497].

Unerheblich ist auch, daß nur die englische und die französische Fassung einleitende Worte enthalten („Moreover" bzw. „En outre"). Sie könnten zu der Annahme verleiten, Satz 3 enthielte nur ein *obiter dictum*. Auf Grund der bereits erörterten Tatsache, daß Satz 3 der Erwägung zur Urteilsbegründung gebraucht wird, kommt eine solche Auslegung nicht in Betracht. Satz 3 der 21. Erwägung gehört zur *ratio decidendi*[498].

496 Slg./Rep./Rec. 1988, 5505, 5512.

497 Art. 220, 3. Spiegelstrich; vgl. Treaties establishing the European Communities u. a., Luxemburg 1987, S. 406 (siehe Einzelheiten zur englischen Fassung des EG-Vertrages oben in Rn. 109 Fn. 181).

498 Argumente die zur Urteilsbegründung logisch erforderlich sind, sind *ratio decidendi*, vgl. nur Zöller/*Stephan*, § 550 Rn. 7 und *Schlüter*, S. 104. Grundsätzlich gelten die Gebote der Logik auch für den Gerichtshof. Siehe aber auch die wohlwollende Kritik *Börners* zum „rechtlichen Nutzen logischer Fehler" in der Rechtsprechung des Gerichtshofs, in: FS Kegel II, S. 57, 68–74.

Als Beleg für den Obersatz[499], der EWG-Vertrag (jetzt: EG-Vertrag) habe den in der 20. Erwägung aufgezeigten Unterschieden Rechnung getragen, macht Satz 3 der 21. Erwägung Sinn: Nach dem Wortlaut von Artikel 220 EG-Vertrag sollen die Fragen der Beibehaltung der Rechtspersönlichkeit bei Verlegung des Sitzes von einem Staat in einen anderen „soweit erforderlich" im Verhandlungswege von den Mitgliedstaaten gelöst werden. Das bedeutet, daß die Vertragsstaaten des EG-Vertrages zumindest 1958 davon ausgingen, der Vertrag enthalte keine Regelung für die identitätswahrende Sitzverlegung. Deshalb sind die verschiedenen nationalen Regelungen zur Sitzverlegung – aus der Sicht von 1958 – als gleichwertig zu erachten. 242

Satz 3 der 21. Erwägung ist der erste Satz des Urteils, der auch von *internationalprivatrechtlicher* Bedeutung ist. Denn beim Abschluß des EG-Vertrages ging man davon aus, daß – soweit erforderlich – *alle* Probleme der identitätswahrenden Sitzverlegung durch ein Übereinkommen nach Artikel 220 EWG-Vertrag (jetzt: EG-Vertrag) gelöst werden sollten. Aus wirtschaftlicher, marktbezogener Sicht ist es unerheblich, ob die Probleme internationalprivatrechtlicher oder sachrechtlicher Natur sind. Der Hinweis auf Artikel 220 EWG-Vertrag (jetzt: EG-Vertrag) reicht also aus internationalprivatrechtlicher Sicht weiter als die bisher erörterten Ausführungen des Gerichts. 243

Zugleich ist aber auch zu bemerken, daß der Gerichtshof mit dem Hinweis auf Artikel 220 EWG-Vertrag (jetzt: EG-Vertrag) nicht den Gegenstand der Vorlagefrage verlassen hat. Gerade weil Artikel 220 EG-Vertrag alle Hindernisse einer identitätswahrenden Sitzverlegung betrifft, schließt er auch die sachrechtlichen Hindernisse ein. Dieses Verständnis von Artikel 220 EWG-Vertrag (jetzt: EG-Vertrag) ist bereits in der Literatur kurz nach der Gründung der EWG zu beobachten. Zum Beispiel haben die Kommentatoren von Artikel 58 und 220 EWG-Vertrag in dem 1960 erschienen Kommentar zum EWG-Vertrag von *Wohlfarth/Everling/Glaesner/Sprung* alle Probleme der Sitzverlegung, einschließlich der sachrechtlichen Probleme im Auge. Dies belegt der jeweilige Hinweis[500] auf die Darstellung der Sitzverlegungsprobleme in der 6. Auflage des Großkommentars zum GmbH-Gesetz von *Hachenburg*[501]. Die Darstellung im *Hachenburg* bezieht die sachrechtlichen Probleme der Sitzverlegung ausführlich ein. Ausdrücklich wird zum Beispiel auf die Rechtsprechung des Reichsgerichtes hingewiesen, nach der ein Verlegungsbeschluß *gesellschaftsrechtlich* als Auflösungsbeschluß angesehen wird[502]. 244

Allein mit dem Hinweis des Gerichtshofs auf Artikel 220 EWG-Vertrag (jetzt: EG-Vertrag) steht noch nicht fest, ob das Problem der identitätswahrenden Sitzverlegung inzwischen von einem Übereinkommen oder vom Gemein- 245

499 Satz 1 der 21. Erwägung: Wiedergegeben oben in Rn. 231.

500 *Wohlfarth* in: *Wohlfarth/Everling/Glaesner/Sprung*, Artikel 220 Anm. 7; *Everling*, im selben Werk, Artikel 58 Anm. 3.

501 Beide in der vorigen Fußnote genannten Kommentatoren verweisen auf *Schilling* in: *Hachenburg* (6. Aufl.), Allgemeine Einleitung Anm. 51.

502 Siehe die in der vorigen Fußnote genannte Belegstelle.

schaftsrecht gelöst worden ist. In diesem Fall nähme das Gemeinschaftsrecht die bestehenden sachrechtlichen Unterschiede möglicherweise nicht mehr hin. Deshalb waren die folgenden beiden Sätze erforderlich, Satz 4 der 21. Erwägung und der eine Satz der 22. Erwägung.

In diesen hat der Gerichtshof zunächst festgestellt, daß noch kein Übereinkommen nach Artikel 220 EWG-Vertrag (jetzt: EG-Vertrag) zur Regelung der identitätswahrenden Sitzverlegung in Kraft getreten ist (21. Erwägung, Satz 4). Eine Pflicht zur Einleitung von Verhandlungen über ein solches Übereinkommen sieht Artikel 220 EG-Vertrag in der 2. Alternative des 3. Spiegelstriches vor:

„Soweit erforderlich, leiten die Mitgliedstaaten untereinander Verhandlungen ein, um zugunsten ihrer Staatsangehörigen folgendes sicherzustellen:

– ...

– ... die Beibehaltung der Rechtspersönlichkeit bei Verlegung des Sitzes von einem Staat in einen anderen und ...“[503]

246 Sodann hat der Gerichtshof ergänzt, daß das Problem auch noch nicht durch eine Richtlinie zur Koordinierung des Gesellschaftsrechts gelöst worden ist (22. Erwägung). Dieser letzte Hinweis war erforderlich, da im Anwendungsbereich des Artikel 220 EG-Vertrag auch Richtlinien erlassen werden können[504]. Erst die Feststellung, daß zur Regelung der Sitzverlegung auch keine Richtlinie erlassen

---

[503] Aus Artikel 220 EG-Vertrag folgen für die Mitgliedstaaten *Pflichten*: EuGH 6. 10. 1976, Rs. 12/76 (*Industrie Tessili Italiana Como/Dunlop*), Slg. 1976, 1473, 1484 Rn. 9.

In diesem Sinne im frühen Schrifttum zum Beispiel bereits *Wohlfarth* in: *Wohlfarth/Everling/Glaesner/Sprung*, Artikel 220, vor Anm. 1; und *Bernini/Frignani* in: *Quadro/Monaco/Trabucchi*, Art. 220 Unterabsatz 3, S. 1584–1585. Ebenso die wohl überwiegende Zahl der Autoren in der neueren Literatur: Vgl. *Saulle*, S. 160; *Schwartz* in: *Mégret/Waelbroeck* u. a., Bd. 15, Art. 220 Rn. 16; *ders.* in: *Groeben/Thiesing/Ehlermann*, Artikel 220 Rn. 10–13; *Ver Loren van Themaat* u. a. in: *Smit/Herzog*, Article 220, Ziff. 220.03 auf S. 6-192f.

A.A. (ohne nähere Begründung) z. B. *Schapira/Le Tallec/Blaise*, S. 705: „... : n'imposant aux Etats membres *aucune obligation*, il se borne à recommander le négotiation en tant que de besoin.“ (Kursivdruck entspricht nicht dem Original).

[504] So die nunmehr konkludent durch die *Daily Mail*-Entscheidung anerkannte Praxis der *Kommission*. Vgl. Ziffer 6 der Erläuterungen ihres Vorschlages zur 10. gesellschaftsrechtlichen Richtlinie (Internationalen Fusionsrichtlinie) vom 9. 10. 1978:

„*Rechtsgrundlage der Richtlinie ist Artikel 54 Absatz 3 Buchstabe g) des Vertrages*, der stets für die Angleichung des Gesellschaftsrechts benutzt wird. *Zwar sieht Artikel 220 des Vertrages vor, daß* die Mitgliedstaaten, soweit erforderlich, untereinander Verhandlungen mit dem Ziel einleiten, die Möglichkeit einer grenzüberschreitenden Verschmelzung zu sichern [vgl. Art. 220, 3. Spiegelstrich, 3. Alternative, Anm. *d. Verf.*]. *Diese Vorschrift steht jedoch dem Erlaß einer Maßnahme, die auf eine andere Bestimmung gestützt wird, nicht entgegen.*“ (Bull. EG, Beilage 3/1985, S. 6; Hervorhebungen hinzugefügt; auf diese Passage hat bereits *Mascardi* Riv. società 1992, 1721, 1777 Fn. 116 hingewiesen). Vgl. in ähnlichem Sinne – wenn auch nicht so deutlich – die 2. Erwägung in der Präambel des Vorschlags, abgedruckt a. a. O. S. 12 und in: ABl. 1985 Nr. C 23 S. 11 (hierauf hat auch *Eyles*, Fn. 3 auf S. 130 hingewiesen).

Vgl. aus dem neueren Schrifttum (für die Anwendbarkeit von Artikel 54 Abs. 3 g) EG-Vertrag im Anwendungsbereich von Artikel 220 EG-Vertrag): *Timmermanns*, RabelsZ 48 (1984) 1, 39–40, 41–42 und 44; *Schwartz* in: *Mégret/Waelbroeck* u. a., Bd. 15, Art. 220 Rn. 25; *ders.* in: *Groeben/Thiesing/Ehlermann*, Artikel 220 Rn. 30 und Rn. 102 (unter ausdrücklicher worden ist, schließt die Beweisführung für die Aussage im Obersatz der 21. Erwägung ab, der EWG-Vertrag (jetzt: EG-Vertrag) habe den in der 20. Erwägung angeführten sachrechtlichen Unterschieden Rechnung getragen.

Zwischenergebnis und Folgerungen: In der 21. Erwägung (Sätze 2–4) und der 22. 247 Erwägung enthält vor allem Satz 3 der 21. Erwägung eine internationalprivatrechtliche Aussage. Die anderen Sätze enthalten eine solche Aussage mittelbar, weil sie dem Zweck dienen, die Aktualität der Aussage im 3. Satz der 21. Erwägung zu belegen.

Die internationalprivatrechtliche Aussage von Satz 3 der 21. Erwägung liegt in der Betonung, daß die Fragen der Sitzverlegung von einem Mitgliedstaat in den anderen im EG-Vertrag *generell* nicht geregelt sind. Daraus folgt, daß rechtliche Unterschiede hinsichtlich der Regelung dieser Fragen von der Gemeinschaftsrechtsordnung zur Zeit (noch) hingenommen werden. Diese Aussage hat der Gerichtshof zwar in einem *sachrechtlichen* Kontext getroffen. Wegen ihrer Generalität ginge es aber zu weit, sie etwa dahingehend zu begrenzen, daß nur die sachrechtlichen Fragen der Sitzverlegung der Regelung bedürften.

Eine Begrenzung der Bedeutung von Satz 3 der 21. Erwägung läßt sich auch 248 nicht mit Hilfe der englischen Fassung begründen, die nur die Regelung der Verlegung des „*registered* seat", also des Satzungssitzes, einem Übereinkommen nach Artikel 220 EG-Vertrag überlassen will. Hiergegen spricht, daß Artikel 220 EG-Vertrag auch in der englischen Fassung eine solche Einschränkung nicht enthält[505]. Allein mit Hilfe der englischen Fassung des Urteils ist eine solch restriktive Auslegung der *Daily Mail*-Entscheidung nicht zu begründen.

Hingegen spricht für die Beachtung von Satz 3 der 21. Erwägung in seiner generellen Bedeutung die Betonung der *sekundären* Niederlassungsfreiheit – im Gegensatz zur *primären* Niederlassungsfreiheit – in den Erwägungen 15–18. Für diese Auslegung spricht weiter, daß der Gerichtshof seine Überlegungen in der 21. und 22. Erwägung in seine Schlußfolgerung in der 23. Erwägung mit eingeschlossen hat.

(5) Erwägung Nr. 23

In der 23. Erwägung faßt der Gerichtshof die Argumente aus der 20.-23. 249 Erwägung noch einmal zusammen. Um die Parallelität zwischen der 20. Erwägung, die den Gedankengang eröffnet hat, und der 23. Erwägung, die ihn beschließt, deutlich zu machen, sollen die Aussagen, die sich auf die *Gesellschaftsgründung* beziehen, wieder durch *Kursivschrift* hervorgehoben werden; Aussagen, die den Wegzug von Gesellschaften betreffen, werden wieder unterstrichen. Die 23. Erwägung lautet[506]:

Aufgabe seiner früher vertretenen anderen Auffassung); *Ver Loren van Themaat* u.a. in: *Smit/Herzog*, Article 220, Ziff. 220.03 auf S. 6-193; *Ballarino*, Lineamenti, S. 391.

505 Vgl. bereits oben den Exkurs in Rn. 241.

506 Slg./Rep./Rec. 1988, 5512.

„Nach alledem betrachtet der EWG-Vertrag [jetzt: EG-Vertrag] *die Unterschiede, die die Rechtsordnungen der Mitgliedstaaten hinsichtlich der für ihre Gesellschaften erforderlichen Anknüpfung* sowie der Möglichkeit und gegebenenfalls der Modalitäten einer Verlegung des satzungsmäßigen oder wahren Sitzes einer Gesellschaft nationalen Rechts von einem Mitglied in einen anderen aufweisen, als Probleme, die durch die Bestimmungen über die Niederlassungsfreiheit nicht gelöst sind, sondern einer Lösung im Wege der Rechtssetzung oder des Vertragsschlusses bedürfen; eine solche wurde jedoch noch nicht gefunden." (Hervorhebungen hinzugefügt).

Auf englisch:

„It must therefore be held that the Treaty regards *the differences in national legislation concerning the required connecting factor* and the question whether – and if so how – the registered office or real head office of a company incorporated under national law may be transferred from one Member State to another as problems which are not resolved by the rules concerning the right of establishment but must be dealt with by future legislation or conventions." (Hervorhebungen hinzugefügt).

Auf französisch:

„Il y a donc lieu de constater que le traité considère *la disparité des législations nationales concernant le lien de rattachement exigé pour leurs sociétés* ainsi que la possibilité, et, le cas échéant, les modalités d'un transfert du siège, statutaire ou réel, d'une société de droit national, d'un État membre à l'autre, comme des problèmes qui ne sont pas résolus par les règles sur le droit d'établissement, mais qui doivent l'être par des travaux législatifs ou conventionels lesquels, toutefoi, n'ont pas encore abouti." (Hervorhebungen hinzugefügt).

250 Aus den hervorgehobenen Passagen wird in allen Fassungen deutlich, daß der Aufbau des ersten Teils der 23. Erwägung dem Aufbau der einleitenden 20. Erwägung entspricht: Zunächst werden die Gründungsprobleme, anschließend die Umzugsprobleme angesprochen[507]. Besonders deutlich wird die Parallelität in den zitierten ausländischen Fassungen, weil die dort verwendeten Begriffe „connecting factor" bzw. „lien de rattachement" in beiden Erwägungen gebraucht werden. Bei isolierter Betrachtung der deutschen Fassung wird die Parallele nicht so deutlich, weil an Stelle des Wortes „connecting factor" einmal das Wort „Verknüpfung" und einmal das Wort „Anknüpfung" verwendet worden ist.

Die Parallelität zwischen der 20. und der 23. Erwägung spricht gegen die internationalprivatrechtliche Bedeutung der 23. Erwägung; denn in der 20. Erwägung hat der Gerichtshof, wie dargelegt[508], nur sachrechtliche Fragen erörtert.

251 Andererseits ist zu berücksichtigen, daß der Gerichtshof durch seinen Hinweis auf die Notwendigkeit rechtssetzender Maßnahmen zur Regelung der Sitzverlegung die Erwägungen 21 und 22 in seine Zusammenfassung einbezo-

---

[507] Gleiches gilt auch für den Vergleich der 20. und der 23. Erwägung in der italienischen Fassung (abgedruckt bei *Santa Maria*, Diritto commerciale comunitario, S. 10 oben bzw. 11 unten).

[508] Oben ab Rn. 226.

gen hat. Damit hat er die Bedeutung dieser Erwägungen betont. Dies schließt deren internationalprivatrechtlichen Gehalt ein[509].

(6) Erwägungen Nr. 24–25 und Folgerungen

In der 24. und 25. Erwägung hat der Gerichtshof die Schlußfolgerung gezogen, daß die Artikel 52 und 58 EWG-Vertrag (jetzt: EG-Vertrag) den nach der Rechtsordnung eines Mitgliedstaates gegründeten Gesellschaften kein Recht auf identitätswahrende Sitzverlegung geben. Hier seien die Erwägungen in ihrer englischen Fassung wiedergegeben, die deutlicher als die deutsche und die französische Parallelen zum Wortlaut von Artikel 58 Abs. 1 EG-Vertrag aufzeigen, ohne sich dabei im Inhalt von den anderen Fassungen zu unterscheiden. Die Erwägungen lauten[510]: 252

„Under those circumstances, Articles 52 and 58 of the Treaty cannot be interpreted as conferring on companies *incorporated under the law of a Member State* a right to transfer their central management and control and their central administration to another Member State while retaining their status as companies *incorporated under the legislation of the first Member State.*

The answer to the first part of the first question [511] must therefore be that in the present state of Community law Articles 52 and 58 of the Treaty, properly construed, confer no right on a company *incorporated under the legislation of a Member State* and having its registered office there to transfer its central management and control to another Member State.„ (Kursivdruck nicht im Original).

Die 24. und 25. Erwägung sprechen den Gesellschaften der Mitgliedstaaten das Recht auf Ausübung der *primären* Niederlassungsfreiheit ab. Sie knüpfen damit an die 18. Erwägung an, in der der Gerichtshof betont hatte, daß die umstrittenen steuerrechtlichen Wegzugschranken des britischen Rechts nur die *primäre*, nicht aber die *sekundäre* Niederlassungsfreiheit betreffen. Die sekundäre Niederlassungsfreiheit ist von der 18. Erwägung des Urteils an nicht mehr Gegenstand der Erörterungen gewesen, nachdem ihre Existenz und Bedeutung in den Erwägungen 15–17 betont worden war. 253

Von der generellen Absage an die *primäre* Niederlassungsfreiheit werden alle IPR-Normen betroffen, die ihrerseits die Ausübung der identitätswahrenden Sitzverlegung betreffen. Haben die nach den Rechtsvorschriften gegründeten Gesellschaften aus Artikel 58 EG-Vertrag kein Recht auf eine identitätswahrende Sitzverlegung, so kann diese Vorschrift nicht zur Anknüpfung an das Grün- 254

---

509 Diese weit gefaßte Feststellung, die die Regelung der Sitzverlegung dem nationalen Recht überläßt, ist im Schrifttum besonders heftig kritisiert worden: Vgl. die Nachweise oben in Rn. 211 Fn. 423. *Capelli*, Dir.comunit.scambi int. 1990, 50, 54 – der die Entscheidung unter Hinweis auf *Behrens*, IPRax 1989, 354, 357 und 359 kritisiert hat – hat als mögliches Motiv für die weite Fassung genannt, daß der Gerichtshof in der Furcht („timore"), zu weit reichende steuerrechtliche Konsequenzen zu vermeiden, sein Urteil in grundlegenderer Weise als erforderlich begründet hat.

510 Rep. 1988, S. 5505, 5512.

511 Zur Aufspaltung der Vorlagefrage siehe oben Rn. 210.

dungsrecht zwingen, um eine Sitzverlegung durchzusetzen[512]. Dies, nicht mehr und nicht weniger, ist die Aussage von *Daily Mail.* Mit anderen Worten: Da Artikel 58 Abs. 1 EG-Vertrag nach *Daily Mail* keine Bedeutung für Fragen der Sitzverlegung hat, bietet er zur Lösung dieser Fragen im Internationalen Gesellschaftsrecht keine Entscheidungshilfe. Für Fragen der Sitzverlegung scheidet Artikel 58 EG-Vertrag deshalb als Rechtsquelle aus.

255 *Daily Mail* betrifft nur die *Reichweite* der Niederlassungsfreiheit von Gesellschaften, die nach der Rechtsordnung eines Mitgliedstaates gegründet worden sind. Die Existenz der Gesellschaften wird vorausgesetzt: In der 24. und 25. Erwägung hat der Gerichtshof ausdrücklich die Rechte der bereits *gegründeten* Gesellschaften erörtert („companies *incorporated under the law of a Member State*")[513]. Die Formulierung wiederholt sinngemäß die *erste Voraussetzung* von Artikel 58 Abs. 1 EG-Vertrag[514]. Unter diesen Umständen enthält die *Daily Mail*-Entscheidung grundsätzlich *keine Auslegungsvorgabe* für die Interpretation von Artikel 58 Abs. 1 (*erste Voraussetzung*) EG-Vertrag; denn die Erfüllung dieser Voraussetzung, die Gesellschaftsgründung nach der Rechtsordnung eines Mitgliedstaates, setzt die *Daily Mail*-Entscheidung gerade voraus. Dies entspricht auch dem Ansatz der Entscheidung: Nur gegründete Gesellschaften können über eine identitätswahrende Sitzverlegung[515] nachdenken.

(7) Zwischenergebnis und Würdigung

256 Die *Daily Mail*-Entscheidung enthält keine Auslegungsvorgabe für die Auslegung der *ersten Voraussetzung* von Artikel 58 Abs. 1 EG-Vertrag. Zugleich beschränkt das Urteil die Bedeutung von Artikel 58 EG-Vertrag auf die *sekundäre* Niederlassungsfreiheit. Im Bereich der *primären* Niederlassungsfreiheit ist Artikel 58 EG-Vertrag nach den in der *Daily Mail*-Entscheidung betonten systematischen Gründen nicht anwendbar. Insoweit enthält Artikel 58 Abs. 1 EG-Vertrag in seiner *ersten Voraussetzung* keine IPR-Norm. Und insoweit ist der fast einhelligen Meinung im Schrifttum zuzustimmen, daß Artikel 58 EG-Vertrag keine Entscheidung zwischen der Sitz- und der Gründungstheorie fällt[516]. Diese Zustimmung gilt nur für den Bereich der *primären* Niederlassungsfreiheit.

257 Hingegen sagt die Entscheidung nichts über die Auslegung der *ersten Voraus-*

---

512 Ähnlich *Behrens*, EuZW 1992, 550 (rechte Spalte unten).

513 In der deutschen und der französischen Fassung wird nur in der 25. Erwägung ausdrücklich von Gesellschaften gesprochen, die nach dem Recht eines Mitgliedstaates *gegründet* worden sind. In der 24. Erwägung werden die Gesellschaften verkürzt als „Gesellschaften nationalen Recht" („sociétés de droit national") bezeichnet. Slg./Rec. 1998, 5505, 5512.

514 An Stelle des Wortes „formed" wird das inhaltlich vergleichbare Wort „incorporated" verwendet. Vgl. die oben Rn. 109 zitierte englische Fassung („Companies or firms *formed* in accordance with the law of a Member State...“). In der französischen und der deutschen Fassung wird die Einbindung der *ersten Voraussetzung* von Artikel 58 Abs. 1 EG-Vertrag in der 25. Erwägung deutlich.

515 Vgl. Erwägung 18 Satz 3 des Urteils: Slg./Rep./Rec. 1998, 5505, 5511.

516 Vgl. oben Rn. 209 Fn. 420.

setzung von Artikel 58 Abs. 1 EG-Vertrag für alle Fragen aus, die den Anwendungsbereich der *sekundären* Niederlassungsfreiheit oder der Dienstleistungsfreiheit betreffen. Für diese Fragen steht die *Daily Mail*-Entscheidung dem bisher erarbeiteten Ergebnis, nach dem Artikel 58 Abs. 1 (*erste Voraussetzung*) EG-Vertrag eine alternative IPR-Sachnormverweisung enthält, nicht entgegen. Der Gerichtshof hat nur die Anwendungsgrenzen von Artikel 58 EG-Vertrag aufgezeigt. Dies sagt noch nichts über die Anwendung der Norm innerhalb ihres Anwendungsbereiches aus.

Für den Anwendungsbereich von Artikel 58 EG-Vertrag sind nur die Aussagen des Gerichtshofs in der 15.-18. Erwägung von Bedeutung, in der der Gerichtshof die unmittelbare Anwendbarkeit von Artikel 58 EG-Vertrag und die Bedeutung der *sekundären* Niederlassungsfreiheit betont hat[517]. Insoweit folgen die Rechte der Gesellschaft aus Artikel 52ff. und 59ff. EG-Vertrag. Weiterer Normsetzung, auch in der Form eines Übereinkommens nach Artikel 220, Unterabsatz 3 EG-Vertrag bedarf es insoweit nicht. Dies lohnt der Feststellung, denn Artikel 220 EG-Vertrag nennt – unter dem Vorbehalt der Erforderlichkeit – als regelungsbedürftig nicht nur die Fragen der Sitzverlegung, sondern auch allgemein die Frage der Anerkennung von Gesellschaften[518]. 258

Die Betonung der unmittelbaren Anwendbarkeit von Artikel 58 EG-Vertrag entspricht der bisher erarbeiteten Interpretation, nach der der *ersten Voraussetzung* von Artikel 58 Abs. 1 EG-Vertrag in besonderem Maße eine eigenständige, unmittelbar wirkende Funktion zukommt, wenn man sie als IPR-Sachnormverweisung auslegt[519]. Insoweit *unterstützt* die *Daily Mail*-Entscheidung die Auslegung von Artikel 58 Abs. 1 (*erste Voraussetzung*) EG-Vertrag als unmittelbar anwendbare IPR-Norm. 259

c) Zwischenergebnis zur Funktion von Art. 58 Abs. 1 (erste Voraussetzung) EG-Vertrag innerhalb des Niederlassungs- und Dienstleistungsrechts

Unter a) war festgestellt worden, daß Artikel 58 Abs. 1 (*erste Voraussetzung*) EG-Vertrag, als IPR-Verweisung begriffen, eine eigenständige Funktion im Niederlassungs- und Dienstleistungsrecht erfüllt[520]. Die Untersuchung der Rechtsprechung des Gerichtshofs unter b) hat gezeigt, daß den untersuchten Urteilen keine Auslegungsvorgaben zu entnehmen sind[521]. Lediglich die Reichweite der Niederlassungsfreiheit ist durch die *Daily Mail*-Entscheidung begrenzt worden. Damit kann der *ersten Voraussetzung* von Artikel 58 Abs. 1 EG-Vertrag 260

517 Erwägungen Nr. 15 – Nr. 18 Satz 1.

518 Artikel 220 EG-Vertrag bestimmt unter anderem: „Soweit erforderlich, leiten die Mitgliedstaaten untereinander Verhandlungen ein, um zugunsten ihrer Staatsangehörigen folgendes sicherzustellen: ... die gegenseitige Anerkennung der Gesellschaften im Sinne des Artikel 58 Absatz 2".

519 Vgl. oben Rn. 177–190.

520 Siehe oben Rn. 177ff.

521 Siehe oben Rn. 191ff.

im Bereich der *primären* Niederlassungsfreiheit keine IPR-Rechtsquellenfunktion zukommen. Darüberhinaus enthält die Rechtsprechung des Gerichtshofs keine Auslegungsschranken für die Interpretation von Artikel 58 Abs. 1 EG-Vertrag und seine Bedeutung innerhalb seines Anwendungsbereiches. Die unter a) festgestellte Funktion der IPR-Verweisung im System des Niederlassungs- und Dienstleistungsrechts wird nicht in Frage gestellt. Sie wird durch die *Daily Mail*-Entscheidung sogar mittelbar dadurch anerkannt, daß dort die unmittelbare Anwendbarkeit von Artikel 58 EG-Vertrag innerhalb seines Anwendungsbereiches betont worden ist.

Als Zwischenergebnis ist daher festzuhalten, daß Artikel 58 Abs. 1 (*erste Voraussetzung*) EG-Vertrag als IPR-Sachnormverweisung im System des Niederlassungs- und Dienstleistungsrechts eine eigenständige Funktion erfüllt.

3. Funktion im Hinblick auf die Systematik des Vertrages

261 Um die eigenständige Funktion von Artikel 58 Abs. 1 (*erste Voraussetzung*) EG-Vertrag als Indiz für den IPR-Sachnormverweisungscharakter verwenden zu können, muß die Auslegung als IPR-Verweisung nicht nur innerhalb der Systematik von Artikel 58 Abs. 1 EG-Vertrag (oben 1.) und innerhalb der Systematik des Niederlassungs- und Dienstleistungsrechts (oben 2.), sondern auch vor der Gesamtsystematik des Vertrages Bestand haben. Dies ist der Fall[522].

262 Insbesondere steht Artikel 220 EG-Vertrag der Auslegung als IPR-Sachnormverweisung nicht entgegen, obwohl Artikel 220 Unterabsatz 3 EG-Vertrag, wie bereits erwähnt wurde[523], unter anderem bestimmt, daß die Mitgliedstaaten die Frage der gegenseitigen *Anerkennung* von Erwerbsgesellschaften und die Beibehaltung der Rechtspersönlichkeit bei Verlegung des Sitzes von einem Staat in den anderen „soweit erforderlich" auf dem Verhandlungswege lösen sollen.

263 *Exkurs*: Dieser Verhandlungsweg ist bisher vergeblich beschritten worden. Das am 29. 2. 1968 in Brüssel beschlossene Übereinkommen über die gegenseitige Anerkennung von Gesellschaften und juristischen Personen[524] ist nach einhelliger Meinung als gescheitert anzusehen[525]; es wird zumindest in absehbarer Zeit nicht in Kraft treten und soll deshalb in dieser Arbeit nicht näher erörtert werden[526].

---

[522] Vgl. auch bereits oben Rn. 144–145.

[523] Oben Rn. 258.

[524] Abgedruckt in BGBl. 1972 II 370; für Literatur zu diesem Übereinkommen siehe oben Rn. 16 Fn. 55.

[525] So z. B. *Kropholler*, IPR, § 55 I auf S. 457; *von Bar*, IPR, Bd. 2, Rn. 628 und *Troberg* in: *Groeben/Thiesing/Ehlermann*, Artikel 220 Rn. 99 und *Behrens*, ZGR 1994, 1, 20; wohl auch *Clarke*, in: Corporate law, The European dimension, S. 161, 164; optimistischer *Lutter*, Europäisches Unternehmensrecht, S. 126 („noch nicht in Kraft").

Es fehlt die Ratifikation der Niederlande (so *von Bar* und *Troberg* a. a. O.). Vgl. zur niederländischen Kritik an dem Übereinkommenstext die englischen Übersetzungen der Berichte, die

Da die Frage der Anerkennung nach deutschem Vorverständnis mit der IPR-Frage zusammenfällt[527], könnte Artikel 220 EG-Vertrag der Auslegung von Artikel 58 Abs. 1 (*erste Voraussetzung*) EG-Vertrag als IPR-Sachnormverweisung entgegenstehen. Hiergegen spricht bereits, daß die Regelung in Artikel 58 EG-Vertrag einen Sinn haben muß. Umgekehrt erfüllt Artikel 220 EG-Vertrag auch dann einen Sinn, wenn man die IPR-Funktion der *ersten Voraussetzung* von Artikel 58 Abs. 1 EG-Vertrag anerkennt. Wie in der Literatur schon frühzeitig bemerkt worden ist[528], betrifft Artikel 220 EG-Vertrag die Anerkennung von Gesellschaften über den Bereich der Niederlassungs- und Dienstleistungsfreiheit hinaus. Die Auslegung von Artikel 58 Abs. 1 (*erste Voraussetzung*) EG-Vertrag als IPR-Sachnormverweisung nimmt also ihrerseits nicht der Regelung in Artikel 220 EG-Vertrag eine Funktion. Darüberhinaus hat der Gerichtshof durch die *Daily Mail*-Entscheidung bestätigt, daß Artikel 58 EG-Vertrag im Bereich der sekundären Niederlassungsfreiheit unmittelbar anwendbar ist. Schließlich ist Artikel 220 EG-Vertrag, eine erst 14 Tage vor der Unterzeichnung des EWG-Vertrages (jetzt: EG-Vertrages) aufgenommene[529] Regelung „für alle Fälle“[530], im Verhältnis zum Anwendungsbereich von Artikel 58 EG-Vertrag subsidiär[531]. 264

Unter diesen Umständen steht Artikel 220 EG-Vertrag nicht der Annahme entgegen, daß Artikel 58 Abs. 1 (*erste Voraussetzung*) EG-Vertrag, als IPR-Verweisung begriffen, die unter 1. und 2. beobachteten Funktionen wahrnehmen kann. Die Auslegung als IPR-Verweisung paßt zur Gesamtsystematik des EG-Vertrages. Als IPR-Verweisung übernimmt Artikel 58 Abs. 1 (*erste Voraus-* 265

1980 auf dem Jahrestreffen der „Nederlandse Vereniging voor Internaionaal Recht“ erörtert wurden: *Diephuis*, Neth.Int.L.Rev. 27 (1980), 347–356 und *Timmermans*, Neth.Int.L.Rev. 27 (1980), 357–361. Insbesondere stört man sich aus der Sicht des niederländischen Rechts, in dem die Gründungstheorie gilt (s. oben Rn. 144 Fn. 272), an der Möglichkeit der Vertragsstaaten, nach Artikel 4 des Übereinkommens zu erklären, daß auf nach ausländischem Recht gegründete Gesellschaften mit Sitz im Inland inländisches zwingendes Recht anwendbar sein soll (*Diephuis* S. 355 vor 6; dazu äußerst kritisch auch *Drobnig*, Aktiengesellschaft 1973, 90, 96–98 und 125, 128–129; für eine Erklärung dieser auf belgisches Recht zurückgehenden Norm [so *Goldmann*, RabelsZ 31 (1967), 201, 225] siehe *Beitzke*, RIW/AWD 1968, 91, 94).

526 Siehe zu dem Übereinkommen die Literaturnachweise oben in Rn. 134 Fn. 245 und in Rn. 23 Fn. 87. Vgl. aus der neueren Literatur eingehend *Santa Maria*, Diritto commerciale comunitario, S. 58–77.

527 Vgl. oben Rn. 129–131.

528 Vgl. z. B. *Drobnig*, ZHR 129 (1966/67), 93, 102.

529 *Schwartz* in: *Groeben/Thiesing/Ehlermann*, Artikel 220, Rn. 21.

530 *Schwartz* in: *Groeben/Thiesing/Ehlermann*, Artikel 220, Rn. 26.

531 *Schwartz* in: *Mégret/Waelbroeck/Louis*, Art. 220 Rn. 25; *ders.* in: *Groeben/Thiesing/Ehlermann*, Artikel 220, Rn. 23; Grabitz/*Schweitzer*, Art. 220, Rn. 2; *Huet* in: Constantinesco/Jacqué, Art. 220 Anm. 2; konkludent auch: *Demaret* in: *Smit/Herzog*, 220.03; *Schapira/Le Tallec/Blaise*, S. 705f. (ausführliche Begründung der Erforderlichkeit des Brüsseler Anerkennungsübereinkommens von 1968 [siehe dazu oben Rn. 16 Fn. 55 und Rn. 23 Fn. 87] mit dem Hinweis, daß es Fragen erfasse, die nicht bereits Artikel 58 EWG-Vertrag [jetzt: EG-Vertrag] regelt).

setzung) EG-Vertrag innerhalb seines Anwendungsbereiches durch die Auswahl des Gründungsrechts eine mit Artikel 220 EG-Vertrag kompatible Funktion.

Zwischenergebnis: Die unter 1.–3. festgestellte Funktion von Artikel 58 Abs. 1 (*erste Voraussetzung*) EG-Vertrag als IPR-Verweisung bildet neben dem festgestellten Sachnormverweisungscharakter[532] ein weiteres Indiz für die Richtigkeit der durch den Wortlaut gewonnen Auslegung, nach der die erste Voraussetzung von Artikel 58 Abs. 1 EG-Vertrag eine alternative internationalprivatrechtliche Sachnormverweisung für die Vorfrage der Gründung enthält[533].

VI. Würdigung: Zusammenfassung der Ergebnisse und Folgerungen

1. Auslegungsergebnisse

266 Die Untersuchung von Artikel 58 EG-Vertrag hat gezeigt, daß Artikel 58 Abs. 1 EG-Vertrag in seiner *ersten Voraussetzung* eine *alternative IPR-Sachnormverweisung* enthält. Zur Regelung der Vorfrage der Gesellschaftsgründung beruft die Norm alternativ die sachrechtlichen Gründungsvoraussetzungen der zwölf Mitgliedstaaten: Ist die Gesellschaft nach einer dieser Rechtsordnungen wirksam gegründet worden, so ist die Gesellschaft für die Zwecke der Anwendung von Artikel 58 EG-Vertrag als gegründet anzusehen. Aus kollisionsrechtlicher Sicht ist dabei bemerkenswert, daß Artikel 58 EG-Vertrag das auf die Klärung einer Anwendungsvoraussetzung anwendbare Recht selbst regelt. In diesem Punkt unterscheidet sich Artikel 58 EG-Vertrag, der kollisionsrechtlich als selbstgerechte Sachnorm einzuordnen ist[534], von anderen selbstgerechten Sachnormen.

267 Die Interpretation von Artikel 58 Abs. 1 (*erste Voraussetzung*) EG-Vertrag als IPR-Sachnormverweisung beruht auf drei Argumenten: dem Wortlaut, dem Sachnormverweisungscharakter und der Funktion von Artikel 58 Abs. 1 (*erste Voraussetzung*) EG-Vertrag.

Der Wortlaut der Bezugnahme auf nationales Recht legt die Auslegung als Sachnormverweisung nahe[535]. Die weitere Untersuchung des Wortlauts mit Hilfe der in den Mitgliedstaaten anzutreffenden Vorverständnismöglichkeiten in der Anerkennungsfrage hat zusammen mit systematischen Überlegungen gezeigt, daß Artikel 58 Abs. 1 (*erste Voraussetzung*) EG-Vertrag eine Sachnorm- und keine Gesamtverweisung enthält[536]; diese Einordnung ist als Indiz für den IPR-Charakter der Verweisung zu werten. Ferner spricht für den IPR-Charakter der Verweisung die eigenständige Funktion, die Artikel 58 Abs. 1 (*erste Voraussetzung*) EG-Vertrag, als IPR-Verweisung begriffen, nicht nur im Verhältnis zur

532 Vgl. Rn. 123ff.
533 Vgl. Rn. 126–147.
534 Vgl. Rn. 114–116.
535 Oben Rn. 119ff.
536 Vgl. oben Rn. 129ff.

zweiten Voraussetzung von Artikel 58 Abs. 1 EG-Vertrag, sondern auch im System des Niederlassungs- und Dienstleistungsrechts sowie im Gesamtsystem des Vertrages erfüllt[537]. Das Auslegungsergebnis ist praktikabel, weil es zumindest beim gegenwärtigen Stand der nationalen Gesellschaftsrechtsordnungen nicht zur Normenhäufung führt[538].

Die Auslegung von Artikel 58 Abs. 1 (*erste Voraussetzung*) EG-Vertrag als 268
alternative Sachnormverweisung ist grundsätzlich *nur für den Anwendungsbereich von Artikel 58 EG-Vertrag* von Bedeutung, also für die Niederlassungsfreiheit und – über Artikel 66 EG-Vertrag – für die Dienstleistungsfreiheit. Im Bereich des Niederlassungsrechts hat der Gerichtshof den Anwendungsbereich von Artikel 58 EG-Vertrag durch die *Daily Mail*-Entscheidung auf die *sekundäre* Niederlassungsfreiheit beschränkt. Darüberhinaus folgen aus der Rechtsprechung des Gerichtshofs keine speziellen Beschränkungen oder Auslegungsvorgaben[539].

Soweit der Anwendungsbereich von Artikel 58 EG-Vertrag reicht, stellt die 269
Verweisung in Artikel 58 Abs. 1 (*erste Voraussetzung*) EG-Vertrag die Brücke zwischen nationalem Gesellschaftsrecht und dem Gemeinschaftsrecht dar. Ein nationales IPR ist nicht zwischengeschaltet. Wird eine Gesellschaft nach dem nationalen Sachrecht eines Mitgliedstaates gegründet, so entsteht bereits durch die Gründung ein *bedingtes Recht* auf Ausübung der Niederlassungs- und Dienstleistungsfreiheit[540]. Sind auch die *zweite Voraussetzung* von Artikel 58 Abs. 1 EG-Vertrag und die Voraussetzung der Ansässigkeit aus Artikel 52 Abs. 1 Satz 2 (oder 59 Abs. 1) EG-Vertrag erfüllt, so besteht das Recht uneingeschränkt innerhalb der allgemeinen Schranken. Insbesondere wird die Gesellschaft nationale Vorschriften beachten müssen, mit denen die Mitgliedstaaten das Niederlassungs- und Dienstleistungsrecht zulässigerweise beschränken[541]. Erfüllt eine Gesellschaft nur die Voraussetzungen von Artikel 58 EG-Vertrag, nicht aber die Voraussetzung der Ansässigkeit, steht ihr ein *ruhendes Recht* auf Ausübung der Niederlassungs- und Dienstleistungsfreiheit zu[542]. Zumindest dies wird bei einer Gründung nach dem Sachrecht eines Mitgliedstaates stets der Fall sein, weil es beim gegenwärtigen Stand der Gemeinschaftsrechtsordnungen nicht denkbar ist, daß eine Gesellschaft die Gründungsvoraussetzungen eines Mitgliedstaates erfüllt, ohne zugleich ihren satzungsmäßigen Sitz, ihren Hauptverwaltungssitz und ihre Hauptniederlassung in dem betreffenden Staat und damit in der Gemeinschaft zu haben[543].

---

537 Vgl. oben Rn. 260.

538 Rn. 148ff.

539 Rn. 206 und 256ff.

540 Rn 178.

541 Vgl. Artt. 56 bzw. 66, 56 EG-Vertrag und sogleich Rn. 277 zur Rechtfertigung durch zwingende Erfordernisse des Allgemeininteresses.

542 Zur Begriffsbildung siehe oben Rn. 182–184.

543 Rn. 148ff.

2. Folgerungen

270 Die Einordnung von Artikel 58 Abs. 1 (*erste Voraussetzung*) EG-Vertrag als IPR-Sachnormverweisung legt einige Schlußfolgerungen nahe:

a) Geschriebene Rechtsquelle

271 Zunächst ist aus rechtsquellentheoretischer Sicht festzuhalten, daß das Internationale Gesellschaftsrecht in Artikel 58 Abs. 1 EG-Vertrag eine geschriebene Rechtsquelle enthält, die gegenüber nationalem IPR vorrangig ist: In allen Fällen, in denen die Tätigkeit einer ausländischen Gesellschaft in Deutschland ihre Dienstleistungsfreiheit oder ihre sekundäre Niederlassungsfreiheit betrifft, beruft Artikel 58 Abs. 1 (*erste Voraussetzung*) EG-Vertrag das Gründungsrecht als Gesellschaftsstatut. Der Anwendungsbereich der Sitztheorie wird insoweit verdrängt[544]. Die *Daily Mail*-Entscheidung hat den nationalen Rechtsordnungen die Entscheidung zwischen der Sitz- und Gründungstheorie insoweit *nicht* überlassen[545].

272 Denkbar – aber unpraktikabel – wäre die Lösung, daß das autonome IPR zunächst an den Sitz anknüpft und die Anknüpfung nur im Ausnahmefall gegenüber dem Gründungsrecht weicht:

Das Gemeinschaftsrecht verlangt in Anbetracht von *Daily Mail* nur, daß Gesellschaften im Sinne von Artikel 58 EG-Vertrag nicht in der *sekundären* Niederlassungsfreiheit oder der Dienstleistungsfreiheit ungerechtfertigterweise beeinträchtigt werden. Deshalb wäre in einem *ersten Schritt* die Anknüpfung an den Sitz zulässig, wenn sodann in einem *zweiten Schritt* geprüft wird, ob die Gesellschaft durch die Anknüpfung an den Sitz nicht schlechter gestellt wird als durch die in Artikel 58 Abs. 1 (*erste Voraussetzung*) EG-Vertrag normierte Anknüpfung an das Gründungsrecht. Dem Gemeinschaftsrecht käme bei dieser Lösung jeweils ein *Vetorecht* gegenüber dem mit Hilfe der Sitztheorie des autonomen IPR aufgesuchten Statuts zu.

Ein solcher Lösungsweg wäre mühsam und unpraktikabel. Die Anknüpfung an das Gründungsrecht und an den Hauptverwaltungssitz führen zwar meist[546], aber nicht immer zum gleichen Ergebnis[547]. Aus Artikel 58 Abs. 1 (*erste Voraussetzung*) EG-Vertrag folgt, daß das Gründungsrecht Vorrang hat, wenn zusätz-

---

[544] So z. B. auch *Bleckmann*, Europarecht, Rn. 1116 (bei zusätzlicher Begründung mit Artikel 7 EWG-Vertrag [jetzt: Art. 6 EGV]); siehe auch die oben Rn. 100 Fn. 142 zitierten Autoren. – Das internationale Gesellschaftsrecht ist insoweit *nicht* „niederlassungsfreiheitsresistent" (so aber *Klinke*, ZGR 1993, 1, 7).

[545] Für die entgegengesetzte, zwischen primärer und sekundärer Niederlassungsfreiheit nicht oder nicht hinreichend differenzierende Meinung im Schrifttum siehe die Nachweise oben in Rn. 209 Fn. 420.

[546] Vgl. die rechtspraktischen Überlegungen ab Rn. 148.

[547] Siehe sogleich Rn. 288ff.

lich die sachrechtlichen Voraussetzungen von Artt. 58 und 52 Abs. 1 bzw. 59 Abs. 1 EG-Vertrag erfüllt sind. Dabei sollte es bleiben.

Liegen die sachrechtlichen Voraussetzungen von Artt. 58 Abs. 1 (*zweite Voraussetzung*), 58 Abs. 2 und 52 Abs. 1 oder 59 Abs. 1 EG-Vertrag *nicht* vor, ist die Anknüpfung an das Gründungsrecht hingegen nicht zwingend. In diesen Fällen fehlt der hinreichende Bezug der Gesellschaft zur Gemeinschaft: Das autonome IPR kann frei entscheiden, ob es an den Sitz oder – im Interesse der Einheitlichkeit – an das Gründungsrecht anknüpfen will; in diesem Fall wäre das Ergebnis gegebenenfalls mit Hilfe der Sonderanknüpfung zwingenden Rechts zu korrigieren. 273

Als Zwischenergebnis ist festzuhalten, daß Artikel 58 Abs. 1 (*erste Voraussetzung*) EG-Vertrag in den Fällen, in denen die genannten sachrechtlichen Voraussetzungen erfüllt sind, als geschriebene Rechtsquelle zu beachten und anzuwenden ist.

b) Beschränkung des Mißbrauchsarguments, Artikel 56 EG-Vertrag und Allgemeininteresse

Die gemeinschaftsrechtliche Anknüpfung an das Gründungsrecht nimmt den Überlegungen den Boden, die Anknüpfung an das Gründungsrecht im Anwendungsbereich der Dienstleistung – und der sekundären Niederlassungsfreiheit als rechtsmißbräuchlich anzusehen[548]. Beschränkungen der Niederlassungs- und der Dienstleistungsfreiheit kommen nur unter den Rechtfertigungsvoraussetzungen von Artikel 56 EG-Vertrag oder aus Gründen des Allgemeininteresses in Betracht. 274

aa) Artikel 56 EG-Vertrag

Gegenüber Gesellschaften im Sinne von Artikel 58 EG-Vertrag ist es nur unter den Voraussetzungen von Artikel 56 EG-Vertrag – bzw. Artikel 66, 56 EG-Vertrag – möglich, aus Gründen der *öffentlichen Ordnung*, Sicherheit und Gesundheit Beschränkungen der Niederlassungs- und Dienstleistungsfreiheit vorzusehen. Dabei ist der *gemeinschaftsrechtliche* Begriff der öffentlichen Ordnung zu Grunde zu legen, der inhaltlich eher dem polizeirechtlichen Gebrauch des Begriffs und jedenfalls nicht dem internationalprivatrechtlichen *ordre public* entspricht[549]. Unterschiedliche Wertvorstellungen von Land zu Land, die sich 275

---

[548] Vgl. die Überlegungen von *Batiffol/Lagarde*, Bd. 1, Rn. 198 auf S. 241 oben.

[549] Vgl. *Troberg* in: *Groeben/Thiesing/Ehlermann*, Artikel 56, Rn. 10; *Roth* in: Dauses, Hdb. EG-WirtschaftsR. E. I. Rn. 73–75 (i. V. m. *Hailbronner* in: Hdb. EG-WirtschaftsR. D. I. Rn. 48–54); vgl. weiter EuGH 18. 5. 1982, verb. Rs. 115 und 116/81 (*Adoui/Belgischer Staat und Stadt Lüttich; Cornuaille/Belgischer Staat*), Slg. 1982, 1665, 1707f. (Erw. 8 legt einen polizeirechtlichen Begriff der öffentlichen Sicherheit und Ordnung zu Grunde); siehe ferner: *Oppermann*, Rn. 1539 i. V. m. 1441ff.; nicht so deutlich *Dabin* in: *Smit/Herzog*, Rn. 56.05.

mit der Zeit wandeln können, sind bei der Prüfung zu berücksichtigen, ob eine einzelne nationale Regelung nach Artikel 56 EG-Vertrag gerechtfertigt ist[550].

276 In Anbetracht der zunehmenden Rechtsangleichung im Gesellschaftsrecht sind die Fälle, in denen Artikel 56 EG-Vertrag anwendbar sein kann, begrenzt:

Nach Artikel 56 EG-Vertrag gerechtfertigt erscheint zum Beispiel die *ausländerspezifische* Registrierungspflicht für ausländische Zweigniederlassungen, die unter anderem das deutsche und das holländische Recht bereits seit langem vorsehen[551] und durch die *Elfte gesellschaftsrechtliche Richtlinie* 89/666/EWG vom 21. 12. 1989 vereinheitlicht worden ist[552]. Da ausländische Zweigniederlassungen über einen längeren Zeitraum am nationalen Rechtsverkehr teilnehmen, besteht zum Schutz dieses Rechtsverkehrs ein berechtigtes Interesse, es Vertragspartnern zu ermöglichen, sich im Inland und ohne das Hindernis sprachlicher und technischer Schwierigkeiten zügig beim Handelsregister über die Zweigniederlassung zu informieren[553]. Hingegen ist es mit Artikel 56 EG-Vertrag nicht zu rechtfertigen, *grundsätzlich* zum Zwecke des allgemeinen Gläubigerschutzes deutsches zwingendes Recht gegenüber nach dem Recht eines anderen Mitgliedstaates gegründeten Gesellschaften anzuwenden. Allgemeine, nach dem Gesellschaftsstatut zu beurteilende Fragen dürfen nicht zusätzlich dem deutschen Recht unterworfen werden. Dies schließt Fragen der Kapitalausstattung und des Gläubigerschutzes ein: Innerhalb des Gemeinsamen Marktes soll es nach Artikel 58 Abs. 1 (*erste Voraussetzung*) EG-Vertrag ausreichen, sich bei Beachtung der Voraussetzungen *einer* Rechtsordnung zu gründen. Ein wie in

---

550 Vgl. zur insoweit übertragbaren Auslegung von Artikel 48 Abs. 3 EWG-Vertrag (jetzt: EG-Vertrag) durch den Gerichtshof: EuGH 4. 12. 1974, Rs. 41/74 (*van Duyn/Home Office*), Slg. 1974, 1337, 1350 Erw. 18/19; st. Rspr., s. z.B. EuGH 27. 10. 1977, Rs. 30/77 (*Bouchereau*), Slg. 1977, 1999, 2013 Erw. 33/35.

551 Vgl. für DEUTSCHLAND: §§ 13 b a. F. HGB; 44 a. F. AktG (dazu Staudinger/*Großfeld*, IntGesR, Rn. 915–945); vgl. für die NIEDERLANDE: Art. 14 des Handelsregistergesetzes (Handelsregisterwet; abgedruckt in: *Fruin* [Hrsg.], De Nederlands Wetboeken, Afdeling 3: Bijzondere wetten..., S. 1653, 1659), der die *Eintragung von ausländischen Zweigniederlassungen in dem bei den Industrie- und Handelskammern geführten Handelsregistern* (Art. 1 Abs. 2 Handelsregisterwet: „Kamers van Koophandel en Fabriken"; *Gotzen*, S. 40) vorsieht. Art. 14 Satz 1 bestimmt in deutscher Übersetzung: „Wenn die Unternehmung selbst sich außerhalb der Niederlande befindet, werden auch angegeben Ort und Land, wo sich die Unternehmung befindet und außerdem alles, was infolge der Gesetzgebung jenes Landes bezüglich der Unternehmung zur Eintragung in das Handelsregister angegeben wird." (inoffizielle Übersetzung von mr. Michel *de Vet* von der Katholijke Universität Brabant in Tilburg, für deren Überlassung d. *Verf.* Herrn Dr. Oliver *Remien* vom Max-Planck-Institut für ausländisches und internationales Privatrecht dankt).

552 *Elfte Richtlinie des Rates vom 21. 12. 1989 über die Offenlegung von Zweigniederlassungen, die in einem Mitgliedstaat von Gesellschaften bestimmter Rechtsformen errichtet wurden, die dem Recht eines anderen Staates unterliegen* (89/666/EWG), ABl. 1989 Nr. L 395 S. 36 (siehe dazu *Seibert*, GmbHRdsch. 1992, 738); in Deutschland mittlerweile mit achtzehnmonatiger Verspätung umgesetzt (vgl. oben Rn. 151 Fn. 292 a. E.).

553 Ein ergänzendes Beispiel enthält Art. 6 der *Elften Richtlinie*: Danach haben die Mitgliedstaaten die Gesellschaften gesetzlich dazu zu verpflichten, auf *Geschäftsbriefen* und *Bestellscheinen*, die von der Zweigniederlassung benutzt werden, auf die Registereintragung der Zweigniederlassung hinzuweisen.

den USA zu beobachtender *Wettstreit der Gesellschaftsrechtsordnungen* ist – zumindest im Anwendungsbereich der Dienstleistungs- und der sekundären Niederlassungsfreiheit – hinzunehmen[554]. Ein solcher Wettstreit entspricht dem sich in der Gemeinschaft zunehmend durchsetzenden Anerkennungsprinzip[555] und konkretisiert den in der neueren Literatur zunehmend erörterten Gedanken vom Wettbewerb der Rechte[556]: Der deutsche Unternehmer kann sich zwischen London und Hamburg grundsätzlich ebenso frei entscheiden wie zwischen München und Hamburg. Der Schutz anderer Interessen, insbesondere der des Verbrauchers, ist auf anderem Wege und nicht über das Internationale Gesellschaftsrecht herzustellen. Die Eintragungspflicht von Zweigniederlassungen ins Handelsregister hilft hier ebenso wie vor allem die Angleichung des Gesellschaftsrechts nach Artikel 54 Abs. 3 lit. g EG-Vertrag[557], die gerade auch Fragen der Kapitalausstattung und des Gläubigerschutzes umfaßt[558]. Für die Einführung der Gründungstheorie in Stufen[559] läßt Artikel 58 EG-Vertrag keinen Raum. Ebenso ist innerhalb der EG auch für die Anwendung der Überlagerungstheorie oder der eingeschränkten Gründungstheorie[560] in den Fällen kein Raum, in denen Artikel 58 Abs. 1 EG-Vertrag die Anknüpfung an das Gründungsrecht gebietet und Artikel 56 EG-Vertrag nicht ausnahmsweise die Anwendung von zwingendem nationalen Recht des Forums rechtfertigt.

---

554 Zu dem vom US-Bundesstaat Delaware angeführten „race for laxity" siehe nur *Merkt*, US-amerikanisches Gesellschaftsrecht, Rn. 168 und *Luchsinger*, S. 159ff.; siehe auch oben Rn. 174 Fn. 330.

555 Vgl. oben Rn. 4.

556 So z. B. *Jayme*, Ein internationales Privatrecht für Europa, S. 15; *Roth*, RabelsZ 55 (1990) 623, 658; *Reich*, C.M.L.Rev. 1992, 861–896.

557 Siehe die Nachweise zur gesellschaftsrechtlichen Rechtsangleichung oben in Rn. 151 Fn. 292 und – darüber hinausgehend – die methodischen Überlegungen von *Steindorff*, ZHR 156 (1992) 1, 11–15 (zur Unterstützung der gesellschaftsrechtlichen Rechtsangleichung durch den nationalen Richter) und von *Großfeld*, 2121, 2123 (zum Gebot rechtsvergleichender Auslegung, die allein dem Harmonisierungsziel der Richtlinie nach Art. 54 Abs. 3 g) EGV gerecht wird).

558 Zur Zeit ist eine *Kapital- und Fusionsrichtlinie für Gesellschaften mit beschränkter Haftung* in Vorbereitung, die unter anderem die Vorschriften zur Erhaltung des Gesellschaftskapitals aus der *Zweiten gesellschaftsrechtlichen Richtlinie* auf die GmbH übertragen soll (vgl. *Wiesner*, EuZW 1992, 270, 273 unter 15 und EuZW 1993, 500, 503; sowie die *Zweite Richtlinie des Rates vom 13. 12. 1976 zur Koordinierung der Schutzbestimmungen, die in den Mitgliedstaaten den Gesellschaften im Sinne des Artikel 58 Absatz 2 des Vertrages im Interesse der Gesellschafter sowie Dritter für die Gründung der Aktiengesellschaft, sowie für die Erhaltung und Änderung ihres Kapitals vorgeschrieben sind, um diese Bestimmungen gleichwertig zu gestalten* [77/91/EWG], ABl. 1977 Nr. L 26 S. 1; in Deutschland umgesetzt durch Gesetz vom 12. 12. 1978, BGBl. I 1959).

559 Vgl. *Grothe*, a. a. O. oben Rn. 100 Fn. 142.

560 Siehe die Nachweise oben in Rn. 100 Fn. 144.

bb) Allgemeininteresse

277 Für die *Dienstleistungsfreiheit* ist es mit der Entscheidung *van Binsbergen*[561] anerkannt, daß nicht diskriminierende Maßnahmen, die die Dienstleistungsfreiheit beschränken, durch Gründe des *Allgemeininteresses* gerechtfertigt werden können[562]. Im Hinblick auf die sich nach der neuesten Rechtsprechung verdichtende Erkenntnis, nach der die Niederlassungsfreiheit wohl auch als *Beschränkungsverbot* zu begreifen ist[563], kommt auch für Maßnahmen, die die sekundäre Niederlassungsfreiheit von Gesellschaften beschränken, eine Rechtfertigung durch Erwägungen des Allgemeininteresses in Betracht[564], wenn diese zur Durchsetzung eines schutzwerten Allgemeininteresses geeignet und erforderlich sind und die Behinderung nicht außer Verhältnis zum verfolgten Allgemeininteresse steht[565]. Danach mag im Einzelfall – etwa aus Arbeitnehmerschutz- oder Verbraucherschutzgesichtspunkten[566] – eine Beschränkung der Dienstleistungs- oder Niederlassungsfreiheit begründet werden können. Für eine *grundsätzliche Nichtbeachtung* (Außerkraftsetzung) der von Art. 58 Abs. 1 Satz 1 (*erste Voraussetzung*) EG-Vertrag vorgegebenen Anknüpfung an das Gründungsrecht lassen auch Erwägungen des Allgemeininteresses keinen Raum. Die Überlegungen unter aa) in Rn. 275ff. zu Artikel 56 EG-Vertrag sind hier grundsätzlich übertragbar[567].

278 *Fazit*: Soweit die gemeinschaftsrechtliche Anknüpfung an die Gründung reicht, sind Beschränkungen nur unter den engen Voraussetzungen von Artikel 56 EG-Vertrag und den aus der Rechtsprechung zur Dienstleistungsfreiheit bekannten Voraussetzungen des Allgemeininteresses möglich.

c) Reichweite des Gründungsstatuts

aa) Grundsatz: Ausdehnung der Anknüpfung an das Gründungsrecht

279 Aus der Anknüpfung an das Gründungsrecht in Artikel 58 Abs. 1 (*erste Voraussetzung*) EG-Vertrag folgen, wie erörtert[568], eigene Rechte der Gesellschaften, die nach dem Gesellschaftsrecht eines Mitgliedstaates gegründet werden: Grundsätzlich sind sie als Marktteilnehmer im Rechts- und Wirtschaftsver-

---

561 Siehe oben Rn. 16 Fn. 57.

562 Vgl. nur *Dauses* in: Hdb. EG-WirtschaftsR. E. I. Rn. 118; st. Rspr., vgl. zuletzt EuGH 9. 8. 1994, Rs. C-43/93, (*Raymond Vander Elst/Office des migrations internationales – OMI*), Tätigkeitsbericht Nr. 23/94, S. 10, 12.

563 Vgl. oben Rn. 212 Fn. 429.

564 Hiervon geht auch *Roth*, ZEuP 1994, 5, 20 und 22 aus.

565 Vgl. *Dauses* in: Hdb. EG-WitrschaftsR. E. I. Rn. 119–124 (zur Dienstleistungsfreiheit). In diesem Sinne (zur Niederlassungsfreiheit) jetzt auch *Luchsinger*, S. 123f.

566 Zur Stellung des Verbrauchers in der Rechtsprechung des Gerichtshofs siehe die Nachweise unten in Rn. 293 Fn. 591.

567 Vgl. darüberhinaus die Überlegungen von *Roth*, ZEuP 1994, 5, 20ff. *Roth* weist zurecht darauf hin, daß auch das Sachrecht die Niederlassungsfreiheit nur soweit beschränken darf, wie sich das durch zwingende Erfordernisse des Allgemeininteresses rechtfertigen läßt.

568 Vgl. Rn. 180–185.

kehr präsent. Dogmatisch zwingend ist ihre Präsenz als Rechtssubjekt nur, soweit die Freiheiten des Niederlassungs- und Dienstleistungsverkehrs reichen. Diese gehen schon recht weit, wie das Beispiel der Anmietung von Tennisplätzen für Angestellte zeigt[569]. Unter diesen Umständen erscheint es sinnvoll, die Auswirkungen der Anknüpfung an die Gründung *generell* auszudehnen:

Es würde den Wirtschaftsverkehr und den europäischen Integrationsprozeß übermäßig belasten, wollte man im Einzelfall jeweils prüfen, ob die Niederlassungs- oder Dienstleistungsfreiheit noch betroffen ist und deshalb an das Gründungsrecht anzuknüpfen ist. Dies zu verlangen, würde eine Vielzahl von denkbaren, aber markthemmenden juristischen Streitigkeiten heraufbeschwören: Man denke zum Beispiel an eine auf deliktische Ansprüche gestützte Klage am Gerichtsstand der unerlaubten Handlung nach Artikel 5 Nr. 3 EuGVÜ. Soll es für die Bestimmung des Gesellschaftsstatuts einen Unterschied machen, ob die in einem anderen Mitgliedstaat gegründete Gesellschaft *während* der Erfüllung eines Dienstleistungsvertrages oder *anläßlich* der Vertragserfüllung eine unerlaubte Handlung beging? Im zweiten Fall ließe sich darüber streiten, ob die Dienstleistungsfreiheit noch betroffen ist. Ein weiteres Beispiel: Soll es einen Unterschied machen, ob eine italienische Schuhfabrik mit einer bayerischen Zweigniederlassung Käufer in Hamburg von München oder Mailand aus bedient? Wird der Vertrag mit der Hauptverwaltung in Mailand getroffen, so wäre keine der Grundfreiheiten berührt, für die Artikel 58 EG-Vertrag von Bedeutung ist. Kommt der Vertrag hingegen über die bayerische Zweigniederlassung zustande, zwingt Artikel 58 Abs. 1 (*erste Voraussetzung*) EG-Vertrag zur Anknüpfung an das Gründungsstatut der italienischen Muttergesellschaft[570]. Denn die italienische Mutter hat in Folge der Anknüpfung an das Gründungsrecht in Artikel 58 EG-Vertrag kraft ihrer Gründung das Recht auf Teilnahme am deutschen Wirtschaftsverkehr über ihre deutsche Zweigniederlassung. 280

Selbst wenn man grundsätzlich die Sitztheorie für die bessere hält, um etwa den inländischen Rechtsverkehr vor der Tätigkeit ausländischer Scheingesellschaften zu schützen[571], so sollte man für den Bereich des Binnenmarktes umdenken: Mit Artikel 58 Abs. 1 (*erste Voraussetzung*) EG-Vertrag liegt eine *Prämisse* vor, die bei der Erarbeitung des gesellschaftsrechtlichen Anknüpfungssystems zu bedenken ist. Sie zwingt für den innergemeinschaftlichen Verkehr im Bereich der sekundären Niederlassungs- und der Dienstleistungsfreiheit zur Anknüpfung an das Gründungsrecht. Nur so kann die Ausübung der von Artikel 58 EG-Vertrag erfaßten Grundfreiheiten gesichert werden[572]. Daneben treten die über den Anwendungsbereich von Artikel 52ff., 59ff. EG-Vertrag 281

[569] Rn. 179.

[570] Die Zweigniederlassung einer ausländischen Gesellschaft unterliegt auch nach autonomem deutschen IPR dem Statut der Muttergesellschaft: Siehe nur Staudinger/*Großfeld*, IntGesR Rn. 910.

[571] Vgl. oben Rn. 101.

[572] Ähnlich *Drobnig* in: Gemeinschaftsrecht und IPR, S. 185, 190: „Die Artt. 52 und 59 EWG-V [jetzt: EGV] sind nämlich dahin zu verstehen, daß diese Grundsatzregeln des Gemeinschaftsrechts die gegenseitige Anerkennung der Gesellschaften der Mitgliedstaaten gewährlei-

hinausreichenden Argumente der *Integrationsförderung* und der *Sicherheit des Rechtsverkehrs*, die dafür sprechen, *innerhalb der EG generell* an das Gründungsrecht anzuknüpfen und das Auslegungsergebnis *auszudehnen*. Diesen Schritt zu machen, zeigt Vertrauen in die Rechtsordnungen der anderen Mitgliedstaaten und entspricht dem Grundgedanken des Anerkennungsprinzips. Er fördert die *Einheitlichkeit* der Anknüpfung der Gründung, die im Hinblick auf die Existenz und Wirkungsweise von Artikel 58 Abs. 1 (*erste Voraussetzung*) EG-Vertrag mit Hilfe der Sitztheorie nicht zu gewährleisten ist. In Anbetracht der *Daily Mail*-Entscheidung soll der Vorschlag der Ausweitung der Anknüpfung an die Gründung allerdings zunächst nur für alle Fragen gemacht werden, die *keinen Bezug* zur Verlegung des Hauptsitzes haben; auf jene Fragen ist gesondert zurückzukommen[573].

282 Das *Risiko* dieses Schrittes ist begrenzt: Zunächst führt die Gründungstheorie für alle ausländischen Gesellschaften, die ihre Hauptverwaltung im Mitgliedstaat ihrer Gründung haben, zum selben Ergebnis wie die Sitztheorie. Die Gründungstheorie enthebt Vertragspartner der ausländischen Gesellschaft lediglich der praktisch schwierigen oder kostenintensiven Aufgabe zu überprüfen, ob der Hauptsitz tatsächlich in dem Gründungsstaat liegt. Ferner verbleibt als Korrektiv in Einzelfällen die Möglichkeit der Anwendung des *ordre public* oder der Sonderanknüpfung inländischen zwingenden Rechts. Die Regelung in Artikel 56 EG-Vertrag und die Anforderungen an die Rechtfertigung durch das Allgemeininteresse, die in den Fällen jenseits der sekundären Niederlassungsfreiheit und der Dienstleistungsfreiheit nicht unmittelbar gelten, sollten in entsprechender Weise angewendet werden.

283 Der *praktische Nutzen* dieses Vorschlags liegt, wie schon betont, in der Einheitlichkeit der Anknüpfung: Denn bei der Entscheidung über den Anknüpfungspunkt ist die *Prämisse* zu bedenken, daß in allen Fällen, die die Dienstleistungsfreiheit oder die *sekundäre* Niederlassungsfreiheit betreffen, keine Wahlmöglichkeit besteht und nach Art. 58 Abs. 1 (*erste Voraussetzung*) EG-Vertrag *zwingend* zumindest auch an das Gründungsrecht anzuknüpfen ist. Unter diesen Umständen erscheint es aus rechtspraktischer Sicht sinnvoll, *grundsätzlich* an das Gründungsrecht anzuknüpfen.

bb) Ausdehnung im nationalen Recht über Artikel 4 Abs. 1 Satz 1, 2. Halbsatz EGBGB (Ausschluß des renvoi)

284 *Dogmatisch* bringt der unter aa) vorgeschlagene Schritt der Ausdehnung der Anknüpfung an das Gründungsrecht eine Schwierigkeit mit sich: Artikel 58 EG-Vertrag spricht eine alternative Sachnormverweisung aus; im autonomen deutschen IPR gilt hingegen nach Artikel 4 Abs. 1 Satz 1 EGBGB der Grundsatz der Gesamtverweisung. Damit ist für den Fall der Ausdehnung der Anknüpfung an

---

sten. Denn *anders können die durch sie verbürgten Grundfreiheiten durch Gesellschaften der Mitgliedstaaten in anderen Mitgliedstaaten nicht realisiert werden.*" (Kursivdruck nicht im Original).

573 Unten sogleich unter d) und e); Rn. 288 ff., 296 ff.

die Gründung die Frage zu beantworten, ob jene Fälle, die die Niederlassungs- und die Dienstleistungsfreiheit *nicht* betreffen, die Anknüpfung aus einer analogen Anwendung von Artikel 58 Abs. 1 (erste Voraussetzung) EG-Vertrag (Folge: Sachnormverweisung) oder aus dem autonomen ungeschriebenen IPR folgt (grundsätzliche Folge: Gesamtverweisung).

Dieses Problem ist lösbar, wenn auch nicht über Artikel 58 EG-Vertrag: Eine 285
Ausdehnung von Artikel 58 Abs. 1 Satz 1 (*erste Voraussetzung*) EG-Vertrag über seinen Anwendungsbereich hinaus auch in den Fällen, die aus gemeinschaftsrechtlicher Sicht nicht mehr unter die sekundäre Niederlassungsfreiheit oder die Dienstleistungsfreiheit fallen, wäre systemwidrig. Artikel 58 EG-Vertrag betrifft nur die genannten beiden Grundfreiheiten. Deswegen ist die Frage nach der Verweisungsart (Sachnorm- oder Gesamtverweisung) für die Fragen, die *nicht* die Niederlassungs- oder Dienstleistungsfreiheit betreffen, über das autonome deutsche IPR zu lösen.

Nach Artikel 4 Abs. 1 Satz 1, 2. Halbsatz EGBGB sind Verweisungen des 286
deutschen IPR dann als Sachnormverweisungen zu begreifen, wenn dies dem Sinn der Verweisung widerspricht[574]. Um einen solchen Fall handelt es sich bei der Anknüpfung an das Gründungsrecht für Fragen, die die Niederlassungs- und Dienstleistungsfreiheit nicht betreffen: Das Gebot der Anknüpfung an das Gründungsrecht wurde unter anderem entwickelt, um die *Einheitlichkeit der Anknüpfung* im Verhältnis zu den Anwendungsfällen von Artikel 58 Abs. 1 (*erste Voraussetzung*) EG-Vertrag zu gewährleisten und die Rechtssicherheit zu fördern. Die mühsame Bestimmung im Einzelfall, ob der Anwendungsbereich von Artikel 58 EG-Vertrag betroffen ist, soll vermieden werden. Dieses Ziel ist nicht zu erreichen, wenn man durch die Hintertür die Relevanz der Entscheidung über die genaue Reichweite des Anwendungsbereichs wieder einführt. Eben dies wäre der Fall, wenn man die Anknüpfung an das Gründungsrecht in den Fällen jenseits des Anwendungsbereiches von Artikel 58 EG-Vertrag als Gesamtverweisung begriffe. Deshalb widerspricht es dem Sinn der Verweisung auf das Gründungsrecht, die Verweisung als internationalprivatrechtliche Gesamtverweisung zu entwickeln.

Nach Artikel 4 Abs. 1 Satz 1, 2. Halbsatz EGBGB spricht die Anknüpfung an 287
das Gründungsrecht in den Fällen jenseits des Anwendungsbereiches von Artikel 58 EG-Vertrag also eine *deutsche Sachnormverweisung* aus. Auf diese Weise kann der deutsche Richter in Zweifelsfällen offen lassen, ob er die Berufung des Gründungsrechts auf Artikel 58 Abs. 1 (*erste Voraussetzung*) EG-Vertrag oder auf nationales IPR stützt. Da Artikel 58 EG-Vertrag ebenso wie das autonome Internationale Gesellschaftsrecht Bestandteil der deutschen Rechtsordnung ist[575], bestehen in Anbetracht derselben Rechtsfolge keinerlei Bedenken gegenüber einer solchen Vorgehensweise eines deutschen Richters[576].

---

[574] Zur *ratio legis* und zu Fallgruppen zu Art. 4 Abs. 1 Satz 1, 2. Halbsatz siehe: *Rauscher*, NJW 1988, 2151–2154; *von Bar*, IPR, Bd. 1, Rn. 622.

[575] Vgl. die *Costa/E.N.E.L.*-Entscheidung, oben Fn. 1.

d) Insbesondere: Fälle, die die sekundäre und die primäre Niederlassungsfreiheit betreffen

288 Besondere Fragen der Reichweite des Gründungsstatuts bringt die Fallkonstellation mit sich, in der eine in Deutschland tätige Gesellschaft nach dem Recht eines Mitgliedstaates gegründet worden ist und in einem anderen Mitgliedstaat ihre Hauptverwaltung hat. Als Beispiel diene ein vielleicht gar nicht so fern liegendes Extrembeispiel:

Man stelle sich vor, eine britische, zum Betrieb eines Vergnügungstheaters in Frankreich gegründete Gesellschaft bietet in Deutschland Bustouren nach Paris zum Besuch des Theaters an; in Anlehnung an den 1912 vom *Tribunal correctionnel de la Seine* für eine solche Gesellschaft entschiedenen Fall soll die Gesellschaft „*Moulin Rouge attractions limited*" heißen[577]. Zumindest bei Klagen der Gesellschaft gegen einen deutschen Reiseteilnehmer ist eine gerichtliche Auseinandersetzung in Deutschland denkbar[578]. Soll die Entscheidung über die Parteifähigkeit der *Moulin Rouge attractions limited*, die sich nach dem Gesellschaftsstatut richtet[579], davon abhängen, ob die Gesellschaft ihren Hauptverwaltungssitz in London oder in Paris[580] hat? Im Falle der Anwendung der *Sitztheorie* würde das deutsche IPR französisches Recht berufen; dieses nähme die Verweisung an, weil es die Gesellschaft nach der im französischen IPR ebenfalls geltenden Sitztheorie[581] grundsätzlich als französische Gesellschaft ansehen würde[582]. Mangels Erfüllung der Gründungsvoraussetzungen des französischen Sachrechts wäre die *Moulin Rouge attractions limited* nicht existent und damit vor dem deutschen Gericht nicht parteifähig. Knüpft man das Gesellschaftsstatut hingegen an das *Gründungsrecht* an, so ist die nach englischem Recht wirksam gegründete Gesellschaft in Deutschland parteifähig.

---

576 Vgl. zum Parallelfall, in dem dahingestellt bleibt, ob deutsches oder ausländisches Recht angewendet wird, nur *Kropholler*, IPR § 59.I.4.

577 Tribunal correctionnel de la Seine, 2.7. 1912, Dalloz (Jurisprudence Générale) 1913, 165 (*Société „The Moulin-Rouge attractions limited"*); dieses im Tatsächlichen extrem gelagerte Beispiel hat *Raape* (5. Aufl.) auf S. 198 in Fn. 23 verwendet.

578 Art. 2 Abs. 1 EuGVÜ. Bei vertraglich begründeten Klagen des deutschen Reiseteilnehmers gegen das englische Unternehmen dürften sich hingegen im Regelfall schwierige IPR-Fragen zur Bestimmung des Erfüllungsortes stellen, von denen die Zuständigkeit deutscher Gerichte abhängt (vgl. nur *Kropholler*, EuGVÜ, Art. 5 Rn. 12; kritisch *Schack*, Rn. 271; s. auch das Beispiel bei *Brödermann/Rosengarten*, Fall 28 auf S. 75).

579 Vgl. die Nachweise oben in Rn. 124 Fn. 211 und in Rn. 124 Fn. 215.

580 So die Fallkonstellation im Fall der *Société „The Moulin-Rouge attractions limited"* (oben Rn. 288 Fn. 577).

581 Oben Rn. 134 Fn. 244.

582 Vgl. oben in Rn. 134. Siehe zu dieser Fallkonstellation z.B.: *Knobbe-Keuk*, ZHR 154 (1990), 325, 328 („internationale Solidarität der Sitztheoretiker") im Anschluß an *Raape* (5. Aufl.), S. 198f.

Das Besondere an dieser Fallkonstellation liegt darin, daß sie sowohl die primäre Niederlassungsfreiheit als auch die Dienstleistungsfreiheit betrifft: Die Gesellschaft hat durch die Verlegung bzw. Einrichtung ihres Hauptverwaltungssitzes in Paris von der gemeinschaftsrechtlich (noch) nicht geschützten[583] primären Niederlassungs-„freiheit" Gebrauch gemacht. Zugleich tritt sie in Deutschland gegenüber deutschen Reiseteilnehmern unter dem Schutz der Dienstleistungsfreiheit auf. Wegen dieser Ambivalenz ist aus gemeinschaftsrechtlicher Sicht für solche *Zwitterfälle* zu überlegen, ob sie aus dem Anwendungsbereich von Artikel 58 EG-Vertrag herausfallen und die nationalen Rechtsordnungen für diese Fälle frei zwischen der Sitz- und der Gründungstheorie entscheiden können. 289

Der Gerichtshof hat über diese Konstellation noch nicht entschieden. Aus gemeinschaftsrechtlicher Sicht dürfte in diesem Fall entscheidend sein, daß die *Moulin Rouge attractions limited* in *Deutschland* allein unter Ausübung der durch Artikel 66, 58 EG-Vertrag geschützten Dienstleistungsfreiheit auftritt. Die Voraussetzungen liegen vor: Die Gesellschaft ist nach dem Recht eines Mitgliedstaates (England) wirksam gegründet worden (Artikel 58 Abs. 1, *erste Voraussetzung* EG-Vertrag); in der Gemeinschaft hat sie nicht nur ihren (englischen) Satzungssitz[584] – was nach Artikel 58 Abs. 1 (*zweite Voraussetzung*) EG-Vertrag bereits genügen würde –, sondern auch ihren (französischen) Hauptverwaltungssitz. Am Erwerbscharakter (Artikel 58 Abs. 2 EG-Vertrag) und an der Ansässigkeit der *Moulin Rouge attractions limited* in der Gemeinschaft (Artikel 59 Abs. 1 EG-Vertrag) ist nicht zu zweifeln. Aus der Sicht des deutschen Richters verlangt das Recht eines anderen Mitgliedstaates, das englische Recht, die Beachtung der Existenz der Gesellschaft. Das Recht eines anderen Mitgliedstaates, Frankreichs, indiziert die Nichtbeachtung ihrer Existenz. Beiden kann man es nicht recht machen[585]. Unter diesen Umständen sollte man sich auf Grund der heutigen Umstände und dem Wissen um die unmittelbare Anwendbarkeit von Artikel 58 EG-Vertrag[586] für die integrationsfreundliche Lösung entscheiden. Danach ist Artikel 58 Abs. 1 (*erste Voraussetzung*) EG-Vertrag anzuwenden, der mit seiner alternativen Sachnormverweisung auch englisches Sachrecht beruft[587]. Der für den deutschen Verbraucher nicht notwendig erkennbare Unterschied, ob die Hauptverwaltung in London oder in Paris liegt, sollte nicht über die Parteifähigkeit entscheiden. Artikel 58 EG-Vertrag gebietet, die Dienstleistungsfreiheit der englischen Gesellschaft zu achten. Die Frage nach der Achtung der Dienstleistungsfreiheit aus deutscher Sicht ist von der Frage zu trennen, daß es französi- 290

---

583 So das Ergebnis der *Daily Mail*-Entscheidung: Vgl. oben Rn. 253.

584 Dies folgt zwingend aus der Anwendung des englischen Gründungsrechts: Siehe oben Rn. 148.

585 So *Raape* (5. Aufl.), S. 198.

586 Vgl. oben Rn. 106.

587 Anders als bei der Anwendung der *Gründungstheorie nach autonomen IPR* bedarf es in diesem Fall keiner Prüfung, ob das englische IPR die Verweisung annimmt (was in Folge der in England befolgten Gründungstheorie der Fall wäre: Oben Rn. 148 Fn. 284 unter „Großbritannien").

schen Gerichten nach der *Daily Mail*-Entscheidung frei steht, aus französischer Sicht in Folge der Verlegung des Hauptverwaltungssitzes ins Inland die Gesellschaft ohne Erfüllung der inländischen Gründungsvoraussetzungen als nicht rechtsfähig zu behandeln. Aus deutscher Sicht ist aber nicht die primäre Niederlassungsfreiheit, sondern die Dienstleistungsfreiheit betroffen. Insoweit sind die Voraussetzungen von Artikel 58 EG-Vertrag, wie dargestellt, erfüllt. Artikel 58 Abs. 1 (*erste Voraussetzung*) EG-Vertrag ist in diesen Fällen anzuwenden.

291 Für die hier vertretene Lösung sprechen weitere Argumente; sie werden plastisch, wenn man sich vorstellt, die *Moulin Rouge attractions limited* eröffne in Köln eine Zweigniederlassung, um deutsche Reiseteilnehmer von Köln aus anzuwerben und zu betreuen. In diesem Fall wäre die englische Gesellschaft noch mehr in den deutschen Wirtschaftsverkehr integriert. Würde man Artikel 58 EG-Vertrag *nicht* anwenden, so hätte dies weitreichende markthindernde Konsequenzen: Aus der Sicht deutscher Marktteilnehmer wäre im Falle der Anwendung der Sitztheorie für jeden Vertrag, den sie mit Zweigniederlassungen von Gesellschaften anderer Mitgliedstaaten abschließen wollen, vorab die schwierige Frage zu klären, ob und wie sie wirksam verpflichtet werden kann. Dies kann äußerst mißlich werden: Was nutzt die Möglichkeit der Durchgriffshaftung gegenüber den Gesellschaftern, wenn nicht diese, sondern die (nach ihrem Gründungsrecht existente) Gesellschaft Vermögen hat?

292 Auch prozessual würde sich die hinkende Existenz der Gesellschaft auswirken: Der deutsche Vertragspartner würde gezwungen, mit höherem Kostenrisiko im Ausland (Großbritannien) zu klagen, wo die Gesellschaft nach englischem IPR existiert und im Prozeß unterliegen kann[588]. Klagte er dagegen in Deutschland – etwa im Fall eines vertraglich vereinbarten deutschen Erfüllungsortes[589] –, so würde die ausländische Gesellschaft bei Anwendung der Sitztheorie prozessual als nicht rechtsfähig angesehen. Wollte gar der Vermieter von deutschen Büroräumen in einer Mietstreitigkeit[590] gegen die oben genannte *Moulin Rouge attractions limited* mit Hauptsitz in Paris klagen, so wäre ihm sogar die Klagemöglichkeit in England verwehrt: Artikel 16 EuGVÜ erklärt in diesem Fall deutsche Gerichte für ausschließlich zuständig. Machte ein deutscher Vertragspartner der *Moulin Rouge attractions limited* – etwa eine deutsche Werbeagentur – beim Abschluß eines Vertrages selbst von einer Grundfreiheit Gebrauch (Beispiel: das Geschäft wird in London abgeschlossen), so hinderte die Anwendung der Sitztheorie zugleich auch ihn an der wirkamen Ausübung einer Grundfreiheit.

293 Die angesprochenen Probleme werden vermieden, wenn man den Anwen-

---

[588] Das englische Gericht ist nach Artt. 2 Abs. 1, 53 Abs. 1 Satz 1 EuGVÜ auch zuständig, denn das EuGVÜ verweist zur Bestimmung des Sitzes der Gesellschaft in diesem Fall ebenfalls auf englisches IPR (Art. 53 Abs. 1 Satz 2 EuGVÜ; vgl. dazu nur *Kropholler*, EuGVÜ, Art. 53 Rn. 2 und speziell zum englischen Recht ebendort Rn. 3 m. w. N.).

[589] Art. 5 Nr. 1 EuGVÜ: Vgl. speziell zu Erfüllungsortvereinbarungen *Kropholler*, EuGVÜ, Art. 5 Rn. 17.

[590] Vgl. *Kropholler*, EuGVÜ, Art. 16 Rn. 22–23.

dungsbereich von Artikel 58 EG-Vertrag auf solche „Zwitterfälle" erstreckt. Die durch den Wortlaut von Artikel 58 EG-Vertrag angeregte, integrationsfreundliche Lösung erweist sich damit als rechtspraktisch; sie dient der Rechtssicherheit. Der Verbraucherschutz, ein auch aus gemeinschaftsrechtlicher Sicht stets mit zu beachtender Aspekt[591], wird durch die hier vorgesehene Lösung nicht in entscheidendem Maße verkürzt: Häufig wird es dem Verbraucher gerade helfen, wenn die Gesellschaft in Deutschland verklagt werden kann. In *Extremfällen* des Mißbrauchs ausländischen Rechts verhelfen das Strafrecht und das Deliktsrecht zur Durchsetzung von Ansprüchen unmittelbar gegenüber den Gesellschaftern. Das bereits unter b) verwendete Argument[592] ist auch in diesem Zusammenhang verwendbar: Der Verbraucherschutz ist auf anderem Wege zu bewirken als über die Entscheidung zwischen der Sitz- und der Gründungstheorie[593].

Weiter entspricht die hier vertretene Lösung der Rechtsprechung des 294
Gerichtshofs in den Fällen *Kommission/Frankreich, Segers* und *Commerzbank AG*, in der der Gerichtshof für den Anwendungsbereich der sekundären Niederlassungsfreiheit betont hat, daß Gesellschaften wegen ihres Sitzes nicht ungleich zu behandeln sind[594]. Die Anknüpfung an den Sitz bringt in den genannten Zwitterfällen eine Ungleichbehandlung mit sich. Sie verstößt gegen Artikel 58 Abs. 1 (*erste Voraussetzung*) EG-Vertrag.

Die Anwendung von Artikel 58 Abs. 1 (*erste Voraussetzung*) EG-Vertrag auf 295
die Zwitterfälle vermeidet schließlich auch die Ungleichheiten, die im Falle der Anwendung der Sitztheorie dadurch entstünden, daß die Rechts- und Parteifähigkeit einer Gesellschaft davon abhinge, ob das Recht am Sitzort der Gründungstheorie folgt: In diesem Falle wäre nach deutschem autonomen IPR die Weiterverweisung zu beachten[595].

---

591 Vgl. zum Verbraucherschutz durch den Gerichtshof nur EuGH 7. 3. 1990, Rs. C-362/88 *(GB-INNO/Confédération du commerce luxembourgeois)*, Slg. 1990, I-667, I-686f., Erw. 10; und EuGH 25. 7. 1991, Rs. C-288/89 (*Stichting Collectieve Antennenvoorziening Gouda u. a./Commissariat voor de Media*), EuZW 1991, 699, 700, Nr. 14 (m. w. N.). Die durch *Maastricht* geschaffenen Regelungen in Artt. 3 s) und 129a EG-Vertrag – oben Rn. 2 Fn. 2 – nehmen den Verbraucherschutz jetzt sogar ausdrücklich in den Tätigkeitsbereich der Gemeinschaft auf: Siehe dazu *Calais-Auloy*, Rn. 26 und *Micklitz/Reich*, EuZW 1992, 593–598 (eingehende Erörterung der Kompetenzen der Gemeinschaft im Hinblick auf das Subsidiaritätsprinzip, Art. 3 b des zukünftigen EGV) sowie *Reich*, Europäisches Verbraucherschutzrecht, S. 38f. Vgl. ferner *Roth*, ZEuP 1994, 5, 15–17.

592 Oben Rn. 276.

593 Vgl. Artt. 5 EVÜ und Art. 29 EGBGB.

594 Vgl. oben Rn. 193–196.

595 Zur Zulassung der *Weiterverweisung* im autonomen deutschen Internationalen Gesellschaftsrecht siehe nur Staudinger/*Großfeld*, IntGesR Rn. 103–105. Äußerst kritisch zum Parallelfall einer in Deutschland gegründeten Gesellschaft mit ausländischem Hauptverwaltungssitz z. B. *Knobbe-Keuk*, ZHR 154 (1990), 325, 350 unten: „Ihre Rechtsfähigkeit verdankt sie [i. e. die Gesellschaft, Anm. d. *Verf.*] allein dem Umstand, daß der Verwaltungssitzstaat netterweise der Gründungstheorie folgt und deutsches Recht sozusagen als vom Gründungsstaat abgeleitetes Recht auf die nach deutschem Recht errichtete Gesellschaft Anwendung finden darf."

e) Verlegung des Hauptverwaltungssitzes

296 Nach der *Daily Mail*-Entscheidung sind die Mitgliedstaaten im Bereich der *primären* Niederlassungsfreiheit frei in ihrer Entscheidung, ob sie der Sitz- oder der Gründungstheorie folgen wollen[596]. Artikel 58 Abs. 1 (*erste Voraussetzung*) EG-Vertrag ist auf in einem anderen Mitgliedstaat gegründete Gesellschaften, die ihren Hauptverwaltungssitz ins Inland verlegen und auf deutsche Gesellschaften, die ihren Hauptverwaltungssitz in einen anderen Mitgliedstaat verlegen nicht anwendbar. Nur für den Sonderfall der Sitzverlegung einer *Europäischen Wirtschaftlichen Interessenvereinigung* (EWIV) ist die Sitzverlegung gemeinschaftsrechtlich geregelt[597]; entsprechende Regelungen sind in den Entwürfen für weitere europäische Gesellschaftsformen wie z. B. die europäische Aktiengesellschaft vorgesehen[598].

297 Fraglich ist, wie diese Fälle zu entscheiden sein sollen. Aus gemeinschaftsrechtlicher Sicht ist die Gründungstheorie die integrationsfreundlichere[599]: Sie fördert die Gleichstellung von juristischen Personen und Unionsbürgern. Sie sichert die marktweite Rechtsfähigkeit von Gesellschaften, die nach der *Daily Mail*-Entscheidung nur natürlichen Personen vorbehalten ist. Der Binnenmarkt braucht alle Marktteilnehmer, einschließlich der Gesellschaften. Durch eine auch im Bereich der *primären* Niederlassungsfreiheit angewandte Gründungstheorie könnten Gesellschaften unter gleichen Bedingungen wie Unionsbürger am Binnenmarkt teilnehmen[600]. Die Sitztheorie wirkt hingegen wie eine „Nichtanerkennungstheorie“[601] und beschränkt die Gesellschaften in der Teilnahme am Markt[602]. Durch die Anknüpfung an die Gründung werden also die Ziele des Binnenmarktes und die harmonische Entwicklung des Wirtschaftslebens gefördert (vgl. Artt. 2, 3 lit. h, 5 EG-Vertrag), durch die Sitztheorie hingegen gehemmt.

298 In Anbetracht der in der *Daily Mail*-Entscheidung betonten systematischen Gegenargumente[603] sind diese Argumente nicht zwingend[604]. Dennoch beste-

---

[596] Rn. 254 und 256.

[597] Artikel 13–14 der EWIV-Verordnung und dazu Staudinger/*Großfeld*, IntGesR Rn. 615.

[598] Art. 5a SE-Vorschlag 91 und Art. 8 im Dokument 5269/93, Anlage I, vgl. Rn. 28 Fn. 108; Art. 5 EUV–Vorschlag 91; Art. 3 EUGEN-Vorschlag 91; Art. 6 EUGGES-Vorschlag 91: Siehe zu diesen Vorschlägen unten Rn. 304 Fn. 620 bis Rn. 304 Fn. 623.

[599] Vgl. nur Generalanwalt *Darmon* in seinen Schlußanträgen zur Rechtssache *Daily Mail*, Rec. 1988, 5500, 5503 unter 13 (dazu bereits oben der Exkurs in Rn. 230).

[600] Diese Gleichstellung entspricht dem Wortlaut von Artikel 58 Abs. 1 EG-Vertrag; vgl. nur *Behrens*, RabelsZ 52 (1988) 498, 818 und *Capelli*, Dir.comunit.scambi int. 1990, 50, 53 („Conseguentemente, se alle persone fisiche viene riconosciuto l'esercizio del diritto di stabilimento primario, lo stesso diritto dovrebbe essere ugualmento riconosciuto alle società“).

[601] So *Knobbe-Keuk*, ZHR 154 (1990), 325, 338ff., 341.

[602] Vgl. *Behrens*, RabelsZ 52 (1988) 498, 516f.

[603] Siehe oben die Erörterungen zu Satz 3 der 21. Erwägung von *Daily Mail*, Rn. 240ff.

[604] Auch aus dem allgemeinen Diskriminierungsverbot in Artikel 6 n. F. EGV folgen für die Fälle der grenzüberschreitenden Sitzverlegung keine Vorgaben für die Auswahl zwischen der Sitz- und der Gründungstheorie: Die Anknüpfung an den Hauptverwaltungssitz ist für deutsche und ausländische Gesellschaften in gleichem Maße nachteilig. Auch eine deutsche Gesell-

chen sie. Im Wege der *Sonderanknüpfung* sollte man allerdings im Einzelfall Korrekturen zulassen[605]. Sie sollte ihre Grenze in Artikel 56 EG-Vertrag und in den Anforderungen an die Rechtfertigung durch das Allgemeininteresse[606] finden: Zwar sind Artikel 56 EG-Vertrag und die Rechtsprechung zu Allgemeininteressen in diesem Bereich – jenseits des Anwendungsbereiches von Artikel 58 EG-Vertrag – nicht unmittelbar anwendbar[607], doch kommt eine *entsprechende Anwendung* der Vorschrift in Betracht (entsprechend bis zu dem Tag, an dem die primäre Niederlassungsfreiheit unter Artikel 58 EG-Vertrag zu subsumieren ist). Damit bestünde auch im Bereich der identitätswahrenden Sitzverlegung eine internationalprivatrechtliche Regelung mit Regel-Ausnahme-Struktur, wie sie aus dem Grundgedanken der *Cassis de Dijon*-Rechtsprechung bekannt ist[608].

Im einzelnen: Jene Entscheidung betraf bekanntlich den französischen Likör „Cassis de Dijon", der mit 15–20% weniger Alkoholgehalt hatte als das deutsche Branntweinmonopolgesetz dies seinerzeit verlangte. Der Gerichtshofs entschied, daß die einseitige Festsetzung eines Mindestweingehaltes für Trinkbranntweine durch einen Mitgliedstaat eine „Maßnahme gleicher Wirkung" im Sinne von Artikel 30 EWG-Vertrag (jetzt: EG-Vertrag) darstellte[609]: Es gebe keinen stichhaltigen Grund dafür, zu verhindern, daß in einem Mitgliedstaat rechtmäßig eingeführte alkoholische Getränke in einem anderen Mitgliedstaat nicht eingeführt werden dürfen[610]. Folge: Rechtmäßig in einem anderen Mitgliedstaat in den Verkehr gebrachte Waren dürfen nach Artikel 30 EG-Vertrag eingeführt werden (= *Regel*), es sei denn, sie verstoßen gegen Vorschriften des Einfuhrlandes, die die engen Voraussetzungen von Artikel 36 EG-Vertrag erfüllen *oder* durch zwingende Erfordernisse (= *Allgemeininteresse*) gerechtfertigt sind (= *Ausnahme*)[611]; dabei darf die handelsbeschränkende Regelung keines Falls außer Verhältnis zum angestrebten Zweck stehen[612]. 299

---

schaft, die ihren Sitz nach Frankreich verlegt, verliert im Falle der Anknüpfung an den französischen Sitz ihre Existenz als Rechtssubjekt (und zwar sowohl aufgrund der Verweisung auf das französische Recht, das die Verweisung – wegen der in Frankreich herrschenden Sitztheorie [vgl. Rn. 134 und Rn. 134 Fn. 244] annimmt –, als auch nach deutschem Gesellschaftsrecht, vgl. Rn. 124).

605 So schon Art. 2 Abs. 1 Satz 1 des *Gesetzes zu dem Übereinkommen vom 29. Februar 1968 über die gegenseitige Anerkennung von Gesellschaften und juristischen Personen* vom 18. 5. 1972, BGBl. 1972 II 369. – Vgl. ferner: Einerseits die Vorschläge der Einführung der Gründungstheorie in Stufen bei *Grothe*, a. a. O. oben Rn. 100 Fn. 142; andererseits die Darstellung einer eingeschränkten Gründungstheorie bei Hachenburg/*Behrens*, a. a. O., oben Rn. 100 Fn. 144.

606 Vgl. oben Rn. 277.

607 Dies übersieht *Luchsinger*, S. 136ff. zumindest insoweit, als er bei der Erörterung der „Sitztheorie" stets auch die Sitzverlegungsfälle im Auge hat (arg. S. 135).

608 Für die Übertragung dieses Grundgedankens in das Internationale Gesellschaftsrecht kürzlich *Behrens*, EuZW 1992, 550 (rechte Spalte oben); siehe auch Staudinger/*Großfeld*, IntGesR Rn. 119.

609 Siehe oben Rn. 4 Fn. 18.

610 Slg. 1979, 649, 664 Erw. 14.

611 Vgl. aus der Literatur nur *Müller-Graff* in: *Groeben/Thiesing/Ehlermann*, Art. 30 Rn. 74–103; *Defalque*, Commentaire Mégret, 2. Aufl., Bd. 1, S. 231–246; *Dauses* in: *Dauses*, Hdb. EG-Wirtschaftsrecht, C I Rn. 89f.

612 Vgl. z. B. EuGH 16. 5. 1989, Rs. 382/87 (*R. Buet und SARL Educational Buisiness Services [EBS]/Ministère public*), Slg. 1989, 1235, 1251 Erw. 11; z. B. bestätigt durch EuGH 2. 2. 1994,

300 Die integrationsfördernde Lösung der Anknüpfung an die Gründung hätte zugleich den Vorteil, die Einheitlichkeit der Anknüpfung im Internationalen Gesellschaftsrecht zu fördern. In Anbetracht dieses Zieles sollte man die Verweisung auf das Gründungsrecht nach Artikel 4 Abs. 1 Satz 1, 2. Halbsatz EGBGB als *Sachnormverweisung* begreifen[613]. Für eine vertiefte Darstellung der skizzierten Lösung ist hier nicht der Ort, da die Fragen der identitätswahrenden Sitzverlegung über das gemeinschaftsrechtlich zwingend Gebotene in Anbetracht von *Daily Mail* hinausgehen[614].

f) Fälle im Anwendungsbereich des EWR-Vertrages

301 Artikel 34 Abs. 1 EWR-Vertrag[615] enthält eine der Regelung in Artikel 58 Abs. 1 EG-Vertrag entsprechende Vorschrift. Die deutsche Fassung von Artikel 34 Abs. 1 EWR-Vertrag, die zusammen mit den anderen zwölf Fassungen des EWR-Vertrages verbindlich ist (vgl. Art. 129 EWR-Vertrag), bestimmt wörtlich:

„Für die Anwendung dieses Kapitels stehen die nach den Rechtsvorschriften eines EG-Mitgliedstaates oder eines EFTA-Staates gegründeten Gesellschaften, die ihren satzungsmäßigen Sitz, ihre Hauptverwaltung oder ihre Hauptniederlassung im Hoheitsgebiet der Vertragsparteien haben, den natürlichen Personen gleich, die Angehörige der EG-Mitgliedstaaten oder der EFTA-Staaten sind."

302 Lediglich die Hinweise auf die Mitgliedstaaten des EWR-Vertrages sind dem Text von Artikel 58 Abs. 1 EG-Vertrag hinzugefügt worden. Unter diesen Umständen sind die zu Artikel 58 Abs. 1 entwickelten Aussagen auf die Anwendung und Auslegung von Artikel 34 EWR-Vertrag übertragbar, zumal mit dem EWR-Vertrag der *acquis communautaire* übernommen werden sollte[616] und die in der Untersuchung zu Artikel 58 Abs. 1 EG-Vertrag herangezogenen weiteren Regelungen des EG-Vertrages,

- die Definition von Gesellschaften in Art. 58 Abs. 2 EGV,
- die Voraussetzung der Ansässigkeit in Artt. 52 und 59 Abs. 1 EGV,
- die Ausnahme zur öffentlichen Ordnung in Art. 56 EGV,

eine Entsprechung im EWR-Vertrag gefunden haben (vgl. Artt. 34 Abs. 2, 31 Abs. 1 Satz 2, 36 Abs. 1, 33 EWR-Vertrag). Dies gilt jedenfalls dann, wenn man in Anknüpfung an die Zielvorstellungen des EWR-Vertrages von der unmittel-

---

Rs. C-315/92 (*Verband Sozialer Wettbewerb e. V./Clinique Laboratories SNC und Estée Lauder Cosmetics GmbH*), EuZW 1994, 148, 149 Erw. 16; ZIP 1994, 394; RIW 1994, 251; siehe aus der Literatur nur z. B. *Schapira/Le Tallec/Blaise*, S. 221.

613 Vgl. die Paralleleröterung in Rn. 286f.

614 Vgl. jetzt auch die Überlegungen von Staudinger/*Großfeld*, IntGesR Rn. 607ff., 619–622 (der dem Gedanken, die Sitzverlegung innerhalb der EU zuzulassen, aufgrund gemeinschaftsrechtlicher Überlegungen näher getreten ist, ihn aber vor allem im Hinblick auf Arbeitnehmerschutzüberlegungen ablehnt; so auch *ders.*, WM 1992, 2121, 2125).

615 Vgl. oben Rn. 34 Fn. 143 Abs. 2.

616 Vgl. oben Rn. 34 Fn. 143 Abs. 2 Unterabsatz 2.

baren Anwendbarkeit der Regelungen in den Artikeln 34 und 36 EWR-Vertrag ausgeht[617]. Auch die Regelung in Artikel 34 Abs. 1 (*erste Voraussetzung*) EWR-Vertrag enthält damit im gleichen Maße wie die Regelung in Artikel 58 Abs. 1 (*erste Voraussetzung*) EG-Vertrag eine internationalprivatrechtliche Verweisung. Im Hinblick auf die in Rn. 281 erörterten Argumente zur Integrationsförderung, zur Sicherheit des Rechtsverkehrs und zur Einheitlichkeit der Anknüpfung sollte auch im Verhältnis zu allen Staaten des Europäischen Wirtschaftsraums grundsätzlich – in den Grenzen von Art. 33 EWR-Vertrag und in den Grenzen zulässiger Beschränkungen im Allgemeininteresse – an das Gründungsrecht angeknüpft werden.

g) Fälle, die Drittstaaten betreffen

Gesellschaften, die in keinem der EG-Staaten und in keinem der Mitgliedstaa- 303
ten des EWR-Vertrags gegründet wurden oder Gesellschaften, die in einen solchen Staat umziehen, werden vom Anwendungsbereich des Gemeinschaftsrechts nicht erfaßt. Die Ermittlung des Gesellschaftsstatuts für diese Gesellschaften wird hier nicht erörtert[618].

§ 5 Gemeinschaftsrechtliches IPR in Verordnungen

Gemeinschaftsrechtliches IPR in Verordnungen ist bisher selten[619] und nicht 304
immer leicht erkennbar. Dies wird sich im Gesellschaftsrecht ändern, wenn die Verordnungsentwürfe für die Europäische Aktiengesellschaft „*Societas Europaea*" (SE)[620], den Europäischen Verein (EUV)[621], die Europäische Genossen-

[617] Zur unmittelbaren Anwendbarkeit von EWR-Recht siehe im einzelnen *Reinisch*, ZRvgl. 1993, 11, 14ff. (insbesondere S. 23–25).

[618] Vgl. *Luchsinger* S. 110f. sowie *Sack*, JuS 1990, 352, 356 a. E., der – allerdings erst zu einem fortgeschritteneren Stadium des Gemeinschaftsrechts – zwischen dem Internationalen Gesellschaftsrecht im Verhältnis zu Mitgliedstaaten und dem Internationalen Gesellschaftsrecht im Verhältnis zu Drittstaaten unterscheiden will.

[619] Ähnlich auch *Roth*: Unmittelbar anwendbare Kollisionsnormen (im sekundären Gemeinschaftsrecht; Anm. d. *Verf.*) haben bis heute eher Seltenheitswert. *Roth*, RabelsZ 55 (1991), 623, 632 unter b.(1).

[620] *Geänderter Vorschlag für eine Verordnung (EWG) des Rates über das Statut der Europäischen Aktiengesellschaft* (91/C 176/01) vom 16. Mai 1991 („SE-Vorschlag 91"), ABl. 1991 Nr. C 176 S. 1 (auch abgedruckt in: EWS 1991, 310–313); vgl. hierzu das – leider nicht offiziell zugängliche – interne Dokument des Rates 5269/93, Auflage I (vgl. Rn. 28 Fn. 108). – Die Bezeichnung *Societas Europaea* ist als Legalbegriff in Art. 1 Abs. 1 SE-Vorschlag 91 ausdrücklich vorgesehen; die Abkürzung SE wird durch die 8. Erwägung der Gründe und durch Art. 1 Abs. 1 SE-Vorschlag 91 vorgegeben.

[621] *Vorschlag für eine Verordnung (EWG) des Rates über das Statut des Europäischen Vereins*, KOM (91) 273 endg. – SYN 386; ABl. 1992 Nr. C 99 S. 1, vgl. dazu *Vollmer*, ZHR 1993, 373–399. – Die Abkürzung EUV ist in der 14. Erwägung der Präambel und in Art. 1 Abs. 1 EUV-Vorschlag 91 als Legalabkürzung vorgesehen.

schaft (EUGEN)[622] und den Europäischen Gegenseitigkeitsverein (EUGGES)[623] – in abgeänderter Form – in Kraft treten. Nach ihren jeweiligen Schlußbestimmungen sollte dies bereits am 1. 1. 1993 der Fall sein[624]. Diese Verordnungsentwürfe enthalten in ihren zur Zeit aktuellen Fassungen zusammen mehr IPR-Normen als das EGBGB[625]. Gleichwohl wird das gemeinschaftsrechtliche IPR in Verordnungen auch nach Inkrafttreten dieser Entwürfe – in abgeänderter Fassung – nur Randbereiche des IPR erfassen[626].

305 Der folgenden Darstellung liegt für das geltende Recht vor allem die Durchsicht sämtlicher Texte zu Grunde, die *von Borries/Winkel* in ihre Textsammlung „Europäisches Wirtschaftsrecht" aufgenommen haben[627]. Solch eine „Volltextrecherche" war erforderlich, da IPR gemeinschaftsrechtlichen Ursprungs mit Hilfe von Indizes nicht auffindbar ist: Das Stichwort „Internationales Privatrecht" beziehungsweise seine Abkürzung oder Übersetzung wird von den einschlägigen Gesetzesweisern zum Gemeinschaftsrecht nicht erfaßt[628]; Literatur,

---

622 *Vorschlag für eine Verordnung (EWG) des Rates über das Statut der Europäischen Genossenschaft*, KOM (91) 273 endg. – SYN 388; ABl. 1992 Nr. C 99 S. 17. – Die Abkürzung EUGEN ist in der 12. Erwägung der Präambel und in Art. 1 Abs. 2 EUGEN-Vorschlag 91 als Legalabkürzung vorgesehen; siehe aus der Literatur jetzt: *Kessel*, EuZW 1992, 475–479 (ohne Erörterung internationalprivatrechtlicher Fragen).

623 *Vorschlag für eine Verordnung (EWG) des Rates über das Statut der Europäischen Gegenseitigkeitsgesellschaft*, KOM (91) 273 endg. – SYN 390; Abl. 1192 Nr. C 99 S. 40. – Die Abkürzung EUGGES ist in der 11. Erwägung der Präambel und in Art. 1 Abs. 1 EUGGES-Vorschlag 91 als Legalabkürzung vorgesehen.

624 Art. 137 Abs. 1 SE-Vorschlag 91; Art. 47 Abs. 1 EUV–Vorschlag 91; Art. 67 Abs. 1 EUGEN-Vorschlag 91; Art. 55 Abs. 1 EUGGES-Vorschlag 91.

625 Allein der SE-Vorschlag 91 (s. o. Rn. 304 Fn. 620) enthält neben anderen kollisionsrechtlichen Regelungen zumindest 29 Artikel mit internationalprivatrechtlichen Regelungen (vgl. Rn. 330ff., 394, 398, 401). Zum Vergleich: Das Zweite Kapitel des EGBGB enthält 36 Artikel. So gesehen, entspricht – bei allen Vorbehalten hinsichtlich der Vergleichbarkeit – allein die Zahl der in diesem einen Verordnungsvorschlag enthaltenen IPR-Normen ca. 80% der im EGBGB enthaltenen IPR-Normenzahl. Tendenz: Zunehmend, vgl. *Hommelhoff* in: Gemeinsames Privatrecht, S. 287, 296. Nach jüngsten Erkenntnissen aus dem internen Dokument 5269/93 (vgl. Rn. 28 Fn. 108) ist allerdings davon auszugehen, daß die Zahl der Verweisungen auf nationales Recht zwar weiter zunimmt, rechtstechnisch aber nunmehr häufig Gesamtverweisungen auf einzelstaatliches Recht ausgesprochen werden, so daß in diesen Fällen erst die allgemeine IPR-Verweisung der Verordnung das Sitzstaatrecht beruft.

626 Vgl. ferner z. B. Art. 2 Abs. 1 des *Geänderten Vorschlags für eine Verordnung (EWG) des Rates über die von den Kreditinstituten und Versicherungsunternehmen geleisteten Sicherheiten*, KOM (90) 567 – SYN 180, ABl. 1991 Nr. C 53 S. 74, 76, der unter anderem den Spezialfall der Sicherheitenleistung durch ein Kreditinstitut eines anderen Mitgliedstaats betrifft: „Das für die Sicherheit geltende Recht und der Gerichtsstand entspricht dem der gesicherten Schuld, es sei denn, daß die Behörde eine andere Regelung akzeptiert." – Auf die Qualifikation dieser Regelung als *dispostive akzessorische Anknüpfung* hat bereits *Roth*, IPRax 1994, 165, 173 Fn. 79, hingewiesen.

627 Vgl. die positive, aber auch kritische Besprechung von *Nicolaysen*, EuR 1992, 103–104. Vgl. jetzt auch die Textsammlung von *Hommelhoff/Jayme*, Europäisches Privatrecht, der sich aber keine zusätzlichen internationalprivatrechtlichen Regelungen entnehmen lassen.

628 Vgl. die von *Trenton* u. a. und von *Kellermann/Tromm* u. a. herausgegebenen Werke.

die mehr als nur einen Hinweis auf gemeinschaftsrechtliches IPR in Verordnungen enthält, ist noch selten[629].

Die Lektüre der Texte förderte nur wenige Vorschriften mit internationalprivatrechtlichem Gehalt zu Tage, die in Kraft sind. Ihre Existenz ist bereits aus der Literatur bekannt[630]. Dennoch erlaubt bereits ein Überblick auf die bestehenden Regelungen einige grundsätzliche Schlüsse über die Natur des gemeinschaftsrechtlichen IPR. Berücksichtigt man darüberhinaus die erwähnten internationalprivatrechtlichen Regelungen in Verordnungsentwürfen der Kommission, so lassen sich erste Schlüsse auf eine verhältnismäßig breite Basis stellen. 306

In der Darstellung soll danach unterschieden werden, ob der IPR-Gehalt der Normen auf Anhieb zu erkennen ist oder erst durch Auslegung zu ermitteln ist („versteckte IPR-Normen"). Diese Unterscheidung, die im Grundsatz auf rechtspraktischen Überlegungen beruht, bietet sich an, weil versteckte IPR-Normen im Gegensatz zu deutlichen IPR-Normen nur durch einen eingehenderen Auslegungsprozeß zu ermitteln sind, der gesonderter Darstellung bedarf. Zumindest im geltenden Recht werden versteckte IPR-Normen anteilig zur Gesamtzahl von IPR-Normen verhältnismäßig häufig verwendet, so daß ihnen auch aus diesem Grund besondere Aufmerksamkeit zu zollen ist. 307

I. Deutliche IPR-Normen

Eine ausschließlich dem IPR gewidmete Verordnung ist nicht in Kraft[631]. Ein Anfang der siebziger Jahre entworfener „Vorschlag einer Verordnung (EWG) des Rates über das auf Arbeitsverhältnisse innerhalb der Gemeinschaft anzuwendende Konfliktsrecht"[632] ist nie verabschiedet worden. Stattdessen wurde bereits zur Zeit des Entwurfs der Verordnung die Alternative erörtert, das auf Arbeitsverträge anwendbare IPR zusammen mit dem allgemeinen IPR des Schuldvertragsrechts in einem gemeinschaftsrechtsnahen Staatsvertrag zu regeln[633]. Diese Alternative ist durch das Inkrafttreten von Artikel 6 des Euro- 308

---

[629] Betrachtet man zum Beispiel die vielen, kaum noch überschaubaren Werke, die in den letzten Jahren zur Europäischen Wirtschaftlichen Interessenvereinigung entstanden sind (für eine Auswahl s. o. Rn. 23 Fn. 85), so setzt nur die Darstellung von *Meyer-Landrut* einen Schwerpunkt bei kollisionsrechtlichen Fragen (s. insbesondere Kapitel B, ab S. 15).

[630] Vgl. zum Beispiel die Hinweise auf die internationalprivatrechtlichen Regelungen der EWIV-Verordnung in der oben Rn. 23 Fn. 85 genannten Spezialliteratur zur EWIV und bei: MünchKomm/*Sonnenberger*, Einleitung Rn. 182 und Fn. 529 zu Rn. 215 (noch ohne Unterscheidung zwischen rangrechtlichen und internationalprivatrechtlichen Aussagen der Normen); *Roth*, RabelsZ 55 (1991) 623, 629 (unter b) und 632–633.

[631] Zum Vorschlag einer IPR-Kodifikation im Verordnungswege vgl. oben Rn. 39.

[632] Text mit Begründung abgedruckt in: RabelsZ 37 (1973), 585–593. Eingehend und äußerst kritisch dazu *Gamillscheg*, RabelsZ 37 (1973), 284, 289–313. Vgl. auch *Ortiz-Arce*, Rev. Instituc. Eur. 1 (1974), 1077, 1093–1094 (nicht so ausführlich).

[633] Vgl. *Gamillscheg*, RabelsZ 37 (1973), 284, 289 und 313–314; siehe dort insbesondere Fn. 77 und 81: Abdruck der Vorentwürfe, auf denen Art. 6 EVÜ (Art. 30 EGBGB) beruht.

päischen Schuldvertragsrechtsübereinkommens[634] realisiert worden. Die spätere Überlagerung durch eine IPR-Verordnung ist nach Artikel 20 EVÜ („Vorrang des Gemeinschaftsrechts")[635] bzw. nach seiner deutschen Parallelvorschrift[636] theoretisch denkbar[637]. Praktisch bestehen hierfür keine Anhaltspunkte.

309 Mangels besonderer „IPR-Verordnungen" ist gemeinschaftsrechtliches IPR ausschließlich in Verordnungen zu speziellen Sachthemen zu suchen, vor allem der Verordnung (EWG) Nr. 2137/85 über die Schaffung einer Europäischen wirtschaftlichen Interessenvereinigung (EWIV-Verordnung) vom 25. Juli 1985[638].

1. *Deutliche IPR-Normen in der EWIV-Verordnung*

a) Klassische IPR-Normen

aa) Artikel 2 Abs. 1 EWIV-Verordnung

310 Ein gutes Beispiel für eine deutlich formulierte Verweisungsnorm, die in klassischer Weise einen Anknüpfungsgegenstand mit einem Anknüpfungspunkt verknüpft[639], enthält Artikel 2 Abs. 1 der EWIV-Verordnung. Er lautet[640]:

„Vorbehaltlich dieser Verordnung ist das innerstaatliche Recht des Staates anzuwenden, in dem die Vereinigung *nach dem Gründungsvertrag ihren Sitz* hat, und zwar einerseits auf den Gründungsvertrag mit Ausnahme der Fragen, die den Personen-

---

[634] Im deutschen Recht Art. 30 EGBGB.

[635] Art. 20 EVÜ bestimmt: „Dieses Übereinkommen berührt nicht die Anwendung der Kollisionsnormen für vertragliche Schuldverhältnisse auf besonderen Gebieten, die in Rechtsakten der Organe der Europäischen Gemeinschaften oder in dem in Ausführung dieser Akte harmonisierten innerstaatlichen Recht enthalten sind oder enthalten sein werden." (BGBl. 1986 II 810, 818). – Im deutschen Recht hat diese Bestimmung in Artikel 3 Abs. 2 Satz 2 EGBGB eine knappere Regelung erfahren: „Regelungen in Rechtsakten der Europäischen Gemeinschaft bleiben unberührt."

[636] Siehe die vorige Fußnote; siehe in der Literatur nur die umfangreiche Kommentierung durch *Martiny* in MünchKomm/*Martiny* zu Art. 30 (mit umfassenden Hinweisen auf das Schrifttum auf S. 1680f.).

[637] MünchKomm/*Martiny*, Vor Art. 27, Rn. 18 nennt eine solche Verordnung als mögliches zukünftiges Beispiel für den Vorrang des Gemeinschaftsrechts vor Artt. 27ff. EGBGB.

[638] Vgl. oben Rn. 3 Fn. 15. Die *englische* und *französische* Fassung der EWIV-Verordnung sind auch abgedruckt bei *Anderson*, ab S. 141.

Siehe zu der Verordnung die nationalen Ausführungsgesetze, in *Deutschland*: Gesetz zur Ausführung der EWG-Verordnung über die Europäische wirtschaftliche Interessenvereinigung vom 14.4. 1988 (EWIV-Ausführungsgesetz), BGBl. 1988 I 514; zusammen mit den *französischen* und *englischen* Ausführungsregelungen abgedruckt im Anhang bei *Hartard* (ab S. 186). Für einen Abdruck der *englischen European Economic Interest Regulations 1989* und des relevanten Auszugs aus dem *Finance Act 1990* siehe auch *Anderson*, S. 180ff., 193ff. (dort auch ein Mustervertrag ab S. 239).

[639] Siehe oben Rn. 112 und Rn. 112 Fn. 188.

[640] ABl. EG 1985 Nr. L 199, S. 1, 2; auch abgedruckt bei *von Borries/Winkel* unter Nr. 315.

stand und die Rechts–, Geschäfts- und Handlungsfähigkeit natürlicher Personen betreffen, und andererseits auf die innere Verfassung der Vereinigung." (Hervorhebungen nicht im Original).

Die Norm verknüpft die privatrechtlichen Anknüpfungsgegenstände „Gründungsvertrag" (mit einigen aufgezählten Ausnahmen) und „innere Verfassung der Vereinigung"[641] mit einem Anknüpfungspunkt, *dem im Gründungsvertrag angegebenen Sitz*[642]. Die Aufgabe der Verknüpfung von Anknüpfungsgegenstand und Anknüpfungspunkt, die im autonomen IPR der Gesetzgeber übernimmt[643], hat in diesem Fall der Rat als Verordnungsgeber wahrgenommen.

Die Verweisung auf innerstaatliches Recht soll nur „vorbehaltlich dieser Verordnung" zu beachten sein. In der EWIV-Verordnung enthaltenes *einheitliches Sachrecht* ist danach vorrangig zu beachten: So ist zum Beispiel die Form des Gründungsvertrages in den Artikeln 5 und 7 der EWIV-Verordnung konkludent, aber abschließend geregelt worden („Schriftform"). Für die Anwendung der Verweisung in Artikel 2 Abs. 1 EWIV-Verordnung und die Anwendung des subsidiär berufenen innerstaatlichen Rechts bleibt insoweit grundsätzlich kein Raum[644]. Das einheitliche Sachrecht der Verordnung begrenzt also die Bedeutung der IPR-Aussage in Artikel 2 Abs. 1 EWIV-Verordnung. Die IPR-Verweisung gilt nur *subsidiär*[645]. 311

Artikel 2 Abs. 1 der EWIV-Verordnung ist als *Sachnormverweisung* zu verstehen: Die Norm beruft als subsidiäres nationales Recht für die Anknüpfungsgegenstände „Gründungsvertrag" (mit den aufgezählten Ausnahmen) und „innere Verfassung der Vereinigung" unmittelbar das Gesellschaftsrecht des Staates, in dem die Vereinigung nach dem Gründungsvertrag ihren Sitz hat. Die in der Literatur einhellige Einstufung als Sachnormverweisung[646] ist aus der Wortwahl 312

---

641 Zur Bedeutung dieses auch in Artikel 2 Abs. 1 e EVÜ (Art. 37 Nr. 2 EGBGB) verwendeten Begriffs vgl. *Meyer-Landrut*, S. 21.

642 Beschränkungen bei der Auswahl des Sitzes enthält Art. 12 EWIV-Verordnung; vgl. *Meyer-Landrut*, S. 32–34 und *Ganske*, DB, Beilage 20 zu Heft Nr. 35, Fn. 63 auf S. 5 (auf den auch *Meyer-Landrut* verweist) und *Ganske*, EWIV, S. 38 (unter b). Da die EWIV im Staat des Sitzes einzutragen ist (Art. 6 EWIV-Verordnung), deckt sich der Sitzstaat mit dem Gründungsstaat (vgl. *Roth*, RabelsZ 55 (1991), 623, 629f.). *Kreuzer* in: Gemeinsames Privatrecht, S. 373, 390, sieht daher in Artikel 12 EWIV-Verordnung eine *implizite einseitige Kollisionsnorm*. Die Regelung in Artikel 12 EWIV-Verordnung wirkt in der Tat nur bedingt kollisionsrechtlich: Die *sachrechtlichen* Anforderungen von Artikel 12 EWIV-Verordnung an den Sitz einer EWIV ergänzen die *internationalrechtliche* Regelung in Artikel 2 Abs. 1 EWIV-Verordnung. Für sich alleine betrachtet, enthält Artikel 12 EWIV-Verordnung *keine* kollisionsrechtliche Aussage.

643 Vgl. *Brödermann/Rosengarten*, S. 5 unter 3. (zweiter Schritt).

644 So auch *Gleichmann*, ZHR 149 (1985), 633, 648f. (unter 8.a), *Ganske*, EWIV, S. 37 unter § 7.I.1 und *Scriba*, S. 96. Nicht vertieft werden soll die Frage, ob innerstaatliches Recht hinsichtlich der Einzelheiten der Schriftform, wie sie im deutschen Recht § 126 BGB regelt, anzuwenden ist. So *Meyer-Landrut*, S. 130; a. A. wohl z. B. *Scriba*, a. a. O.

645 Vgl. *Meyer-Landrut*, S. 22 („Prinzip der Subsidiarität") und *Israël*, Rev.M.C. 28 (1985), 645, 653f., unter IV.1 (besonders deutlich zur Hierarchie der Normen, die auf eine EWIV anwendbar sind) sowie – ausdrücklich *Israël* folgend – *Horsmans/Nicaise*, Rn. 30, 31 ff. Ähnlich auch *Keutgen*, Cah.dr.eur. 23 (1987), 492, 499–501.

646 Ganz herrschende Meinung: Vgl. nur *Petriccione*, Leg.Iss.Eur.Integr. 1986/2, 17, 43

in Artikel 2 Abs. 1 EWIV-Verordnung zu schließen: Die Norm verweist auf *innerstaatliches* Recht[647]. In der französischen Fassung verweist sie in entsprechender Weise auf die „loi *interne*"[648], in der englischen Fassung auf „*internal* law"[649].

313 Artikel 2 Abs. 1 EWIV-Verordnung ist von den Kollisionsnormen der EWIV-Verordnung zu unterscheiden, die auf das *anwendbare einzelstaatliche Recht*[650], die *anwendbaren einzelstaatlichen Rechtsvorschriften*[651] oder das *einzelstaatliche Recht*[652] verweisen. In der *französischen* Fassung werden an den entsprechenden Stellen Verweisungen auf die „législation nationale applicable", das „droit national applicable" und das „droit national" ausgesprochen[653]; in der *englischen* Fassung wird auf „national legislation applicable", „national law applicable", „national law" bzw. „national laws" Bezug genommen[654]. Inhaltlich besteht zwischen den Fassungen kein Unterschied. All jene Kollisionsnormen sprechen *rangkollisionsrechtliche Gesamtverweisungen* auf das nationale Recht der Mitgliedstaaten unter Einschluß des jeweiligen nationalen IPR aus: Erst mit Hilfe des einzelstaatlichen IPR – das gemeinschaftsrechtlichen Ursprungs sein kann[655] – ist das anwendbare nationale Sachrecht zu ermitteln[656].

(oben); *Scriba*, S. 50; *Meyer-Landrut*, S. 13 oben und S. 18–19 (unter cc); *Hartard*, S. 3; *van Gerven*, in: European Economic Interest Groupings, S. 4, 45 (Rn. 105 vor Fn. 60); *Roth*, RabelsZ 55 (1991), 623, 632.

647 Bei einer Verweisung auf deutsches Recht ist das EWIV-Ausführungsgesetz (vgl. oben Rn. 309 Fn. 638 Abs. 2) anzuwenden; wenn dieses keine Regelung enthält, sind nach § 1 dieses Ausführungsgesetzes die auf eine *Offene Handelsgesellschaft* anwendbaren Vorschriften anwendbar. Vgl. nur *Hatzig*, S. 11; *Behrens* in: *Dauses*, Hdb. EG-WirtschaftsR., E III Rn. 127.

648 J.off.CE 1985 N° L 199/1, 2.

649 Off.J.EC No. L 199/1, 2. Siehe zur Auslegung von „internal law" als „innerstaatliches Sachrecht": *Dine*, Company Lawyer 13 (1992), 10, 12 rechte Spalte.

650 Vgl. Artt. 8 Abs. 2 Satz 2 EWIV-Verordnung.

651 Art. 9 Abs. 1 EWIV-Verordnung.

652 Artt. 24 Abs. 1 Satz 2, 35 Abs. 2, 36 Abs. 1 EWIV-Verordnung sowie Art. 37 Abs. 1 und 2 EWIV-Verordnung (Diese Norm enthält nur eine begrenzte Verweisung auf einzelstaatliches Recht: Es soll die Frage der Verjährung nur dann regeln, wenn es Verjährungsfristen unter fünf Jahren vorsieht; so auch *Ganske*, EWIV, S. 66 unter VII.; mißverständlich: *Scriba*, S. 165).

Eine Verweisung auf „einzelstaatliches Recht" enthält die EWIV-Verordnung auch durch die bewußte Ausklammerung bestimmter, den Gründungsvertrag betreffende Fragen in der Verweisung auf innerstaatliches Recht in Artikel 2 Abs. 1 EWIV-Verordnung. Dies folgt nicht nur aus dem Konzept der Verordnung (s. *Meyer-Landrut*, S. 22 unter 2.a. zur „automatischen Geltung" nationalen Rechts außerhalb des Regelungsgegenstandes der Verordnung); dies folgt auch aus dem 11. Erwägungsgrund der Präambel, in der ausdrücklich auf einzelstaatliches Recht für Fragen der Rechts- und Geschäftsfähigkeit Bezug genommen worden ist (zur weiteren Verwendung des Begriffes „Handlungsfähigkeit" siehe *Meyer-Landrut*, S. 133). Der 11. Erwägungsgrund ist wie der Inhalt der ganzen Präambel nach den allgemeinen Auslegungsregeln von Verordnungen bei der Auslegung der Verordnung zu beachten: Vgl. Art. 190 EWGV und *Meyer-Landrut*, Fn. 1 auf S. 15.

653 Vgl. J.off.CE 1985 N° L 199/1–9.

654 Off.J.EC No. L 199/1–9.

655 Ausführlich zur Frage der Anwendbarkeit des EVÜ auf Fragen der EWIV: *Dine*, Compa-

Artikel 2 Abs. 1 EWIV-Verordnung geht einen Schritt weiter, in dem er eine rangkollisionsrechtliche und eine internationalprivatrechtliche Frage regelt. Zunächst enthält Artikel 2 Abs. 1 EWIV-Verordnung durch die Verweisung auf staatliches bzw. nationales Recht die *inzidente rangkollisionsrechtliche* Aussage, daß Fragen des Gründungsvertrages (mit den aufgezählten Ausnahmen) und Fragen der inneren Verfassung der Vereinigung subsidiär, nämlich „vorbehaltlich dieser Verordnung", *nach nationalem und nicht nach gemeinschaftsrechtlichem Recht* zu klären sind[657]. Dabei ist unter dem nationalen Recht der Mitgliedstaaten auch harmonisiertes Recht zu verstehen. Besonders deutlich wird dies durch den Hinweis in Artikel 9 Abs. 1 EWIV-Verordnung auf die in das anwendbare einzelstaatliche Recht umgesetzten Vorschriften der Ersten gesellschaftsrechtlichen Richtlinie[658]. In dieser rangkollisionsrechtlichen Aussage besteht zwischen den Verweisungen auf einzelstaatliches Recht und der Verweisung auf innerstaatliches Recht in Artikel 2 Abs. 1 EWIV-Verordnung kein Unterschied. 314

Darüberhinaus regelt Artikel 2 Abs. 1 EWIV-Verordnungen als Sachnormverweisung auch die *internationalprivatrechtliche* Frage, welchen Staates Privatrecht gilt. Die IPR-Frage nach dem auf den Gründungsvertrag und auf die innere Verfassung einer EWIV subsidiär anwendbaren Recht ist allein mit Hilfe von Art. 2 Abs. 1 der EWIV-Verordnung zu lösen[659]: Es gilt das innerstaatliche Recht des Staates, in dem die Vereinigung ihren Sitz hat. 315

Aus *praktischer* Sicht dürfte die IPR-Sachnormverweisung in Artikel 2 Abs. 1 EWIV-Verordnung nur selten anzuwenden sein[660]. Immerhin wird sie gelegentlich wichtig werden: Jede EWIV hat notwendig eine Beziehung zu mehreren Mitgliedstaaten[661], so daß die IPR-Verweisung bei jeder EWIV zum Tragen 316

---

ny Lawyer 13 (1992), 10, 11f.; in *Deutschland* sind an Stelle des EVÜ die Parallelnormen im EGBGB zu beachten (s. o. Rn. 19 Fn. 66).

656 Kritisch zur Funktion solcher – nur zur Erinnerung erforderlichen – Verweisungen auf einzelstaatliches Recht: *Meyer-Landrut*, S. 23 unter b (nur deklaratorische Funktion). Ähnlich wohl auch *Gleichmann*, ZHR 149 (1985), 633, 648 (Verweisungen auf einzelstaatliches Recht seien „notwendig und eigentlich selbstverständlich"). – Zur Differenzierung zwischen Sachnorm- und Gesamtverweisungen vgl. jetzt auch *Kreuzer* in: Gemeinsames Privatrecht, S. 373, 391f.

657 Zu dieser kollisionsrechtlichen Betrachtungsweise des Vorrangs des Gemeinschaftsrechts siehe oben Rn. 8–9.

658 Erste Richtlinie des Rates vom 9. März 1968 zur Koordinierung der Schutzbestimmungen, die in den Mitgliedstaaten den Gesellschaften im Sinne des Artikel 58 Absatz 2 des Vertrages im Interesse der Gesellschafter sowie Dritter vorgeschrieben sind, um diese Bestimmungen gleichwertig zu gestalten (68/151/EWG), ABl. 1968 Nr. L 65 S. 9; u. a. abgedruckt bei *von Borries/Winkel* unter Nr. 300, bei *Lutter*, Europäisches Unternehmensrecht, S. 163; und bei *Hopt/Wymeersch*, S. 355.

659 Die Verweisung gilt allerdings nur „vorbehaltlich dieser Verordnung": Der rangkollisionsrechtliche Vorrang der sachrechtlichen Regelungen der EWIV-Verordnung vor nationalem Recht bleibt, wie erwähnt, damit unberührt: Siehe oben Rn. 311 und Rn. 311 Fn. 645.

660 Vgl. *Gleichmann*, einen der „Väter" der Verordnung (so *Scriba*, S. 125 Fn. 53), in ZHR 149 (1985), 633, 648 unten: Die Tragweite von Artikel 2 EWIV-Verordnung sei außerordentlich beschränkt.

661 Vgl. Art. 4 Abs. 2 EWIV-Verordnung.

kommt. Die Zahl der Europäischen Wirtschaftlichen Interessenvereinigungen steigt langsam, aber ständig. Sie liegt heute bereits bei weit über 200[662]. Die Anwendungsschwierigkeiten liegen hauptsächlich darin, daß die genaue Reichweite der Verweisung noch nicht geklärt ist. Zum Teil werden ihr in der Literatur so wichtige Fragen wie das Zustandekommen und die Wirksamkeit des Gründungsvertrages[663] oder die Stimmabgabe bei Mitgliederbeschlüssen[664] unterstellt. Die Einzelheiten interessieren für die Zwecke dieser Arbeit nicht.

bb) Artikel 19 Abs. 1 Unterabsatz 2, 2. Spiegelstrich EWIV-Verordnung

317 Außer in ihrem Artikel 2 verweist die EWIV-Verordnung auch in ihrem Artikel 19 Abs. 1 Unterabsatz 2, 2. Spiegelstrich auf ein bestimmtes innerstaatliches Recht. Unterabsatz 2 von Artikel 19 Abs. 1 EWIV-Verordnung bestimmt:

„Geschäftsführer einer Vereinigung können nicht Personen sein, die
– nach dem auf sie anwendbaren Recht oder
– *nach dem innerstaatlichen Recht des Staates des Sitzes der Vereinigung* oder
– aufgrund einer in einem Mitgliedstaat ergangenen oder anerkannten gerichtlichen Entscheidung oder Verwaltungsentscheidung

dem Verwaltungs- oder Leitungsorgan von Gesellschaften nicht angehören dürfen, Unternehmen nicht leiten dürfen oder nicht als Geschäftsführer einer Europäischen Wirtschaftlichen Interessenvereinigung handeln dürfen.„ (Kursivdruck nicht im Original).

318 Nach Artikel 19 Abs. 1 Unterabs. 2 EWIV-Verordnung hängen die persönlichen Voraussetzungen von mehreren kumulativ durchzuführenden Prüfungen ab. Unter anderem ist im Unterabsatz 2 eine Prüfung nach dem innerstaatlichen Recht des Sitzstaates vorzunehmen: Der Anknüpfungsgegenstand der persönlichen Voraussetzungen eines Geschäftsführers wird mit dem Anknüpfungspunkt „Sitz" verbunden. Verwiesen wird auf das innerstaatliche Sachrecht. Wegen der Verwendung des Wortes „innerstaatlich" – im Gegensatz zu „einzelstaatlich"[665] – ist die Verweisung als Sachnormverweisung zu bewerten[666]. Verwiesen wird auf das Gesellschaftsrecht am „Sitz", der nach Artikel 12 der EWIV-Verordnung zu bestimmen ist und im Gründungsvertrag angegegeben sein muß.

---

[662] *Fitchew*, Director General for Financial Institutions der EG-Kommission, nennt in einer Veröffentlichung von 1992 218 EWIV: Company Lawyer 13 (1992), 5. Seitdem werden in unregelmäßiger, aber enger Folge im Amtsblatt die Gründungen neuer EWIV bekannt gegeben: Siehe z. B. ABl. 1992 Nr. C 57 S. 23; C 58 S. 19 (2 Stück); C 69 S. 16; C 74 S. 15 (2 Stück); C 76 S. 14 oder – als jüngeres Beispiel – ABl. 1994 Nr. C 118 S. 8 (3 Stück); C 119 S. 7.

[663] *Meyer-Landrut*, S. 131; ähnlich wohl auch *Gleichmann*, ZHR 149 (1985), 633, 648 (unter a); mit guten Gründen a. A. *Scriba*, S. 101–103 (Fragen des Zustandekommens des Vertrages – das Recht der Willenserklärungen und das Anfechtungsrecht – seien nach den Materialien ausdrücklich nicht dem Gesellschaftsstatut unterstellt worden).

[664] *Meyer-Landrut*, S. 41: Das innerstaatliche Recht entscheide über die Qualifizierung als Willenserklärung, den Zugang, die Mängel und ihre Geltendmachung.

[665] S. o. Rn. 312f.

[666] So auch *Ganske*, EWIV, S. 58 (vor III. unter b).

Das Besondere an der Verweisung ist ihre kumulative Verknüpfung: Zunächst gebietet Artikel 19 Abs. 1 Unterabs. 2 EWIV-Verordnung eine Prüfung nach dem „anwendbaren Recht“ (1. Spiegelstrich). Darunter ist das vom nationalen IPR des Forums berufene Sachrecht zu verstehen, das mit dem innerstaatlichen Recht allerdings identisch sein kann. Gemeinschaftsrechtliches IPR (im 2. Spiegelstrich) und nationales IPR (im 1. Spiegelstrich) wirken nebeneinander. 319

Der Verordnungsgeber hat damit eine *Häufung von Anknüpfungspunkten* in Kauf genommen[667]. Praktisch wird es nicht dazu kommen, wenn man im nationalen Internationalen Gesellschaftsrecht an das *Gründungsrecht im Wege einer Sachnormverweisung* anknüpft. Da das Gründungsrecht nach Artikel 2 Abs. 1 der EWIV-Verordnung das Recht des Satzungssitzes ist, beruft das autonome IPR bei einer Anknüpfung an das Gründungsrecht dieselbe Rechtsordnung wie die gemeinschaftsrechtliche IPR-Verweisung im 2. Spiegelstrich von Artikel 19 Abs. 1 Unterabs. 2 EWIV-Verordnung. Eine Kumulation von Anknüpfungspunkten ist nur denkbar, wenn das einzelstaatliche IPR die *Sitztheorie* anwendet und der EWIV-Gründungsvertrag nach Art. 12 Abs. 2 lit. b EWIV-Verordnung einen in einem anderen Staat gelegenen Ort der Hauptverwaltung *eines Mitglieds* der EWIV[668] als Sitz der EWIV bestimmt hat. In diesem Fall liegen der Hauptverwaltungssitz der EWIV, an die die Sitztheorie anknüpft, und der Satzungssitz, an den Artikel 19 Abs. 1 Unterabs. 2, 2. Spiegelstrich EWIV-Verordnung anknüpft, in verschiedenen Staaten. Sieht der Gründungsvertrag hingegen nach Art. 12 Abs. 2 lit. a EWIV-Verordnung den Ort der Hauptverwaltung der Vereinigung als Satzungssitz vor, so führt die Kumulation der Anknüpfungspunkte auch bei Anwendung der Sitztheorie zum selben Recht. Die parallele Anwendung von gemeinschaftsrechtlichem und nationalem IPR wird sich danach praktisch nur sehr selten auswirken. Nur dogmatisch ist sie beachtlich.

Über die parallele Anwendung des vom nationalen und vom gemeinschaftsrechtlichen IPR berufenen Sachrechts hinaus enthält Artikel 19 Abs. 1 Unterabs. 2 EWIV-Verordnung eine weitere *sachrechtliche* Voraussetzung: Dem Geschäftsführer darf in keinem der Mitgliedstaaten die Geschäftsführungsstätigkeit verboten worden sein; diese ist ihm auch dann verboten, wenn eine Verbotsentscheidung in einem Drittstaat außerhalb der EG erging und in einem der Mitgliedstaaten anerkannt wurde. In der parallelen Anwendung von IPR und Sachrecht wiederholt sich ein bei Artikel 58 Abs. 1 EG-Vertrag bereits beobachtetes Phänomen[669]: Das gemeinschaftsrechtliche IPR in Unterabsatz 2 wird – ebenso wie das nationale IPR in Unterabsatz 1 – durch gemeinschaftsrechtliches Sachrecht aus Unterabsatz 3 begrenzt. Wieder wirkt das Sachrecht gegenüber dem IPR als Wächter; oder umgekehrt, aus der Sicht des Sachrechts: Das IPR ergänzt das Sachrecht. Aus *praktischer* Sicht dürfte die sachrechtliche Vorausset- 320

[667] Vgl. zur Häufung von Anknüpfungspunkten im deutschen IPR (nicht gemeinschaftsrechtlichen Ursprungs): *Kropholler*, IPR, § 20.I.2 auf S. 119.

[668] Bei natürlichen Personen: Ort der Haupttätigkeit.

[669] Vgl. Rn. 170ff.

zung in Unterabsatz 3 die größere Bedeutung zukommen, weil sie Entscheidungen aus *allen* Mitgliedstaaten betrifft. Soweit sie Entscheidungen des Sitzstaates betrifft, führt sie zumindest im Falle der Anwendbarkeit deutschen Rechts zum gleichen Ergebnis (dazu der folgende Exkurs).

321 *Exkurs*: Wird über das gemeinschaftsrechtliche und das nationale IPR in den ersten zwei Spiegelstrichen von Artikel 19 Abs. 1 Unterabs. 2 EWIV-Verordnung nur *deutsches* Recht berufen, so ist mangels einer Regelung für persönliche Voraussetzungen von Geschäftsführern im EWIV-Ausführungsgesetz[670] nach § 1 dieses Ausführungsgesetzes das Recht der Offenen Handelsgesellschaften anzuwenden[671]. Danach ist jeder Gesellschafter vorbehaltlich der Regelungen im Gesellschaftsvertrag zur Geschäftsführung berechtigt (vgl. §§ 114–116 HGB). Dies folgt aus dem Grundsatz der Selbstorganschaft der OHG, nach welchem der Geschäftsführerstatus Bestandteil der Mitgliedschaft ist[672]. Nur auf Grund einer *gerichtlichen Entscheidung* kann einem Geschäftsführer die Befugnis zur Geschäftsführung entzogen werden (§ 117 HGB)[673]. Liegt sie vor, entfiele die Berechtigung zur Geschäftsführung auch nach dem 3. Spiegelstrich von Artikel 19 Abs. 2 EWIV-Verordnung. Das vom IPR berufene deutsche Recht reicht also nicht weiter als die sachrechtliche Voraussetzung im 3. Spiegelstrich, die auch an eine gerichtliche Entscheidung anknüpft.

322 Das Nebeneinander von gemeinschaftsrechtlichem IPR (sowie nationalem IPR) und gemeinschaftsrechtlichem Sachrecht vermittelt den Eindruck, der Rat als Verordnungsgeber habe bestimmte Fragen dem nationalen Recht der Mitgliedstaaten überlassen wollen und zugleich eine sachrechtliche Regelung getroffen, um gewisse Mindesterfordernisse sicherzustellen. Oder umgekehrt: Der Rat habe die Fragen grundsätzlich selbst regeln wollen und habe nur deshalb auf nationales Recht verwiesen, um Regelungslücken zu vermeiden. Diese Vorgehensweise paßt zum europäischen Rechtssystem, das auf Kompromisse aufgebaut wird und Wege finden muß, die den Einigungsprozeß im Rat erleichtern. Die Begrenzung der Tragweite von IPR-Verweisungen durch gemeinschaftsrechtliches Sachrecht ist solch ein Weg.

b) Sonderfall: Regelung für Mehrrechtsstaaten

323 Den Sonderfall, daß die IPR-Verweisung in Artikel 2 Abs. 1 der EWIV-Verordnung[674] auf Mehrrechtsstaaten verweist, regelt Artikel 2 Abs. 2 der Verordnung wie folgt:

---

670 S. oben Rn. 309 Fn. 638 Abs. 2.
671 S. oben Rn. 312 Fn. 647.
672 So *Schmidt*, Gesellschaftsrecht, § 47. V. 1. auf S. 1145.
673 Einzelheiten bei Heymann/*Emmerich*, § 117 Rn. 5 ff., 10 ff.
674 Vgl. oben Rn. 310.

„Umfaßt ein Staat mehrere Gebietseinheiten, von denen jede ihre eigenen Rechtsnormen hat, die auf die in Absatz 1 bezeichneten Gegenstände anzuwenden sind, so gilt für die Bestimmung des nach diesem Artikel anzuwendenden Rechts jede Gebietseinheit als Staat."

Diese Norm enthält eine deutliche, leicht erkennbare Aussage über den Umgang mit Verweisungen auf Mehrrechtsstaaten, ein Sonderproblem des Internationalen Privatrechts[675]. Die Regelung entspricht Artikel 19 Abs. 1 des EG-Schuldvertragsübereinkommens (EVÜ; im deutschen Recht: Art. 35 Abs. 2 EGBGB). Zugleich weicht ihre Aussage von der sogenannten „Haager interlokalrechtlichen Formel" ab, die sich abgesehen vom EVÜ in den letzten Jahren im völkerrechtlich vereinheitlichtem IPR weitgehend durchgesetzt hat[676], aber auch in den Haager Übereinkommen nicht immer verwendet wird[677]. Anders als jene Formel überläßt Artikel 2 Abs. 2 der EWIV-Verordnung es nicht dem berufenen einzelstaatlichen Recht, nach seinem interlokalen Privatrecht die zuständige Teilrechtsordnung zu berufen.

Die Lösung der interlokalrechtlichen Frage in Artikel 2 Abs. 2 EWIV-Verordnung paßt zur Wahl der Sachnormverweisung in Artikel 2 Abs. 1 EWIV-Verordnung: Es würde keinen Sinn machen, das einzelstaatliche IPR grundsätzlich auszuschließen und bei einem Bezug zu einem Mehrrechtsstaat (Spanien, Deutschland oder Großbritannien) für die Lösung interlokalrechtlicher Fragen durch die Hintertür zu berufen[678]. 324

c) Mittelbare Sachnormverweisungen

Eine deutliche IPR-Aussage enthält weiter Artikel 15 Abs. 1 Satz 1, 1. Halb- 325

---

675 Vgl. z. B. *Brödermann/Rosengarten*, S. 31–32; *Kegel*, S. 254–260.

676 *Ferid*, Rn. 2–35,5; vgl. auch Artikel 4 Abs. 3 EGBGB, der auf die Haager interlokalrechtliche Formel zurückgeht (siehe nur *Brödermann/Rosengarten*, S. 32 unter 1.).

677 Vgl. Artikel 12 des *Haager Straßenverkehrsunfallübereinkommens* vom 4. 5. 1971, das in einigen anderen Mitgliedstaaten bereits in Kraft ist (Übereinkommen über das auf Straßenverkehrsunfälle anzuwendende Recht; abgedruckt bei *Jayme/Hausmann* unter Nr. 52 mit Hinweisen auf die Vertragsstaaten in Fn. 1; siehe insoweit auch die Darstellung der interlokalrechtlichen Regelungen der Haager Übereinkommen bei *Audit*, Droit international privé, Rn. 292). Weitere Gegenbeispiele, die allerdings noch nicht in Kraft getreten sind, enthalten die bei *Giuliano/Lagarde* in der Anmerkung zu Artikel 19 EVÜ (S. 70–71; bei *Pirrung*, IPR, S. 367) genannten *Vorbilder* von Artikel 19 EVÜ: Art. 17 des *Haager Ehegüterstandsübereinkommens* (Abkommen über das auf Ehegüterstände anwendbare Recht; abgedruckt in französischer und englischer Sprache in: RabelsZ 41 (1977), 554–569) und Art. 19 des *Haager Stellvertretungsübereinkommens* vom 16. 6. 1977 (Abkommen über das auf Vermittlungsgeschäfte und auf die Stellvertretung anwendbare Recht; abgedruckt in: RabelsZ 43 (1979), 176–189).

678 Auch die Regelung in Art. 19 Abs. 1 EVÜ (Art. 35 Abs. 2 EGBGB) ist für Sachnormverweisungen entwickelt worden: Aus Art. 15 EVÜ (Art. 35 Abs. 1 EGBGB) folgt, daß die Verweisungen im EVÜ (bzw. in Artt. 27–33 EGBGB) als Sachnormverweisungen zu verstehen sind (vgl. MünchKomm/*Martiny*, Art. 35 Anm. 1).

satz der EWIV-Verordnung, in dem die Verordnung auf Artikel 2 der Verordnung verweist. Art. 15 Abs. 1 EWIV-Verordnung bestimmt:

„Sieht das nach Artikel 2 auf die Vereinigung anwendbare Recht die Nichtigkeit der Vereinigung vor, so muß sie durch gerichtliche Entscheidung festgestellt oder ausgesprochen werden. Das angerufene Gericht muß jedoch, sofern eine Behebung der Mängel der Vereinigung möglich ist, dafür eine Frist setzen."

Durch Verweisung auf die internationalprivatrechtliche Regelung in Artikel 2 der EWIV-Verordnung wird das auf die Nichtigkeitsgründe anwendbare nationale Recht bestimmt[679]. Es liegt also eine „mittelbare Sachnormverweisung" vor[680].

326 Gleichzeitig regelt Art. 15 Abs. 1 Satz 2 EWIV-Verordnung mit der Fristsetzung eine sachrechtliche Frage. Die Verweisung auf Artikel 2 der EWIV-Verordnung gilt danach nicht hinsichtlich des in der EWIV-Verordnung selbst geregelten Grundsatzes, daß den Mitgliedern der Vereinigung unter der Voraussetzung der Nachbesserungsmöglichkeit eine Frist zur Nachbesserung zu setzen ist[681]. Wieder begrenzt das gemeinschaftsrechtliche Sachrecht der Verordnung die Tragweite der IPR-Aussage.

d) Zwischenergebnis

327 Für die Bestandsaufnahme deutlicher IPR-Normen in der EWIV-Verordnung ist als Zwischenergebnis festzuhalten: Artikel 2 Abs. 1 und 19 Abs. 1, Unterabsatz 2, 2. Spiegelstrich EWIV-Verordnung verknüpfen jeweils einen Anknüpfungsgegenstand mit einem Anknüpfungspunkt. Artikel 2 Abs. 2 EWIV-Verordnung enthält eine Sonderregelung für Mehrrechtsstaaten. Artikel 15 Abs. 1 EWIV-Verordnung ist wegen seiner Verweisung auf Artikel 2 EWIV-Verordnung ebenfalls auf Anhieb dem gemeinschaftsrechtlichen IPR zuzuordnen. Wer von der klassischen Verknüpfung zwischen Anknüpfungsgegenstand und Anknüpfungspunkt als Merkmal typischer IPR-Normen her denkt, wird weitere „deutliche IPR-Normen" im geltenden Gemeinschaftsrecht zumindest in der Regel vergeblich suchen.

328 *Exkurs*: Ausnahmen sind im *Internationalen Sozialrecht* denkbar[682]. Dies gilt insbesondere für Artikel 93 Abs. 2 der Verordnung (EWG) Nr. 1408/71 zur Anwendung der Systeme der sozialen Sicherheit auf Arbeitnehmer und Selbständige sowie deren Familienangehörige, die innerhalb der Gemeinschaft zu- und abwandern[683]. Ab-

---

679 Nähere Ausführungen zur Nichtigkeit und ein Hinweis zur Entstehungsgeschichte von Art. 15 Abs. 1 EWIV-Verordnung bei *Scriba*, S. 166.

680 Ähnlich *Ganske*, EWIV, S. 67 (Abs. 4: „Sachnormverweisung").

681 Vgl. zur Nachbesserungsmöglichkeit *Scriba*, S. 167.

682 Zur Europäisierung des Internationalen Sozialrechts siehe *Eichenhofer*, JZ 1992, 269–277.

683 Verordnung (EWG) Nr. 1408/71 zur Anwendung der Systeme der sozialen Sicherheit auf Arbeitnehmer und Selbständige sowie deren Familienangehörige, die innerhalb der Gemein-

satz 2 ist im Gegensatz zu Absatz 1 nicht als Anerkennungsnorm formuliert[684]. Absatz 2 knüpft Fragen der Haftungsbefreiung ausdrücklich an das Sachrecht an, nach welchem Leistungen für einen Schaden gewährt wurden. Er bestimmt:

„Werden *nach den Rechtsvorschriften eines Mitgliedstaats* Leistungen für einen Schaden gewährt, der sich aus einem im Gebiet eines anderen Mitgliedstaats eingetretenen Ereignis ergibt, *so gelten* gegenüber der betreffenden Person oder dem zuständigen Träger *die Bestimmungen dieser Rechtsvorschriften*, in denen festgelegt ist, in welchen Fällen die Arbeitgeber oder die von ihnen beschäftigten Arbeitnehmer von der Haftung befreit sind." (Hervorhebungen hinzugefügt).

Wenn auch der Anknüpfungsgegenstand der Haftungsbefreiung nur bei der 329 Beschreibung des anwendbaren Rechts genannt wird, so verknüpft die Norm doch in deutlicher Weise diesen Anknüpfungsgegenstand mit dem Anknüpfungspunkt „Bestimmungen dieser Rechtsvorschriften": Nach Artikel 93 Abs. 2 der Verordnung 1408/71 sollen die haftungsausschließenden Bestimmungen der Rechtsvorschriften des Mitgliedstaates „gelten", nach denen Leistungen gewährt werden. Die Vorschrift macht Sinn: Sie stellt sicher, daß die Leistung des Versicherungsträgers und der Haftungsausschluß nach demselben Recht beurteilt werden[685]. Sofern der Versicherungsträger auf Grund einer privatrechtlichen Verpflichtung leistet und die Frage der Haftungsbefreiung in privatrechtlichem Kontext zu lösen ist, wirkt die Kollisionsnorm zur Bestimmung des Haftungsbefreiungsstatuts als Internationales *Privat*recht.

2. *Deutliche IPR-Regelungen im Vorschlag über das Statut der Europäischen Aktiengesellschaft*

Aus dem in Entstehung begriffenen Gemeinschaftsprivatrecht ist auf eine 330 Vielzahl von deutlich erkennbaren internationalprivatrechtlichen Regelungen im SE-Vorschlag 91 hinzuweisen[686]. Als Anknüpfungspunkt wurde durchweg das *Sitzstaatrecht* gewählt. Dabei müssen nach Artikel 5 des SE-Vorschlag 91 der Hauptverwaltungssitz und der Satzungssitz übereinstimmen, und der Sitz muß in der Gemeinschaft liegen.

---

schaft zu- und abwandern; in der Fassung von Anhang I der Verordnung 2001/83, ABl. 1983 Nr. L 230 S. 8.

684 Zu Art. 93 Abs. 1 der Verordnung 1408/71 s. unten Rn. 389 ff.

685 Vgl. *Schuler*, S. 650 (mit einem Hinweis auf Art. 93 Abs. 2 der Verordnung 1408/71 in Fn. 107).

686 S. o. Rn. 304 Fn. 620; zu diesem Statutsvorschlag in der Literatur: *Abeltshauser*, EWS 1991, 58–63; *Hauschka*, EuZW 1992, 147–149; *Trojan-Limmer*, RIW 1991, 1010–1016; *Sagasser/Swienty*, DSteuerR 29 (1991), 1188–1194 und 1222–1226; *Merkt*, BB 1992, 652–661; *Wehlau*, C.M.L.Rev. 1992, 473–510; siehe auch *Weitnauer*, EWS 1992, 165–173 (umfassender) sowie die Dissertationen von *Wenz* (insbesondere S. 28–35) und *Leupold* (insbesondere S. 19–26). Einen guten Überblick über inländische und ausländische Literatur zum vorangehenden Vorschlag vom 16. 10. 1989 (ABl. 1989 Nr. C 263 S. 41) gibt *Merkt*, BB 1992, 652, 653, dort Fn. 11; siehe ferner die Dissertation von *R. Grote* (insbesondere S. 57 zu Art. 7 a. F.).

331 Über die endgültige Fassung dieser Regelung läßt sich noch keine Prognose wagen. Nach Art. 8 der Anlage I des internen Dokuments 5269/93 (vgl. Rn. 28 Fn. 108) muß der Sitz der SE lediglich in demselben Mitgliedstaat liegen, in dem sich auch die Hauptverwaltung der SE befindet. Aber auch über diese Regelung besteht noch kein Konsens: Während die *deutsche* Delegation darauf drängt, daß die Hauptverwaltung sogar ausdrücklich *in der gleichen Gemeinde* wie der Sitz liegen muß, haben die *luxemburgische* und *niederländische* Delegation – mit Unterstützung der *irischen* und *britischen* Delegation – eine Regelung vorgeschlagen, nach der der Sitz der SE und die Hauptverwaltung lediglich *in der Gemeinschaft* liegen muß; ein Mitgliedstaat soll aber bestimmen können, daß der Sitz dem Ort der Hauptverwaltung entsprechen muß.

332 Nach Artikel 11 a Abs. 1 SE-Vorschlag 91 ist auf die Gründung der SE das für Aktiengesellschaften geltende Recht des Staates anzuwenden, in dem die SE ihren Sitz festlegt[687]. Die Anknüpfung an das Sitzstaatrecht führt danach zum selben Ergebnis, zu dem auch eine Anknüpfung an das *Gründungsrecht* führen würde. Der Konflikt zwischen der Sitz- und der Gründungstheorie ist vermieden worden: Die Anknüpfung an das Sitzstaatrecht entspricht wegen der in Artikel 11 a Abs. 1 SE-Vorschlag 91 getroffenen Regelung der Sitz- *und* der Gründungstheorie.

333 Wie in der EWIV-Verordnung, an der sich die Kommission orientiert hat[688], soll das Sitzstaatrecht nur subsidiär gelten. Sachrechtliche Regelungen in der Verordnung sollen Vorrang haben. Dennoch sind die Verweisungen auf das nationale Recht des Sitzstaates so häufig[689], daß die Umsetzung des Verordnungsvorschlages nicht zu einer, sondern zu mindestens zwölf – und mehr[690] – Formen der europäischen Aktiengesellschaft führen wird[691].

---

[687] Vgl. jetzt Art. 14 Abs. 1 des internen Dokuments 5269/93, Anlage I, der die Regelung in Art. 11 a Abs. 1 SE-Vorschlag 91 inhaltlich übernommen und lediglich sprachlich klarer gefaßt hat.

[688] Vgl. Bundesrat Drucksache 488/89 vom 13.9.89: Unterrichtung durch die Bundesregierung [über den SE-Vorschlag 91 in der Fassung vom 15.7. 1988], (= KOM(89) 268 endg.; Ratsdok. 8404/89), Nr. 1 der Erläuterungen zu Artikel 7 auf S. 8f. (Die Passage ist in ihrer Aussage über das Nebeneinander von gemeinschaftsrechtlichem Sachrecht und gemeinschaftsrechtlichen IPR, das in den späteren Entwürfen nur noch intensiviert worden ist, auf den Vorschlag vom 16. 5. 1991 übertragbar).

[689] Vgl. *Trojan-Limmer*, RIW 1991, 1010, 1011 linke Spalte und 1011–1012 (nach III. vor 1.: Durch vermehrte Verweise auf nationales Recht im Vorschlag vom 16. 5. 1991 solle die politische Durchsetzbarkeit des SE-Vorschlags 91 erhöht werden). Zur Zahl der Verweisungen oben Rn. 304 Fn. 625.

[690] Vgl. oben Rn. 2 Fn. 2.

[691] So *Lutter*, Aktiengesellschaft 1990, 413, 420 unter VII.1. (zur vorigen Fassung des Vorschlags vom 25. 8. 1989, abgedruckt in: ABl. 1989 Nr. C 263 S. 41 sowie in der Gegenüberstellung mit dem neuen Vorschlag vom 16. 5. 1991 in ABl. 1991 Nr. C 176 S. 1); ihm folgend *Hauschka*, EuZW 1992, 147, 148 vor IV.; siehe auch *Trojan-Limmer*, RIW 1991, 1010, 1012 unter 2; *Leupold* S. 20 und *Behrens*, Hdb. EG-WirtschaftsR. E. III. Rn. 132 und GmbH-Rdsch. 1993, 129, 135 (die Verweisungstechnik beinhalte praktisch den Verzicht auf eine einheitliche und in sich geschlossene Regelung für die Europäische Aktiengesellschaft).

a) Die Generalverweisung in Artikel 7 Abs. 1 SE-Vorschlag 91 und seine Ergänzung zur Lösung der interlokalrechtlichen Frage

Die grundlegende Verweisung auf das Sitzstaatrecht als subsidiär geltendes Recht enthält Artikel 7 Absatz 1 SE-Vorschlag 91[692]: 334

„(1) SE [Societates Europapaeae] unterliegen:
a) - den Bestimmungen dieser Verordnung;
– sofern diese Verordnung dies ausdrücklich zuläßt, den von den Parteien in der Satzung der SE frei festgelegten Bestimmungen.
b) anderenfalls:
– *dem im Sitzstaat der SE für Aktiengesellschaften geltenden Recht*;
– den von den Parteien in der Satzung frei festgelegten Bestimmungen *unter den gleichen Voraussetzungen wie im Fall von Aktiengesellschaften, für die das Recht des Sitzstaates der SE gilt.*„ (Kursivdruck nicht im Original).

Zunächst betont Unterabsatz a) den Vorrang des gemeinschaftsrechtlichen Sachrechts und der Satzungsautonomie, soweit das Recht der Verordnung ausdrücklich Raum für die Gestaltung der Satzung läßt[693]. Subsidiär werden nach Unterabsatz b) das Sitzstaatrecht sowie die Bestimmungen der Satzungen berufen, soweit das Sitzstaatrecht für sie Raum läßt[694]: 335

Ein Beispiel[695]: Hat eine zukünftige SE ihren Sitz in Deutschland, so steht es den Gründern in den Grenzen von § 18 Abs. 2 Satz 2 HGB frei, einen Firmenzusatz zu wählen. Da das Firmenrecht in Artikel 8 Abs. 2 SE-Vorschlag 91 nicht abschließend geregelt ist, kommt über die IPR-Verweisung in Artikel 7 Absatz 2 SE-Vorschlag 91 deutsches Recht zur Anwendung[696]. Danach ist neben § 4 AktG Raum für die Anwendung von § 18 HGB[697].

Der Hinweis auf die Bestimmungen der Satzungen in Unterabsatz b), 2. Spiegelstrich SE-Vorschlag 91 macht Sinn, weil er, wie das Beispiel zeigt, nicht leer läuft. Er hat aber nur deklaratorische Bedeutung, weil mit der Berufung der nationalen Rechte im 1. Spiegelstrich von Unterabsatz b) bereits *eo ipso* die Satzungsautonomie anerkannt wird, soweit das nationale Recht sie zuläßt. Paragraph 18 Abs. 2 Satz 2 HGB, zum Beispiel, gestattet die Bestimmung von 336

---

[692] Zitiert in einer um die Druckfehler im Amtsblatt bereinigten Fassung: In Unterabsatz a), 1. Spiegelstrich wurde der Doppelpunkt durch ein Semikolon ersetzt; in Unterabsatz a), 2. Spiegelstrich wurde ein Komma eingefügt; in Unterabsatz b) wurde das erste Wort anders als im Amtsblatt groß geschrieben: Vgl. ABl. 1991 Nr. C 176 S. 1.

[693] Vgl. z.B. Artt. 61, 62 Abs. 4, 63 Abs. 3, 68 Abs. 1, 69 Abs. 1; 76 Abs. 1 SE-Vorschlag 91 (Aufzählung nach *Sagasser/Swienty*, DSteuerR 1991, 1222 unter 5.2.1.); vgl. weiter: Art. 43 Abs. 1 SE-Vorschlag 91.

[694] In der Fassung vom 16. 10. 1989 – vgl. Rn. 330 Fn. 686 – sah Artikel 7 Abs. 1 noch einen generellen Verweis auf die *allgemeinen Grundsätze* vor, *auf denen die Verordnung beruhe*. Vgl. die Erörterung dieser Fassung im oben in Rn. 330 Fn. 686 zitierten Schrifttum.

[695] Nach *Sagasser/Swienty*, DSteuerR 1991, 1188, 1192 unter 5.1.2.

[696] *Sagasser/Swienty*, a. a. O.

[697] *J. Meyer-Landrut* in Großkomm. AktG § 4 Anm. 1; Kölner Kommentar/*Kraft*, § 4 Rn. 21; *Henn*, S. 25.

Firmenzusätzen in der Satzung unabhängig davon, ob die Verweisung im 2. Spiegelstrich existiert.

337 *Exkurs*: In dem zur Zeit in Brüssel erörterten *Dokument des Rates 5269/93, Anlage I*[698], ist die Generalverweisung in Artikel 7 SE-Vorschlag 91 erneut abgeändert worden. Artikel 9 Abs. 1 jener Fassung bestimmt wörtlich:

„(1) SE unterliegen:

a) den Bestimmungen dieser Verordnung;

b) sofern diese Verordnung dies ausdrücklich zuläßt, den Bestimmungen der Satzung der SE[;]

c) in bezug auf die nicht durch diese Verordnung geregelten Bereiche oder, sofern ein Bereich nur teilweise geregelt ist, in bezug auf die nicht von dieser Verordnung erfaßten Aspekte:

– den Rechtsvorschriften, die Mitgliedstaaten in Anwendung der speziell die SE betreffenden Gemeinschaftsmaßnahmen erlassen;

– den Rechtsvorschriften der Mitgliedstaaten, die auf eine Aktiengesellschaft anwendbar wären, die nach dem Recht des Mitgliedstaates, in dem die SE ihren Sitz hat, gegründet worden ist;

– den Bestimmungen der Satzung unter den gleichen Voraussetzungen wie im Falle einer Aktiengesellschaft, die nach dem Recht des Mitgliedstaats, in dem die SE ihren Sitz hat, gegründet worden ist."

338 Die zitierten Regelungen zu a) und b) enthalten keine inhaltlichen Änderungen gegenüber den Regelungen in den beiden Spiegelstrichen zu a) im SE-Vorschlag 91. Bemerkenswert sind hingegen die Änderungen in der zitierten Regelung zu c) im Vergleich zur Fassung von 1991:

– Der neue Obersatz betont noch deutlicher als der Ausdruck „andernfalls", daß die *Generalverweisungen* auf nationales Recht und auf die Satzung nur *subsidiär* anwendbar sind. Das vereinheitlichte Sachrecht soll ausdrücklich dem vereinheitlichten IPR vorgehen.

339 – Neu ist der Hinweis auf Rechtsvorschriften, die Mitgliedstaaten „in Anwendung der speziell die SE betreffenden Gemeinschaftsmaßnahmen" erlassen (*erster* Spiegelstrich zu c). Damit werden zwei Fallgruppen erfaßt: *Zum einen* wird auf *harmonisiertes Recht* verwiesen, das die Mitgliedstaaten insbesondere aufgrund der die SE-Verordnung ergänzenden „Richtlinie des Rates zur Ergänzung des Statuts der Europäischen Aktiengesellschaft hinsichtlich der Stellung der Arbeitnehmer"[699] erlassen werden. *Zum anderen* erfaßt die Verweisung auf nationales Recht im ersten Spiegelstrich zu c) Regelungen, die die Mitgliedstaaten *aufgrund von Ermächtigungsnormen in der SE-Verordnung* erlassen werden[700]. *In beiden Fällen* wird dabei auf spezielle nationale Regelungen verwiesen, die den allgemeinen nationalen Regelun-

[698] Vgl. oben Rn. 28 Fn. 108.

[699] KOM. (91) 174 endg – SYN 219 (6. 5. 1991): *Geänderter Vorschlag für eine Richtlinie des Rates zur Ergänzung des SE-Statuts hinsichtlich der Stellung der Arbeitnehmer* (gemäß Artikel 149 Paragraph 3 des EWG-Vertrages von der Kommission vorgelegt); siehe dazu zuletzt das interne Dokument 5270/93: Vgl. Rn. 28 Fn. 108; die dortigen Ausführungen zum Verfahrensstand des SE-Verordnungsvorschlages sind auf den Richtlinienentwurf übertragbar, da auch Artikel 54 EG-Vertrag, auf den der Richtlinienentwurf gestützt ist, auf das Verfahren nach Artikel 189 b EGV verweist.

[700] Vgl. z. B. Art. 8 Abs. 10 oder Art. 18 Abs. 1 des Dokumentes 5269/93: „Die Rechtsvorschriften eines Mitgliedstaates können bestimmen, daß ...".

gen vorgehen. Die Einfügung des 1. Spiegelstrichs zu c) führt damit inhaltlich zu keinen Neuerungen, da Spezialgesetze auch sonst den allgemeinen Gesetzen vorgehen (*lex specialis derogat legi generali*).

– Die Regelungen im *zweiten* und *dritten Spiegelstrich* zu c) dürften die Vor- 340
schläge in Art. 7 Abs. 1 b) SE-Vorschlag 91 nur sprachlich verbessern. Die Regelungen, die nach Art. 9 Abs. 1 a-b) und nach dem ersten Spiegelstrich zu Art. 9 Abs. 1 c) der Anlage I des Dokumentes 5269/93 anwendbar sind, werden durch das nationale Aktienrecht am Sitz der SE und durch – am nationalen Recht zu messende – Satzungsbestimmungen ergänzt (so auch die in Rn. 334 zitierten Regelungen in den beiden Spiegelstrichen zu Art. 7 Abs. 1 b) des SE-Vorschlags 91).

Im Dokument 5269/93, Anlage I, ist darüberhinaus die Generalverweisung in 341
Artikel 9 um einen Artikel 9a zu ergänzen. Danach soll eine SE in jedem Mitgliedstaat „vorbehaltlich der Bestimmungen dieser Verordnungen" wie eine Aktiengesellschaft behandelt werden, die gemäß den Rechtsvorschriften des Mitgliedstaates gegründet wurde, in welchem sich der Sitz der SE befindet. Die *deutsche Delegation* tritt dafür ein, die Regelung in Artikel 9a dieses SE-Vorschlags auf das Arbeitsrecht zu beschränken und den Hinweis „vorbehaltlich der Bestimmungen dieser Verordnung" zu streichen. Aus *internationalprivatrechtlicher Sicht* ist festzuhalten, daß die zur Zeit vorgesehene Fassung von Artikel 9a keine über die Regelung in Artikel 9 Abs. 1 c), zweiter Spiegelstrich hinausgehende Aussage enthält.

Als Generalverweisung nennen Artikel 7 Absatz 1 SE-Vorschlag 91 bzw. 342
Artikel 9 Abs. 1 der Anlage I des Dokumentes 5269/93 einen Anknüpfungspunkt für eine unbestimmte Zahl von Anknüpfungsgegenständen wie zum Beispiel die genannten Einzelheiten des Firmenrechts. In vielen Fällen – im SE-Vorschlag 91 sogar in der Mehrzahl der Fälle – wird die Generalverweisung allerdings durch spezielle IPR-Verweisungen verdrängt oder ergänzt, die sich auf einen bestimmten Anknüpfungsgegenstand beziehen (dazu unten unter b).

Darüberhinaus wird die Generalverweisung in Artikel 7 Absatz 1 SE-Vor- 343
schlag 91 durch eine spezielle Regelung für *Mehrrechtsstaaten* ergänzt, die inhaltlich Artikel 2 Abs. 2 EWIV-Verordnung entspricht[701]. Artikel 7 Abs. 2 SE-Vorschlag 91 bestimmt[702]:

„(2) Besteht ein Staat aus mehreren Gebietseinheiten, von denen jede ihre eigene Regelung für die in Absatz 1 genannten Bereiche besitzt, so wird zum Zwecke der Ermittlung des nach Absatz 1 Buchstabe b) anwendbaren Rechts jede Gebietseinheit als Staat angesehen."

---

[701] S. o. Rn. 323f.

[702] Sie wird in bereinigter Fassung wiedergegeben: Das 4.-letzte Wort lautet im Original „Gegebenheit". Gemeint ist offensichtlich die „Gebietseinheit", wie dies Sinn und Zweck der interlokalrechtlichen Norm gebieten, und wie dies der Vergleich mit der französischen und der englischen Fassung belegt („unité territoriale"; „territorial unit": J.off.CE bzw. Off-.J.EC 1991 Nr. C 176 S. 9). Vgl. auch den nach dem SE-Vorschlag 91 vom 16.5. 1991 unveränderten Artikel 7 Abs. 2 des SE-Vorschlag 91 vom 25.8. 1989 (ABl. 1989 Nr. C 263 S. 41, 43).

344 Diese Regelung bestätigt die gemeinschaftsrechtliche Grundhaltung zu der interlokalrechtlichen Frage, nach der in den Fällen der Anwendung von gemeinschaftsrechtlichem IPR das Gemeinschaftsrecht und nicht das nationale IPR die anwendbare nationale Teilrechtsordnung bestimmt.

Artikel 9 Abs. 2 des Dokumentes 5269/93, Anlage I[703], behält dieses Grundprinzip bei. Die Regelung bestimmt wörtlich: „Besteht ein *Mitgliedstaat* aus mehreren Gebietseinheiten, von denen jede ihre eigene Regelung für die in Absatz 1 genannten Bereiche besitzt, so wird zum Zwecke der Ermittlung des *nach dem genannten Absatz* anwendbaren Rechts jede Gebietseinheit als *Mitgliedstaat* angesehen" (Änderungen hervorgehoben).

b) Spezielle IPR-Verweisungen

aa) Bestandsaufnahme aus der Sicht der Frage nach der Erforderlichkeit

345 Den speziellen IPR-Verweisungen für bestimmte Anknüpfungsgegenstände ist, wie bereits erwähnt wurde[704], die Anknüpfung an das Sitzstaatrecht gemein[705]. Sie betreffen[706]:
- das Mindestkapital (Art. 4 Abs. 2),
- die Gründung (Art. 11 a Abs. 1)[707],
- die Nichtigkeitsregelung für Verschmelzungen (Art. 29 Abs. 1),
- Bareinlagen (Art. 38 Abs. 2b Unterabs. 2),
- die Ausgabe von Aktien (Art. 39 Abs. 2),
- die Kapitalerhöhung (Art. 42 Abs. 2 und Abs. 4; Art. 43 Abs. 1),
- die Kapitalherabsetzung (Art. 45 Abs. 3),
- den Gläubigerschutz bei Kapitalherabsetzungen (Art. 46 Abs. 1),
- den Erwerb eigener Aktien (Art. 49 Abs. 1 und Abs. 7),
- die Ausgabe, den Ersatz und die Kraftloserklärung von Aktienurkunden (Art. 54),
- die Begebung von Schuldverschreibungen (Art. 56),

---

703 Vgl. Rn. 28 Fn. 108.

704 Oben Rn. 330.

705 Nicht zu berücksichtigen sind in diesem Zusammenhang viele weitere Verweisungsnormen, die nur *rangkollisionsrechtliche* Aussagen enthalten: Vgl. z. B. Artt. 24 Abs. 1 und Abs. 4, 27 Abs. 2, 30a Abs. 1, 69 Abs. 4 (sowie 69 Abs. 4 i. V. m. 63 Abs. 2, 120 Abs. 2, 129). Andere Verweisungsnormen enthalten *Internationales Öffentliches Recht* bzw. *Wirtschaftsaufsichtsrecht*: So Artt. 21 Abs. 4, 24a Abs. 1, wohl auch Art. 7 Abs. 4 oder *Internationales Verfahrensrecht*: Art. 8 Abs. 1, 117a. Im Dokument 5269/93 (Rn. 28 Fn. 108) sind entsprechende Regelungen enthalten, auf die hier nicht weiter eingegangen wird.

706 Die Bezeichnung der Absätze folgt der Bezeichnung im Amtsblatt (1992 Nr. C 176 S. 1ff.): Durch die Gegenüberstellung mit der vorigen Fassung vom 16. 10. 1989, aus der viele Regelungen gestrichen worden sind, werden Absätze gelegentlich anders gezählt als dies bei neuer Nummerierung der Fall wäre (Beispiel: Art. 7 Abs. 4 SE-Vorschlag 91 wäre nach neuer Nummerierung der 3. Absatz der Vorschrift).

707 Dadurch wird für die EWIV der oben Rn. 316 Fn. 663 angedeutete Streit vermieden, der für die EWIV über das anwendbare Gründungsrecht geführt wird.

– bei Wahl des dualistischen Systems[708]: die Vertretungsbefugnisse von Leitungsorganen (Art. 62 Abs. 1),
– bei Wahl des monistischen Systems[709]: die Vertretungsbefugnisse des Verwaltungsorgans (Art. 66 Abs. 1),
– die Voraussetzungen für die Mitgliedschaft in Organen der Gesellschaft (Art. 69 Abs. 1 und Abs. 2, 2. Spiegelstrich),
– die Zuständigkeit der Hauptversammlung (Art. 81 Unterabs. b, 3. Spiegelstrich),
– die Organisation und den Ablauf der Hauptversammlung (Art. 81 a),
– die Offenlegung des konsolidierten Abschlusses (Art. 112 Abs. 1),
– den Jahresabschluß und den konsolidierten Abschluß von Banken und Versicherungsunternehmen (Art. 113 Abs. 1 und 2),
– die Auflösung durch die Hauptversammlung (Art. 116 Abs. 2 Satz 1)[710].

Zwingend erforderlich sind diese speziellen Verweisungen nicht immer. 346
Gelegentlich nehmen sie eine nur klarstellende Funktion oder eine *Erinnerungsfunktion* wahr. Zum Beispiel erscheinen die Verweisungen auf das Sitzstaatrecht für die Kapitalerhöhung in Artikel 42 Abs. 2 und Abs. 4 und die Kapitalherabsetzung (Art. 46 Abs. 1) überflüssig. Da der SE-Vorschlag 91 für diese Frage keine abschließenden eigenen Regelungen enthält, dürfte die allgemeine Verweisung in Artikel 7 (Abs. 1 Unterabs. b, 1. Spiegelstrich) SE-Vorschlag 91 genügen. Gleiches gilt für die grundsätzlich überflüssige Verweisung auf das Sitzstaatrecht für die Ausgabe, den Ersatz und die Kraftloserklärung der Aktienurkunden in Artikel 54 SE-Vorschlag 91.

Doch erfüllen auch diese Verweisungen eine Funktion: *Zum einen* dürften sie 347
häufig die Akzeptanz im Entstehungsprozeß einer Verordnung fördern und damit eine *rechtspolitische Funktion* wahrnehmen. Wenn ein Mitglied am Verhandlungstisch auf Grund einer nationalen Weisung seines Vorgesetzten in einem bestimmten Punkt ein Verhandlungsergebnis nach Hause bringen muß, so ist es gut vorstellbar, daß die Mitglieder anderer Delegationen ihm in einem Punkt entgegenkommen, der für sie keinen Nachteil darstellt[711]. Eine redundante Verweisung auf nationales Recht ist für ein solches Entgegenkommen

---

[708] Nach Art. 61, 1. Spiegelstrich SE-Vorschlag 91 ist in der Satzung festzulegen, ob die SE nach dem sog. dualistischen oder nach dem monistischen System geführt wird. Nur im dualistischen System gibt es – in Anlehnung an das deutsche Aktienrecht – ein Aufsichtsorgan (Art. 63 SE-Vorschlag 91).

[709] Siehe die vorige Fußnote.

[710] Das Dokument 5269/93 (Rn. 28 Fn. 108) enthält ebenfalls zahlreiche IPR-Verweisungen auf das Sitzstaatrecht, vgl. z. B. Art. 4 Abs. 3 (Mindestkapital), Art. 5 (Kapitalerhaltung), Art. 14 Abs. 1 (Gründung), Art. 47 Abs. 1 (Organmitgliedschaft), Art. 51 (Haftung der Mitglieder des Leitungs–, Aufsichts- oder Verwaltungsorgans), Art. 63 (Auflösung, Liquidation, Insolvenz).

[711] Der *Verf.* möchte an dieser Stelle Herrn *Taschner*, dem Vater des 1. Entwurfs für eine SE (Vorschlag einer Verordnung (EWG) des Rates über das Statut für europäische Aktiengesellschaften, ABl. 1970 Nr. C 124 S. 1), für seine plastischen Ausführungen während eines am 3. 4. 1992 in Trier geführten Gesprächs danken.

geeignet. Soweit die speziellen IPR-Verweisungen diese Funktion erfüllen, werden sie durch rechtspolitische Gründe hinreichend gerechtfertigt.

348 *Zum anderen* erfüllen die speziellen Verweisungen in der Rechtspraxis die bereits erwähnte *klarstellende Funktion*. Für die betroffenen Anknüpfungsgegenstände vermeiden sie Streitigkeiten über die Frage, ob die Verordnung einen Gegenstand abschließend regelt, oder ob sie Raum für die Anwendung des nationalen Rechts läßt. Dies erscheint sinnvoll, weil die Verordnung *per definitionem* in allen Mitgliedstaaten angewendet werden soll. Sie soll von vielen Juristen mit ganz unterschiedlichen Ausbildungen verstanden werden. Für einen *englischen* Juristen zum Beispiel dürfte die Verordnung wegen ihrer vielen genauen Verweisungen leichter verständlich sein, weil er aus seinem Rechtssystems gewohnt ist, daß Gesetze *(statutes)* Detailregelungen enthalten[712].

349 In anderen Fällen sind die speziellen IPR-Verweisungen zwingend erforderlich: In den Bereichen, die, wie die Gründung der SE, von der Verordnung grundsätzlich nicht geregelt werden sollen, reicht die allgemeine IPR-Verweisung in Artikel 7 Abs. 1 SE-Vorschlag 91 nicht aus (*Fall der über den Anwendungsbereich der Verordnung hinausreichenden IPR-Verweisung*)[713]. Denn sie betrifft nur bestehende Societates Europaeae. Deshalb ist zum Beispiel die Verweisung in Art. 11 a Abs. 1 SE-Vorschlag 91 erforderlich[714].

350 In weiteren Fällen, in denen der Verordnungsvorschlag die *Kumulation von Regelungen* zum gleichen Anknüpfungsgegenstand in Kauf nimmt, wäre ohne eine ausdrückliche Verweisung auf die Anwendung vom innerstaatlichen Recht des Sitzstaates ausgeschlossen. Generell ist eine spezielle Verweisung in den Fällen erforderlich, in denen die Verordnung selbst eine sachrechtliche Regelung für einen bestimmten Anknüpfungsgegenstand enthält, die *neben* dem Sitzstaatrecht anwendbar sein soll. Ohne die IPR-Verweisung müßte oder könnte man die sachrechtliche Regelung der Verordnung als abschließende Regelung auslegen, die keinen Raum für die Anwendung nationalen Rechts läßt. Die IPR-Verweisung auf das Sitzstaatrecht *begrenzt* die Wirkungen des Grundsatzes, nach dem gemeinschaftliches Sachrecht nationales Recht innerhalb seines Anwendungsbereiches verdrängt.

351 Ein Beispiel für das *Nebeneinander von gemeinschaftsrechtlichem Sachrecht und gemeinschaftsrechtlichem IPR* bietet Artikel 4 Abs. 2 SE-Vorschlag 91[715]: Absatz 1 der Vorschrift enthält eine sachrechtliche Regelung, nach der das gezeichnete Kapital einer SE mindestens 100000 ECU betragen muß[716]. Unter diesen

---

712 Vgl. als Beispiel für englische Gesetzgebungstechnik die Regelung der Tierhalterhaftung in 13 Paragraphen im Animals Act 1971, 1971 c. 22 („An Act to make provision with respect to civil liability for damage done by animals and with respect to the protection of livestock from dogs; and for purposes connected with those matters").

713 Vgl. *Merkt*, BB 1992, 652, 657 linke Spalte, vorletzter Absatz.

714 Vgl. oben Rn. 345.

715 Die Regelung wird als Art. 4 Abs. 3 im Dokument 5269/93 (Rn. 28 Fn. 108) übernommen.

716 Die Regelung in Art. 4 Abs. 2 des Dokumentes 5269/93 (Rn. 28 Fn. 108) sieht nunmehr ein Mindestkapital von 120.000 ECU vor.

Umständen ist für die zusätzliche Anwendung nationalen Rechts kein Raum. Die Anwendbarkeit strengeren nationalen Sachrechts, so es denn besteht, wird erst durch Artikel 4 Abs. 2 SE-Vorschlag 91 eröffnet.

Exkurs: Zur Berufung des einschlägigen *deutschen* Rechts erscheint Artikel 4 Abs. 2 SE-Vorschlag 91 zumindest im Bereich des Kreditwesenrechts allerdings nicht erforderlich. Im deutschen Recht verweist § 10 Abs. 1 Satz 2 KWG auf Grundsätze für die Kapitalausstattung von Kreditinstituten hin, die vom Bundesaufsichtsamt im Einvernehmen mit der Deutschen Bundesbank aufzustellen sind. Die erstellten Grundsätze I, Ia und II[717] schreiben nicht ein summenmäßiges Mindestkapital vor, sondern sie begrenzen das Risiko auf einen Wert, der mit Hilfe des Eigenkapitals als Bezugsgröße zu ermitteln ist. Zum Beispiel darf das als Vomhundertsatz ausgedrückte Verhältnis zwischen haftendem Eigenkapital und den gewichteten Risikoaktiva eines Kreditinstitutes – einschließlich einer als rechtlich unselbständigen Einrichtung betriebenen Bausparkasse – 8% nicht überschreiten. Normen solchen Inhalts sind unabhängig von der Höhe des Eigenkapitals anwendbar und bedürfen keiner Berufung durch Artikel 4 Abs. 2 SE-Vorschlag 91. 352

Ein anderes Beispiel für das Nebeneinander von Sachrecht und IPR bietet Artikel 81 SE-Vorschlag 91[718]. Nach Art. 81 Unterabs. b, 3. Spiegelstrich SE-Vorschlag 91 verweist auf *zwingendes Recht des Sitzstaates*, das neben der Verordnung, der Richtlinie zur Ergänzung des SE-Statuts[719] und der Satzung der SE zur Bestimmung der Zuständigkeit der Hauptversammlung anwendbar sein soll. Ohne die ausdrückliche Berufung des Rechts des Sitzstaates könnte die Verordnung als vorrangiges, abschließendes Regelungssystem verstanden werden, welches für die Anwendung von nationalem Recht keinen Raum läßt. 353

Exkurs: Im Dokument 5269/93, Anlage I[720], ist das *Nebeneinander* vom Sachrecht der Verordnung und nationalem Sitzstaatrecht *beibehalten* worden. Die der Regelung in Art. 81 SE-Vorschlag 91 entsprechende Vorschrift enthält Artikel 52 der Anlage I des Dokuments, der folgendes bestimmt: 354

---

717 Abgedruckt bei *Cronsbach/Möller/Böhre/Schneider*, 3.01.

718 Artikel 81 SE-Vorschlag 91 bestimmt:
„Die Hauptversammlung bestimmt über:
a) die Angelegenheiten, für die mit dieser Verordnung eine besondere Zuständigkeit übertragen wird;
b) über die Angelegenheiten, für die das Leitungs-, Aufsichts- oder Verwaltungsorgan aufgrund
– *dieser Verordnung*;
– der Richtlinie ... zur Ergänzung des SE-Statuts hinsichtlich der Stellung der Arbeitnehmer [siehe Rn. 339 Fn. 699];
– *oder des zwingenden Rechts des Sitzstaates*;
– oder der Satzung der SE
nicht ausschließlich zuständig ist." (Kursivdruck nicht im Original; die letzten drei Semikola wurden ergänzt).

719 Vgl. oben Rn. 339 Fn. 699.

720 Vgl. Rn. 28 Fn. 108.

„Die Hauptverwaltung beschließt über die Angelegenheiten, für die ihr
– *durch diese Verordnung* oder
– durch in Anwendung der Richtlinie .../.../EWG zur Ergänzung der SE-Satzung hinsichtlich der Stellung der Arbeitnehmer erlassene Rechtsvorschriften des Sitzstaates der SE eine besondere Zuständigkeit übertragen wird.

Außerdem beschließt die Hauptversammlung in Angelegenheiten, für die der Hauptversammlung einer *dem Recht des Sitzstaates der SE* unterliegenden Aktiengesellschaft die Zuständigkeit entweder aufgrund der Rechtsvorschriften dieses Staates oder aufgrund der mit diesen Rechtsvorschriften in Einklang stehenden Satzung übertragen worden ist." (Kursivdruck nicht im Original).

355 Weitere Beispiele, in denen die speziellen IPR-Verweisungen wegen des Nebeneinander mit sachrechtlichen Regelungen erforderlich sind, enthalten Artikel 29 Abs. 1 und Artikel 38 Abs. 2b Unterabs. 2 SE-Vorschlag 91, die die Nichtigkeit einer Verschmelzung und Bareinlagen betreffen[721].

356 Über die einfache Kumulation von gemeinschaftsrechtlichem Sachrecht und IPR hinaus geht Artikel 69 Abs. 2 SE-Vorschlag 91, der Artikel 19 Abs. 1 Unterabsatz 2 EWIV-Verordnung[722] entspricht. Artikel 69 Abs. 2 SE-Vorschlag 91 regelt die persönlichen Voraussetzungen von Mitgliedern der Leitungs–, Aufsichts- und Verwaltungsorgane einer SE wie folgt:

„Personen, die
– nach dem auf sie anwendbaren Recht,
– nach dem Recht des Sitzstaates der SE,
– infolge einer Gerichts- oder Verwaltungsentscheidung, die in einem Mitgliedstaat ergangen oder anerkannt ist,
dem Leitungs–, Aufsichts- oder Verwaltungsorgan einer Gesellschaft nicht angehören dürfen, können weder Mitglied eines Organs noch Vertreter eines Mitglieds im Sinne von Absatz 1, noch können ihnen Leitungs- oder Vertretungsbefugnisse übertragen werden."

357 Die Entscheidung über die persönlichen Voraussetzungen der Mitgliedschaft in einem Organ ist danach kumulativ nach dem vom nationalen IPR zu bestimmenden anwendbaren Recht (1. Spiegelstrich), nach dem vom gemeinschaftsrechtlichen IPR berufenen Sitzstaatrecht (2. Spiegelstrich) und anhand des gemeinschaftsrechtlichen Sachrechts im 3. Spiegelstrich zu prüfen. Ohne die spezielle IPR-Verweisung im 2. Spiegelstrich würde das Sitzstaatrecht nur dann berücksichtigt werden, wenn das nationale IPR es beruft. Der 2. Spiegelstrich stellt also sicher, daß das Sitzstaatrecht *stets* beachtet wird. Es handelt sich um einen Fall der *Nebeneinander von gemeinschaftsrechtlichem Sachrecht und IPR, verbunden mit einer Kumulation von Anknüpfungspunkten.*

358 *Exkurs*: In Artikel 47 Abs. 2–4 des Dokumentes 5269/93, Anlage I[723], ist die

---

721 Diese Regelungen finden sich im Dokument 5269/93, Anlage I (vgl. Rn. 28 Fn. 108) nicht mehr wieder.

722 Dazu oben Rn. 317ff.

723 Vgl. Rn. 28 Fn. 108.

Regelung in Artikel 69 Abs. 2 des SE-Vorschlags 1991 abgeändert worden. Das Nebeneinander von gemeinschaftsrechtlichem IPR und nationalem IPR – mit möglicherweise unterschiedlichen Anküpfungspunkten – ist für die Bestimmung des auf die persönlichen Voraussetzungen von Leitungs–, Aufsichts- und Verwaltungsorganen anwendbaren Rechts grundsätzlich entfallen[724].

bb) Einordnung als Sachnormverweisungen; Verweisungen auf harmonisiertes Recht; Abgrenzung gegenüber Verweisungen auf Richtlinien

Durch die ausdrückliche Anknüpfung an das Sitzstaatrecht in den in Rn. 345 unter aa) aufgezählten Verweisungen sind diese alle auf Anhieb als *IPR-Sachnormverweisungen* erkennbar. Die Einordnung als Gesamtverweisung kommt nicht in Betracht: Zum einen wird in der 10. Erwägung der Gründe[725] ausdrücklich betont, daß auf das „*Aktienrecht* des Sitzmitgliedstaates" verwiesen werden soll[726]. Zum anderen spricht der SE-Statutsvorschlag 1991 wie die EWIV-Verordnung gelegentlich vom *einzelstaatlichen* Recht, wenn nur Gesamtverweisungen ausgesprochen werden sollen[727]. Der Verordnungsvorschlag weiß also bloße rangkollionsrechtliche Aussagen kenntlich zu machen; diese werden durch die internationalprivatrechtlichen Aussagen der Generalklausel in Artikel 7 SE-Vorschlag 91 (Art. 9 des Dokumentes 5269/93, Anlage I) ergänzt. 359

---

724 Wörtlich bestimmt die Regelung in Artikel 47 Abs. 2–4 des Dokumentes 5269/93:
„(2) Personen, die
– *nach dem Recht des Sitzstaats der SE* dem Leitungs–, Aufsichts- oder Verwaltungsorgan einer dem Recht dieses Staates unterliegenden Aktiengesellschaft nicht angehören dürfen oder
– *infolge einer Gerichts- oder Verwaltungsentscheidung*, die in einem Mitgliedstaat ergangen ist, dem Leitungs-, Aufsichts- oder Verwaltungsorgan einer dem Recht eines Mitgliedstaats der Gemeinschaft unterliegenden Aktiengesellschaft nicht angehören dürfen,
können weder Mitglied des entsprechenden Organs einer SE noch Vertreter eines Mitglieds im Sinne von Absatz 1 sein.

(3) Die *Satzung* der SE kann für Mitglieder, die die Aktionäre vertreten, in Anlehnung an die für Aktiengesellschaften geltenden Rechtsvorschriften des Sitzstaates der SE besondere Voraussetzungen der Mitgliedschaft festlegen.

(4) Die *einzelstaatlichen Rechtsvorschriften, die auch einer Minderheit von Aktionären oder anderen Personen oder Stellen die Bestellung eines Teils der Organmitglieder erlauben*, bleiben von dieser Verordnung unberührt." (Kursivdruck hinzugefügt).

Die Anknüpfung an das Sitzstaatrecht in Abs. 2, 1. Spiegelstrich und der Hinweis auf einzelstaatliche Rechtsvorschriften in Absatz 4 betreffen unterschiedliche Anknüpfungsgegenstände.

725 ABl. 1991 Nr. C 176 S. 3, Abs. 2.

726 Auf die Erwägungsgründe ist zur Auslegung zurückzugreifen: Siehe oben Rn. 313 Fn. 652 Abs. 2 a. E.

727 So z. B. Artt. 69 Abs. 4, 120 Abs. 2 und 129 SE-Vorschlag 91. Im Dokument 5269/93, Anlage I (vgl. Rn. 28 Fn. 108), enthalten Gesamtverweisungen auf einzelstaatliches Recht z. B. Artt. 30 Abs. 2, 47 Abs. 4, 55 Abs. 1.

360 *Exkurs:* Es bleibt zu hoffen, daß die Kommission die sprachliche Unterscheidung zwischen Sachnormverweisungen und Gesamtverweisungen durchhalten wird. In dem zur Zeit erörterten Dokument 5269/93, Anlage I[728], werden die Begriffe „innerstaatliches" und „einzelstaatliches" Recht nicht mehr deutlich voneinander unterschieden. So bestimmt z. B. die Regelung in Art. 8 Abs. 4 Unterabs. 1:

„Die Gläubiger und sonstigen Forderungsberechtigten der SE, deren Forderungen vor der Bekanntmachung des Verlegungsplans entstanden sind, können verlangen, daß die SE eine angemessene Sicherheit zu ihren Gunsten leistet. Die Ausübung dieses Rechts wird *durch die einzelstaatlichen Rechtsvorschriften des Staates geregelt, in dem die SE vor der Verlegung ihren Sitz hat.*" (Hervorhebung im Original).

361 Durch den in den Verhandlungen hinzugefügten Hinweis auf den Sitz der SE ist aus der Gesamtverweisung eine Sachnormverweisung geworden. Hierfür spricht zunächst, daß ein Gläubiger eine Sicherheit im Sinne von Satz 1 des Unterabsatzes nur nach einer sachrechtlichen Regelung verlangen kann. Ferner entspricht die Auslegung als Sachnormverweisung dem allgemeinen Erfahrungssatz, nach dem IPR-Regelungen im vereinheitlichten Kollisionsrecht grundsätzlich als Sachnormverweisungen auszulegen sind[729]. Das Wort „*einzel*staatlich" wäre daher durch das Wort „*inner*staatlich" zu ersetzen.

362 Ähnlich mißglückt ist auch die Verweisung auf „einzelstaatliches Recht des Sitzstaats" in Artikel 56 der Anlage I des Dokumentes. Hier wird wiederum eine Sachnormverweisung bei irreführender Verwendung des Wortes „einzelstaatlich" ausgesprochen. In anderen Fällen, in denen nur eine Gesamtverweisung ausgesprochen werden soll, wird im Dokument 5269/93 (Anlage I) auf „nationales Recht" verwiesen (vgl. z. B. Art. 35 der Anlage I des Dokumentes). Hier würde es zumindest der sprachlichen Klarheit dienen, wenn an Stelle des Adjektivs „national" in der deutschen Fassung durchgängig das Wort „einzelstaatlich" verwendet worden wäre[730]. Korrekt ist hingegen die Verwendung des Wortes „einzelstaatlich" in den zahlreichen Gesamtverweisungen auf harmonisiertes Recht (vgl. den nächten Exkurs in Rn. 364).

363 Häufiger als in der EWIV-Verordnung betreffen die Sachnormverweisungen des SE-Vorschlag 91 harmonisiertes Gesellschaftsrecht des Sitzstaates der SE[731]. Dies ändert nichts daran, daß diese Verweisungen IPR-Normen sind und das anwendbare nationale Sachrecht berufen.

364 *Exkurs:* Im Dokument 5269/93, Anlage I[732], sind die – internationalprivatrechtlichen – Sachnormverweisungen auf das harmonisierte Gesellschaftsrecht im Sitzstaat der SE entfallen[733]. Auf harmonisiertes Gesellschaftsrecht wird nur noch im

---

728 Vgl. Rn. 28 Fn. 108.

729 Vgl. oben Rn. 147.

730 Vgl. zur Terminologie in den unterschiedlichen sprachlichen Fassungen oben Rn. 313.

731 So Artt. 38 Abs. 2b Unterabs. 2, 42 Abs. 4, 49 Abs. 1, 62 Abs. 1, 66 Abs. 1, 113 Abs. 1 und 2; siehe jetzt auch die Bestandsaufnahme von *Wehlau*, C.M.L.Rev. 1992, 473, 483 Fn. 48.

732 Vgl. Rn. 28 Fn. 108.

733 Zumindest häufig ist die Regelung, die im SE-Vorschlag 91 noch eine Verweisung auf harmonisiertes Gesellschaftsrecht des Sitzstaates enthielt, gänzlich gestrichen worden.

Wege der – rangkollisionsrechtlichen – Gesamtverweisung verwiesen[734]. Verweisungen auf harmonisiertes Recht betreffen nicht mehr „die nach Maßgabe ... der Richtlinie ... erlassenen Rechtsvorschriften des Sitzstaates der SE“[735], sondern „die gemäß der Richtlinie ... angenommenen einzelstaatlichen Bestimmungen“[736]. In der Sache führt dies wegen der allgemeinen Verweisung auf das Recht des Sitzstaates in der internationalprivatrechtlichen Generalklausel (Artikel 9 des Dokuments 5269/93, Anlage I) zu keinem anderen Ergebnis; der Anwendungsbereich der Generalklausel wird lediglich erweitert.

Anders sind nur jene Regelungen zu beurteilen, in denen der SE-Vorschlag 91 365
unmittelbar auf gesellschaftsrechtliche Richtlinien verweist[737]: In diesen Fällen wird kein nationales Recht berufen, der SE-Vorschlag 91 enthält insoweit kein IPR. Der Verordnungsgeber verweist lediglich aus Gründen der Arbeitsökonomie[738] auf die gesellschaftsrechtlichen Richtlinien, die man sich in den berufenen Teilen als Teil des Verordnungsentwurfes vorstellen muß[739].

Aus rechtsstaatlicher Sicht ist darauf hinzuweisen, daß durch die Bezugnahme 366
auf Richtlinien, die vor Inkrafttreten des EU-Vertrages von Maastricht veröffentlicht wurden, nicht gegen das – vor Maastricht auf Verordnungen beschränkte – Veröffentlichungsgebot in Art. 191 EWG-Vertrag a. F. verstoßen wird. Bereits seit 1960 – vor Inkrafttreten des EU-Vertrages von Maastricht – wurden allgemeine, an alle Mitgliedstaaten gerichtete Richtlinien[740] im Amts-

---

734 Vgl. Artt. 3 Abs. 2 Satz 2, 17 Abs. 1, 27, 30 Abs. 1 Satz 2, 31 Abs. 4 Sätze 1 und 2, 31 Abs. 6, 32 Abs. 3, 36 Abs. 7, 39 Abs. 2, 62 Abs. 1, 64 b Abs. 6 der Anlage I des Dokuments 5269/93.

735 So z. B. noch Art. 38 Abs. 2b Unterabs. 2 SE-Vorschlag 91.

736 So z. B. Art. 3 Abs. 2 Satz 2 der Anlage I des Dokuments 5269/93 (vgl. Rn. 28 Fn. 108).

737 So Artt. 101 Abs. 2 (unter den Einschränkungen und Präzisierungen von Abs. 3); 104 Abs. 2, 105, 106 Abs. 1 und Abs. 3, 107 Abs. 1 (unter der Einschränkung von Abs. 2), 110 Abs. 2. Siehe jetzt auch *Wehlau*, C.M.L.Rev. 1992, 473, 483 Fn. 47.

738 Vgl. *Merkt*, BB 1992, 652, 654, unter II. 1. (vorletzter Absatz vor 2.).

739 Hierfür spricht vor allem die *Weitergabe der Optionsrechte* an die Unternehmen, die die vierte und die siebente gesellschaftsrechtliche Richtlinie den Mitgliedstaaten vorbehalten. Aus sachrechtlicher Sicht kritisch dazu z. B. *Trojan-Limmer*, RIW 1991, 1010, 1012 (Jahresbeschlüsse und Lageberichte würden hinsichtlich der Bewertungsprinzipien unvergleichbar). Die genannten Optionsrechte werden in vielen der in Rn. 365 Fn. 737 genannten Normen an die Unternehmen weitergegeben:

– *Artt. 101 Abs. 2–3, 104 Abs. 2, 105* des SE-Vorschlags 91 betreffen die 4. gesellschaftsrechtliche Richtlinie über den Jahresabschluß (Richtlinie 78/660 EWG vom 25. 7. 1978, ABl. 1978 Nr. L 222 S. 11, zuletzt geändert durch die Richtlinien 90/604 [„GmbH & Co. KG-Richtlinie“] und 90/605 EWG vom [„Mittelstandsrichtlinie“] 8. 11. 1990 – ABl. 1990 Nr. L 317 S. 57 und S. 60; abgedruckt bei *Lutter* ab S. 207; vgl. im übrigen die Hinweise auf frühere Änderungen bei *von Borries/Winkel* Nr. 303);

– *Artt. 106 Abs. 3, 110 Abs. 2* des SE-Vorschlags 91 betreffen die 7. Richtlinie über den konsolidierten Jahresabschluß (Richtlinie 83/349 EWG vom 13. 6. 1983, ABl. 1983 Nr. L 193 S. 1; zuletzt geändert durch die in dieser Fn. bereits benannte GmbH & Co. KG-Richtlinie und die Mittelstandsrichtlinie; für frühere Änderungen siehe die Hinweise bei *von Borries/Winkel* Nr. 305).

740 Im Gegensatz zu individuellen Richtlinien; vgl. Grabitz/*Grabitz*, Art. 189 Rn. 56.

blatt veröffentlicht[741]. Insbesondere sind alle gesellschaftsrechtlichen Richtlinien, auf die der SE-Vorschlag 91 Bezug nimmt, im Amtsblatt veröffentlicht worden[742].

367 Die unmittelbare Verweisung auf Richlinien hat im SE-Vorschlag 91 eine aus verweisungstechnischer Sicht bemerkenswerte *neue Form von IPR-Verweisungen* mit sich gebracht: In Artikel 101 Abs. 2 SE-Vorschlag 91 verweist der Verordnungsvorschlag zur Erstellung des Jahresabschlusses unmittelbar auf die Richtlinie 78/660/EWG[743]. In Absatz 2a wird die Verweisung durch folgende Bestimmung ergänzt:

„(2a) Wird in der Richtlinie 78/660/EWG auf das innerstaatliche Recht Bezug genommen, so ist dies als Verweis auf das Recht des Mitgliedstaats anzusehen, in dem die SE ihren Sitz hat."

Die Verordnung ergänzt die Aussage der Richtlinie um eine IPR-Verweisung. Dieses Verfahren ist allerdings nur aus rechtstechnischer Sicht bemerkenswert. Wenn man, wie erörtert, die Bezugnahme auf die Richtlinie als eine Integration des Richtlinientextes in die Verordnung begreift, so beinhaltet Artikel 101 Abs. 2a SE-Vorschlag 91 lediglich eine redaktionelle Präzisierung.

368 *Exkurs*: Nach jüngstem Kenntnisstand sollen die unmittelbaren Verweisungen auf Richtlinien im SE-Vorschlag entfallen. Das Dokument 5269/93 (Anlage I) enthält nur noch Verweisungen auf harmonisiertes Richtlinienrecht (vgl. den Exkurs in Rn. 360ff.).

c) Zwischenbilanz

369 Die Beobachtung der zahlreichen IPR-Verweisungen im SE-Vorschlag 91 ergibt folgende Zwischenbilanz: Die Generalverweisung in Artikel 7 Abs. 1 Unterabs. b) SE-Vorschlag 91 wird zunächst durch eine allgemeine Regelung für Mehrrechtsstaaten in Artikel 7 Abs. 2 SE-Vorschlag 91 ergänzt, der der entsprechenden Regelung in Artikel 2 Abs. 2 der EWIV-Verordnung entspricht. Darüberhinaus enthält der SE-Vorschlag 91 eine Vielzahl von speziellen IPR-Sachnormverweisungen. Einigen von ihnen kommt – abgesehen von der im Einzelfall denkbaren rechtspolitischen Funktion im Entstehungsprozeß des Verordnungsvorschlages – nur eine klarstellende Funktion bzw. eine Erinnerungsfunktion zu. Im Einzelfall ist folgendes festzuhalten:

370 (1) *Erforderlich* sind die speziellen IPR-Verweisungen, wenn die Verweisung

---

[741] So *Emmert/Pereira de Azevedo*, Rev.trim.dr.europ. 1993, 503, 520 m.w.N; vgl. auch *Oppermann*, Europarecht, Rn. 566 (rechtsstaatlich begrüßenswerte Praxis).

[742] Vgl. die Auflistung der Fundstellen im Fundstellenverzeichnis von *Lutter*, Europäisches Unternehmensrecht, S. XVII ff.

[743] Vierte gesellschaftsrechtliche Richtlinie vom 25.7. 1978 (Jahresabschlußrichtlinie); s.o. Rn. 365 Fn. 739 Abs. 2.

einen Bereich betrifft, der von der Verordnung selbst nicht erfaßt wird (*Fall der über den Anwendungsbereich der Verordnung hinausreichenden IPR-Verweisung*);

(2) *Sinnvoll* sind spezielle IPR-Verweisungen darüberhinaus, wenn die Verweisung auf das Sitzstaatrecht neben gemeinschaftsrechtlichem Sachrecht angewendet werden soll (*Nebeneinander von gemeinschaftsrechtlichem Sachrecht und gemeinschaftsrechtlichem IPR*); in diesen Fällen kommt der IPR-Verweisung aber nur eine klarstellende Funktion zu. Eine rangkollisionsrechtliche Verweisung auf einzelstaatliches Recht – wie sie jetzt vielfach in Anlage I des Dokuments 5269/93 vorgesehen ist (vgl. Rn. 364) – führt in Verbindung mit der Generalverweisung[744] zum gleichen Ergebnis.

(3) Einen *Sonderfall* enthält der SE-Vorschlag 91[745] in Artikel 69 Abs. 2: Die Verweisung auf das Sitzstaatrecht soll nicht nur neben gemeinschaftsrechtlichem Sachrecht angewendet werden, sondern darüberhinaus auch neben einzelstaatlichem IPR (*Nebeneinander von gemeinschaftsrechtlichem Sachrecht und IPR, verbunden mit einer Kumulation von Anknüpfungspunkten*).

Im Verhältnis zu den IPR-Normen in der EWIV-Verordnung ist die Zahl der 371
Verweisungen auf das Sitzstaatrecht im SE-Vorschlag 91 erheblich ausgebaut worden; im Dokument 5269/93 (Anlage 1)[746] sind sie zum Teil durch Gesamtverweisungen ersetzt worden. Beides hat allerdings mit Sicherheit keine internationalprivatrechtlichen Gründe, sondern ist ein Zeichen des politischen Ringens um einen durchsetzungsfähigen SE-Vorschlag[747]. Viele Fragen, für die der erste SE-Vorschlag von 1970[748] und nachfolgende spätere Entwürfe noch gemeinschaftsrechtliches Sachrecht vorsahen, sollen inzwischen über nationales Recht gelöst werden.

Inhaltlich läßt sich in den IPR-Normen des SE-Vorschlags 91 ein Ausbau von 372
aus der EWIV-Verordnung bekannten internationalprivatrechtlichen Techniken beobachten. Dies gilt zunächst für das *Prinzip der Subsidiarität* der allgemeinen IPR-Verweisung gegenüber gemeinschaftsrechtlichem Sachrecht[749]. Dieses Prinzip folgt aus der Natur der Sache: Soweit gemeinschaftsrechtliches Sachrecht besteht, geht es nationalem Recht vor; dieses ist insoweit nicht zu berufen. Dieses Prinzip erklärt auch die große – weit über das IPR der EWIV-Verordnung hinausgehende – Zahl von speziellen IPR-Verweisungen: Soll ausnahmsweise neben gemeinschaftsrechtlichem Sachrecht auch nationales Sitzstaatrecht anwendbar sein, so wird es ausdrücklich berufen[750]. Die IPR Verweisung begrenzt in diesen Fällen die Reichweite des Vorrangs des gemeinschaftlichen Sachrechts gegenüber nationalem Recht. Hierbei wird allerdings, wie

744 Vgl. oben Rn. 334ff.

745 Vgl. oben Rn. 360.

746 Vgl. Rn. 28 Fn. 108.

747 So deutlich zum SE-Vorschlag 91 *Merkt*, BB 1992, 652, 654, unter II.1. (vorletzter Absatz vor 2.).

748 Vgl. oben Rn. 347 Fn. 711.

749 Vgl. für den SE-Vorschlag 91: Artikel 7 Abs. 1; vgl. in der EWIV-Verordnung: Artikel 2 Abs. 1 (vgl. dazu oben Rn. 311).

750 Vgl. in der EWIV-Verordnung: Art. 19 Abs. 1 Unterabs. 2 (dazu oben Rn. 317ff.).

bereits erwähnt, gelegentlich zu viel des Guten geleistet. Es bleibt abzuwarten, wie sich der SE-Vorschlag 91 und das z.Zt. in Brüssel diskutierte Dokument 5269/93 entwickeln werden.

3. Deutliche IPR-Regelungen in weiteren Statutsvorschlägen (EUV, EUGEN, EUGGES)

373 Die Kommissionsentwürfe zum Europäischen Verein, zur Europäischen Genossenschaft und zur Europäischen Gegenseitigkeitsgesellschaft[751] bestätigen die bei der Untersuchung des SE-Vorschlags 91 gemachten Beobachtungen:

Alle drei Entwürfe enthalten eine allgemeine IPR-Verweisung, die Artikel 7 Abs. 1 SE-Vorschlag 91 nahezu wörtlich entsprechen[752]. Die Abweichungen liegen in der Auswechslung der jeweiligen Abkürzungen (z. B. EUV statt SE) oder in redaktionellen Ergänzungen[753]. Ebenso enthalten alle drei Entwürfe wie Artikel 7 Abs. 2 SE-Vorschlag 91 eine der Musternorm in der EWIV-Verordnung[754] entsprechende Regelung des Mehrrechtsstaatenproblems[755].

374 Alle drei Entwürfe enthalten eine Vielzahl von Verweisungen für Spezialfragen. Einige sind aus den bei der Untersuchung des SE-Vorschlags 91 beobachteten Gründen erforderlich.

375 Die drei Entwürfe verweisen für die Erstellung der Satzung – eine Teilfrage der Gründung – auf das Sitzstaatrecht[756]. Sie verweisen damit ähnlich der Regelung in Artikel 11 a Abs. 1 SE-Vorschlag 91 für eine Frage auf das Sitzstaatrecht, die über den Anwendungsbereich der vorgesehenen Verordnungen grundsätzlich hinausgeht. Wegen der Verweisung auf das Sitzstaatrecht für die Gründung besteht nach den Entwürfen ebenso wie im SE-Vorschlag 91 *keine* Diskrepanz zwischen dem Sitz- und dem Gründungsrecht; soweit nationales Recht anwendbar ist, sind sie identisch.

376 Zugleich lassen sich die Verweisungen auf das Sitzstaatrecht zur Erstellung der Satzung unter die Fallgruppe einordnen, in denen die IPR-Verweisung wegen des Nebeneinanders von gemeinschaftlichem IPR und gemeinschaftli-

---

[751] Vgl. oben Rn. 304 Fn. 621–623.

[752] Art. 6 Abs. 1 EUV–Vorschlag 91; Art. 4 Abs. 1 EUGEN-Vorschlag 91; Art. 7 Abs. 1 EUGGES-Vorschlag 91.

[753] Zum Beispiel ist die Regelung in Art. 7 Abs. 1 Unterabs. b), 2. Spiegelstrich im EUGGES-Vorschlag um einen inhaltlich irrelevanten Hinweis auf die betroffene Gesellschaftsform hinter dem Wort „Satzung" in der ersten Zeile ergänzt worden.

[754] Artikel 2 Abs. 2 EWIV-Verordnung: Siehe oben Rn. 323f.

[755] Art. 6 Abs. 2 EUV–Vorschlag 91; Art. 4 Abs. 2 EUGEN-Vorschlag 91; Art. 7 Abs. 2 EUGGES-Vorschlag 91.

[756] Vgl. Art. 7 Abs. 1 Satz 1 EUV–Vorschlag 91; Art. 5 Abs. 1 Satz 1 EUGEN-Vorschlag 91; Art. 8 Abs. 1 Satz 1 EUGGES-Vorschlag 91.

Beispielhaft sei Art. 7 Abs. 1 Satz 1 EUV–Vorschlags 91 wiedergegeben: „Die Gründungsmitglieder erstellen die Satzung nach den für die Gründung von Vereinen des Rechts des Sitzstaates des EUV vorgesehenen Rechtsvorschriften."

chem Sachrecht sinnvoll ist[757]. Denn die Verweisung auf das Sitzstaatrecht in Satz 1 der jeweiligen Norm wird jeweils durch einen Satz 2 ergänzt, nach dem die Satzung zumindest schriftlich erstellt und von den Gründungsmitgliedern unterzeichnet werden muß[758]. Darüberhinaus enthalten alle drei Entwürfe weitere ausführliche Gründungsvorschriften[759], einschließlich einer Liste der notwendigen Angaben in der Satzung[760]. Unter diesen Umständen erscheinen die Verweisungen auf die zusätzliche Anwendung des Sitzstaatrechts für die Frage der Satzungserstellung erforderlich.

Exkurs: Im Gegensatz zur EWIV-Verordnung ist das Schriftformerfordernis in den drei Entwürfen wesentlich klarer geregelt worden. Die Regelungen sind ausdrücklich und ergeben sich nicht erst durch Auslegung. Sie machen durch die Verwendung des Wortes „zumindest" deutlich, daß sie nur Mindestanforderungen stellen wollen. So bestimmt zum Beispiel Artikel 7 Abs. 1 Satz 2 des EUV–Vorschlags 91: „Die Satzung muß zumindest schriftlich erstellt und von den Gründungsmitgliedern unterzeichnet werden." Die bei der Auslegung der EWIV-Verordnung entbrannte Frage, ob bei einer Gründung in Deutschland die Einzelheiten von § 126 BGB zu beachten sind, ist damit beantwortet. Das nationale Sitzstaatrecht darf über die gemeinschaftsrechtlichen Mindestanforderungen hinausgehen[761]. 377

Die drei Entwürfe für einen Europäischen Verein, eine Europäische Genossenschaft und eine Europäische Gegenseitigkeitsgesellschaft berufen über das genannte Beispiel hinaus häufig das Sitzstaatrecht *neben* gemeinschaftlichem Sachrecht. Beispiele bieten: 378

- die Regelung zur Zuständigkeit der Generalversammlung[762];
- und, beim EUV: die Regelung zur Möglichkeit der Mitgliedschaft von Vereinen im Verwaltungsorgan[763].

Darüberhinaus enthalten alle drei Entwürfe in ihrer Regelung der persönlichen Voraussetzungen der Leitungsorgane die aus Artikel 69 Abs. 2 SE-Vorschlag 91 bekannte[764] *Kombination* von gemeinschaftsrechtlichem Sachrecht, gemein- 379

---

757 Vgl. oben Rn. 370.

758 Art. 7 Abs. 1 Satz 2 EUV–Vorschlag 91; Art. 5 Abs. 2 Satz 1 EUGEN-Vorschlag 91; Art. 8 Abs. 1 Satz 2 EUGGES-Vorschlag 91.

759 Vgl. insbesondere Art. 3 EUV–Vorschlag 91; Art. 9 EUGEN-Vorschlag 91; Art. 2 EUGGES-Vorschlag 91.

760 Art. 3 Abs. 3 EUV–Vorschlag 91; Art. 10 EUGEN-Vorschlag 91; Art. 3 EUGGES-Vorschlag 91.

761 Vgl. aber wiederum Artikel 7 Abs. 2 Satz 1 EUV–Vorschlag 91, der die Verweisung auf das Sitzstaatrecht beschränkt: „In den Mitgliedstaaten, deren Recht keine vorbeugende, administrative oder gerichtliche Kontrolle bei der Gründung vorsieht, muß die Satzung öffentlich beurkundet werden."

762 Art. 11 Abs. b EUV–Vorschlag 91; Art. 16 Abs. b EUGEN-Vorschlag 91; Art. 12 Abs. b EUGGES-Vorschlag 91.

763 Art. 26 Abs. 1 Unterabs. 1 EUV–Vorschlag 91 bestimmt: „Die Satzung des EUV kann vorsehen, daß eine Vereinigung Mitglied des Verwaltungsorgans sein kann, sofern das im Sitzstaat des EUV anwendbare Recht nichts anderes bestimmt."

764 Siehe den Abdruck der Vorschrift oben in Rn. 356.

schaftsrechtlichem IPR und der Berufung des nationalen IPR; die Regelungen in den drei Entwürfen entspricht jeweils Artikel 69 Abs. 2 SE-Vorschlag 91[765].

380 Weitere IPR-Verweisungen in den Entwürfen sind zum Teil überflüssig und wohl nur durch die bereits bei der Untersuchung des SE-Vorschlags 91 erörterten politischen Motive erklärbar[766]. Ein besonders krasses Beispiel bietet Artikel 4 Abs. 4 EUGEN-Vorschlag 91, der als letzter Absatz in der allgemeinen IPR-Norm des EUGEN-Vorschlags enthalten ist. Der Absatz lautet:

„4. Auf die EUGEN finden Anwendung:

– Vorschriften des gemeinschaftlichen und nationalen Rechts, sofern es im Einklang mit ersterem steht

und

– falls kein gemeinschaftliches Recht besteht, das nationale Recht, das den Zugang zu oder die Ausübung von Aktivitäten in den Bereichen Kreditwesen und Versicherung regelt."

Zum Vergleich sei der Text von Absatz 1 wiedergegeben:

„1. Die EUGEN unterliegt:

a) – den Bestimmungen dieser Verordnung;

– sofern diese Verordnung es ausdrücklich zuläßt, den von den Parteien in der Satzung des EUGEN frei festgelegten Bestimmungen;

anderenfalls:

b) – dem im Sitzstaat der EUGEN für Genossenschaften geltenden Recht;

– den von den Parteien in der Satzung frei festgelegten Bestimmungen unter den gleichen Voraussetzungen wie im Falle der Genossenschaften, für die das Recht des Sitzstaates der EUGEN gilt."

381 Die Verweisung in Artikel 4 Abs. 1 EUGEN-Vorschlag 91 macht keinen rechten Sinn: Der Hinweis nach dem 1. Spiegelstrich auf den Vorrang des Gemeinschaftsrechts erfüllt keine Funktion. Nach dem 2. Spiegelstrich wird er zunächst noch einmal wiederholt. Es folgt ein Hinweis auf nationales Kreditwesen- und Versicherungsrecht, das für Fragen außerhalb des Anwendungsbereiches der Verordnung bereits nach allgemeinen Grundsätzen anwendbar ist. Für etwaige Fragen, die in den Anwendungsbereich der Verordnung fallen, wird das nationale Kreditwesen- und Versicherungsrecht des Sitzstaates bereits durch Artikel 4 Abs. 1 EUGEN-Vorschlag 91 berufen.

382 *Genauer*: Fraglich ist, ob es von Bedeutung ist, daß Artikel 4 Abs. 4 EUGEN-Vorschlag 91 das „nationale Recht" und nicht – wie Absatz 1 – das Sitzstaatrecht beruft; der Wortlaut läßt deshalb eine Auslegung von Absatz 4 als Gesamtverweisung (unter Einschluß des nationalen IPR) zu, während Absatz 1 eine Sachnormverweisung auf das Gesellschaftsrecht des Sitzstaates ausspricht. Eine solche Auslegung dürfte allerdings den internationalprivatrechtlichen Willen des Verordnungsgebers und den objektiven Inhalt der Norm überfrachten. Artikel 4 Abs. 4 EUGEN-Vorschlag 91 scheint vielmehr eine schlichtweg überflüssige Norm zu sein, die nicht einmal eine klarstellende Funktion oder eine Erinnerungsfunktion ausfüllen kann.

---

765 Vgl. Art. 26 Abs. 2 EUV–Vorschlag 91; Art. 40 Abs. 2 EUGEN-Vorschlag 91; Art. 35 Abs. 2 EUGGES-Vorschlag 91. – Zu Art. 69 Abs. 2 SE-Vorschlag siehe oben Rn. 356f.

766 Vgl. oben Rn. 347.

Sie ist als eine politische Konzession ohne sachlichen Inhalt auszulegen. Sie sollte gestrichen werden. Bezeichnenderweise geht die *Begründung* zu Artikel 4 EUGEN-Vorschlag 91 nicht auf Sonderprobleme des auf Kreditwesenfragen und Versicherungsfragen anwendbaren Rechts ein[767].

Das Beispiel in Artikel 4 Abs. 4 EUGEN-Vorschlag 91 ist als negatives Extrembeispiel einzuordnen. In anderen Fällen, in denen Verweisungen im Grunde genommen nicht erforderlich sind, erfüllen sie zumindest – wie die Parallelbeispiele im SE-Vorschlag 91 – eine Erinnerungs- oder eine Klarstellungsfunktion. Ein Beispiel enthalten die Verweisungen, in denen das Sitzstaatrecht für die Liquidation berufen wird[768]. 383

Zum Schluß dieser Bestandsaufnahme ist noch auf einen *Sonderfall* hinzuweisen: Alle drei Entwürfe berufen für die Erstellung des Jahresschlusses das harmonisierte Sitzstaatrecht, das aus der Umsetzung der Richtlinien 78/660/EWG[769] und 83/349/EWG[770] entstanden ist. Dies ist internationalprivatrechtlich bemerkenswert, weil die Verordnung – wenn sie in dieser Form in Kraft tritt – sachrechtliche Regelungen berufen soll, die das nach den allgemeinen IPR-Verweisungen[771] berufene Sitzstaatrecht gar nicht anwenden würde. Zumindest haben die genannten Richtlinien die Mitgliedstaaten nur dahingehend verpflichtet, die in den Richtlinien beschriebenen Regelungen über den Jahresabschluß *für Aktiengesellschaften, für Kommanditgesellschaften auf Aktien und für Gesellschaften mit beschränkter Haftung* einzuführen[772]. Die Anwendung des auf Grund der Richtlinien entstandenen harmonisierten Rechts auf den Europäischen Verein, die Europäische Genossenschaft und den Europäischen Gegenseitigkeitsverein verwundert. Die Frage nach der Wirkungsweise der angedeuteten, neuartigen IPR-Verweisungstechnik soll nicht weiter vertieft werden, da es aus gesellschaftsrechtlicher Sicht kaum vorstellbar ist, daß diese Regelungen in der Endfassung der betroffenen Verordnungen enthalten sein werden. 384

4. *Zwischenergebnis*

Als Zwischenergebnis ist festzuhalten, daß deutliche IPR-Normen, die in klassischer Weise einen Anknüpfungsgegenstand mit einem Anknüpfungspunkt verdienen, bisher nur im Recht der Europäischen Wirtschaftlichen Interessen- 385

---

767 Begründung, Statut der Europäischen Genossenschaft, in: KOM (91) 273 endg. – SYN 386–391, S. 64, 67f. (dort Begründung zu Artikel 4).

768 Artikel 44 Abs. 2–3 EUV–Vorschlag 91; Artikel 63 Abs. 2 EUGEN-Vorschlag 91; Artikel 51 Abs. 2 EUGGES-Vorschlag 91.

769 Vierte gesellschaftsrechtliche Richtlinie vom 25. 7. 1978 (Jahresabschlußrichtlinie); s. o. Rn. 365 Fn. 739 Abs. 2.

770 Siebte gesellschaftsrechtliche Richtlinie vom 13. 6. 1983 (Richtlinie über den konsolidierten Jahresabschluß); s. o. Rn. 365 Fn. 739 Abs. 3.

771 S. o. Rn. 373 Fn. 752.

772 Vgl. die Kataloge der von den Richtlinien betroffenen Gesellschaften in Artikel 1 Abs. 1 der 4. Richtlinie und in Artikel 4 Abs. 1 der 7. Richtlinie.

vereinigung existieren. Eine Vielzahl weiterer klassischer IPR-Verweisungen sind in Entwürfen zu vier anderen Formen juristischer Personen enthalten (SE, EUV, EUGEN, EUGGES). In der Mehrzahl der Verweisungen nimmt das gemeinschaftsrechtliche IPR eine Funktion wahr, nach der es das gemeinschaftsrechtliche Sachrecht ergänzen soll[773].

386 Die IPR-Verweisungen in der EWIV-Verordnungen lassen bereits eine Struktur erahnen:

(1) Die IPR-Verweisungen gelten nur subsidiär, soweit das gemeinschaftsrechtliche Sachrecht keine vorrangigen Regelungen enthält (*Prinzip der Subsidiarität*).

(2) Eine allgemeine Verweisung wird auf der allgemeinen Ebene durch eine Regelung für Mehrstaater ergänzt.

(3) Hinzutreten spezielle Verweisungen, die häufig erforderlich sind, weil gemeinschaftsrechtliches Sachrecht und vom IPR berufenes Sitzstaatrecht *nebeneinander* gelten sollen. Die gemeinschaftsrechtlichen IPR-Verweisungen begrenzen also den andernfalls geltenden Vorrang des gemeinschaftlichen Sachrechts.

(4) Die IPR-Verweisungen in Verordnungen sind Sachnormverweisungen.

(5) Sie berufen das Sitzstaatrecht, das mit dem nationalen Gründungsrecht identisch ist.

387 Diese Struktur läßt sich mit Hilfe der EWIV-Verordnung, wie erwähnt, nur erahnen (vgl. für Einzelheiten das Zwischenergebnis zur Untersuchung der IPR-Verweisungen in der EWIV[774]). Die Ergebnisse der Untersuchung des SE-Vorschlags 91 sprechen weiter für diese sich für gemeinschaftsrechtliches IPR in Verordnungen anbahnende Struktur; insbesondere wurden drei Fallgruppen zur Erforderlichkeit von speziellen Verweisungsnormen festgestellt (vgl. für Einzelheiten das Zwischenergebnis zur Untersuchung der IPR-Verweisungen im SE-Vorschlag 91[775]). Der Vergleich mit den SE-Vorschlägen für einen Europäischen Verein, eine Europäische Genossenschaft und einen Europäischen Gegenseitigkeitsverein[776] hat die Existenz dieser Struktur bestätigt.

Nunmehr bleibt zu untersuchen, wieweit das gemeinschaftsrechtliche IPR zusätzlich zu den deutlichen IPR-Normen auch versteckte IPR-Normen enthält.

---

[773] Zurecht spricht *Kreuzer* von „gemeinschaftsrechtsergänzendem Kollisionsrecht“ in: Gemeinsames Privatrecht, S. 373, 388. Dabei muß man sich nur vergegenwärtigen, daß es sich um „gemeinschaftsrechtliches *Sachrecht* ergänzendes gemeinschaftsrechtliches IPR“ handelt.

[774] Oben Rn. 327.

[775] Oben Rn. 369f.

[776] Oben Rn. 373ff.

II. Versteckte IPR-Normen

Die im gemeinschaftsrechtlichen IPR enthaltenen versteckten IPR-Normen lassen sich in zwei Gruppen ordnen. Hinzutreten Einzel- und Sonderfälle; auf einen Sonderfall, der sich in dem in Entstehung begriffenen Verordnungsrecht mehrfach wiederholt, soll eingegangen werden[777]. 388

1. Anerkennungsnormen

In einigen Fällen sind versteckte internationalprivatrechtliche Kollisionsnormen in Anerkennungsnormen enthalten. Historisch dürfte dies die älteste Form von IPR-Normen in Verordnungen sein: Bereits die Verordnung Nr. 3 des Rates über die Soziale Sicherheit der Wanderarbeitnehmer vom 25. 9. 1958[778] enthielt in ihrem Artikel 52 eine kollisionsrechtliche Vorschrift von internationalprivatrechtlicher Bedeutung[779]. Ihr Nachfolger ist der aus der internationalprivatrechtlichen Literatur bekannte[780] und im sozialrechtlichen Schrifttum erörterte[781] Artikel 93 der Verordnung 1408/71/EWG[782]. Artikel 93 Abs. 1 der Verordnung bestimmt: 389

„Werden nach den Rechtsvorschriften eines Mitgliedstaats Leistungen für einen Schaden gewährt, der sich aus einem im Gebiet eines anderen Mitgliedstaats eingetretenen Ereignis ergibt, so gilt für etwaige Ansprüche des verpflichteten Trägers gegen einen zum Schadensersatz verpflichteten Dritten folgende Regelung:

a) Sind die Ansprüche, die der Leistungsempfänger gegen den Dritten hat, *nach den für den verpflichteten Träger geltenden Rechtsvorschriften* auf diesen Träger übergegangen, so erkennt jeder Mitgliedstaat diesen Übergang an;

b) hat der verpflichtete Träger gegen den Dritten einen unmittelbaren Anspruch, *so erkennt jeder Mitgliedstaat diesen Anspruch an.*“ (Hervorhebungen nicht im Original).

Nach seinem Eingangssatz betrifft Artikel 93 Abs. 1 der Verordnung 1408/71 Fälle, in denen der (Versicherungs-)Träger[783] eines Mitgliedstaates einem Unionsbürger Leistungen für einen Schaden gewährt, der auf einem Ereignis beruht, das in einem anderen Mitgliedstaat eingetreten ist. 390

Hierzu kann es leicht kommen, denn Arbeitnehmer unterliegen nach dem

---

[777] Ein anderes Beispiel, in dem eine gesetzliche Fiktion internationalprivatrechtlich wirkt, wird unten in Rn. 391 Fn. 791 erwähnt.

[778] ABl. 1958 Nr. 561.

[779] Vgl. *Lyon-Caen*, Rev.trim.dr.europ. 1 (1965), 425, insbesondere ab S. 426 unten.

[780] Vgl. nur Soergel/*Kegel*, Vor Art. 7, Rn. 449ff.; MünchKomm/*Martiny*, Art. 33 Rn. 33–34; MünchKomm/*Sonnenberger*, Einl. Rn. 52 und 110; MünchKomm/*Kreuzer*, Art. 38 Rn. 293; *von Bar*, IPR, Bd. 1, Rn. 167 und Bd. 2, Rn. 563; *Roth*, RabelsZ 55 (1991), 623, 632.

[781] Siehe nur *Lyon-Caen/Lyon-Caen*, Rn. 315–317; *Eichenhofer*, Internationales Sozialrecht, S. 201 f.

[782] S. o. Rn. 328 Fn. 683.

[783] Vgl. die Legaldefinition in Art. 1 Absatz n) der VO 1408/71.

„Internationalsozialrechtlichen Einheitsrecht" der Verordnung 1408/71[784] grundsätzlich den Rechtsvorschriften des Staates, in dessen Gebiet sie beschäftigt sind („Arbeitsstaat")[785]. Erleidet zum Beispiel ein Arbeitnehmer in seinem *Wohnsitzstaat* einen Arbeitsunfall, so zahlt der nach dem Recht des *Arbeitsstaates* zuständige Träger für ein in einem anderen Mitgliedstaat eingetretenes Ereignis[786]. Für den so beschriebenen Anwendungsbereich von Artikel 93 Absatz 1 der Verordnung Nr. 1408/71 enthalten die Unterabsätze a) und b) internationalprivatrechtliche Regelungen, auch wenn sie als Anerkennungsnormen formuliert sind.

391 Nach Unterabsatz a) ist die *schadensersatzrechtliche Legalzession* auf den verpflichteten Träger anzuerkennen. Dies sei am Beispiel einer vom Gerichtshof bereits 1965 – noch zu Artikel 52 der Verordnung Nr. 3[787] – entschiedenen Fallkonstellation demonstriert[788]: Der im Dienste eines holländischen Transportunternehmens stehende Fahrer *Meijers* hatte mit seinem Lastwagen in Holland einen Zusammenstoß mit einem Motorroller verursacht, bei dem der Beifahrer *de Ronchi* verletzt wurde. Dieser war zwar in einem holländischen Unternehmen beschäftigt, aber zum Zeitpunkt des Unfalls an eine Arbeitsstätte in Belgien abgeordnet. Dort war er nach den in belgischen Rechtsvorschriften vorgesehenen Risiken versichert. Das belgische, nicht aber das niederländische Recht sah einen Forderungsübergang des Anspruchs des verletzten *de Ronchi* gegen den Unfallverursacher vor[789]. Der Gerichtshof hielt Artikel 52 der Verordnung Nr. 3 für anwendbar[790]; die Legalzession nach belgischem Recht war anzuerkennen. Entsprechendes muß für Artikel 93 Abs. 1 der Verordnung 1408/71 gelten, wenn einem deutscher Arbeitnehmer, der nach Belgien abgeordnet und dort versichert ist, während der Ausführung eines Auftrags in Deutschland einen Arbeitsunfall erleidet[791].

---

[784] Vgl. *Eichenhofer*, JZ 1992, 269, 273 unter III.1. und 274 unter 2.a; *Junker*, JZ 1994, 277, 283 (unter IV.).

[785] Art. 13 Abs. 2 Unterabs. a) der Verordnung 1408/71.

[786] Grundsätzlich unerheblich ist, daß die Auszahlung am Wohnsitz des Arbeitnehmers erfolgt und der *Träger des Wohnorts* (s. dazu die Legaldefinition in Art. 1 Abs. „p" der Verordnung 1408/71) auf Grund einer entsprechenden Vereinbarung für Rechnung des Trägers am *Arbeitsort* leisten kann (Art. 19 Abs. 1 lit. b Satz 1 der Verordnung 1408/71).

[787] Vgl. oben Rn. 389.

[788] EuGH 11.3. 1965, Rs. 31/64 (*Gemeenschappelijke Verzekeringskas „De sociale Voorzog"/ Bertholet*), Slg. 1965, 111.

[789] A.a.O. S. 114.

[790] Vgl. den Tenor des Urteils a.a.O. auf S. 121.

[791] Das Beispiel des Autounfalls auf der Fahrt zur Arbeit dürfte allerdings als Anwendungsfall von Artikel 93 Abs. 1 der Verordnung 1408/71 ausfallen. Für diesen Fall enthält Artikel 56 der Verordnung 1408/71 eine gesetzliche Fiktion, die bereits zur Anwendung des Rechts des leistenden Versicherungsträgers führt: Nach Artikel 56 der Verordnung 1408/71 gilt ein „Wegeunfall", der sich in einem anderen Mitgliedstaat ereignet, als im Gebiet des für die Leistung zuständigen Staates eingetreten. Entscheidet ein deutscher Richter – seine Zuständigkeit nach Artikel 5 Nr. 3 EuGVÜ sei unterstellt – über einen Wegeunfall des (in Belgien versicherten) Deutschen auf der Fahrt zum Arbeitsplatz in Flensburg, wird er bereits wegen dieser Fiktion belgisches Recht auf versicherungsrechtliche Fragen anwenden müssen.

Das bedeutet nichts anderes, als daß die Frage der Legalzession nach dem für den zuständigen, leistenden Träger geltenden nationalen Recht zu beurteilen ist[792]. Artikel 93 Absatz 1 Unterabsatz a) der Verordnung Nr. 1408/71 beruft für die Frage der Legalzession die „für den verpflichteten Rechtsträger geltenden Rechtsvorschriften", also im Fall eines belgischen Trägers belgisches Recht[793]. Die Norm, wiewohl als Anerkennungsnorm formuliert, wählt selbst das sog. *Zessionsgrundstatut*[794] aus[795]. 392

Nach Unterabsatz b) von Artikel 93 Absatz 1 der Verordnung gilt das gleiche für eigene Regreßrechte des Trägers[796]. Auch hier folgt aus der Formulierung als Anerkennungsnorm, daß in einem aus eigenem Recht geführten Prozeß des Trägers gegen den Unfallverursacher die Existenz eines „unmittelbaren" Anspruchs des verpflichteten Trägers dem „für den Träger geltenden Rechtsvorschriften" zu entnehmen sind. Diese werden in Artikel 93 Abs. 1 Unterabsatz b) zwar nicht noch einmal ausdrücklich erwähnt, folgen aber aus dem Aufbau der Norm und seiner Parallele zu Unterabsatz a). 393

Der internationalprivatrechtliche Gehalt von „Anerkennungsnormen" ist auch aus dem *Gesellschaftsrecht* bekannt: Bereits bei der Untersuchung von Artikel 58 Abs. 1 (*erste Voraussetzung*) EG-Vertrag war festgestellt worden, daß der Hinweis auf Befugnisse von „nach den Rechtsvorschriften eines Mitgliedstaates gegründete Gesellschaften" die internationalprivatrechtliche Aussage enthält, daß die Gründung der Gesellschaft als Vorfrage der Anwendung der Norm nach dem Gründungsrecht zu beurteilen ist[797]. Entsprechende Regelungen enthalten die EWIV-Verordnung[798] und die Verordnungsentwürfe zum Europäischen Verein, zur Europäischen Genossenschaft und zur Europäischen Gegenseitigkeitsgesellschaft[799]. Bestimmt zum Beispiel Artikel 4 Abs. 1 a) der EWIV-Verordnung, daß Gesellschaften (und andere „juristische Einheiten") nur Mitglieder einer EWIV werden können, wenn sie – unter anderem – nach dem Recht eines Mitgliedstaates gegründet worden sind, so ist die Vorfrage der 394

Für einen Hinweis auf ein neueres Beispiel siehe *Eichenhofer*, JZ 1992, 269, 275 (linke Spalte vor c).

792 Zustimmend (schon zu Art. 52 der Verordnung Nr. 3) *Lyon-Caen*, 1 (1965) Rev.trim.dr.europ. 425, 429 („pleinement logique").

793 Vgl. Art. 1 Abs. j in Verbindung mit Art. 4 Abs. 1 der Verordnung 1408/71: Unter „Rechtsvorschriften" ist das nationale Recht zu verstehen, nach welchem der nationale Träger Leistungen – etwa bei Krankheit oder Arbeitsunfällen – zu erbringen hat.

794 So MünchKomm/*Martiny*, Art. 33 Rn. 34; *Schuler*, S. 473; *von Bar*, IPR, Bd. 2, Rn. 563; konkludent wohl auch *Lyon-Caen/Lyon-Caen*, Rn. 317; a. A. *Eichenhofer*, Internationales Sozialrecht, S. 201.

795 Vgl. *Schuler*, S. 473: „Im Ergebnis macht es ... keinen Unterschied, ob diese Regelungen kollisionsrechtlich formuliert werden, ... oder ob untechnisch die ‚Anerkennung' solcher Legalzessionen des jeweiligen anderen Abkommensstaates vorgeschrieben wird."

796 In der französischen Fassung wird vom „droit direct à l'égard du tiers" gesprochen: J. off. CE 1983 Nr. L 230 S. 8, 46. Für einen guten Überblick über die Möglichkeiten der Verlagerung des haftungsrechtlichen Anspruches siehe *Schuler*, S. 287.

797 Oben § 4, insbes. Rn. 116.

798 S. o. Rn. 3 Fn. 15.

799 Vgl. oben Rn. 304 Fn. 621–623.

Gesellschaftsgründung wie bei Artikel 58 EG-Vertrag ausschließlich nach dem Gründungsrecht zu beantworten[800]. Ist eine Gesellschaft nach keinem der mitgliedstaatlichen Gesellschaftsrechtsordnungen gegründet worden, so scheidet sie als mögliches Mitglied einer EWIV aus. Ähnliche Vorschriften enthalten z. B. Artikel 3 Abs. 1, 1. Alternative des EUV–Vorschlag 91[801], Artikel 9 Abs. 1 EUGEN-Vorschlag 91[802] und Artikel 1 EUGGES-Vorschlag 91[803].

2. *Ermächtigungsnormen*

395 Gelegentlich ist das gemeinschaftsrechtliche IPR in Ermächtigungsnormen enthalten. Ein Beispiel bietet Artikel 4 Abs. 3 EWIV-Verordnung[804]:

> „Ein Mitgliedstaat kann vorsehen, daß *die in seinen Registern ... eingetragenen* Vereinigungen nicht mehr als zwanzig Mitglieder haben dürfen. Zu diesem Zweck kann der Mitgliedstaat vorsehen, daß in Übereinstimmung mit seinen Rechtsvorschriften jedes Mitglied einer nach seinen Rechtsvorschriften gebildeten rechtlichen Einheit, die keine eingetragene Gesellschaft ist, als Einzelmitglied der Vereinigung behandelt wird." (Hervorhebungen nicht im Original).

396 Wie bei Anerkennungsnormen ist die internationalprivatrechtliche Aussage von Ermächtigungsnormen erst durch Auslegung zu ermitteln. Aus der beschränkten Ermächtigung in Artikel 4 Abs. 3 der EWIV-Verordnung zur natio-

800 Hinzutreten nach der Regelung in Artikel 4 Abs. 1 a) EWIV-Verordnung zwei *sachrechtliche* Voraussetzungen: In der Gemeinschaft müssen sich *erstens* der satzungsmäßige oder gesetzliche Sitz und *zweitens* die Hauptverwaltung befinden.

801 Art. 3 Abs. 3 EUV–Vorschlag 91 bestimmt: „Einen EUV können gründen:

– mindestens zwei *nach dem Recht eines Mitgliedstaats errichtete* Vereinigungen, die im Anhang aufgeführt sind [der Anhang nennt für Deutschland Vereine und Stiftungen im Sinne der §§ 21–88 BGB; Anm. d. *Verf.*] und ihren satzungsmäßigen Sitz und ihre Hauptverwaltung in mindestens zwei Mitgliedstaaten haben;

– mindestens 21 natürliche Personen, die Angehörige von mindestens zwei Mitgliedstaaten sind und ihren Wohnsitz in mindestens zwei Mitgliedstaaten haben." (Kursivdruck hinzugefügt).

802 Art. 9 Abs. 1 EUGEN-Vorschlag 91 bestimmt: „Eine EUGEN kann gegründet werden von mindestens zwei *nach dem Recht eines Mitgliedstaates errichteten* Vereinigungen, die im Anhang zu dieser Verordnung aufgeführt sind [der Anhang nennt für Deutschland die Erwerbs- und Wirtschaftsgenossenschaften und die Versicherungsvereine auf Gegenseitigkeit; Anm. d. *Verf.*] und ihren satzungsmäßigen Sitz und ihre Hauptverwaltung in mindestens zwei Mitgliedstaaten haben."

803 Art. 1 Abs. a) Satz 1 EUGGES-Vorschlag 91 bestimmt: „Eine EUGGES können gründen:

a) entweder mindestens zwei Vereinigungen, die im Anhang 1 aufgeführt sind [der Anhang nennt für Deutschland den Versicherungsverein auf Gegenseitigkeit im Sinne des VAG vom 6. 6. 1931 in der Fassung vom 1. 7. 1990; Anm. d. *Verf.*], *gemäß dem Recht eines Mitgliedstaates gegründet wurden* und ihren satzungsmäßigen Sitz und ihre Zentrale in mindestens zwei Mitgliedstaaten haben." – Siehe auch Absatz b) Satz 1, der ebenfalls eine Verweisung auf das Gründungsrecht enthält.

804 S. o. Rn. 3 Fn. 15; auf dieses Beispiel hat auch *Roth*, RabelsZ 55 (1991), 623, 633 (oben) hingewiesen.

nalen Rechtsetzung über die Festlegung einer maximalen Mitgliederzahl von zwanzig folgt, daß nationales Sachrecht zur Mitgliederzahl unter zwei Voraussetzungen zu beachten und damit anzuwenden ist: Es muß erstens vom „Registerstaat" erlassen worden sein, also von dem Staat, in dem die EWIV registriert ist. Es muß zweitens der EWIV-Verordnung entsprechen und daher die Beschränkungen der Ermächtigung beachten (maximal zwanzig Mitglieder). Artikel 4 Abs. 3 der EWIV-Verordnung ist damit eine IPR-Norm: Sie verknüpft den Anknüpfungsgegenstand „Mitgliederzahl" mit dem Anknüpfungspunkt „Registereintragung", ohne allerdings selbst ausdrücklich die Schlußfolgerung zu nennen, daß das innerstaatliche Recht des Registerstaates auf die Mitgliederzahl anzuwenden ist.

Ein Parallelbeispiel – unter anderen[805] – enthält Artikel 1 Abs. 3 der EWIV- 397
Verordnung[806]: Die Ermächtigung der Mitgliedstaaten zur Rechtsetzung über die Frage der Rechtspersönlichkeit von in ihren Registern eingetragenen Europäischen Wirtschaftlichen Interessenvereinigungen enthält die internationalprivatrechtliche Aussage, daß sich die Rechtspersönlichkeit einer EWIV nach dem Sachrecht des Registerstaates richtet[807].

In den in Entstehung begriffenen Verordnungen sind ähnliche Beispiele von 398
Ermächtigungsnormen mit internationalprivatrechtlicher Bedeutung enthalten: So in den Verordnungsvorschlägen für eine Europäische Aktiengesellschaft[808], den Europäischen Verein[809], die Europäische Genossenschaft[810] und die Europäische Gegenseitigkeitsgesellschaft[811].

---

805 Siehe weiter insbesondere folgende Artikel der EWIV-Verordnung: Art. 4 Abs. 4 (Zulassungsbeschränkungen hinsichtlich der Teilnahmemöglichkeit an einer EWIV); Art. 14 Abs. 4 (betreffend die Wirksamkeit Sitzverlegung); Art. 19 Abs. 2 (begrenzte Ermächtigung zur Zulassung von juristischen Personen als Geschäftsführer); Art. 28 Abs. 1 Unterabs. 2 (betreffend das Ausscheiden eines Mitglieds der EWIV).

806 Art. 1 Abs. 3 der EWIV-Verordnung bestimmt: „Die Mitgliedstaaten bestimmen, ob die in ihren Registern ... eingetragenen Vereinigungen Rechtspersönlichkeit haben."

807 Davon zu unterscheiden ist die Frage nach der Handlungs- und Geschäftsfähigkeit, die von der Eintragung an unmittelbar aus Artikel 1 Abs. 2 der EWIV-Verordnung folgt. Zum steuerrechtlichen Sinn der Trennung der Fragen der Rechtspersönlichkeit und der Handlungsfähigkeit siehe nur *Ganske*, DB 1985, Beilage 20 zu Heft Nr. 35, S. 2 unter IV. 1.

808 Siehe Artt. 61, 1. Spiegelstrich Satz 2 und 63 Abs. 3 SE-Vorschlag 91. Vgl. auch Artt. 8 Abs. 2c, 8 Abs. 10, 18 Abs. 1, 23 Abs. 2, 48 Abs. 3, 50 Abs. 3, 54 Abs. 1, 56 Satz 3, 66 Abs. 2 des Dokumentes 5269/93, Anlage I (siehe hierzu Rn. 28 Fn. 108).

809 Artt. 19 Abs. 2 (Ermächtigung zur Schaffung einer Satzungsänderungsverpflichtung im Falle einer gerichtlichen Entscheidung oder der entsprechenden Entscheidung einer Verwaltungsbehörde) und 30 Abs. 3 (Ermächtigung zur Festlegung zustimmungsbedürftiger Handlungen) EUV–Vorschlag 91.

810 Vgl. Art. 43 Abs. 2–4 EUGEN-Vorschlag 91: Ermächtigung zur Ausdehnung des Katalogs genehmigungspflichtiger Handlungen.

811 Art. 22 Abs. 2 EUGGES-Vorschlag 91 (Ermächtigung zur Schaffung einer Satzungsänderungsverpflichtung im Falle einer gerichtlichen Entscheidung oder der entsprechenden Entscheidung einer Verwaltungsbehörde).

3. *Gutglaubensregelung im Falle des Statutenwechsels durch Sitzverlegung*

399 Für den Sonderfall des Statutenwechsels in Folge einer Sitzverlegung enthalten sämtliche Verordnungen zur Schaffung europäischer Gesellschaftsformen eine Gutglaubensregelung mit internationalprivatrechtlicher Wirkung.

In Kraft ist Artikel 14 der EWIV-Verordnung. In Artikel 14 Abs. 1 EWIV-Verordnung spricht die EWIV-Verordnung ausdrücklich die Tatsache an, daß die Sitzverlegung einen Statutenwechsel zur Folge haben kann[812]: Durch die Sitzverlegung tritt ein Statutenwechsel ein, weil Artikel 2 Abs. 1 EWIV-Verordnung für Fragen der inneren Verfassung der Vereinigung an den Ort des Sitzes anknüpft. In Artikel 14 Abs. 3 EWIV-Verordnung wird die *Wirkung der Sitzverlegung* erörtert. Nach Artikel 14 Abs. 3, 1. Halbsatz EWIV-Verordnung ist im Falle der grenzüberschreitenden Sitzverlegung der neue Sitz Dritten gegenüber mit der Bekanntgabe der Eintragung der Vereinigung im Register des neuen Sitzes grundsätzlich entgegenzusetzen. Halbsatz 2 ergänzt diese Regelung um eine Gutglaubensregelung folgenden Inhalts:

> „jedoch können sich Dritte, solange die Löschung der Eintragung im Register des früheren Sitzes nicht bekannt gemacht worden ist, weiterhin auf den alten Sitz berufen, es sei denn, daß die Vereinigung beweist, daß den Dritten der neue Sitz bekannt war.“

400 Diese Gutglaubensregelung hat *internationalprivatrechtliche Wirkung*: Unter den genannten Voraussetzungen („es sei denn, daß ...“) können sich Dritte nach Artikel 14 Abs. 3, 2. Halbsatz EWIV-Verordnung auf den alten Sitz berufen, an den die IPR-Verweisung Artikel 2 Abs. 1 EWIV-Verordnung anknüpft. Ihr guter Glaube an den (noch) im alten Staat veröffentlichten Sitzort begründet ein Recht auf Anwendung des vor der Sitzverlegung berufenen Rechts. Anders als bei Artikel 11 EVÜ und seiner deutschen Parallelnorm[813], die eine Gutglaubensregelung für Fälle unverschuldeter Unkenntnis des fremden Rechts[814] enthalten, soll es auf die positive Kenntnis und nicht das Kennenmüssen ankommen. Aus *praktischer* Sicht sei ergänzt, daß Artikel 14 Abs. 3, 2. Halbsatz EWIV-Verordnung durchaus von Bedeutung werden kann, weil nach Artikel 14 Abs. 2 EWIV-Verordnung die Löschung der Eintragung im Register des Wegzugsstaates erst nach Nachweis der Eintragung im Zuzugsstaat erfolgen kann. Dies hat zur Folge, daß eine EWIV nach einer Sitzverlegung notwendigerweise für eine Weile in den Registern des Wegzugs- und des Zuzugsstaates eingetragen ist.

401 Eine ähnlich Gutglaubensregelung wie Artikel 14 Abs. 3, 2. Halbsatz EWIV-Verordnung enthält – unter anderem – Artikel 5a Abs. 5 SE-Vorschlag 91[815].

---

[812] Artikel 14 Abs. 1 EWIV-Verordnung bestimmt: „Hat die Sitzverlegung einen *Wechsel des nach Artikel 2 anwendbaren Rechts* zur Folge, so...“ (Kursivdruck nicht im Original).

[813] Art. 12 EGBGB.

[814] So die zusammenfassende Formulierung von *Spellenberg* in MünchKomm/*Spellenberg*, Art. 12 EGBGB Rn. 5.

[815] Die Regelung lautet: „Mit Bekanntgabe der neuen Eintragung der SE [im neuen Sitzstaat, Anm. d. *Verf.*] ist der neue Sitz Dritten gegenüber wirksam. *Jedoch können sich Dritte, solange die*

Wenn diese Norm und ihre Parallelvorschriften in den Entwürfen zum Europäischen Verein, zur Europäischen Genossenschaft und zur Europäischen Gegenseitigkeitsgesellschaft[816] in Kraft treten werden, wird man die Gutglaubensregelungen im Falle der Sitzverlegung als eigene Fallkategorie der versteckten IPR-Normen im Gemeinschaftsrecht begreifen können.

§ 6 Gemeinschaftsrechtliches IPR kraft Richterrechts

Kraft Richterrechts geschaffenes gemeinschaftsrechtliches IPR existiert bisher 402
nur in rudimentärer Weise[817]. Dies liegt zum Teil sicherlich daran, daß die nationalen Gerichte dem Gerichtshof selten in einer Form vorlegen, die zur Erörterung internationalprivatrechtlicher Fragen zwingt[818]. Vor allem läßt sich dies aber damit erklären, daß der Gerichtshof nach Artikel 164 EG-Vertrag[819] lediglich die Wahrung des Rechts bei der Auslegung und Anwendung des EG-Vertrages zu sichern hat: Meist kann der Gerichtshof diese Aufgabe erfüllen, ohne über die internationalprivatrechtliche Bedeutung seiner Entscheidungen Aussagen machen zu müssen.

Gleichwohl ist die Rechtsprechung des Gerichtshofs aus kollisionsrechtlicher 403
Sicht für die Schaffung von gemeinschaftsrechtlichem IPR von Bedeutung. Die folgende Darstellung wird auf ein repräsentatives Beispiel aus dem Bereich des Wettbewerbsrechts beschränkt, das den Einfluß der *Cassis de Dijon*-Rechtsprechung[820] auf das IPR illustriert[821]. Zunächst soll der Fall *GB-INNO-BM/ Confé-*

Löschung der Eintragung im Register des früheren Sitzes nicht bekanntgemacht worden ist, weiter auf den alten Sitz berufen, es sei denn, die SE beweist, daß den Dritten der neue Sitz bekannt war." (Kursivdruck nicht im Original). Diese Regelung ist im zur Zeit erörterten Dokument 5269/93 (vgl. Rn. 28 Fn. 108) unverändert als Art. 8 Abs. 9 übernommen worden.

816 Vgl. auch Art. 5 Abs. 5 Satz 2 EUV-Vorschlag 91; Art. 3 Abs. 5 Satz 2 EUGEN-Vorschlag 91; Art. 6 Abs. 5 Satz 2 EUGGES-Vorschlag 91.

817 Hier geht es um die Schaffung von gemeinschaftsrechtlichem IPR durch den Gerichtshof. Der *nationale Richter* kann nur IPR gemeinschaftsrechtlichen Ursprungs schaffen, wenn er sich etwa – wie *Reich* vorgeschlagen hat – bei der Schaffung einer IPR-Norm am Gemeinschaftsrecht orientiert: Vgl. oben Rn. 21 Fn. 81. Zur begrifflichen Unterscheidung zwischen „gemeinschaftsrechtlichem IPR" und „IPR gemeinschaftsrechtlichen Ursprungs" siehe ausführlich oben ab Rn. 54.

818 Eine Ausnahme bietet der Vorlagebeschluß des *Oberlandesgerichts Köln* in der oben in Rn. 18 Fn. 62 zitierten Rechtssache *Société générale alsacienne de banque SA gegen Walter Koestler*, die ausdrücklich die Frage nach der Zulässigkeit der Erhebung des Differenzeinwandes nach *deutschem* Recht gegenüber einem nach *französischen* Recht begründeten Anspruch stellte: Slg. 1978, 1971, 1978; vgl. dazu die Nachweise oben in Rn. 18 Fn. 62.

819 Dieser Artikel ist durch den EU-Vertrag nicht geändert worden.

820 Siehe oben Rn. 4 Fn. 18 und Rn. 299.

821 Für weitere Beispiele siehe: EuGH 6. 11. 1984, Rs. 177/83 (*Th. Kohl KG/Ringelhan & Rennett SA und Ringelhan Einrichtung GmbH*; in der Literatur auch als „r+r"-Urteil erörtert), Slg. 1984, 3651 (betrifft eine Einschränkung von § 3 UWG aus Art. 30 EWG-Vertrag [jetzt: EG-Vertrag]); EuGH 21. 5. 1987, Rs. 249/85 (*Albako Margarinefabrik Maria von der Linde GmbH &*

dération du commerce luxembourgeois[822] (im folgenden: GB-INNO[823]) vorgestellt werden (I.), bevor seine Relevanz für das IPR zu erörtern ist (II.).

Co. KG/Bundesanstalt für landwirtschaftliche Ordnung; als „Berlin Butter II" bekannt), Slg. 1987, 2345 (betr. mittelbar die Unanwendbarkeit von § 1 UWG und von Vorschriften der Zugabeverordnung auf die von der EG-Kommission angeordnete Verteilung von „kostenloser Butter"); EuGH 13.12. 1990, Rs. C-238/89 (*Pall Corp./P.J. Dahlhausen & Co.*), Slg. 1990, I-4827 (betrifft Unanwendbarkeit von § 3 UWG auf die Verwendung eines Zeichens (R) im Kreis, wenn Warenzeichenschutz zwar nicht in Deutschland, aber in einem anderen Mitgliedstaat besteht; siehe dazu *Meier*, WRP 1991, 563–564); EuGH 18.5. 1993, Rs. C-126/91 (*Schutzverband gegen Unwesen in der Wirtschaft e.V./Yves Rocher GmbH*), EuZW 1993, 420 (betrifft Unanwendbarkeit von § 6 Abs. 1 UWG auf Werbung in Deutschland für aus Frankreich stammende Ware, vgl. die Folgeentscheidung des BGH vom 14.10. 1993, EBE/BGH 1993, 374 und die in Rn. 47 Fn. 186 zitierten Vorlagebeschlüsse des Landgerichts Passau und des Landgerichts Düsseldorf; siehe aber auch OLG Düsseldorf, 30.12. 1993–2 U 180/93, EuZW 1994, 189). – Vgl. weiter den Vorlagebeschluß BGH 21.11. 1991 – I ZR 263/89 (München), EuZW 1992, 156, und dazu EuGH 30.11. 1993, Rs. C-317/91 (*„quattro"*), WRP 1994, 294 (zur Anwendbarkeit deutschen Warenzeichenrechts gegenüber einem Tochterunternehmen eines Autoherstellers aus einem anderen EU-Mitgliedstaat).

Einen guten Überblick über diese Fälle vermittelt *Chrocziel*, EWS 1991, 173–179. Siehe auch *Hakenberg/Harles*, GRUR Int. 1990, 957f. unter II.1.; *Oppenhoff* in: FS Gamm, 117, 126. Zur Bedeutung der *Cassis de Dijon*-Rechtsprechung für den gewerblichen Rechtsschutz im allgemeinen siehe *Beier*, FS Steindorff, 1109, 1119–1127. Siehe ferner den *Exkurs* in Rn. 406 zur Bedeutung der Rechtsprechungsänderung im Fall *Keck* – EuGH 24.11. 1993, Vorl. Rs. C-267/91 und C-268/91 (*Strafverfahren gegen Bernard Keck und Daniel Mithouard*), EuZW 1993, 770, NJW 1994, 121 –, die auch für diese Fälle noch im einzelnen zu klären ist.

[822] EuGH (6. Kammer) 7.3. 1990, Rs. C-362/88 (*GB-INNO-BM/Confédération du commerce luxembourgeois*), Slg. 1990, I-667; siehe dazu:

– Aus luxemburgischer Sicht: *Hakenberg/Harles*, GRUR Int. 1990, 957–960;

– Aus deutscher Sicht: *Alt*, EuZW 1990, 311–313; *Sack*, EuZW 1990, 313–314 (äußerst kritisch); *Huff*, EWiR Art. 30 EWGV 2/90, 473; *Reuter*, BB 1990, 1649–1653 (mit gründlicher Darstellung der Folgen für das deutsche Recht, einschließlich der Erhöhung des Haftungsrisikos nach § 945 ZPO bei Erwirkung einer einstweiligen Verfügung auf Grund einer extensiven deutschen Verbrauchernorm, deren Verstoß gegen Art. 30 EWG-Vertrag [jetzt: EG-Vertrag] sich im weiteren Verlauf des Verfahrens herausstellt und zur Aufhebung der Einstweiligen Verfügung führt: S. 1650ff.); *Schrödermeier*, DB 1990, 2511–2513; *v. Gamm*, EWS 1991, 166 unter I.1., 169; *Chrocziel*, EWS 1991, 173, 177 unter c) und 178ff. unter IV.; *Funke*, WRP 1991, 550, 554; *Remien*, JahrbJZ 1991, 11, 20ff., vgl. auch 35ff. unter 3.a.; *Schricker*, GRUR Int. 1992, 347 (rechte Spalte), 356f., 359; vgl. auch *Bernhard*, EuZW 1992, 437–443, *Reich*, RabelsZ 56 (1992) 444, 492f. sowie jüngst *Reese*, S. 67ff.

Im *europäischen Ausland* ist die Entscheidung bisher in der Literatur wenig beachtet worden: Vgl. nur die Kurzinformation in Eur. Comp. L. Rev. 1990, R-119; siehe aber den Hinweis von *Hakenberg/Harles*, daß das Urteil in Luxemburg starke Beachtung gefunden und Betroffenheit ausgelöst habe (GRUR Int. 1990, 957 vor I).

[823] Der Fall ist nicht zu verwechseln mit einer zweiten Entscheidung *GB INNO*, die die Zulassung von Fernsprechgeräten betrifft (und ebenfalls zur Anwendung von Art. 30 EWG-Vertrag [jetzt: EG-Vertrag] in der Auslegung der *Cassis de Dijon*-Rechtsprechung gelangt): EuGH 13.12. 1991, Rs. C-18/88 (*Régie des Télégraphes et des Téléphones/SA GB-INNO-BM*), EuZW 1992, 250.

I. Die Entscheidung im Fall GB-INNO

In der Entscheidung *GB-INNO* ging es im wesentlichen um den Sachverhalt, daß eine belgische Gesellschaft in Luxemburg Werbezettel verteilen ließ, deren Inhalt und Gestaltung seinerzeit nach belgischem Recht zulässig und nach luxemburgischem Recht unzulässig war. Fraglich war, ob die Artikel 30, 31 Abs. 1 und 36 EG-Vertrag der Anwendung des luxemburgischen Wettbewerbsrechts entgegenstanden. 404

Im einzelnen[824]: Die belgische Aktiengesellschaft GB-INNO-BM betrieb unter anderem bei Arlon, nahe der belgisch-luxemburgischen Grenze, Supermärkte. Im September 1986 ließ sie in Belgien und Luxemburg Werbeschriften verteilen. In diesen Anzeigen wurde auf Preisnachlässe so hingewiesen, daß zum einen die zeitliche Begrenzung der Sonderangebote deutlich wurde und zum anderen durch Hinweise auf frühere Preise das Ausmaß des Preisnachlasses erkennbar war.

Nach dem damaligen luxemburgischen Recht war Werbung in dieser Form unlauter, nach belgischem Recht hingegen lauter[825]. Das luxemburgische Recht enthielt sowohl das Verbot, die Dauer eines Sonderangebotes anzugeben, als auch das Verbot, auf den früheren Preis hinzuweisen[826].

Die *Confédération du commerce luxembourgeois* beantragte mit Erfolg in Luxemburg – unter Berufung auf luxemburgisches Wettbewerbsrecht – den Erlaß einer einstweiligen Verfügung gegen die GB-INNO-BM, die vom Berufungsgericht bestätigt wurde. Gegen diesen Beschluß erhob die Antragsgegnerin GB-INNO-BM Kassationsbeschwerde. Die *Cour de Cassation* legte im folgenden dem Gerichtshof die Frage vor, ob die Artt. 30, 31 Abs. 1 und 36 EWG-Vertrag (jetzt: EG-Vertrag) den angewendeten luxemburgischen Regelungen des Wettbewerbsrechts entgegenstehen[827].

In seinem Urteil hat der Gerichtshof zunächst unter Bestätigung einer früheren Entscheidung[828] betont, daß Rechtsvorschriften, die bestimmte Formen der Werbung und bestimmte Methoden der Absatzförderung beschränken oder verbieten, obwohl sie den Handel nicht unmittelbar regeln, geeignet sein können, das Handelsvolumen zu beschränken, weil sie die Absatzmöglichkeiten 405

---

824 Vgl. die Sachverhaltsdarstellungen im Urteil (Slg. 1990, I-667, 684f.) und in den Schlußanträgen des Generalanwalts Carl Otto *Lenz* (Slg. 1990, I-667, 675).

825 Slg. 1990, I-667, 686 Erw. 9 Satz 2.

826 Slg. 1990, I-667, 685 Erw. 2 und 687 Erw. 11. – In *Deutschland* enthalten die §§ 7 und 6e UWG – in ihren zumindest z.Zt. (31.03. 1994) noch geltenden Fassungen – entsprechende Verbote, die der EuGH mittlerweile im Fall *Yves Rocher* für unanwendbar gegenüber ausländischen Unionsbürgern erklärt hat (vgl. oben Rn. 408 Fn. 821); aufgrund der Entscheidungen des Gerichtshofs in den Sachen *Keck* und *Mithouard* (vgl. oben Rn. 403 Fn. 821) ist es aber schwer einzuschätzen, ob die Entscheidung *Yves Rocher* noch Bestand hat (vgl. den Exkurs in Rn. 406). Vgl. aus dem Schrifttum zur Unanwendbarkeit von § 6e UWG gegenüber ausländischen Unionsbürgern *Reuter*, BB 1990, 1649, 1650f.; *Piper* in *Jacobs/Lindecker/Teplitzky*, § 6e Rn. 41–44.

827 Für die genaue Formulierung des Vorlagebeschlusses siehe Slg. 1990, I-667, 685 Erw. 4.

828 EuGH 15. 12. 1982, Rs. 286/81 (*Strafverfahren gegen Oosthoek's Uitgeversmaatschappij BV*), Slg. 1982, 4574 (betreffend ein niederländisches Verbot, bei der Ausübung einer gewerblichen Tätigkeit *Zugaben* anzubieten oder zu gewähren); siehe dort S. 4587 Erw. 15.

beeinträchtigen[829]. Der freie Warenverkehr betreffe auch Privatpersonen, denen es – insbesondere in Grenzgebieten – möglich sein müsse, sich in einen benachbarten Mitgliedstaat zu begeben und dort unter denselben Bedingungen wie die ortsansässige Bevölkerung einzukaufen[830]. Weiter hat der Gerichtshof auf die *Cassis de Dijon*-Rechtsprechung[831] verwiesen, nach der Hemmnisse für den freien Binnenhandel der Gemeinschaft, die sich aus Unterschieden zwischen den nationalen Rechtsordnungen ergeben, hinzunehmen sind, soweit die betreffende Regelung unterschiedslos für einheimische wie für eingeführte Erzeugnisse gilt und dadurch gerechtfertigt werden kann, daß sie notwendig ist, um zwingenden Erfordernissen, unter anderem des Verbraucherschutzes und der Lauterkeit des Handelsverkehrs gerecht zu werden [832]. In Fortschreibung dieser Rechtsprechung hat der Gerichtshof sodann die einschlägigen luxemburgischen Bestimmungen des Wettbewerbsrechts als ein ungerechtfertigtes Handelshemmnis gewertet, weil es die Verbraucher in ihrem Recht auf Unterrichtung und Aufklärung beschränke[833]. Aus dieser Wertung folgte die Beantwortung der von der luxemburgischen *Cour de Cassation* vorgelegten Frage: Nach dem Urteil des Gerichtshofs waren die Artikel 30 und 36 EWG-Vertrag (jetzt: EG-Vertrag) mangels hinreichender Rechtfertigung[834] dahingehend auszulegen, daß die einschlägigen luxemburgischen Rechtsvorschriften zum Wettbewerbsrecht auf eine in einem anderen Mitgliedstaat durchgeführte Werbeaktion nicht angewendet werden durften[835]; da Artikel 30 EWG-Vertrag (jetzt: EG-Vertrag) eingriff, ist der Gerichtshof auf Artikel 31 EWG-Vertrag (jetzt: EG-Vertrag) nicht eingegangen[836].

406 *Exkurs*: Im Hinblick auf die Rechtsprechungsänderung des Gerichtshofs in den verbundenen Rechtssachen *Keck* und *Mithouard*[837] erscheint es ungeklärt, ob die Entscheidung GB-INNO heute noch Bestand hat[838]. In den Rechtssachen *Keck/*

---

829 Slg. 1990, I-667, 686 Erw. 7.

830 Slg. 1990, I-667, 686 Erw. 8.

831 Siehe oben Rn. 4 Fn. 18.

832 Slg. 1990, I-667, 686f. Erw. 10.

833 Vgl. Slg. 1990, I-667, 687ff., Erw. 13ff. (zur Frage Beeinträchtigung des Verbrauchers in seinem Recht auf Zugang zu bestimmten Informationen) sowie S. 686 Erw. 7 (zur grundsätzlichen Entscheidung, daß Bestimmungen des Wettbewerbsrechts ein Handelshemmnis darstellen können).

834 Vgl. Slg. 1990, I-667, 687ff., ab Erw. 13.

835 Slg. 1990, I-667, 689 Erw. 21 i. V. m. S. 687f., ab Erw. 13 (Prüfung von Rechtfertigungsgründen).

836 Slg. 1990, I-667, 689 Erw. 20.

837 Vgl. oben Rn. 4 Fn. 18 am Ende.

838 Vgl. hierzu die (noch unveröffentlichten) Schlußanträge von Generalanwalt *Tesauro* in der Rs. C-292/92 (*Ruth Hünermund u. a./Landesapothekenkammer Baden-Württemberg*), dort insbesondere Rn. 17 und 22, sowie die zahlreichen ersten Reaktionen auf die *Keck*-Entscheidung, so namentlich (und ohne Anspruch auf Vollständigkeit) *Ackermann*, RIW 1994, 189, 194; *Arndt*, ZIP 1994, 188, 190f.; *Ehricke*, WuW 1994, 108, 112ff.; *Jestaedt/Kästle*, EWS 1994, 26, 28f.; *Möschel*, NJW 1994, 429, 430f.; *Remien*, JZ 1994, 349–353; *Ress*, EuZW 1993, Editorial zu Heft 24; *Sack*, EWS 1994, 37, 42f.; *Steindorff*, ZHR 158 (1994) 149–169. Siehe auch die Reaktion des *Oberlandesgerichts Düsseldorf*, EuZW 1994, 189 (vgl. oben Rn. 47 Fn. 186 Abs. 2).

Mithouard hat der Gerichtshof zwar zunächst die Aussage seiner *Dassonville/Cassis de Dijon*-Rechtsprechung wiederholt[839], nach der die Anwendung nationaler Rechtsvorschriften auf eingeführte Waren, die rechtmäßig in einem anderen Mitgliedstaat in den Verkehr gebracht wurden, mangels Rechtfertigung eine nach Artikel 30 EG-Vertrag verbotene „Maßnahme gleicher Wirkung" sein kann[840]. *Verkaufsmodalitäten* sollen allerdings „entgegen der bisherigen Rechtsprechung" den Handel zwischen den Mitgliedstaaten nicht behindern, *sofern* sie für alle betroffenen Wirtschaftsteilnehmer gelten, *und sofern* sie den Absatz der inländischen Erzeugnisse und der Erzeugnisse aus anderen Mitgliedstaaten *rechtlich wie tatsächlich* in der gleichen Weise berühren[841].

Für den Sachverhalt, der der Entscheidung *GB-INNO* zu Grunde liegt, wird man 407 wohl davon auszugehen haben, daß das luxemburgische Verbot die Dauer eines Sonderangebotes anzugeben und auf den früheren Preis hinzuweisen, „Verkaufsmodatitäten" betrifft. Fraglich ist aber jedenfalls, ob das Verbot luxemburgische und belgische Erzeugnisse rechtlich wie tatsächlich in gleicher Weise berührt. Hiergegen spricht bereits, daß der belgische Supermarkt *grenzüberscheitend* in Luxemburg für eine Einkaufsmöglichkeit in Belgien warb. Im Gegensatz zu einem Fall der Werbung in Luxemburg für in Luxemburg vertriebene Ware aus einem anderen Mitgliedstaat betraf *GB-INNO* einen grenzüberschreitenden Sachverhalt, für den zunächst nach nationalem luxemburgischen oder belgischen IPR das anwendbare Recht zu bestimmen war. Damit unterscheidet sich die Werbung in Luxemburg für in Belgien zu verkaufende Erzeugnisse rechtlich und tatsächlich von dem der *Keck*-Entscheidung zu Grunde liegenden Sachverhalt. *Keck* hat *GB-INNO* nicht abgeändert[842].

II. Die Bedeutung der Entscheidung GB-INNO für das IPR

Nach der Entscheidung des Gerichtshofs durften die strengeren wettbewerbs- 408 rechtlichen Vorschriften des *Marktortes* Luxemburg (dort wurden die Handzettel unter anderem verteilt) nicht auf eine vom *Herkunftsland* Belgien aus *rechtmäßig* durchgeführte Werbeaktion angewendet werden[843]. Das Recht des Marktortes mußte dem Recht des Herkunftslandes weichen: Der Gerichtshof hat mit seiner Entscheidung über die Unvereinbarkeit der Anwendung luxemburgischen *Sachrechts* mit den Regelungen in den Artikeln 30, 36 EWG-Vertrag (jetzt: EG-Vertrag) zugleich den *Anwendungsbereich* des Sachrechts begrenzt.

---

839 Vgl. oben Rn. 4 Fn. 18.

840 EuZW 1993, 770, 771 Erw. 15; siehe zuletzt ausdrücklich in diesem Sinne auch EuGH 2. 2. 1994 (*Clinique*), zitiert oben in Rn. 299 Fn. 612, EuZW 1994, 148, 149 Erw. 13.

841 EuZW 1993, 770, 771 Erw. 16; ebenso jetzt auch EuGH 15. 12. 1993, Rs. C-292/92 (*Ruth Hünermund u. a./Landesapothekenkammer Baden-Württemberg*), EuZW 1994, 119, 120 Erw. 21.

842 Ähnlich im Ergebnis: *Steindorff*, ZHR 158 (1994) 149, 163f. Vorsichtig in diesem Sinne – bei sonst eher positiver Haltung gegenüber *Keck* – auch *Remien*, JZ 1994, 349, 352 (vor IV.) mit dem treffenden Kommentar: „Auch ein Binnenmarkt kommt eben nicht ohne Kollisionsrecht aus."

843 Die Eingrenzung, nach der die *Cassis de Dijon-/GB INNO*-Rechtsprechung die *Rechtmäßigkeit* der Maßnahmen im Herkunftsland voraussetzt, nennt *Reich*, RabelsZ 56 (1992) 444, 493 den *zweiten Aspekt des Herkunftslandprinzips*, der häufig übersehen werde (a. a. O. S. 492 unten).

Unter diesen Umständen ist es fraglich, ob die vom Gerichtshof festgestellte Begrenzung eine gemeinschaftsrechtlich bindende IPR-Regelung enthält[844]. In der deutschen Literatur ist im Hinblick auf dieses Urteil und auf ähnliche, den Anwendungsbereich von Sachrecht begrenzende Entscheidungen des Gerichtshofs[845] vertreten worden, daß grenzüberschreitende Sachverhalte nicht mehr nach deutschem UWG zu beurteilen sind, wenn die Wettbewerbsgesetze im EG-Ausland weniger einschneidende Regelungen enthalten[846].

Bei genauerer Betrachtung wird man unterscheiden müssen:

1. *Internationalprivatrechtliche Bedeutung von GB-INNO*

409 Das Urteil GB-INNO enthält für die zugrunde liegende Fallkonstellation einen *Nichtanwendungsbefehl* für strengeres Marktrecht, wenn eine Werbeaktion nach dem Recht des Herkunftslandes rechtmäßig ist *und* die Anwendung des strengeren Marktrechtes nicht nach Artikel 36 EG-Vertrag oder den Rechtsprechungsgrundsätzen der „zwingenden Erfordernisse" gerechtfertigt ist. In diesen Fällen ist ein vom nationalen IPR zu Gunsten des Marktrechtes ausgesprochener Rechtsanwendungsbefehl[847] nach Artikel 30 EG-Vertrag unbeachtlich. Allein das günstigere Recht des Herkunftslandes ist anwendbar. In dieser Aussage liegt in der Tat „ein Stück Kollisionsregel"[848], die aus Artikel 30 EG-Vertrag in der Auslegung durch den Gerichtshof folgt. Ob man den Nichtanwendungsbefehl gegenüber dem strengeren Recht des Marktortes unmittelbar aus Artikel 30 EG-Vertrag oder aus der Rechtsprechung des Gerichtshofs ableitet – nur in diesem Fall könnte gemeinschaftsrechtliches IPR *kraft Richterrechts* vorliegen –, bleibe dahingestellt: Nach der *rechtsfortbildenden* Auslegung des Gerichtshofs enthält Artikel 30 EG-Vertrag eine *negative einseitige Kollisionsnorm* für den Fall, daß das Wettbewerbsrecht am Marktort strenger ist als das Recht des Herkunftslandes

---

[844] *In diesem Sinne Chrocziel*, EWS 1991, 173, 178 unter IV.2.; wohl auch *Remien*, JZ 1994, 349, 352 rechte Spalte. – *Dagegen*: *Bernhard*, EuZW 1992, 437, 442f., *Reese*, 218f. – Vgl. auch die parallelen Erörterungen von *Roth*, RabelsZ 55 (1991), 623, 667–671, der *generell* mit Blick auf das durch die „Cassis de Dijon" entwickelte *Herkunftslandprinzip* fragt, ob das IPR „mit einer Verweisung auf das Recht des Herkunftslandes parallel zu schalten ist" (S. 667); nach vorsichtiger Analyse nimmt *Roth* dies für das *Recht der Gegendarstellung* an (S. 670f.; ähnlich jetzt auch *ders.*, IPRax 1994, 165, 173).

[845] Siehe oben Rn. 403 Fn. 821.

[846] *Chrocziel* a. a. O.: EWS 1991, 173, 178 unter IV.2. – In den meisten Rezensionen von *GB-INNO* wurde die *internationalprivatrechtliche* Bedeutung der Entscheidung hingegen nicht untersucht: Vgl. z. B. *Hakenberg/Harles*, GRUR Int. 1990, 957–960; *Schrödermeier*, DB 1990, 2511–2513; oder *Reuter*, BB 1990, 1649–1653.

[847] Einen solchen Befehl enhält auch das deutsche IPR des Unlauteren Wettbewerbs, wenn der Marktort in Deutschland liegt: Vgl. nur *von Bar*, IPR, Bd. 2 Rn. 695.

[848] So *Martiny* in: Gemeinschaftsrecht und IPR, S. 211, 217, zur *Cassis de Dijon*-Doktrin des Gerichtshofs.

und diese strengere Regelung nicht nach Artikel 36 EG-Vertrag gerechtfertigt ist[849].

Der Sache nach nimmt das Gemeinschaftsrecht damit in der IPR-Prüfung eine 410
ordre public-ähnliche Funktion wahr[850]. Der Richter am Marktort, dessen nationales IPR das Recht am Markort als Wettbewerbsstatut beruft, muß seine *lex fori* auf ihre Vereinbarkeit mit dem Gemeinschaftsrecht hin überprüfen: Nur im Falle der Rechtfertigung strengerer Wettbewerbsregelungen nach Artikel 36 EG-Vertrag ist der Anwendungsbefehl des nationalen IPR am Marktort zu beachten. Aus *gemeinschaftsrechtlicher* Sicht ist dieser Schritt selbstverständlich, weil *alle* nationalen Normen der Mitgliedstaaten dem Vorrang des Gemeinschaftsrechts unterliegen[851]. Aus *internationalprivatrechtlicher* Sicht ist dieser gemeinschaftsrechtlich gebotene Prüfungsschritt bemerkenswert, weil traditionellerweise nur vom IPR berufenes *fremdes* Sachrecht einer inhaltlichen Überprüfung (*orde public*-Prüfung) zu unterziehen ist. Hier aber ist auch die *lex fori* kraft gemeinschaftsrechtlichen Befehls zu überprüfen und im Falle eines ungerechtfertigten Handelshemmnisses nicht anzuwenden[852].

2. *Grenzen der Bedeutung von GB-INNO*

Die internationalprivatrechtiche Aussage von *GB-INNO* erschöpft sich in 411
dem unter 1. dargestellten *Nichtanwendungsbefehl*; denn das im Wege der Einzelfallprüfung ermittelte Anwendungsverbot luxemburgischen Rechts enthält keine allseitige Regelung zur generellen Bestimmung der auf grenzübergreifende, wettbewerbsrechtliche Sachverhalte anwendbaren Privatrechtsordnung[853]:

Aus der Sicht der „Cassis de Dijon"-Rechtsprechung und insbesondere aus 412
der Sicht des GB-INNO-Urteils kommt es nur darauf an, daß das Marktrecht kein Handelshemmnis für den grenzüberschreitenden Warenverkehr darstellt. Auf welchem Wege das Marktrecht dies schafft, ist ihm überlassen. Drei Möglichkeiten sind denkbar:

---

849 Zum *Begriff* der negativen einseitigen Kollisionsnorm: *Kropholler*, IPR § 12.III.1. (S. 85); ein *Beispiel* für eine solche Norm im *deutschen* IPR enthält die Regelung in § 21 Abs. 4 Satz 1 Flaggenrechtsgesetz in der Fassung vom 23.3. 1990 (BGBl. 1989 I 550). Danach reicht das Führen der deutschen Bundesflagge allein *nicht* für die Bestimmung des auf Seearbeitsverträge anwendbaren Rechts aus. Siehe dazu *Mankowski*, RabelsZ 53 (1989) 487, 517ff.; *Drobnig*, BerDGesVölkR 31 (1990), 31, 63f.

850 In diesem Sinne bereits die Einordnung der *„Cassis de Dijon*-Doktrin" durch *Martiny*, in: Gemeinschaftsrecht und IPR, 211, 216f.

851 Vgl. oben Rn. 7.

852 Plastisch *Bernhard*, EuZW 1992, 437, 440 linke Spalte: Das „Hüh" des nationalen Gerichts (= luxemburger Recht ist maßgeblich) werde durch das „Hott" des Gerichtshofes (= belgisches Recht ist maßgeblich) konterkariert.

853 Zum Unterschied zwischen *einseitigen* und *allseitigen* Kollisionsnormen siehe nur: *Kegel*, IPR, § 6.I.2. (S. 186); *Kropholler*, IPR § 12.III.1. (S. 85).

413 – Das *Sachrecht* am Marktort kann dem ausländischen Recht des Herkunftslandes angeglichen werden[854]; in diesem Fall stellen weder die Berufung des Marktrechtes durch das IPR am Marktort noch das Sachrecht am Marktort ein Handelshindernis dar. Aus der Regelung in Artikel 30 EG-Vertrag folgt keine Anwendungsbeschränkung.

414 – Das *IPR* am Marktort kann so umgestaltet werden, daß es *alternativ* anknüpft und damit das jeweils günstigere Recht beruft[855]. Auch in diesem Fall scheidet ein Verstoß gegen Artikel 30 EG-Vertrag aus.

415 – Die Berufung des Marktrechts durch das *IPR* am Marktort wird um die aus dem Gemeinschaftsrecht folgende Regelung ergänzt, nach der das Marktrecht im Sinne der „Cassis de Dijon"-Rechtsprechung unterschiedslos auf einheimische und auf eingeführte Erzeugnisse anzuwenden ist und etwaige Unterschiede in der Behandlung oder Beschränkungen durch zwingende Erfordernisse im Sinne von Artikel 36 EG-Vertrag oder durch ein zwingendes Erfordernis des Allgemeininteresses gerechtfertigt sein müssen; andernfalls ist *subsidiär* das Recht des Herkunftslandes anzuwenden[856]. Wenn das nationale IPR am Marktort um eine Bestimmung in diesem Sinne ergänzt wird, besteht ebenfalls keine Gefahr mehr für einen Verstoß gegen Artikel 30 EG-Vertrag.

416 Das Recht des Marktortes kann den Anforderungen des Gemeinschaftsrechts also sowohl auf sachrechtlichem als auch auf internationalprivatrechtlichem Wege gerecht werden[857]. *Cassis de Dijon* und *GB INNO* zwingen nur in der dritten der dargestellten Fallvarianten zu einer *Korrektur* des IPR am Marktort. Damit steht die Frage nach der *Gemeinschaftsrechtskonformität* von nationalem IPR im Raum, die im dritten Teil dieser Arbeit erörtert werden soll; allseitiges IPR kraft Richterrechts hat der Gerichtshof in seiner Entscheidung GB-INNO hingegen nicht geschaffen.

417 Eine über die Frage nach der Bedeutung der Entscheidung als Rechtsquelle hinausgehende und hier nicht näher zu erörternde Frage ist es, wie der nationale Gesetzgeber am Marktort auf *GB-INNO* reagieren sollte. In Deutschland, das rechtsvergleichend ein strenges Recht des unlauteren Wettbewerbs hat[858], ist die Anknüpfung an das Recht des Marktortes zumindest in den Fällen unanwendbar, in denen das Recht des Herkunftslandes für Unionsbürger aus anderen

---

[854] Vgl. zur Rechtsvereinheitlichung im Werberecht ausführlich *Schricker*, GRUR Int. 1992, 347–361 *passim* und *ders.*, GRUR Int. 1990, 771–777.

[855] Vgl. die – ablehnende – Erörterung einer solchen IPR-Gestaltung bei *Bernhard*, EuZW 1992, 437, 442f. Dagegen – und vorsichtig für die aus Artikel 30 EGV folgende Existenz einer solchen IPR-Regelung – *Jayme/Kohler*, IPRax 1993, 357, 371.

[856] *Unzulässig* wäre die von *Bernhard* a. a. O. (vorige Fußnote) ebenfalls erörterte (und aus anderen Gründen abgelehnte) *generelle Anknüpfung an das Herkunftslandprinzip*: Sie würde Ausländer im Falle günstigeren Rechts am Marktort gegenüber Inländern benachteiligen und deshalb in diesen Fällen ein Handelshemmnis im Sinne von Artikel 30 EG-Vertrag darstellen.

[857] Vgl. auch den Vorschlag von *Roth*, ZEuP 1994, 5, 10, den Anwendungsbereich des Marktrechts durch eine selbstgerechte Sachnorm (zu diesem Begriff siehe oben Rn. 114) zu beschreiben.

[858] Siehe bereits oben Rn. 404 Fn. 826. – Im Verfahren *GB-INNO* hat Deutschland als *Nebenintervenientin* die luxemburgische Position unterstützt: Slg. 1990, I-667, 670 rechte Spalte unten.

Mitgliedstaaten günstiger ist[859]. Hier ist die Schaffung von *aus Richterrecht entwickeltem IPR* erforderlich[860].

[859] Vgl. zu dieser Frage die Literaturhinweise oben in Rn. 408 Fn. 844.

[860] Siehe in diesem Zusammenhang die ausführliche Untersuchung von *Reich*, RabelsZ 56 (1992) 445–520: *Reich* schließt aus einer „Zusammenschau" des durch *GB INNO* betonten „zweiten Aspektes" des Herkunftslandprinzips (siehe dazu oben Rn. 408 Fn. 843) und der *Richtlinie des Rates vom 10. 9. 1984 zur Angleichung der Rechts- und Verwaltungsvorschriften der Mitgliedstaaten über irreführende Werbung* (84/450/EWG), ABl. 1984 Nr. L 250 S. 17, auf eine Kollisionsregel, nach der ein deutsches Gericht bei einer *von Deutschland ausgegangen* irreführenden Werbemaßnahme nicht mehr die Sachlegitimation von deutschen Verbraucherorganisationen mit dem Hinweis auf die Anwendbarkeit ausländischen Rechts ablehen dürfe (S. 512f.). Verbraucherorganisationen müsse ein *Wahlrecht* hinsichtlich des Forums zugestanden werden (S. 514). Die deutsche Rechtsprechung zur Interessenkollisionsregel müsse gemeinschaftskonform aufgelockert werden (S. 516).

Kapitel 3: Gebot der Gemeinschaftsrechtskonformität des nationalen IPR (nicht gemeinschaftsrechtlichen Ursprungs)[1]

418 Trotz der wachsenden Zahl von IPR-Normen gemeinschaftsrechtlichen Ursprungs ist nach wie vor in vielen Fällen nationales IPR anwendbar, das nicht gemeinschaftsrechtlichen Ursprungs ist. Vorrangig ist staatsvertraglich vereinheitlichtes IPR zu beachten[2]. Sind Staatsverträge unanwendbar, gilt autonomes, nationales IPR, zum Teil als Gewohnheitsrecht. So sind das IPR zum Recht der Stellvertretung, zum Recht der außervertraglichen Schuldverhältnisse (Delikt, Geschäftsführung ohne Auftrag, Bereicherungsrecht), zum internationalen Sachenrecht und zum Recht der juristischen Personen heute noch im wesentlichen gewohnheitsrechtlichen Ursprungs[3].

Unter diesen Umständen ist die Frage nach dem Einfluß des Gemeinschaftsrechts auf nationales Recht, das nicht gemeinschaftsrechtlichen Ursprungs ist, von großer praktischer Bedeutung. Soweit das nationale IPR Anknüpfungsgegenstände aus dem Anwendungsbereich des Gemeinschaftsrechts betrifft, kommt eine Begrenzung der Anwendung des nationalen IPR durch das Gemeinschaftsrecht in Betracht.

---

[1] Dieses Kapitel beruht auf einem in der MDR 1992, S. 89–95 veröffentlichten Aufsatz (dort S. 90–93), in dem der Inhalt dieses Kapitels im Wesentlichen vorab veröffentlicht wurde.

[2] Es kommt in Deutschland als nationales Recht zur Anwendung: Siehe oben Rn. 6 Fn. 26; zum Vorrang des staatsvertraglichen IPR vor autonomem IPR siehe nur *Kropholler*, IPR, § 9 vor I; *Brödermann/Rosengarten*, S. 1.

[3] *Kegel*, IPR, § 4.I.2 auf S. 139 (Mitte). Mit der Kodifizierung des Rechts der außervertraglichen Schuldverhältnisse und des internationalen Sachenrechts ist erst in einiger Zukunft zu rechnen (vgl. den Abdruck des Referentenentwurfes vom 15. 5. 1984 bei *von Bar*, IPR, Bd. 2, Rn. 651 und Rn. 747). Staatsvertraglich vereinheitlichtes IPR ist für diese Rechtsgebiete nicht in Kraft: Insbesondere ist das am 16. 6. 1977 beschlossene *Haager Übereinkommen über das auf Vermittlungsgeschäfte und auf die Stellvertretung anwendbare Recht* (in französischer und englischer Sprache abgedruckt in: RabelsZ 43 [1979] 176–189) noch nicht in Kraft.

§ 7 Grundlagen

I. Begründung eines Konformitätsgebots

Ausgangspunkt für die Beurteilung des Spannungsverhältnisses zwischen nationalem IPR und dem Gemeinschaftsrecht ist – wie betont wurde[4] – der *Vorrang des Gemeinschaftsrechts*. Aus dem Vorrangprinzip folgen vielfältige Vorgaben für die Anwendung von nationalem IPR, die stets zu beachten sind: Andernfalls verstieße etwa ein Gericht, das nationales IPR unter Verstoß gegen das Gemeinschaftsrecht anwendet, gegen die *Pflicht zu vertragstreuem Verhalten*. Diese Pflicht, die die Mitgliedstaaten in allen Teilen ihrer Hoheitsgewalt trifft, folgt bereits aus dem Abschluß der Gemeinschaftsverträge[5] und dem völkerrechtlichen Grundsatz der *bona fide*[6]. In Art. 86 Abs. 1–3 EGKS und Art. 5 EG-Vertrag ist die Pflicht zu gemeinschaftstreuem Verhalten zusätzlich festgeschrieben worden[7]. Rechtsprechung und Lehre haben noch über den Vertragstext des EG-Vertrages hinausgehend einen *allgemeinen* Grundsatz der Gemeinschaftstreue entwickelt[8]. 419

Die nationalen Gerichte trifft vor allem die Pflicht, den Rechtsschutz bei unmittelbarer Wirkung des Gemeinschaftsrechts zu gewährleisten[9]. Das bedeu- 420

[4] S. o. Rn. 6ff.

[5] *Nicolaysen*, Europarecht I, S. 70.

[6] Vgl. *v. Verdross/Simma*, § 578 und §§ 60, 459–460. Zu weit geht es, die Pflicht zu vertragstreuem Verhalten ohne nähere Ausführungen unmittelbar mit Hilfe des Wiener Übereinkommens über das Recht der Verträge vom 23. Mai 1969 (BGBl. 1985 II 927; in Kraft in der Bundesrepublik seit dem 20. 8. 1987: BGBl. 1987 II 757) zu begründen (so *Schermers/Pearson*, FS Steindorff, 1359; *Weber*, EuZW 1992, 561). Artt. 26 und 31 Abs. 1 dieses Übereinkommens, in denen der Grundsatz von Treu und Glauben kodifiziert wurde, sind unmittelbar nicht anwendbar: Zum einen war das Übereinkommen 1951 bei der Unterzeichnung des EGKS-Vertrages und 1957 bei der Unterzeichnung des EWG- [jetzt: EG-] und des EAG-Vertrages noch nicht in Kraft (vgl. Artt. 5 und 4 des Übereinkommens). Zum anderen sind vier Mitgliedstaaten der EG dem Übereinkommen nicht beigetreten (Belgien, Frankreich, Luxemburg und Irland; vgl. BGBl. 1992 II, Fundstellenverzeichnis B vom 31. 1. 1992, S. 400). Das Wiener Vertragsrechtsübereinkommen kann allerdings mittelbar herangezogen werden, als Ausdruck allgemeiner Regeln des Völkerrechts, die nach Artikel 25 GG unmittelbar anwendbar sind.

[7] Im einzelnen ist die Ableitung der Pflicht zum gemeinschaftstreuem Verhalten streitig: Vgl. nur *Zuleeg* in *Groeben/Thiesing/Ehlermann*, Art. 5, Rn. 3 und 5; *Constantinesco* in: Liber amicorum Pescatore, S. 97, 100–105 (insbes. S. 104 a. E.).

[8] Vgl. aus der *Rechtsprechung* nur EuGH 16. 12. 1976, Rs. 45/76 (*Comet/Produktschap voor Siergewassen*), Slg. 1976, 2043, 2053, Erw. 11/18 („Grundsatz der Mitwirkungspflicht“); aus der *Literatur*: *Bleckmann*, DVBl. 1976, 483–487; und im übrigen beispielhaft: *Oppermann*, Europarecht, Rn. 325, 548, 561; *Everling*, FS Steindorff, 1155, 1161 unten. Vgl. auch oben Rn. 7 Fn. 30.

[9] St. Rspr. seit EuGH 16. 12. 1976, Rs. 33/76 (*Rewe/Landwirtschaftskammer für das Saarland*), Slg. 1976, 1989, 1998, Erw. 5, und EuGH 16. 12. 1976, Rs. 45/76 (*Comet/Produktschap voor Siergewassen*), Slg. 1976, 2043, 2053, Erw. 11/18; vgl. nur EuGH 9. 3. 1978, Rs. 196/77 (*Staatliche Finanzverwaltung/Simmenthal*), Slg. 1978, 629, 644 (vor Erw. 17/18), und EuGH 10. 7. 1980, Rs. 811/79 (*Amministrazione delle Finanze dello State/Ariete SA*), Slg. 1980, 2545, 2554–2555, Erw. 12); EuGH 19. 11. 1990, Rs. C-6/90 und 9/90 (*Francovich und Bonifaci/Italienische Republik*) Erw. 32 (s. o. Rn. 81 Fn. 85).

tet, daß sie die unmittelbare Wirkung des Gemeinschaftsrechts beachten müssen[10]. Insbesondere haben sie die unmittelbare Wirkung der vier klassischen Grundfreiheiten[11] durchzusetzen: Den freien Warenverkehr, den freien Personenverkehr (die Freizügigkeit der Arbeitnehmer[12] und das Niederlassungsrecht der Unternehmer[13]), die Freiheit des Dienstleistungsverkehrs[14], und – seit 1990 in zunehmenden Maße – die Freiheit des Kapitalverkehrs[15]. Darüberhinaus sind insbesondere die unmittelbaren Rechte der Bürger aus dem allgemeinen Diskriminierungsverbot in Art. 6 Abs. 1 EG-Vertrag (früher: Art. 7 Abs. 1 EWGV) zu beachten[16].

421 Ebensowenig wie nationales Sachrecht darf das nationale IPR Unionsbürger[17] in diesen Rechten verletzen: Jede Beeinträchtigung von Grundfreiheiten und jede Ungleichbehandlung ist unzulässig, wenn sie nicht unter den besonderen

[10] Für das Gemeinschaftsrecht gilt *iura novit curia*. Die Regelung in § 293 ZPO ist – entgegen einem Beschluß des OLG München vom 22. 6. 1988 (15 U 6478/87; EuR 1988, 409) und entgegen *Sommerlad/Schrey*, NJW 1991, 1377, 1378 linke Spalte (der aber für die Nichtanwendung von § 293 ZPO im Fall unmittelbar wirkender Richtlinien ist) – *unanwendbar*: siehe nur Stein-Jonas/*Leipold*, § 293 Rn. 7; *Nicolaysen*, EuR 1988, 411–412; MünchKomm/*Prütting*, § 293 ZPO Rn. 9; *Schütze*, in: Wege zu einem europäischen Zivilprozeßrecht, S. 93, 95. Denn EG-Recht ist wie nationales Recht zu behandeln (dies gilt auch für den Notar: Auch § 17 Abs. 3 BeurkG ist unanwendbar, vgl. *Schütze*, DNotZ 1992, 66, 78).

[11] Hinzu tritt in zunehmendem Maße die Freiheit des Zahlungsverkehrs; vgl. bereits *Börner*, FS Ophüls, S. 19–31.

[12] Vgl. nur EuGH 4. 12. 1974, Rs. 41/74 (*van Duyn/Home Office*), Slg. 1974, 1337, 1347, Erw. 5/7. Meist folgt das Recht auf Freizügigkeit aus sekundärem Gemeinschaftsrecht zu Art. 48 EGV, insbesondere aus der *Freizügigkeitsverordnung*: VO Nr. 1612/68 über die Freizügigkeit der Arbeitnehmer innerhalb der Gemeinschaft vom 15. 10. 1968 (ABl. 1968 Nr. L 257 S. 2, ber. in Nr. L 295 S. 12), geändert durch VO Nr. 312/76 vom 9. 2. 1976 (ABl. 1976 Nr. 39 S. 2; in dieser Fassung abgedruckt bei: *von Borries/Winkel* unter Nr. 740), inzwischen erneut geändert durch die VO Nr. 2434/92 vom 27. 7. 1992, ABl. L Nr. 245 S. 1 (betrifft den Ausgleich von Stellenangeboten und Arbeitsgesuchen zwischen den Mitgliedstaaten).

[13] Siehe bereits oben Rn. 178 Fn. 333.

[14] Siehe wiederum oben Rn. 178 Fn. 333, dort Abs. 3.

[15] Vgl. *seit dem 1. 1. 1994* die Regelungen in Artt. 73 b-h EG-Vertrag (und dazu *Weber*, EuZW 1992, 561–566), die die Regelungen in Artt. 67 ff. EWG-Vertrag a. F. mittlerweile ersetzt haben. Damit hat der EU-Vertrag von Maastricht nunmehr im Bereich des Kapitalverkehrs ein unmittelbar wirkendes Beschränkungsverbot festgeschrieben. Bereits *seit dem 1. 1. 1990*, dem Datum des Inkrafttretens der *Richtlinie des Rates vom 24. Juni 1988 zur Durchführung von Artikel 67 des Vertrages (88/361/EWG)* – ABl. 1988 Nr. L 178 S. 5 – kam der Kapitalfreiheit – von wenigen Ausnahmen abgesehen – in weitem Umfang unmittelbare Wirkung zu (vgl. Art. 1 Abs. 1 Satz 1 der Richtlinie und Grabitz/*Ress*, Art. 67 Rn. 23–24, insbesondere Rn. 24 Abs. 1, sowie *Louis*, in: Commentaire Mégret, 2. Aufl., Bd. 3, S. 174 ff., 176, Text vor Fn. 21). Ursprünglich wirkte nur das Diskriminierungsverbot in Art. 68 Abs. 2 EWGV unmittelbar, vgl. Grabitz/*Ress* Art. 68 Rn. 4 sowie Art. 67 Rn. 6–9.

[16] Vgl. oben Rn. 15 Fn. 53 sowie: Grabitz/*Grabitz* Art. 7, Rn. 23 und 20; *Zuleeg* in *Groeben/Thiesing/Ehlermann*, Art. 7, Rn. 16. Zur unmittelbaren Anwendbarkeit von Art. 7 Abs. 1 EWG-Vertrag (jetzt: Art. 6 Abs. 1 EG-Vertrag) in der jüngeren Rechtsprechung z. B. EuGH 20. 10. 1993, Verbundene Rs. C 92/92 und C 326/92 (*Phil Collins u. a./EMI Elektrola GmbH*), EuZW 1994, 710, 712 Erw. 34. – Für eine umfassende Aufzählung aller unmittelbar gegenüber den Bürgern wirkender Vertragsnormen siehe Grabitz/*Grabitz* Art. 189 Rn. 13.

[17] Zum Begriff des Unionsbürgers siehe oben Rn. 34 Fn. 138.

Voraussetzungen des Gemeinschaftsrechts gerechtfertigt ist. Aus der wegen des Vorrangprinzips maßgeblichen Sicht des Gemeinschaftsrechts ist es unerheblich, ob ein Unionsbürger durch nationales Sachrecht oder eine IPR-Norm des nationales Rechts in seinen aus dem Gemeinschaftsrecht fließenden subjektiven Rechten verletzt wird. Keine dieser Alternativen ist zulässig.

Deshalb sind die allgemeinen Regeln zum gemeinschaftsrechtskonformen 422 Umgang mit nationalem Recht auf die Handhabung des nationalen IPR uneingeschränkt zu übertragen: Das nationale IPR ist gemeinschaftsrechtskonform auszulegen[18]; im Extremfall ist es nicht anzuwenden[19] oder gar zu ändern[20]. In Anbetracht der Bedeutung des Vorrangs des Gemeinschaftsrechts innerhalb seines Anwendungsbereiches ist nicht nur umgesetztes Richtlinienrecht richtlinienkonform auszulegen[21]; auch *autonomes* IPR ist gemeinschaftskonform anzuwenden, wenn dadurch Grundfreiheitsbeeinträchtigungen von Unionsbürgern oder ihnen gleichgestellten Gesellschaften vermieden werden können[22]. Denn aus der Sicht des von einer Grundfreiheit geschützten Bürgers ist es unerheblich, wo eine Grundfreiheitsbeeinträchtigung ihre Ursache hat.

Wie zu verfahren ist, muß vom *Einzelfall* abhängig gemacht werden. Ob etwa 423 eine gemeinschaftsrechtskonforme Auslegung von IPR-Normen möglich ist, ist abstrakt nicht zu entscheiden. Gelegentlich wird zum Beispiel zwischen der

---

[18] Für eine gemeinschaftsrechtskonforme Auslegung nationalen Rechts: EuGH 15. 5. 1986, Rs. 222/84 (*Johnston/Royal Ulster Constabulary*), Slg. 1986, 1663, 1690, Erw. 53 Satz 2; Generalanwalt *Reischl* im Schlußantrag zur Rs. 15/78 (*Société Générale Alsacienne/Koestler*), Slg. 1978, 1981, 1987, rechte Spalte, 2. Absatz (Pflicht nationaler Gerichte zu vertragsfreundlichem Verhalten bei der Anwendung nationalen Rechts und nationalen IPR; konkludent folgend: EuGH 24. 10. 1978, in der angegebenen Rs. 15/78, Slg. 1978, 1971, 1980, Erw. 6, 2. Halbsatz), siehe jetzt auch EuGH 13. 10. 1993, Rs. C-93/92 (*CMC Motorradcenter GmbH/Pelin Baskiciogullari*), EuZW 1993, 743, 744 Erw. 10 und 12–13 (Vereinbarkeit der vorvertraglichen Aufklärungspflicht nach deutschem Recht mit Art. 30 EGV); vgl. aus der Literatur z. B.: *Samtleben*, RabelsZ 45 (1981), 218, 248–249; *Söllner*, S. 79–80; MünchKomm/*Sonnenberger*, Einl Rn. 110 (Text vor Fn. 237f.); *Zuleeg* in *Groeben/Thiesing/Ehlermann*, Art. 5, Rn. 7; *Jarass*, EuR 1991, 211, 223 (unter V.); *Rengeling/Middeke/Gellermann*, Rn. 1201f.

[19] Vgl. EuGH 9. 3. 1978, Rs. 196/77 (*Staatliche Finanzverwaltung/Simmenthal*), Slg. 1978, 629, 645, Erw. 24; *Nicolaysen*, Europarecht I, S. 40. Ähnlich auch *Kampf*, NJW 1990, 3054, 3056 rechte Spalte, für einen Unterfall aus der Parallelthematik, dem Einfluß des Gemeinschaftsrechts auf das deutsche Internationale Zivilverfahrensrecht: Unanwendbarkeit von § 110 ZPO gegenüber britischen Staatsangehörigen wegen Verstoßes der Norm gegen Art. 7 EWG-Vertrag [jetzt: Art. 6 EG-Vertrag] (siehe dazu oben Rn. 29).

[20] *Fletcher* 45–51, vgl. z. B. S. 51 unten: „obligation to review, and if necessary recast, ... (the national) rules of private international law"; vgl. auch *Bleckmann*, RIW 1981, 653, 654, linke Spalte unter (2); *Struycken*, Rec. des Cours 232 (1992-I), 257, 288 a. E. („Il se peut que la directive oblige de suprimer tout simplement des éléments de la législation nationale.") sowie *Kreuzer* in: Gemeinsames Privatrecht , S. 373, 424 (aus dem Gemeinschaftsrecht folge ein „*Kollisionsrechts-Ausgestaltungsgebot*").

[21] Vgl. bereits oben Rn. 78 und dort Fn. 81.

[22] Ausdrücklich für die gemeinschaftsrechtskonforme Auslegung autonomen Rechts *Jarass*, EuR 1991, 211, 223 (unter V.). Siehe ferner die in Rn. 422 Fn. 18 genannten Belegstellen. – Zur gemeinschaftsrechtskonformen Anwendung des *staatsvertraglich* vereinheitlichten IPR: Siehe unten Rn. 430ff. – Zur gemeinschaftsrechtskonformen Auslegung von Regelungen des Internationalen Zivilverfahrensrechts siehe oben Rn. 29f.

Nichtanwendung der nationalen Norm und ihrer gemeinschaftsrechtskonformen Auslegung zu wählen sein. Beide Handlungsalternativen stimmen mit dem Vorrangprinzip überein. Beide lassen sich darüberhinaus mit Artikel 5 EG-Vertrag begründen: Die gemeinschaftsrechtskonforme Auslegung genügt dem Handlungsgebot in Artikel 5 Abs. 1 Satz 1 EG-Vertrag, „geeignete Maßnahmen" zur Erfüllung der Verpflichtungen des EG-Vertrages zu treffen. Die Nichtanwendung gemeinschaftsrechtswidriger Normen entspricht dem Unterlassungsgebot des Artikel 5 Abs. 2 EG-Vertrag, wonach alle Maßnahmen zu unterlassen sind, die die Verwirklichung der Ziele des EG-Vertrages gefährden könnten. Gesetzgeberisches Tätigwerden zur Abänderung gemeinschaftsrechtswidriger IPR-Norm stellt in diesen Fällen ein ergänzendes Mittel zur Nichtanwendung der Norm im Einzelfall dar[23]. Der *Richter* jedoch kann der akuten Gefahr einer Verletzung der Freiheitsrechte von Unionsbürgern nur durch die gemeinschaftsrechtskonforme Auslegung oder die Nichtanwendung der Norm begegnen.

424 Die Abgrenzung zwischen der gemeinschaftsrechtskonformen Auslegung und der Nichtanwendung der gemeinschaftsrechtlich anstößigen IPR-Norm hat sich danach zu richten, ob der Wortlaut der Norm noch eine gemeinschaftsrechtskonforme Auslegung zuläßt. Eine Auslegung der nationalen Norm über ihren Wortlaut und eindeutigen Sinn hinaus gestatten weder die gemeinschaftsrechtlichen[24] noch die nationalrechtlichen[25] Auslegungsgrundsätze. Das gemeinschaftsrechtliche Vorrangprinzip wird, wie dargestellt, auch im Falle der Nichtanwendung der Norm beachtet. In Zweifelsfällen sollte der gemeinschaftsrechtskonformen Auslegung der Vorrang gegeben werden: Wer sich gegen die Anwendung einer nationalen Norm entscheidet, dokumentiert damit zugleich einen Verstoß des nationalen Gesetzgebers gegen das Gemeinschaftsrecht. Dieser hat die nationale Norm entweder unter Verkennung des Gemeinschaftsrechts erlassen – auch ihn trifft die Pflicht zu gemeinschaftstreuem Verhalten – oder er hat es versäumt, eine ältere Norm zu ändern, die nach ihrem Wortlaut dem aktuellen Stand des Gemeinschaftsrechts nicht entspricht. Ist die Norm durch eine gemeinschaftsrechtskonforme Auslegung zu retten, so sollte man diesen Weg gehen und vermuten, daß dies dem Willen des Gesetzgebers entspricht[26].

---

[23] Für den Einsatz dieses Mittels hat sich *Fletcher*, S. 45–51 eingesetzt. Vgl. z. B. S. 50: „they (i. e. Member States) should review, and where necessary revise, their own existing rules of private international law, endeavouring thereby to ensure, so far as they can, that these rules are so applied as to maximise the extent to which the results in cases of intra-Community conflicts are in conformity with the principal objectives of the Community." Vgl. auch schon Rn. 422 Fn. 20.

[24] Siehe nur *Zuleeg* in *Groeben/Thiesing/Ehlermann*, Artikel 1, Rn. 30 sowie allgemein zu den gemeinschaftsrechtlichen Auslegungsgrundsätzen oben Rn. 104, Text vor Rn. 104 Fn. 156.

[25] *Fikentscher*, Methoden des Rechts, Bd. 4, S. 236f., 376.

[26] Diese Argumentation entspricht den Auslegungsgrundsätzen zum harmonisiertem nationalen Recht: Dort ist der Wille des Gesetzgebers zu vermuten, das umgesetzte nationale Recht solle den Auftrag der umgesetzten Richtlinie verwirklichen. Vgl. z. B. *Everling*, RabelsZ 51 (1986), 193, 224 unter 4.a; Grabitz/*Langeheine*, Art. 100 Rn. 71; *Jarass*, EuR 1991, 211, 217.

Die genannten, aus dem Vorrangprinzip in Verbindung mit dem Grundsatz der Gemeinschaftstreue folgenden Pflichten der Mitgliedstaaten lassen sich – in Anlehnung an die Begriffsbildung im deutschen Staatsrecht – mit dem Ausdruck *Gebot der Gemeinschaftsrechtskonformität des nationalen IPR* zusammenfassen (kurz: *Konformitätsgebot*; genauer: „Gebot der Schaffung und Anwendung des nationalen IPR in gemeinschaftsrechtskonformer Weise")[27]. Der Ausdruck „Gebot der Gemeinschaftsrechtskonformität" soll dazu dienen, die konkreten Folgen des Vorrangprinzips für das IPR bei der nationalen Rechtsetzung und Rechtsanwendung begrifflich zusammenzufassen. Dabei betont er die internationalprivatrechtliche Perspektive: Das nationale IPR hat sich dem Gemeinschaftsrecht anzupassen, soweit das Gemeinschaftsrecht dies gebietet[28]. 425

II. Anwendungsbereich des Gebots

1. Grundsatz: Weiter Anwendungsbereich

Grundsätzlich kommt dem Konformitätsgebot als Ausdruck des allgemeinen Vorrangprinzips ein hoher Stellenwert zu: Der mit der Rechtsprechung zum Vorrang des Gemeinschaftsrechts vorangetriebene europäische Integrationsprozeß[29] kann nur voranschreiten, wenn auf allen Gebieten, die das Gemeinschaftsrecht berühren, entsprechende Folgerungen gezogen und durchgesetzt werden[30]. Mit der konsequenten Anwendung des Gebotes der Gemeinschaftsrechtskonformität läßt sich das Internationale Privatrecht als *Mittel der europäischen Integration* einsetzen[31]. Die übereinstimmend gemeinschaftsrechtskonforme Anwendung der nationalen IPR-Regelungen kann die europäische Integration in Bereichen fördern, die zwar zum Anwendungsbereich des Ge- 426

[27] Soll nur die Pflicht der Gerichte bezeichnet werden, kann man auch vom Gebot der gemeinschaftsrechtskonformen Auslegung (oder Anwendung) des nationalen IPR sprechen. Ähnlich *Jarass*, EuR 1991, 211, 223 a. E. („richtlinienkonforme Auslegung als ein Unterfall des allgemeinen Instituts der ‚EG-rechtskonformen Auslegung'"). *Zuleeg* in *Groeben/Thiesing/Ehlermann*, (a. a. O., Fn. 18), Bd. 1, Art. 5, Rn. 7 spricht vom „Grundsatz gemeinschaftsrechtsfreundlicher Auslegung nationalen Rechts."

[28] Vgl. jetzt auch *Kreuzer* in: Gemeinsames Privatrecht, S. 373, 414; sowie *Roth*, ZEuP 1994, 5, 7 („das mittels Kollisionsrecht in gemeinschaftskonformer Weise zur Anwendung berufene Privatrecht").

[29] Vgl. *Bleckmann*, Europarecht, Rn. 498; *Oppermann*, Europarecht, Rn. 523 (konkludent).

[30] Vgl. *Oppermann*, Rn. 524: Hinweis auf die „gemeinschaftsweit vorherrschende Auffassung, daß ein *konsequenter Vorrang des EGR* [= Europäischen Gemeinschaftsrechts; Anm. d. Verf.] *im nationalen Raum* im weitestmöglichen Umfang anerkannt werden muß." (Kursivdruck im Original).

[31] So auch *Roth*, RabelsZ 55 (1991), 623, 637 unter 4.: „Internationales Privatrecht läßt sich als ein Instrument begreifen, mit dem die Ziele des Gemeinsamen Marktes gefördert werden könne."

meinschaftsrechts gehören, in denen aber (noch) kein vereinheitlichtes IPR gemeinschaftsrechtlichen Ursprungs geschaffen worden ist[32].

427 Dabei sind die Auslegungsmöglichkeiten des Gemeinschaftsrechts zu nutzen[33]. Stellt eine nationale IPR-Regelung etwa ein Hindernis für den freien Waren-, Personen-, Dienstleistungs- oder Kapitalverkehr dar, so läßt sich die Reduktion des Anwendungsbereiches der Regelung auch auf Artikel 3 Buchstabe c) des EG-Vertrages stützen. Danach umfaßt die Tätigkeit der Gemeinschaft die Beseitigung derartiger Hindernisse im Bereich des Binnenmarktes.

428 Der hier vertretenen Auffassung, das Gebot der Gemeinschaftsrechtskonformität so weit wie möglich durchzusetzen, steht die *Daily Mail*-Entscheidung des Gerichtshofs[34] nicht entgegen: Wie bereits ausführlich erörtert wurde[35], hat der Gerichtshof in dieser Entscheidung lediglich aus der Systematik des EWG-Vertrages (jetzt: EG-Vertrages) fließende Grenzen der Niederlassungsfreiheit aufgezeigt, ohne den grundsätzlichen Vorrang des Gemeinschaftsrechts vor nationalem IPR in Frage zu stellen. Die Entscheidung, den Mitgliedstaaten für die Fälle der grenzüberschreitenden Sitzverlegung die Bestimmung des internationalprivatrechtlichen Anknüpfungspunktes zu überlassen[36], ist für die Grundsatzfrage nach der Ausdehnung des Konformitätsgebots nur insofern von Bedeutung, als sie belegt, daß die Anwendung des Konformitätsgebots gewissen Grenzen unterworfen ist.

2. *Grenzen*

a) Aus dem Gemeinschaftsrecht

429 Anwendungsgrenzen für das Gebot der Gemeinschaftsrechtskonformität können sich vor allem aus dem Gemeinschaftsrecht ergeben: Das Gebot reicht so weit wie die Grundfreiheiten; es unterliegt damit den allgemeinen Anwendungsgrenzen des Gemeinschaftsrechts[37]. Das bedeutet, daß bei der Anwendung des Gebots im Einzelfall sorgfältig zu prüfen ist, ob der Anwendungsbereich des Gemeinschaftsrechts betroffen ist[38]. Im Zweifel sollten nationale Gerichte dem Gerichtshof auch Fragen zur Anwendbarkeit des Gemeinschaftsrechts nach

---

[32] Vgl. hierzu die Forderung von *Kreuzer* nach einem einheitlichen IPR für Europa: Oben Rn. 39. Die Schaffung von einheitlichem IPR als Integrationsmittel betonen *Hay/Lando/Rotunda* in: *Cappelletti/Seccombe/Weiler*, Integration Through Law, Bd. 1, Buch 2, S. 161, 167 (unter 3.) – 168.

[33] Vgl. oben Rn. 104 und die Nachweise in Rn. 104 Fn. 156.

[34] S. o. Rn. 20 Fn. 69.

[35] Oben Rn. 207 ff.

[36] Vgl. oben Rn. 254, 296 ff.

[37] Siehe in diesem Sinne die in Rn. 7 Fn. 33 genannten Autoren.

[38] Hierbei kommt dem Gerichtshof eine besondere Bedeutung zu: Vgl. *Everling*, Gegenstand des Niederlassungsrechts, S. 26–27 (Wandlung von der Integrationsaufgabe des Gerichtshofs zur Ausgleichsinstanz zwischen den Kompetenzen der Gemeinschaft und der Mitgliedstaaten).

Artikel 177 EG-Vertrag vorlegen[39]. Denn auch diese Fragen betreffen die Auslegung des EG-Vertrages[40]. Beispielhaft ist der Vorlagebeschluß des Landgerichts Hamburg in der Sache *Hubbard/Hamburger*[41], in dem das Gericht den Gerichtshof ausdrücklich dazu befragt hat, ob aus der Dienstleistungsfreiheit möglicherweise folgende Beschränkungen des Internationalen Zivilprozeßrechts auch Verfahren aufgrund *erbrechtlicher* Anspruchsgrundlagen erfaßt[42].

b) Aus dem Völkerrecht

Besondere Schwierigkeiten sind bei der Anwendung des Gebots auf *staatsvertraglich vereinheitlichtes, nationales IPR* denkbar. Dies gilt allerdings nicht für nach dem 1. 1. 1958 entstandenen Kollisionsrechtsübereinkommen (*Neuverträgen*)[43]. Im Verhältnis zu solchen Verträgen sind Konflikte mit dem Gemeinschaftsrecht kaum denkbar: Neuen Staatsverträgen, die gegen das Gemeinschaftsrecht verstoßen, darf ein Mitgliedstaat schon nach dem Grundsatz der Gemeinschaftstreue nicht zustimmen. Der Fall, daß dies dennoch einmal – etwa aus Unwissenheit – geschieht, betrifft allgemeine Fragen der Vertragsverletzung, die hier nicht erörtert werden sollen. 430

Im Verhältnis zu älteren Kollisionsrechtsübereinkommen (*Altverträgen*) – etwa dem Genfer Abkommen über Bestimmungen auf dem Gebiet des internationalen Scheckprivatrechts vom 19. 3. 1931[44] – ist es fraglich, ob das Gebot der Gemeinschaftsrechtskonformität anzuwenden ist. Artikel 234 Abs. 1 EG-Vertrag läßt Rechte und Pflichten aus solchen Übereinkünften unter bestimmten Voraussetzungen unberührt[45]. Er lautet: 431

---

[39] Zur Notwendigkeit vorzulegen vgl. EuGH 9. 3. 1978, Rs. 196/77 (*Staatliche Finanzverwaltung/Simmenthal*), Slg. 1978, 629, 645 Erw. 24 und die Anerkennung des in jenem Rechtsstreit vorlegenden Praetore von Susa durch *Ipsen*, der dessen „integrationspolitisches Bewußtsein" gewürdigt hat: EuR 1979, 223, 225. – Vgl. ferner EuGH 6. 10. 1982, Rs. 283/81 (*Srl C.I.L. F.I.T. und Lanificio di Gavardo SpA/Ministero della Sanità*), Slg 1992, 3415, 3428ff. sowie aus der neueren Literatur z. B. *Steindorff*, ZHR 156 (1992) 1–16; *Streil* in *Beuther/Bieber/Pipkorn/Streil*, S. 279–281 (knappe praktische Hinweise); ferner ausführlich *Dauses* in: Hdb. WirtschaftsR., P II (insbesondere ab Rn. 64 zum Beurteilungsspielraum des vorlegenden Gerichts) und *Rengeling/Middeke/Gellermann*, Rn. 341ff. sowie *Pescatore* in: *Constantinseco/Jacqué*, Art. 177 (insbesondere Rn. 33ff.), und *Butterworths European Court Practice*, S. 273–298.

[40] Vgl. Art. 177 Abs. 1 a) EG-Vertrag.

[41] ABl. 1992 I Nr. C 47 S. 20; siehe oben Rn. 29 Fn. 115.

[42] Die 4. Frage des in der vorigen Fußnote zitierten Vorlagebeschlusses lautete: „Führt der Umstand, daß die vom Kläger geltend gemachte Forderung materiellrechtlich nach Klägervortrag möglicherweise dem Erbrecht zuzuordnen sein könnte, zu einer hier maßgeblichen Beschränkung des Anwendungsbereiches des EWG-Vertrages [jetzt: EG-Vertrages] oder anderer gemeinschaftsrechtlicher Bestimmungen ?" Der Gerichtshof hat dies mittlerweile verneint: MDR 1993, 795; siehe oben Rn. 29 Fn. 115.

[43] Aus der Sicht der später beigetretenen Mitgliedstaaten fallen freilich nur nach dem Beitritt zur Gemeinschaft abgeschlossene Übereinkommen unter den Begriff „Neuverträge".

[44] RGBl. 1933 II, S. 594.

[45] Die Beitrittsakten enthalten jeweils einen Verweis zur entsprechenden Anwendung von

„Die Rechte und Pflichten aus Übereinkünften, die vor Inkrafttreten dieses Vertrages zwischen einem oder mehreren Mitgliedstaaten einerseits und einem oder mehreren dritten Ländern andererseits geschlossen wurden, werden durch diesen Vertrag *nicht berührt.*" (Kursivdruck nicht im Original)[46].

432 Der Fragestellung, ob Art. 234 Abs. 1 EG-Vertrag der Anwendung des Gebots der Gemeinschaftsrechtskonformität Grenzen setzt, liegt die allgemeine Frage nach dem Verhältnis des Gemeinschaftsrechts zu Staatsverträgen zu Grunde. Auf die für jene Frage einschlägige Rechtsprechung des Gerichtshofs ist zurückzugreifen. Danach ist Artikel 234 Abs. 1 EG-Vertrag dahingehend auszulegen, daß er *nur Rechte dritter Staaten* aus früheren Übereinkünften garantiert[47]. Die *EG-Staaten* hingegen haben nach der Rechtsprechung des Gerichtshofs mit dem Abschluß des EG-Vertrages *ipso facto* den Verzicht erklärt, ihre Rechte aus den Altverträgen geltend zu machen, soweit sie nicht gemeinschaftsrechtskonform sind[48]. Mit dem Fortfall der aus Altverträgen abgeleiteten *Rechte* der Mitgliedstaaten fallen im Verhältnis zu anderen Mitgliedstaaten auch die *Pflichten* zur Anwendung der Altverträge.

433 Fraglich ist, ob „intra Community"-Fälle, um die es in dieser Arbeit ausschließlich geht[49], *Rechte dritter Staaten* berühren. Dies ist *grundsätzlich* im jeden Einzelfall durch Auslegung zu ermitteln. Die Nichtanwendung einer völkervertraglich vereinbarten IPR-Norm aus gemeinschaftsrechtlichen Gründen könnte etwa das Ziel eines multilateralen Altvertrages, die zwischenstaatlichen oder gar weltweiten Handelsbeziehungen zu sichern, beeinträchtigen und damit auch Rechte dritter Staaten verletzen[50].

434 Praktisch ist dies jedoch kaum vorstellbar: Die vor 1958 geschlossenen Staatsverträge, die noch in Kraft sind und den Anwendungsbereich des Gemeinschaftsrechts betreffen könnten, enthalten – soweit ersichtlich – nicht so weitreichende Zielvorgaben. Die Präambel des Genfer Abkommens über Bestimmungen auf dem Gebiet des internationalen Wechselprivatrechts, zum Beispiel, bringt lediglich den Wunsch der Vertragsstaaten zum Ausdruck, „einige grundsätzliche Bestimmungen auf dem Gebiet des internationalen Wechselprivatrechts zu vereinbaren."[51] Bei einer solchen Zielvorgabe ist es auszuschließen,

---

Artikel 234 EWG-Vertrag [jetzt: EG-Vertrages] (vgl. *Petersmann* in: *Groeben/Thiesing/Ehlermann*, Artikel 234 Rn. 1).

[46] Ähnlich auch Art. 37 Abs. 5 EGV, der aber für die Anwendung von staatsvertraglich vereinbarten IPR nicht relevant sein dürfte.

[47] EuGH 27.2. 1962, Rs. 10/61 (*Kommission/Italien*), Slg. 1962, 3, 22 (unten) – 23. Vgl. zu den Rechten von Drittstaaten auch EuGH 14. 10. 1980, Rs. 812/79 (*Strafverfahren Burgoa*), Slg. 1980, 2787, 2803, Erw. 11 a.

[48] EuGH 27.2. 1962, Rs. 10/61 (*Kommission/Italien*), Slg. 1962, 3, 22 (unten) – 23; Grabitz/*Vedder*, Art. 234 Rn. 4 m. w. N.

[49] Vgl. oben Rn. 43; für die Bearbeitung von IPR-Fällen mit Bezug zu *Drittstaaten* siehe Art. 234 Abs. 2 und 3 EGV.

[50] Vgl. *Jonathan* in: Constantinesco/Jacqué, Art. 234 Anm. 5 (insbes. ab S. 1500 unten und 1501 vor 6.).

[51] Präambel des *Abkommens über Bestimmungen auf dem Gebiet des internationalen Wechselpriva-*

daß ein Drittstaat in eigenen Rechten verletzt wird, wenn das Gericht eines Mitgliedstaates der EU in einem nur zwei Mitgliedstaaten betreffenden Fall eine auf dem Wechselrechtsübereinkommen beruhende IPR-Norm aus gemeinschaftsrechtlichen Gründen nicht anwendet. Anders als etwa der EG-Vertrag sind Kollisionsrechtsübereinkommen nicht in jene Gruppe von völkerrechtlichen Verträgen einzuordnen, bei denen die Art der Erfüllung zwischen zwei Vertragsstaaten sämtliche Vertragsstaaten betrifft[52]. Der Rechtsverkehr mit Drittstaaten wird nicht betroffen, wenn Mitgliedstaaten der EU untereinander IPR-Normen eines Altvertrages aus gemeinschaftsrechtlichen Gründen nicht anwenden. Das Gebot der Gemeinschaftsrechtskonformität gilt daher gegenüber Altverträgen.

Dies gebietet auch das Völkergewohnheitsrecht, das der Auslegung von 435
Art. 234 Abs. 1 EG-Vertrag durch den Gerichtshof zu Grunde liegt[53]. Nach dem Völkergewohnheitsrecht sind zwischen den Mitgliedstaaten ältere Übereinkommen nur insoweit anwendbar, als sie mit dem später abgeschlossenen EWG-Vertrag (jetzt: EG-Vertrag) vereinbar sind[54].

Damit ist festzuhalten, daß die Anwendung von Gemeinschaftsrecht auf 436
Altverträge in „intra Community"-Fällen Rechte dritter Staaten grundsätzlich *nicht* berührt. Daraus folgt, daß in diesen Fällen nur völkervertragsrechtliche Rechte und Pflichten der im Einzelfall betroffenen Mitgliedstaaten zu beachten sind. Nach der oben referierten Rechtsprechung des Gerichtshofs haben die Mitgliedstaaten auf die Durchsetzung ihrer Rechte unter bestimmten Voraussetzungen verzichtet: Im Falle von Überschneidungen zwischen dem Gemeinschaftsrecht und Regelungen in kollisionsrechtlichen Altverträgen zum selben Gegenstand haben die Altverträge zu weichen[55].

---

trechts, RGBl. 1933 II 445. Ein Parallelbeispiel enthält die Präambel des *Abkommens über Bestimmungen auf dem Gebiet des internationalen Scheckprivatrechts*, RGBl. 1933 II 595.

[52] Vgl. *v. Verdross/Simma*, § 539.

[53] Vgl. EuGH 27. 2. 1962, Rs. 10/61 (*Kommission/Italien*), Slg. 1962, 3, 22 (unten: Auslegung durch die Kommission) i. V. m. 23 (oben: Der Gerichtshof folgt der Auslegung der Kommission).

[54] Vgl. *v. Verdross/Simma* § 786. Vgl. auch Art. 30 Absätze 3 und 4 a des Wiener Übereinkommens über das Recht von Verträgen vom 23. 5. 1969 (vgl. oben Rn. 419 Fn. 6), der allerdings nach Art. 4 desselben Übereinkommens nicht auf den EG-Vertrag anwendbar ist. Er ist aber insoweit von Bedeutung, als er Völkergewohnheitsrecht zusammenfaßt: Vgl. *v. Verdross/Simma* a. a. O. – Art. 30 Abs. 3 und 4 a) des Übereinkommens bestimmen:

„3. Sind alle Vertragsparteien eines früheren Vertrags zugleich Vertragsparteien eines späteren, ohne daß der frühere Vertrag beendet oder nach Artikel 59 suspendiert wird, so findet der frühere Vertrag nur insoweit Anwendung, als er mit dem späteren Vertrag vereinbar ist.

4. Gehören nicht alle Vertragsparteien des früheren Vertrags zu den Vertragsparteien des späteren,

a) so findet zwischen Staaten, die Vertragsparteien beider Verträge sind, Abs. 3 Anwendung; . . .

[55] So auch *Zimmermann*, RIW 1992, 707, 711 unter II. 3. e (ohne nähere Begründung).

3. *Zwischenergebnis*

437 Als Ergebnis dieser allgemeinen Ausführungen zum Einfluß des Gemeinschaftsrechts auf nationales IPR (nicht gemeinschaftsrechtlichen Ursprungs) ist folgendes festzuhalten: Es besteht ein Gebot der Schaffung und Anwendung des nationalen IPR in gemeinschaftsrechtskonformer Weise („*Konformitätsgebot*"; „Gebot der Gemeinschaftsrechtskonformität"). Es ist als eine auf das Internationale Privatrecht bezogene *Ausprägung des allgemeinen Prinzips des Vorrangs des Gemeinschaftsrechts* zu verstehen und faßt die konkreten Folgen des Vorrangprinzips für das IPR zusammen.

438 Das Konformitätsgebot ist im Zweifel weit anzuwenden. Es gilt grundsätzlich sowohl gegenüber autonomen als auch gegenüber völkerrechtlich vereinheitlichtem IPR. Anwendungsgrenzen können sich grundsätzlich nur aus dem Gemeinschaftsrecht ergeben. Besonderheiten könnten im Verhältnis zu vor Inkrafttreten des EG-Vertrages abgeschlossenen Staatsverträgen mit IPR-Normen bestehen. Praktisch sind Konflikte kaum denkbar.

Es bleibt zu untersuchen, wie sich das Gebot des gemeinschaftsrechtskonformen IPR auf die einzelnen Prüfungsschritte einer IPR-Prüfung konkret auswirkt.

§ 8 Auswirkungen des Konformitätsgebots

439 Da das Gebot der Gemeinschaftsrechtskonformität grundsätzlich umfassend und weit anzuwenden ist, sind konkrete Auswirkungen des Gebots auf alle Prüfungsschritte einer IPR-Prüfung[56] denkbar: Der nationale Richter darf bei keinem der Prüfungsschritte gegen das Gebot verstoßen[57]; in Zweifelsfällen sollte er dem Gerichtshof nach Art. 177 EG-Vertrag die Frage vorlegen, ob die Anwendung einer nationalen IPR-Regelung gegen das Gemeinschaftsrecht verstößt[58].

440 Wegen der unterschiedlichen Funktionen der einzelnen Prüfungsschritte einer IPR-Prüfung dürften Unterschiede hinsichtlich der praktischen Bedeutung des Gebots bestehen: Der Qualifikation des Sachverhalts, zum Beispiel, kommt eine ordnende Funktion zu, der *ordre public*-Kontrolle eine wertende. Es ist daher wahrscheinlich, daß das Gemeinschaftsrecht deutlicher auf die ordre public-Kontrolle einwirkt als auf die Qualifikation: Nur wo die IPR-Prüfung inhaltliche Beschränkungen der im Gemeinschaftsrecht verbrieften Rechte zur Folge haben kann, kommt ein Verstoß gegen das Gemeinschaftsrecht in Betracht.

---

[56] Vgl. den graphischen Überblick über die Schritte einer IPR-Prüfung bei *Brödermann/Rosengarten*, S. 45.

[57] Vgl. *Struycken*, Rec. des Cours (1992-I), 257, 324: Der nationale Richter habe einer „doppelten lex fori" (dem Gemeinschaftsrecht und dem nationalen Recht) zu gehorchen.

[58] Vgl. bereits oben Rn. 429 und Rn. 429 Fn. 39.

Die folgende Darstellung folgt der besseren Verständlichkeit halber dem Prüfungsaufbau einer IPR-Prüfung. Dies geschieht um den Preis, daß ausgerechnet der zuerst erörterte Untersuchungsgegenstand die begrenzte praktische Bedeutung des Gebots zu indizieren scheint: Das positive Endurteil muß der Schlußbetrachtung vorbehalten bleiben. 441

I. Qualifikation

1. Vermutung: Kein Einfluß

Ist nationales IPR anzuwenden, so stellt die Qualifikation, i. e. Subsumtion des Sachverhalts unter die „richtige" Kollisionsnorm[59], den ersten Prüfungsschritt einer international-privatrechtlichen Prüfung dar. Anders als bei der Qualifikation von IPR gemeinschaftsrechtlichen Ursprungs, wo die Auslegung der IPR-Norm den gemeinschaftsrechtlichen Ursprung zu beachten hat, sind konkrete Auswirkungen des Gemeinschaftsrechts bei der Qualifikation von nationalem IPR (nicht gemeinschaftsrechtlichen Ursprungs) kaum vorstellbar: Allein die Zuordnung eines Lebenssachverhalts zum Anknüpfungspunkt einer IPR-Norm stellt grundsätzlich noch keinen Eingriff in eine Grundfreiheit oder eine Diskriminierung aus Gründen der Staatsangehörigkeit dar. Dies gilt zumindest dann, wenn man mit der Rechtsprechung autonomes deutsches IPR nach den Begriffen der *lex fori*, also dem am deutschen Gerichtsort geltenden deutschen Recht, qualifiziert[60] oder völkerrechtlich vereinheitlichtes IPR unter Berücksichtigung der Entstehungsgeschichte, des Konventionszwecks und der Rechtspraxis der Vertragsstaaten qualifiziert[61]. Im Regelfall wird nicht die Auswahl, sondern nur die Anwendung der Norm unter bestimmten Voraussetzungen zu einem Eingriff in Rechte von Unionsbürgern führen können (dazu unten unter 2.). Die qualifikatorische Vorentscheidung, ob die möglicherweise gemeinschaftsrechtlich anstößige Norm den Lebenssachverhalt erfaßt, ist deshalb unabhängig von den Folgen der Qualifikation zu treffen. Erst bei der Anwendung der durch Qualifikation bestimmten IPR-Norm ist zu überlegen, ob sie tatsächlich gemeinschaftsrechtswidrig ist oder zu gemeinschaftsrechtswidrigen Ergebnissen führt. Nicht die Subsumtion eines Sachverhalts unter den Anknüpfungsgegenstand einer IPR-Norm, sondern die Beachtung der in ihr vorgenommenen 442

[59] Vgl. z. B. *Brödermann/Rosengarten*, S. 18 und S. 21 unter 2. („Prüfungsschritte bei der Qualifikation"); grundlegend zur Qualifikation im deutschen IPR: BGH 19. 12. 1958, BGHZ 29, 137, 139 (unter a); vgl. zu der in dieser Entscheidung anerkannten „funktionellen Qualifikation" *Kropholler*, IPR, § 17 I, S. 105–108. Allein diese Methode liegt den folgenden Erörterungen zu Grunde.

[60] Vgl. die Nachweise bei Palandt/*Heldrich*, Einl v Art. 3 EGBGB, Rn. 27, Anm. 8 a. Für einen knappen Überblick über andere Qualifikationsmethoden vgl. *Brödermann/Rosengarten*, S. 21–22 (unter II. 2).

[61] Vgl. Palandt/*Heldrich*, Einl v Art. 3 EGBGB, Rn. 28, Satz 2 m. w. N.

Verknüpfung des Anknüpfungsgegenstandes mit einem Anknüpfungspunkt kann einen Eingriff in Rechte der Unionsbürger begründen.

443 Diese Auffassung betont die ordnende Funktion der Qualifikation als ersten Schritt einer IPR-Prüfung. *Ziel* der Qualifikation ist es, einen Lebenssachverhalt einschließlich etwaiger mit diesem Sachverhalt verbundener fremder Rechtsfiguren[62] der richtigen IPR-Norm unter Ausschluß anderer IPR-Normen zuzuordnen, damit die Bestimmung des anwendbaren Sachrechts mit Hilfe der ausgewählten IPR-Norm vorangetrieben werden kann. Diesem Ziel der Qualifikation dient es, wenn die Qualifikation unabhängig von der Frage erfolgt, ob die Anwendung der ausgewählten IPR-Norm später zu einem Eingriff in Rechte der Unionsbürger führen kann. Ein solcher Eingriff droht zu diesem frühen Zeitpunkt der Qualifikation noch nicht ernsthaft. Nicht die Auswahl der IPR-Norm, sondern allenfalls ihre Anwendung kann zu einem Eingriff in Rechte der Unionsbürger führen.

444 Die vorgestellte Argumentation entspricht einem aus der Diskussion um das Verhältnis zwischen der Qualifikation und der Angleichung[63] bekannten Argument: Auch dort ist im Interesse der Rechtsklarheit zu fordern, daß die Qualifikation unabhängig davon erfolgt, wie sie sich sachrechtlich auswirkt und ob sie zu Angleichungsproblemen führt; erst durch die Angleichung sind unbillige Folgen der Qualifikation zu korrigieren[64]. Ähnlich wird hier für das Verhältnis zwischen Gemeinschaftsrecht und Qualifikation gefordert, daß erst auf der Ebene der Anwendung der durch die Qualifikation ausgewählten Normen überprüft werden soll, daß die IPR-Prüfung zu gemeinschaftsrechtskonformen Ergebnissen führt.

445 Die hier vertretene Auffassung, das Gemeinschaftsrecht habe grundsätzlich keinen Einfluß auf die Subsumtion unter nationale IPR-Normen (nicht gemeinschaftsrechtlichen Ursprungs), ist nicht überzubewerten: Die oben genannten Gründe für diese Auffassung führen nur zu der *Vermutung*, daß in Qualifikationsfragen getroffene Entscheidungen grundsätzlich gemeinschaftsrechtskonform sind. Ein diese Vermutung *generell* widerlegendes Beispiel hat d. *Verf.* nicht zu bilden vermocht. Wegen der überragenden Bedeutung des Gebots der Gemeinschaftsrechtskonformität ist aber nicht gänzlich auszuschließen, daß im Einzelfall das Gemeinschaftsrecht auch Korrekturen auf der Ebene der Qualifikation gebieten mag.

---

[62] Vgl. z.B. BGH 19.12. 1958, BGHZ 29, 137 zur Qualifikation der „Handschuhehe" (Eheschluß durch Stellvertreter).

[63] Vgl. zur Angleichung, die auch „Anpassung" genannt wird, statt vieler nur *Kropholler*, IPR, §34, S. 207–212 und *Brödermann/Rosengarten*, S. 25–29 (insbes. S. 28 unter I.2.: „Prüfungsschritte").

[64] MünchKomm/*Sonnenberger*, Einleitung Rn. 419; *Lüderitz* Rn. 199.

2. *Ausnahme: Akzessorische Anknüpfung*

Abweichend von der Vermutung gegen den Einfluß des Gemeinschaftsrechts auf den Qualifikationsvorgang ist ausnahmsweise ein Einfluß denkbar, wenn darüber zu entscheiden ist, ob vertragsakzessorisch anzuknüpfen ist. Dabei geht es um Fälle, in denen ein Vertragspartner einem anderen Vertragspartner bei der Erfüllung eines Vertrages einen Schaden zugefügt hat, der zu deliktischen Ansprüchen führt. In diesen Fällen stellt sich die Frage, ob die deliktischen Fragen nach demselben Recht zu beurteilen sind, dem auch der Vertrag unterliegt[65]. 446

Im Zeichen des zunehmenden wirtschaftlichen Warenaustausches im Binnenmarkt weisen solche Fälle leicht einen Bezug zum Gemeinschaftsrecht auf. 447

Ein Beispiel[66]: Man denke an einen 1968 beim Landgericht Ulm anhängigen Rechtsstreit. Dort ging es um Ansprüche eines spanischen Kraftfahrzeugeigentümers gegen seinen Landsmann, der mit einem Transportfahrzeug des Klägers für diesen gegen Entgelt einen Transport von Deutschland nach Spanien durchführte und dabei in Frankreich verunfallte. 448

In dieser Art von Fällen ist zwischen der akzessorischen Anknüpfung des Deliktsrechts an das Vertragsstatut und der Anwendung der IPR-Regeln zum Deliktsrecht zu entscheiden[67], nach denen die Anwendung des Rechts am Unfallort in Betracht kommt[68]. Bei der Abwägung der Auffassungen ist es zulässig, wegen der vertraglichen Sonderbeziehung zwischen den Parteien auch ausnahmsweise die *Folgen der Anknüpfung* zu berücksichtigen. Mit Hilfe der akzessorischen Sonderanknüpfung läßt sich eine Verdoppelung der anwendbaren Rechtsordnungen vermeiden: Soll ein Dienstleistungserbringer wie der Fahrer in dem oben genannten Beispiel von jeder durchfahrenen Grenze an im Verhältnis zu seinem Vertragspartner nach einem anderen Recht haften? 449

Die Beantwortung der Frage führt zu einem *gemischten Bild*: Der mit der akzessorischen Anknüpfung geförderte Gedanke der Rechtssicherheit und Berechenbarkeit des auf die (Neben-) Folgen der Vertragsabwicklung anwendbaren Rechts[69] verdient gemeinschaftsrechtliche Anerkennung. Bietet eine nach Artikel 66 EG-Vertrag dem Unionsbürger gleichgestellte Gesellschaft regelmäßig grenzüberschreitende Dienstleistungen an, so hilft es ihr, wenn sie sich auf die Anwendbarkeit eines Rechts in einer Vielzahl von Verträgen einstellen und sich entsprechend versichern kann. Die akzessorische Anknüpfung etwaiger delikti- 450

---

65 Für die Einordnung dieser Frage als Problem der Qualifikation vgl. MünchKomm/*Sonnenberger*, Einleitung Rn. 361 a, und *Stoll* in: IPRax 1989, 89, 91, rechte Spalte, 2. Absatz.

66 IPRspr. 1967–1968, Nr. 9 (Hamburg); dieses Beispiel ist *Kropholler*, IPR, § 53 V 3., S. 437–438 entnommen.

67 Hierfür z. B. *Stoll* in: IPRax 1989, 89, 90, rechte Spalte a. E. mit weiteren Nachweisen in Fn. 15, und *Kropholler*, IPR, § 53 V 3., S. 437–438. – Gegen die akzessorische Anknüpfung der unerlaubten Handlung an das Vertragsstatut zum Beispiel *von Bar*, IPR, Bd. 2, Rn. 561. Auch der Bundesgerichtshof hat sich in einem älteren Fall gegen die vertragsakzessorische Anknüpfung entschieden: Vgl. BGH WM 1976, 792, 793, rechte Spalte oben (vor 2.).

68 Zur deliktsrechtlichen Anknüpfung siehe nur Palandt/*Heldrich* Art. 38 EGBGB Rn. 2 ff.

69 Vgl. *Kropholler*, IPR, § 53 V 3., S. 438, 3. Absatz.

scher Ansprüche fördert unter diesen Umständen die Wirtschaft und führt zur Vermeidung von Hindernissen für den freien Dienstleistungs- oder Warenverkehr (vgl. Artt. 3 c, 5 EGV). Deswegen läßt sich der Gedanke der integrationsfördernden Wirkung bei der Entscheidung über die vertragsakzessorische Anknüpfung verwenden.

451 Aus diesen Argumenten folgt noch keine Pflicht, stets akzessorisch anzuknüpfen. Es sollte Raum für auf den Einzelfall abgestellte Überlegungen bleiben. Nicht jede vertragsrechtliche Sonderbeziehung ist so weitreichend oder potentiell wiederholbar, daß die Anwendung der deliktischen IPR-Regelung bereits ein Hindernis für den freien Dienstleistungs- oder Warenverkehr darstellen kann. Ebenso wird im Einzelfall darauf zu achten sein, daß eine am innereuropäischen Dienstleistungs- oder Warenverkehr teilnehmende Firma die Rechtswahlmöglichkeiten des Europäischen Schuldvertragsrechtsübereinkommen nicht in rechtsmißbräuchlicher Weise dazu nutzt, die Anwendung nationaler Rechte zu vermeiden, die die Produkthaftungsrichtlinie der EG[70] in besonders strenger Weise umgesetzt haben. Praktisch wird sich dies kaum jemals nachweisen lassen. Im Regelfall wird gerade umgekehrt die Harmonisierung des Produkthaftungsrechts für die Zulässigkeit der akzessorischen Anknüpfung sprechen.

3. *Zwischenergebnis*

452 Als Zwischenergebnis ist festzuhalten: Grundsätzlich besteht eine Vermutung, daß die Entscheidung einer Qualifikationsfrage das Gemeinschaftsrecht nicht verletzt. Im Einzelfall ist eine eingehende Prüfung der Frage aus gemeinschaftsrechtlicher Sicht erforderlich. Dies gilt immer dann, wenn wie bei der Entscheidung über eine vertragsakzessorische Anknüpfung bereits im Qualifikationsprozeß die sachrechtlichen Folgen der Qualifikation berücksichtigt werden. In diesem Fall spricht das Gemeinschaftsrecht für die Zulassung der akzessorischen Anknüpfung.

II. *Korrektur von Anknüpfungspunkten*

453 Ist qualifiziert und der Sachverhalt damit dem Anknüpfungsgegenstand einer IPR-Norm zugeordnet, so verknüpft die IPR-Norm selbst den Anknüpfungsgegenstand mit einem Anknüpfungspunkt[71]. Nach Art. 7 Abs. 1 Satz 1 EGBGB unterliegt zum Beispiel die Geschäftsfähigkeit einer natürlichen Person (Anknüpfungsgegenstand) dem Recht des Staates, dem die Person angehört (Anknüpfungspunkt).

---

[70] Siehe oben Rn. 3 Fn. 11, Anhang I sowie Teil II Rn. 713ff.

[71] Vgl. statt vieler: *von Bar*, IPR, Bd. 1, Rn. 516. Statt Anknüpfungspunkt spricht man auch vom Anknüpfungsmoment: Vgl. z. B. *Kropholler*, IPR, § 19.

Fraglich ist, wieweit das Europäische Gemeinschaftsrecht für die Auswahl des Anknüpfungspunktes Vorgaben macht und Korrekturen bei gemeinschaftsrechtswidrigen Anknüpfungen gebietet. Dies ist denkbar, soweit die Anknüpfungsgegenstände den Anwendungsbereich des Gemeinschaftsrechts betreffen. Fraglich ist in diesen Fällen insbesondere, ob – wie im Fall von Art. 7 Abs. 1 Satz 1 EGBGB – die Anknüpfung an die Staatsangehörigkeit zulässig ist: Das Gemeinschaftsrecht setzt der Beschränkung der Grundfreiheiten aus Gründen der Staatsangehörigkeit Grenzen und enthält in Art. 6 Abs. 1 EG-Vertrag ein allgemeines Verbot, aus Gründen der Staatsangehörigkeit zu diskriminieren. 454

Bei der Untersuchung des gemeinschaftsrechtlichen Einflusses auf die Anknüpfung ist nach Anknüpfungsgegenständen und Fallgruppen zu unterscheiden[72]. Nicht jeder Anknüpfungsgegenstand wird gleichermaßen vom Gemeinschaftsrecht betroffen; je nach Fallgestaltung sind Eingriffe in andere Grundfreiheiten der Unionsbürger denkbar. Dennoch zeigt bereits die Detailprüfung eines Beispiels, wie das Gemeinschaftsrecht *im Einzelfall* auf das nationale IPR einwirkt: Generelle Betrachtungen helfen hier nicht weiter. Deshalb soll im folgenden im wesentlichen ein Anknüpfungsgegenstand aus der Sicht des rechtsanwendenden Praktikers im Detail erörtert werden (1). Andere Anknüpfungsgegenstände sollen nur angesprochen werden (2). 455

Als hauptsächlicher Untersuchungsgegenstand wurde die Frage der Anknüpfung der Geschäftsfähigkeit ausgewählt: Zum einen ist sie notwendiger Teil der Beurteilung aller von Unionsbürgern abgeschlossenen grenzüberschreitenden Verträge. Zum anderen wurde gerade die Anknüpfung der Geschäftsfähigkeit in der Literatur schon vor vielen Jahren erörtert[73], so daß an Hand der Geschäftsfähigkeit besonders gut zu zeigen ist, wie sich Entwicklungen des Gemeinschaftsrechts auch in der Diskussion um das Verhältnis zwischen Gemeinschaftsrecht und IPR auswirken: Die Diskussion setzt heute bei den Grundfreiheiten und nicht mehr beim allgemeinen Diskriminierungsverbot an[74]. 456

---

[72] Die Unterscheidung von Fall zu Fall entspricht der üblichen Vorgehensweise der Autoren, die sich zu diesem Themenkomplex geäußert haben: Vgl. *Drobnig* in: RabelsZ 34 (1970), 636, 646ff.; *G. Fischer* in: Gemeinschaftsrecht und IPR, 157, 166ff. Für eine solche Vorgehensweise auch *Roth*, RabelsZ 55 (1991), 623, 644, Text vor Fn. 97.

[73] Vgl. nur *Suhr*, S. 19ff.; *Drobnig*, RabelsZ 34 (1970), 636, 646–650.

[74] Dieser aus *gemeinschaftsrechtlicher* Sicht zwingende Ansatzpunkt setzt sich im *internationalprivatrechtlichen* Schrifttum erst allmählich durch: Zum Beispiel prüft *G. Fischer* in: Gemeinschaftsrecht und IPR, 157–182, die Frage nach der Vereinbarkeit des Staatsangehörigkeitsprinzips mit dem Gemeinschaftsrecht noch ausschließlich am Maßstab von Art. 7 EWG-Vertrag (jetzt: Art. 6 EGV). Ähnlich auch *Kreuzer* in: Gemeinsames Privatrecht, S. 373, 415f. – Zur Bedeutung der Grundfreiheiten für das IPR siehe auch *Jayme/Kohler*, IPRax 1992, 346, 347f. unter II.2.

1. *Anknüpfung der Geschäftsfähigkeit*

a) Internationalprivatrechtlicher Hintergrund

457 Das auf die Frage der Geschäftsfähigkeit natürlicher Personen anwendbare nationale Recht ist im deutschen IPR meist nach Artt. 7, 12 EGBGB zu bestimmen[75]. An die Geschäftsfähigkeit ist gesondert anzuknüpfen; das Geschäftsfähigkeitsstatut richtet sich nicht nach dem Wirkungsstatut (z. B. dem Vertragsstatut)[76]. Art. 7 Abs. 1 EGBGB knüpft, wie schon bemerkt wurde, an die Staatsangehörigkeit an. Nimmt das Heimatrecht die Verweisung an (vgl. Art. 4 Abs. 1 Satz 1 EGBGB), so ist die Frage der Geschäftsfähigkeit nach diesem Recht zu entscheiden.

458 Artikel 7 Abs. 2 EGBGB und Artikel 12 EGBGB beschränken die praktische Bedeutung der Anknüpfung an die Staatsangehörigkeit in zwei besonders gelagerten Fallgruppen. Art. 7 Abs. 2 EGBGB betrifft den seltenen Fall des Statutenwechsels[77]. Artikel 12 EGBGB, der im Gegensatz zu Art. 7 EGBGB gemeinschaftsrechtlichen Ursprungs ist[78], enthält eine Gutglaubensregelung für Fälle unverschuldeter Unkenntnis des fremden Rechts[79]: Außer bei familien- und erbrechtlichen Rechtsgeschäften und bei Verfügungen über ausländische Grundstücke (Art. 12 Satz 2 EGBGB) kann sich die nach ausländischem Recht geschäftsunfähige Person nicht auf ihre Geschäftsunfähigkeit berufen, wenn sich beide Vertragsparteien in Deutschland befinden und der Vertragspartner bei Vertragsabschluß von der Geschäftsunfähigkeit keine Kenntnis hatte oder haben mußte (vgl. Art. 12 Satz 1 EGBGB)[80]. In umgekehrten Fall *bleibt es bei der Anwendung von Artikel 7 Abs. 1 EGBGB*: Wer nach seinem Heimatrecht geschäftsunfähig ist und dies beim Vertragsabschluß ehrlicherweise aufdeckt, kann – sofern das Heimatrecht die deutsche Verweisung annimmt – in Deutsch-

---

[75] Staatsverträge sind nur in Ausnahmefällen anwendbar: Siehe *von Bar*, IPR, Bd. 2, Rn. 30. – Art. 8 EGBGB, der die Entmündigung betraf, ist gemäß Art. 7 § 29 Ziffer 1 des Betreuungsgesetzes vom 12. 9. 1990 seit dem 1. Januar 1992 abgeschafft (Gesetz zur Reform des Rechts der Vormundschaft und Pflegschaft für Volljährige (Betreuungsgesetz – BtG), BGBl. 1990 I 2002, 2022 i. V. m. Art. 11 desselben Gesetzes).

[76] Vgl. nur MünchKom/*Birk*, Art. 7 EGBGB Rn. 20 und MünchKom/*Spellenberg*, Art. 12 EGBGB Rn. 2.

[77] Beim Wechsel der Staatsangehörigkeit ist an die frühere Staatsangehörigkeit anzuknüpfen, wenn das neue Statut nicht ebenfalls zur Geschäftsfähigkeit führt: Vgl. nur Palandt/*Heldrich*, Art. 7 EGBGB Rn. 8.

[78] Art. 12 EGBGB entspricht weitgehend Art. 11 des EG-Schuldvertragsübereinkommens.

[79] Siehe oben Rn. 400 Fn. 814.

[80] Einzelheiten bei Palandt/*Heldrich*, Art. 12 EGBGB Rn. 2 m. w. N. Auch nach altem IPR setzte sich in diesen und weiteren Fällen das Verkehrschutzinteresse des Vertragspartners gegenüber dem Schutzinteresse des Geschäftsunfähigen durch: Vgl. für Art. 7 Abs. 3 a. F. (abgedruckt bei *Jayme/Hausmann*, Nr. 2, S. 20) und dazu MünchKomm/*Spellenberg*, Art. 12 EGBGB, Rn. 3; ähnlich überwog das Verkehrsschutzinteresse auch in anderen Mitgliedstaaten der EG: Vgl. den rechtsvergleichenden Überblick bei *Drobnig*, RabelsZ 34 (1970), 636, 647 (2. Absatz) – 648.

land bei uneingeschränkter Anwendung von Artikel 7 Abs. 1 EGBGB auch dann keinen Vertrag selbständig abschließen, wenn er nach deutschem Recht geschäftsfähig wäre. Ebenso bleibt es bei der Anwendung von Artikel 7 Abs. 1 EGBGB, wenn die Parteien einen Vertrag etwa im Ausland[81] oder per Post abschließen.

b) Anwendbarkeit des EG-Vertrages

Aus dem Gebot der Gemeinschaftsrechtskonformität können nur dann Grenzen für die Anwendung von Artikel 7 Abs. 1 EGBGB folgen, wenn der Anwendungsbereich des Gemeinschaftsrechts aus gemeinschaftsrechtlicher Sicht betroffen ist. Dies ist der Fall[82]: Da die Geschäftsfähigkeit der betroffenen Unionsbürger eine Voraussetzung für den wirksamen Abschluß von Verträgen ist, berührt die Anknüpfung der Geschäftsfähigkeit die Vertragsfreiheit, die zum Kern des Anwendungsbereiches des Gemeinschaftsrechts zu zählen ist[83]. 459

Ausländische Unionsbürger könnten durch Artikel 7 Abs. 1 EGBGB mittelbar in der Ausübung von *Grundfreiheiten* beschränkt oder anderweitig diskriminiert werden. Da die in den Bestimmungen zu den Grundfreiheiten des Gemeinschaftsrechts enthaltenen Inländergleichbehandlungsgebote als Ausprägungen des allgemeinen Diskriminierungsverbotes in Artikel 6 Abs. 1 EG-Vertrag (früher: Art. 7 Abs. 1 EWGV) zu verstehen sind[84] und Artikel 6 EG-Vertrag nur vorbehaltlich dieser besonderen Bestimmungen anzuwenden ist[85], soll die Prü- 460

---

[81] Ähnlich der Hinweis von *Drobnig*, RabelsZ 34 (1970) 636, 649 (unter bb).

[82] A.A. *Struycken*, Rec. des Cours (1992-I), 257, 351 ff., der den engen Bezug der Geschäftsfähigkeit zur Vertragsfähigkeit übersieht. Auch im Hinblick auf das *Subsidaritätsprinzip*, auf das sich *Struycken* u. a. stützt (S. 355 ff.), ändert nichts am engen Bezug der Geschäftsfähigkeit zu den Grundfreiheiten, deren Verwirklichung das Gemeinschaftsrecht als „Europa der Bürger" zu dienen hat.

[83] In der Literatur ist zum Teil sogar dafür plädiert worden, die Vertragsfreiheit als Ausfluß des allgemeinen Persönlichkeitsrechts mittelfristig zu den allgemeinen Rechtsgrundsätzen des Gemeinschaftsrechts zu zählen: Vgl. *Oppermann*, Europarecht, Rn. 414 (am Ende, vorletzter Satz).

[84] So z. B. EuGH 13. 12. 1984, Rs. 251/83 (*Haug-Adrion/Frankfurter Versicherungs-AG*), Slg. 1984, 4277, 4288, Erw. 14; ähnlich in jüngerer Zeit z. B. EuGH (Zweite Kammer) 28. 1. 1992, Rs. C-332/90 (*Steen/Deutsche Bundespost*), EuZW 1992, 189 Erw. 8: „Zunächst ist darauf hinzuweisen, daß mit Artikel 48 Absatz 2 EWG-Vertrag [jetzt: EG-Vertrag] das in Artikel 7 EWG-Vertrag [jetzt: Art. 6 EG-Vertrag] aufgestellte Verbot der allgemeinen Diskriminierung aus Gründen der Staatsangehörigkeit auf dem Gebiet der Freizügigkeit der Arbeitnehmer *durchgeführt* wird. Folglich verstößt jede Regelung, die mit Artikel 48 EWG-Vertrag unvereinbar ist, auch gegen Artikel 7 EWG-Vertrag." Vgl. im übrigen aus dem Schrifttum nur *Zuleeg* in: Groeben/Thiesing/Ehlermann, Artikel 7, Rn. 20 (Text bei Fn. 76).

[85] EuGH 14. 7. 1977, Rs. 8/77 (*Sagulo, Brenca und Bakhouche*), Slg. 1977, 1495, 1506, Erw. 11; Grabitz/*Grabitz*, Art. 7, Rn. 20; *Zuleeg* in: Groeben/Thiesing/Ehlermann, Artikel 7, Rn. 20; *Bischoff* in: Constantinesco/Jacqué, Art. 7 Anm. 3; in dieser Richtung wohl auch *Herzog u. a.* in *Smit/Herzog*, Article 7, sec. 7.04 (der Vorrang der besonderen Bestimmungen wird in Absatz 2 erwähnt, doch wird in den Ausführungen im folgenden Absatz nicht deutlich, ob das Argu-

fung im folgenden anhand der Regelungen zu den Grundfreiheiten erfolgen. Soweit in der Literatur unter dem Blickpunkt von Artikel 7 EWG-Vertrag (jetzt: Art. 6 EG-Vertrag) erörterte Argumente inhaltlich zur Diskussion aus der Sicht der besonderen Regelungen zu den Grundfreiheiten passen, werden sie zu berücksichtigen sein.

c) Rechtspolitische Fragwürdigkeit von Artikel 7 Abs. 1 EGBGB

461 Bevor geprüft werden soll, ob Artikel 7 Abs. 1 EGBGB von deutschen Gerichten noch angewendet werden kann, sei der Ausgangspunkt der nachfolgenden Prüfung festgehalten: In Anbetracht der Inländergleichbehandlungsgebote in den Bestimmungen zu den Grundfreiheiten[86] und dem allgemeinen Diskriminierungsverbot in Artikel 6 Abs. 1 EG-Vertrag befremdet die Verwendung der Staatsangehörigkeit als Unterscheidungsmerkmal im IPR der Geschäftsfähigkeit. Die Staatsangehörigkeit der Unionsbürger von *jedem* (irgendeinem) der Mitgliedstaaten eröffnet ihnen *gleichermaßen* den Zugang zu den Grundfreiheiten und ist grundsätzlich nicht als Unterscheidungsmerkmal verwendbar[87].

462 Das *Ziel des EG-Vertrages*, einen freien Markt unter Beteiligung der Unionsbürger und ohne Hindernisse für den freien Personen–, Dienstleistungs- und Kapitalverkehr aufzubauen[88], steht *auch formaljuristischen* Unterscheidungen nach der Staatsangehörigkeit grundsätzlich entgegen[89]. Die Inländergleichbehandlungsgebote in den Bestimmungen zu den Grundfreiheiten lassen für Unterscheidungen nach der Staatsangehörigkeit grundsätzlich keinen Raum. Nur unter engen Voraussetzungen sind solche Unterscheidungen zulässig, etwa wenn die öffentliche Sicherheit und Ordnung eine Beschränkung von Grundfreiheiten der Unionsbürger gebietet[90], oder wenn die Überprüfung nach Artikel 6 Abs. 1 EG-Vertrag (früher: Artikel 7 Abs. 1 EWG-Vertrag) die Unterscheidung nach der Staatsangehörigkeit als gerechtfertigt erscheinen läßt[91].

---

ment auch in Anbetracht der dargestellten Rechtsprechung des Gerichtshofes Bestand haben soll).

[86] Vgl. Artt. 48 Abs. 2, 52 Abs. 2, Art. 60 Abs. 3 und Artt. 58, 60 EG-Vertrag.

[87] Vgl. *Jayme/Kohler*, IPRax 1992, 346, 349 vor 2.

[88] Vgl. Art. 3 Buchstabe c EGV.

[89] Vgl. die ausführliche Argumentation gegen das Staatsangehörigkeitsprinzip bei *G. Fischer* in: Gemeinschaftsrecht und IPR, S. 157, 164 (unter e) – 168 (vor b). A.A. *Struycken*, Rec. des Cours (1992-II), 351 ff., 356 f. unter Hinweis auf das Subsidaritätsprinzip. Auch dieses vermag formaljuristische Unterscheidungen nicht zu rechtfertigen, wenn man – im Gegensatz zu *Struycken* (vgl. oben Rn. 459 Fn. 82) – von der Anwendbarkeit des Gemeinschaftsrechts ausgeht.

[90] Vgl. Artt. 36, 48 Abs. 2, 56, 66 EG-Vertrag.

[91] Vgl. nur *Zuleeg* in: *Groeben/Thiesing/Ehlermann*, (a. a. O., Fn. 18), Bd. 1, Art. 7 Rn. 2 (Text um Fn. 7) und Rn. 3. – Eine weitere Ausnahme stellt die zunehmend kritisierte Rechtsprechung des Gerichtshofs zur Zulässigkeit der Inländerdiskriminierung dar; vgl. oben Rn. 47 Fn. 186.

Sollte die nachfolgende Prüfung der Frage nach der Gemeinschaftsrechtskonformität von Artikel 7 Abs. 1 EGBGB ergeben, daß grundsätzlich eine Beeinträchtigung von Grundfreiheiten ausländischer Unionsbürger im Falle der Anknüpfung an die Staatsangehörigkeit vorliegt, so wäre eine solche Beeinträchtigung nicht zu rechtfertigen[92]: Dem für die Anknüpfung an die Staatsangehörigkeit ins Feld geführten Kontinuitätsinteresse stehen Anpassungsinteressen der Unionsbürger an das sog. Umweltrecht (am Wohn- oder Tätigkeitsort) gegenüber[93]. Das in der Begründung zu Artikel 7 EGBGB besonders hervorgehobene Interesse, den Minderjährigenschutz in den anderen Mitgliedstaaten zu berücksichtigen[94], dürfte zumindest im Hinblick auf die heutige Rechtslage keinen Rechtfertigungsgrund darstellen. Mit der Herabsetzung der Volljährigkeitsgrenze in Belgien durch ein Gesetz vom 19. 1. 1990[95] liegt die Volljährigkeitsgrenze inzwischen in *allen* Mitgliedstaaten bei 18 Jahren[96]. Unter diesen Um- 463

[92] A.A. wohl *Kreuzer* in: Gemeinsames Privatrecht, S. 373, 417f. (zu Artikel 7 EWG-Vertrag, jetzt: Artikel 6 EGV).

[93] Ausführlich *Mansel*, Personalstatut, S. 72–80; *G. Fischer* in: Gemeinschaftsrecht und IPR, S. 157, 164–166 (allgemeine Abwägung) und 166–168 (Abwägung speziell zur Anknüpfung der Geschäftsfähigkeit).

[94] Begr.Reg.E., BT-Drucks. 10/504, S. 45.

[95] Loi du 19 janvier 1990 abaissant à dix-huit ans l'âge de la majorité civile, Moniteur Belge 1990 vom 30. 1. 1990 (S. 1239, *erratum* im Moniteur Belge vom 14. 2. 1990, S. 2754), auch abgedruckt im: Bulletin usuel des lois et arrêtés 1990/1, Nr. 114. Das Gesetz ist seit dem 1. 5. 1990 in Belgien in Kraft (vgl. Art. 55 des Gesetzes). Abdruck der geänderten Vorschriften in deutscher Sprache bei *Bergmann/Ferid(-Rieck)*, Band 1, Belgien (Stand: 110. Lieferung 30. 11. 1991): Artt. 388 und 488 Code civil (S. 49 und 52).

Bereits vor dem 1. 5. 1990 galt die Grenze von 18 Jahren im belgischen Arbeitsrecht: Art. 43 Abs. 1 der *Loi relative aux contrats de travail* vom 3. Juli 1978 in der Fassung vom 30. März 1981, abgedruckt in: Les Codes Larcier, Band III, S. 454, 459.

[96] Vgl. für Belgien: Artt. 388 und 488 Code civil (i. d. F. vom 19. 1. 1990, siehe dazu die vorige Fußnote); Dänemark: § 1 Abs. 1 Satz 1 Lovbekendtgørelse 1985–10–03 nr 443, abgedruckt in *Karnovs Lovsamling*, Band 5 (1990) unter 23. A. (S. 6072); Deutschland: § 2 BGB; Frankreich: Art. 488 Abs. 1 Code civil; Griechenland: Art. 127 des griechischen Zivilgesetzbuches (astikos kodikos) i. d. F. von Art. 3 des Änderungsgesetzes Nr. 1329 vom 15./18. 2. 1983 (Regierungsanzeiger: A 25), abgedruckt in: Kodix nomon 1983, S. 5, 6; Großbritannien: (1) England und Wales: Sec. 1 (1), Family Reform Act 1969 (abgedruckt in: Current Law Statutes Annotated, 1969 c. 46), *(2) Schottland*: Age of Majority Act (Scotland) 1969, Sec. 1 (1) (abgedruckt in: Current Law Statutes Annotated, 1969 c. 39); *(3) Nordirland:* Sec. 1 des Age of Majority Act (Northern Ireland) 1969 (ch. 28), referiert in: Current Law Yearbook 1969, Stichwort: „Northern Ireland", Rn. 2556; Irland: Age of Majority Act 1985, sec. 2 (1) (b), abgedruckt in: Irish Current Law Statutes Annotated, 1984–1986, Rubrik: Statutes 1985, Nr. 2 (auf S. 2-05) (*G. Fischer* in: Gemeinschaftsrecht und IPR, S. 157, 167, geht mit einer Volljährigkeitsgrenze von 21 Jahren in Irland von einer falschen Prämisse aus); Italien: Art. 2 Abs. 1 Codice civile; Luxemburg: Art. 388 Code civil (in deutscher Übersetzung abgedruckt bei: *Bergmann/Ferid(-Cieslar)*, Band VI, Luxemburg, III.B.1., S. 79 (Stand: 30. 6. 1990); Niederlande: Art. 233 Burgerlijk Wetboek, Boek 1, i. d. F. vom 1. 7. 1987 (in Kraft geblieben: Buch 1 des Burgerlijk Wetboek wird von der am 1. 1. 1992 in Kraft getretenen Neukodifizierung des niederländischen Privatrechts nicht betroffen, vgl. *Remien*, RabelsZ 55 (1991), 771); Portugal: Art. 130 Codigo civil (in deutscher Übersetzung abgedruckt bei: *Bergmann/Ferid(-Hörster)*, Band VII, Portugal, S. 35 (Stand: 30. 9. 1980); Spanien: *(1) Nationales Recht:* Art. 314 N° 1 i. V. m. Art. 315 Codigo civil, *(2) Aus den Foralrechten* (ohne Anspruch auf Vollständigkeit)*: (a)*

ständen ist die Anknüpfung der Geschäftsfähigkeit an die Staatsangehörigkeit mit dem Hinweis auf den Schutz von Minderjährigen nicht zu rechtfertigen. Deshalb ist die Anknüpfung an der Geschäftsfähigkeit von *Unionsbürgern* an die Staatsangehörigkeit zumindest rechtspolitisch zu tadeln[97].

464 Im folgenden geht es um die Frage, ob Artikel 7 Abs. 1 EGBGB zu *materiellen* Beeinträchtigungen von Grundfreiheiten führt. In diesem Fall ist die Norm mangels hinreichender Rechtfertigung gegenüber ausländischen Unionsbürgern unanwendbar; denn der Vorrang des Gemeinschaftsrechts zwingt in diesem Fall zur Unanwendbarkeit des gemeinschaftsrechtswidrigen nationalen Rechts[98]. Liegt hingegen nur eine *formaljuristische* Beeinträchtigung ausländischer Unionsbürger ohne materielle Auswirkungen vor, so stößt man gar nicht zur Rechtfertigungsebene vor. Eine neutrale formaljuristische Unterscheidung reicht für die Beeinträchtigung von Grundfreiheiten nicht aus[99].

d) Prüfung von Artikel 7 Abs. 1 EGBGB aus der Sicht eines deutschen Richters

aa) Ausgangspunkt

465 Aus der Sicht des nationalen Richters ist die Anknüpfung der Geschäftsfähigkeit an die Staatsangehörigkeit möglicherweise zulässig. Der Richter entscheidet Einzelfälle (arg. § 322 ZPO). Ihn interessiert nur die Frage, ob er mit der Anwendung von Artikel 7 Abs. 1 EGBGB gegen Rechte der in dem zu entscheidenden Fall betroffenen Unionsbürger verstößt[100]. In Anbetracht der weitgehenden Übereinstimmungen des Sachrechts zur Geschäftsfähigkeit in den zwölf Mitgliedstaaten – zumindest in der Frage des Volljährigkeitsalters[101] – sind Beschränkungen der Grundfreiheiten oder anderweitige Diskriminierungen kaum denkbar. Der *Verf.* hat keinen praxisnahen Fall zu bilden vermocht, in dem ein *ausländischer Unionsbürger* nach deutschem Recht eher oder in weiterem

---

Aragonien: Art. 6 des Gesetzes vom 8. 4. 1967 i. d. F. vom 21. 5. 1985 (abgedruckt bei *Bergmann/Ferid(-Rau)*, Band VIII, Spanien, Stand: 30. 6. 1991, S. 49), *(b) Navarra*: Gesetz 50 Abs. 1 des Gestzes vom 1. 3. 1973 (abgedruckt bei *Bergmann/Ferid(-Rau)*, a. a. O., S. 57).

[97] Damit wird keine Aussage für das allgemeine IPR gegenüber Bürgern von Drittstaaten getroffen. Insoweit ist die Anknüpfung an die Staatsangehörigkeit nicht zu beanstanden. *Mansel*, Personalstatut, Rn. 73, zum Beispiel, dürfte die *generelle* Frage der Anknüpfung an die Staatsangehörigkeit im Auge gehabt haben, die von der IPR-Anwendung innerhalb der EG zu unterscheiden ist (vgl. oben Rn. 34).

[98] Siehe oben Rn. 422 Fn. 19.

[99] Bei der Prüfung von Beeinträchtigungen von Grundfreiheiten muß es ebenso wie bei der Prüfung von Diskriminierungen auf die tatsächliche Wirkung der geprüften Norm ankommen: Vgl. *Wengler*, DJT – FS I, S. 239, 287 (er prüft beim Diskriminierungsverbot die Frage nach einer *Schlechter*behandlung); Grabitz/*Grabitz*, Art. 7 Rn. 5 (eine Diskriminierung sei eine unterschiedliche Behandlung mit *negativem* Charakter); vgl. auch *Kreuzer* in: Gemeinsames Privatrecht, S. 373, 417.

[100] Vgl. *Ballarino*, Dir. comunit. scambi it. 1982, 1, 9 (letzter Absatz, Satz 2): „La discriminazione può essere rilevata soltanto nel concreto ..."

[101] Vgl. oben Rn. 463 Fn. 96.

Maße geschäftsfähig wäre als nach seinem Heimatrecht[102]. Nur wenn das deutsche Recht Deutsche eher geschäftsfähig werden läßt als das ausländische Recht seine Staatsbürger, kommt eine nachteilige Inländerungleichbehandlung von ausländischen Unionsbürgern in Betracht[103]. Der umgekehrte Fall – das ausländische Recht führt eher zur Geschäftsfähigkeit – ist unerheblich, solange der Gerichtshof Inländerdiskriminierungen gestattet[104].

Exkurs: Nur in Extremfällen ist es denkbar, daß die Anwendung von Artikel 7 466
Abs. 1 EGBGB einen ausländischen Unionsbürger in einer Grundfreiheit verletzen würde: Dies ist denkbar, wenn die Anknüpfung der Geschäftsfähigkeit an die Staatsangehörigkeit in Verbindung mit dem fremden Sachrecht zu einer Schlechterstellung des ausländischen Unionsbürgers im Inland führt[105]. Solche Fälle sind nicht gänzlich auszuschließen: Zum Beispiel kennt das deutsche Recht seit dem Inkrafttreten des Betreuungsgesetzes vom 12.9. 1990 am 1.1. 1992[106] keine Entmündigung mehr; auch ein „Betreuter" ist grundsätzlich voll geschäftsfähig[107]. Obwohl Fälle aus den tatsächlichen Gründen, die eine Betreuung erforderlich machen können[108], selten bleiben dürften, kann die deutsche Regelung ausnahmsweise zu einem weiteren Anwendungsbereich der Geschäftsfähigkeit führen als ausländisches Recht[109].

In diesen Fällen darf Artikel 7 Abs. 1 EGBGB *nicht* angewendet werden: Es sind 467

---

[102] Für einen wohl nicht sehr praxisnahen Fall siehe aber sogleich den nachfolgenden Exkurs in Rn. 466.

[103] Darüberhinaus werden die praktisch denkbaren Fälle von Verstößen gegen Inländergleichbehandlungsgebote weiter durch die Gutglaubensregelung in Art. 12 Satz 1 EGBGB beschränkt: Bei in Deutschland abgeschlossenen Verträgen werden ihre Voraussetzungen häufig vorliegen.

[104] Vgl. oben Rn. 47 Fn. 185; mangels entgegenstehender Rechtsprechung konnte *Drobnig*, RabelsZ 34 (1970) 636, 641 unten (Text bei Fn. 13) hier noch von der Unzulässigkeit von Inländerdiskriminierungen nach der Rechtsprechung des Gerichtshofs ausgehen.

Unerörtert bleibt die Frage, ob das deutsche Recht, soweit es in der Gewährung der Geschäftsfähigkeit hinter ausländischen Rechtsordnungen zurückbleibt, trotz der Inländerdiskriminierung *verfassungskonform* ist (vgl. für diesen Ansatz die Nachweise oben in Rn. 47 Fn. 186 Abs. 2). Diese Frage geht in Details, die über das Thema dieser Arbeit hinausgehen. Immerhin ist es vorstellbar, daß etwa die deutsche Regelung, nach der eine 16jährige deutsche Frau *nicht* durch Heirat mündig wird (vgl. § 1633 BGB und *Massfeller/Böhmer/Coester*, Bd. 1 unter Nr. 2.1. zu § 1 EheG, Rn. 9), die deutsche Minderjährige in der Ausübung der aus den Grundfreiheiten fließenden Rechte hindern könnte. Anders als die deutsche Rechtsordnung kennen die romanischen Rechtsordnungen den Grundsatz „Heirat macht mündig"; allerdings auch nicht uneingeschränkt. Vgl. z. B. für *Belgien*: Art. 476 Code civil; in deutscher Sprache bei *Bergmann/Ferid(-Rieck)*, Band 1, Belgien (Stand: 110. Lieferung 30. 11. 1991), S. 51: Der „Ehemann" wird von Rechts wegen Pfleger seines minderjährigen Ehegatten. Ohne eine eingehende rechtsvergleichende Untersuchung ist die Verfassungskonformität der deutschen Regelung nicht zu beurteilen.

[105] So auch der Ansatz von *Ballarino*, Dir. comunit. scambi it. 1982, 1, 9 (letzter Absatz); und *Roth*, RabelsZ 55 (1991), 623, 643–644.

[106] Siehe oben Rn. 457 Fn. 75.

[107] Palandt/*Diederichsen*, Einf v § 1896, Rn. 5.

[108] Vgl. § 1896 Abs. 1 Satz 1 BGB n. F.

[109] Vgl. z. B. für *Belgien* das Institut der *verlängerten Minderjährigkeit* für geistig zurückgebliebene Personen: Artt. 487bis – 487octies Code civil (in deutscher Übersetzung abgedruckt bei *Bergmann/Ferid(-Rieck)*, Band I, Belgien, S. 51 f.).

keine Gründe vorstellbar, die eine in der Sache andere Beurteilung der Wirksamkeit eines Vertrages rechtfertigen, nur weil ein Vertragspartner Staatsangehöriger eines anderen Mitgliedstaates ist. Die in Bezug auf Rechtsstreitigkeiten zwischen Unionsbürgern zweifelhaften rechtspolitischen Gründe für die Anknüpfung an die Staatsangehörigkeit[110] wiegen, wie dargestellt[111], gegenüber dem gemeinschaftsrechtlichen Interesse, allen Unionsbürgern die Möglichkeit an der wirtschaftlichen Betätigung in anderen Mitgliedstaaten zu Inländerbedingungen zu gewähren, nicht so schwer, daß sie Ungleichbehandlungen zu rechtfertigen vermögen.

468 Man wird für diese Fälle einen *anderen Anknüpfungspunkt* wählen müssen. Eine Anknüpfung an den Wohnsitz[112] dürfte unter dem Gesichtspunkt des *Verbots indirekter (versteckter) Diskriminierungen*[113] ausscheiden. Sinnvoller erscheint es, in Anlehnung an Artikel 4 Abs. 1 Satz 1 EVÜ[114], der Fragen der Geschäftsfähigkeit allerdings selbst nicht regelt[115], an das Recht des Staates anzuknüpfen, mit dem der Vertrag die engste Verbindung aufweist. Dies dürfte meist der Ort der Erbringung der charakteristischen Leistung sein. Vertieft werden sollen diese Frage nach der Ersatzanknüpfung nicht, weil sie zwar aus internationalprivatrechtlicher Sicht spannend, aber, wie erwähnt, zugleich auch praxisfremd sind.

469 Im Normalfall wird die inhaltliche Übereinstimmungen des deutschen Rechts der Geschäftsfähigkeit mit dem Recht anderer Mitgliedstaaten der Annahme von Beeinträchtigungen von Grundfreiheiten und Diskriminierungen entgegenstehen.

470 Fraglich ist, ob aus der Anwendung ausländischen Rechts folgende praktische Nachteile *per se* materielle Nachteile bewirken, die als Grundfreiheitsbeeinträchtigung zu werten sind. In der Literatur ist wiederholt vertreten worden, bereits die Anknüpfung der Geschäftsfähigkeit an die Staatsangehörigkeit eines EG-Ausländers *an sich* stelle eine unzulässige Diskriminierung im Sinne von Artikel 6 Absatz 1 EG-Vertrag (früher: Art. 7 Abs. 1 EWG-Vertrag) dar[116]. Selbst bei inhaltlicher Übereinstimmung zwischen der *lex fori* und dem von Artikel 7 EGBGB berufenen ausländischen Recht werde ein EG-Ausländer benachtei-

---

[110] Vgl. oben Rn. 461 ff.

[111] S. die vorige Fußnote.

[112] So z. B. noch *Zweigert*, FS Hallstein, 555, 561; *Suhr*, S. 126.

[113] Zum Verbot versteckter Diskriminierungen vgl. nur EuGH 12. 2. 1974, Rs. 152/73 (*Sotgui/Deutsche Bundespost*), Slg. 1974, 153, 164, Erw. 11; EuGH 29. 10. 1980, Rs. 22/80 (*Boussac Saint-Frères SA/Gerstenmeier*), Slg. 1980, 3427, 3436 Erw. 9; EuGH 13. 7. 1993, Rs. C-330/91 (*The Queen/Inland Revenue Commissioners, ex parte: Commerzbank AG*), EuZW 1993, 740, 741 Rz. 14–15; sowie *Wölker* in *Groeben/Thiesing/Ehlermann*, Artikel 48 Rn. 13; *Gavalda/Parléani*, Rn. 320; *Cartou*, Rn. 288 (knapp); *Durand*, in: Commentaire Mégret, 2. Aufl., Bd. 1, S. 47 f. Rn. 68.

[114] Die deutsche Parallelnorm enthält Artikel 4 Abs. 1 Satz 1 EGBGB.

[115] Art. 2 Abs. 2 a) EVÜ.

[116] *Moser*, FS Hochschule St. Gallen, 363, 375, Fn. 52 (ohne Begründung); *Drobnig*, RabelsZ 34 (1970) 636, 644 (ab Absatz 2) – 645 (betrifft Anknüpfung an die Staatsangehörigkeit im allgemeinen) i. V. m. S. 649 unter bb (betrifft speziell die Anknüpfung der Geschäftsfähigkeit); *ders.*, Cah.dr.eur. 6 (1970) 526, 533 Abs. 5 (betrifft auch die Anknüpfung nach Artikel 7 EGBGB, vgl. S. 532, Fn. 17); *G. Fischer* in: Gemeinschaftsrecht und IPR, S. 157, 168 (vor b); ähnlich wohl auch die Grundhaltung von *Jayme*, vgl. *Grothe*, Diskussionsbericht in: Gemeinschaftsrecht und IPR, S. 183 (oben).

ligt[117]. Dies habe vor allem einen rechtspraktischen Grund: Die Ermittlung ausländischen Rechts sei mühsam, langwierig und kostspielig; hinzu träten Unsicherheiten über die Richtigkeit des Ergebnisses und nur beschränkte Revisionsmöglichkeiten[118]. Selbst bei inhaltlich gleichem Sachrecht werde ein EG-Ausländer daher benachteiligt[119]. Diese Benachteiligung sei objektiv nicht zu rechtfertigen[120].

Wenn diesen zu Artikel 7 EWG-Vertrag (jetzt: Art. 6 EG-Vertrag) entwickelten Überlegungen zu folgen wäre, so könnte die Anknüpfung an die Staatsangehörigkeit in einer Vielzahl von Fällen möglicherweise auch zu einer unzulässigen Beschränkung von Grundfreiheiten führen. Je nachdem, welche Grundfreiheit nach der Fallgestaltung betroffen wäre, verstieße die Anknüpfung an die Staatsangehörigkeit in diesen Fällen vorbehaltlich der Prüfung der speziellen Rechtfertigungsgründe gegen die Gebote der Inländergleichbehandlung in Artikel 48 Abs. 2, 52 Absatz 2, 60 Absatz 2 oder in Artikel 67 Abs. 1 EG-Vertrag. Will zum Beispiel ein 20jähriger Franzose in Frankfurt einen Arbeitsvertrag wirksam abschließen, so könnte ihn allein die Tatsache in seinem Anspruch auf Freizügigkeit innerhalb der EG beschränken, daß seine Geschäftsfähigkeit nach – mit dem deutschen Recht insoweit inhaltsgleichen[121] – französischem Recht zu bestimmen ist. Dies ist zu überprüfen. 471

Ohne Frage stimmt der Ausgangspunkt der für die Annahme einer Diskriminierung vorgebrachten Argumente. Die Anknüpfung an die Staatsangehörigkeit führt zur Anwendung deutschen Rechts auf deutsche Unionsbürger und zur Anwendung fremden Rechts auf Unionsbürger anderer Mitgliedstaaten. Genauer: Nach Artikel 4 Abs. 1 Satz 1 EGBGB ist das fremde IPR darauf hin zu überprüfen, ob es die in Artikel 7 Abs. 1 Satz 1 EGBGB ausgesprochene Verweisung annimmt. Ist dies der Fall, so ist das fremde Sachrecht zu ermitteln. Die 472

---

117 So *Drobnig*, RabelsZ 34 (1970) 636, 644 (ab Absatz 2) – 645; *G. Fischer* in: Gemeinschaftsrecht und IPR, S. 162 (Text nach Fn. 34). Siehe jetzt auch – noch weitergehend – die im Heidelberg-Montpellier-Seminar 1992 erörterte Frage, ob das *IPR ein Handelshemmnis in der europäischen Union* darstellen werde, dessen Existenz gerechtfertigt werden müsse (siehe *Jayme*, IPRax 1992, 339, 340). Da das Gemeinschaftsrecht, wie oben ab S. 1 erörtert, auf die Existenz von IPR zur Abgrenzung der nationalen Rechtsordnungen der Mitgliedstaaten angewiesen ist, ist die Anwendung von IPR *eo ipso* gemeinschaftsrechtlich gerechtfertigt.

118 *Drobnig*, RabelsZ 34 (1970) 636, 639 unten – 640 oben und 644 (3. Absatz) – 645; ähnlich *ders.*, Cah.dr.eur. 6 (1970) 526, 533 (Absätze 2–5). Ähnlich auch – darauf hat *von Bar*, IPR, Bd. 1, Rn. 168, Fn. 198 hingewiesen – die praxisorientierte Argumentation bei Staudinger/*Sturm/Sturm*, Einl. zu Art 7ff. EGBGB, Rn. 237, 3. Absatz. Wie *Drobnig* – aber ohne Begründung – *G. Fischer* in: Gemeinschaftsrecht und IPR, S. 157, 162 (Text nach Fn. 34).

119 So ausdrücklich nur *Drobnig*, RabelsZ 34 (1970) 636, 639 unten und 644 (3. Absatz) – 645; konkludent zustimmend: *G. Fischer* a. a. O. (vorige Fußnote: Ohne Zustimmung zu *Drobnig* auch in diesem Punkt macht die bei *G. Fischer* folgende, ausführliche Erörterung der Rechtfertigungsfrage keinen Sinn).

120 Zur Rechtfertigungsfrage am gründlichsten und im Aufbau am klarsten: *G. Fischer* in: Gemeinschaftsrecht und IPR, S. 157, 162 (unter c) – 166 (oben) (grundsätzliche Erwägungen) i. V. m. S. 166 (unter III. 1. a) – 168 (Ablehnung der Rechtfertigung speziell für die Anknüpfung an die Staatsangehörigkeit). Ähnlich bereits *Drobnig*, RabelsZ 34 (1970) 636, 639–640.

121 Siehe oben Rn. 463.

Pflicht, das fremde IPR und – bei Annahme der Verweisung – das fremde Sachrecht von Amts wegen zu ermitteln, folgt aus dem in deutschen Prozessen stets anwendbaren § 293 ZPO[122].

473 Fraglich ist, ob den für die Annahme einer Diskriminierung vorgebrachten Argumenten vor dem Hintergrund der heutigen Rechtswirklichkeit gefolgt werden kann: Bestehen die praktischen Nachteile bei der Ermittlung fremden Rechts?[123] Sind Unsicherheiten hinsichtlich des Ergebnisses der Ermittlungen zu fürchten? Kann der Grundsatz der Irrevisibilität ausländischen Rechts zur Unzulässigkeit der Anknüpfung an die Staatsangehörigkeit führen? Diesen Fragen soll im folgenden nachgegangen werden.

bb) Ermittlung fremden Rechts der Geschäftsfähigkeit

474 Soweit die für die Annahme einer Diskriminierung vorgebrachten Argumente die *empirische Ebene* betreffen, soll zunächst auf der gleichen Ebene erwidert werden. Dabei ist zu beachten, daß es hier nicht um die Probleme der Ermittlung fremden Rechts im allgemeinen geht, sondern *ausschließlich* um die Frage, wie leicht und zuverlässig das IPR der Geschäftsfähigkeit und das entsprechende Sachrecht in den anderen elf Mitgliedstaaten ermittelt werden kann. Beschränkt auf diese Fragestellung ist die Rechtswirklichkeit heute anders zu beurteilen als zu der Zeit vor über 20 Jahren, als das rechtspraktische Argument entwickelt wurde[124].

475 In den meisten Fällen lassen sich heute – 1994 – das ausländische IPR und das ausländische Sachrecht der Geschäftsfähigkeit ebenso schnell und zuverlässig ermitteln wie deutsches Recht; in diesen Fällen liegt eine Ungleichbehandlung von EG-Ausländer auf Grund praktischer Ermittlungsschwierigkeiten nicht vor. Klagt zum Beispiel der erwähnte 20jährige Franzose in Frankfurt gegen seinen deutschen Vertragspartner, so genügt ein Blick in den deutschsprachigen Kommentar von *Staudinger*, um *erstens* festzustellen, daß das französische Recht die Verweisung von Artikel 7 Abs. 1 Satz 1 EGBGB annimmt[125], und um

[122] St. Rspr., vgl. nur RGZ 136, 196, 202; BGH 21.2. 1962 (BGHZ 36, 348, 353) und 20.3. 1980 (BGHZ 77, 32, 38), zuletzt bestätigt durch BGH 21.1. 1991, abgedruckt in: RIW 1991, 514, 515–516 (mit Anm. *Sommerlad*, RIW 1991, 856) und EWS 1991, 396 (mit Anm. *Schütze*, EWS 1991, 372); beachte zu dem diesem Urteil zu Grunde liegenden *Irrtum* über den Sachverhalt *Samtleben*, NJW 1992, 3057–3059.

§ 293 ZPO ist in deutschen Prozessen stets anwendbar, weil deutsche Gerichte grundsätzlich nach der *lex fori* verfahren (vgl. dazu nur BGH 27.6. 1984, MDR 1985, 215 und *Baumbach/ Lauterbach(-Hartmann)*, Einl. III, Anm. 8 A). Siehe allgemein zu § 293 ZPO: z. B. *Schack*, Rn. 625 und 629ff., *Geimer*, Rn. 2577; *Kropholler*, IPR, § 59 I 2.

[123] Anders *G. Fischer* in: Gemeinschaftsrecht und IPR, S. 162 (Text nach Fn. 34): Er stellt die Existenz dieser praktischen Nachteile nicht in Frage. Ohne nähere Begründung argumentiert er, sie ließen sich „wohl nicht leugnen", und wendet sich der Frage nach einer Rechtfertigung der vorausgesetzten Ungleichbehandlung zu.

[124] Vgl. oben Rn. 470 Fn. 117.

[125] Staudinger/*Firsching*, Internationales Schuldrecht I, Vorbemerkungen zu Art. 27–37 nF, Rn. 42 c, Absatz 1 a. E.

zweitens zu erkennen, daß Franzosen ab Vollendung des 18. Lebensjahres volljährig sind[126]. Gleiches läßt sich auch unschwer mit Hilfe der deutschsprachigen Loseblattsammlungen von *Bergmann/Ferid* zum Internationalen Ehe- und Kindschaftsrecht und von *Mergenthaler/Reichard* über „Standesamt und Ausländer" feststellen[127]. Das Beispiel ist repräsentativ; es lassen sich viele Parallelbeispiele bilden[128].

Zumindest in den Fällen, in denen es nur um die Frage des Alters geht, von 476
dem an ein Unionsbürger volljährig wird, ist das ermittelte Ergebnis so sicher zu ermitteln, daß für Zweifel kein Spielraum bleibt. Aber auch Parallelfragen – etwa zur Entmündigung – sind in der bereits genannten Loseblattsammlung von *Bergmann/Ferid* zuverlässig für die anderen Mitgliedstaaten der EG dargestellt. Auch hier haben die Leistungen der Rechtswissenschaft praktische Nachteile abgebaut. Für den Fall der Prüfung der Geschäftsfähigkeit eines Entmündigten kommt hinzu, daß beim Vertragsabschluß in Deutschland die Gutglaubensregelung in Artikel 12 EGBGB[129] besonders leicht greifen kann[130]. Bleibt bei einem

---

[126] A.a.O., Rn. 30.

[127] Vgl. zum französischen IPR der Geschäftsfähigkeit: *Bergmann/Ferid*, Band III, Frankreich, S. 15 (Abdruck von Art. 3 Abs. 2 Code civil in deutscher Sprache) und S. 17 (Kommentierung zum Staatsangehörigkeitsprinzip mit Hinweis auf Art. 3 Abs. 2 Code civil); *Mergenthaler/Reichard(-Brandhuber/Zeyringer)*, Bd. 1 unter „Frankreich", S. 2 unter Internationales Privatrecht/„Personen- und Handlungsfähigkeit"; vgl. zum französischen Sachrecht der Geschäftsfähigkeit: *Bergmann/Ferid*, Band III, Frankreich, S. 71 (Abdruck von Art. 388 Code civil in deutscher Sprache; leicht zu finden über die im Inhaltsverzeichnis ausgewiesene Überschrift „Die Minderjährigkeit"); *Mergenthaler/Reichard(-Brandhuber/Zeyringer)*, Bd. 1 unter „Frankreich", S. 4 unten.

[128] Vgl. z. B. für Belgien, *für das belgische IPR*: Art. 3 Abs. 3 Code civil (abgedruckt bei *Bergmann/Ferid[-Rieck]*, Band I, Belgien, S. 18) und den Hinweis auf diese Vorschrift in der Kommentierung *Bergmann/Ferid(-Rieck)*, Band I, Belgien, auf S. 14; oder siehe *Mergenthaler/Reichard(-Brandhuber/Zeyringer)*, Bd. 1 unter „Belgien", S. 2 unten; *für das belgische Sachrecht*: Art. 388 Code civil i. d. F. des Gesetzes Nr. 90–215 vom 19. 1. 1990 über die Herabsetzung der bürgerlichen Volljährigkeit auf das Alter von 18 Jahren (abgedruckt bei *Bergmann/Ferid[-Rieck]* a. a. O. S. 18); oder siehe *Mergenthaler/Reichard(-Brandhuber/Zeyringer)*, Bd. 1 unter „Belgien", S. 4;

für Griechenland, *für das griechische IPR*: Art. 7 des griechischen Zivilgesetzbuches (abgedruckt bei *Bergmann/Ferid[-Rieck/Buchner-Baucevich]*, Band III, Griechenland, S. 12a); oder *Mergenthaler/Reichard(-Brandhuber/Zeyringer)*, Bd. 1 unter „Griechenland", S. 2 unter „Internationales Privatrecht/1. Geschäftsfähigkeit"; *für das griechische Sachrecht*: Art. 127 des griechischen Zivilgesetzbuches (abgedruckt bei *Bergmann/Ferid[-Rieck/Buchner-Baucevich]*, a. a. O., S. 16); oder *Mergenthaler/Reichard(-Brandhuber/Zeyringer)*, Bd. 1 unter „Griechenland", S. 4;

für Portugal, *für das portugiesische IPR*: Art. 25 Codigo civil (abgedruckt bei *Bergmann/Ferid[-Hörster]*, Band VII, Portugal, S. 29); oder *Mergenthaler/Reichard(-Brandhuber/Zeyringer)*, Bd. 2 unter „Portugal", S. 2 unter „Internationales Privatrecht/1. Personalstatut"; *für das portugiesische Sachrecht zur Volljährigkeit*: Art. 130 Codigo civil (abgedruckt bei *Bergmann/Ferid[-Hörster]*, Band VII, Portugal, S. 35); oder *Mergenthaler/Reichard(-Brandhuber/Zeyringer)*, Bd. 2 unter „Portugal", S. 5.

[129] Vgl. oben Rn. 458.

[130] In Fällen der beschränkten Geschäftsfähigkeit Entmündigter dürften die größeren Schwierigkeiten im Tatsächlichen liegen: Wußte der Vertragspartner um die Entmündigung? Liegt ein Entmündigungsbeschluß des zuständigen Gerichtes vor?

Richter trotz der aufgezeigten Möglichkeiten der zuverlässigen Ermittlung des fremden Rechts zur Geschäftsfähigkeit ein trotz Artikel 12 EGBGB fallrelevanter Zweifel, so bleibt im Verhältnis zu zehn der anderen elf Mitgliedstaaten die Möglichkeit, eine inhaltlich zuverlässige Auskunft nach dem Europäischen Übereinkommen betreffend Auskünfte über ausländisches Recht vom 7. 6. 1968 einzuholen[131]. Solche Auskunftsersuchen verursachen zwar eine Verlängerung des Verfahrens und gelegentlich Kosten (Artt. 6 Abs. 2, 3 und Art. 15 des Übereinkommens), doch fallen diese Nachteile in Anbetracht der übrigen Möglichkeiten zur Ermittlung des fremden Rechts der Geschäftsfähigkeit eben nur bei der Ausräumung letzter Zweifel an, die wegen der guten anderen Ermittlungsmöglichkeiten kaum je auftreten werden. Aus allem folgt, daß hinsichtlich der Zuverlässigkeit des ermittelten Ergebnisses zum Recht der Geschäftsfähigkeit in anderen Mitgliedstaaten in der Praxis kaum jemals Unsicherheiten hinsichtlich der Richtigkeit des ermittelten Ergebnisses verbleiben dürften.

477 Hilfreich für die Ermittlung des fremden Rechts ist es, wenn – wie beim Landgericht Hamburg – Fälle mit Auslandsbezug nach dem Geschäftsverteilungsplan grundsätzlich nur spezialisierten Kammern zugewiesen werden[132]. Dort sind Erfahrungen aus Parallelfällen vorhanden und praktische Kniffe zur zügigen Ermittlung fremden Rechts bekannt[133]. Wo solche Spezialzuständigkeiten nicht bestehen, werden die genannten Möglichkeiten dennoch in der Regel ausreichen, um das ausländische Recht der Geschäftsfähigkeit festzustellen.

478 Weiter ist zu beachten, daß ein deutscher Richter nicht notwendig die IPR-Frage nach der Annahme der Verweisung und die Frage nach dem ausländischen Sachrecht der Geschäftsfähigkeit lösen muß. Soweit das ausländische und das deutsche Recht übereinstimmen, kann er die IPR-Frage, ob das ausländische Recht die Verweisung annimmt, in der Regel auch offenlassen[134].

479 Schließlich spricht ein weiteres Argument dagegen, daß ausländischen Unionsbürgern aus der Anwendung ihres Heimatrechts auf die Frage der Geschäftsfähigkeit ernsthafte Nachteile entstehen: Sie haben nach § 293 ZPO die Möglichkeit, dem deutschen Richter bei der Feststellung seines Heimatrechts Erkennt-

---

131 BGBl. 1974 II 938. Das Übereinkommen ist für die Bundesrepublik Deutschland seit dem 19. 3. 1975 in Kraft (BGBl. II 300). Das Zusatzprotokoll vom 15. 3. 1978 (BGBl. 1987 II 58) ist für die Bundesrepublik Deutschland seit dem 24. 10. 1987 in Kraft (BGBl. II 593). Das Ausführungsgesetz zu dem Übereinkommen datiert vom 5. 7. 1974 (Gesetz zur Ausführung des Europäischen Übereinkommens vom 7. Juni 1968 betreffend Auskünfte über ausländisches Recht, BGBl. 1974 I 1433). – Das Übereinkommen ist in allen anderen Mitgliedstaaten außer in Irland in Kraft: Vgl. Fundstellennachweis B zum BGBl. 1990, S. 377. – Kritisch zum praktischen Nutzen des Übereinkommens z. B. *Schack*, Rn. 632; ermunternd dagegen Stein/Jonas/*Leipold*, § 293 Rn. 81.

132 Dies gilt allerdings nicht für Kartellsachen, Sachen im Presse- und Urheberrecht, Fiskussachen und Mietsachen. Arbeitsrechtliche Sachen im Sinne von §§ 2–4 ArbGG sind von den Arbeitsgerichten zu entscheiden, wo es auch in Hamburg keine Spezialzuständigkeiten gibt.

133 Vgl. z. B. die Literaturhinweise bei MünchKom/*Sonnenberger*, Einleitung Rn. 221, oder die Tips bei *Brödermann/Rosengarten*, S. 116–118.

134 Vgl. nur *Kropholler*, IPR, S. 508 (§ 59.I.4).

nisquellen zur Verfügung zu stellen[135]. Gerade im grenzüberschreitenden Wirtschaftsverkehr sind die beteiligten ausländischen Unionsbürger häufig so beschlagen, daß sie ihr Heimatrecht zur Geschäftsfähigkeit entweder selbst kennen oder zügig feststellen lassen können.

Es ist also festzuhalten: Die heute bestehenden Möglichkeiten der Ermittlung 480
nationalen Rechts anderer Mitgliedstaaten sind wesentlich besser als jene, vor deren Hintergrund 1970 die Meinung gebildet wurde, schon praktische Nachteile würden einen ausländischen Unionsbürger bei Anwendung des Geschäftsfähigkeitsrechts seines Heimatstaates schlechter stellen als einen Deutschen. Diese besseren Ermittlungsmöglichkeiten schließen in vielen Fällen die Gefahr einer Beschränkung von Grundfreiheiten durch praktische Nachteile aus.

Restfälle, in denen praktische Schwierigkeiten bestehen, sind in der Regel nur 481
dadurch erklärbar, daß die betroffenen Richter und Anwälte die aufgezeigten, leicht zugänglichen Fundstellen nicht auffinden. Dieses Risiko besteht allgemein. Es ist nicht ausländerspezifisch und nicht größer als in jeder kniffligeren Angelegenheit, die nach deutschem Recht zu behandeln ist: Man denke nur an die Schwierigkeiten etwa bei der Ermittlung des in den neuen Bundesländern für Altfälle (vor der Wiedervereinigung am 3. 10. 1990) geltenden Rechts. Im übrigen wird dieses Risiko gleichermaßen von allen betroffenen Parteien getragen: §§ 91 ff. ZPO unterscheiden nicht danach, ob in einem Prozeß auch fremdes Recht anzuwenden war. Die unterliegende Partei trägt die Kosten, sei sie eine deutsche oder eine ausländische. Schließlich sind die im Einzelfall verbleibenden Schwierigkeiten Ausfluß allgemeiner Probleme, die die Anwendung von Internationalem Privatrecht mit sich bringt. Gerade solche allgemeinen Nachteile werden vom Gemeinschaftsrecht bewußt hingenommen: Denn es setzt die Existenz nationaler Privatrechtsordnungen und damit auch Fragen ihrer Abgrenzung voraus[136]. Unter diesen Umständen bleibt für die Annahme eines Eingriffs in Grundfreiheiten von Unionsbürgern allein auf Grund der Tatsache der Anknüpfung der Geschäftsfähigkeit an die Staatsangehörigkeit kein Raum[137]. Der Franzose wird in dem oben genannten Beispiel nicht allein dadurch in seinem Recht auf Freizügigkeit beschränkt, daß die Beurteilung der Wirksamkeit seines Arbeitsvertrages vom französischen Recht der Geschäftsfähigkeit abhängen soll.

---

[135] Das Verfahren nach § 293 ZPO ist ein Freibeweisverfahren; vgl. nur *Geimer*, Rn. 2583; *von Bar*, IPR, Bd. 1, Rn. 375; MünchKomm/*Prütting*, § 293 ZPO Rn. 23.

[136] Vgl. bereits oben Rn. 2–4. Deutlich so auch *Roth*, RabelsZ 55 (1991), 623, 643 (Text um Fn. 94); ähnlich bereits *Ballarino*, Dir. comunit. scambi it. 1982, 1, 9 (letzter Absatz); *Roth*, Internationales Versicherungsvertragsrecht 693–694; und *von Bar*, IPR, Bd. 1, Rn. 168. *Kritisch* wohl *Calais-Auloy* (referiert nach *Jayme*, IPRax 1992, 339): Das wegen der Verschiedenheit nationaler Rechte erforderliche IPR sei als solches verbraucherfeindlich, da seine Kenntnis die intellektuelle Überlegenheit der gewerblichen Seite noch verstärke.

[137] Übertrieben kritisch gegenüber der These von Drobnig, schon praktische Nachteile stellten eine unzulässige Benachteiligung dar, hingegen *Schohe*, S. 122 (*Drobnig* verlasse die Denkvoraussetzungen des klassischen IPR).

cc) Irrevisibilität ausländischen Rechts

482 Nachteile, die aus dem Grundsatz der Irrevisibilität ausländischen Rechts folgen (§ 549 Abs. 1 ZPO), sind praktisch kaum denkbar und dürften juristisch unzulässig sein. Zunächst ist festzustellen, daß auch ausländisches Recht in vielen Fällen revisibel ist[138]. Dies ist insbesondere im arbeitsgerichtlichen Verfahren der Fall (§ 73 Abs. 1 ArbGG)[139]. Dem 20jährigen Franzosen, der einen arbeitsrechtlichen Prozeß führt, wird jedenfalls keine „Instanz" abgeschnitten. Im übrigen wird ein ausländischer Unionsbürger höchst selten rügen wollen, daß ein deutsches Gericht seine Geschäftsfähigkeit fehlerhaft bestimmt hat: Die Gefahr der fehlerhaften Rechtsermittlung ist wegen der genannten, leicht zugänglichen Quellen als gering zu bewerten. Darüberhinaus mindert die Gutglaubensregelung in Art. 12 Satz 1 EGBGB[140] die Wahrscheinlichkeit, daß ein ausländischer Unionsbürger die Revision wegen der Anwendung des fremden Rechts der Geschäftsfähigkeit begehrt: Die Gutglaubensregel trifft einen Großteil der Fälle, in denen ein Landesarbeitsgericht den Inhalt des Heimatrechts des ausländischen Unionsbürgers dergestalt ermittelt hat, daß es anders als das deutsche Recht nicht zur Geschäftsfähigkeit führt. Vor allem in dieser ausgefallenen Fallkonstellation sind Rügen der fehlerhaften Ermittlung fremden Rechts denkbar. Die Gefahr, daß einem ausländischen Unionsbürger wegen der Anwendung des fremden Rechts der Geschäftsfähigkeit die Revisionsmöglichkeit verwehrt ist, ist damit praktisch so gut wie ausgeschlossen[141].

483 Sollte einem ausländischen Unionsbürger trotz all dieser praktischen Argumente dennoch die fehlerhafte Anwendung seines Heimatrechts zur Geschäftsfähigkeit rügen wollen, so ist zu prüfen, ob die Revision trotz des Wortlauts von § 549 Abs. 1 ZPO statthaft ist[142]. § 549 Abs. 1 ZPO beschränkt den Umfang des revisiblen Rechts auf deutsches Bundesrecht und einige andere Vorschriften des deutschen Rechts. Wenn die Anwendung von § 549 Abs. 1 ZPO auf Revisionsbegehren von ausländischen Unionsbürgern einen Eingriff in die Grundfreiheit des betroffenen Unionsbürgers oder eine Verletzung von Artikel 6 Abs. 1 EG-Vertrag darstellt, ist § 549 Abs. 1 ZPO unanwendbar[143]; der Vorrang des Gemeinschaftsrechts gilt auch im Internationalen Zivilverfahrensrecht (IZVR)[144]. Auch im IZVR ist das Gebot der Gemeinschaftsrechtskonformität durchzuset-

---

138 *Schack*, Rn. 647 und *Kropholler*, IPR, § 59 I 3 (S. 507, Text um Fn. 18) sowie ausführlich zuletzt *Schütze*, EWS 1991, 372, 373 unter 2.

139 Vgl. die kritische Bemerkung von *Schütze* in: EWS 1991, 372, 373 Fn. 16.

140 Vgl. oben Rn. 458.

141 Vgl. jetzt auch *Kreuzer* in: Gemeinsames Privatrecht, S. 373, 418.

142 In der Literatur ist § 549 Abs. 1 ZPO bisher nur aus anderen, nicht gemeinschaftsrechtlichen Erwägungen angegriffen worden: Vgl. z. B. *Schütze*, EWS 1991, 372f. unter 1.; *Samtleben*, NJW 1992, S. 3057, 3061, unter VI. Anders nur der Vorabdruck dieser Passage in: MDR 1992, 89, 93; vgl. oben Rn. 418 Fn. 1.

143 Siehe oben Rn. 422.

144 Er gilt sogar im Strafverfahrensrecht: EuGH 11. 11. 1981, Rs. 203/80 (*Strafverfahren gegen Guerrino Casati*), Slg. 1981, 2595, 2618, Erw. 27; vgl. dazu *Kampf*, NJW 1990, 3054, 3056 linke Spalte, Text bei Fn. 19.

zen[145]. Deshalb ist zu überlegen, ob § 549 Abs. 1 ZPO in der Kombination mit der Anknüpfung an die Staatsangehörigkeit stets gegenüber Angehörigen anderer Mitgliedstaaten unanwendbar ist. Hierfür spricht, daß die Norm in dieser Kombination nur ausländische Unionsbürger treffen kann. Deshalb dürfte die Anwendung von § 549 Abs. 1 ZPO stets eine nach Artikel 6 EG-Vertrag verbotene versteckte Diskriminierung[146] bedeuten. Die Antwort bleibe dahingestellt: Jedenfalls in der Verbindung mit der Anknüpfung an die Geschäftsfähigkeit an die Staatsangehörigkeit und daheraus behaupteter materieller Benachteiligung eines ausländischen Unionsbürgers dürfte § 549 Abs. 1 ZPO unanwendbar und die Revision statthaft sein.

Trotz dieser Abhängigkeit des zivilverfahrensrechtlichen Problems der An- 484
wendbarkeit von § 549 Abs. 1 ZPO von der Vorentscheidung im Internationalen Privatrecht sind die Ebenen nicht zu vermengen: Ob die Anknüpfung an die Staatsangehörigkeit in Artikel 7 Abs. 1 EGBGB gegen das Gemeinschaftsrecht verstößt, folgt allein aus dem Gemeinschaftsrecht und nicht aus Vorschriften des deutschen Zivilprozeßrechts. Diese sind gegebenenfalls ihrerseits nur in gemeinschaftsrechtskonformer Weise anzuwenden beziehungsweise nicht anzuwenden[147]. Der Richter, der einen Eingriff in Rechte eines Unionsbürgers durch die Anwendung von Artikel 7 Abs. 1 EGBGB zu besorgen hat, kann die Entscheidung nicht davon abhängig machen, wie das zivilprozessuale Problem der Statthaftigkeit der Revision in gemeinschaftsrechtskonformer Weise zu lösen ist.

Damit entfallen auch die Nachteile hinsichtlich der Revisibilität ausländischen 485
Rechts als Argument gegen die Anknüpfung an die Staatsangehörigkeit: Praktisch sind Fälle kaum denkbar, in denen ein ausländischer Unionsbürger durch die Irrevisibilität ausländischen Rechts in seinen Grundfreiheiten verletzt sein könnte. Wo dies der Fall ist, kommt eine Korrektur auf prozessualer Ebene durch *Nichtanwendung von § 549 Abs. 1 ZPO* in Betracht.

Die vorstehende, weitgehend auf empirische Argumente gestützte Untersu- 486
chung hat ergeben, daß die Anknüpfung an die Staatsangehörigkeit *an sich* vor dem Hintergrund der heutigen Rechtswirklichkeit höchst selten zu praktischen Nachteilen führen wird. In der Masse der Fälle ist ein Eingriff in Grundrechte allein durch die Tatsache der Anwendung von Artikel 7 Abs. 1 EGBGB auszuschießen.

---

145 Siehe oben Rn. 30.

146 S. o. Rn. 468 Fn. 113.

147 Etwas anderes gilt nur für den Gesetzgeber, wenn er sich zur Abschaffung der Anknüpfung an die Staatsangehörigkeit entschließen sollte: Er könnte dadurch Situationen vermeiden, die zu Problemen der gemeinschaftsrechtskonformen Anwendung von § 549 Abs. 1 ZPO führen können.

dd) Zwischenergebnis

487 Der Richter, den nur die Anwendbarkeit von Artikel 7 Abs. 1 EGBGB interessieren muß, wird in der Regel *nicht* gegen das Gemeinschaftsrecht verstoßen, wenn er die Norm anwendet. Praktische Nachteile und die angebliche Irrevisibilität bedingen keine materielle Schlechterbehandlung des ausländischen Unionsbürgers, dessen Heimatrecht zumindest in der Frage der Volljährigkeit mit dem deutschen Recht übereinstimmt[148]. Dieses Ergebnis verblüfft: Gerade bei einer ausdrücklichen Unterscheidung im deutschen IPR nach der Staatsangehörigkeit hätte man erwartet, daß das Gemeinschaftsrecht Korrekturen gebietet. Zugleich bestätigt das Ergebnis jedoch ein bekanntes und wichtiges Prinzip: Wo das Sachrecht übereinstimmt, bleibt für das IPR und damit auch für das Gebot der Gemeinschaftsrechtskonformität kein Raum. Dies ist selten genug der Fall.

2. Ausblick auf anderen Anknüpfungspunkte

488 Soweit andere Anknüpfungsgegenstände ebenso wie die Geschäftsfähigkeit unter den Anwendungsbereich des EG-Vertrages fallen, gilt auch für sie das Konformitätsgebot. Zwei Beispiele seien genannt[149]:

489 Die für die Anknüpfung der Geschäftsfähigkeit erarbeiteten Ergebnisse sind zum Beispiel auf die Anknüpfung der *Scheckfähigkeit* an die Staatsangehörigkeit zu übertragen: Auch Artikel 60 Abs. 1 ScheckG unterliegt dem Konformitätsgebot[150]. Gleichwohl wird die Anwendung dieser Normen wegen des in allen Mitgliedstaaten übereinstimmenden Sachrechts zur Volljährigkeitsfrage ausländische Unionsbürger in der Regel nicht an der Ausübung von Grundfreiheiten hindern[151].

490 Im IPR der *Geschäftsführung ohne Auftrag* kann das Konformitätsgebot im Einzelfall bei der Entscheidung für einen Anknüpfungspunkt helfen. Voraussetzung ist ein grenzüberschreitender Bezug. Dieser bestand zum Beispiel in einem vom *OLG Düsseldorf* entschiedenen Fall[152]:

491 Der deutsche Kläger befaßte sich gewerbsmäßig mit der Ausfindigmachung entwendeter Schiffe. Anläßlich von in Spanien durchgeführten Recherchen für einen anderen Auftraggeber entdeckte er die gestohlene Yacht des Beklagten, der ebenfalls

---

148 Zustimmend *Kreuzer* in: Gemeinsames Privatrecht, S. 373, 418.

149 Vgl. auch die oben ab Rn. 408 im Abschnitt „Richterrecht" angestellten Überlegungen zur Anknüpfung an das Marktrecht im *IPR des Unlauteren Wettbewerbs*. Vgl. ferner den Vorschlag von *Reich* zum Umgang mit vertragsrechtlichen Fällen, in denen das nationale IPR zur Anwendung eines nationalen Sachrechts führt, das gegen Gemeinschaftsrecht verstößt: Siehe oben Rn. 21 Fn. 81.

150 Siehe oben Rn. 434 in Verbindung mit Rn. 434 Fn. 51 Satz 2.

151 Gleiches gilt auch für Art. 91 Abs. 1 WechselG: Im konkreten Fall darf die Anknüpfung an die Staatsangehörigkeit einen ausländischen Kaufmann aus einem anderen Mitgliedstaat nicht daran hindern, in Deutschland einen Wechsel wirksam zu zeichnen.

152 OLG Düsseldorf 1. 10. 1982, MDR 1983, 132; RIW 1984, 481; IPRspr. 1982 Nr. 25.

Deutscher war. Vor Gericht machte er Ansprüche aus dem Recht der Geschäftsführung ohne Auftrag geltend.

Der richtige Anknüpfungspunkt für die Geschäftsführung ohne Auftrag ist in der Literatur umstritten; die Gerichte sind unterschiedlichen Wegen gefolgt[153]. Soweit die Geschäftsführung ohne Auftrag einen grenzüberschreitenden EG-Bezug hat und nicht im konkreten Fall als Folge der Nichtigkeit eines Vertrages an das Vertragsstatut anzuknüpfen ist[154], stehen mehrere Anknüpfungspunkte zur Auswahl. Vertreten werden die Anknüpfung an den gewöhnlichen Aufenthaltsort des Beauftragten[155], das Recht des Vornahmeortes[156] und – als Ausnahme zur Regel – das Recht eines gemeinsamen Personalstatuts[157]. Betrifft der Fall wie der oben geschilderte Fall des OLG Düsseldorf die Ausübung einer Grundfreiheit (hier: der Dienstleistungsfreiheit), so scheidet die Anknüpfung an das Personalstatut jedenfalls dann aus, wenn der Dienstleistungserbringer oder der Dienstleistungsnehmer (dem die passive Dienstleistungsfreiheit zur Seite steht) dadurch schlechter gestellt wird. Wie im übrigen zu entscheiden ist, hängt von der Fallkonstellation ab. Im Beispielsfall war das gemeinsame Personalstatut der Parteien allein jedenfalls noch kein Grund zur Anwendung deutschen Rechts. 492

III. Renvoi

Bei der Prüfung von Rückverweisungen ist ebenfalls das Konformitätsgebot zu beachten: Auch das IPR der anderen Mitgliedstaaten ist in Folge des Vorrangs des Gemeinschaftsrechts in gemeinschaftsrechtskonformer Weise anzuwenden. Für den Fall der Prüfung des von Artikel 7 Abs. 1 EGBGB berufenen ausländischen Heimatrechts eines Unionsbürgers ist allerdings zu beachten, daß der ausländische Unionsbürger aus der Sicht seines Heimatrechts ein Inländer ist, so daß das Konformitätsgebot schon aus diesem Grund nicht anwendbar ist. 493

IV. Ordre public

Das Gebot der Gemeinschaftsrechtskonformität wirkt auch auf die Anwendung des *ordre public*, also des internationalprivatrechtlichen Korrektivs gegenüber der Anwendung des fremden Sachrechts[158]. Die zentrale Vorschrift zum 494

---

153 Zusammenfassender Überblick bei Palandt/*Heldrich*, Art. 28 EGBGB, Rn. 16.

154 Art. 32 Nr. 5 EGBGB (Art. 10 Abs. 1 e EVÜ); vgl. Soergel/*Kegel*, Vor Art. 7, Rn. 535; *Martiny* in: *Reithmann/Martiny*, Rn. 265; *von Bar*, IPR, Bd. 2 Rn. 722 (vor Fn. 451).

155 So z. B. Palandt/*Heldrich*, Art. 28 EGBGB, Rn. 16.

156 Soergel/*Kegel*, Vor Art. 7, Rn. 535; *Martiny* in: *Reithmann/Martiny*, Rn. 264.

157 So das OLG Düsseldorf in dem Beispielsfall: Siehe oben Rn. 490 Fn. 152.

158 Für einen „europäischen ordre public" zuerst wohl *v. Brunn*, NJW 1962, 985–989; vgl. zuletzt ausführlich *Martiny* in: Gemeinschaftsrecht und IPR, S. 211, 219–222 und 227–232 sowie *Raeschke-Kessler*, EuZW 1990, 145, 148. Siehe auch oben die Nachweise in Rn. 18 Fn. 62

ordre public, Artikel 6 EGBGB[159], ist *gemeinschaftsrechtlichen* Ursprungs. Sie beruht auf Artikel 16 EVÜ, wenn sie auch über dessen Text hinausgeht[160]. Deshalb gilt für die Auslegung von Artikel 6 EGBGB das Gebot der einheitlichen Auslegung aus Artikel 36 EGBGB (Art. 16 EVÜ)[161].

495 Eine *autonome* Regelung zum *ordre public* enthält hingegen Artikel 38 EGBGB. Der Vorgänger dieser Bestimmung – Artikel 12 EGBGB a. F. – ist schon vor Jahren als gemeinschaftsrechtswidrig angegriffen worden[162]. Gleichwohl hat sich das gemeinschaftsrechtliche Gebot seiner *Unanwendbarkeit* gegenüber ausländischen Unionsbürgern noch nicht durchgesetzt[163]. Deshalb soll die im Grunde genommen klassische Frage der Gemeinschaftsrechtswidrigkeit von Artikel 38 EGBGB noch einmal aufgegriffen werden. Die Norm bestimmt:

496 „Aus einer im Auslande begangenen unerlaubten Handlung können *gegen einen Deutschen* nicht weitergehende Ansprüche geltend gemacht werden, als nach den deutschen Gesetzen begründet sind." (Kursivdruck nicht im Original).

497 Das bedeutet, daß außerhalb des durch Richtlinien angeglichenen Deliktsrechts[164] sich die Begrenzungen von § 823 BGB auf einen abgegrenzten Katalog von geschützten Rechtsgütern gegenüber ausländischen Rechtsordnungen durchsetzen, die wie zum Beispiel Artikel 1382 Code civil im Gegensatz zum deutschen Recht grundsätzlich den Ersatz von Vermögensschäden zulassen. Ein Franzose, der in Deutschland gegen einen Deutschen wegen einer von diesem in Paris begangenen unerlaubten Handlung klagt, soll nach Artikel 38 EGBGB nicht mehr erhalten, als er im Falle der unmittelbaren Anwendung deutschen Deliktsrechts erhielte. Wegen seiner Staatsangehörigkeit soll der deutsche Schuldner gegenüber dem ausländischen Unionsbürger besser gestellt werden. Die daraus folgende materielle Schlechterstellung des ausländischen Unionsbürgers liegt auf der Hand. Die Begünstigung deutscher Schädiger benachteiligt ausländische Schädiger ohne sachlichen Grund[165]. Artikel 38

(ordre public und *Börsentermingeschäfte*) sowie Rn. 29 (zu Art. 85 EG-Vertrag als Teil des ordre public). Zum Verhältnis von Richtlinien und ordre public vgl. Teil II Rn. 744ff., 1014ff.

[159] Art. 6 EGBGB bestimmt: „Eine Rechtsnorm eines anderen Staates ist nicht anzuwenden, wenn ihre Anwendung zu einem Ergebnis führt, das mit wesentlichen Grundsätzen des deutschen Rechts offensichtlich unvereinbar ist. Sie ist insbsondere nicht anzuwenden, wenn die Anwendung mit den Grundrechten unvereinbar ist."

[160] *Pirrung* in: Gemeinschaftsrecht und IPR, S. 21, 49.

[161] *Martiny* in: Gemeinschaftsrecht und IPR, S. 211, 231–232.

[162] Vgl. z. B. *Makarov*, Eranion Maridakis, Bd. 3, 230, 239; *Zweigert*, FS Hallstein 554, 566–567; Staudinger/*Sturm/Sturm*, Einl zu Art 7ff. EGBGB, Rn. 237. Siehe aus der neueren Literatur z. B.: *von Bar*, IPR, Bd. 1 Rn. 172 und Bd. 2 Rn. 681; *Martiny* in: Gemeinschaftsrecht und IPR, S. 211, 236–238.

[163] Vgl. z. B. OLG Hamburg 11. 4. 1991, 6 U 3/91, TranspR 1991, 304 (inzwischen nach Auskunft des ursprünglich die Revision betreibenden Anwalts rechtskräftig); sowie: Staudinger/*Sturm/Sturm*, Einl zu Art 7ff. EGBGB, Rn. 237 und MünchKomm/*Kreuzer*, Art. 38, Rn. 304; vgl. zum ordre public auch Teil II Rn. 744ff., 1020ff.

[164] Siehe oben Rn. 3 Fn. 11, Anh. I.

[165] Vgl. OLG Hamburg a. a. O. Rn. 495 Fn. 163; ähnlich z. B. schon *Makarov*, Eranion

EGBGB ist deshalb gegenüber ausländischen Unionsbürgern grundsätzlich unanwendbar.

In einem neueren Urteil des *Oberlandesgericht Hamburg* – noch zu Artikel 12 EGBGB a. F. – wurde die Diskriminierung einer Gesellschaft erkannt[166]. Dennoch hat das Gericht Artikel 12 a. F. EGBGB mit dem Argument nicht angewendet, daß der Anwendungsbereich des Gemeinschaftsrechts nicht betroffen gewesen sei[167]. In dem Fall begehrte eine holländische Firma, mit Ansprüchen aus einem Schiffsunfall in einem niederländischen Hafen an einem seerechtlichen Verteilungsverfahren in Hamburg beteiligt zu werden. Die Ansprüche bestanden möglicherweise nach holländischem, keinesfalls aber nach deutschem Recht. Unter diesen Umständen hat das Gericht die Klage unter Hinweis auf Artikel 12 a. F. EGBGB abgewiesen[168]. Dieser Auffassung ist schon deshalb zu widersprechen, weil die deutsche Beklagte die Schiffskollision anläßlich des Gebrauchs einer Grundfreiheit verursacht hat: Sie hat ihr Schiff unter Ausnutzung einer Grundfreiheit – der des freien Warenverkehrs oder der Dienstleistungsfreiheit – in den holländischen Hafen geschickt[169]. Macht ein Unionsbürger (bzw. eine juristische Person eines Mitgliedstaates) Gebrauch von den Grundfreiheiten des Gemeinschaftsrechts, so sind die Folgen dieses Gebrauchs ebenfalls am Gemeinschaftsrecht zu messen. Es geht nicht an, daß das Gemeinschaftsrecht zwar den grenzüberschreitenden Marktverkehr ermöglicht, dann aber bei der Bewertung von Auswirkungen ausgeschlossen bleibt[170]. Darüberhinaus betreffen Fragen der seerechtlichen Haftungsbeschränkung den Schifffahrtsverkehr und damit sogar die Politik der Gemeinschaft[171]. Insbesondere um die Schiffssicherheit und die Vermeidung von Kollisionen ist die Gemeinschaft bemüht[172]. Deshalb war der Anwendungsbereich von Artikel 7 Abs. 1 EWG- 498

Maridakis, Bd. 3, 231, 238–239 (noch zögernd); *Zweigert*, FS Hallstein, S. 555, 566f. und die im Urteil des OLG Hamburg auf S. 305 unten zitierten Autoren; vgl. aus dem neueren Schrifttum z. B. *von Bar*, IPR, Bd. 1, Rn. 172 und Bd. II (1991), Rn. 681, sowie *Reich*, RabelsZ 56 (1992) 444, 484.

166 OLG Hamburg (a. a. O. Rn. 495 Fn. 163), TranspR 1991, 304, 305 rechte Spalte.

167 OLG Hamburg, TranspR 1991, 304, 305 unten – 306.

168 OLG Hamburg, TranspR 1991, 304 rechte Spalte.

169 Die genaue Einschätzung hängt von im veröffentlichten Tatbestand des Urteils nicht mitgeteilten Tatsachen ab (War das MS „B" ein Fährschiff oder ein Transportschiff ?). Zumindest war die passive Dienstleistungsfreiheit betroffen (vgl. EuGH 31. 1. 1984, Rs. 286/82 und 26/83 (*Luisi und Carbone*), Slg. 1984, 377, 403 Erw. 16): Wer mit einem Schiff im Hafen festmachen will, nimmt dort auch Dienstleistungen in Anspruch.

170 Für die Beachtung der Grundfreiheiten bei der Anwendung von Artikel 38 EGBGB: *Martiny*, in: Gemeinschaftsrecht und IPR, S. 211, 237–238; *Roth*, RabelsZ 55 (1991) 623, 642. – Ähnlich jetzt auch *Rigaux*, FS Loussouarn, 341, 350 (zur Entscheidung *Köster*, zitiert oben in Rn. 18 Fn. 62): „La question pertinente aurait été de savoir si la personne qui a bénéficié d'une prestation de service licite dans un État membre peut se dérober à l'exécution de ses obligations en vers de l'ordre public d'un autre État membre."

171 Vgl. Art. 84 Abs. 2 EG-Vertrag i. V. m. Art. 74 EG-Vertrag.

172 Vgl. nur die Entschließung des Rates zur Verbesserung der Sicherheit von Fahrgastfährschiffen vom 13. 6. 1990, Abl. 1990 Nr. C-206, S. 3.

Vertrag (heute: Art. 6 Abs. 1 EG-Vertrag) betroffen[173]. Artikel 12 a. F. EGBGB war unanwendbar[174].

499 Der Fall belegt die Wirkung des Konformitätsgebots auf die spezielle Vorbehaltsklausel in Artikel 38 EGBGB. Solange sie besteht, ist sie gegenüber ausländischen Unionsbürgern, die von einem Deutschen geschädigt wurden, unanwendbar. Ob die Unanwendbarkeit über eine der Grundfreiheiten oder über das allgemeine Diskriminierungsverbot in Artikel 6 EG-Vertrag zu begründen ist, hängt von der Fallgestaltung ab.

---

173 Zustimmend wohl *Kreuzer* in: Gemeinsames Privatrecht, S. 373, 419 Fn. 177. Die Entscheidung des Oberlandesgerichts ist auch deshalb erstaunlich, weil sie das Urteil des Gerichtshofs in der Rs. 186/87 (*Cowan/Trésor Public*), Slg. 1989, 195, 216 (= NJW 1989, 2183) zitiert. In dieser Entscheidung hat der Gerichtshof eine *Ausweitung* des Gemeinschaftsrechts festgestellt (dazu *Martiny*, in: Gemeinschaftsrecht und IPR, S. 211, 237 f.).

174 Da die Revision gegen das Urteil des OLG Hamburg zurückgenommen wurde – vgl. oben Rn. 495 Fn. 163 – wird es nicht zu einer Entscheidung des Gerichtshofs kommen, die andernfalls zu erwarten war (*arg.* Art. 177 Abs. 3 EG-Vertrag).

Zusammenfassung und Würdigung von Teil I

Im folgenden sollen die wesentlichen Ergebnisse dieser Arbeit zunächst thesenartig zusammengefaßt werden, bevor versucht werden soll, sie in einer abschließenden Würdigung zu bewerten. 500

§ 9 Zusammenfassung von Teil I in Thesen

In *Kapitel I* der Arbeit war nach Hinweis auf normenhierarchische Argumente[1] und auf Grund eines Vergleichs mit dem Einfluß des Gemeinschaftsrechts auf das *Internationale Zivilverfahrensrecht*[2] als wahrscheinlich angenommen worden, daß das Gemeinschaftsrecht in zunehmendem Maße zugleich als *Rechtsquelle* und als *Schranke* auf das deutsche Internationale Privatrecht (IPR) einwirkt. Anknüpfend an die ersten Beispiele für die Einwirkung des Gemeinschaftsrechts auf das nationale IPR – vor allem durch das Schuldrechtsübereinkommen vom 19. Juni 1980 (EVÜ)[3] – hatte sich diese Arbeit zum Ziel gesetzt, mit Hilfe einiger nicht so gut wie das EVÜ sichtbarer Beispiele die Bedeutung des Gemeinschaftsrecht für das IPR genauer herauszuarbeiten[4]. 501

Die Untersuchungen in *Kapitel II* und *Kapitel III* haben die wachsende Doppelfunktion des Gemeinschaftsrechts bestätigt. 502

Im einzelnen:

I. Thesen zur Wirkung des Gemeinschaftsrechts als Rechtsquelle des IPR

1. Die unterschiedliche Rechtsquellenfunktion des Gemeinschaftsrechts erfordert *begriffliche Unterscheidungen*, aus denen die Rolle des Gemeinschaftsrechts bei der Entstehung von IPR-Normen deutlich wird[5]. Unter dem Oberbegriff *IPR gemeinschaftsrechtlichen Ursprungs* sind zusammzufassen: 503

---

[1] Rn. 6–10.

[2] Rn. 27–29.

[3] Vgl. Rn. 31 f.

[4] Für die erforderliche *Eingrenzung des Themas* – einschließlich einer methodischen Beschränkung – vgl. oben Rn. 36–45; für einen *Überblick über die Literatur* zum Einfluß des Gemeinschaftsrechts auf das IPR siehe oben Rn. 15 ff.

[5] Vgl. dagegen die Darstellung ab Rn. 49 von den nicht aufeinander abgestimmten Begriffsverwendungen in der Literatur.

504 – *Gemeinschaftsrechtliches IPR* (im Privatrechtverkehr unmittelbar wirkende IPR-Regelungen des Gemeinschaftsrechts: IPR in den Gründungsverträgen, IPR in Verordnungen und vom Gerichtshof als Richterrecht geschaffenes IPR [*IPR kraft Richterrechts*], nicht aber IPR-Regelungen in Richtlinien[6]);

– *Harmonisiertes IPR* (oder: *angeglichenes IPR*; i. e. nationales IPR, das IPR-Regelungen in Richtlinien umgesetzt hat);

– *IPR-Normen aus gemeinschaftsrechtsnahen Staatsverträgen* (IPR-Regelungen in gemeinschaftsrechtsnahen Staatsverträgen wie dem EVÜ; IPR-Regelungen, die auf solchen Verträgen beruhen: so z. B. Artt. 27 ff. EGBGB).

– *aus Richterrecht entwickeltes IPR* (nationales IPR, das der Gesetzgeber zur Umsetzung von Vorgaben des Gerichtshofs geschaffen hat)[7].

505 2. Für alle Fragen, die die sekundäre Niederlassungsfreiheit oder die Dienstleistungsfreiheit einer nach der Rechtsordnung eines Mitgliedstaates gegründeten Gesellschaft betreffen, schreibt Artikel 58 Abs. 1 (*erste Voraussetzung*) EG-Vertrag die Anknüpfung an das *Gründungsrecht* vor, wenn die Gesellschaft – wie meist – zusätzlich die *sachrechtlichen* Voraussetzungen von Artikel 58 EG-Vertrag[8] sowie von Artikel 52 Abs. 1 EG-Vertrag (bei der Niederlassungsfreiheit) beziehungsweise Artikel 59 Abs. 1 EG-Vertrag (bei der Dienstleistungsfreiheit) erfüllt[9]. Die Anwendung von zwingendem nationalen Recht des Forums ist in diesen Fällen, wenn das Recht des Forums nicht das Gründungsstatut darstellt, nur unter den engen Voraussetzungen einer Rechtfertigung durch Artikel 56 EG-Vertrag oder durch zwingende Erfordernisse des Allgemeininteresses möglich[10].

506 3. Die Verweisung in Artikel 58 Abs. 1 (*erste Voraussetzung*) EG-Vertrag ist als *selbstgerechte (selbstbegrenzte) Sachnorm* zu verstehen, die eine *alternative Sachnormverweisung* ausspricht:

a) Um über die Anwendbarkeit der Bestimmungen zur Niederlassungs- und Dienstleistungsfreiheit auf eine Gesellschaft zu entscheiden[11], ist die Frage nach der wirksamen Gründung dieser Gesellschaft zu klären. Für die Beantwortung dieser Vorfrage knüpft Artikel 58 Abs. 1 (*erste Voraussetzung*) EG-Vertrag alternativ an die zwölf Privatrechtsordnungen der Mitgliedstaaten an: Sind bei der Gesellschaftsgründung die materiellrechtlichen Gründungsvoraussetzungen von *einem* der Mitgliedstaaten beachtet, ist die Gesellschaft für die Beurteilung niederlassungsrechtlicher oder dienstleistungsrechtlicher Fragen als gegründet

[6] Vgl. die Grundsatzüberlegungen zu den Rechtsquellen des gemeinschaftsrechtlichen IPR Rn. 71–95.

[7] Vgl. die Darstellung der Begriffe in Rn. 54–70.

[8] Art. 58 Abs. 1 (*zweite Voraussetzung*) und Art. 58 Abs. 2 EG-Vertrag; zur Einordnung von Artikel 58 Abs. 1 (*zweite Voraussetzung*) als *sachrechtliche* Voraussetzung siehe sogleich die 3. These (Rn. 506).

[9] Vgl. Rn. 271 ff.

[10] Rn. 271–277.

[11] Art. 58 EG-Vertrag betrifft unmittelbar das Niederlassungsrecht; Art. 66 EG-Vertrag aus dem Dienstleistungsrecht verweist auf Art. 58 EG-Vertrag.

zu behandeln. Artikel 58 Abs. 1 (*erste Voraussetzung*) EG-Vertrag spricht damit eine *alternative IPR-Sachnormverweisung* aus[12].

b) Da diese Verweisung das auf die Prüfung einer Tatbestandsvoraussetzung 507
von Artikel 58 EG-Vertrag – nämlich die Gesellschaftsgründung – anwendbare Recht beruft, ist Artikel 58 EG-Vertrag als *selbstgerechte (oder: selbstbegrenzte) Sachnorm* einzuordnen[13].

4. *Neben* die *internationalprivatrechtliche* Anwendungsvoraussetzung in Artikel 508
58 Abs. 1 (*erste Voraussetzung*) tritt die *sachrechtliche* Anwendungsvoraussetzung aus Artikel 58 Abs. 1 (*zweite Voraussetzung*) EG-Vertrag[14]. Danach muß eine Gesellschaft ihren satzungsmäßigen Sitz, ihre Hauptverwaltung *oder* ihre Hauptniederlassung (irgendwo) *innerhalb der Gemeinschaft* haben. Dieser zweiten Voraussetzung kommt aus rechtspraktischer Sicht[15] nur eine „Wächterfunktion" zu, weil eine Gesellschaft, die die *erste Voraussetzung* erfüllt, in Anbetracht der *materiell*rechtlichen Gründungsvoraussetzungen in den zwölf Mitgliedstaaten stets auch die *zweite Voraussetzung* erfüllen wird[16].

5. Die Einordnung von Artikel 58 Abs. 1 (*erste Voraussetzung*) EG-Vertrag als 509
IPR-Verweisung paßt zur Systematik des EG-Vertrages:

a) Im Vergleich zur *zweiten Voraussetzung* von Artikel 58 Abs. 1 EG-Vertrag nimmt die *erste Voraussetzung* eine eigenständige Funktion wahr: Fehlte sie, hätte z. B. eine in Delaware/USA gegründete Gesellschaft mit einer Londoner Hauptverwaltung einen Anspruch auf Teilhabe an der Niederlassungs- und Dienstleistungsfreiheit[17].

b) Aus der Erfüllung der *ersten Voraussetzung* von Artikel 58 Abs. 1 EG- 510
Vertrag folgt ein *bedingtes Recht* der Gesellschaft auf Ausübung der Niederlassungs- und Dienstleistungsfreiheit[18].

Erfüllt eine unter Beachtung des von Artikel 58 Abs. 1 (*erste Voraussetzung*) EG-Vertrag berufenen, nationalen Gesellschaftsrechts gegründete Gesellschaft *zusätzlich* die sachrechtliche zweite Voraussetzung von Artikel 58 Abs. 1 EG-Vertrag steht ihr ein *ruhendes Recht* auf Teilnahme an der Niederlassungs- und Dienstleistungsfreiheit zu: Zur Aktivierung dieses Rechts bedarf es der zusätzlichen Voraussetzung der *Ansässigkeit* in der Gemeinschaft nach Artikel 52 Abs. 1

---

12 Zur Einordnung als *alternative* IPR-Verweisung: Rn. 120; zur Qualifikation als *Sachnormverweisung* und zur Abgrenzung gegenüber der Einordnung als Gesamtverweisung: Rn. 126–143 (Zwischenergebnis). Die *praktischen Auswirkungen* der Einordnung als Sachnormverweisung (keine Normenhäufung) werden in Rn. 148–151 dargestellt.

13 Vgl. Rn. 114, 116.

14 Rn. 155ff. – Das Verhältnis der beiden Voraussetzungen von Art. 58 Abs. 1 EG-Vertrag wird besonders deutlich in den nicht-deutschen Fassungen, von denen die deutsche Fassung abweicht: Vgl. die Wiedergabe des Wortlauts in Rn. 108–109.

15 Vgl. Rn. 173f.

16 Rn. 154–175.

17 Oben Rn. 174.

18 Siehe Rn. 178.

EG-Vertrag (bei der Niederlassungsfreiheit) beziehungsweise nach Artikel 59 Abs. 1 EG-Vertrag (bei der Dienstleistungsfreiheit)[19].

511 c) Artikel 220 EG-Vertrag steht der Einordnung von Artikel 58 Abs. 1 (*erste Voraussetzung*) EG-Vertrag als alternative Sachnormverweisung nicht entgegen[20].

512 6. Auch die Rechtsprechung des Gerichtshofes steht der Einordnung von Artikel 58 Abs. 1 (*erste Voraussetzung*) als IPR-Verweisung nicht entgegen[21]. Dies gilt insbesondere für die *Daily Mail*-Entscheidung[22]:

a) In jener Entscheidung, die weitgehend auf *sachrechtlichen* Erwägungen beruht[23], hat der Gerichtshof die Niederlassungsfreiheit von Gesellschaften auf die *sekundäre Niederlassungsfreiheit*, also das Recht, in anderen Mitgliedstaaten Zweigniederlassungen zu errichten und Tochtergesellschaften zu gründen, beschränkt[24]. Damit hat der Gerichtshof aus dem Gemeinschaftsrecht fließende *Schranken der Niederlassungsfreiheit von Gesellschaften* gezogen: Das Gemeinschaftsrecht zwingt nicht zur Zulassung der identitätswahrenden Sitzverlegung. In den Fällen, in denen das IPR – durch Anknüpfung an das Gründungsrecht – die identitätswahrende Sitzverlegung ermöglichen *kann*, ist dieser Weg *nicht* gemeinschaftsrechtlich geboten. Es ist danach statthaft, die identitätswahrende Sitzverlegung sachrechtlich mit Hilfe des materiellen Gesellschaftsrechts oder internationalprivatrechtlich mit Hilfe der Sitztheorie zu verhindern.

513 b) Im übrigen hat der Gerichtshof die Bedeutung von Artikel 58 EG-Vertrag für die *sekundäre* Niederlassungsfreiheit von Gesellschaften betont[25]. Aussagen über die Wirkungsweise und die Bedeutung von Artikel 58 Abs. 1 (*erste Voraussetzung*) EG-Vertrag enthält das Urteil nicht.

514 7. Die Anknüpfung an das Gründungsrecht ist auch in den *Zwitterfällen* erforderlich, die sowohl die sekundäre als auch die primäre Niederlassungsfreiheit betreffen (Fall der in London gegründeten und in Deutschland tätigen Gesellschaft mit Hauptverwaltungssitz in Paris)[26].

515 8. Die Regelung in Artikel 34 Abs. 1 EWR-Vertrag enthält in gleichem Maße wie die Regelung in Artikel 58 Abs. 1 EG-Vertrag eine internationalprivatrechtliche Verweisung[27].

516 9. Aus integrationspolitischen Erwägungen heraus sollte bei der Bestimmung des Gesellschaftsstatuts von in anderen Mitgliedstaaten gegründeten Ge-

---

[19] Siehe Rn. 182f.

[20] Siehe Rn. 262–265.

[21] Vgl. die Erörterung der „Auslegungsvorgaben durch die Rechtsprechung des Gerichtshofs" Rn. 191–258.

[22] Erörtert ab Rn. 207.

[23] Vgl. vor allem die Nachweise für die – in der deutschen amtlichen Fassung falsch übersetzte – 19. Erwägung (ab Rn. 220), für die 20. Erwägung (ab Rn. 229), für die 21./22. Erwägung (ab Rn. 233) und für die 23. Erwägung (ab Rn. 250).

[24] Siehe Rn. 256ff.

[25] Vgl. Rn. 213.

[26] Siehe oben Rn. 288ff.

[27] Vgl. oben Rn. 301f.

sellschaften *generell* an das Gründungsrecht angeknüpft werden, also selbst dann, wenn die Anknüpfung an das Gründungsrecht nicht nach Artikel 58 EG-Vertrag oder Artikel 34 EWR-Vertrag erforderlich ist[28]. Über Artikel 4 Abs. 1 Satz 1, 2. Halbsatz EGBGB ist in diesen Fällen – außerhalb des Anwendungsbereichs von Artikel 58 EG-Vertrag und 34 EWR-Vertrag – der Renvoi auszuschließen[29].

Dieser Vorschlag schließt Fälle ein, in denen ausschließlich die *primäre* Niederlassungsfreiheit betroffen ist (Fälle der Verlegung des Hauptverwaltungssitzes von einem Mitgliedstaat in den anderen). Hier sollte im Interesse der europäischen Integration ebenfalls an das Gründungsrecht angeknüpft werden, obwohl dies gemeinschaftsrechtlich nicht zwingend ist. Im Einzelfall sind Korrekturen durch die Anwendung zwingenden Rechts im Wege der Sonderanknüpfung zuzulassen, wenn dies durch die – analog anzuwendende – Regelung in Artikel 56 EG-Vertrag oder durch zwingende Erfordernisse des Allgemeininteresses zu rechtfertigen sind[30].

10. Die Zusammenschau von deutlichen IPR-Regelungen in der EWIV- 517
Verordnung und in den Entwürfen für vier andere Formen juristischer Personen (SE, EUV, EUGEN, EUGGES) zeigt eine allmählich entstehende *Struktur* von IPR in Verordnungen[31]:

a) Die IPR-Verweisungen gelten nur dann, wenn das gemeinschaftsrechtliche Sachrecht keine vorrangigen Regelungen enthält (*Prinzip der Subsidiarität*)[32].

b) Eine allgemeine Verweisung wird auf der allgemeinen Ebene durch eine 518
Regelung für Mehrstaater ergänzt, die Artikel 19 Abs. 1 des EG-Schuldvertragsübereinkommens entspricht und von der „Haager interlokalrechtlichen Formel" abweicht[33].

c) Hinzutreten spezielle Verweisungen, die häufig erforderlich sind, weil 519
gemeinschaftsrechtliches Sachrecht und vom IPR berufenes Sitzstaatrecht *nebeneinander* gelten sollen. Die gemeinschaftsrechtlichen IPR-Verweisungen begrenzen also den andernfalls geltenden Vorrang des gemeinschaftlichen Sachrechts[34].

d) Die IPR-Verweisungen in Verordnungen sind Sachnormverweisungen[35] 520
auf das Sitzstaatrecht, das mit dem nationalen Gründungsrecht identisch ist[36].

11. Den IPR-Regelungen in Verordnungen wird häufig nur eine klarstellende 521

28 Siehe oben Rn. 279ff. zu Artikel 58 EG-Vertrag und Rn. 302 zu Artikel 34 EWR-Vertrag.

29 Einzelheiten oben Rn. 284ff.

30 Rn. 298 i. V. m. Rn. 274ff.

31 Rn. 386f.

32 Vgl. Rn. 311 und 372.

33 Vgl. Rn. 323f. (zur EWIV-Verordnung), Rn. 343f. zum SE-Vorschlag sowie Rn. 373 zu den EUV-/EUGEN- und EUGGES-Vorschlägen.

34 Vgl. die Erörterung von Art. 19 Abs. 1 Unterabs. 2, 2. Spiegelstrich der EWIV-Verordnung, oben ab Rn. 317.

35 Vgl. Rn. 312.

36 Siehe Rn. 310 Fn. 642 (zur EWIV-Verordnung) und Rn. 330 (zum SE-Vorschlag).

Funktion zukommen; gelegentlich sind sie aber auch erforderlich. Im einzelnen[37]:

(1) *Erforderlich* sind die speziellen IPR-Verweisungen, wenn die Verweisung einen Bereich betrifft, der von der Verordnung selbst nicht erfaßt wird (*Fall der über den Anwendungsbereich der Verordnung hinausreichenden IPR-Verweisung*);

(2) *Sinnvoll* sind spezielle IPR-Verweisungen darüberhinaus, wenn die Verweisung auf das Sitzstaatrecht neben gemeinschaftsrechtlichem Sachrecht angewendet werden soll (*Nebeneinander von gemeinschaftsrechtlichem Sachrecht und gemeinschaftsrechtlichem IPR*); in diesen Fällen kommt der IPR-Verweisung aber nur eine klarstellende Funktion zu. Eine rangkollisionsrechtliche Verweisung auf einzelstaatliches Recht – wie sie jetzt vielfach in Anlage I des Dokuments 5269/93 vorgesehen ist[38] – führt in Verbindung mit der Generalverweisung[39] zum gleichen Ergebnis.

(3) Einen *Sonderfall* enthält der SE-Vorschlag 91[40] in Artikel 69 Abs. 2: Die Verweisung auf das Sitzstaatrecht soll nicht nur neben gemeinschaftsrechtlichem Sachrecht angewendet werden, sondern darüberhinaus auch neben einzelstaatlichem IPR (*Nebeneinander von gemeinschaftsrechtlichem Sachrecht und IPR, verbunden mit einer Kumulation von Anknüpfungspunkten*).

522 12. Neben deutlichen IPR-Regelungen enthalten Verordnungen gelegentlich auch *versteckte IPR-Verweisungen* in Form von Anerkennungsnormen und Ermächtigungsnormen[41]; hinzutreten Gutglaubensregelungen mit internationalprivatrechtlicher Wirkung für den Fall der Sitzverlegung[42].

523 13. Nach der *rechtsfortbildenden* Auslegung des Gerichtshofs im Fall *GB INNO* enthält Artikel 30 EG-Vertrag eine *negative einseitige Kollisionsnorm* für den Fall, daß das Wettbewerbsrecht am Marktort strenger ist als das Recht des Herkunftslandes und diese strengere Regelung nicht nach Artikel 36 EG-Vertrag gerechtfertigt ist: In diesem Fall ist das Marktortrecht, wenn es vom autonomen IPR berufen wird, gleichwohl nicht anwendbar[43].

II. Thesen zur Bedeutung des Gemeinschaftsrechts als Schranke bei der Anwendung von IPR (nicht gemeinschaftsrechtlichen Ursprungs)

524 1. Aus dem Vorrang des Gemeinschaftsrecht vor nationalem Recht folgt ein *Gebot der Gemeinschaftsrechtskonformität des nationalen IPR* (kurz: *Konformitätsgebot*), das insbesondere im Hinblick auf den Grundsatz der Gemeinschaftstreue von den Mitgliedstaaten in allen Teilen zu beachten ist: Das nationale IPR ist in

[37] Vgl. Rn. 370.
[38] Vgl. Rn. 364.
[39] Vgl. oben Rn. 334ff.
[40] Vgl. oben Rn. 356f.
[41] Siehe oben Rn. 388ff.
[42] Oben ab Rn. 399.
[43] Siehe die Erörterung zu gemeinschaftsrechtlichem IPR kraft Richterrechts ab Rn. 402, insbesondere Rn. 409.

gemeinschaftsrechtkonformer Weise zu schaffen und auszulegen; ergibt die einzelfallbezogene Abwägung, daß die Anwendung einer deutschen IPR-Norm zu einem Verstoß gegen das Gemeinschaftsrecht führen würde, so ist sie nicht anzuwenden[44].

2. Mit der weiten Anwendung des Konformitätsgebots läßt sich das IPR als *Mittel der europäischen Integration* einsetzen[45]. 525

3. Die *Grenzen des Konformitätsgebots* folgen vor allem aus dem Gemeinschaftsrecht: Grundsätzlich erfaßt das Gebot der Gemeinschaftsrechtskonformität auch staatsvertraglich vereinheitlichtes IPR[46]. 526

4. Das Gebot der Gemeinschaftsrechtskonformität kann *a priori* alle Prüfungsschritte einer IPR-Prüfung beeinflussen[47]. Die im Detail durchgeführten Untersuchungen haben folgendes ergeben: 527

a) Es besteht eine Vermutung, daß die *Qualifikation* eines Sachverhalts nicht gegen das Gemeinschaftsrecht verstößt[48]. In Fällen, in denen sowohl vertragliche als auch deliktische Ansprüche in Betracht kommen, bietet das Gemeinschaftsrecht Argumente für die *vertragsakzessorische Anknüpfung*[49].

b) Stimmen die sachrechtlichen Regelungen in den Mitgliedstaaten überein, bleibt für die Anwendung des Gebots der Gemeinschaftsrechtskonformität kaum Raum. Artikel 7 Abs. 1 EGBGB, der die *Geschäftsfähigkeit* an die Staatsangehörigkeit anknüpft, ist deshalb grundsätzlich anwendbar, obwohl er rechtspolitisch verfehlt ist: Denn die Volljährigkeitsgrenze liegt in allen Mitgliedstaaten bei 18 Jahren. Die praktischen Schwierigkeiten der Ermittlung fremden Rechts sind wegen der guten und leicht zugänglichen deutschsprachigen Darstellungen zum Recht der Geschäftsfähigkeit in den anderen Mitgliedstaaten zu vernachlässigen; sie allein bieten kein Argument für die Annahme einer Grundfreiheitsbeeinträchtigung. Gleiches gilt für die in § 549 Abs. 1 ZPO vorgesehene Irrevisibilität ausländischen Rechts; gegebenenfalls verstößt die Anwendung dieser Norm gegen das Gemeinschaftsrecht[50]. 528

c) Artikel 38 EGBGB ist gegenüber ausländischen Unionsbürgern oder Gesellschaften grundsätzlich unanwendbar. Dies gilt insbesondere dann, wenn ein ausländischer Unionsbürger von einem Deutschen bei einer Gelegenheit verletzt wurde, als der Deutsche von einer Grundfreiheit Gebrauch machte. Es geht nicht an, daß das Gemeinschaftsrecht zwar den grenzüberschreitenden Marktverkehr ermöglicht, dann aber bei der Bewertung von Auswirkungen ausgeschlossen bleibt[51]. 529

d) Ein Richter, der Zweifel an der gemeinschaftsrechtlichen Zulässigkeit 530

---

44 Vgl. oben Rn. 419ff., 439ff.
45 Oben Rn. 426.
46 Oben Rn. 430ff.
47 Rn. 439f.
48 Rn. 442ff.
49 Rn. 446ff.
50 Vgl. die Darstellung oben Rn. 457–485. Für einen Ausblick auf die Anknüpfung der *Scheckfähigkeit* und der *Geschäftsführung ohne Auftrag* siehe Rn. 488ff.
51 Rn. 494ff., 498.

einer deutschen IPR-Norm hat, sollte die der Normanwendung zu Grunde liegende Frage zur Auslegung des Gemeinschaftsrechts dem Gerichtshof nach Artikel 177 EG-Vertrag vorlegen.

§ 10 Abschließende Würdigung von Teil I

531 In diesem Teil konnten nur einige, wenn auch nach Einschätzung *d. Verf.* zentrale Fragen erörtert werden, die die Doppelfunktion des Gemeinschaftsrechts als Quelle und Schranke des deutschen Internationalen Privatrechts zeigen. Der Weg, bis die Bedeutung des Gemeinschaftsrechts für das IPR in einigermaßen vollständiger Weise ausgelotet sein wird, ist noch weit: Die Untersuchungen zu Artikel 58 EG-Vertrag oder zur Anknüpfung der Geschäftsfähigkeit zeigen, daß jede denkbare Frage einzeln und gründlich zu erörtern ist[52]. Die Lösung weiterer Fragen steht an:

532 – Welche internationalprivatrechtliche Bedeutung kommt Artikel 59 EG-Vertrag zu?

– Wie wirkt das Gemeinschaftsrecht auf das Internationale Sachenrecht ein, das eng mit der Warenverkehrsfreiheit verbunden ist[53]?

– Wie sollte das nationale IPR auf *GB INNO* reagieren[54]?

– Welcher Anknüpfungspunkt sollte die rechtspolitisch bedenkliche Anknüpfung an die Staatsangehörigkeit ersetzen[55], ohne daß dabei die Gefahr mittelbarer Diskriminierungen entsteht[56]?

– Unter welchen Umständen verstößt die Anwendung von Artikel 5 Abs. 1 Satz 2 EGBGB gegen das Gemeinschaftsrecht[57]?

---

[52] In beiden Punkten hat die Untersuchung zu Ergebnissen geführt, die das Gegenteil der Thesen darstellen, mit denen *d. Verf.* die Arbeit aufnahm: Seinerzeit war ich von der Sitztheorie geprägt und bezweifelte die internationalprivatrechtliche Bedeutung von Artikel 58 EG-Vertrag. Ebenso erschien mir die Anwendung von Art. 7 Abs. 1 EGBGB auf ausländische Marktbürger (heute: Unionsbürger) gemeinschaftsrechtlich fragwürdig. Erst die Detailuntersuchungen haben gezeigt, daß Artikel 58 Abs. 1 in seiner *ersten Voraussetzung* eine IPR-Regelung enthält, und daß die Anwendung der Regelung in Art. 7 Abs. 1 EGBGB häufig nicht gegen das Gemeinschaftsrecht verstößt.

[53] Vgl. auch die ähnliche Fragestellung bei *Struycken*, Rec. des Cours (1992-I), 257, 362f. und die Hinweise von *Jayme/Kohler*, IPRax 1992, 346, 348.

[54] Vgl. Rn. 408ff., 417.

[55] Zur rechtspolitischen Fragwürdigkeit von Art. 7 Abs. 1 EGBGB siehe oben Rn. 461ff.

[56] Dies ist bei einer Anknüpfung an den Wohnsitz der Fall: Vgl. oben Rn. 468 und Rn. 468 Fn. 113.

[57] Art. 5 Abs. 1 EGBGB knüpft in fragwürdiger Weise an die deutsche Staatsangehörigkeit an: „Wird auf das Recht eines Staates verwiesen, dem eine Person angehört, und gehört sie mehreren Staaten an, so ist das Recht desjenigen dieser Staaten anzuwenden, mit dem die Person am engsten verbunden ist, insbesondere durch ihren gewöhnlichen Aufenthaltsort oder durch den Verlauf ihres Lebens. Ist die Person auch Deutscher, so geht diese Rechtsstellung vor." Vgl. zum Problem der Mehrstaater *Evans*, Eur.L.Rev. 1991, 190, 194–197; das Problem ist durch *Maastricht* nicht gelöst worden: Die Unionsbürgerschaft setzt die Staatsangehörigkeit

Die Liste der Fragen läßt sich vermehren[58]. Dies gilt erst recht, wenn man bedenkt, daß das Internationale Privatrecht nicht bei der Schaffung von Regelungen für den Binnenmarkt verharren darf, sondern – noch über das Gebiet des Europäischen Wirtschaftsraums hinaus[59] – Regelungen für den weltweiten Wirtschaftsverkehr und menschlichen Umgang bereit halten muß: Bei jeder Änderung des deutschen IPR, die das Gemeinschaftsrecht gebietet, wird zu überlegen sein, ob die Änderung nur im Anwendungsbereich des Gemeinschaftsrechts (gegebenenfalls über den EWR-Vertrag) oder weltweit gelten soll[60]. Wir werden uns daran gewöhnen müssen, mit einem *immer verzweigter werdendem Netz von IPR-Regelungen* zu leben. Schon heute steht neben dem Dualismus von staatsvertraglich vereinheitlichtem und autonomen IPR – auf das die deutschen IPR-Lehrbücher immer noch weitgehend aufbauen – das *IPR gemeinschaftsrechtlichen Ursprungs*, das sich mit den anderen beiden Kategorien nur zum Teil deckt[61]. Hinzu tritt bei der Betrachtung von staatsvertraglich vereinheitlichtem und autonomen IPR, das nicht gemeinschaftsrechtlichen Ursprungs ist, das *Konformitätsgebot*, das innerhalb des Geltungsbereiches des EG-Vertrages zum Teil erhebliche Korrekturen gebietet[62]. 533

Dieser hohe Preis eines zumindest für eine lange Übergangszeit sehr differenzierenden, komplizierten IPR stellt eine notwendige Folge des europäischen Integrationsprozesses dar: Ohne ein auf die Bedürfnisse der EG ausgerichtetes IPR läßt sich das Zusammenwachsen der Nationen nicht verwirklichen. Die kulturelle Identität der Mitgliedstaaten und Regionen findet auch in nationalen Rechtsvorschriften einen Ausdruck[63], die zu erhalten das IPR ermöglicht und das Subsidiaritätsprinzip gebietet[64]. Ohne IPR-Regelungen zur Auswahl zwischen den Privatrechtsordnungen der Mitgliedstaaten könnten diese nationalen Vorschriften in einem zunehmend integrierten Europa auf Dauer nicht überleben. Durch sorgfältige Abwägung im Einzelfall leistet das IPR einen wichtigen Beitrag zum Ausgleich zwischen den gemeinschaftsrechtlichen Grundrechten und Grundfreiheiten des Einzelnen[65] und der Anwendung nationaler Rechtsvor- 534

eines Mitgliedstaates voraus und schafft sie nicht ab (vgl. Art. 8 Abs. 1 Unterabs. 2 EGV und *H. G. Fischer*, EuZW 1992, 566, 567 unter III. und 569 unter VI).

58 Vgl. z. B. die Hinweise von *Struycken*, Rec. des Cours (1992-I), 257, 363ff. (zum internationalen Vertragsrecht), 372ff. (zum IPR der unerlaubten Handlungen).

59 Siehe oben Rn. 109 Fn. 179 Absatz 2.

60 Vgl. bereits oben Rn. 104 sowie *Fawcett*, Anglo-Am.L.Rev. 7 (1978), 230–242. – Ein Beispiel für die Geltung von deutschem IPR gemeinschaftsrechtlichen Ursprungs gegenüber *allen* Staaten der Welt bieten die auf dem EVÜ beruhenden Regelungen zum *Internationalen Schuldrecht*: Vgl. oben Rn. 19 Fn. 66 und die Darstellung zum EVÜ in Rn. 31.

61 Dazu oben Rn. 57.

62 Dazu §§ 7–8 (ab Rn. 418).

63 So treffend *Jayme*: Vgl. oben Rn. 5 Fn. 25; siehe jetzt auch Art. F Abs. 1 des EU-Vertrages und dazu *Struycken*, Rec. des Cours 232 (1992-I), 257, 278–282.

64 Deshalb ist auch dem Schluß von *Jayme/Kohler*, IPRax 1992, 346 unter I.3. in ihrem Aufsatz zum *Internationalen Privat- und Verfahrensrecht der EG nach Maastricht* zuzustimmen, nach dem das Subsidiaritätsprinzip (vgl. oben Rn. 2) die Rolle des IPR als Integrationsrecht bekräftigt.

65 Zur Überlappung der Begriffe vgl. *Oppermann*, Europarecht, Rn. 412 und oben Rn. 104 Fn. 159.

schriften. Diese ausgleichende Funktion des IPR ist besonders in den zahlreichen Fällen von Bedeutung, in denen das Sachrecht nicht, noch nicht oder nicht vollständig vereinheitlicht worden ist[66].

---

[66] Zur Abgrenzung zwischen gemeinschaftsrechtlich gebotener Rechtsangleichung und Rechtsvereinheitlichung siehe bereits oben Rn. 3f. – In ihrem *Bericht zur Erweiterung Europas* hat die *Kommission* jetzt ausdrücklich für den Fall der Erweiterung der EG betont, daß in einer Union mit erhöhter Mitgliederzahl mit einem *weniger umfangreichen und ins Detail gehenden Gesetzgebungsprogramm* für Parlament und Rat zu rechnen sei: Bull. EG, Beilage 3/92, S. 9, 14 Rn. 22.

Teil II

EG-Richtlinien und Internationales Privatrecht

Kollisionsrecht unter dem Einfluß europäischer Rechtsangleichung
am Beispiel der Produkthaftungsrichtlinie und der Gran-Canaria-Fälle

von

Holger Iversen

Meinen Eltern

Einleitung

Das europäische Gemeinschaftsrecht beeinflußt das Recht der EU-Mitgliedstaaten. Diese allgemeine Aussage ist heute unbestritten[1]. Über Einzelheiten wird freilich seit der Gründung der Europäischen Gemeinschaften[2] kontrovers diskutiert. Wurde die Diskussion bisher überwiegend im öffentlich-rechtlichen Bereich geführt[3], tritt neuerdings das Privatrecht stärker in den Vordergrund[4]. Die Einwirkungen des Gemeinschaftsrechts auf Privatrecht sind auch das Thema dieser Arbeit: Wie beeinflußt die Rechtsangleichung durch EG-Richtlinien das nationale Kollisionsrecht? 535

Für die kollisionsrechtlichen Wirkungen von Richtlinien sind zwei Ansatzpunkte zu unterscheiden:

(1) Erstens stellt sich die Frage, ob die Rechtsangleichung durch EG-Richtlinien das Kollisionsrecht in den harmonisierten (angeglichenen) Bereichen überflüssig macht. Denn: Aufgabe des internationalen Privatrechts (IPR) oder Kollisionsrechts ist, die anwendbare Rechtsordnung auszuwählen, wenn ein Sachverhalt Beziehungen zu mehr als einer Rechtsordnung aufweist[5]. Dies ist unbestritten dann notwendig, wenn die Rechtsordnungen unterschiedlich sind, weil dort die Auswahl des anwendbaren Rechts eine Vorentscheidung für die Fallösung bedeutet[6]. Wenn allerdings die beteiligten Rechtsordnungen gleich sind 536

1 Zu dem Verhältnis zwischen Gemeinschaftsrecht und nationalem Recht, vgl. *Di Fabio*, NJW 1990, 947ff.; *Gaja*, C.M.L.Rev. 1990, 83ff.; *Groß*, Aktiengesellschaft 1990, 326ff.; *ders.*, JuS 1990, 522ff.; *Ress*, öWirtschaftR 55ff.; *Scholz*, NJW 1990, 941ff.; *Spetzler*, RIW 1990, 286ff.; *Zuleeg*, EuR 1990, 123ff.; *Wieseler/Schmitz*, MDR 1993, 723ff.

2 Die Europäischen Gemeinschaften sind die drei rechtlich selbständigen, aber institutionell verbundene Europäische Gemeinschaft für Kohle und Stahl (EGKS) vom 18. 4. 1951, BGBl.II 1952, 445ff., die Europäische Wirtschaftsgemeinschaft (EWG) und die Europäische Atomgemeinschaft (EURATOM) vom 25. 3. 1957, BGBl.II 1957, 753ff. Durch den Vertrag über die Europäische Union vom 7. 2. 1992, ABl. 1992 Nr. C 224, 1ff., in Kraft getreten am 1. 11. 1993 (EU-Vertrag), sind die Europäischen Gemeinschaften in die Europäische Union (EU) eingegliedert worden. Diese Abhandlung bezieht sich im wesentlichen auf die Europäische Wirtschaftsgemeinschaft, die gemäß Art. G EU-Vertrag neuerdings als Europäische Gemeinschaft (EG) bezeichnet wird.

3 Vgl. die Nachweise in den neueren Beiträgen, etwa für das Verwaltungsrecht *Ehlers*, DVBl. 1991, 605ff.; *Papier*, FS Bettermann 51ff.; *Danneker/Appel*, ZVglRWiss 89 (1990) 127ff.; für das Verfassungsrecht *Scholz*, NJW 1990, 941; *Kloepfer*, FS Bettermann 11ff.; für das Strafrecht *Thomas*, NJW 1991, 2233ff.

4 So auch *Hauschka*, JZ 1990, 522; *Rittner*, JZ 1990, 845; *Müller-Graff*, EuR 1989, 110ff.; *ders.*, NJW 1993, 13ff.; *Götz*, NJW 1992, 1850; *Schmeinck*, FS Bleckmann 251; *Blaurock*, JZ 1994, 271; neuerdings auch *Palandt/Heinrichs*, Einl. Rn. 24a.

5 *Lüderitz*, IPR Rn. 9; *Mann*, FS Vischer 207f.; *Moser*, FS St. Gallen 363.

6 Die Anwendung des Kollisionsrechts erfolgt daher von Amts wegen, *Ferid* 4–104; *Münch-*

oder zu gleichen Ergebnissen führen, ist die Frage, welches Recht konkret angewendet wird, nicht entscheidungserheblich[7].

537 Daß Kollisionsrecht sinnvoll nur dann angewendet wird, wenn Rechtsunterschiede bestehen, ist in den USA seit langem anerkannt. In den US-amerikanischen Bundesstaaten, die der „interest analysis" folgen, wird Kollisionsrecht nur auf „true conflicts" angewandt[8]. „True conflicts" sind Sachverhalte, in denen unterschiedliche Rechte und Interessen von Staaten kollidieren. Ein „false conflict" besteht hingegen, wenn die möglichen anwendbaren Rechtsordnungen sich nicht unterscheiden[9]. In „false conflict" Fällen wird kein Kollisionsrecht angewendet[10].

538 An dieser Stelle bestehen Berührungspunkte zwischen Kollisionsrecht und Rechtsvereinheitlichung (dazu Kapitel 1). Bei erfolgreicher und dauerhafter Rechtsvereinheitlichung werden die Rechtsordnungen der Vertragstaaten soweit vereinheitlicht, daß innerhalb des vereinheitlichten Rechts eine kollisionsrechtliche Anknüpfung überflüssig ist. Dies gilt insbesondere für die Rechtsvereinheitlichung durch EG-Verordnungen (dazu § 2).

Auf diese Weise könnte auch die Rechtsangleichung durch Richtlinien kollisionsrechtlich relevant sein. Mit dem Erlaß und der ordnungsgemäßen Umsetzung vom Richtlinien werden Rechtsunterschiede zwischen den Mitgliedstaaten beseitigt (dazu § 3 und § 4).

539 Die Rechtsangleichung ist eine notwendige Voraussetzung, um die Ziele des EG-Vertrages zu erreichen, nämlich „die Errichtung eines Gemeinsamen Marktes und die schrittweise Annäherung der Wirtschaftspolitik der Mitgliedstaaten" (Art. 2 EG-Vertrag)[11]. Den Vertragsvätern war bewußt, daß ein Gemeinsamer Markt nicht allein durch das Abschaffen von Binnenzöllen (Art. 12ff. EG-Vertrag) und das Schaffen von gemeinsamen Zolltarifen gegenüber Drittstaaten (Art. 18ff. EG-Vertrag) erreicht wird. Ein einheitlicher Markt ist vielmehr nur möglich, wenn in den Mitgliedstaaten in den wirtschaftlich relevanten Bereichen vergleichbare rechtliche

---

Komm/Sonnenberger, Einl. Rn. 448; *Soergel/Kegel*, Vor Art. 7 Rn. 114; *Stein/Jonas/Leipold*, § 293 Rn. 31; zum „fakultativen Kollisionsrecht" vgl. *Flessner*, RabelsZ 34 (1970) 547ff.; *Müller-Graff*, RabelsZ 48 (1984) 289ff.; *Sturm*, FS Zweigert 329ff.; zur Rechtslage in Frankreich *Hantel*, RabelsZ 55 (1991) 143ff.

[7] BGH 19.3. 1976, NJW 1976, 1584 = IPRspr 1976 Nr. 136; *Kropholler*, Einheitsrecht 183; *ders.*, IPR § 11 I; *Zweigert/Drobnig*, RabelsZ 29 (1965) 147; *Zweigert/Kötz* 31; *v. Caemmerer*, FS Hallstein 65.

[8] Vgl. *Brilmayer*, § 2.1; *Currie*, U.Chi.L.Rev. 25 (1958) 227; *Leflar/McDougal/Felix* 270ff.; *Scoles/Hay* 17ff.; *Kropholler*, Einheitsrecht 197; *Siehr*, RabelsZ 34 (1970) 593.

[9] Grundlegend dazu *Currie*, U.Chi.L.Rev. 25 (1958) 227ff.; *Cramton/D. Currie/Kay* 188ff.; *v. Mehren*, J.Legal Ed. 17 (1964) 91f.; *Brilmayer*, § 2; *Korn*, Colum.L. Rev. 83 (1983) 772ff.

[10] Vgl. *Scheer v. Roekne Motors Corp.*, F.2d. 68 (1934) 942; *Cavers*, Harv. L. Rev. 63 (1950) 822ff.; der materiellen Rechtsgleichheit werden die Fälle gleichgestellt, in denen die unterschiedlichen Rechtsordnungen zu den gleichen Ergebnissen gelangen, „Produce the same results", *Morris* 527.

[11] Diese Ziele wurden durch die Einheitliche Europäische Akte (EEA) vom 1.7. 1987 konkretisiert. Die EEA verpflichtet die Mitgliedstaaten, einen europäischen Binnenmarkt zu schaffen (Art. 13 EEA, Art. 8a EG-Vertrag). „Binnenmarkt" ist im Vergleich zum „Gemeinsamen Markt" der engere Rechtsbegriff, vgl. *Ress*, Rechtsprobleme 13; auch *Ensthaler*, Europäischer Binnenmarkt 18ff.

Voraussetzungen gelten. Ohne gleichartige Regelungen würden etwa technische Schranken einen freien Warenverkehr innerhalb der Union verhindern[12]. Daher gestattet Art. 3 lit.h EG-Vertrag, die nationalen Rechtsordnungen anzugleichen, „soweit dies für das ordnungsmäßige Funktionieren des Gemeinsamen Marktes erforderlich ist“[13].

Für das Kollisionsrecht ergibt sich aus der Rechtsangleichung durch Richtlinien die Frage, ob in den harmonisierten Bereichen – wie bei der Rechtsvereinheitlichung durch EG-Verordnungen – das IPR an Bedeutung verliert. Veränderungen im Kollisionsrecht können sich etwa für eine eventuelle Rückverweisung (renvoi) oder die Anwendung der Vorbehaltsklausel (ordre public) ergeben. Dies wird in § 5 am Beispiel der Produkthaftungsrichtlinie untersucht. 540

(2) Die zweite Frage zum Verhältnis von Richtlinie und IPR ergibt sich aus der Rechtsnatur der Richtlinie. Die Richtlinie selbst schafft kein einheitliches Recht, sondern verpflichtet die Mitgliedstaaten nur, ihr Recht entsprechend den Richtlinienvorgaben zu gestalten (Art. 189 III EG-Vertrag). Welche Wirkungen Richtlinien darüber hinaus im innerstaatlichen Recht haben, ist ein noch ungelöstes Problem des Gemeinschaftsrechts. Die Frage nach den Richtlinienwirkungen stellt sich insbesondere dann, wenn Richtlinien nicht fristgemäß von den Mitgliedstaaten umgesetzt werden. In solchen Fällen ist umstritten, ob Richtlinien Rechte und Pflichten für Einzelne erzeugen können (dazu § 7). 541

Die Diskussion um die Richtlinienwirkungen ist auch im Kollisionsrecht zu beachten. Wer eine unmittelbare Wirkung von Richtlinien bejaht, wird dies auch bei der kollisionsrechtlichen Anknüpfung berücksichtigen müssen. In dem Fall müßte anstelle von richtlinienwidrigem Recht die Richtlinie unmittelbar angewendet werden. Darüberhinaus könnte aufgrund des Vorrangs des Gemeinschaftsrechts die Anwendung von richtlinienwidrigem Recht ausgeschlossen sein, wenn ein Mitgliedstaat seiner Umsetzungsverpflichtung nicht nachgekommen ist. 542

Die Frage nach dem Verhältnis von Kollisionsrecht und nicht umgesetzten EG-Richtlinien wurde aufgeworfen durch die Einkäufe deutscher Touristen in Spanien. Ein Thema, das in jüngster Zeit die Öffentlichkeit[14] und eine Vielzahl deutscher Gerichte beschäftigt hat[15]. Den sogenannten Gran-Canaria-Fällen liegt folgender Sachverhalt zugrunde[16]:

---

[12] *Vignes*, Eur.L.Rev. 1990, 362; *Zweigert*, FS Dölle II 404f.; *Grabitz/Langeheine*, Art. 100 Rn. 1; *Everling*, Liber Amicorum Pescatore 242; *ders.*, RabelsZ 50 (1986) 193; *Schmidt-Leithoff*, FS Rittner 607; *Oppermann* Rn. 1176; *Mansel*, JZ 1991, 534.

[13] Allgemein zur europäischen Rechtsangleichung: *Zweigert*, FS Dölle II 401ff.; *Hallstein*, RabelsZ 28 (1964) 211ff.; *Everling*, Liber Amicorum Pescatore 227ff.; *Gleichmann*, Methoden 35ff.; *Timmermans*, RabelsZ 48 (1984) 1ff.; *Taschner*, Rechtsangleichung 22ff.; *Kramer*, JBl. 1988, 477ff.; *Müller-Graff*, EuR 1989, 107ff.; *Vignes*, Eur.L.Rev. 1990, 358; *Hauschka*, JZ 1990, 521ff.; *Mansel*, JZ 1991, 529ff.

[14] Vgl. FAZ vom 20.7. 1991, 9.

[15] Vgl. nur: OLG Hamm 1.12. 1988, IPRax 1990, 244 = IPRspr. 1988 Nr. 21; OLG Celle 28.8. 1990, EuZW 1990, 551 = IPRspr. 1990 Nr. 41; OLG Frankfurt 1.6. 1989, IPRax 1990, 238 = IPRspr. 1989 Nr. 41; OLG Stuttgart 18.5. 1990, NJW-RR 1990, 1082 = IPRspr. 1990 Nr. 34;

543 Während eines Ferienaufenthaltes auf Gran Canaria/Spanien wird ein deutscher Staatsangehöriger durch eine örtliche Zettelwerbung zu einer Werbeveranstaltung eingeladen. Anläßlich dieser in deutscher Sprache durchgeführten Veranstaltung wird ein Kaufvertrag über verschiedene Haushaltsgegenstände, meist Bettwäsche oder Wollwaren, abgeschlossen. Verkäufer der in Deutschland hergestellten oder zumindest vertriebenen Ware ist eine in Spanien ansässige Firma. Der Kaufvertrag ist in deutscher Sprache abgefaßt. Darin heißt es unter anderem: (1) Der Verkäufer tritt die Kaufpreisforderung an den deutschen Hersteller ab. Die Lieferung erfolgt direkt vom Hersteller. (2) Zuständig für alle Garantieansprüche ist die Lieferfirma. Bei fehlerhafter Lieferung besteht ein Nachbesserungsrecht des Lieferanten. (3) Für diesen Vertrag gilt spanisches Recht.

Weil die Ware meist überteuert war, versuchten viele der deutschen Urlauber, den Kaufvertrag gegenüber der Lieferfirma und dem Verkäufer zu widerrufen und von ihren Vertragsverpflichtungen zurückzutreten.

544 Die Wirksamkeit dieses Widerrufs – und damit die Unwirksamkeit des Vertrages – hat in der Vergangenheit viele Gerichte in Deutschland beschäftigt, und zu zahlreichen unterschiedlichen Entscheidungen geführt. Die Gerichte mußten u. a. darüber entscheiden, ob trotz der spanischen Rechtswahl das „Gesetz über den Widerruf von Haustürgeschäften und ähnlichen Geschäften“[17] (HausTWG) auf die Fälle anzuwenden war (dazu § 8).

Die Gran-Canaria-Fälle wurden auch zu einem Dauerbrenner der wissenschaftlichen kollisionsrechtlichen Diskussion[18]. Sie waren Anlaß für die dogmatische Klärung wichtiger Aspekte des internationalen Vertrags- und Verbraucherschutzrechts. An ihrem Beispiel wurde deutlich, daß insbesondere die Rechtswahlschranken im Verbraucherschutzrecht praktische Probleme aufwerfen[19].

545 Bei der kollisionsrechtlichen Diskussion der Gran-Canaria-Fälle wurde freilich nur selten beachtet, daß in der EG eine „Richtlinie betreffend den Verbraucherschutz im Falle von außerhalb von Geschäftsräumen geschlossenen Verträgen“ (HausTW-Richtlinie)[20] existiert. Anders als Deutschland hatte Spanien die

---

LG Konstanz 17. 6. 1992, NJW-RR 1992, 1333; LG Bamberg 17. 1. 1990, NJW-RR 1990, 694 = IPRspr. 1990 Nr. 27; AG Limburg 22.6. 1988, NJW-RR 1989, 119 = IPRspr. 1988 Nr. 29; AG Bremerhaven 27.6. 1990, NJW-RR 1990, 1084 = IPRspr. 1990 Nr. 39; AG Lichtenfels 24. 5. 1989, IPRax 1990, 236 = IPRspr. 1990 Nr. 40.

[16] Dieser Sachverhalt entspricht weitestgehend OLG Hamm vom 1. 12. 1988, NJW-RR 1989, 496 = IPRspr. 1989 Nr. 21 b.

[17] BGBl. I vom 16. 1. 1986, 122.

[18] Vgl. *Jayme*, IPRax 1990, 220 ff.; *Kothe*, EuZW 1990, 150 ff.; *Taupitz*, BB 1990, 642 ff.; IPG 1987/88 Nr. 13; *Coester-Waltjen*, FS Lorenz 297 ff.; *Langenfeld*, IPRax 1993, 155 ff.; *Mäsch*, Rechtswahlfreiheit und Verbraucherschutz.

[19] Vgl. *Mankowski*, RIW 1993, 453.

[20] ABl. Nr. L 372 v. 31. 12. 1985, 31 ff., vgl. Anhang II.

Richtlinie nicht fristgemäß umgesetzt[21]. Hätte Spanien die Richtlinie früher in sein nationales Recht transformiert, könnten die Gran-Canaria-Fälle unabhängig von der kollisionsrechtlichen Anknüpfung gelöst werden. Der Käufer hätte, gleichgültig welche Rechtsordnung angewendet worden wäre, den Kaufvertrag widerrufen können.

Diesem gemeinschaftsrechtlichem Bezug der Gran-Canaria-Fälle wurde von Rechtsprechung und Schrifttum meist keine Bedeutung zugemessen: Die Fälle wurden weitgehend ungeachtet der Tatsache gelöst, daß Spanien ein Mitgliedstaat der EU ist und daß das Widerrufsrecht bei Geschäften dieser Art in der Union harmonisiert sein sollte. Das spanische Recht wird vielmehr wie jedes andere ausländische Recht behandelt; weder die fortschreitende Integration noch die Rechtsangleichung werden berücksichtigt.

Dies ist unverständlich angesichts der allgemeinen Bedeutung, die das Gemeinschaftsrecht im Kollisionsrecht hat[22]. Wenn bislang allerdings über das Verhältnis dieser beider Rechtsgebiete diskutiert wurde, stand meist der Einfluß des in den Gemeinschaftsverträgen enthaltenen Rechts (Primärrecht) auf das IPR im Vordergrund. Gefragt wurde etwa, ob die Verwendung der Staatsangehörigkeit als Anknüpfungsmoment gegen das Diskriminierungsverbot des Art. 7 EWG-Vertrag (jetzt Art. 6 EG-Vertrag) verstößt[23], oder ob die Artt. 52, 58, 59, 66 EG-Vertrag die Bestimmung des Gesellschaftsstatuts beeinflussen[24]. Auch die Wechselwirkungen zwischen kollisionsrechtlichem ordre public und Gemeinschaftsrecht wurden diskutiert[25]. Hingegen wurde das Verhältnis zwischen Richtlinien und IPR weitgehend vernachlässigt[26].

Ob sich aus der verspäteten Umsetzung der Richtlinie in Spanien Rückschlüs- 546
se auf das Kollisionsrecht der Gran-Canaria-Fälle ziehen lassen, wird in § 9 geprüft. Dort wird untersucht, ob und auf welche Weise der nationale Richter

---

[21] Die Richtlinie wurde erst Ende 1991 durch das Gesetz Nr. 26/91, Boletín Oficial del Estado vom 21. 11. 1991, umgesetzt.

[22] Allgemein zu dem Verhältnis von Kollisionsrecht und Gemeinschaftsrecht vgl. Teil I, sowie *Wengler*, DJT-FS 1 239ff.; *Knobbe-Keuk*, ZHR 154 (1990) 325ff.; *Meilicke*, RIW 1990, 449ff.; *Sack*, JuS 1990, 352; *Drobnig*, RabelsZ 34 (1970) 636ff.; *ders.*, American Journal of Comparative Law 15 (1966–67) 204ff.; *ders.*, Cahiers 1970, 526ff.; *Zweigert*, FS Hallstein 555ff.; *Fletcher*, Conflict of Laws and European Community Law; *Lasok/Stone*, Conflict of Laws in the European Community; *Steindorff*, EuR 1981, 426; *Jayme*, Ein Internationales Privatrecht für Europa 5ff.; *Roth*, RabelsZ 55 (1990) 624ff.; *Brödermann*, MDR 1992, 89ff.; *Taupitz*, JZ 1993, 537ff.; *v. Bar (Hrsg.)*, Gemeinschaftsrecht und IPR.

[23] Vgl. Teil I Rn. 453ff., sowie *Drobnig*, RabelsZ 24 (1970) 636ff.; *Roth* RabelsZ 55 (1991) 643ff.; *Fischer*, in: Gemeinschaftsrecht und IPR 157ff.

[24] Dazu Teil I Rn. 96ff.; *Behrens*, RabelsZ 52 (1988) 498ff.; *Drobnig*, in: Gemeinschaftsrecht und IPR 194ff.; *Großfeld/Luttermann* JZ 1989, 387; vgl dazu EuGH 27. 9. 1988, Rs. 81/87 (*Daily Mail*), Slg. 1988, 5483 = NJW 1989, 2189.

[25] Vgl. Teil I Rn. 494ff.; *Martiny*, in: Gemeinschaftsrecht und IPR 211ff.; *Steindorff*, EuR 1981, 426ff.; *Samtleben*, RabelsZ 45 (1981) 218ff.; ausführlich dazu Rn. 1014ff.

[26] Daß Richtlinien überhaupt eine kollisionsrechtliche Wirkung haben können, wird meist übersehen. So sieht etwa *Fletscher* 275 die kollisionsrechtlichen Wirkungen von Richtlinien nur in einer möglichen Harmonisierung des mitgliedstaatlichen Kollisionsrechts, anders aber *Jayme*, IPRax 1990, 221f.; *ders.*, RabelsZ 55 (1991) 325f.

verpflichtet ist, eine EG-Richtlinie gegenüber gemeinschaftsrechtswidrigem mitgliedstaatlichem Recht durchzusetzen. Diese Frage hat sich mit der verspäteten Umsetzung der HausTW-Richtlinie in Spanien nicht erledigt. Angesichts der umfangreichen Aktivitäten der EU im privatrechtlichen Bereich wird sich das Problem kollidierender Privatrechte bei bestehenden Umsetzungsdefiziten immer wieder stellen[27].

Bei der Darstellung der kollisionsrechtlichen Richtlinienwirkung wird – der Rechtsnatur der Richtlinie entsprechend – zwischen umgesetzten (Kapitel 2) und nicht umgesetzten Richtlinien (Kapitel 3) unterschieden. Dabei werden die kollisionsrechtlichen Wirkungen von umgesetzten Richtlinien am Beispiel der Produkthaftung aufgezeigt. Wie es sich kollisionsrechtlich auswirkt, wenn ein Mitgliedstaat eine Richtlinie nicht ordnungsgemäß umsetzt, wird anhand der HausTW-Richtlinie und der Gran-Canaria-Fälle dargestellt.

---

[27] So auch *Langenfeld*, IPRax 1993, 435; *Mäsch* 214; *Bülow*, EuZW 1993, 435 befürchtet insbesondere für das Verbraucherkreditgesetz vergleichbare Konfliktlagen.

Kapitel 1: Rechtsvereinheitlichung und IPR

Die Europäische Union ist eine supranationale Organisation[1], was bedeutet, daß sie eine eigene Rechtsordnung zur Wahrnehmung autonomer Aufgaben besitzt[2]. Diese Rechtsordnung wirkt nicht nur innerhalb der Union für deren Organe und Mitgliedstaaten, sondern gilt auch unmittelbar für den einzelnen EU-Bürger[3]. So können sich etwa natürliche und juristische Personen gegenüber mitgliedstaatlichen Gerichten und Behörden direkt auf EG-Verordnungen berufen. Sogar zwischen Privaten können Verordnungen unmittelbar angewendet werden. Umsetzungsmaßnahmen der Mitgliedstaaten sind hierfür nicht erforderlich. 547

Obwohl Gemeinschaftsrecht wie nationales Recht wirken kann, ist es kein nationales Recht. Im Unterschied zum nationalen Recht gilt Gemeinschaftsrecht in allen Mitgliedstaaten und erzeugt jeweils die gleichen Rechtswirkungen[4]. Auf diese Weise schafft das Gemeinschaftsrecht gleiches Recht in den Mitgliedstaaten.

Kollisionsrechtlich ist das supranationale Recht in zweifacher Weise zu beachten. Zum einen enthält das Gemeinschaftsrecht nicht nur materiellrechtliche, sondern auch kollisionsrechtliche Normen. Dieses Recht muß gegenüber dem nationalen Kollisionsrecht vorrangig angewendet werden (dazu § 1). Zum anderen kann das Gemeinschaftsrecht das materielle Recht der Mitgliedstaaten vereinheitlichen. Soweit die Rechtsordnungen dauerhaft vereinheitlicht werden, verliert das Kollisionsrecht an Bedeutung (dazu § 2).

§ 1 Die Vereinheitlichung des Kollisionsrechts

Kollisionsrecht ist meist nationales, einzelstaatliches Recht. Dies gilt prinzipiell auch für die EU-Mitgliedstaaten. Trotz vielfacher Forderung fehlt bislang ein umfassendes, einheitliches, supranationales Kollisionsrecht innerhalb der Union[5]. Überraschenderweise enthält keiner der Gründungsverträge ausdrück- 548

---

[1] Zur Entwicklung des Begriffs aus Art. 9 Ziff. 5 und 6 EGKSV a. F., vgl. *Grabitz/Grabitz*, Art. 189 Rn. 14.

[2] *Grabitz/Grabitz*, Art. 189 Rn. 12; *Geiger*, Art. 1 Rn. 19ff.

[3] Vgl. *Grabitz/Grabitz*, Art. 148 Rn. 10ff.; *Oppermann* Rn. 391ff.; *Mathijsen* 2.

[4] Vgl. *Mathijsen* 2.

[5] Daß kein einheitliches Kollisionsrecht besteht, ist gemeinschaftsrechtlich bedenklich: Ein wirklich freier Waren-, Personen-, Dienstleistungs- und Kapitalverkehr ist nur möglich, wenn

liche kollisionsrechtliche Normen[6]. Auch das von den Gemeinschaftsorganen geschaffene Recht (Sekundärrecht) nimmt meist die Unterschiede zwischen den Privatrechtsordnungen der Mitgliedstaaten in Kauf, ohne dafür einen Ausgleich zu schaffen[7]. Allerdings haben Rat und Kommission in neuerer Zeit vereinzelt Gemeinschaftsrecht mit kollisionsrechtlichen Inhalten erlassen[8]. Das so geschaffene Recht wird ergänzt durch kollisionsrechtliche Staatsverträge, welche die EU-Mitgliedstaaten abgeschlossen haben. Auf diese Weise entsteht zumindest in Teilbereichen ein europäisches Kollisionsrecht[9].

I. Verordnungen mit Kollisionsnormen[10]

549 Gemäß Art. 189 II EG-Vertrag hat die Verordnung allgemeine Geltung. Sie ist in all ihren Teilen verbindlich und gilt unmittelbar in allen Mitgliedstaaten. Verordnungen vereinheitlichen somit – vergleichbar mit innerstaatlich unmittelbar anwendbaren Staatsverträgen (self-executing treaties)[11] – die mitgliedstaatlichen Rechtsordnungen[12] und schaffen Einheitsrecht[13]. Werden daher Ver-

---

Konflikte zwischen den Angehörigen der Mitgliedstaaten gemeinschaftsweit einheitlich geregelt werden und zu einheitlichen Ergebnissen führen. Hingegen wirken unterschiedliche Lösungen integrationshemmend und gefährden die Ziele der Union. So würde etwa ein einheitliches Kollisionsrecht zweifellos die internationale Entscheidungsharmonie innerhalb der EU fördern. Die Ermittlung des anwendbaren Rechts würde unabhängig vom Gerichtsort erfolgen. Der Kläger hätte nicht mehr die Möglichkeit, durch die Wahl zwischen mehreren zuständigen Gerichten das anwendbare Recht zu bestimmen und damit vielleicht die Entscheidung zu beeinflussen (sog. „forum shopping"). Der integrationspolitische Aspekt des Kollisionsrechts wird vom Gemeinschaftsrecht weitgehend übersehen, kritisch auch *Duintjer Tebbens*, Forty Years On 50; *Bernhard*, EuZW 1992, 437; *Zweigert*, FS Hallstein 564 ff.; *Fletcher* 275; *Taupitz*, JZ 1993, 533 ff.; s. auch Teil I Rn. 3 f., 534.

[6] *Roth*, RabelsZ 55 (1991) 628, sieht in Art. 85 II EG-Vertrag eine einseitige Kollisionsnorm des Gemeinschaftsrechts; vgl. auch *Bernhard*, EuZW 1992, 437 Fn 6.

[7] *Taupitz*, JZ 1993, 538; *Rittner*, JZ 1990, 842; *Kramer*, JBl. 1988, 481; *Zweigert*, FS Dölle II 404; *MünchKomm/Sonnenberger*, Art. 3 Rn. 13.

[8] *Schmeinck*, FS Bleckmann 254 ff.; dabei muß zwischen Richtlinien und Verordnungen unterschieden werden. Für die Richtlinien, vgl. Rn. 659. Die rechtlich nicht verbindlichen Empfehlungen und Stellungnahmen der EG (Art. 189 V EG-Vertrag) haben für die Kollisionsrechtsvereinheitlichung keine Bedeutung, vgl. *Gleichmann*, Methoden 40; *Müller-Graff*, Gemeinschaftsprivatrecht 44 f.

[9] Zum Gemeinschaftsrecht als Rechtsquelle des IPR vgl. Teil I, Rn. 13, 71 ff.

[10] Ausführlich dazu Teil I Rn. 304 ff.

[11] Davon zu unterscheiden sind Staatsverträge, die nicht unmittelbar innerstaatlich wirken, d. h. die einer Transformation in das nationale Recht bedürfen. Auch Staatsverträge, die bloßes „Rahmenrecht" setzen, schaffen keine Rechtsvereinheitlichung, dazu *Kohler*, EuR 1984, 158; *Kropholler*, Einheitsrecht 1; *v. Caemmerer*, FS Hallstein 94 f.

[12] Vgl. *Schmid*, Privatrechtsangleichung 94 ff.; zur allgemeinen Abgrenzung von Rechtsvereinheitlichung und -angleichung, vgl. *Philipps* 69 ff.

[13] Unter Einheitsrecht wird dabei die Gesamtheit derjenigen Rechtssätze verstanden, die in wenigsten zwei Staaten gleichlautend gelten und ihrem Sinn und Zweck nach auch gelten sollen, vgl. *Kropholler*, Einheitsrecht 1.

ordnungen mit kollisionsrechtlichem Inhalt erlassen, entsteht direkt anwendbares Kollisionsrecht[14].

Dabei ist jedoch zu beachten, daß das Verordnungskollisionsrecht grundsätzlich binnenmarktbezogen ist[15]. Es gilt nur für Sachverhalte mit Bezug zum Binnenmarkt. Sind Drittstaaten – d.h. nicht EU-Mitgliedstaaten – betroffen, findet dieses Gemeinschaftskollisionsrecht keine Anwendung[16]. Dies ergibt sich daraus, daß Verordnungen als sekundäres Gemeinschaftsrecht in ihren Rechtswirkungen abhängig von dem sachlichen Anwendungsbereich des Gemeinschaftsrechts sind. Dieser ist räumlich auf das Gebiet der EU-Mitgliedstaaten beschränkt (Art. 227 EG-Vertrag). 550

Ein Beispiel für Gemeinschaftskollisionsrecht durch EG-Verordnung ist die „Verordnung zur Anwendung der Systeme der sozialen Sicherheit auf Arbeitnehmer und deren Familien, die innerhalb der Gemeinschaft zu- und abwandern“[17]. Die Verordnung enthält in Artt. 13ff. ausdrückliche Kollisionsnormen zur Bestimmung des anwendbaren Rechts[18]. Auch die Verordnung über die Schaffung einer Europäischen Wirtschaftlichen Interessenvereinigung[19] und die geplante Verordnung über die Europäische Aktiengesellschaft[20] enthalten zahlreiche Verweisungsnormen[21].

II. Kollisionsrechtliche Staatsverträge

Zum „Europäischen Kollisionsrecht“ zählen auch die internationalverfahrens- und kollisionsrechtlichen Staatsverträge der EU-Mitgliedstaaten. Zu nennen sind das Brüsseler EWG-Übereinkommen über die gerichtliche Zuständigkeit und die Vollstrekung gerichtlicher Entscheidungen in Zivil- und Handelssachen (EuGVÜ)[22] und das Übereinkommen über das auf vertragliche Schuldverhältnisse anzuwendende Recht vom 19.6. 1980 (EVÜ)[23]. Wenngleich diese Staatsverträge kein unmittelbares Gemeinschaftsrecht bilden[24], muß bei ihrer 551

---

14 Teilweise wird als Oberbegriff für die Kollisionsnormen des Gemeinschaftsrechts und ihre kollisionsrechtlichen Staatsverträge der Begriff „Gemeinschaftskollisionsrecht“ verwandt; vgl. *Martiny*, in: Gemeinschaftsrecht und IPR 224ff.; *Roth*, RabelsZ 55 (1991) 628ff.; *Hauschka*, JZ 1990, 529; *North*, Forty Years On 29ff.

15 *Jayme*, Ein Internationales Privatrecht für Europa 27.

16 Vgl. *Hübner*, in: Gemeinschaftsrecht und IPR 126; ausführlich dazu Rn. 703ff.

17 Verordnung Nr. 1408/71 vom 14.6. 1971, ABl. Nr. L 149.

18 *Jayme*, Ein Internationales Privatrecht für Europa 26; vgl. auch Art. 93 der Verordnung, dazu Teil I Rn. 328f., 389ff.; *Roth*, RabelsZ 55 (1991) 632.

19 Verordnung vom 25.7. 1985, ABl. 1989 L 395/1; vgl. Teil I Rn. 310ff., 394ff.

20 ABl. v. 8.7. 1991, Nr.C 176/1ff.

21 Ausführlich zur Europäischen Aktiengesellschaft vgl. Teil I Rn. 334ff., 398ff.

22 BGBl.II 1972, 774ff.; vgl. auch ABl. v. 28.7. 1990 Nr.C, 189ff.

23 ABl. 1980 L 266/1 = BGBl. 1986 II 810; Text auch bei *Jayme/Hausmann*; das Übereinkommen ist am 1.4. 1991 mit der Ratifizierung durch Großbritanien völkerrechtlich in Kraft getreten, ABl. 1991 C 52/1. Seit dem 1.9. 1993 gilt das in Funchal geschlossene Übereinkommen über den Beitritt Spaniens und Portugals zum EVÜ zwischen den Niederlanden und Spanien.

24 Nach wohl herrschender Meinung sind die Staatsverträge nach Art. 220 EG-Vertrag

Anwendung der gemeinschaftsrechtliche Charakter der Transformationsnormen beachtet werden[25]. Im Unterschied zum sekundären Gemeinschaftskollisionsrecht ist das staatsvertragliche Gemeinschaftskollisionsrecht auch gegenüber Drittstaaten anwendbar.

III. Art. 3 II EGBGB und der Vorrang des Gemeinschaftsrechts

552 Die Existenz eines – wenn auch spärlichen – „Gemeinschaftskollisionsrechts" wirft die Frage nach dessen Verhältnis zum nationalen Kollisionsrecht auf. Gemeinschaftsrechtliche gesetzliche Regelungen fehlen insoweit. Im deutschen Recht ist Art. 3 II EGBGB zu beachten.

1. Art. 3 II EGBGB

Gemäß Art. 3 II 1 EGBGB ist die Anwendung des autonomen IPR dort ausgeschlossen, wo völkerrechtliche Vereinbarungen bestehen[26]. Die Regelung hat nur deklaratorischen Charakter[27]. Völkerrechtliche Übereinkommen sind grundsätzlich schon Spezialregelungen, die das autonome IPR verdrängen („lex specialis derogat legi generali")[28].

553 In Art. 3 II 2 EGBGB wird der Anwendungsvorrang des Art. 3 II 1 EGBGB auf den Bereich der „Regelungen in Rechtsakten der Europäischen Gemeinschaften" ausgedehnt. Auch diese Vorschrift hat nur deklaratorischen Charakter. Wenngleich die „lex specialis"-Regel nicht zwischen Gemeinschaftsrecht und mitgliedstaatlichem Recht gilt[29], ergibt sich der Anwendungsvorrang des Gemeinschaftsrechts im Kollisionsrecht schon als Folge des allgemeinen Vorrangs des Gemeinschaftsrechts vor dem innerstaatlichen Recht.

---

weder primäres noch sekundäres Gemeinschaftsrecht, vgl. *Schwartz*, FS Grewe 591 ff.; *Martiny*, in: Gemeinschaftsrecht und IPR 225; vielmehr handelt es sich um „gemeinschaftsrechtsnahes" Recht, vgl. Teil I Rn. 67 ff.

[25] Vgl. *Brödermann*, MDR 1992, 89; vgl. auch Art 36 EGBGB.

[26] Ein Vorrang besteht nur für Regelungen, die „unmittelbar anwendbares innerstaatliches Recht geworden sind" (Art. 3 II EGBGB). Nicht vorrangig wirkt etwa das EVÜ, wofür das deutsche Zustimmungsgesetz die unmittelbare Wirkung in Art. 1 II ausschließt, BGBl. II v. 25. 7. 1986, 809.

[27] Art. 3 II EGBGB ist vom Gesetzgeber als „ausschließlich klarstellender Hinweis" verstanden worden, vgl. BegrRegE, BT-Drucks. 10/504, 36.

[28] Vgl. *MünchKomm/Sonnenberger*, Art. 3 Rn. 9.

[29] Die „lex specialis"-Regel gilt schon deshalb nicht, weil den Gemeinschaftsnormen ein unterschiedlicher Geltungsgrund zugrunde liegt, vgl. *Grabitz* 55.

2. *Vorrang des Gemeinschaftsrechts*

Ohne Art. 3 II 2 EGBGB wäre die innerstaatliche Wirkung des Verordnungs- 554
kollisionsrechts abhängig von der allgemeinen Stellung, insbesondere dem Rang[30], den das Gemeinschaftsrecht im innerstaatlichen Recht hat[31]. Obwohl ausdrückliche Regelungen für das Verhältnis zwischen dem Gemeinschaftsrecht und dem mitgliedstaatlichen Recht fehlen[32], ist heute – abgesehen von Einzelfragen – der Vorrang des Gemeinschaftsrechts vor den nationalen Rechtsordnungen allgemein anerkannt[33]. Entscheidend für Bestimmung und Begründung des Vorrangs war die Rechtsprechung des EuGH mit der Leitentscheidung Costa/ENEL vom 15.7. 1964[34]. Dort führt der EuGH u. a. aus:

„Zum Unterschied von gewöhnlichen internationalen Verträgen hat der EG- 555
Vertrag eine eigene Rechtsordnung geschaffen, die bei seinem Inkrafttreten in die Rechtsordnungen der Mitgliedstaaten aufgenommen worden und von ihren Gerichten anzuwenden ist ... Wortlaut und Geist des Vertrages haben zur Folge, daß es den Staaten unmöglich ist, gegen eine von ihnen auf der Grundlage der Gegenseitigkeit angenommene Rechtsordnung nachträgliche einseitige Maßnahmen ins Feld zu führen ... [E]s würde eine Gefahr für die Verwirklichung der in Artikel 5 Absatz 2 aufgeführten Ziele des Vertrages bedeuten und dem Verbot des Artikel 7 widersprechende Diskriminierungen zur Folge haben, wenn das Gemeinschaftsrecht je nach der nachträglichen Gesetzgebung von einem Staat zum andern verschiedene Geltung haben könnte ...

Aus alledem folgt, daß dem vom Vertrag geschaffenen, somit aus einer autonomen Rechtsquelle fließenden Recht wegen dieser seiner Eigenständigkeit keine wie immer gearteten innerstaatlichen Rechtsvorschriften vorgehen kön-

---

30 Der Rang ist von entscheidender Bedeutung, wenn die beteiligten Rechtsordnungen sich widersprechen. Solche Rechtskonflikte sind in der EU möglich, weil zwischen Gemeinschaftsrecht und nationalem Recht das Prinzip kumulativer Konkurrenz gilt. Dieses Prinzip besagt, daß die Mitgliedstaaten grundsätzlich auch dort zuständig bleiben, wo gemeinschaftliche Regelungen bestehen, vgl. *Grabitz*, NJW 1989, 1776.

31 Bestimmt wird das Verhältnis zweier Rechtsordnungen zueinander von ihrem Rang, ihrer Geltung und der unmittelbaren Anwendbarkeit, *Bleckmann*, Europarecht Rn. 752; *Veelken*, JuS 1993, 265ff.; teilweise wird noch die Verleihung subjektiver Rechte aufgeführt, *Groß*, Aktiengesellschaft 1990, 327; *Ress*, öWirtschaftsR 61.

32 Anders verhält es sich z. B. für den Vorrang von Bundes- gegenüber Landesrecht in Deutschland, vgl. Art. 31 GG. Indirekt ergibt sich der Vorrang des Gemeinschaftsrechts freilich aus Art. 189 II EG-Vertrag, wonach die Verordnung unmittelbar gilt. Die Bestimmung wäre ohne Bedeutung, wenn die Mitgliedstaaten durch nationale Gesetzgebungsakte einseitig Verordnungen außer Kraft setzen könnten, vgl. EuGH 15.7. 1964, Rs. 6/64 (*Costa/ENEL*), Slg. 1964, 1251.

33 Vgl. auch *Grabitz*, FS Deringer 59ff.; auf die mit dem Vorrang des Gemeinschaftsrechts verbundenen Probleme und Streitigkeiten soll hier nicht eingegangen werden: Meinungsverschiedenheiten bestehen noch bezüglich des Vorrangs des Gemeinschaftsrechts vor Verfassungsrecht und für die Frage, ob es sich dabei um einen Anwendungs- oder Geltungsvorrang handelt, vgl. auch *Di Fabio*, NJW 1990, 947ff.; *Spetzler*, RIW 1990, 286; *Streinz*, DVBl. 1990, 949ff.; *Tomuschat*, EuR 1990, 340ff.; *Scholz*, NJW 1990, 941ff.

34 EuGH 15. 7. 1964, Rs. 6/64 (*Costa/ENEL*), Slg. 1964, 1251ff.

nen, wenn ihr nicht sein Charakter als Gemeinschaftsrecht aberkannt und wenn nicht die Rechtsgrundlage der Gemeinschaft selbst in Frage gestellt werden soll."

556 Diese Rechtsprechung wurde in der Folge immer wieder durch den EuGH bestätigt[35] und auch von den Gerichten der Mitgliedstaaten anerkannt[36]. Der Vorrang des Gemeinschaftsrechts gilt gegenüber dem nationalem IPR ebenso uneingeschränkt wie gegenüber anderen nationalen Rechtsvorschriften[37].

Für das Verordnungsrecht gilt daher, daß die mitgliedstaatlichen Organe – Gerichte und Verwaltung – gemeinschaftsrechtlich verpflichtet sind, nationale IPR-Gesetze nicht anzuwenden, soweit kollisionsrechtliche Vorgaben in Verordnungen bestehen[38]. Konkret bedeutet dies, daß aufgrund des Vorrangs des Gemeinschaftsrechts kollisionsrechtliche Normen aus EG-Verordnung vorrangig vor nationalen IPR-Gesetzen zwischen Privatpersonen anzuwenden sind. Das kollisionsrechtliche Schrifttum bezeichnet diesen Anwendungsvorrang als Rangkollisionsrecht[39].

§2 Sachrechtsvereinheitlichung und IPR

557 Art. 3 II 2 EGBGB regelt nur einen Anwendungsvorrang für den Fall, daß Kollisionsnormen mit gemeinschaftsrechtlichem Ursprung bestehen[40]. Verordnungen, die Kollisionsnormen enthalten, bilden aber noch die Ausnahme. Wesentlich häufiger sind Verordnungen, die nur darauf abzielen, das Sachrecht in den EU-Mitgliedstaaten zu vereinheitlichen.

---

[35] Z.B. EuGH 9.3. 1978, Rs 106/77 (*Staatliche Finanzverwaltung/Simmenthal*), Slg. 1978, 644; der Vorrang des Gemeinschaftsrecht gilt auch gegenüber dem nationalen Verfassungsrecht, vgl. EuGH 17.12. 1970, Rs. 11/70 (*Internationale Handelsgesellschaft*), Slg. 1970, 1135.

[36] Vgl. für Deutschland BVerfG 18.10. 1967, BVerfGE 22, 295; BVerfG 9.6. 1971, BVerfGE 31, 145; BVerwG 29.11. 1990, RIW 1991, 426ff.; für Großbritannien *Desai*, Lawyers'Europe 1991, 9; für Italien italienischer VerfGH 8.6. 1984, EuGRZ 1985, 98; als letzter Mitgliedstaat hat Frankreich mit der „*Nicolo-*" Entscheidung des Conseil d'Etat 20.10. 1989, EuGRZ 1990, 93ff. (deutsche Übersetzung) und der „*Boisdet-*" Entscheidung 24.9. 1990, EuZW 1991, 124f. (deutsche Übersetzung) den Vorrang des EG-Rechts anerkannt; vgl. dazu *Ludet/Stolz*, EuGRZ 1990, 93ff.; *Streinz*, DVBl. 1991, 325ff. Zu weiteren Mitgliedstaaten vgl. *Everling*, DVBl. 1985, 1202; *Heinrichs*, EuGRZ 1990, 413ff.

[37] Vgl. Teil I Rn. 7, 419ff.; sowie *Brödermann*, MDR 1992, 90; *Bernhard*, EuZW 1992, 438; *Martiny* in: Gemeinschaftsrecht und IPR 214; *MünchKomm/Sonnenberger*, Einl. Rn. 110.

[38] *Everling*, DVBl. 1985, 1202; *Ress*, öWirtschaftsR 68; *Oppermann* Rn. 539ff.; *Mathijsen*, European Community 313f.

[39] „Die Rangkollisionsregel geht der räumlichen Kollisionsregel vor", *Martiny*, in: Gemeinschaftsrecht und IPR 213f.; *MünchKomm/Sonnenberger*, Einl. Rn. 110; *Schwartz*, FS Grewe 587; vgl. auch Teil I, Rn. 8f.

[40] Art. 20 EVÜ: „Dieses Übereinkommen berührt nicht die Anwendung der Kollisionsnormen...", BGBl. II 1986, 818.

Das Verhältnis zwischen gemeinschaftsrechtlicher Sachrechtsvereinheitlichung und IPR ist weder im Gemeinschaftsrecht noch im EGBGB geregelt. Verschiedentlich wird vorgeschlagen, auch das durch Gemeinschaftsrecht geschaffene Sachrecht analog zu völkerrechtlichen Übereinkommen zu behandeln und nach Art. 3 II EGBGB vorrangig anzuwenden[41]. Ein derartiger Vorrang des vereinheitlichten Sachrechts gegenüber dem IPR ist jedoch abzulehnen[42]. Kollisionsrechts- und Sachrechtsvereinheitlichung sind unterschiedliche Rechtsmethoden, um internationalrechtliche Konflikte zu lösen[43]. Die Methoden lassen sich nicht vergleichen[44]. Nach allgemeiner Auffassung handelt es sich bei materiellem Einheitsrecht und dem IPR um Rechtsgebiete mit ganz unterschiedlicher Natur. Weil Art. 3 II EGBGB in seinen Anwendungsvoraussetzungen und Rechtsfolgen auf die Kollisionsrechtsvereinheitlichung zugeschnitten ist, ist eine analoge Anwendung dieser Vorschrift auf die Sachrechtsvereinheitlichung nicht möglich.

Die Einwirkungen der europäischen Sachrechtsvereinheitlichung auf das IPR wurde bislang wenig beachtet. Es bleibt die Frage, ob sich aus der Sachrechtsvereinheitlichung Folgerungen für das Kollisionsrecht ergeben[45]. Dies wird im folgenden anhand der EG-Verordnung (dazu unter I) und den EG-Übereinkommen (dazu unter II) dargestellt.

I. Sachrechtsvereinheitlichung durch EG-Verordnungen

Die EG-Verordnung ist das weitestreichende Rechtsvereinheitlichungsinstrument der EG[46]. Nach Art. 189 II EG-Vertrag hat die Verordnung allgemeine, unmittelbare Geltung und ist in all ihren Teilen verbindlich[47]. Wegen ihrer 558

---

41 Vgl. für das Verhältnis von UN-Kaufrecht und EG-Produkthaftung, *v. Caemmerer/Schlechtriem/Huber*, Art. 90 Rn. 12; *Herber*, MDR 1993, 106.

42 Vgl. für das Verhältnis von UN-Kaufrecht und EG-Produkthaftung, *Otto*, MDR 1993, 306; ähnlich auch *Jayme*, Ein Internationales Privatrecht für Europa 32ff.; *Collier* 368; *Reich*, RabelsZ 56 (1992) 511; *MünchKomm/Kreuzer*, Art 38 Rn. 227.

43 Die Kollisionsrechtsvereinheitlichung wird als ein Minus gegenüber der materiellen Rechtsvereinheitlichung empfunden, vgl. *Coing*, Methoden 12; *Firsching*, IPRax 1981, 37; *Juenger*, RabelsZ 46 (1982) 59/81; ähnlich *König* EuR 1975, 291; *Zweigert/Drobnig*, RabelsZ 29 (1965) 147ff.; *Majoros*, RabelsZ 46 (1982) 93; *Taupitz*, JZ 1993, 533. Sie ist nur deshalb notwendig, weil eine globale Harmonisierung des materiellen Rechts unmöglich sei, *Firsching*, IPRax 1981, 37. Darüberhinaus kann auch nur durch eine Vereinheitlichung des materiellen Rechts das „forum shopping" völlig verhindert werden, *Firsching*, IPRax 1981, 37; *Juenger*, RabelsZ 46 (1982) 62f.

44 Bei der Vereinheitlichung des Kollisionsrechts wird die Verschiedenheit des materiellen Rechts vorausgesetzt und hingenommen, wohingegen die Sachrechtsvereinheitlichung die Schwierigkeiten überwinden will, die sich aus verschiedenen Rechten ergeben, vgl. *Kropholler*, Einheitsrecht 179; *v. Caemmerer*, FS Hallstein 66.

45 Vgl. dazu *Kropholler*, Einheitrecht 33.

46 Vgl. *Kramer*, JBl. 1988, 483; *Oppermann* Rn. 449; *Mathijsen*, European Community 112.

47 Art. 189 II EG-Vertrag entspricht Art. 161 II EURATOM–Vertrag und der allgemeinen Entscheidung des Art. 14 II i. V. m. 15 III EGKS-Vertrag, vgl. EuGH 20. 3. 1959, Rs. 18/57 (*Nold KG/Hohe Behörde*), Slg. 1958/59, 111ff.

unmittelbaren Rechtswirkungen ist sie der eigentlich „echte" Gesetzgebungsakt und gilt als das Gemeinschaftsgesetz der EU[48].

Mit dem Erlaß einer Verordnung wird – ohne einzelstaatliches Ratifikations- oder Umsetzungsverfahren[49] – in den Mitgliedstaaten einheitliches Recht geschaffen. Vom Augenblick ihres Inkrafttretens an und im Rahmen ihres sachlichen Anwendungsbereichs muß der nationale Rechtsanwender nur noch die Verordnung, und nicht mehr sein nationales Recht beachten[50]. Eine einheitliche Auslegung und Anwendung garantiert Art. 177 I lit. b EG-Vertrag, wonach der EuGH im Wege der Vorabentscheidung über die Gültigkeit und die Auslegung der Handlungen der Organe der Union entscheidet[51]. Eine langfristige Rechtseinheit wird durch die Sperrwirkung einer Verordnung erreicht, weil – ebenso wie eine Verordnung entgegenstehendes nationales Recht verdrängt – sie auch verhindert, daß ihr entgegenstehendes nationales Recht entsteht. Wenn eine Verordnung besteht, kann nur der Verordnungsgeber das Recht ändern[52].

1. Die EG-Verordnung und Rechtsvereinheitlichung

559 Trotz ihrer Vorzüge hat die Verordnung für die Privatrechtsvereinheitlichung in der Union nur eine untergeordnete Bedeutung[53]. Dies ist hauptsächlich die Folge der Kompetenzordnung in der Union[54]. Nur wenige Ermächtigungsnormen in den Gründungsverträgen erlauben eine Rechtsvereinheitlichung durch Verordnungen, wie etwa Art. 49 EG-Vertrag oder die „Abrundungsnorm" Art. 235 EG-Vertrag[55]. Daran hat auch im Ergebnis der Erlaß der EEA im Jahre 1986 nichts geändert. Nach dem neu eingefügten Art. 100a EG-Vertrag ist zwar auch der Erlaß von Verordnungen zur Verwirklichung des Binnenmarktes möglich[56], jedoch sind Verordnungen nach Art. 100a EG-Vertrag wohl nicht zu

---

[48] *Nicolaysen*, Europarecht I 58; *Dendrinos* 22; *Oppermann* Rn. 448.

[49] Eine solche Umsetzung wäre sogar unzulässig, denn mit ihr würde der Gemeinschaftscharakter der Norm verdeckt werden, EuGH 7. 2. 1973, Rs 39/72 (*Kommission/Italienische Republik*), Slg. 1973, 101 ff.; EuGH 17. 5. 1972, Rs. 93/71 (*Leonesio/Italienisches Ministerium für Landwirtschaft*), Slg. 1972, 296; vgl. *Wägenbaur*, ZG 1988, 304; *Oppermann* Rn. 453; anders italienischer Verfassungsgerichtshof 30. 10. 1975, EuR 1976, 246.

[50] Vgl. *Lutter*, Europäisches Unternehmensrecht 11; *Mathijsen*, European Community 113.

[51] Ausführlich dazu Rn. 647 ff.

[52] Entgegenstehendes nationales Recht ist wirkungslos, vgl. EuGH 9. 3. 1978, Rs. 106/77 (*Staatliche Finanzverwaltung/Simmenthal*), Slg. 1978, 644; *Lutter*, Europäisches Unternehmensrecht 11; *Oppermann* Rn. 453.

[53] Verordnungen werden hauptsächlich im Bereich des Zoll-, Agrar-, Kartell-, Verkehrs- und Außenwirtschaftsrecht erlassen, vgl. *Gleichmann*, Methoden 40; *Götz*, NJW 1992, 1849.

[54] Die Rechtssetzungstätigkeit der Union beruht auf dem Prinzip der begrenzten Einzelermächtigung (vgl. Art. 4 II EG-Vertrag). Den Unionsorganen ist danach nur dann der Erlaß von Rechtsakten erlaubt, wenn hierfür eine ausdrückliche Kompetenz vorgesehen ist, vgl. *Bleckmann*, Europarecht Rn. 69 ff.; *Epiney*, JZ 1992, 564; *Geiger*, Art. 189 Rn. 1.

[55] Dazu *Oppermann* Rn. 437 ff.; *Gloy*, FS v. Gamm 258.

[56] Vgl. *Oppermann* Rn. 1075; *Ehlermann*, C.M.L.Rev. 1987, 386.

erwarten[57]. Erstens haben die Mitgliedstaaten mit dem Erlaß der EEA eine Präferenzerklärung zugunsten der Richtlinie abgegeben[58]. Zweitens ist die Rechtsvereinheitlichung durch Verordnung derart einschneidend, daß aus Rücksichtnahme auf die mitgliedstaatlichen Souveränitätsinteressen wohl keine Verordnungen aufgrund von Mehrheitsentscheidungen zu erwarten sind[59].

Noch ein weiterer Grund steht der Rechtsvereinheitlichung durch Verordnung entgegen: Bei dem bisherigen Stand des Gemeinschaftsrechts ist es fast unmöglich, ein Rechtsgebiet wirklich umfassend gemeinschaftsweit zu vereinheitlichen. Wegen der bisweilen erheblichen Unterschiede zwischen den nationalen Rechtsordnungen[60] ist eine völlige Vereinheitlichung einer Rechtsmaterie nur schwer möglich[61]. So wäre beispielsweise die Verabschiedung der Verordnung auf dem Gebiet der Gemeinschaftsmarke fast gescheitert, weil der Rat sich nicht über Nebenfragen wie Sprach- und Sitzregelungen einigen konnte[62]. 560

Auch in Zukunft wird die Union wohl kaum Verordnungen auf dem Gebiet des Privatrechts erlassen. Wenngleich die genauen Grenzen und Ausformungen des Subsidiaritätsprinzips (Art. 3b EG-Vertrag) noch nicht feststehen, dürfen nach Art. 3b III EG-Vertrag nunmehr Maßnahmen der Union nicht über das für die Erreichung ihrer Ziele erforderliche Maß hinausgehen. Für die verschiedenen Formen europäischer Rechtsetzung folgt daraus, daß unter sonst gleichen Umständen eine Richtlinie den Vorzug vor einer Verordnung erhalten muß[63]. 561

Aus diesen Gründen sind bislang kaum Verordnungen auf dem Gebiet des Privatrechts ergangen und auch zukünfig nicht zu erwarten. Aber auch die Verordnungen, die ergangen sind, schaffen oftmals keine wirkliche Rechtseinheit in der Union. Sie enthalten meist nur einen einheitlichen Rahmen, während für Einzelfragen auf das Recht der Mitgliedstaaten verwiesen wird[64]. Ein Beispiel[65] hierfür bildet die Verordnung Nr. 2137/85 des Rates über die Schaffung einer Europäischen wirtschaftlichen Interessenvereinigung (EWIV)[66]. 562

---

[57] Vgl. *Hilf*, EuR 1993, 5; anders *Ehlermann*, C.M.L.Rev. 1987, 386; *Götz*, NJW 1992, 1849.

[58] Vgl. die Erklärung zu 100a EWGV in der Schlußakte, Bull.EG Beil. 2/86, 24.

[59] Nach *Hauschka*, JZ 1990, 531 ist die Verordnung selbst dort, wo sie zulässig ist, zu unflexibel, um Rechtsunterschiede zwischen den Mitgliedstaaten zu beseitigen.

[60] Das gilt insbesondere für die Unterschiede zwischen dem Common Law und dem kontinental-europäischen Rechtskreis, vgl. *Taschner*, Rechtsangleichung 32ff.; *ders.*, GS Constantinesco 776f.; *Helmholz*, Duke LJ 1990, 1207ff.

[61] *Hauschka*, JZ 1990, 531; *Hartard* 3; *Schmid* 83.

[62] Vgl. *Gloy*, FS v. Gamm 258.

[63] Vgl. *Möschel*, NJW 1993, 3026; *Geiger*, Art. 3 b Rn. 10.

[64] So auch der Verordnungsvorschlag über die europäische AG, ABl. vom 8. 7. 1991 Nr. C 176/1ff. In diesem Zusammenhang wird deutlich, wie sich Richtlinie und Verordnung ergänzen: Vielfach wird in der Verordnung auf durch Richtlinien harmonisiertes nationales Recht verwiesen, so daß im Ergebnis doch einheitliche Regelungen bestehen.

[65] Desweiteren etwa der Vorschlag einer Verordnung des Rates über die Gemeinschaftsmarke vom 11. 5. 1988, GRUR Int. 1989, 388; dazu *Gloy*, FS v. Gramm 257ff. Weitere Beispiele bei *Hauschka*, JZ 1990, 530f.

[66] Angenommen am 25. Juli 1985, ABl. L 199 vom 31. 7. 1985; Bulletin der EG, Beilage 3/87; dazu *Abmeier*, NJW 1986, 2987ff.; *Hartard* 1ff.; *ders.*, EWS 1991, 215ff.

2. Die EG-Verordnung als Alternative zum IPR

563 Bekanntlich können Fälle mit Auslandsberührung grundsätzlich nur entschieden werden, wenn das anwendbare materielle Recht festgestellt worden ist[67]. Dies erübrigt sich aber dort, wo alle beteiligten Rechtsordnungen zu dem materiell gleichen Ergebnis führen (Kongruenz[68]). Im deutschen Kollisionsrecht wird dies unter dem Stichwort „Offenlassen der Rechtswahl[69]" diskutiert.

a) „Offenlassen der Rechtswahl"

Ein „Offenlassen der Rechtswahl" bedeutet, daß ein Fall nicht einer bestimmten Rechtsordnung zugeordnet wird. Wenn zum Beispiel alle an einem Sachverhalt beteiligten Rechtsordnungen die Frage, ob ein fehlerhaftes Produkt vorliegt, gleich entscheiden, ist eine kollisionsrechtliche Anknüpfung dieser Frage überflüssig. Es ist ausreichend, wenn das angerufene Gericht feststellt, daß sämtliche in Betracht kommenden Rechtsordnungen in der Sache zu dem gleichen Ergebnis führen. Die Lösung des Falles erfolgt dann unabhängig von einer bestimmten Rechtsordnung[70].

564 Gegen ein solches „Offenlassen der Rechtswahl" bei Ergebniskongruenz bestanden früher in der Rechtsprechung verfahrensrechtliche Bedenken[71]. Begründet wurde dies mit der Irrevisibilität des ausländischen Rechts[72]. Bliebe die Frage nach der anwendbaren Rechtsordnung offen, so führe dies zu einer Verletzung von § 550 ZPO. Da ausländisches Recht gemäß § 549 I ZPO nicht

---

[67] BGH 16.6. 1969, WM 1969, 1140 = IPRspr 1968/69 Nr. 3; *Flessner*, RabelsZ 34 (1970) 547; *Soergel/Kegel*, Vor Art. 7 Rn. 114; *MünchKomm/Sonnenberger*, Einl. Rn. 448.

[68] Zum Begriff, vgl. *Ferid* 4–108.

[69] Der Ausdruck ist mißverständlich; Rechtswahl bedeutet heute, daß das anwendbare Recht von den Parteien bestimmt werden kann, z. B. Art. 27 EGBGB; gemeint ist hier vielmehr ein „Offenlassen der Kollisionsfrage". Dennoch wird der Begriff „Offenlassen der Rechtswahl" hier benutzt, weil dies der traditionellen Problembezeichnung entspricht.

[70] *v. Bar*, IPR, Bd I Rn. 119, spricht insoweit von einem Verzicht auf die kollisionsrechtliche „Feineinstellung".

[71] Vgl. RG 24.3. 1909, RGZ 71, 9ff.; RG 30.9. 1920, RGZ 100, 79ff.; RG 17.9. 1941, RGZ 167, 280 = IPRspr. 1935–44 Nr. 282; BGH 11.5. 1956, NJW 1956, 1115 = IPRspr. 1956/57 Nr. 1; BGH 19.9. 1990, EuZW 1990, 548 = IPRspr. 1990 Nr. 2; BGH 29.10. 1962, NJW 1963, 252f. = IPRspr. 1962/63 Nr. 44; so auch *Baumbach/Lauterbach/Albers*, § 549 Rn. 6; *Palandt/Heldrich*, Einl. Art. 3 EGBGB Rn. 37; ähnlich auch in Frankreich, vgl. *Herzfelder*, RIW 1990, 354ff. Davon zu unterscheiden ist ein zulässiges „Offenlassen der Qualifikation", also Fälle, wo unterschiedliche Anknüpfungen des nationalen IPR zu demselben Recht führen, vgl. BGH 5.11. 1980, BGHZ 78, 323 = NJW 1981, 523 = IPRspr. 1980 Nr. 41; *v. Bar*, IPR, Bd. I Rn. 17; *Reithmann/Martiny*, Rn. 43; *Steindorff*, JZ 1963, 200.

[72] Zur Revisibilität ausländischen Rechts BGH 19.9.990, IPRax 1991, 330 = IPRspr. 1990 Nr. 2; BGH 29.2. 1968, BGHZ 49, 387 = IPRspr. 1968/69 Nr. 199; *Gottwald*, IPRax 1988, 210ff.; *Geimer*, IZPR Rn. 2601 ff.; *Stein/Jonas/Grunsky*, § 549 Rn. 64ff.; *Zöller/Schneider*, § 549 Rn. 9ff.

revisibel sei, könne ein „Offenlassen der Rechtswahl" für die Prozeßparteien eine rechtsstaatlich zweifelhafte Verkürzung des Rechtsweges bedeuten[73].

Obwohl die Rechtsprechung nie ausdrücklich aufgegeben wurde, stehen heute einem „Offenlassen der Rechtswahl" bei Rechtsgleichheit wohl keine verfahrensrechtlichen Gründe mehr entgegen[74]. Zum einen hat der BGH in den letzten Jahren durch zahlreiche Ausnahmen das Prinzip der Irrevisibilität des ausländischen Rechts weitgehend ausgehöhlt[75]. Heute ist es weitgehend zulässig, das angewendete ausländische Recht zu überprüfen[76]. Zumindest das Verfahren der Ermittlung des ausländischen Rechts kann heute mit der Revision gerügt werden[77].

Zweitens konnten die Instanzgerichte auch nach der herkömmlichen Recht- 565
sprechung die Frage nach der anwendbaren Rechtsordnung offenlassen, sofern die in Betracht kommenden Rechtsordnungen zu dem gleichen materiellen Ergebnis führen[78]. Nach der Ansicht des BGH war der Verstoß gegen § 550 ZPO folgenlos, wenn der Revisionsführer durch das „Offenlassen der Rechtswahl" nicht beschwert war[79]. Da bei völliger Kongruenz der Rechtsordnungen eine Beschwer des Revisionsführers nicht möglich ist[80], war im Ergebnis ein „Offenlassen der Rechtswahl" bei Rechtsgleichheit immer zulässig.

Dennoch lassen Gerichte nur selten die Frage nach der anwendbaren Rechts- 566
ordnung offen, wenn kollisionsrechtliche Probleme zu lösen sind. Dies ist verständlich angesichts der Schwierigkeiten, die ein „Offenlassen der Rechtswahl" macht. Das „Offenlassen der Rechtswahl" führt auf eine Schnittstelle des materiellen Rechts, der Rechtsvergleichung, des IPR und des Verfahrensrechts. Materiellrechtlichen Vorteilen stehen verfahrensrechtliche Zwänge entgegen,

---

[73] Vgl. BGH 28. 1. 1987, FamRZ 1987, 463 = IPRspr. 1987 Nr. 48; BGH 3. 5. 1988, NJW 1988, 3097 = IPRspr. 1988 Nr. 2; BGH 24. 1. 1980, WM 1980, 372 = IPRspr 1980 Nr. 14; BGH 5. 11. 1980, BGHZ 78, 318 = NJW 1981, 523 = IPRspr. 1980 Nr. 41; BGH 12. 3. 1981, NJW 1981, 1900 = IPRspr. 1981 Nr. 128; OLG Hamburg 12. 2. 1981, RIW 1982, 669 = IPRspr. 1981 Nr. 156; OLG Zweibrüken 9. 3. 1982, IPRax 1983, 43 = IPRspr. 1982 Nr. 2; anders OLG Frankfurt 16. 9. 1982, RIW 1983, 785 = IPRspr. 1982 Nr. 17.

[74] Kritisch zur Rechtsprechung des BGH, *Kropholler*, IPR § 59 I 4; *Soergel/Kegel*, Vor Art. 7 Rn. 116 ff.

[75] Zuletzt BGH 21. 1. 1991, EWS 1991, 396 ff.; vgl. auch BGH 19. 9. 1990, IPRax 1991, 329 ff. = IPRspr. 1990 Nr. 2.

[76] *Schütze*, EWS 1991, 373.

[77] Vgl. *Kropholler*, IPR § 59 I 3, allerdings achtet der BGH darauf, daß nicht über den Umweg der Verfahrensrüge nach § 293 ZPO die Nachprüfung des irrevisiblen ausländischen Rechts erreicht wird.

[78] *v. Bar*, IPR, Bd. I Rn. 120; *Ferid* 4–107; *Kegel*, IPR 314; *Kropholler*, Einheitsrecht 198; *ders.*, IPR § 59 I 4; *Müller-Gindullis* 92; *Steindorff*, JZ 1963, 202; *MünchKomm/Sonnenberger*, Einl. Rn. 452; *Soergel/Kegel*, Vor Art. 7 Rn. 118; *Stein/Jonas/Grunsky*, § 549 Rn. 66 (anders noch die Vorauflage); *Zöller/Schneider*, § 549 Rn. 12; *Reithmann/Martiny* Rn. 43.

[79] Vgl. BGH 28. 1. 1987, FamRZ 1987, 463 = IPRspr. 1987 Nr. 48; BGH 3. 5. 1988, NJW 1988, 3097 = IPRspr. 1988 Nr. 2; BGH 24. 1. 1980, WM 1980, 372 = IPRspr 1980 Nr. 14; BGH 5. 11. 1980, BGHZ 78, 318 = NJW 1981, 523 = IPRspr. 1980 Nr. 41; BGH 12. 3. 1981, NJW 1981, 1900 = IPRspr. 1981 Nr. 128.

[80] Vgl. *Steindorff*, JZ 1963, 201 ff.

und Erleichterungen im IPR werden nur durch einen erhöhten Aufwand an Rechtsvergleichung gewonnen. Weiterhin erscheint die Ermittlung des geltenden ausländischen Rechts – insbesondere bei Auslegungsproblemen – oft schwieriger, als deutsches IPR anzuwenden[81].

Daß Gerichte nur selten die Rechtswahl offenlassen, ist dennoch bedauerlich angesichts der Vorteile, die diese Methode hat. Ein „Offenlassen der Rechtswahl" ist der Anwendung des IPR vorzuziehen, wenn das Kollisionsrecht der lex fori – oder für den Fall des Renvoi das IPR der lex causae – problematisch oder unergiebig ist[82]. Neben der Prozeßökonomie fördert das „Offenlassen der Rechtswahl" auch die Entscheidungsakzeptanz durch eine erhöhte Entscheidungsharmonie[83] und stärkt die Plausibilität von Entscheidungen[84].

b) „Offenlassen der Rechtswahl" und EG-Verordnungen

567 Das Hauptproblem für ein „Offenlassen der Rechtswahl" ist, daß der Richter das ausländische Recht nicht kennt und daher nicht weiß, ob eine Ergebniskongruenz der beteiligten Rechtsordnungen besteht[85]. Dieses Problem existiert nicht, wenn der Sachverhalt in den Anwendungsbereich einer EG-Verordnung fällt. Besteht eine Verordnung, kann in deren Regelungsbereich von einer Kongruenz der Ergebnisse ausgegangen werden.

Würde zum Beispiel durch eine Verordnung der Begriff „Produkt" definiert, so brauchte die Frage, welches Recht in einem deutsch/französischen Produkthaftungsfall maßgeblich ist, hinsichtlich des Produktbegriffs nicht entschieden zu werden, weil der Begriff in Deutschland und Frankreich gleich ausgelegt und angewandt werden müßte. In solchen Fällen ist ein „Offenlassen der Rechtswahl" zweckmäßig und möglich[86].

568 Einem „Offenlassen der Rechtswahl" bei EG-Verordnungen stehen auch nach der früheren Rechtsprechung keine prozeßrechtlichen Bedenken entgegen. Aus § 293 ZPO folgt, daß im Inland unmittelbar geltendes Recht kein ausländisches Recht darstellt. Danach sind auch das unmittelbar geltende Gemeinschaftsrecht, etwa die EG-Verordnung, oder unmittelbar geltende Staatsverträ-

---

81 Vgl. *v. Bar*, IPR, Bd. I Rn. 120, der empfiehlt, das „Offenlassen der Rechtswahl" dem IPR dort vorzuziehen, wo es geringere Schwierigkeiten macht (Rn. 121).

82 Z. B. in den Fällen, wo bestimmte Anknüpfungspunkte nicht zweifelsfrei ermittelt werden können, vgl. *Kropholler*, Einheitsrecht 198.

83 *Behn*, ZfRV 1978, 254.

84 *v. Bar*, IPR, Bd. I Rn. 120.

85 Hier liegt der Unterschied zum US-amerikanischen Recht: Das amerikanische Kollisonsrecht ist zugeschnitten auf Rechtskonflikte zwischen den einzelnen Bundesstaaten. Das Recht der Bundesstaaten unterscheidet sich weniger als die europäischen Rechtsordnungen. Außerdem bestehen keine Sprachschwierigkeiten.

86 Eine kollisionsrechtliche Anknüpfung wäre in solchen Fällen sogar gemeinschaftsrechtlich nicht zulässig, vgl. *Hauschka*, JZ 1990, 531; *Hartard* 3.

ge kein ausländisches Recht im Sinne von § 293 ZPO[87]. Die Revisionsinstanz kann somit Entscheidungen, die auf Verordnungsrecht beruhen, überprüfen[88].

c) Kollisionsrecht im Regelungsbereich von EG-Verordnungen

Für das Kollisionsrecht im Regelungsbereich einer EG-Verordnung ist festzu- 569
halten:

(1) Regelt eine Verordnung einen Sachverhalt vollständig und abschließend und sind nur EU-Mitgliedstaaten betroffen, so gilt allein die Verordnung. Da es sich um gemeinschaftsweit einheitliches Recht handelt, stellt sich die kollisionsrechtliche Frage nicht mehr. Die sachrechtlichen Regelungen des Gemeinschaftsrechts sind ohne Vorschaltung des nationalen IPR anzuwenden[89].

(2) Ein völliger Ausschluß des IPR wird vorerst allerdings die Ausnahme 570
sein. Wie bereits ausgeführt, sind privatrechtvereinheitlichende Verordnungen die Ausnahme. Ferner enthalten die existierenden Verordnungen meist kein abschließendes Regelungssystem. Um die Souveränitätsinteressen der Mitgliedstaaten zu schützen, sind die Verordnungen vielfach lückenhaft und verweisen zur Lückenfüllung auf das Recht der Mitgliedstaaten. Dort stellt sich kollisionsrechtlich die Frage, ob es sich bei der Verweisung um eine Sachnorm- oder Gesamtverweisung handelt. Dabei muß differenziert werden:

(a) Verweist die Verordnung auf die innerstaatlichen Rechtsordnungen eines 571
Mitgliedstaates, so gilt dies als Sachnormverweisung. Das nationale Recht wird ohne sein Kollisionsrecht angewendet[90]. Jedes andere Ergebnis würde dem Sinn der gemeinschaftsrechtlichen Verweisung widersprechen.

(b) Liegt hingegen nur eine allgemeine Verweisung auf die mitgliedstaatli- 572
chen Rechtsordnungen vor, so ergeben sich keine kollisionsrechtlichen Besonderheiten. Das anwendbare Recht ist dann im Wege der Gesamtverweisung zu ermitteln[91]. In derartigen Fällen hat das Gemeinschaftsrecht nicht von seiner Möglichkeit Gebrauch gemacht, vorrangiges Recht zu schaffen. Wenn kein vorrangiges Gemeinschaftsrecht besteht, bleibt das innerstaatliche Recht unverändert anwendbar. Das Ergebnis gleicht den Fällen, in denen der Sachverhalt nicht von der Verordnung erfaßt wird.

---

[87] *Schütze*, EWS 1990, 50; ähnlich *Nicolaysen*, EuR 1988, 412; im übrigen dürfte auch die Anwendung und Auslegung von Art. 549 I ZPO nicht zu einer versteckten Diskriminierung entgegen Art. 7 EG-Vertrag führen.

[88] Vgl. *Schütze*, EWS 1990, 50; *Sommerlad/Schrey*, NJW 1991, 1378; *Nicolaysen*, EuR 1988, 412; anders OLG München 22. 6. 1988, EuR 1988, 409; *Baumbach/Hartmann*, § 293 Rn. 2; *Zöller/Geimer*, § 293 Rn. 5; *Stein/Jonas/Leipold*, § 293 Rn. 7; *Nagel*, IZPR Rn. 454; dieses Ergebnis entspricht auch dem Vorrang des Gemeinschaftsrechts, der auch im Verhältnis zum IZVR gilt, vgl. *Brödermann*, MDR 1992, 93; *Geimer*, ZfRV 1992, 321 ff.

[89] *MünchKomm/Sonnenberger*, Einl. Rn. 110.

[90] Z. B. Art. 2 I EWIV für die Rechtsfähigkeit der EWIV, dazu *Hartard* 3; *Meyer-Landrut*, RIW 1986, 108; *Roth*, RabelsZ 55 (1991) 632.

[91] Art. 4 I EGBGB; so auch *Roth*, RabelsZ 55 (1991) 632 f.

Zusammenfassend läßt sich sagen, daß die Verordnung nur in ihrem Regelungsbereich und im Verhältnis zu anderen EU-Mitgliedstaaten das nationale Kollisionsrecht überflüssig macht. Insofern eröffnet die EG-Verordnung eine alternative Methode zur Lösung kollisionsrechtlicher Fragen.

II. *Sachrechtsvereinheitlichung durch Staatsverträge der EU*

573 Neben der Rechtsvereinheitlichung durch Verordnungen ist auch eine Rechtsvereinheitlichung durch Staatsverträge innerhalb der EU möglich[92]. Staatsverträge sind das klassische Mittel zur Rechtsvereinheitlichung[93]. Daher wurden auch mit der kollisionsrechtlichen Wirkung von staatsvertraglichem Einheitsrecht die meisten Erfahrungen gesammelt.

1. *Rechtsvereinheitlichung durch Staatsverträge*

574 Bei der Rechtsvereinheitlichung durch Staatsverträge muß ein völkerrechtliches und ein innerstaatliches Verfahren unterschieden werden. Auf völkerrechtlicher Ebene werden von bevollmächtigten Unterhändlern der Einzelstaaten Vertragsverhandlungen geführt. Ist der Vertragstext ausgehandelt und paraphiert, folgt dessen Unterzeichnung und Ratifikation[94]. Mit der Ratifikation wird der Vertragsstaat völkerrechtlich verpflichtet, den Vertragsinhalt in das nationale Recht umzusetzen (sog. Transformation)[95].

575 Die konkrete völkerrechtliche Transformationsverpflichtung und die innerstaatliche Wirkung von Konventionen ist abhängig von der Art des Vertrages und den Vertragsinhalten. Zwei Vertragsarten sind dabei zu unterscheiden[96]. Zum einen enthalten Übereinkommen selbst Regeln, die einer unmittelbaren Anwendung vor staatlichen Gerichten fähig sind („self-executing-treaty")[97]. Der Vorteil dieser Konventionen liegt darin, daß sie grundsätzlich Einheitsrecht in den Vertragsstaaten schaffen[98]. Die Mehrzahl der Übereinkommen bedürfen

---

[92] Der Abschluß von Staatsverträgen ist nach Art. 235 EG-Vertrag möglich, vgl. zur weiten Auslegung von Art. 235 EG-Vertrag, *Oppermann* Rn. 437f. Eine Aufzählung der EG-Übereinkommen findet sich bei *Grabitz/Schweitzer*, Art. 220 Rn. 5; dazu auch *Schweitzer/Hummer* 347; *Kramer*, JBl. 1988, 48; *Gleichmann*, Methoden 41.

[93] Vgl. *Kropholler*, Einheitsrecht 93ff.; *Kramer*, JBl. 1988, 483; zur Geschichte der Rechtsvereinheitlichung, vgl. *Nadelmann*, Hav. Int.L.J. 1974, 214; *Coing*, Methoden 8.

[94] Zum Verfahren vgl. *Ipsen*, Völkerrecht 110ff.

[95] Vgl. *Stern*, Staatsrecht 501ff.

[96] Das staatsvertragliche Rahmenrecht ist in diesem Zusammenhang ohne Bedeutung. Im Unterschied zur sonstigen Rechtsvereinheitlichung hat es grundsätzlich keinen Einfluß auf das Kollisionsrecht, da die Rechtsnormen innerhalb des Rahmens unvereinheitlicht bleiben, vgl. *Kropholler*, Einheitsrecht 183; *v. Caemmerer*, FS Hallstein 94f.

[97] Bei self-executing-treaties ist ein bloßes Inkraftsetzen ausreichend, vgl. *Geiger* 183.

[98] Vgl. *Kramer*, JBl. 1988, 483. Ihre geringe Flexibilität ist ihr großer Nachteil, vgl. *Kropholler*, Einheitsrecht 95: Die nationalen Parlamente können die Konventionen nur im Block

allerdings einer Umsetzung durch den nationalen Gesetzgeber[99]. Diese erfolgt häufig durch die Übernahme von Modellgesetzen („Einheitsgesetze", „lois uniformes", „uniform laws") in das nationale Recht[100].

2. *Staatsvertragliches Einheitsrecht als Alternative zum IPR*

Bei der kollisionsrechtlichen Wirkung von Einheitsrecht muß zwischen völ- 576
kerrechtlichen und gemeinschaftsrechtlichen Staatsverträgen unterschieden werden[101].

a) Völkerrechtliche Staatsverträge

Für die kollisionrechtliche Wirkung von völkerrechtlichem Einheitsrecht 577
wird die Ansicht vertreten, daß die Anwendung des IPR in dem Geltungsbereich des Einheitsrechts unzulässig ist. Begründet wird dies mit der „false conflict" Theorie. Danach lasse die Sachrechtsvereinheitlichung in dem betreffenden Bereich jeden Anwendungsgrund für das Kollisionsrecht entfallen. IPR und materielles Einheitsrecht ständen in einem Alternativverhältnis. Letztlich handle es sich um unterschiedliche Methoden zur Regelung internationaler Rechtsverhältnisse[102]. Begründet wird diese Auffassung mit dem Zweck der materiellen Rechtsvereinheitlichung. Zweck der Rechtsvereinheitlichung sei es, den Parteien und Richtern die Anwendung „fremden" Rechts zu ersparen[103] und die internationale Entscheidungsharmonie zu fördern. Dabei sei auch die Verdrängung des Kollisionsrechts beabsichtigt[104]. Nach dieser Ansicht darf auch bei

annehmen. In Deutschland sind gem. Art. 82 II GeschoBT Änderungsanträge zu völkerrechtlichen Vereinbarungen unzulässig. Änderungen würden eine Ablehnung bedeuten, verbunden mit der Aufforderung, in neue Verhandlungen einzutreten, *Boehmer* 26f.; *Kropholler*, Einheitsrecht 95.

99 *v. Hoffmann*, IPRax 1984, 10.

100 Vgl. *Everling*, Aktuelle Fragen 63; *ders.*, GS Constantinesco 766. So auch die Genfer Wechsel- und Scheckrechtsübereinkommen. Durch Modellgesetze wird auch die Rechtsvereinheitlichung in den USA betrieben, z. B. der Uniform Commercial Code oder der Uniform Product Liability Act; dazu *Zweigert/Kötz* 292ff.

101 Nicht von Interesse sind Staatsverträge, die Kollisionsnormen enthalten und damit, im Ergebnis, zu einem Anwendungsvorrang i.S Art. 3 II 1 EGBGB führen, vgl. *MünchKomm/Sonnenberger*, Einl. EGBGB Rn. 231f.; ein Beispiel für derartiges staatsvertragliches Einheitsrecht ist auch das UN-Kaufrecht vom 11.4. 1980, BGBl.II v. 5.7. 1989, 586ff., vgl. *Schlechtriem*, IPRax 1990, 277ff.; dessen Bestimmungen sind nach Art. 1 I lit.a des UN-Kaufrechtsübereinkommens unmittelbar – ohne Zwischenschaltung des Kollisionsrechts – anwendbar, wenn die Parteien ihren Sitz in Vertragstaaten haben, oder nach Art. 1 I lit.b mittelbar, wenn das IPR des Forumstaates auf das Recht eines Vertragsstaates verweist.

102 *Anderle* 22; *Zweigert/Kötz* 31; *v. Caemmerer*, FS Hallstein 87; *David* 103

103 *v. Caemmerer*, FS Hallstein 66; eingeschränkt *Kropholler* Einheitsrecht 169.

104 *v. Caemmerer*, FS Hallstein 65; eingeschränkt auch *Kropholler*, Einheitsrecht 169; *v. Bar*, IPR, Bd.I Rn. 83.

Auslegungsdivergenzen zwischen den Vertragsstaaten nicht das IPR darüber entscheiden, wessen Auslegungsregeln anzuwenden seien. Eine kollisionsrechtliche Lösung sei das Ende der Rechtseinheit[105].

578 Die wohl herrschende Auffassung steht den kollisionsrechtlichen Wirkungen des Einheitsrechts etwas differenzierter gegenüber. Zwar ist auch nach dieser Meinung die Anwendung von Kollisionsrecht im räumlichen und sachlichen Geltungsbereich von materiellem Einheitsrecht grundsätzlich ausgeschlossen. Dieser Ausschluß soll freilich nur dann bestehen, wenn die Rechtsvereinheitlichung tatsächlich zu einer Rechtseinheit geführt hat. Hingegen müßte bei verfestigten und „unüberbrückbaren" Auslegungsdifferenzen zwischen den Vertragsstaaten die Rechtsvereinheitlichung als fehlgeschlagen angesehen werden. Hier müsse auf das IPR zurückgegriffen werden[106].

Diesen beiden Auffassungen ist insoweit zuzustimmen, als die Existenz des IPR auf der Verschiedenheit der Rechtsordnungen ruht. Sind keine Unterschiede zwischen den betroffenen Rechtsordnungen vorhanden, verliert das IPR seine Berechtigung und wird ausgeschlossen. Auch berücksichtigen diese Auffassungen, daß Staatsverträge grundsätzlich mit dem Willen geschlossen werden, in ihrem Geltungsbereich Rechtseinheit herzustellen und das IPR auszuschalten[107].

579 Dennoch kann ein Ausschluß des IPR durch staatsvertragliches Einheitsrecht wohl nicht angenommen werden. Zunächst müßte Einheitsrecht auch einheitlich angewendet werden, wenn langfristig wirkliche Rechtseinheit entstehen soll[108]. Eine einheitliche Auslegung ist aber bei staatsvertraglichem Einheitsrecht meist nicht gewährleistet. Zwar gilt insoweit das Wiener Übereinkommen über das Recht der Verträge vom 23.5. 1969 (WVRÜ)[109]. Das WVRÜ allein kann jedoch eine einheitliche Auslegung von Staatsverrägen nicht garantieren, weil dadurch nicht sämtliche Auslegungsprobleme gelöst werden. Das Übereinkommen legt vielmehr nur allgemeine Auslegungskriterien fest. Einheitliche Auslegung bedeutet danach u. a., daß Rechtsprechung und Literatur anderer Vertragstaaten bei der innerstaatlichen Auslegung berücksichtigt werden müssen[110]. Aber die Aufforderung, Einheitsrecht autonom auszulegen und die Rechtsentwicklung in den übrigen Mitgliedstaaten zu berücksichtigen, ist nicht

---

105 *Zweigert/Kötz* 31; *Anderle* 21 f.

106 *Kropholler*, Einheitsrecht 203; *ders.*, RabelsZ 38 (1974) 384; *Morawitz* 37; *v. Caemmerer*, FS Hallstein 87; *David* 103; *Zweigert/Kötz* 31.

107 Vgl. z. B. ausdrücklich Art. 1 I lit. a des Wiener Kaufrechtsübereinkommens, wonach das einheitliche Kaufrecht ohne Vorschaltung des IPR anzuwenden ist, wenn Käufer und Verkäufer ihren Wohnsitz oder Niederlassung in einem Vertragsstaat haben.

108 *Martiny*, RabelsZ 45 (1981) 427; *Everling*, Aktuelle Fragen 64.

109 BGBl. 1985 II, 927ff., in Kraft getreten am 27. 1. 1980; die vertragskonforme Anwendung und Auslegung ergibt sich aus Art. 26 und 27 und aus dem völkergewohnheitsrechtlichen Satz „pacta sunt servanda", *Matscher*, BerDGesVölkR (27) 20; *Siehr*, BerDGesVölkR (27) 110.

110 So auch *v. Caemmerer*, FS Hallstein 79; BGH 19.3. 1976, NJW 1976, 1584; *Mansel*, JZ 1991, 531; *Magnus*, JZ 1990, 1102f.; vgl. auch Art. 36 EGBGB.

ausreichend, um eine einheitliche Auslegung zu garantieren[111], zumal die Gerichte mit dieser Aufgabe überfordert sein dürften[112].

Von einer einheitlichen Anwendung des Einheitsrechts kann daher nur ausgegangen werden, wenn eine gemeinsame Auslegungsinstanz in den Vertragsstaaten existiert. Nur wenn eine verbindliche Auslegungsinstanz für das Einheitsrecht in den Vertragsstaaten besteht[113], können Auslegungsdifferenzen zwischen den Vertragsstaaten verhindert werden[114]. Solange es kein gemeinsames Entscheidungsorgan gibt, ist die Frage, wie Staatsverträge ausgelegt werden sollen, nicht verbindlich zu beantworten[115]. Weil Rechtsübereinstimmungen bei möglichen unterschiedlichen Interpretationen nicht sicher angenommen werden können, ist ein Ausschluß des Kollisionsrechts dort nicht gerechtfertigt. 580

Aber selbst für Staatsverträge, die einer einheitlichen Auslegungsinstanz unterliegen, kann ein genereller Ausschluß des Kollisionsrechts nicht angenommen werden. Entscheidendes Argument dagegen ist der nationale Rang des Einheitsrechts. 581

Um innerstaatlich wirken zu können, muß der Inhalt eines Staatsvertrages in die Rechtsordnungen der Vertragsstaaten eingeführt, transformiert oder inkorporiert werden[116]. Das Völkerrecht fordert nur das, sagt aber nicht, wie der Staatsvertrag im innerstaatlichen Recht durchgesetzt werden soll. Die Auswahl des Weges und der Technik bleibt den nationalen Rechten überlassen[117]. In Deutschland[118] – und den meisten anderen Staaten – führt dies dazu, daß rangmäßig bei der Transformation von Staatsverträgen nationales Recht entsteht[119]. Der einzelstaatliche Gesetzgeber behält die Verfügungsmacht über die innerstaatliche Wirkung der Transformationsakte[120]. Er hat die Möglichkeit, die

---

111 So auch die Empfehlung der *EG-Kommission* v. 15. 1. 1985 zu Art. 36 EGBGB, IPRax, 179; *Kohler*, EuR 1984, 163; ähnlich *Nolte*, IPRax, 1985, 73.

112 *Majoros*, ZRP 1973, 72; *Mansel*, JZ 1991, 532.

113 Ein solches Organ besteht nur selten; kritisch dazu *Kropholler*, Einheitsrecht 144; *Riese*, RabelsZ 26 (1961) 604ff.

114 So z. B. der EuGH für die Auslegung des EuGVÜ, Protokoll v. 3. 6. 1971, BGBl. 1975 II, 1138.

115 *Kohler*, EuR 1984, 167; *Kötz*, RabelsZ 50 (1986) 7; ähnlich *Morawitz* 32f.

116 *Matscher*, BerDGesVölkR (27) 20.

117 *Dahm*, Völkerrecht I 55; vgl. zum EVÜ, ABl. 1980 C 282/41; *Kohler*, EuR 1984, 158; verlangt wird allerdings nicht nur die formale, sondern auch die effektive Durchführung des Vertrages, vgl. *Zemanek* Rn. 329.

118 In Deutschland wird zur Transformation von Staatsverträgen in der Regel ein Zustimmungsgesetz der verfassungsrechtlich zuständigen Organe benötigt (Art. 59 II 1 GG). Dieses Zustimmungsgesetz ermächtigt nicht nur den Bundespräsidenten, das Abkommen zu ratifizieren, sondern transformiert den Vertrag auch in das nationale Recht, vgl. *Stern*, Staatsrecht 505; anders die sogenannte Vollzugslehre, allerdings ohne praktische Konsequenz, vgl. dazu *Ipsen*, Völkerrecht 1099; *v. Hoffmann*, IPRax 1984, 10. Demgegenüber werden in Großbritannien Staatsverträge regelmäßig durch ein spezielles Parlamentsgesetz in die innerstaatliche Rechtsordnung eingeführt, *O'Connell* 58ff.

119 Das Zustimmungsgesetz hat neben der Ermächtigungs- und Transformationsfunktion auch eine Rangordnungsfunktion, vgl. *Maunz/Dürig*, Art. 25 Rn. 29; *Stern*, Staatsrecht 506.

120 Eine weitere Folge der Umsetzung in das nationale Recht ist, daß der internationale

einheitlichen Normen abzuändern oder aufzuheben, wodurch die Rechtseinheit in Frage gestellt würde. Zwar würde jede Änderung des Einheitsrechts eine Völkerrechtsverletzung bedeuten[121], doch bleiben solche Verletzungen mangels völkerrechtlicher Zwangs- und Überprüfungsmaßnahmen sanktionslos. Es bestehen kaum Möglichkeiten[122], die Umsetzung eines Staatsvertrages in den Vertragsstaaten zu kontrollieren und gegebenfalls zu korrigieren. Die Rechtseinheit steht damit weitgehend zur Disposition des einzelnen Staates[123].

582 Selbst wenn tatsächliche Rechtsunterschiede bei Einheitsrecht selten sind[124], muß die Möglichkeit, daß das Einheitsrecht abgeändert wurde oder unterschiedlich ausgelegt werden kann, bei der kollisionsrechtlichen Anknüpfung beachtet werden, weil bei der Anwendung ausländischen Rechts auf die Rechtswirklichkeit und nicht auf den völkerrechtlichen Inhalt des Einheitsrechts abgestellt wird[125]. Da das tatsächliche Recht in den Staaten unterschiedlich sein kann, darf im Anwendungs- und Regelungsbereich von völkerrechtlichem Einheitsrecht nur prinzipiell von einer Ergebniskongruenz ausgegangen werden. Eine nur prinzipielle Rechtseinheit erlaubt freilich kein grundsätzliches „Offenlassen der Rechtswahl". Ein „Offenlassen der Rechtswahl" ist hier nur zulässig, wenn das Gericht alle an einem Sachverhalt beteiligten Rechtsordnungen prüft und zu dem Ergebnis kommt, daß die Auslegung und Anwendung des Einheitsrechts in diesen Staaten gleich ist. Ein solches Verfahren ist aufwendig und daher häufig wenig zweckmäßig[126]. Zumindest dürfte in vielen Fällen die Anwendung des Kollisionsrechts der einfachere Weg sein, um international-privatrechtliche Konflikte zu lösen. Das wird auch der Grund sein, warum die Gerichte meist das nationale Kollisionsrecht anwenden, wenn ein Sachverhalt in den Anwendungs- und Regelungsbereich eines völkerrechtlichen Übereinkommens fällt[127]. Die Probleme der unterschiedlichen Auslegung des Einheitsrechts werden dadurch zwar nicht verhindert, jedoch stellt das IPR sicher, daß das Einheitsrecht authen-

---

Charakter des Gesetzes in der Praxis in Vergessenheit gerät und die Gefahr besteht, daß das transformierte Recht wie autonomes Recht ausgelegt wird, vgl. *Siehr*, BerDGesVölkR (27) 134f.; *Kötz*, RabelsZ 50 (1986) 7f.; Stellungnahme des Max-Planck-Instituts, RabelsZ 47 (1983) 603. So häufig in Großbritannien, vgl. *Kohler*, EuR 1984, 162.

[121] *Maunz/Dürig*, Art. 25 Rn. 30.

[122] Zwar gibt es teilweise formelle Gremien aus Vertretern der zuständigen Ministerien der Vertragsstaaten, die über die Auslegung von Staatsverträgen wachen. Jedoch existiert auch in diesen Fällen kein völkerrechtliches Sanktionsmittel, um die Vertragsstaaten zu einer einheitlichen Auslegung und Anwendung des Einheitsrechts anzuhalten.

[123] So ist in Frankreich erst neuerdings ein Vorrang des Einheitsrechts vor dem nationalem Recht anerkannt worden, vgl. *Lerche*, ZöaRV 50 (1990) 869ff.

[124] Wie unterschiedlich Einheitsrecht ausgelegt werden kann, zeigt Art. 31 IV WG; vgl. dazu *Morawitz* 33.

[125] Vgl. *Kropholler*, Einheitsrecht 210.

[126] Vgl. *Morawitz* 39 für das Wechselrecht.

[127] Z. B. für das einheitliche Wechselrecht: BGH 4. 2. 1960, WM 1960, 374 = IPRspr. 1960 Nr. 4; BGH 29. 9. 1977, WM 1977, 1322ff. = IPRspr. 1977 Nr. 30; BGH 29. 10. 1962, NJW 1963, 252 = IPRspr. 1962 Nr. 44; OLG Frankfurt 26. 3. 1985, NJW-RR 1986, 334 = IPRspr. 1985, Nr. 42; *Zöllner*, Wertpapierrecht 58; IPG 1965/66, Nr. 10 (Köln) 93; *Morawitz* 40. Ähnlich für das Transportrecht: *Mankowski*, TranspR 1993, 214.

tisch, nämlich so, wie in dem sachnächsten Vertagsstaat, angewendet wird[128]. Dies fördert die Rechtssicherheit, denn es gewährleistet die Vorhersehbarkeit der anwendbaren Rechtsnormen.

b) Gemeinschaftsrechtliche Übereinkommen

Ein anderes Ergebnis könnte sich für die kollisionsrechtlichen Wirkungen der Rechtsvereinheitlichung durch Gemeinschaftsübereinkommen ergeben. Anders als andere internationale Übereinkommen sind Gemeinschaftsübereinkommen häufig institutionell mit der Union verknüpft. So könnte etwa für Übereinkommen zwischen EU-Mitgliedstaaten eine Auslegungszuständigkeit des EuGH vereinbart werden[129]. Die mögliche institutionelle Verbindung zum Gemeinschaftsrecht ist auch kollisionsrechtlich zu beachten. 583

Grundsätzlich werden die Staatsverträge innerhalb der Union zwischen den Mitgliedstaaten abgeschlossen. Die Gemeinschaftsorgane haben dabei nur eine untergeordnete Bedeutung[130]. In bestimmten Sachgebieten, so für die Inländergleichbehandlung, die gegenseitige Anerkennung von Gesellschaften und Gerichtsurteilen und die Doppelbesteuerungen, sind die Mitgliedstaaten gemäß Art. 220 EG-Vertrag sogar ausdrücklich zum Abschluß völkerrechtlicher Verträge aufgefordert[131]. Aber obwohl Gemeinschaftsübereinkommen auch über die in Art. 220 EG-Vertrag hinaus möglich sind[132], existieren bisher keine privatrechtsgestaltenden Übereinkommen[133]. 584

Im Gemeinschaftsrecht ist umstritten, ob es sich bei den Übereinkommen nach Art. 220 EG-Vertrag um Gemeinschaftsrecht[134] oder einfaches Völkerrecht[135] handelt. Dieser Streitfrage soll hier nicht nachgegangen werden. Unzweifelhaft sind die Übereinkommen, die eine Auslegungszuständigkeit des EuGH enthalten, zumindest als gemeinschaftsrechtsnahes Völkerrecht zu be- 585

128 Vgl. *Mann*, FS Vischer 211; im Ergebnis auch *Escher* 57.

129 Vgl. etwa das Luxemburger Protokoll v. 3. 6. 1971 betreffend die Auslegung des EuGVÜ (BGBl. 1972 II, 846); vgl. auch *Mansel*, JZ 1991, 532.

130 Vgl. EuGH 31. 3. 1971, Rs. 22/70 (*Kommission/Rat*), Slg. 1971, 273 ff.

131 In Ausführung des Art. 220 EWGV wurden bislang das Übereinkommen über die Anerkennung von Gesellschaften und juristischen Personen v. 29. 2. 1968, BGBl. 1972 II, 370 ff. (noch nicht in Kraft) und das Übereinkommen über die gerichtliche Zuständigkeit und die Vollstreckung gerichtlicher Entscheidungen in Zivil- und Handelssachen vom 27. 9. 1968 (EuGVÜ), BGBl. 1972 II, 774 ff. geschlossen.

132 Die Aufzählung in Art. 220 EG-Vertrag ist nicht exklusiv; die dort erwähnten Gebiete gelten nur als besonders dringlich. Die Mitgliedstaaten können jederzeit auch andere Bereiche, die nicht irgendwelchen Spezialkompetenzen unterliegen, durch Staatsverträge vereinheitlichen, vgl. *Oppermann* Rn. 1120.

133 Vgl. jedoch den Entwurf für ein Übereinkommen über den Konkurs, Vergleich und ähnliche Verfahren, *Thieme* in: Vorschläge und Gutachten zum Entwurf eines EG-Konkursübereinkommens.

134 So *v. Caemmerer*, FS Hallstein 93.

135 So *Schwartz*, FS Grewe 578 ff.

handeln[136]. Die Auslegungszuständigkeit des EuGH und die Gemeinschaftsrechtsnähe würden eine einheitliche Auslegung der Gemeinschaftsübereinkommen gewährleisten. Auch haben die Mitgliedstaaten keine Möglichkeit, die einheitlichen Normen abzuändern oder aufzuheben und dadurch die Rechtseinheit zu stören, ohne sich den Sanktionswirkungen des Gemeinschaftsrechts auszusetzen[137]. Durch Gemeinschaftsübereinkommen könnte demnach eine Rechtseinheit geschaffen werden, in deren Anwendungsbereich Kollisionsrecht überflüssig wäre.

586 Ein generelles „Offenlassen der Rechtswahl" ist allerdings nur für Übereinkommen möglich, die der Auslegung durch den EuGH unterliegen. Für Übereinkommen ohne gemeinsame Auslegungsinstanz gelten die gleichen Vorbehalte wie für sonstige völkerrechtliche Übereinkommen. Ob aber Übereinkommen mit Auslegungszuständigkeit des EuGH überhaupt jemals im privatrechtlichen Bereich geschlossen werden, ist zweifelhaft[138]. Da sowohl die Verordnung als auch die Richtlinie kraft Rechtsform bereits der Auslegung des EuGH unterliegen, sind kaum Gründe ersichtlich, derartige Übereinkommen abzuschließen[139]. Selbst auf den Rechtsgebieten, wo die Union keine ausdrückliche Kompetenz zum Erlaß von Verordnungen oder Richtlinien besitzt, besteht meist kein Grund für eine Rechtsvereinheitlichung durch Staatsverträge. Gemäß Art. 235 EG-Vertrag kann der Rat immer dann Verordnungen oder Richtlinien erlassen, wenn eine ausdrückliche Kompetenznorm fehlt, aber ein Bedürfnis für einheitliche Regelungen besteht[140].

III. Zusammenfassung

587 Das Gemeinschaftsrecht beeinflußt das Kollisionsrecht. Dies ist für das Verhältnis von EG-Primärrecht und IPR seit langem anerkannt. Aber auch die sekundäre Rechtssetzung der EU kann kollisionsrechtliche Folgen haben.

588 Zum einen werden teilweise Gemeinschaftsverordnungen mit kollisions-

---

[136] Vgl. *Brödermann*, MDR 1992, 89; dazu Teil I Rn. 67ff.

[137] Zu den Sanktionswirkungen des Gemeinschaftsrechts vgl. § 5; Zumindest ein Verfahren nach Art. 169 i. V. m. Art. 5 EG-Vertrag wäre möglich.

[138] Dies gilt zumindest für das materielle Recht. Im Unterschied dazu ist etwa für das EVÜ eine Auslegungszuständigkeit des EuGH beabsichtigt, vgl. das 1. Protokoll betreffend die Auslegung des am 19. 6. 1980 in Rom zur Unterzeichnung aufgelegten Übereinkommens über das auf vertragliche Schuldverhältnisse anzuwendende Recht durch den Gerichtshof der Europäischen Gemeinschaften, ABl. 1989 L 48/1 und das 2. Protokoll zur Übertragung betimmter Zuständigkeiten für die Auslegung des am 19. 6. 1980 in Rom zur Unterzeichnung aufgelegten Übereinkommens über das auf vertragliche Schuldverhältnisse anzuwendende Recht auf den Gerichtshof der Europäischen Gemeinschaften, ABl. 1989 L 48/17.

[139] Der einzige Grund für Übereinkommen wäre, daß eine Rechtsvereinheitlichung über den EG-Rahmen hinaus mit Übereinkommen möglich wäre, vgl. *Oppermann* Rn. 1121. Es ist jedoch unwahrscheinlich, daß Drittstaaten einer Auslegungszuständigkeit des EuGH zustimmen würden.

[140] Zur weiten Auslegung von Art. 235 EG-Vertrag vgl. *Geiger*, Art. 235 Rn. 3ff.

rechtlichen Inhalten erlassen, wodurch Gemeinschaftskollisionsrecht entsteht, welches vorrangig vor dem nationalen Kollisionsrecht angewendet werden muß. Zweitens wird mit dem Erlaß von Verordnungen materielles Einheitsrecht in den Mitgliedstaaten geschaffen. Innerhalb der EU entsteht auf diese Weise einheitliches Recht, dessen Auslegung und Anwendung von einem gemeinsamen Gericht – dem EuGH – überwacht wird. Infolgedessen ist im Regelungsbereich einer Verordnung das Kollisionsrecht im Verhältnis zu anderen EU-Mitgliedstaaten überflüssig[141]. Der nationale Richter muß das Verordnungsrecht unmittelbar heranziehen, gleichgültig welche Rechtsordnung kollisionsrechtlich auf den Sachverhalt anzuwenden wäre.

Auch durch EG-Übereinkommen kann Einheitsrecht geschaffen werden, in 589
dessen Regelungsbereich eine kollisionsrechtliche Anknüpfung unnötig ist. Voraussetzung dafür wäre jedoch, daß auch eine Auslegungszuständigkeit des EuGH für das Übereinkommen beschlossen wird. Derartige Übereinkommen sind bislang auf dem Gebiet des materiellen Privatrechts nicht abgeschlossen worden. Im Unterschied dazu bleibt die Rechtsvereinheitlichung durch Staatsverträge, die keiner gemeinsamen Auslegungsinstanz unterliegen, ohne kollisionsrechtliche Folgen, weil dort eine einheitliche Auslegung und Anwendung des Einheitsrechts nicht hinreichend gesichert ist.

141 Die Erkenntnis, daß wirkliche Rechtsgleichheit Kollisionsrecht überflüssig macht, gilt auch für das EG-Primärrecht. So führt etwa die weitgehende Übereinstimmung des Sachrechts in den Mitgliedstaaten dazu, daß die Anknüpfung der Geschäftsfähigkeit an die Staatsangehörigkeit heute kein gemeinschaftsrechtliches Problem mehr darstellt, vgl. *Brödermann*, MDR 1992, 92.

Kapitel 2: Rechtsangleichung und IPR

590 Materielle Rechtseinheit und Kollisionsrecht stehen nicht berührungslos nebeneinander. Wie das Beispiel der EG-Verordnung zeigte, hat die Rechtsvereinheitlichung innerhalb der Union beachtliche kollisionsrechtliche Folgen. Andererseits ist die staatsvertragliche Rechtsvereinheitlichung kollisionsrechtlich weitgehend ohne Bedeutung. Daraus folgt, daß die kollisionsrechtliche Auswirkung von Einheitsrecht von der Qualität der geschaffenen Rechtseinheit abhängig ist.

591 Dieses Ergebnis ist für die kollisionsrechtlichen Wirkungen der Richtlinie von Bedeutung. Die Hauptfunktion der Richtlinie liegt in der Angleichung der Rechtsordnungen der EU-Mitgliedstaaten. Wird eine vom Rat, dem Europäischen Parlament oder von der EG-Kommission erlassene Richtlinie ordnungsgemäß in die nationalen Rechte der Mitgliedstaaten transformiert, so werden bestehende Rechtsunterschiede beseitigt oder verringert. Dies wirft die Frage auf, ob die Sachrechtsangleichung durch EG-Richtlinien, vergleichbar der EG-Verordnung, eine alternative Methode zur Lösung kollisionsrechtlicher Probleme bildet. Auch die Rechtsangleichung könnte jenes Problem eliminieren, welches das Kollisionsrecht lösen will, und könnte insoweit eine Alternative zum IPR bilden. Weil aber die kollisionsrechtliche Wirkung der Richtlinie vom Grad der erreichten Rechtseinheit in den Mitgliedstaaten bestimmt wird, stellt sich zunächst die Frage nach der Qualität der Rechtsangleichung durch Richtlinien.

Das Verhältnis von umgesetzten EG-Richtlinien und Kollisionsrecht wird im folgenden anhand der Produkthaftung untersucht. Als Beispiel dient die „Richtlinie des Rates zur Angleichung der Rechts- und Verwaltungsvorschriften der Mitgliedstaaten über die Haftung für fehlerhafte Produkte" (ProdHaft-Richtlinie)[1].

§3 Rechtsangleichung durch EG-Richtlinien

592 Wie bereits ausgeführt, kann ein Gemeinsamer Markt nur entstehen, wenn die wirtschaftsrechtlichen Voraussetzungen in den Mitgliedstaaten vergleichbar

[1] Richtlinie 85/374/EWG, ABl. vom 7.8. 1985 Nr. L 210/29ff., vgl. Anhang I. Die Richtlinie eignet sich für eine derartige Untersuchung, weil die Produkthaftung ein Gebiet mit grenzüberschreitender Bedeutung ist und die Richtlinie als Prototyp einer neuen Richtliniengeneration gilt. So ist etwa die Dienstleistungsrichtlinie vergleichbar zur ProdHaft-Richtlinie konzipiert.

sind. Dieses zu erreichen, ist die Aufgabe der Rechtsangleichung[2]. Gemäß Art. 3 lit. h EG-Vertrag gehört „die Angleichung der innerstaatlichen Rechtsvorschriften, soweit dies für das Funktionieren des Gemeinsamen Marktes erforderlich ist", zu dem Aufgabengebiet der Union. Über Sinn und Grenzen der Rechtsangleichung wird kontrovers diskutiert[3].

Vor allem über Ausmaß und Intensität, in der Rechtsangleichung möglich, er- 593
wünscht oder notwendig ist, bestehen unterschiedliche Meinungen. Von dem Begriff „Angleichung"[4] Rückschlüsse auf die Intensität der angestrebten Rechtseinheit zu ziehen, ist jedenfalls nicht möglich[5]. Heute wird allgemein angenommen, daß der Begriff von den Vertragsverfassern willkürlich gewählt wurde und keine inhaltliche Beschränkung enthält[6].

Ohne auf die Diskussion über das wünschenswerte Maß der Rechtsangleichung näher einzugehen, kann festgehalten werden, daß eine unbeschränkte Rechtsangleichung nicht zulässig ist[7]. Rechtsangleichung ist nur dort erlaubt, wo die Gründungsverträge selbst keine materiellen Regelungen enthalten, der Gemeinsame Markt aber einheitliche Regelungen verlangt[8]. Deshalb sind etwa Richtlinien auf dem Gebiet des Familien- oder Erbrechts nicht zu erwarten[9].

Art. 3 lit. h EG-Vertrag erklärt die Rechtsangleichung innerhalb der EU für 594
notwendig und zulässig, schweigt jedoch über das konkrete Angleichungsverfahren. Einheitliche Regelungen sind auch an anderer Stelle nicht vorhanden; vielmehr erlauben unterschiedliche Kompetenznormen unterschiedliche

---

2 Vgl. Einleitung; auch erhöht die Rechtsangleichung das Zusammengehörigkeitsgefühl innerhalb der EU und wirkt somit integrationsfördernd, vgl. *Neuhaus/Kropholler*, RabelsZ 45 (1981) 75 ff.

3 Vgl. nur *Oppermann* Rn. 1063 ff.; *Everling*, Liber Amicorum Pescatore 227 ff.; *Hauschka*, NJW 1989, 3048 ff.; *ders.*, JZ 1990, 521 ff.; *Vignes*, Eur.L.Rev. 1990, 358 ff.; *Zweigert*, FS Dölle II 401 ff.; *Ballreich*, GRUR Int. 1990, 666 ff.; *Langeheine*, EuR 1988, 235 ff.; *Kramer*, JBl. 1988, 477 ff.; *Schwartz*, FS v. d. Groeben 333 ff.; *Müller-Graff*, EuR 1989, 107 ff.

4 Bzw. dem Wort „Harmonisierung" in Art. 99 EG-Vertrag; Art. 100 a V EG-Vertrag; zu den unterschiedlichen Begriffen im EG-Vertrag, vgl. *Vignes*, Eur.L.Rev. 1990, 361.

5 So aber *v. Caemmerer*, FS Hallstein 94.

6 *v. d. Groeben/Taschner*, Art. 100 Rn. 1; *Grabitz/Langeheine*, Art. 100 Rn. 8; *Everling*, Liber Amicorum Pescatore 229.

7 Zu den Schranken der Rechtsangleichung: *Vignes*, Eur.L.Rev. 1990, 366 ff.; *Timmermans*, RabelsZ 48 (1984) 6; *Gleichmann*, Methoden 35 f.

8 *Hallstein*, RabelsZ 28 (1964) 214; *Schwartz*, FS Hallstein 475; *Everling*, Rechtsprobleme 64 f.; *v. d. Groeben/Taschner*, Art. 100 Rn. 3 f.; *Oppermann* Rn. 1066 ff.; *Hommelhoff*, AcP 192 (1992) 72 ff.

9 Deshalb kann jetzt schon gesagt werden, daß das internationale Familien- und Erbrecht nicht von der Rechtsangleichung beeinflußt wird, vgl. *Drobnig*, RabelsZ 24 (1970) 645; *Zweigert*, FS Hallstein 557 f.; *Fischer* in: Gemeinschaftsrecht und IPR 160; ob das auch in Zukunft so bleiben wird, ist zweifelhaft; man muß wohl davon ausgehen, daß die Schranken der Rechtsangleichung sich immer weiter zugunsten der EU verschieben werden, vgl. *Streinz*, StAZ 1993, 243; *Blaurock*, JZ 1994, 271.

Techniken und Methoden, um die Angleichung zu verwirklichen[10]. Das wichtigste Instrument der Rechtsangleichung in der Union ist die EG-Richtlinie[11].

I. Begriff

595 Die Richtlinie ist neben der Verordnung und Entscheidung der dritte ausdrücklich geregelte verbindliche Rechtsakt, den Rat und Kommission zur Erfüllung ihrer Aufgaben und nach Maßgabe des EG-Vertrag erlassen können (Art. 189 EG-Vertrag)[12]. Im Unterschied zu den anderen Gemeinschaftsrechtsakten bereitet die Richtlinie der Rechtsprechung und Lehre freilich große Schwierigkeiten[13].

Dies liegt zum einen daran, daß weder im internationalen noch im nationalen Recht ein vergleichbares Rechtsinstrument existiert[14]. Die Richtlinie ist vielmehr eine „Kunstschöpfung"[15] des Gemeinschaftsrechts[16]. Daher existieren keine Erfahrungswerte, auf die zurückgegriffen werden könnte.

Zum anderen bewegen sich die EG-Richtlinien in der Grenzzone zwischen Gemeinschaftsrecht und innerstaatlichem Recht[17]. Diese „Zwitterstellung" erscheint suspekt und erschwert den Umgang. Trotz aller Streitpunkte und Zweifelsfragen bildet die Richtlinie aber ein wichtiges Verbindungsglied zwischen dem Gemeinschaftsrecht und den mitgliedstaatlichen Rechtsordnungen[18].

---

[10] Zur Abgrenzung der einzelnen Angleichungsmaßnahmen innerhalb der EG vgl. *Schwartz*, FS Grewe 591 ff.

[11] Daß dieses wichtige Gebiet den Richtlinien und nicht etwa völkerrechtlichen Verträgen, Empfehlungen oder Verordnungen überlassen wurde, zeigt, welche Bedeutung und Stellung die Gründungsväter der Richtlinie zugedacht hatten, vgl. *v. d. Groeben/Taschner*, Art. 100 Rn. 43; *Dendrinos* 21.

[12] In den wörtlich übereinstimmenden Art. 189 EG-Vertrag und Art. 161 EURATOM-Vertrag wird der Begriff „Richtlinie" erstmals für einen Rechtsakt verwendet. Inhaltlich entspricht sie aber weitestgehend der „Empfehlung" des Art. 14 III EGKS-Vertrag, vgl. EuGH 22. 2. 1990 (*EGKS/Acciaierie e ferriere Busseni SpA i. K.*) NJW 1991, 1409 f.; zu den Unterschieden, vgl. *Dendrinos* 5. Die rechtlich nicht verbindlichen Empfehlungen und Stellungnahmen der Union haben als Angleichungsmaßnahmen keine Bedeutung.

[13] *Hilf*, EuR 1993, 1 ff.; *Atena* 3; *Ipsen*, FS Ophüls 68 f.; *Weymüller*, RIW 1991, 501 f.; *Wägenbaur*, ZG 1988, 306 bezeichnet sie als „Chamäleon"; *Zweigert*, FS Dölle II 411 als „nicht unproblematisch"; die Richtlinie wird auch als der „originellste" Rechtsakt der Union bezeichnet, vgl. *Wägenbaur*, ZG 1988, 318; auch *Gellermann* 255.

[14] Teilweise werden die EG-Richtlinien mit der Rahmengesetzgebung nach Art. 75 GG verglichen; *Bleckmann/Pieper*, IWB Bd. 5 Gruppe 3, 80.

[15] So *Ipsen*, FS Ophüls 69; *Schuster* 11.

[16] Zu beachten ist, daß neben den Richtlinien nach Art. 189 III EG-Vertrag noch andere Richtlinien existieren. So werden in Art. 111 Ziff. 2 und Art. 113 III 2 EG-Vertrag Akte, die sich an die Kommission richten, ebenfalls Richtlinien genannt, ohne Wirkungen nach Art. 189 III EG-Vertrag zu erzielen, vgl. *Atena* 5; *Oldekop*, Richtlinien 69. Die unterschiedlichen Begriffe werden vielfach kritisiert und geben Anlaß zur Verwechslung, *Zuleeg*, ZGR 1980, 468; keinesfalls dürfen die EG-Richtlinien mit den internen Verwaltungsmaßnahmen innerhalb der Behörde und die EGKSV-Empfehlung mit der Empfehlung nach Art. 189 V EG-Vertrag verwechselt werden.

[17] *Ipsen*, Gemeinschaftsrecht § 21 Rn. 21; *Ophüls*, FS Riese 19.

[18] So auch *Schmid* 98; *Götz*, NJW 1992, 1851 f.; *Hallstein*, RabelsZ 28 (1964) 230.

II. Abgrenzung zur Verordnung

Die Richtlinie richtet sich an die Mitgliedstaaten und begründet ein zweistufiges Gesetzgebungsverfahren[19]. Auf der ersten Stufe werden die Mitgliedstaaten gemeinschaftsrechtlich verpflichtet, innerhalb einer bestimmten Frist ihre Rechtsordnungen richtlinienkonform zu gestalten. Diese Verpflichtung entsteht mit dem Erlaß der Richtlinie. 596

Die zweite Stufe besteht in der Anpassung des nationalen Rechts an den Richtlinieninhalt. Um innerstaatlich wirken zu können, muß eine Richtlinie in die nationalen Rechtsordnungen der Mitgliedstaaten umgesetzt werden. Erst die nationalen Transformationsakte erzeugen – im Regelfall – Rechtswirkungen in den Mitgliedstaaten für den Einzelnen.

In dieser Zweiteilung liegt der grundlegende Unterschied zur Verordnung[20]. Während die Verordnung gemäß Art. 189 II EG-Vertrag in jedem Mitgliedstaat unmittelbar gilt, eine Umsetzung demnach nicht nötig ist[21], erfordert die Richtlinie die Mitwirkung der nationalen Gesetzgebung. 597

Der Grund für die Schaffung eines Rechtsakts neben der Verordnung war die Furcht der Mitgliedstaaten vor Souveränitätsverlusten. Die Vertragsväter glaubten, die einzelstaatlichen Souveränitätsinteressen besser schützen zu können, wenn die abschließende Rechtssetzungsbefugnis weiterhin bei den nationalen Parlamenten bliebe[22]. Zusätzlich glaubte man, daß die Einbeziehung der nationalen Gesetzgeber in die Umsetzung die Akzeptanz des Gemeinschaftsrechts erhöhen würde[23]. Außerdem galt die Verordnung als zu unflexibel, um die Ziele des EG-Vertrag in den unterschiedlichen Rechtsordnungen der Mitgliedstaaten verwirklichen zu können[24]. 598

III. Ermächtigungsgrundlagen und Erlaßverfahren

Art. 189 III EG-Vertrag regelt zwar die Rechtswirkungen von Richtlinien, bildet aber keine selbständige Kompetenznorm zu ihrem Erlaß[25]. Gemäß Art. 4 I 599

---

19 Vgl. *Bleckmann*, Europarecht Rn. 138;*Constantinesco* 620; *Seidel*, Rechtsangleichung 19f.; *Nicolaysen*, Europarecht I 161; *ders.*, EuR 1989, 221; *Lenz*, DVBl. 1990, 908; *Götz*, NJW 1992, 1852; *Khan*, ZAR 1992, 162.

20 Allgemein zur Unterscheidung von Verordnung und Richtlinie, *Seidel*, Direktwirkungen 18ff.; *Langenfeld* 169ff.; *Schuster* 15ff.; *Schwartz*, FS Grewe 591ff.

21 Eine Transformation von Verordnungen ist sogar unzulässig, EuGH 7.2. 1973, Rs. 39/72 (*Kommission/Italienische Republik*), Slg. 1973, 101; EuGH 17.5. 1972, Rs. 93/71 (*Geonesio/Italienisches Ministerium für Landwirtschaft*), Slg. 1972, 296.

22 *Dendrinos* 23; *Grabitz/Langeheine*, Art. 100 Rn. 6.

23 *Langenfeld/Schlemmer-Schulte*, EuZW 1991, 623; zu den Vorteilen von Richtlinien, *Schuster* 66ff.

24 *Bleckmann*, Europarecht Rn. 139; vgl. *Timmermans*, RabelsZ 48 (1984) 10; *Nessler*, RIW 1993, 206.

25 So noch verschiedentlich das ältere Schrifttum, vgl. *Oldekop*, Richtlinien Fußn. 104, wie hier *Everling*, Rechtssetzungsakte 53f.; *Oldekop*, JöR 21 (1972) 65; *ders.*, Richtlinien 28.

EG-Vertrag gilt für alle Organe der Union das „Prinzip der begrenzten Einzelzuständigkeit" („principe de compétence d'attribution")[26]. Rat, Parlament und Kommission können daher nur dann tätig werden, wenn das Gemeinschaftsrecht eine ausdrückliche Rechtssetzungskompetenz enthält. Solche Kompetenznormen zum Erlaß von EG-Richtlinien sind über die gesamten Gründungsverträge verstreut[27]. Dabei handelt es sich meist um bereichsspezifische Richtlinienermächtigungen, die für die Privatrechtsangleichung weitgehend ohne Bedeutung sind[28]. Grundlage für die Privatrechtsangleichung sind im wesentlichen Art. 100 und 100a EG-Vertrag[29].

1. *Art. 100 EG-Vertrag*

600 Ursprünglich war Art. 100 EG-Vertrag die Generalbefugnis zur Rechtsangleichung mittels Richtlinien. Danach kann der Rat auf Vorschlag der Kommission und nach Anhörung des Europäischen Parlaments und des Wirtschafts- und Sozialausschusses einstimmig „Richtlinien für die Angleichung derjenigen Rechts- und Verwaltungsvorschriften der Mitgliedstaaten, die sich unmittelbar auf die Errichtung oder das Funktionieren des Gemeinsamen Marktes auswirken", erlassen.

2. *Art. 100a EG-Vertrag*

601 Art. 100 EG-Vertrag wird heute in seinem Anwendungsbereich weitgehend durch Art. 100a EG-Vertrag verdrängt[30]. Zur Verwirklichung des Binnenmarktes (Art. 7a EG-Vertrag) kann der Rat danach in einem besonderen Verfahren der Mitentscheidung (Art. 189b EG-Vertrag) die notwendigen Rechtsan-

---

[26] *Bleckmann*, Europarecht 58; *Oldekop*, Richtlinie 29; *Oppermann* Rn. 432ff.; vgl. auch EuGH 11. 6. 1991, Rs. 300/89 (*Titandioxid*) DVBl. 1993, 148ff.

[27] Beispielhaft seien genannt: Art. 43 II (Landwirtschaftsrecht); Art. 49 (Arbeitsrecht); Art. 69 (Kapitalverkehrsrecht); Art. 57 (Berufsrecht); Art. 74 (Verkehrsrecht); Art. 113 (Außenhandel); Art. 130s (Umweltschutz); eine abschließende Aufzählung findet sich bei *Dendrinos* 14.

[28] Eine Ausnahme bildet vielleicht Art. 54 III lit. g für die Angleichung im Gesellschaftsrecht, vgl. *Behrens*, GmbHRdsch. 1993, 129ff.

[29] Vgl. *Müller-Graff*, NJW 1993, 16ff. Zwar wäre auch gemäß Art. 235 EG-Vertrag der Erlaß von Richtlinien zur Angleichung des Privatrechts möglich, wenn der Vertrag keine andere Kompetenznorm enthält, *Travers*, Irish Law Times 1993, 4. Da jedoch Art. 100 und 100a EG-Vertrag weit ausgelegt werden, vgl. *Ehlermann*, C.M.L.Rev. 1987, 385; *Epiney*, JZ 1992, 567, ist es kaum vorstellbar, daß eine Privatrechtsrichtlinie nicht auf Art. 100 oder 100a EG-Vertrag gestützt werden kann.

[30] Art. 100a EG-Vertrag entstammt der Einheitlichen Europäischen Akte von 1986, BGBl. 1986, 1102; vgl. dazu *Taschner*, Rechtsprobleme 89ff.; *Müller-Graff*, EuR 1989, 121ff.; *Langeheine*, EuR 1988, 235ff.; *Glaesner*, Rechtsprobleme 37ff.; *Ress*, Rechtsprobleme 14ff.

gleichungsmaßnahmen gemäß Art. 100a EG-Vertrag erlassen[31]. Da die Begriffe „Binnenmarkt" und „Gemeinsamer Markt" fast deckungsgleich sind[32] und Art. 100a EG-Vertrag lex specialis gegenüber Art. 100 EG-Vertrag ist, führt dies zu einem weitgehenden Ausschluß des Art. 100 EG-Vertrag[33].

3. Art. 129a EG-Vertrag

Bis zum Erlaß des EU-Vertrages erfolgte auch die Rechtsangleichung auf dem Gebiet des Verbraucherschutzes aufgrund von Artt. 100 oder 100a EG-Vertrag. Möglich war dies, weil nach herrschender Meinung der Begriff „Gemeinsamer Markt" auch den Endverbraucher und seine Rechtsstellung umfaßt[34]. 602

Nunmehr enthält der EG-Vertrag mit Art. 129a EG-Vertrag eine ausdrückliche Rechtsgrundlage für Maßnahmen auf dem Gebiet des Verbraucherschutzes. Auswirkungen auf die Rechtsangleichung sind dadurch jedoch nicht zu erwarten[35]. Art. 129a EG-Vertrag regelt nämlich nur, daß die Union einen Beitrag zur Erreichung eines hohen Verbraucherschutzniveaus leistet, indem sie Maßnahmen im Rahmen der Verwirklichung des Binnenmarktes nach Art. 100a erläßt. Der Erlaß der Richtlinien unterliegt weiter Art. 100a EG-Vertrag.

4. Erlaßverfahren

Die Abgrenzung der einschlägigen Kompetenzvorschriften ist von erheblicher praktischer Bedeutung, weil sie unterschiedlichen Verfahrens- und Erlaßregeln unterliegen. Eine umfassende Darstellung des Verfahrens im Einzelnen ist nicht notwendig[36]. Von Bedeutung für die Akzeptanz und Legitimation von 603

---

[31] Zu den sich daraus entwikelnden Problemen, insbesondere Art. 100a Nr. 4 EG-Vertrag, vgl. *Börner*, FS 600-Jahr-Feier der Universität Köln 639f.; allgemein zu Art. 100 a EG-Vertrag, vgl. *Ehlermann*, C.M.L.Rev. 1987, 382ff.; *Oppermann* Rn. 1075ff.

[32] Teilweise wird sogar vertreten, daß der Binnenmarktbegriff umfassender sei als der des Gemeinsamen Marktes, vgl. *Pernice*, NvWZ 1990, 204f.; *Dauses*, EuZW 1991, 9.

[33] *Ehlermann*, C.M.L.Rev. 1987, 382; *Grabitz/Langeheine*, Art. 100a, Rn. 94; kritisch *Epiney*, JZ 1992, 566f. Unterstützt wird dies durch die Rechtsprechung des Gerichtshofes, wonach Vertragsbestimmungen, bei denen ein Mehrheitsbeschluß ausreichend ist, gegenüber denjenigen mit Einstimmigkeitserfordernis weit angelegt werden, vgl. EuGH 26.3. 1987, Rs. 45/86 (*Kommission/Rat*), Slg. 1987, 1493; EuGH 11.6. 1991, Rs. 300/89 (*Titandioxid*) JZ 1992, 578; *Epiney*, JZ 1992, 565.

[34] *Grabitz/Langeheine*, Art. 100 Rn. 29; *Close*, Eur.L.Rev. 1978, 473f.; zu der sich daraus ergebenden Rechtssetzungskompetenz für Richtlinien auf dem Gebiet des Verbraucherschutzrechts, vgl. *van Miert*, EuZW 1990, 401ff.; *Reich*, FS Coing II 459ff.; *Böhm* 20f.; zu den Schwerpunkten des Verbraucherschutzrechts in Europa, *v. Hippel*, RabelsZ 45 (1981) 356ff.

[35] Art. 129a EG-Vertrag hat freilich zur Folge, daß der Verbraucherschutz insgesamt bei den Tätigkeiten der Union zu berücksichtigen ist, vgl. *Oppermann*, Rn. 751; *Geiger*, Art. 129a Rn. 7.

[36] Vgl. *Dendrinos* 6ff.; *Oldekop*, Richtlinien 69ff.; *Travers*, Irish Law Times 1993, 5; zum Rechtssetzungsverfahren nach Art. 100a EG-Vertrag, vgl. *Langeheine*, EuR 1988, 242ff.

Richtlinienwirkungen ist freilich, daß bei der Angleichung nach Art. 100 EG-Vertrag Rat und Kommission das Rechtssetzungsverfahren dominieren[37]. Dem Europäischen Parlament als Vertreter der Bürger (Art. 137 EG-Vertrag) und dem Wirtschafts- und Sozialausschuß stehen insoweit ausschließlich Anhörungsrechte zu. Deren Stellungnahmen entfalten keine rechtlichen Bindungswirkungen[38]. Daher kann behauptet werden, daß Richtlinien nach Art. 100 EG-Vertrag ohne unmittelbare demokratische Legitimation erlassen werden[39].

604 Die Mitwirkungsrechte des Parlaments wurden in Art. 100a EG-Vertrag ausgebaut, jedoch bleibt auch danach die eigentliche Rechtssetzungsbefugnis bei dem Rat[40]. Die Rechte des Parlaments wurden nur insoweit gestärkt, als es eine vom Rat mit qualifizierter Mehrheit beschlossene Angleichungsmaßnahme mit der absoluten Mehrheit seiner Mitglieder ablehnen kann (Art. 189b II EG-Vertrag). In dem Fall kann der Rechtsakt nicht erlassen werden. Daneben kann das Parlament zwar Änderungsvorschläge unterbreiten, die aber von dem Rat gebilligt werden müssen. Ein eigenes Vorschlagsrecht des Parlaments besteht auch nach Art. 100a EG-Vertrag nicht.

IV. Umsetzung von EG-Richtlinien

605 Als zweistufiger Rechtsakt bedarf die Richtlinie einer Transformation in das nationale Recht. Erst wenn eine Richtlinie umgesetzt wurde, können sich natürliche und juristische Personen auf die Richtlinienbestimmungen berufen. Bis zur richtlinienkonformen Umsetzung bleibt in der Regel das nationale Recht bestehen[41].

606 Obwohl die Richtlinie für alle ihre Adressaten gleichermaßen verbindlich ist, kann – je nach der rechtlichen Situation der Mitgliedstaaten – die konkrete Umsetzung unterschiedlich ausfallen[42]. Die Mitgliedstaaten müssen ihr nationa-

---

[37] *Eiden* 89; *Oppermann* Rn. 458.

[38] Dennoch versteht es das Parlament, seine Möglichkeiten wirksam zu nutzen, vgl. Vedel-Bericht, EG-Bull. 1972, Beil.4; ca. 32% der Vorschläge des Parlamentes wird in den endgültigen Fassungen der Rechtstexte berücksichtigt, vgl. ABl. Nr.C 158 vom 17. 6. 1991, 255.

[39] *Siedentopf*, DÖV 1988, 986; *Eiden* 89; dieses Demokratiedefizit ist der wohl größte Nachteil der Rechtsangleichung in der Union, vgl. *Neuhaus/Kropholler* RabelsZ 45 (1981) 78f.; allgemein zum Demokratiedefizit in der EU vgl. *Bleckmann*, JZ 1990, 301ff.; *ders.*, ZRP 1990, 265ff.; *Pernice*, NJW 1990, 2409ff.; *Seidel*, NVwZ 1991, 120. Zu bedenken ist jedoch, daß eine mittelbare demokratische Legitimation besteht, da der Rat aus Vertretern demokratisch gewählter Regierungen zusammengesetzt ist; diese demokratisch legitimierten Regierungen ernennen auch die Mitglieder der Kommission (demokratische Legitimation durch Rückkopplung), vgl. auch BVerfG 12. 10. 1993, EuGRZ 1993, 429. Zu den Organen vgl. *Hailbronner*, JuS 1990, 263ff.

[40] Vgl. *Ehlermann*, C.M.L.Rev. 1987, 386, *Epiney*, JZ 1992, 564; *v. Burchard*, DÖV 1992, 1035.

[41] BVerwG 29. 11. 1990, RIW 1990, 426; zur unmittelbaren Wirkung von Richtlinien, vgl. Rn. 806ff.

[42] Zum Umsetzungsverfahren der Richtlinien in den Mitgliedstaaten, vgl. *Weber* 78ff.

les Recht so ändern, daß es künftig den Richtlinienzielen entspricht. Eine Rechtspflicht besteht also nur, wenn das nationale Recht von der Richtlinie abweicht. Wenn das nationale Recht von den Richtlinienzielen abweicht, muß differenziert werden: Steht einer Richtlinie nationales Recht entgegen, so muß dieses aufgehoben werden. Bestehen hingegen keine nationalen Regelungen, sind die Mitgliedstaaten verpflichtet, richtlinienkonformes nationales Recht zu erlassen[43].

Unabhängig von der innerstaatlichen Rechtslage sind die Mitgliedstaaten bei 607 der Umsetzung an die Inhalte und Ziele des Gemeinschaftsrechts gebunden. Art. 189 III EG-Vertrag verpflichtet die Mitgliedstaaten nur, das in der Richtlinie formulierte Ziel zu erreichen. Die Wahl der Form und Mittel bleibt hingegen den in den Mitgliedstaaten verfassungsmäßig zuständigen Organen überlassen[44]. Diese Zweiteilung der Richtlinie in einen unverbindlichen und einen verbindlichen Teil bereitet in der Praxis beachtliche Schwierigkeiten.

1. *Richtlinienverpflichtung*

Ein erstes Problem bei der Transformation von Richtlinien ist die konkrete 608 Richtlinienverpflichtung. Bei ihrer Ermittlung ist der Wortlaut des Art. 189 III EG-Vertrag wenig hilfreich[45]. Die verbindlichen Ziele einer Richtlinie wären nur dann zweifelsfrei erkennbar, wenn der Richtliniengeber bei Erlaß der Richtlinie zwischen dem verbindlichen Ziel und den unverbindlichen Mitteln und Formen unterscheiden würde. Eine solche Trennung wird jedoch nicht vorgenommen und ist praktisch auch kaum durchführbar[46]. Weder eine Abgrenzung noch eine Deutung der einzelnen Begriffe ist aufgrund ihrer Wechselbeziehungen zweifelsfrei möglich. Jedes Ziel kann zugleich ein Mittel zu einem übergeordneten Ziel und jedes Mittel zugleich ein eigenes Ziel darstellen[47]. Die in Art. 189 III EG-Vertrag geregelte Verbindlichkeit des Zieles besagt daher nur, daß eine bloße verbale Übernahme der Richtlinienvorgaben in das nationale Recht nicht ausreichend ist. Die zuständigen mitgliedstaatlichen Organe sind vielmehr verpflichtet, effektive und zur Verwirklichung der Richtlinie geeignete Umsetzungsmaßnahmen zu ergreifen[48].

---

[43] Letzteres bildet wohl den häufigsten Fall, vgl. auch *Constantinesco* 621.

[44] Zum formalen Verfahren der Umsetzung vgl. *Gleichmann*, Methoden 39f.

[45] Vgl. auch *Ipsen*, FS Ophüls 71ff., der nachweist, daß das Wort „Ziel" in Art. 189 III EG-Vertrag irreführend ist. So geht aus der französischen und der italienischen Fassung des EG-Vertrags („résultat", „risultato") hervor, daß ein Ergebnis und kein Ziel erreicht werden soll.

[46] Vgl. *Langenfeld/Schlemmer-Schulte*, EuZW 1991, 623; *Beyerlin*, EuR 1987, 127ff.

[47] *Oldekop*, Richtlinien 140; *Bleckmann*, Europarecht Rn. 145ff.; *Beyerlin*, EuR 1987, 127; *Kropholler*, Einheitsrecht 115.

[48] Vgl. EuGH 8.4. 1976, Rs. 48/75 (*Royer*), Slg. 1976, 517; EuGH 10.4. 1984, Rs. 14/83 (*von Colson und Kamann*), Slg. 1984, 1891; *Langenfeld/Schlemmer-Schulte*, EuZW 1991, 623; *Nicolaysen*, EuR 1984, 382; *Beyerlin*, EuR 1987, 128.

2. Regelungsintensität von Richtlinien

609 Ein weiterer Diskussionspunkt bei Richtlinien ist ihre „Regelungsintensität". So ist umstritten, ob Richtlinien zulässig sind, die ein Rechtsgebiet abschließend regeln. Fraglich ist also, ob die Union detaillierte Richtlinien erlassen kann.

Entsprechend der ursprünglichen Konzeption der Richtlinie besteht nach Ansicht eines Teils des Schrifttums keine Umsetzungsverpflichtung für detaillierte Richtlinien. Danach seien die Mitgliedstaaten zur Umsetzung nur verpflichtet, wenn die Richtlinie einen Gestaltungsspielraum enthält. Begründet wird dies mit dem Sinn und Zweck der Richtlinie. Dieser verlange, daß den Mitgliedstaaten ein Rest von Entscheidungsfreiheit bei der Umsetzung verbleiben müsse. Ansonsten würde der nicht demokratisch legitimierte Richtliniengeber die demokratisch legitimierten Organe der Mitgliedstaaten zu reinen Befehlsempfängern ohne Entscheidungs- bzw. Gestaltungsspielraum degradieren. Wenn kein solcher Gestaltungsspielraum besteht, ist nach dieser Auffassung die Richtline rechtswidrig und es besteht keine Umsetzungsverpflichtung[49].

610 Nach heute herrschender Meinung läßt sich dagegen aus der Konzeption der Richtlinie keine Begrenzung der Umsetzungsverpflichtung herleiten[50]. Begründet wird dies mit den Bedürfnissen des Gemeinsamen Marktes und der Untrennbarkeit von „Ziel", „Mittel" und „Form". Es werde kein Ziel, sondern ein Ergebnis angestrebt. Dieses Ergebnis könne eine detaillierte Richtlinie verlangen[51]. Außerdem seien die Mitwirkungsrechte der Mitgliedstaaten eher formaler Natur. Die eigentliche Gesetzgebung liege bei der Union, weil ihr die Initiative und Zielsetzung vorbehalten bliebe[52]. Im übrigen wird angeführt, daß sich diesbezüglich bereits ein Gewohnheitsrecht gebildet habe[53] und das Gemeinschaftsinteresse über dem Interesse der Mitgliedstaaten stehe[54].

611 Der vorherrschenden Auffassung ist zumindest bezüglich der Rechtsangleichungsrichtlinien gemäß Art. 100 EG-Vertrag zuzustimmen. Der Union steht bei der Rechtsangleichung gemäß Art. 100 EG-Vertrag als einzige Handlungsform die Richtlinie zur Verfügung. Verordnungen sind nicht möglich. Aber auch die Rechtsangleichung kann eine durchgehend einheitliche Normierung in

---

[49] *Zuleeg*, EG-Recht im innerstaatlichen Bereich 280; *Oldekop*, JöR 21 (1973) 93; *ders.*, Richtlinie 148; *Atena* 23; *Fuß*, DVBl. 1965, 381. In diesem Zusammenhang ist auch das Urteil des BVerfG vom 12. 10. 1993 zum Unionsvertrag zu beachten, wo es ausführt, daß dem deutschen Bundestag Aufgaben und Befugnisse von substantiellen Gewicht verbleiben müssen, EuGRZ 1993, 429.

[50] *Bleckmann*, Europarecht Rn. 142ff.; *Grabitz/Grabitz*, Art. 189 Rn. 59; *Zweigert*, FS Dölle II 413; *Nicolaysen*, Europarecht I 162; *Timmermans*, RabelsZ 48 (1984) 11; *Gleichmann*, Methoden 38; *Siedentopf*, DÖV 1988, 986; *Beyerlin*, EuR 1987, 129; *Langenfeld/Schlemmer-Schulte*, EuZW 1991, 623; *Schuster* 24ff.; *Dendrinos* 20f.; *Weber* 64; *Oppermann* Rn. 460; *Hommelhoff*, AcP 192 (1992) 74; *Hilf*, EUR 1993, 4.

[51] *Ipsen*, FS Ophüls 71; *ders.*, Gemeinschaftsrecht § 21 Rn.28; *Nicolaysen*, Europarecht I 162; *Hauschka*, JZ 1990, 525f.; *Nessler*, RIW 1993, 206.

[52] *Constantinesco*, JuS 1965, 293.

[53] *Bleckmann*, Europarecht Rn. 150; *Oppermann* Rn. 402.

[54] *Weber*, Richtlinie 70f.; *Wägenbaur*, ZG 1988, 311.

den Mitgliedstaaten verlangen. So wäre etwa eine Beseitigung der technischen Handelshemmnisse ohne detaillierte Richtlinien nicht möglich[55]. Weil eine Verordnung nicht möglich ist, hat der Richtliniengeber in solchen Fällen eine freie Wahl bei der Regelungsintensität der Richtlinie. Derartige Richtlinien begründen denn auch eine umfassende Umsetzungsverbindlichkeit der Mitgliedstaaten.

Aber selbst dort, wo der Unionsgesetzgeber eine Wahlmöglichkeit zwischen 612
Verordnungen oder Richtlinien hat (z. B. Art. 100a EG-Vertrag), wäre es gemeinschaftswidrig, die Regelungsintensität der Richtlinie zu beschränken[56]. Die Richtlinie ist keine „schwächere" Alternative zur Verordnung[57], sondern ein weiteres Rechtsinstrument. Würde die Rechtsangleichung im privatrechtlichen Bereich mittels Verordnung erfolgen, hätte dies zur Folge, daß neben dem nationalen Recht eine Vielzahl von unmittelbar wirkenden Verordnungen bestehen würden. Diese Verordnungen würden einen Fremdkörper bilden und die einzelnen Rechtsordnungen unübersichtlich machen. Demgegenüber lassen sich auch detaillierte Richtlinien aufgrund der formellen Umsetzungsfreiheit in das nationale Recht integrieren. Die Formfreiheit der Umsetzung bildet ein flexibles Element, welches die Richtlinie gegenüber der Verordnung auszeichnet. Die gemeinschaftlichen Ziele können in die einzelstaatlichen Rechtsordnungen unter Berücksichtigung der nationalen Besonderheiten eingefügt werden[58]. Die nationalen Rechtsordnungen werden nur soweit wie nötig geändert; die Verordnung hingegen beeinträchtigt die Rechtsordnungen häufig auch über das notwendige Maß hinaus[59].

So hätte zum Beispiel der deutsche Gesetzgeber die ProdHaft-Richtlinie in das BGB integrieren können, anstatt ein Sondergesetz zu schaffen[60]. Eine derartige Inkorporierung wäre bei einer Verordnung nicht möglich gewesen. Wenn aber die Richtlinie als Rechtsakt der Verordnung teilweise überlegen ist, sollte ihre Regelungsintensität auch nicht beschränkt werden.

Auch würde es dem Subsidiaritätsprinzip (Art. 3 b EG-Vertrag) widersprechen, 613
die Regelungsintensität von Richtlinien zu beschränken. Wie bereits ausgeführt, folgt aus Art. 3b EG-Vertrag, daß unter sonst gleichen Umständen eine

[55] Überhaupt kann eine sinnvolle Rechtsangleichung in vielen Fällen nur mittels sehr detaillierter Richtlinien durchgeführt werden, vgl. *Karoff*, RabelsZ 48 (1984) 656; *Timmermans*, RabelsZ 48 (1984) 11; *Nicolaysen*, Europarecht I 162; *Seidel*, Rechtsangleichung 20; *Schmid*, Privatrechtsangleichung 96; *Ipsen*, FS Ophüls 71.

[56] „Gebot der vollständigen Umsetzung" *Oppermann* Rn. 461; *Khan*, ZAR 1992, 162; anders *Karoff*, RabelsZ 48 (1984) 656.

[57] So aber *Anderson*, B. C. Int'l & Comp. L. Rev. 1988, 91.

[58] *Grabitz/Grabitz*, Art. 189 Rn. 59; *Fuß*, DVBl. 1965,379; *Anderle* 12; *Oppermann* Rn. 456f.; *Ewert*, RIW 1993, 882; *Mansel*, JZ 1991, 534.

[59] Ähnlich *Schwartz*, FS Hallstein 505; *Hauschka*, JZ 1990, 524. Rechtsvereinheitlichung bedeutet immer eine Gefahr für die nationale Rechtseinheit, vgl. *Beitzke* ZfRV 5 (1964) 93; *Neuhaus/Kropholler*, RabelsZ 45 (1981) 82f.

[60] Zur Umsetzung der ProdHaft-Richtlinie vgl. Rn. 661. Ein Beispiel für die Inkorporation von Richtlinien in bestehendes nationales Recht ist § 611 a BGB; dazu mit weiteren Beispielen *Lutter*, Europäisches Unternehmensrecht 13.

Richtlinie den Vorzug vor einer Verordnung erhalten muß[61]. Wenn aber die Regelungsintensität von Richtlinien beschränkt werden würde, müßte immer dann eine Verordnung erlassen werden, wenn eine detaillierte Regelung erforderlich ist. Insbesondere den Mitgliedstaaten ist an einer Beschränkung der Richtlinienintensität nicht gelegen, weil die Richtlinie nationale Eigenheiten und Rechtstraditionen schützt[62].

614 Im übrigen widerspricht es auch den Interessen der Union, die Richtlinienintensität zu beschränken. Der Erlaß von Verordnungen ist wesentlich komplizierter als der Erlaß von Richtlinien[63]. Diese Ansicht wird von Rat und Kommission geteilt, die auch entsprechend verfahren[64]. Die Mitgliedstaaten haben die Praxis, wenn auch widerstrebend, letzlich hingenommen[65]. Auch der Gerichtshof hat bisher die Festsetzung einheitlicher Lösungen mittels einer Richtlinie gebilligt, wenn der gesetzte Zweck dies erforderte[66].

3. *Form der Umsetzung*

615 Die Form der Umsetzung einer Richtlinie ist den Mitgliedstaaten überlassen[67]. Das nationale Recht und namentlich die innerstaatlichen Verfassungen entscheiden darüber, welches Organ nach welchem Verfahren die notwendigen Maßnahmen zur Umsetzung der Richtlinie erlassen muß[68]. Ist ein Bundesstaat – etwa die Bundesrepublik, Belgien oder Spanien – Adressat der Richtlinie, so trifft die Umsetzungspflicht die jeweils verfassungsrechtlich zuständige Gebiets-

[61] Vgl. *Möschel*, NJW 1993, 3026; *Geiger*, Art. 3 b Rn. 10.

[62] Die Richtlinie entspricht auch dem Subsidiaritätsprinzip der Union, vgl. *Khan*, ZAR 1992, 162; *Hilf*, EuR 1993, 2; allgemein zum Subsidiaritätsprinzip *Heintzen*, JZ 1991, 317; *Schmidhuber*, DVBl. 1993, 417ff.

[63] Aufgrund der Unflexibilität der Verordnung sind die Mitgliedstaaten weniger bereit, ihre nationalen Positionen aufzugeben, wenn der Erlaß einer Verordnung ansteht, als beim Erlaß einer Richtlinie.

[64] Ein Beispiel für eine detaillierte Richtlinie ist die Richtlinie im Fall „Ratti" EuGH 5.4. 1979, Rs. 148/78, Slg 1979, 1643, die für nationale Gestaltungen keinen Raum ließ; vgl. auch die Richtlinie vom 18.9. 1979 zur Angleichung der Rechts- und Verwaltungsvorschriften für die Einstufung und Kennzeichnung gefährlicher Stoffe, ABl. vom 15.10. 1979, Nr. L 259/10; sehr detailliert ist auch die Richtlinie vom 23.10. 1962 zur Angleichung der Rechtsvorschriften der Mitgliedstaaten über färbende und konservierende Stoffe bei Lebensmitteln, ABl. vom 28.10. 1962, 2645.

[65] *Langenfeld/Schlemmer-Schulte*, NVwZ 1991, 623; *Jayme/Kohler*, IPRax 1992, 347.

[66] EuGH 23.11. 1977, Rs. 38/77 (*ENKA/Inspecteur der Invoerrechten en Accijmen*), Slg. 1977, 2203; EuGH 5.4. 1979, Rs. 148/78 (*Ratti*), Slg. 1979, 1642.

[67] So besteht zum Beispiel keine direkte wörtliche Übernahmeverpflichtung, wenngleich einzelne Richtlinien nur bei wortgetreuer Übernahme pflichtgemäß transformiert werden können, EuGH 28.2. 1991, Rs. 131/88 (*Kommission/BRD*), Slg. 1991, 865; EuGH 27.4. 1988, Rs. 252/85 (*Kommission/Frankreich*), Slg. 1988, 2263; EuGH 9.4. 1987, Rs. 363/85 (*Kommission/Italien*), Slg. 1987, 1733; vgl. auch *Nicolaysen*, Europarecht I 162; *Langenfeld/Schlemmer-Schulte*, EuZW 1991, 624.

[68] Zu den Unterschieden in Europa bei der Umsetzung vgl. *Lutter*, Europäisches Unternehmensrecht 12f.

körperschaft[69]. Eine föderale Staatsstruktur kann ebensowenig wie andere Eigenheiten der nationalen Rechtsordnungen eine Nicht-Umsetzung von Richtlinien rechtfertigen[70].

Die Formfreiheit gilt freilich nicht uneingeschränkt[71]. Sie wird eingeschränkt 616
durch die Rechtsprechung des Gerichtshofes, wonach Richtlinien effektiv und nach rechtsstaatlichen Grundsätzen umzusetzen sind[72]. So sind die Mitgliedstaaten verpflichtet, innerhalb der „in Artikel 189 belassenen Freiheit bezüglich der Wahl der Form und Mittel ... diejenigen Formen und Mittel zu wählen, die für die Gewährleistung der praktischen Wirksamkeit (effet utile) der Richtlinie am besten geeignet sind"[73].

Hieraus ergeben sich zwei Konsequenzen: Erstens verlangt der Gerichtshof 617
eine ausdrückliche, rechtlich zwingende Verankerung der Richtlinieninhalte im nationalen Recht auf Gesetzesstufe, insbesondere wenn Unionsbürgern Rechte gegeben oder Pflichten auferlegt werden[74]. Nur wenn ein rechtsklarer und verbindlicher Umsetzungsakt existiert, sei es dem Einzelnen möglich, seine Pflichten und Rechte zu erkennen. Auch wäre eine Überwachung der Richtlinientransformation durch die Kommission gemäß Art. 155 EG-Vertrag unmöglich, wenn eine entsprechende Verwaltungspraxis zur Umsetzung ausreichen würde[75].

Zweitens verlangt der Effektivitätsgrundsatz, daß die Umsetzungsnormen 618
rangmäßig denjenigen entsprechen, welche die betreffende Materie bislang geregelt haben[76]. Das neugeschaffene Umsetzungsrecht könnte sich ansonsten nicht effektiv durchsetzen.

---

69 Über die Probleme, die sich in einem föderalen System stellen, vgl. *Wägenbaur* ZG 1988, 312ff.; *Classen*, EuZW 1993, 83.

70 Ständige Rechtsprechung, zuletzt EuGH 23. 5. 1990, Rs. 31/89 (*Kommission/Spanien*), Slg. 1990, 2132; EuGH 5. 6. 1984, Rs. 280/83 (*Seiler/Rat*), Slg. 1984, 2361 ff.; *Oppermann* Rn. 462.

71 Dazu *Bleckmann*, Europarecht Rn. 161; *Steiling*, NVwZ 1992, 134ff.; *Langenfeld/Schlemmer-Schulte*, EuZW 1991, 622ff.; *Nessler*, RIW 1993, 207; *Langenfeld*, DÖV 1992, 955; *Gellermann* 19ff.

72 Vgl. zuletzt die Entscheidung des EuGH 30. 5. 1991, Rs.361/88 (*Kommission/BRD*), EuZW 1991, 440ff., in der die Umsetzung der Richtlinie 82/884/EWG als allgemeine Verwaltungsvorschrift in der TA Luft als ungeeignet angesehen wurde; dazu *Langenfeld/Schlemmer-Schulte*, EuZW 1991, 622ff.; *Steiling*, NVwZ 1992, 134ff.; vgl. auch EuGH 28. 2. 1991, Rs. 131/88 (*Kommission/BRD*), EuZW 1991, 405; EuGH 24. 11. 1992, Rs 237/90, NVwZ 1993, 257.

73 EuGH 8. 4. 1976, Rs. 48/75 (*Royer*), Slg. 1976, 517; EuGH 25. 7. 1991 Rs. 208/90 (*Emmott/Minister for Social Welfare*), Slg. 1991, 4292.

74 EuGH 15. 3. 1990, Rs. 339/87 (*Kommission/Niederlande*), Slg. 1990, 880; vgl. *Langenfeld/Schlemmer-Schulte*, EuZW 1991, 624; *Steiling*, NVwZ 1992, 136.

75 EuGH 28. 2. 1991, Rs. 131/88 (*Kommission/Deutschland*), Slg. 1991, 865; zumal eine bloße Verwaltungspraxis jederzeit abänderbar wäre, vgl. EuGH 30. 5. 1991, Rs. 59/89 (*Kommission/BRD*), Slg. 1991, 2626ff.; EuGH 6. 5. 1980, Rs. 102/79 (*Kommission/Belgien*), Slg. 1980, 1480; EuGH 25. 5. 1982, Rs. 96/81 (*Kommission/Niederlande*), Slg. 1982, 1804f.; EuGH 1. 3. 1983, Rs. 300/81 (*Kommission/Italien*), Slg. 1983, 456; *Beyerlin*, EuR 1987, 132; *Steiling*, NVwZ 1992, 136.

76 EuGH 15. 3. 1990, Rs. 339/87 (*Kommission/Niederlande*), Slg. 1990, 880; *Beyerlin*, EuR 1987, 135; *Oppermann* Rn. 461; *Langenfeld*, DÖV 1992, 955; zum Effektivitätsprinzip bei Richtlinien, vgl. *Gellermann* 70ff.

619 Zusammenfassend kann festgehalten werden, daß aus Gründen der Rechtssicherheit und Effektivität die Umsetzungsfreiheit der Mitgliedstaaten stark eingeschränkt ist. Die Richtlinie verliert dadurch zwar einen Großteil ihrer Flexibilität, gewinnt aber als Rechtsakt an Verläßlichkeit und Beständigkeit. Aus Gründen der Rechtsharmonisierung innerhalb der Mitgliedstaaten ist dies zu begrüßen[77].

4. *Rechtsqualität der Transformationsakte*

620 Nach erfolgter Umsetzung stellt sich die Frage nach der Rechtsqualität der Umsetzungsakte. Gemäß einer früheren Meinung handelt es sich bei den Umsetzungsakten – wie bei völkerrechtlichen Transformationsakten[78] – schon deshalb uneingeschränkt um nationales Recht, weil die Umsetzungsakte von den Gesetzgebern der Mitgliedstaaten erlassen werden[79].

Diese sehr formale Betrachtungsweise entspricht nicht mehr dem derzeitigen Stand der Richtliniendogmatik. Sie übersieht die „Zwitterstellung" der Richtlinie, wodurch das Umsetzungsrecht „Gemeinschaftscharakter" hat[80], der eine Differenzierung verlangt[81].

621 Die Umsetzungsakte werden von den mitgliedstaatlichen Organen erlassen, so daß es sich bei den Transformationsnormen formell um nationale Rechtsnormen handelt[82]. Ihr Inhalt hingegen ist – zumindest bei detaillierten Richtlinien – gemeinschaftrechtlich durch die Richtlinie festgelegt[83]. Die wirkliche Gesetzgebung obliegt somit der Union, weil ihr die Initiative, der Befehl sowie die Zielsetzung vorbehalten bleibt[84]. Auch besteht bezüglich der Umsetzung einer Richtlinie kein Ermessen der mitgliedstaatlichen Organe. Die Organe der Mitgliedstaaten werden also weniger als nationale Gesetzgeber, sondern vielmehr als gemeinschaftliches Ausführungsorgan tätig. Ihre Mitwirkung ist ausschließlich formeller Natur. Dementsprechend sollten die Transformationsakte nicht als nationales Recht, sondern zumindest materiell als Gemeinschaftsrecht angesehen werden. Dies ist insbesondere bei der Revisibilität des Umsetzungsrechts zu beachten.

---

[77] So auch *Steiling*, NVwZ 1992, 137.

[78] Transformiertes Völkerrecht wird staatliches Recht, *Grabitz*, FS Deringer 62.

[79] *Fuß*, DVBl. 1965, 382; *Weber* 92; *Ipsen*, FS Ophüls 78f.; *Rohde-Liebenau*, RIW 1970, 305; *Oldekop*, Richtlinie 170f.; *ders.*, JöR 21 (1972) 94; *Blaurock*, JZ 1994, 275.

[80] *Giuliano/Lagarde*, Bericht zum EVÜ BT-Drucks. 10/504, 71.

[81] So auch *Grabitz*, FS Deringer 62f.

[82] So auch *Hilf*, EuR 1993, 12.

[83] Der Richtlinienursprung ist auch bei Auslegung und Anwendung der nationalen Umsetzungsakte zu berücksichtigen, vgl. *Schwartz*, FS Hallstein 512; *Constantinesco* 37ff.; *Meier*, EuR 1970, 325ff.; *Lutter*, JZ 1992, 594; *Hilf*, EuR 1993, 15.

[84] *Constantinesco*, JuS 1965, 293.

V. Rechtsschutz gegen EG-Richtlinien

Die Mitgliedstaaten, der Rat und die Kommission können Richtlinien vor dem Gerichtshof wegen Unzuständigkeit des Erlassenden, Verletzungen des EG-Vertrages oder Ermessensmißbrauch angreifen (Art. 173 I EG-Vertrag)[85]. Ist die Klage begründet, erklärt der Gerichtshof die angefochtene Handlung für nichtig (Art. 174 I EG-Vertrag), wodurch die Richtlinie jegliche Bindungswirkung verliert. 622

1. Gemeinschaftsrechtlicher Rechtsschutz des Einzelnen

Nach dem Gesetzeswortlaut steht ein solches Antragsrecht gemäß Art. 173 EG-Vertrag natürlichen und juristischen Personen nicht zu[86]. Private haben ein Klagerecht vor dem Gerichtshof nur gegen Verordnungen und Entscheidungen der Union, welche sie unmittelbar und individuell betreffen (Art. 173 IV EG-Vertrag). 623

Vereinzelt gibt es freilich Stimmen, die eine Klagemöglichkeit von Privaten analog Art. 173 IV EG-Vertrag gegen Richtlinien befürworten[87]. Eine Anfechtung einer EG-Richtlinie durch natürliche und juristische Personen soll danach möglich sein, wenn die Richtlinie den Anspruchssteller individuell und unmittelbar betrifft. Individuell betreffe sie ihn, wenn er in der Richtlinie namentlich genannt oder auf andere Weise individualisiert werde. Unmittelbar betreffe sie ihn, wenn den Mitgliedstaaten bei der Umsetzung kein Spielraum mehr verbliebe, wodurch die nationalen Umsetzungsakte zweitrangig würden. In solchen Fällen sei die Eröffnung des Rechtsweges vor dem EuGH interessengemäß[88]. 624

Dieser Auffassung ist insoweit zuzustimmen, als gemeinschaftsrechtlich sehr detaillierte Richtlinien möglich sind, die den Einzelnen individuell und mittelbar betreffen können. Dennoch ist ein Rechtsschutzbedürfnis wohl abzulehnen. Um innerstaatlich wirken zu können, bedürfen Richtlinien – anders die Verordnung – der Umsetzung in die mitgliedstaatlichen Rechtsordnungen. Dadurch stehen dem Einzelnen die Rechtsbehelfe des nationalen Rechts gegen die Umsetzungsakte oder ihre Vollziehung zur Verfügung[89]. Solche nationalen Rechtsbehelfe bestehen bei Verordnungen und Entscheidungen nicht. Für Richtlinien noch eine zusätzliche Klagemöglichkeit vor dem Gerichtshof zu begründen, erscheint – insbesondere angesichts der Arbeitsbelastung des EuGH – überflüs- 625

---

85 Richtlinien, als sekundäres Gemeinschaftsrecht, stehen im Rang unter dem EG-Vertrag, vgl. *Constantinesco*, JuS 1965, 289.

86 Vgl. dazu *v. Danwitz*, NJW 1993, 1109ff.

87 Vgl. *Everling*, EuR 1990, 210; *Burchhard*, EuR 1991, 164f.; eingeschränkt auch *Fuß*, DVBl. 1965, 382.

88 Ausführlich dazu *Burchhard*, EuR 1991, 169.

89 *Fuß*, DVBl. 1965, 383; *Zuleeg*, ZGR 1980, 482; *Kleinmann*, NJW 1969, 355ff.; wohl auch *Scholz*, NJW 1990, 942; *Weber*, Rechtsfragen 95ff.

sig[90]. Für eine analoge Anwendung von Art. 173 IV EG-Vertrag besteht somit keine Notwendigkeit.

2. *Nationale Rechtsbehelfe gegen Transformationsrecht*

626 Wenn der Einzelne gegen umgesetztes Richtlinienrecht in seinem Mitgliedstaat klagt, sind zwei Besonderheiten zu beachten.

Zum einen obliegt die Auslegung von Richtlinienbestimmungen dem Gerichtshof, der auch entscheidet, ob die Richtlinie mit dem Gemeinschaftsrecht vereinbar ist. Ohne Vorabentscheidung des EuGH können mitgliedstaatliche Gerichte eine Richtlinie nicht für unwirksam erklären. Bestehen über die Anwendung oder Auslegung des Gemeinschaftsrechts Zweifel, ist der mitgliedstaatliche Richter gemäß Art. 177 EG-Vertrag verpflichtet, die Richtlinie dem EuGH vorzulegen[91].

627 Zweitens ist der nationale Richter durch den Vorrang des Gemeinschaftsrechts in seiner Rechtsprechung eingeschränkt. Nach der „Solange II" Rechtsprechung verzichtet das BVerfG auch für das abgeleitete Gemeinschaftsrecht auf eine Grundrechtskontrolle[92]. Vereinzelt wird zwar die Gültigkeit dieser Rechtsprechung für die Transformationsnormen von Richtlinien mit dem Argument bestritten, daß die Umsetzungsnormen nationales Recht seien, wofür eine Verwerfungskompetenz des BVerfG bestehe[93]. Nach dieser Auffassung müsse die Verfassung geändert werden, wenn eine Richtlinie gegen das Grundgesetz verstoße. Die Verfassungsänderung gehöre dann zu den „Formen und Mitteln" im Sinne des Art. 189 III EG-Vertrag[94]. Diese Auffassung ist jedoch abzulehnen. Bei Richtlinien ohne Umsetzungsspielraum ist eine nationale Verwerfungskompetenz bei Grundrechtsverstößen gemeinschaftsrechtswidrig[95]. Sie widerspricht der mitgliedstaatlichen Verpflichtung, eine Richtlinie

[90] Selbst gegen Richtlinienbestimmungen, die unmittelbar wirken – gegen die also kein innerstaatlicher Rechtsschutz möglich wäre –, ist eine analoge Anwendung von Art. 173 II EG-Vertrag auf Richtlinien nicht notwendig, weil nach der bisherigen Rechtsprechung des EuGH Richtlinien nicht unmittelbar zu Lasten des Einzelnen wirken können, vgl. dazu Rn. 825ff.

[91] Vgl. dazu Rn. 647ff.

[92] „Solange die Europäischen Gemeinschaften, insbesondere die Rechtsprechung des Gerichtshofes der Gemeinschaft, einen wirksamen Schutz der Grundrechte gegenüber der Hoheitsgewalt der Gemeinschaften generell gewährleisten ... wird das Bundesverfassungsgericht seine Gerichtsbarkeit über die Anwendbarkeit von abgeleitetem Gemeinschaftsrecht ... nicht mehr ausüben und dieses Recht mithin nicht mehr am Maßstab der Grundrechte des Grundgesetzes überprüfen" BVerfG 22.10. 1986, BVerfGE 73, 340; zur „Solange"-Rechtsprechung des BVerfG, vgl. *Scherer*, JA 1987, 483ff.

[93] Vgl. *Scholz*, NJW 1990, 943f.; *Di Fabio*, NJW 1990, 947ff.

[94] *Götz*, NJW 1992, 1853.

[95] Das BVerfG kann jedoch Umsetzungsrecht anhand des Grundgesetzes überprüfen, wenn die Richtlinie den Mitgliedstaaten bei der Umsetzung einen Umsetzungsspielraum belassen hat. Der Gesetzgeber ist verpflichtet, die Richtlinie in verfassungskonformer Weise umzusetzen, soweit dies innerhalb des Umsetzungsspielraums möglich ist.

vollständig umzusetzen und anzuwenden. Diese Verpflichtung hat Vorrang vor dem nationalen Verfassungsrecht. Dies ergibt sich daraus, daß das Gemeinschaftsrecht gegenüber nationalem Recht, also auch gegenüber dem nationalem Verfassungsrecht, vorrangig anzuwenden ist[96]. Außerdem hätte ein Vorrang nationaler Verfassungen vor Richtlinienbestimmungen zur Folge, daß Richtlinien in den Mitgliedstaaten unterschiedlich gelten könnten. Die Rechtsangleichung in der Union wäre von dem unkalkulierbaren Zustandekommen einer Verfassungsänderung abhängig, was das Ende jeder Rechtseinheit bedeuten würde. Überdies ist eine nationale Verwerfungskompetenz auch überflüssig, solange der EuGH einen wirksamen Grundrechtsschutz gewährleistet[97]. Daher ist kaum anzunehmen, daß das BVerfG bei Richtlinien und deren Umsetzungsakte von seiner „Solange II"-Rechtsprechung abweichen würde. Somit können Umsetzungsnormen nicht anhand des Grundgesetzes überprüft werden.

VI. Stand der EG-Rechtsangleichung

Das Ausmaß der Rechtsangleichung in der Union ist unübersichtlich und erfolgte ohne erkennbares System[98]. Zwar konnten im Laufe der Zeit einzelne Rechtsgebiete relativ umfassend harmonisiert werden, doch fehlt es bislang an einer einheitlichen Programmatik[99]. Für das Kollisionsrecht gewinnt die Rechtsangleichung dadurch an Bedeutung, daß neben dem Zoll–, Wirtschafts- und Steuerrecht[100] auch zentrale zivil- und handelsrechtliche Materien angeglichen sind[101]. Der Grund hierfür liegt wahrscheinlich darin, daß die Union erkannt hat, daß auch das Privatrecht eine wichtige Integrationsgrundlage bildet[102]. 628

Eine abschließende Darstellung des durch Richtlinien geschaffenen „Gemeinschaftsprivatrechts[103]" ist an dieser Stelle nicht möglich[104]. Die folgende Auf-

---

[96] Vgl. Rn. 554ff.; EuGH 17.12. 1970, Rs. 11/70 (*Internationale Handelsgesellschaft*), Slg. 1970, 1125; EuGH 9.3. 1978, Rs. 106/77 (*Simmenthal*), Slg. 1978, 629ff.; vgl. auch *Oppermann* Rn. 528; *Mathijsen*, European Community 313.

[97] Vgl. *Everling*, EuR 1990, 212ff.; *Tomuschat*, EuR 1990, 340ff.

[98] „In einem Meer nationalen Rechts winzige Inseln vereinheitlichten Rechts" *Kötz*, RabelsZ 50 (1986) 12; auch *Hommelhoff*, AcP 192 (1992) 120f.;*Böhm* 21; *Blaurock* JZ 1994, 270; *Taupitz*, JZ 1993, 534 spricht insoweit von einem Torsoeinheitsrecht.

[99] Statistische Daten bei *Taschner*, Rechtsangleichung 26; *Hauschka*, NJW 1989, 3048ff. Allerdings existieren Teilprogramme, z. B. zum Binnenmarkt (Weißbuch).

[100] Dazu *Oppermann* Rn. 1102ff.; zum Gesellschaftsrecht vgl. insbesondere *Behrens*, GmbHRdsch. 1993, 129ff.

[101] Früher wurden nur Randgebiete des Privatrechts angeglichen, so noch *Beitzke*, ZfRV 5 (1964) 93.

[102] *Müller-Graff*, NJW 1993, 13.

[103] Zu dem Begriff *Müller-Graff*, Gemeinschaftsprivatrecht 37; *ders.*, NJW 1993, 13.

[104] Vgl. dazu *Hauschka*, JZ 1990, 521ff.; *ders.*, NJW 1989, 3048ff.; *Müller-Graff*, Gemeinschaftsprivatrecht 1ff.; *ders.*, NJW 1993, 13; *Kramer*, JBl. 1988, 477ff.; *Götz*, NJW 1992,1850f.; *Hommelhoff*, AcP 192 (1992) 75ff.

stellung soll jedoch Ausmaß und Bedeutung der bisherigen Rechtsangleichung durch Richtlinien verdeutlichen[105]:

629 Zunächst sind die ProdHaft-Richtlinie[106] und die HausTW-Richtlinie[107] zu beachten, auf die im folgenden noch näher eingegangen wird. Doch auch außerhalb der hier behandelten Richtlinie existieren weitere privatrechtsgestaltende Richtlinien oder Richtlinienentwürfe, die kollisionsrechtlich zu beachten sind. Exemplarisch seien nur genannt:

Die „Richtlinie über die Haftung für aus fehlerhaften Dienstleistungen entstehende Schäden an Körper, Gesundheit und Eigentum"[108]; die „Richtlinie über mißbräuchliche Klauseln in Verbraucherverträgen"[109]; die „Richtlinie über Pauschalreisen"[110]; die „Richtlinie über den Verbraucherkredit"[111]; die „Richtlinie über die zivilrechtliche Haftung für die durch Abfälle verursachten Schäden"[112]; die „Richtlinie zum Handelsvertreterrecht"[113]; die „Richtlinie zur Koordinierung der Vorschriften betreffend Insider-Geschäfte"[114]; die „Richtlinie über den Rechtsschutz von Computerprogrammen"[115]; die „Richtlinie zur Angleichung der Rechts- und Verwaltungsvorschriften über irreführende Werbung"[116]; der „Richtlinienvorschlag über das Time-Sharing-Eigentum an Ferienhäusern"[117]; der „Richtlinienvorschlag über den Verbraucherschutz bei Vertragsabschlüssen

---

105 Vgl. auch *Rabe*, NJW 1993, 1ff.

106 ABl. vom 7. 8. 1985, Nr. L 210/29f., vgl. Anhang I.

107 ABl. vom 31. 12. 1985, Nr. L 372/31ff., vgl. Anhang II.

108 Vorschlag der Kommission vom 20. 12. 1990 Kom (90) 482, dazu *Deutsch*, ZRP 1990, 454f.; *Kretschmer*, PHI 1990, 64ff.

109 ABl. Nr. L 95 vom 21. 4. 1993, 29ff., vgl. *Hondius*, EuZVR 1988, 159ff.; *Brandner/Ulmer*, BB 1991, 701; *Ulmer*, EuZW 1993, 337ff.; *v. Westphalen*, EWS 1993, 166ff.; *Heinrichs*, NJW 1993, 1817ff.; *Eckert*, WM 1993, 1070ff.; *Habersack/Kleindiek/Wiedemann*, ZIP 1993, 1670.

110 ABl. vom 23. 6. 1990, Nr. L 158/59; abgedruckt EWS 1991, 115ff.; dazu *Abeltshauser*, EWS 1991, 97ff.; *Führich*, EuZW 1993, 347ff.

111 Richtlinie vom 22. 12. 1986, 87/102 EWG, ABl. vom 12. 2. 1987 Nr. L 42, mit Änderungsrichtlinie vom 22. 2. 1990, 90/88 EWG, ABl. vom 10. 3. 1990 Nr. L 61, dazu *Reinking/Nießen*, ZIP 1991, 79ff.; *Mülbert*, WM 1990, 1357ff.; *Martens*, Die Bank 1991, 278ff.; *v. Heymann*, WM 1991, 1285ff.; *Emmerich*, JuS 1991, 705ff.; zum internationalen Anwendungsbereich der Richtlinie, vgl. *Bülow*, EuZW 1993, 435ff.

112 Richtlinienentwurf vom 2. 8. 1989, ABl. vom 4. 10. 1989 Nr. C 251/3; dazu *Roller*, PHI 1990, 156ff.; *Salje*, DB 1990, 2053ff.

113 Richtlinie vom 18. 12. 1986, 86/653 EWG, ABl. vom 31. 12. 1986 Nr. L 382/17, dazu *Kindler*, RIW 1990, 358ff.; *ders.*, Jahrbuch für Italienisches Recht 4 (1991) 25ff.; *Küstner/v. Manteuffel*, BB 1990, 291ff.; *Tscherwinka*, JuS 1991, 116f.; *Schmidt*, ZHR 156 (1992) 512ff.

114 Richtlinie vom 13. 11. 1989, 89/592 EWG, ABl. 1989 Nr. L 334/30; *Schödermeier/Wallach*, EuZW 1990, 122ff.; *Hopt*, ZGR 1991, 17ff.

115 Richtlinie vom 14. 5. 1991, ABl. 1991 L 122/42, vgl. EWS 1991, 183f., dazu *Lloyd*, Scots Law times, 1991, 236f.; *Lehmann*, NJW 1991, 2112ff.

116 Richtlinie vom 10. 9. 1984, 84/450/EWG, GRUR Int. 1984, 688ff.; vgl. *Sack*, GRUR Int. 1988, 342f.

117 ABl. 1992 Nr. C 222/5, EWS 1992, 306ff.

im Fernabsatz (Distanzgeschäfte)"[118] und der „Richtlinienvorschlag zur Erweiterung des Urheberrechtschutzes für Autoren"[119].

Alle hier aufgeführten Richtlinien haben gemeinsam, daß sie sehr detaillierte Vorgaben enthalten, wodurch der Inhalt der nationalen Umsetzungsgesetze weitestgehend vorbestimmt ist[120]. 630

Die genannten Rechtsakte werden auch nicht die letzten privatrechtsgestaltenden Richtlinien der Union sein[121]. Insbesondere auf dem Gebiet des Verbraucherschutzes werden den bereits vorhandenen Richtlinien noch eine Vielzahl weiterer folgen[122]. Daran wird auch der Wandel der EG zur EU trotz Betonung der Subsidiarität und des Regionalprinzips wohl nichts ändern. Zusammenfassend kann daher gesagt werden, daß – wenngleich die Entwicklung eines „europäischen Zivilrechts" noch in weiter Ferne liegt[123] – schon heute aufgrund von Richtlinien ein beachtliches Gemeinschaftsprivatrecht existiert. Die Rechtsgleichheit zwischen den Mitgliedstaaten muß auch kollisionsrechtlich beachtet werden. 631

§ 4 Allgemeine Wirkungen von EG-Richtlinien

Mit der Transformation in die nationalen Rechtsordnungen der Mitgliedstaaten hat die EG-Richtlinie ihre primäre Aufgabe erfüllt. Bei korrekter Umsetzung haben die Mitgliedstaaten ihr nationales Recht so geändert, daß es künftig den in der Richtlinie formulierten Zielen entspricht. Im Anwendungsbereich der Richtlinie wird damit ein gemeinsamer europäischer Standard geschaffen[124]. 632

Die Transformation der Richtlinie bedeutet jedoch nicht das Ende jeglicher Richtlinienwirkungen. Die Richtlinie bleibt bestehen und erzeugt als Rechtsakt der Union richtlinienspezifische Wirkungen[125]. Die Qualität der Rechtseinheit hängt maßgeblich von diesen allgemeinen Richtlinienwirkungen ab, insbesondere von der Frage, ob eine einheitliche Auslegung und Anwendung des Richtlinienrechts in den Mitgliedstaaten gesichert ist. Die Qualität der Rechtseinheit wiederum bestimmt Ausmaß und Intensität der kollisionsrechtlichen Wirkung 633

---

118 ABl. 1992 Nr. C 156, EWS 1993, 102ff.; dazu *Micklitz*, VuR 1993, 129ff.

119 Richtlinienvorschlag in ABl. 1991 Nr. C 53/35, vgl. EWS 1991, 109ff.

120 *Lutter*, JZ 1992, 602; kritisch dazu *Hauschka*, NJW 1989, 3050 und 3058; *Hommelhoff*, AcP 192 (1992) 74.

121 Vgl. *Ulmer*, JZ 1992, 1ff.; *Remien*, JZ 1992, 277ff.; *Hommelhoff*, AcP 192 (1992) 71ff.; nach *Siedetopf*, DÖV 1988, 984, sollen nach 1992 etwa 80% aller nationalen Gesetze europäischen Ursprungs sein.

122 *Kötz*, RabelsZ 50 (1986) 4; *v. Hippel*, RabelsZ 45 (1981) 353ff.; *Hommelhoff*, AcP 192 (1992) 103f.; ähnlich *Blaurock*, JZ 1994, 270.

123 Dazu *Tilmann*, FS Oppenhoff 495ff.; *Remien*, ZVglRWiss 87 (1988) 105ff.; *Schmidt-Leithoff*, FS Rittner 597ff.; *Hauschka*, JZ 1990, 523. *Götz*, NJW 1992, 1850; vgl. auch die Entschließung des Europäischen Parlaments vom Mai 1989 zur Erarbeitung eines europäischen Zivilgesetzbuchs, ABl. 1989 C 158, 400f.; dazu *Blaurock*, JZ 1994, 270ff. Zu der Frage, ob ein solches europäisches Zivilrecht wünschenswert ist, vgl. *Kötz*, RabelsZ 50 (1986) 87f.

124 *Fischer-Zernin* 58; *Dendrinos* 20f.

125 *Khan*, ZAR 1992, 163; *Gellermann* 256.

der Rechtsangleichung[126]. Infolgedessen ist die kollisionsrechtliche Wirkung von Richtlinien abhängig von der Frage, ob eine einheitliche Auslegung, Geltung und Anwendung der Richtlinie in ihrem Geltungsbereich gesichert ist.

I. Richtlinienkonforme Auslegung

634 Das Gebot der richtlinienkonformen Auslegung ist im Grundsatz allgemein anerkannt. Die nationalen Gerichte müssen das nationale Recht unter Berücksichtigung des Wortlauts und der Zielsetzung der Richtlinie auslegen[127]. Dies gilt auch, wenn eine nationale Norm auszulegen ist, die zwar in den Regelungsbereich der Richtlinie fällt, nicht aber zum Zwecke der Umsetzung erlassen wurde[128].

635 Der Grundsatz allein ist wenig hilfreich. Entscheidend für die Qualität der Rechtseinheit ist der Umfang der richtlinienkonformen Auslegung und der Rang, den sie im nationalen Recht hat. Hierüber bestehen erhebliche Meinungsunterschiede. Zwei Ansatzpunkte sind dabei zu unterscheiden.

636 Die wohl herrschende Meinung begründet die richtlinienkonforme Auslegung mit dem Vorrang des Gemeinschaftsrechts[129]. Der Vorrang von Richtlinien gegenüber dem nationalen Recht sei nur gesichert, wenn die nationalen Umsetzungsnormen entsprechend dem Gemeinschaftsrecht ausgelegt würden. Eine Auslegung entgegen den Zielen der Richtlinie würde auch dem gemeinschaftsrechtlichen Gebot der Gemeinschaftstreue widersprechen (Art. 5 EG-Vertrag). Die richtlinienkonforme Auslegung sei daher eine neue, selbständige Interpretationsmethode, der ein Vorrang vor den herkömmlichen Auslegungsregeln zukomme.

637 Eine andere Auffassung sieht in der richtlinienkonformen Auslegung eine bloße Auslegungsmethode des nationalen Rechts[130]. Transformationsrecht sei nationales Recht. Daraus folge, daß ihre Auslegung den einzelstaatlichen Gerichten obliege und nach nationalen Gesichtspunkten erfolgen müsse. Nach

---

[126] Wie bereits anhand des völkerrechtlichen Einheitsrechts dargestellt, sind die kollisionsrechtlichen Wirkungen des Einheitsrechts abhängig von dessen Auslegung und Anwendung. Nur Recht, welches einheitlich angewendet und ausgelegt wird, führt zu einer kollisionsrechtlich relevanten Rechtseinheit, vgl. Rn. 577ff.

[127] Vgl. nur *Götz*, NJW 1992, 1853ff.; *Dänzer-Vanotti*, RIW 1991, 754f.; *Lutter*, JZ 1992, 593ff.; *Jarass*, EuR 1991, 211ff.; *Di Fabio*, NJW 1990, 947ff.; *Bleckmann*, RIW 1987, 929; *Spetzler*, RIW 1990, 289; *ders.*, RIW 1991, 579ff.; *Grabitz/Langeheine*, Art. 100 Rn. 71; *Mansel*, JZ 1991, 532; *Oldenbourg* 164; *Hommelhoff*, AcP 192 (1992) 95ff.; EuGH 8.10. 1987, Rs. 80/86 (*Kolpinghuis Nijmegen*), Slg. 1987, 3969ff.; *Gellermann* 103ff.

[128] Vgl. auch *Zuleeg*, ZGR 1980, 478; *Probst*, BB 1989, 888; *Jarass*, NJW 1990, 2421; *Ehlers*, DVBl. 1991, 609; *Bach*, JZ 1990, 1112f.; *Spetzler*, RIW 1990, 289; *Nicolaysen*, Europarecht I 166; *Pieper*, DVBl. 1990, 687.

[129] Vgl. *Lutter*, JZ 1992, 604f.; *Bach*, JZ 1990, 1108f.; *Spetzler*, RIW 1990, 289; *ders.*, RIW 1991, 579ff.; *Götz*, NJW 1992, 1853f.; *Everling*, FS Carstens 101ff.; *Timmermans*, C.M.L.Rev. 1979, 545ff.; *Zuleeg*, ZGR 1980, 471; *Müller-Graff*, NJW 1993, 21.

[130] Vgl. *Jarass*, EuR 1991, 217; *Di Fabio*, NJW 1990, 947ff.; *Dänzer-Vanotti*, RIW 1991, 754f.; *v. d. Groeben/Taschner*, Art. 100 Rn. 42.

dieser Ansicht existiere keine eigenständige vorrangige Methode der richtlinienkonformen Auslegung. Es bestehe nur eine Vermutung, daß der nationale Gesetzgeber die Richtlinie ordnungsgemäß umsetzen wollte. Der gemeinschaftsrechtliche Ursprung einer Umsetzungsnorm sei daher innerhalb der Entstehungsgeschichte der Norm oder seiner teleologischen Auslegung zu berücksichtigen. Nur wenn bei einer Auslegung nach nationalen Grundsätzen festgestellt werde, daß die Umsetzungsnormen hinter dem gemeinschaftsrechtlichen Regelungszielen zurückblieben und ein ausdrücklicher Wille des nationalen Gesetzgebers für diese Beschränkung nicht erkennbar sei, solle eine richtlinienkonforme Auslegung der nationalen Normen erfolgen. Im übrigen bestehe kein Bedürfnis für einen Richtlinienvorrang, wenn der Mitgliedstaat eine Richtlinie umgesetzt habe[131]. Dort, wo der Transformationsakt der Richtlinie widerspreche, könne nichts anderes gelten als dort, wo ein Mitgliedstaat es versäumt habe, die Richtlinie umzusetzen[132].

Die unterschiedlichen Meinungen haben für die Rechtseinheit innerhalb der 638
Union erhebliche Bedeutung. Gemäß der zweiten Ansicht ist die Auslegung des Umsetzungsrechts vergleichbar der Auslegung von staatsvertraglichem Umsetzungsrecht. Auch wenn staatsvertragliche Normen innerstaatlich übernommen werden, ist dies bei der systematischen, historischen und teleologischen Auslegung des nationalen Rechts zu berücksichtigen[133]. Die richtlinienkonforme Auslegung wäre danach „nur" eine Auslegungsmethode des nationalen Rechts.

Im Unterschied dazu begründet die herrschende Meinung die richtlinienkonforme Auslegung mit dem Gemeinschaftsrecht. Nicht nur der gemeinschaftsrechtliche Inhalt der Umsetzungsakte wird berücksichtigt, sondern zusätzlich die Rangordnung der Rechtsmaterien. Richtlinien werden als ein übergeordnetes Normensystem angesehen, das bei der Auslegung auf niedrigere Ebenen einwirkt[134]. In diesem Fall wäre die richtlinienkonforme Auslegung eine Auslegungsmethode des Gemeinschaftsrechts und die Richtlinie wäre der oberste Auslegungsmaßstab in allen Mitgliedstaaten.

Zunächst ist festzustellen, daß die Auslegung des angeglichenen Rechts den 639
nationalen Gerichten obliegt[135]. Daraus folgt aber nicht, daß die richtlinienkonforme Auslegung nur eine nationale Auslegungsmethode ist. Der nationale Richter muß berücksichtigen, daß es sich bei den Umsetzungsakten nur formell um nationales Recht handelt, der materielle Inhalt aber durch Struktur und

---

[131] Nach dieser Auffassung beziehe sich der Vorrang des Gemeinschaftsrechts nur auf die Umsetzung der Richtlinie. Weitergehende Vorrangswirkungen seien nicht mehr von Art. 24 I GG gedeckt, vgl. *Di Fabio*, NJW 1990, 951; *Dänzer-Vanotti*, RIW 1991, 755; *Jarass*, EuR 1991, 214ff.; indirekt auch BFH 16. 7. 1981, EuR 1981, 443; BFH 20. 1. 1988, BStBl. II 1988, 557.

[132] *Di Fabio*, NJW 1990, 951.

[133] Vgl. *Kropholler*, Einheitsrecht 262ff.; *Canaris*, JZ 1987, 543ff.; *Mansel*, JZ 1991, 531.

[134] Das nationale Recht verfährt auf diese Weise bei der „verfassungskonformen Auslegung", vgl. *Stern*, Staatsrecht Bd. III/1, 1316ff.; *v. Münch*, Vorb. Art. 1ff. Rn. 66; *Bettermann* 20.

[135] *Magnus*, JZ 1990, 1102; *Grabitz/Langeheine*, Art. 100 Rn. 71; *Everling*, RabelsZ 50 (1986) 224.

Inhalt der Richtlinie vorgegeben ist. Ferner müssen bei der Auslegung die sonstigen Vorgaben des Gemeinschaftsrechts berücksichtigt werden. Danach ist zu bedenken, daß die Umsetzungsverpflichtung des Art. 189 III EG-Vertrag sich an alle Organe der Mitgliedstaaten richtet und daher auch für die Gerichte verbindlich ist[136]. Der Richter ist verpflichtet, einer Richtlinie zur vollen, effektiven Durchsetzung zu verhelfen. Eine Auslegung eines Umsetzungsaktes entgegen den Richtlinienzielen würde diese Pflicht verletzen. Schon aus diesem Grund muß die richtlinienkonforme Auslegung Vorrang vor den nationalen Auslegungsmethoden haben.

640 Für ein gemeinschaftsrechtliches Gebot, Umsetzungsrecht richtlinienkonform auszulegen, spricht auch, daß das Gemeinschaftsrecht den Richter verpflichtet, Auslegungsdivergenzen zu vermeiden, wenn sie zu Unterschieden im Gemeinschaftsrechts führen könnten[137]. Eine einheitliche Auslegung ist nur dann gesichert, wenn Auslegungsmaßstab die Richtlinie selbst ist. Eine bloße Verpflichtung zur Beachtung der Rechtsprechung in den übrigen Mitgliedstaaten wäre nicht ausreichend[138]. Die EG-Rechtsangleichung würde dann – vergleichbar der völkerrechtlichen Rechtsvereinheitlichung – zersplittern[139], da unterschiedliche teleologische Erwägungen in den Mitgliedstaaten zu einer unterschiedlichen Interpretation der Umsetzungsakte führen könnten. Nur wenn die richtlinienkonforme Auslegung die oberste Auslegungsmethode darstellt, ist die gemeinschaftsweite einheitliche Auslegung des Richtlinienrechts gesichert.

641 Diese Auffassung wird auch vom Gerichtshof geteilt. Der EuGH folgert aus dem Gebot der Gemeinschaftstreue gemäß Art. 5 EG-Vertrag und Art. 189 III EG-Vertrag, daß

„sich aus der Verpflichtung der Mitgliedstaaten, alle geeigneten Maßnahmen zu ergreifen, um die Erfüllung ihrer Verpflichtung, das in den Richtlinien vorgesehene Ziel zu erreichen, ergibt, daß bei der Anwendung des nationalen Rechts, gleich, ob es sich um vor oder nach der Richtlinie erlassene Rechtsvorschriften handelt, das zu seiner Auslegung berufene nationale Gericht dies soweit wie möglich im Lichte des Wortlauts und des Zwecks der Richtlinie tun muß, um das Ziel der Richtlinie zu erreichen und um Artikel 189 Absatz 3 auf diese Weise nachzukommen"[140].

Mit dem Gebot, die nationalen Rechtsvorschriften im Lichte des Wortlauts

---

136 Für Deutschland nach Art. 20 III, 97 I GG i. V. m. § 25 DRiG; EuGH 10.4. 1984, Rs. 14/83 (*von Colson und Kamann*), Slg. 1984, 1909; *Winter*, ZERP-DP 1/1991, 48; *Pieper*, DVBl. 1990, 687; *Paefgen*, WRP 1991, 449; *Jarass*, EuR 1991, 216.

137 *Kötz*, RabelsZ 50 (1986) 11.

138 Eine solche Verpflichtung ergibt sich bei Richtlinien aus der Natur der Sache. Für Übereinkommen, vgl. *Magnus*, JZ 1990, 1102.

139 Vgl. *Kirchhoff*, DB 1989, 2263.

140 EuGH 13.11. 1990, Rs. 106/89 (*Marleasing*), Slg. 1990, 4135 ff.; so auch EuGH 10.4. 1984, Rs 14/83 (*von Colson und Kamann*), Slg. 1984, 1909; EuGH 8.10. 1987, Rs. 80/86 (*Kolpinghuis Nijmegen*), Slg. 1987, 3969 ff.; EuGH 20.9. 1988, Rs. 31/87 (*Beentjes*), Slg. 1988, 4635.

und des Zwecks der Richtlinie auszulegen, erhebt der Gerichtshof die richtlinienkonforme Auslegung über die teleologische Gesetzesauslegung hinaus in einen Rang, der nur der verfassungskonformen Auslegung des nationalen Rechts vergleichbar ist[141].

Im Ergebnis bleibt festzuhalten, daß die Transformationsakte zwar formal nationales Recht sind, daß aber ihre Auslegung in erster Linie anhand der Richtlinie erfolgen muß. Das Gebot der richtlinienkonformen Auslegung gilt auch dann, wenn die betreffenden nationalen Vorschriften schon vor Erlaß der Richtlinie bestanden haben, oder wenn den Gesetzgebungsmaterialien widersprechende Absichten zu entnehmen sind[142]. Eine richtlinienkonforme Auslegung scheidet nur dort aus, wo keine nationalen Normen im Regelungsbereich der Richtlinien bestehen[143] oder der Wortlaut der Norm nicht interpretationsfähig ist[144]. 642

II. Sperrwirkung und Änderungsverbot

Soll Rechtsangleichung zur Rechtseinheit führen, so muß die Richtlinie über die Angleichung hinaus dauerhaft wirken[145]. Dies wird einmal erreicht durch die richtlinienkonforme Auslegung. Ein weiteres Mittel zur Sicherung der Rechtseinheit ist die sogenannte „Sperrwirkung" der Richtlinie. Die Sperrwirkung der Richtlinie verhindert, daß die Mitgliedstaaten nationales Recht erlassen, das den Richtlinienzielen widerspricht[146]. Teilweise wird sogar behauptet, daß die Sperrwirkung die Mitgliedstaaten bereits vor Ablauf der Umsetzungsfrist hin- 643

141 Diese Parallele zieht auch *Bach*, JZ 1990, 1112; *Everling*, FS Carstens 107; *Winter*, ZERP-DP 1991, 48. Widersprechen sich die richtlinien- und die verfassungskonforme Auslegung, setzt sich erstere wegen des Vorrangs des Gemeinschaftsrechts durch, *Ehlers*, DVBl. 1991, 606.; *Lutter*, JZ 1992, 605f.; *Everling*, EuR 1990, 213; *Tomuschat*, EuR 1990, 344. Zur verfassungskonformen Auslegung, vgl. *Hesse* Rn. 79.

142 *Everling*, RabelsZ 50 (1986) 225; zu dem Streit, ob das über eine Richtlinie hinausgehende Recht „richtlinienkonform" zu interpretieren ist, vgl. *Anderle* 30ff.; *Steindorff*, Aktiengesellschaft 1988, 57f.

143 Zum Problem der Nicht-Umsetzung von Richtlinie vgl. Rn. 773ff.

144 Vgl. *Winter*, ZERP-DP 1991, 48; *Everling*, RabelsZ 50 (1986) 225; *Gellermann* 107ff. Diesbezüglich ist der EuGH großzügig, wie am Beispiel von § 611a II BGB deutlich wird. Gemäß § 611a II BGB ist der Schadenersatz im Falle der Geschlechterdiskriminierung ausdrücklich auf den Vertrauensschaden beschränkt. Der EuGH entschied, EuGH 10.4. 1984, Rs. 14/83 (*von Colson und Kamann*), Slg. 1984, 1891, daß dies hinter dem Regelungsziel der Richtlinie des Rates vom 9.2. 1976, 76/207 EWG, ABl. L 39, 40 (Gleichberechtigungsrichtlinie), zurückbliebe. Die nationalen Gerichte wurden aufgefordert, darüber hinausgehenden Schadenersatz zuzusprechen. Ausführlich zur richtlinienkonformen Auslegung bei § 611 a BGB vgl. *Beyer/Möllers*, JZ 1991, 26f.; *Abele*, EuR 1990, 371ff.

145 Vgl. *Lutter*, Europäisches Unternehmensrecht 17.

146 Vgl. *Bach*, JZ 1990, 1111; *Ipsen*, EuR 1979, 236; *Oppermann* Rn. 463; *Nicolaysen*, Europarecht I 166; *Timmermans*, C.M.L.Rev. 1979, 551; *Grabitz/Grabitz*, Art. 189 Rn. 57; *Constantinesco* 624; *ders.*, JuS 1965, 295; *Rohde-Liebenau*, RIW 1970, 306; *Kötz*, RabelsZ 50 (1986) 10; *Zuleeg*, ZGR 1980, 481f.; *Taschner*, ProdHaftG Einf. Rn. 167; *Dendrinos* 219ff.; *Gellermann* 89ff.

dert, Maßnahmen zu erlassen, die den Richtlinienzielen zuwiderlaufen[147]. Jedenfalls aber bedeutet jede autonome Änderung des Umsetzungsrechts entgegen den Richtlinienzielen einen Vertragsbruch. Ohne eine Sperrwirkung wäre die Umsetzungsverpflichtung gemäß Art. 189 III EG-Vertrag auch weitgehend wirkungslos, denn die Mitgliedstaaten könnten die erfolgte Angleichung durch autonome Regelungen wieder rückgängig machen[148]. Der Gerichtshof beschreibt die „Sperrwirkung" wie folgt:

644 „[Rechtsakte der Gemeinschaft haben] nicht nur zur Folge, daß allein durch ihr Inkrafttreten jede entgegenstehende Bestimmung des geltenden staatlichen Rechts ohne weiteres unanwendbar wird, sondern auch – da diese Bestimmungen und Rechtsakte vorrangiger Bestandteil der im Gebiet eines jeden Mitgliedstaates bestehenden Rechtsordnung sind –, daß ein wirksames Zustandekommen neuer staatlicher Gesetzgebungsakte insoweit verhindert wird, als diese mit Gemeinschaftsnormen unvereinbar wären"[149].

645 Entgegen dem Wortlaut der EuGH-Entscheidung hat die Sperrwirkung der Richtlinie aber nicht zur Folge, daß eine dennoch vorgenommene Änderung des angeglichenen Rechts unwirksam ist. Eine Verletzung der mitgliedstaatlichen Unterlassungspflicht führt weder zur Nichtigkeit noch zur Unwirksamkeit des abgeänderten Rechts[150].

646 Die Sperrwirkung der Richtlinie hat auch kompetenzrechtliche Folgen: Solange eine Richtlinie gilt, ist es den Mitgliedstaaten gemeinschaftsrechtlich verboten, richtlinienwidriges nationales Recht zu erlassen. Jeder richtlinienwidrigen Änderung des Umsetzungsrechts muß demnach eine Änderung der Richtlinie vorausgehen. Die Richtlinie kann aber nur durch den Gemeinschaftsgesetzgeber geändert werden. Mit dem Erlaß von Richtlinien geht somit in ihrem Regelungsbereich die nationale Gesetzgebungskompetenz auf die Union über[151].

III. Einheitliche Auslegung durch den EuGH

647 Das Gebot der richtlinienkonformen Auslegung und die Sperrwirkung der Richtlinie können Rechtseinheit in der Union nicht garantieren. Obwohl es sich bei den Mitgliedstaaten um verhältnismäßig homogene demokratische Kultur-

---

147 *Hilf*, EuR 1993, 7; *Grabitz/Grabitz*, Art 189 Rn. 57.

148 *Anderle* 17; *Ipsen*, Gemeinschaftsrecht § 39 Rn. 16.

149 EuGH 9. 3. 1978, Rs. 106/77 (*Simmenthal II*), Slg. 1978, 644.

150 *Oppermann* Rn. 464; *Zuleeg*, ZGR 1980, 446 ff.; *Gellermann* 90 ff. Der Kommission stehen bei der richtlinienwidrigen Änderung des nationalem Rechts die Befugnisse aus Art. 169 EG-Vertrag in gleicher Weise zu, als wenn die Richtlinie überhaupt nicht umgesetzt worden wäre, dazu Rn. 791 ff. Nur wenn Richtlinien unmittelbar wirken, ist das richtlinienwidrige Recht per se nichtig, vgl. *Lutter*, Europäisches Unternehmensrecht 18; *Oppermann* Rn. 464; dazu Rn. 795 ff.

151 Vgl. *Lutter*, Europäisches Gemeinschaftsrecht 18.

staaten handelt[152], würde die Rechtseinheit infolge unterschiedlicher Auslegungsmethoden und Wertungsmaßstäbe beeinträchtigt werden. Wie bereits ausgeführt, kann daher eine in Hinsicht auf das Kollisionsrecht zu beachtende Rechtseinheit nur erreicht werden, wenn übernationale Auslegungsinstanzen bestehen. Nur eine gemeinsame Auslegungsinstanz kann die einheitliche Anwendung und Fortbildung des angeglichenen Rechts gewährleisten[153].

An dieser Stelle wird deutlich, daß es sich bei den Gemeinschaftsverträgen 648
nicht um herkömmliche völkerrechtliche Staatsverträge handelt. Im Unterschied zu anderen Staatsverträgen verfügt die Union mit dem EuGH über einen supranationalen Gerichtshof[154]. Dieser wacht als gemeinsames Gericht über die Weiterentwicklung des Gemeinschaftsrechts und die Wahrung der Rechtseinheit[155].

1. *Das Vorabentscheidungsverfahren*

Dem europäischen Gerichtshof kommt bei der Entwicklung des Gemein- 649
schaftsrechts eine zentrale Aufgabe zu. Vielfach werden nämlich erst durch die richterliche Auslegung des primären und sekundären Gemeinschaftsrechts die notwendigen Voraussetzungen für den Gemeinsamen Markt geschaffen[156]. Die Bedeutung des Gerichtshofes läßt sich auch an seinen Kompetenzen ermessen. So entscheidet der EuGH insbesondere über Normenkontrollklagen (Art. 173 EG-Vertrag) und über Vertragsverletzungsklagen (Art. 169 EG-Vertrag).

Die Kompetenz zur Auslegung der Rechtsangleichungsrichtlinien ist in Art. 177 EG-Vertrag geregelt[157]. Gegenstand des Verfahrens ist die Auslegung der Gründungsverträge (Art. 177 I lit. a EG-Vertrag), die Frage nach der Gültigkeit und Auslegung der Handlungen der Unionsorgane (Art. 177 I lit. b EG-Vertrag) sowie die Auslegung von Satzungen der Unionseinrichtungen (Art. 177 I lit. c EG-Vertrag)[158]. Für die Auslegung von Richtlinien ist Art. 177 I lit. b EG-Vertrag maßgebend, weil Richtlinien unzweifelhaft Organhandlungen sind.

Aus Art. 177 I lit. b EG-Vertrag folgt, daß, wenn die Auslegung einer Richtli- 650
nie unklar oder unter den nationalen Gerichten strittig ist, der EuGH eine verbindliche Auslegungskompetenz besitzt[159]. Allerdings besteht eine Ausle-

[152] *Strömholm*, RabelsZ 56 (1992) 621.

[153] Vgl. auch *Mansel*, JZ 1991, 532.

[154] Einzelheiten der Zusammensetzung sind in Art. 165ff. EG-Vertrag, Art. 137ff. EURATOM sowie Art. 32ff. EGKSV geregelt.

[155] Art. 164 EG-Vertrag, Art. 136 EURATOM, Art. 31 EGKS.

[156] Vgl. zur Bedeutung des EuGH für die EU, *Everling*, RabelsZ 50 (1986) 195ff.; *Kirchhoff*, DB 1989, 2261ff.; *Nicolaysen*, Europarecht I 174ff.; *Bleckmann*, Europarecht Rn. 508ff.; *v. Danwitz*, NJW 1993, 1110f.

[157] Vgl. Art. 150 EURATOMV und Art. 41 EGKSV.

[158] Allgemein zum Vorabentscheidungsverfahren: *Seidel*, Rechtsangleichung 293ff.; *Nicolaysen*, Europarecht I 199ff.; *Bleckmann*, Europarecht Rn. 611ff.

[159] *Nicolaysen*, Europarecht I 207f.; *Everling*, RabelsZ 50 (1986) 224.

gungskompetenz des EuGH nur für die Richtlinienvorgaben und nicht für die einzelstaatlichen Transformationsgesetze. Der EuGH ist grundsätzlich nicht befugt, nationales Recht der Mitgliedstaaten auszulegen. Daher sind etwa Auslegungsprobleme, die sich aus der Anwendung der Umsetzungsakte selbst ergeben, nicht vorlagefähig. Die Rechtseinheit wird dadurch jedoch nicht beeinträchtigt. Wenn dem EuGH die Frage vorgelegt wird, ob eine nationale Umsetzungsmaßnahme mit der Richtlinie vereinbar ist, wird mittelbar durch die Auslegung des Gemeinschaftsrechts auch der Inhalt der Umsetzungsnorm bestimmt[160]. Dies ergibt sich aus Art. 189 III EG-Vertrag und dem Gebot der richtlinienkonformen Auslegung, wonach die Transformationsnormen den Richtlinienzielen entsprechen müssen. Im Ergebnis besteht somit durch Art. 177 I EG-Vertrag eine Auslegungskompetenz des EuGH für Richtlinien und mittelbar für das nationale Umsetzungsrecht.

Die Auslegung des Gemeinschaftsrechts durch ein supranationales Gericht führt dazu, daß die Rechtsangleichung innerhalb der Union besonders wirkungsvoll gesichert ist[161].

2. *Die Vorlagepflicht nationaler Gerichte*

651 Die Auslegungskompetenz des EuGH gemäß Art. 177 I EG-Vertrag ist abhängig von der Mitwirkung der nationalen Gerichte[162]. Denn der EuGH kann nur dann tätig werden, wenn die einzelstaatlichen Gerichte eine Rechtsfrage (Auslegungsfrage) dem EuGH im Wege des Vorlageverfahrens unterbreiten. Jedes mitgliedstaatliche Gericht hat gemäß Art. 177 II EG-Vertrag das Recht, dem EuGH eine Auslegungsfrage vorzulegen. Voraussetzung ist nur, daß die Frage in den Anwendungsbereich von Art. 177 I EG-Vertrag fällt und für die Gerichtsentscheidung von Bedeutung ist[163].

652 Das Vorlagerecht allein garantiert allerdings noch keine Rechtseinheit. Die Auslegungsmöglichkeit des EuGH wäre von dem Ermessen der nationalen Gerichte abhängig, wodurch das Auslegungsmonopol des EuGH in Frage gestellt würde. Solange die nationalen Gerichte von ihrem Vorlagerecht keinen Gebrauch machen, erfolgt keine einheitliche Auslegung[164].

Dieser Gefahr wird begegnet durch Art. 177 III EG-Vertrag, wonach Gerichte

---

[160] *Anderle* 21; *Taschner*, GS Constantinesco 766f.; *Everling*, RabelsZ 50 (1986) 224; *Magnus*, JZ 1990, 1103, *Mansel*, JZ 1991, 532; *Schweizer/Hummer*, § 3 II 2d; *Grabitz/Wohlfahrt*, Art. 177 Rn. 25; *Götz*, NJW 1992, 1854; *Müller-Graff*, Gemeinschaftsprivatrecht 38; *Anderson*, B.C.Int'l & Comp. L.R. 1988, 101 ff.

[161] *Kropholler*, Einheitsrecht 113; anders *Schmid* 68 ff. Unterstützt wird diese Auffassung durch die allgemeine Akzeptanz von EuGH-Entscheidungen in den Mitgliedstaaten, vgl. *Arnold*, FS Neumayer 17.

[162] Das Vorabentscheidungsverfahren wird häufig als „Dialog" zwischen den nationalen Gerichten und dem EuGH dargestellt, vgl. *Götz*, NJW 1992, 1854.

[163] Ausführlich zur Vorlage durch unterinstanzliche Gerichte, *Glaesner*, EuR 1990, 143 ff.

[164] Vgl. *Danwitz*, NJW 1993, 1112.

zur Vorlage einer Rechtsfrage verpflichtet sind, falls ihre Entscheidungen nicht mehr mit nationalen Rechtsmitteln angegriffen werden können. Die Vorlagepflicht unterscheidet sich insofern vom Vorlagerecht, als es nicht auf die subjektive Sicht des nationalen Gerichts, sondern auf das tatsächliche Bestehen von Unklarheiten im Gemeinschaftsrecht ankommt[165]. Dementsprechend eindeutig hat der EuGH die Kriterien für eine Vorlagepflicht der letztinstanzlichen Gerichte formuliert. Nur wenn „keinerlei Raum für vernünftige Zweifel an der Beantwortung der Frage" bestehe oder wenn der EuGH bereits anderweitig entschieden habe, könne von einer Vorlage abgesehen werden[166]. Das Ermessen des nationalen Gerichts ist demnach beschränkt auf die Frage nach der Entscheidungserheblichkeit der Gemeinschaftsnorm[167], wobei allerdings im Zweifel von einer Vorlagepflicht auszugehen ist. Sie entfällt ausnahmsweise dann, wenn es auf die betreffende Frage für jeden erfahrenen Juristen offensichtlich und vernünftigerweise nur eine Antwort geben kann[168]. Eine Vorlage muß daher etwa dort erfolgen, wo durch Gerichtsentscheidungen anderer Mitgliedstaaten Auslegungszweifel entstanden sind[169].

Allerdings wäre die einheitliche Auslegung gefährdet, wenn das letzt-instanzliche Gericht sanktionslos seine Vorlagepflicht umgehen könnte[170]. Die Sicherung der Vorlagepflicht erfolgt in Deutschland durch das Verfassungsrecht. Nach der Rechtsprechung des BVerfG ist der EuGH für Vorlagefragen gesetzlicher Richter im Sinne des Art. 101 I 2 GG. Daher besteht in Deutschland die Möglichkeit, einen willkürlichen Verstoß gegen die Vorlagepflicht mit einer Verfassungsbeschwerde zu rügen[171]. Dies ist in der Folgezeit auch immer wieder geschehen[172]. 653

Im Ergebnis ist festzuhalten, daß durch die Vorlagepflicht letztinstanzlicher Gerichte, verbunden mit der Rechtsprechung des BVerfG, die richtlinienkonforme Auslegung der nationalen Umsetzungsnormen durch den EuGH gewährleistet ist[173].

---

165 *Clausnitzer*, NJW 1989, 642; *Glaesner*, EuR 1990, 147.

166 EuGH 6. 10. 1982, Rs. 283/81 (*C.I.C.F.I.T./Ministero della Sanità*), Slg. 1982, 3415; vgl. auch BVerfG 27. 8. 1991, NJW 1992, 678. Zweifel bestehen immer, wenn sich das nationale Gericht in Widerspruch zum EuGH setzen will, vgl. *Lutter*, Europäisches Unternehmensrecht 23.

167 *Everling* EuR 1990, 211; *Herdegen*, MDR 1985, 543.

168 So BVerfG 9. 11. 1987, NJW 1988, 1456.

169 Vgl. *Steindorff*, EuZW 1990, 254; *Everling*, EuR 1990, 211.

170 Z. B. durch Verfahrenseinstellung vorlagepflichtiger Punkte, vgl. *Weber*, Rechtsfragen 80.

171 Den Grundstein bildet die „Solange II" Entscheidung, BVerfG 22. 10. 1986, BVerfGE 73, 339 = NJW 1987, 577; BVerfG 27. 8. 1991, NJW 1992, 678; vgl. BVerwG 14. 12. 1992, EuZW 1993, 263; dazu auch *Thomas*, NJW 1991, 2234.

172 Vgl. BVerfG 8. 4. 1987, NJW 1988, 1459ff.; BVerwG 8. 3. 1990, RIW 1990, 676f.; dazu *Clausnitzer*, NJW 1989, 641ff.; *Steindorff*, EuZW 1990, 254; *Abele*, EuR 1990, 375ff.; *Vedder*, NJW 1987, 529ff.; *Weber*, Rechtsfragen 86f.

173 Dies bestätigen auch rechtstatsächliche Untersuchungen, vgl. *Schwarze*, Vorabentscheidungen 21ff.; *Weber*, Rechtsfragen 88.

IV. Vergleich zwischen Rechtsvereinheitlichung und -angleichung

654 Ein Vergleich zwischen Richtlinien, Verordnungen und Staatsverträgen ergibt, daß Richtlinien in ihren allgemeinen Rechtswirkungen zwischen Verordnungen und Staatsverträgen stehen.

655 Ebenso wie bei der Verordnung besteht bei Richtlinien das Gebot der einheitlichen Auslegung und es existiert eine einheitliche Auslegungsinstanz. Außerdem sind die Mitgliedstaaten nicht befugt, harmonisiertes Recht aufzuheben oder abzuändern. Auch die verhältnismäßig kurze Umsetzungszeit von Richtlinien[174], häufig verbunden mit einer Nachverhandlungspflicht[175], läßt die Richtlinien im Vergleich mit Staatsverträgen effektiver erscheinen. Rechtsangleichung in der EU mag daher in der Wortwahl „bescheidener“[176] sein, ist aber von ihrer Effektivität und Durchsetzungskraft der Rechtsvereinheitlichung durch Staatsverträge qualitativ vorzuziehen[177].

656 Obgleich Richtlinien in ihren Rechtswirkungen mit Verordnungen vergleichbar sind, bestehen noch qualitative Unterschiede zwischen den Rechtsakten[178]. Diese Unterschiede sind auch bei der kollisionsrechtlichen Wirkung von Richtlinien zu beachten.

657 (1) Im Unterschied zur Verordnung gelten Richtlinien grundsätzlich nicht unmittelbar. Ihre innerstaatlichen Wirkungen beschränken sich darauf, den Inhalt und die Auslegung der nationalen Transformationsnormen zu bestimmen. Richtlinien schaffen demnach nicht – wie Verordnungen – europäisches Recht, sondern „nur“ angeglichenes nationales Recht[179]. Daher kann etwa bei der kollisionsrechtlichen Anknüpfung grundsätzlich nicht auf die Bestimmungen der Richtlinie selbst zurückgegriffen werden. Nur unmittelbar geltendes Gemeinschaftsrecht kann nationales Recht vollständig verdrängen oder überlagern[180].

658 (2) Es besteht ein weiterer Unterschied zur Verordnung. Richtlinien schaffen weitgehende Rechtseinheit nur, wenn sie detaillierte Regelungen enthalten. Daneben existieren aber auch Richtlinien, die den Mitgliedstaaten bei der Umsetzung große Spielräume belassen, ein einheitliches Recht also nicht unbedingt garantieren. Es ist also nach der jeweiligen Regelungsintensität der einzelnen Richtlinie zu differenzieren, wieweit einheitliches Recht geschaffen wurde[181].

---

174 *Schwartz*, FS Caemmerer 1067 und 1087.

175 Vgl. etwa Art. 21 ProdHaft-Richtlinie.

176 *Taschner*, GS Constantinesco 766.

177 *Taschner*, GS Constantinesco 767; *Fletscher* 16; *Schwartz*, EuR 1989, 4; *Kötz*, RabelsZ 50 (1986) 8; *Dendrinos* 21; *Schuster* 63ff.; *Taupitz*, JZ 1993, 537; *Geiger*, Art. 235 Rn. 7.

178 Zur Annährung der Richtlinie an die Verordnung, vgl. *Schuster* 28; zu ihren Unterschieden, vgl. *Seidel*, Direktwirkungen 18ff.; *Schuster* 15f.; *Langenfeld* 169f.

179 Insoweit sind Richtlinien eher nicht unmittelbar wirkenden Staatsverträgen vergleichbar, vgl. *Schwartz*, FS Grewe 595; *Schuster* 28; *Weber* 73.

180 *Everling*, DVBl. 1985, 1203; so auch *Herrmann*, RIW 1982, 566; *Spetzler*, RIW 1990, 288.

181 Im Bereich des Verbraucherschutzrechts ist zu beachten, daß die bisherigen Richtlinien die Materie bis in die Details der Schuldverhältnisse regeln, vgl. *Hauschka*, NJW 1989, 3058.

§ 5 Rechtsangleichung durch Richtlinien und IPR – Am Beispiel der Produkthaftung –

Am deutlichsten sind die kollisionsrechtlichen Wirkungen der Rechtsangleichung, wenn Richtlinien mit kollisionsrechtlichen Vorgaben erlassen werden[182]. Dadurch wird zwar kein unmittelbar geltendes Gemeinschaftskollisionsrecht geschaffen, jedoch entsteht – nach ordnungsgemäßer Umsetzung – angeglichenes nationales IPR. Dieses Recht geht dem sonstigen nationalen Kollisionsrecht vor[183]. Auf diesem Weg schaffen Richtlinien indirektes „Gemeinschaftskollisionsrecht", das – wie das Verordnungskollisionsrecht – grundsätzlich nur binnenmarktbezogen ist[184]. 659

Aber ebenso wie Verordnungen enthalten nur wenige Richtlinien kollisionsrechtliche Vorgaben[185]. Daraus kann freilich nicht gefolgert werden, daß die Mehrzahl der Richtlinien keinerlei kollisionsrechtliche Wirkung haben. Die vorangegangenen Abschnitte haben gezeigt, daß etwa auch die Vereinheitlichung von Sachrecht durch Verordnungen die kollisionsrechtliche Anknüpfung beeinflußt. Dies ergibt sich aus der Tatsache, daß zwischen Kollisionsrecht und materiellem Recht Wechselwirkungen bestehen[186].

Richtlinien stehen in ihren allgemeinen Rechtswirkungen zwischen Verordnungen und Staatsverträgen. Damit ist ungeklärt, ob Richtlinien kollisionsrechtlich eher mit Verordnungen oder Staatsverträgen vergleichbar sind. Die Frage ist kollisonsrechtlich bedeutsam, weil etwa durch den Erlaß von Verordnungen die Anwendung des Kollisionsrechts in den vereinheitlichten Bereichen 660

[182] Ein Beispiel hierfür sind Artt. 7–14 EGVVG (BGBl. I 1990, 1249ff.), die auf der Richtlinie zur Koordinierung der Rechts- und Verwaltungsvorschriften für die Direktversicherung beruhen, 88/357 EWG, ABl. 1988 Nr. L 172/1; 190/619 EWG, ABl. 1990 Nr. L 330/50 und der Vorschlag ABl. 1990 Nr. C 244/28; dazu *Reichert-Facilides*, IPRax 1990, 1ff.; *Hofmann*, Rn. 33ff.; *Fricke*, IPRax 1990, 361ff.; *Rabe/Winkler*, VersWirt 1990, 1104ff.; *Basedow/Drasch*, NJW 1991, 785ff. Aufmerksamkeit verdient auch Art. 5 der Richtlinie des Rates zur Koordinierung der Vorschriften betreffend Insider-Geschäfte, ABl. vom 18. 11. 1989, 89/592 EWG, Nr. L 334/30f., dazu *Stumpf*, JahrbJZ 1990, 37; vgl. auch *Jayme/Kohler*, IPRax 1993, 358ff.

[183] Zum harmonisierten IPR der Union vgl. Teil I Rn. 65, 41. Der Anwendungsvorrang ergibt sich nicht nur aus dem Gemeinschaftscharakter des durch Umsetzung geschaffenen Rechts, vgl. *Ipsen*, Gemeinschaftsrecht § 10 Rn. 1; *Grabitz* 98ff., sondern auch aus Art. 20 EVÜ: „Dieses Übereinkommen berührt nicht die Anwendung der Kollisionsnormen ..., die in Rechtsakten der Organe der EU oder in dem in Ausführung dieser Akte harmonisierten innerstaatlichen Recht enthalten sind oder enthalten sein werden". Art. 20 EVÜ wurde durch Art. 3 II in das EGBGB inkorporiert, BegrRegE, BT-Drucks. 10/504, 36. In vertikalen Rechtsverhältnissen könnte sich ein unmittelbarer Richtlinienvorrang aus Art. 3 II 2 EGBGB ergeben, vgl. Rn. 817ff., mißverständlich daher *MünchKomm/Sonnenberger* Art. 3 Rn. 13.

[184] Vgl. Rn. 550.

[185] Neuere Entwicklungen im Gemeinschaftsrecht lassen hoffen, daß in Zukunft mehr Richtlinien mit Kollisionsnormen erlassen werden, vgl. *Jayme/Kohler*, IPRax 1993, 357.

[186] Allgemein zu dem Verhältnis zwischen Rechtsgleichheit und IPR, vgl. *v. Bar*, IPR, Bd. I Rn. 29; *Kropholler*, Einheitsrecht 183ff.; *v. Caemmerer*, FS Hallstein 61ff.; zu dem Einfluß des Kollisionsrechts auf das materielle Recht, vgl. *McConnell*, New Directions in Liability Law 90ff.

vollständig ausgeschlossen wird, wohingegen die Rechtsvereinheitlichung durch Staatsverträge das Kollisionsrecht meist nicht berührt. Wenn daher Richtlinien wie Verordnungen wirkten, könnte auch die gemeinschaftsrechtliche Rechtsangleichung das Kollisionsrecht weitgehend funktionslos werden lassen[187]. Unabhängig davon müssen jedenfalls die kollisionsrechtlichen Regeln, etwa der Renvoi oder die Vorbehaltsklausel, richtlinienkonform angewendet werden.

Dies soll im folgenden anhand der ProdHaft-Richtlinie dargestellt werden.

I. Die Produkthaftung in der Union

661 Die Produkthaftungsrichtlinie ist eine der typischen Angleichungsrichtlinien gemäß Art. 100 EG-Vertrag. Die Richtlinie besteht aus 19 Erwägungsgründen und 22 Artikeln. Die wichtigste Regelung enthält Art. 1. Danach sind die EU-Mitgliedstaaten verpflichtet, eine verschuldensunabhängige Haftung für fehlerhafte Produkte in ihr nationales Recht einzuführen[188].

Eine Angleichung der einzelstaatlichen Produkthaftungsvorschriften war – nach der Auffassung der Union – erforderlich, weil „deren Unterschiedlichkeit den Wettbewerb verfälschen, den freien Warenverkehr innerhalb des Gemeinsamen Marktes beeinträchtigen und zu einem unterschiedlichen Schutz des Verbrauchers vor Schädigungen seiner Gesundheit und seines Eigentums durch ein fehlerhaftes Produkt führen kann"[189]. Die Richtlinie wurde am 30. 7. 1985 den Mitgliedstaaten bekanntgegeben[190] und sollte innerhalb von drei Jahren[191] in innerstaatliches Recht umge-

---

[187] So *Wiethölter*, BerDGesVölkR 7 (1967) 175; *v. Caemmerer*, FS Hallstein 77. Zumindest aber mindert die Rechtsangleichung die Bedeutung des nationalen Kollisionsrechts, vgl. *Koch*, ZHR 152 (1988) 540; *Hohloch*, FS Keller 436; *Maxl*, JBl. 1992, 157; anders *Schlechtriem*, VersR 1986, 1033.

[188] Die EG-Produkthaftungsrichtlinie ist das wohl bislang bedeutendste Ergebnis des europäischen Verbraucherschutzes, vgl. *v. Hippel*, BB 1978, 721; *Lorenz*, RIW 1975, 246 ff.; *van Miert*, EuZW 1990, 401 ff. Nach längeren Vorarbeiten, vgl. *Taschner*, ProdHaftG Einf. Rn. 171 ff.; auch *Borer*, Europaverträglichkeit 504 ff.; *Bartl*, Einl. Rn. 2 ff., und unter dem Eindruck der „Contergan"-Fälle in Deutschland und Großbritannien veröffentlichte die EG-Kommission im Jahre 1976 einen ersten Richtlinienentwurf zur Produkthaftung, ABl. Nr. C 241 vom 14. 10. 1976, 9. Unter Berücksichtigung der Stellungnahme des Europäischen Parlaments, ABl. Nr. C 127 vom 21.5. 1979, 61, und des Wirtschafts – und Sozialausschusses, ABl. Nr. C 114 vom 7.5. 1979, 15, überarbeitete die Kommission ihren Entwurf und legte ihn im Jahre 1979 dem Ministerrat zur Abstimmung vor, ABl. Nr. C 271 vom 26.10. 1979, 3.

[189] Erwägungsgründe der Richtlinie, ABl. 1985, Nr. L 210/29; vgl. dazu *Landscheidt* Rn. 7; *Borer*, Europaverträglichkeit 504 Fn 19; *Lorenz*, RIW 1975, 246 ff.; kritisch *Feldmann* 97. In der Präambel wird daneben noch auf den EG-Vertrag in seiner Gesamtheit verwiesen, insbesondere also auch Art. 3 h EG-Vertrag.

[190] Die Richtlinie wurde in allen Gemeinschaftssprachen im ABl. vom 25. 7. 1985 Nr. L 210/29–30 veröffentlicht. Alle Fassungen sind gleich verbindlich und müssen bei der Auslegung der Richtlinie vergleichend herangezogen werden, *Magnus*, JZ 1990, 1103; *Taschner*, NJW 1988, 1433. Zu den Beratungen des Rates, vgl. *Bartl*, Einl. Rn. 3; *Lorenz*, ZHR 151 (1987) 2 ff.

[191] Art. 19 der Richtlinie.

setzt werden. Nur wenige Mitgliedstaaten sind ihrer Verpflichtung rechtzeitig nachgekommen; in Frankreich[192] und Spanien fehlt bislang eine Umsetzung der Richtlinie noch völlig[193].

662 Die Produkthaftungsrichtlinie harmonisiert nur das Sachrecht der Mitgliedstaaten. Eine Angleichung des internationalen Produkthaftungsrechts erfolgte nicht und war auch vom Gemeinschaftsgesetzgeber nicht beabsichtigt. Gemeinschafts- und kollisionsrechtlich ist dies bedenklich. Gemeinschaftsrechtliche Bedenken bestehen, weil bei Produkthaftungsfällen Auslandsberührungen häufig sein dürften[194] und unterschiedliches Kollisionsrecht – ebenso wie unterschiedliches Sachrecht – den freien Warenverkehr innerhalb der Union beeinträchtigen kann. Produkthaftungsfälle mit Auslandsberührung bilden somit eine Gefahr für die europäische Integration[195]. Allgemein wird das Fehlen von kollisionsrechtlichen Vorgaben in der Richtlinie kritisiert[196], weil man infolge der steigenden Internationalisierung der Wirtschaft und der wachsenden Mobilität des Einzelnen mit einer deutlichen Zunahme von internationalen Produkthaftungsfällen rechnet, wodurch in Zukunft die Frage, welches Recht auf einen internationalen Produkthaftungsfall angewendet werden soll, an Bedeutung gewinnen werde[197]. Dieser Herausforderung sei das nationale IPR der Produkthaftung in der gegenwärtigen Fassung jedoch nicht gewachsen[198].

663 Dieser Kritik ist zuzustimmen. Das internationale deutsche[199] Produkthaftungsrecht ist unübersichtlich und macht eine Anknüpfung schwierig[200]. Während die grenzüberschreitende Produkthaftung in der Rechtsprechung bislang nur geringe Beachtung gefunden hat[201], herrscht im Schrifttum in nahezu jeder Detailfrage erbitterter Streit[202]. Gesetzgeberische Maßnahmen sind zur Zeit

---

192 Zum Stand der Umsetzung dort, vgl. *Tunc* 11ff.; PHI 1993, 112.

193 Gegen diese Staaten ist ein Vertragsverletzungsverfahren nach Art. 169 EG-Vertrag eingeleitet worden, vgl. *Taschner*, WBL 1991, 2.

194 So kann etwa ein Ausländer im Inland durch ein Produkt geschädigt werden, ein im Ausland hergestelltes Produkt oder Produktteil einen Schaden im Inland verursachen oder ein im Inland hergestelltes Produkt einen Schaden im Ausland herbeiführen, vgl. *Schmidt-Salzer/Hollmann*, Bd. 2, 2–32 Rn. 2.

195 Vgl. Einleitung Rn. 539.

196 *Mayer*, DAR 1991, 85; *Pfister* 7.

197 Vgl. *Maxl*, JBl. 1992, 156.

198 *Schwind*, IPR Rn. 478f.; *Taschner*, ProdHaftG Einl. Rn. 147.

199 Zu dem internationalen Produkthaftungsrecht in den Mitgliedstaaten, vgl. *Duintjer Tebbens* 164ff.; für Italien, *Kindler*, Jahrbuch für Italienisches Recht 4 (1991) 87ff.; zu den Unterschieden in der Union, vgl. *Prager* 171ff.

200 *Kropholler*, IPR § 53 VI 3; *Schwind* Rn. 478.

201 BGH 17.3. 1981, IPRax 1982, 14 = NJW 1981, 1606 = IPRspr. 1981 Nr. 25; OLG Düsseldorf 28.4. 1978, NJW 1980, 533 m. Anm. *Kropholler* = IPRspr. 1978 Nr. 24; OLG Celle 26.10. 1978, BB 1979, 392 = IPRspr. 1978 Nr. 28; BGH 9.12. 1986, NJW 1987, 1007 = IPRspr. 1986 Nr. 36.

202 Die h. M. wendet vorrangig das von den Parteien gewählte Recht an, *Kropholler*, IPR § 53 V i. V. m. VI; *MünchKomm/Kreuzer*, Art. 38 EGBGB Rn. 203; *Flessner*, RabelsZ 34 (1970) 568f.; *Prager* 299; *Duintjer Tebbens* 299. Wenn keine Rechtswahl vorliegt, soll das anwendbare Recht akzessorisch ermittelt werden, vgl. *MünchKomm/Kreuzer*, Art. 38 EGBGB Rn. 201;

wenig wahrscheinlich[203]. Auch ein kollionsrechtlicher Staatsvertrag im Bereich der Produkthaftung liegt noch in weiter Ferne[204]. Deshalb würde es allgemein begrüßt werden, wenn die kollisionsrechtliche Problematik durch eine Angleichung des materiellen Produkthaftungsrechts eliminiert wird[205].

II. Rechtsangleichung als Alternative zum IPR

664 Bekanntlich ist dort, wo alle beteiligten Rechtsordnungen zu dem materiell gleichen Ergebnis führen (Kongruenz), ein „Offenlassen der Rechtswahl" möglich[206]. Die anwendbare Rechtsordnung nicht konkret zu bestimmen, ist eine alternative Methode, um Fälle mit Auslandsberührung zu entscheiden. Allerdings scheitert ein „Offenlassen der Rechtswahl" in der Praxis häufig daran, daß alle beteiligten Rechtsordnungen rechtsvergleichend untersucht werden müssen. Angesichts unterschiedlicher Sprachen und Rechtssystematik ist die rechtsvergleichende Untersuchung meist schwieriger, als kollisionsrechtlich anzuknüpfen. Eine rechtsvergleichende Untersuchung wäre freilich nicht notwendig, wenn der Richter aufgrund der Rechtsangleichung davon ausgehen könnte, daß die beteiligten Rechtsordnungen den Sachverhalt gleich beurteilen werden.

1. Revisibilität des Umsetzungsrechts

665 Bevor untersucht wird, ob und inwieweit im Regelungsbereich von Richtlinien eine kollisionsrechtlich relevante Rechtseinheit besteht, gilt es zu klären, ob

Palandt/Heldrich, Art. 38 EGBGB Rn. 17; *Drobnig*, Vorschläge 317; *Kreuzer*, IPRax 1982, 2; *Lorenz*, RabelsZ 37 (1973) 330; *Taschner*, ProdHaftG Einf. Rn. 156; *Prager* 308. Die kollisionsrechtliche Anknüpfung der Fälle, bei denen keine Rechtswahl vorliegt und eine akzessorische Anknüpfung nicht möglich ist, wird im Schrifttum kontrovers diskutiert. Die Vielfalt der angebotenen Lösungen ist kaum überschaubar: Für die Tatortregel: *MünchKomm/Kreuzer*, Art. 38 EGBGB Rn. 203; *Drobnig*, Vorschläge 335; *Ferid* 6–201; *v. Hoffmann*, JuS 1986, 387; *Taschner*, ProdHaftG Einf. Rn. 151f.; *Sack*, DAR 1988, 109; *Schmidt-Salzer/Hollmann*, Bd. 2 2–36 Rn. 10f.; wohl auch *Kegel*, IPR 475; *Landscheid* Rn. 7; für das Recht des Absatzortes: *Lüderitz*, IPR Rn. 303; eingeschränkt *Soergel/Lüderitz*, Art. 12 Rn. 21; für das Recht des Erfolgsortes: *Siehr*, RIW 1972, 385f.; *Roth*, RabelsZ 55 (1991) 646; für eine Differenzierung zwischen Produktbenutzern und geschädigten Dritten (sog. bystanders): *Kropholler*, IPR § 53 VI 3; *Stoll*, FS Kegel 132; *Palandt/Heldrich*, 38 EGBGB Rn. 17; *Birk* 108f.

[203] Einige Mitgliedstaaten (Frankreich, Spanien, Luxemburg und die Niederlande) haben die Haager „Konvention über das auf die Produkthaftpflicht anwendbare Recht" vom 2. 10. 1973, in Kraft getreten am 1.10. 1977, Text in RabelsZ 37 (1973) 594ff., ratifiziert; jedoch ist angesichts der Kritik, die an dem Übereinkommen geäußert wurde, wenig wahrscheinlich, daß Deutschland dem Übereinkommen beitreten wird, vgl. *Kegel*, IPR 475; *Hohloch*, FS Keller 434 „umständlich"; *Stoll*, FS Kegel „Zufallsergebnisse"; *Kropholler*, IPR § 53 VI 3.

[204] Ein solcher Staatsvertrag ist innerhalb der Union zumindest beabsichtigt, vgl. *Kindler*, Jahrbuch für Italienisches Recht 4 (1991) 98.

[205] Vgl. *Drobnig*, Vorschläge 300f.; *Kropholler*, IPR § 53 VI.

[206] Vgl. Rn. 563ff.

es verfahrensrechtliche Bedenken gegen ein „Offenlassen der Rechtswahl" im Regelungsbereich von Richtlinien gibt.

Gegen ein „Offenlassen der Rechtswahl" wird traditionell eingewendet, daß es eine rechtsstaatlich zweifelhafte Verkürzung des Rechtsweges bedeute, weil ausländisches Recht nicht revisibel sei[207]. Dieser Einwand steht jedoch bei umgesetzten Richtlinienrecht einem „Offenlassen der Rechtswahl" nicht entgegen. Erstens bestehen nach der Rechtsprechung des BGH bei wirklicher Rechtsgleichheit sowieso keine verfahrensrechtlichen Bedenken gegen ein „Offenlassen der Rechtswahl", weil dort der Revisionsführer durch die Entscheidung des Gerichts nicht beschwert ist[208]. Zweitens handelt es sich bei dem nationalen Umsetzungsrecht von Richtlinien – wie bei Verordnungen – um revisibles Recht[209].

Letzteres ergibt sich zum einen aus der oben vertretenen Auffassung, daß die nationalen Transformationsnormen nur formal nationales Recht sind[210], es sich jedoch materiell um Gemeinschaftsrecht handelt, welches bekanntlich in der Revisionsinstanz überprüft werden kann[211]. Dementsprechend kann die Revisionsinstanz auch die Anwendung von ausländischen Umsetzungsnormen durch die Tatsacheninstanzen zumindest hinsichtlich ihres materiellen Inhalts überprüfen[212]. Nur eine Überprüfung, ob die Normen formal wirksam erlassen sind, wäre nicht möglich[213]. 666

Selbst wenn man der hier vertretenen Auffassung, daß Umsetzungsnormen nur formal nationales Recht sind, nicht folgt, ergibt sich aus der Pflicht, die Umsetzungsnormen richtlinienkonform auszulegen, daß die nationalen Umsetzungsnormen revisibles Recht sind. Bekanntlich verpflichtet das Gemeinschaftsrecht die nationalen Gerichte, Umsetzungsrecht richtlinienkonform auszulegen. Diese Verpflichtung gilt nicht nur für das Recht der lex fori, sondern 667

---

207 Vgl. BGH 28.1. 1987, FamRZ 1987, 463 = IPRspr. 1987 Nr. 48; BGH 3.5. 1988, NJW 1988, 3097 = IPRspr. 1988 Nr. 2; BGH 24.1. 1980, WM 1980, 372 = IPRspr 1980 Nr. 14; BGH 5.11. 1980, BGHZ 78, 318 = IPRspr. 1980 Nr. 41; BGH 12.3. 1981, NJW 1981, 1900 = IPRspr. 1981 Nr. 128; OLG Hamburg 12.2. 1981, RIW 1982, 669 = IPRspr. 1981 Nr. 156; OLG Zweibrücken 9.3. 1982, IPRax 1983, 43 = IPRspr. 1982 Nr. 2; anders OLG Frankfurt 16.9. 1982, RIW 1983, 785 = IPRspr. 1982 Nr. 17.

208 Vgl. Rn. 556; zur Revisibilität ausländischen Rechts vgl. BGH 29.2. 1968, BGHZ 49, 387 = IPRspr. 1968/69 Nr. 199; *Gottwald*, IPRax 1988, 210ff.; *Geimer*, IZPR Rn. 2601ff.; *Stein/Jonas/Grunsky*, § 549 Rn. 64ff.; *Zöller/Schneider*, § 549 Rn. 9ff.

209 *Hilf*, EuR 1993, 15; *Gruber*, ZRP 1992, 6ff.; a. A. *Sommerlad/Schrey*, NJW 1991, 1378.

210 Vgl. Rn. 619f.

211 Vgl. Rn. 568.

212 Die Rechtslage ist vergleichbar den Fällen, in denen staatsvertragliches Einheitsrecht als unmittelbar geltendes materielles Recht zur Anwendung kommt, etwa infolge eines selbständigen Anwendungsbefehls des Einheitsrechts. Derartiges Einheitsrecht ist kein ausländisches Recht. Zumindest in jenen Fällen, wo dieses Einheitsrecht auch am Gerichtsort gilt, ist es gleich der lex fori zu behandeln. Ihre Anwendung ist somit auch der Überprüfung der Revisionsinstanzen unterworfen, vgl. *Kropholler*, Einheitsrecht 132ff.

213 Ebensowenig ist ausländisches Recht, das staatsvertraglichem Einheitsrecht entspricht, revisibel, vgl. BGH 29.10. 1962, NJW 1963, 252 = IPRspr. 1962 Nr. 44; *Zöller/Schneider*, § 549 Rn. 10; *Geimer*, IZPR Rn. 2601; *Baumbach/Lauterbach/Albers*, § 549 Rn. 6.

auch für das Umsetzungsrecht der übrigen Mitgliedstaaten. Ein deutscher Richter muß daher sowohl die deutschen Umsetzungsnormen als auch die Umsetzungsnormen der übrigen Mitgliedstaaten anhand der Richtlinie auslegen. Widerspricht die ausländische Umsetzungsnorm den Richtlinienvorgaben, so kann bzw. muß der deutsche Richter ein Vorabentscheidungsverfahren gemäß Art. 177 I EG-Vertrag einleiten. Die Pflicht zur richtlinienkonformen Auslegung obliegt im besonderen Maße den Revisionsinstanzen, denn sie sind zu einer Vorlage an den Gerichtshof verpflichtet (Art. 177 III EG-Vertrag). Um ihre Aufgabe erfüllen zu können, muß die Revisionsinstanz die Anwendung des ausländischen Transformationsrechts durch die Tatsacheninstanzen überprüfen. Die Revisionsinstanz muß demnach überprüfen, ob die Transformationsnormen den Richtlinienvorgaben entsprechen und ob die Tatsacheninstanz das ausländische Recht richtlinienkonform angewendet hat. Zumindest bei detaillierten Richtlinien, also soweit verbindliche Richtlinienvorgaben bestehen, führt die gemeinschaftsrechtliche Prüfungspflicht der Revisionsinstanzen im Ergebnis dazu, daß ausländisches Umsetzungsrecht revisibel ist[214].

Es sprechen daher keine verfahrensrechtlichen Gründe gegen ein „Offenlassen der Rechtswahl", soweit ein Rechtsgebiet durch verbindliche Richtlinienvorgaben harmonisiert wurde.

2. *Rechtsangleichung der Produkthaftung und IPR*

668 Wenngleich ein „Offenlassen der Rechtswahl" in angeglichenen Rechtsgebieten verfahrensrechtlich grundsätzlich zulässig ist, bildet die Rechtsangleichung durch Richtlinien keine vollständige Alternative zum Kollisionsrecht. Der Grund hierfür liegt darin, daß die gemeinschaftsrechtliche Rechtsangleichung in ihrer Wirkung inhaltlich beschränkt ist. Kein Rechtsgebiet wurde bislang vollständig harmonisiert. Selbst im Verbraucherschutzrecht, wo die Union meist sehr detaillierte Richtlinien erlassen hat, wurde bislang nur ein gewisser Kern angeglichen, während viele unmittelbar angrenzende Bereiche dem Belieben der nationalen Gesetzgeber überlassen blieben. Weil Richtlinien keine vollständige Rechtseinheit in der Union erzeugen, kann der Richter nicht generell davon ausgehen, daß die mitgliedstaatlichen Rechtsordnungen Sachverhalte im Regelungsbereich von Richtlinien einheitlich beurteilen werden[215]. Vielmehr muß auch in einem Rechtsstreit, der nur die Rechte zweier Mitgliedstaaten berührt, genau untersucht werden, ob der Rechtsstreit *nur* Fragen aufwirft, die in der Richtlinie selbst beantwortet sind. Ob ein „Offenlassen der Rechtswahl" möglich ist, hängt somit vom Einzelfall und den jeweils geltend gemachten Ansprüchen ab. Nur wenn es sich um Fragen handelt, die den einzelnen Mitgliedstaaten

---

214 Im Ergebnis auch *Sack*, GRUR Int. 1988, 342, der ausführt, daß Gerechtigkeitserwägungen einem „Offenlassen der Rechtswahl" nicht entgegenstehen.

215 Skeptisch auch *Kötz*, RabelsZ 50 (1986) 6; *Sack*, VersR 1988, 441; *Cowell*, PHI 1986, 30; *Pauli*, PHI 1987, 144; *Kohler*, IPRax 1992, 278.

keinen eigenen Regelungsraum belassen, ist ein „Offenlassen der Rechtswahl" ohne rechtsvergleichende Untersuchung möglich. Handelt es sich hingegen um einen Bereich, wo die Richtlinie Rechtsunterschiede zuläßt, muß auf das nationale Recht zurückgegriffen werden. Das anwendbare Recht muß dann durch das IPR ermittelt werden. Dies sei im folgenden – soweit möglich – anhand der Produkthaftungsrichtlinie konkretisiert.

Auch durch die Umsetzung der Produkthaftungsrichtlinie wird keine vollständige 669
Harmonisierung der Produkthaftung in den EU-Mitgliedstaaten erreicht. Dies war den Gemeinschaftsgesetzgebern bei Erlaß der Richtlinie bewußt[216]. Die Richtlinie wird vielmehr als erster Schritt oder als Durchgangsstadium[217] auf dem Weg zur Rechtseinheit verstanden[218]. Deshalb wird in Art. 21 der Richtlinie die EG-Kommission verpflichtet, dem Rat alle 5 Jahre über die Entwicklung der Produkthaftung Bericht zu erstatten und Änderungsvorschläge zu unterbreiten[219].

a) „Offenlassen der Rechtswahl" und Regelungslücken

Das IPR der Produkthaftung kommt unverändert dort zur Anwendung, wo 670
eine Rechtsangleichung nicht stattgefunden hat, etwa weil bestimmte Materien ausdrücklich oder konkludent dem nationalen Recht überlassen wurden. Bei Regelungslücken kann die Frage nach der anwendbaren Rechtsordnung nicht offengelassen werden. Die Lückenfüllung und Ergänzung von angeglichenem oder vereinheitlichtem Recht ist vielmehr Aufgabe der nationalen Rechtsordnungen, die über das IPR zu ermitteln sind[220].

(1) Lückenhaft ist die Produkthaftungsrichtlinie insbesondere im Bereich des 671
Haftungsumfangs. So wurde der Ersatz immaterieller Schäden aus dem Anwendungsbereich der Richtlinie ausdrücklich ausgenommen (Art. 9 II ProdHaft-Richtlinie). In den Erwägungsgründen wird für die „Gewährung von Schmerzensgeld und die Wiedergutmachung anderer seelischer Schäden" auf die nationalen Rechtsordnungen verwiesen[221].

(2) Nicht einheitlich gelöst sind auch die Rechtswirkungen eines Mitver- 672

---

216 Erwägungsgrund Nr. 18 der Richtlinie, ABl. vom 7.8. 1985 Nr.L 210/30.

217 *Magnus*, JZ 1990, 1108.

218 *Taschner*, ProdHaftG Richtl. Einl. Rn. 169.

219 Es ist daher zu erwarten, daß am Ende dieses Jahrhunderts die Rechtseinheit auf dem Gebiet der Produkthaftung weiter fortgeschritten sein wird, vgl. *Howells*, Northern Ireland LQ 1990, 27; *Lorenz*, ZHR 151 (1987) 36.

220 *Zweigert/Drobnig*, RabelsZ 29 (1965) 150; *Kropholler*, RabelsZ 38 (1974) 373; *ders.*, Einheitsrecht 186; *v. Bar*, IPR, Bd.I Rn. 97; *Hohloch*, FS Keller 443.

221 ABl. vom 7.8. 1985, Nr.L 210/29; allerdings ist es wahrscheinlich, daß bei späteren Änderungen der Richtlinie auch der immaterielle Schadenersatz vereinheitlicht werden wird. Schon der Richtlinienentwurf von 1979 hatte in Art. 6 lit. c auf Druck des Europäischen Parlaments auch den immateriellen Schadenersatz regeln wollen. Zwar konnte die Bundesregierung gegen den Willen der übrigen Mitgliedstaaten eine Regelung bislang verhindern. Diese Haltung wird in Zukunft aber schwer zu verteidigen sein, vgl. *Anderle* 63ff.

schuldens des Geschädigten[222]. In Art. 8 II ProdHaft-Richtlinie werden zwar einzelne Voraussetzungen und Wirkungen des Mitverschuldens geregelt, Einzelheiten und konkrete Folgen – Ausschluß der Haftung oder bloße Minderung – aber den nationalen Rechtsordnungen überlassen[223]. Das deutsche ProdHaftG verweist in Art. 6 I dafür auf § 254 BGB[224]. Für Fragen des Mitverschuldens muß daher weiterhin die maßgebliche Rechtsordnung ermittelt werden[225].

673 (3) Rechtsunterschiede bestehen auch für die Behandlung von älteren Produkten. Häufig verursachen Produkte einen Schaden lange Zeit nachdem sie in den Verkehr gebracht wurden[226]. Dies wirft die Frage nach der intertemporalen Anwendung der ProdHaft-Richtlinie auf, d. h. wie Produkte, die vor Erlaß der Richtlinie oder der nationalen Umsetzungsgesetze in den Verkehr gebracht wurden, haftungsrechtlich zu behandeln sind. Der Gemeinschaftsgesetzgeber hat sich gegen eine Rückwirkung des Richtlinienrechts entschieden[227]. Gemäß Art. 17 der ProdHaft-Richtlinie gilt das Richtlinienrecht nur für Produkte, die nach dem Inkrafttreten des Umsetzungsrechtes in den Verkehr gebracht worden sind. Für die übrigen Produkte gilt weiter das unvereinheitlichte nationale Recht, welches mittels des IPR ermittelt werden muß.

674 (4) Die wichtigste Regelungslücke betrifft den Begriff des „Schadens". In der Richtlinie wird der Begriff „Schaden" nicht abschließend definiert[228].

Obwohl eine Definition fehlt, wird im Schrifttum vertreten, daß auch das Tatbestandsmerkmal „Schaden" autonom anhand der Richtlinie zu ermitteln sei[229]. Begründet wird dies mit dem Harmonisierungszweck der Richtlinie. Ohne eine gemeinschaftlich-einheitliche Auslegung des Begriffs „Schaden" würde die Rechtsangleichung durch die unterschiedlichen nationalen Interpretationsmöglichkeiten behindert[230]. Außerdem verweise die Richtlinie nur für den immateriellen Schaden ausdrücklich auf die nationalen Rechtsordnungen, hingegen nicht für den Schaden allgemein. Zusätzlich wird angeführt, daß unterschiedliche Definitionen des Begriffs „Schaden" zu gemeinschaftswidrigen Wettbewerbsbeschränkungen führen würden. Solange in den EU-Mitgliedstaa-

---

222 Die Regulierungserfahrung der Haftpflichtversicherungen zeigt, daß die Mitverschuldensproblematik in vielen Produkthaftungsfällen eine Rolle spielt, *Schmidt-Salzer/Hollmann*, Bd. 1 Art. 8 Rn. 7.

223 *Schmidt-Salzer/Hollmann*, Bd. 1 Art. 8 Rn. 6.

224 Bei dessen Anwendung sind jedoch die Richtlinienvorgaben zu beachten, was zu einer autonomen Auslegung des § 254 BGB führt, vgl. *Koch*, ZHR 152 (1988) 556; *Taschner*, ProdHaftG Richtl. Art. 8 Rn. 7 ff.

225 Hingegen kann für die Fälle des Mitverschuldens, die abschließend in der Richtlinie geregelt sind, etwa die schuldlose Mitverursachung, die Kollisionsfrage offenbleiben, vgl. *Taschner*, ProdHaftG Richtl. Art. 8 Rn. 9.

226 Vgl. nur die Contergan-Fälle in Deutschland oder die DES- und Asbestfälle in den USA, dazu *Prosser/Keeton* § 103.

227 Dies wird zu Recht kritisiert, vgl. *Hohloch*, FS Keller 437; zur Rückwirkung von Gemeinschaftsrecht, vgl. *Oppermann* Rn. 575 f.

228 *Anderle* 44; *Koch*, ZHR 152 (1988) 544; *Taschner*, ProdHaftG Richtl. Art. 9 Rn. 1.

229 *Sack*, VersR 1988, 439; *Magnus*, JZ 1990, 1103.

230 Vgl. *Anderle* 43, *Schmidt-Salzer/Hollmann*, Bd. 2 Produkthaftungsgesetze Ausland.

ten für gleiche Schäden in unterschiedlicher Höhe gehaftet wird, werde es auch innerhalb der EU weiterhin ein „forum shopping" geben[231].

Die herrschende Meinung lehnt eine autonome Begriffsbestimmung des Schadens ab[232]. Wäre eine Vereinheitlichung des Begriffs „Schaden" beabsichtigt gewesen, hätte der Schaden mit seinen Rand- und Folgeproblemen in der Richtlinie abschließend definiert werden müssen. Eine solche Definition sei nicht erfolgt. Art. 9 ProdHaft-Richtlinie normiere nur eine Mindest- bzw. Höchstgrenze des Schadenersatzes durch einen einheitlichen Rahmen[233]. Die übrige Begriffsbestimmung sei den nationalen Rechtsordnungen – insbesondere der Rechtsprechung – überlassen worden[234]. 675

Der herrschenden Auffassung ist insoweit zuzustimmen, daß der Begriff „Schaden" in der Richtlinie nicht definiert wurde. Insoweit besteht eine Regelungslücke. Der Richtlinienzweck allein kann nicht zu einem autonomen Begriff „Schaden" führen. Dem wünschenswerten Ergebnis steht der Wille des Richtliniengebers gegenüber. Auch wäre eine gemeinschaftsweit einheitliche Auslegung nur beschränkt möglich. Die Vorgaben der Richtlinie zur Bestimmung des Schaden sind nicht ausreichend, um eine einheitliche Auslegung in den Mitgliedstaaten zu gewährleisten. 676

Andererseits ist der Richtlinienzweck aber bei der Auslegung der Richtlinienbestimmungen zu beachten. Die Richtlinie selbst bestimmt, wieweit die Verweisung auf das nationale Recht reicht und welcher Schaden noch erfaßt wird[235]. So wird etwa in Art. 9 lit. b ProdHaft-Richtlinie die Haftung auf Sachschäden am privaten Eigentum begrenzt; der Ersatz von gewerblichen Sachschäden ist nicht geregelt. Die Abgrenzung von privaten zu gewerblichen Sachschäden muß autonom anhand der Richtlinie getroffen werden[236]. Dabei ist eine angleichungsfreundliche Grenzziehung nicht nur zulässig, sondern mit Blick auf den Richtlinienzweck sogar geboten[237]. Dies führt dazu, daß bei der Frage, für welche Schäden gehaftet wird, in der Union keine großen Unterschiede zu erwarten sind. Die Unterschiede werden sich auf die Höhe des Schadenersatzes beschränken[238].

Daraus folgt, daß das IPR weiterhin in den Fällen von Bedeutung ist, wo um 677

---

231 Vgl. dazu die Untersuchung von *McIntosh/Holmes*, wonach die Summen für den Schadenersatz in den Mitgliedstaaten für gleiche Schäden zwischen $250.000 und $2 Millionen schwanken.

232 *Anderle* 44; *Brüggemeier/Reich*, WM 1986, 151; *Koch*, ZHR 152 (1988) 544; *Schlechtriem*, VersR 1986, 1041; *Schmidt-Salzer*, BB 1986, 1103.

233 *Anderle* 59; *Taschner*, ProdHaftG Richtl. Art. 9 Rn. 1; *Hohloch* FS Keller 438f.

234 Allerdings sind die nationalen Obergerichte zu einer einheitlichen Auslegung verpflichtet, *Hohloch*, FS Keller 438.

235 Dazu allgemein EuGH 15.7. 1982, Rs. 270/81 (*Felicitas/Finanzamt für Verkehrsteuern*), Slg. 1982, 2771 ff.

236 *Schmidt-Salzer*, BB 1986, 1103.

237 So im Ergebnis auch *Anderle* 59; *Magnus*, JZ 1990, 1103; anders *Hohloch*, FS Keller 439.

238 Angesichts der noch bestehenden wirtschaftlichen und sozialen Unterschiede in der Union wäre eine einheitliche Schadenshöhe auch nicht erstrebenswert.

die Höhe des Schadenersatzes gestritten wird. Auch Fragen des Regresses[239] und des Ersatzes gewerblicher Sachschäden sind weiter gemäß den nationalen Rechten zu beurteilen. Insoweit kommt ein „Offenlassen der Rechtswahl" nicht in Betracht. Neben den gewerblichen Sachschäden sind auch die Schäden an dem fehlerhaften Produkt selbst von der Richtlinie nicht erfaßt und auch in Zukunft gemäß dem nicht harmonisierten nationalen Recht zu beurteilen. Hingegen muß die Abgrenzung zwischen gewerblichen und privaten Sachschäden anhand der Richtlinie erfolgen, wofür ein „Offenlassen der Rechtswahl" möglich ist.

b) „Offenlassen der Rechtswahl" und Optionen

678 Die Produkthaftungsrichtlinie enthält drei Optionen:

(a) Auch für Schäden unverarbeiteter landwirtschaftlicher Naturprodukte und Jagderzeugnisse kann eine Haftung vorgesehen werden (Art. 15 I a).

(b) Nach Art. 15 I b kann die Haftung auch auf Entwicklungsfehler ausgedehnt werden.

(c) Jeder Mitgliedstaat kann für Personenschäden nach Art. 16 I einen Haftungshöchstbetrag von nicht weniger als 70 Millionen ECU festlegen.

679 Die herrschende Lehre will das IPR auch im Regelungsbereich dieser drei Optionen der Richtlinie anwenden[240]. Es wird angeführt, daß Optionen den Mitgliedstaaten ausdrücklich die Wahl eröffnen, bestimmte Fragen nach ihren individuellen rechtspolitischen Vorstellungen zu regeln. Dort, wo eine Wahlmöglichkeit der Mitgliedstaaten existiere, bestehe keine Rechtseinheit. Übten nämlich zwei Mitgliedstaaten Optionen unterschiedlich aus, so müsse sich das angerufene Gericht entscheiden, welche Umsetzung maßgeblich sei[241].

680 Grundsätzlich ist dieser Auffassung zuzustimmen. Optionen und Rechtseinheit schließen sich weitgehend aus. Bei Optionen wird die Rechtseinheit zur Disposition der Vertragsstaaten gestellt, weil die Mitgliedstaaten die Optionen unterschiedlich ausüben können. Andererseits kann aus dem bloßen Bestehen von Optionsmöglichkeiten aber nicht geschlossen werden, daß die Rechtsharmonisierung fehlgeschlagen ist[242]. Für den Grad der erreichten Rechtsangleichung ist vielmehr die Art der Option entscheidend, und die Frage, inwieweit die einzelnen Länder bei der Transformation von den Optionsmöglichkeiten Gebrauch gemacht haben[243].

---

239 Vgl. *Hohloch*, FS Keller 438f.; *Majo* Jahrbuch für Italienisches Recht 4 (1991) 21.

240 Bei den Optionen wird das eigentliche „Harmonisierungsdefizit" der Richtlinie gesehen, vgl. *Lorenz*, ZHR 151 (1987) 36; *Majo*, Jahrbuch für Italienisches Recht 4 (1991) 21; *Koch*, ZHR 152 (1988) 538; *Maxl*, JBl. 1992, 156; einschränkend auch *Hohloch*, FS Keller 438.

241 Vgl. zu dem Parallelproblem bei Vorbehalten in Staatsverträgen, *Kropholler*, Einheitsrecht 95; durch Vorbehalte oder Optionen soll die Elastizität von multinationalen Übereinkommen erhöht werden, wodurch deren Akzeptanz gesteigert wird.

242 Anders *Heck* 37f.

243 Eine Untersuchung sämtlicher nationaler Umsetzungsakte auf ihre Richtlinienkonformität ist im Rahmen dieser Arbeit unmöglich; eine solche Untersuchung wird von der EG-

aa) Umsetzung der Optionen in den Mitgliedstaaten

681 Die Produkthaftungsrichtlinie wurde in Deutschland durch das Gesetz über die Haftung für fehlerhafte Produkte vom 15. 12. 1989 umgesetzt[244]. In das ProdHaftG sind die Bestimmungen der EG-Richtlinie weitgehend wörtlich übernommen worden[245]. Die Optionen wurde wie folgt ausgeübt: In § 10 ProdHaftG wurde ein Haftungshöchstbetrag in Höhe von DM 160 Millionen bei einzelnen Schäden und bei Personenserienschäden festgelegt. Für Schäden durch unverarbeitete landwirtschaftliche Erzeugnisse wurde nach § 2 S. 2 ProdHaftG eine Haftung nicht vorgesehen und der Einwand des Entwicklungsrisikos ist zulässig (§ 1 II Nr. 5 ProdHaftG).

682 Die portugiesische Regierung hat sich in ihrem Dekretgesetz[246] bezüglich der Optionen wie Deutschland entschieden. Der Haftungshöchstbetrag wurde in Art. 9 auf umgerechnet ca. DM 115 Millionen festgelegt.

Griechenland hat die Richtlinie durch eine Ministerialverordnung umgesetzt[247], deren Wirksamkeit teilweise bezweifelt wird[248]. Dies führte zu einer zusätzlichen gesetzlichen Umsetzung[249]. Inhaltlich sind die griechischen Umsetzungsnormen mit der Richtlinie nahezu identisch. Die Optionen wurden dem deutschen ProdHaftG entsprechend ausgeübt, wobei die Haftungshöchstsumme bei umgerechnet ca. DM 80 Millionen liegt[250].

683 Als erster Mitgliedstaat transformierte Großbritannien die Richtlinie in sein innerstaatliches Recht durch den Erlaß des „Consumer Protection Act" von 1987, der am 1. 3. 1988 in Kraft trat[251]. Auch bei der Ausübung der Optionen übte Großbritanien eine Vorreiterrolle aus. Eine Haftungshöchstgrenze wurde nicht eingeführt. Für Schäden durch unverarbeitete landwirtschaftliche Produk-

---

Kommission erarbeitet, vgl. PHI 1988, 46f. und PHI 1989, 14; ob die Mitgliedstaaten ihrer Umsetzungsverpflichtung entsprochen haben, wird in letzter Konsequenz vom EuGH entschieden werden.

244 Nachdem sich die Umsetzung der Richtlinie in der Bundesrepublik mehrfach verzögert hatte, vgl. *Taschner*, ProdHaftG Einf. Rn. 6ff., und wegen der Vorgänge in der DDR sogar zu scheitern drohte, wurde am 15.12. 1989 das Produkthaftungsgesetz (ProdHaftG) verabschiedet, welches am 1. 1. 1990 in Kraft getreten ist, BGBl. I 1989, 2198.

245 Z. B. § 1 ProdHaftG = Art. 1 und 9a ProdHaft-Richtlinie, § 1 II ProdHaftG = Art. 7 lit. a-e ProdHaft-Richtlinie, § 1 IV ProdHaftG = Art. 4 und 7 ProdHaft-Richtlinie; es wäre sinnvoller gewesen, den Aufbau der Richtlinie beizubehalten; dennoch sind die Abweichungen in Aufbau und Sprache richtlinienkonform, weil die Wahl der Mittel den Mitgliedstaaten überlassen bleibt, vgl. Rn. 615ff.; speziell zur ProdHaft-Richtlinie, vgl. *Bartl* § 1 Rn. 6; *Schmidt-Salzer*, BB 1987, 1405; *Schmidt-Ränsch*, ZRP 1987, 441.

246 Decreto Lei Nr. 383/89 vom 6. 11. 1989, Diário da República vom 6. 11. 1989, 4880ff. Deutsche Übersetzung PHI 1990, 10f.

247 Ministerialverordnung Nr.B 7535/1077 vom 31. 3. 1988, Kodikas nomiku bematos 1988, 1044. Deutsche Übersetzung PHI 1988, 162.

248 Dazu *Schubert*, RIW 1990, 274; *Rokas*, VersR 1989, 437.

249 Gesetz Nr. 1962, Regierungsanzeiger Teil A vom 3. 9. 1991.

250 Art. 9 der Ministerialverordnung.

251 Zum Inhalt vgl. *Howells*, EuZVR 1987, 156ff.; *Schnopfhagen*, ZfRV 1993, 62ff.

te wurde eine Haftung ausgeschlossen (§ 2 (4)). Außerdem wurde der Einwand des Entwicklungsrisikos zugelassen (§ 4 (1)).

684 Vergleichbare Regelungen enthalten auch die Transformationsnormen von Italien[252], Belgien[253], Irland[254], den Niederlanden[255] und Dänemark[256].

685 Das luxemburgische Produkthaftungsgesetz nimmt hinsichtlich der Ausübung der Optionen eine Sonderstellung ein. Als bisher einziger Mitgliedstaat hat Luxemburg die Herstellerhaftung auch auf das Entwicklungsrisiko (Art. 4) und auf unverarbeitete landschaftliche Erzeugnisse (Art. 2 Nr. 1) erstreckt. Eine Haftungshöchstgrenze wurde nicht eingeführt[257].

bb) „Offenlassen der Rechtswahl“ trotz Optionen

686 Die Umsetzung der Richtlinie in den Mitgliedstaaten und die Art der Optionen führt dazu, daß bei der Produkthaftung ein „Offenlassen der Rechtswahl“ auch dann meist möglich ist, wenn die zu entscheidende Rechtsfrage im Regelungsbereich einer der drei Optionen liegt.

687 (1) So wird die Möglichkeit, die Haftung des Herstellers für die Schäden infolge von Tod oder Körperverletzung auf einen Betrag von nicht weniger als 70 Millionen ECU zu begrenzen, die Rechtseinheit in der Union nicht nachhaltig berühren. Schadenersatzansprüche in Höhe von 70 Millionen ECU dürften eher selten sein. Nur wenn es zu einer Haftung kommt, die dieses Limit überschreitet, hat die mögliche summenmäßige Begrenzung zur Folge, daß ein „Offenlassen der Rechtswahl“ nicht möglich ist. Nur in diesen wenigen Fällen wäre die Frage des Ersatzes des über 70 Millionen ECU hinausgehenden Schadens nach dem nationalen Haftungsrecht zu beurteilen[258]. Weil aber für Schäden unter 70 Millionen ECU Rechtseinheit in den Mitgliedstaaten existiert, wird in den allermeisten Fällen diese Option einem „Offenlassen der Rechtswahl“ nicht entgegenstehen.

688 (2) Auch die Optionen hinsichtlich landwirtschaftlicher Naturprodukte und der Einwand des Entwicklungsrisikos stehen einem „Offenlassen der Rechts-

---

[252] Verordnung des Präsidenten der Republik vom 24. 5. 1988 Nr. 224, Supplemento ordinario alla Gazetta Ufficiale n. 146 vom 23. 6. 1988; vgl. *Majo*, Jahrbuch für Italienisches Recht 4 (1991) 3ff. Deutsche Übersetzung PHI 1988, 125ff.

[253] Moniteur Belge, 22. 3. 1991, Belgisch Staatsblad/Moniteur belge, 5884. Deutsche Übersetzung PHI 1991, 132ff.

[254] An Bille um Dhliteanas i Leigth Táirgí Fabhtacha, 1991 – Liability for Defective Products Bill 1991, No. 11 a. Deutsche Übersetzung PHI 1992, 64ff.

[255] Gesetz vom 13. 9. 1990, „Staatsblad van het Koninkrijk der Nederlanden“ 1990 Nr. 487, in Kraft seit dem 1. 11. 1990. Die Bestimmungen wurden im Anschluß an Art. 1407 in das niederländische Zivilgesetzbuch („Burgerlijk Wetboek“) eingefügt.

[256] Gesetz Nr. 371 vom 7. 6. 1989 über die Produkthaftung, Lovtidende A 1989, 1260. Deutsche Übersetzung PHI 1989, 175ff.

[257] Gesetz vom 21. 4. 1989 über die zivilrechtliche Haftung für fehlerhafte Produkte, Memorial A, Journal Officiel du Grand-Duché de Luxembourg vom 28. 4. 1989, Nr. 25, 522, in Kraft getreten am 2. 5. 1989. Deutsche Übersetzung PHI 1989, 126ff.

[258] *Hohloch*, FS Keller 440.

wahl" nur bedingt entgegen. Diese Optionsmöglichkeiten hätten die Rechtseinheit in der Union nur behindern können, wenn die Mitgliedstaaten ihre Wahlmöglichkeiten unterschiedlich ausgeübt hätten. Weil aber die Mitgliedstaaten – mit Ausnahme von Luxemburg – die Optionen einheitlich ausgeübt haben[259], ist ein „Offenlassen der Rechtswahl" auch im Regelungsbereich dieser Optionen möglich[260]. Nur bei Fällen, die eine Verbindung zu Luxemburg haben und im Regelungsbereich der Optionen liegen, ist eine kollisionsrechtliche Anknüpfung notwendig[261]. Solche Fälle dürften aber selten sein.

c) „Offenlassen der Rechtswahl" und Richtlinienvorgaben

Sobald ein Sachverhalt nur Fragen aufwirft, wofür eine Richtlinie verbindliche Vorgaben enthält, kann in den Mitgliedstaaten von gleichen Ergebnissen ausgegangen werden[262]. Denn mit Hilfe der Richtlinien soll ja gerade erreicht werden, daß gleiche Sachverhalte in den Mitgliedstaaten im Ergebnis gleich behandelt werden[263]. Nicht eine Übereinstimmung im Wortlaut, in der Systematik, in der Rechtstechnik oder in der Form ist beabsichtigt, sondern die funktional gleiche Wirkung der angeglichenen Normen[264]. In solchen Fällen ist ein Verzicht auf eine kollisionsrechtliche Anknüpfung aus Gründen der Prozeßökonomie gerechtfertigt. Es ist dann weder notwendig, das anwendbare Recht konkret zu ermitteln, noch einen Günstigkeitsvergleich gemäß Art. 29 I EGBGB durchzuführen[265]. 689

aa) „Offenlassen der Rechtswahl" und „altes" Recht

Einem „Offenlassen der Rechtswahl" bei der Produkthaftung steht nicht entgegen, daß neben dem harmonisierten Recht auch das nicht harmonisierte nationale Recht weiterbesteht[266]. Gemäß Art. 13 der ProdHaft-Richtlinie bleiben die bestehenden nationalen Produkthaftungsrechte unangetastet[267]. So wird 690

---

259 Trotz Optionsmöglichkeiten konnte ein beachtliches Maß an Harmonisierung erreicht werden, vgl. *Magnus*, JZ 1990, 1101.

260 Darüberhinaus dürften Fälle einer Haftung für unverarbeitete Naturprodukte auch selten sein, vgl. *Koch*, ZHR 152 (1988) 588.

261 Auch die Vorentwürfe der Mitgliedstaaten, welche die ProdHaft-Richtlinie noch nicht in ihr nationales Recht transformiert haben, üben die Optionen zumindest bezüglich der Haftung für Entwicklungsrisiken in vergleichbarer Weise aus, vgl. PHI 1991, 33.

262 Anders *Kohler*, IPRax 1992, 280.

263 „Ziel" in Art. 189 III EG-Vertrag bedeutet Ergebnis, vgl. *Ipsen*, FS Ophüls 71 ff.; *Langenfeld*, DÖV 1992, 935.

264 Vgl. *Schwartz*, FS Hallstein 505.

265 *Bülow*, EuZW 1993, 435 f. für das Verbraucherkreditgesetz.

266 Die Mitgliedstaaten sind zum Erlaß strengerer Normen nur dann befugt, wenn die Richtlinie dies ausdrücklich erlaubt, vgl. *Ebenroth/Neiß*, BB 1992, 2088.

267 Kritisch dazu *Heck* 41.

die in Deutschland bestehende Verschuldenshaftung gemäß § 823 BGB[268] nicht verdrängt, sondern weiterhin neben dem ProdHaftG angewendet[269]. Aber das Fortbestehen der nationalen Produkthaftungsgesetze wird die Rechtseinheit nicht sonderlich beeinträchtigen. Rechtskonflikte zwischen dem nationalen Recht und Umsetzungsrecht sind zumindest in Deutschland nicht zu erwarten. Ein Vergleich der bisherigen und der geänderten Rechtslage ergibt, daß trotz unterschiedlicher Grundkonzeption die Haftung im Ergebnis fast identisch ist[270]. Soweit Unterschiede bestehen, bleibt die Haftung gemäß dem BGB hinter dem Produkthaftungsgesetz zurück[271]. Für das Kollisionsrecht folgt daraus, daß eine Prüfung des nicht harmonisierten Rechts überflüssig ist, wenn die Ansprüche des Geschädigten nach dem angeglichenen Recht befriedigt werden[272]. Weil auch der einzelne Geschädigte im Zweifel auf die weitergehenden Haftungsnormen des Umsetzungsrechts zurückgreifen wird, ist zumindest bezüglich der Haftungsvoraussetzungen ein „Offenlassen der Rechtswahl" möglich.

bb) Verbindliche Richtlinienvorgaben

691 Ein „Offenlassen der Rechtswahl" ohne vorherige rechtsvergleichende Untersuchung der beteiligten Rechtsordnungen ist nur zulässig, soweit verbindliche Richtlinienvorgaben bestehen. Demnach muß ein Richter – bevor er die Frage nach der anwendbaren Rechtsordnung unbeantwortet läßt – untersuchen, ob der zu entscheidende Rechtstreit nur Fragen aufwirft, für die eine Richtlinie verbindliche Vorgaben enthält. Bei der Produkthaftung kann ein Richter davon ausgehen, daß die Haftungsvoraussetzungen in den Mitgliedstaaten verbindlich angeglichen sind. In diesem Bereich enthält die Richtlinie weitgehend verbindliche Vorgaben, so daß ein „Offenlassen der Rechtswahl" fast immer möglich sein wird.

---

268 Für die Produkthaftung gilt § 823 BGB mit bestimmten Beweiserleichterungen für den Geschädigten, vgl. BGH 26. 11. 1968, BGHZ 51, 91; BGH 7. 6. 1988, BGHZ 104, 323; *Heck* 14ff.; *Landscheidt* Rn. 9ff.

269 *Magnus*, JZ 1990, 1100ff., bezeichnet dies als europäische „Zweispurigkeit". Teilweise wird bezweifelt, ob das deutsche Produkthaftungsrecht gemäß § 823 BGB angesichts des kodifikations-orientierten Regelungsverständnisses der EU noch gültig ist, vgl. *Drygala*, ZIP 1992, 1529. Sollte sich die Ansicht durchsetzen, daß Ausnahmen von Richtlinien nur durch formelle Gesetze zulässig sind, wäre das deutsche Produkthaftungsrecht gemäß § 823 BGB unwirksam; vgl. auch *Hommelhoff*, AcP 192 (1992) 80f.

270 Einen ausführlichen Vergleich bieten: Lorenz, ZHR 151 (1987) 9ff.; *Magnus*, JZ 1990, 1104ff.; *Sack*, VersR 1988, 442ff.; *v. Westphalen*, NJW 1990, 83ff.

271 Verschärft wird z. B. die Haftung nur für sogenannte „Ausreißer". Dies sind fehlerhafte Einzelstücke, welche mit vertretbaren Mitteln nicht als fehlerhaft erkannt werden konnten und daher nach alter Rechtslage mangels Verschulden keine Haftung begründet haben, vgl. BGH 21.4. 1956, VersR 1956, 410; *Rolland* Teil II Rn. 30. Dieses Ergebnis dürfte auf die übrigen Mitgliedstaaten übertragbar sein. Auch deren nationalen Produkthaftungsrechte bleiben zumindest bezüglich der Haftungsvoraussetzungen hinter den Richtlinienbestimmungen zurück, vgl. *Pfister* 6; etwas anderes mag sich ergeben, wenn auch der Haftungsumfang mit einbezogen wird, vgl. *Majo*, Jahrbuch für Italienisches Recht 4 (1991) 23.

272 *Kropholler*, NJW 1980, 533.

(1) In Art. 2 ProdHaft-Richtlinie wird der Produktbegriff definiert[273]. Als Produkt gilt danach jede bewegliche Sache, auch wenn sie in eine unbewegliche Sache eingebaut ist. Obwohl der Begriff „bewegliche Sache" nicht in der Richtlinie bestimmt wurde[274], sind bei der Auslegung keine nationalen Unterschiede zu erwarten. Grenzbereiche wurden entweder aus dem Produktbegriff ausgenommen – etwa unverarbeitete Naturprodukte und Jagderzeugnisse[275]- oder aber einbezogen – etwa Elektrizität[276]. 692

(2) Kern jeder Produkthaftung ist der Fehlerbegriff[277]. Auch der Fehler ist einheitlich in Art. 6 ProdHaft-Richtlinie definiert[278]. Ein Produkt ist danach fehlerhaft, „wenn es nicht die Sicherheit bietet, die man unter Berücksichtigung aller Umstände ... zu erwarten berechtigt ist". Ausgenommen vom Fehlerbegriff sind Entwicklungsfehler (Art. 7e)[279]. 693

(3) In der Richtlinie nicht ausdrücklich geregelt ist die haftungsbegründende Kausalität, d.h. der Ursachenzusammenhang von Fehler und Schaden. Eine Auffassung im Schrifttum sieht darin eine Regelungslüke, wodurch die Rechtseinheit zwischen den Mitgliedstaaten gefährdet werde[280]. Dabei ist freilich zu bedenken, daß Kausalität nur im Zusammenhang mit dem Schaden und dem Fehler zu sehen ist. Zumindest der Fehlerbegriff ist in der ProdHaft-Richtlinie abschließend bestimmt. Für den Fehler wird nicht auf die Gebrauchsfähigkeit eines Produkts, sondern auf dessen Mangel an Sicherheit abgestellt[281]. Dieser Mangel an Sicherheit realisiert sich im Schaden, so daß eine separate Betrachtung von Fehler und Kausalität nicht möglich ist. Durch die Definition des Fehlerbegriffs wird daher auch die haftungsbegründende Kausalität einheitlich definiert[282]. 694

(4) Ferner ist der Kreis der Haftungsadressaten in der Richtlinie abschließend geregelt, so daß insoweit ein „Offenlassen der Rechtswahl" möglich ist[283]. 695

---

273 *Taschner*, ProdHaftG Richtl. Art. 2 Rn. 2; *Schmidt-Salzer*, BB 1986, 1103; *Bartl* § 2 Rn. 3.

274 Vgl. § 90 BGB für das deutsche Recht.

275 Zum Produktbegriff der Richtlinie vgl.: *Hollmann*, DB 1985, 2390f.; *Lorenz*, ZHR 151 (1987) 17ff.

276 *Bartl* § 2 Rn. 56; *Schmidt-Salzer/Hollmann*, Art. 2 Rn. 47. Auch Gas, Fernwärme und Wasser sind Produkte im Sinne der Richtlinie, vgl. *Bartl*, § 2 Rn. 1; *Taschner*, ProdHaftG Richtl. Art. 2 Rn. 2; *Schmidt-Salzer/Hollmann*, Art. 2 Rn. 80.

277 Vgl. *Bartl* § 2 Rn. 1.

278 Vgl. *Schlechtriem*, VersR 1986, 1035ff.; *Taschner*, ProdHaftG Richtl. Art. 6 Rn. 1ff.; *Brüggemeier/Reich*, WM 1986, 150f.; *Sack*, VersR 1988, 439; *Bartl* § 3 Rn. 12.

279 Obwohl nicht vom Richtlinienwortlaut erfaßt, ist etwa auch die Frage, ob ein wirkungsloses Produkt fehlerhaft ist, vgl. BHG 17. 3. 1981, BGHZ 86, 189 (*Apfelschorf-Entscheidung*) = JZ 1981, 481, anhand der Richtliniendefinition zu entscheiden; eine richtlinienkonforme Auslegung der ProdHaft-Richtlinie ergibt bei verbraucherfreundlicher Betrachtung, daß zumindest die „Darbietung des Produkts" (Art. 6 I a) bei wirkungslosen Produkten fehlerhaft ist, so auch *Magnus*, JZ 1990, 1105.

280 *Taschner*, ProdHaftG Richtl. Art. 4 Rn. 8.

281 Vgl. Erwägungsgründe, ABl. Nr. L vom 7. 8. 1985 210/29.

282 Vgl. auch *Schlechtriem*, VersR 1986, 1034.

283 Daß der Kreis von Haftungsadressaten sehr weit gezogen ist, trägt zwar zur Rechtseinheit bei, hat aber nicht selten zur Folge, daß Mehrere zum Ersatz verpflichtet sind, wobei für den

Haftungsadressat ist neben dem Hersteller des End- oder Teilprodukts (Art. 3 I) auch der Importeur aus Drittstaaten (Art. 3 II)[284]. Kann ein Hersteller oder Importeur nicht festgestellt werden, haftet der Händler des Produkts (Art. 3 III).

696 (5) Weiter sind der Haftungsausschluß, die Haftungsfreizeichnung und die Beweislast verbindlich angeglichen. Die Richtlinie regelt die Voraussetzungen eines Haftungsausschlusses in Art. 7. Die Mitgliedstaaten können keine weiteren Ausschlußgründe hinzufügen[285], weil die Bestimmungen der Richtlinie zwingendes Recht bilden (Art. 12 ProdHaft-Richtlinie). Sämtliche „die Haftung begrenzende oder von der Haftung befreiende" Vereinbarungen sind demnach unwirksam und dürfen von den Gerichten der Mitgliedstaaten nicht beachtet werden.

Ebenso ist in Art. 4 ProdHaft-Richtlinie die Beweislast abschließend geregelt, damit in dieser wichtigen verfahrensrechtlichen Frage Rechtsunterschiede in der Union verhindert werden[286].

697 (6) Die ProdHaft-Richtlinie vereinheitlicht die Verjährung und sieht überdies eine einheitliche Befristung der Produkthaftungsansprüche vor. Weil die Richtlinie die Verjährung vereinheitlicht und eine einheitliche Befristung der Produkthaftungsansprüche enthält, kann das anwendbare Recht offen bleiben, wenn der Schaden innerhalb der drei[287]- bzw. zehnjährigen[288] Frist entstanden ist und eingeklagt wurde.

Etwas anderes gilt nur, wenn der Schaden erst nach dem jeweiligen Fristablauf geltend gemacht wird. Hemmung und Unterbrechung der Verjährung werden von den nationalen Rechten selbständig geregelt[289], wodurch national unterschiedliche Fristen gelten können[290]. In diesen Fällen ist eine Fristbestim-

---

Schuldnerausgleich auf das nationale Recht verwiesen wird (Art. 5 ProdHaft-Richtlinie). Dies steht einem „Offenlassen der Rechtswahl" jedoch nicht entgegen, weil der Produkthaftungsanspruch des Geschädigten unabhängig von einem Schuldnerausgleich oder Rückgriff ist. Der Schutz des Verbrauchers erfordert, daß die Haftung des Herstellers nicht durch Handlungen anderer Personen beeinträchtigt wird, vgl. Präambel ABl. Nr. L vom 7. 8. 1985 210/29. Dem Geschädigten gegenüber wird gesamtschuldnerisch gehaftet, so daß auch bei mehreren Haftungspflichtigen das anwendbare Recht offen bleiben kann (Nicht für den Rückgriff!).

[284] Begründet wird die Differenzierung zwischen Drittstaaten und Mitgliedstaaten mit der erleichterten Durchsetzung von Ansprüchen durch das EuGVÜ und der Geltung harmonisierten Rechts, vgl. *Lorenz,* ZHR 151 (1987) 21; *Bartl* § 4 Rn. 18.

[285] *Taschner,* ProdHaftG Richtl. Art. 7 Rn. 1.

[286] *Taschner,* ProdHaftG Richtl. Art. 4 Rn. 2.

[287] Die Verjährungsfrist beträgt drei Jahre ab dem Tag, an dem der Kläger von dem Schaden, dem Fehler und der Identität des Herstellers Kenntnis erlangt hat oder hätte erlangen müssen (Art. 10 I ProdHaft-Richtlinie).

[288] Die Ansprüche des Geschädigten erlöschen nach dem Ablauf einer Frist von zehn Jahren ab dem Zeitpunkt, zu dem der Hersteller das Produkt, welches den Schaden verursacht hat, in den Verkehr gebracht hat, es sei denn, der Geschädigte hat in der Zwischenzeit ein gerichtliches Verfahren gegen den Hersteller eingeleitet (Art. 11 ProdHaft-Richtlinie).

[289] Art. 10 II ProdHaft-Richtlinie.

[290] Daneben könnte das jeweilige traditionelle nationale Recht über längere Fristen verfügen, so daß der Anspruch danach noch möglich ist.

mung nur möglich, wenn die anwendbare Rechtsordnung kollisionsrechtlich ermittelt wird.

(7) Auch bei der Beurteilung von Körperschäden ist ein „Offenlassen der Rechtswahl" möglich. Art. 9 I lit. a ProdHaft-Richtlinie statuiert eine Wiedergutmachungspflicht für Schäden, die durch Tod und Körperverletzung verursacht worden sind. Die Ersatzpflicht gilt für alle direkten Körperverletzungsschäden[291]. Dabei ist unerheblich, ob es sich um einen privaten oder einen gewerblichen Endverbraucher oder um einen unbeteiligten Dritten (sog. Bystander) handelt[292]. 698

(8) Eine ausdrückliche Haftungspflicht besteht aufgrund der Richtlinie ferner für private Sachschäden[293]. Der Anspruch umfaßt die Aufwendungen zur Neubeschaffung oder Wiederherstellung und die damit verbundenen Nebenkosten (Auslagen, Gebühren etc.)[294]. 699

Grundsätzlich wäre es daher auch bei privaten Sachschäden möglich, die Kollisionsfrage offen zu lassen. Dem steht jedoch, nach herrschender Meinung, der Selbstbeteiligungsvorbehalt von 500 ECU in Art. 9 I lit b der Richtlinie entgegen. Danach könne der Geschädigte nur solche Sachschäden geltend machen, die den Betrag von 500 ECU überschreiten. Nach dieser Auffassung gewährt die Richtlinie Ersatz nur für solche Schäden, die den Betrag von 500 ECU übersteigen[295]. Schäden, die den Betrag von 500 ECU nicht übersteigen, werden nur nach den jeweiligen unangeglichenen, nationalen Gesetzen ersetzt.

Der Selbstbeteiligungsvorbehalt stände einem „Offenlassen der Rechtswahl" nicht unbedingt entgegen, wenn man Art. 9 I lit. b der Richtlinie so versteht, daß aufgrund des angeglichenen Rechts nur solche Schäden, die den Betrag von 500 ECU übersteigen, geltend gemacht werden können. Doch werden diese Schäden in voller Höhe, einschließlich der Selbstbeteiligung ersetzt (Alles-oder-Nichts-Prinzip)[296]. In diesem Sinne hat etwa Großbritannien die Richtlinie umgesetzt[297]. Kollisionsrechtlich hat diese Auffassung zur Folge, daß bei Schäden, die den Betrag von 500 ECU überschreiten, ein „Offenlassen der Rechtswahl" für den gesamten Schaden möglich wäre. Folgt man hingegen der herr-

---

291 *Anderle* 60; *Schlechtriem*, VersR 1986, 1041; bei den Personenschäden ist jedoch die Möglichkeit der Haftungshöchstbegrenzung nach Art. 16 ProdHaft-Richtlinie zu beachten.

292 *Brüggemeier/Reich*, WM 1986, 151; *Taschner*, ProdHaftG Richtl. Art. 9 Rn. 7.

293 *Koch*, ZHR 152 (1988) 546; *Taschner*, ProdHaftG Richtl. Art. 9 Rn. 12; dabei ist freilich der Selbstbeteiligungsvorbehalt von 500 ECU in Art. 9 I lit. b ProdHaft-Richtlinie zu beachten; danach kann der Geschädigte nur solche Sachschäden geltend machen, welche 500 ECU (1125.-DM) übersteigen.

294 Umstritten ist, ob auch der Nutzungsausfall bei Sachschäden aufgrund der ProdHaft-Richtlinie zu ersetzen ist, zweifelnd *Magnus* JZ 1990, 1103, der die Entscheidung dem EuGH überlassen will; vgl. auch *Taschner* ProdHaftG Richtl. Art. 9 Rn. 12; *Koch* ZHR 152 (1988) 544.

295 So auch § 11 ProdHaftG. *Taschner*, ProdHaftG Richtl. Art. 9 Rn. 14;

296 Dafür auch *Cahn*, ZIP 1990, 485f.; *Mayer*, VersR 1990, 698 *Sack*, VersR 1988, 446f.; *Storm*, PHI 1986, 115.

297 Sect. 5 (4) Consumer Protection Act besagt, daß kein Schadenersatz zu gewähren ist, wenn der Betrag 275 £ „nicht übersteigt". Ursprünglich auch in den Niederlanden beabsichtigt, vgl. *Hollmann*, RIW 1988, 84.

schenden Meinung, so könnte das maßgebliche Recht nur für private Sachschäden von mehr als 500 ECU offengelassen werden. Weil Schäden unter diesem Betrag nicht von der Richtlinie erfaßt werden würden, müßte insoweit stets eine kollisionsrechtliche Anknüpfung erfolgen.

700 Gegen die englische Umsetzung wird eingewendet, daß sie dem Richtlinienwortlaut widerspricht[298]. Dieser Kritik ist nicht zuzustimmen. Bei der Auslegung von sekundärem Gemeinschaftsrecht kommt es in erster Linie auf das Normziel und nicht auf den Wortlaut der Norm an[299]. Normziel von Art. 9 lit. b ProdHaft-Richtlinie war die Vermeidung einer allzu großen Zahl von Streitfällen[300]. Auch mit dem „Alles-oder-Nichts-Prinzip" wird der Zweck der Vorschrift erreicht. Im Gegenteil: Die englische Umsetzung entspricht eher der verbraucherfreundlichen Zielsetzung der Richtlinie, weil wirksamer Verbraucherschutz einheitliche Anspruchsgrundlagen verlangt[301]. Im übrigen führt die herrschende Auffassung zu einer Mehrbelastung der Gerichte. Bei privaten Sachschäden, die den Betrag von 500 ECU übersteigen, müßten stets zwei Anspruchsgrundlagen ermittelt und angewendet werden. Einerseits wären Ansprüche für den Ersatz von Schäden im Betrag bis zu 500 ECU anzuknüpfen, anderseits Ansprüche für darüber hinausgehende Beträge. Die Zweiteilung führt zu einer „Gemengelage" der Ansprüche und anwendbaren Rechte, die für den Rechtsanwender doppelte Arbeit bedeuten[302]. Letztendlich wird aber der EuGH entscheiden müssen, ob die englische Umsetzung gemeinschaftsrechtlich zulässig oder sogar geboten ist.

3. *Ergebnis*

701 Die Rechtsangleichung in der Union kann eine alternative Methode zur Lösung kollisionsrechtlicher Fragen sein. So wäre ein „Offenlassen der Rechtswahl" zulässig und ohne rechtsvergleichende Untersuchung möglich, wenn ein Sachverhalt nur Verbindung zu EU-Mitgliedstaaten hat, sachlich in den Regelungsbereich einer EG-Richtlinie fällt und die Richtlinie insoweit abschließende und verbindliche Regelungen enthält. In solchen Fällen kann der Richter von einer Kongruenz der Ergebnisse in allen Mitgliedstaaten der EU ausgehen; eine rechtsvergleichende Untersuchung der beteiligten Rechtsordnungen ist nicht notwendig[303], weil Auslegungsdifferenzen dank des EuGH nicht zu befürchten

---

298 Die ProdHaft-Richtlinie spricht von „Selbstbeteiligung" bzw. in der französichen Fassung von „franchise", *Taschner*, WBl. 1991, 3; *Buchner*, DB 1988, 36; *Opfermann*, ZIP 1988, 469.

299 Vgl. EuGH 13.3. 1980, Rs. 124/79, (*van Walsum/Produktschap voor vee en Vlees*), Slg. 1980, 823; EuGH 6.5. 1980, Rs. 152/79 (*Lee/Landwirtschaftsminister*), Slg. 1980, 1507; *Bleckmann*, NJW 1982, 1178.

300 Vgl. Erwägungsgründe, ABl. vom 7.8. 1985 Nr. L 210/29.

301 Vgl. *Cahn*, ZIP 1990, 485.

302 *Koch*, ZHR 152 (1988) 546.

303 Noch eindeutiger wäre das Ergebnis, wenn die Richtlinien eine unmittelbare Wirkung erzeugen würden, vgl. z. B. Rn. 817 ff. für nicht umgesetzte Richtlinien in vertikalen Streitverhältnissen.

sind[304]. Außerdem muß die Auslegung der nationalen Umsetzungsrechte anhand der Richtlinienvorgaben erfolgen[305] und eine Änderung der Umsetzungsrechte ist nur eingeschränkt möglich.

Allerdings wird ein „Offenlassen der Rechtswahl" dadurch erschwert, daß Richtlinien nur einen gewissen Kern vereinheitlichen, während viele unmittelbar angrenzende Bereiche dem Belieben der nationalen Gesetzgeber überlassen bleiben. Die fließende Grenze zwischen angeglichenem und nicht-angeglichenem Recht erfordert, daß der Richter – bevor er die Rechtswahl offen läßt – genau untersucht, ob der zu entscheidende Rechtsstreit nur Fragen aufwirft, für welche die Richtlinie abschließende und verbindliche Regelungen enthält. Diese Frage zu beantworten, dürfte jedoch wesentlich einfacher sein, als alle beteiligten Rechtsordnungen rechtsvergleichend zu untersuchen. Anders als bei der rechtsvergleichenden Untersuchung bestehen insoweit kaum Sprachschwierigkeiten und keine Schwierigkeiten mit der Rechtssystematik. Vielmehr läßt sich das in Richtlinien enthaltene Recht in der Regel zuverlässig mit Hilfe leicht zugänglicher deutsprachiger Literatur ermitteln. Der nationale Richter ist nicht auf fremdsprachige Quellen und teure Gutachter angewiesen[306]. Auch dürfte die Prüfung, ob eine Richtlinie einen Sachverhalt erfaßt, den meisten Richtern oftmals leichter fallen, als kollisionsrechtlich anzuknüpfen. Für viele Richter ist das IPR immer noch eine Art Geheimwissenschaft, wohingegen sie fast täglich entscheiden müssen, ob ein Gesetz einschlägig ist.

Dies wird deutlich am Beispiel der Produkthaftung. Anhand der deutschen 702
Übersetzung der Richtlinie kann der Richter leicht erkennen, daß die Produkthaftungsrichtlinie ein geschlossenes Haftungssystem enthält[307]. Zumindest hinsichtlich der Haftungsgrundlagen wurde durch die Richtlinie in den Mitgliedstaaten ein haftungsrechtlicher Mindeststandard der Produkthaftung geschaffen[308]. Es besteht nicht nur eine einheitlich verschuldensunabhängige Haftung, sondern es wurden auch die Haftungsvoraussetzungen weitgehend einheitlich definiert. Die Umsetzung der Richtlinie und die richtlinienspezifischen Wirkungen führen zu einem Grad an Rechtseinheit, der es erlaubt, die Frage nach der anwendbaren Rechtsordnung hinsichtlich der Haftungsvoraussetzungen offen zu lassen[309]. Auf diese Weise hat die Rechtsangleichung die Lösung von Produkthaftungsfällen mit Auslandsberührung erheblich erleichtert[310].

---

304 Dies übersieht *Schmidt-Salzer*, BB 1986, 1103, der deshalb die Gefahr unterschiedlicher Auslegung überschätzt.

305 Anders *Schlechtriem*, VersR 1986, 1033.

306 Vgl. *Brödermann*, MDR 1992, 92.

307 *Bleckmann/Pieper*, IWB Bd. 5, Gruppe 3, 8; *Taschner*, ProdHaftG Einl. Rn. 165; *Bartl* Einl. Rn. 22.

308 *Koch*, ZHR 152 (1988) 541;

309 So auch *Koch*, ZHR 152 (1988), 538; *Sack*, DAR 1988, 110; *ders.*, VersR 1988 440f.; *Schmidt-Salzer/Hollmann*, Bd. 2, 2–36 Rn. 12; auch *Kötz*, RabelsZ 50 (1981),6; vgl. auch *Sack* GRUR Int. 1988, 342 für das Wettbewerbsrecht; *Müller-Graff*, Privatrecht 38; *Anderle* 21; *Hohloch*, FS Keller 438.

310 *Schmidt-Salzer/Hollmann*, Bd. 2 2–36 Rn. 12.

III. Rechtsangleichung und IPR im Verhältnis zu Drittstaaten

703 Die Rechtsangleichung durch Richtlinien ist nicht nur inhaltlich, sondern auch räumlich beschränkt. Sie wird beschränkt durch den räumlichen Geltungsbereich des Gemeinschaftsrechts[311]. Nur wenn eine Richtlinie abschließende und verbindliche Vorgaben enthält und ein Sachverhalt räumlich auf das Gebiet der Union beschränkt ist, kann von einer kollisionsrechtlich bedeutsamen Rechtsgleichheit ausgegangen werden. Nur in diesem Rahmen ist auch ein „Offenlassen der Rechtswahl" möglich. Sobald ein Sachverhalt Kontakte zu einem Nicht-Mitgliedstaat aufweist, spielt die Angleichung kollisionsrechtlich grundsätzlich keine Rolle. Insoweit gilt auch nach der Umsetzung einer Richtlinie unverändert das nationale IPR[312].

1. Räumlicher Geltungsbereich von Richtlinien

704 Der eigentliche Geltungsbereich von EG-Richtlinien ist naturgemäß auf den Kreis der EU-Mitgliedstaaten beschränkt[313]. Vereinzelt werden Richtlinien aber auch von Drittstaaten in das innerstaatliche Recht übernommen[314]. Ein Beispiel hierfür bildet die Produkthaftungsrichtlinie, die von mehreren EFTA-Staaten[315] umgesetzt wurde. Mit einer derartigen freiwilligen Übernahme wollen Drittstaaten in ihren Staaten gleiche wirtschaftliche Rahmenbedingungen schaffen, um Wettbewerbsverzerrungen im Verhältnis zu Union zu vermeiden[316]. So übt die Union insbesondere auf Gebieten wie der Produkthaftung infolge ihrer wirtschaftlichen Bedeutung einen faktischen Harmonisierungszwang auf die übrigen europäischen Staaten aus.

---

[311] Damit der räumliche Geltungsbereich des harmonisierten Rechts bestimmt werden kann, bedarf es neuer Kollisionsnormen. Diese Normen bestimmen, inwieweit das angeglichene Recht im Verhältnis zu Drittstaaten zu beachten ist. Auf diese Problematik soll nicht weiter eingegangen werden, vgl. dazu *Kohler*, IPRax 1992, 278. Für das Thema dieser Arbeit ist nur bedeutsam, daß der räumliche Geltungsbereich des Gemeinschaftsrechts auch die kollisionsrechtliche Wirkung der Rechtsangleichung beschränkt.

[312] Vgl. *Maxl*, JBl. 1992, 157; *Pfister* 6; *Kindler*, Jahrbuch für Italienisches Recht 4 (1991) 88; *Kropholler*, Einheitsrecht 183.

[313] Das Gebiet der Union ist beschrieben in Art. 227 EG-Vertrag. Zu dessen Auslegungsschwierigkeiten vgl. OLG Hamm 1.12. 1988, IPRax 1990, 243 = IPRspr. 1988 Nr. 21 b, wonach Richtlinien auf den kanarischen Inseln nicht gelten sollten; richtig aber *Taupitz*, BB 1990, 647; *Kothe*, EuZW 1990, 151 Fn 5.

[314] Vgl. *Baudenbacher*, EuR 1992, 313; *Will*, Österreichs Weg in die EG 53ff.

[315] Europäische Freihandelszone, der Österreich, die Schweiz, Liechtenstein, Schweden, Norwegen, Finnland und Island angehören.

[316] *Posch*, FS Ostheim 666; *Paanila*, RIW 1991, 560; *Baudenbacher*, EuR 1992, 311; *Fitz/Purtscheller/Reindl*, Vorb. Rn. 23.

Aus diesen Gründen hat Österreich früher als alle Mitgliedstaaten ein Produkthaftungsgesetz erlassen, das den Vorgaben der Richtlinie weitgehend entspricht[317]. Die Optionen wurden dem britischen Produkthaftungsgesetz entsprechend ausgeübt. Auch Norwegen[318], Schweden[319], Liechtenstein[320], Island und Finnland[321] haben die ProdHaft-Richtlinie in ihr nationales Recht übernommen. Eine „Umsetzung" der Produkthaftungsrichtlinie ist auch in der Schweiz[322] geplant. 705

(1) Wegen der „Umsetzung" von Richtlinien durch Drittstaaten stellt sich die Frage, ob auch dann ein „Offenlassen der Rechtswahl" möglich ist, wenn das zu entscheidende Problem durch die Richtlinie verbindlich beantwortet wird, und der Sachverhalt neben EU-Mitgliedstaaten auch Drittstaaten berührt, welche die Richtlinienvorgaben in ihr nationales Recht übernommen haben. 706

Dafür spricht, daß diese Staaten ihr Recht bewußt entsprechend dem Gemeinschaftsrecht geändert haben – etwa um einen eventuellen Beitritt vorzubereiten[323] – und daß zumindest die EFTA-Staaten der Union in wirtschaftlicher, kultureller und rechtlicher Hinsicht sehr nahe stehen.

Dennoch kann in diesen Fällen nicht von einer kollisionsrechtlich relevanten Rechtsgleichheit ausgegangen werden. Dagegen spricht, daß Drittstaaten nicht an die Rechtsprechung des Gerichtshofs gebunden sind und nur die Gerichte der Mitgliedstaaten der Pflicht zur richtlinienkonformen Auslegung der Transformationsakte unterliegen. Aber selbst wenn ein Drittstaat eine Richtlinie wörtlich übernimmt und seine Gerichte auch bei der Auslegung der Rechtsprechung des EuGH folgen[324], sind Auslegungsdifferenzen nicht zu vermeiden[325]. Drittstaatlichen Gerichten fehlt nämlich die Möglichkeit, Auslegungsfragen dem Gerichtshof vorzulegen. Somit ist eine einheitliche Ausle- 707

---

317 öBGBl. 1988, 1577 in Kraft getreten am 1.7. 1988; zu den Unterschieden zwischen dem österreichischem Recht und der Richtlinie vgl., *Posch*, PHI 1993, 16ff.

318 Gesetz Nr. 104 Norsk Lovtidende 1988, 1025, in Kraft seit dem 1. 1. 1989. Deutsche Übersetzung PHI 1989, 91ff., zuletzt geändert, um eine Aufnahme Norwegens in die EU vorzubereiten, vgl. PHI 1992, 105.

319 Gesetz v.23. 1. 1992, vgl. PHI 1992, 106.

320 Vgl. *Posch/Schneider*, PHI 1993, 56ff.

321 Gesetz Nr. 694 Finlands Författningssamling 1990, 1413, in Kraft getreten am 1. 9. 1991; vgl. *Paanila*, RIW 1991, 560ff.

322 Abgedruckt in: PHI 1992,70; vgl. *Stauder*, ZfSR 1990, 363ff.; dagegen *Borer*, Europaverträglichkeit 530.

323 Vgl. *Taschner*, WBl. 1991, 6; *Weinmeier*, ZIAS 1990, 238; *Eberstein/Braunwell* 94; für Norwegen vgl. PHI 1992, 105.

324 So hat etwa der Österreichische Verfassungsgerichtshof die österreichischen Gerichte angewiesen, bei der Interpretation von Rechtsakten, die einen starken Bezug zum Gemeinschaftsrecht aufweisen, die Rechtslage in der Union zu beachten, vgl. *Fitz/Purtscheller/Reindl*, Vorb. Rn. 23.

325 Zu den Problemen der einheitlichen Auslegung zwischen EFTA und EU-Staaten vgl. nur das Protokoll Nr. 2. über die einheitliche Auslegung des Lugano-Übereinkommens vom 16.9. 1988, ABl. vom 28.7. 1990, Nr. C 189; dazu *Jenard/Möller* 89ff.; *Posch*, FS Ostheim 675ff.; *Heerstrassen*, RIW 1993, 179ff.

gung nicht gesichert. Und wenn die Rechtseinheit nicht gesichert ist, kann die Frage nach der anwendbaren Rechtsordnung ohne rechtsvergleichende Untersuchung nicht offen bleiben[326].

Im übrigen richtet sich auch das Veränderungsverbot nur an die Mitgliedstaaten der Union und nur insoweit wird seine Beachtung vom EuGH überwacht. Zwanglose Kooperationen werden verbindliche Übereinkommen nie ganz ersetzen können[327].

708 (2) Fraglich ist, ob das seit 1. 1. 1994 in Kraft befindliche Abkommen über den Europäischen Wirtschaftsraum (EWR)[328] ein „Offenlassen der Rechtswahl" erlaubt, wenn die zu entscheidenden Rechtsfragen von einer Richtlinie abschließend geregelt werden.

Der EWR schafft zwischen der EU und den EFTA-Staaten (außer der Schweiz)[329] binnenmarktähnliche Verhältnisse. Insbesondere gelten die vier Grundfreiheiten. Um dies zu ermöglichen, haben die EFTA-Staaten fast das gesamte Binnenmarktrecht der EU übernommen.

709 Für eine kollisionsrechtlich bedeutsame Rechtseinheit – etwa im Bereich der Produkthaftung – spricht, daß die EFTA-Staaten nunmehr völkerrechtlich verpflichtet sind, die ProdHaft-Richtlinie in ihr nationales Recht zu übernehmen. Auch enthält Teil VII des EWR-Übereinkommens Regelungen, die eine einheitliche Rechtsprechung von EuGH und – dem zu gründenden – EFTA-Gerichtshof gewährleisten sollen. Ob allerdings dies ausreichen wird, um eine wirkliche Rechtseinheit zwischen den Mitgliedstaaten der EU und den EFTA-Staaten zu garantieren, bleibt abzuwarten[330]. Solange die Praxis nicht gezeigt hat, daß das von den EFTA-Staaten übernommene Gemeinschaftsrecht wie in den Mitgliedstaaten der EU ausgelegt und angewendet wird, sollte aus Gründen der Rechtssicherheit die Frage nach dem anwendbaren Recht nicht offengelassen, sondern weiter das IPR angewendet werden[331].

---

326 Vgl. Rn. 579ff.

327 *Will*, Österreichs Weg in die EG 105.

328 EWR-Abkommen, BGBl. II 1993, 266.

329 Das Schweizer Parlament hatte dem EWR-Abkommen zwar zugestimmt, aber der negative Ausgang einer Volksabstimmung machte es der Schweizer Regierung unmöglich, das Übereinkommen zu ratifizieren.

330 Vgl. *Reymond*, C.M.L.Rev. 1993, 449ff.

331 Im übrigen ist zweifelhaft, welche Bedeutung das EWR-Abkommen im Lichte der laufenden Verhandlungen von Österreich, Finnland, Schweden und Norwegen zur EU in Zukunft haben wird. Sollten diese Staaten Mitglieder der Union werden, so würde das EWR-Übereinkommen nur noch im Verhältnis zu Island und vielleicht Liechtenstein gelten, vgl. *Streit*, NJW 1994, 558.

2. *Sachnormen für grenzüberschreitende Sachverhalte*

Richtlinien enthalten teilweise besondere Sachnormen für grenzüberschreitende Sachverhalte mit Bezug zum Binnenmarkt[332]. Derartige Normen wirken vergleichbar den „Inländerschutzklauseln" des nationalen Kollisionsrechts. Anknüpfungspunkt ist allein die Unionszugehörigkeit, wobei Unionsbürger gegenüber den Staatsangehörigen anderer Staaten begünstigt werden. 710

Ein Beispiel für eine derartige Norm ist die Haftung des Importeurs in Art. 3 II ProdHaft-Richtlinie. Gemäß dieser Norm haftet neben dem Hersteller auch jede Person, die ein Produkt zum Zweck des Verkaufs, der Vermietung, des Mietkaufs oder einer anderen Form des Vertriebs im Rahmen ihrer geschäftlichen Tätigkeit in die Union einführt. 711

Die Importeurshaftung soll dem Inlandsverkehr die beschwerliche Rechtsverfolgung im Ausland ersparen, wobei als Ausland die Nicht-Mitgliedstaaten gelten[333]. Begründet wird die Differenzierung zwischen Drittstaaten und Mitgliedstaaten mit der erleichterten Durchsetzung von Ansprüchen durch das EuGVÜ und der Geltung des harmonisierten Rechts in der Union[334].

Die Importeurshaftung hat zur Folge, daß immer, wenn ein Produkt in der Union in den Verkehr gebracht wurde, auch ein Haftungsadressat in der Union existiert. Bei Einfuhr fehlerhafter Produkte aus Drittstaaten haftet zumindest der Importeur entsprechend den Richtlinienvorgaben. Der Geschädigte kann somit seinen Anspruch unabhängig von der Rechtsordnung des Drittstaates durchsetzen. Besteht ein Anspruch gemäß der Richtlinie, ist eine Prüfung der drittstaatlichen Rechtsordnung nicht notwendig. Ein „Offenlassen der Rechtswahl" ist daher auch dann möglich, wenn der Sachverhalt noch Verbindung zu Drittstaaten aufweist[335]. Insoweit erleichtert die Haftung des Importeurs die kollisionsrechtliche Anknüpfung[336]. 712

---

[332] Vgl. *Jayme*, Ein Internationales Privatrecht für Europa 37f.

[333] Gleichzeitig diskriminiert die Importeurshaftung drittstaatliche Produkte, weil auf dem Importeur von Waren aus Drittstaaten eine Haftung lastet, die den Importeur von Gemeinschaftsprodukten nicht trifft. Eine Haftung des Importeurs von EU-Produkten würde auch gegen Art. 30 EG-Vertrag verstoßen, vgl. *v. Hoffmann*, FS Overbeck 783; *Sack*, WBl. 1991, 252.

[334] *Lorenz*, ZHR 151 (1987) 21; *Bartl* § 4 Rn. 18; *v. Hoffmann*, FS Overbeck 778f.; *Sack*, WBl. 1991, 251f.

[335] Allerdings ist zu beachten, daß im EWR die Importeurshaftung nicht mehr anzuwenden ist, sobald das Lugano-Übereinkommens vom 16. 8. 1988 über die gerichtliche Zuständigkeit und die Vollstrekung gerichtlicher Entscheidungen in Zivil- und Handelssachen in Kraft getreten ist, vgl. *Streit*, NJW 1994, 557; bereits vor dem Inkrafttreten des EWR-Übereinommens bestanden Zweifel, ob eine Importeurshaftung für Produkte aus EFTA-Staaten berechtigt und notwendig war, vgl. *Sack*, WBl. 1991, 252; *Reindl*, WBl. 1991, 124; *v. Hoffmann*, FS Overbeck 785.

[336] So auch *Sack*, DAR 1988, 110.

IV. EG-Rechtsangleichung und Parteiautonomie

713 Das internationale Recht der vertraglichen Schuldverhältnisse beruht auf dem Grundsatz der Parteiautonomie. Zumindest in der Union enthalten alle Rechtsordnungen die Regel, daß ein Vertrag dem von den Parteien gewählten Recht unterliegt (Art. 3 I 1 EVÜ). Als Gegenstand der Rechtswahl kommt grundsätzlich jede beliebige Rechtsordnung in Betracht[337]. Es stellt sich allerdings die Frage, ob die Rechtswahlfreiheit durch die europäische Rechtsangleichung eingeschränkt wird.

714 So wird vorgeschlagen, bezüglich zwingender Bestimmungen des Gemeinschaftsrechts das Gebiet der Mitgliedstaaten als einheitliches Rechtsgebiet („one country") anzusehen[338]. Diese Auffassung hat zur Folge, daß bei Verträgen, die nur eine Verbindung zu EU-Mitgliedstaaten haben, die Rechtswahl nicht zu einem Ausschluß der zwingenden Normen des EG-Rechts führt. Einem italienischen Händler dürfe es zum Beispiel bei einem Verkauf nach Deutschland nicht erlaubt sein, durch Vereinbarung einer nicht-mitgliedstaatlichen Rechtsordnung die zwingenden Bestimmungen der Produkthaftungsrichtlinie[339] zu umgehen.

715 Ihre rechtliche Grundlage findet diese Auffassung in Art. 3 III EVÜ (Art. 27 III EGBGB)[340]. Gemäß dieser Vorschrift sei eine Rechtswahl bei rein inländischen Verträgen[341], also Verträgen, die im Zeitpunkt der Rechtswahl nur mit einem einzigen Staat verbunden sind, nur beschränkt möglich. Die Parteien könnten nicht durch die Wahl eines Rechts verhindern, daß die zwingenden Bestimmungen des allein betroffenen Staates angewendet werden. Die zwingenden Bestimmungen des allein betroffenen Staates blieben vielmehr ohne Rücksicht auf den entgegenstehenden Parteiwillen weiter anwendbar[342]. Nach dieser Auffassung regelt die Vorschrift des Art. 3 III EVÜ (zumindest analog) auch all diejenigen Fälle, in denen zwingendes Gemeinschaftsrecht besteht und nur mitgliedstaatliche Rechtsordnungen betroffen sind, weil es insoweit am notwendigen „Auslandsbezug" fehle.

716 Dagegen wird eingewendet, in diesen Fällen bestehe kein Bedarf für eine Analogie[343], weil gemäß Art. 20 EVÜ (Art. 3 II EGBGB) die zwingenden Bestimmungen des Gemeinschaftsrechts dem nationalen IPR generell vorgehen. Die Kritik übersieht

---

337 *Kropholler*, IPR § 52 II 3.

338 *Lando*, C.M.L.Rev. 1987, 181.

339 Daß es sich bei der Produkthaftung um zwingendes Recht handelt, zeigt Art. 12 ProdHaft-Richtlinie.

340 Art. 27 III EGBGB findet grundsätzlich nur auf vertragliche Schuldverhältnisse Anwendung. Er wird jedoch – aufgrund des zugrunde liegenden allgemeinen Rechtsgedankens – auch auf gesetzliche Schuldverhältnisse angewendet.

341 Vgl. schon BGH 30. 1. 1961, NJW 1961, 1061 = IPRspr. 1960/61 Nr. 39b; *Lüderitz*, IPR Rn. 273.

342 Art. 3 III EVÜ macht die Rechtswahl nicht insgesamt ungültig; zur dogmatischen Einordnung der Norm, vgl. Rn. 895.

343 *MünchKomm/Martiny*, Art. 27 Rn. 67.

allerdings, daß sich Art. 20 EVÜ nur ein Vorrang der gemeinschaftsrechtlichen Kollisionsnormen gegenüber nationalem Kollisonsrecht entnehmen läßt[344]. Jedoch verpflichten die meisten Richtlinien die Mitgliedstaaten nicht, Kollisionsrecht, sondern materielles Recht zu erlassen. Derartige auf Gemeinschaftsrecht beruhende Normen gehen dem nationalem IPR nicht gemäß Art. 20 EVÜ vor. Demnach besteht ein Bedarf für eine analoge Anwendung von Art. 3 III EVÜ (Art. 27 III EGBGB).

Art. 3 III EVÜ sollte dann analog angewendet werden, wenn reine Binnen- 717
marktsachverhalte die Anwendung von zwingenden Normen des Gemeinschaftsrechts ebenso rechtfertigen, wie reine Inlandsachverhalte die Anwendung von inländischen zwingenden Bestimmungen rechtfertigen.

Art. 3 III EVÜ sichert die Anwendung der zwingenden Normen des Staates, der ein alleiniges Interesse an dem Sachverhalt hat[345]. Beabsichtigt ist insbesondere der Schutz des Verbrauchers. Verhindert werden soll, daß die stärkere Vertragspartei auf die Wahl einer Rechtsordnung drängt, die den Verbraucher in seinen Rechten beschränkt[346]. Art. 3 III EVÜ unterbindet demnach eine Umgehung der zwingenden Bestimmungen des Staates, der an der Regelung des Sachverhalts ausschließlich interessiert ist.

Ein entsprechendes Interesse besteht auch in der Union bei reinen Gemein- 718
schaftssachverhalten und bei zwingenden Richtlinienvorgaben. Wenn Richtlinien bestehen, hat die Union ein Interesse an der Anwendung des Richtlinienrechts in der Union[347]. Dabei kann es sich, wie bei der Produkthaftung, auch um zwingendes Recht handeln. Bei zwingenden Richtlinienvorgaben ist es unzulässig, von dem einheitlichen Schutzstandard abzuweichen, denn alle gemeinschaftlichen Sachverhalte, die im Regelungsbereich der Richtlinie liegen, sollen gleich behandelt werden. Im übrigen werden zumindest die Verbraucherschutzrichtlinien von der Union erlassen, damit im Bereich ihrer Mitgliedstaaten ein einheitlicher Schutzstandard besteht. Bei reinen Binnenmarktsachverhalten soll auch eine Umgehung der zwingenden Richtlinienvorgaben verhindert werden. Insbesondere der Gerichtshof hat etwa durch seine Rechtsprechung zur unmittelbaren Wirkung von Richtlinien[348] und der „Francovich" Entscheidung [349] gezeigt, welche Bedeutung er der Umsetzungsverpflichtung der Mitgliedstaaten beimißt. Auch ist eine einheitliche Auslegung des Richtlinienrechts garantiert, so daß im Anwendungs- und Geltungsbereich einer Richtlinie gleiches zwingendes Recht entsteht.

Bei reinen Binnenmarktgeschäften existiert somit ebensowenig wie bei reinen 719

[344] Vgl. Rn. 557.

[345] BT-Drucks. 10/504, 77.

[346] *Lüderitz*, IPR Rn. 273.

[347] Weil die Mitgliedstaaten von den Richtlinienvorgaben nicht selbständig abweichen können, handelt es sich um ein ausschließliches Interesse der Union an den von einer Richtlinie erfaßten Sachverhalten.

[348] Vgl. Rn. 795ff.

[349] EuGH 19. 11. 1991, Rs. 6/90 und 9/90 (*Francovich u. a./Italienische Republik*), Slg. 1991, 5403; dazu Rn. 856ff.

Inlandsgeschäften ein anerkennenswerter Parteiwille, der ein Abweichen vom gemeinschaftlich-einheitlichen Standard rechtfertigen könnte. Eine Umgehung des einheitlichen Schutzstandards auf dem Wege der Rechtswahl würde den Interessen der Union widersprechen. Daher kann bei Sachverhalten mit ausschließlichem Bezug zum Binnenmarkt von zwingenden Richtlinienvorgaben nicht im Wege der Rechtswahl abgewichen werden.

V. EG-Rechtsangleichung und Renvoi

720 Gemäß Art. 4 I 1 EGBGB gilt für das deutsche IPR der Grundsatz der Gesamtverweisung (renvoi)[350]. Bei einer Verweisung auf das Recht eines anderen Staates, ist auch dessen IPR anzuwenden[351]. Fraglich ist, ob dieser Grundsatz auch in Rechtsgebieten gilt, die durch EG-Richtlinien angeglichen worden sind.

721 (1) Wenn man davon ausgeht, daß durch Richtlinien in der Union eine Rechtseinheit geschaffen werden kann, die es erlaubt, die maßgebliche Rechtsordnung auch ohne vorherige rechtsvergleichende Untersuchung unbestimmt zu lassen, ist eine Rück- oder Weiterverweisung ausgeschlossen. Aus dem „Offenlassen der Rechtswahl" folgt, daß auch das IPR der anderen Mitgliedstaaten unbeachtet bleiben kann, soweit es sich um reine EU-Sachverhalte handelt und der Rechtsstreit nur Fragen aufwirft, die in der Richtlinie selbst beantwortet werden. Soweit die Rechtsgleichheit reicht, ist die Fallösung ebenso unabhängig vom Kollisionsrecht der lex fori wie von der kollisionsrechtlichen Anknüpfung eines anderen Mitgliedstaates. Eine Rück- oder Weiterverweisung ist damit überflüssig!

722 (2) Diesem Ergebnis entspricht, daß Art. 4 I 1 EGBGB nicht gilt, sofern eine Rück- oder Weiterverweisung „dem Sinn der Verweisung widerspricht". Eine Rück- oder Weiterverweisung im Bereich des angeglichenen EG-Rechts wäre sinnwidrig, weil der Zweck einer Gesamtverweisung darin liegt, die internationale Entscheidungseinheit zu fördern[352]. Dasselbe Ziel wird auch mit der Rechtsangleichung verfolgt. Wenn aber schon durch die Rechtsangleichung eine internationale Entscheidungsharmonie erreicht wird, ist es nicht mehr notwendig, noch zusätzlich eine Rück- oder Weiterverweisung zu beachten. Der vereinfachende Effekt der Angleichung ginge zumindest teilweise verloren, wenn nicht auf das gleiche Sachrecht, sondern auf das Kollisionsrecht verwiesen wird[353].

---

[350] Allerdings ist zu beachten, daß einzelne Verweisungsnormen eine Rück- oder Weiterverweisung ausdrücklich ausschließen. So verweisen etwa Art. 12, 18 und 35 I EGBGB nur auf „Sachvorschriften".

[351] Damit ist nicht nur die Rück–, sondern auch die Weiterverweisung anerkannt, vgl. *Kropholler*, IPR § 24 II 1; *Lüderitz*, IPR Rn. 163.

[352] *Kropholler*, IPR § 24 I; *Lüderitz*, IPR Rn. 156.

[353] Vgl. zum renvoi im Einheitsrecht *Kropholler*, Einheitsrecht 337.

Ein Beispiel aus der Produkthaftung soll dies verdeutlichen: Im internationalen Deliktsrecht ist eine Rück- oder Weiterverweisung zu beachten[354]. Dies gilt im allgemeinen auch für die Produkthaftung. Eine Rück- oder Weiterverweisung bei der Produkthaftung widerspricht aber zumindest bei EU-Sachverhalten den Zielen der EG-Rechtsangleichung. In einem deutsch/englischen Produkthaftungsfall ist etwa die Frage, welches Recht darüber entscheidet, ob eine Sache ein „Produkt" ist, nicht entscheidungserheblich. Wenn aber die Fallösung nach deutschem Recht unabhängig von der anwendbaren Rechtsordnung ist, kann das Ergebnis auch nicht von der kollisionsrechtlichen Behandlung der englischen Rechtsordnung abhängig sein. Auch für einen englischen Richter ist es unerheblich, ob deutsches oder englisches Recht angewendet wird. 723

VI. EG-Rechtsangleichung und Eingriffsnormen

Das Bestehen von Richtlinien muß auch bei der Anknüpfung gemäß Art. 34 EGBGB (Art. 7 II EVÜ) berücksichtigt werden. Gemäß dieser Norm können – unabhängig vom Sachstatut – die Bestimmungen des Forumrechts angewendet werden, „die ohne Rücksicht auf das auf den Vertrag anzuwendende Recht den Sachverhalt zwingend regeln" (sogenannte Eingriffsnormen). Daß anhand von Art. 34 EGBGB über eine kollisionsrechtliche Berücksichtigung von Richtlinien diskutiert wird, ist kein Zufall[355]. Wenn eine Norm keine ausdrückliche Bestimmung über ihren internationalen Anwendungsbereich enthält, wird ihre Einordnung als Eingriffsnorm als fast „rechtsschöpferischer" Akt verstanden[356]. 724

Die durch Richtlinien geschaffene Rechtseinheit ist bei der Anwendung von Art. 34 EGBGB in zweifacher Weise zu berücksichtigen: Zum einen wird der Anwendungsbereich von Art. 34 EGBGB durch die Rechtsangleichung beschränkt (dazu unter 1). Zum anderen können aus der Tatsache, daß eine nationale Norm richtlinienkonform erlassen wurde, Rückschlüsse für die Anwendung von Art. 34 EGBGB gezogen werden (dazu unter 2). 725

1. Keine Sonderanknüpfung bei mitgliedstaatlichem Sachstatut

Inländische Gesetze sind nur dann Eingriffsgesetze, wenn sie – expressis verbis oder nach ihrem Sinn und Zweck – international angewendet werden wollen[357]. Sind aber Sachstatut und Eingriffsrecht identisch, entfällt die Frage einer Sonderanknüpfung. Eingriffsnormen können vielmehr nur sinnvoll korri- 726

---

[354] Vgl. BGH 21. 1. 1971, WM 1971, 527 = IPRspr. 1971 Nr. 1; *Kropholler*, IPR § 24 II 7 c; *Lüderitz*, IPR Rn. 310; *Ferid* 3–99,9; ausführlich dazu *MünchKomm/Kreuzer*, Art. 38 Rn. 23. Der Renvoi im internationalen Deliktsrecht wird zunehmend kritisiert, vgl. *MünchKomm/Sonnenberger*, Art. 4 Rn. 23; *Kropholler*, IPR § 24 II 7 c.

[355] Vgl. *Jayme*, IPRax 1990, 220 ff.; *Kindler*, Jahrbuch für Italienisches Recht 4 (1991) 31 ff.

[356] Vgl. *Coester*, ZVglRWiss. 82 (1983) 16; *Lorenz*, RIW 1987, 578; ausführlich dazu *Mäsch* 135 ff.

[357] Vgl. *Kropholler*, IPR § 3 II 2.

gierend eingreifen, soweit nach dem Sachstatut etwas anderes gilt. Wenn bereits das Sachstatut eine gleiche Regelung enthält, sollte diesem – als sachnächstem Recht – die Beurteilung des Sachverhalts überlassen bleiben. Eine Durchbrechung der regulären Anknüpfung mittels einer Sonderanknüpfung des inländischen Rechts ist nicht notwendig.

727 Für die Rechtsangleichung durch Richtlinien folgt daraus, daß – soweit eine Richtlinie verbindliche Vorgaben enthält – Transformationsnormen nur dann über Art. 34 EGBGB angewendet werden können, wenn ansonsten das Recht einen Nicht-Mitgliedstaates angewendet wird. Bei richtlinienkonformer Umsetzung ist gegenüber Mitgliedstaaten der EU eine Sonderanknüpfung von Transformationsnormen unnötig, weil dann schon das Sachstatut vergleichbare Regelungen enthält[358].

2. *Gemeinschaftsrecht als Eingriffsrecht*

728 Das Gemeinschaftsrecht kann aber nicht nur die Anwendung von Art. 34 EGBGB verhindern, sondern auch positiv die Anwendung von Art. 34 EGBGB ermöglichen oder gar verlangen.

Eine Anknüpfung gemeinschaftsrechtlicher Normen über Art. 34 EGBGB ist zumindest für das unmittelbar geltende Gemeinschaftsrecht nicht unbekannt (dazu unter a). Darüberhinaus stellt sich die Frage, ob und inwieweit umgesetztes Richtlinienrecht kollisionsrechtliche Eingriffsnormen darstellen kann (dazu unter b).

a) Unmittelbar geltendes Gemeinschaftsrecht als Eingriffsrecht

729 Der Wortlaut von Art. 34 EGBGB bezieht sich nur auf die zwingenden Bestimmungen des deutschen Rechts. Unbestritten umfaßt Art. 34 EGBGB aber auch unmittelbar geltende Eingriffsnormen des Gemeinschaftsrechts[359]. Schon aufgrund des Vorrangs des Gemeinschaftsrechts vor nationalen Normen müssen auch die zwingenden Bestimmungen des Gemeinschaftsrechts über Art. 34 EGBGB international durchgesetzt werden. Praktisch relevant ist die Durchsetzung von zwingendem Gemeinschaftsrecht über Art 34 EGBGB nur, wenn das Recht eines Nicht-Mitgliedstaates Sachstatut ist[360]. Gegenüber dem Recht eines Mitgliedstaates ist eine Sonderanknüpfung zwingender Gemeinschaftsrechtsbestimmungen nicht notwendig, weil dort die Konfliktlösung bereits über den Vorrang des Gemeinschaftsrechts erfolgt. Das entgegenstehende nationale Recht wird nicht angewendet. Es gilt unmittelbar das Gemeinschaftsrecht.

---

358 Ähnlich *Steindorff*, EuR 1981, 433.

359 *MünchKomm/Martiny*, Art. 34 Rn. 21.

360 Für Drittstaaten stellen die europäischen Eingriffsnormen ausländische Eingriffsnormen dar, vgl. *Siehr*, RabelsZ 52 (1988) 64, insbesondere Fn 107.

Ein Beispiel[361] für die Sonderanknüpfung von EG-Recht bildet Art. 85 II EG-Vertrag[362]. Gemäß Art. 85 II EG-Vertrag sind die in Art. 85 I EG-Vertrag definierten wettbewerbshindernden Vereinbarungen zwischen Unternehmen (Kartellverträge) nichtig. Für diese Norm entscheidet nicht das deutsche Recht über den internationalen Anwendungsbereich, sondern das Gemeinschaftsrecht. Nach der Rechtsprechung des EuGH[363] ist Art. 85 EG-Vertrag eine international zwingende Norm, weil sie eine über das Unionsgebiet hinausgehende Wirkung hat. Kollisionsrechtlich folgt daraus, daß Art. 85 II EG-Vertrag über Art. 34 EGBGB von dem deutschen Richter international anzuwenden ist. 730

b) Richtlinienkonformes Recht als Eingriffsrecht

Aufgrund von Richtlinien wird bekanntlich nur formell nationales Recht mit gemeinschaftsrechtlichen Inhalten gesetzt[364]. Es besteht somit kein unmittelbar wirkendes Gemeinschaftsrecht, das über Art. 34 EGBGB angewendet werden könnte. Kollisionsrechtlich bleibt freilich die Frage, ob und auf welche Art der gemeinschaftsrechtliche Ursprung einer Norm bei der Anwendung des Art. 34 EGBGB berücksichtigt werden kann. 731

aa) Zwingendes Richtlinienrecht

Richtlinien verpflichten nicht nur die nationalen Gesetzgeber, legislativ tätig zu werden, sondern auch die nationalen Gerichte, die Transformationsnormen richtlinienkonform zu interpretieren[365]. Für die Sonderanknüpfung gemäß Art. 34 EGBGB folgt aus dem Gebot der richtlinienkonformen Auslegung, daß immer, wenn eine Richtlinie international zwingendes Recht enthält, auch die nationalen Transformationsnormen Eingriffsnormen darstellen. Die Frage, ob eine Norm eine nationale Eingriffsnorm ist, muß daher in erster Linie anhand der zugrundeliegenden Richtlinie entschieden werden[366]. Dabei sind neben dem Richtlinienwortlaut auch die in den Erwägungsgründen aufgeführten Richtlinienziele zu beachten. Selbst die Rechtsprechung in den übrigen Mitgliedstaaten kann insoweit von Bedeutung sein. 732

---

361 Weitere supranationale Eingriffsnormen bestehen auf dem Gebiet des zwischenstaatlichen Handels- und Wettbewerbsrechts, vgl. *Martiny* in: Gemeinschaftsrecht und IPR 219; *Siehr*, RabelsZ 52 (1988) 63f.; *MünchKomm/Martiny*, Art. 34 Rn. 65.

362 Vgl. *Lando*, C.M.L.Rev. 1987, 207; *Droste* 193.

363 EuGH 25.11. 1971, Rs. 22/71 (*Bélguelin Import/G.L. Import Export*), Slg. 1971, 959f.; EuGH 27.9. 1988, verbundene Rs. 89, 104, 114, 116, 117 und 125 bis 129/85 (*Ahlström u.a.*), Slg. 1988, 5241; so auch das Schrifttum, vgl. *Knebel*, EuZW 1991, 265ff.; *Emmerich* 511.

364 Vgl. Rn. 605ff.

365 Vgl. Rn. 634ff.

366 *Droste* 194.

bb) Richtlinienkonformes Recht als Indiz für Eingriffsrecht

733 Die Einordnung einer Norm als Eingriffsnorm im Sinne des Art. 34 EGBGB erfolgt aufgrund einer wertenden Gesamtbetrachtung[367]. Bei dieser Gesamtbetrachtung kann der gemeinschaftsrechtliche Ursprung einer Norm in dreifacher Weise von Bedeutung sein:

734 (1) Zum einen hilft der Richtlinienursprung bei der Bestimmung, ob es sich bei den Umsetzungsnormen um eine Gemeinwohlvorschrift oder eine rein privatrechtliche Regelung handelt. Nach herrschender Meinung ist ein öffentlich-rechtlicher Regelungszweck (sog. Gemeinwohlvorschriften) ein wichtiges Indiz für das Vorliegen einer Eingriffsnorm. Ein rein privatrechtlicher Zweck ist hingegen eher ein Argument gegen die Anwendung von Art. 34 EGBGB[368]. Der Erlaß von Richtlinien deutet auf einen öffentlichrechtlichen Regelungszweck hin[369], da Rechtsangleichungsrichtlinien nur zulässig sind, soweit sie zur Errichtung oder zum Funktionieren des Gemeinsamen Marktes beitragen[370]. Der Gemeinsame Markt liegt im öffentlichen Interesse, so daß Transformationsnormen zumindest auch Gemeinwohlvorschriften sind.

735 (2) Zum zweiten kann – im begrenzten Umfang – für das Vorliegen einer Eingriffsnorm angeführt werden, daß vergleichbare Regelungen auch im Ausland gelten[371]. Enthält eine Bestimmung international anerkanntes Recht, spricht dies eher für das Vorliegen einer Eingriffsnorm, als wenn es sich um eine nationale Sondernorm handelt. Die Indizienwirkung wird noch verstärkt, wenn es sich nicht nur um einen „zufälligen", sondern um einen international gewollten Standard handelt[372]. Wenn eine Richtlinie umgesetzt wurde, besteht zumindest innerhalb der Union ein einheitlicher Rechtsstandard. Eine ordnungsgemäße Transformation vorausgesetzt, entsteht im Grundsatz gleiches Recht in heute zwölf europäischen Staaten[373]. Ohne weitere rechtsvergleichende Untersuchung kann daher davon ausgegangen werden, daß die nationalen Transformationsnormen international anerkanntes Recht und keine nationale Sondernormen sind.

---

367 Vgl. *MünchKomm/Sonnenberger*, Einl. Rn. 43; *Lorenz*, RIW 1987, 579; *Mäsch* 135ff.

368 *MünchKomm/Martiny*, Art. 34 EGBGB Rn. 12; *Radtke*, ZVglRWiss 84 (1985) 328; *Palandt/Heldrich*, 34 EGBGB Rn. 3; *Kropholler*, IPR § 3 II; *Staudinger/Firsching*, vor Art. 12 EGBGB Rn. 381; *Lorenz*, RIW 1987, 579; *Schubert*, RIW 1987, 731; kritisch dazu *Mäsch* 138ff.

369 So auch *Kothe*, EuZW 1990, 154.

370 Vgl. Art. 100 EG-Vertrag; die Richtlinie verfolgt keine rechtlichen Ziele um ihrer selbst willen, vgl. *Schwartz*, FS Hallstein 486.

371 Vgl. für das Paralellproblem im negativen ordre public, *Jayme*, ordre public 45; *Spickhoff* 91f.; *Wiethölter*, BerDGesVölkR 7 (1967), 176; *v. Bar*, IPR, Bd. I Rn. 127. Die Voraussetzungen für die Anwendung des positiven und negativen ordre public sind weitgehend identisch; *Kropholler*, IPR § 36 I.

372 BGH 17.9. 1968, BGHZ 50, 376 = IPRspr. 1968 Nr. 127b; dies gilt insbesondere, wenn es sich um einen gemeinschaftsrechtlichen Standard handelt; *Drobnig*, Cahiers 1970, 540; vgl. auch *Kropholler*, IPR § 36 III 2; *Jayme*, ordre public 51; *Schütz* 58; *Wiethölter*, BerDGesVölkR 7 (1967) 172.

373 Einzelne Richtlinien werden teilweise auch von Nicht-Mitgliedstaaten übernommen, vgl. z. B. für die ProdHaft Rn. 705.

(3) Drittens ist der gemeinschaftsrechtliche Ursprung einer Norm bei der Relativität der Anknüpfung nach Art. 34 EGBGB zu beachten. Neben einer Eingriffsnorm setzt die Anwendung von Art. 34 EGBGB voraus, daß eine Inlandsberührung des Sachverhalts besteht[374]. Bei Fällen, die ausschließlich das Ausland berühren, kommt eine Sonderanknüpfung gemäß Art. 34 EGBGB nicht in Betracht. Auch dieses ungeschriebene Tatbestandsmerkmal wird vom Gemeinschaftsrecht beeinflußt. Dazu haben sich im wesentlichen drei Auffassungen gebildet: 736

(a) Nach einer von Neuhaus zum positiven ordre public vertretenen Auffassung sind Maßnahmen dritter Staaten gegenüber Angehörigen anderer Mitgliedstaaten von den deutschen Gerichten so zu behandeln, wie Maßnahmen gegenüber eigenen Bürgern[375]. Begründet wird diese Ansicht mit Art. 6 EG-Vertrag (vormals Art. 7 EWG-Vertrag). Danach seien Diskriminierungen aus Gründen der Staatsangehörigkeit im Rahmen der Zielsetzung der Gemeinschaftsverträge verboten. Das Diskriminierungsverbot müsse auch bei der Bestimmung der Inlandsbeziehung für den ordre public gelten. Eine Differenzierung zwischen Deutschen und anderen mitgliedstaatlichen Staatsangehörigen würde eine Diskriminierung im Sinne von Art. 6 EG-Vertrag darstellen. 737

(b) Nach einer von Zweigert begründeten Auffassung ist die Beziehung zu einem anderen Mitgliedstaat als „Inlandsbeziehung" nur dann zu berücksichtigen, wenn sich die ergehende Entscheidung auf den Binnenmarkt insgesamt auswirkt[376]. Weil der Binnenmarkt auch Deutschland umfasse, könne da von einer Inlandsbeziehung ausgegangen werden. Solange die Union keinen einheitlichen Rechtsraum bilde, müsse ausschließlich auf das Forum abgestellt werden. 738

(c) Einer dritten Auffassung zufolge muß differenziert werden. In Rechtsgebieten, die aufgrund von Gemeinschaftsakten weitgehend angeglichen worden sind, könne ein Bezug zu einem anderen Mitgliedstaat als „Innenbeziehung" gewertet werden. Hingegen müsse in nicht harmonisierten Rechtsgebieten noch eine echte Inlandsbeziehung gefordert werden[377]. 739

(d) Gegen alle drei Meinungen bestehen Bedenken. Richtigerweise muß für die Frage der Inlandsbeziehung nach der Herkunft der Eingriffsnorm unterschieden werden, insbesondere also danach, ob der Eingriffscharakter sich aus dem nationalen Recht oder aus dem Gemeinschaftsrecht ergibt. 740

Die Differenzierung nach der Herkunft geht über die Unterscheidung der zuletzt genannten Auffassung hinaus. Auch in harmonisierten Rechtsgebieten kann sich der Eingriffscharakter einer Norm ausschließlich aufgrund der nationalen Transfor-

---

[374] Vgl. für den negativen ordre public *MünchKomm/Sonnenberger*, Art. 6 EGBGB Rn. 72ff.; *Schütz* 62ff. Eine Inlandsbeziehung ist auch für den positiven ordre public notwendig, vgl. *Kothe*, EuZW 1990, 153ff.

[375] *Neuhaus*, IPR 372; so auch *v. Caemmerer*, FS Hallstein 91f.; *Schütze* 70.

[376] *Zweigert*, FS Hallstein 568; so auch *MünchKomm/Sonnenberger*, Art. 6 EGBGB Rn. 77; *Martiny* in: Gemeinschaftsrecht und IPR 231.

[377] *Staudinger/Blumenwitz*, Art. 6 n.F. Rn. 116.

mationsnorm ergeben, etwa weil der nationale Gesetzgeber bei der Umsetzung dies ausdrücklich – ohne dazu verpflichtet zu sein – bestimmt.

741 Soweit sich der Eingriffscharakter einer Norm ausschließlich aus dem nationalen Recht ergibt, ist die von Zweigert begründete Auffassung vorzuziehen. In solchen Fällen ist eine Anwendung von Art. 34 EGBGB nur möglich, wenn der Sachverhalt Berührungspunkte zum Forumstaat aufweist. Es besteht kein Anlaß, die nationalen Rechtsvorstellungen ins Ausland zu exportieren. So kann es etwa gemeinschaftsrechtlich zulässig sein, den Verbraucher über Richtlinienvorgaben hinaus zu schützen. Der nationale Standard kann aber nicht über Art. 34 EGBGB durchgesetzt werden, wenn keine echte „Inlandsbeziehung", sondern nur eine Beziehung zur Union besteht. In solchen Fällen ist die geforderte Inlandsbeziehung auch keine Diskriminierung im Sinne von Art. 6 I EG-Vertrag. Das Diskriminierungsverbot erstreckt sich nur auf den Anwendungsbereich des Gemeinschaftsrechts[378]. Für die Anwendung des nationalen Rechts außerhalb des Gemeinschaftsrechts ist die Unterscheidung nach der Staatsangehörigkeit weiterhin zulässig.

742 Etwas anderes gilt jedoch bei Eingriffsnormen kraft Gemeinschaftsrecht, also dort, wo der Eingriffscharakter sich bereits aus der zugrundeliegenden Richtlinie ergibt. In diesen Fällen ist „Inlandsbeziehung" generell durch „Gemeinschaftsbeziehung" zu ersetzen. Die Anwendung von Art. 34 EGBGB ist dann auch möglich, wenn keine Beziehung zum Forumstaat besteht. Weil das zugrundeliegende Gemeinschaftsrecht auf die Union insgesamt abstellt, ist eine Beziehung zu jedem anderem Mitgliedstaat ausreichend, um Art. 34 EGBGB anzuwenden. In solchen Fällen würde es auch eine Diskriminierung bedeuten, Bürgern anderer Mitgliedstaaten den Schutz des Gemeinschaftsrechts zu versagen.

743 (4) Zusammenfassung: Die drei aufgeführten Gesichtspunkte bilden nur einzelne Merkmale, die für das Vorliegen einer Eingriffsnorm und eine Anknüpfung gemäß Art. 34 EGBGB sprechen. Ein mit dem Richtlinienbezug begründeter öffentlich-rechtlicher Bezug allein ist aber nicht ausreichend, um das Vorliegen einer Eingriffsnorm zu begründen, zumal nicht jede Gemeinwohlvorschrift ohne weiteres eine Eingriffsnorm ist, insbesondere wenn – wie bei der Produkthaftungsrichtlinie – hauptsächlich die Interessen des Privatrechtsverkehrs geschützt werden. Auch die internationale Geltung einer Vorschrift hat nur eine sehr begrenzte Indizfunktion für das Vorliegen einer Eingriffsnorm. Längst nicht jede Norm, die internationaler Standard ist, bildet eine Eingriffsnorm.

Daher kann aus dem europäischen Ursprung der Norm nicht auf das Vorliegen einer international zwingenden Norm geschlossen werden. Ob eine nationale Bestimmung international zwingenden Charakter besitzt, muß deshalb auch weiterhin nach dem nationalen Recht entschieden werden[379].

---

378 *v. d. Groben/Zuleeg*, Art. 7 Rn. 11.

379 Vgl. *Martiny* in: Gemeinschaftsrecht und IPR 234, der dafür auch auf die Neufassung des

VII. EG-Rechtsangleichung und ordre public

Seitdem erkannt wurde, daß das IPR vom Gemeinschaftsrecht beeinflußt wird, stand die Vorbehaltsklausel (Art. 6 EGBGB) im Brennpunkt der wissenschaftlichen Diskussion[380]. Der Grund dafür dürfte nicht im Europarecht, sondern vielmehr im Kollisionsrecht liegen. Die Vorbehaltsklausel (ordre public) ist ein Auffangstatbestand, welcher darauf abstellt, „ob das Ergebnis der Anwendung des ausländischen Rechts zu den Grundgedanken der deutschen Regelung und der in ihnen liegenden Gerechtigkeitsvorstellungen in so starken Widerspruch steht, daß es von uns für untragbar gehalten wird“[381]. Derartige interpretationsbedürftige Generalklauseln bieten naturgemäß eine mögliche „Einbruchstelle“ für das Gemeinschaftsrecht in das IPR[382]. 744

Der kollisionsrechtliche ordre public ist in Art. 6 EGBGB gesetzlich geregelt[383]. 745
Nachdem die Anwendbarkeit fremden Rechts festgestellt und dessen Inhalt ermittelt worden ist, wird auf der dritten Stufe das ausländische Recht auf den Sachverhalt angewendet. Erst das Ergebnis dieser Anwendung bildet den Prüfungsgegenstand der Vorbehaltsklausel[384].

Richtlinien können die Anwendung der Vorbehaltsklausel in zweifacher Weise beeinflussen. Zum einen können Richtlinien einen „europäischen ordre public“ schaffen (dazu unter 1). Zum anderen wird die Anwendung der Vorbehaltsklausel durch die Rechtsangleichung beschränkt (dazu unter 2).

---

§ 61 BörsG verweist, wo der Gesetzgeber wohl über Art. 34 EGBGB zwingendes deutsches Recht durchsetzen will; dazu *Samtleben*, NJW 1990, 2670ff.

[380] Vgl. *v. Brunn*, NJW 1962, 985ff.; *Hallstein*, RabelsZ 28 (1964) 217; *Zweigert*, FS Hallstein 566ff.; *Steindorff*, EuR 1981, 426ff.; *Martiny* in: Gemeinschaftsrecht und IPR 211 ff.

[381] BGH 17. 9. 1968, BGHZ 50, 376 = IPRspr. 1968/69 Nr. 127b; dazu *Jayme*, ordre public 9; *Neuhaus*, IPR 367f.; *v. Bar*, IPR, Bd.I Rn. 632 insbesondere Fn 520.

[382] *Brödermann*, MDR 1992, 91; vgl. BVerfG 4.5. 1971, BVerfGE 31, 86 = IPRspr.1971 Nr. 39; BGH 28. 4. 1988, BGHZ 60, 78 = IPRspr.1988 Nr. 25.

[383] Die Formulierung des Art. 6 EGBGB entspricht im wesentlichen der Auslegung des Art. 30 EGBGB a. F., so daß trotz des unterschiedlichen Wortlauts keine wesentlichen inhaltlichen Veränderungen gegenüber den früheren Anwendungen zu erwarten sind, vgl. BGH 14. 10. 1992, NJW 1993, 849; BGH 28. 4. 1988, BGHZ 60, 78 = IPRspr. 1988 Nr. 25; BT-Drucks. 10/504, 42; *v. Gronau* 114; *Jayme*, ordre public 11f. Für Einzelheiten zur kollisionsrechtlichen Behandlung des nationalen ordre public muß auf speziellere Publikationen verwiesen werden, vgl. *Jayme*, Methoden der Konkretisierung des ordre public im IPR; *Kropholler*, IPR § 36; *Lüderitz*, IPR Rn. 202ff.; *Spickhoff*, Der ordre public im IPR; *Kegel*, IPR 323ff.

[384] Vgl. *Spickhoff* 79; *Ferid* 3–13; *Staudinger/Blumenwitz*, Art. 6 EGBGB Rn. 83; anders wohl *Steindorff*, IPRax 1982, 50, der bei Binnenmarktfällen nicht allein auf das konkret ermittelte Ergebnis, sondern auf die ausländische Rechtsordnung insgesamt abstellen will. Diese Ansicht widerspricht jedoch dem Ausnahmecharakter des Art. 6 EGBGB. Gegenüber allen Staaten sollte auf das konkrete „Ergebnis“ der Rechtsanwendung abgestellt werden, vgl. BT-Drucks. 10/504, 43.

1. *Richtlinien als „europäischer ordre public"*[385]

746 Gemäß Art. 6 EGBGB ist eine ausländische Rechtsnorm nicht anzuwenden, „wenn ihre Anwendung zu einem Ergebnis führt, das mit wesentlichen Grundsätzen des deutschen Rechts offensichtlich unvereinbar ist". Entgegen dem Wortlaut umfaßt Art. 6 EGBGB aber nicht nur die wesentlichen Grundsätze des deutschen Rechts, sondern auch die wesentlichen Grundsätze des unmittelbar wirkenden Gemeinschaftsrecht (europäischer ordre public)[386]. Umstritten ist nur, ob es sich dabei um einen nationalen ordre public gemeinschaftsrechtlichen Ursprungs[387] oder einen selbständigen „internationalen" Ausschlußgrund[388] handelt.

747 Im Ergebnis ist der Streit ohne Bedeutung. Der Vorrang des Gemeinschaftsrechts verhindert die Anwendung ausländischen Sachrechts, wenn das Resultat einer solchen Rechtsanwendung mit wesentlichen Grundsätzen des unmittelbar geltenden Gemeinschaftsrechts unvereinbar ist. Ob das unmittelbar wirkende Gemeinschaftsrecht nun als nationaler ordre public mit „gemeinschaftsrechtlichem Ursprung" oder als eigenständiger ordre public angesehen wird, macht letztlich keinen Unterschied.

748 Wenngleich in der Praxis sehr selten, können Richtlinien „wesentliche Grundsätze" des Gemeinschaftsrechts enthalten. Derartige Grundsätze sind im Rahmen eines „europäischen ordre public" zu beachten. Auch insoweit ist es unerheblich, ob die in Richtlinien enthaltenen „wesentlichen Grundsätze" einen nationalen ordre public gemeinschaftsrechtlichen Ursprungs oder einen selbständigen gemeinschaftsrechtlichen ordre public bilden[389]. Der Richtlinienursprung ist schon aufgrund der Pflicht zur richtlinienkonformen Auslegung bei der Anwendung der Vorbehaltsklausel zu beachten. Aus der allgemeinen Richtlinienverpflichtung folgt, daß die in Richtlinien enthaltenen „wesentlichen Grundsätze" nach der Umsetzung auch wesentliche Grundsätze des nationalen Rechts sind. Somit ist die Frage, ob ein „wesentlicher Grundsatz" im Sinne von Art. 6 EGBGB vorliegt, nicht nur aufgrund des nationalen Rechts, sondern auch anhand der zugrundeliegenden Richtlinie zu entscheiden.

749 Für die Frage, wann eine Richtlinie „wesentliche Grundsätze" enthält, kann auf das zu Art. 34 EGBGB Gesagte verwiesen werden. Der innerstaatliche Richter ist zur Anwendung der Vorbehaltsklausel verpflichtet, wenn Richtli-

---

[385] Zu dem Begriff, vgl. *Schütz* 14ff.

[386] Allgemeine Ansicht, vgl. BGH 27.2. 1969, NJW 1969, 980; *Giuliano/Lagarde*, BT-Drucks. 10/503, 70; *Samtleben*, RabelsZ 45 (1981) 243f.; *v. Bar*, IPR, Bd.I Rn. 175; *Jayme*, ordre public 12; *Lüderitz*, IPR Rn. 217; *Drobnig*, Cahiers 1970, 540 insbesondere Fn 48; *Duintjer Tebbens*, Forty Years On 69; *IZVR/Martiny*, Bd. III/1 Rn. 983 mit Nachweisen auch für das französische Recht in Fn 2864.

[387] So *Kropholler*, IPR § 36 III 2; *Martiny* in: Gemeinschaftsrecht und IPR 222; *Spickhoff* 90; *Schütz* 38ff.; *Lüderitz*, IPR Rn. 217.

[388] So *Jaenicke*, BerDGesVölkR 7 (1967) 77f.; *Hofmann*, ZaöRV 49 (1989) 54.

[389] *Caemerer*, FS Hallstein 91, bezeichnet einen solchen ordre public im internationalen Bereich als einen „gemeinsamen ordre public der Vertragsparteien".

nienwortlaut, Richtlinienziele oder die Erwägungsgründe ergeben, daß es sich bei der geregelten Materie um „wesentliche Grundsätze" des Gemeinschaftsrechts handelt. Dabei ist die Rechtsprechung der anderen Mitgliedstaaten zu beachten.

Wenn Richtlinien keine „wesentlichen Grundsatz" des Gemeinschaftsrechts 750 enthalten, sollte das Vorliegen einer Richtlinie bei der Bestimmung der „wesentlichen Grundsätze" des nationalen Rechts herangezogen werden. Auch insoweit gilt das zu Art. 34 EGBGB Ausgeführte.

Die „wesentlichen Grundsätze" der deutschen öffentlichen Ordnung werden bis- 751 weilen durch Rechtsvergleichung ermittelt. Entspricht das ausländische Recht dem Recht anderer Staaten, scheidet eine Anwendung des ordre public meist aus. Widerspricht hingegen die Anwendung des ausländischen Rechts international anerkannten Rechtsstandards, liegt ein Eingreifen der Vorbehaltsklausel nahe. Eine rechtsvergleichende Untersuchung ist bei umgesetzten Richtliniennormen nur beschränkt notwendig. Der nationale Richter kann ohne weiteres davon ausgehen, daß die Norm zumindest in elf weiteren Staaten gilt.

Auch für die Inlandsbeziehung und Art. 6 EGBGB gilt das oben Gesagte[390]. Werden die „wesentlichen Grundsätze" einer Richtlinie entnommen, ist eine Beziehung zum Forumstaat für die Anwendung der Vorbehaltsklausel nicht mehr erforderlich. In solchen Fällen ist eine Beziehung zu einem anderen Mitgliedstaat ausreichend.

Im Ergebnis ist festzuhalten: Aufgrund des Richlinienursprungs allein kann 752 nicht auf einen „wesentlichen Grundsatz" des Gemeinschafts- oder nationalen Rechts geschlossen werden. Dem Richtlinienursprung kommt bei der Konkretisierung des ordre-public-Vorbehalts nur eine beschränkte Indizienwirkung zu. In den Fällen, in denen keine weiteren Indizien für „wesentliche Grundsätze" sprechen, kann eine Anwendung des Art. 6 EGBGB nicht begründet werden.

2. *Der ordre public zwischen den Mitgliedstaaten*

Wenn im Schrifttum von einem Einfluß des EG-Rechts auf den ordre public 753 die Rede ist, geht es meist um das Problem, wie und unter welchen Voraussetzungen das Gemeinschaftsrecht auf den nationalen ordre public einwirkt[391]. Dabei steht die Frage im Vordergrund, ob auch im Rechtsverkehr zwischen den

---

390 Für die Anwendung der Vorbehaltsklausel ist eine Inlandsbeziehung des Sachverhalts notwendig, BGH 14.10. 1992, NJW 1993, 849; *MünchKomm/Sonnenberger*, Art. 6 EGBGB Rn. 72ff.; *Schütz* 62ff.

391 Davon zu unterscheiden ist der ordre public im Gemeinschaftsrecht. In verschiedenen Artikeln, genannt seien exemplarisch Art. 36 EG-Vertrag für den Warenverkehr, Art. 48 II EG-Vertrag für die Freizügigkeit und Art. 56 I EG-Vertrag für die Niederlassungsfreiheit, wird ein mitgliedstaatlicher ordre public gegenüber dem Gemeinschaftsrecht geregelt. In diesen Artikeln wird den Mitgliedstaaten ein Abweichen von den Verpflichtungen des Gemeinschaftsrechts gestattet, wenn dies aus „Gründen der öffentlichen Ordnung und Sicherheit" notwendig ist.

EU-Mitgliedstaaten der nationale ordre-public-Vorbehalt angewendet werden kann.

a) Der ordre public im Gemeinschaftsrecht

754 Grundsätzlich gilt, daß die Anwendung der Vorbehaltsklausel vorsichtig erfolgen sollte und der ordre-public-Vorbehalt eng auszulegen ist. Verweist die kollisionsrechtliche Anknüpfung auf das Recht eines anderen Staates, sollte diesem Recht wegen seiner anerkanntermaßen stärkeren Beziehung zum Sachverhalt regelmäßig die rechtliche Beurteilung unkorrigiert überlassen bleiben[392].

755 Im Verhältnis zu anderen Mitgliedstaaten ergeben sich aufgrund des Gemeinschaftsrechts noch zusätzliche Fragen bei der Anwendung der Vorbehaltsklausel. Wegen des Vorrangs des Gemeinschaftsrechts ist ein Rückgriff auf Art. 6 EGBGB gemäß Art. 5 EG-Vertrag untersagt, wenn die Anwendung der Vorbehaltsklausel den EG-Vertrag verletzen würde[393].

Darüberhinaus bestehen Bedenken, ob die Vorbehaltsklausel überhaupt zwischen den Mitgliedstaaten der Union angewendet werden kann. Zweifel bestehen wegen der Vertragsziele der Gründungsverträge. Eine europäische Integration würde erschwert, wenn es – etwa mittels des ordre- public-Vorbehalts – Mitgliedstaaten möglich wäre, anderen Mitgliedstaaten einen Mangel an Übereinstimmung bei rechtlichen und sittlichen Grundvorstellungen im konkreten Fall zu attestieren[394]. Auch widerspräche ein allgemeiner Vorbehalt des nationalen Rechts den Zielen des Gemeinsamen Marktes, soweit die Anwendung der Vorbehaltsklausel zu einer Wettbewerbsverzerrung führt[395].

756 Trotz dieser Bedenken kann nicht davon ausgegangen werden, daß die Anwendung der Vorbehaltsklausel zwischen den Mitgliedstaaten der EU allgemein unzulässig ist. Eine derart einschneidende Änderung der nationalen Rechtsordnungen hätte ausdrücklich geregelt werden müssen[396]. Dies ist jedoch nicht geschehen. Im Gegenteil, auch das EuGVÜ und das EVÜ enthalten Vorbehaltsklauseln[397]. Daraus wird deutlich, daß das Gemeinschaftsrecht den Vorbehalt

---

[392] *Samtleben*, RabelsZ 45 (1981) 245; *Roth*, RabelsZ 55 (1991) 662.

[393] *Reischl*, in seinem Schlußantrag in der Sache EuGH 24. 10.1978, Rs 15/78 (*Koestler*), Slg. 1978, 1987; *Roth*, RabelsZ 55 (1991) 662; *Paefgen*, WRP 1991, 453.

[394] *Staudinger/Blumenwitz*, Art. 6 n. F. Rn. 60; *v. Brunn*, NJW 1962, 988; ähnlich *v. Bar*, IPR, Bd.I Rn. 175; *Engel*, Diskussionsbericht RabelsZ 52 (1988) 295; *Mestmäcker*, RabelsZ 52 (1988) 237, der insoweit von einer partiellen Solidaritätspflicht der Mitgliedstaaten spricht.

[395] *Bleckmann*, RIW 1981, 654; auch *Duintjer Tebbens*, Forty Years On 69f.

[396] So auch *Raeschke-Kessler*, EuZW 1990, 148; *Spickhoff* 89.

[397] Die Vorbehaltsklausel des Art. 16 EVÜ wurde in Deutschland fast wörtlich in Art. 6 EGBGB übernommen. Das EuGVÜ schränkt den ordre-public-Vorbehalt zwar ein, indem es ihn bezüglich der erstinstanzlichen Zuständigkeiten nicht zuläßt (Art. 28 III EuGVÜ), erlaubt ihn jedoch in Art. 27 Nr. 1 als Anerkennungshindernis, vgl. auch *Martiny* in: Gemeinschaftsrecht und IPR 226.

des ordre public nicht grundsätzlich ablehnt. Das bedeutet freilich nicht, daß der kollisionsrechtliche ordre-public-Vorbehalt unabhängig vom Gemeinschaftsrecht angewendet werden kann[398]. Aus Art. 5 EG-Vertrag ergibt sich zumindest die Pflicht, die nationale Vorbehaltsklausel zurückhaltend anzuwenden, soweit dadurch Vertragsziele berührt werden[399]. Daher darf Art. 6 EGBGB nicht angewendet werden, soweit gemeinschaftliche Regelungen bestehen. Darüberhinaus sollte in wirtschaftlichen Bereichen von der Vermutung ausgegangen werden, daß das Recht der Mitgliedstaaten mit dem deutschen ordre public übereinstimmt[400].

Verfahrensrechtlich ist zu beachten, daß auch für den nationalen ordre public 757 der Vorrang des Gemeinschaftsrechts gilt und daß insoweit eine Pflicht zur Vorlage gemäß Art. 177 EG-Vertrag an den Gerichtshof bestehen kann.

b) Ausschluß des ordre public-Vorbehalts

Nach erfolgter Umsetzung wird im Anwendungs- und Regelungsbereich 758 einer Richtlinie in den Mitgliedstaaten gleiches Recht geschaffen. Dies hat einen weitgehenden Ausschluß der kollisionsrechtlichen Vorbehaltsklausel zur Folge.

(1) Erstens ist die auf den ordre public gestützte Abwehr des harmonisierten 759 Rechts anderer Mitgliedstaaten ausgeschlossen[401]. Harmonisiertes oder vereinheitlichtes Recht garantiert den Betroffenen nämlich gleichwertige Normen und ein gleiches Ergebnis. Die Anwendung von ausländischem Recht kann nicht dem ordre public widersprechen, wenn das eigene Recht dem ausländischen entspricht. Bei Rechtsgleichheit wird keine Vorbehaltsklausel mehr benötigt[402]. Folglich darf bei einem Verweis auf harmonisiertes mitgliedstaatliches Recht der ordre-public-Vorbehalt nicht mehr beachtet werden[403].

(2) Zweitens kann davon ausgegangen werden, daß in Bereichen, in denen 760 Erlaß und Umsetzung einer Richtlinie nicht zu einer Rechtseinheit führen, eine Anwendung der Vorbehaltsklausel nicht möglich ist[404]. Auch wenn eine Richtlinie kein gleiches Recht schafft, etwa dort, wo eine Richtlinie Regelungsoptionen erlaubt, werden durch die Anwendung eines mitgliedstaatlichen Rechts keine wesentlichen Grundsätze des nationalen Rechts berührt. Wenn eine Richtlinie in ihrem Regelungsbereich Rechtsunterschiede erlaubt, kann daraus ge-

---

398 Anders *Spickhoff* 89f.

399 *Zweigert*, FS Hallstein 567; *Samtleben*, RabelsZ 45 (1981) 254; *Raeschke-Kessler*, EuZW 1990, 148; *v. Brunn*, NJW 1962, 988; *Steindorff*, EuR 1981, 435.

400 *v. Bar*, IPR, Bd.I Rn. 175.

401 *Steindorff*, EuR 1981, 434; *Roth* 701f.; *MünchKomm/Sonnenberger*, Einl. Rn. 110; *Duintjer Tebbens*, Forty Years On 68f.; *Paefgen*, WRP 1991, 453.

402 *Martiny* in: Gemeinschaftsrecht und IPR 225; *Samtleben*, IPRax 1992, 363.

403 Soweit die Rechte der Mitgliedstaaten angeglichen sind, ist auch der gemeinschaftsrechtliche ordre-public-Vorbehalts, etwa Art. 36 EG-Vertrag, ausgeschlossen, vgl. EuGH 20. 2. 1979, Rs. 120/78 (*Cassis de Dijon*), Slg. 1979, 649ff.; *Mathijsen*, European Community 137.

404 So für das Versicherungsrecht *Roth* 701.

schlossen werden, daß sämtliche unterschiedliche Umsetzungsmöglichkeiten innerhalb der Union anerkannt und akzeptiert werden. Gemeinschaftrechtlich legitimierte Umsetzungsmaßnahmen können dann im Ergebnis keine wesentlichen Grundsätze des nationalen Rechts verletzen[405]. Mit dem Wesen einer Richtlinie und den Zielen der Rechtsangleichung wäre es unvereinbar, einen wesentlichen Gesichtspunkt innerhalb des Anwendungsbereichs einer Richtlinie in das Regelungsermessen der Mitgliedstaaten zu stellen. Alles andere würde der vertrauensbildenen Wirkung von Richtlinien widersprechen[406].

761 Für die Produkthaftung folgt zum Beispiel daraus, daß etwa auch das nach dem Recht eines anderen Mitgliedstaates gewährte Schmerzensgeld bei Produkthaftungsfällen nicht mehr am deutschen ordre public scheitern darf. Dies gilt, obwohl das Recht des Schmerzensgelds nicht von der Richtlinie angeglichen wurde.

Das nationale Gericht ist insoweit von einer Prüfungspflicht befreit.

VIII. Zusammenfassung

762 Durch die Umsetzung von EG-Richtlinien wird in ihrem Anwendungs- und Regelungsbereich gleiches Recht geschaffen. Die Angleichung der mitgliedstaatlichen Rechtsordnung, verbunden mit der Auslegungskompetenz des Gerichtshofes, kann dem nationalen Richter die Lösung international-privatrechtlicher Fälle erleichtern.

763 (1) Erstens kann der nationale Rechtsanwender davon ausgehen, daß – soweit eine Richtlinie verbindliche Vorgaben enthält und der Sachverhalt nur Mitgliedstaaten berührt – die mitgliedstaatlichen Rechtsordnungen zu dem gleichen Ergebnis kommen werden. Insoweit ist ein „Offenlassen der Rechtswahl" ohne vorherige rechtsvergleichende Untersuchung möglich und zulässig. Dies wird praktische Schwierigkeiten und Kosten bei der kollisionsrechtlichen Anknüpfung vermindern. Das in Richtlinien enthaltene Recht läßt sich in der Regel zuverlässig mit Hilfe leicht zugänglicher deutschsprachiger Werke ermitteln. Der nationale Richter ist nicht auf fremdsprachige Quellen angewiesen[407].

764 (2) Die EG-Rechtsangleichung durch Richtlinien ermöglicht aber nicht nur ein „Offenlassen der Rechtswahl". Darüberhinaus kann in Rechtsgebieten, soweit eine Rechtsangleichung stattgefunden hat, von einer Sachnormverweisung ausgegangen werden. Eine Gesamtverweisung ist überflüssig, weil bei rein mitgliedstaatlichen Sachverhalten die Fallösung unabhängig von der kollisions-

[405] Dieser Gedanke entspricht dem Prinzip der „gegenseitigen Anerkennung" gemäß Art. 100b EG-Vertrag, dazu *Blaurock*, JZ 1994, 273.

[406] *Taschner*, GS Constantinesco 780.

[407] Vgl. *Brödermann*, MDR 1992, 92. Dem stand bislang entgegen, daß die deutschen Gesetzessammlungen, – etwa der „Schönfelder" oder „Satorius" – meist nicht auf den Richtlinienursprung einer Norm hinwiesen. Der Richter wußte demnach oft nicht, daß er umgesetztes Richtlinienrecht anwendet, vgl, *Hilf*, EuR 1993, 17. In Zukunft sind von „Amts wegen" Hinweise auf den gemeinschaftsrechtlichen Ursprung von Normen beabsichtigt.

rechtlichen Anknüpfung des Forums und den anderen beteiligten Rechtsordnungen ist.

(3) Weiter schränkt die Rechtsangleichung die Rechtswahlfreiheit im Schuldrecht ein. Entgegen dem Grundsatz der Parteiautonomie können die Vertragsparteien bei rein mitgliedstaatlichen Sachverhalten nicht auf dem Wege der Rechtswahl von den zwingenden Richtlinienvorgaben abweichen. Insoweit gilt Art. 3 III EVÜ (Art. 27 III EGBGB) analog. 765

(4) Auch die Anwendung des positiven und negativen ordre-public-Vorbehalts wird von der EG-Rechtsangleichung beeinflußt. Im Verhältnis zu anderen Mitgliedstaaten ist im Anwendungs- und Regelungsbereich von Richtlinien weder eine Sonderanknüpfung gemäß Art. 34 EGBGB noch eine Anwendung der Vorbehaltsklausel zulässig. Darüberhinaus können sich aus dem Richtlinienursprung Indizien ergeben für die Frage, ob eine nationale Eingriffsnorm oder ein „wesentlicher Grundsatz" des nationalen Rechts vorliegt. 766

(5) Im Ergebnis kann festgehalten werden, daß das nationale IPR im Verhältnis zu anderen EU-Mitgliedstaaten durch die Rechtsangleichung mehr und mehr an Bedeutung verlieren wird. Zum einen werden immer mehr detaillierte Richtlinien im Privatrecht erlassen. Zum anderen werden bereits bestehende Richtlinien überarbeitet und Angleichungslücken geschlossen. Beides führt dazu, daß in der Union einheitliches Recht entsteht, wodurch die kollisionsrechtliche Anknüpfung stark vereinfacht wird. Dies gilt auch für die Produkthaftung: Mit fortschreitender Angleichung des materiellen Produkthaftungsrechts wird in Zukunft das IPR der Produkthaftung weitgehend an Bedeutung verlieren. 767

Kapitel 3: Richtlinienwidriges Recht und IPR[1]

768 Die bisherigen Ausführungen gingen davon aus, daß die Rechtsordnungen durch Richtlinien angeglichen wurden. Die kollisionsrechtlichen Wirkungen wurden unter der Voraussetzung geprüft, daß Richtlinien ordnungsgemäß umgesetzt worden sind[2]. Dabei hat sich ergeben, daß durch die Umsetzung von Richtlinien – abhängig vom Richtlinieninhalt – in den Mitgliedstaaten gleiches nationales Recht entsteht, in dessen Regelungsbereich die kollisionsrechtliche Anknüpfung stark vereinfacht wird, ohne daß sich das konkrete Ergebnis im Einzelfall ändert.

769 Die Rechtsangleichung in der Union ist aber auch dann kollisionsrechtlich zu beachten, wenn bei einem internationalen Sachverhalt nicht alle betroffenen Rechtsordnungen angeglichen sind. Berührt etwa ein Sachverhalt neben mitgliedstaatlichen Rechtsordnungen auch die Rechtsordnungen von Drittstaaten, gibt es keinen Grund, von Rechtsgleichheit auszugehen. Dennoch ist zumindest bei der Anknüpfung zwingender Normen (Art. 34 EGBGB) oder der Anwendung der Vorbehaltsklausel (Art. 6 EGBGB) der gemeinschaftsrechtliche Ursprung einer nationalen Norm auch gegenüber Drittstaaten zu beachten[3].

770 Rechtsunterschiede im Bereich des angeglichenen Rechts können aber nicht nur im Verhältnis zu Drittstaaten, sondern auch im Verhältnis der Mitgliedstaaten untereinander auftreten, nämlich wenn ein Mitgliedstaat seiner Umsetzungsverpflichtung gemäß Art. 189 III EG-Vertrag nicht nachgekommen ist[4].

Gemeinschaftsrechtlich ist die Nicht-Umsetzung von Richtlinien problematisch, weil der Gemeinsame Markt dadurch behindert wird, obwohl die Union ihrerseits alles getan hat, um einheitliche rechtliche und wirtschaftliche Voraussetzungen in den Mitgliedstaaten zu schaffen. Solange es aber an einer ordnungsgemäßen Umsetzung fehlt, wird die angestrebte Harmonisierung der nationalen Rechtsordnungen vereitelt oder zumindest verzögert. Mit Ausnahme eines wenig effektiven Vertragsverletzungsverfahrens (Art. 169 EG-Vertrag) steht das Gemeinschaftsrecht dem weitgehend schutzlos gegenüber[5].

---

[1] Zu diesem Kapitel verdanke ich verschiedene Hinweise einer Diskussion im Rahmen der Referentenbesprechung des Max-Planck-Instituts für ausländisches und internationales Privatrecht in Hamburg.

[2] Der ordnungsgemäßen Umsetzung steht die Umsetzung gleich, die eine richtlinienkonforme Auslegung zuläßt, vgl. *Götz*, NJW 1992, 1855; dazu 534ff.

[3] Vgl. Rn. 733ff.

[4] Der Nicht-Umsetzung sind die Fälle gleichzusetzen, in denen die Umsetzung unwirksam ist und eine richtlinienkonforme Auslegung am Wortlaut des nationalen Rechts scheitert, vgl. *Fischer*, NVwZ 1992, 637.

[5] Um die Effektivität des Gemeinschaftsrecht zu erhöhen, hat der Gerichtshof Richtlinien

Durch die fehlerhafte Umsetzung entstehen kollisionsrechtliche Konflikte, etwa wenn das nationale IPR auf richtlinienwidriges mitgliedstaatliches Recht verweist[6]. Es stellt sich in solchen Fällen die Frage, ob sich aus der nicht ordnungsgemäßen Umsetzung von Richtlinien gemeinschaftsrechtliche Vorgaben für das Kollisionsrecht ergeben. Dies soll im folgenden am Beispiel der Gran-Canaria-Fälle untersucht werden. 771

In diesen Fällen haben deutsche Staatsangehörige auf Gran Canaria/Spanien verschiedene Haushaltsgegenstände, meist Bettwäsche oder Wollwaren, gekauft. Verkäufer der in Deutschland hergestellten oder zumindest vertriebenen Ware ist eine in Spanien ansässige Firma. In dem deutschsprachigen Kaufvertrag wurde u. a. vereinbart, daß der Verkäufer die Kaufpreisforderung an den deutschen Hersteller abtritt und daß die Lieferung direkt vom Hersteller erfolgt. Außerdem wurde eine Rechtswahl zugunsten des spanischen Rechts getroffen. Viele der deutschen Urlauber versuchten, den Kaufvertrag gegenüber der Lieferfirma und dem Verkäufer zu widerrufen und von ihren Vertragsverpflichtungen zurückzutreten. Die Wirksamkeit dieser Widerrufe hat in der Vergangenheit viele Gerichte in Deutschland beschäftigt und zu zahlreichen unterschiedlichen Entscheidungen geführt[7]. 772

§ 6 Die Nicht-Umsetzung von Richtlinien – am Beispiel der HausTW-Richtlinie –

Die Gran-Canaria-Fälle wurden zu einem kollisionsrechtlichen und gemeinschaftsrechtlichen Problem, weil die Fälle im Regelungsbereich der Richtlinie „betreffend den Verbraucherschutz im Falle von außerhalb von Geschäftsräumen geschlossenen Verträgen“[8] (HausTW-Richtlinie) liegen und der Käufer nach den verbindlichen Richtlinienvorgaben von dem in Spanien geschlossenen Vertrag innerhalb von sieben Tagen hätte zurücktreten können. Spanien hatte die Richtlinie nicht fristgemäß in sein nationales Recht transformiert[9]. 773

teilweise eine unmittelbare Wirkung zuerkannt und einzelnen Unionsbürgern Schadenersatzansprüche gegen die Mitgliedstaaten zugebilligt (vgl. Rn. 795ff.).

[6] Vgl. etwa *Küstner/Manteuffel*, BB 1990, 299 und *Kindler*, RIW 1990, 364 für das IPR im Handelsvertreterrecht.

[7] Vgl. Rn. 543.

[8] Richtlinie des Rates vom 20. 12. 1985, 85/577 EWG, ABl. vom 31. 12. 1985, Nr.L 372/31 ff. Vgl. Anhang II.

[9] Wenn Spanien die Richtlinie fristgemäß in sein nationales Recht transformiert hätte, wäre eine kollisionsrechtliche Anknüpfung weitgehend überflüssig gewesen, weil der Käufer sowohl nach deutschem als auch nach spanischem Recht vom Vertrag hätte zurücktreten können.

I. Die HausTW-Richtlinie und ihre Umsetzung

774 Die HausTW-Richtlinie ist wie die ProdHaft-Richtlinie eine Angleichungsrichtlinie gemäß Art. 100 EG-Vertrag[10]. Durch sie werden die mitgliedstaatlichen Vorschriften über Verträge zwischen Gewerbetreibenden und Verbraucher angeglichen, die nicht in den Geschäftsräumen des Gewerbetreibenden zustandekommen sind.

775 Die Richtlinie verpflichtet die Mitgliedstaaten, den Gefahren des sogenannten „Direktmarketings" zu begegnen. Charakteristisch für ein „Direktmarketing" ist, daß der Verbraucher unvorbereitet zu Vertragsverhandlungen veranlaßt wird und somit keine Möglichkeit hat, Qualität und Preis mit anderen Angeboten zu vergleichen[11]. Um die Gefahr eines unüberlegten Kaufes zu mindern, muß dem Verbraucher die Möglichkeit gegeben werden, den Vertrag noch einmal zu überdenken, um gegebenenfalls zurückzutreten[12].

1. Richtlinienvorgaben

776 Die HausTW-Richtlinie besteht aus den Erwägungsgründen (7 Absätze) und 10 Artikeln. Einige Parallelen zur Produkthaftungsrichtlinie sind erkennbar. Auch die HausTW-Richtlinie enthält zwingendes Recht (Art. 6), wobei günstigere Verbraucherschutzvorschriften zulässig sind (Art. 8)[13].

In Art. 1 der HausTW-Richtlinie wird der sachliche Anwendungsbereich definiert. Danach erfaßt die Richtlinie Verträge, die zwischen einem Verbraucher und einem Gewerbetreibenden während eines von dem Gewerbetreibenden organisierten Ausflugs oder anläßlich eines Besuchs bei dem Verbraucher geschlossen werden[14]. Die Begriffe „Verbraucher" und „Gewerbetreibender" werden in Art. 2 definiert.

Art. 3 regelt Ausnahmen und Optionsmöglichkeiten. Von besonderem Interesse

---

[10] Kritisch dazu *Hommelhoff*, AcP 192 (1992) 73; zur Geschichte der Richtlinie, vgl. *Krämer*, Verbraucherrecht Rn. 200ff.

[11] Absatz 4 der Erwägungsgründe der Richtlinie, ABl. Nr.C L 372/31; vgl. auch BGH 12.6. 1991, WM 1991, 1634; zum Direktvertrieb bei Haustürgeschäften, *Teske/Simon*, Recht und Ökonomie 315ff.

[12] Zu den Maßnahmen, die mit dem Erlaß der Haustürwiderrufsrichtlinie verhindert werden sollten, vgl. *Krämer*, Verbraucherrecht Rn. 201f., insb. Fußnote 15.

[13] So könnten die Mitgliedstaaten Haustürgeschäften insgesamt verbieten; ein gesetzliches Rücktrittsrecht ist weniger einschneidend als ein Verbot derartiger Geschäfte, vgl. EuGH 16.5. 1989, Rs. 382/87 (*Buet und SARL/Ministère public*), Slg. 1989, 1248 = EuZW 1990, 69.

[14] Die Bestimmungen der Richtlinie finden keine Anwendung, sofern der Besuch des Gewerbetreibenden auf ausdrücklichen Wunsch des Verbrauchers erfolgt ist. Allerdings gilt die Richtlinie auch für Verträge über andere Warenlieferungen oder Dienstleistungen als diejenigen, für die der Verbraucher den Gewerbetreibenden um einen Besuch gebeten hat, sofern der Verbraucher zum Zeitpunkt seiner Bitte nicht gewußt hat oder nicht wissen konnte, daß die Lieferung bzw. Erbringung dieser anderen Waren oder Dienstleistung zu den gewerblichen oder beruflichen Tätigkeiten des Gewerbetreibenden gehört (Art. 1 II).

ist die Regelung in Absatz 1. Danach besteht die Möglichkeit, Bagatellgeschäfte vom Geltungsbereich der Richtlinie auszunehmen. Bagatellgeschäfte sind Geschäfte, die im Wert 60 ECU (ca. 120 DM) nicht übersteigen. Die Regelungen der Richtlinie gelten im übrigen nicht für Immobilien–, Wertpapier–, Versicherungs- und Katalogverträge[15] (Absatz 2).

Die entscheidenden Bestimmungen enthalten Art. 4 und 5 der HausTW-Richtlinie. Der Verbraucher ist danach berechtigt, innerhalb von mindestens sieben Tagen nach Vertragsschluß von dem Vertrag zurückzutreten. Die Frist gilt als gewahrt, wenn die Anzeige vor Fristablauf abgesendet wird (Art. 5 I). Um sicherzustellen, daß der Verbraucher von seiner Rücktrittsmöglichkeit Kenntnis hat, verpflichtet Art. 4 den Gewerbetreibenden, den Käufer über sein Widerrufsrecht schriftlich zu belehren. 777

2. *Die Umsetzung der HausTW-Richtlinie*

Entsprechend den Vorgaben der Richtlinie müßte auch in den Gran-Canaria-Fällen ein Widerrufsrecht des Verbrauchers bestehen[16]. Die Kaufverträge wurden dort in einer Art und Weise abgeschlossen, daß gemäß den Richtlinienvorgaben der Käufer ein sieben-tägiges Widerrufsrecht hätte haben müssen. Inbesondere handelte es sich bei den bekannt gewordenen Fällen nicht um Bagatellgeschäfte im Sinne von Art. 3 I der Richtlinie. Zu einem Problem wurden die Gran-Canaria-Fälle nur, weil Spanien die Richtlinie nicht fristgemäß in das nationale Recht transformiert hatte[17]. 778

a) Umsetzung im deutschen Recht

In Deutschland wurde die Richtlinie durch das Gesetz über den Widerruf von Haustürgeschäften und ähnlichen Geschäften (HausTWG)[18] umgesetzt[19]. In § 1 779

---

[15] Katalogverträge sind Verträge über die Lieferung von Waren und die Erbringung von Dienstleistungen, die anhand eines Katalogs eines Gewerbetreibenden geschlossen werden, den der Verbraucher in Abwesenheit des Vertreters des Gewerbetreibenden eingehend zur Kenntnis nehmen konnte. Katalog wie Vertrag müssen einen Hinweis enthalten, daß der Verbraucher dem Lieferer die Waren mindestens binnen sieben Tagen nach Erhalt zurückzusenden oder innerhalb dieser Frist vom Vertrag zurückzutreten kann.

[16] Wäre anstelle der Richtlinie eine Verordnung ergangen, hätten die deutschen Touristen zumindest innerhalb von sieben Tagen von dem Vertrag zurücktreten können. Das Verordnungsrecht würde angewendet werden, gleichgültig welches mitgliedstaatliche Recht kollisionsrechtlich auf den Fall anzuwenden wäre.

[17] Gemäß Art. 2 des Abkommens über den Beitritt Spaniens zur EG vom 12. 6. 1985 (ABl. Nr.L vom 15. 11. 1985, 302ff.) hätte die Richtlinie mit dem 1. 1. 1986 in spanisches Recht transformiert sein müssen. Sonderregelungen waren insoweit nicht vorgesehen, vgl. *Lange* 135.

[18] BGBl. I vom 16. 1. 1986, 122; ausführlich dazu *Gilles*, NJW 1986, 1131ff.

[19] Das HausTWG wurde am 14. 11. 1985 zeitlich vor der Richtlinie (20. 12. 1985) erlassen.

HausTWG wird dem Verbraucher ein Recht auf Widerruf bei Haustürgeschäften gewährt. Die Willenserklärung des Käufers wird erst endgültig wirksam, wenn sie nicht binnen Wochenfrist widerrufen wird. Innerhalb dieser Woche ist der Vertrag in einem „Schwebezustand". Zur Wahrung der Frist ist das rechtzeitige Absenden des Widerrufs ausreichend. Die Frist beginnt mit der schriftlichen Belehrung des Kunden über seine Widerrufsrecht. Für den Zeitpunkt dieser Belehrung trägt der Verkäufer die Beweislast (§ 2 II HausTWG)[20].

780 Das HausTWG gilt für Verhandlungen am Arbeitsplatz, im Bereich der Privatwohnung, auf einer von dem Verkäufer – oder in seinem Interesse – durchgeführten Freizeitveranstaltung, sowie für Verhandlungen in Verkehrsmitteln oder auf öffentlich zugänglichen Verkehrswegen (§ 1 I HausTWG)[21]. Ausgenommen sind Bagatellgeschäfte bis DM 80.–, notariell beurkundete Willenserklärungen, sämtliche Versicherungsverträge[22], Kataloggeschäfte und andere Verträge[23].

b) Umsetzung im spanischen Recht

781 Spanien hat die HausTW-Richtlinie erst am 21. 11. 1991 in das nationale Recht umgesetzt[24]. In Art. 1 des Umsetzungsgesetzes wird der Anwendungsbereich definiert. Danach ist das Gesetz auf alle Verträge zwischen Gewerbetreibenden und Verbrauchern anwendbar, sofern sie außerhalb der Geschäftsräume des Gewerbetreibenden abgeschlossen werden. Das Umsetzungsgesetz gilt ausdrücklich auch für Vertragsabschlüsse in der Wohnung oder am Arbeitsplatz des Verbrauchers. Nicht erwähnt werden Vertragsabschlüsse anläßlich von Frei-

---

Gleichwohl stellt das HausTWG einen Umsetzungsakt dar, der richtlinienkonform zu interpretieren ist, vgl. BT-Drucks. 10/4210, 9; *Sack*, BB 1987, 1054; *MünchKomm/Ulmer*, HausTWG vor § 1 Rn. 17; *Werner/Machunsky*, Vor § 1 Rn.3.

20 Vgl. *Sack*, BB 1987, 1048ff.; *Gaul*, NJW 1987, 2852.

21 *Huff*, VuR 1988, 306ff.

22 Zu den Versicherungsverträgen *Teske*, ZRP 1990, 412ff.

23 Ordnungsgemäß wurde die Richtlinie auch in *Belgien*, „Loi du 13.8. 1986 relative à l'exercice des activités ambulantes aussi que ses activités d'exécution" und „Projèt de loi 826/1 sur les pratiques de commerce et sur l'information et la protection du consommateur accompagné des amendements apportés due articles 71 à 74; l'arrêté royal du 10.7. 1972 relatif à l'indication des prix; *Griechenland*, Arrêté ministériel commun No. f 1–59 vom 16.7. 1990; *Großbritannien*, Consumer Protection – Cancellation of Contracts concluded away from business premises, Regulations 1987 [Bd. I 1987, Nr. 2117]; *Dänemark*, Lov Nr. 862 vom 23.12. 1987; *Frankreich*, Loi Nr. 89–421 vom 23.6. 1989 relative à l'information et à la protection des consommateurs aussi qu'a diverses pratiques commerciales; *Portugal*, Decreto-Lei No. 272/87 vom 3.7. 1987; *Holland*, Wet vom 3.7. 1989; *Luxemburg*, Loi vom 5.3. 1970 sur le colportage et les professions ambulantes; vgl. auch Art. 7 und 8 des neuen luxemburgischen Gesetzes über den Rechtsschutz des Verbrauchers vom 25.8. 1983, Mémorial, A-Nr. 70, 1494ff.; *Irland*, Statutory Instrument No. 224 zu Nr. 73 v.12.9. 1989. umgesetzt. Hingegen fehlt eine Umsetzung bislang in *Italien*. Insoweit ist ein Vertragsverletzungsverfahren eingeleitet worden, Verfahrensnummer A 89/011.

24 Ley 26/1991 de 21 de noviembre sobre contratos celebrados fuere de los establecimientos mercantiles, veröffentlicht im „Boletín Oficial del Estado" vom 26.11. 1991, vgl. dazu *Vestweber*, RIW 1992, 678ff.

zeitveranstaltungen. Derartige Verträge fallen jedoch unter die allgemeine Rubrik der außerhalb von Geschäftsräumen geschlossenen Verträge[25].

Art. 2 definiert die Verträge, auf die das Gesetz nicht anwendbar ist. Insoweit übernimmt das spanische Recht im wesentlichen den Wortlaut der Richtlinie. Außerdem gilt das Gesetz nicht für Bagatellgeschäfte unter 8000 Pts. (ca. 120 DM). 782

Art. 5 regelt das Widerrufsrecht: Gemäß Ziffer 1 kann der Verbraucher seine Willenserklärung ohne Angabe von Gründen bis sieben Tage nach Empfang der Ware widerrufen. Ziffer 2 bestimmt, daß der Widerruf formlos erfolgen kann. 783

Die Gran-Canaria-Fälle wurden – wie gesagt – zu einem gemeinschafts- und kollisionsrechtlichen Problem, weil das spanische Umsetzungsrecht erst am 16. 12. 1991 in Kraft getreten ist[26]. Die Verträge, welche die deutschen Gerichte in den Gran-Canaria-Fällen beschäftigten, wurden vor diesem Zeitpunkt abgeschlossen. Sie waren daher nach der Rechtslage vor der Umsetzung zu beurteilen[27]. 784

Vor der Umsetzung der Richtlinie enthielt das spanische Recht kein Widerrufsrecht des Verbrauchers bei Verträgen, die außerhalb von Geschäftsräumen geschlossen wurden. Zwar hatten einige der spanischen „comunidades Autónomas[28]" (autonomen Gemeinschaften) Verbraucherschutzgesetze erlassen, welche die „venta domiciliaria" (Haustürgeschäfte) regelten[29]. Diese Gesetze wurden jedoch meist von dem spanischen Verfassungsgericht (Tribunal Constitucional) für unwirksam erklärt, weil sie gegen die bundesstaatliche Kompetenz für zivilrechtliche Gesetzgebung verstießen[30]. 785

Das spanische Parlament machte lange Zeit von ihrer zivilrechtliche Gesetzgebungskompetenz für die Haustürgeschäfte keinen Gebrauch. Das am 19. 7. 1984 786

[25] So auch *Vestweber*, RIW 1992, 678.

[26] Gegen Spanien war bereits ein Vertragsverletzungsverfahren eingeleitet worden – Verfahrensnummer A 90/566. Zu einer Entscheidung ist es nicht mehr gekommen. Grundsätzlich ist zu bemerken, daß Spanien bei der Umsetzung von Verbraucherschutzrichtlinien auch ansonsten sehr langsam ist, vgl. *Lange* 135.

[27] Zu den Übergangsbestimmungen des spanischen Umsetzungsrechts, vgl. *Vestweber*, RIW 1992, 680.

[28] Spanien ist, wie Deutschland, ein föderaler Staat; zur Gesetzgebung in Spanien, vgl. *Lange* 135 ff.

[29] Vgl. z. B. für Katalonien Art. 12–16 des Gesetzes Nr. 1/83 vom 18. 2. 1983; für Valencia Art. 22 des Gesetzes Nr. 8/1986 vom 29. 12. 1986; Art. 15–31 des baskischen Gesetzes Nr. 8/1983 vom 19. 5. 1983; zitiert nach *Jayme*, IPRax 1990, 220/221; *ders.*, RabelsZ 55 (1991) 323 Fn 76.

[30] In den Gesetzen wurde eine Behinderung der Einheit des nationalen Marktes und des freien Warenverkehrs gesehen. Dies verstieße gegen Art. 149 I Ziff. 8 Constitución Española (CE), Sentencia del Tribunal Constitucional Nr. 71/1982 vom 30. 11. 1982. Die Kanarischen Inseln und weitere neun comunidades Autónomas konnten den Haustürverkauf nicht selbständig regeln, weil ihnen bezüglich des Verbraucherschutzes nur Exekutivbefugnisse, d. h. nur eine Ausführungskompetenz für die staatlichen Gesetze, zustehen, vgl. die „función ejecutiva" gemäß Art. 33 lit. c des Autonomiestatuts für die Kanarischen Inseln vom 10. 8. 1982 (Ley Orgánica 10/1982). Die Bestimmungen des katalanischen Rechts über die „venta domiciliaria" wurden hingegen für verfassungsgemäß gehalten, Sentencia del Tribunal Constitucional Nr. 88/1986 vom 1. 7. 1986, vgl. *Jayme*, IPRax 1990, 221 Fn 13.

zum Schutze des Verbrauchers erlassene „Ley General para la Defensa de los Consumidores y Usuarios (LGDCU)[31]“ sah kein Widerrufsrecht des Verbrauchers bei Haustürgeschäften vor. Im Gegenteil: Gemäß Art. 10 Nr. 1 c (2) LGDCU[32] ist sogar zweifelhaft, ob ein einseitiges Widerrufsrecht des Verbrauchers in den Gran-Canaria-Fällen überhaupt zulässig gewesen wäre. Nach dieser Bestimmung sind Klauseln unzulässig, die dem Käufer ein Widerrufsrecht einräumen. Allerdings wurden die Ausnahmetatbestände des Art. 10 Nr. 1 c (2) LGDCU – Verkauf durch die Post, in der Wohnung oder nach Mustern – zugunsten des Verbrauchers großzügig interpretiert[33]. Art. 10 Nr. 1 c (2) kann jedoch nicht soweit ausgelegt werden, daß ein Vertrag um eine Widerrufsmöglichkeit ergänzt wird[34]. Weil in den Gran-Canaria-Fällen kein Widerrufsrecht vereinbart worden war, stand den Verbrauchern vor der Umsetzung der Richtlinie in Spanien kein Widerrufsrecht zu[35].

II. Die verspätete Umsetzung von EG-Richtlinien

787 Obwohl zumindest die Angleichungsrichtlinien gemäß Art. 100 EG-Vertrag einstimmig vom Rat und der Kommission verabschiedet werden, ist das Umsetzungsverhalten der Mitgliedstaaten auch ansonsten mangelhaft[36].

---

31 Allgemeines Gesetz zum Schutz der Verbraucher und Benutzer, Boletín Oficial del Estado Nr. 176 vom 24. 7. 1984, abgedruckt bei *v. Hippel* 401 ff.; vgl. auch *Frühlingsdorf*, RIW 1985, 99; *Rau*, Kurzinformation zu Spanien, RabelsZ 49 (1985) 588.

32 Art. 10 LGDCU übersetzt von *Rau* bei *v. Hippel* 404 f.:

„Die Klauseln, Bedingungen oder Abmachungen, die allgemein auf Angebot, Förderung oder Verkauf von Produkten oder Dienstleistungen Anwendung finden [...], müssen folgende Voraussetzungen erfüllen:

[a) – b) ...]

c) Treu und Glauben, sowie gerechtes Gewicht der Gegenleistungen, was unter anderem ausschließt:

[(1) ...]

(2) Klauseln, welche einer der Parteien die Befugnis einräumen, nach Belieben den Vertrag aufzulösen, ausgenommen gegebenenfalls diejenigen, welche dem Käufer beim Verkauf durch die Post, in seiner Wohnung oder nach Mustern zuerkannt sind.

(3) Mißbräuchliche Klauseln, d. h. Klauseln, die in unverhältnismäßiger oder unbilliger Weise den Verbraucher schädigen oder welche im Vertrag eine ungleichwertige Stellung zwischen den Rechten und den Pflichten der Parteien zum Nachteil der Verbraucher oder Benutzer schaffen. „

33 In der spanischen Literatur wird diese Vorschrift als verbraucherfeindlich kritisiert, *Fuchs* 131; vgl. auch *Bercovitz/Bercovitz* 205 f.

34 Vielmehr könnten lediglich bereits bestehende Widerrufsmöglichkeiten weit interpretiert werden, vgl. auch ein unveröffentlichtes Gutachten des Max-Planck-Instituts vom 15. 5. 1990, Institutszeichen G 25/89.

35 Außerhalb von vertraglichen Abreden ist nach spanischem Recht nur die Aufhebung (rescisión) von Verträgen (Art. 1290–1299 C.c.) und die Nichtigkeit von Verträgen (nulidad de los contratos)(Art. 1300–1314 C.c.) möglich. Beide Fallgruppen sind an enge Voraussetzungen

Häufigster Umsetzungsfehler ist die verspätete Transformation der Richtlinien in das nationale Recht[37]. Jede Richtlinie muß innerhalb einer bestimmten Frist in das innerstaatliche Recht umgesetzt werden. Die Frist ist in den Richtlinien angegeben; sie richtet sich nach Art und Umfang der geregelten Rechtsmaterie und den zu erwartenden Umsetzungsschwierigkeiten[38]. Innerhalb der Frist können die Mitgliedstaaten den konkreten Umsetzungszeitpunkt selbst bestimmen[39]. Obwohl dies zu einem unterschiedlichen Inkrafttreten der nationalen Transformationsgesetze führt, wird die Rechtsangleichung in der Union dadurch nicht in Frage gestellt[40]. Zwar entsteht innerhalb der Frist ein unübersichtlicher und uneinheitlicher Rechtszustand in der EU, aber dieser Zeitraum ist im Verhältnis zu anderen legislativen Vereinheitlichungsmaßnahmen eher kurz[41]. 788

1. *Nicht-Umsetzung von Richtlinien und Kollisionsrecht*

Die Nicht-Umsetzung von Richtlinien bereitet nicht nur gemeinschaftsrechtliche Schwierigkeiten. Häufig entstehen aus der Nicht-Umsetzung von Richtlinien Konflikte, die erst bei Fällen mit Auslandsberührung deutlich werden. So können etwa Mitgliedstaaten oder deren Bürger durch die Nicht-Umsetzung eines anderen Mitgliedstaates benachteiligt werden. 789

Wenn in den Mitgliedstaaten in den angeglichenen Bereichen unterschiedliches Recht besteht, sind drei Fälle denkbar, in denen die Nicht-Umsetzung von Richtlinien zu einem kollisionsrechtlichen Problem werden kann[42]. 790

---

gebunden und bei den Gran-Canaria-Fällen nicht einschlägig, vgl. *Taupitz*, BB 1990, 647; ausführlich dazu: *Lange* 64 ff.; *Böhm* 24 ff.

[36] In dem 6. Bericht über die Verwirklichung des Binnenmarktes, Kom (91) 237, weist die Kommission darauf hin, daß nur 72% der auf EU-Ebene getroffenen Maßnahmen fristgemäß in nationales Recht umgesetzt werden, vgl. auch EuZW 1991, 483; *Urlesberger*, WBl. 1991, 253; vgl. auch die schleppende Umsetzung der ProdHaft-Richtlinie (Rn. 681 ff.); allgemein zur Umsetzungsbereitschaft der Mitgliedstaaten, Stellungnahmen des Europäischen Parlaments vom 22. 2. 1991, EuZW 1991, 231; *Schuster* 78 f.; *Hilf*, EuR 1993, 8; *Anderson*, B.C. Intl & Comp. L. Rev. 1988, 94 ff.

[37] Vgl. *Curtin*, C.M.L.Rev. 1990, 709 f.; *Timmermans*, RabelsZ 48 (1984) 30; allerdings ist in jüngster Zeit eine Besserung festzustellen, weil in einzelnen Mitgliedstaaten, etwa Italien, Rahmengesetze erlassen wurden, in denen den nationalen Regierungen die Ermächtigung zur Umsetzung einzelner Richtlinien erteilt wird, vgl. *Winkler*, EuZW 1992, 445.

[38] Die Umsetzungsfristen sind häufig sehr kurz, und es werden realistischere Zeiträume gefordert, vgl. *Herber*, EuZW 1991, 402 f.; *Everling*, FS Carstens 111; *Oldekop* 167; so betrug etwa die Frist für die Umsetzung der ProdHaft-Richtlinie 3 Jahre (Art. 19 I) und für die HausTW-Richtlinie 2 Jahre (Art. 9 I) jeweils nach Bekanntgabe.

[39] Vgl. BVerwG 5. 6. 1992, JZ 1992, 278.

[40] So aber *Freyer*, EuZW 1991, 50.

[41] Die Ausarbeitung und Umsetzung von völkerrechtlichen Übereinkommen dauert im Durchschnitt 14–20 Jahre; dagegen treten vergleichbare Verordnungen und Richtlinien in 4–15 Jahren in Kraft, vgl. *Schwartz*, FS v. Caemmerer 1080 ff.

[42] Die Nicht-Umsetzung von Richtlinien bereitet nur dann kollisionsrechtliche Schwierigkeiten, wenn nicht richtlinienkonformes mitgliedstaatliches Recht angewendet wird. Unpro-

(1) Der Forumstaat wendet sein Recht an, hat aber eine Richtlinie – im Gegensatz zu anderen beteiligten Rechtsordnungen – nicht umgesetzt.

(2) Der Forumstaat hat die Richtlinie ordnungsgemäß transformiert, sein IPR verweist aber auf das Recht eines Mitgliedstaates, der seiner Umsetzungsverpflichtung nicht nachgekommen ist.

(3) Weder der Forumstaat noch die berufene Rechtsordnung haben die Richtlinie umgesetzt.

Die Fälle sind kollisionsrechtlich problematisch, weil bei Auslandssachverhalten die Entscheidung darüber, ob richtlinienwidriges Recht angewendet wird, dem Kollisionsrecht überlassen ist.

2. *Das Vertragsverletzungsverfahren*

791 Die Nicht-Umsetzung von Richtlinien wären weder ein gemeinschaftsrechtliches noch ein kollisionsrechtliches Problem, wenn nach Fristablauf ihre Umsetzung gemeinschaftrechtlich erzwungen werden könnte[43]. Ein solches Verfahren ist zumindest in Ansätzen vorhanden[44].

792 Kommt ein Mitgliedstaat seiner Umsetzungsverpflichtung nicht nach, so kann die Kommission ein Gemeinschaftsaufsichtsverfahren einleiten[45]. Wird dabei festgestellt, daß eine Richtlinie nicht oder nur unzulänglich[46] umgesetzt wurde, so kann gegen den Mitgliedstaat ein Vertragsverletzungsverfahren gemäß Art. 169 EG-Vertrag eingeleitet werden[47]. Ist die Klage erfolgreich[48], so ist

---

blematisch ist hingegen der Fall, wenn nur die berufene Rechtsordnung die Richtlinienbestimmungen umgesetzt hat. Hier gelangt bestimmungsgemäß das Gemeinschaftsrecht zur Anwendung.

[43] In diesem Fall bliebe nur noch das geringe Problem der intertemporalen Rechtsanwendung bis zur erzwungenen Umsetzung.

[44] Vgl. *Teske*, EuR 1992, 265ff.

[45] Darstellung bei *Schuster*, EWG-Richtlinie 80ff.; *Zuleeg*, JöR 20 (1971) 52ff.; der Kommission obliegt gemäß Art. 155 EG-Vertrag die Kontrolle der Richtlinienumsetzung, daneben können aber auch die Mitgliedstaaten gemäß Art. 170 I und IV EG-Vertrag ein derartiges Verfahren einleiten. *Hilf*, EuR 1993, 16f. hält die Kommission mit ihrer Aufgabe für überfordert. So waren 1991 insgesamt 354 Verstöße gegen die Umsetzungsverpflichtung registriert worden, jedoch wurde nur in 55 Fällen das Gericht angerufen.

[46] Auch bei nur geringfügigen Abweichungen ist ein Vertragsverletzungsverfahren zulässig, vgl. EuGH 14.7. 1977, Rs. 123/76 (*Kommission/Italien*), Slg. 1977, 1448f.

[47] 75% aller Vertragsverletzungsverfahren erfolgten im Jahre 1988 aufgrund von fehlerhaften Transformationsmaßnahmen, vgl. *Nicolaysen*, Europarecht I 239; eine ausführliche Darstellung des Vertragsverletzungsverfahrens mit dem Vorverfahren findet sich bei: *Schilling*, Der Staat 1990, 182f.; *Bleckmann*, Europarecht Rn. 509ff.; *Oppermann* Rn. 627ff.; *Karoff*, RabelsZ 48 (1984) 657ff.; *Grabitz/Langeheine*, Art. 100 Rn. 68.

[48] Derartige Vertragsverletzungsverfahren sind meist erfolgreich, weil die bloße Tatsache der Nicht-Umsetzung für eine Verurteilung des Mitgliedstaates ausreichend ist; eine Rechtfertigung oder Entschuldigung für die Nicht-Umsetzung ist nicht möglich, vgl. EuGH 27.2. 1992, RS 377/90, EWS 1993, 257; *Anderson*, B. C. Int'l & Comp. L.Rev. 1988, 104f.; *Hilf*, EuR 1993, 16.

der verurteilte Mitgliedstaat gemäß Art. 171 EG-Vertrag verpflichtet, die sich aus dem Urteil ergebenden Konsequenzen zu ergreifen.

Das Vertragsverletzungsverfahren kann eine rechtzeitige Umsetzung von 793
Richtlinien in den Mitgliedstaaten aber nicht garantieren, weil der EG-Vertrag keine wirkungsvollen Maßnahmen zur Vollstrekung von EuGH-Entscheidungen enthält[49]. Zwar ist der Gerichtshof neuerdings gemäß Art. 171 II EG-Vertrag berechtigt, die Zahlung eines Pauschalbetrages oder Zwangsgeldes zu verhängen, wenn ein Mitgliedstaat einem Urteil nicht nachkommt. Da aber eine Vollstreckung des Zwangsgeldes nicht vorgesehen ist – Art. 192 EG-Vertrag bleibt insoweit unverändert –, kann auch der neue Art. 171 EG-Vertrag keine einheitliche und fristgemäße Umsetzung von Richtlinien erzwingen[50]. Das gilt umso mehr, wenn – wie im Verbraucherschutzrecht – oft wichtige wirtschaftlich Interessen einzelner Migliedstaaten betroffen sind[51]. Die Zaghaftigkeit dieser Sanktion zeigt vielmehr, daß die Mitgliedstaaten nicht gewillt sind, Verstöße gegen die Umsetzungsverpflichtung wirkungsvoll zu ahnden[52].

Das Vertragsverletzungsverfahren kann zwar eine ordnungsgemäße Um- 794
setzung von Richtlinien nicht garantieren. Es darf jedoch nicht übersehen werden, daß in der Praxis die Entscheidungen des EuGH einen erheblichen politischen Druck zur Umsetzung auf die Mitgliedstaaten ausüben[53]. Dennoch ist es bedauerlich, daß einzelne umsetzungsunwillige Staaten die Rechtsangleichung jahrelang verhindern und damit den Integrationsprozeß insgesamt beeinträchtigen können.

§ 7 Unmittelbare Wirkung von EG-Richtlinien

Das Vertragsverletzungsverfahren ist nicht ausreichend, um eine Umset- 795
zung von Richtlinien zu garantieren[54]. Daher erstaunt es nicht, daß der Gerichtshof immer wieder nach Mitteln gesucht hat, um den Vorrang des Ge-

---

49 Siehe dazu *Tsikrikas* 177; *Ipsen*, Gemeinschaftsrecht 530ff.; *Hilf*, EuR 1988, 9. Anders Art. 88 III EGKSV, welcher allerdings nicht ein einziges Mal angewendet worden ist, vgl. *Teske*, EuR 1992, 269. Zu weiteren Sanktionsmöglichkeiten der Union auf dem Gebiet der Agrarpolitik, vgl. EuGH 27. 10. 1992, DVBl 1993, 713.

50 So auch *Teske*, EuR 1992, 285; *Gellermann* 258. Eine indirekte Sanktionsmöglichkeit hat der EuGH neuerdings im Urteil 19. 11. 1991, Rs. 6/90 (*Francovich*), Slg. 1991, 5403 entwickelt, wonach Mitgliedstaaten, die eine Richtlinie nicht fristgemäß umsetzen, einem dadurch Geschädigten zum Schadenersatz verpflichtet sind, vgl. dazu Rn. 856ff.

51 Vgl. *Khan*, ZAR 1992, 163.

52 *Ewert*, RIW 1993, 882.

53 Zur Akzeptanz von EuGH-Entscheidungen, vgl. *Urlesberger*, WBl. 1991, 253; *Arnold*, FS Neumayer 17.

54 Es werden daher andere, effektivere Maßnahmen verlangt *Schuster* 74ff.; *Timmermans*, RabelsZ 48 (1984) 32f.; Stellungnahme des Europäischen Parlaments vom 22. 2. 1991, EuZW 1991, 232; *Haneklaus*, DVBl. 1993, 131.

meinschaftsrechts zu sichern und die Nicht-Umsetzung von Richtlinien zu sanktionieren. In diesen Bereich fällt auch die Diskussion um die unmittelbare Wirkung von EG-Richtlinien[55]. Wenn Richtlinien eine unmittelbare Wirkung zuerkannt werden kann, käme dies einer „automatischen Ersatzvornahme bei Fristüberschreitung“ sehr nahe[56]. Unabhängig von ihrer Umsetzung müßten Richtlinienbestimmungen innerstaatlich angewendet werden.

I. Unmittelbare Wirkung und Kollisionsrecht

796 Eine unmittelbare Wirkung von Richtlinien würde nicht nur den Vorrang des Gemeinschaftsrechts sichern, sondern auch die kollisionsrechtliche Anknüpfung nachhaltig beeinflussen. So könnten etwa infolge einer unmittelbaren Wirkung von Richtlinien die Gran-Canaria-Fälle ohne Rückgriff auf das Kollisionsrecht gelöst werden. Wegen des Vorrangs des Gemeinschaftsrechts würde eine unmittelbare Anwendung von Richtlinien das Kollisionsrecht sogar ausschließen[57].

797 Aufgeworfen wurde die Frage einer unmittelbaren Wirkung der HausTW-Richtlinie in den Gran-Canaria-Fällen vom OLG Hamm[58]. Eine unmittelbare Wirkung wurde verneint, weil nach der Meinung des Gerichts Richtlinien auf den Kanarischen Inseln nicht gelten.

798 Diese Auffassung ist zumindest in ihrer Begründung nicht zutreffend. Gemäß Art. 25 des spanischen Beitrittsvertrages zur EG[59] gilt das Gemeinschaftsrecht grundsätzlich auch für die Kanarischen Inseln[60]. Die Kanarischen Inseln gehören nur nicht zum Zollgebiet der Union. Daher gilt dort nicht das Gemeinschaftsrecht, das mit der Einfuhr oder Ausfuhr von Waren unmittelbar verbunden ist[61]. Weil indes die HausTW-Richtlinie keine derartigen Regelungen enthält, gilt sie auch für die Kanarischen Inseln[62].

---

[55] Auch bei der unmittelbaren Wirkung von Richtlinien handelt es sich letztlich um eine Sanktion, vgl. *Lenz*, DVBl. 1990, 909; *Constantinesco* 627; *Spetzler*, RIW 1989, 363f.; *Magiera*, DÖV 1985, 939; *Richter*, EuR 1988, 401; *Curtin*, C.M.L.Rev. 1990, 709; *Teske*, EuR 1992, 270; *Khan*, ZAR 1992, 163; *Ewert*, RIW 1993, 882.

[56] Vgl. *Khan*, ZAR 1992, 163.

[57] Anders *Mäsch* 154, der meint, daß über eine unmittelbare Anwendung von Richtlinien bei den Gran-Canaria-Fällen nur deshalb diskutiert wird, weil die Gerichte das Problem kollisionsrechtlich nicht lösen können.

[58] OLG Hamm 1. 12. 1988, IPRax 1990, 243 = IPRspr. 1988, Nr. 21b; so auch LG Hamburg 29. 3. 1990, RIW 1990, 6661 = IPRspr. 1990 Nr. 30; AG Wuppertal 12. 6. 1993, VuR 1993, 59.

[59] Vertrag vom 12. 6. 1985, Dokumente betreffend den Beitritt Spaniens zur EG, ABl. Nr. L 302, 1ff.; BGBl. II 1985, 1249.

[60] Vorbehaltlich nur der Ausnahmen, die im Beitrittsprotokoll Nr. 2 enthalten sind.

[61] Das gleiche gilt für Bereiche der Agrarwirtschaft und der Fischereipolitik.

[62] So auch AG Bremerhaven 27. 6. 1990, NJW-RR 1990, 1084 = IPRspr. 1990 Nr. 39; *Taupitz*, BB 1990, 647; *Kothe*, EuZW 1990, 151 Fn5; *Lange* 138; *Böhm* 24; vgl. auch *Jayme*, IPRax 1990, 221, der in Fn 19 auch auf spanische Gerichtsentscheidungen und Literatur zur „aplicación directa“ verweist; *ders.*, RabelsZ 55 (1991) 325.

Die vom OLG Hamm gestellte Frage, ob die HausTW-Richtlinie unmittelbar 799 in den Gran-Canaria-Fällen angewendet werden kann, wird in einigen neueren Gerichtsentscheidungen bejaht[63]. Nach dieser Rechtsprechung hat der Verbraucher in den Gran-Canaria-Fällen ein Widerrufsrecht, unabhängig von der Frage, ob deutsches oder spanisches Recht angewendet wird. Wenn spanisches Recht anzuwenden wäre, ergäbe sich ein Widerrufsrecht des Urlaubers aus einer unmittelbaren Anwendung der HausTW-Richtlinie[64].

Fraglich ist, ob eine solche unmittelbare Richtlinienwirkung in den Gran-Canaria-Fällen gemeinschaftsrechtlich zulässig ist.

II. *Begriff der unmittelbaren Wirkung*

Ob Richtlinien unmittelbar wirken, wird seit vielen Jahren in der Gemein- 800 schaft kontrovers diskutiert[65].

Schon die exakte Begriffsbestimmung bereitet Schwierigkeiten. So wird anstelle von „unmittelbarer Wirkung" auch von „Dritt- bzw. Direktwirkung"[66] oder „unmittelbarer Geltung bzw. Anwendbarkeit"[67] gesprochen, wobei die Begriffe teilweise synonym, teilweise mit unterschiedlicher Bedeutung verwendet werden[68]. Der wohl überwiegende Teil des Schrifttums verwendet den Begriff „unmittelbare Wirkung"[69].

Mit dem EuGH läßt sich die unmittelbare Wirkung des Gemeinschaftsrechts 801 folgendermaßen definieren:

„Unmittelbare Geltung bedeutet, daß die Bestimmungen des Gemeinschaftsrechts ihre volle Wirkung einheitlich in sämtlichen Mitgliedstaaten vom Zeitpunkt ihres Inkrafttretens an und während der gesamten Dauer ihrer Gültigkeit entfalten müssen. Diese Bestimmungen sind somit unmittelbare Quelle von Rechten und Pflichten für alle diejenigen, die sie betreffen, einerlei, ob es sich um

63 OLG Celle 28.8. 1990, RIW 1991, 421 ff. = EuZW 1990, 550 ff. = IPRspr. 1990 Nr. 41; LG Wiesbaden 14.8. 1990, MDR 1991, 156 f.; LG Konstanz 17.6. 1992, NJW-RR 1992, 1333; AG Bremerhaven 27.6. 1990, NJW-RR 1990, 1083 ff. = IPRspr. 1990 Nr. 39. So auch das OLG Stuttgart 8.1. 1988, NJW-RR 1988, 558 f. für einen Sachverhalt ohne Auslandsberührung.

64 So auch *Reich*, Förderung und Schutz 175 i. V. m. 45; *ders.*, VuR 1989, 160; *ders.*, ZHR 153 (1989) 590; auch *Taupitz*, BB 1990, 648 räumt ein, daß sich mit einer unmittelbaren Richtlinienwirkung am ehesten ein Rücktrittsrecht begründen läßt.

65 Vgl. nur *Groß*, JuS 1990, 522 ff.; *Jarass*, NJW 1990, 2420 ff.; *Lenz*, DVBl. 1990, 903 ff.; *Pieper*, DVBl. 1990, 684 ff.; *Steiner*, L.Q.Rev. 1990, 144 ff.; *Emmert*, EWS 1992, 56; *Weymüller*, RIW 1991, 501; *Winkler*, EuZW 1992, 443 ff.; *Fischer*, NVwZ 1992, 635.

66 *Dendrinos* 1 ff.; *Pieper*, DVBl. 1990, 684 ff.; *Bach*, JZ 1990, 1111 ff.; *Oldekop*, JöR 21 (1972) 101 ff.; *Seidel*, NJW 1985, 517 ff.

67 *Bleckmann*, RIW 1987, 929 ff.; *Groß*, JuS 1990, 522; *Schilling*, ZaöRV 48 (1988) 648; *Emmert*, EWS 1992, 56 ff.; *Veelken*, JuS 1993, 266.

68 *Jarass*, NJW 1990, 2420; *Schäfer*, Unmittelbare Wirkung 10 f.; *Emmert*, EWS 1992, 57.

69 Z. B.: *Duhnkrack*, RIW 1986, 40 ff.; *Everling*, FS Carstens 95 ff.; *Oldenbourg*, Unmittelbare Wirkung 22; *Schaefer*, Unmittelbare Wirkung 11; *Stettner*, AöR 1986, 402 ff.; *Oppermann* Rn. 466; *Richter*, EuR 1988, 394; wohl auch der Gerichtshof, vgl. *Jarass*, NJW 1990, 2420.

die Mitgliedstaaten oder um solche Einzelpersonen handelt, die an Rechtsverhältnissen beteiligt sind, welche dem Gemeinschaftsrecht unterliegen“[70].

802 In diesem Sinne wirken unzweifelhaft die EG-Verordnungen unmittelbar. Gemäß Art. 189 II EG-Vertrag (Art. 161 II EURATOMV und Art. 14 EGKSV) gilt die Verordnung unmittelbar in allen Mitgliedstaaten kraft Gemeinschaftsrecht[71]. Eine Transformation oder Inkorporation[72] einer Verordnung in das nationale Recht ist nicht nur unnötig, sondern auch unzulässig, denn sie würde den Gemeinschaftscharakter der Normen verschleiern[73].

803 Weitaus schwerer war die Frage zu beantworten, ob das EG-Primärrecht unmittelbar gilt. Eine ausdrückliche Regelung hierfür fehlt in den Gründungsverträgen. Dennoch hat der EuGH bereits 1963 in der Rechtssache „van Gend & Loos“[74] eine unmittelbare Wirkung von Art. 12 EG-Vertrag festgestellt. Begründet wurde dies damit, daß die Union eine neue Rechtsordnung des Völkerrechts sei. Rechtssubjekte dieser Rechtsordnung seien nicht nur die Mitgliedstaaten, sondern auch die einzelnen Unionsbürger. Deren Rechte entstünden daher nicht nur ausdrücklich, sondern auch aufgrund eindeutiger Verpflichtungen, die der Vertrag dem einzelnen oder den Mitgliedstaaten auferlege. Ferner führte der Gerichtshof aus, daß die vom EG-Vertrag geschaffene Rechtsordnung in die Rechtsordnungen der Mitgliedstaaten aufgenommen worden sei[75].

804 Im Unterschied zu Verordnungen wirken jedoch nicht alle Bestimmungen des EG-Vertrages unmittelbar[76]. Eine unmittelbare Wirkung setzt nach der Rechtsprechung des EuGH voraus, daß die konkrete Norm erstens klar und eindeutig formuliert ist, zweitens eine unbedingte Verpflichtung zu einem Tun oder Unterlassen enthält und drittens keiner innerstaatlichen Umsetzungsakte bedarf[77].

805 Bei der unmittelbaren Wirkung des EG-Primärrechts wurde auch erstmals zwischen einer vertikalen und einer horizontalen Wirkung unterschieden. Die vertikale Wirkung entfaltet sich im Verhältnis zwischen Staat und Privaten, die horizontale Wirkung zwischen Privaten untereinander[78]. Nachdem zunächst nur eine vertikale unmittelbare Wirkung des Primärrechts anerkannt war, wer-

---

[70] EuGH 9. 3. 1978, Rs. 106/77 (*Simmenthal II*), Slg. 1978, 643f.; vgl. auch *Lenz*, DVBl., 1990, 907.

[71] Vgl. auch EuGH 14.12 1971, Rs. 43/70 (*Politi/Italien*), Slg. 1971, 1049.

[72] So *Groß*, JuS 1990, 525.

[73] EuGH 10.10 1973, Rs. 34/734, (*Variola/Amministrazione Italiana della Finanze*), Slg. 1973, 989f.; *Nicolaysen*, Europarecht I 160; *Winkler*, EuZW 1992, 443

[74] EuGH 5. 2. 1963, Rs. 26/62 (*van Gend & Loos*), Slg. 1963, 1ff.

[75] Vgl. dazu *Veelken*, JuS 1993, 266.

[76] Unmittelbar anwendbar sind z. B.: Artt. 12, 31, 32 I, 37 II und 53 EG-Vertrag, Übersicht bei *Schaefer*, Unmittelbare Wirkung 23f.

[77] EuGH 21. 6. 1974, Rs. 2/74 (*Reyners*), Slg. 1974, 631ff.; EuGH 5. 2. 1963, Rs. 26/62 (*van Gend & Loos*), Slg. 1963, 25f.; EuGH 4. 12. 1974, Rs. 41/74 (*van Duyn*), Slg. 1974, 1347; EuGH 15. 6. 1964, Rs. 6/64 (*Costa/E.N.E.L.*), Slg. 1964, 1251; vgl. auch *Hummer*, Europarecht 229; *Oppermann* Rn. 537; *Nicolaysen*, Europarecht I 36f.; *Grabitz/Grabitz*, Art. 189 Rn. 13; *Emmert*, EWS 1992, 57.

[78] *Grabitz*, FS Deringer 65, hält den Begriff horizontale Wirkung wohl zu Recht für unge-

den seit der „Defrenne II-“ Entscheidung einzelne Normen des Primärrechts auch unmittelbar zwischen Privaten angewendet[79].

III. *Vertikale unmittelbare Richtlinienwirkung*

In den Anfangsjahren der Union galt es als selbstverständlich, daß sich Richtlinien nur an die Mitgliedstaaten richten und erst nach ihrer Umsetzung innerstaatliche Wirkung entfalten können[80]. Aber als die Richtlinienbestimmungen immer detaillierter und bestimmter wurden und eine unmittelbare Wirkung des EG-Primärrechts anerkannt war, wurde auch eine unmittelbare Wirkung von Richtlinien möglich. Zunächst stellte sich die Frage, ob Richtlinien, die nicht ordnungsgemäß umgesetzt worden sind, bei Konflikten zwischen Staat und Bürgern unmittelbar angewendet werden können (vertikale Richtlinienwirkung). 806

1. *Vertikale Richtlinienwirkung in der Rechtsprechung des EuGH*

Die eigentlichen Grundlagen und Voraussetzungen für eine unmittelbare Wirkung von EG-Richtlinien wurden durch die Rechtsprechung des EuGH gelegt[81]. Die Entwicklung begann mit der sogenannten „Leber-Pfennig-“ Entscheidung[82]. In jenem Verfahren ging es um die Frage, ob sich aus einer an die Mitgliedstaaten gerichteten Entscheidung gemäß Art. 189 IV EG-Vertrag[83] Rechtswirkungen und Rechte zugunsten Privater ergeben könnten. Der Gerichtshof stellte erstmals fest, daß auch an Mitgliedstaaten gerichtete Gemeinschaftsakte unmittelbare Rechte für den Einzelnen begründen können. Begründet wurde dies mit dem „effet utile“, also der nützlichen Wirkung oder praktischen Wirksamkeit des Gemeinschaftsrechts: 807

„Insbesondere in den Fällen, in denen etwa die Gemeinschaftsbehörden einen Mitgliedstaat oder alle Mitgliedstaaten durch Entscheidung zu einem bestimmten Verhalten verpflichten, würde die nützliche Wirkung („effet utile“) einer 808

---

nau; er wird hier jedoch verwendet, um den Unterschied zur vertikalen Richtlinienwirkung zu verdeutlichen.

[79] EuGH 8.4. 1976, Rs. 43/75 (*Defrenne/Sabena*), Slg. 1976, 472ff.; vgl. auch EuGH 6.4. 1962, Rs. 13/61 (*Kledingverkaopbedrinjf de Geus/Bosch*), Slg. 1962, 99; EuGH 12.12. 1974, Rs. 36/74 (*Walrave*), Slg. 1974, 1405ff.; EuGH 27.3. 1980, Rs. 129/79 (*Macarthys Ltd./Wendy Smith*), Slg. 1980, 1275.

[80] So noch *Fuß*, DVBl. 1965, 378.

[81] Zur Entwicklung der Rechtsprechung, vgl. *Morris*, JBl. 1989, 235ff.; *Seidel*, NJW 1985, 517ff.; *Everling*, FS Carstens 100ff.; *Emmert*, EWS 1992, 58ff.

[82] EuGH 6.10. 1970, Rs. 9/70 (*Grad/Finazamt Traustein*), Slg. 1970, 825ff.

[83] Konkret ging es um die Entscheidung v.13.5. 1965, 65/271 EWG, ABl. 1965, 1500ff., über die Harmonisierung bestimmter Vorschriften, die den Wettbewerb im Eisenbahn-, Straßen- und Binnenschiffsverkehr betreffen.

solchen Maßnahme abgeschwächt, wenn die Angehörigen dieses Staates sich vor Gericht hierauf nicht berufen und die staatlichen Gerichte sie nicht als Bestandteil des Gemeinschaftsrechts berücksichtigen könnten“[84].

809 Weiterhin wurden die Regelungen des Art. 177 I lit. b, II und III EG-Vertrag zur Begründung herangezogen. Nach Meinung des Gerichts sei ein Vorabentscheidungsverfahren nur sinnvoll, wenn sich der einzelne Bürger auf Handlungen der Union berufen könne. Daher sei im Einzelfall zu prüfen, ob die Gemeinschaftsakte auch Rechtswirkungen zwischen Staat und Bürger erzeugen[85]. Einer unmittelbaren Wirkung einer Entscheidung steht, nach der Rechtsprechung des Gerichtshofs, auch nicht entgegen, daß gemäß Art. 189 II EG-Vertrag nur die Verordnung unmittelbar anwendbar ist. Dazu führt das Gericht aus:

810 „Zwar gelten nach Artikel 189 Verordnungen unmittelbar und können infolgedessen schon wegen ihrer Rechtsnatur unmittelbare Wirkungen erzeugen. Hieraus folgt indessen nicht, daß andere in diesem Artikel genannte Kategorien von Rechtsakten niemals ähnliche Wirkungen erzeugen können. [... der Unterschied zwischen Verordnung und Entscheidung] schließt jedoch nicht aus, daß das Endergebnis, nämlich das Recht des einzelnen, sich auf die Maßnahme vor Gericht zu berufen, gegebenenfalls das gleiche sein kann wie bei einer unmittelbar anwendbaren Verordnungsvorschrift.“[86]

811 Daß die gleichen Argumente auch für eine unmittelbare Wirkung von Richtlinien gelten, stellte der EuGH erstmals in der Rechtssache „van Duyn“ fest[87]. In weiteren Entscheidungen wurden dann die Voraussetzungen einer derartigen Richtlinienwirkung präzisiert und verfeinert[88]. Danach wirkt eine Richtlinie[89] unmittelbar, wenn drei Voraussetzungen erfüllt sind, nämlich wenn

(1) der Mitgliedstaat seiner Umsetzungspflicht nicht fristgemäß oder nur unvollständig nachgekommen ist[90],

(2) die Richtlinie inhaltlich klar, unbedingt und hinreichend genau Rechte zugunsten des einzelnen begründet, und

---

[84] EuGH 6. 10. 1970, Rs. 9/70 (*Grad/Finanzamt Traustein*), Slg. 1970, 838 Rn. 5.

[85] EuGH 6. 10. 1970, Rs. 9/70 (*Grad/Finanzamt Traustein*), Slg. 1970, 838 Rn. 6.

[86] EuGH 6. 10. 1970, Rs. 9/70 (*Grad/Finanzamt Traustein*), Slg. 1970, 838 Rn. 5.

[87] EuGH 4. 12. 1974, Rs. 41/74 (*van Duyn*), Slg. 1974, 1337ff.; schon EuGH 17. 12. 1970, Rs. 33/70 (*S.A.C.E.*), Slg. 1970, 1213 hat einer Richtlinie eine unmittelbare Wirkung zuerkannt, jedoch nur in Verbindung mit einer Vertragsnorm und einer Entscheidung des Rates.

[88] Insbesondere: EuGH 19. 1. 1982, Rs. 8/81 (*Becker*), Slg. 1981, 53 = NJW 1982, 499; EuGH 22. 2. 1984, Rs. 70/83 (*Kloppenburg*), Slg. 1984, 1075 = RIW 84, 311; EuGH 22. 9. 1983, Rs. 271/82 (*Auer*), NJW 1984, 2022; EuGH 12. 7. 1990, Rs. 188/89 (*Forster/British Gas*), EuZW 1990, 424 = DB 1990, 2428; EuGH 13. 12. 1989, Rs. 102/88 (*Ruzius-Wilbrink/BBO*), EuZW 1990, 189; vgl. auch *Oldenbourg*, Unmittelbare Wirkung 50ff.; *Dendrinos* 27ff.

[89] Gleiches gilt auch für die EGKS-Empfehlung, vgl. EuGH 22. 2. 1990, Rs. 221/88 (*EGKS/Busseni*), RIW 1991, 253; hingegen wird eine unmittelbare Wirkung der EWG-Empfehlung verneint, vgl. EuGH 13. 12. 1989, Rs. 322/88 (*Grimaldi*), RIW 1991, 346f.

[90] Daraus folgt, daß eine eventuelle unmittelbare Wirkung nicht den normativen Gehalt der Richtlinie ändert. Der Mitgliedstaat bleibt verpflichtet, die Richtlinie umzusetzen. Ist eine Umsetzung erfolgt, gilt die Umsetzungsnorm, die richtlinienkonform zu interpretieren ist, vgl. EuGH 6. 5. 1980, Rs. 102/79 (*Kommission/Belgien*), Slg. 1980, 1486; *Everling*, FS Carstens 107f.; *Seidel*, NJW 1985, 520f.; *Nicolaysen*, Europarecht I 166.

(3) zur Anwendung der Richtlinie keine nationalen oder gemeinschaftlichen Ausführungsakte benötigt werden[91].

Wenn diese Voraussetzungen erfüllt sind, kann der einzelne sich nach der Rechtsprechung des EuGH auf die Richtlinienvorgaben berufen.

Die Formulierung „berufen"[92] wurde gelegentlich so interpretiert, daß der einzelne die unmittelbare Anwendung einer Richtlinie beantragen müsse[93]. Diese Ansicht wurde allerdings von dem Gerichtshof zurückgewiesen. Gemäß dem „Costanzo-" Urteil[94] ist die Verwaltung zur Anwendung nicht umgesetzter Richtlinien verpflichtet, wenn die Voraussetzungen dafür erfüllt sind. In einer späteren Entscheidung erklärte der Gerichtshof darüber hinaus, daß es eines Antrages zur innerstaatlichen Anwendung von Richtlinien nicht bedürfe, weil die unmittelbare Richtlinienwirkung von Amts wegen zu berücksichtigen sei[95]. 812

Weil einige Mitgliedstaaten versuchten, diese Rechtsprechung des EuGH zu umgehen, führte der Gerichtshof in späteren Entscheidungen noch ein weiteres Argument für eine unmittelbare Richtlinienwirkung an[96]. In der „Ratti-" Entscheidung wird die unmittelbare Richtlinienwirkung nicht nur mit der Effektivität des Gemeinschaftsrechts, sondern auch mit der Vertragsverletzung des Mitgliedstaates begründet. Danach solle eine unmittelbare Wirkung von Richtlinien verhindern, daß ein Mitgliedstaat aus seiner Vertragsverletzung Vorteile hat. Einem Mitgliedstaat dürfe nicht erlaubt werden, sich auf sein eigenes Unrecht zu berufen (Verbot des „venire contra factum proprium")[97]. Wörtlich heißt es, 813

„[e]in Mitgliedstaat, der die in der Richtlinie vorgeschriebenen Durchführungsmaßnahmen nicht fristgemäß erlassen hat, [kann] einzelnen nicht entge-

---

91 Dazu allgemein *Jarass*, NJW 1990, 2423f.; EuGH 22.9. 1983, Rs. 271/82 (*Auer*), NJW 1984, 2022; *Weymüller*, RIW 1991, 502f.; *Pieper*, DVBl. 1990, 686; *Zuleeg*, ZGR 1980, 475f.; *Khan*, ZAR 1992, 163ff.

92 Vgl. EuGH 19.1. 1982, Rs. 8/81 (*Becker*), Slg. 1982, 53ff.; *Everling*, FS Carstens 108; *Götz*, NJW 1992, 1855; *Fischer*, NVwZ 1992, 637.

93 So FG München 21.6. 1990, EuZW 1990, 582; *Spetzler*, RIW 1990, 288; *Freyer*, EuZW 1991, 52; dazu *Ress*, GS Arens 354ff.

94 EuGH 22.6. 1989, Rs. 103/88 (*Costanzo SpA/Stadt Mailand*), Slg. 1989, 1839 = NVwZ 1990, 649.

95 EuGH 11.7. 1991, verb. Rs. 87–89/90 (*Verholen/Sociale Verzekeringsbank*), Slg. 1991, 3783 = EuZW 1993, 601; so auch *Langenfeld*, DÖV 1992, 956; *Weymüller*, RIW 1991, 504; *Hilf*, EuR 1988, 11; *Fischer*, NVwZ 1992, 637; *Jarass*, NJW 1991, 2422ff.; *Ress*, GS Arens 359ff.

96 Die Treu-und-Glaubens-Argumentation wurde in erster Linie nicht eingeführt, um die unmittelbare vertikale Wirkung rechtlich zu begründen, sondern um die Rechtsprechung des EuGH in den Mitgliedstaaten gefolgschaftsfähig zu machen. Das zeigt sich bereits an dem zeitlichen Zusammenhang zwischen der EuGH-Rechtsprechung und der „Cohn-Bendit-Entscheidung" des französischen Conseil d'Etat 22.12. 1978, EuR 1979, 292, vgl. auch *Langenfeld*, DÖV 1992, 958; *Nicolaysen*, EuR 1984, 388; *Seidel*, NJW 1985, 518.

97 EuGH 5.4. 1979, Rs. 148/78 (*Ratti*), Slg. 1979, 1269ff.; dazu *Dendrinos* 50ff.; *Oldenbourg* 106; *Emmert*, EWS 1992, 59; im Anglo-Amerikanischen spricht man vom sogenannten „estoppel-" Grundsatz; wenn auch im einzelnen gewisse Unterschiede bestehen, so handelt es sich doch um den selben Rechtsgedanken, vgl. *Nicolaysen*, EuR 1984, 387; *Everling*, FS Carstens 108; *Emmert*, EWS 1992, 59 Fn 30.

genhalten, daß er die aus dieser Richtlinie erwachsenen Verpflichtungen nicht erfüllt hat“[98].

814 In neueren Entscheidungen wird die unmittelbare Richtlinienwirkung fast ausschließlich mit dem Gedanken des „venire contra factum proprium“ begründet. Der Effektivitätsgedanke ist nur noch von untergeordneter Bedeutung[99].

2. *Vertikale Richtlinienwirkung in den Mitgliedstaaten*

815 Nach anfänglichem Zögern[100] wurde die Rechtsprechung des EuGH zur vertikalen unmittelbaren Richtlinienwirkung in den Mitgliedstaaten[101] positiv aufgenommen[102]. Nur eine Mindermeinung lehnt heute noch eine unmittelbare Richtlinienwirkung ab. Begründet wird dies damit, daß die Auslegung des EuGH mit dem EG-Vertrag nicht zu vereinbaren sei, weil sie der ursprünglichen Richtlinienkonzeption widerspreche[103]. Ausgangspunkt für diese Haltung bildete die „Cohn-Bendit-“Entscheidung[104] des französischen Conseil d'Etat, in der das oberste französische Gericht entschied, daß Richtlinien nicht unmittelbar wirken können. Aus naheliegenden Gründen sah der Conseil d'Etat von einer Vorlage an den EuGH mit der freilich wenig überzeugenden Begründung ab, Art. 189 EG-Vertrag sei insoweit eindeutig[105]. Ähnlich entschied auch der V. Senat des Bundesfinanzgerichtshofs[106]. Nach dessen Ansicht war die Auslegung des Art. 189 EG-Vertrag durch den Gerichtshof nicht mehr vom deutschen

---

98 EuGH, 19. 1. 1982, Rs. 8/81 (*Becker*), Slg. 1982, 71 Rn. 24; ähnlich auch EuGH 4. 12. 1986, Rs. 71/85 (*Niederlande/Federatie Nederlandse Vakbeweging*), Slg. 1986, 3855; vgl. auch EuGH 10. 11. 1992, Rs. 2/90 (*Kommission/Belgien*), NJW 1993, 315f. für die unmittelbare Wirkung von Entscheidungen.

99 Vgl. *Götz*, NJW 1992, 1855; allerdings ist die „Francovich“ Entscheidung, EuGH 19. 11. 1991, Rs. 6/90, Slg. 1991, 5403 = RIW 1992, 243ff. = EWS 1991, 391ff. allein auf den „effet utile“ Gedanken gestützt, vgl. *Schlemmer-Schulte/Ukrow*, RIW 1992, 411.

100 Anfänglich wurde vom BVerwG noch versucht, die vertikale unmittelbare Wirkung von Richtlinien dort auszuschließen, wo „wichtige Gründe die Anwendung der <gemeinschaftsrechtswidrigen> Vorschrift geboten erscheinen lassen“, BVerwG 5. 6. 1986, BVerwGE 74, 241; ähnlich BVerwG 23. 8. 1984, BVerwGE 70, 41; anders jedoch BVerfG 8. 4. 1987, BVerfGE 75, 223ff. = JZ 1988, 191ff.

101 Zur aktuellen Rechtslage in Deutschland vgl. BGH 30. 8. 1990, RIW 1990, 1024ff.; FG München 21. 6. 1990, RIW 1990, 1022; zur Rechtslage in Italien Corte Costituzionale 2. 2. 1990, Le Società 1991, 945, vgl. *Winkler*, EuZW 1992, 444f.

102 Vgl. die rechtsvergleichenden Untersuchungen von *Everling*, FS Carstens 102ff.; *Schuster* 36ff.

103 *Börner*, FS Kegel 60ff.; *Rupp*, JZ 1988, 194f.; *ders.*, ZRP 1990, 3; *Sigloch*, BB 1982, 791ff.

104 Conseil d'Etat 22. 12. 1978, Nr. 11604; deutsche Übersetzung in: EuR 1979, 292 und EuGRZ 1979, 251f.

105 Sogenannte Acte claire-Theorie, vgl. Conseil d'Etat 22. 12. 1978, EuR 1979, 292; die Acte claire-Theorie wird als ein gemeinschaftsunfreundlicher Akt verstanden, *Arnold*, FS Neumayer 17.

106 BFH 18. 7. 1981, BFHE 133, 470ff.; BFH 25. 4. 1985, BFHE, 143, 383ff. = RIW 1985, 742 = BB 1985, 1317f.

Zustimmungsgesetz zum EG-Vertrag gedeckt[107]. Daher sei das nationale Gericht an die Rechtsprechung des EuGH nicht gebunden.

Die Rechtsprechung des Conseil d'Etat und des BFH wurde im Schrifttum weitgehend abgelehnt[108]. In Deutschland beendete das BVerfG den Streit um die vertikale unmittelbare Anwendbarkeit von Richtlinien[109]. Entgegen dem BFH sei, so das Verfassungsgericht, davon auszugehen, daß die Rechtsprechung des EuGH zur unmittelbaren Richtlinienwirkung im Rahmen der zulässigen richterlichen Rechtsfortbildung bliebe und von dem deutschen Zustimmungsgesetz gemäß Art. 24 GG gedeckt sei. Darüberhinaus entschied das Gericht, der EuGH sei bezüglich der Auslegung und der Anwendung des Gemeinschaftsrechts gesetzlicher Richter im Sinne des Art. 101 I 2 GG. Die Entscheidung des BFH sei verfassungswidrig, weil willkürlich entgegen einer zuvor ergangenen Vorabentscheidung des EuGH[110] entschieden worden sei[111]. 816

Damit war auch der vorletzte Widerstand gegen eine vertikale unmittelbare Wirkung der Richtlinien gebrochen. Daß schließlich auch der französische Conseil d'Etat in dieser Frage nachgeben wird, erscheint nach der „Nicolo-" Entscheidung[112] sehr wahrscheinlich[113].

3. *Kollisionsrechtliche Folgen der vertikalen Richtlinienwirkung*

Die vertikale unmittelbare Richtlinienwirkung ist heute fester Bestandteil des Gemeinschaftsrechts[114]. Für das IPR folgt daraus, daß – wenn die Voraussetzungen einer unmittelbaren Wirkung vorliegen – bei vertikalen Rechtsverhältnissen eine rangkollisionsrechtliche Lösung möglich ist. Verweist demnach das nationale IPR in einem Rechtsstreit zwischen einem Staat und einer Privatperson auf richtlinienwidriges mitgliedstaatliches Recht, müssen die geeigneten Richtlinienbestimmungen anstelle des richtlinienwidrigen nationalen Rechts angewendet werden[115]. 817

---

[107] BFH 25. 4. 1985, BFHE, 143, 388.

[108] *Voss*, RIW 1982, 570f.; *Millarg*, EuR 1981, 444ff.; *Tomuschat*, EuR 1985, 346ff.; *Magiera*, DÖV 1985, 937ff.; *Duhnkrack*, RIW 1986, 40ff.; *Everling*, FS Carstens 106ff.; *Hilf*, EuR 1988, 1ff.; *Hartung*, RIW 1988, 55.

[109] BVerfG 8. 4. 1987, BVerfGE, 75, 223ff.

[110] EuGH 22. 2. 1984, Rs. 70/83 (*Kloppenburg*), Slg. 1984, 1087.

[111] Zur Entscheidung des BVerfG, vgl. *Kloepfer*, FS Bettermann 13ff.

[112] Conseil d'Etat 20.10 1989, Nr. 108243; deutsche Übersetzung in: EuGRZ 1990, 99ff.

[113] *Ludet/Stotz*, EuGRZ 1990, 98; *Nicolaysen*, Europarecht I 164f.; *Morris*, JBl. 1989, 314; aber auch nach dem Urteil „Boisdet", Conseil d'Etat 24. 9. 1990, Nr. 58675; deutsche Übersetzung in: EuZW 1991, 124f., bleibt offen, ob der Conseil d'Etat seine Rechtsprechung zur unmittelbaren Wirkung von Richtlinien ändern wird, *Stolz*, EuZW 1991, 119.

[114] Die vertikale unmittelbare Richtlinienwirkung gilt schon als Gewohnheitsrecht, vgl. *Bleckmann*, Europarecht Rn. 150f.

[115] *Fischer*, NVwZ 1992, 636.

818 Noch einfacher ist die kollisionsrechtliche Anknüpfung, wenn alle an einem Sachverhalt beteiligten Staaten ihrer Umsetzungsverpflichtung nicht ordnungsgemäß nachgekommen sind. Die Rechtslage verhält sich dann so, als wenn die Union nicht eine Richtlinie, sondern eine Verordnung erlassen hätte. Unabhängig von der Frage, welche mitgliedstaatliche Rechtsordnung angewendet wird, kommt immer das Richtlinienrecht zur Anwendung. Wie bei einer Verordnung kann von einer Kongruenz der Ergebnisse ausgegangen werden, so daß ein „Offenlassen der Rechtswahl" möglich ist, obwohl die Richtlinie nicht umgesetzt wurde.

819 Ein Richtlinie wirkt freilich nur dann unmittelbar, wenn sie inhaltlich unbedingt und hinreichend bestimmt ist und wenn ihre Anwendung keiner nationalen Ausführungsakte bedarf. Demnach ist die rangkollisionsrechtliche Lösung von Sachverhalten mit Auslandsberührung abhängig von der Frage, ob eine detaillierte Richtlinie vorliegt, oder ob den Mitgliedstaaten Umsetzungspielräume verbleiben. Insoweit muß auf den konkreten Inhalt einer Richtlinie abgestellt werden. Die Richtlinienbestimmungen müssen geeignet sein, aus dem Gesamtzusammenhang gelöst, gesondert angewendet zu werden[116].

Gemäß diesen Kriterien können sowohl die meisten Bestimmungen der Produkthaftungsrichtlinie als auch der Haustürwiderrufsrichtlinie unmittelbare Wirkungen entfalten:

820 (1) Der Umsetzungspielraum der ProdHaft-Richtlinie steht ihrer unmittelbaren Wirkung nicht entgegen[117]. Wie bereits ausgeführt[118] sind insbesondere die haftungsbegründenden Bestimmungen der Richtlinie inhaltlich klar, unbedingt und begründet Rechte für den einzelnen[119]. Ergänzende nationale Regelungen sind nur begrenzt und in Randgebieten zulässig; nationale Ausführungsakte werden nicht benötigt. Daher ist eine Klage aufgrund der ProdHaft-Richtlinie gegenüber einem staatlichen Produzenten auch dort möglich, wo ein Mitgliedstaat seiner Umsetzungsverpflichtung nicht nachgekommen ist[120].

821 Derartige Fälle sind nicht unwahrscheinlich. Sowohl Frankreich als auch Spanien sind ihrer Umsetzungsverpflichtung bislang nicht nachgekommen. Gemäß Art. 2 ProdHaft-Richtlinie ist auch Elektrizität, die meist von staatlichen Versorgungsträgern produziert wird[121], ein Produkt im Sinne der Richtlinie. Wenn etwa in Frankreich oder in Spanien Schäden aufgrund von fehlerhafter Elektrizitätsversorgung

---

116 *Freyer*, EuZW 1991, 51; *Grabitz/Grabitz*, Art. 169 Rn. 62; *Anderle* 29; *Fischer*, NVwZ 1992, 637.

117 Anders *Herber*, EuZW 1991, 402; *Freyer*, EuZW 1991, 52.

118 Vgl. Rn. 692ff.

119 Dem steht auch Art. 17 i. V. m. Art. 19 ProdHaft-Richtlinie nicht entgegen. Gemäß dieser Bestimmung ist die Richtlinie nicht auf solche Produkte anzuwenden, die vor der innerstaatlichen Transformation auf den Markt gebracht worden sind. Hinsichtlich einer unmittelbaren Wirkung ist auf den Fristablauf gemäß Art. 19 ProdHaft-Richtlinie abzustellen, so daß für alle Produkte, die nach dem 1. 8. 1988 auf den Markt gebracht worden sind, die ProdHaft-Richtlinie unmittelbar wirken könnte.

120 So auch *Bleckmann/Pieper*, IWB 5 Gruppe 3, 82.

121 Auch gegenüber öffentlichen Versorgungsunternehmen ist eine vertikale Richtlinienwirkung möglich, vgl. EuGH 12. 7. 1990, Rs. 188/89 (*Foster/British Gas*), Slg. 1989, 1839 = NJW 1991, 3086.

auftreten, könnte der geschädigte Verbraucher Ansprüche gemäß der Richtlinie geltend machen. Das gleiche gilt auch, wenn ein öffentliches Wirtschaftsunternehmen fehlerhafte Produkte produzieren würde[122].

(2) Auch die einzelnen Bestimmungen der HausTW-Richtlinie sind prinzipiell geeignet, vertikal unmittelbar zu wirken. Entgegen der Ansicht des OLG Hamm[123] sind insbesondere ihre Bestimmungen für die Belehrungspflicht[124] und für das siebentägige Widerrufsrecht hinreichend genau und inhaltlich klar[125]. 822

Aus dem Zusammenspiel der einzelnen Artikel der Richtlinie ergibt sich, daß ein Rücktrittsrecht zwingend vorgeschrieben ist. Art. 5 I HausTW-Richtlinie stellt das Widerrufsrecht nämlich nicht in das Ermessen der Mitgliedstaaten, sondern schreibt zwingend ein siebentägiges Rücktrittsrecht vor. Auch aus Art. 4 S. 3 der Richtlinie, also der Pflicht der Mitgliedstaaten, geeignete Maßnahmen zum Schutz der Verbraucher zu treffen, wenn die vorgesehene Belehrung nicht erfolgt ist, kann nicht geschlossen werden, daß damit auch eine Regelung ohne Rücktrittsrecht möglich wäre. Es ist vielmehr davon auszugehen, daß wenn schon in Fällen der Belehrung ein Rücktritt möglich ist, dies umso mehr für den Fall gelten muß, in dem eine Belehrung überhaupt nicht erfolgt ist[126]. Das ergibt sich auch daraus, daß geregelt wurde, daß die Widerrufsfrist auch als gewahrt gilt, wenn die Anzeige vor Fristablauf abgesendet wurde. Im übrigen widerspricht die Ansicht des OLG Hamm auch der Rechtsprechung des EuGH, wonach die Vorausssetzungen für eine unmittelbare Wirkung meist sehr großzügig bejaht werden[127].

Weil zur Anwendung der Richtlinie keine weiteren nationalen Ausführungsakte notwendig sind, kann zumindest für Verkäufe über 60 ECU auch die HausTW-Richtlinie unmittelbar angewendet werden[128].

Im Unterschied zur ProdHaft-Richtlinie sind allerdings vertikale Sachverhalte bei Haustürgeschäften kaum vorstellbar. Der Direktvertrieb von Waren wird eher von kleineren Privatunternehmen betrieben, als von öffentlichen Wirtschaftsunternehmen. 823

---

122 Bei der Frage, ob ein vertikales Rechtsverhältnis besteht, geht der EuGH von einem funktionalen Staatsbegriff aus, vgl. EuGH 26. 2. 1986, Rs. 152/84 (*Marshall*), Slg. 1986, 723; EuGH 12. 7. 1990, Rs. 188/89 (*Forster/British Gas*), Slg. 1989, 1839; ein vertikales Rechtsverhältnis besteht demnach auch dann, wenn der Mitgliedstaat nicht in seiner Eigenschaft als Gesetzgeber handelt, sondern etwa als Arbeitgeber oder in einer sonstigen Rechtsform; *Götz*, NJW 1992, 1856; *Curtin*, Eur.L.Rev. 1990, 195; *Fischer*, NVwZ 1992, 636; so könnte etwa in Deutschland eine Richtlinie gegen die Salzgitter AG, die Treuhand und vielleicht sogar gegen die Volkswagen AG unmittelbar angewendet werden.

123 OLG Hamm 1. 12. 1988, IPRax 1990, 242 = IPRspr. 1988, 21 b: so auch *Taupitz*, BB 1990, 647f.; *Schwarz* 200; *Lange* 145ff.

124 So auch OLG Stuttgart 8. 1. 1988, NJW-RR 1988,559; *Sack*, BB 1987, 1054.

125 So jetzt EuGH 14. 7. 1994, Rs. 91/92 (*Faccini Dori/Recreb Srl*) EuZW 1994, 499.

126 *Böhm* 32.

127 Vgl. *Everling*, FS Carstens 102.

128 So auch OLG Celle 28. 8. 1990, EuZW 1991, 551 = IPRspr. 1990 Nr. 41; AG Bremerhaven 27. 6. 1990, EuZW 1990, 296 = IPRspr. 1990 Nr. 39; LG Hildesheim 11. 12. 1991, IPRax 1993, 175ff.; *Reich*, Förderung und Schutz 175; *Böhm* 33.

824 Obwohl die HausTW-Richtlinie unmittelbar wirken kann, lassen sich die Gran-Canaria-Fälle nicht aufgrund einer vertikalen unmittelbaren Richtlinienwirkung lösen. Bei diesen Fällen besteht kein vertikales Rechtsverhältnis. Es handelt sich vielmehr um einen Kauf zwischen Privaten. Eine rangkollisionsrechtliche Lösung der Gran-Canaria-Fälle wäre demnach nur möglich, wenn Richtlinien auch in horizontalen Rechtsverhältnissen unmittelbar angewendet werden könnten. Der Verbraucher hätte dann, auch wenn spanisches Recht angewendet wird, ein siebentägiges Rücktrittsrecht, welches sich unmittelbar aus der Richtlinie ergäbe.

IV. Horizontale unmittelbare Richtlinienwirkung

825 Über die Voraussetzungen und Rechtsfolgen einer vertikalen unmittelbaren Richtlinienwirkung herrscht weitgehend Einigkeit. Heftig umstritten ist hingegen, ob und inwieweit EG-Richtlinien auch unmittelbare Wirkungen zwischen Privaten entfalten können, also ob sich auch Unionsbürger untereinander auf eine nicht umgesetzte Richtlinie berufen können (horizontale Richtlinienwirkung).

1. Horizontale Richtlinienwirkung und EuGH

826 Der EuGH hat zu der Frage, ob Richtlinien auch zwischen einzelnen Bürgern unmittelbar wirken können, erst im Jahre 1986[129] in der „Marshall/Southampton and South West Hampshire Area Health Authority-Entscheidung"[130] Stellung genommen. Dort wurde eine horizontale Wirkung von Richtlinien verneint.

827 Dem Fall lag folgender Sachverhalt zugrunde: Die Klägerin war von ihrem Arbeitgeber, einer staatlichen englischen Gesundheitsorganisation, entlassen worden, als sie das gesetzliche Rentenalter von 60 Jahren erreicht hatte. Männer haben in Großbritannien erst mit 65 Jahren einen staatlichen Rentenanspruch und können (bzw. müssen) demgemäß fünf Jahre länger arbeiten. Vor dem EuGH berief sich die Klägerin u. a. auf Art. 5 I der Rats-Richtlinie 76/207 über die Gleichbehandlung von Männern und Frauen[131].

---

[129] In früheren Entscheidungen war der EuGH dieser Frage ausgewichen, vgl. *Dendrinos* 64ff.; *Grabitz*, FS Deringer 66ff.

[130] EuGH 26.2. 1986, Rs. 152/84 (*Marshall*), Slg. 1986, 723ff. = EuR 1986, 265ff. = NJW 1986, 2178ff. = RIW 1986, 739 = C.M.L.Rev. 1990, 425.

[131] Richtlinie des Rates vom 9.2. 1976 zur Verwirklichung des Grundsatzes der Gleichbehandlung von Männern und Frauen hinsichtlich des Zugangs zur Beschäftigung, zur Berufsbildung und zum beruflichen Aufstieg, sowie in Bezug auf die Arbeitsbedingungen, 76/207, ABl. Nr. L 39ff.; zum Sachverhalt vgl. *Foster*, Eur.L.Rev. 1986, 222ff.; *Arnull*, ICLQ 1986, 940ff.

Der Gerichtshof stützte sich bei seiner Entscheidung auf seine Rechtsprechung zur vertikalen unmittelbaren Richtlinienwirkung. Da die Richtlinie zum fraglichen Zeitpunkt noch nicht in das britische Recht umgesetzt worden war und die fraglichen Bestimmungen inhaltlich unbedingt und hinreichend genau waren[132], erklärte der Gerichtshof das entgegenstehende nationale Recht für unanwendbar. Ferner verpflichtete er die nationalen Gerichte, die Richtlinienbestimmungen unmittelbar anzuwenden. 828

Begründet wurde die Entscheidung mit dem bekannten Verwirkungsgedanken. Ein Mitgliedstaat könne Privatpersonen nicht entgegenhalten, daß er eine Richtlinie nicht fristgemäß umgesetzt habe[133]. Da Frau Marshall bei einem staatlichen Krankenhaus beschäftigt gewesen war, hätte der Gerichtshof die Frage nach einer horizontalen Wirkung insgesamt vermeiden können[134]. Dennoch nahm der Gerichtshof Stellung und verneinte ausdrücklich eine unmittelbare Wirkung von Richtlinien zwischen Privaten, da

„nach Artikel 189 der verbindliche Charakter einer Richtlinie ... nur für "jeden Mitgliedstaat, an den sie gerichtet wird„ besteht. Daraus folgt, daß eine Richtlinie nicht selbst Verpflichtungen für einen einzelnen begründen kann und daß eine Richtlinienbestimmung daher als solche nicht gegenüber einer derartigen Person in Anspruch genommen werden kann"[135].

2. *Horizontale Richtlinienwirkung und herrschende Meinung*

Auch im Schrifttum wird eine horizontale unmittelbare Richtlinienwirkung meist abgelehnt[136]. Es wird angeführt, daß sich vertikale und horizontale unmittelbare Richtlinienwirkung nur unvollkommen miteinander vergleichen lassen. Im Unterschied zum Staat könne Privatpersonen kein treuwidriges Verhalten vorgeworfen werden, so daß eine Inanspruchnahme nach dem Grundsatz des 829

---

132 EuGH 26. 2. 1986, Rs. 152/84 (*Marshall*), Slg. 1986, 723ff. Rn. 52.

133 EuGH 26. 2. 1986, Rs. 152/84 (*Marshall*), Slg. 1986, 723ff. Rn. 47.

134 Zwar hatte die britische Regierung eingewendet, es handele sich bei den Angestellten der betreffenden Gesundheitsorganisation nicht um Beamte, und der Staat unterscheide sich diesbezüglich nicht von einem privaten Arbeitgeber; dennoch stellte der EuGH fest, daß sich der Einzelne auf Richtlinien unabhängig davon berufen könne, in welcher Eigenschaft der Staat handelt, EuGH 26. 2. 1986, Rs. 152/84 (*Marshall*), Slg. 1986, 723ff. Rn. 49.

135 EuGH 26. 2. 1986, Rs. 152/84 (*Marshall*), Slg. 1986, 723ff. Rn. 48; wiederholt bestätigt, etwa in EuGH 12.5.87, Rs. 372–374/85 (*Oscar Traen u. a.*), Slg. 1987, 2153; EuGH 22. 2. 1990, Rs. 221/88 (*EGKS/Acciaierie e ferriere Busseni*), Slg. 1990, 495ff. Mit der gleichen Begründung verwehrte der EuGH in späteren Entscheidungen den Mitgliedstaaten und ihren Organen, sich zu Lasten des Einzelnen auf nicht umgesetzte Richtlinien zu berufen, vgl. EuGH 8. 10. 1987, Rs. 80/86 (*Kolpinghuis*), Slg. 1987, 3985f.; EuGH 11. 6. 1987, Rs. 14/86 (*Pretore Di Salò/X*), Slg. 1987, 2570; das gleiche gilt auch für die EGKS-Empfehlungen, EuGH 22. 2. 1990, Rs. 221/88 (*EGKS/Acciaierie e ferriere Busseni*), Slg. 1990, 495ff.

136 *Pescatore*, Eur.L.Rev. 1983, 171; *Timmermans*, C.M.L.Rev. 1979, 551; *Zuleeg*, ZGR 1980, 474; *Forgàch*, DB 1985, 1217; *Ehlers*, DVBl. 1991, 607; im Ergebnis auch *Lenz*, DVBl. 1990, 909; *Bach*, JZ 1990, 1115; *Grabitz/Grabitz*, Art. 189 Rn. 61; *Jarass*, NJW 1991, 2666; *Freyer*, EuZW 1991, 52; *Haneklaus*, DVBl. 1993, 133; *Gellermann* 153ff.

„venire contra factum proprium" nicht möglich sei[137]. Außerdem sei das Ziel der vertikalen unmittelbaren Richtlinienwirkung, die Umsetzung in den Mitgliedstaaten zu veranlassen. Hingegen ersetze die horizontale unmittelbare Wirkung eine Umsetzung und würde somit die Unterschiede zwischen Richtlinie und Verordnung verwischen[138]. Darüber hinaus sei, so die herrschende Meinung, eine horizontale unmittelbare Wirkung mit dem Wortlaut des Art. 189 EG-Vertrag nicht vereinbar und widerspreche der Funktion, die der Richtlinie im EG-Vertrag zugewiesen wurde[139]. Auch führe – angesichts der kurzen Umsetzungszeit[140] – eine horizontale unmittelbare Wirkung von Richtlinien zu Rechtsunsicherheit[141], zumal – vor Inkrafttreten des EU-Vertrages – ein Veröffentlichungsgebot für Richtlinien fehlte[142].

3. *Kritik an der Rechtsprechung und der herrschenden Meinung*

830 Die Diskussion um die horizontale unmittelbare Richtlinienwirkung spiegelt ein allgemeines Problem des Gemeinschaftsrechts wider. Den Befürwortern einer starken, effektiven Union ist daran gelegen, die Durchsetzungskraft der Union zu erhöhen, um sie auf zukünftige Aufgaben angemessen vorzubereiten. Die Kritiker der Union versuchen hingegen, die nationalen Interessen vor Übergriffen durch den „Superstaat EU" zu schützen[143]. Wird freilich von dieser Grundproblematik abgesehen und die Diskussion um eine horizontale unmittelbare Richtlinienwirkung auf rechtliche Fragen reduziert, kann eine derartige Richtlinienwirkung wohl nicht überzeugend abgelehnt werden. Dementsprechend wird die Rechtsprechung des EuGH im gemeinschaftsrechtlichen Schrifttum in zunehmenden Maße kritisiert[144].

831 (1) Durchgreifende Bedenken begegnen bereits der These, eine horizontale

137 *Oldenbourg* 260; *Beyer/Möllers*, JZ 1991, 26; *Pernice*, NVwZ 1990, 425; *Stollberg*, Der Städtetag 1989, 517; *Anderle* 28; *Gellermann* 259.

138 *Ehlers*, DVBl. 1991, 607; *Classen*, EuZW 1993, 84.

139 *Everling*, FS Carstens 108.

140 *Herber*, EuZW 1991, 403f.

141 *Wägenbaur*, DVBl. 1972, 246; vgl. *Easson*, Eur.L.Rev. 1979, 72 und Fn 39; *Böhm* 36.

142 *Zuleeg*, ZGR 1980, 474; *Hilf*, EuR 1988,7; *Easson*, Eur.L.Rev. 1979, 76; *Kindler*, Jahrbuch für Italienisches Recht 4 (1991) 31; *Böhm* 36.

143 Zur Reformbedürftigkeit der Union, vgl. *Schäfer*, DÖV 1991, 261ff.; ein Beispiel für einen derartige Konflikt ist die Diskussion um die Notwendigkeit von „Solange III", vgl. *Scholz*, NJW 1990, 941; *Friauf/Scholz*, EuR und GG 53ff.; *Tomuschat*, EuR 1990, 340ff.; *Everling*, EuR 1990, 195ff.

144 *Nicolaysen*, EuR 1984, 387; *ders.*, EuR 1986, 370; *Richter*, EuR 1988, 397f.; *Dendrinos* 197; *Schaefer* 196; *Easson*, Eur.L.Rev. 1979, 79; *Wyatt*, Eur.L.Rev. 1983, 248; *Müller-Graff*, Binnenmarktziel 44 Fußnote 128; *ders.*, Privatrecht 36; *Winter*, ZERP-DP 1/1991, 74; *Barents*, Essays in European Law 100; *Reich*, Förderung und Schutz 45; *ders.*, VUR 1989, 160; *ders.*, ZHR 153 (1989) 510; *Weymüller*, RIW 1991, 504; *Tomuschat*, EuR 1985, 350 Fußnote 17; *Foster*, Eur.L. Rev. 1986, 228; *Curtin*, C.M.L.Rev. 1990, 729ff.; *ders.*, Eur.L.Rev. 1990, 205ff.; *Viebrock*, JZ 1991, 556; *Arnull*, ICLQ 1986, 940ff.; *Anderson*, B. C. Int'l & Comp. L.Rev. 1988, 99; *Ress*, GS Arens 362; *Grabitz*, FS Deringer 65ff.

Richtlinienwirkung verstoße gegen den Wortlaut des Art. 189 III EG-Vertrags, weil Richtlinien nach dieser Bestimmung nur Mitgliedstaaten verpflichten könnten[145].

(a) Fraglich ist bereits, ob Art. 189 EG-Vertrag überhaupt auf das Problem einer horizontalen Richtlinienwirkung anwendbar ist. Gemäß Art. 189 III EG-Vertrag sind die Mitgliedstaaten nur zur Umsetzung einer Richtlinie verpflichtet. Davon zu unterscheiden ist die aus jeder einzelnen Richtlinie folgende Pflicht, das Recht in diesem oder jenem Sinne zu gestalten. Diese Pflicht ist in Art. 189 III EG-Vertrag nicht geregelt. Da eine mögliche horizontale Richtlinienwirkung nur die inhaltliche Verpflichtung der Richtlinie betrifft – der einzelne soll ja nicht zur Umsetzung der Richtlinie verpflichtet werden –, kann aus Art. 189 III EG-Vertrag nicht geschlossen werden, daß Richtlinien zwischen Privaten nicht unmittelbar wirken können[146]. 832

(b) Ferner läßt sich Art. 189 III EG-Vertrag nicht entnehmen, daß Richtlinien *nur* gegenüber Mitgliedstaaten verbindlich sein sollen. So hatte der EuGH bekanntlich eine vertikale unmittelbare Richtlinienwirkung bejaht, obwohl gemäß Art. 189 II EG-Vertrag *nur* Verordnungen unmittelbar gelten. Der Gerichtshof begegnete damals dem Wortlautargument damit, daß – obwohl gemäß Art. 189 II EG-Vertrag nur Verordnungen unmittelbar wirken – daraus nicht folge, daß andere in Art. 189 EG-Vertrag genannte Rechtsakte nicht ebenso wirken können[147]. So kann auch für eine horizontale Richtlinienverpflichtung argumentiert werden. Die Tatsache, daß die Mitgliedstaaten gemäß Art. 189 III EG-Vertrag verpflichtet werden, schließt eine Verpflichtung Privater nicht aus[148]. 833

Für eine solche Auslegung des Art. 189 EG-Vertrag spricht auch die Rechtsprechung des Gerichtshofs zur horizontalen Wirkung des Primärrechts. Obwohl etwa Art. 119 EG-Vertrag nur an die Mitgliedstaaten gerichtet ist, wendete der EuGH diese Bestimmung auch auf Privatrechtsverhältnisse unmittelbar an[149]. Wenngleich die Rechtsprechung des Gerichtshofs zur horizontalen Wirkung des Primärrechts nur bedingt auf Richtlinien übertragbar ist[150], kann daraus doch geschlossen werden, daß der Wortlaut von Art. 189 EG-Vertrag eine horizontale Richtlinienwirkung nicht grundsätzlich verbietet[151]. 834

---

145 So EuGH 26. 2. 1986, Rs. 152/84 (*Marshall*), Slg. 1986, 723 ff.

146 *Richter*, EuR 1988, 398; *Barents*, Essays in European Law 103; *Easson*, Eur.L.Rev. 1979, 75.

147 EuGH 6. 10. 1970, Rs. 9/70 (*Grad/Finanzamt Traunstein*), Slg. 1970, 838 Rn. 5.

148 *Richter*, EuR 1988, 397; *Arnull*, ICLQ 1986, 943; *Ress*, GS Arens 353.

149 EuGH 8. 4. 1976, Rs. 43/75 (*Defrenne II*), Slg. 1976, 455 ff.

150 Der EuGH begründete die horizontale Wirkung des Primärrechts in erster Linie mit der fundamentalen Bedeutung der jeweiligen Bestimmungen und nicht mit grundsätzlichen Überlegungen zur horizontalen Wirkung; anders *Nicolaysen*, Europarecht I 165; *ders.*, EuR 1986, 370 f.; *Winter*, DVBl. 1991, 665; *Emmert*, EWS 1992, 64, für sie ist die Ablehnung einer horizontalen Richtlinienwirkung unvereinbar mit der Rechtsprechung des EuGH zur horizontalen unmittelbaren Wirkung des Primärrechts.

151 Ähnlich auch *Richter*, EuR 1988, 395; *Easson*, Eur.L.Rev. 1979, 71; *Langenfeld*, DÖV 1992, 959.

835 (c) Außerdem widerspricht das Argument, daß Richtlinien nur Mitgliedstaaten verpflichten können, der „Costanzo-" Entscheidung des Gerichtshofs. Gemäß dieser Entscheidung sind die mitgliedstaatlichen Gerichte und alle Behörden eines Mitgliedstaates Adressaten unmittelbar wirkender Richtlinienbestimmungen[152]. Die Verpflichtung der Gerichte, Richtlinien anzuwenden[153], besteht auch bei Privatrechtsverhältnissen. Wenn aber der Wortlaut des Art. 189 III EG-Vertrag Gerichte und Behörden verpflichtet, ist auch eine Verpflichtung einzelner nicht ausgeschlossen.

836 (2) Auch die weiteren Argumente gegen eine horizontale unmittelbare Richtlinienwirkung sind nicht überzeugend:

(a) Insbesondere kann gegen eine horizontale Richtlinienwirkung nicht mehr eingewendet werden, daß Richtlinien nicht notwendigerweise veröffentlicht werden. In Art. 191 II EG-Vertrag ist neuerdings nämlich eine Veröffentlichungspflicht für Richtlinien statuiert. Mit dem Inkrafttreten des EU-Vertrages wurde damit dem Argument der fehlenden Veröffentlichung jede Grundlage entzogen[154].

Selbst vor dem Inkrafttreten des EU-Vertrages ließ sich aus dem fehlenden Veröffentlichungsgebot von Richtlinien kein Verbot der horizontalen Richtlinienwirkungen herleiten[155]. Gemäß Art. 191 a. F. EG-Vertrag mußten zwar nur EG-Verordnungen veröffentlicht werden, aber dennoch wurden – soweit ersichtlich – auch alle Richtlinien im Amtsblatt der EG veröffentlicht. Diese tatsächliche Veröffentlichung wäre für eine horizontale Wirkung ausreichend gewesen[156]. Denn: Sowohl in den Staaten mit einer bloßen deklaratorischen Veröffentlichungspflicht[157] als auch in Staaten mit einer strengen konstitutiven Veröffentlichungspflicht[158] gilt die faktische Veröffentlichung von Rechtsakten als ausreichend, damit Rechtsakte wirksam erlassen werden[159].

837 (b) Eine horizontale Richtlinienwirkung verstößt auch nicht deshalb gegen Art. 189 EG-Vertrag, weil sie etwa eine Umsetzung ersetzen und somit die Unterscheidung zwischen Verordnung und Richtlinie verwischen könnte[160]. Zunächst gelten und wirken Richtlinien von ihrem Erlaß bis zum Ablauf der

---

152 EuGH 22. 6. 1989, Rs. 103/88 (*Costanzo/Stadt Mailand*), Slg. 1989, 1839; ähnlich bereits EuGH 10. 4. 1984, Rs. 14/83 (*von Colson und Kamann*), Slg. 1984, 1909; vgl. auch *Everling*, RabelsZ 50 (1986) 225; *Seidel*, NJW 1985, 521; *Pieper*, DVBl. 1990, 687 ff.; *Fischer*, NVwZ 1992, 635 ff.; *Grabitz*, FS Deringer 65.

153 Etwa in Form einer richtlinienkonformen Auslegung, vgl. Rn. 634 ff.

154 Vgl. *Götz*, NJW 1992, 1852; *Langenfeld*, DÖV 1992, 959; *Emmert*, EWS 1992, 65.

155 *Bach*, JZ 1990, 1115; *Morris*, JBl. 1989, 314; *Nicolaysen*, EuR 1984, 387; *Richter*, EuR 1988, 402 f.; *Winter*, DVBl. 1991, 665; *Easson*, Eur.L.Rev. 1979, 72; *Emmert*, EWS 1992, 65.

156 *Nicolaysen*, EuR 1984, 387; *Winter* ZERP-DP 1/1991, 75 ff.; *Emmert*, EWS 1992, 65; *Langenfeld*, DÖV 1992, 959; so auch für die Gegner einer horizontalen Wirkung, *Oldenbourg* 240 ff.; *Timmermans*, C.M.L.Rev. 1979, 542.

157 Z. B. England, vgl. *Bennion* 78 f.

158 Z. B. Deutschland mit Art. 82 GG.

159 *Schilling*, ZaöRV 1988, 664.

160 So aber Generalanwalt *Slynn* in der Rs. 152/84 (*Marshall*), Slg. 1986, 734; Generalanwalt *Mischo* in der Rs. 80/86, Slg. 1987, 3976; *Ehlers*, DVBl. 1991, 607.

Umsetzungsfrist, wie in Art. 189 III EG-Vertrag festgelegt[161]. Vertikale wie auch horizontale unmittelbare Richtlinienwirkungen sind immer erst dann möglich, wenn Mitgliedstaaten innerhalb der Umsetzungsfrist ihren Verpflichtungen nicht nachgekommen sind. Sobald eine Umsetzung erfolgt ist, sind unmittelbare Richtlinienwirkungen ausgeschlossen und Richtlinien wirken wieder, wie in Art. 189 EG-Vertrag vorgesehen. Somit hätte eine horizontale Richtlinienwirkung nicht zur Folge, daß eine mitgliedstaatliche Umsetzung überflüssig ist. Vielmehr werden nur die nachteiligen Folgen der Nicht-Umsetzung abgemildert[162].

Auch wären horizontale Richtlinienwirkungen nur bei jenen Richtlinien möglich, deren Regelungsdichte die nationalen Umsetzungsakte zu ausschließlich formalen Akten ohne materiellen Gehalt reduziert[163]. Richtlinien würden daher Verordnungen nur gleichgestellt, soweit sie detaillierte Vorgaben enthalten. Demnach ist in erster Linie die Regelungsdichte einer Richtlinie verantwortlich für die Angleichung der Rechtswirkungen von Verordnung und Richtlinie[164].

4. Begründung einer horizontalen Richtlinienwirkung

Als Zwischenergebnis bleibt festzuhalten, daß keine überzeugenden rechtlichen Gründe gegen eine horizontale unmittelbare Richtlinienwirkung sprechen. Andererseits folgt allein daraus noch keine horizontale unmittelbare Richtlinienwirkung. Jede Form der unmittelbaren Richtlinienwirkung ist eine Rechtsfortbildung, die ihrerseits überzeugender Argumente bedarf. Es bestehen jedoch gute Gründe, eine horizontale unmittelbare Richtlinienwirkung anzunehmen: 838

(1) Zunächst lassen sich die Begründungen des EuGH für die vertikale unmittelbare Wirkung von Richtlinien größtenteils auf die horizontale Ebene übertragen. 839

(a) Der „effet utile“ des Gemeinschaftsrechts würde ebenso erreicht und verstärkt werden, wie den Mängeln des Vertragsverletzungsverfahrens abgeholfen würde[165]. 840

(b) Allerdings kann dem einzelnen kein treuwidriges Verhalten vorgeworfen werden, so daß das Argument des „venire contra factum proprium“ für eine 841

---

161 Richtlinien werden erst mit Ablauf der Umsetzungsfrist verbindlich, selbst wenn eine Umsetzung erkennbar nicht beabsichtigt ist, vgl. BVerwG 5.6. 1992, JZ 1992, 278.

162 *Nicolaysen*, Europarecht I 166; *Langenfeld*, DÖV 1992, 959; *Emmert*, EWS 1992, 64; *Müller-Graff*, NJW 1993, 21; *Ress*, GS Arens 363f.

163 Zur Bedeutung der Regelungsdichte für die horizontale unmittelbare Richtlinienwirkung, vgl. *Viebrock*, JZ 1991, 556; *Richter*, EuR 1988, 403.

164 Zur Angleichung von Verordnung und Richtlinie, vgl, *Bleckmann*, Europarecht Rn. 159; *Oldekop* 197f.; *Seidel*, Direktwirkungen 18ff.; *Langenfeld* 169f.; *Schuster* 15f.

165 Vgl. *Foster*, Eur.L.Rev. 1986, 218; *Emmert*, EWS 1992, 66; wohl auch *Langenfeld*, DÖV 1992, 960f.; *Classen*, EuZW 1993, 84; *Nessler*, RIW 1993, 208; *Grabitz*, FS Deringer 68.

horizontale Richtlinienwirkung ausscheidet[166]. Es stellt sich daher die Frage, ob ein treuwidriges Verhalten des Verpflichteten notwendig ist, um eine unmittelbare Richtlinienwirkung zu begründen[167]. Wenn die Treu-und-Glauben-Argumentation die tragende Begründung des Gerichtshofs für eine unmittelbare Wirkung ist, scheidet eine unmittelbare Wirkung zwischen Privaten aus.

842 Gegen diese Auffassung spricht allerdings die historische Entwicklung der vertikalen unmittelbaren Richtlinienwirkung. Die vertikale unmittelbare Richtlinienwirkung wurde vom EuGH ursprünglich nicht mit dem Treu-und-Glauben-Gedanken, sondern mit dem effet-utile-Gedanken begründet[168]. Erst neun Jahre später wurde zur Unterstützung der schon bestehenden Rechtsprechung das Treuwidrigkeitsverbot herangezogen[169]. Wenn aber neun Jahre lang die vertikale unmittelbare Richtlinienwirkung ohne ein treuwidriges Verhalten der Mitgliedstaaten begründet werden konnte, kann darin wohl kaum ein tragendes Argument der Rechtsprechung gesehen werden. Schon deshalb ist der Verwirkungsgedanke keine notwendige Voraussetzung für eine unmittelbare Wirkung[170].

843 (2) Nach der ursprünglichen Rechtsprechung des EuGH wäre das effet-utile-Argument allein schon ausreichend, um eine horizontale Wirkung zu begründen[171]. Darüber hinaus sprechen aber weitere Gründe für eine derartige Richtlinienwirkung.

844 (a) Zum einen steht das „Marshall-" Urteil im Widerspruch zu anderen EuGH Entscheidungen[172]. Zunächst hat die Ablehnung der horizontalen unmittelbaren Richtlinienwirkung zur Folge, daß entgegen der sonstigen Rechtsprechung des EuGH Gemeinschaftsrecht nicht effektiv durchgesetzt wird. Der nationale Richter kann nicht Richtlinienrecht anwenden, sondern muß auf gemeinschaftswidriges nationales Recht zurückgreifen[173]. Dies widerspricht nicht nur allgemeinen Grundsätzen des Gemeinschaftsrechts sondern auch berechtig-

---

166 Allerdings könnte man den Interessenvertretungen des produzierenden bzw. vertreibenden Gewerbes zumindest bei der Nicht-Umsetzung der HausTW-Richtlinie und der ProdHaft-Richtlinie ein treuwidriges Verhalten vorwerfen, weil sie es mitzuverantworten hatten, daß eine rechtzeitige Umsetzung der Richtlinien in das nationale Recht unterblieb, vgl. für die HausTW-Richtlinie *Gilles*, NJW 1986, 1136; in solchen Fällen könnte indirekt den beteiligten Lobbyisten ebenfalls ein treuwidriges Verhalten vorgeworfen werden. So wohl auch *Winter*, ZERP-DP 1/1991, 76.

167 So *Fischer*, NVwZ 1992, 636; *Pernice*, NVwZ 1990, 425; *Stollberg*, Der Städtetag 1989, 517; *Anderle* 28; *Beyer/Möllers*, JZ 1991, 26.

168 Vgl. EuGH 6. 10. 1970, Rs. 9/70 (*Grad/Finanzamt Traunstein*), Slg 1970, 838 Rn. 5; EuGH 4. 12. 1974, Rs. 41/74 (*van Duyn/Home Office*), Slg. 1974, 1337.

169 Zuerst in EuGH 5. 4. 1979, Rs. 148/78 (*Ratti*), Slg. 1979, 1629ff.; Die Treu-und-Glaubens-Argumentation wurde in erster Linie nicht eingeführt, um die unmittelbare vertikale Wirkung rechtlich zu begründen, sondern um die Rechtsprechung in den Mitgliedstaaten gefolgschaftsfähig zu machen, vgl. *Langenfeld*, DÖV 1992, 958; *Nicolaysen*, EuR 1984, 388.

170 So auch *Nicolaysen*, EuR 1984, 388; *Langenfeld*, DÖV 1992, 958; *Götz*, NJW 1992, 1855; *Emmert*, EWS 1992, 66; *Winter*, ZERP-DP 1/1991, 54.

171 *Morris*, JBL 1989, 313; *Easson*, Eur.L.Rev. 1979, 75.

172 So auch *Nicolaysen*, Europarecht I 165; *ders.*, EuR 1986, 370f.; *Winter*, DVBl. 1991, 665.

173 *Richter*, EuR 1988, 396; *Reich*, Förderung und Schutz 45.

ten Erwartungen, welche die Unionsbürger nach der Verwirklichung des Binnenmarktes und dem Inkrafttreten des Vertrages über die Europäische Union hegen[174].

(b) Auch ist eine Ablehnung der horizontalen Richtlinienwirkung unverständ- 845
lich angesichts der Pflicht zur richtlinienkonformen Interpretation[175]. Richtlinienkonform ist das nationale Recht unabhängig davon auszulegen, ob die Richtlinie unmittelbar anzuwenden ist und ob es sich um horizontale oder vertikale Streitigkeiten handelt[176]. Im Gegenteil: Die Pflicht zur richtlinienkonformen Auslegung wird vom EuGH weit interpretiert. Gemäß seiner Rechtsprechung muß das nationale Recht auch dann anhand der Richtlinie interpretiert werden, wenn die Richtlinie nicht umgesetzt worden ist[177]. Insoweit existiert zumindest eine mittelbare horizontale Wirkung von Richtlinien. Die nationalen Gerichte sind verpflichtet, das nationale Recht so anzuwenden, daß die Richtlinienvorgaben auch ohne Umsetzung erreicht werden können. Diese Pflicht entfällt nur, wenn das nationale Recht eine richtlinienkonforme Auslegung nicht zuläßt[178].

Eine so interpretierte richtlinienkonforme Auslegung kommt im Ergebnis 846
weitgehend einer unmittelbaren horizontalen Richtlinienwirkung gleich. Die Rechtsprechung des EuGH in der „Marshall-" Sache bleibt zwar förmlich bestehen, ist aber inhaltlich in vielen Fällen bedeutungslos geworden[179]. Darüber hinaus hat die Pflicht zur richtlinienkonformen Auslegung und die Ablehnung einer horizontalen Wirkung zur Folge, daß das Gemeinschaftsrecht in den Mitgliedstaaten unterschiedlich wirkt. Eine französische Norm könnte eine horizontale richtlinienkonforme Auslegung zulassen, wohingegen eine deutsche Norm nicht auslegungsfähig ist. Die dadurch entstehenden Wertungswidersprüche könnten nur verhindert werden, wenn Richtlinien dort unmittelbar angewendet werden, wo eine richtlinienkonforme Auslegung nicht möglich ist[180].

(3) Das überzeugendste Argument für eine horizontale unmittelbare Richtli- 847
nienwirkung ergibt sich jedoch aus der problematischen Unterscheidung zwischen vertikalen und horizontalen Rechtsverhältnissen.

---

174 So Generalanwalt *Lenz* in seinem Schlußantrag vom 9.2. 1994 in der Rs. 91/92 (*Faccini Dori*), Bull. des Informationdienstes des Gerichtshofes, Nr. 5 94, 14.

175 Rn. 634ff.

176 EuGH 8.10. 1987, Rs. 80/86 (*Kolpinghuis Nijmegen*), Slg 1987, 3987; EuGH 10.4. 1984, Rs. 79/83 (*Deutsche Tradax*), Slg. 1984, 1942; EuGH 13.11. 1990, Rs. 106/89 (*Marleasing*), Slg. 1990, 4159f.; vgl. auch *Everling*, FS Carstens 107; *Nicolaysen*, Europarecht I 166; *Herber*, EuZW 1991, 403; *Richter*, EuR 1988, 387; *Langenfeld*, DÖV 1992, 962ff.

177 EuGH 13.11. 1990, Rs. 106/89 (*Marleasing*), Slg. 1990, 4135.

178 *Emmert*, EWS 1992, 62; *Götz*, NJW 1992, 1854; *Langenfeld*, DÖV 1992, 963f.; *Spetzler*, RIW 1991, 581f.

179 Vgl. Bull.EG 12/1990, 1990 zu EuGH 13.11. 1990, Rs. 106/89 (*Marleasing*); *Reich*, RabelsZ 56 (1992) 498; *Hilf*, EuR 1993, 10.

180 So auch *Göbel*, ZERP-DP 1/1991, 88; *Nicolaysen*, Europarecht I 166; *ders.*, EuR 1984, 391; *ders.*, EuR 1986, 371; *Curtin*, Eur.L.Rev. 1990, 220; *Arnull*, ICLQ 1986, 945f.; *Richter*, EuR 1988, 387; *Götz*, NJW 1992, 1854;*Emmert*, EWS 1992, 62; *Langenfeld*, DÖV 1992, 964f.; *Grabitz*, FS Deringer 69.

Wie problematisch diese Differenzierung ist, zeigt sich im Produkthaftungsrecht. Man denke an einen Mitgliedstaat, welcher die Produkthaftungsrichtlinie nicht fristgemäß umgesetzt hat. In einem solchen Mitgliedstaat kann eine Produkthaftungsklage gegen ein staatliches Unternehmen unmittelbar auf die Richtlinie gestützt werden (vertikales Verhältnis). Hingegen soll die Klage gegen ein privates Unternehmen nicht auf die Richtlinie gestützt werden können (horizontales Verhältnis)[181]. Ein Richter muß demnach in jedem Fall klären, ob es sich bei dem Verpflichteten um ein Staats- oder Privatunternehmen handelt. Obwohl der EuGH – in anderem Zusammenhang – Kriterien für eine derartige Differenzierung aufgestellt hat[182], führt die Unterscheidung zu national bedingten Abgrenzungsfragen, die zu Ungleichbehandlungen führen[183]. So stellt sich etwa die Frage, ob der Klägerin im „*Marshall*" Fall nach vollzogener Privatisierung der britischen Gesundheitsbehörde[184] rechtswirksam hätte gekündigt werden können. Auch in Deutschland treten Abgrenzungsprobleme auf. Sind z. B. die Treuhand, die Lufthansa oder VW Staatsunternehmen, mit der Folge, daß gegenüber diesen Unternehmen Richtlinien unmittelbar wirken können?

Die damit aufgeworfenen Fragen, die hier selbstverständlich nicht beantwortet werden können, machen bereits deutlich, daß die Differenzierung zwischen vertikaler und horizontaler Richtlinienwirkungen zu ungerechtfertigten Wettbewerbsverzerrungen führt[185].

848 Durch die beschriebenen Abgrenzungsschwierigkeiten hat die derzeitige Rechtslage vielfältige Rechtsunsicherheiten zur Folge[186]; das Ergebnis eines Rechtsstreits ist kaum mehr vorhersehbar. Nur eine generelle Bejahung der horizontalen Richtlinienwirkung könnte diese Rechtsunsicherheiten beenden.

---

[181] Vgl. *Winter* ZERP-DP 1/1991, 66; *Hilf*, EuR 1993, 9.

[182] In der Entscheidung EuGH 12. 7. 1990, Rs. 188/89 (*Foster*), EuZW 1990, 424, wurde entschieden, daß eine Einrichtung als staatlich gilt, die kraft staatlichen Rechtsakts unter staatlicher Aufsicht eine Dienstleistung im öffentlichen Interesse zu erbringen hat und hierzu mit Rechten ausgestattet ist, die über das hinausgehen, was für die Beziehungen unter Privaten gilt.

[183] So auch *Curtin*, Eur.L.Rev. 1990, 205; *Arnull*, ICLQ 1986, 944f.; *Morris*, JBL 1989, 315; *Nicolaysen*, EuR 1986, 371; *Foster*, Eur.L.Rev. 1986, 228; *Bach*, JZ 1990, 1115; *Easson*, Eur.L. Rev. 1979, 76f.; *Emmert*, EWS 1992, 66; *Barents*, Essays in European Law 103; *Langenfeld*, DÖV 1992, 960; *Götz*, NJW 1992, 1856; *Classen*, EuZW 1993, 84; *Grabitz*, FS Deringer 68f.

[184] In dem konkreten Fall hatte die Klägerin Glück. Sie war kurz vor der Privatisierung entlassen worden, vgl. *Winter*, DVBl. 1991, 665.

[185] So auch für die übrigen Mitgliedstaaten, *Richter*, EuR 1988, 399; *Arnull*, ICLQ 1986, 944.

[186] Die Beschränkung der unmittelbaren Richtlinienwirkung auf vertikale Rechtsverhältnisse hat auch andere problematische Konstellationen zur Folge. So stellt sich etwa die Frage, ob ein staatliches Unternehmen sich gegenüber dem Staat auf Richtlinien berufen kann. Bei einer derartigen Fallkonstellation könnte sowohl dem Kläger als auch dem Beklagten ein treuwidriges Verhalten vorgeworfen werden. Unklar ist ebenso, ob der einzelne sich auch dort auf Richtlinienbestimmungen berufen kann, wo die Anwendung der Richtlinie dazu führen würde, daß Dritte verpflichtet werden (sogenannte Richtlinien mit Doppelwirkung), vgl. *Winter*, ZERP-DP 1/1991, 67ff.; *ders.*, DVBl. 1991, 663ff.; *Langenfeld*, DÖV 1992, 960; *Pernice*, NVwZ 1990, 425; *Fischer*, NVwZ 1992, 638; *Classen*, EuZW 1993, 84ff.; *Haneklaus*, DVBl. 1993, 133f.

5. Horizontale Richtlinienwirkung und Kollisionsrecht

Zusammenfassend kann festgestellt werden, daß unter den gleichen Voraussetzungen wie bei vertikalen Rechtsverhältnissen auch eine horizontale unmittelbare Wirkung von Richtlinien möglich sein sollte. Rechtliche Bedenken stehen dem nicht entgegen. Anders freilich lautet die „Marshall-" Entscheidung des EuGH. Entgegen seiner sonstigen Rechtsprechung hat der Gerichtshof hier davon abgesehen, das Gemeinschaftsrecht effektiv durchzusetzen[187]. Über die Gründe kann nur spekuliert werden. Vielleicht war der Gerichtshof um die Akzeptanz seiner Rechtsprechung in den einzelnen Mitgliedstaaten besorgt[188], oder es sollte den Mitgliedstaaten signalisiert werden, daß auch der EuGH keine grenzenlose Expansion des Gemeinschaftsrechts will[189]. 849

Unabhängig davon stellt sich die Frage, wie sich die Rechtsprechung des Gerichtshofs auf das Kollisionsrecht und insbesondere auf die Gran-Canaria-Fälle auswirkt. Die Antwort hängt von der Natur und Tragweite der Bindungswirkung von EuGH-Entscheidungen ab. Es gilt zu klären, ob die mitgliedstaatlichen Gerichte an die Rechtsprechung des EuGH gebunden sind oder ob sie dennoch Richtlinien in horizontalen Rechtsverhältnissen unmittelbar anwenden können. Drei Meinungen sind hier zu unterscheiden. 850

(1) Nach einer Auffassung handelt es sich bei den Urteilen des EuGH um Einzelfallentscheidungen. Die Auslegung des Gemeinschaftsrecht durch den EuGH sei danach nur für das vorlegende Gericht verbindlich („inter partes-" Wirkung)[190]. Eine darüber hinausgehende Wirkung ist abhängig von der Überzeugungskraft des Urteils. Diese Ansicht würde demnach erlauben, hinsichtlich der horizontalen unmittelbaren Richtlinienwirkungen von der EuGH Rechtsprechung abzuweichen. 851

(2) Nach anderer Ansicht wirken EuGH-Entscheidungen „erga omnes", mit der Folge, daß eine erneute Vorlage derselben Frage ausgeschlossen ist[191]. Danach könnte von der EuGH-Rechtsprechung – trotz überzeugender Argumente – nicht abgewichen werden. 852

(3) Die herrschende Meinung vertritt einen dritten Standpunkt. Danach sind alle staatlichen Gerichte an die Entscheidungen des Gerichtshofs zumindest 853

---

[187] Dementsprechend wird die „Marshall-" Entscheidung als Rückschritt in der vom EuGH favorisierten dynamischen Auslegung des Gemeinschaftsrechts gesehen, vgl. *Nicolaysen* EuR 1986, 370f.; *Arnull*, ICLQ 1986, 944; zur dynamischen Entwicklung des Gemeinschaftsrechts durch den EuGH, vgl. *Karl*, RIW 1992, 443.

[188] So *Classen*, EuZW 1993, 87; *Bach*, JZ 1990, 1115; *Nessler*, 1993, 214; Frankreich hatte zur Zeit der „Marshall" Entscheidung noch nicht einmal die vertikale unmittelbare Richtlinienwirkung akzeptiert. Weil der Gerichtshof seine Urteile nicht effektiv durchsetzen kann, versucht er stets Situationen zu vermeiden, in denen ein Mitgliedstaat bereit sein könnte, das Gemeinschaftsrecht zu verletzen, um nationale Interessen zu wahren, vgl. *Ensthaler*, Europäischer Binnenmarkt 27.

[189] Vgl. dazu *Emmert*, EWS 1992, 61.

[190] *Schilling*, Der Staat 1990, 166; ähnlich *Arnull*, C.M.L.Rev. 1993, 264f.; vgl. allgemein *Rehbinder*, JuS 1991, 542f.

[191] Vgl. *Teitgen*, Droit institutionnel 508.

hinsichtlich der Auslegung des Gemeinschaftsrechts gebunden. Allerdings ist nach dieser Ansicht eine erneute Vorlage an den EuGH möglich, etwa wenn das betroffene Gericht die Rechtsansicht des EuGH für unzutreffend erachtet[192].

854 (4) Der letzten Ansicht ist zuzustimmen. Eine einheitliche Auslegung und Anwendung des Gemeinschaftsrechts wird erreicht, ohne daß dem Gerichtshof die Möglichkeit genommen wird, seine eigene Rechtsprechung zu korrigieren. Nur auf diese Weise ist eine Fortbildung des Gemeinschaftsrechts möglich[193]. Diese Auffassung hat zur Folge, daß ein nationales Gericht Richtlinien erst dann unmittelbar zwischen Privaten anwenden kann, wenn der EuGH nach erneuter Vorlage seine bisherige Rechtsprechung aufgegeben hat. Bis dahin sind die Mitgliedstaaten gemeinschaftsrechtlich an die Rechtsprechung des EuGH gebunden[194]. Demnach ist eine rangkollisionsrechtliche Lösung der Gran-Canaria-Fälle – wie bei vertikalen Rechtsverhältnissen – vorerst nicht möglich, da insoweit eine unmittelbare Richtlinienwirkung ausscheidet[195].

855 Das OLG Celle mißinterpretiert die Rechtsprechung des EuGH[196], wenn es behauptet, daß es „der Rechtsprechung des EuGH [entspricht], Richtlinien auch positiv und unter Privaten unmittelbar gelten zu lassen"[197]. Die anderen Gerichte, die eine unmittelbare Richtlinienwirkung bei den Gran-Canaria-Fällen annehmen[198], übersehen, daß der EuGH überhaupt zwischen vertikaler und horizontaler Richtlinienwirkung differenziert und daß die Mitgliedstaaten an die Auslegung durch den EuGH gebunden sind[199]. Die Anwendung von Richtlinienbestimmungen zwischen Privaten – und damit eine gemeinschaftsrechtliche Lösung der Gran-

---

[192] BVerfG 9.11. 1987, NJW 1988, 1459; BVerfG 4.11. 1987, NJW 1988, 2173; *Tomuschat*, Vorabentscheidungen 191; *Tsikrikas* 145f.; *Herber*, EuZW 1991, 404; *Winter*, ZERP-DP 1/1991, 75; *Matthies*, FS Hallstein, 304ff.; *Herrmann*, RIW 1982, 569; wohl auch *Kindler*, RIW 1990, 364.

[193] Vgl. *Tsikrikas* 147.

[194] In Deutschland sind die Gerichte auch verfassungsrechtlich an die Entscheidung des EuGH gebunden, da der EuGH als gesetzlicher Richter i.S Art. 101 I GG gilt, vgl. BVerfG 8.4. 1987, BVerfGE, 75, 223ff.

[195] So auch *Jayme*, IPRax 1990, 221; *Schwarz* 200; *Herber*, EuZW 1991, 404; *Mankowski*, RIW 1993, 457; *Langenfeld*, IPRax 1993, 155.

[196] Die vom Gericht zitierte Entscheidungen – EuGH 10.4. 1984, Rs. 79/83 (*Deutsche Tradax*), Slg. 1984, 1921 – ist auf die horizontale Richtlinienwirkungen schon deshalb nicht anwendbar, da dort unmittelbar geltendes Primärrecht (Art. 119 EG-Vertrag) der Entscheidung zugrunde lag, vgl. auch *Weymüller*, RIW 1991, 504.

[197] OLG Celle 28.8. 1990, EuZW 1990, 552 = IPRspr. 1990, Nr. 40; sehr kritisch auch *Herber*, EuZW 1991, 402ff.

[198] LG Wiesbaden 14.8. 1990, MDR 1991, 156f. = IPRspr. 1990 Nr. 40; LG Konstanz 17.6. 1992, NJW-RR 1992, 1333; AG Bremerhaven 27.6. 1990, NJW-RR 1990, 1083ff. = IPRspr. 1990 Nr. 39. So auch das OLG Stuttgart 8.1. 1988, NJW-RR 1988, 558f. für einen Sachverhalt ohne Auslandsberührung.

[199] Die Sperrwirkung der EuGH-Rechtsprechung wird auch von Bleckmann nicht berücksichtigt, wenn er die unmittelbare Anwendbarkeit von privatrechtsgestaltenden Richtlinien zwischen Privaten bei der derzeitigen Rechtslage befürwortet. Er begründet dies damit, daß zivilrechtliche Haftungsnormen eine Konkretisierung der objektiven, grundrechtlich geschützten Werteordnung darstellen, deren Nicht-Umsetzung eine unmittelbare Berufung auf die Richtlinie auch gegenüber Privaten ermöglicht, vgl. *Bleckmann*, Europarecht Rn. 156; *Bleckmann/Pieper*, IWB 1989, 5 Gruppe 3, 725. Obwohl dem grundsätzlich zuzustimmen ist, kann

Canaria-Fälle – wäre nur zulässig, wenn der EuGH in einem erneuten Vorabentscheidungsverfahren seine bisherige Rechtsprechung aufgäbe[200].

6. *Staatshaftung bei der Nicht-Umsetzung von Richtlinien*

Daß der Gerichtshof eine horizontale unmittelbare Richtlinienwirkung ablehnt, bedeutet nicht, daß der Verbraucher in den Gran-Canaria-Fällen gemeinschaftsrechtlich ohne Rechte ist. Gemäß der „*Francovich*" Entscheidung des EuGH[201] sind die Mitgliedstaaten zum Ersatz der Schäden verpflichtet, die dem einzelnen aus der verspäteten Umsetzung einer Richtlinie entstehen[202]. 856

In dem Ausgangsfall hatte Italien eine Richtlinie „zur Angleichung der Rechtsvorschriften der Mitgliedstaaten über den Schutz der Arbeitnehmer bei Zahlungsunfähigkeit des Arbeitgebers"[203] nicht fristgemäß umgesetzt. Die Richtlinie sieht spezielle Garantien für die Befriedigung nichterfüllter Lohnansprüche der Arbeitnehmer vor. Der Kläger hatte nach Ablauf der Umsetzungsfrist für ein italienisches Unternehmen gearbeitet. Weil seine Klage gegen den Arbeitgeber auf Lohnzahlung mit einem erfolglosen Pfändungsversuch endete, verlangte er vom italienischen Staat die in der Richtlinie vorgesehenen Garantien oder hilfsweise Schadenersatz. 857

In seiner Entscheidung lehnte der EuGH eine vertikale unmittelbare Richtlinienwirkung ab, weil der Staat nicht notwendigerweise Schuldner der Garantieansprüche war. Insoweit stände den Mitgliedstaaten ein Gestaltungsspielraum zu[204]. Jedoch entschied der Gerichtshof, daß ein Entschädigungsanspruch des einzelnen gegenüber dem Staat besteht. In den Gründen heißt es dazu: 858

„Die volle Wirksamkeit der gemeinschaftsrechtlichen Bestimmungen wäre beeinträchtigt und der Schutz der durch sie begründeten Rechte gemildert, wenn die einzelnen nicht die Möglichkeit hätten, für den Fall eine Entschädigung zu erlangen, daß ihre Rechte durch einen Verstoß gegen das Gemeinschaftsrecht verletzt werden, der einem Mitgliedstaat zuzurechnen ist. 859

Die Möglichkeit einer Entschädigung durch den Mitgliedstaat ist vor allem

---

das nationale Recht nicht einseitig von der Rechtsprechung des EuGH abweichen, so im Ergebnis auch *Freyer*, EUZW 1991, 52; *Anderle* 28.

200 *Winter*, ZERP-DP 1/1991, 75; *Weymüller*, RIW 1991, 504; *Langenfeld*, IPRax 1993, 155.

201 EuGH 19.11. 1991, Rs. 6/90 und 9/90 (*Francovich*), Slg. 1991, 5403 = RIW 1992, 243ff. = DWiR 1992, 22ff. = EWS 1991, 391ff.

202 Vgl. Teil I Rn. 81ff., 93; so bereits *Curtin*, C.M.L.Rev. 1990, 729ff.; *Pieper*, DVBl. 1990, 686. Die „*Francovich*" Rechtsprechung wird teilweise als „Lückenfüllung" verstanden, für die Ungereimtheiten, die sich aus der „*Marshall*" Rechtsprechung des EuGH ergeben, vgl. *Tonner*, ZIP 1993, 1207; *Ress*, GS Arens 365; *Ewert*, RIW 1993, 882.

203 Richtlinie 80/987/EWG 20.10. 1980, ABl. 1980, Nr. L 283, 23.

204 EuGH 19.11. 1991, Rs. 6/90 und 9/90 (*Francovich*), Slg. 1991, 5403ff. Rn. 25ff.

dann unerläßlich, wenn die volle Wirkung der gemeinschaftsrechtlichen Bestimmungen ... davon abhängt, daß der Staat tätig wird und die einzelnen deshalb im Falle einer Untätigkeit des Staates die ihnen durch das Gemeinschaftsrecht zuerkannten Rechte vor den nationalen Gerichten nicht geltend machen können"[205].

860 Begründet wurde die Haftung mit allgemeinen Rechtsgrundsätzen des Gemeinschaftsrechts, insbesondere dem „effet-utile-" Gedanken, und Art. 5 EG-Vertrag[206].

861 Hinsichtlich der Durchsetzung des Schadenersatzanspruchs verweist das Urteil des EuGH auf die Rechtsordnungen der Mitgliedstaaten, d. h. das materielle Prozeßrecht der Mitgliedstaaten entscheidet, wie ein derartiger Anspruch geltend gemacht werden kann. Allerdings sind die Tatbestandsmerkmale des Schadenersatzanspruchs in materieller Hinsicht vom EuGH abschließend bestimmt worden. Voraussetzungen für eine Haftung ist danach:

862 (1) die Richtlinie muß eine Verleihung von Rechten an den einzelnen enthalten,

(2) der Inhalt dieser Rechte muß auf der Grundlage der Richtlinie bestimmt werden können, und

(3) es muß ein Kausalzusammenhang zwischen Verstoß und dem Schadenseintritt bestehen.

863 Fraglich ist, ob neben den genannten Haftungsvoraussetzungen zusätzlich ein Verschulden des Mitgliedstaates vorliegen muß[207]. Dem Urteil des EuGH ist ein solches Tatbestandsmerkmal nicht zu entnehmen. Dagegen spricht auch, daß der Gerichtshof in Vertragsverletzungsverfahren bislang Exkulpationsversuche der Mitgliedstaaten nicht anerkannt hat[208]. Endgültige Gewißheit wird aber erst eine Vorlage des BGH an den EuGH bringen[209].

864 Im Ergebnis wird mit dieser Rechtsprechung eine neue Dimension der Richtlinienwirkung eröffnet. Die nicht umgesetzte Richtlinie wird nicht zum Ersatzrecht – wie bei der unmittelbaren Richtlinienwirkung –, sondern zur Tatbestandsvoraussetzung für einen gemeinschaftsrechtlichen Staatshaftungsanspruch[210].

865 Diese „neue" Richtlinienwirkung wurde vielfach kritisiert[211]. Insbesondere ist problematisch, in welchem Verhältnis der Staatshaftungsanspruch zur un-

---

[205] EuGH 19. 11. 1991, Rs. 6/90 und 9/90 (*Francovich*), Slg. 1991, 5403 ff. Rn. 33 und 34.

[206] Ausführlich dazu *Nessler*, RIW 1993, 208.

[207] Vgl. *Schimke*, EuZW 1993, 701; *Gellermann* 233 ff.

[208] Eine Rechtfertigung oder Entschuldigung für die Nicht-Umsetzung von Richtlinien im Vertragsverletzungsverfahren ist nicht möglich, vgl. *Anderson*, B.C. Int'l & Comp.L.Rev. 1988, 104 f.; *Hilf*, EuR 1993, 16.

[209] Vgl. *Ewert*, RIW 1993, 884.

[210] So *Ewert*, RIW 1993, 883.

[211] Vgl. *Dänzer-Vanotti*, RIW 1992, 740 f.; *Meier*, RIW 1992, 245 ff.; *Karl*, RIW 1992, 440 ff.; *Nessler*, RIW 1993, 214; vgl. auch OLG Köln 20.6. 1991, EuZW 1991, 574 ff. Zu den Fragen, die eine Haftung der Mitgliedstaaten wegen der Nichtumsetzung von EG-Recht aufwirft, vgl. den Vorlagebeschluß des BGH vom 28. 1. 1993, EWS 1993, 123.

mittelbaren Richtlinienwirkung steht. Sollte etwa der EuGH seine Zurückhaltung hinsichtlich der horizontalen Richtlinienwirkung einmal aufgeben, müßte z. B. geklärt werden, ob die Staatshaftung nur ein Auffanginstrument zur Durchsetzung der gemeinschaftsrechtlichen Umsetzungsverpflichtung ist, und daher ausscheidet, wenn die Richtlinie unmittelbar angewendet werden kann[212]. Trotz der Kritik und Probleme sind die Mitgliedstaaten freilich an die Rechtsprechung des EuGH gebunden[213], wobei zu beachten ist, daß die Rechtsprechung auch für Richtlinien gilt, die nur Rechte und Pflichten zwischen einzelnen begründen[214].

Aus dem „*Francovich*" Urteil folgt für die Gran-Canaria-Fälle, daß der spani- 866
sche Staat dem deutschen Verbraucher schadenersatzpflichtig ist[215]. Auch die HausTW-Richtlinie enthält Rechte für den einzelnen, deren Inhalte sich auf der Grundlage der Richtlinie bestimmen lassen. So soll der Verbraucher gemäß den Richtlinienbestimmungen innerhalb einer Woche von dem Vertrag zurücktreten können. Inhalt und Voraussetzungen dieses Rücktrittsrechts können anhand der Richtlinie abschließend bestimmt werden. Wenn der Verbraucher wegen der verspäteten Umsetzung der HausTW-Richtlinie durch Spanien nicht von dem Vertrag zurücktreten konnte, wäre die spanische Pflichtverletzung auch kausal für seinen Schaden. Damit wären die Voraussetzungen für einen Staatshaftungsanspruch gemäß der EuGH-Rechtsprechung erfüllt, und Spanien wäre zum Ersatz der Schäden verpflichtet, die durch die verspätete Umsetzung entstanden sind.

Einem Schadenersatzanspruch steht nicht entgegen, daß die Gran-Canaria-Fälle 867
zeitlich vor der „*Francovich*" Entscheidung liegen und daß Spanien nunmehr seiner Umsetzungsverpflichtung nachgekommen ist. Die „*Francovich*" Entscheidung enthält kein Rückwirkungsverbot. Demnach können auch rückwirkend für alle Vertragsverletzungen Entschädigungsansprüche geltend gemacht werden, solange durch die verspätete Umsetzung dem einzelnen ein Schaden entstanden ist[216].

---

[212] Vgl. *Schimke*, EuZW 1993, 699.

[213] So *Fischer*, EuZW 1992, 41 ff.; *Emmert*, EWS 1992, 63; *Schlemmer-Schulte/Ukrow*, RIW 1992, 411 f.; *Karl*, RIW 1992, 448; *Hailbronner*, JZ 1992, 284 ff.; *Prieß*, NVwZ 1993, 118 ff.; anders *Dänzer-Vanotti*, RIW 1992, 741 ff. Zu den Konsequenzen, die sich aus der Rechtsprechung für das deutsche Haftungsrecht ergeben, vgl. *Gellermann* 237 ff.

[214] Die Unterscheidung zwischen horizontaler und vertikaler Direktwirkung spielt beim Schadenersatz keine Rolle, weil Anspruchsgegner stets der Staat ist, die Richtlinie also sozusagen vertikal umgepoolt wird, wenn sie es nicht von vornherein gewesen ist, vgl. *Tonner*, ZIP 1993, 1207; so auch für die ProdHaft-Richtlinie, wenngleich kritisch *Karl*, RIW 1992, 445.

[215] Vgl. für das vergleichbare Problem, ob die Bundesrepublik wegen der verspäteten Umsetzung der EG-Pauschalreise-Richtlinie haftet, *Tonner*, ZIP 1993, 1205 ff.; *Führich*, EuZW 1993, 725 ff.; *Huff*, EuZW 1993, 521; *Ewert*, RIW 1993, 881 ff.; *Taupitz*, BB 1993, 2169 ff.; *Schimke*, EuZW 1993, 698 ff.

[216] *Hailbronner*, JZ 1992, 289; *Prieß*, NVwZ 1993, 124; allerdings dürften die Ansprüche insoweit meist verjährt seien.

V. Zusammenfassung

868 EG-Richtlinien werden häufig nicht ordnungsgemäß von den Mitgliedstaaten umgesetzt. Diese Nicht-Umsetzung von Richtlinien ist nicht nur ein gemeinschaftsrechtliches Problem. Kollisionsrechtlich wird die Nicht-Umsetzung relevant, wenn bei Auslandssachverhalten richtlinienwidriges Recht angewendet werden soll. Ein Beispiel hierfür sind die Gran-Canaria-Fälle. Zum Zeitpunkt des Vertragschlußes war die Richtlinie „betreffend den Verbraucherschutz im Falle von außerhalb von Geschäftsräumen geschlossenen Verträgen" von Spanien nicht umgesetzt worden.

869 Obwohl es sich bei den Gran-Canaria-Fällen um Sachverhalte mit Auslandsberührung handelte (Art. 3 I 1 EGBGB), wäre eine kollisionsrechtliche Anknüpfung überflüssig, wenn die Richtlinienbestimmungen unmittelbar hätten angewendet werden können. Dann hätte der Käufer vom Vertrag zurücktreten können, gleichgültig, ob deutsches oder spanisches Recht angewendet wird. Eine unmittelbare Anwendung von Richtlinien ist aber nach der Rechtsprechung des EuGH nur bei Rechtskonflikten zwischen Staat und Bürger zulässig. Eine unmittelbare Wirkung von Richtlinien zwischen Privaten wird vom Gerichtshof abgelehnt.

870 Der deutsche Richter ist bei der kollisionsrechtlichen Anknüpfung an diese Rechtsprechung gebunden. Die HausTW-Richtlinie könnte daher in den Gran-Canaria-Fällen nur dann unmittelbar angewendet werden, wenn der EuGH zuvor seine Rechtsprechung hinsichtlich der horizontalen Richtlinienwirkungen aufgegeben hätte. Zwar wäre es wünschenswert, daß der EuGH seine Rechtsprechung änderte[217], dies ist aber in absehbarer Zeit wenig wahrscheinlich[218]. Dies gilt erst recht seit der Francovich-Entscheidung des Gerichtshof, wodurch eine Art „Ersatz" für die horizontale Richtlinienwirkung geschaffen wurde[219]. Dementsprechend kann es nicht überraschen, daß der Gerichtshof auch in seiner neuesten Entscheidung eine horizontale unmittelbare Wirkung entgegen der Empfehlung des Generalanwalts abgelehnt hat. Der Generalanwalt Otto Lenz hatte in seinem Schlußantrag eine horizontale Wirkung von Richtlinien für zukünftige Fälle zwar noch gefordert, weil nur dies den Interessen der Unionsbürger nach dem Inkrafttreten des EU-Vertrages entspreche. Dies wurde vom Gerichtshof erneut abgelehnt, wobei diesmal auch kompetenzrechtliche Gründe angeführt wurden[220].

---

217 So auch *Göbel*, ZERP-DP 1/1991, 91.

218 A.A. *Langenfeld*, IPRax 1993, 155, die es für nicht unwahrscheinlich hält, daß der Gerichtshof wegen der andauernder Umsetzungsdefizite seine Rechtsprechung ändern wird. Dagegen spricht freilich, daß der EuGH bislang erst in wenigen Fällen seine Rechtsprechung ausdrücklich abgeändert hat; stillschweigende Revisionen gab es jedoch häufiger, vgl. *Oliver*, EuZW 1991, 274 Fn. 4.

219 Allerdings könnten nunmehr die Mitgliedstaaten ein Interesse daran haben, daß der EuGH seine Rechtsprechung zur horizontalen Richtlinienwirkung ändert, und ihn dementsprechend beeinflussen, vgl. *Ress*, GS Arens 366.

220 EuGH 14. 7. 1994, Rs. 91/92 (*Faccini Dori/Regreb Srl*), EuZW 1994, 499f. Anm. 19ff.,

Für das Kollisionsrecht wäre eine so weitgehende Änderung der Rechtsprechung auch nicht notwendig. Es wäre ausreichend, wenn der EuGH den nationalen Gerichten die Anwendung geeigneter Richtlinienbestimmungen auch bei horizontalen Rechtsverhältnissen freistellen würde[221]. Die mitgliedstaatlichen Gerichte könnten dann selbständig über die horizontale unmittelbare Richtlinienwirkung entscheiden. In diesem Fall wäre es auch zulässig, die Gran-Canaria-Fälle aufgrund einer unmittelbaren Anwendung der HausTW-Richtlinie zu lösen. 871

Da die Ablehnung der horizontalen unmittelbaren Richtlinienwirkung durch den EuGH gemeinschaftsrechtlich verbindlich ist, können die Gran-Canaria-Fälle zur Zeit nur über das nationale IPR gelöst werden. Wenn allerdings die kollisionsrechtliche Anknüpfung auf das spanische Sachrecht verweist und der Verbraucher deshalb kein Rücktrittsrecht hat, kann er zumindest einen gemeinschaftsrechtlichen Entschädigungsanspruch gegen den spanischen Staat geltend machen. 872

§ 8 Das IPR der Gran-Canaria-Fälle

Grundsätzlich unterliegen schuldrechtliche Verträge dem von den Parteien gewählten Recht (Art. 27 I EGBGB); auf die Gran-Canaria-Fälle wäre demnach spanisches Recht anzuwenden. Dieses Ergebnis wird vielfach als unbillig empfunden. Der Grund dafür liegt in der besonderen Sachverhaltskonstellation. Der spanische Verkäufer hat seine Kaufpreisforderung an den deutschen Hersteller abgetreten, wofür dieser die vertraglichen Liefer- und Gewährleistungsverpflichtung übernahm. Dementsprechend erfolgt die Vertragsabwicklung ausschließlich in Deutschland. Nach dem deutschen HausTWG hätte der Verbraucher ein Rücktrittsrecht gehabt. Wird aber spanisches Recht auf den Vertrag angewendet, sind dem deutschen Verbraucher gegenüber dem deutschen Hersteller die deutschen Verbraucherschutzvorschriften entzogen. Letztendlich wurde die Anwendung des spanischen Rechts nur deshalb kritisiert, weil nach spanischem Recht zum Zeitpunkt des Vertragsabschlußes noch keine Rücktrittsmöglichkeit des Verbrauchers[222] bestanden hat. 873

In der Rechtsprechung und Literatur wurden unterschiedliche Wege diskutiert, um dennoch ein Rücktrittsrecht des Käufers vom Vertrag zu begründen[223]. 874

---

insbesondere Anm. 24; für einen Abdruck der Empfehlung des Generalanwalts siehe AnwBl. 1994, 266 ff.

221 Gemeinschaftsrechtlich ist eine solche Freistellung ohne weiteres möglich, *Schilling*, ZaöRV 1988, 661.

222 Vgl. Rn. 781 ff.

223 Diesbezüglich wird Juristen „notorischer Einfallsreichtum" bestätigt, *Paefgen*, WRP 1991, 447.

Weil das spanische materielle Recht insoweit eindeutig erschien[224], konnte – nach herrschender Meinung – ein Rücktrittsrecht nur über das Kollisonsrecht erreicht werden, wenn nämlich deutsches anstelle des spanischen Rechts angewendet wird. Dies wurde vielfach versucht. Sämtliche Möglichkeiten, ein Rücktrittsrecht des Verbrauchers kollisionsrechtlich zu begründen, wurden ausgiebig diskutiert. Bei dieser Diskussion blieb das Gemeinschaftsrecht weitgehend unberücksichtigt. Ohne vorherige gemeinschaftsrechtliche Überlegungen wurde auf die Gran-Canaria-Fälle das nationale IPR in seiner traditionellen Form angewendet[225]. Dennoch bereitete die kollisionrechtliche Behandlung der Gran-Canaria-Fälle erhebliche Schwierigkeiten und führte zu einer Vielzahl unterschiedlicher Ergebnisse. Diese Diskussion wird im folgenden dargestellt, wobei der gemeinschaftsrechtliche Bezug der Gran-Canaria-Fälle zunächst außer Betracht bleibt (dazu § 9).

I. *Staatsvertragliches Recht*

875 Bekanntlich müssen staatsvertragliche Kollisionsnormen vor dem autonomen Kollisionsrecht angewendet werden (Art. 3 II 1 EGBGB). Freilich sind nur solche Übereinkommen zu berücksichtigen, die sachlich und räumlich für den Sachverhalt gelten. Sachlich handelt es sich bei den Gran-Canaria-Fällen um einen schuldrechtlichen Sachverhalt. Zwischen dem spanischen Verkäufer und dem deutschem Urlauber ist umstritten, ob ein wirksamer Kaufvertrag besteht. Für solche Verträge gilt das „Übereinkommen der Vereinten Nationen über Verträge über den Internationalen Warenkauf" vom 11. 4. 1980 (UN-Kaufrecht)[226]nicht. Zwar ist das UN-Kaufrecht seit dem 1. 8. 1991 zwischen Spanien und Deutschland in Kraft[227], jedoch sind gemäß Art. 2 lit. a. Verbraucherverträge von dessen Anwendung ausgeschlossen[228].

876 Im Unterschied dazu enthält das EG-Schuldvertragsübereinkommen (EVÜ) sachlich einschlägige Bestimmungen[229]. Aber obwohl das Übereinkommen am 1. 4. 1991 international in Kraft getreten ist[230], gilt das EVÜ nicht für die Gran-Canaria-

---

[224] In einzelnen Entscheidungen wurde übersehen, daß in einigen Regionen Spaniens doch ein Widerrufsrecht bei Haustürgeschäften besteht, vgl. *Jayme*, RabelsZ 55 (1991) 304 ff.

[225] Die Tatsache, daß Spanien die HausTW-Richtlinie nicht umgesetzt hatte, wurde nur am Rande berücksichtigt, vgl. *Kothe*, EuZW 1990, 154 ff.; anders nur *Jayme*, IPRax 1990, 221 f.; *ders.*, RabelsZ 55 (1991) 325; *ders.*, Ein Internationales Privatrecht für Europa 32.

[226] BGBl. II vom 5. 7. 1989, 586 ff.

[227] Vgl. BGBl. II vom 27. 4. 1991, 675; *Piltz*, AnwBl. 1991, 58.

[228] *Reinhart*, Art. 2 Rn. 2; *Piltz*, AnwBl. 1991, 59.

[229] Am 18. 5. 1992 wurde in Funchal/Madeira ein Übereinkommen über den Beitritt Spaniens und Portugals zum EVÜ von den EU-Staaten gezeichnet, ABl. Nr. C 92/1992, 333; vgl. *Jayme/Kohler*, IPRax 1992, 346.

[230] ABl. Nr. C 52/1991, 1; das EVÜ gilt seit dem 1. 4. 1991 zwischen Frankreich, Italien, Deutschland, Belgien, Dänemark, Großbritannien und Griechenland; am 1. 9. 1991 ist es für die Niederlande und am 1. 1. 1992 für Irland in Kraft getreten, vgl. ABl. Nr. C 294/1991, 1; vgl. auch *Urlesberger*, WBl. 1991, 160; *Jayme/Kohler*, IPRax 1992, 346.

Fälle, weil Deutschland das EVÜ in das EGBGB inkorporiert und dabei seine unmittelbare Anwendbarkeit ausgeschlossen hat[231].

II. Die Rechtswahl in den Gran-Canaria-Fällen

Wenn kein staatsvertragliches Kollisionsrecht einschlägig ist, muß die Anknüpfung anhand des autonomen deutschen Kollisionsrechts erfolgen. Im deutschen IPR ist das Kollisionsrecht der vertraglichen Schuldverhältnisse in Artt. 27–37 EGBGB geregelt. Gemäß Art. 27 I EGBGB gilt der Grundsatz der Parteiautonomie[232]. Kaufverträge unterliegen danach in erster Linie dem von den Parteien ausdrücklich oder stillschweigend gewählten Recht. In den Gran-Canaria-Fällen wurde spanisches Recht gewählt. 877

Ein Weg, deutsches Recht auf die Gran-Canaria-Fälle anzuwenden, wäre, die Rechtswahl für unwirksam zu erklären. Eine unwirksame Rechtswahl hat zur Folge, daß das anwendbare Recht nicht über Art. 27 EGBGB, sondern gemäß Art. 28 EGBGB ermittelt wird. Danach unterliegt ein Vertrag dem Recht des Staates, mit dem er die engste Verbindung aufweist. Die engste Verbindung wird gemäß Art. 28 II EGBGB zu dem Staat vermutet, in dem die Partei, welche die charakteristische Leistung erbringt, ihren gewöhnlichen Aufenthalt hat. Bei einem Kaufvertrag erbringt in der Regel der Verkäufer die charakteristische Leistung[233]. Die Vermutung für das Recht des Ortes der charakteristischen Leistung gilt jedoch nicht, wenn sich aus der Gesamtheit der Umstände ergibt, daß der Vertrag engere Verbindungen mit einem anderen Staat aufweist (Art. 28 V EGBGB). 878

Für die Gran-Canaria-Fälle folgt daraus, daß bei fehlender oder unwirksamer Rechtswahl deutsches Recht anzuwenden ist, weil die Gesamtheit der Umstände eindeutig nach Deutschland weist[234]. Außer der Tatsache, daß der Vertrag in Spanien abgeschlossen wurde und daß der Verkäufer Spanier war, hat der Sachverhalt keine Verbindung zum spanischen Recht. Sowohl die Werbung für die Verkaufsveranstaltung als auch die Vertragsverhandlung erfolgten in deutscher Sprache. Die Lieferungs- und Gewährleistungspflicht obliegt dem deutschen Hersteller. Auch die Kaufpreiszahlung sollte in Deutschland erfolgen. 879

---

[231] Art. 1 II Zustimmungsgesetz, BGBl. II vom 29. 7. 1990, 809.

[232] Zu dessen Begründung und der historischen Entwicklung *Schwung*, WM 1984, 1301; *Palandt/Heldrich*, Art. 27 Rn. 1; *Lorenz*, RIW 1987, 569; *MünchKomm/Martiny*, Art. 27 Rn. 7.

[233] *Kropholler*, IPR §52 III 3a; *MünchKomm/Martiny*, Art. 28 Rn. 31; da bei den Gran-Canaria-Fällen ein Spanier Verkäufer ist, verweist die gesetzliche Vermutung des Art. 28 II EGBGB, ebenso wie die tatsächliche Rechtswahl, auf das spanische Recht.

[234] So auch LG Limburg 22.6. 1988, NJW-RR 1989, 119 = IPRspr. 1988 Nr. 29; OLG Stuttgart 18.5. 1990, NJW-RR 1990, 1082 = IPRspr. 1990 Nr. 34; LG Würzburg 19.5. 1988, NJW-RR 1988, 1324 = IPRspr. 1988 Nr. 27; LG Konstanz 17.6. 1992, NJW-RR 1992, 1333; LG Köln 28.10. 1992, VuR 1993, 52; *Kohte*, EuZW 1990, 151; *Taupitz*, BB 1990, 647; *Mankowski*, RIW 1993, 462; anders *Püls*, JuS 1991, 570.

Nicht einmal die Kaufgegenstände haben einen Bezug zum spanischen Markt[235]. Daher wäre bei ungültiger Rechtswahl deutsches Recht auf die Gran-Canaria-Fälle anzuwenden[236].

1. *Wirksamkeit der Rechtswahl nach spanischem Recht*

880 Die Wirksamkeit der Rechtswahl beurteilt sich gemäß Art. 27 IV i. V. m. Art. 31 I EGBGB grundsätzlich nach dem gewählten Recht. In den Beispielsfällen wurde bekanntlich spanisches Recht für anwendbar erklärt, weshalb die Gültigkeit der Rechtswahl zunächst nach dieser Rechtsordnung zu prüfen ist.

881 Ein Teil der Rechtsprechung meint, daß nach spanischem Recht – Art. 10 I lit. c Nr. 3 LGDCU[237] wird insoweit angeführt – die Rechtswahl unwirksam sei, weil sie den Verbraucher unangemessen benachteilige[238]. Begründet wird dies mit der besonderen Fallkonstellation der Gran-Canaria-Fälle. Bei wirtschaftlicher Betrachtung habe der „Verkäufer“ nur die Stellung eines „Handelsvertreters“, weil der spanische Vertragspartner seine Ansprüche an den deutschen Hersteller abgetreten habe. Die eigentliche Rechtsbeziehung bestehe zwischen dem Käufer und dem deutschen Hersteller, zumal mit großer Sicherheit ausgeschlossen sei, daß der spanische Vertragspartner in rechtliche Auseinandersetzungen mit dem Besteller gerate. Demgegenüber trete die formale Stellung des spanischen Verkäufers zurück. Im Ergebnis gelangt diese Auffassung zur Anwendung des deutschen Rechts.

882 Diese Ansicht fand zu Recht keine Unterstützung[239]. Aus spanischer Sicht ist die Anwendung des spanischen Rechts keine unangemessene Verbraucherbenachteiligung. Erst wenn von den gesetzlichen Regelungen abgewichen wird,

---

235 Vgl. *Kohte*, EuZW 1990, 151.

236 Das gleiche Ergebnis hätte auch eine Anknüpfung gemäß Art. 29 II EGBGB, wonach mangels einer Rechtswahl bei Verbraucherverträgen das Recht des Staates angewendet wird, in dem der Verbraucher seinen gewöhnlichen Aufenthalt hat.

237 Art. 10 LGDCU übersetzt von *Rau* bei *v. Hippel*, 404f.:

„Die Klauseln, Bedingungen oder Abmachungen, die allgemein auf Angebot, Förderung oder Verkauf von Produkten oder Dienstleistungen Anwendung finden [...], müssen folgende Voraussetzungen erfüllen:

[a) – b) ...]

c) Treu und Glauben, sowie gerechtes Gewicht der Gegenleistungen, was unter anderem ausschließt:

(3) Mißbräuchliche Klauseln, d. h. Klauseln, die in unverhältnismäßiger oder unbilliger Weise den Verbraucher schädigen oder welche im Vertrag eine ungleichwertige Stellung zwischen den Rechten und den Pflichten der Parteien zum Nachteil der Verbraucher oder Benutzer schaffen.„

238 LG Limburg 22. 6. 1988 NJW-RR 1989, 119 = IPRspr. 1988 Nr. 29; LG Hamburg 29. 3. 1990, NJW-RR 1990, 697f. = IPRspr. 1990 Nr. 30.

239 Vgl. OLG Hamm v. 1. 12. 1988, IPRax 1990, 244 = IPRspr. 1988 Nr. 21 b; LG Hildesheim 11. 12. 1991, IPRax 1993, 174; *Lüderitz*, IPRax 1990, 218; *Ebke* in: Gemeinschaftsrecht und IPR 99; *Taupitz*, BB 1990, 645; *Jayme*, IPRax 1990, 222; *MünchKomm/Martiny*, Art. 27 Rn. 11; *Schwarz* 195; *Mäsch* 115.

kann nach spanischem Recht gegen Treu und Glauben verstoßen werden. Die Rechtswahl in den Gran-Canaria-Fällen begründet jedoch nur diejenigen Rechtsfolgen, die das spanische Recht generell für Kaufverträge vorsieht[240]. Demnach ist die Rechtswahl nach spanischem Recht wirksam.

2. *Wirksamkeit der Rechtswahl nach deutschem Recht*

Von dem Grundsatz, daß die Wirksamkeit der Rechtswahl nach dem gewählten Recht zu beurteilen ist, wird im EGBGB für Einzelfragen abgewichen. So werden etwa die Form (Art. 11 EGBGB) und die Geschäftsfähigkeit der Parteien (Art. 7 EGBGB) gesondert angeknüpft. 883

(1) Auch Art. 31 II EGBGB enthält eine Sonderregelung für die Wirksamkeit des Vertragsschlußes. Danach kann eine Vertragspartei, die behauptet, sie habe einem Vertrag nicht zugestimmt, sich auf das Recht ihres gewöhnlichen Aufenthalts berufen, wenn die Gesamtumstände dies rechtfertigen. Gedacht war die Norm, um etwa Unbilligkeiten beim Schweigen auf ein kaufmännisches Bestätigungsschreiben zu vermeiden[241]. Wenn Art. 31 II EGBGB für die Gran-Canaria-Fälle gelten würde, müßte die nach spanischem Recht wirksame Rechtswahl zusätzlich auch den Wirksamkeitsanforderungen des deutschen Rechts entsprechen. 884

Eine Auffassung begründet die Anwendung von Art. 31 II EGBGB mit dem HausTWG[242]. Danach liege den Gran-Canaria-Fällen eine dem Schweigen auf ein kaufmännisches Bestätigungsschreiben vergleichbare Problematik zugrunde. Bei den Gran-Canaria-Fällen sei die Erklärung des Käufers nicht schwebend unwirksam, sondern ohne Aufschub voll wirksam, weil dem Verbraucher kein Widerrufsrecht zustehe. Mit dieser Rechtsfolge brauche der Verbraucher aber nicht zu rechnen, wenn der Vertrag in deutscher Sprache und, wirtschaftlich betrachtet, zwischen Deutschen abgeschlossen werde. Wegen der Sachverhaltskonstellation habe der Verbraucher davon ausgehen können, daß § 1 HausTWG anwendbar sei und somit seine Erklärung lediglich vorläufigen Charakter habe. Als Folge dessen sei der Kaufvertrag zunächst nur schwebend unwirksam gewesen und später mit dem Widerruf endgültig nicht zustande gekommen[243]. 885

Die Anwendung von Art. 31 II EGBGB auf die Gran-Canaria-Fälle ist jedoch bedenklich[244]. Der Verbraucher konnte nach den Umständen des Falles nicht davon ausgehen, daß seine Zustimmung zum Vertrag gemäß § 1 HausTWG schwebend unwirksam sei. Zunächst ist fraglich, ob der Verbraucher überhaupt 886

---

240 Vgl. *Taupitz*, BB 1990, 645.

241 Vgl. BT-Drucks. 10/504, 82.

242 LG Aachen 21. 2. 1991, NJW-RR 1991, 885f. = MDR 1991, 540; *Reich*, VuR 1989, 161 Fn13.

243 Vgl. LG Aachen 21. 2. 1991, NJW-RR 1991, 886.

244 *Schwarz* 197; *Lüderitz*, IPRax 1990, 217; *MünchKomm/Martiny*, Art. 27 Rn. 11; *Taupitz*, BB 1990, 644; *Mäsch* 118.

darauf vertrauen konnte, daß deutsches Recht angewendet wird. Immerhin wurde der Vertrag in Spanien mit einem Spanier abgeschlossen. Aber selbst wenn der Verbraucher auf die Anwendung des deutschen Rechts vertraute, konnte er bestenfalls davon ausgehen, daß er vom Kaufvertrag zurücktreten konnte. Er kann nicht behaupten, daß er dem Vertrag nicht zugestimmt habe. Nur für solche Fälle ist aber Art. 31 II EGBGB einschlägig.

887 Auch der Verbraucherschutz rechtfertigt nicht, Art. 31 I EGBGB auf die Gran-Canaria-Fälle anzuwenden. Der Verbraucherschutz wird in Spezialbestimmungen des EGBGB berücksichtigt. Art. 31 II EGBGB kann nicht darüberhinaus zu einer allgemeinen inhaltlichen Überprüfung der Rechtswahl führen. Dies würde dem Grundsatz der Parteiautonomie widersprechen[245].

888 (2) Die Rechtswahlklausel scheitert auch nicht an dem deutschen AGBG[246]. Zunächst ist fraglich, ob das AGBG überhaupt auf die Gran-Canaria-Fälle angewendet werden kann[247]. Aber selbst wenn jene Rechtswahlklauseln anhand des AGBG überprüft werden könnten, würde dies nicht zur Unwirksamkeit der Rechtswahl führen[248].

889 (a) Erstens sind bei den Gran-Canaria-Fällen die Einbeziehungsvoraussetzungen gemäß §§ 2ff. AGBG[249] regelmäßig erfüllt. Es handelt sich – soweit ersichtlich – weder um versteckte (Art. 2 AGBG), noch – angesichts des Vertragsabschlußes in Spanien – um überraschende Klauseln (Art. 3 AGBG)[250].

890 (b) Die Rechtswahl scheitert auch nicht an der Inhaltskontrolle gemäß § 9 AGBG. Zwar sind gemäß dieser Generalklausel Bestimmungen in Allgemeinen Geschäftsbedingungen unwirksam, wenn sie den Vertragspartner entgegen Treu und Glauben unangemessen benachteilen. Jedoch kann in der Rechtswahl kein Verstoß gegen Treu und Glauben gesehen werden.

---

245 Vgl. für das AGBG, *Stoll*, FS Kegel 653; *Grundmann*, IPRax 1992, 3.

246 So aber OLG Frankfurt 1. 6. 1989, IPRax 1990, 236ff. = NJW-RR 1989, 1018 = IPRspr. 1989 Nr. 41; LG Stuttgart 23. 5. 1990, NJW-RR 1990, 1395 = IPRspr. 1990 Nr. 36; *Reich*, VuR 1989, 161.

247 Grundsätzlich ist das Zustandekommen und die Wirksamkeit formularmäßiger Rechtswahlklauseln nach dem in der Klausel bestimmten Recht zu beurteilen. Das AGBG greift daher erst ein, wenn das deutsche materielle Recht aufgrund subjektiver oder objektiver Anknüpfung Anwendung findet. Neben den Normen des EGBGB ist dabei Art. 12 AGBG zu beachten, dessen Anwendungsbereich jedoch weitestgehend von Art. 29 EGBGB verdrängt wird. Nur bei den in Art. 29 IV EGBGB genannten Verträgen ist eine Berücksichtigung des AGBG nach Art. 12 noch möglich, vgl. *Palandt/Heldrich*, Art. 12 AGBG Rn. 2; *MünchKomm/Martiny*, Art. 27 Rn. 11; *Ulmer/Brandner/Hensen/Schmidt*, Anh. §§ 9–11 Rn. 577; *Meyer-Sparenberg*, RIW 1989, 349; *Firsching*, IPRax 1981, 40; OLG Hamm 1. 12. 1988, IPRax 1990, 244 = IPRspr. 1988 Nr. 21b; *Taupitz*, BB 1990, 644; *Grundmann*, IPRax 1992, 3.

248 Ähnlich auch BGH 19. 9. 1990, BGHZ 112, 204ff. = IPRspr. 1990 Nr. 2, dort wurde für die Entscheidung einer Unterlassungsklage gemäß § 13 I AGBG das anwendbare Recht offengelassen; nach Auffassung des BGH war selbst bei Anwendung des deutschen Rechts das AGBG nicht einschlägig, weil der deutsche Hersteller die beanstandeten Bestimmungen nicht verwendet oder empfohlen hatte.

249 Vgl. zu den Voraussetzungen *Ulmer/Brandner/Hensen/Schmidt*, Anh. §§ 9–11 Rn. 577; *Meyer-Sparenberg*, RIW 1989, 350.

250 Vgl. *Taupitz*, BB 1990, 643f.

Dem entspricht auch, daß im Zuge der Kollisionsrechtsreform § 10 Nr. 8 AGBG aufgehoben wurde[251]. Nach dieser Bestimmung war die Vereinbarung einer Rechtswahl in den Fällen unwirksam, in denen kein anerkennenswertes Interesse für die Geltung ausländischen Rechts bestand. In dieser Vorschrift wurde zu Recht ein Widerspruch zur Parteiautonomie gesehen, weil es die Rechtswahlmöglichkeiten der Parteien auf formalem Weg beschränkte[252]. Die Entscheidung des Gesetzgebers für die Parteiautonomie und gegen eine inhaltliche Kontrolle der Rechtswahl über § 10 Nr. 8 AGBG a. F. darf jetzt nicht dadurch unterlaufen werden, daß in einer Rechtswahl ein Verstoß gegen § 9 ff. AGBG gesehen wird. Der Wille des Gesetzgebers verbietet den Gerichten, über § 9 AGBG eine Inhaltskontrolle der Rechtswahlklausel anhand des deutschen Sachrechts vorzunehmen[253].

Im übrigen entspricht die früher vorherrschende Auffassung[254], daß die 891
Rechtswahl eine Verbraucherbenachteiligung darstelle und zur Unwirksamkeit der Klausel führen könne, nicht mehr dem heutigen IPR. Der notwendige Schutz des einzelnen ergibt sich abschließend aus den Sonderanknüpfungen des EGBGB. Dort wird nicht die Rechtswahl, sondern werden deren Wirkungen im Einzelfall kontrolliert und korrigiert[255]. So wurde etwa Art. 27 III EGBGB geschaffen, um die Rechtswahl bei Sachverhalten ohne Auslandsbezug zu regeln. Die Rechtswahl zusätzlich anhand des AGBG zu überprüfen, würde dem kollisionsrechtlichen Anknüpfungssystem widersprechen[256]. Die Wahl des spanischen Rechts in den Gran-Canaria-Fällen ist somit wirksam.

---

251 Die Streichung erfolgte durch Art. 6 § 2 des Gesetzes zur Neuregelung des IPR vom 25. 7. 1986, BGBl. I 1986, 1142.

252 BT-Drucks. 10/504, 95; vgl. *Grundmann*, IPRax 1992, 1.

253 *Wolf/Horn/Lindacher*, § 10 Nr. 8 Rn. 2; *Meyer-Sparenberg*, RIW 1989, 347; *Grundmann*, IPRax 1992, 1; *Jayme*, FS Lorenz 437 f.; *MünchKomm/Martiny*, Art. 27 Rn. 1; *Schwarz* 197; *Ulmer/Brandner/Hensen/Schmidt*, Anh. §§ 9–11 Rn. 575; *Taupitz*, BB 1990, 644; *Mankowski*, RIW 1993, 435; *Mäsch* 117 f.; im Ergebnis auch BGH 19.9. 1990, BGHZ 112, 204 ff. = IPRspr. 1990 Nr. 2.

254 *Ulmer/Brandner*, 5. Auflage § 10 Nr. 8 Anm. 4; *Drobnig*, FS Mann 606 f.; *Jayme*, ZHR 142 (1978) 121; noch heute *Reich*, ZHR 153 (1989) 589 f.; *ders.*, VuR 1989, 161.

255 Das EGBGB nimmt keine „Abschluß-" sondern eine „Inhaltskontrolle" vor, so *Lorenz*, RIW 1987, 571; *Kothe*, EuZW 1990, 152.

256 Vgl. *Grundmann*, IPRax 1992, 1; die Rechtslage könnte sich durch Art. 6 II der EG-Richtlinie über mißbräuchliche Klauseln in Verbraucherverträgen vom 5. 4. 1993 ändern. Danach sind die Mitgliedstaaten verpflichtet – sofern Verträge zwischen Gewerbetreibenden und Verbrauchern „einen engen Zusammenhang mit dem Gebiet der Mitgliedstaaten" aufweisen – alle erforderlichen Maßmahmen zu treffen, damit der Verbraucher den durch die Richtlinie gewährten Schutz nicht verliert, wenn „das Recht eines Drittlandes als das auf den Vertrag anzuwendende Recht gewählt wurde." Um Art. 6 II richtlinienkonform umzusetzen, muß entweder ein entsprechendes Rechtswahlverbot in das neue AGBG aufgenommen, oder Art. 29 I EGBGB auf alle Verträge mit Gemeinschaftsbezug und mißbräuchlichen Vertragsklauseln erweitert werden, vgl. *v. Westphalen*, EWS 1993, 167; *Eckert*, WM 1993, 1077.

III. Sonderanknüpfung und HausTWG

892 Das moderne IPR enthält allseitige Kollisionsnormen. Es geht von dem zu entscheidenden Sachverhalt aus und fragt wertneutral nach dem anzuwendenden Recht[257]. Wenn alle Rechtsordnungen gleichwertig und austauschbar wären, würde die Ermittlung des anwendbaren Rechts den Endpunkt der kollisionsrechtlichen Prüfung bedeuten. Aufgrund der wirksamen Rechtswahl müßte dann in den Gran-Canaria-Fällen spanisches Recht angewendet werden. In der Praxis bestehen aber erhebliche Unterschiede zwischen den einzelnen Rechtsordnungen. Diese Rechtsunterschiede machen es notwendig, daß zum Schutz der schwächeren Vertragspartei die Parteiautonomie beschränkt wird. Dies wurde auch beim Erlaß des EGBGB erkannt. Neben der Freiheit, eine beliebige Rechtsordnung zu wählen[258], enthält das EGBGB mehrere die Rechtswahl korrigierende – oder kontrollierende – Sonderanknüpfungen für zwingende Bestimmungen des nationalen Rechts. Mit diesen Regelungen wird verhindert, daß dem „schwächeren" Vertragspartner durch die Rechtswahl materielle Schutznormen entzogen werden[259].

893 In den Gran-Canaria-Fällen wird dem deutschen Urlauber durch die Wahl des spanischen Rechts der Schutz des HausTWG entzogen. Dieses Ergebnis könnte durch eine Sonderanknüpfung korrigiert werden. Eine Sonderanknüpfung schlösse nicht das spanische Recht insgesamt aus. Vielmehr könnte das deutsche Verbraucherschutzrecht, insbesondere das HausTWG, zusätzlich angewendet werden. Die kumulative Anwendung des HausTWG hätte dann ein Rücktrittsrecht des Käufers von dem Vertrag zur Folge.

1. Art. 27 III EGBGB

894 Gemäß Art. 27 III EGBGB werden unabhängig von der Rechtswahl auch die zwingenden Bestimmungen des Staates angewendet, mit dem der Sachverhalt im Zeitpunkt der Rechtswahl ausschließlich verbunden war.

895 Die dogmatische Einordnung der Vorschrift ist umstritten[260]. Nach der wohl herrschenden Auffassung folgt aus Art. 27 III EGBGB, daß eine kollisionsrechtliche Rechtswahl nur bei Verträgen mit Auslandsberührung zulässig sei. In den übrigen Fällen handle es sich nicht um eine kollisionsrechtliche, sondern um eine materiell-

---

[257] *Kropholler*, IPR § 3 I.

[258] Auch die Wahl eines „neutralen" Rechts ist möglich, *MünchKomm/Martiny*, Art. 27 Rn. 18; *Palandt/Heldrich*, Art 27 Rn. 3.

[259] „Die Parteiautonomie verliert ihren Sinn... wenn sie zur Herrschaft des Stärkeren über den Schwächeren wird", *Neuhaus*, IPR 257; zu den Wechselwirkungen von Parteiautonomie und Schutz des Schwächeren, *Geißler*, JuS 1991, 617ff.; *Kropholler*, RabelsZ 42 (1978) 634ff.; *Höfling*, Vertragsfreiheit 1ff.; *Mäsch*, Rechtswahlfreiheit und Verbraucherschutz.

[260] Zum Streitstand, vgl. *Junker*, IPRax 1989, 70; *Mäsch* 73ff.

rechtliche Verweisung[261]. Gemäß einer zweiten Auffassung widerspricht die Theorie von der materiellrechtlichen Verweisung dem Wortlaut der Bestimmung. Art. 27 III EGBGB sei geschaffen worden, weil auch bei reinen Inlandsverträgen eine kollisionsrechtliche Rechtswahl möglich sein solle[262]. Für die Fallösung hat die dogmatische Einordnung des Art. 27 III EGBGB keine Bedeutung. Beide Auffassungen kommen zu dem gleichen Ergebnis[263]. Wenn kein Auslandsbezug vorliegt, werden neben der gewählten Rechtsordnung auch die zwingenden Normen des allein betroffenen Staates angewendet[264].

Für die Gran-Canaria-Fälle wird eine Anknüpfung gemäß Art. 27 III EGBGB für das AGBG[265] und das HausTWG[266] vertreten. Allerdings lag diesen Gerichtsentscheidungen ein etwas abgewandelter Sachverhalt zugrunde. Dem „Vertrag" in Spanien sollte jeweils noch eine „Auftragsbestätigung" in Deutschland folgen. Daraus schlossen die Gerichte, daß in Spanien kein wirklicher Vertrag geschlossen wurde, sondern lediglich ein Vertragsangebot abgegeben wurde. Erst mit der Auftragsbestätigung in Deutschland sei der endgültige Vertrag zustande gekommen. Zu diesem Zeitpunkt habe aber keine Auslandsberührung mehr bestanden. Daher sei Art. 27 III EGBGB anzuwenden[267]. 896

Die herrschende Meinung lehnt eine Anwendung von Art. 27 III EGBGB auf die Gran-Canaria-Fälle zu Recht ab[268]. Der Abschlußort des Vertrages liegt in Spanien und der Verkäufer ist Spanier. Zumindest der Abschlußort gilt, soweit er nicht rein zufällige gewählt wurde, als gültiges Anknüpfungsmerkmal, das etwa bei der Bestimmung des anzuwendenden Rechts innerhalb von Art. 28 EGBGB zu beachten ist. Derartige Merkmale sind ausreichend, um einen Auslandsbezug zu begründen[269]. Im übrigen widerspricht auch eine weite Auslegung von Art. 27 III EGBGB dem Grundsatz der Parteiautonomie. 897

---

261 So *Kropholler*, IPR § 40 IV 3a; *Schlunck* 34ff.; *Lüderitz*, IPR Rn. 273; *Kegel*, IPR 423; *Firsching*, IPRax 1981, 38; *Mäsch* 94.

262 *Lorenz*, RIW 1987, 569f.; *Ferid* 6–27,3; *Palandt/Heldrich*, Art. 27 Rn. 3; *MünchKomm/Martiny*, Art. 27 Rn. 16.

263 *Schurig*, RabelsZ 54 (1990) 222 Fn 13; anders *Junker*, IPRax 1989, 70.

264 Anders als bei Art. 29 I EGBGB werden die zwingenden Normen ohne Rücksicht darauf angewendet, ob das gewählte ausländische Recht für den Verbraucher günstiger ist, vgl. *Mäsch* 95.

265 OLG Frankfurt 1. 6. 1989, IPRax 1990, 236ff. = NJW-RR 1989, 1018ff. = IPRspr. 1989 Nr. 41; LG Stuttgart 23. 5. 1990, NJW-RR 1990, 1395 = IPRspr. 1990 Nr. 36.

266 LG Hamburg 21. 2. 1990, IPRax 1990, 266 = NJW-RR 1990, 495 = IPRspr. 1990 Nr. 29; LG Hamburg 29. 3. 1990, RIW 1990, 665 = IPRspr. 1990 Nr. 30; *Huff*, EWiR § 2 HWiG 1/89, 384; *Kothe*, EuZW 1990, 152.

267 OLG Frankfurt 1. 6. 1989, IPRax 1990, 238 = IPRspr. 1989 Nr. 4 bezeichnet die Handlungen in Spanien als „bloße Werbung im Ausland".

268 OLG Celle 28. 8. 1990, RIW 1991, 421 = IPRspr. 1990 Nr. 41; AG Osnabrück 24. 3. 1988, IPRspr. 1988, Nr. 21a; OLG Hamm 1. 12. 1988, IPRax 1990, 243 = NJW-RR 1989, 496 = IPRspr. 1988 Nr. 21b; LG Hildesheim 11. 12. 1991, IPRax 1993, 174; *Mäsch* 150; IPG 1987–1988, Nr. 13, 119; *Taupitz*, BB 1990, 648; *Coester-Waltjen*, FS Lorenz 311; *Schwarz* 201; *Böhm* 176.

269 *Mankowski*, RIW 1993, 454; *Lorenz*, RIW 1987, 575; für die Bedeutung des Abschlußortes aus spanischer Sicht, *Taupitz*, BB 1990, 646.

898 Selbst eine notwendige „Auftragsbestätigung" führt nicht zur Anwendung von Art. 27 III EGBGB[270]. Auch bei dieser Sachverhaltskonstellation wird der Vertrag in Spanien mit einem spanischen Verkäufer geschlossen, zumal das vom Kunden unterschriebene Formular klar sichtbar mit „Kaufvertrag" überschrieben war und die Auftragsbestätigung des Lieferanten ersichtlich nur mit der Zahlung des Kunden in Zusammenhang stand[271]. Der BGH weist in diesem Zusammenhang auf die Rechtspraxis hin, wonach der Ausdruck „Auftragsbestätigung" auch dort verwendet wird, wo ein Vertragsschluß vorausgegangen ist[272].

Somit kann weder das HausTWG noch das AGBG über Art. 27 III EGBGB auf die Gran-Canaria-Fälle angewendet werden.

2. *Art. 29 EGBGB*

899 Art. 29 EGBGB regelt den kollisionsrechtlichen Verbraucherschutz[273]. Gemäß Art. 29 I EGBGB darf eine Rechtswahl nicht dazu führen, daß einem Verbraucher der Schutz der zwingenden Bestimmungen seines Aufenthaltsstaates entzogen wird. Diese Sonderanknüpfung des zwingenden Verbraucherschutzrechts ist an enge Voraussetzungen gebunden.

900 (1) Zum einen muß es sich um einen Vertrag über die Lieferung beweglicher Sachen oder die Erbringung von Dienstleistungen handeln, welcher außerhalb der beruflichen und gewerblichen Tätigkeit des Berechtigten liegt (Verbrauchervertrag). Insoweit ist Art. 29 I EGBGB auf die Gran-Canaria-Fälle anwendbar. Es handelt sich um Kaufverträge über die Lieferung beweglicher Sachen, die in keinem Zusammenhang mit der gewerblichen oder beruflichen Tätigkeit des Käufers stehen[274].

901 (2) Weiter muß der Vertrag unter bestimmten, aufgezählten Umständen zustandegekommen sein. Art. 29 EGBGB schützt den Verbraucher nur,

(a) wenn dem Vertrag eine Werbung oder ein Angebot im Aufenthaltsstaat vorausgegangen ist (Art. 29 I Nr. 1 EGBGB),

(b) wenn die Bestellung des Verbrauchers in seinem Aufenthaltsstaat erfolgt ist (Art. 29 I Nr. 2 EGBGB), oder

(c) wenn der Verbraucher von seinem Aufenthaltsstaat in einen anderen Staat gereist ist und die Reise vom Verkäufer mit dem Ziel herbeigeführt worden ist, den Verbraucher zum Vertragsabschluß zu veranlassen (Art. 29 I Nr. 3 EGBGB).

Diese Voraussetzungen sind bei den Gran-Canaria-Fällen auch bei extensiver Auslegung[275] nicht erfüllt. Die spanischen Verkäufer haben dem Verbraucher

[270] A.A. *Böhm* 176ff.
[271] Vgl. auch *Mäsch* 115.
[272] BGH 19.9.1990, NJW 1991, 38 = IPRspr. 1990 Nr. 2.
[273] Art. 30 EGBGB enthält eine vergleichbare Regelung zum Schutze des Arbeitnehmers.
[274] Es werden Wollwaren oder Bettwäsche zum Privatgebrauch gekauft.
[275] Die extensivste Auslegung einer Norm findet in dem Wortlaut seine Grenze, *Engisch* 150; *Mankowski*, RIW 1993, 458ff.

weder ein Vertragsangebot in Deutschland gemacht, noch dort geworben. Die Bestellung des Käufers wurde ferner nicht in Deutschland abgegeben. Auch die Auslandsreise des Käufers wurde nicht durch den Verkäufer herbeigeführt oder organisiert[276].

a) Analoge Anwendung von Art. 29 I EGBGB

Die Gran-Canaria-Fälle haben die Frage aufgeworfen, ob Art. 29 I EGBGB 902
analog angewendet werden kann. Nach einer stark vertretenen Auffassung soll es möglich sein, über Art. 29 I EGBGB analog das HausTWG auf die Gran-Canaria-Fälle anzuwenden[277].

Begründet wird der Analogieschluß mit dem Schutzbedürfnis des Verbrauchers. Art. 29 I Nr. 1–3 EGBGB habe für bestimmte Vertriebsmethoden die Parteiautonomie zum Schutze des Verbrauchers eingeschränkt. Die vom Gesetz genannten Fälle hätten gemeinsam, daß der Schwerpunkt der unternehmerischen Tätigkeit in dem Aufenthaltsstaat des Verbrauchers liege. In solchen Fällen sei die Verbindung zum Aufenthaltsstaat des Verbrauchers so stark, daß auf diese Verbindung auch internationalprivatrechtlich abzustellen sei. Entwikkelten sich neue, beim Erlaß des Gesetzes nicht abzusehende, vergleichbare Vertriebsmethoden[278], sei eine analoge Anwendung des Art. 29 I EGBGB geboten[279].

Nach dieser Auffassung ist bei den Gran-Canaria-Fällen ein Art. 29 I Nr. 1–3 903
EGBGB vergleichbares Schutzbedürfnis gegeben. Von der Vertragsanbahnung

---

[276] Art. 29 I Nr. 3 EGBGB stellt mit der „Herbeiführung" die geringsten Anforderungen an den Inlandsbezug, vgl. *Palandt/Heldrich*, Art. 29 Rn. 5; BT-Drucks. 10/503, 56; *Mankowsi*, RIW 1993, 459.

[277] OLG Frankfurt 1.6. 1989, IPRax 1990, 238 = IPRspr. 1989 Nr. 41; LG Hamburg 21.2. 1990, IPRax 1990, 241 = NJW-RR 1990, 459 = IPRspr. 1990 Nr. 29; OLG Stuttgart 18.5. 1990, NJW-RR 1990, 1082f. = IPRspr. 1990 Nr. 34; LG Stuttgart 23.5. 1990, NJW-RR 1990, 1395 = IPRspr. 1990 Nr. 36; AG Bremerhaven 27.6. 1990, NJW-RR 1990, 1084 = IPRspr. 1990 Nr. 39; LG Konstanz 17.6. 1992, NJW-RR 1992, 1333; *MünchKomm/Martiny*, Art. 29 Rn. 18ff.; unveröffentlichtes Gutachten des Max-Planck-Instituts für Ausländisches und Internationales Privatrecht, G 25/89 vom 15.5. 1990, 7; *Lüderitz*, IPRax 1990, 219; *Mäsch* 171; *Böhm* 171; *Sack*, IPRax 1992, 28; *Kropholler*, Diskussionsbeitrag in: Gemeinschaftsrecht und IPR 107; *Fischer*, Diskussionsbeitrag in: Gemeinschaftsrecht und IPR 108; *Lorenz*, Diskussionsbeitrag in: Gemeinschaftsrecht und IPR 109; *Pirrung*, Diskussionsbeitrag in: Gemeinschaftsrecht und IPR 109; *Huff*, EWiR § 2 HWiG 1/89, 384; *ders.*, EWiR Art. 27 EGBGB 1/89, 996; anders noch *ders.*, VuR 1988, 310.

[278] Da die Anwendung des Art. 29 I EGBGB auf vergleichbare Sachverhalte diskutiert wird, ist der Einwand von *Ebke* in: Gemeinschaftsrecht und IPR 98, daß hier Analogie mit teleologischer Auslegung verwechselt wird, wohl unzutreffend; eine teleologische Auslegung wäre nur möglich, wenn sich der Wortlaut einer Norm gegenüber ihrem eigentlichen Zweck als zu eng erweist, **ohne** daß ihre notwendige Erweiterung des Rückgriffs auf den Gleichheitsgrundsatz bedarf; allerdings sind die Grenzen fließend, vgl. *Kropholler*, Einheitsrecht 297.

[279] *MünchKomm/Martiny*, Art. 29 Rn. 18a; unveröffentlichtes Gutachten des Max-Planck-Instituts für ausländisches und internationales Privatrecht vom 15.5. 1990, G 25/89, 6.

abgesehen, habe die unternehmerische Tätigkeit ihren wirtschaftlichen Schwerpunkt im Land des Verbrauchers. Der Verbraucher sei zwar auf eigene Initiative nach Spanien gereist. Abgesehen von der Werbung und dem Vertragschluß liege jedoch der Schwerpunkt des Geschäfts im Inland. Die für ein Geschäft wesentlichen Funktionen und Merkmale – Entgegennahme des Kaufpreises, Lieferung der Kaufsache und Gewährleistungsansprüche – erfülle nicht der spanische Verkäufer, sondern der inländische Lieferant[280].

Meinungsunterschiede bestehen für die Frage, welche der in Art. 29 I EGBGB genannten Alternativen analog auf die Gran-Canaria-Fälle anzuwenden sei.

904 (1) Die überwiegende Auffassung wendet Art. 29 I Nr. 3 EGBGB analog an[281]. Begründet wird dies mit dem Vertragsabschluß in Spanien und der Tatsache, daß der spanische Verkäufer die Verkaufsveranstaltung organisiert habe.

905 (2) Eine zweite Ansicht ist für eine Analogie von Art. 29 I Nr. 2 EGBGB[282]. Dies ergebe sich aus der Zusammenarbeit des spanischen Verkäufers mit dem deutschen Lieferanten. Die Fälle seien vergleichbar mit dem finanzierten Abzahlungskauf im deutschen Recht. Dort sei nach der Rechtsprechung ein „Einwendungsdurchgriff" möglich, wenn Verkäufer und Darlehnsgeber zusammen arbeiten. Auch bei den Gran-Canaria-Fällen bestehe ein „wirtschaftlicher Zusammenhang" zwischen dem Verkäufer und dem Hersteller. Dieser rechtfertige es, Art. 29 I Nr. 2 EGBGB analog anzuwenden.

906 Eine analoge Anwendung von Art. 29 I Nr. 3 EGBGB ist einer Analogie zu Art. 29 I Nr. 2 EGBGB vorzuziehen[283]. Art. 29 I Nr. 3 EGBGB regelt die sogenannte „Kaffeefahrt" ins Ausland. Der Käufer reist auf Veranlassung des Verkäufers ins Ausland, um dort einen Vertrag abzuschließen. In den Gran-Canaria-Fällen wird zwar nicht die Auslandsreise, aber zumindest die Verkaufsveranstaltung in Spanien von dem Verkäufer herbeigeführt. Auch ist Art. 29 I Nr. 3 EGBGB die einzig Alternative, die keinen Vertragsschluß oder vergleichbare Handlungen im Inland voraussetzt. Im Ausgangsfall hat der Verkäufer keine Handlungen in Deutschland vorgenommen.

Ferner wäre eine Analogie zu Art. 29 I Nr. 2 EGBGB nur möglich, wenn Verkäufer und Lieferant wirtschaftlich eine Einheit bildeten. Diese Annahme ist zumindest schwer beweisbar[284]. Auch lassen sich die Gran-Canaria-Fälle nicht

---

[280] Vgl. *MünchKomm/Martiny*, Art. 29 Rn. 18a.

[281] *MünchKomm/Martiny*, Art. 29 Rn. 18a; *Huff*, EWiR § 2 HWiG 1/89, 384; AG Bremerhaven 27. 6. 1990, NJW-RR 1990, 1084 = IPRspr. 1990 Nr. 39; OLG Stuttgart 18. 5. 1990, NJW-RR 1990, 1083 = IPRspr. 1990 Nr. 34; OLG Frankfurt 1. 6. 1989, IPRax 1990, 238 = IPRspr. 1989 Nr. 41 mit Bedenken auch *Kothe*, EuZW 1990, 156; *Böhm* 171.

[282] So wohl LG Hamburg 29. 3. 1990, NJW-RR 1990, 696 = IPRspr. 1990 Nr. 30; LG Hamburg 21. 2. 1990, IPRax 1990, 241 = IPRspr. 1990 Nr. 29; für eine Analogie zu Art. 29 I Nr. 2 und Nr. 3 EGBGB *Huff*, EWiR § 2 HWiG 1/89, 384; *Lüderitz*, IPRax 1990, 219; anders *ders.*, IPR Rn. 274.

[283] *Taupitz*, BB 1990, 649.

[284] Zu den sich ergebenden Beweisschwierigkeiten, vgl. BGH 19. 9. 1990, NJW 1991, 36ff. = IPRspr. 1990 Nr. 2.

mit dem finanzierten Abzahlungskauf des deutschen Rechts vergleichen. Der Verbraucher schließt bei den Gran-Canaria-Fällen nur einen Vertrag. Dagegen wird beim finanzierten Abzahlungskauf neben dem Kaufvertrag auch ein Darlehnsvertrag abgeschlossen. Die aufgrund der zwei Verträge entwickelten Merkmale – gleichzeitiger Vertragschluß oder Kreditverschaffung[285] – können bei den Gran- Canaria-Fällen keinen Durchgriff begründen.

b) Kritik einer analogen Anwendung von Art. 29 I EGBGB

Obwohl die Gran-Canaria-Fälle verbraucherrechtliche Gesichtspunkte enthalten und von ihrer Sachverhaltsstruktur mit Art. 29 I Nr. 3 EGBGB vergleichbar sind, bestehen gegen eine Analogie erhebliche Bedenken. 907

aa) Analogie und Ausnahmevorschriften

Grundvoraussetzung jeder Analogie ist eine „Gesetzeslücke"[286]. Ein Gesetz ist lückenhaft, wenn eine vollständige Regelung beabsichtigt war[287]; nur dann ist eine Rechtsfortbildung im Wege der Analogie gestattet[288]. Eine gesetzgeberische Absicht, ein Gebiet vollständig zu regeln, ist bei sogenannten Sonder- oder Ausnahmevorschriften zweifelhaft, weil Ausnahmevorschriften keine vollständigen Regelungen enthalten, sondern lediglich eine Norm mit weitem Regelungsbereich einschränken sollen[289]. 908

In diesem Sinne handelt es sich bei Art. 29 EGBGB um eine Ausnahmevorschrift. In Art. 27 I EGBGB wird die Rechtswahl für unbeschränkt zulässig erklärt. Für bestimmte Verträge werden die Wirkungen der Rechtswahl durch Art. 29 I EGBGB modifiziert[290]. 909

Der Ausnahmecharakter des Art. 29 I EGBGB wird von der noch herrschenden Meinung gegen eine analoge Anwendung von Art. 29 I EGBGB angeführt[291]. Danach entspreche eine analoge Anwendung von Art. 29 I EGBGB 910

[285] Vgl. BGH 8. 11. 1979, NJW 1980, 782; BGH 25. 3. 1982, BGHZ 83, 301.

[286] *Larenz*, Methodenlehre 244f.; *Bydinsky* 473; *Zippelius* 60f.

[287] *Larenz*, Methodenlehre 245; *Canaris* 38f., definiert die Lücke als „eine planwidrige Unvollständigkeit innerhalb des positiven Rechts gemessen am Maßstab der gesamten geltenden Rechtsordnung".

[288] *Canaris* 73 auch 95; *Larenz*, AT § 14 II. Dazu kritisch *Langhein* 149ff.

[289] Die Einschränkungen ermöglichen es dem Gesetzgeber, seine rechtspolitischen Vorstellungen zur Geltung zu bringen, vgl. *Larenz*, Methodenlehre 230.

[290] Zu dem Verhältnis von Art. 27 I und 29 I EGBGB, vgl. *Coester-Waltjen*, FS Lorenz 312; *Junker*, RabelsZ 55 (1991) 683.

[291] OLG Hamm 1. 12. 1988, IPRax 1990, 244 = IPRspr. 1988 Nr. 21; OLG Celle 28. 8. 1990, EuZW 1990, 551 = IPRspr. 1990 Nr. 41; AG Osnabrück 24. 3. 1988, IPRspr. 1988 Nr. 21 a; LG Limburg 22. 6. 1988, NJW-RR 1989, 119 = IPRspr. 1988 Nr. 29; AG Lichtenfels 24. 5. 1989, IPRax 1990, 236 = IPRspr. 1989 Nr. 39;LG Hildesheim 11. 12. 1991, IPRax 1993, 174; AG Wuppertal 12. 6. 1992, VuR 1993, 58; *Droste* 135f.; *Taupitz*, BB 1990, 649; *Ebke* in: Gemeinschaftsrecht und IPR 100f.; IPG 1987–88, Nr. 13, 119ff.; *Mankowski*, IPRax 1991, 311; *v. Hoff-*

nicht dem Normzweck der Vorschrift. Ein umfassender Schutz des Verbrauchers sei durch Art. 29 I EGBGB nicht beabsichtigt gewesen. Der Verbraucher sollte vielmehr nur in bestimmten Fällen von dem Recht seines Aufenthaltortes geschützt werden. Art. 29 I EGBGB beruhe auf dem Grundsatz, daß derjenige, der sich über die Grenze begibt, auch dem dortigen Verbraucherschutz ausgesetzt sei[292].

911 Diese Auffassung ist insofern richtig, als die Anknüpfungstatbestände des Art. 29 I Nr. 1–3 EGBGB abschließend sind. Der Gesetzgeber wollte kein umfassendes Schutzsystem schaffen. Dennoch kann aufgrund des Ausnahmecharakters allein eine analoge Anwendung von Art. 29 I EGBGB nicht abgelehnt werden. Auch Ausnahmevorschriften sind grundsätzlich analogiefähig[293]. Als „gesetzesimmanente Rechtsfortbildung" beruht der Analogieschluß auf dem Gebot, Gleichartiges rechtlich gleich zu behandeln. Die Frage, wann zwei Sachverhalte rechtlich gleich zu bewerten sind, richtet sich nach den Wertungen einer Norm[294]. Dies gilt auch für Ausnahmevorschriften[295]. Läßt die Ausnahmenorm einen Sachverhalt ungeregelt, obwohl nach dem Regelungsplan des Gesetzgebers eine Regelung beabsichtigt war, kann diese Lücke im Wege der Analogie geschlossen werden[296]. Allerdings muß bei einer Analogie von Ausnahmevorschriften darauf geachtet werden, daß die Regelungsabsicht des Gesetzgebers nicht in ihr Gegenteil verkehrt wird[297]. Eine analoge Anwendung von Art. 29 I EGBGB wäre somit möglich, wenn ihr Regelungszweck die Gran-Canaria-Fälle umfaßt.

912 Art. 29 I EGBGB enthält keinen umfassenden Verbraucherschutz. Ein Verbraucher kann nicht erwarten, daß sein Heimatrecht ihn auch im Ausland schützt[298]. Ein solcher Schutz wird gemäß Art. 29 I EGBGB nur gewährt, wenn Verkaufshandlungen in dem Aufenthaltsstaat des Verbrauchers stattgefunden

---

mann, IPRax 1989, 263;*Coester-Waltjen*, FS Lorenz 312; *Junker*, RabelsZ 55 (1991) 685f.; *ders.*, IPRax 1993, 8; *Palandt/Heldrich*, 29 EGBGB Rn. 5; *Schwarz* 202; *Werner/Machunsky*, vor § 1 Rn. 19; wohl auch *Püls*, JuS 1991, 569.

292 *Welter*, Diskussionsbeitrag in: Gemeinschaftsrecht und IPR 107; *Beitzke*, Diskussionsbeitrag in: Gemeinschaftsrecht und IPR 108; das LG Stade 19. 4. 1989 formuliert: „Einen solchen Schutz [nach deutschem Verbraucherschutzrecht] durfte der Beklagte indes nicht erwarten, wenn er als Urlauber nach Gran Canaria fliegt und dort einen Kaufvertrag abschließt. Es bedarf keiner näheren Darlegung, daß ein Tourist ... im Ausland mit ungünstigeren Rechtsfolgen als im Inland rechnen muß, Solche Rechtsgeschäfte werden auf eigenes Risiko abgeschlossen", zitiert nach *Kothe*, EuZW 1990, 150.

293 *Junker*, RabelsZ 55 (1991) 686; *Mäsch* 167; *Sack*, Diskussionsbeitrag in: Gemeinschaftsrecht und IPR 108f.; anders noch RG 14. 11. 1936, RGZ 153, 23; BSG 23. 10. 1958, NJW 1959, 168.

294 *Kropholler*, Einheitsrecht 294.

295 *Canaris* 56f.

296 *Mäsch* 166; subjektive Erwartungen alleine sind jedoch nicht schützenswert, vgl. *Larenz*, Methodenlehre 365ff.; *ders.*, AT § 4 II.

297 Die Ausnahme darf nicht zur Regel werden, BGH 20. 6. 1951, BGHZ 2, 306; *Larenz*, Methodenlehre 230; *Engisch* 151f. Daher besteht auch ein Analogieverbot für solche Varianten, die der Gesetzgeber sehenden Auges nicht dem Ausnahmetatbestand unterstellt hat, *Mäsch* 167.

298 *MünchKomm/Martiny*, Art. 29 Rn. 11; BT-Drucks. 10/504, 80.

haben. Darüber hinaus regelt Art. 29 I Nr. 3 EGBGB die Fälle, in denen der Verkäufer dafür verantwortlich ist, daß der Verbraucher den Schutz seines Heimatrechtes verliert[299]. Aber auch diese Alternative setzt voraus, daß ein Bezug zum Aufenthaltsrecht des Verbrauchers besteht[300].

Voraussetzung für eine analoge Anwendung von Art. 29 I Nr. 3 EGBGB auf 913
die Gran-Canaria-Fälle wäre demnach, daß ein Bezug zum Aufenthaltsstaat des Käufers besteht. Art. 29 I Nr. 3 EGBGB stellt an den Bezug zum Aufenthaltsstaat verhältnismäßig geringe Anforderungen. Das bloße Organisieren eines Auslandsaufenthaltes reicht aus, um die Rechtsfolgen des Art. 29 I Nr. 3 EGBGB zu begründen. Dem Anschein nach besteht bei den Gran-Canaria-Fällen ein wesentlich stärkerer Bezug zum Heimatrecht des Verbrauchers. Nur der Vertragsabschluß und die Vertragsanbahnung haben keinen Bezug zum Aufenthaltsstaat des Käufers. Sowohl die Lieferung der Kaufsache, als auch die Kaufpreiszahlung und Abwicklung der Gewährleistungsansprüche erfolgen hingegen in Deutschland.

Allerdings ist zu beachten, daß Art. 29 I Nr. 1–3 EGBGB voraussetzt, daß der 914
Bezug zum Aufenthaltsstaat zeitlich während oder vor Vertragschluß besteht. In keiner der drei Alternativen werden die Vertragsfolgen für die Anknüpfung berücksichtigt[301].

Bei den Gran-Canaria-Fällen erfolgte die Vertragsanbahnung und der Vertragsabschluß ohne Bezug zum Aufenthaltsstaat des Käufers[302]. Erst durch die Vertragsfolgen wurde ein Bezug zu Deutschland begründet[303].

Das zeitliche Moment ist nicht unerheblich. In den in Art. 29 I EGBGB 915
geregelten Anwendungsalternativen ist dem Verbraucher bei Vertragsschluß der Bezug zu seinem Aufenthaltsrecht bekannt.

Ein Verbraucher, der etwa von seinem Heimatstaat aus zollrechtlichen Gründen eine kurze Einkaufsfahrt in das Ausland unternimmt, befindet sich zwar körperlich im Ausland bei Vertragsschluß, jedoch besteht ein starker Bezug zu seinem Aufenthaltsstaat. Dort beginnt und endet die Einkaufsfahrt. Im Aufenthaltsstaat wird auch für die Einkaufsfahrt von dem Veranstalter geworben. Dem Verbraucher dürfte daher meist bekannt sein, daß er Ware von einem deutschen Verkäufer erwirbt.

---

299 BT-Drucks. 10/505, 79f.

300 Art. 29 I Nr. 3 EGBGB ist nicht einschlägig, wenn die „Kaffeefahrt" nicht von dem Aufenthaltsstaat des Verbrauchers gestartet wurde.

301 Ähnlich *Mankowski*, IPRax 1991, 311; *ders.* RIW 1993, 460.

302 Daß der Verkäufer deutsch spricht, schafft keinen Bezug zu Deutschland.

303 Das Ergebnis würde sich ändern, wenn bereits in Deutschland Handlungen erfolgt wären, die für den späteren Vertragsabschluß kausal waren, etwa wenn die Kaufverträge in Deutschland ausgearbeitet worden sind oder der deutsche Hersteller die spanische Verkaufsfirma in Deutschland gegründet hatte; derartige Vorbereitungshandlungen können jedoch nur vermutet werden. Zu den Beweisschwierigkeiten, daß der deutsche Lieferant an der Ausarbeitung der Verträge beteiligt war oder daß es sich um „seine" Verkaufsfirma handelt, vgl. BGH 19. 9. 1990, NJW 1991, 38f. = IPRspr. 1990 Nr. 2.

916 In jenen Fällen mag der Verbraucher damit rechnen können, daß das Recht seines Aufenthaltsstaates angewendet wird. Hingegen war der Käufer bei den Gran-Canaria-Fällen schon vor Vertragsschluß in Spanien. Für den Käufer gab es keinen Grund, bei Vertragsabschluß von der Geltung des deutschen Rechts auszugehen. Ihm war nicht notwendigerweise bekannt, daß er deutsche Waren von einem deutschen Hersteller gekauft hatte. Bekannt war nur, daß die Ware in Deutschland geliefert wird. Wenn aber erst durch die Abtretung der Kaufpreisforderung und Lieferverpflichtung ein Bezug zu Deutschland entstand, ist dies für den Auslandsbezug im Sinne von Art. 29 I Nr. 1–3 EGBGB nicht ausreichend.

Schon aus diesem Grund ist daher eine analoge Anwendung von Art. 29 I EGBGB auf die Gran-Canaria-Fälle zweifelhaft.

bb) Analogie und EVÜ

917 Gegen eine analoge Anwendung von Art. 29 I EGBGB auf die Gran-Canaria-Fälle werden auch gemeinschaftsrechtliche Bedenken geäußert[304]. Begründet wird dies mit dem gemeinschaftsrechtlichem Ursprung von Art. 29 I EGBGB. Art. 29 EGBGB inkorporiert Art. 5 EVÜ in das deutsche Recht[305]. Eine analoge Anwendung von Art. 29 I Nr. 3 EGBGB auf die Gran-Canaria-Fälle bedeutet daher gleichzeitig eine analoge Anwendung von Art. 5 EVÜ. Ob Analogien zu Normen des EVÜ zulässig sind, ist umstritten.

918 (1) Nach einer früher vertretenen Auffassung ist eine Analogie von Einheitsrecht grundsätzlich nicht möglich[306]. Begründet wurde dies mit dem gewohnheitsrechtlichen Grundsatz, Einheitsrecht restriktiv auszulegen. Es müsse verhindert werden, daß Staaten durch eine Analogie zusätzliche Verpflichtungen auferlegt werden[307]. Es würde den Souveränitätsinteressen der Vertragstaaten widersprechen, die Rechte der Staaten über das vertraglich fixierte Maß hinaus anzutasten.

919 Dieser Auffassung ist für politische Verträge zuzustimmen. Allerdings widerspricht eine Analogie nur dann der nationalen Souveränität der Vertragsstaaten, wenn das Einheitsrecht die Beziehungen von Staaten untereinander regelt. Die staatliche Souveränität steht einer Analogie dort nicht entgegen, wo das Einheitsrecht nur die Rechtsverhältnisse von Privaten regelt[308]. In solchen Fällen darf die Rechtsvereinheitlichung nicht zu einem Stillstand der nationalen und

---

304 So auch *Palandt/Heldrich*, Art. 29 EGBGB Rn. 5; *Ebke* in: Gemeinschaftsrecht und IPR 101 und 110; *Welter*, Diskussionsbeitrag in: Gemeinschaftsrecht und IPR 107; *Junker*, RabelsZ 55 (1991) 686; *Mankowski*, IPRax 1991, 312.

305 Art. 5 EVÜ = Art. 29 I II und IV EGBGB; Art. 29 III EGBGB = Art. 9 IV EVÜ.

306 *Bernhardt*, Auslegung 181; *Meyer-Sparenberg* 121.

307 *Bernhardt*, Auslegung 182; *Kropholler*, Einheitsrecht 295; allgemein zur Rechtsanalogie im Völkerrecht, vgl. *Bleckmann*, ZaöRV 53 (1993) 353ff.

308 *Kropholler*, Einheitsrecht 295; *Beckmann* ArchVR 17 (1977/78) 177; *Mankowski*, IPRax 1991, 309; vgl. auch *Bernhardt*, Auslegung 176f.

internationalen Rechtsentwicklung führen[309]. Die Auslegung von privatrechtlichem Einheitsrecht muß vielmehr nach privatrechtlichen Wertungsgesichtspunkten erfolgen.

(2) Weil das EVÜ nicht die Beziehungen von Staaten untereinander regelt, sondern Kollisionsnormen für den Interessenausgleich zwischen Privaten enthält, ist hierfür eine Analogie grundsätzlich möglich. Daraus kann freilich nicht geschlossen werden, daß Einheitsrecht unter den gleichen Voraussetzungen wie nationales Recht analog angewendet werden kann[310]. 920

Auch wenn eine einheitliche Auslegungsinstanz fehlt, sind Staatsverträge autonom, d.h. losgelöst von den Regeln des nationalen Rechts zu interpretieren[311]. Für das EVÜ ist eine Verpflichtung zur einheitlichen Auslegung in Art. 18 EVÜ (= Art. 36 EGBGB) ausdrücklich festgeschrieben. Diese Vorschrift soll sicherstellen, daß die inkorporierten Normen nach den gleichen Maßstäben ausgelegt werden, die im Fall einer unmittelbaren Geltung des EVÜ bei dessen Auslegung anzuwenden wären. Damit ist die einheitliche Auslegung nicht nur ein bloßer Programmsatz, sondern begründet eine ausdrückliche Rechtspflicht[312]. 921

Bei der Auslegung des EVÜ ist im übrigen zu beachten, daß es sich beim EVÜ zwar nicht um ein Gemeinschaftsabkommen im technischen Sinn handelt, jedoch ein gemeinschaftsrechtlicher Hintergrund besteht[313]. Für eine analoge Anwendung von Art. 29 I EGBGB hat der gemeinschaftsrechtliche Hintergrund der Norm in Art 5 EVÜ folgende Konsequenzen: 922

(a) Erstens sind die deutschen Gerichte gemäß Art. 36 EGBGB verpflichtet, die Rechtsprechung in den übrigen Vertragsstaaten bei der Auslegung der inkorporierten Normen zu berücksichtigen[314]. Dies hilft freilich für die Frage, ob Art. 29 I EGBGB analog angewendet werden kann, nicht weiter, weil in den übrigen Mitgliedstaaten – soweit erkennbar – keine vergleichbaren Fälle entschieden worden sind. Daher können ausländische Entscheidungen weder für, noch gegen eine Analogie herangezogen werden. 923

(b) Zweitens verpflichtet Art. 36 EGBGB, alles zu unterlassen, was eine einheitliche Auslegung und Anwendung des Übereinkommens gefährden 924

---

309 Zu den Gefahren der Rechtsvereinheitlichung, vgl. *Neuhaus/Kropholler*, RabelsZ 45 (1981) 78f.

310 *Firsching*, IPRax 1981, 42.

311 Die Auslegung von völkerrechtlichen Staatsverträgen erfolgt im allgemeinen anhand der Wiener Konvention über das Recht der Verträge, BGBl. 1985 II 927.

312 *Mankowski*, IPRax 1991, 307; *Böhm* 163.

313 Nur EU-Mitgliedstaaten können dem EVÜ beitreten; auch besteht nach seinen Erwägungsgründen ein Zusammenhang zum EuGVÜ, das ein Gemeinschaftsübereinkommen gemäß Art. 220 EG-Vertrag ist, vgl. *Junker*, RabelsZ 55 (1991) 682f.; *Martiny*, RabelsZ 45 (1981) 436; *ders.* in: Gemeinschaftsrecht und IPR 225; ähnlich *Schwartz*, FS Grewe 591ff.; auch der EuGH würde bei der Auslegung des EVÜ wohl darauf abstellen, daß es sich um ein gemeinschaftsbezogenes Übereinkommen handelt, vgl. zum Parallelproblem im EuGVÜ *Kropholler*, EuGVÜ Einl. Rn. 30.

314 *Martiny*, RabelsZ 45 (1981) 436; *Junker*, RabelsZ 55 (1991) 694; *Kropholler*, EuGVÜ Einl. Rn. 37ff.

könnte. Den nationalen Gerichten ist demnach eine Auslegung versperrt, deren Ergebnis für andere Vertragsstaaten nicht tragbar ist[315].

925 Dies scheint gegen eine analoge Anwendung von Art. 29 I EGBGB zu sprechen, da zweifelhaft ist, ob die übrigen Mitgliedstaaten einer Analogie von Art. 5 EVÜ folgen würden[316]. Zumindest die Mitgliedstaaten, die einem weiteren Verbraucherschutz im EVÜ widersprochen hatten, werden eine Ausdehnung des internationalen Verbraucherschutzes im Wege der Analogie wohl nicht akzeptieren. Aber wenngleich unwahrscheinlich, kann doch nicht von vornherein ausgeschlossen werden, daß auch Gerichte anderer Mitgliedstaaten Art. 5 EVÜ analog anwenden würden[317]. Das ist dann möglich, wenn überzeugende Argumente für eine Analogie sprechen.

cc) Die analoge Anwendung von Gemeinschaftsrecht

926 Wie die übrigen Vertragstaaten zu einer Analogie von Art. 5 EVÜ stehen, kann letztlich offenbleiben. Denn entscheidend ist ein weiterer Gesichtspunkt. Die Verpflichtung zur einheitlichen Auslegung in Art. 36 EGBGB wird unterstützt durch zwei Auslegungsprotokolle[318]. Diese Protokolle sehen eine Auslegungszuständigkeit des EuGH für das Übereinkommen vor. Zwar sind die Protokolle bislang nicht in Kraft getreten, so daß eine Zuständigkeit des EuGH noch nicht besteht[319]. Aber obwohl ein Inkrafttreten der Protokolle auf absehbare Zeit nicht zu erwarten ist, sind die Mitgliedstaaten schon heute verpflichtet, keine Rechtstatsachen zu schaffen, welche die Rechtseinheit gefährden oder die spätere Auslegungszuständigkeit des EuGH erschweren könnten[320].

927 Mit einer analogen Anwendung von Art. 29 I EGBGB zum jetzigen Zeitpunkt würde die deutsche Rechtsprechung dem Gerichtshof vorgreifen[321]. Ein

---

315 *Junker*, RabelsZ 55 (1991) 679; *Martiny*, RabelsZ 45 (1981) 442; *Lorenz*, Diskussionsbeitrag in: Gemeinschaftsrecht und IPR 73.

316 *Ebke* in: Gemeinschaftsrecht und IPR 101.

317 *Mansel*, IPRax 1990, 345; *Böhm* 164.

318 Erstes Protokoll betreffend die Auslegung des am 19. 6. 1980 in Rom zur Unterzeichnung aufgelegten Übereinkommens über das auf vertragliche Schuldverhältnisse anzuwendende Recht durch den Gerichtshof der Europäischen Gemeinschaften, ABl. 1989 L 48/1; zweites Protokoll zur Übertragung bestimmter Zuständigkeiten für die Auslegung des am 19. 6. 1980 in Rom zur Unterzeichnung aufgelegten Übereinkommens über das auf vertragliche Schuldverhältnisse anzuwendende Recht auf den Gerichtshof der Europäischen Gemeinschaften, ABl. 1989 L 48/17.

319 Die Protokolle müssen von allen Mitgliedstaaten ratifiziert werden; das erste Protokoll ist bisher nur von dem Vereinigten Königreich, Griechenland, Italien, Luxemburg und den Niederlanden ratifiziert worden, das zweite Protokoll zusätzlich auch von Irland, vgl. *Jayme/Kohler*, IPRax 1992, 355; *dies.*, IPRax 1993, 368.

320 Vgl. *Kohler*, EuR 1984, 168ff.; Empfehlung der EG-Kommission vom 15.1. 1985, IPRax 1985, 179; *Nolte*, IPRax 1985, 75; *Firsching*, IPRax 1981, 42; zur Rechtswirkungen von Protokollerklärungen, vgl. *Karl*, JZ 1991, 593ff.

321 Eine Analogie wäre unzweifelhaft zulässig, wenn der EuGH ihr später zustimmen würde, vgl. *Junker*, RabelsZ 55 (1991) 695; *Martiny*, Diskussionsbeitrag in: Gemeinschaftsrecht und IPR 71; mit Bedenken auch *Mankowski*, IPRax 1990, 312.

derartiges Vorgreifen ist freilich nicht per se unzulässig[322]. Solange eine Auslegungszuständigkeit des Gerichtshofs nicht besteht, müssen die nationalen Gerichte selbst über Analogien entscheiden. Allerdings sollten dabei gemeinschaftsrechtliche Auslegungsmaßstäbe angelegt werden[323].

Art. 18 EVÜ und die Protokollerklärungen verlangen, daß die Auslegung des EVÜ nach den Grundsätzen erfolgt, die vom EuGH angewendet werden[324]. Nur dadurch wird verhindert, daß die nationalen Gerichte in unzulässiger Weise dem EuGH vorgreifen und Recht schaffen, das eine spätere Auslegung des Gerichtshofs erschwert[325]. Demnach wäre eine analoge Anwendung von Art. 29 EGBGB ausgeschlossen, wenn dies einer späteren Auslegung durch den Gerichtshof widerspräche[326]. Eine analoge Anwendung von Art. 29 EGBGB ist daher abhängig von der Frage, ob gemeinschaftsrechtlich eine analoge Anwendung von Art. 5 EVÜ zulässig wäre. 928

Nach gemeinschaftsrechtlichen Grundsätzen ist eine Analogie nur in Ausnahmefällen zulässig. So ist es grundsätzlich unzulässig, eine gemeinschaftsrechtliche Norm auf einen Sachverhalt außerhalb ihres ausdrücklichen Anwendungsbereichs anzuwenden[327]. Jedoch ist auch nach europäischen Maßstäben eine Analogie möglich, wenn die Auslegung der Norm eine ungewollte und offensichtliche Lücke des Gemeinschaftsrechts offenbart[328]. 929

(a) Zumindest nach dem Wortlaut[329] von Art. 5 EVÜ ist eine Lücke zweifelhaft. Bei Art. 5 EVÜ handelt es sich um eine Ausnahmevorschrift, die den vorliegende Sachverhalt nicht erfaßt[330], wobei die Aufzählung in Art. 5 II EVÜ 930

---

[322] Ähnlich *Mansel*, IPRax 1990, 345; *Lüderitz*, IPRax 1990, 219.

[323] Auf gemeinschaftsrechtliche Auslegungsmaßstäbe kann nicht etwa deshalb verzichtet werden, weil die Gran-Canaria-Fälle kein Problem mehr darstellen, seit Spanien die Richtlinie in sein nationales Recht transformiert hat. Vergleichbare Fallgestaltungen werden aber zunehmend auch aus Ländern bekannt, die, wie etwa die Türkei, gegenwärtig dem Verbraucher noch kein Widerrufsrecht bei Haustürgeschäften zugestehen, vgl. LG Limburg 2.5. 1990, NJW 1990, 2206 = IPRspr. 1990 Nr. 33.

[324] *Junker*, RabelsZ 55 (1991) 686.

[325] Ähnlich *Mankowski*, IPRax 1991, 309.

[326] Dies entspricht auch der Tatsache, daß Art. 5 EVÜ weitgehend Art. 13 EuGVÜ entspricht. Für das EuGVÜ besteht eine Auslegungszuständigkeit des EuGH, vgl. Auslegungsprotokoll vom 3.6. 1971, BGBl.II 1975, 1138, so daß Art. 13 EuGVÜ nach gemeinschaftsrechtlichen Grundsätzen ausgelegt wird. Die Verknüpfung von EVÜ und EuGVÜ verlangt, daß die Übereinkommen gleich ausgelegt werden, vgl. *Junker*, RabelsZ 55 (1991) 682; *MünchKomm/Martiny*, Vor Art. 27 Rn. 8. Dies ist nur möglich, wenn auch das EVÜ nach gemeinschaftsrechtlichen, vom EuGH geprägten Grundsätzen ausgelegt wird.

[327] Generalanwalt *Warner*, Slg. 1976, 1659.

[328] Vgl. EuGH 15.12. 1966, Rs. 15/64 und 60/65 (*Moreau/Kommission*), Slg. 1966, 698; EuGH 20.2. 1975, Rs. 64/74 (*Reich*), Slg. 1975, 26f.; *Nessler*, RIW 1993, 209. Beispiele bei *Bleckmann*, ZaöRV 53 (1993) 355f.

[329] Alle Vertragssprachen sind dabei gleich verbindlich, vgl. *Nolte*, IPRax 1985, 73; *Seidl-Hohenveldern*, Internationale Organisationen Rn. 1617.

[330] Zweck des Art. 5 EVÜ ist, in bestimmten Fällen zum Schutze des Verbrauchers von dem Grundsatz der Parteiautonomie abzuweichen, *Giuliano/Lagarde*, BT-Drucks. 10/503, 55; vgl. *Junker*, RabelsZ 55 (1991) 683f.

als abschließend angesehen wird[331]. Grund für die nur wenigen Ausnahmen von der allgemeinen Regel war der Wunsch nach Flexibilität und Einheitlichkeit[332]. Den Ausnahmekatalog zu erweitern, könnte die Ziele des Übereinkommens gefährden. Mehr Ausnahmen erschweren die Rechtsanwendung, weil eine einheitliche Anwendung nur schwer zu gewährleisten ist. Darüberhinaus besteht die Gefahr, daß zuviele Ausnahmen die Grundregel aufweichen und damit den Konsens zwischen den Mitgliedstaaten in Frage stellen.

Da der EuGH bei der Auslegung von nicht originärem Gemeinschaftsrecht[333] viel Wert auf den Wortlaut der Bestimmung legt[334], ist schon wegen des Wortlauts der Norm eine Analogie nach gemeinschaftsrechtlichen Grundsätzen bedenklich[335].

931 (b) Neben dem Wortlaut würde der Gerichtshof auch die systematische Stellung einer Norm bei ihrer Auslegung berücksichtigen. Dabei wird nicht nur das nähere Umfeld einer Norm beachtet, sondern – insbesondere, wenn eine Norm einer anderen Bestimmung erkennbar nachgebildet ist – wird auch der Bedeutungszusammenhang zwischen den Rechtsakten der Union bei der Auslegung berücksichtigt[336]. Dadurch soll im Ergebnis eine eigene Rechtssprache der Union entwickelt werden[337].

932 Art. 5 EVÜ ist Art. 13 EuGVÜ nachgebildet. Bei der Auslegung von Art. 5 EVÜ würde der EuGH daher auf die im EuGVÜ entwickelten Auslegungsgrundsätze zurückgreifen[338].

In Artt. 13 i. V. m. 14 EuGVÜ ist für Verbrauchersachen ein ausschließlicher Gerichtsstand am Wohnsitz des Verbrauchers vorgesehen. Der Gerichtsstand am Wohnsitz des Verbrauchers wird unter anderem in den von Art. 29 I Nr. 1 und 2 EGBGB geregelten Fällen gewährt. Im übrigen sind die Voraussetzungen von Art. 13 EuGVÜ für einen verbraucherschützenden Gerichtsstand enger, als die

---

[331] Vgl. *Giuliano/Lagarde*, BT-Drucks. 10/503, 55f.; *Mankowski*, IPRax 1990, 310; *Lando*, C.M.L.Rev. 1987, 184.

[332] *Giuliano/Lagarde*, BT-Drucks. 10/503, 40; vgl. auch die Präambel des EVÜ, BGBl.II 1986, 810.

[333] Im Unterschied dazu wird das primäre und sekundäre Gemeinschaftsrecht wesentlich weiter ausgelegt, vgl. *Bleckmann*, NJW 1982, 1178; *Lutter*, JZ 1992, 599.

[334] EuGH 27. 6. 1962, Rs. 10/61 (*Kommission/Italien*), Slg. 1962, 1ff.; EuGH 10. 10. 1978, Rs. 3/78 (*Centra farm/American Home Products Corp.*), Slg. 1978, 1840; EuGH 26. 2. 1976, Rs. 88 bis 90/75 (*Sadam/Interministerieller Preisausschuß*), Slg. 1976, 335ff. = NJW 1976, 1578; EuGH 27. 6. 1991, Rs. 351/89 (*Overseas Union/New Hampshiere Insurance Company*), NJW 1992, 3221; so wird bei einem eindeutigen und „klaren" Wortlaut nicht weiter auf andere Auslegungsmethoden zurückgegriffen, sogenannte „Acte claire"-Theorie aus Frankreich, vgl. *Oppermann* Rn. 579; anders *Martiny* RabelsZ 45 (1981) 445.

[335] So auch *Mankowski*, IPRax 1990, 310f.

[336] EuGH 5. 2. 1963, Rs. 26/62 (*van Gend & Loos*), Slg. 1963, 1ff.; EuGH 18. 5. 1977, Rs. 111/76 (*van den Hazel*), Slg. 1977, 910; EuGH 27. 2. 1980, Rs. 168/78 (*Kommission/Frankreich*), Slg. 19980, 347ff. = NJW 1980, 2634; EuGH 8. 11. 1977, Rs. 36/77 (*AIMA*), Slg. 1977, 2071; *Bleckmann*, NJW 1982, 1178; *Martiny*, RabelsZ 45 (1981) 439; *Kropholler*, Einheitrecht 273.

[337] Vgl. *Lutter*, JZ 1992, 599.

[338] So schon umgekehrt für Art. 5 EuGVÜ auf Art. 10 EVÜ, vgl. *Kropholler*, EuGVÜ Rn. 33.

Voraussetzungen für Art. 5 EVÜ[339]. So begründet Art. 13 EuGVÜ in den Fällen des Art. 5 II 3. Alt. EVÜ (= Art. 29 I Nr. 3 EGBGB) keinen Gerichtsstand für den Verbraucher.

Die Gran-Canaria-Fälle werden von Art. 13 EuGVÜ nicht erfaßt[340]. Der EuGH würde wohl Art. 13 EuGVÜ auch nicht auf die Gran-Canaria-Fälle analog anwenden. Eine analoge Anwendung kommt schon deshalb nicht in Betracht, weil in Art. 13 EuGVÜ eine Art. 5 II 3. Alt. EVÜ vergleichbare Regelung fehlt, die im Wege der Analogie auf die Gran-Canaria-Fälle angewendet werden könnte. Wie oben gesehen, ist eine Analogie zu den anderen Anwendungsalternativen des Art. 5 II EVÜ nicht möglich[341]. Wenn aber eine analoge Anwendung von Art. 13 EuGVÜ auf die Gran-Canaria-Fälle abgelehnt wird, ist auch unwahrscheinlich, daß der Gerichtshof Art. 5 EVÜ analog anwenden würde. Eine analoge Anwendung von Art. 5 EVÜ hätte ansonsten zur Folge, daß die Unterschiede zwischen den Übereinkommen verstärkt werden würden. Daher spricht wohl auch eine systematische Interpretation gegen eine analoge Anwendung von Art. 5 EVÜ auf die Gran-Canaria-Fälle. 933

(c) Unabhängig von der grammatischen und systematischen Auslegung würde der Gerichtshof Art. 5 EVÜ wahrscheinlich analog anwenden, wenn dadurch die Ziele der Union gefördert werden. Entsprechend seiner Funktion als „Motor der Integration" orientiert sich der EuGH bei der Auslegung vom Gemeinschaftsrecht hauptsächlich an den Zielen der Union[342]. 934

So stellt der EuGH die dynamische und integrationsfördernde Wirkung des Gemeinschaftsrechts über die Ziele einzelner Normen. Im Zweifel wählt der Gerichtshof eine Auslegung, welche die Integration fördert und nicht eine, welche die nationalen Unterschiede verstärkt[343].

Ob eine analoge Anwendung von Art. 5 EVÜ integrationsfördernd wirkt, ist zweifelhaft. Dafür sprechen die Gran-Canaria-Fälle. Dort ließe sich anführen, daß durch eine analoge Anwendung von Art. 5 EVÜ ein gemeinschaftsrechtskonformes Ergebnis erlangt wird. Obwohl Spanien die HausTW-Richtlinie nicht fristgemäß umgesetzt hat, wird durch eine analoge Anwendung von Art. 5 EVÜ das richtlinienkonforme deutsche Recht auf die Gran-Canaria-Fälle angewendet. 935

Dennoch ist eine analoge Anwendung von Art. 5 EVÜ nicht integrationsför- 936

---

[339] Vgl. etwa EuGH 19. 1. 1993, Rs. 89/91 (*Hutton Inc./TVB Treuhandels GmbH*) EuZW 1993, 224ff.; dazu *Jayme*, IPRax 1993, 19.

[340] Zur internationalen Zuständigkeit bei Haustürgeschäften, vgl. *Jayme*, FS Nagel 123ff.

[341] Vgl. Rn. 905ff.

[342] EUGH 12.6. 1979, Rs. 181 und 229/79 (*van Paassen*), Slg. 1979, 2076ff.; EuGH 1.2. 1977, Rs. 51/76 (*Verband van Nederlandse Ondernemingen*), Slg. 1977, 113ff. = NJW 1977, 2022; *Kropholler*, EuGVÜ Einl. Rn. 35f.; *Bleckmann*, NJW 1982, 1178; *Martiny*, RabelsZ 45 (1981) 439; *Junker*, RabelsZ 55 (1991) 683ff.; *Lutter*, JZ 1992, 602.

[343] Vgl. *Kropholler*, EuGVÜ Einl. Rn. 36; *Bleckmann*, NJW 1982, 1180; *Oppermann* Rn. 582f.; *Martiny*, RabelsZ 45 (1981) 438; dazu zählt insbesondere der vom EuGH entwikelte Effektivitätsgrundsatz („Effet utile"), vgl. die Rspr. zur unmittelbaren Wirkung, Rn. 807ff.

derlich. Daß bei den Gran-Canaria-Fällen richtlinienkonformes Recht angewendet wird, ist Zufall. Wird eine analoge Anwendung von Art. 5 EVÜ bejaht, muß sie unabhängig davon erfolgen, welches Recht im Aufenthaltsstaat des Verbrauchers gilt. Art. 5 EVÜ müßte z. B. auch dann analog angewendet werden, wenn richtlinienwidriges Recht dadurch zur Anwendung gelangt. Für eine Analogie macht es ferner keinen Unterschied, ob der Kaufvertrag in einem EU-Mitgliedstaat oder in einem Drittstaat abgeschlossen wurde[344]. Im Normalfall wird daher nicht Gemeinschaftsrecht, sondern nationales Recht über das vertraglich vereinbarte Maß hinaus angewendet. Eine analoge Anwendung von Art. 5 EVÜ fördert somit nicht Unionsinteressen; es bringt vielmehr nationales Recht, unabhängig vom Unionsbezug, zur Anwendung.

Im Ergebnis spricht daher auch die teleologische Auslegung gegen eine analoge Anwendung von Art. 5 EVÜ.

c) Ergebnis

937 Eine analoge Anwendung von Art. 29 I Nr. 3 EGBGB wäre ein möglicher Weg, den deutschen Verbraucher vor den Folgen seiner Rechtswahl zu schützen. Trotz wirksamer Wahl spanischen Rechts könnte der deutsche Käufer sich auf die zwingenden Bestimmungen des deutschen Rechts berufen. Weil das HausTWG eine zwingende Bestimmung des deutschen Verbraucherschutzrechts ist, müßte es kummulativ auf die Gran-Canaria-Fälle angewendet werden. Der deutsche Urlauber könnte von dem Vertrag zurücktreten.

Ein weiteres Argument spricht für die analoge Anwendung von Art. 29 EGBGB. Die Bestimmung ist die kollisionsrechtliche Spezialregelung für den Verbraucherschutz und den Gran-Canaria-Fällen liegt eine verbraucherrechtliche Problematik zugrunde. Wenn daher der Verbraucher kollisionsrechtlich geschützt werden soll, so erscheint eine analoge Anwendung der „zuständigen" Spezialvorschrift eine sinnvolle Lösung[345].

938 Dennoch ist eine analoge Anwendung des Art. 29 I Nr. 3 EGBGB auf die Beispielsfälle aus nationalen und gemeinschaftsrechtlichen Gesichtspunkten nicht möglich. Aufgrund des gemeinschaftsrechtlichen Ursprungs der Norm (Art. 5 EVÜ) wäre nur eine „europäische" Analogie zulässig[346]. Weil es nach allgemeinen gemeinschaftrechtlichen Auslegungsrundsätzen als unwahrscheinlich gelten muß, daß andere EU-Mitgliedstaaten oder der EuGH Art. 5 EVÜ analog auf die Gran-Canaria-Fälle – oder ähnliche Fallgestaltungen – anwenden

[344] So wird eine analoge Anwendung von Art. 29 I EGBGB auch auf Einkäufe deutscher Touristen in der Türkei diskutiert, vgl. *Mäsch* 133; siehe auch LG Limburg 2. 5. 1990, NJW 1990, 2206 = IPRspr. 1990 Nr. 33.

[345] So auch die Kritiker einer Analogie, vgl. *Junker*, RabelsZ 55 (1991) 685; *Mankowski*, IPRax 1991, 305.

[346] *Kropholler*, Diskussionsbeitrag in: Europäisches Gemeinschaftsrecht und IPR 107; *Böhm* 164.

würden, ist es unzulässig oder zumindest gemeinschaftsrechtlich unfreundlich, im Alleingang eine solche Analogie vorzunehmen.

Selbst wenn man eine analoge Anwendung von Art. 29 I Nr. 3 EGBGB bejaht, könnten die Gran-Canaria-Fälle auch auf Dauer wohl nicht über Art. 29 I Nr. 3 EGBGB analog gelöst werden. Sobald die Auslegungsprotokolle zum EVÜ ratifiziert sind und eine Auslegungskompetenz des EuGH begründet ist, wären die Gran-Canaria-Fälle – oder vergleichbare Fallgestaltungen – erneut ein kollisionsrechtliches Problem, weil der EuGH Art. 5 EVÜ wohl nicht auf die Gran-Canaria-Fälle analog anwenden würde. Eine Anknüpfung des HausTWG über Art. 29 I EGBGB wäre daher höchstens eine Zwischenlösung. 939

3. Art. 34 EGBGB

Eine dritte Möglichkeit, das HausTWG auf die Gran-Canaria-Fälle im Wege einer Sonderanknüpfung anzuwenden, bietet Art. 34 EGBGB. 940

Art. 34 EGBGB regelt die positive Funktion des ordre public[347]. Danach sind unabhängig von Vertragstatut die zwingenden Bestimmungen des Gerichtsorts anzuwenden, die „ohne Rücksicht auf das auf den Vertrag anzuwendende Recht den Sachverhalt zwingend regeln". Derartige Normen werden traditionell als Eingriffsnormen bezeichnet[348].

Voraussetzung für die Anwendung von Art. 34 EGBGB auf die Gran-Canaria-Fälle ist, daß die Bestimmung überhaupt auf verbraucherrechtliche Sachverhalte angewendet werden kann (dazu a) und daß das HausTWG eine Eingriffsnorm im Sinne von Art. 34 EGBGB ist (dazu b).

a) Der Anwendungsbereich von Art. 34 EGBGB

Zunächst ist zweifelhaft, ob für die nicht von Art. 29 I EGBGB erfaßten Verbraucherverträge ein Rückgriff auf Art. 34 EGBGB überhaupt zulässig ist. Nach einer von Lagarde vertretenen Ansicht ist ein solcher Rückgriff ausgeschlossen[349]. Er begründet dies mit dem gemeinschaftsrechtlichen Ursprung der Norm. Das EVÜ habe mit Art. 5 (= Art. 29 EGBGB) den Verbraucherschutz abschließend geregelt. Art. 7 II EVÜ (= Art. 34 EGBGB) habe mit dem Verbraucherschutz nichts zu tun, weil er keine Normen erfasse, die einen Ausgleich 941

---

347 Zur Abgrenzung vom positiven und negativen ordre public, vgl. *Schütz* 49ff.; *Kropholler*, IPR § 36 I; *Spickhoff* 112ff.

348 Definition bei *Lorenz*, RIW 1987, 578; auch genannt „lois d'application immédiate" oder „lois de police", vgl. auch *Lehmann* 76ff.; *Schurig*, RabelsZ 54 (1990) 226ff.; *Böhm* 181ff.; geprägt wurde der Begriff von *Neuhaus*, IPR § 4 II.

349 *Lagarde*, Rev.crit dr. internat. privé 80 (1991) 316 Fußnote 76; wohl auch *Schubert*, RIW 1987, 731; *v. Bar*, IPR, Bd. I Rn. 261 f.

von Parteiinteressen bewerkstelligen wollen. Das Regelungswerk dürfe nicht durch eine extensive Anwendung des Art. 34 EGBGB unterlaufen werden.

942 Nach wohl herrschender Meinung ist hingegen eine Anwendung von Art. 34 EGBGB auch bei nicht von Art. 29 I EGBGB erfaßten Verbraucherverträgen im begrenzten Umfang zulässig[350]. Begründet wird dies damit, daß der Verbraucherschutz in Art. 29 EGBGB nicht abschließend geregelt ist, so daß Regelungslücken beständen, die nur mit Hilfe von Art. 34 EGBGB geschlossen werden könnten. Dies sei allerdings nur möglich, soweit die verbraucherrechtlichen Schutzvorschriften Eingriffsnormen im Sinne von Art. 34 EGBGB sind. Im Zweifel sei bei Verbraucherschutzvorschriften freilich von einfach zwingendem Recht auszugehen. Gemäß dieser Auffassung gehe Art. 29 EGBGB als Spezialregelung den andern Kollisionsnormen – also auch Art. 34 EGBGB – vor[351].

943 Lagarde ist insoweit zuzustimmen, als Art. 29 EGBGB die kollisionsrechtliche Spezialregelung für die Anknüpfung von Verbraucherverträgen ist[352]. Daraus folgt jedoch nicht, daß Art. 34 EGBGB bei Verbraucherverträgen nicht angewendet werden kann. Vielmehr können auch Verbraucherschutznormen vom nationalen Gesetzgeber als Eingriffsnormen im Sinne von Art. 34 EGBGB erlassen werden. Solche Normen müssen auch dann angewendet werden können, wenn die Voraussetzungen des Art. 29 I EGBGB nicht vorliegen. Ansonsten wäre der Gesetzgeber nicht mehr in der Lage, seine rechtspolitischen Vorstellung international durchzusetzen. Dies mag gegenüber den Mitgliedstaaten der EU wünschenswert erscheinen[353], könnte jedoch gegenüber anderen Kulturkreisen problematisch werden.

944 Einer nachrangigen Anwendung von Art. 34 EGBGB bei Verbraucherverträgen steht auch der gemeinschaftsrechtliche Ursprung der Normen nicht entgegen. Gemäß dem EVÜ ist eine Sonderanknüpfung von nationalen Eingriffsnormen zulässig. Art. 7 II EVÜ ist hierfür der gemeinsame Ausgangspunkt der Mitgliedstaaten. Weil aber seine Anwendungsvoraussetzungen nicht weiter geregelt wurden, bleibt dessen Handhabung den nationalen Rechtsordnungen überlassen[354]. Jedem Vertragsstaat ist es daher grundsätzlich selbst überlassen, nationales Recht als international zwingend zu qualifizieren und international anzuwenden[355].

---

350 OLG Celle 28.8. 1990, RIW 1991, 422 = IPRspr. 1990 Nr. 41; *MünchKomm/Martiny*, Art. 34 EGBGB Rn. 95; *Kropholler*, IPR § 3 II 3; *Lorenz*, RIW 1987, 580; *Schwarz* 187; *Kothe*, EuZW 1990, 153; *Lorenz*, RIW 1987, 580; *Jayme*, IPRax 1990, 222; *Taupitz*, BB 1990, 649.

351 BT-Drucks. 10/504, 83; *Schwarz* 187; *Mäsch* 163.

352 BT-Drucks. 10/504, 83.

353 Vgl. dazu Rn. 985 ff.

354 *Martiny* in: Gemeinschaftsrecht und IPR 232; *de Boer*, RabelsZ 54 (1990) 56 f.; wohl auch *Mäsch* 159 ff.

355 Dabei muß aber die Auslegung in den anderen Vertragsstaaten beachtet werden, *Martiny* in: Gemeinschaftsrecht und IPR 234; für die zwingenden Bestimmungen des Arbeitsrechts *Junker*, IPRax 1989, 74 f.

b) Das HausTWG und Art. 34 EGBGB

Damit das HausTWG über Art. 34 EGBGB angewendet werden kann, müßte es eine Eingriffsnorm im Sinne von Art. 34 EGBGB sein. Wann eine Eingriffsnorm vorliegt, ist in Art. 34 EGBGB nicht geregelt. Auch der Wortlaut des HausTWG ist wenig hilfreich. Zwar kann der Gesetzgeber bestimmte Normen als Eingriffsnorm klassifizieren[356], jedoch fehlt einer derartige Regelung im HausTWG. 945

Aber auch Bestimmungen, die nicht ausdrücklich für international zwingend erklärt wurden, können Eingriffsnormen sein. Welche Normen dies sind, ist umstritten[357]. Das gilt auch für die Frage, ob das HausTWG eine Eingriffsnorm im Sinne von Art. 34 EGBGB darstellt. Zwei Ansätze sind dabei zu unterscheiden[358]. 946

aa) Verbraucherschutznormen als generelle Eingriffsnormen

Ohne auf die Gran-Canaria-Fälle Bezug zu nehmen, hält von Hoffmann die Anwendung von Art. 34 EGBGB bei zwingenden Verbraucherschutzvorschriften allgemein für zulässig[359]. Ausdrücklich bezieht er sich dabei auch auf das HausTWG. Er begründet seine Auffassung mit § 12 AGBG und dem Anknüpfungssystem von Artt. 29 und 34 EGBGB. Seiner Meinung nach enthält § 12 AGBG den allgemeinen Rechtsgedanken, daß alle deutschen Verbraucherschutzbestimmungen international anzuwenden seien. Dies gelte auch für das HausTWG. Einen ähnlichen Rechtsgedanken enthalte auch Art. 29 I EGBGB. Dadurch werde vom Kollisionsrecht ein internationales Verbraucherschutzbedürfnis anerkannt. Dieses Bedürfnis sei aber nicht auf einzelne Verbraucherverträge beschränkt, sondern bei allen Verbraucherverträgen gegeben und gelte auch für die von Art. 29 I EGBGB nicht erfaßten Sachverhalte. Auch dort bestehe ein internationales Schutzbedürfnis für den Verbraucher. Weil eine Anknüpfung gemäß Art. 29 I EGBGB für diese Sachverhalte nicht möglich sei, müsse eine Sonderanknüpfung über Art. 34 EGBGB erfolgen[360]. 947

Diese Auffassung ist abzulehnen. § 12 AGBG ist kein allgemeiner Grundgedanke des deutschen Rechts. In § 12 AGBG wird vielmehr nur ein internationa- 948

---

356 So wurden etwa das AGBG in § 12 AGBG und das FernUSG in § 11 FernUSG für international zwingend erklärt, vgl. *MünchKomm/Sonnenberger*, Einl. Rn. 41; *v. Hoffmann*, IPRax 1989, 266ff.

357 Vgl. *Lorenz*, RIW 1987, 572ff.; *Radtke*, ZVglRWiss 84 (1985) 325ff.; *Mann*, FS Wahl 139ff.; *Böhm* 182ff.; grundlegend *Wengler*, ZVglRWiss 54 (1941) 168ff.; *Mäsch* 131ff.

358 Eine dritte, von *Jayme* vertretene Auffassung begründet die Anwendung des HausTWG über Art. 34 EGBGB mit dem Richtlinienursprung des HausTWG; hierauf wird unter Rn. 1003ff. eingegangen werden.

359 *v. Hoffmann*, IPRax 1989, 268; ähnlich auch *Bülow*, EuZW 1993, 437.

360 So im Ergebnis auch *Palandt/Heldrich*, 34 EGBGB Rn. 3; *Löwe*, BB 1986, 826 Fußnote 33; *Schwind*, IPR Rn. 480; wohl auch *Schwarz* 162, anders jedoch 202.

ler Geltungswille für das AGBG normiert[361]. Gegen einen allgemeinen Grundgedanken des deutschen Rechts spricht schon, daß im Zuge der Neuregelung des Kollisionsrechts ursprünglich § 12 AGBG gestrichen werden sollte[362]. Im übrigen widerspricht diese Auffassung der Tatsache, daß der Gesetzgeber im Unterschied zum AGBG und FernUSG bei dem HausTWG auf eine vergleichbare kollisionsrechtliche Regelung verzichtet hat[363]. Wäre eine internationale Geltung des HausTWG gewollt gewesen, hätte der Gesetzgeber wohl eine solche Regelung erlassen[364].

949 Weiter spricht gegen die oben vertretene Ansicht, daß Art. 29 I EGBGB damit überflüssig werden würde[365]. Die Auffassung hätte zur Folge, daß – unabhängig von Art. 29 I EGBGB – die deutschen Verbraucherschutznormen über Art. 34 EGBGB grundsätzlich angewendet werden könnten. Diese Rechtsfolge entspricht aber weder dem Willen des nationalen Gesetzgebers noch wäre sie mit dem gemeinschaftsrechtlichen Hintergrund der Normen vereinbar. Es wäre gemeinschaftsrechtlich bedenklich, wenn jede zwingende Verbraucherschutznorm des deutschen Rechts als Eingriffsnorm mit internationalem Geltungswillen angesehen wird[366].

bb) Das HausTWG als Eingriffsnormen

950 Die Frage, ob das HausTWG eine Eingriffsnorm im Sinne des Art. 34 EGBGB ist, hängt von ihrem Regelungszweck ab[367]. Dabei spricht ein öffentlich-rechtlicher Regelungszweck für eine Eingriffsnorm (Gemeinwohlvorschriften), während ein privatrechtlicher Regelungsinhalt eher gegen eine Einordnung als Eingriffsnorm steht[368].

951 (1) Nach dieser Abgrenzung ist das HausTWG wohl keine Eingriffsnorm im Sinne des Art. 34 EGBGB, weil das HausTWG das Verhältnis von Käufer und

[361] *Lorenz*, RIW 1987, 578; anders *MünchKomm/Sonnenberger*, Einl. Rn. 41.

[362] BT-Drucks. 10/504, 95; der Rechtsausschuß des Bundestages plädierte aber für eine Beibehaltung der Norm, da sie in engen Bereichen noch angewendet werden kann, BT-Drucks. 10/5632, 48; so auch die Stellungnahme des Max-Planck-Instituts, RabelsZ 47 (1983) 672f.; *Reithmann/Martiny*, Rn. 456; kritisch zu § 12 AGBG *Kegel*, IPR 434.

[363] BT-Drucks. 10/2876, 9; der Verzicht auf eine kollisionsrechtliche Regelung wurde begründet mit der Annahme, daß Haustürgeschäfte mit Auslandsberührung kein wirkliches Problem darstellten und daß viele ausländische Staaten vergleichbare Vorschriften besäßen, vgl. *Paefgen*, WRP 1991, 449 Fußnote 17.

[364] Vgl. AG Lichtenfels 24.5. 1989, IPRax 1990, 236 = IPRspr. 1989 Nr. 40; OLG Hamm 1.12. 1988, NJW-RR 1989, 497 = IPRspr. 1988 Nr. 21 b; *Taupitz*, BB 1990, 650.

[365] Ähnlich *Junker*, IPRax 1993, 9; *Mäsch* 152.

[366] Ähnlich *MünchKomm/Martiny*, Art. 34 Rn. 7; *Junker*, IPRax 1989, 73; *Schlunck* 127; *Maxl*, JBl. 1992, 162.

[367] Enthält ein Gesetz keine internationale Rechtsanwendungsnorm, muß anhand ihres Inhalts entschieden werden, ob eine Anknüpfung gemäß Art. 34 EGBGB möglich ist, vgl. BT-Drucks. 10/504, 83; auch schon *Wengler*, ZVglRWiss 54 (1941) 176ff.

[368] *MünchKomm/Martiny*, Art. 34 EGBGB Rn. 12; *Radtke*, ZvglRWiss 84 (1985) 328; *Palandt/Heldrich*, 34 EGBGB Rn. 3; *Staudinger/Firsching*, vor Art. 12 Rn. 381; *Kropholler*, IPR § 3 II; *Lorenz*, RIW 1987, 579; *Schubert*, RIW 1987, 731; kritisch dazu *Mäsch* 131ff.

Verkäufer regelt und somit zumindest keine typische Gemeinwohlvorschrift ist. Vielmehr ist Zweck des Gesetzes, den Verbraucher vor psychologischen „Tricks" des Verkäufers zu schützen. Dem Verkäufer soll also die Chance genommen werden, den Augenblick des Vertragsabschlußes unwiderruflich festzulegen und dabei für ihn günstige Umstände auszunutzen (§ 1 I Nr. 1 und Nr. 3 HausTWG) oder gar zu schaffen (§ 1 I Nr. 2 HausTWG).

(2) Ein öffentlich-rechtlicher Regelungsinhalt ist freilich nur *ein* Merkmal, 952
das auf eine Eingriffsnorm hinweist. Eine endgültige Entscheidung, ob eine Bestimmung eine Eingriffsnorm ist, kann erst infolge einer wertenden Gesamtbetrachtung getroffen werden[369]. Dazu gehört, daß Art. 34 EGBGB nur dann angewendet wird, wenn ein Inlandsbezug besteht. Bei einem starken Inlandsbezug werden geringere Voraussetzungen an das öffentliche Interesse der Norm gestellt (Relativität des ordre public)[370].

(3) Mit der Relativität des ordre public begründet Kothe die Anwendung des 953
HausTWG auf die Gran-Canaria-Fälle[371]. Nach seiner Auffassung schützt das HausTWG nicht nur individuelle Parteiinteressen, sondern auch wirtschaftspolitische öffentlich-rechtliche Belange, weil damit aggressive Verkaufsstrategien im Direktvertrieb verhindert werden sollen. Dadurch habe das HausTWG auch marktregulierenden Charakter: nicht nur Belange des Verbrauchers, sondern auch Belange der Allgemeinheit würden geschützt[372]. Dieses schwache öffentliche Interesse müsse im Zusammenhang mit dem starken Inlandsbezug der Gran-Canaria-Fälle gesehen werden. Die Relativität des ordre public erlaube daher, das HausTWG auf die Gran-Canaria-Fälle über Art. 34 EGBGB anzuwenden[373].

Diese Auffassung ist bedenklich. Das HausTWG regelt den Interessenaus- 954
gleich zwischen Privaten. Zwar liegt ein gerechter Interessenausgleich zwischen Privaten auch stets im öffentlichen Interesse. Die Allgemeinheit hat sicherlich ein Interesse daran, daß die einzelnen friedlich und harmonisch miteinander leben. Dieses Interesse ist aber ebenso bei jeder anderen zwingenden Verbraucherschutz- und jeder sonstigen Norm vorhanden[374]. Das HausTWG schützt

---

369 *Lorenz*, RIW 1987, 579; *MünchKomm/Sonnenberger*, Einl. Rn. 43.

370 Je stärker der Inlandsbezug im Einzelfall, umso weniger kraß muß der Verstoß gegen die deutschen Rechtsgrundsätze sein, vgl. BGH 21. 11. 1958, BGHZ 28, 385 = IPRspr. 1958/59 Nr. 110; OLG Oldenburg 16. 9. 1980, IPRax 1981, 138 = IPRspr. 1980 Nr. 60; *Kropholler*, IPR § 36 II 2; *Palandt/Heldrich*, Art. 34 Rn. 3.

371 *Kothe*, EuZW 1990, 154; wohl auch *Palandt/Heldrich*, Art. 34 Rn. 3.

372 Ein schwaches öffentlich-rechtliches Interesse glaubt diese Ansicht auch dem Richtlinienursprung des HausTWG entnehmen zu können. Aus der Ermächtigungsgrundlage (Art. 100 EG-Vertrag) und dem ersten Verbraucherschutzprogramm der EU (ABl. 1975, Nr. C 92, 1 ff.) ergebe sich, daß durch die Rechtsangleichung die Position der Marktteilnehmer gestärkt werden sollte, um den Gemeinsamen Markt zu ermöglichen; der Gemeinsame Markt liege im öffentlichen Interesse.

373 *Kothe*, EuZW 1990, 155. Neben den hier aufgezählten Argumenten weist Kothe auch auf Parallelen zum Wettbewerbsrecht hin. Dieser Vergleich dürfte aber nach der Rechtsprechung des BGH überholt sein, vgl. Rn. 965 ff.

374 Vgl. *Schnyder* Rn. 45.

damit das Gemeinwohl nicht mehr als jede andere zwingende Regelung des nationalen Rechts. Wenn aber eine Abgrenzung zu anderen zwingenden Vorschriften, etwa § 476 BGB, nicht mehr möglich ist[375] und wenn dann jede zwingende Norm ein ausreichendes öffentliches Interesse enthält, hat die oben vertretene Auffassung zur Folge, daß bei einem starken Inlandsbezug jede zwingende Norm über Art. 34 EGBGB durchgesetzt werden könnte. Selbst wenn innerstaatlich – etwa aus Gründen des Verbraucherschutzes – eine solche Lösung erstrebenswert erscheinen mag, bestehen gemeinschaftsrechtliche Bedenken dagegen.

Diese Auffassung hätte nämlich zur Folge, daß Art. 27 III EGBGB überflüssig wäre. Wenn ein Sachverhalt ausschließlich mit dem Inland verbunden ist, könnten dann auch ohne Art. 27 III EGBGB die zwingenden Bestimmungen des Gerichtsorts stets über Art. 34 EGBGB angewendet werden, weil immer ein starker Inlandsbezug und eine Norm mit öffentlich-rechtlichem Regelungszweck vorliegen würde. Obwohl es grundsätzlich dem deutschen Recht überlassen ist, nationale Normen als Eingriffsnormen zu qualifizieren, würde eine Auslegung von Art. 34 EGBGB, die Art. 27 III EGBGB überflüssig macht, dem gemeinschaftlichen Hintergrund der Normen im EVÜ widersprechen. Daran kann auch die Relativität des ordre public nichts ändern.

955 (4) Gegen die Einordnung des HausTWG als Eingriffsgesetz spricht im übrigen auch der Grundsatz, daß im Zweifel eine Norm keine Eingriffsnorm ist[376]. Aufgrund der weitreichenden Folgen, die eine Eingriffsnorm auf den internationalen Rechtsverkehr ausübt, müssen Normen mit kollisionsrechtlichem Eingriffsbefehl die Ausnahme bleiben. Dies gilt insbesbesondere dann, wenn das Recht eines Mitgliedstaates Sachstatut ist[377].

Ergebnis: Weil das HausTWG keine Eingriffsnorm im Sinne von Art. 34 EGBGB ist[378], kann der Verbraucher in den Gran-Canaria-Fällen nicht im Wege der Sonderanknüpfung von dem Vertrag zurücktreten[379].

---

[375] *Lüderitz*, IPRax 1990, 218; LG Hamburg 29. 3. 1990, RIW 1990, 666 = IPRspr. 1990 Nr. 30; AG Lichtenfels 24. 5. 1989, IPRax 1990, 236 = IPRspr. 1989 Nr. 40.

[376] Vgl. *Lorenz*, RIW 1987, 579; *Taupitz*, BB 1990, 649; *Maxl*, JBl. 1992, 161 f.; *Böhm* 196.

[377] Vgl. Rn. 726 ff.

[378] Gegen eine Einordnung des HausTWG als Eingriffsnorm wird ferner eingewendet, daß der deutsche Gesetzgeber national und international gegen eine Regelung der Haustürgeschäfte opponiert, *Taupitz*, BB 1990, 650; OLG Hamm 1. 12. 1988, NJW-RR 1989, 497 = IPRspr. 1988 Nr. 21 b; *Werner/Machunsky*, vor § 1 Rn. 2; *Gilles*, NJW 1986, 1136; *Mösch* 120. Nach dieser Ansicht kann eine Bestimmung, die im Inland noch vor kurzem als überflüssig erachtet wurde, nicht kurze Zeit später als international zwingend gelten, vgl. *v. Brunn*, NJW 1962, 988; ähnlich BGH 30. 1. 1961, NJW 1961, 1062 = IPRspr. 1961 Nr. 39 b. Dagegen ist jedoch einzuwenden, daß der jeweilige Beurteilungszeitpunkt der Moment der Entscheidung ist. Wenn sich die inländischen Anschauungen geändert haben, ist die neue Auffassung maßgebend, so auch *Jayme*, ordre public 33; *Vallindas*, RabelsZ 18 (1953) 8; vgl. auch BGH 9. 1. 1969, BGHZ 51, 293 = IPRspr. 1968/69 Nr. 245.

[379] So auch OLG Hamm 1. 12. 1988, NJW-RR 1989, 497 = IPRspr. 1988 Nr. 21 b; OLG Celle 28. 8. 1990, RIW 1991, 422 = IPRspr. 1990 Nr. 41; LG Hamburg 29. 3. 1990, RIW 1990, 666 = IPRspr. 1990 Nr. 30; AG Osnabrück 24. 3. 1988, IPRspr. 1988 Nr. 21 a; AG Lichtenfels 24. 5.

IV. Art. 6 EGBGB

Art. 6 EGBGB regelt den kollisionsrechtlichen Vorbehalt des ordre public. Danach ist eine ausländische Rechtsnorm nicht anzuwenden, wenn ihre Anwendung zu einem Ergebnis führt, das mit wesentlichen Grundsätzen des deutschen Rechts offensichtlich unvereinbar ist. Ein Teil der Gerichte hält es mit den wesentlichen Grundsätzen des deutschen Rechts für unvereinbar, daß ein deutscher Urlauber nicht von dem in Spanien geschlossenen Vertrag zurücktreten kann[380]. 956

Der Verstoß gegen die Vorbehaltsklausel wird von dieser Auffassung ebenfalls mit der Relativität des ordre public begründet. Der überragende Inlandsbezug, verbunden mit der Stellung des Verbraucherschutzes im deutschen Recht, ermögliche bei den Gran-Canaria-Fällen die Anwendung der Vorbehaltsklausel. Auch auf die Rechtsprechung des Reichsgerichts[381] wird verwiesen. Schon dort sei in einem vergleichbaren Fall das deutsche AbzG über die Vorbehaltsklausel angewendet worden. 957

Die Argumente halten einer rechtlichen Überprüfung nicht stand[382]. Die Vorbehaltsklausel wirkt lediglich negativ, indem sie ausländisches Recht abwehrt, das mit der deutschen öffentlichen Ordnung offensichtlich unvereinbar ist. Wenn hingegen deutsches Recht international durchgesetzt werden soll, kann dies nur über Art. 34 EGBGB erfolgen[383]. Wird aber die internationale Anwendbarkeit des HausTWG bei Art. 34 EGBGB abgelehnt, gilt diese Wertung auch für Art. 6 EGBGB[384]. Das HausTWG ist daher ebensowenig ein wesentlicher Bestandteil der deutschen öffentlichen Ordnung, wie es ein Eingriffsgesetz im Sinne von Art. 34 EGBGB darstellt[385]. 958

Auch die Entscheidung des Reichsgerichts kann eine Anwendung der Vorbehaltsklausel auf die Gran-Canaria-Fälle nicht begründen. Zum einen ist das AbzG mit dem HausTWG nicht vergleichbar. Das Risiko des Verbrauchers bei Abzahlungsge- 959

1989, IPRax 1990, 236 = IPRspr. 1989 Nr. 40; *Taupitz*, BB 1990, 649f.; *Werner/Machunsky*, vor § 1 Rn. 32; *Coester-Waltjen*, FS Lorenz 313f.; *Droste* 171.

380 OLG Celle 28.8. 1990, RIW 1991, 423 = IPRspr. 1990 Nr. 41; AG Lichtenfels 24.5. 1989, IPRax 1990, 236 = IPRspr. 1989 Nr. 40; LG Bamberg 17.1. 1990, NJW-RR 1990, 694 = IPRspr. 1990 Nr. 27; aber auch *Püls*, JuS 1991, 571.

381 RG 28.3. 1930, JW 1932, 591 = IPRspr. 1931 Nr. 7.

382 Vgl. auch *Mäsch* 120; *Böhm* 204.

383 OLG Hamm 1.12. 1988, NJW-RR 1989, 496 = IPRspr. 1988 Nr. 21b, AG Osnabrück 24.3. 1988, IPRspr. 1988 Nr. 21a; LG Hildesheim 11.12. 1991, IPRax 1993, 174; *Mankowski*, RIW 1993, 462; IPG 1987–1988 Nr. 13; *Taupitz*, BB 1990, 651; *Lüderitz*, IPRax 1990, 218; *Kothe*, EuZW 1990, 151; *Schwarz* 203; *Coester-Waltjen*, FS Lorenz 315.

384 Auch im Rahmen des negativen ordre public wird eingewendet, daß die Widerrufsmöglichkeit bei Haustürgeschäften erst 1986 eingeführt worden ist, vgl. *Taupitz*, BB 1990, 650f.; *Schwarz* 203; AG Wuppertal 12.6. 1992, VuR 1993, 58.

385 Unterstützt wird diese Auffassung durch die Tatsache, daß der ordre public eng auszulegen ist, vgl. BGH 15.11. 1990, WM 1991, 380 = IPRspr. 1990 Nr. 157; AG Osnabrück 24.3. 1988, IPRspr. 1988 Nr. 21a; *v. Bar*, IPR Bd. 1 Rn. 631; *Kropholler*, IPR § 36 II 2; *Werner/Machunsky* vor § 1 Rn. 27; *Lüderitz*, FS 600 Jahre Universität Köln 289.

schäften ist wesentlich größer als die Gefahren des Direktmarketings. Zum anderen wird das vom Reichsgericht erzielte Ergebnis heute schon über Art. 29 EGBGB erreicht[386], so daß die Anwendung der Vorbehaltsklausel überflüssig ist.

V. *Gesetzesumgehung (fraus legis)*

960 Eine weitere Möglichkeit, ein Rücktrittsrecht des Verbrauchers bei den Gran-Canaria-Fällen zu begründen, könnte sich aus den Grundsätzen einer Gesetzesumgehung ergeben.

Die kollisionsrechtliche Gesetzesumgehung stellt – im Unterschied zu Art. 6 EGBGB – nicht auf den Inhalt des ausländischen Rechts ab, sondern sanktioniert den Weg, auf dem die Anwendung des fremden Rechts erreicht wird[387]. Eine Gesetzesumgehung liegt demnach vor, wenn rechtsmißbräuchlich Anknüpfungsmerkmale geschaffen werden, um sonst anwendbares Recht zu umgehen[388]. In diesen Fällen werden die „umgangenen" Vorschriften angewendet[389].

961 Nach einer im Schrifttum vertretenen Auffassung liegt bei den Gran-Canaria-Fällen eine Gesetzesumgehung vor. Diese Meinung sieht in der Wahl des spanischen Rechts eine unzulässige Umgehung des deutschen Verbraucherschutzrechts[390].

962 Gegen diese Auffassung bestehen jedoch Bedenken. Die Gran-Canaria-Fälle lassen nicht erkennen, daß der deutsche Hersteller oder der spanische Verkäufer Anknüpfungsmomente mit Umgehungsabsicht verändert haben. Weder der Verkäufer noch der Lieferant haben diesen Anknüpfungspunkt beeinflußt. Sie bedienten sich lediglich des für sie vorteilhaften Auslandsaufenthalts des Kunden, ohne darauf Einfluß zu nehmen[391].

963 Im übrigen ist eine Veränderung oder Ausnutzung von Anknüpfungsmomenten nicht allgemein unzulässig. Grundsätzlich können die Vertragsparteien kollisionsrechtliche Tatbestandsmerkmale herstellen oder benutzen, um das anwendbare Recht zu beeinflussen[392]. Beim Erlaß des EGBGB wurde auf eine subjektive Kontrolle der Rechtswahl verzichtet und die Beschränkungen der

---

386 Vgl. *Paefgen*, WRP 1991, 452.

387 Ausführlich dazu *Kropholler*, IPR § 23 I; *Kegel*, IPR 300ff.; *v. Bar*, IPR, Bd. I Rn. 574ff.; *MünchKomm/Sonnenberger*, Einl. EGBGB Rn. 581; *Coester-Waltjen*, FS Lorenz 316.

388 Vgl. *Raape/Sturm*, IPR 326; *Schurig*, FS Ferid 398; *Coester-Waltjen*, FS Lorenz 316.

389 Sowohl eine Umgehung von materiellrechtlichen Normen wie auch eine Ausschaltung von Kollisionsnormen kann eine unzulässige Gesetzesumgehung bedeuten, vgl. *Coester-Waltjen*, FS Lorenz 315; *Ferid* 3–168.

390 *Huff*, EWiR § 2 HWiG 1/89, 384; *ders.*, EWiR Art. 27 EGBGB 1/89, 995; *Reich*, VuR 1989, 160f.; vom BGH offengelassen, BGH 19. 9. 1990, EuZW 1990, 550 = IPRspr. 1990 Nr. 2.

391 Der Verbraucher war schon vor Abschluß des Kaufvertrages in Spanien; vgl. auch *Taupitz*, BB 1990, 652; *Coester-Waltjen*, FS Lorenz 317; *Mösch* 122; *Mankowski*, RIW 1993, 460; *Böhm* 217; OLG Hamm 1. 12. 1988, NJW-RR 1989, 496 = IPRspr. 1988 Nr. 21 b; OLG Celle 28. 8. 1990, RIW 1991, 422 = IPRspr. 1990 Nr. 41; AG Osnabrück 24. 3. 1988, IPRspr. Nr. 21 a.

392 BGH 4. 6. 1971, NJW 1971, 2124 = IPRspr. 1971 Nr. 56; *Palandt/Heldrich*, Einl Art. 3 EGBGB, Rn. 25f.

Rechtswahl an objektive Kriterien geknüpft[393]. Umgehungsgesichtspunkte werden nur im Rahmen der gesetzlich geregelten Rechtswahlschranken berücksichtigt[394]. Die Rechtswahl in den Gran-Canaria-Fällen unterliegt aber keiner Schranke.

Neben den gesetzlich geregelten Fällen sollten die Rechtswahlmöglichkeiten 964 der Parteien nur in Ausnahmefällen beschränkt werden[395]. Ein solcher Ausnahmefall kann die „fraus legis“ sein. Voraussetzung dafür wäre freilich eine Umgehungs- oder Erschleichungsabsicht des Verkäufers. Dieser müßte sich arglistig verhalten haben[396]. Ob dem spanischen Verkäufer oder dem deutschen Hersteller ein arglistiges Verhalten in den Gran-Canaria-Fällen vorgeworfen werden kann, ist zweifelhaft; zumindest dürften insoweit Beweisschwierigkeiten bestehen[397].

VI. Die Gran-Canaria-Fälle und der BGH

Bislang fehlen höchstrichterliche Entscheidungen zur kollisionsrechtlichen 965 Anknüpfung der Gran-Canaria-Fälle[398]. In zwei Entscheidungen wird aber deutlich, daß der BGH die in den Gran-Canaria-Fällen verwendeten Geschäftspraktiken nicht für generell unzulässig erachtet[399]. Bei beiden Verfahren handelte es sich um Klagen von Verbraucherschutzverbänden gegen den deutschen Hersteller.

(1) Das erste Verfahren war eine Unterlassungsklage gemäß § 13 AGBG. Der 966 klagende Verband beantragte, einem deutschen Hersteller die Rechtswahl in allgemeinen Geschäftsbedingungen zu untersagen, weil die Klausel gegen § 9 AGBG verstoße[400]. Der BGH ließ bei seiner Entscheidung die Frage offen, ob das AGBG überhaupt auf den Sachverhalt anzuwenden sei. Nach Auffassung des Gerichts war selbst bei der Anwendung des AGBG eine Unterlassungsklage gemäß § 13 AGBG unbegründet. Der Beklagte habe nämlich die Rechtswahl-

---

393 Vgl. *Lando*, C.M.L.Rev. 1987, 182; es würde auch dem Institut der Rechtswahl widersprechen, die Motive der Parteien zu berücksichtigen, *MünchKomm/Sonnenberger*, Einl. EGBGB Rn. 567.

394 Vgl auch *Kropholler*, IPR § 23 II 3; *Schurig*, FS Ferid 375 ff.; Umgehungsgesichtspunkte wurden z. B. bei der Analogie von Art. 29 I EGBGB berücksichtigt; *Lüderitz*, IPRax 1990, 219.

395 *MünchKomm/Martiny*, Art. 27 Rn. 10; *Lando*, C.M.L.Rev. 1987, 183.

396 *Ferid* 3–178; *Kropholler*, IPR § 23 II 1; *Coester-Waltjen*, FS Lorenz 317; *Schurig*, FS Ferid 402; *Böhm* 219 f.

397 Vgl. dazu *Kropholler*, IPR § 23 II 1, der zu Recht davor warnt, Gewitztheit mit Absicht zu verwechseln; anders wohl *Böhm* 214 ff.

398 Eine höchstrichterliche Entscheidung wäre zur Wahrung der nationalen Entscheidungseinheit dringend erforderlich; es ist daher zu wünschen, daß möglichst bald ein Oberlandesgericht in einem Individualprozeß die Revision zuläßt, *Teske*, EWiR § 1 UWG 4/91, 298; auch *Hohloch*, JuS 1991, 606.

399 BGH 19. 9. 1990, NJW 1991, 36 ff. = IPRspr. 1990 Nr. 2; BGH 15. 11. 1990, NJW 1991, 1054 = IPRspr. 1990 Nr. 157.

400 BGH 19. 9. 1990, NJW 1991 Nr. 36 = IPRspr. 1990 Nr. 2.

klausel weder verwendet noch für den rechtsgeschäftlichen Verkehr empfohlen. Auch komme der Kaufvertrag nicht mit dem deutschen Hersteller, sondern mit der spanischen Firma zustande, woran eine „Auftragsbestätigung" nichts ändere[401].

967 (2) In einem zweiten Verfahren lehnte der BGH die Anwendung des deutschen Wettbewerbsrechts auf die Gran-Canaria-Fälle ab[402]. In diesem Verfahren berief sich die Verbraucherschutzorganisation auf § 13 UWG. Ihrer Ansicht nach sei deutsches Recht auf die Gran-Canaria-Fälle anzuwenden. Der Hersteller sei verpflichtet, den Käufer bei Vertragsschluß über sein Widerrufsrecht gemäß dem HausTWG zu belehren. Durch das Unterlassen einer derartigen Belehrung habe der deutsche Hersteller sich einen wettbewerbswidrigen Vorsprung gegenüber anderen deutschen Unternehmen, die in Spanien tätig sind, verschafft.

968 Auch bei dieser Entscheidung ließ der BGH offen, ob das HausTWG auf die Gran-Canaria-Fälle anzuwenden sei. Die Frage war nach der Auffassung des BGH nicht entscheidungserheblich, weil zumindest die wettbewerbsrechtliche Beurteilung dem spanischen Recht unterliege. Sittenwidrige Wettbewerbshandlungen gehören – nach Ansicht des Gerichts -nämlich zu den unerlaubten Handlungen[403]. Als Begehungsort gelte der Ort, an dem die wettbewerblichen Interessen der Mitbewerber aufeinandertreffen[404]. Bei den Gran-Canaria-Fällen sei dies Spanien, weil hier um Kunden geworben werde und die Kaufverträge abgeschlossen würden. Für die Anknüpfung von Wettbewerbsverletzung sei die Staatsangehörigkeit, der Wohnsitz oder der gewöhnliche Aufenthalt des potentiellen Kunden unerheblich. Ebenso sei ohne Bedeutung, wo es zu Vorbereitungshandlungen oder zum Eintritt eines Schadens komme[405].

VII. Zusammenfassung

969 Obwohl den Gran-Canaria-Fällen ein einfacher Sachverhalt zugrunde liegt, ist ihre kollisionsrechtliche Anknüpfung sehr umstritten. In Rechtsprechung und Schrifttum wurde nichts unversucht gelassen, um trotz der Wahl des

[401] BGH 19.9. 1990, NJW 1991, 36 = IPRspr. 1990 Nr. 2; daraus kann kollisionsrechtlich gefolgert werden, daß der BGH zumindest die Anwendung von Art. 27 III EGBGB auf die Gran-Canaria-Fälle ablehnt.

[402] BGH 15.11. 1990, NJW 1991, 1054 = IPRspr. 1990 Nr. 157; anders entschied das OLG Stuttgart 18.5. 1990, RIW 1991, 588ff. = IPRspr. 1990 Nr. 34; offengelassen vom OLG Hamm 1.12. 1988, IPRax 1990, 243 = IPRspr. 1988 Nr. 21b; vgl. dazu *Bernhard*, GRUR Int. 1992, 366ff.; *Sack*, IPRax 1992, 24ff.

[403] Vgl. auch *Baumbach/Hefermehl*, UWG Einl. Rn. 188; *Sack*, GRUR Int. 1988, 323f.; *MünchKomm/Kreuzer*, Art. 38 Anh. 4B; *Palandt/Heldrich*, Art. 38 Rn. 16.

[404] So auch BGH 30.6. 1961, BGHZ 35, 333f. = IPRspr. 1961 Nr. 155; BGH 4.6. 1987, GRUR 1988, 454 = IPRspr. 1987 Nr. 112.

[405] BGH 15.11. 1990, NJW 1991, 1054 = IPRspr. 1990 Nr. 157; zustimmend *Hohloch*, JuS 1991, 606; *Teske*, EWiR § 1 UWG 4/91, 298; *v. Gamm*, EWS 1991, 166ff.; *Chrocziel*, EWS 1991, 173ff.; *Paefgen*, WRP 1991, 447ff.

spanischen Rechts dem Verbraucher ein Rücktrittsrecht zu gewähren. Im Ergebnis kann jedoch keine der vorgeschlagenen Anknüpfungen völlig überzeugen.

Darüberhinaus ist fraglich, ob überhaupt ein Bedürfnis besteht, dem Käufer in den Gran-Canaria-Fällen ein Rücktrittsrecht zu gewähren. Kollisionsrechtliche Korrekturen sollten nur dort vorgenommen werden, wo materiellrechtliche Gesichtspunkte dies unbedingt erfordern. Man fragt sich, ob ein deutscher Urlauber auch im Ausland vor seinen unüberlegten Handlungen geschützt werden muß[406]. Auch wenn der Verbraucherschutz immer mehr an Bedeutung gewinnt, gilt im deutschen Recht noch der Grundsatz, daß Verträge einzuhalten sind[407]. Nur in Ausnahmefällen sollte ein Recht auf Aufhebung des Vertrages bestehen. Im nationalen Recht wurde eine solche Ausnahme durch das HausTWG geschaffen. Dieses Gesetz auch international anzuwenden, war vom Gesetzgeber nicht beabsichtigt, da ansonsten mit dem HausTWG eine § 12 AGBG oder § 11 FernUSG vergleichbare kollisionsrechtliche Regelung eingeführt worden wäre. 970

Im übrigen ist auch die Anwendung des HausTWG auf Sachverhalte mit Auslandsberührung zweifelhaft. Eine Belehrungspflicht, wie das HausTWG sie vorschreibt, ist nur sinnvoll, wenn der Verpflichtete seine Pflicht kennt. Ein ausländischer Verkäufer wird aber im Zweifelsfall nicht wissen, daß es ein HausTWG gibt. Er wird erst recht nicht wissen, daß er einen deutschen Urlauber über seine Möglichkeit innerhalb einer Woche den Kaufvertrag schriftlich widerrufen zu können, belehren muß. Daher wird eine Belehrung bei Auslandskäufen meist unterbleiben. Wenn aber keine Belehrung erteilt wird, erlischt das Widerrufsrecht erst einen Monat nach vollständiger Erbringung der Leistung (§ 2 I HausTWG). Infolgedessen kann ein deutscher Urlauber bei den meisten Auslandskäufen wesentlich länger von dem Vertrag zurücktreten, als bei vergleichbaren Geschäften – mit Belehrung – im Inland. Dies ist rechtspolitisch nicht überzeugend. 971

Diese Einschätzung wird von dem überwiegenden Teil der Rechtsprechung und der kollisionsrechtlichen Literatur nicht geteilt. Nach der herrschenden Auffassung ist das Recht lückenhaft, weil dem Käufer kein Rücktrittsrecht zusteht. Um das Recht zu korrigieren, wird der Eindruck erweckt, daß jedes gewünschte Ergebnis kollisionsrechtlich „machbar" sei[408]. Es stellt sich freilich die Frage, ob das Kollisionsrecht der korrekte Weg ist, um den Verbrauchern in den Gran-Canaria-Fällen zu helfen. Daß in diesen Fällen kein Rücktrittsrecht des Käufers besteht, liegt in erster Linie daran, daß Spanien die HausTW-Richtlinie verspätet umgesetzt hat. Bevor deshalb das Kollisonsrecht über Gebühr beansprucht wird, sollte untersucht werden, ob sich aus der verspäteten Umsetzung der HausTW-Richtlinie ein Grund ergibt, von der herkömmlichen kollisionsrechtlichen Anknüpfung in den Gran-Canaria-Fällen abzuweichen. 972

---

406 *Paefgen*, WRP 1991, 449, bezeichnet diese Haltung als „pangermanischen Paternalismus"; vgl. auch *Coester-Waltjen*, FS Lorenz 313. Ähnlich fragt *Taupitz*, BB 1993, 2169, ob es rechtspolitisch richtig ist, Urlaubern einen Schadenersatzanspruch gegen den Staat beim Konkurs ihres Reiseveranstalters zuzusprechen. Letztendlich würden damit nur „Schnäppchenjäger" belohnt.

407 Der Grundsatz gilt auch im Gemeinschaftsrecht, vgl. *Hommelhoff*, AcP 192 (1992) 93 f.

408 *Ebke* in: Gemeinschaftsrecht und IPR 101.

§ 9 Die Nicht-Umsetzung von Richtlinien und IPR

973 In der Rechtsprechung und im Schrifttum werden die Gran-Canaria-Fälle meist ohne Rücksicht auf das Gemeinschaftsrecht gelöst. Daß die Parteien richtlinienwidriges spanisches Recht gewählt haben, obwohl Spanien ein Mitgliedstaat der EU ist und die Umsetzungsfrist für die Richtlinie abgelaufen war, wird zur Kenntnis genommen, ohne daß daraus kollisionsrechtliche Konsequenzen gezogen werden.

974 Gemeinschaftsrechtlich ist dies bedenklich. Die Vertreter der herrschenden Meinung übersehen, daß bei Auslandssachverhalten, in denen ein beteiligter EU-Staat seiner Umsetzungsverpflichtung nicht nachgekommen ist, nicht nur nationale Rechtsordnungen kollidieren, sondern auch eine Kollision zwischen mitgliedstaatlichem Recht und Gemeinschaftsrecht besteht. Diese zweifache Kollision könnte erfordern, daß auch gemeinschaftsrechtliche Gesichtspunkte im Kollisionsrecht berücksichtigt werden. Dadurch könnte das Kollisionsrecht ein Mittel zur Durchsetzung des Gemeinschaftsrechts werden.

Konkret stellt sich für die Gran-Canaria-Fälle die Frage, ob die Anwendung des richtlinienwidrigen spanischen Rechts verhindert werden könnte, wenn kollisionsrechtlich berücksichtigt wird, daß Spanien die HausTW-Richtlinie nicht umgesetzt hat. Fraglich ist insoweit, ob die Nicht-Umsetzung von Richtlinien ein kollisionsrechtliches Anknüpfungsmerkmal bildet.

I. Die Nicht-Umsetzung von Richtlinien und Parteiautonomie

975 Bekanntlich sind bei Sachverhalten mit ausschließlichem Bezug zum Binnenmarkt die Rechtswahlmöglichkeiten der Parteien eingeschränkt. Bei erfolgter Rechtsangleichung gelten die EU-Mitgliedstaaten als ein einziger Rechtsraum, so daß die Vertragsparteien analog Art. 27 III EGBGB (Art. 3 III EVÜ) nicht durch die Wahl einer drittstaatlichen Rechtsordnung von zwingendem Richtlinienrecht abweichen können[409].

976 In Zusammenhang mit der Nicht-Umsetzung von Richtlinien stellt sich die Frage, ob auch auf die Wahl eines richtlinienwidrigen mitgliedstaatlichen Rechts bei reinen Binnenmarktfällen Art. 27 III EGBGB (Art. 3 III EVÜ) analog anzuwenden ist. Anders gesagt: Können Vertragsparteien zwingende Richtlinienvorgaben umgehen, indem sie bei Verträgen, die nur die Rechtsordnungen von Mitgliedstaaten berühren, ein richtlinienwidriges mitgliedstaatliches Recht wählen?

---

[409] Vgl. Rn. 713ff.

1. *Art. 27 III EGBGB bei richtlinienkonformen Rechtsordnungen*

Zunächst ist fraglich, ob die Wahl einer richtlinienwidrigen mitgliedstaatlichen Rechtsordnung wirksam ist, wenn der Sachverhalt ansonsten nur Verbindung mit richtlinienkonformen mitgliedstaatlichen Rechtsordnungen hat. 977

Beispiel: Deutschland und Spanien haben die HausTW-Richtlinie fristgemäß transformiert. In dem Kaufvertrag zwischen einem Spanier und einem Deutschen wird italienisches Recht gewählt. Der Vertrag hat außer der Rechtswahl keinen Bezug zu Italien. Italien hat die einschlägige Richtlinie nicht umgesetzt.

Auf diese Fälle sollte Art. 27 III EGBGB (= Art. 3 III EVÜ) analog angewendet werden. Die Rechtswahl darf nicht zum Ausschluß der zwingenden Richtlinienvorgaben führen, wenn der Sachverhalt nur mit richtlinienkonformen Rechtsordnungen verbunden ist. Ansonsten würde die Nicht-Umsetzung eines Mitgliedstaates auch die Rechtsangleichung in den übrigen Mitgliedstaaten gefährden. Solange nicht alle Mitgliedstaaten eine Richtlinie umgesetzt haben, könnten die Vertragsparteien durch Wahl einer richtlinienwidrigen Rechtsordnung zwingende Richtlinienvorgaben umgehen. Die Rechtsangleichung in der Union wäre erst erfolgreich, wenn alle Mitgliedstaaten eine Richtlinie umgesetzt hätten. Das würde dazu führen, daß der einheitliche gemeinschaftsrechtliche Standard nicht durchgesetzt werden könnte, obwohl alle in einem konkreten Fall betroffenen Mitgliedstaaten ihrer Umsetzungsverpflichtung fristgemäß nachgekommen sind. Dies würde den Interessen der Union widersprechen. 978

Im übrigen ist kein anerkennenswerter Grund erkennbar, der ein Abweichen vom Richtlinienrecht rechtfertigen könnte, wenn der Sachverhalt ausschließlich mit richtlinienkonformen Rechtsordnungen verbunden ist. 979

2. *Art. 27 III EGBGB bei nicht erfolgter Rechtsangleichung*

Nicht beantwortet bleibt die Frage, ob eine analoge Anwendung von Art. 27 III EGBGB (Art. 3 III EVÜ) auch möglich ist, wenn eine *beteiligte* mitgliedstaatliche Rechtsordnung ihrer Umsetzungspflicht nicht nachgekommen ist. Dies ist die Sachverhaltskonstellation in den Gran-Canaria-Fällen. 980

Beispiel: Spanisches Recht wurde gewählt, wobei Spanien seiner Umsetzungsverpflichtung nicht nachgekommen ist. Spanien war aber auch Abschlußort des Vertrages und der Verkäufer war Spanier.

Auch bei diesen Fällen handelt es sich um reine Binnenmarktsachverhalte. Wenn die Wahl eines richtlinienwidrigen mitgliedstaatlichen Rechts wie die Wahl eines drittstaatlichen Rechts behandelt würde, müßten bei den Gran-Canaria-Fällen die zwingenden Richtlinienvorgaben angewendet werden. Die Parteien könnten dann nicht durch die Wahl spanischen Rechts die zwingenden Richtlinienvorgaben umgehen (Art. 27 III EGBGB analog). Dem deutschen 981

Käufer wäre es mithin erlaubt, sich auf die HausTW-Richtlinie und dessen zwingend vorgesehenes Rücktrittsrecht zu berufen.

982 Für eine analoge Anwendung von Art. 27 III EGBGB in diesen Fällen spricht, daß eine Umgehung zwingender Gemeinschaftsvorgaben verhindert wird. Auch widerspräche die Anwendung einer richtlinienwidrigen Rechtsordnung den Grundsätzen der Rechtsangleichung und den Zielen der Union (Art. 3 lit. h EG-Vertrag).

983 Dennoch ist eine analoge Anwendung von Art. 27 III EGBGB abzulehnen, wenn ein beteiligter Mitgliedstaat eine Richtlinie nicht umgesetzt hat.

Grundsätzlich muß davon ausgegangen werden, daß auch innerhalb der Union eine Rechtswahl zulässig ist, um Unterschiede zwischen den einzelnen Rechtsordnungen im Privatrechtsverkehr auszugleichen[410]. Ein derartiger Ausgleich ist nur überflüssig, wenn keine Rechtsunterschiede mehr bestehen. Von einer umfassenden Rechtseinheit ist die Union aber noch weit entfernt. Denn auch mit Erlaß und Umsetzung von Richtlinien werden die mitgliedstaatlichen Rechtsordnungen nur teilweise angeglichen. In den nicht harmonisierten Bereichen gilt hingegen weiterhin das nationale oder gemeinschaftsrechtliche Kollisionsrecht.

984 Daraus folgt, daß nur in dem Umfang, wie die Rechtsordnungen angeglichen worden sind, die Rechtswahlfreiheit beschränkt werden kann. Eine analoge Anwendung von Art. 27 III EGBGB ist allein dann zulässig, wenn in allen beteiligten Staaten gleiches zwingendes Recht aufgrund einer Richtlinie besteht. Nur dann sind die EU-Mitgliedstaaten als eine Rechtseinheit anzusehen, und das zwingende „Gemeinschaftsrecht" ist auch bei einer abweichenden Rechtswahl anzuwenden. Wenn aber ein am Sachverhalt beteiligter Mitgliedstaat seiner Umsetzungsverpflichtung nicht nachgekommen ist, besteht keine Rechtseinheit. In solchen Fällen ist die Rechtsangleichung innerhalb der EU fehlgeschlagen. Diese Sachverhalte sind mit denen vergleichbar, in denen kein ausschließlicher Bezug zum Binnenmarkt besteht, sondern der Sachverhalt auch mit einer drittstaatlichen Rechtsordnung verbunden ist. Die Parteien können dann sowohl eine drittstaatliche als auch eine richtlinienwidrige mitgliedstaatliche Rechtsordnung wählen[411]. Es existiert keine Veranlassung, die Rechtswahlfreiheit auf richtlinienkonforme Rechtsordnungen von Mitgliedstaaten zu beschränken. Vielmehr ist dort, wo es Rechtsunterschiede gibt, die Rechtswahl notwendig und zulässig.

Für die Gran-Canaria-Fälle folgt daraus, daß – auch unter Berücksichtigung der verspäteten Umsetzung der HausTW-Richtlinie durch Spanien – eine Beschränkung der Rechtswahl gemäß Art. 27 III EGBGB analog nicht möglich ist.

---

[410] Die Rechtswahlfreiheit findet sich in allen mitgliedstaatlichen Rechtsordnungen und wurde auch in Art. 3 I EVÜ vereinbart, vgl. *Nadelmann*, Harv. Int.L.J. 15 (1974) 223ff.

[411] Das ergibt sich schon daraus, daß die durch Richtlinien erstrebte Rechtseinheit räumlich auf das Gebiet der Mitgliedstaaten beschränkt ist.

II. Die Nicht-Umsetzung von Richtlinien und Art. 34 EGBGB

Gemäß Art. 34 EGBGB können unabhängig vom Sachstatut solche Bestimmungen des Forumstaats angewendet werden, „die ohne Rücksicht auf das auf den Vertrag anzuwendende Recht den Sachverhalt zwingend regeln" (Eingriffsnormen). Daß anhand dieser Norm diskutiert wird, die Nicht-Umsetzung von Richtlinien zu berücksichtigen, ist kein Zufall[412], wenn man bedenkt, daß die Einordnung einer Norm als Eingriffsnorm als beinahe „rechtsschöpferischer" Akt verstanden wird[413]. Der freie Gestaltungs- und Beurteilungsspielraum von Art. 34 EGBGB könnte es auch ermöglichen, gemeinschaftsrechtliche Wertungen bei der Anknüpfung zu beachten[414]. 985

Im Zusammenhang mit der Nicht-Umsetzung von Richtlinien müssen drei Ansatzpunkte unterschieden werden. Erstens stellt sich die Frage, ob richtlinienwidriges Recht über Art. 34 EGBGB international durchgesetzt werden kann. Das wird wichtig, wenn der Forumstaat seiner Umsetzungsverpflichtung nicht nachgekommen ist (dazu unter 1). Zweitens ist fraglich, ob Richtlinien Eingriffsnormen im Sinne von Art. 34 EGBGB sein können. Die Frage wird dort bedeutsam, wo weder das Recht des Forums noch das Sachstatut richtlinienkonform sind (dazu unter 2). Drittens wird vorgeschlagen, über Art. 34 EGBGB eine mittelbare horizontale Richtlinienwirkung zu begründen. In diesem Fall ist das Forumrecht richtlinienkonform, nicht jedoch das Sachstatut (dazu unter 3). 986

1. Richtlinienwidriges Recht als Eingriffsnorm

Können Mitgliedstaaten der EU richtlinienwidriges nationales Recht über Art. 34 EGBGB (= Art. 7 II EVÜ) international anwenden? 987

Beispiel: Deutschland erläßt zum Schutze der Meinungsfreiheit einen Haftungsausschluß für Produktschäden bei Presse- und Druckerzeugnissen. Da auch Drukkerzeugnisse der ProdHaft-Richtlinie unterliegen[415] und ein Haftungsausschluß für Druckerzeugnisse in der Richtlinie nicht vorgesehen ist, wäre das deutsche Gesetz richtlinienwidrig. Ein Spanier klagt, weil ihm durch fehlerhafte Ratschläge in einem deutschen Buch ein Schaden entstanden ist. Sachstatut ist spanisches Recht. Für den deutschen Richter stellt sich die Frage, ob der Haftungsausschluß eine Eingriffsnorm im Sinne des Art. 34 EGBGB ist und somit trotz des spanischen Sachstatuts angewendet werden kann.

---

[412] Vgl. *Jayme*, IPRax 1990, 220ff.; *Kindler*, Jahrbuch für Italienisches Recht 4 (1991) 31ff.

[413] Vgl. *Coester*, ZVglRWiss 82 (1983) 16; *Lorenz*, RIW 1987, 578.

[414] Vgl. Rn. 724.

[415] Vgl. *Foerste*, NJW 1991, 1438; *Schlechtriem*, VersR 1986, 1034, *Taschner*, ProdHaftG § 2 Rn. 20.

988 Bekanntlich muß die Anwendung und Auslegung des nationalen Rechts gemeinschaftskonform erfolgen[416]. Für Art. 34 EGBGB folgt daraus, daß eine nationale Norm nicht als international zwingendes Recht eingeordnet werden kann, wenn eine solche Einordnung gegen vorrangiges Gemeinschaftsrecht verstößt.

989 (1) Steht dem nationalen Recht unmittelbar geltendes Gemeinschaftsrecht, etwa eine EG-Verordnung oder unmittelbar wirkendes Primärrecht, entgegen, so erfolgt die Konfliktlösung schon über den Vorrang des Gemeinschaftsrechts. Die vorrangige Gemeinschaftsnorm verhindert die Anwendung der nationalen Norm. So muß etwa für die Frage, ob eine Norm eine Eingriffsnorm ist, insbesondere auf den Umstand geachtet werden, daß sie nicht der Warenverkehrs- und Dienstleistungsfreiheit der Artt. 30 und 59 EG-Vertrag[417] widerspricht[418].

990 (2) Es bleibt die Frage, ob richtlinienwidrige Bestimmungen nationale Eingriffsnormen darstellen können. Eine rangkollisionsrechtliche Lösung ist bei richtlinienwidrigem nationalen Recht nicht möglich, weil richtlinienwidriges nationales Recht grundsätzlich wirksam ist[419]. Dennoch kann richtlinienwidriges Recht nicht über Art. 34 EGBGB angewendet werden.

991 (a) Wenn das Recht eines Mitgliedstaates Sachstatut ist und dieser die Richtlinie ordnungsgemäß umgesetzt hat, verstößt die Anwendung von Art. 34 EGBGB gegen das Gemeinschaftsrecht. Die Sonderanknüpfung richtlinienwidriger Bestimmungen würde zu einem Ausschluß von richtlinienkonformem Recht führen und somit das Gemeinschaftsrecht verletzen. Letzteres ergibt sich nicht nur aus der Konzeption der Richtlinie (Art. 189 III EG-Vertrag), sondern auch aus dem Grundsatz der Gemeinschaftstreue gemäß Art. 5 EG-Vertrag[420].

992 Daß die Nicht-Umsetzung von Richtlinien einen Verstoß gegen Art. 5 EG-Vertrag bedeutet, ist heute allgemein anerkannt[421]. Darüberhinaus verbietet Art. 5 EG-Vertrag, die Vertragsziele einer Richtlinie durch irgendwelche Maßnahmen zu gefährden[422]. Auch die Einordnung einer richtlinienwidrigen Norm als nationale Eingriffsnorm gefährdet das Richtlinienziel, weil dadurch der nationale Verstoß

---

416 Vgl. Rn. 634ff.

417 Artt. 30 und 59 EG-Vertrag verbieten alle den zwischenstaatlichen Waren- und Dienstleistungsverkehr behindernden bzw. belastenden Regelungen, soweit sie nicht aus Gründen des Allgemeininteresses gerechtfertigt sind. *Roth*, RabelsZ 55 (1991) 651f.; Artt. 30 und 59 EG-Vertrag sind unmittelbar geltende Normen des EG-Primärrechts, vgl. *Hummer* 229.

418 Dazu *Roth*, RabelsZ 55 (1991) 660.

419 Richtlinien heben entgegenstehendes nationales Recht nicht auf, *Grabitz* 117; *Oldekop* 176.

420 Gemäß Art. 5 EG-Vertrag sind die Mitgliedstaaten verpflichtet, alle geeigneten Maßnahmen zur Erfüllung der Vertragsverpflichtungen zu treffen (Art. 5 I EG-Vertrag) und alles zu unterlassen, was die Verwirklichung der Ziele des EG-Vertrag gefährden könnten (Art. 5 II EG-Vertrag).

421 EuGH 28.4. 1977, Rs. 71/76 (*Thieffry*), Slg 1977, 777f.; EuGH 11.4. 1978, Rs. 95/77 (*Kommission/Niederlande*), Slg. 1978, 871; *Grabitz/Grabitz*, Art. 5 Rn. 9; *v.d.Groeben/Zuleeg*, Art. 5 Rn. 6; *Bleckmann*, Europarecht Rn. 420; *Streinz*, DVBl. 1990, 955f.

422 Vgl. *Weber* 78.

gegen das Gemeinschaftsrecht ins Ausland transportiert wird. Zumindest gegenüber mitgliedstaatlichen Rechtsordnungen, die ihrer Umsetzungsverpflichtung nachgekommen sind, würde damit das angestrebte Angleichungsziel unterlaufen werden.

(2) Die gemeinschaftsrechtlichen Argumente entfallen, wenn keine richtli- 993
nienkonforme mitgliedstaatliche Rechtsordnung, sondern ein drittstaatliches oder richtlinienwidriges mitgliedstaatliches Recht Sachstatut ist. Doch auch in diesen Fällen kann richtlinienwidriges Recht wohl nur in seltenen Fällen eine Eingriffsnorm im Sinne von Art. 34 EGBGB darstellen[423]. Im Verhältnis zu Drittstaaten kann davon ausgegangen werden, daß richtlinienwidriges Recht nicht von Bestand sein wird[424]. Früher oder später wird auch ein säumiger Mitgliedstaat seiner Umsetzungsverpflichtung nachkommen. Die deutsche Rechtsnorm ist damit insgesamt innerstaatlich umstritten und angreifbar. Derartige Normen können nicht als wesentliche Grundsätze des deutschen Rechts verstanden werden, und schließen die Anwendung von Art. 34 EGBGB weitgehend aus[425].

2. *Richtlinien als Eingriffsnormen*

Bekanntlich verpflichten Richtlinien nicht nur die nationalen Gesetzgeber, 994
legislativ tätig zu werden, sondern auch die nationalen Gerichte, Transformationsnormen richtlinienkonform auszulegen[426]. Für die Sonderanknüpfung gemäß Art. 34 EGBGB folgt aus dem Gebot der richtlinienkonformen Auslegung, daß immer dann, wenn eine Richtlinie international zwingendes Recht enthält, auch die nationalen Transformationsnormen Eingriffsnormen darstellen[427]. Wenn aber ein Mitgliedstaat eine Richtlinie mit international zwingendem Recht nicht umgesetzt hat, sind auch keine Umsetzungsnormen vorhanden, die über Art. 34 EGBGB angewendet werden könnten. In diesem Zusammenhang stellt sich die Frage, ob über Art. 34 EGBGB eine Sonderanknüpfung der Richtlinie selbst möglich ist. Eine Sonderanknüpfung von international zwingenden Richtlinien kommt immer nur dann in Betracht, wenn weder das Recht des Forums noch das Sachstatut richtlinienkonform ist.

---

423 Der einzig denkbare Fall wäre der, daß das deutsche richtlinienwidrige Recht den Richtlinienvorgaben eher entspricht als das richtlinienwidrige Sachstatut.

424 Zwar besteht die gemeinschaftsrechtliche Pflicht zur Umsetzung von Richtlinien nur gegenüber den anderen Mitgliedstaaten, jedoch gilt das transformierte Recht auch gegenüber Drittstaaten.

425 So allgemein für rechtspolitisch umstrittene innerstaatliche Normen, BGH 24. 4. 1974, BGHZ 62, 283 = IPRspr. 1974 Nr. 45; *Jayme*, ordre public 46; *MünchKomm/Sonnenberger*, Art. 6 EGBGB Rn. 56.

426 Vgl. Rn. 634 ff.

427 Die Frage, ob eine Norm eine nationale Eingriffsnorm ist, muß daher in erster Linie anhand der zugrundeliegenden Richtlinie entschieden werden, vgl. Rn. 731 ff.

995 *Beispiel:* Die Union erläßt eine Verbraucherschutzrichtlinie mit internationalem Geltungswillen (vgl. Art. 6 II der AGB-Richtlinie). Deutschland und Spanien setzen die Richtlinie nicht fristgemäß um. In einem Fall im Regelungsbereich der Richtlinie ist spanisches Recht Sachstatut. Kann der deutsche Richter die international zwingenden Richtlinienbestimmungen über Art. 34 EGBGB anwenden?

996 Wie oben gesehen, kann unmittelbar geltendes Gemeinschaftsrecht direkt über Art. 34 EGBGB international angewendet werden[428]. Wäre in dem Beispielfall eine Verordnung anstelle der Richtlinie ergangen, müßte der deutsche Richter den Fall aufgrund des zwingenden Verordnungsrechts entscheiden. Aber Richtlinien sind bekanntlich kein unmittelbar geltendes Recht[429]. Freilich wurde festgestellt, daß Richtlinien sich in ihren Wirkungen und Rechtsfolgen dem unmittelbar geltenden Gemeinschaftsrecht – insbesondere den Verordnungen – in weiten Teilen angleichen. Es ist daher nicht ausgeschlossen, daß nicht umgesetzte Richtlinien unmittelbar über Art. 34 EGBGB angewendet werden können[430].

a) Sonderanknüpfung drittstaatlicher Normen

997 Eine unmittelbare Anknüpfung von Richtlinien ist der Sonderanknüpfung drittstaatlicher Normen vergleichbar. Auch dort wird über die Anwendung von Normen diskutiert, die weder im Inland unmittelbar gelten noch mittels der regulären kollisionsrechtlichen Anknüpfung auf den Sachverhalt Anwendung finden.

998 Einzelheiten einer Sonderanknüpfung von ausländischem Eingriffsrecht sind umstritten[431], weil das EGBGB keine Vorgaben enthält[432]. Einigkeit besteht jedoch insoweit, als daß der Richter in geeigneten Fällen auch ausländische

[428] Vgl. Rn. 729f.

[429] Daß EG-Richtlinien nicht unmittelbar wirken, steht ihrer Anknüpfung über Art. 34 EGBGB nicht notwendigerweise entgegen. Auch ausländisches Recht gilt im Inland nicht unmittelbar, sondern erhält erst durch das nationale Kollisionsrecht seinen Geltungsbefehl.

[430] Für eine unmittelbare Anwendung von Richtlinien über Art. 34 EGBGB spricht das Ergebnis einer Sonderanknüpfung. Im Falle ihrer Nicht-Umsetzung könnte dennoch das international zwingende Gemeinschaftsrecht angewendet werden.

[431] Umstritten ist insbesondere die Frage, ob die drittstaatlichen Eingriffsnormen kollisions- oder materiellrechtlich zu berücksichtigen sind; die Rechtsprechung berücksichtigt diese Normen bisher nur materiellrechtlich, etwa über § 138 BGB, vgl. BGH 21. 12. 1960, BGHZ 34, 177 = IPRspr. 1960 Nr. 175; BGH 22. 6. 1972, BGHZ 59, 86; ausführlich dazu und zu den weiteren Problemen drittstaatlicher Eingriffsnormen, vgl. *Coester*, ZVglRWiss 82 (1983) 1ff.; *Kropholler*, IPR § 52 VIII; *Siehr*, RabelsZ 52 (1988) 41ff.; *Martiny*, IPRax 1987, 277ff.; *Schurig*, RabelsZ 54 (1990) 234ff.; *Lorenz*, RIW 1987, 580ff.; *Hentzen*, RIW 1988, 508ff.; *Lehmann* 44ff.; *ders.*, ZRP 1987, 319ff.; *Schubert*, RIW 1987, 729ff.; *Radtke*, ZVglRWiss 84 (1985) 332ff.

[432] Gemäß Art. 7 I 1 EVÜ kann den Eingriffsnormen eines Drittstaates, „mit dem der Sachverhalt eine enge Verbindung aufweist, Wirkung verliehen werden". Deutschland hat einen gemäß Art. 22 I lit. a EVÜ zulässigen Vorbehalt gegen diese Norm eingelegt, so daß eine entsprechende Norm im EGBGB fehlt; kritisch dazu Stellungnahme des MPI, RabelsZ 47 (1983) 668ff.; *Kreuzer*, IPRax 1984, 293ff.; *Lehmann* 205ff.

international zwingende Bestimmungen anwenden kann[433]. Allerdings sind ausländische Eingriffsnormen nur dann zu berücksichtigen, wenn der Sachverhalt eine „enge Verbindung" mit dem betreffenden Drittstaat aufweist[434]. Ferner muß die drittstaatliche Norm über einen berechtigten internationalen Anwendungswillen verfügen[435].

b) Richtlinien analog drittstaatlicher Eingriffsnormen

Weil Richtlinien nicht unmittelbar im Inland gelten und auch kein kollisions- 999
rechtlicher Anwendungsbefehl existiert, liegt eine kollisionsrechtliche Anknüpfung analog drittstaatlicher Eingriffsnormen nahe. Voraussetzung dafür wäre jedoch, daß ein Sachverhalt eine „enge Verbindung" zu der Rechtsordnung aufweist, welche die Richtlinie erlassen hat, und daß die Richtlinie berechtigterweise angewendet werden will.

(1) Für die „enge Verbindung" müßte hinsichtlich von Richtlinien auf den 1000
Bezug zur Union abgestellt werden. Bei Sachverhalten, die wie die Gran-Canaria-Fälle einen ausschließlichen Bezug zum Binnenmarkt haben, wäre insoweit eine Sonderanknüpfung von Richtlinien analog den drittstaatlichen Eingriffsnormen möglich.

(2) Dem steht jedoch der „Anwendungswille" von Richtlinien entgegen. 1001
Eine Sonderanknüpfung drittstaatlicher Normen setzt voraus, daß der Drittstaat seine Norm angewendet haben will[436]. Diese Voraussetzung ist bei Richtlinien nicht erfüllt. Der EuGH entnimmt Richtlinien nur einen „Umsetzungs-" und keinen „Anwendungswillen". Die Mitgliedstaaten sind danach nur verpflichtet, Richtlinien in ihr nationales Recht umzusetzen und das Umsetzungsrecht richtlinienkonform auszulegen. Nach der EuGH-Rechtsprechung wenden sich Richtlinien ausschließlich an die Mitgliedstaaten und erzeugen zwischen Privaten keine unmittelbaren Wirkungen[437]. Zwar können Richtlinien dem unmittelbar geltenden Gemeinschaftsrecht vergleichbare Wirkungen erzeugen, jedoch nur in Verbindung mit den nationalen Transformationsnormen. Eine Sonderanknüpfung von Richtlinien würde aber zu einer – vom EuGH abgelehnten – horizontalen unmittelbaren Richtlinienwirkung führen. Auch wenn diese

---

433 Daraus, daß Art. 7 I 1 EVÜ nicht ratifiziert worden ist, kann nicht auf eine gesetzliche Ablehnung einer drittstaatlichen Sonderanknüpfung geschlossen werden. Der Gesetzgeber hat die Frage offengelassen, um ihre Entscheidung der Rechtsprechung und Wissenschaft zu überlassen, *Martiny*, IPRax 1987, 279; *Kropholler*, IPR § 52 VIII 3; *Püls*, JuS 1991, 570.

434 Vgl. *MünchKomm/Martiny*, Art. 34 Rn. 100ff.; *Kropholler*, IPR § 52 VIII 3.

435 *Coester*, ZVglRWiss 82 (1983) 8ff.; *Reithmann/Martiny* Rn. 279ff.; *MünchKomm/Martiny*, Art. 34 EGBGB Rn. 98.

436 *Coester*, ZVglRWiss 82 (1983) 8ff.; *Reithmann/Martiny* Rn. 279ff.; *MünchKomm/Martiny*, Art. 34 EGBGB Rn. 98.

437 Vgl. Rn. 826ff.; insbesondere EuGH 26. 2. 1986, Rs. 152/84 (*Marshall*), Slg. 1986, 723ff. = EuR 1986, 265ff.

Rechtsprechung zu Recht kritisiert wird, sind die Mitgliedstaaten bei der kollisionsrechtlichen Anknüpfung daran gebunden.

1002 (3) Im Ergebnis ist daher eine direkte Anknüpfung von Richtlinien über Art. 34 EGBGB abzulehnen. Wenn demnach weder das Recht des Forumstaats noch das Sachstatut richtlinienkonform sind, besteht kollisionsrechtlich keine Möglichkeit, das Richtlinienrecht anzuwenden.

3. *Mittelbare horizontale Wirkung von EG-Richtlinien*

1003 Es bleibt die Sachverhaltskonstellation, daß der Forumstaat eine Richtlinie ordnungsgemäß umgesetzt hat, jedoch ein nicht richtlinienkonformes Sachstatut kollisionsrechtlich anwendbar ist. Dies ist die Ausgangslage bei den Gran-Canaria-Fällen.

Beispiel: Deutschland, als Forumstaat, hat eine Richtlinie ordnungsgemäß umgesetzt. Bei einem Fall, der im Regelungsbereich der Richtlinie liegt, verweist das deutsche IPR auf spanisches Recht. Spanien hat die Richtlinie nicht ordnungsgemäß umgesetzt.

1004 Wenn die Richtlinie einen ausdrücklichen internationalen Geltungswillen enthält, ist der Sachverhalt unproblematisch. Wie bereits im Verhältnis zu Drittstaaten ausgeführt, sind die Umsetzungsnormen Eingriffsnormen im Sinne von Art. 34 EGBGB[438]. Problematisch ist hingegen, wenn eine Richtlinie nach ihrem Wortlaut nicht notwendigerweise international gelten soll.

So wurde etwa in der HausTW-Richtlinie und der ProdHaft-Richtlinie nur der Erlaß von einfach zwingendem Recht verlangt. Weder ihrem Wortlaut noch ihren Zielen kann ein internationaler Geltungswille entnommen werden.

1005 Wenn der Richtlinie kein internationaler Geltungswille entnommen werden kann, muß die Frage, ob eine Eingriffsnorm vorliegt, nach nationalen Gesichtspunkten entschieden werden. Dies gilt zumindest dann, wenn ein drittstaatliches Recht Sachstatut ist. Ungeklärt bleibt die Lösung dort, wo das Kollisionsrecht des Forums auf das Recht eines Mitgliedstaates verweist, welcher die Richtlinie nicht ordnungsgemäß umgesetzt hat.

a) Die Auffassung von Jayme

1006 Nach einer von Jayme zu den Gran-Canaria-Fällen entwickelten Auffassung soll bei richtlinienwidrigem mitgliedstaatlichem Sachstatut das nationale richtlinienkonforme Recht immer über 34 EGBGB angewendet werden[439].

---

[438] Vgl. Rn. 731ff.

[439] *Jayme*, IPRax 1990, 221ff.; *ders.*, Ein Internationales Privatrecht für Europa 32; *ders.*, RabelsZ 55 (1991) 325; *Langenfeld*, IPRax 1993, 157; *Böhm* 197; weniger deutlich auch *Kothe*,

Begründet wird diese Sonderanknüpfung mit dem ausschließlichen Bezug der Fälle zum Binnenmarkt. Richtlinienkonformes zwingendes Recht des Forumstaats sei zumindest dann über Art. 34 EGBGB anzuwenden, wenn das Sachstatut die Richtlinie nicht umgesetzt habe. Wegen des europäischen Ursprungs des deutschen Rechts müsse verhindert werden, daß Parteien sich durch Wahl eines richtlinienwidrigen Rechts dem gemeinschaftskonformen nationalen Recht entziehen. Nur dort, wo die Rechtsunterschiede auf einer Optionsmöglichkeit der Richtlinie beruhen, solle Art. 34 EGBGB hinter das gewählte Recht zurücktreten[440]. Jayme bezeichnet dies als „mittelbare horizontale Wirkung von EG-Richtlinien"[441]. 1007

Unbestreitbar spricht das Ergebnis für eine derartige „mittelbare horizontale Richtlinienwirkung". Innerhalb der Union wäre die Anwendung von richtlinienkonformem Recht gesichert, auch wenn die einzelnen Mitgliedstaaten vertragswidrig ihrer Umsetzungsverpflichtung nicht nachgekommen sind. Dem einzelnen Unionsbürger würde der gemeinschaftsrechtliche Mindeststandard des EG-Rechts überall innerhalb der Union gewährt werden. Als zusätzliches Argument könnte noch angeführt werden, daß auch säumige Mitgliedstaaten in absehbarer Zeit die betreffenden Richtlinien umsetzen werden. Schon in anderem Zusammenhang wurde vorgeschlagen, derartig „schwebende" Situationen im Rahmen der Sonderanknüpfung zu berücksichtigen[442]. 1008

b) Kritik

Gegen die Auffassung von Jayme wird eingewendet, daß sie nicht den Vorgaben des Gemeinschaftsrechts entspreche. Erstens sei es nach der Kompetenzordnung des EG-Vertrags Sache der Kommission und nicht der mitgliedstaatlichen Zivilgerichte, die ordnungsgemäße Umsetzung von Richtlinien zu überwachen[443]. Zweitens bedeute die „mittelbare horizontale Richtlinienwirkung" eine Umgehung der Rechtsprechung des EuGH zur horizontalen Richtlinienwirkung. Zwar werde die Richtlinie nicht unmittelbar angewendet, jedoch würde das gleiche Ergebnis erreicht werden[444]. Weil die Rechtsprechung des EuGH zur horizontalen Richtlinienwirkung bindend sei, könne eine „mittelbare horizontale Richtlinienwirkung" nur nach entsprechender Vorabentscheidung des EuGH erfolgen[445]. Drittens verleihe der Ursprung einer Norm einer Bestimmung 1009

EuZW 1990, 154ff.; zustimmend auch *Ebke* in: Gemeinschaftsrecht und IPR 101ff.; *Volken*, Diskussionsbeitrag in: Gemeinschaftsrecht und IPR 109.

440 *Jayme*, IPRax 1990, 222 Fn 29; die Einschränkung macht auch *Ebke* in: Gemeinschaftsrecht und IPR 102.

441 *Jayme*, IPRax 1990, 222.

442 Vgl. *Lüderitz*, IPRax 1989, 26.

443 *Paefgen*, WRP 1991, 449.

444 *Kindler*, Jahrbuch für Italienisches Recht 4 (1991) 32; *Grabitz*, FS Deringer 65, nennt den Ausdruck „mittelbare horizontale Richtlinienwirkung" spitzfindig.

445 *Kindler*, Jahrbuch für Italienisches Recht 4 (1991) 32, der zusätzlich noch anführt, daß eine

allein keine Eingriffsqualität. Eine Norm sei vielmehr Eingriffsnorm unabhängig von ihrer Herkunft. Auch sei die Qualität als Eingriffsnorm nicht relativ. Daher wäre eine Anwendung als zwingendes Recht nur im Verhältnis zu einzelnen Staaten nicht zulässig[446].

Der Kritik an der Auffassung von Jayme ist im Ergebnis zuzustimmen.

1010 (1) Die Rechtsprechung des EuGH steht einer „mittelbaren horizontalen Richtlinienwirkung" freilich nicht entgegen. Zwar sind die „unmittelbare horizontale" und die von Jayme vorgeschlagene „mittelbare horizontale" Richtlinienwirkung vergleichbar in ihren Rechtsfolgen. Es sind aber auch Parallelen zur zulässigen richtlinienkonformen Auslegung vorhanden. Im Unterschied zur „unmittelbaren" Richtlinienwirkung wird nicht die Richtlinie, sondern nationales Umsetzungsrecht angewendet. Auch folgt der Rechtsanwendungsbefehl nicht aus dem Gemeinschaftsrecht, sondern aus dem nationalen Kollisionsrecht[447]. Der gemeinschaftsrechtliche Ursprung würde nur bei der Auslegung und Anwendung von Art. 34 EGBGB berücksichtigt werden. Die Auslegung und Anwendung des nationalen Kollisionsrechts ist jedoch grundsätzlich – im Rahmen des Gemeinschaftsrechts – den Mitgliedstaaten überlassen[448].

1011 (2) Dennoch sind die Rechtsfolgen einer Sonderanknüpfung gemäß Art. 34 EGBGB nicht sachgemäß und nicht mit dem Gemeinschaftsrecht vereinbar. Aufgrund einer „mittelbaren horizontalen Richtlinienwirkung" würden nicht die Bestimmungen der Richtlinie, sondern die nationalen Umsetzungsnormen angewendet werden. Diese Umsetzungsnormen können aber – richtlinienkonform – über die Bestimmungen der Richtlinie hinausgehen. So hätte etwa das deutsche HausTWG richtlinienkonform Haustürgeschäfte insgesamt verbieten können[449]. Eine Anknüpfung gemäß Art. 34 EGBGB hätte dann zur Folge, daß sämtliche in Spanien an der Haustür getätigten Geschäfte auch ohne Widerruf unwirksam wären. Dies, obwohl Spanien gemeinschaftsrechtlich nur verpflichtet war, ein siebentägiges Rücktrittsrecht zuzulassen. Daß das verschärfte Forumrecht nur gegenüber säumigen Mitgliedstaaten über Art. 34 EGBGB angewendet würde, entspricht zwar dem Sanktionscharakter dieser Anknüpfung, verstößt aber auch gegen die Ziele des EG-Vertrages[450]. Durch Richtlinien

---

„mittelbare horizontale Richtlinienwirkung" nach den vorgebrachten Argumenten auch bei fehlerhafter Umsetzung möglich wäre. Dagegen steht jedoch das Gebot zur richtlinienkonformen Auslegung. In den Fällen, in denen eine derartige Auslegung nicht möglich ist, muß der Mitgliedstaat so behandelt werden, als wenn keine Umsetzung erfolgt ist. Für die Frage, ob eine richtlinienkonforme Auslegung möglich ist, besteht aber – entgegen der Ansicht von *Kindler*, Jahrbuch für Italienisches Recht 4 (1991) 33 – eine Kompetenz des EuGH.

[446] Vgl. *Kropholler*, RabelsZ 56 (1992) 331; *Mankowski*, RIW 1993, 462.

[447] Ähnlich auch *Langenfeld*, IPRax 1993, 157.

[448] Vgl. BGH 27.2. 1969, NJW 1969, 980 = IPRspr. 1968/69 Nr. 255; *Raeschke-Kessler*, EuZW 1990, 148.

[449] Auch ein vollständiges Verbot von Haustürgeschäften wäre aufgrund der HausTW-Richtlinie zulässig gewesen, vgl. EuGH 16. 5. 1989, Rs. 382/87 (*Buet und SARL/Ministère public*), Slg. 1989, 1248 = EuZW 1990, 70.

[450] Dagegen könnte eingewendet werden, daß die nationalen Transformationsnormen nur international angewendet werden sollen, soweit sie dem Mindeststandard der Richtlinie ent-

sollen nationale Normen mit gemeinschaftsrechtlichen Inhalten geschaffen werden, und nicht einer nationalen Rechtsordnung zu internationaler Herrschaft verholfen werden[451]. Die Anknüpfung gemäß Art. 34 EGBGB darf keinesfalls zu einer Internationalisierung der nationalen Rechtsauffassungen führen. Gerade im mitgliedstaatlichen Bereich sollten – um die Einheitlichkeit in der EU nicht zu gefährden – international zwingende Normen zurückhaltend angewendet werden[452]. Das gilt auch dann, wenn so anerkennenswerte Motive wie gemeinschaftsweite Verbraucherschutzstandards gewahrt werden sollen[453].

(3) Im übrigen stellt sich auch aus der Sicht des nationalen Kollisionsrechts die 1012
Frage, ob die von Jayme vorgeschlagene „Flucht in das IPR"[454] systemkonform ist. Jayme begründet seine Auffassung hauptsächlich mit der Nicht-Umsetzung einer Richtlinie in einem anderen Mitgliedstaat. Die Nicht-Umsetzung von Richtlinien ist ein Verstoß gegen bindendes Gemeinschaftsrecht. Ein solcher Verstoß ist freilich eher dem negativen als dem positiven ordre-public-Gedanken zuzuordnen[455]. Für die Sonderanknüpfung nach Art. 34 EGBGB fehlt ein konkreter, auf Privatrechtsverhältnisse bezogener gemeinschaftlicher Rechtsgrundsatz[456].

(4) Im Ergebnis kann daher auch gegenüber säumigen Mitgliedstaaten nicht 1013
schon deshalb eine Sonderanknüpfung des nationalen Rechts über Art. 34 EGBGB erfolgen, weil es sich um umgesetztes Richtlinienrecht handelt. Auch in diesen Fällen ist nach nationalen Beurteilungsmaßstäben zu ermitteln, ob eine Eingriffsnorm im Sinne von Art. 34 EGBGB vorliegt.

III. Die Nicht-Umsetzung von Richtlinien und ordre public

Eine letzte Möglichkeit, die Nicht-Umsetzung von EG-Richtlinien kolli- 1014
sionsrechtlich zu berücksichtigen, ist die Vorbehaltsklausel des ordre public (Art. 6 EGBGB)[457]. Diese Möglichkeit ist nicht überraschend: Der Vorbehalt

---

sprechen. Dies würde jedoch zu einer unzulässigen Sonderanknüpfung der Richtlinienbestimmungen selbst führen.

451 *Lutter*, JZ 1992, 602; vgl. *Kropholler*, Einheitsrecht 265.

452 Vgl. *v. Brunn*, NJW 1962, 988; *Steindorff*, EuR 1981, 440; *Schütz* 48; *Zweigert*, FS Hallstein 567; die EU geht von einer Gleichwertigkeit der einzelstaatlichen Vorschriften aus, vgl. Art. 100 b EG-Vertrag, dazu *Mestmäker*, RabelsZ 52 (1988) 237; *Siehr*, RabelsZ 52 (1988) 63 insbesondere Fn 103.

453 Vgl. *Paefgen*, WRP 1991, 449.

454 *Kindler*, Jahrbuch für Italienisches Recht 4 (1991) 32.

455 Zur Abgrenzung von positivem und negativem ordre public, vgl. *Schütz* 52ff.

456 So auch *Schütz* 55 für die Sonderanknüpfung völkerrechtlicher Normen.

457 Gemäß Art. 6 EGBGB ist eine ausländische Rechtsnorm nicht anzuwenden, „wenn ihre Anwendung zu einem Ergebnis führt, das mit wesentlichen Grundsätzen des deutschen Rechts offensichtlich unvereinbar ist". Art. 6 EGBGB umfaßt nicht nur die wesentlichen Grundsätze des deutschen Rechts, sondern auch die wesentlichen Grundsätze des unmittelbar wirkenden Gemeinschaftsrechts, vgl. BGH 27. 2. 1969, NJW 1969, 980 = IPRspr. 1969 Nr. 255; *Samtleben*, RabelsZ 45 (1981) 243f.; *v. Bar*, IPR, Bd. I Rn. 175; *Jayme*, ordre public 12; *Martiny*, IZVR III/1

des ordre public gilt als generelles „Einfallstor“ für vorrangiges Recht und ermöglicht, über die kollisionsrechtliche Anknüpfung hinausgehende Gesichtspunkte zu berücksichtigen[458]. Die Nicht-Umsetzung von Richtlinien könnte ein derartiger Gesichtspunkt sein.

1015 Im Verhältnis zum ordre-public-Vorbehalt könnte die Nicht-Umsetzung von Richtlinien in zweifacher Weise von Bedeutung sein. Zum einen könnte ein Mitgliedstaat versuchen, die Anwendung ausländischen Rechts mittels des Vorbehalts des ordre public zu verhindern, wobei die wesentlichen Grundsätze auf richtlinienwidrigem Recht beruhen. In diesem Fall hat der Forumstaat eine Richtlinie nicht umgesetzt (dazu unter 1). Zum anderen könnte die Anwendung von richtlinienwidrigem mitgliedstaatlichem Recht dem ordre public des Forumstaates widersprechen (dazu unter 2)[459].

1. *Richtlinienwidriges mitgliedstaatliches Recht des Forumstaats*

1016 Wenn der Forumstaat eine Richtlinie nicht umgesetzt hat, verstößt er damit gegen das Gemeinschaftsrecht. Bei einem Fall mit Auslandsberührung können die Folgen der Vertragsverletzung gemildert werden, wenn ein richtlinienkonformes Sachstatut angewendet wird. Gemeinschaftsrechtliche Relevanz erhält der Fall aber dann, wenn der Forumstaat die Anwendung des Sachstatuts im Ergebnis mittels des nationalen ordre-public-Vorbehalts verhindern will.

Beispiel: Die Union erläßt eine Wertpapierdienstleistungsrichtlinie, die den Börsenterminhandel innerhalb der EU uneingeschränkt gestattet[460]. Deutschland setzt die Richtlinie nicht ordnungsgemäß um. Kann in diesem Fall ein deutscher Richter ein richtlinienkonformes Sachstatut gemäß Art. 6 EGBGB nicht anwenden, wenn es dem deutschen ordre public widerspricht?[461]

Rn. 983 mit weiteren Nachweisen auch für das französiche Recht in Fn 2864. Dies gilt unabhängig davon, ob der „europäische ordre public“ ein nationaler ordre public mit „gemeinschaftsrechtlicher Anreicherung“ ist, so *Kropholler*, IPR § 36 III; *Martiny* in: Gemeinschaftsrecht und IPR 222; *Spickhoff* 90; *Schütz*, 38ff., oder ein eigenständiger ordre public, so *Jaenicke*, BerDGesVölkR 7 (1967) 77f.; *Hofmann*, ZaöRV 49 (1989) 54. Auch Richtlinienvorgaben können „wesentliche Grundsätze“ sein und einen „europäischen ordre public“ bilden, *v. Caemerer*, FS Hallstein 91.

[458] BGH 14. 10. 1992, NJW 1993, 849; BGH 20. 12. 1972, BGHZ 60, 86 = IPRspr. 1972 Nr. 143; *Palandt/Heldrich*, Art. 6 EGBGB Rn. 7; *MünchKomm/Sonnenberger*, Art. 6 EGBGB Rn. 5ff.; *Kropholler*, IPR 221; *Jayme*, ordre public 49ff.; *v. Brunn*, NJW 1962, 986.

[459] Die dritte Möglichkeit, daß weder die lex fori noch die lex causae richtlinienkonform sind, ist zwar gemeinschaftsrechtlich bedenklich, kann jedoch nicht über den ordre-public-Vorbehalt gelöst werden.

[460] Eine solche Richtlinie wurde am 10. 5. 1993 vom Rat der Europäischen Gemeinschaften verabschiedet, ABl. vom 11. 6. 1993, Nr. L 141/27ff.; dazu *Schäfer*, Aktiengesellschaft 1993, 389ff.

[461] Zum Börsentermingeschäft und ordre public, vgl. EuGH 24. 10. 1978, Rs. 15/78 (*Koestler*), Slg. 1978, 1971 = RIW 1978, 801f.; *Samtleben*, NJW 1990, 2670ff.; *ders.*, RabelsZ 45 (1981) 218ff.; *Steindorff*, IPRax 1982, 49ff.; *ders.*, EuR 1981, 426ff.; *v. Gronau* 108ff.

Ein ordre-public-Vorbehalt, der gegen Richtlinienvorgaben verstößt, ist gemeinschaftsrechtlich nicht zulässig. Grundsätzlich gilt auch hier das zu Art. 34 EGBGB ausgeführte. Richtlinienwidriges Recht hat gegenüber einem mitgliedstaatlichen Sachstatut keinen Bestand. Die Anwendung der Vorbehaltsklausel zur Durchsetzung richtlinienwidriger Grundsätze würde das Gemeinschaftsrecht verletzen. Dies ergibt sich aus der Konzeption der Richtlinie und aus der Gemeinschaftstreuepflicht gemäß Art. 5 EG-Vertrag. Die Pflicht zur Gemeinschaftstreue gilt auch im Verhältnis der Mitgliedstaaten untereinander und im Privatrechtsverkehr[462]. Art. 5 EG-Vertrag verbietet daher, dem Recht eines Mitgliedstaates, der die Bestimmungen einer Richtlinie korrekt umgesetzt hat, die Anwendung zu versagen[463]. 1017

Auch wenn das Recht eines Drittstaates Sachstatut ist, kann richtlinienwidriges Recht keine wesentlichen Grundsätze des Forums darstellen. Einer richtlinienwidrigen Norm fehlt jede Bestandskraft, weil sie rechtspolitisch umstritten und angreifbar ist. Man muß davon ausgehen, daß richtlinienwidriges Recht in Kürze aufgehoben wird. Die Anwendung der Vorbehaltsklausel kann daher nicht mit richtlinienwidrigem Recht begründet werden[464]. 1018

2. *Richtlinienwidriges mitgliedstaatliches Recht als Sachstatut*

Von großer praktischer Relevanz ist die zweite Sachverhaltskonstellation. Das IPR des Forumstaates verweist auf ein mitgliedstaatliches Sachrecht, welches den Richtlinienbestimmungen nicht entspricht (Gran-Canaria-Fälle). 1019

Beispiel: Die Union erläßt eine HausTW-Richtlinie, welche ordnungsgemäß in das deutsche Recht transformiert wurde. Spanien hat die Richtlinie nicht umgesetzt. Ein deutscher Urlauber kauft in Spanien bei einer Freizeitveranstaltung Waren. Gemäß den Richtlinienvorgaben hätte der Käufer ein Rücktrittsrecht. Auf den Kaufvertrag ist aber spanisches Recht anzuwenden. Für den deutschen Richter stellt sich die Frage, ob die Anwendung des richtlinienwidrigen Rechts gegen den Vorbehalt des ordre public verstößt.

a) Art. 6 EGBGB gegenüber Mitgliedstaaten

Die erste Frage in diesem Zusammenhang ist, ob Art. 6 EGBGB überhaupt angewendet werden kann, wenn mitgliedstaatliches Recht gegen die deutsche öffentliche Ordnung verstößt. 1020

Grundsätzlich darf der Vorbehalt des ordre public gegenüber Mitgliedstaaten

---

462 *Nicolaysen*, Europarecht I 71.

463 *MünchKomm/Sonnenberger*, Einl. EGBGB Rn. 110; *Paefgen*, WRP 1991, 453; *Roth* 701.

464 So allgemein für rechtspolitisch angegriffene innerstaatliche Normen, BGH 24. 4. 1974, BGHZ 62, 283 = IPRspr. 1974 Nr. 45; *Jayme*, ordre public 46; *MünchKomm/Sonnenberger*, Art. 6 EGBGB Rn. 56.

nur beschränkt angewendet werden[465]. Allerdings gilt das gemeinschaftsrechtlich begründete Gebot der Zurückhaltung nicht gegenüber richtlinienwidrigem mitgliedstaatlichem Recht. Ein Mitgliedstaat, der sich gemeinschaftswidrig verhält, kann nicht erwarten, von der Union geschützt zu werden[466]. Wenn ein Mitgliedstaat eine Richtlinie nicht umsetzt, verhält der Staat sich gemeinschaftswidrig. Somit kann grundsätzlich bei richtlinienwidrigem mitgliedstaatlichem Sachrecht die Vorbehaltsklausel uneingeschränkt angewendet werden.

1021 Die Anwendung der Vorbehaltsklausel ist zunächst aber nur dann möglich, wenn das konkrete materielle Ergebnis wesentlichen Grundsätzen des deutschen Rechts widerspricht[467]. Daß das Gebot der Zurückhaltung nicht gilt, bedeutet nicht, daß die Anwendung eines richtlinienwidrigen mitgliedstaatlichen Sachstatuts immer gegen den ordre-public verstößt. Wie man bei den Gran-Canaria-Fällen gesehen hat, handelt es sich zwar bei dem spanischen Sachrecht um richtlinienwidriges Recht. Seine Anwendung verstößt materiell aber nicht gegen wesentliche Grundsätze des deutschen Rechts. Deshalb stellt sich die Frage, ob neben dem Ergebnis der Rechtsanwendung nicht auch die Tatsache der Nicht-Umsetzung einer Richtlinie bei der Anwendung der Vorbehaltsklausel berücksichtigt werden muß.

b) Die Nicht-Umsetzung als Konkretisierungsmerkmal

1022 Im Schrifttum wird vertreten, daß die Nicht-Umsetzung einer Richtlinie im Sachstatut die Anwendung der Vorbehaltsklausel gegenüber anderen Mitgliedstaaten rechtfertigen kann[468]. Richtlinienwidriges mitgliedstaatliches Recht verstoße unabhängig von dem konkreten Ergebnis seiner Anwendung gegen den Vorbehalt des ordre public. Folgen, die dem Gebot der Rechtsangleichung widersprechen, könnten nicht hingenommen werden. Dies gelte zumindest dann, wenn der Forumstaat die Richtlinie ordnungsgemäß umgesetzt habe.

Nach dieser Auffassung ergibt sich der Verstoß gegen den ordre public nicht aus dem normativen Inhalt der Richtlinie oder der Transformationsnormen. Der Verstoß liege vielmehr in der gemeinschaftswidrigen Nicht-Umsetzung der Richtlinie.

aa) Gemeinschaftsrechtliche Zulässigkeit

1023 Gegen diese Auffassung wird eingewendet, daß sie gemeinschaftsrechtlich nicht zulässig sei. Der Vorbehalt des ordre public sei kein Mittel zur Disziplinie-

[465] Vgl. *Raeschke-Kessler*, EuZW 1990, 148; *v. Brunn*, NJW 1962, 988; *Steindorff*, EuR 1981, 440; *Schütz* 48; *Zweigert*, FS Hallstein 567.

[466] *Steindorff*, EuR 1981, 434.

[467] Dabei ist gleichgültig, ob die wesentlichen Grundsätze dem nationalen Recht selbst oder der zugrundeliegenden Richtlinie entnommen werden.

[468] *Steindorff*, EuR 1981, 434; *Kothe*, EuZW 1990, 156; wohl auch *Lüderitz*, IPRax 1990, 219.

rung der Mitgliedstaaten[469]. Auch würde eine so begründete Anwendung des Art. 6 EGBGB der Kompetenzordnung des EG-Vertrages widersprechen. Nach dem EG-Vertrag sei es Aufgabe der Kommission, die vertragsgemäße Umsetzung von Richtlinien in den nationalen Rechtsordnungen zu überwachen. Diese ausschließliche Kontrollfunktion müsse auch bei der Anwendung des ordre-public-Vorbehalts respektiert werden[470].

Ferner könnte gegen eine Anwendung von Art. 6 EGBGB wegen der Nicht-Umsetzung sprechen, daß dies eine unzulässige Umgehung der Rechtsprechung des EuGH zur horizontalen Richtlinienwirkung sei. Zumindest die Rechtsfolgen dieser Auffassung wären mit den Rechtsfolgen einer horizontalen unmittelbaren Richtlinienwirkung vergleichbar: Obwohl ein Mitgliedstaat seiner Umsetzungsverpflichtung nicht nachgekommen ist, würde ein richtlinienkonformes Ersatzrecht zwischen Privaten angewendet werden.

Diese Argumente können nicht überzeugen.

(1) Zwar ist richtig, daß in erster Linie die Kommission gemäß Art. 155 EG- 1024
Vertrag die Anwendung und Umsetzung des Gemeinschaftsrechts zu überwachen hat. Dies ist jedoch kein „Exklusivrecht". Auch den EU-Mitgliedstaaten steht eine gegenseitige Kontrollfunktion zu. So kann etwa ein Mitgliedstaat den Gerichtshof anrufen, wenn er der Auffassung ist, daß ein anderer Mitgliedstaat gegen seine Verpflichtung aus dem EG-Vertrag verstoßen habe (Art. 170 I EG-Vertrag)[471].

Ferner können die mitgliedstaatlichen Gerichte das Umsetzungsverhalten der Mitgliedstaaten kontrollieren. So darf etwa ein deutsches Gericht auch die Norm eines anderen Mitgliedstaates dem EuGH im Wege der Vorabentscheidung vorlegen[472]. Liegt gar ein offensichtlicher Verstoß gegen unmittelbar wirkendes Gemeinschaftsrecht vor, sind die Gerichte auch ohne Vorlage verpflichtet, das vorrangige Gemeinschaftsrecht anzuwenden. Wenn aber die Kontrolle der mitgliedstaatlichen Rechtsordnungen durch Gerichte anderer Staaten prinzipiell zulässig und wünschenswert ist, verstößt auch die Anwendung der Vorbehaltsklausel wegen der Nicht-Umsetzung von Richtlinien nicht gegen die gemeinschaftsrechtliche Kompetenzordnung.

(2) Auch ist die Anwendung des ordre-public-Vorbehalts wegen einer Nicht- 1025
Umsetzung von Richtlinien keine unzulässige Umgehung der EuGH Rechtsprechung zur horizontalen Richtlinienwirkung. Im Unterschied zur horizontalen Richtlinienwirkung werden die Folgen der Nicht-Umsetzung nicht dem Gemeinschaftsrecht, sondern der nationalen Vorbehaltsklausel entnommen. Die Richtlinienwidrigkeit wird nur im Rahmen der Anwendungsvoraussetzun-

---

469 *Ebke* in: Gemeinschaftsrecht und IPR 100.

470 *Paefgen*, WRP 1991, 453.

471 Allerdings setzt die Klage eine Stellungnahme der Kommission voraus (Art. 170 II EG-Vertrag). Nur wenn binnen drei Monaten keine Stellungnahme der Kommission vorliegt, kann der Mitgliedstaat ohne Mitwirkung der Kommission klagen (Art. 170 IV EG-Vertrag).

472 Vgl. nur EuGH 23. 11. 1989, Rs. 150/88 (*Eau de Cologne/Provide*), RIW 1990, 69ff.

gen des Art. 6 EGBGB berücksichtigt[473]. Dafür besteht ein Beurteilungsspielraum der Mitgliedstaaten[474]. Gemeinschaftsrechtlich sind die Mitgliedstaaten frei, den Begriff der öffentlichen Ordnung für ihr Gebiet im Einklang mit ihrer eigenen Werteordnung auszufüllen[475].

1026 (3) Im übrigen entspricht es der früheren Rechtsprechung des EuGH, richtlinienwidriges mitgliedstaatliches Recht nicht anzuwenden. So hatte der Gerichtshof in den siebziger Jahren als „Vorstufe" der unmittelbaren Richtlinienwirkungen ein Verbot aufgestellt, richtlinienwidriges mitgliedstaatliches Recht anzuwenden[476].

bb) Völkerrechtswidriges Recht und ordre public

1027 Aus dem bisher Ausgeführten ergibt sich, daß Art. 6 EGBGB angewendet werden kann, wenn ein Mitgliedstaat eine Richtlinie nicht umgesetzt hat. Das Gemeinschaftsrecht erlaubt auch, daß die Vorbehaltsklausel allein aufgrund der Nicht-Umsetzung einer Richtlinie angewendet wird. Ein weiterer Verstoß gegen „wesentliche Grundsätze" des deutschen oder europäischen Rechts ist gemeinschaftsrechtlich nicht notwendig. Darüberhinaus stellt sich jedoch die Frage, ob kollisionsrechtlich die Tatsache der Nicht-Umsetzung ausreicht, um Art. 6 EGBGB anzuwenden.

1028 Die Befürworter einer Anwendung von Art. 6 EGBGB wegen einer Nicht-Umsetzung verweisen auf das Völkerrecht[477]. Die Anwendung von richtlinienwidrigem mitgliedstaatlichem Recht sei vergleichbar der Anwendung von völkerrechtswidrigem Sachrecht. Auch dort gelange Recht zur Anwendung, welches den internationalen Verpflichtungen des Erlaßstaates widerspreche. Nach einer im Völkerrecht vertretenen Auffassung sei es für den innerstaatlichen Richter „untragbar" und „unzumutbar", völkerrechtswidriges Recht anzuwenden[478]. Die Nichtanerkennung völkerrechtswidriger Hoheitsakte sei darüberhinaus ein wichtiges Sanktionsmittel zur Durchsetzung des Völkerrechts, solange Zwangsmaßnahmen zur Rechtsdurchsetzung fehlen[479]. Für das Völkerrecht wird daher vorgeschlagen, über die Vorbehaltsklausel anstelle eines völkerrechtswidrigen Sachstatuts einen völkerrechtskonformen Rechtssatz als Bestandteil der fremden Rechtsordnung zu fingieren.

1029 Der Rückgriff auf das Völkerrecht kann nur bedingt überzeugen[480]. Jedenfalls

---

473 So *Schütz* 61 für völkerrechtswidriges ausländisches Recht.

474 *Raeschke-Kessler*, EuZW 1990, 148.

475 EuGH 14. 12. 1979, Rs. 34/79 (*Henn und Darby*), Slg. 1979, 3813; EuGH 7. 2. 1985, Rs. 135/83 (*Abels*), Slg. 1985, 486.

476 Vgl. EuGH 1. 2. 1977, Rs. 51/76 (*Verbond van Nederlandse Ondernemigen*), Slg. 1977, 126ff.; EuGH 23. 11. 1977, Rs. 38/77 (*Enka*), Slg. 1977, 2215ff.; EuGH 29. 11. 1978, Rs. 21/78 (*Delkvist*), Slg. 1978, 2338ff.; dazu *Anderson*, B. C. Int'l & Comp. L. Rev. 1988, 100f.

477 Vgl. *Steindorff*, EuR 1981, 434.

478 *RGRK/Wengler*, Bd. VI 75; *Zitelmann*, IPR 380; *Ehricke*, EuGRZ 1993, 117f.

479 *Jaenicke*, BerDGesVölkR 7 (1967) 130.

480 Er verdeutlicht jedoch, daß die Diskussion, ob und wieweit internationales Einheitsrecht

kann mit dem Völkerrecht allein die Anwendung von Art. 6 EGBGB im Falle der Nicht-Umsetzung von Richtlinien wohl nicht begründet werden. Dafür ist die kollisionsrechtliche Behandlung von völkerrechtswidrigem Recht zu umstritten und vielschichtig:

(a) Einigkeit besteht nur, wenn das fremde Recht gegen die allgemeinen 1030
Regeln des Völkerrechts (Art. 25 GG) verstößt. Soweit der Völkerrechtsverstoß nicht zur Nichtigkeit des fremden Rechts führt[481], wird über die kollisionsrechtliche Vorbehaltsklausel die Anwendung des völkerrechtswidrigen Rechts verhindert[482]. Begründet wird die zwingende Anwendung des Art. 6 EGBGB mit dem Verfassungsrecht. Nach der Rechtsprechung des BVerfG sind die Gerichte

„kraft Art. 25 GG grundsätzlich daran gehindert..., innerstaatliches Recht in einer Weise auszulegen und anzuwenden, welche die allgemeinen Regeln des Völkerrechts verletzt. Sie sind verpflichtet, alles zu unterlassen, was einer unter Verstoß gegen allgemeine Regeln des Völkerrechts vorgenommenen Handlung nichtdeutscher Hoheitsträger im Geltungsbereich des Grundgesetzes Wirksamkeit verschafft"[483].

Der Verstoß gegen die allgemeinen Regeln des Völkerrechts ist jedoch mit der Nicht-Umsetzung von Richtlinien nicht vergleichbar. Gemäß Art. 25 S. 2 GG wirken die allgemeinen Regeln des Völkerrechts – im Unterschied zur Richtlinie – unmittelbar.

(b) Wegen ihrer innerstaatlichen Wirkungen sind Richtlinien eher völker- 1031
rechtlichen Konventionen vergleichbar, die ebenfalls der Umsetzung bedürfen[484]. Das Völkerrecht könnte demnach für die Anwendung von Art. 6 EGBGB bei richtlinienwidrigem mitgliedstaatlichem Recht nur dann sinnvoll herangezogen werden, wenn auch die Nicht-Umsetzung von völkerrechtlichen Verträgen grundsätzlich einen Verstoß gegen den Vorbehalt des ordre public bedeuten würde. Diese Frage ist jedoch auch für das Völkerrecht umstritten.

Entgegen der oben dargestellten Auffassung ist die Nicht-Umsetzung von 1032
Völkervertragsrecht nach der wohl herrschenden Auffassung kein grundsätzlicher Verstoß gegen den deutschen ordre-public-Vorbehalt[485]. Eine Verpflichtung, völkerrechtswidriges Recht nicht anzuwenden, bestehe nicht. Auch widerspreche die „automatische" Anwendung von Art. 6 EGBGB der völker-

---

bei der Anwendung der Vorbehaltsklausel zu berücksichtigen ist, seit der Entstehung des EGBGB geführt wird, vgl. schon 1897 *Zittelmann*, IPR 379ff.

481 Bei zwingendem Völkerrecht ist ein Rückgriff auf das IPR überflüssig, weil die Problemlösung über das Völkerrecht erfolgt, vgl. *Schütz* 19.

482 Vgl. *Seidl-Hohenveldern*, Völkerrecht Rn. 586; ähnlich auch BGH 22.6. 1972, BGHZ 59, 85; *Schütz* 51; *IZVR/Martiny*, Bd III/1 Kap. 1 Rn. 982; *Hofmann*, ZaöRV 49 (1989) 53; *Geiger* 331.

483 BVerfG 31.3. 1987, BVerfGE 23, 300; vgl. auch *Schütz* 38ff.

484 Vgl. *Schwartz*, FS Grewe 595.

485 LG Hamburg 22.1. 1973, RIW 1973, 163 = IPRspr. 1973 Nr. 112b; LG Braunschweig 26.1. 1971, IPRspr. 1971 Nr. 144; *IZVR/Martiny*, Bd. III/1 Kap. 1 Rn. 982; *Schütz* 80f.; *Hofmann*, ZaöRV 49 (1989) 57; wohl auch *Geiger* 331.

rechtlichen Transformationsfreiheit. Es existierten unterschiedliche Formen der Umsetzung und es könne nicht Aufgabe des IPR sein, die Durchsetzung von Völkerrecht in anderen Staaten zu übernehmen. Wenn das Völkerrecht den Völkerrechtsverstoß nicht sanktioniere, sei es nicht Aufgabe des IPR, dies zu ändern[486]. Im übrigen sei es auch – abgesehen von den Fällen des Art. 25 GG – nicht die Aufgabe der Staatsorgane, die völkerrechtliche Rechtspositionen Privater zu schützen[487].

1033 Nach dieser Auffassung wird die Existenz völkerrechtlicher Verträge nur innerhalb eines „völkerrechtlichen" ordre public berücksichtigt[488]. Wenn durch die Umsetzung ein völkerrechtskonformes deutsches Gesetz in Kraft sei, so könnten dessen Regelungen über Art. 6 EGBGB zur Geltung gebracht werden[489]. Voraussetzung sei, daß ein ausreichender Inlandsbezug bestehe und daß die Anwendung des völkerrechtswidrigen Rechts gegen wesentliche Grundsätze des deutschen Rechts völkerrechtlichen Ursprungs verstoße.

1034 Dieser Auffassung ist zuzustimmen. Eine allgemeine völkerrechtliche Regel, welche die Anwendung von völkerrechtswidrigem Recht verbietet, existiert nicht[490]. Völkerrechtlich kann sogar die Anwendung von völkerrechtswidrigem Recht geboten sein, etwa wenn eine Besatzungsmacht Recht setzt, das in dem besetzten Gebiet tatsächlich angewendet wird. Dieses Recht ist zwar völkerrechtswidrig, jedoch ist dessen Anwendung notwendig, wenn die Besatzung längere Zeit andauert[491]. Im übrigen gebietet die staatliche Souveränität, daß völkerrechtliche Verträge erst mit der Transformation wirken. Wenn Verträge unabhängig von einer Transformation gelten würden, hätte das zur Folge, daß die nationalen Parlamente die Außenpolitik ihrer Regierung nicht mehr wirksam kontrollieren könnten.

1035 Ohne auf die kollisionsrechtlichen Wirkungen völkerrechtlicher Verträge weiter einzugehen, wird deutlich, daß allein mit dem Völkerrecht die Anwendung von Art. 6 EGBGB bei richtlinienwidrigem mitgliedstaatlichem Recht nicht begründet werden kann, da das Völkerrecht keine Verpflichtung enthält, völkervertragswidriges Recht nicht anzuwenden. Es stellt sich jedoch die Frage, ob sich bei der Nicht-Umsetzung von Richtlinien eine derartige Pflicht aus dem Gemeinschaftsrecht oder den nationalen Rechtsordnungen ergibt.

cc) Verstoß gegen wesentliche Grundsätze des EG-Rechts

1036 Bekanntlich werden durch Art. 6 EGBGB nicht nur die wesentlichen Grundsätze des deutschen Rechts, sondern auch die wesentlichen Grundsätze der

---

486 LG Braunschweig 26. 1. 1971, IPRspr. 1971 Nr. 144.

487 *Hofmann*, ZaöRV 49 (1989) 56f.

488 Zum „völkerrechtlichen" ordre public vgl. *Jaenicke*, BerDGesVölkR 7 (1967) 83.

489 *Hofmann*, ZaöRV 49 (1989) 57; *Schütz* 81.

490 Vgl. *Kropholler*, IPR § 8 I 2; *Seidl-Hohenveldern*, Völkerrecht Rn. 1492; anders *Mann*, NJW 1961, 708.

491 Vgl. *Hofmann*, ZaöRV 49 (1989) 49f.

Union geschützt. Es stellt sich demnach die Frage, ob die Anwendung von richtlinienwidrigem mitgliedstaatlichem Recht wesentlichen Grundsätzen des Gemeinschaftsrechts widerspricht.

(1) Gemeinschaftsrechtlicher ordre-public-Vorbehalt

Die Anwendung von richtlinienwidrigem mitgliedstaatlichem Recht würde sicherlich dann einem gemeinschaftsrechtlichen ordre-public-Vorbehalt widersprechen, wenn die betreffenden Regelungen materiell für das Gemeinschaftsrecht von fundamentaler Bedeutung sind[492]. 1037

Zumindest hinsichtlich der HausTW-Richtlinie kann davon nicht ausgegangen werden. Die unionsweite Regulierung des Direktvertriebes mag verbraucherrechtlich wichtig sein, ist aber nicht von fundamentaler Bedeutung für die EU. Vielmehr ist die HausTW-Richtlinie nur eine von vielen Richtlinien[493].

(2) Die Umsetzungsverpflichtung

Wenn die Pflicht, Richtlinien ordnungsgemäß umzusetzen, einen wesentlichen Grundsatz des Gemeinschaftsrechts darstellt, bedeutet die Nicht-Umsetzung von Richtlinien nach Fristablauf einen offensichtlichen Verstoß dagegen. Die Anwendung der Vorbehaltsklausel ist dann geboten. 1038

Für einen wesentlichen Grundsatz des Gemeinschaftsrechts spricht, daß das Funktionieren des Gemeinsamen Marktes ein Angleichen der mitgliedstaatlichen Rechtsordnungen in bestimmten Bereichen erfordert (Art. 3 lit. h EG-Vertrag). Die Angleichung der mitgliedstaatlichen Rechtsordnungen setzt voraus, daß die erlassenen Richtlinien von den Mitgliedstaaten ordnungsgemäß umgesetzt werden. Aber wenngleich im Gemeinschaftsrecht immer wieder die Notwendigkeit der fristgemäßen Umsetzung postuliert wird[494], kann darin wohl kein wesentlicher Grundsatz des Gemeinschaftsrechts gesehen werden. Der Grund dafür ist, daß die Umsetzungsverpflichtung von Richtlinien nicht ausdrücklich geregelt ist. Der EuGH entnimmt eine derartige Verpflichtung nur dem Grundsatz der Gemeinschaftstreue (Art. 5 EG-Vertrag) in Verbindung mit Art. 189 III EG-Vertrag[495]. Diese Pflicht ist zu allgemein und ungenau, als daß darin ein wesentlicher Grundsatz gesehen werden kann[496]. 1039

Selbst wenn Art. 5 EG-Vertrag eine unmittelbare Umsetzungsverpflichtung entnommen werden könnte, wäre die Umsetzungsverpflichtung kein wesentlicher Grundsatz des Gemeinschaftsrechts. Dagegen spricht, daß das Gemein- 1040

---

[492] Vgl. Rn. 746ff.; auch *v. Bar*, IPR Bd. I Rn. 175.

[493] So auch *Böhm* 205.

[494] Vgl. nur EuGH 5.6. 1984, Rs. 280/83 (*Kommission/Italien*), Slg. 1984, 2364; *Oppermann* Rn. 462.

[495] EuGH 28.4. 1977, Rs. 71/76 (*Thieffry*), Slg. 1977, 777; EuGH 15.5. 1986, Rs. 222/84 (*Johnston*), Slg. 1986, 1690; EuGH 8.10. 1987, Rs. 80/86 (*Kolpinghuis*), Slg. 1987, 3985; vgl. auch *Grabitz/Grabitz*, Art. 5 Rn. 9; *v. d. Groben/Zuleeg*, Art. 5 Rn. 6; *Bleckmann*, RIW 1981, 654.

[496] Dem entspricht es auch, daß der EuGH zunächst eine unmittelbare Anwendbarkeit des Art. 5 EG-Vertrag verneint hat, vgl. EuGH 24.10. 1973, Rs. 9/73 (*Schlüter/Hauptzollamt Lörrach*), Slg. 1973, 1160.

schaftsrecht keine wirksamen Sanktionsmöglichkeiten enthält, um die Umsetzung von Richtlinien in den Mitgliedstaaten zu garantieren. Wenn die Umsetzungsverpflichtung ein wesentlicher Grundsatz des Gemeinschaftsrechts wäre, müßte man erwarten, daß das Gemeinschaftsrecht ihre Einhaltung besser schützt[497].

1041 Außerdem widerspräche eine Einordnung der Umsetzungsverpflichtung als wesentlicher Grundsatz des Gemeinschaftsrechts wohl der Rechtsprechung des Gerichtshofs zur horizontalen unmittelbaren Richtlinienwirkung. Wie oben gezeigt, wäre es rechtlich möglich gewesen, Richtlinien auch horizontal unmittelbar anzuwenden[498]. Insoweit bleibt der EuGH hinter seinen rechtlichen Möglichkeiten zurück. Wäre die Umsetzungsverpflichtung ein wesentlicher Grundsatz des Gemeinschaftsrechts, so müßte der EuGH jede rechtliche Möglichkeit nutzen, um die Folgen eines Verstoßes abzumildern. Dies ist nicht geschehen. Für den EuGH ist die Umsetzungsverpflichtung somit kein wesentlicher Grundsatz des Gemeinschaftsrechts.

(3) Das Verbot, richtlinienwidriges Recht anzuwenden

1042 Es bleibt die Frage, ob die Anwendung von richtlinienwidrigem mitgliedstaatlichem Recht durch die Gerichte anderer Mitgliedstaaten gegen wesentliche Grundsätze des Gemeinschaftsrechts verstößt.

Nach der früheren Rechtsprechung des EuGH war den Gerichten der Mitgliedstaaten untersagt, richtlinienwidriges mitgliedstaatliches Recht anzuwenden[499]. Ob diese Rechtsprechung heute noch Bestand hat, kann dahingestellt bleiben. Die Anwendung von richtlinienwidrigem mitgliedstaatlichem Recht kann schon deshalb nicht gegen wesentliche Grundsätze des Gemeinschaftsrechts verstoßen, weil die Umsetzungsverpflichtung kein wesentlicher Grundsatz des Gemeinschaftsrechts ist. Die Verantwortung dafür, daß richtlinienwidriges Recht besteht, trägt der Mitgliedstaat, der eine Richtlinie nicht umgesetzt hat, und nicht das Gericht, das richtlinienwidriges mitgliedstaatliches Recht anwendet. Das Gericht, das richtlinienwidriges Recht anwendet, unterstützt die Vertragsverletzung nur, indem das richtlinienwidrige Recht auch außerhalb des Erlaßstaats angewendet wird. Es widerspräche aber dem allgemeinen Gleichheitssatz des Gemeinschaftsrechts[500], die Handlung dieses Gerichts schärfer zu beurteilen als die Handlungen des nicht-umsetzenden Mitgliedstaates. Solange man der Meinung ist, daß der „Haupttäter" nicht gegen wesentliche Grundsätze des Gemeinschaftsrechts verstößt, kann erst recht nicht vertreten werden, daß sein „Gehilfe" gegen wesentliche Grundsätze des Gemeinschaftsrechts verstößt.

---

497 Vgl. Rn. 791 ff.

498 Vgl. Rn. 838 ff.

499 Vgl. EuGH 1. 2. 1977, Rs. 51/76 (*Verbond van Nederlandse Ondernemigen*), Slg. 1977, 126 ff.; EuGH 23. 11. 1977, Rs. 38/77 (*Enka*), Slg. 1977, 2215 ff.; EuGH 29. 11. 1978, Rs. 21/78 (*Delkvist*), Slg. 1978, 2338 ff.; dazu *Anderson*, B. C. Int'l & Comp. L. Rev. 1988, 100 f.

500 Vgl. EuGH 8. 10. 1980, Rs. 810/79 (*Bundesversicherungsanstalt für Angestellte*), Slg. 1980, 2747 ff.; *Oppermann* Rn. 414.

dd) Wesentliche Grundsätze des deutschen Rechts

Die Anwendung von richtlinienwidrigem mitgliedstaatlichem Recht durch den deutschen Richter könnte gegen wesentliche Grundsätze des deutschen Rechts verstoßen. So wäre ein deutscher Richter verpflichtet, richtlinienwidriges Recht gemäß Art. 6 EGBGB nicht anzuwenden, wenn die Gemeinschaftstreue ein wesentlicher Grundsatz des deutschen Rechts wäre (dazu unter (1)) und wenn die Anwendung von richtlinienwidrigem Recht durch deutsche Gerichte dagegen verstieße (dazu unter (2)). 1043

(1) Gemeinschaftstreue als wesentlicher Grundsatz

Was ein „wesentlicher Grundsatz" des deutschen Rechts ist, läßt sich Art. 6 EGBGB nicht direkt entnehmen. Die deutsche öffentliche Ordnung umfaßt vielmehr einen gewissen Bestand von nationalen Fundamentalsätzen, die durch Einzelfallentscheidungen immer wieder konkretisiert werden müssen[501]. Die notwendige Konkretisierung erfolgt aufgrund von Indizien. Dabei ist die Tatsache, daß ein Recht oder eine Pflicht Verfassungsrang hat, ein wichtiges Indiz für einen wesentlichen Grundsatz[502]. Dies ist für die Grundrechte in Art. 6 S. 2 EGBGB ausdrücklich geregelt. Es stellt sich daher die Frage, ob die Pflicht zur Gemeinschaftstreue ein verfassungsrechtlicher Grundsatz ist. 1044

Das Grundgesetz ist völkerrechtsfreundlich[503]. Dies ergibt sich aus der Präambel und aus den Artt. 1 II, 24–26 GG. Das Grundgesetz ist darüberhinaus auch integrationsfreundlich[504]. Art. 24 GG schafft die verfassungsrechtlich notwendigen Grundlagen für die Beteiligung Deutschlands an supranationalen Einrichtungen. Ferner wird Art. 24 GG als Auftrag zur Integration verstanden. So führte das Bundesverfassungsgericht aus, daß 1045

„[d]as Grundgesetz ... von der Eingliederung des von ihm verfaßten Staates in die Völkerrechtsordnung der Staatengemeinschaft aus[geht] (Präambel, Art. 24 bis 26 GG)."[505]

Die Entscheidung für die internationale Zusammenarbeit und Integration in Art. 24 GG ist mehr als nur eine unverbindliche, programmatische Aussage. Es handelt sich vielmehr um eine Staatszielbestimmung, vergleichbar dem Sozialstaatsprinzip[506].

Der Verfassungsentscheidung für eine Zusammenarbeit mit anderen Staaten wurde mit der Gründung der Europäischen Gemeinschaft gefolgt. Damit ist der Auftrag des Grundgesetzes jedoch nicht erloschen. Die Integrationsfreundlichkeit des Grundgesetzes gebietet auch, daß Deutschland alles unterläßt, was die 1046

---

[501] Vgl. *Kropholler*, IPR § 36 III; *Lüderitz*, IPR Rn. 204f.

[502] Vgl *Lüderitz*, IPR Rn. 204.

[503] BVerfG 30.6. 1964, BVerfGE 18, 121; BVerfG 4.5. 1971, BVerfGE 31, 75f.; *Jarass/Pieroth*, Art. 24 Rn. 1; *v. Münch*, Art. 24 Rn. 1; *Hesse* Rn. 104.

[504] *Jarass/Pieroth*, Art. 24 Rn. 1; *v. Münch*, Art. 24 Rn. 1.

[505] BVerfG 31.3. 1987, BVerfGE 75, 17.

[506] Vgl. *v. Münch*, Art. 24 Rn. 3; *BK/Tomuschat*, Art. 24 Rn. 3ff.

Verwirklichung der Integration gefährden könnte[507]. Dazu gehört, daß Deutschland keine Vertragsverletzungen begeht. Somit ist die Pflicht zur Gemeinschaftstreue ein verfassungsrechtlicher Grundsatz.

Unterstützt wird das Ergebnis durch die verfassungsrechtliche Stellung des Gemeinschaftsrechts. Art. 24 GG besagt auch, daß das Grundgesetz die Konsequenzen billigt, die sich aus der Übertragung von Hoheitsrechten an zwischenstaatliche Organisationen ergeben[508]. Das bedeutet, daß Hoheitsakte supranationaler Organisationen in Deutschland anzuerkennen sind und daß jede Vertragsverletzung zu unterlassen ist[509]. Diese Regel ist für deutsche Gerichte verbindlich[510]. Folglich sind Verletzungen des EG-Vertrags auch immer verfassungswidrig. Dies wird deutlich an der Entscheidung des Bundesverfassungsgerichts, wonach bei einem Verstoß gegen die Vorlagepflicht gemäß Art. 177 III EG-Vertrag eine Verfassungsbeschwerde zulässig ist[511].

1047 Somit besteht eine grundrechtlich geschützte Pflicht, sich gemeinschaftskonform zu verhalten und keine Vertragsverletzung zu begehen[512]. Diese Pflicht ist ein wesentlicher Grundsatz des deutschen Rechts. Die deutschen Gerichte sind demnach verpflichtet, Vertragsverletzungen zu verhindern, wenn dies rechtlich möglich ist. Verletzungen des Gemeinschaftsrechts dürften nicht unter Berufung auf herkömmliche Prinzipien des IPR hingenommen werden, sondern müßten in gemeinschaftskonformer Weise beseitigt werden[513].

(2) Richtlinienwidriges Sachstatut und Art. 5 EG-Vertrag

1048 Nachdem feststeht, daß die Gemeinschaftstreuepflicht ein wesentlicher Grundsatz des deutschen Rechts ist, muß noch geklärt werden, ob die Anwendung von richtlinienwidrigem Recht gegen diesen Grundsatz verstößt. Das wäre der Fall, wenn die Anwendung von richtlinienwidrigem mitgliedstaatlichem Recht gemeinschaftswidrig ist[514].

Die Anwendung von richtlinienwidrigem mitgliedstaatlichem Recht könnte gemäß Art. 5 II EG-Vertrag verboten sein. Art. 5 EG-Vertrag stellt eine eigen-

---

[507] Integration bedeutet, die schrittweise Annäherung und Verbindung von Staaten; über den ganzen Entwicklungszeitraum muß die Staatszielbestimmung in Art. 24 GG beachtet werden, vgl. *v. Münch*, Art. 24 Rn. 4.

[508] Vgl. *Hesse* Rn. 109.

[509] BVerfG 9. 6. 1971, BVerfGE 31, 174.

[510] Vgl. *v. Münch*, Art. 24 Rn. 44.

[511] BVerfG 22. 10. 1986, BVerfGE 73, 339 = NJW 1987, 577 = EuR 1987, 51; BVerfG 27. 8. 1991, NJW 1992, 678.

[512] Diese Auffassung entspricht auch der politischen Bedeutung der europäischen Integration. Deutschland versteht sich als „Motor der europäischen Integration". Diese politische Grundsatzentscheidung gebietet, daß keine Vertragsverletzungen begangen werden.

[513] Vgl. *Reich*, RabelsZ 56 (1992) 498 für das Verbot irreführender Werbung.

[514] Dem steht nicht entgegen, daß die Anwendung von richtlinienwidrigem mitgliedstaatlichem Recht nicht gegen wesentliche Grundsätze des Gemeinschaftsrechts verstößt. Bekanntlich ist die fehlerhafte oder unterlassene Umsetzung von Richtlinien eine Vertragsverletzung, obwohl die Umsetzungsverpflichtung kein wesentlicher Grundsatz des Gemeinschaftsrechts ist.

ständige Rechtspflicht auf, um die Funktionsfähigkeit der Union zu sichern. Den Mitgliedstaaten ist es untersagt, „Maßnahmen zu ergreifen oder aufrechtzuerhalten, welche die praktische Wirksamkeit des Vertrages beeinträchtigen könnten“[515].

(a) Nach der früheren Rechtsprechung des Gerichtshofs verstieß es gegen Art. 5 EG-Vertrag, richtlinienwidriges mitgliedstaatliches Recht anzuwenden[516]. Diese Auffassung – in ihrer generellen Form – entspricht wohl nicht mehr dem derzeitigen Stand des Gemeinschaftsrechts. Es ist allgemein anerkannt, daß Art. 5 II EG-Vertrag aufgrund seines weiten Wortlauts weiterer Konkretisierungen bedarf, um eine konkrete Unterlassungspflicht zu begründen[517]. Das ergibt sich daraus, daß die Ziele des EG-Vertrags zu unbestimmt sind, so daß auch Art. 5 II EG-Vertrag den Mitgliedstaaten einen breiten Beurteilungsspielraum belassen muß. Maßnahmen der Mitgliedstaaten unterliegen daher nur der richterlichen Kontrolle gemäß Art. 5 II EG-Vertrag, wenn die Vertragsziele so konkret sind, daß sich daraus Unterlassungsansprüche herleiten lassen. Ein allgemeiner Verstoß gegen Gemeinschaftsziele – so wie in Art. 2 und 3 EG-Vertrag aufgezählt – ist für Art. 5 II EG-Vertrag nicht ausreichend. 1049

(b) Etwas anders gilt jedoch, wenn die Ziele des EG-Vertrags durch Einzelrechtsakte der Union näher konkretisiert werden. In solchen Fällen ist es Aufgabe und Pflicht der Mitgliedstaaten, Gemeinschaftsrecht so anzuwenden, daß die Normen die größtmögliche Wirkung im Sinne des Gemeinschaftsrechts entfalten können[518]. Insoweit können auch Unterlassungs- und Handlungspflichten entstehen[519]. 1050

Richtlinien werden erlassen, um die Rechtsordnungen der Mitgliedstaaten anzugleichen. Das übergeordnete Vertragsziel ist somit die Rechtsangleichung (Art. 3 lit. h EG-Vertrag). Dieses Ziel ist zu allgemein, um eine Unterlassungspflicht – die Pflicht, fremdes richtlinienwidriges Recht nicht anzuwenden – zu begründen. Bei der Angleichung bestehen nicht notwendigerweise konkrete Vorgaben des Gemeinschaftsrechts, die über Art. 5 II EG-Vertrag geschützt werden können.

Freilich kann die Angleichung unterschiedlich intensiv erfolgen. Bekanntlich ist die Intensität der Rechtsangleichung abhängig von den konkreten

---

515 EuGH 13.2. 1969, Rs. 14/68 (*Wilhelm/Bundeskartellamt*), Slg. 1969, 14; *Grabitz/Grabitz*, Art. 5 Rn. 1.

516 Vgl. EuGH 1.2. 1977, Rs. 51/76 (*Verbond van Nederlandse Ondernemigen*), Slg. 1977, 126ff.; EuGH 23.11. 1977, Rs. 38/77 (*Enka*), Slg. 1977, 2215ff.; EuGH 29.11. 1978, Rs. 21/78 (*Delkvist*), Slg. 1978, 2338ff.; dazu *Anderson*, B. C. Int'l & Comp. L. Rev. 1988, 100f.

517 *Grabitz/Grabitz*, Art. 5 Rn. 12; *Bleckmann*, RIW 1991, 655; *ders.*, Dynamik 192f.; *Nicolaysen*, Europarecht I 70; *v. d. Groeben/Zuleeg*, Art. 5 Rn. 11.

518 *Lutter*, JZ 1992, 603; *Bach*, JZ 1990, 1112; *Bleckmann* NJW 1982, 1177ff.; *Junker*, RabelsZ 55 (1991) 683; *Kropholler*, Einheitsrecht 286.

519 Vgl. EuGH 5.2. 1981, Rs. 53/80 (*Kaasfabriek Eyssen*), Slg. 1981, 409; EuGH 30.11. 1983, Rs. 227/82 (*van Bennekom*), Slg. 1983, 3885; *Bleckmann*, Dynamik 194.

Richtlinienvorgaben[520]. Die unterschiedliche Qualität der Rechtsangleichung muß auch im Rahmen des Art. 5 II EG-Vertrag berücksichtigt werden.

1051 (aa) Bei Richtlinien, die den Mitgliedstaaten einen Regelungs- und Beurteilungsspielraum belassen, ist das Angleichungsziel nicht ausreichend konkretisiert. Das konkrete Vertragsziel wird nur allgemein umschrieben. Die Ausgestaltung des Rechts wird den Mitgliedstaaten überlassen. Weil das Vertragsziel der Angleichung nicht ausreichend konkret ist, besteht keine Pflicht, richtlinienwidriges Recht nicht anzuwenden. Hierfür besteht auch kein Bedürfnis. Bei Richtlinien, die nur Rahmenrecht enthalten, werden die Ziele der Union nicht durch die Anwendung des richtlinienwidrigen Sachrechts sonderlich beeinträchtigt. Solche Richtlinien wollen keine wirkliche Rechtseinheit schaffen, sondern akzeptieren, daß Rechtsunterschiede zwischen den Rechtsordnungen bestehen und bestehen bleiben. Im Falle der Nicht-Umsetzung werden die Rechtsunterschiede zwar vergrößert, jedoch ist ohnehin nur eine relative Einheitlichkeit beabsichtigt.

1052 (bb) Etwas anderes gilt bei Richtlinien mit hoher Regelungsintensität[521]. In diesen Fällen wird das allgemeine Vertragsziel der Rechtsangleichung konkretisiert. Die Richtlinie enthält Vorgaben, damit ein bestimmtes Rechtsgebiet einheitlich gestaltet werden kann. Nicht Rechtsangleichung, sondern Rechtsvereinheitlichung ist das wirkliche Ziel der Richtlinie. Wenn kein Beurteilungsspielraum besteht, ist das Angleichungsziel konkretisiert genug, um Unterlassungspflichten gemäß Art. 5 II EG-Vertrag zu begründen. In diesen Fällen ist es auch sachgemäß, richtlinienwidriges Recht nicht anzuwenden. Die Anwendung des nicht harmonisierten Rechts durch die übrigen Mitgliedstaaten würde die praktische Wirksamkeit des Gemeinschaftsrechts[522] und damit das Vertragsziel gefährden[523].

Dies entspricht auch der Rechtsprechung des EuGH, wonach alle Maßnahmen zu unterlassen sind, die eine Gefährdung der Rechtseinheit in den Bereichen bedeuten würden, die bereits angeglichen worden sind[524]. Die „Rechtsvereinheitlichung" darf, im Unterschied zur eigentlichen „Rechtsangleichung", nicht in Frage gestellt werden[525].

Die Anwendung von richtlinienwidrigem mitgliedstaatlichen Sachrechts ver-

---

[520] Vgl. Rn. 609ff.

[521] Etwa die ProdHaft-Richtlinie und die HausTW-Richtlinie.

[522] Vgl. *Oppermann* Rn. 441ff.; *v.d.Groeben/Zuleeg*, Art. 5 Rn. 11.

[523] Die Verwirklichung des durch Richtlinien angestrebten Vertragsziels darf nicht durch andere Maßnahmen gefährdet werden, vgl. *Weber* 78.

[524] EuGH 23.1. 1975, Rs. 31/74 (*Galli*), Slg. 1975, 63; EuGH 12.7. 1979, Rs. 223/78 (*Grosoli*), Slg. 1979, 2632; vgl. *Grabitz/Grabitz*, Art. 5 Rn. 14; *v.d.Groben/Zuleeg*, Art. 5 Rn. 11; *Bleckmann*, Dynamik 194; *Hopt*, ZGR 1991, 64.

[525] Die Differenzierung zwischen detaillierten Richtlinien und Richtlinien mit Beurteilungsspielraum entspricht auch dem Gebot von Art. 6 EGBGB, daß die Anwendung des ausländischen Rechts offensichtlich gegen den ordre public verstoßen muß. Dies gilt grundsätzlich auch für Verstöße gegen Verfassungsgrundsätze, vgl. *Kropholler*, IPR § 36 IV 1; BVerfG 4.5. 1971, BVerfGE 31, 77 = IPRspr. 1971 Nr. 39. Nur bei detaillierten Richtlinien ist offensichtlich, ob und wie die Richtlinie den Sachverhalt regelt. Bei nicht detaillierten Richtlinien müßte erst eine

stößt demnach gegen den Grundsatz der Gemeinschaftstreue gemäß Art. 5 II EG-Vertrag, wenn es sich um eine detaillierte Richtlinie handelt. Die Verletzung des Gemeinschaftsrechts darf von den Mitgliedstaaten nicht hingenommen werden, sondern muß in gemeinschaftskonformer Weise beseitigt werden. Dies ist auch Aufgabe des nationalen Kollisionsrechts[526].

c) Rechtsfolgen von Art. 6 EGBGB

In Rechtsgebieten, in denen detaillierte Richtlinien gelten, ist die Anwendung von richtlinienwidrigem mitgliedstaatlichem Recht gemeinschaftswidrig. Die Gemeinschaftstreue ist auch ein wesentlicher Grundsatz des deutschen Rechts im Sinne von Art. 6 EGBGB. Soweit das Gemeinschaftsrecht die Anwendung des richtlinienwidrigen Sachrechts verbietet, muß dies mittels des Vorbehalts des ordre public verhindert werden. 1053

Dieser Auffassung steht auch die Rechtsprechung des EuGH zur horizontalen Richtlinienwirkung nicht entgegen. Zwar sind die mitgliedstaatlichen Gerichte danach verpflichtet, richtlinienwidriges Sachrecht zwischen Privaten anzuwenden. Die Rechtsprechung besagt jedoch nur, daß Gerichte ihr eigenes richtlinienwidriges Recht anwenden müssen. Ihr eigenes richtlinienwidriges Recht müssen die Gerichte anwenden, weil ihr Mitgliedstaat die Richtlinie nicht umgesetzt hat. Die primäre Vertragsverletzung des Mitgliedstaates liegt demnach in der Verletzung der Umsetzungsverpflichtung. Anders ist die Ausgangslage dort, wo der Forumstaat die Richtlinie ordnungsgemäß umgesetzt hat. Wenn dessen Gerichte richtlinienwidriges mitgliedstaatliches Recht anwenden, wird dadurch erstmals gegen Art. 5 II EG-Vertrag verstoßen. Das mitgliedstaatliche Gericht würde seine gemeinschaftsrechtliche Treuepflicht verletzen[527]. 1054

Wenn feststeht, daß die Anwendung von richtlinienwidrigem mitgliedstaatlichem Recht gegen den ordre public verstößt, stellt sich für den deutschen Richter nunmehr die Frage, welches Ersatzrecht anstelle des richtlinienwidrigen Sachstatuts anzuwenden ist.

(1) Art. 6 EGBGB sagt nur, unter welchen Voraussetzungen ein fremdes Recht nicht anzuwenden ist. Über die weiteren Rechtsfolgen schweigt das Gesetz. Auf eine Regelung wurde verzichtet, um dem Richter einen Gestaltungsspielraum zu belassen[528]. Das deutsche Recht geht insoweit vom „Grundsatz möglichst weitgehender Schonung des fremden Rechts" aus[529]. Daher 1055

entsprechende EuGH Entscheidung abgewartet werden, ob das Sachstatut Richtlinienvorgaben widerspricht.

526 *Reich*, RabelsZ 56 (1992) 498.

527 Wenn auch der Forumstaat die Richtlinie nicht umgesetzt hat, besteht keine Pflicht gemäß Art. 5 II EG-Vertrag, richtlinienwidriges Recht nicht anzuwenden. Die Anwendung des ausländischen richtlinienwidrigen Rechts wäre nur eine Folge der eigenen Nicht-Umsetzung und würde keinen neuen Verstoß gegen Art. 5 II EGBGB bedeuten.

528 BT-Drucks. 10/504, 44; vgl. auch *v. Bar*, IPR, Bd.I Rn. 640.

529 BegrRegE, BT-Drucks. 10/504, 44; *Kropholler*, IPR § 36 V Fn. 36.

wendet die herrschende Meinung in erster Linie das modifizierte, um den ordre-public-widrigen Teil bereinigte Sachstatut auf den Sachverhalt an. Nur wenn eine modifizierte Anwendung des fremden Rechts nicht möglich oder unbefriedigend ist, wird auf die lex fori zurückgegriffen[530].

1056 (2) Der Grundsatz der weitestgehenden Schonung des fremden Rechts gilt auch für richtlinienwidriges mitgliedstaatliches Recht. In erster Linie ist der deutsche Richter verpflichtet, das Sachstatut richtlinienkonform auszulegen[531]. Erst wenn eine richtlinienkonforme Auslegung nicht möglich ist, muß die Vorbehaltsklausel angewendet werden.

(3) Wenn die Vorbehaltsklausel angewendet wird, muß differenziert werden:

1057 (a) Soweit möglich wird das Sachstatut ohne den richtlinienwidrigen Teil angewendet. Wenn etwa das Sachstatut einen Haftungsausschluß für Produktschäden durch Druckerzeugnisse enthält[532], wird das Sachstatut so angewendet, als wenn kein derartiger Ausschluß bestehen würde.

1058 (b) Wenn hingegen – wie in den Gran-Canaria-Fällen – nicht auf ein modifiziertes Sachstatut zurückgegriffen werden kann, etwa weil entsprechende Bestimmungen in der Rechtsordnung fehlen, muß das Richtlinienrecht und nicht die lex fori angewendet werden.

In diesen Fällen wäre die Anwendung der lex fori nicht sachgerecht. Zwar muß der Forumstaat die Richtlinie in sein nationales Recht transformiert haben, damit ein Verstoß gegen den ordre public vorliegen kann, jedoch können die Bestimmungen der lex fori – in richtlinienkonformer Weise – über die Vorgaben der Richtlinie hinausgehen. So wäre etwa aufgrund der HausTW-Richtlinie ein völliges Verbot von Haustürgeschäften zulässig[533]. Die Anwendung dieser möglicherweise „verschärften" Bestimmungen widerspricht dem Grundsatz der weitestgehenden Schonung des fremden Rechts und würde zu einer unzulässigen Internationalisierung des deutschen Verbraucherschutzrechts führen. Im übrigen ist die Anwendung der lex fori auch nicht vereinbar mit der Begründung der Vorbehaltsklausel. Der deutsche Richter ist nur verpflichtet, mitgliedstaatliches Recht nicht anzuwenden, soweit es richtlinienwidrig ist. Unterschiede zwischen der lex fori und dem Sachstatut sind unbeachtlich. Die verbindlichen Richtlinienvorgaben sind Prüfungsgegenstand für die Vertragsverletzung, nicht die nationalen Transformationsakte.

1059 Aus diesem Grund sind die Bestimmungen der Richtlinie selbst – soweit sie inhaltlich klar und anwendungsfähig sind – als Ersatzrecht heranzuziehen[534]. Dadurch wird nicht nationales, sondern Gemeinschaftsrecht angewendet. Das

---

530 RG 19. 12. 1922, RGE 106, 82; BGH 21. 11. 1958, BGHZ 28, 387 = IPRspr. 1958 Nr. 110; *Schütz* 50; *Spickhoff* 109; *Kropholler*, IPR § 36 V; *Palandt/Heldrich*, Art. 6 EGBGB Rn. 13; *Ferid* 3–34; *Lüderitz*, IPR Rn. 214; eher für die lex fori *v. Bar*, IPR. Bd. I Rn. 641.

531 Vgl. Rn. 634ff.

532 Zur Unzulässigkeit eines derartigen Haftungsausschlusses, vgl. *Foerste*, NJW 1991, 1433.

533 Vgl. EuGH 16.5. 1989, Rs. 382/87 (*Buet und SARL EBS/Ministère public*), Slg. 1989, 1248ff. = EuZW 1990, 70.

534 Allgemein zum Einheitsrecht als Ersatzrecht, *Kreuzer*, NJW 1983, 1943ff.; *Kötz*, RabelsZ 34 (1970) 663ff.

mitgliedstaatliche Sachstatut wird nur korrigiert, soweit aufgrund der Richtlinie anders zu entscheiden wäre. Die Richtlinienvorgaben können auch als Ersatzrecht herangezogen werde, weil nur bei detaillierten Richtlinien die Vorbehaltsklausel angewendet wird. Derartige Richtlinien können angewendet werden, ohne daß auf die lex fori zurückgegriffen werden muß.

Für die Gran-Canaria-Fälle folgt daraus, daß die Anwendung des spanischen 1060
Sachrechts am Vorbehalt des ordre public scheitert, soweit es der HausTW-Richtlinie widerspricht. Über Art. 6 EGBGB kann aber ein Rücktrittsrecht des Verbrauchers nur begründet werden, wenn die Richtlinie in dem konkreten Fall ein Widerrufsrecht zugesteht. Weil Art. 5 der Richtlinie verbindlich nur ein siebentägiges Widerrufsrecht vorsieht, konnte nur innerhalb dieser Frist wirksam zurückgetreten werden. Rücktrittserklärungen, die später abgegeben wurden, sind nicht wirksam[535].

IV. Zusammenfassung

Im Ergebnis bleibt festzuhalten: Richtlinien sind auch dann, wenn sie nicht 1061
umgesetzt worden sind, kollisionsrechtlich zu beachten[536]. Die konkreten kollisionsrechtlichen Wirkungen unterscheiden sich danach, ob die lex fori oder das Sachstatut richtlinienwidrig ist.

(1) Wenn der Forumstaat eine Richtlinie nicht umgesetzt hat, ist dies inner- 1062
halb des positiven und negativen ordre-public-Vorbehalts zu beachten. So kann richtlinienwidriges Recht nicht über Art. 34 EGBGB international angewendet werden, weil gegenüber einem mitgliedstaatlichen Sachstatut richtlinienwidriges Eingriffsrecht gemeinschaftswidrig wäre und weil richtlinienwidriges Forumrecht kein wesentlicher Grundsatz des nationalen Rechts sein kann.

(2) Problematischer ist der Fall, daß eine Richtlinie im Sachstatut nicht ord- 1063
nungsgemäß umgesetzt worden ist.

(a) Wenn auch der Forumstaat die Richtlinie nicht umgesetzt hat, muß das richtlinienwidrige Sachstatut angewendet werden. Richtlinien schaffen kein unmittelbar geltendes Recht und können, wegen der Rechtsprechung des EuGH, nicht unmittelbar angewendet werden. Richtlinien sind keine selbständigen Eingriffsnormen.

(b) Hat hingegen der Forumstaat die Richtlinie ordnungsgemäß umgesetzt, besteht bei Auslandsfällen neben der Kollision des Forumsrecht mit dem Sachstatut noch eine Kollision des Sachstatuts mit dem Gemeinschaftsrecht. Das

---

[535] Daß ein Käufer nicht über sein Rücktrittsrecht belehrt wurde, führt zu keiner Fristverlängerung, weil die Richtlinie insoweit zu unbestimmt ist. Gemäß Art. 5 III HausTW-Richtlinie müssen die Mitgliedstaaten zwar geeignete Maßnahmen zum Schutze des Verbrauchers vorsehen, wenn die Belehrung unterbleibt. Weil insoweit jedoch keine verbindlichen Vorgaben bestehen, verstößt es nicht gegen den Vorbehalt des ordre public, wenn ein Verbraucher, obwohl er nicht über sein Widerrufsrecht belehrt wurde, nicht länger als sieben Tage von dem Vertrag zurücktreten kann.

[536] Vgl. *Reich*, RabelsZ 56 (1992) 498.

Problem kann nicht über Art. 27 III EGBGB gelöst werden. Auch eine mittelbare horizontale Richtlinienwirkung gemäß Art. 34 EGBGB ist nicht möglich, weil sie zu nicht sachgemäßen Ergebnissen führt.

(c) Allerdings verstößt die Anwendung von richtlinienwidrigem mitgliedstaatlichem Recht gegen den deutschen ordre public, soweit die Richtlinienbestimmungen ausreichend konkret sind. Wenn der Forumstaat die Richtlinie umgesetzt hat, würde die Anwendung von mitgliedstaatlichem richtlinienwidrigem Recht einen Verstoß gegen Art. 5 II EG-Vertrag bedeuten. Weil der Grundsatz der Gemeinschaftstreue ein wesentlicher Grundsatz des deutschen Rechts ist, muß die Vertragsverletzung über Art. 6 EGBGB verhindert werden. Da der deutsche Richter verfassungsrechtlich verpflichtet ist, sein nationales Recht gemeinschaftskonform auszulegen, darf das fremde Recht nicht angewendet werden, soweit es konkreten Richtlinienbestimmungen widerspricht. Anstelle des richtlinienwidrigen Rechts müssen die Richtlinienbestimmungen angewendet werden. In den Gran-Canaria-Fällen führt dies zu einem siebentägigen Rücktrittsrecht des Verbrauchers.

Zusammenfassende Würdigung von Teil II

Die Europäische Union ist eine Rechtsetzungsgemeinschaft. Ihr Recht wirkt in immer stärkerem Maß auf die Rechtsordnungen der Mitgliedstaaten ein. Insbesondere durch Richtlinien bestimmt die Union – oft unvermutet – auch den Inhalt innerstaatlicher Rechtsvorschriften. 1064

Die Ziele der Rechtsetzung der Union sind in Art. 2 EG-Vertrag festgelegt. Eine Tätigkeit der Union und ein Hauptgebiet der Rechtsetzung ist die Angleichung der mitgliedstaatlichen Rechtsordnungen (Art. 3 lit. h EG-Vertrag). Die Rechtsangleichung ist notwendig, um den Gemeinsamen Markt zu verwirklichen. Nur wenn in den wirtschaftlich relevanten Gebieten gleiches Recht gilt, ist ein freier Waren-, Kapital-, Personen- und Dienstleistungsverkehr innerhalb der Union möglich. Einheitliche Regelungen vereinfachen aber nicht nur den internationalen Rechtsverkehr, sondern erhöhen auch das gemeinschaftliche Zusammengehörigkeitsgefühl. 1065

Das gemeinschaftliche Instrument zur Rechtsangleichung ist die Richtlinie. Gemäß Art. 189 III EG-Vertrag ist die Richtlinie an die Mitgliedstaaten gerichtet. Sie ist „hinsichtlich des zu erreichenden Zieles verbindlich, überläßt jedoch den innerstaatlichen Stellen die Wahl der Form und der Mittel." Diese Stellung zwischen Gemeinschaftsrecht und nationalem Recht wirft vielfältige Probleme auf. Dennoch ist die Richtlinie der Verordnung für die Rechtsangleichung vorzuziehen. Richtlinien haben gegenüber den anderen Rechtsakten der Union den Vorteil, daß sie sich flexibel in die innerstaatlichen Rechtsordnungen einfügen[1]. Die Rechtseinheit wird durch die Auslegungskompetenz des Gerichtshofs und das Gebot der richtlinienkonformen Auslegung garantiert. Diese allgemeinen Richtlinienwirkungen gelten auch für das Kollisionsrecht. 1066

Während in den Anfangsjahren der Gemeinschaft eher öffentlich-rechtliche und technische Normen angeglichen wurden, rückt heute das Privatrecht stärker in den Vordergrund. Die bislang im Privatrecht und insbesondere im Verbraucherschutzrecht erlassenen Richtlinien sind häufig sehr detailliert, so daß den Mitgliedstaaten kaum noch Raum für Umsetzungsoptionen bleiben. Detaillierte Richtlinien schaffen ein geschlossenes Regelungssystem, wobei das nationale Umsetzungsrecht auf den Schultern des Gemeinschaftsrechts ruht. 1067

Durch die europäische Integration gewinnt auch das nationale Kollisionsrecht an Bedeutung, weil der grenzüberschreitende Waren-, Personen-, Dienstleistungs- und Kapitalverkehr innerhalb der EU erleichtert wird. Dies führt natur- 1068

[1] *Hilf*, EuR 1993, 20.

gemäß zu einer wachsenden Zahl von internationalen Rechtskonflikten[2]. Es gilt, einen Weg zu finden, diese Fälle kollisionsrechtlich effizient und systemkonform zu lösen. Dieser Aufgabe ist das Kollisionsrecht der Mitgliedstaaten nur teilweise gewachsen. Auch das „Gemeinschaftskollisonsrecht" ist wenig hilfreich. Obwohl noch beachtliche Unterschiede zwischen den Rechtsordnungen der Mitgliedstaaten bestehen, wurden bislang nur Teilgebiete des IPR angeglichen. Soweit gemeinschaftliches Kollisionsrecht besteht – etwa im Versicherungsvertragsrecht – ist dieses freilich gegenüber dem nationalen Kollisionsrecht vorrangig anzuwenden.

Das Kollisionsrecht zwischen den Mitgliedstaaten wird nicht nur von der Kollisionsrechtsangleichung, sondern auch von der Sachrechtsangleichung beeinflußt. So müssen bei der kollisionsrechtlichen Anknüpfung innerhalb der Union die allgemeinen Richtlinienwirkungen beachtet werden[3]. Daraus ergeben sich gemeinschaftsrechtliche Regeln, wie das innerstaatliche Kollisionsrecht anzuwenden ist:

1069 (1) Erstens ist in Rechtsgebieten, in denen detaillierte Richtlinienvorgaben bestehen, die kollisionsrechtliche Anknüpfung stark vereinfacht, weil durch detaillierte Richtlinien die Rechtsordnungen nicht angeglichen, sondern vereinheitlicht werden. Es entsteht also gemeinschaftsrechtliches Einheitsrecht. Weil – entsprechend der „false conflict" Theorie des US-amerikanischen Rechts – Kollisonsrecht nur angewendet werden muß, soweit Rechtsunterschiede bestehen, fehlt bei materieller Rechtsgleichheit ein Bedürfnis für eine kollisionsrechtliche Entscheidung. Durch den Verzicht auf die Einschaltung des Kollisionsrechts werden praktische Schwierigkeiten und Kosten bei der kollisionsrechtlichen Anknüpfung vermieden.

Die europäische Rechtsangleichung verdrängt die kollisionsrechtliche Fragestellung nach dem anwendbaren Recht freilich nur, soweit einheitliche und verbindliche Richtlinienvorgaben bestehen und der Sachverhalt ausschließlich mit Mitgliedstaaten der EU verbunden ist, welche die Richtlinie umgesetzt haben. Ob ein Rechtsstreit nur Fragen aufwirft, die in der Richtlinie selbst beantwortet sind, muß vorab von dem nationalen Richter anhand der Richtlinie geprüft werden. Diese Prüfung wird meist einfacher sein, als kollisionsrechtlich anzuknüpfen. Das in Richtlinien enthaltene Recht läßt sich in der Regel zuverlässig mit Hilfe leicht zugänglicher deutschsprachiger Werke ermitteln. Der nationale Richter ist nicht auf fremdsprachige Quellen und teure Gutachter angewiesen.

1070 (2) Auch wenn Kollisionsrecht angewendet wird, muß der nationale Richter die Richtlinienvorgaben und die Ziele der Rechtsangleichung beachten. So widerspräche es den Zielen der Rechtsangleichung, wenn dort, wo Rechtsangleichung stattgefunden hat, geprüft wird, ob das Vertragsstatut durch zwingende Normen anderer angeglichener Rechtsordnungen verdrängt wird. Auch

---

[2] Vgl. *Jayme*, Ein Internationales Privatrecht für Europa 7, *Reich*, RabelsZ 56 (1992) 446.

[3] *Reich*, RabelsZ 56 (1992) 498.

beseitigt die Rechtsangleichung unerträgliche Widersprüche zwischen den Rechtsordnungen, so daß die Vorbehaltsklausel selbst in den nicht harmonisierten Bereichen nicht angewendet werden kann. Im übrigen schränkt die Rechtsangleichung die Rechtswahlfreiheit im Schuldrecht ein. Entgegen dem Grundsatz der Parteiautonomie können Vertragsparteien bei rein mitgliedstaatlichen Sachverhalten nicht durch Rechtswahl von zwingenden Richtlinienvorgaben abweichen. Insoweit gilt Art. 3 III EVÜ (Art. 27 III EGBGB) analog.

(3) Zusammenfassend kann gesagt werden, daß die EG-Rechtsangleichung 1071 das Kollisionsrecht innerhalb der Union weitgehend vereinfacht. Weil auch in Zukunft mit detaillierten Richtlinien im Privatrecht gerechnet werden muß, kann man davon ausgehen, daß das Kollisionsrecht innerhalb der Union an Bedeutung verlieren wird. Zu beachten ist allerdings, daß gegenüber Drittstaaten das Kollisonsrecht in seiner herkömmlichen Form anwendbar bleibt. Dies führt zu einer „Zweispurigkeit" des Kollisionsrechts: Gegenüber Mitgliedstaaten und Drittstaaten gilt unterschiedliches Kollisionsrecht. Dies könnte verhindert werden, wenn zukünftig, soweit detaillierte Richtlinien erlassen werden, auch das Kollisionsrecht der Mitgliedstaaten angeglichen wird. Ein Beispiel hierfür ist Art. 6 II der EG-Richtlinie über mißbräuchliche Klauseln in Verbraucherverträgen[4].

Die mitgliedstaatlichen Rechtsordnungen werden nur dann harmonisiert 1072 – wodurch die kollisionsrechtliche Anknüpfung vereinfacht wird –, wenn die Richtlinien von den beteiligten Staaten ordnungsgemäß umgesetzt werden. Erfahrungsgemäß kommen aber viele Mitgliedstaaten ihrer Umsetzungsverpflichtung nicht fristgemäß nach. Obwohl die verspätete Umsetzung gegen Art. 5 EG-Vertrag verstößt, kann das Gemeinschaftsrecht die ordnungsgemäße Umsetzung nicht garantieren. Insoweit fehlt es an wirkungsvollen gemeinschaftsrechtlichen Sanktionsmaßnahmen. Dies schafft auch kollisionsrechtliche Probleme. Sie entstehen, wenn das Kollisionsrecht des Forums auf richtlinienwidriges Sachrecht verweist (Gran-Canaria-Fälle) oder wenn aufgrund von richtlinienwidrigem Forumsrecht ein richtlinienkonformes Sachstatut nicht angewendet wird.

Die Nicht-Umsetzung von Richtlinien wird zu einem kollisionsrechtlichen 1073 Problem, weil Richtlinien nicht unmittelbar wirken. Würde anstelle einer Richtlinie eine unmittelbar wirkende Verordnung erlassen, könnte der Konflikt zwischen Gemeinschaftsrecht und mitgliedstaatlichem Recht über die Vorrangwirkung des Gemeinschaftsrechts gelöst werden. Der Forumstaat müßte das Verordnungsrecht direkt anwenden, ohne das entgegenstehende nationale Recht zu beachten. Bei Richtlinien ist eine solche rangkollisionsrechtliche Lösung nicht möglich. Nach der Rechtsprechung des EuGH können Richtlinien zwar in vertikalen Rechtsverhältnissen unmittelbar wirken, wenn die Umsetzungsfrist abgelaufen ist. Eine gemeinschaftsrechtliche Lösung etwa der Gran-Canaria-

[4] Richtlinie 93/13/EWG vom 5. 4. 1993, ABl. v. 21. 4. 1993 Nr. L 95, 29 ff.; vgl. dazu *Jayme/Kohler*, IPRax 1993, 359.

Fälle wäre aber nur denkbar, wenn Richtlinien nach Ablauf der Umsetzungsfrist auch zwischen Privaten unmittelbar wirkten. Dieser Weg ist zur Zeit noch durch die Rechtsprechung des Gerichtshofes versperrt. Mit wenig überzeugenden Argumenten wird von ihm eine unmittelbare horizontale Richtlinienwirkung abgelehnt.

1074 Die Gran-Canaria-Fälle zeigen, daß die Rechtsprechung des EuGH hinsichtlich der horizontalen Richtlinienwirkung auch kollisionsrechtliche Probleme bereitet. Wegen der Rechtsprechung des EuGH können die Gran-Canaria-Fälle nicht aufgrund des Vorrangs des Gemeinschaftsrechts gelöst werden, obwohl das spanische Recht zum Zeitpunkt des Vertragsschlußes gemeinschaftswidrig war. Auch nach traditionellen kollisionsrechtlichen Anknüpfungsmaßstäben kann ein Rücktrittsrecht des Verbrauchers vom Vertrag nicht überzeugend begründet werden. Die Wahl spanischen Rechts ist wirksam und das HausTWG ist weder eine Eingriffsnorm im Sinne des Art. 34 EGBGB noch ein wesentlicher Grundsatz des Gemeinschaftsrechts im Sinne von Art. 6 EGBGB. Ferner ist eine analoge Anwendung von Art. 29 I EGBGB auf die Gran-Canaria-Fälle aus gemeinschaftsrechtlichen Erwägungen bedenklich. Gerichte, die in Zukunft mit diesen Fällen konfrontiert werden, sollten daher eine Vorlage gemäß Art. 177 EG-Vertrag wagen. Allerdings ist es wenig wahrscheinlich, daß der Gerichtshof seine Rechtsprechung ändern wird[5]. Hoffnung macht hingegen eine Entschließung des Europäischen Parlaments vom 18. 4. 1991. Dort wurde beschlossen, die unmittelbare Richtlinienwirkung im Zuge der Gemeinschaftsreform in den EG-Vertrag aufzunehmen[6].

1075 In der Rechtsprechung und im Schrifttum zu den Gran-Canaria-Fällen wird meist übersehen, daß gemeinschaftsrechtlich die Pflicht besteht, das IPR als Mittel zur europäischen Integration einzusetzen[7]. Kollisionsrechtlich muß gegebenenfalls aber berücksichtigt werden, daß eine am Sachverhalt beteiligte Rechtsordnung nicht richtlinienkonform ist. So darf ein Mitgliedstaat nicht sein richtlinienwidriges Recht über Art. 34 EGBGB anwenden oder richtlinienkonformem Recht gemäß Art. 6 EGBGB die Anwendung versagen.

Die verspätete Umsetzung kann allerdings nicht dazu führen, daß die Wahl eines richtlinienwidrigen Rechts unwirksam ist. Die Rechtswahl wird vielmehr unter den gleichen Voraussetzungen geprüft wie die Wahl einer nicht mitgliedstaatlichen Rechtsordnung. Richtlinienwidriges Recht muß also wie drittstaatliches Recht behandelt werden.

Eine verspätete Umsetzung von Richtlinien kann auch nicht dadurch korrigiert werden, daß das richtlinienkonforme Recht des Forumstaates in diesen Fällen als Eingriffsnorm im Sinne von Art. 34 EGBGB verstanden wird. Eine solche „mittelbare horizontale Richtlinienwirkung" ist nicht möglich, weil sie zu einer unzulässigen Internationalisierung der lex fori führen würde.

---

[5] Vgl. *Arnull*, C.M.L.Rev. 1993, 264.

[6] EuZW 1991, 325; dazu *Hilf*, EuR 1993, 19ff.

[7] Vgl. *Brödermann*, MDR 1992, 90.

Die Nicht-Umsetzung von Richtlinien ist besonders bedeutsam für die Handhabung des nationalen ordre-public-Vorbehalts. Auch wenn das umgesetzte Richtlinienrecht kein wesentlicher Grundsatz des deutschen Rechts ist, kann die Anwendung von richtlinienwidrigem mitgliedstaatlichem Recht gegen den Vorbehalt des ordre public verstoßen. Der Grund dafür ist nicht der materielle Inhalt der Richtlinie, sondern liegt in ihrer Nicht-Umsetzung. Der deutsche Richter verstieße gegen Art. 5 II EG-Vertrag, wenn er richtlinienwidriges mitgliedstaatliches Recht anwenden würde. Dies gilt zumindest dann, wenn die Richtlinienbestimmungen ausreichend konkret sind. Weil der Grundsatz der Gemeinschaftstreue Bestandteil des deutschen ordre public ist, mit der Folge, daß jede Verletzung des EG-Vertrages der deutschen öffentlichen Ordnung widerspricht, verstößt auch die Anwendung von richtlinienwidrigem mitgliedstaatlichem Recht gegen den Vorbehalt des ordre public (Art. 6 EGBGB). 1076

Die Anwendung der Vorbehaltsklausel mit dem Ziel, das Gemeinschaftsrecht zu fördern, ist überraschend. Erstens liegt der traditionelle Anwendungsbereich des ordre-public-Vorbehalts eher im Familienrecht als im Wirtschaftsrecht, und das Gemeinschaftsrecht betrifft vorwiegend wirtschafts- und handelsrechtliche Materien. Zweitens wird der Vorbehalt des ordre public traditionell als eher integrationshemmend und nicht als integrationsfördernd verstanden[8]. Dennoch ist die Anwendung von Art. 6 EGBGB gemeinschaftsrechtlich und kollisionsrechtlich geboten. Das Kollisionsrecht muß so ausgelegt werden, daß die Normen die größtmögliche Wirkung im Sinne des Gemeinschaftsrechts entfalten können[9]. Soweit gemeinschaftsrechtliche Ziele verfolgt werden, ist gegenüber einem mitgliedstaatlichen Vertragstatut die Anwendung der Vorbehaltsklausel nicht nur zulässig, sondern notwendig. Artt. 170 und 177 EG-Vertrag machen deutlich, daß es auch Aufgabe der Mitgliedstaaten ist, Vertragsverletzungen anderer Mitgliedstaaten zu verhindern. 1077

Die vorgeschlagene Lösung führt auch zu sachgemäßen Ergebnissen. Als Ersatzrecht wird nicht die lex fori, sondern werden die konkreten Richtlinienvorgaben angewendet. Durch Richtlinien soll autonomes Gemeinschaftsrecht geschaffen und nicht einer nationalen Rechtsordnung zu internationaler Herrschaft verholfen werden. Für die Gran-Canaria-Fälle folgt daraus, daß der Verbraucher nur innerhalb von sieben Tagen nach Abschluß des Kaufvertrages davon zurücktreten kann. 1078

Als Fazit bleibt die Erkenntnis, daß das Gemeinschaftsrecht in jedem Stadium der kollisionsrechtlichen Prüfung zu berücksichtigen ist. Dabei muß das Kollisionsrecht nicht nur gemeinschaftskonform ausgelegt und angewendet werden, sondern es muß auch als Mittel zur Integration eingesetzt werden[10]. Verletzungen des Gemeinschaftsrechts dürfen nicht unter Berufung auf herkömmliche Prinzipien des IPR hingenommen, sondern müssen in gemeinschaftskonformer 1079

---

[8] Vgl. *Kropholler*, IPR § 36 VI für staatsvertragliche Vorbehaltsklauseln.

[9] So allgemein *Lutter*, JZ 1992, 603; *Bach*, JZ 1990, 1112; *Bleckmann*, NJW 1982, 1180.

[10] Vgl. Teil I Rn. 426, 534.

Weise beseitigt werden. Dies ist auch Aufgabe der Vorbehaltsklausel. Solange das Gemeinschaftsrecht gemeinschaftswidriges Verhalten der Mitgliedstaaten nicht wirksam verhindern kann, wird die integrationsfördernde Funktion des IPR weiter an Bedeutung gewinnen.

Anhang I

Richtlinie des Rates
vom 25. Juli 1985
zur Angleichung der Rechts- und Verwaltungsvorschriften der Mitgliedstaaten
über die Haftung für fehlerhafte Produkte[1]

(85/374/EWG)

DER RAT DER EUROPÄISCHEN GEMEINSCHAFTEN –

gestützt auf den Vertrag zur Gründung der Europäischen Wirtschaftsgemeinschaft, insbesondere auf Artikel 100,

auf Vorschlag der Kommission[2],

nach Stellungnahme des Europäischen Parlaments[3],

nach Stellungnahme des Wirtschafts- und Sozialausschusses[4],

in Erwägung nachstehender Gründe:

Eine Angleichung der einzelstaatlichen Rechtsvorschriften über die Haftung des Herstellers für Schäden, die durch die Fehlerhaftigkeit seiner Produkte verursacht worden sind, ist erforderlich, weil deren Unterschiedlichkeit den Wettbewerb verfälschen, den freien Warenverkehr innerhalb des Gemeinsamen Marktes beeinträchtigen und zu einem unterschiedlichen Schutz des Verbrauchers vor Schädigungen seiner Gesundheit und seines Eigentums durch ein fehlerhaftes Produkt führen kann.

Nur bei einer verschuldensunabhängigen Haftung des Herstellers kann das unserem Zeitalter fortschreitender Technisierung eigene Problem einer gerechten Zuweisung der mit der modernen technischen Produktion verbundenen Risiken in sachgerechter Weise gelöst werden.

Die Haftung darf sich nur auf bewegliche Sachen erstrecken, die industriell hergestellt werden. Folglich sind landwirtschaftliche Produkte und Jagderzeugnisse von der Haftung auszuschließen, außer wenn sie einer industriellen Verarbeitung unterzogen worden sind, die Ursache eines Fehlers dieses Erzeugnisses sein kann. Die in dieser Richtlinie vorzusehende Haftung muß auch für bewegliche Sachen gelten, die bei der Errichtung von Bauwerken verwendet oder in Bauwerke eingebaut werden.

Der Schutz des Verbrauchers erfordert es, daß alle am Produktionsprozeß Beteiligten haften, wenn das Endprodukt oder der von ihnen gelieferte Bestandteil oder

[1] ABl. Nr. L 210 v. 7. 8. 1985, 29ff.

[2] ABl. Nr. C 241 v. 14. 10. 1976, 9, und ABl. Nr. C 271 v. 26. 10. 1979, 3.

[3] ABl. Nr. C 127 v. 21. 5. 1979, 61.

[4] ABl. Nr. C 114 v. 7. 5. 1979, 15.

Grundstoff fehlerhaft war. Aus demselben Grunde hat die Person, die Produkte in die Gemeinschaft einführt, sowie jede Person zu haften, die sich als Hersteller ausgibt, indem sie ihren Namen, ihr Warenzeichen oder ein anderes Erkennungszeichen anbringt, oder die ein Produkt liefert, dessen Hersteller nicht festgestellt werden kann.

Haften mehrere Personen für denselben Schaden, so erfordert der Schutz des Verbrauchers, daß der Geschädigte eine jede für den vollen Ersatz des Schadens in Anspruch nehmen kann.

Damit der Verbraucher in seiner körperlichen Unversehrtheit und seinem Eigentum geschützt wird, ist zur Bestimmung der Fehlerhaftigkeit eines Produkts nicht auf dessen mangelnde Gebrauchsfähigkeit, sondern auf einen Mangel an Sicherheit abzustellen, die von der Allgemeinheit berechtigterweise erwartet werden darf. Bei der Beurteilung dieser Sicherheit wird von jedem mißbräuchlichen Gebrauch des Produkts abgesehen, der unter den betreffenden Umständen als unvernünftig gelten muß.

Eine gerechte Verteilung der Risiken zwischen dem Geschädigten und dem Hersteller bedingt, daß es dem Hersteller möglich sein muß, sich von der Haftung zu befreien, wenn er den Beweis für ihn entlastende Umstände erbringt.

Der Schutz des Verbrauchers erfordert, daß die Haftung des Herstellers nicht durch Handlungen anderer Personen beeinträchtigt wird, die zur Verursachung des Schadens beigetragen haben. Ein Mitverschulden des Geschädigten kann jedoch berücksichtigt werden und die Haftung mindern oder ausschließen.

Der Schutz des Verbrauchers erfordert die Wiedergutmachung von Schäden, die durch Tod und Körperverletzung verursacht wurden, sowie die Wiedergutmachung von Sachschäden. Letztere ist jedoch auf Gegenstände des privaten Ge- bzw. Verbrauchs zu beschränken und zur Vermeidung einer allzu großen Zahl von Streitfällen um eine selbstbeteiligung in fester Höhe zu vermindern. Die Richtlinie berührt nicht die Gewährung von Schmerzensgeld und die Wiedergutmachung anderer seelischer Schäden, die gegebenenfalls nach dem im Einzelfall anwendbare Recht vorgesehen sind.

Eine einheitlich bemessene Verjährungsfrist für Schadenersatzansprüche liegt sowohl im Interesse des Geschädigten als auch des Herstellers.

Produkte nutzen sich im Laufe der Zeit ab, es werden strengere Sicherheitsnormen entwikelt, und die Erkenntnisse von Wissenschaft und Technik schreiten fort. Es wäre daher unbillig, den Hersteller zeitlich unbegrenzt für Mängel seiner Produkte haftbar zu machen. Seine Haftung hat somit nach einem angemessenen Zeitraum zu erlöschen, wobei ein rechtshängiger Anspruch jedoch nicht berührt wird.

Damit ein wirksamer Verbraucherschutz gewährleistet ist, darf es nicht möglich sein, die Haftung des Herstellers gegenüber dem Geschädigten durch eine Vertragsklausel abweichend zu regeln.

Nach den Rechtssystemen der Mitgliedstaaten kann der Geschädigte aufgrund einer vertraglichen Haftung oder aufgrund einer anderen als der in dieser Richtlinie vorgesehenen außervertraglichen Haftung Anspruch auf Schadenersatz haben. Soweit derartige Bestimmungen ebenfalls auf die Verwirklichung des Ziels eines wirksamen Verbraucherschutzes ausgerichtet sind, dürfen sie von dieser Richtlinie nicht beeinträchtigt werden. Soweit in einem Mitgliedstaat ein wirksamer Verbraucherschutz im Arzneimittelbereich auch bereits durch eine besondere Haftungsregelung gewährleistet ist, müssen Klagen aufgrund dieser Regelung ebenfalls weiterhin möglich sein.

Da die Haftung für nukleare Schäden in allen Mitgliedstaaten bereits ausreichenden Sonderregelungen unterliegt, können Schäden dieser Art aus dem Anwendungsbereich dieser Richtlinie ausgeschlossen werden.

Der Ausschluß von landwirtschaftlichen Naturprodukten und Jagderzeugnissen aus dem Anwendungsbereich dieser Richtlinie kann in einigen Mitgliedstaaten in Anbetracht der Erfordernisse des Verbraucherschutzes als ungerechtfertigte Einschränkung dieses Schutzes empfunden werden; deshalb müssen die Mitgliedstaaten die Haftung auf diese Produkte ausdehnen können.

Aus ähnlichen Gründen kann es in einigen Mitgliedstaaten als ungerechtfertigte Einschränkung des Verbraucherschutzes empfunden werden, daß ein Hersteller sich von der Haftung befreien kann, wenn er den Beweis erbringt, daß der Stand der Wissenschaft und Technik zu dem Zeitpunkt, zu dem er das betreffende Erzeugnis in den Verkehr gebracht hat, es nicht gestattete, die Existenz des Fehlers festzustellen. Die Mitgliedstaaten müssen daher die Möglichkeit haben, einschlägige Rechtsvorschriften, denen zufolge ein solcher Beweis nicht von der Haftung befreien kann, beizubehalten bzw. dahingehende Rechtsvorschriften zu erlassen. Werden entsprechende neue Rechtsvorschriften eingeführt, so muß jedoch die Inanspruchnahme einer derartigen Abweichung von einem gemeinschaftlichen Stillhalteverfahren abhängig gemacht werden, damit der Umfang des Schutzes in der Gemeinschaft möglichst in einheitlicher Weise erweitert wird.

In Anbetracht der Rechtstraditionen in den meisten Mitgliedstaaten empfiehlt es sich nicht, für die verschuldensunabhängige Haftung des Herstellers eine finanzielle Obergrenze festzulegen. Da es jedoch auch andere Rechtstraditionen gibt, erscheint es möglich, den Mitgliedstaaten das Recht einzuräumen, vom Grundsatz der unbeschränkten Haftung abzuweichen und für Todesfälle und Körperverletzungen, die durch gleiche Artikel mit demselben Fehler verursacht wurden, die Gesamthaftung des Herstellers zu begrenzen, sofern diese Begrenzung hoch genug angesetzt wird, um einen angemessenen Schutz der Verbraucher und ein einwandfreies Funktionieren des Gemeinsamen Marktes sicherzustellen.

Mit dieser Richtlinie läßt sich vorerst keine vollständige Harmonisierung erreichen, sie öffnet jedoch den Weg für eine umfassendere Harmonisierung. Der Rat sollte von der Kommission daher regelmäßig mit Berichten über die Durchführung dieser Richtlinie befaßt werden, denen gegebenenfalls entsprechende Vorschläge beizufügen wären.

In Hinblick darauf ist es besonders wichtig, daß die Bestimmungen der Richtlinie, die den Mitgliedstaaten Abweichungen ermöglichen, nach einem ausreichend langen Zeitraum überprüft werden, sobald genügend praktische Erfahrungen über die Auswirkungen dieser Abweichungen auf den Verbraucherschutz und auf das Funktionieren des Gemeinsamen Marktes gesammelt worden sind –

HAT FOLGENDE RICHTLINIE ERLASSEN:

Artikel 1

Der Hersteller eines Produkts haftet für den Schaden, der durch einen Fehler dieses Produkts verursacht worden ist.

Artikel 2

Bei der Anwendung dieser Richtlinie gilt als „Produkt" jede bewegliche Sache, ausgenommen landwirtschaftliche Naturprodukte und Jagderzeugnisse, auch wenn sie einen Teil einer anderen beweglichen Sache oder einer unbeweglichen Sache bildet. Unter „landwirtschaftlichen Naturprodukten" sind Boden–, Tierzucht- und Fischereierzeugnisse zu verstehen, ausgenommen Produkte, die einer ersten Verarbeitung unterzogen wurden. Unter „Produkt" ist auch Elektrizität zu verstehen.

Artikel 3

(1) „Hersteller" ist der Hersteller des Endprodukts, eines Grundstoffes oder eines Teilprodukts sowie jede Person, die sich als Hersteller ausgibt, indem sie ihren Namen, ihr Warenzeichen oder ein anderes Erkennungszeichen auf dem Produkt anbringt.

(2) Unbeschadet der Haftung des Herstellers gilt jede Person, die ein Produkt zum Zweck des Verkaufs, der Vermietung, des Mietkaufs oder einer anderen Form des Vertriebs im Rahmen ihrer geschäftlichen Tätigkeit in die Gemeinschaft einführt, im Sinne dieser Richtlinie als Hersteller dieses Produkts und haftet wie der Hersteller.

(3) Kann der Hersteller des Produkts nicht festgestellt werden, so wird jeder Lieferant als dessen Hersteller behandelt, es sei denn, daß er dem Geschädigten innerhalb angemessener Zeit den Hersteller oder diejenige Person benennt, die ihm das Produkt geliefert hat. Dies gilt auch für eingeführte Produkte, wenn sich bei diesen der Importeur im Sinne des Absatzes 2 nicht feststellen läßt, selbst wenn der Name des Herstellers angegeben ist.

Artikel 4

Der Geschädigte hat den Schaden, den Fehler und den ursächlichen Zusammenhang zwischen Fehler und Schaden zu beweisen.

Artikel 5

Haften aufgrund dieser Richtlinie mehrere Personen für denselben Schaden, so haften sie unbeschadet des einzelstaatlichen Rückgriffsrechts gesamtschuldnerisch.

Artikel 6

(1) Ein Produkt ist fehlerhaft, wenn es nicht die Sicherheit bietet, die man unter Berücksichtigung aller Umstände, insbesondere

a) der Darbietung des Produkts,

b) des Gebrauchs des Produkts, mit dem billigerweise gerechnet werden kann,

c) des Zeitpunkts, zu dem das Produkt in den Verkehr gebracht wurde,

zu erwarten berechtigt ist.

(2) Ein Produkt kann nicht allein deshalb als fehlerhaft angesehen werden, weil später ein verbessertes Produkt in den Verkehr gebracht wurde.

Artikel 7

Der Hersteller haftet aufgrund dieser Richtlinie nicht, wenn er beweist,

a) daß er das Produkt nicht in den Verkehr gebracht hat;

b) daß unter Berücksichtigung der Umstände davon auszugehen ist, daß der Fehler, der den Schaden verursacht hat, nicht vorlag, als das Produkt von ihm in den Verkehr gebracht wurde oder daß dieser Fehler später entstanden ist;

c) daß er das Produkt weder für den Verkauf oder eine andere Form des Vertriebs mit wirtschaftlichem Zweck hergestellt noch im Rahmen seiner beruflichen Tätigkeit hergestellt oder vertrieben hat;

d) daß der Fehler darauf zurückzuführen ist, daß das Produkt verbindlich hoheitlich erlassenen Normen entspricht;

e) daß der vorhandene Fehler nach dem Stand der Wissenschaft und Technik zu dem Zeitpunkt, zu dem er das betreffende Produkt in den Verkehr brachte, nicht erkannt werden konnte;

f) wenn es sich um den Hersteller eines Teilproduktes handelt, daß der Fehler durch die Konstruktion des Produktes in welches das Teilprodukt eingearbeitet wurde, oder durch die Anleitung des Herstellers des Produktes verursacht worden ist.

Artikel 8

(1) Unbeschadet des einzelstaatlichen Rückgriffsrechts wird die Haftung eines Herstellers nicht gemindert, wenn der Schaden durch einen Fehler des Produkts und zugleich durch die Handlung eines Dritten verursacht worden ist.

(2) Die Haftung des Herstellers kann unter Berücksichtigung aller Umstände gemindert werden oder entfallen, wenn der Schaden durch einen Fehler des Produkts und zugleich durch Verschulden des Geschädigten oder einer Person, für die der Geschädigte haftet, verursacht worden ist.

Artikel 9

Der Begriff „Schaden“ im Sinne des Artikels 1 umfaßt

a) den durch Tod und Körperverletzungen verursachten Schaden;

b) die Beschädigung oder Zerstörung einer anderen Sache als des fehlerhaften Produktes – bei einer Selbstbeteiligung von 500 ECU –, sofern diese Sache

i) von einer Art ist, wie sie gewöhnlich für den privaten Ge- oder Verbrauch bestimmt ist, und

ii) von dem Geschädigten hauptsächlich zum privaten Ge- oder Verbrauch verwendet worden ist.

Dieser Artikel berührt nicht die Rechtsvorschriften der Mitgliedstaaten betreffend immaterieller Schäden.

Artikel 10

(1) Die Mitgliedstaaten sehen in ihren Rechtsvorschriften vor, daß der aufgrund dieser Richtlinie vorgesehene Ersatzanspruch nach Ablauf einer Frist von drei Jahren ab dem Tage verjährt, an dem der Kläger von dem Schaden, dem Fehler und der Identität des Herstellers Kenntnis erlangt hat oder hätte erlangen müssen.

(2) Die Rechtsvorschriften der Mitgliedstaaten über die Hemmung oder Unterbrechung der Verjährung werden durch diese Richtlinie nicht berührt.

Artikel 11

Die Mitgliedstaaten sehen in ihren Rechtsvorschriften vor, daß die dem Geschädigten aus dieser Richtlinie erwachsenen Ansprüche nach dem Ablauf einer Frist von zehn Jahren ab dem Zeitpunkt erlöschen, zu dem der Hersteller das Produkt, welches den Schaden verursacht hat, in den Verkehr gebracht hat, es sei denn, der Geschädigte hat in der Zwischenzeit ein gerichtliches Verfahren gegen den Hersteller eingeleitet.

Artikel 12

Die Haftung des Herstellers aufgrund dieser Richtlinie kann gegenüber dem Geschädigten nicht durch eine die Haftung begrenzende oder von der Haftung befreiende Klausel begrenzt oder ausgeschlossen werden.

Artikel 13

Die Ansprüche, die ein Geschädigter aufgrund der Vorschrift über die vertragliche und außervertraglicher Haftung oder aufgrund einer zum Zeitpunkt der Bekanntgabe dieser Richtlinie bestehenden besonderen Haftungsregelung geltend machen kann, werden durch diese Richtlinie nicht berührt.

Artikel 14

Diese Richtlinie ist nicht auf Schäden infolge eines nuklearen Zwischenfalls anwendbar, die in von den Mitgliedstaaten ratifizierten internationalen Übereinkommen erfaßt sind.

Artikel 15

(1) Jeder Mitgliedstaat kann

a) abweichend von Artikel 2 in seinen Rechtsvorschriften vorsehen, daß der Begriff „Produkt“ im Sinne von Artikel 1 auch landwirtschaftliche Naturprodukte und Jagderzeugnisse umfaßt;

b) abweichend von Artikel 7 Buchstabe e) in seinen Rechtsvorschriften die Regelung beibehalten oder – vorbehaltlich des Verfahrens nach Absatz 2 des vorliegenden Artikels – vorsehen, daß der Hersteller auch dann haftet, wenn er beweist, daß der vorhandene Fehler nach dem Stand der Wissenschaft und Technik zu dem Zeitpunkt, zu dem er das betreffende Produkt in den Verkehr brachte, nicht erkannt werden konnte.

(2) Will ein Mitgliedstaat eine Regelung nach Absatz 1 Buchstabe b) einführen, so teilt er der Kommission den Wortlaut der geplanten Regelung mit; die Kommission unterrichtet die übrigen Mitgliedstaaten hiervon.

Der betreffende Mitgliedstaat führt die geplante Regelung erst neun Monate nach Unterrichtung der Kommission und nur dann ein, wenn diese dem Rat in der Zwischenzeit keinen einschlägigen Änderungsvorschlag zu dieser Richtlinie vorgelegt hat. Bringt die Kommission jedoch innerhalb von drei Monaten nach der Unterrichtung dem betreffenden Mitgliedstaat nicht ihre Absicht zur Kenntnis, dem Rat einen derartigen Vorschlag zu unterbreiten, so kann der Mitgliedstaat die geplante Regelung unverzüglich einführen.

Legt die Kommission dem Rat innerhalb der genannten Frist von neun Monaten einen derartigen Änderungsvorschlag zu dieser Richtlinie vor, so stellt der betreffende Mitgliedstaat die geplante Regelung für einen weiteren Zeitraum von achtzehn Monaten nach der Unterbreitung dieses Vorschlags zurück.

(3) Zehn Jahre nach dem Zeitpunkt der Bekanntgabe dieser Richtlinie legt die Kommission dem Rat einen Bericht darüber vor, wie sich die Anwendung des Artikels 7 Buchstabe e) und des Absatzes 1 Buchstabe b) des vorliegenden Artikels durch die Gerichte auf den Verbraucherschutz und das Funktionieren des Gemeinsamen Marktes ausgewirkt hat. Der Rat entscheidet unter Berücksichtigung dieses Berichts nach Maßgabe des Artikels 100 des Vertrages auf Vorschlag der Kommission über die Aufhebung des Artikels 7 Buchstabe e).

Artikel 16

(1) Jeder Mitgliedsstaat kann vorsehen, daß die Gesamthaftung des Herstellers für die Schäden infolge von Tod oder Körperverletzung, die durch gleiche Artikel mit demselben Fehler verursacht wurden, auf einen Betrag von nicht mehr als 70 Millionen ECU begrenzt wird.

(2) Zehn Jahre nach dem Zeitpunkt der Bekanntgabe dieser Richtlinie unterbreitet die Kommission dem Rat einen Bericht über die Frage, wie sich diese Haftungsbegrenzung durch diejenigen Mitgliedstaaten die von der in Absatz 1 vorgesehenen Möglichkeit Gebrauch gemacht haben, auf den Verbraucherschutz und das Funktionieren des Gemeinsamen Marktes ausgewirkt hat. Der Rat entscheidet unter Berücksichtigung dieses Berichts nach Maßgabe des Artikels 100 des Vertrages auf Vorschlag der Kommission über die Aufhebung des Absatzes 1.

Artikel 17

Diese Richtlinie ist nicht auf Produkte anwendbar, die in den Verkehr gebracht wurden, bevor die in Artikel 19 genannten Vorschriften in Kraft getreten sind.

Artikel 18

(1) Als ECU im Sinne dieser Richtlinie gilt die Rechnungseinheit, die durch die Verordnung (EWG) Nr. 3180/78[5], in der Fassung der Verordnung (EWG) Nr. 2626/84[6], festgelegt worden ist. Der Gegenwert in nationaler Währung ist bei der ersten Festsetzung derjenige, welcher am Tag der Annahme dieser Richtlinie gilt.

(2) Der Rat prüft auf Vorschlag der Kommission alle fünf Jahre die Beträge dieser Richtlinie unter Berücksichtigung der wirtschaftlichen und monetären Entwicklung in der Gemeinschaft und ändert diese Beträge gegebenenfalls.

Artikel 19

(1) Die Mitgliedstaaten erlassen die erforderlichen Rechts- und Verwaltungsvorschriften, um dieser Richtlinie spätestens drei Jahre nach ihrer Bekanntgabe nachzukommen. Sie setzen die Kommission unverzüglich davon in Kenntnis[7].

(2) Das in Artikel 15 Absatz 2 vorgesehene Verfahren ist vom Tag der Bekanntgabe der Richtlinie an anzuwenden.

Artikel 20

Die Mitgliedstaaten teilen der Kommission den Wortlaut der wichtigsten innerstaatlichen Rechtsvorschriften mit, die sie auf dem unter diese Richtlinie fallenden Gebiet erlassen.

Artikel 21

Die Kommission legt dem Rat alle fünf Jahre einen Bericht über die Anwendung dieser Richtlinie vor und unterbreitet ihm gegebenenfalls geeignete Vorschläge.

Artikel 22

Diese Richtlinie ist an die Mitgliedstaaten gerichtet.

Geschehen zu Brüssel am 25. Juli 1985

Im Namen des Rates
Der Präsident
J. POOS

---

[5] ABl. Nr. L 379 v. 30. 12. 1978, 1.
[6] ABl. Nr. L 247 v.16. 9. 1984, 1.
[7] Diese Richtlinie wurde den Mitgliedstaaten am 30. Juli 1985 bekanntgegeben.

Anhang II

Richtlinie des Rates
vom 20. Dezember 1985
betreffend den Verbraucherschutz im Falle von außerhalb von
Geschäftsräumen geschlossenen Verträgen[1]

(85/577/EWG)

DER RAT DER EUROPÄISCHEN GEMEINSCHAFTEN –

gestützt auf den Vertrag zur Gründung der Europäischen Wirtschaftsgemeinschaft, insbesondere auf Artikel 100,

auf Vorschlag der Kommission[2],

nach Stellungnahme des Europäischen Parlaments[3],

nach Stellungnahme des Wirtschafts- und Sozialausschusses[4],

in Erwägung nachstehender Gründe:

Der Abschluß von Verträgen oder einseitigen Verpflichtungserklärungen zwischen einem Gewerbetreibenden und einem Verbraucher außerhalb der Geschäftsräume des Gewerbetreibenden bildet eine Form der Handelspraxis, die in den Mitgliedstaaten häufig vorkommt. Solche Verträge und Verpflichtungserklärungen sind durch unterschiedliche Rechtsvorschriften der Mitgliedstaaten geregelt.

Die Unterschiede zwischen diesen Rechtsvorschriften können sich unmittelbar auf das Funktionieren des Gemeinsamen Marktes auswirken. Daher ist es nötig, die einschlägigen Bestimmungen anzugleichen.

Die Nummern 24 und 25 des Ersten Programms der Europäischen Wirtschaftsgemeinschaft für eine Politik zum Schutz und zur Unterrichtung der Verbraucher[5] sehen unter anderem vor, daß geeignete Maßnahmen zum Schutz der Verbraucher vor mißbräuchlichen Handelspraktiken bei Haustürgeschäften getroffen werden. Das zweite Programm der Europäischen Wirtschaftsgemeinschaft für eine Politik zum Schutz und zur Unterrichtung der Verbraucher[6] hat die Fortführung der Aktionen und Prioritäten des ersten Programms bestätigt.

Verträge, die außerhalb der Geschäftsräume eines Gewerbetreibenden abgeschlos-

---

1 ABl. v. 31. 12. 1985 Nr. L 372/31 ff.
2 ABl. Nr. C 22 v. 29. 1. 1977, 6 und ABl. Nr. C 127 v. 1. 6. 1978, 6.
3 ABl. Nr. C 241 v. 10. 10. 1977, 26.
4 ABl. Nr. C 180 v. 28. 7. 1977, 39.
5 ABl. Nr. C 92 v. 25. 4. 1975, 2.
6 ABl. Nr. C 133 v. 3. 6. 1981, 1.

sen werden, sind dadurch gekennzeichnet, daß die Initiative zu den Vertragsverhandlungen nicht vorbereitet ist. Letzterer hat häufig keine Möglichkeit, Qualität und Preis des Angebots mit anderen Angeboten zu vergleichen. Dieses Überraschungsmoment gibt es nicht nur bei Haustürgeschäften, sondern auch bei anderen Verträgen, die auf Initiative des Gewerbetreibenden außerhalb seiner Geschäftsräume abgeschlossen werden.

Um dem Verbraucher die Möglichkeit zu geben, die Verpflichtungen aus dem Vertrag noch einmal zu überdenken, sollte ihm das Recht eingeräumt werden, innerhalb von mindestens sieben Tagen vom Vertrag zurückzutreten.

Außerdem ist es geboten, geeignete Maßnahmen zu treffen, um sicherzustellen, daß der Verbraucher schriftlich von seiner Überlegungsfrist unterrichtet ist.

Die Freiheit der Mitgliedstaaten, das Verbot des Abschlusses von Verträgen außerhalb von Geschäftsräumen teilweise oder vollständig beizubehalten oder einzuführen, sofern sie der Auffassung sind, daß dies im Interesse der Verbraucher liegt, sollte nicht beeinträchtigt werden –

HAT FOLGENDE RICHTLINIE ERLASSEN:

Artikel 1

(1) Diese Richtlinie gilt für Verträge, die zwischen einem Gewerbetreibenden, der Waren liefert oder Dienstleistungen erbringt, und einem Verbraucher geschlossen werden:

– während eines vom Gewerbetreibenden außerhalb von dessen Geschäftsräumen organisierten Ausflugs, oder
– anläßlich eines Besuchs des Gewerbetreibenden
  i) beim Verbraucher in seiner oder in der Wohnung eines anderen Verbrauchers,
  ii) beim Verbraucher an seinem Arbeitsplatz,

sofern der Besuch nicht auf ausdrücklichen Wunsch des Verbrauchers erfolgt.

(2) Diese Richtlinie gilt auch für Verträge über andere Warenlieferungen oder Dienstleistungen als diejenigen, für die der Verbraucher den Gewerbetreibenden um einen Besuch gebeten hat, sofern der Verbraucher zum Zeitpunkt seiner Bitte nicht gewußt hat oder aus vertretbaren Gründen nicht wissen konnte, daß die Lieferung bzw. Erbringung dieser anderen Ware oder Dienstleistung zu den gewerblichen oder beruflichen Tätigkeiten des Gewerbetreibenden gehört.

(3) Diese Richtlinie gilt auch für Verträge, bei denen der Verbraucher unter ähnlichen wie in Absatz 1 oder Absatz 2 genannten Bedingungen ein Angebot gemacht hat, obwohl der Verbraucher durch sein Angebot vor dessen Annahme durch den Gewerbetreibenden nicht gebunden war.

(4) Diese Richtlinie gilt auch für vertragliche Angebote, die ein Verbraucher unter ähnlichen wie in Absatz 1 oder Absatz 2 genannten Bedingungen macht, sofern der Verbraucher durch sein Angebot gebunden ist.

Artikel 2

Im Sinne dieser Richtlinie bedeutet
– „Verbraucher“ eine natürliche Person, die bei den von dieser Richtlinie erfaßten Geschäften zu einem Zweck handelt, der nicht ihrer beruflichen oder gewerblichen Tätigkeit zugerechnet werden kann.
– „Gewerbetreibender“ eine natürliche oder juristische Person, die beim Abschluß des betreffenden Geschäfts im Rahmen ihrer gewerblichen oder beruflichen Tätigkeit handelt, sowie eine Person, die im Namen und für Rechnung eines Gewerbetreibenden handelt.

Artikel 3

(1) Die Mitgliedstaaten können entscheiden, daß diese Richtlinie nur auf Verträge angewandt wird, bei denen der vom Verbraucher zu zahlende Gegenwert über eine bestimmte Höhe hinausgeht. Dieser Betrag darf 60 ECU nicht übersteigen.

(2) Diese Richtlinie gilt nicht für

a) Verträge über den Bau, den Verkauf und die Miete von Immobilien sowie Verträge über andere Rechte an Immobilien;

Verträge über die Lieferung von Waren und über ihre Einführung in vorhandene Immobilien oder Verträge über die Reparatur bestehender Immobilien werden von dieser Richtlinie erfaßt.

b) Verträge über die Lieferung von Lebensmitteln oder Getränken oder sonstigen Haushaltsgegenständen des täglichen Bedarfs, die von ambulanten Einzelhändlern in kurzen Zeitabständen und regelmäßig geliefert werden;

c) Verträge über die Lieferung von Waren und die Erbringung von Dienstleistungen, vorausgesetzt, daß die drei folgenden Bedingungen erfüllt sind:

i) Der Vertrag wird anhand eines Katalogs eines Gewerbetreibenden geschlossen, den der Verbraucher in Abwesenheit des Vertreters des Gewerbetreibenden eingehend zur Kenntnis nehmen konnte;

ii) es wird vorgesehen, daß zwischen dem Vertreter des Gewerbetreibenden und dem Verbraucher im Zusammenhang mit diesem oder einem anderen, später abzuschließenden Geschäft eine ständige Verbindung aufrechterhalten wird;

iii) der Katalog und der Vertrag weisen den Verbraucher deutlich auf das Recht hin, dem Lieferer die Waren mindestens binnen sieben Tagen nach Erhalt zurückzusenden oder innerhalb dieser Frist vom Vertrag zurückzutreten, ohne daß ihm dadurch außer der Verpflichtung, die Waren angemessen zu behandeln, irgendwelche Verpflichtungen entstehen;

d) Versicherungsverträge;

e) Verträge über Wertpapiere.

(3) Die Mitgliedstaaten haben abweichend von Artikel 1 Absatz 2 die Möglichkeit, diese Richtlinie nicht auf Verträge über Warenlieferungen oder Dienstleistungen anzuwenden, die unmittelbar mit der Ware oder der Dienstleistung in Verbindung stehen, für die der Verbraucher den Gewerbetreibenden um einen Besuch gebeten hat.

Artikel 4

Der Gewerbetreibende hat den Verbraucher bei Geschäften im Sinne des Artikels 1 schriftlich über sein Widerrufsrecht innerhalb der in Artikel 5 festgelegten Fristen zu belehren und dabei den Namen und die Anschrift einer Person anzugeben, der gegenüber das Widerrufsrecht ausgeübt werden kann.

Diese Belehrung ist zu datieren und hat Angaben zu enthalten, die eine Identifizierung des Vertrages ermöglichen. Sie ist dem Verbraucher auszuhändigen

a) im Fall von Artikel 1 Absatz 1 zum Zeitpunkt des Vertragsabschlusses;

b) im Fall von Artikel 1 Absatz 2 spätestens zum Zeitpunkt des Vertragsabschlusses;

c) im Fall von Artikel 1 Absatz 3 und Artikel 1 Absatz 4 zum Zeitpunkt der Abgabe des Angebots durch den Verbraucher.

Die Mitgliedstaaten sorgen dafür, daß ihre innerstaatlichen Rechtsvorschriften geeignete Maßnahmen zum Schutz des Verbrauchers vorsehen, wenn die in diesem Artikel vorgesehene Belehrung nicht erfolgt.

Artikel 5

(1) Der Verbraucher besitzt das Recht, von der eingegangenen Verpflichtung zurückzutreten, indem er dies innerhalb von mindestens sieben Tagen nach dem Zeitpunkt, zu dem ihm die in Artikel 4 genannte Belehrung erteilt wurde, entsprechend dem Verfahren und unter Beachtung der Bedingungen, die im einzelstaatlichen Recht festgelegt sind, anzeigt. Die Frist gilt als gewahrt, wenn die Anzeige vor Fristablauf abgesandt wird.

(2) Die Anzeige bewirkt, daß der Verbraucher aus allen aus dem widerrufenen Vertrag erwachsenden Verpflichtungen entlassen ist.

Artikel 6

Der Verbraucher kann auf die ihm aufgrund dieser Richtlinie eingeräumten Rechte nicht verzichten.

Artikel 7

Übt der Verbraucher sein Rücktrittsrecht aus, so regeln sich die Rechtsfolgen des Widerrufs nach einzelstaatlichem Recht, insbesondere bezüglich der Rückerstattung von Zahlungen für Waren oder Dienstleistungen und der Rückgabe empfangener Waren.

Artikel 8

Die vorliegende Richtlinie hindert die Mitgliedstaaten nicht daran, noch günstigere Verbraucherschutzbestimmungen auf dem Gebiet dieser Richtlinie zu erlassen oder beizubehalten.

Artikel 9

(1) Die Mitgliedstaaten treffen die erforderlichen Maßnahmen, um dieser Richtlinie innerhalb von vierundzwanzig Monaten nach ihrer Bekanntgabe[7] nachzukommen. Sie setzen die Kommission unverzüglich hiervon in Kenntnis.

(2) Die Mitgliedstaaten teilen der Kommission den Wortlaut der wichtigsten innerstaatlichen Rechtsvorschriften mit, die sie auf dem unter diese Richtlinie fallenden Gebiet erlassen.

Artikel 10

Diese Richtlinie ist an die Mitgliedstaaten gerichtet.

Geschehen zu Brüssel am 20. Dezember 1985.

Im Namen des Rates
Der Präsident
R. KRIEPS

---

[7] Diese Richtlinie wurde den Mitgliedstaaten am 23. Dezember 1985 bekanntgegeben.

Materialien, Gesetzesweiser und Textsammlungen

Es werden nur solche Materialien aufgeführt, die nicht im Amtsblatt der Europäischen Gemeinschaften oder im Reichs- bzw. Bundesgesetzblatt enthalten sind, oder die aus besonderem Grund nicht nach jenen Fundstellen zitiert wurden.

I. Gemeinschaftsrecht

A. Europäisches Primärrecht

- Traktat, in: Lovtidende A 1972 Nr. 447, 1209.
- Treaty establishing the European Community, U.N.T.S. 1958 (298), 11–94.
- Treaties establishing the European Communities, Treaties amending these Treaties, Single European Act, Resolutions – Declarations, Luxemburg 1987 (= die in Brüssel verwendete englische Fassung); *zitiert*: Treaties establishing the European Communities u. a., Luxemburg 1987.
- Tratado constitutivo de la comunidad economica europea, Bol.Of.Estado 1986 Nr. 1, 366.
- P.D. *Dagtoglou*: EWG-Vertrag (griechische Fassung), Athen 1989.
- Vertrag über die Europäische Union, Bulletin der Bundesregierung 1992, Nr. 16, 113 (zusammen mit dem Wortlaut des Vertrages zur Gründung der Europäischen Gemeinschaft inzwischen auch abgedruckt in: ABl. Nr. C 224/1,2 und BGBl. 1993 II 1251).

B. Noch nicht in Kraft getretenes Sekundärrecht

Kommission der Europäischen Gemeinschaften: Vorschlag einer zehnten Richtlinie des Rates nach Artikel 54 Absatz 3 Buchstabe g) EWG-Vertrag über die grenzüberschreitende Verschmelzung von Aktiengesellschaften (dem Rat am 14. Januar 1985 von der Kommission vorgelegt), Auf der Grundlage des Dokuments KOM (84) 727 endg. erstelltes Dokument, Bull. EG, Beilage 3/1985.

- KOM. (91) 174 endg. – SYN 219 (Brüssel, den 6. 5. 1991): Geänderter Vorschlag für eine *RICHTLINIE DES RATES* zur Ergänzung des SE-Statuts hinsichtlich der Stellung der Arbeitnehmer (gemäß Artikel 149 Paragraph 3 des EWG-Vertrages von der Kommission vorgelegt).
- KOM (91) 273 endg. – SYN 386–391 (Brüssel, den 5. 3. 1992): Vorschlag für eine *VERORDNUNG (EWG) DES RATES* über das Statut des Europäischen Vereins (SYN 386); Vorschlag für eine *RICHTLINIE (EWG) DES RATES* zur Ergänzung des Statuts des Europäischen Vereins hinsichtlich der Rolle der Arbeit-

nehmer (SYN 387); Vorschlag für eine *VERORDNUNG (EWG) DES RATES* über das Statut der Europäischen Genossenschaft (SYN 388); Vorschlag für eine *RICHTLINIE (EWG) DES RATES* zur Ergänzung des Statuts der Europäischen Genossenschaft hinsichtlich der Rolle der Arbeitnehmer (SYN 390); Vorschlag für eine *VERORDNUNG (EWG) DES RATES* über das Statut der Europäischen Gegenseitigkeitsgesellschaft (SYN 391); Vorschlag für eine *RICHTLINIE (EWG) DES RATES* zur Ergänzung des Statuts der Europäischen Gegenseitigkeitsgesellschaft hinsichtlich der Rolle der Arbeitnehmer (von der Kommission vorgelegt); *zitiert: KOM (91) 273 endg. – SYN 386–391 (die Verordnungsvorschläge in diesem Dokument werden auch abgekürzt zitiert als: EUV–Vorschlag 91; EUGEN-Vorschlag 91 und EUGGES-Vorschlag 91*).

Rat der Europäischen Gemeinschaften: Vorschlag einer Verordnung (EWG) des Rates über das auf Arbeitsverhältnisse innerhalb der Gemeinschaft anzuwendende Konfliktsrecht, mit Begründung abgedruckt in: RabelsZ 37 (1973), 585–593.

– Internes Dokument 5269/93, Anlage I, um/HM/rl, Geänderter Vorschlag für eine Verordnung über das Statut der Europäischen Aktiengesellschaft (SE), ca. Sommer 1993.

– Internes Dokument 5270/93, dk/KG/ew, Vorschlag für eine Richtlinie des Statuts der Europäischen Aktiengesellschaft hinsichtlich der Stellung der Arbeitnehmer, ca. Sommer 1993.

C. Gesetzesweiser

– *Kellermann*, Alfred E./Jacques J. M. *Tromm*/Jan S. *de Jongh*/René *Winter*, Guide to EEC-Legislation, Band 1 (arts. 1–47 EEC Treaty), Band 2 (arts. 48–248 EEC Treaty), Amsterdam/New York/Oxford 1983, zuletzt ergänzt durch ein „Supplement 1989, 1. 7. 1986–1. 7. 1989", Amsterdam/New York/Oxford 1990.

– *Trenton*, Celia A./Mark *Furse*, Peter F. *Smith*, Joanna *Nixon*, European Communities Legislation, Current Statutes, 1952–1989, 2 Bände, London 1990, zuletzt ergänzt durch: Celia A. *Trenton*/Helen *Britton*, European Communities Legislation, Current Statutes, 1952–1990, Summer Supplement 1991, Index, London/Dublin/Edinburgh/Munich 1991.

D. Textsammlungen

– von Borries, Reimer/*Winkel*, Klaus: Europäisches Wirtschaftsrecht, Sammlung von EG-Rechtsvorschriften für den europäischen Binnenmarkt mit Einführungen, Anmerkungen sowie einem systematischen und einem alphabetischen Inhaltsverzeichnis, Loseblattsammlung, Stand: 1. Juni 1993.

– *Hommelhoff*, Peter/*Jayme*, Erik: Europäisches Privatrecht, Textausgabe, München 1993.

– *Hopt*, Klaus J./*Wymeersch*, Eddy: European Company and Financial Law, European Community Law-Text Collection, Berlin/New York 1991.

– *Mead*, Philip: European Commmunity Company Law, Loseblatt, Stand: Juli 1991.

E. Andere Dokumente

Bangemann, im Namen der *Kommission*: Antwort vom 26. 10. 1991 auf die schriftliche Anfrage Nr. 1055/90 von Herrn Bryan *Cassidy* (ED) an die Kommission der Europäischen Gemeinschaften (vom 10. 5. 1970; 91/C 187/01).

Commission des Communautés Européennes, L'Harmonisation du droit des sociétés dans la Communauté Européenne, Mesures adoptées et proposées, État des travaux au 1 er octobre 1990, Brüssel/Luxemburg 1990.

Deutscher Bundesrat: Bundesrat Drucksache 488/89 vom 13.9.89: Unterrichtung durch die Bundesregierung, *Vorschlag einer Verordnung (EWG) des Rates über das Statut der Europäischen Aktiengesellschaft, Vorschlag für eine Richtlinie des Rates zur Ergänzung des Statuts der Europäischen Aktiengesellschaft hinsichtlich der Stellung der Arbeitnehmer*, KOM(89) 268 endg.; Ratsdok. 8404/89 (Hervorhebung im Original).

Generalsekretariat des Rates: Bericht SN 1838/2/94 Rev. 2, OR. EN, jhe/HL/lk über die Ergebnisse der Verhandlungen über den Beitritt Österreichs, Schwedens, Finnlands und Norwegens zur Europäischen Union, erstellt unter der Verantwortung der Präsidentschaft des Rates in Zusammenarbeit mit den Dienststellen der Kommission.

Kommission der Europäischen Gemeinschaften: Vollendung des Binnenmarktes, Weißbuch der Kommission an den Europäischen Rat, Mailand, den 28./29. Juni 1985, Dokumente KOM (85) 310 endg, Brüssel, den 14. 6. 1985; *zitiert*: Weißbuch von 1985.

– Von der Einheitlichen Akte zu der Zeit nach Maastricht: Ausreichende Mittel für unsere ehrgeizigen Ziele, Mitteilung der Kommission [KOM (92) 2000], in: Bull. EG, Beilage 1/92, 15–41.

– Die Erweiterung Europas: Eine neue Herausforderung, Bull. EG, Beilage 3/92, 9–20.

– Bericht über die Unionsbürgerschaft vom 21. 12. 1993, KOM (93) 702 endg.

II. Umsetzung von Gemeinschaftsrecht in nationales Recht

Bundesminister der Justiz (Hrsg.): Die Arbeiten des Bundesministeriums der Justiz in der Europäischen Gemeinschaft, 16. Bericht, 1989–1990, Bundesanzeiger 1991, Nr. 180a (Beilage).

III. Europäischer Wirtschaftsraum

Abkommen über den Europäischen Wirtschaftsraum (mit Protokollen, Anhängen und Schlußakte), Bundesblatt (Schweiz), B, Nr. 33, Band IV vom 21.8. 1992, 668–1638; siehe jetzt auch die gemeinsam vom *Rat* und der *Kommission* herausgegebene Ausgabe in Buchform: Rat der Europäischen Gemeinschaften/Kommission der Europäischen Gemeinschaften: Abkommen über den Europäischen Wirtschaftsraum, Luxemburg 1992; auch abgedruckt in: BGBl. 1993 II 267.

Europäisches Parlament: Entschließung vom 14. Februar 1992 zum Europäischen Wirtschaftsraum, abgedruckt in: EuGRZ 1992, 88–89.

Schweizerischer Bundesrat: Botschaft zur Genehmigung des Abkommens über den Europäischen Wirtschaftsraum vom 18. Mai 1992, Bundesblatt (Schweiz), A, Nr. 33, Band IV vom 21. 8. 1992, 1–542.

IV. Schaffung von staatsvertraglich vereinheitlichtem IPR gemeinschaftsrechtlichen Ursprungs

Rat der Europäischen Gemeinschaften: Vermerk des ständigen Vorsitzenden für die Ad-hoc-Gruppe „Konkursübereinkommen" vom 25. März 1991, betreffend den Vorentwurf eines Übereinkommens über die Insolvenzverfahren, Az. 5419/91 DRS 12 (CFC), nebst einer Anlage mit dem Vorentwurf, unveröffentlicht; *zitiert*: *Rat, Vorentwurf Konkursübereinkommen.*

– Ergänzende Aufzeichnung des ständigen Vorsitzenden für die Ad-hoc-Gruppe „Konkursübereinkommen" vom 28. Juni 1991, betreffend den Vorentwurf eines Übereinkommens über die Insolvenzverfahren – Begründung, Az. 7161/91 DRS 28 (CFC), nebst einer Anlage mit der Begründung, unveröffentlicht; *zitiert: Rat, Begründung des Vorentwurfs Konkursübereinkommen.*

V. Noch nicht in Kraft getretenes, völkerrechtlich vereinheitlichtes IPR

Haager Konferenz für Internationales Privatrecht, Auszug aus dem Acte Final der 13. Session (Teil A) vom 23. Oktober 1976: I. Convention sur la loi aplicable aux régimes matrimoniaux (Convention on the Law applicable to Matrimonial Property Regimes), RabelsZ 41 (1977), 554–569.

Haager Konferenz für Internationales Privatrecht, Auszug aus dem Schlußprotokoll der Spezialkommission für das auf die Vertretung anwendbare Recht der 13. Session vom 16. Juni 1977: Convention sur la loi aplicable aux contrats intermédiaires et à la représentation (Convention on the Law applicable to Agency), RabelsZ 43 (1979), 176–189.

VI. Nationale Rechtsordnungen

A. Belgien

Belgisch Staatsblad/Moniteur Belge (Jan. 1990,2 und Fevr. 1990,2).

Bulletin usuel des lois et arrètés (1990,1).

Les Codes Larcier (Codes Edmond Picar fondés par le Bâtonnier Léon Hennebicq) contenant les dispositions législatives d'intérêt général ainsi que les principaux actes internationaux et textes réglementaires des Communautés européennes en vigueur en Belgique avec les notes de concordance et de jurisprudence, hrsg. von

Paul *Schetter*, Claude *Lamberts* u. a., Band III: Droit social, Ausgabe 1990, Brüssel 1990.

B. Dänemark

Aktieselskabsloven, Lov Nr. 370 af 13. juni 1973 med senere indringer (lovbekendtgoerelse Nr. 6 af 13. januar 1984), Danish Companies Act (Unauthorizes translation), Das dänische Aktien-Gesetz (Unautorisierte Übersetzung), hrsg. von *Revisionsformaet C. Jespersen*, Kopenhagen 1984.

Anpartsselskabsloven, Lov Nr. 371 af 13. juni 1973 med senere indringer (lovbekendtgoerelse Nr. 7 af 13. januar 1984), Danish Private Companies Act (Unauthorizes translation), Das dänische GmbH-Gesetz (Unautorisierte Übersetzung), hrsg. von *Revisionsformaet C. Jespersen*, Kopenhagen 1984.

Karnovs Lovsamling, 1990, Band 5, Side 5175/6174, hrsg. von Claus *Gulmann*, W. E. *von Eyben* und Jrgen *Nrgaard*, Kopenhagen 1991.

C. Deutschland

Cronsbuch, Johannes/*Möller*, Annemarie/*Bähre*, Lore/*Schneider*, Manfred: Gesetz über das Kreditwesen mit verwandten Gesetzen und anderen Vorschriften, Loseblattsammlung, Stand: 41. Ergänzungslieferung München 1993.

Deutscher Bundestag: Drucksache 10/5632 (9. 6. 1986), Beschlußempfehlung und Bericht des Rechtsausschusses (6. Ausschuß), a) zu dem von der Bundesregierung eingebrachten Entwurf eines Gesetzes zur Neuregelung des Internationalen Privatrechts – Drucksache 10/504 –; b) zu dem von der Bundesregierung eingebrachten Entwurf eines Gesetzes zu dem Übereinkommen vom 19. Juni 1980 über das auf vertragliche Schuldverhältnisse anzuwendende Recht – Drucksache 10/503; *zitiert: Bericht des Rechtsausschusses, BT-Drucks. 10/5632.*

– Drucksache 10/504 (20. 10. 1983), Gesetzesentwurf der Bundesregierung, Entwurf eines Gesetzes zur Neuregelung des Internationalen Privatrechts; *zitiert: Begr. RegE, BT-Drucks. 10/504.*

Jayme/Hausmann: Internationales Privat- und Verfahrensrecht, Textausgabe, 7. Aufl. München 1994.

Pirrung, Jörg: Internationales Privat- und Verfahrensrecht nach dem Inkrafttreten der Neuregelung des IPR, Texte, Materialien, Hinweise, Bundesanzeiger München 1987.

D. Frankreich

Code civil, 93. Aufl., hrsg. von Gilles *Goubeaux* und Philippe *Bihr* (in der Reihe „Code Dalloz"), Paris 1993–94.

Code de Commerce, 89. Aufl., hrsg. von der *Edition Dalloz* unter Mitwirkung von *Yves Chaput*, Paris 1993–94 (enthält ab S. 1329 das französische Gesetz über Handelsgesellschaften: Loi n° 66–537 du 24 juillet 1966, und ab S. 1276 die Verordnung über das Handels- und Gesellschaftsregister: Décret n° 84–406 du 30 mai 1984).

Code de la nationalité française (in der Fassung des Gesetzes Nr. 73–42 vom 9. 1. 1973), abgedruckt in: Code civil, 93. Aufl., hrsg. von Gilles *Goubeaux* und Philippe *Bihr* (in der Reihe „Code Dalloz"), Paris 1993–94, nach Art. 21, S. 42–58.

Convention d'Établissement entre la France et la Belgique vom 6. 10. 1927, Dalloz (Bulletin législatif) 1927, 542.

Debbasch, Charles/*Pontier*, Jean-Marie: les constitutions de la France, 2. Aufl. Paris 1989.

Loi qui autorise les Sociétés anonymes et autres Associations commerciales, industrielles ou fincières, légalement constituées en Belgique, à exercer leurs droits en France vom 30.5./11.6. 1857, abgedruckt in: Dalloz (Jurisprudence Générale) 1857, IV. Teil, 75.

E. Griechenland

Astikos kodikos kai eisagogikos nomos (Bürgerliches Gesetzbuch mit Einführungsgesetz), hrsg. von Iohannes K. *Karakatsanis*, 2. Aufl. Athen 1989.

Kodix nomon (Gesetzesblatt) 1983, S. 5, 6: Art. 127 des griechischen Zivilgesetzbuches (astikos kodikos) i. d. F. von Art. 3 des Änderungsgesetzes Nr. 1329 vom 15./18. 2. 1983.

F. Großbritannien

Animals Act 1971, 1971 c. 22, abgedruckt in: Law Reports, Statutes, 1971, Bd. 1, 209.

Finance Act 1988, 1988 c. 39, abgedruckt in: Law Reports, Statutes, 1988, Bd. 2, part 2, 389.

Butterworths Company Law Handbook, hrsg. von Keith *Walmsley*, 7. Aufl. 1990.

Current Law Statutes Annotated, 1969, hrsg. von John *Burke* u. a.

Current Law Statutes Annotated, 1972, hrsg. von Clifford *Walsh* u. a.

Halsbury's Statute of England, 4. Aufl. 1985–1991, Current Statutes Service, Binder B, chapter 17.

G. *Irland*

- Irish Current Law Statutes Annotated, Service Information and Release Bulletin, 1984–1986 (Stand: 1. Juni 1990).

H. *Italien*

Il Codice civile, Commentato con la giurisprudenza, La costituzione della repubblica, hrsg. von Francesco *Bartolini* und Pietro *Dubolino*, Piacenza 1991.

Progetto di riforma del sistema italiano di diritto internazionale privato, am 26. 10. 1989 von der *Commissione per la riforma del sistema italiano di diritto internazionale privato* dem italienischen Justizministerium vorgelegt, abgedruckt in: Riv.dir.int-.priv.proc. 25 (1989), 932–946.

I. *Luxemburg*

Recueils des Lois concernant les sociétés commerciales, Holdings, Associations sans but lucratif, Etablissements d'Utilité Publique, Gesetze betr. die Handels,- Holding- u. a. Ges., 4. zweisprachige Ausgabe (Herausgeber nicht zu ermitteln), Luxemburg 1967.

J. *Niederlande*

Besluit van 12 september 1959 tot inwerkingtreding van de Wet van 25 juli 1959 (Stb. 256), houdende uitvoering van het op 1 juni 1956 te 's-Gravenhage gesloten Verdrag nopens de erkenning van de rechtspersoonlijkheid van vreemde vennootschappen, verenigingen en stichtingen, abgedruckt in: Nederlands Staatsblad 1959, Nr. 347.

De Nederlande Wetboeken, zoals zij tot en met 1 januari 1990 zijn gewijzigd en aangevuld, alsmede verschillende daarmee samenhangende verdragen, wetten en besluiten met verwijzing naar de op elk artikel toepasselijke wetsbepalingen, hrsg. von J. A. *Fruin*, Zwolle 1990.

Rijkswet van 31 januari, houdende goedkeuring van het op 19 juni 1980 te Rome tot stand gekomen Verdrag inzake het recht dat van toepassing is op verbintenissen uit overeenkomst, met Protocol en gemeenschappelijke Verklaringen (Trb. 1980, 156), Staatsblad van het Konkinkrijk der Nederlanden 1991, Nr. 53.

Wet van 25 juli 1959, houdende uitvoering van het op 1 juni 1956 te 's-Gravenhage gesloten Verdrag nopens de erkenning van de rechtspersoonlijkheid van vreemde vennootschappen, verenigingen en stichtingen, abgedruckt in: Nederlands Staatsblad 1959, Nr. 256.

K. Portugal

Código das Sociedades Comerciais e legislaçào complementar, hrsg. von Menéres *Pimentel*, Linda-a-Velha 1987.

Ferrer Correia, A./*Ferreira Pinto*, F. A.: Direito Internacional Privado, Leis e projectos de leis, Convençòes internacionais, Coimbra 1988.

L. Spanien

Código civil y legislación complementaria, hrsg. von Maria del Carmen *Gete-Alonso y Calera*, Madrid 1989.

Real Decreto Legislativo 1564/1989, de 22 de diciembre, por el que se aprueba el texto refundido de la Ley de Sociedades Anónimas, Bol. Of. Estado 1989, Nr. 310, dort Ziffer 30361, S. 40012ff.

Ley 26/1991, de 21 de noviembre, sobre contratos celebrados fuera de los establecimientos mercantiles, vom 21. 11. 1991, Bol. Of. Estado 1991, Nr. 283, dort Ziffer 28519, S. 38165ff.

VII. Allgemeines Völkerrecht

Ministry of External Relations and Trade (Neuseeland): United Nations Handbook 1992, Wellington 1992.

Schrifttumsverzeichnis

Im Text werden Monographien grundsätzlich nur mit dem Namen des Verfassers zitiert; haben sie mehrere hier zitierte Beiträge verfaßt, so wird der Beitrag mit dem Namen des Verfassers und ein im Schrifttumsverzeichnis hervorgehobenes Stichwort zitiert. Beiträge in Periodika werden unter Nennung des Autors und des Periodikums zitiert. Bei Aufsätzen in Festschriften und Sammelwerken wird die Zitierweise im Schrifttumsverzeichnis durch Kursivdruck kenntlich gemacht.

Abele, Roland, Geschlechtsbezogene Diskriminierung beim Zugang zum Arbeitsverhältnis, EuR 1990, 371–385.

Abeltshauser, Thomas, Europäisierung des Reisevertragsrechts, EWS 1991, 97–102.

– Grundfragen der Europäischen Aktiengesellschaft, EWS 1991, 58–63.

Abmeier, Klaus, Die Europäische wirtschaftliche Interessenvereinigung und nationales Recht, NJW 1986, 2987–2991.

Ackermann, Thomas, Warenverkehrsfreiheit und „Verkaufsmodalität", Zu den EuGH-Entscheidungen „Keck" und „Hünermund", RIW 1994, 189–194.

Almeida Cruz, Martinho de, Bericht zu dem Übereinkommen über den Beitritt des Königreichs Spanien und der Portugiesischen Republik zum Übereinkommen über die gerichtliche Zuständigkeit und die Vollstreckung gerichtlicher Entscheidungen in Zivil- und Handelssachen sowie zum Protokoll betreffend die Auslegung dieses Übereinkommens durch den Gerichtshof in der Fassung des Übereinkommens über den Beitritt des Königreichs Dänemark, Irland und des Vereinigten Königreichs Großbritannien und Nordirland und des Übereinkommens über den Beitritt der Republik Griechenland (90/C 189/06) ABl. 1990 Nr. C 189 S. 35–56.

Alt, Wilfried, A. (Urteilsanmerkung zu EuGH 7. 3. 1990, Rs. C-362/88 – *GB-INNO-BM/Conféderation du commerce luxembourgeois*, EuZW 1990, 222) in: Nationale Werbebeschränkungen und freier Warenverkehr, EuZW 1990, 311–376, dort 311–313.

Anderle, Christoph, Der Haftungsumfang des harmonisierten Produkthaftungsrechtes, Heidelberg 1990.

Anderson, David, Inadequate Implementation of EEC Directives: A Roadblock on the Way to 1992, B.C.Int'l & Comp.L Rev. 1988, 91–112.

Anderson, Margaret, European Economic Interest Groupings, London/Dublin u. a. 1990.

Arndt, Hans-Wolfgang, Warenverkehrsfreiheit und nationale Verkaufsbeschränkungen, Anmerkungen zum Urteil des EuGH vom 24. November 1993, ZIP 1993, 1813 – *Keck und Mithouard*, ZIP 1994, 188–191.

Arnold, Rainer, Gesetzlicher Richter (Art. 101 Abs. 1 S. 2 GG) und Pflicht zur Vorlage an den Europäischen Gerichtshof (Art. 177 Abs. 3 EWGV), in: *Festschrift* für Karl H. *Neumayer*, hrsg. von Werner *Barfuß*, Bernard *Dutoit* u. a. (Baden-Baden 1985), 17–29.

Arnull, Anthony, The Direct Effect of Directives: Gasping the Nettle, ICLQ 35 (1986) 939–946.
– Owning up to Fallibility: Precedent and the Court of Justice, C.M.L.Rev. 1993, 247–266.
Atena, Antonio de, Zur Problematik der EG-Richtlinien – vornehmlich in Italien, Vorträge, Reden und Berichte aus dem Europa Institut Bd. 79, Saarbrücken 1986.
Audinet, Jacques, Le droit d'établissement dans la Communauté économique européenne, The right of establishment in the European Economic Community, Clunet 86 (1959) 982–1049.
Audit, Bernard, Le caractère fonctionnel de la règle de conflit (Sur la crise des conflits de lois), Rec. Cours 186 (1984) Bd. III (Den Haag/Boston/London 1985) 219–397.
– *Droit international privé*, Paris 1991 (Collection Droit civil, série: Enseignement).

Bach, Albrecht, Direkte Wirkungen von EG-Richtlinien, JZ 1990, 1108–1116.
Badiali, Giorgio, *Il diritto degli stati* negli ordinamenti delle communità europee, Mailand 1971 (Università di Perugia, Publicazione delle Facoltà di Giurisprudenza, Bd. 3).
– Le droit international privé des Communautés Européennes, Rec. des Cours 191 (1985) Bd. II (Dordrecht/Boston/Lancester 1986) 9–181.
Bael/Bellis, Competition Law of the EEC, 2. Aufl. Bicester 1990.
Bahlmann, Kai, Haftung der Mitgliedstaaten bei fehlerhafter Umsetzung von EG-Richtlinien, Zum Urteil des EuGH vom 19. 11. 1991, DZWiR 1992, 61–64.
Bajons, Ena-Marlis, Das Luganer Parallelübereinkommen zum EuGVÜ, ZfRV 1993, 45–61.
Balladore Pallieri, G., Diritto internazionale privato italiano, Mailand 1974.
Ballarino, Tito, La CEE e il diritto internazionale privato, Dir. comunit. scambi int. 1982, 1–13.
– *Lineamenti* di diritto comunitario, 4. Aufl. Padua 1993.
Ballreich, Hans, Auf den Weg zur europäischen Rechtseinheit, GRUR Int. 1990, 666–673.
Bar, Christian von, Typen des internationalen Einheitsrechts und das Internationale Privatrecht, in: *Recht und Wirtschaft*, Ringvorlesung im Fachbereich Rechtswissenschaft der Universität Osnabrück 1984/85, Osnabrücker Rechtswissenschaftliche Abhandlungen, Bd. 1, 19–36.
– Grundfragen des Internationalen Deliktsrechts, JZ 1985, 961–969.
– Internationales Privatrecht, Erster Band: Allgemeine Lehren, München 1987; *zitiert: IPR, Bd. 1.*
– Internationales Privatrecht, Zweiter Band: Besonderer Teil, München 1991; *zitiert: IPR, Bd. 2.*
Bar, Christian von (Hrsg.), Europäisches Gemeinschaftsrecht und Internationales Privatrecht, Tagung des Instituts für Internationales Privatrecht und Rechtsvergleichung des Fachbereichs Rechtswissenschaften der Universität Osnabrück am 6. und 7. April 1990 in Osnabrück, Köln/Berlin/Bonn/München 1991; mit Diskussionsberichten von Helmut *Grothe*; *zitiert: Gemeinschaftsrecht und IPR.*
Barav, Ami, Note (zu EuGH 19. 11. 1991: *Francovich u. a./Italien*, vor der Urteilsanmerkung abgedruckt) J.C.P. 1992, Édition Générale, II. Jurisprudence, Nr. 21783 auf S. 14–16; *zitiert: J.C.P. 1992, éd. G., II, 21783.*

Barents, René, Some remarks on the „horizontal" effect of directives, in: Essays in European Law and Integration, hrsg. von *O'Keeffe/Schermers* (1982) 97–109.

Barile, Giuseppe, Lezioni di Diritto Internazionale Privato, 2. Aufl. 1980.

Bartl, Harald, Produkthaftung nach neuem EG-Recht, Landsberg/Lech 1989.

Basedow, Jürgen, Entwicklungstendenzen des internationalen Kartellrechts, NJW 1989, 627–638.

– Deregulierungspolitik und Deregulierungspflichten – Vom Zwang zur Marktöffnung im EG-Binnenmarkt, in: Zur Europaverträglichkeit im privatrechtlichen Bereich, hrsg. von Waldemar *Jud*, Jürgen *Basedow*, Michel *Vasseur* und Luca *Radicati di Brizolo* (Basel/Fankfurt am Main 1991, = Beiheft 14 zur ZSR) 65–91.

Basedow/Drasch, Das neue Internationale Versicherungsvertragsrecht, NJW 1991, 785–795.

Batiffol/Lagarde, Droit international privé, Band 1, 7. Aufl. 1981.

Baum, Harald, Alternativanknüpfungen, Begriff, Funktion, Kritik, Tübingen 1985 (Studien zum ausländischen und internationalen Privatrecht, Bd. 14).

Baumbach/Hefermehl, Wettbewerbsrecht, 16. Aufl. München 1990.

Baumbach/Lauterbach/Albers/Hartmann, Zivilprozeßordnung, 52. Aufl. München 1994, *zitiert: Baumbach/Lauterbach(-Bearbeiter)*.

Beaumont, Paul R., II. European Court of Justice and Jurisdiction and Enforcement of Judgments in Civil and Commercial Matters, in: Current Developments, European Community Law, hrsg. von Karl Newman, Int. Comp. L.Q. 1992, 200–219, dort S. 206–211.

Becker, Rainer, Integration und kulturelle Identität. Entwicklungen des IPR in Europa, IPRax 1992, 336.

Behn, Michael, Das „Offenlassen" der Rechtswahl, ZfRV 19 (1978) 241–266.

Behrens, Peter, Integrationstheorie, RabelsZ 45 (1981) 8–50.

– Identitätswahrende Sitzverlegung einer Kapitalgesellschaft von Luxemburg in die Bundesrepublik Deutschland, RIW 1986, 590–594.

– Niederlassungsfreiheit und Internationales Gesellschaftsrecht, RabelsZ 52 (1988) 498–525.

– Die grenzüberschreitende Sitzverlegung von Gesellschaften in der EG, IPRax 1989, 354–361.

– Das Gesellschaftsrecht im Europäischen Binnenmarkt, EuZW 1990, 13–17.

– Die Konvergenz der wirtschaftlichen Freiheiten im Gemeinschaftsrecht, EuR 1992, 145–162.

– Anmerkung (zu BayObLG: Niederlassungsfreiheit bei Sitzverlegung einer GmbH, EuZW 1992, 548), EuZW 1992, 550–551.

– Die Europäisierung des Gesellschaftsrechts, in: Die GmbH-Rechte in den EG-Staaten, hrsg. von der *Centrale für GmbH Dr. Otto Schmidt*, bearbeitet von Peter *Behrens*, Arno *Maier-Bridou* u. a., Köln 1993, 1–19.

– Die Europäisierung des Gesellschaftsrechts, GmbHRdsch. 1993, 129–136.

– Die Umstrukturierung von Unternehmen durch Sitzverlegung oder Fusion über die Grenze im Lichte der Niederlassungsfreiheit im Europäischen Binnenmarkt (Art. 52 und 58 EWGV), ZGR 1994, 1–25.

Beier, Friedrich-Karl, Vereinheitlichung des gewerblichen Rechtsschutzes und der freie Warenverkehr im Europäischen Binnenmarkt, in: *Festschrift* für Ernst *Steindorff* zum 70. Geburtstag am 13. März 1990, hrsg. von Jürgen F. *Baur*, Klaus J. *Hopt* und K. Peter *Mailänder* (Berlin u. a. 1990), 1109–1127.

Beitzke, Günther, Probleme der Privatrechtsangleichung in der Europäischen Wirtschaftsgemeinschaft, ZRvgl. 5 (1964) 80–93.

– Anerkennung und Sitzverlegung von Gesellschaften und juristischen Personen im EWG-Bereich, ZHR 127 (1965) 1–47.

– Zur Anerkennung von Handelsgesellschaften im EWG-Bereich, RIW/AWD 1968, 91–96.

– Einige Bemerkungen zur Rechtsstellung ausländischer Gesellschaften in deutschen Staatsverträgen, in: *Festschrift* für Martin *Luther* zum 70. Geburtstag am 13. Juli 1976, hrsg. von Ottoarndt *Glossner* und Walter *Reimers* (München 1976), 1–20.

Bennemann, Jürgen, Das neue luxemburgische Gesetz über den Rechtsschutz des Verbrauchers vom 25. 8. 1983, RIW 1986, 594–603.

Bennion, Francis, Bennion on Statute Law, 3. Aufl., London 1990.

Bercovitz, Rodrigo, La defensa contractual del consumidor o usuario en la ley general para la defensa de los consumidores y usuarios, in: Bercovitz/Bercovitz, Esudios jurídicos sobre protección los consumidores, Madrid (1987) 180–221.

Bergmann/Ferid (Hrsg.), Internationales Ehe- und Kindschaftsrecht Loseblattsammlung, Bände I, III, VI, VII, Stand: 110. Lieferung 30. 11. 1991.

Berlin, Dominique, Jurisprudence fiscale européenne, Rev.trim.dr.europ. 25 (1989) 245–296.

Bernhard, Peter, Insel-Recht auf Gran Canaria, Zum internationalen Privatrecht des unlauteren Wettbewerbs, GRUR Int. 1992, 366–373.

– Cassis de Dijon und Kollisionsrecht – am Beispiel des unlauteren Wettbewerbs, EuZW 1992, 437–443.

Bernhardt, Rudolf, Die Auslegung völkerrechtlicher Verträge insbesondere in der neueren Rechtsprechung internationaler Gerichte, Beiträge zum ausländischen öffentlichen Recht und Völkerrecht Bd. 40, Köln/Berlin 1963.

Bernhardt, Wilfried, Die Neuregelung des Internationalen Privatrechts, DB 1986, 2009–2014.

Bettermann, Karl-August, Die verfassungskonforme Auslegung – Grenzen und Gefahren, Heidelberg 1986.

Beutler/Bieber/Pipkorn/Streil, Die Europäische Union, Rechtsordnung und Politik, 4. Aufl., Baden-Baden 1993.

Beyer/Möllers, Die Europäisierung des Arbeitsrechts, JZ 1991, 24–30.

Beyerlin, Ulrich, Umsetzung von EG-Richtlinien durch Verwaltungsvorschrift, EuR 1987, 126–148.

Biagosch, Patrick, Europäische Dienstleistungsfreiheit und deutsches Versicherungsvertragsrecht, Der Stand nach der Umsetzung der Zweiten Koordinierungsrichtlinie Schaden, München 1991 (Beiträge zum Privat- und Wirtschaftsrecht, Band 71).

Binchy, William, Irish Conflict of Laws, Ireland 1988.

Birk, Rolf, Schadensersatz und sonstige Restitutionsformen im internationalen Privatrecht, Karlsruhe 1969.

Blaurock, Uwe, Europäisches Privatrecht, JZ 1994, 270–276.

Bleckmann, Albert, Art. 5 EWG-Vertrag und die Gemeinschaftstreue, Zugleich ein Beitrag zur Entwicklung des allgemeinen europäischen Verwaltungsrechts, DVBl. 1976, 483–487.

– Analogie im Völkerrecht, ArchVR 17 (1976–78) 161–180.
– Die Rechtsprechung des Europäischen Gerichtshofes zur Gemeinschaftstreue, RIW 1981, 653–655.
– Zu den Auslegungsmethoden des EuGH, NJW 1982, 1177–1182.
– Die Rechtsanalogie im Völkerrecht, ZaöRV 53 (1993) 353–366.
– Die Bindungswirkung der Praxis der Organe und der Mitgliedstaaten der EG bei der Auslegung und Lückenfüllung des Europäischen Gemeinschaftsrechts: Die Rolle des Art. 5 EWG-Vertrag, in: Die *Dynamik* des Europäischen Gemeinschaftsrechts, Bieber/Ress (Hrsg.), Baden-Baden 1987, 161–228.
– Zur Dogmatik des Niederlassungsrechts im EWG-Vertrag, WiVerw. 1987, 119–136.
– Probleme der Auslegung von EWG-Richtlinien, RIW 1987, 929–935.
– *Europarecht*, Das Recht der Europäischen Gemeinschaft, 5. Aufl., Köln/Berlin/Bonn/München 1990.
– Politische Aspekte der europäischen Integration unter den Vorzeichen des Binnenmarktes 1992, ZRP 1990, 265–268.
– Die Rechtsquellen des Europäischen Gemeinschaftsrechts, NVwZ 1993, 824–828.

Bleckmann/Pieper, Die EG-Produkthaftungsrichtlinie und ihre Umsetzung in nationales Recht, IWB 1989, Bd. 4, Gruppe 3, 79–86.

Bloth, Christian, Verschuldensunabhängige Produkthaftung in Norwegen, RIW 1993, 887–891.

Boehmer, Gerhard, Der völkerrechtliche Vertrag im deutschen Recht, Köln/Berlin 1965.

Boer, Th. M. de, The EEC Contracts Convention and the Dutch Courts, RabelsZ 54 (1990) 24–62.

Boetticher, Axel, Die Anerkennung von Handelsgesellschaften und juristischen Personen im EWG-Bereich, Diss. Göttingen 1973.

Böhm, Barbara, Verbraucherschutz im Internationalen Privatrecht: Die Reichweite des Art. 29 EGBGB an Hand ausgesuchter Fälle, Diss. Bayreuth, 1993.

Bonner Kommentar, Kommentar zum Grundgesetz, (Losebl.), hrsg. von Rudolf *Dolzer*, Hamburg, Stand 1992, *zitiert: BK/Bearbeiter.*

Boratta, Roberto, Norme contenute in direttive communitarie inattuate e loro opponibilità ai singoli, RDI 1989, 253–281.

Borer, Peter, Haftpflichtrichtlinien, insbesondere Produkthaftpflichtrecht, in: Die *Europaverträglichkeit* des schweizerischen Rechts, Zürich (1990), 495–531.

Börner, Bodo, Die fünfte Freiheit des Gemeinsamen Marktes: Der freie Zahlungsverkehr, in: Zur Integration Europas, *Festschrift* für Carl Friedrich *Ophüls* aus Anlaß seines siebzigsten Geburtstages, hrsg. von Walter *Hallstein* und Hans-Jürgen *Schlochauer* (Karlsruhe 1965), 19–31.
– Die Produkthaftung oder das vergessene Gemeinschaftsrecht, in: Europäische Gerichtsbarkeit und nationale Verfassungsgerichtsbarkeit in: *Festschrift* Hans *Kutscher*, hrsg. von Wilhelm *Grewe*, Hans *Rupp* und Hans *Schneider* (Baden-Baden 1981), 43–54.
– Der rechtliche Nutzen logischer Fehler, oder: Die Richtlinien des EWGV, oder: Rechtsanwendung v. Rechtsetzung, in: *Festschrift* für Gerhard Kegel zum 75. Geburtstag 26. Juni 1987, hrsg. von Hans-Joachim *Musielak*, Klaus *Schurig* (Stuttgart/Berlin u. a. 1987; *zitiert: Festschrift Kegel II*), 57–74.

– Die Einheitliche Europäische Akte, in: *Festschrift* der Rechtswissenschaftlichen Fakultät zur *600-Jahr-Feier der Universität* zu *Köln*, hrsg. von Hans-Jürgen *Becker* (Köln/Berlin u. a. 1988), 633–646.

Brandner/Ulmer, EG-Richtlinie über mißbräuchliche Klauseln in Verbraucherverträgen, BB 1991, 701–709.

Braselmann, Petra, Übernationales Recht und Mehrsprachigkeit, Linguistische Überlegungen zu Sprachproblemen in EuGH-Urteilen, EuR 1992, 55–74.

Brilmayer, Lea, Conflict of Laws, Boston 1991.

Brödermann, Eckart, Buchbesprechung (von *von Bar* (Hrsg.): Gemeinschaftsrecht und Internationales Privatrecht), MDR 1991, 1077.

– Europäisches Gemeinschaftsrecht versus IPR: Einflüsse und Konformitätsgebot, MDR 1992, 89–95.

Brödermann/Rosengarten, IPR – Anleitung zur systematischen Fallbearbeitung im Internationalen Privat- und Verfahrensrecht, Hamburg 1989.

Bröhmer, Jürgen, Anmerkung (zu EuGH, 16. 12. 1993 – Rs. C-334/92, Teodore Wagner Miret/Fondo de Garantia Salarial), EuZW 1994, 184.

Bruckner, Herbert, Neuorientierung des Produkthaftungsrechts? Auswirkungen der EG-Richtlinien auf das deutsche Recht, DB 1988, 32–37.

Brüggemeier/Joerges, Europäisierung des Vertrags- und Haftungsrechts, in: *Gemeinsames Privatrecht* in der Europäischen Gemeinschaft, Baden-Baden 1993 (Schriftenreihe des Arbeitskreises Europäische Integration e. V., Bd. 33), 233–287.

Brüggemeier/Reich, Die EG-Produkthaftungsrichtlinie 1985 und ihr Verhältnis zur Produzentenhaftung nach § 823 I BGB, WM 1986, 149–155.

Brunn, Johann von, Der europäische ordre public, NJW 1962, 985–989.

Buchner, Herbert, Neuorientierung des Produkthaftungsrechtes? Auswirkung der EG-Richtlinie auf das deutsche Recht, DB 1988, 32–37.

Bülow, Peter, Zum internationalen Anwendungsbereich des deutschen Verbraucherkreditgesetzes, EuZW 1993, 435–437.

Burchard, Friedrich von, Vertrag über die Europäische Union: Auswirkungen auf die Rechtsetzungsverfahren nach dem EWGV, DÖV 1992, 1035–1044.

– Der Rechtsschutz natürlicher und juristischer Personen gegen EG-Richtlinien gemäß Artikel 173 Abs. 2 EWGV, EuR 1991, 140–170.

Butterworths, European Court Practice, hrsg. von K. P. E. *Lasok* und David *Vaughan* (Consultant Editors), bearbeitet von Jean-Yves *Art*, Anthony *Collins* u. a., London/Brüssel/Dublin/Edinburgh/München 1993.

Bydlinsky, Franz, Juristische Methodenlehre und Rechtsbegriff, Wien 1982.

Caemmerer, Ernst von, Rechtsvereinheitlichung und internationales Privatrecht, in: Probleme des Europäischen Rechts, *Festschrift* für Walter *Hallstein* zu seinem 65. Geburtstag, hrsg. von Ernst von *Caemmerer*, Hans-Jürgen *Schlochauer* und Ernst *Steindorff* (Frankfurt am Main 1966), 63–95.

Caemmerer/Schlechtriem (Hrsg.), Kommentar zum Einheitlichen UN-Kaufrecht, Das Übereinkommen der Vereinten Nationen über Verträge über den internationalen Warenkauf – CISG-Kommentar –, von Hans Herrmann *Eberstein*, Günter *Hager* u. a., München 1990.

Cahn, Andreas, Das neue Produkthaftungsgesetz – ein Fortschritt?, ZIP 1990, 482–488.

Calais-Auloy, Jean, Droit de la consommation, 3. Aufl., Paris 1992.

Calvo Caravaca, Alfonso, Art. 911 in: Comentario del Codigo civil (hrsg. vom spanischen *Ministerio de Justicia*) Bd. 1, Madrid 1991.

– Las sociedades de capital en el tráfico jurídico internacional, Rev. Gen. Der. (Valencia) 44 (1988) 3679–3701.

Canaris, Claus-Wilhelm, Die Bedeutung allgemeiner Auslegungs- und Rechtsfortbildungskriterien im Wechselrecht, JZ 1987, 543–553.

– Die Feststellung von Lücken im Gesetz, 2. Aufl., Berlin, Schriften zur Rechtstheorie Bd. 3, 1983.

Capeli, Fausto, Trasferimento della sede amministrativa di società nella CEE: Diritto di stabilimento e problematiche fiscali, Dir.comunit.scambi.int. 1990, 50–54.

Capotorti, Francesco, Il diritto di stabilimento delle società nel trattato istitutivo della Communità Economica Europea, Riv.dir.int.priv.proc. 1 (1965) 5–26.

Cappeletti/Seccombe/Weiler, Integration Through Law, Europe and the American Federal Experience, Band 1, Methods, Tools and Institutions, Buch 2, Political Organs, Integration Techniques and Judicial Process, bearbeitet von Sammuel *Krislov*, Claus-Dieter *Ehlermann* u. a., Berlin/New York 1986.

Carstens, Karl, Der Rang europäischer Verordnungen gegenüber deutschen Rechtsnormen, in: Festschrift für Otto Riese aus Anlaß seines 70. Geburtstages, hrsg. von Bernhard *Aubin*, Ernst *v. Caemmerer* u. a. (Karlsruhe 1964), 65–81.

Cartou, Louis, Communautés européennes, 9. Aufl., Paris 1990.

Catwijck, Wassenaer van, Neuregelung der Produzentenhaftung in den Niederlanden, PHI 1988, 48–52.

Cavers, David, The two „Local Law" Theories, Harv.L.R. 63 (1950) 822–832.

Centrum voor Buitenlands Recht en Internationaal Privaatrecht, Universiteit van Amsterdam (Hrsg.), Fourty Years On: The Evolution of Postwar Private International Law in Europe, Symposium in celebration of the 40th anniversary of the Centre of Foreign Law and Private International Law, University of Amsterdam, on 27 October 1989, Deventer 1990.

Cheshire and North, Private International Law, bearbeitet von P. M. *North* und J. J. *Fawcett*, 12. Aufl., London/Dublin/Edingburgh 1992.

Chrosziel, Peter, Die eingeschränkte Geltung des Gesetzes gegen den Unlauteren Wettbewerb für EG-Ausländer, EWS 1991, 173–179.

Cieslik, Hans-Werner, Die Methodik des Gerichtshofs der Europäischen Gemeinschaften bei der Auslegung des Europäischen Gerichtsstands- und Vollstrekkungsübereinkommens, 1993.

Clarke, Matthew G., 9. The Conflicts of law dimension, in: *Corporate law, The European dimension*, Based on papers given at the Bar European Group Conference, Edinburgh 1991, in conjunction with the Scottish Lawyers European Group and Faculty of Advocates, Foreword by the Right Honourable The Lord Mackay of Clashfern, The Lord Chancellor, mit Beiträgen von Philip *Bentley*, Matthew *Clerk* u. a. (hrsg. von *Butterworth*, London/Dublin/Edinburgh/Munich 1991), 161–170.

Classen, Dieter, Zur Bedeutung von EWG-Richtlinien für Privatpersonen, EuZW 1993, 83–87.

Clausnitzer, Martin, Die Vorlagepflicht an den EuGH, NJW 1989, 641–643.

Close, George, Harmonisation of laws: use or abuse of the powers under the EEC Treaty, Eur.L.Rev. 1978, 461–481.

Coester, Michael, Die Berücksichtigung fremden zwingenden Rechts neben dem Vertragsstatut, ZVglRWiss 82 (1983) 1–30.

Coester-Waltjen, Dagmar, Der Eskimo-Mantel aus Spanien – Ist der kollisionsrechtliche Verbraucherschutz zu kurz gestrickt?, in: *Festschrift* für Werner *Lorenz* zum siebzigsten Geburtstag, hrsg. von Bernhard *Pfister* und Michael R. *Will* (Tübingen 1991), 297–319.

Coing, Helmut, Einführung, in: *Methoden* der Rechtsvereinheitlichung, hrsg. von *Coing/Schmitthoff/Hellner/Gleichmann*, Arbeiten zur Rechtsvergleichung Bd. 69, Frankfurt a. M. (1974).

Collier, John G., Conflict of Laws, Cambridge 1987.

Commentaire Mégret, Le droit de la CEE, 2. Aufl., *zitiert: Bearbeiter, in: Commentaire Mégret.*

– Bd. 1, Préambule, Principes, Libre circulation des marchandieses, bearbeitet von Jean-Erik *de Cockborne*, Lucette *Defalque* u. a., hrsg. von Michel *Waelbroeck*, Jean-Victor *Louis*, u. a. (Brüssel 1992).

– Bd. 3, Libre circulation des personnes, des services et des capitaux, Transports, bearbeitet von Jill *Aussant*, Raffaelo *Fornasier* u. a., hrsg. von Jean-Claude *Séché*, Sean *Van Raepenbusch* u. a. (Brüssel 1990).

Constantinesco, Léontin-Jean, Die Eigentümlichkeiten des Europäischen Gemeinschaftsrechts, JuS 1965, 289–295.

– *Die unmittelbare Anwendbarkeit von Gemeinschaftsnormen* und der Rechtsschutz von Einzelpersonen im Recht der EWG, Baden-Baden 1969 (Schriftenreihe zum Handbuch der Europäischen Wirtschaft, Bd. 40).

– Das *Recht der EG*, Bd. 1, Baden-Baden 1977.

– L'article 5, de la bonne foi à la layauté communautaire, in: Du droit international au droit de l'intégration, *Liber amicorum Pescatore*, hrsg. von F. *Capotorti*, C.-D. *Ehlermann* u. a. (Baden Baden 1987), 97–114.

Constantinesco/Jacqué/Kovar/Simon (Hrsg.), Traité instituant la CEE, Commentaire article par article, Paris 1992, *zitiert: Bearbeiter in Constantinesco/Jacqué.*

Cowell, John, EG-Richtlinie – Ein Kompromiß wird Realität, PHI 1986, 30–33.

Cramton/Currie/Kay, Conflict of Laws, 4. Aufl., St.Paul/Minn. 1987.

Currie, Brainerd, Married Women's Contracts: A study in Conflict-of-laws Method, U.Chi.L.Rev 25 (1958) 227–312.

Curtin, Deirdre, The Province of Government: Delimiting the Direct Effect of Directives in the Common Law Context, Eur.L.Rev. 1990, 195–223.

– Directives: The Effectiveness of Judicial Protection of Individual Rights, C.M.L.Rev. 27 (1990) 709–739.

Dahm, Georg, Völkerrecht I, 2. Aufl., Stuttgart 1989.

Daig, Hans-Wolfram, Auslegung und Anwendung von Art. 177 EWG-Vertrag durch den Gerichtshof der Europäischen Gemeinschaften, in: Europäische Gerichtsbarkeit und nationale Verfassungsgerichtsbarkeit, *Festschrift Hans Kutscher*, hrsg. von Wilhelm *Grewe*, Hans *Rupp* und Hans *Schneider* (Baden-Baden 1981), 79–93.

Dannhoff, Martin, Die Börsengesetznovelle 1989 und Börsentermingeschäfte in Waren, DZWiR 1992, 273–279.

Danwitz, Thomas von, Die Garantie effektiven Rechtsschutzes im Recht der Europäischen Gemeinschaft, NJW 1993, 1108–1115.

Dänzer-Vanotti, Wolfgang, Die richtlinienkonforme Auslegung deutschen Rechts hat keinen rechtlichen Vorrang, Zugleich eine Erwiderung auf den Beitrag von Spetzler, RIW 1991 S. 579, in: RIW 1991, 754–755.

– Unzulässige Rechtsfortbildung des Europäischen Gerichtshofs, RIW 1992, 733–742.

Däubler, Wolfgang, Der Richtlinienvorschlag zur Entsendung von Arbeitnehmern, Ein Mittel zur Abwehr von sozialem Dumping?, EuZW 1993, 370–374.

Dauses, Manfred A., Die rechtliche Dimension des Binnenmarktes, EuZW 1990, 8–11.

– EG-Richtlinien als Interpretationshilfe nationaler Gesetze, EuZW 1991, 709.

Dauses, Manfred A. (Hrsg.), Handbuch des EG-Wirtschaftsrechts, bearbeitet von Rainer *Arnold*, Jürgen *Basedow* u. a., München 1993ff. (Loseblattsammlung, Stand: Februar 1993); *zitiert: Verfasser in: Dauses, Hdb. EG-WirtschaftsR.*

David, René, The Legal Systems of the World: Their Comparison and Unification, in: International Encyclopedia of Comparative Law, Vol.II, Chapter 5, The International Unification of Private Law, Tübingen 1971.

Debatin, Helmut, Die grenzüberschreitende Sitzverlegung von Kapitalgesellschaften, GmbH-Rdsch. 1991, 164–170.

Delbrück, Jost, Multilaterale Staatsverträge erga omnes und deren Inkorporation in nationale IPR-Kodifikationen – Vor- und Nachteile einer solchen Rezeption, in: BerDGesVölkR 27 (1986) 147–165.

Dendrinos, Antonius, Rechtsprobleme der Direktwirkung der EWG-Richtlinien unter besonderer Berücksichtigung der Rechtslage in Griechenland, Frankfurt a. M. 1989.

Desai, Kiran, The irradiation of food: Consumer Protection and the free movement of goods, Lawyers' Europe 1991, 9–11.

Deutsch, Erwin, Einheitliche Dienstleistungshaftung in Europa, ZRP 1990, 454–455.

Deville, Rainer, Anmerkung (zum Beschluß des BayOblG vom 18. 7. 1985), RIW 1986, 298–299.

Dicey/Morris, On the Conflict of Laws, Bd. 2, hrsg. von Lawrence *Collins* u. a.,

– 11. Aufl. London 1987 (mit Third Cumulative Supplement to the eleventh edition, Stand: 1. 1. 1990, London 1990).

– 12. Aufl. London 1993.

Dielmann, Heinz J., Produkthaftung in den Vereinigten Staaten von Amerika, Aktiengesellschaft 1987, 108–117.

Diephuis, J. H., Recognition of Foreign Companies and Bodies Corporate, Neth.Int.L.Rev. 27 (1980) 347–356.

Diéz-Picazo/Gullon, Sistema de derecho civil, Bd. 1, Introducción. Derecho de la persona. Autonomía privada. Persona jurídica, 7. Aufl., Madrid 1990.

Dine, Janet, The European Economic Interest Grouping (EEIG): Some Private International Law Issues, Company Lawyer 13 (1992) 10–15.

Drobnig, Ulrich, Conflicts of law and the European Economic Community, Am. J.Comp.L. 15 (1966–67) 204–229.

– Kritische Bemerkungen zum Vorentwurf eines EWG-Übereinkommens über die Anerkennung von Gesellschaften, ZHR 129 (1966/67) 93–120.

– Verstößt das Staatsangehörigkeitsprinzip gegen das Diskriminierungsverbot des EWG-Vertrages?, RabelsZ 34 (1970) 636–662.

– L'apport du droit communautaire au droit international privé, Cah.dr.eur. 6 (1970) 526–543.
– Das EWG-Übereinkommen über die Anerkennung von Gesellschaften und juristischen Personen, Aktiengesellschaft 1973, 90–98 und 125–131.
– Allgemeine Geschäftsbedingungen im internationalen Handelsverkehr, FS Françis A. Mann (1977) 591–615.
– Skizzen zur internationalprivatrechtlichen Anerkennung, in: *Festschrift* für Ernst *von Caemmerer* zum 70. Geburtstag, hrsg. von Hans Claudius *Ficker*, Detlef *König* u. a. (Tübingen 1978), 687–704.
– Unification of national law and the uniformisation of the rules of private international law, in: *L'influence des Communautés européennes* sur le droit international privé des etats membres, The Influence of the European Communities upon Private International Law of the Member States, hrsg. vom *Institut Universitaire International Luxembourg* (Brüssel 1981) 1–12.
– Produkthaftung, in: *Vorschläge* und Gutachten zur Reform des deutschen internationalen Privatrechts der außervertraglichen Schuldverhältnisse, hrsg. von Ernst *v. Caemmerer* (1983).
– Billige Flaggen im Internationalen Privatrecht, in: Recht der Flagge und „Billige Flaggen" – Neuere Entwicklungen im Internationalen Privatrecht und Völkerrecht, Referate und Thesen von Ulrich *Drobnig*, Jürgen *Basedow* und Rüdiger *Wolfrum* mit Diskussion, BerDGesVölkR Heft 31: 21. Tagung in Hamburg vom 12. bis 15. April 1989 (Heidelberg 1990), 31–73.
– Ein Vertragsrecht für Europa, in: *Festschrift* für Ernst *Steindorff* zum 70. Geburtstag am 13. März 1990, hrsg. von Jürgen F. *Baur*, Klaus J. *Hopt* und K. Peter *Mailänder* (Berlin u. a. 1990), 1141–1154.
– Gemeinschaftsrecht und internationales Gesellschaftsrecht. „Daily Mail" und die Folgen, in: Europäisches Gemeinschaftsrecht und Internationales Privatrecht, Tagung des Instituts für Internationales Privatrecht und Rechtsvergleichung des Fachbereichs Rechtswissenschaften der Universität Osnabrück am 6. und 7. April 1990 in Osnabrück, hrsg. von Christian *von Bar* (Köln/Berlin/Bonn/München 1991; *zitiert: Gemeinschaftsrecht und IPR*), 185–206.

Drosdowski, Günther (Hrsg.), Duden, Bd. 4, Grammatik der deutschen Gegenwartssprache, bearbeitet von Günther *Drosdowski*, Gerhard *August* u. a., 4. Aufl., Mannheim/Wien/Zürich 1984.

Droste, Thomas, Der Begriff der „zwingenden Bestimmung" in den Art. 27ff. EGBGB, Freiburg 1991.

Drygala, Tim, Konzernhaftung und Einmann-Richtlinie, ZIP 1992, 1528–1534.

Dufwa, Bill W., Schweden, Norwegen, Finnland und die EG-Richtlinie, PHI 1988, 106–112 und 140–144.

Duhnkrack, Stefan, Die unmittelbare Wirkung von EG-Richtlinien, RIW 1986, 40–43.

Duintjer Tebbens, Harry, International Product Liability, A Study of Comparative and International Legal Aspects of Product Liability, Alphen a. d. R. 1979.
– Private International Law and the Single European Market: Coexistence or Cohabitation?, in: *Fourty Years On*: The Evolution of Postwar Private International Law in Europe, Symposium in celebration of the 40th anniversary of the Centre of Foreign Law and Private International Law, University of Amsterdam, on 27

October 1989, hrsg. vom Centrum voor Buitenlands Recht en Internationaal Privaatrecht, Universiteit van Amsterdam (Deventer 1990), 49–69.

Easson, A. J., Can Directives Impose Obligations on Individuals?, Eur.L.Rev. 1979, 67–79.

Ebenroth, Carsten Thomas, Neuere Entwicklungen im deutschen internationalen Gesellschaftsrecht, Teil 1, JZ 1988, 18–30; Teil 2, JZ 1988, 75–88.

– Die verdeckten Vermögenszuwendungen in transnationalen Unternehmen, Ein Beitrag zum Schutz von Fiskal–, Aktionärs–, Gläubiger- und Arbeitnehmerinteressen im Transnationalen Unternehmen, Bielefeld 1979; *zitiert: Verdeckte Vermögenszuwendungen*.

Ebenroth/Eyles, Die Beteiligung ausländischer Gesellschaften an einer inländischen Kommanditgesellschaft, Komplementäreigenschaft ausländischer Kapitalgesellschaften und europarechtliche Niederlassungsfreiheit, DB 1988, Beilage Nr. 2/88, 1–20.

– Die innereuropäische Verlegung des Gesellschaftssitzes als Ausfluß der Niederlassungsfreiheit? (Teil 1, 2) DB 1989, 363–372, 413–417.

Ebenroth/Neiß, Zur Vereinbarkeit der Lehre von der verdeckten Sacheinlage mit EG-Recht, BB 1992, 2085–2095.

Ebenroth/Sura, Das Problem der Anerkennung im internationalen Gesellschaftsrecht, Feststellung der Rechtsfähigkeit und Bestimmung des Personalstatuts, RabelsZ 43 (1979) 315–345.

Eberstein/Braunewell, Einführung in die Grundlagen der Produkthaftung, Heidelberg 1991.

Ebke, Werner, Die „ausländische Kapitalgesellschaft & Co. KG" – Besprechung der Entscheidung BayObLGZ 1986,61 –, ZUntGesellschR 1987, 245–270.

– Erste Erfahrungen mit dem EG-Schuldvertragsübereinkommen, in: Europäisches *Gemeinschaftsrecht und Internationales Privatrecht*, Tagung des Instituts für Internationales Privatrecht und Rechtsvergleichung des Fachbereichs Rechtswissenschaften der Universität Osnabrück am 6. und 7. April 1990 in Osnabrück, hrsg. von Christian *von Bar* (Köln/Berlin/Bonn/München 1991; *zitiert: Gemeinschaftsrecht und IPR*), 77–106.

Eckert, Hans-Werner, Die EG-Richtlinie über mißbräuchliche Klauseln in Verbraucherverträgen und ihre Auswirkungen auf das deutsche Recht, WM 1993, 1070–1078.

Ehlermann, C.D., The Internal Market following the Single European Act, C.M.L.Rev. 1987, 361–404.

Ehlers, Dirk, Die Einwirkungen des Rechts der Europäischen Gemeinschaften auf das Verwaltungsrecht, DVBl. 1991, 605–613.

Ehricke, Ulrich, Auswirkungen des Gemeinschaftsrechts auf § 917 II ZPO, IPRax 1993, 380–383.

– Auswirkungen der Europäischen Menschenrechtskonvention auf das deutsche Kollisionsrecht, EuGRZ 1993, 113–118.

– Das Verbot des Weiterverkaufs zum Verlustpreis und Gemeinschaftsrecht, zum Keck-Urteil des EuGH vom 24. November 1993, WuW 1994, 108–114.

Eichborn, Reinhart von, Der grosse Eichborn, Wirtschaft, Recht, Verwaltung, Verkehr, Umgangssprache, Englisch – Deutsch, Hövelhof 1981.

Eichenhofer, Eberhard, Das Europäische Sozialrecht – Bestandsaufnahme und Entwicklungsperspektiven, JZ 1992, 269–277.
– *Internationales Sozialrecht* und Internationales Privatrecht, Baden-Baden 1987 (Studien aus dem Max-Planck-Institut für ausländisches und internationales Sozialrecht, Bd. 6).
Eiden, Christoph, Die Rechtsangleichung gemäß Art. 100 des EWG-Vertrages, Schriften zum internationalen Recht Bd. 31, 1984.
Emmerich, Volker, Kartellrecht, 6. Aufl., München 1991.
– Das Verbraucherkreditgesetz, JuS 1991, 705–710.
Emmert, Frank, Horizontale Drittwirkung von Richtlinien?, Lieber ein Ende mit Schrecken als ein Schrecken ohne Ende, EWS 1992, 56–67.
Emmert/Pereira de Azevado, L'effet horizontal des directives, La jurisprudence de la CJCE: un bâteau ivre?, Rev. trim. dr. europ. 1993, 503–524.
Engel, Christoph, Die Einwirkungen des Europäischen Gemeinschaftsrechts auf das deutsche Verwaltungsrecht, Die Verwaltung 25 (1992) 437–476.
– Ausstrahlungen der Europäischen Menschenrechtskonvention auf das Kollisionsrecht, RabelsZ 53 (1988) 3–51.
– Versetzt die Europäische Menschenrechtskonvention der Sitztheorie des internationalen Gesellschaftsrechts den Todesstoß?, Anmerkung zur Cour de Cassation (crim.) vom 12. November 1990, ZEuP 1993, 150, 152–158.
Engisch, Karl, Einführung in das juristische Denken, 8. Aufl., Stuttgart/Berlin 1983.
Ensthaler, Jürgen, Rechtsharmonisierung zur Verwirklichung des Binnenmarktes – Warenverkehrsfreiheit, Dienstleistungsfreiheit, Gesellschaftsrecht, in: Europäischer Binnenmarkt – Stand und Perspektiven der Rechtsharmonisierung, hrsg. von Jürgen *Ensthaler* (1989), 18–48.
Epiney, Astrid, Gemeinschaftsrechtlicher Umweltschutz und Verwirklichung des Binnenmarktes – „Harmonisierung" auch der Rechtsgrundlagen?, JZ 1992, 564–570.
Epstein, Richard, Products Liability: From Contract to Regulation in the United States and Europe, Tel Aviv University Studies in Law 1989, 49–78.
Escher, Markus v., Einheitsgesetz und Einheitsrecht, Frankfurt a. M. 1992.
Evans, Andrew, Nationality Law and European Integration, Eur.L.Rev. 1991, 190–215.
Everling, Ulrich, Das *Niederlassungsrecht* im Gemeinsamen Markt, Berlin/Frankfurt 1963.
– Die Rechtsangleichung in der Europäischen Wirtschaftsgemeinschaft auf dem Gebiet des Niederlassungsrechts, in: *Aktuelle Fragen* des europäischen Gemeinschaftsrechts, Europäisches Kolloquium (1964) 60–90.
– Europäisches Gemeinschaftsrecht und nationales Recht in der praktischen Rechtsanwendung, NJW 1967, 465–473.
– Zur rechtlichen Wirkung von Beschlüssen, Entschließungen, Erklärungen und Vereinbarungen des Rates oder der Mitgliedstaaten der Europäischen Gemeinschaft, in: Rechtsvergleichung, Europarecht und Staatenintegration, *Gedächtnisschrift* Léontin-Jean *Constantinesco*, hrsg. von Gerhard *Lüke*, Georg *Ress*, Michael R. *Will* (Köln, u. a. 1983), 133–156.
– Zur direkten innerstaatlichen Wirkung der EG-Richtlinien: Ein Beispiel richterlicher Rechtsfortbildung auf der Basis gemeinsamer Rechtsgrundsätze, in: Einigkeit und Recht und Freiheit, *Festschrift* für Karl *Carstens* zum 70. Geburtstag am 14.

Dezember 1984, Band 1: Europarecht. Völkerrecht, hrsg. von Bodo *Börner*, Hermann *Jahrreiß* und Klaus *Stern* (Köln/Berlin/Bonn/München 1984), 95–113.
– Zum Vorrang des EG-Rechts vor nationalem Recht, DVBl. 1985, 1201–1206.
– Rechtsvereinheitlichung durch Richterrecht in der Europäischen Gemeinschaft, RabelsZ 51 (1986) 193–232.
– Zur Funktion der Rechtsangleichung in der EG – Vom Abbau der Verzerrungen zur Schaffung des Binnenmarktes, in: Du droit international au droit de l'intégration, *Liber Amicorum* Pierre *Pescatore*, hrsg. von Francesco *Capotorti* u. a. (Baden-Baden 1987), 227–245.
– Brauchen wir „Solange III"?, EuR 1990, 195–227.
– Das Niederlassungsrecht in der Europäischen Gemeinschaft, DB 1990, 1853–1859.
– Von der Freizügigkeit der Arbeitnehmer zum Europäischen Bürgerrecht?, EuR 1990, Beiheft 1, 81–103.
– Probleme der Rechtsangleichung zur Verwirklichung des europäischen Binnenmarktes, in: *Festschrift* für Ernst *Steindorff* zum 70. Geburtstag am 13. März 1990, hrsg. von Jürgen F. *Baur*, Klaus J. *Hopt* und K. Peter *Mailänder* (Berlin u. a. 1990), 1155–1173.
Ewert, Daniel, Schadensersatzpflicht der Bundesrepublik bei Verletzung des europäischen Gemeinschaftsrechts, Staatshaftung bei Nichtumsetzung und Verstößen gegen den EWG-Vertrag?, RIW 1993, 881–887.
Eyles, Uwe, Das Niederlassungsrecht der Kapitalgesellschaften in der Europäischen Gemeinschaft, Die Überlagerung des deutschen Gesellschaftsrechts und Unternehmenssteuerrechts durch Europäisches Gemeinschaftsrecht, Baden-Baden 1990 (Europäisches Recht, Politik und Wirtschaft, hrsg. von Jürgen *Schwarze*, Band 139).

Fabio, Udo di, Richtlinienkonformität als ranghöchstes Normauslegungsprinzip?, Überlegungen zum Einfluß des indirekten Gemeinschaftsrechts auf die nationale Rechtsordnung, NJW 1990, 947–954.
Fallon, Marc, La loi applicable au contrat d'assurance selon la directive du 22 juin 1988, Rev. gén. ass. 60 (1989) 242–267.
Fawcett, J. J., A new distinction in conflicts of laws, Anglo-Am.L.Rev. 7 (1978) 230–242.
Feige, Konrad, Der Gleichheitssatz im Recht der EWG, Tübingen 1973.
Feldmann, Franz Josef, Europäische Produkthaftung und die Verteilung des Haftpflichtschadens, Schriften zum Wirtschafts-, Handels-, Industrierecht Bd. 25, Köln/Berlin/Bonn/München 1979.
Ferid, Murad, Internationales Privatrecht, 3. Aufl., Frankfurt a. M. 1986.
Fernandez de la Gandara/Calvo Caravaca, Libertad de establecimiento y derecho de sociedades en la Comunidad Económica Europea, Madrid 1988.
Fernández Rozas, José C., Derecho Internacional Privado y Derecho Comunitario, Rev. Instituc.Eur. 1990, 785–825.
Ficker, Hans Claudius, ‚Hilfsweise geltendes Recht' für ‚Europäische Aktiengesellschaften'?, in: Quo vadis, ius societatum?, *Liber amicorum* Pieter *Sanders* 21 september 1912–1972, hrsg. von Pieter *Zonderland* ('s-Gravenhage 1972), 37–48.
Fikentscher, Wolfgang, Probleme des internationalen Gesellschaftsrechts, MDR 1957, 71–75.

– *Methoden des Rechts* in vergleichender Darstellung, *Band IV*, Dogmatischer Teil, Anhang, Tübingen 1977.

Fines, Francette, Etude de la responsabilité extracontractuelle de la Communauté Economique Européenne, De la réference aux „principes généraux communs" à l'édification jurisprudentielle d'un système autonome, Paris 1990 (Bibliothèque de droit international; Bd. 101).

Finken/Weitbrecht, Zum gegenwärtigen Entwicklungsstand des Europäischen Gesellschaftsrechts, ZWirtR 1990, 959–966.

Firsching, Karl, Übereinkommen über das auf vertragliche Schuldverhältnisse anzuwendende Recht (IPR-VertragsÜ) vom 11. 6. 1980, IPRax 1981, 37–43.

– *Einführung* in das internationale Privatrecht, 3. Aufl. München 1987.

Fischer, Gerfried, Haftung für Scheininlandsgesellschaften, IPRax 1991, 100–105.

– Gemeinschaftsrecht und kollisionsrechtliches Staatsangehörigkeitsprinzip, in: Europäisches *Gemeinschaftsrecht und Internationales Privatrecht*, Tagung des Instituts für Internationales Privatrecht und Rechtsvergleichung des Fachbereichs Rechtswissenschaften der Universität Osnabrück am 6. und 7. April 1990 in Osnabrück, hrsg. von Christian *von Bar* (Köln/Berlin/Bonn/München 1991; *zitiert: Gemeinschaftsrecht und IPR*) 157–182.

Fischer, Hans Georg, Sind vertragswidrig nicht umgesetzte Richtlinien innerstaatlich nur auf Antrag anwendbar?, EuZW 1991, 557–561.

– Staatshaftung nach dem Gemeinschaftsrecht, EuZW 1992, 41–44.

– Die Unionsbürgerschaft, EuZW 1992, 566–569.

– Die unmittelbaren Anwendung von EG-Richtlinien in der öffentlichen Verwaltung, NVwZ 1992, 635–638.

Fischer-Zernin, C., Der Rechtsangleichungserfolg der Ersten gesellschaftsrechtlichen Richtlinie der EWG, Studien zum ausländischen und internationalen Privatrecht Bd. 15, Tübingen 1986.

Fitchew, Geoffrey, The European Dimension in Company Law, Company Lawyer 13 (1992) 5 (1 Seite).

Fitz/Purtscheller/Reindl, Produkthaftung, Wien 1988.

Fleck/Mayer-Marsilius, Niederlassung im Ausland, Bd. 7 (Deutscher Wirtschaftsdienst) Loseblatt.

Flessner, Axel, Fakultatives Kollisionsrecht, RabelsZ 34 (1970) 547–584.

– Rechtsvereinheitlichung durch Rechtswissenschaft und Juristenausbildung, RabelsZ 56 (1992) 243–260.

Fletcher, Ian, Conflicts of law and European Community Law, Amsterdam/New York/Oxford 1982.

Foerste, Ulrich, Die Produkthaftung für Druckwerke, NJW 1991, 1433–1439.

Forgách, A., Anmerkung zu Hess. FG vom 24. 4. 1985, DB 1985, 1217–1218.

Forlati, Laura Picchio, La convenzione di Roma 1980 sulla legge applicabile ai contratti nell'ordinamento italiano, in: *Giurisdizione e legge applicabile* ai contratti nella CEE, hrsg. von Erik *Jayme* und Laura Picchio *Forlati* (Padua 1990; Università degli studi di Ferrara, Quaderni del Centro di Documentazione e Studi sulle Comunità Europee, Band 5) 109–203.

Foster, Nigel, Equal treatment and retirement ages, Bericht zu Marschall v. Southhampton, Eur.L.Rev. 1986, 222–229.

Freyer, Helge, Richtlinienspezifische Probleme am Beispiel der Produkthaftung, EuZW 1991, 49–54.

Friauf/Scholz, Europarecht und Grundgesetz, Betrachtungen zu materiell- und formalrechtlichen Problemen bei Schaffung und Umsetzung sekundären Gemeinschaftsrechts, Schriften zum Europäischen Recht Bd. 1, Berlin 1990.

Fricke, Martin, Die Neuregelung des IPR der Versicherungsverträge im EGVVG durch das Gesetz zur Durchführung versicherungsrechtlicher Richtlinien des Rates der Europäischen Gemeinschaft, IPRax 1990, 361–364.

Fröhlingsdorf, Josef, Das neue spanische Verbraucherschutzgesetz, RIW 1985, 99–104.

Fuchs, Daniel, Verbraucherschutz in Spanien, Arbeiten zur Rechtsvergleichung Bd. 146, Baden-Baden 1990.

Führich, Ernst, Gemeinschaftsrechtliche Staatshaftung wegen verspäteter Umsetzung der EG-Pauschalreise-Richtlinie, EuZW 1993, 725–729.

– Zur Umsetzung der EG-Pauschalreise-Richtlinie in deutsches Reisevertragsrecht, EuZW 1993, 347–352.

Funke, Rainer, Das deutsche Wettbewerbsrecht im europäischen Binnenmarkt, WRP 1991, 550–556.

Furtak, Oliver, Konstituierende Sitzung der europäischen Gruppe für internationales Privatrecht in Luvain-la-Neuve, IPRax 1992, 128–130.

Fuß, Ernst-Werner, Die Richtlinien des Europäischen Gemeinschaftsrechts, DVBl. 1965, 378–384.

Gaja, Giorgio, New Developments in a Continuing Story: The Relationship between EEC and Italian Law, C.M.L.Rev. 1990, 83–95.

Gamillscheg, Franz, Intereuropäisches Arbeitsrecht, Zu zwei Vorschlägen der EWG zum Internationalen Arbeitsrecht, RabelsZ 37 (1973) 284–316.

Gamm, Otto-Friedrich Frhr. von, Anwendung deutschen Wettbewerbsrechts auf auslandsbezogene Sachverhalte, EWS 1991, 166–169.

Ganske, Joachim, Die europäische wirtschaftliche Interessenvereinigung (EWIV) – eine neue „supranationale" Unternehmensform als Kooperationsinstrument in der Europäischen Gemeinschaft, DB 1985, Beilage 20 zu Heft Nr. 35, 1–12.

– Das Recht der Europäischen wirtschaftlichen Interessenvereinigung (*EWIV*) Systematische Darstellung mit Texten und Materialien, München 1988 (= Bundesanzeiger 40 (1988) Nr. 200 a, 1–143).

Garrone, Pierre, Les droits du citoyen européen: l'acquis communautaire et l'apport du traité du Maastricht, Sch.Z.int.eur.R. 1993, 251–271.

Gaudemet-Tallon, Hélène, Note (zu EuGH 4. 10. 1991, Rs. C 159/90 [*The Society for the Protection of Unborn Children Ireland Ltd./Stephen Grogan e. a.*], Rev.trim.dr.eur. 1992, 163) Rev.trim.dr.eur. 1992, 167–180.

Gaul, Rudolf, Zum Begriff der vorhergehenden Bestellung im Haustürwiderrufsgesetz, NJW 1987, 2852–2855.

Gavalda/Parléani, Droit communautaire des affaires, Paris 1988; *zitiert: Gavalda/Parléani*

– Droit communautaire des affaires, J. C. P., éd. Entreprise, 1992, Chronique Nr. 130, S. 122–128.

Geiger, Rudolf, Grundgesetz und Völkerrecht, München 1985.

– EG-Vertrag, Kommentar zu dem Vertrag zur Gründung der Europäischen Gemeinschaft, München 1993.

Geimer, Reinhold, Verfassung, Völkerrecht und internationales Zivilverfahrensrecht, ZfRV 5 (1992) 321–347.

– Internationales Zivilprozeßrecht, 2. Aufl. Köln 1993.

Geißler, Markus, Die Privatautonomie im Spannungsfeld sozialer Gerechtigkeit, JuS 1991, 617–618.

Gellermann, Martin, Beeinflussung des bundesdeutschen Rechts durch Richtlinien der EG: dargestellt am Beispiel des europäischen Umweltrechts, Köln/Berlin/Bonn/München 1994.

Gerven, Dirk van, The European Economic Interest Grouping (EEIG) The First European Legal Vehicle for Cooperation between Enterprises, in: *European Economic Interest Groupings*, The EEC Regulation and its application in the Member States of the European Community, hrsg. von Dirk *van Gerven* und Carel A. V. *Aalders* (Deventer/Boston 1990), 4–46.

Geßler, Ernst, Gegenseitige Anerkennung von Gesellschaften und juristischen Personen im EWG-Bereich, Übersicht über den Inhalt des Abkommensentwurfes – Bedeutung des Abkommens und Stellungsnahme zur Kritik, DB 1967, 324–327.

Ghestin, Jacques, L'influence des directives communautaires sur le droit français de la responsabilité, FS Werner Lorenz (1991) 619–634.

Gilles, Peter, Das Gesetz über den Widerruf von Haustürgeschäften und ähnlicher Geschäfte, NJW 1986, 1131–1147.

Giuliano/Lagarde, Bericht über das Übereinkommen über das auf vertragliche Schuldverhältnisse anwendbare Recht, BT-Drucks. 10/504, 36–79, auch abgedruckt bei: Jörg *Pirrung*, Internationales Privat- und Verfahrensrecht nach dem Inkrafttreten der Neuregelung des *IPR*, Texte, Materialien, Hinweise, Bundesanzeiger Köln 1987.

Glaesner, Adrian, Die Vorlagepflicht unterinstanzlicher Gerichte – Vorabentscheidungsverfahren, EuR 1990, 143–151.

Glaesner, Hans-J., „Bemerkungen zur Interpretation von Art. 100 a EWGV", in: *Rechtsprobleme* der Rechtsangleichung, Vorträge, Reden und Berichte aus dem Europa Institut Bd. 137, Saarbrücken 1988.

Gleichmann, Karl, Europäische Wirtschaftliche Interessenvereinigung, ZHR 149 (1985) 633–650.

– Methoden der Rechtsangleichung und Rechtsvereinheitlichung innerhalb der EWG, in: *Methoden* der Rechtsvereinheitlichung, hrsg. von *Coing/Schmitthoff/Hellner/Gleichmann*, Arbeiten zur Rechtsvergleichung Bd. 69 Frankfurt a. M. (1974).

Gloy, Wolfgang, Notwendigkeit und Grenzen der Harmonisierung des Warenzeichenrechts in der Europäischen Gemeinschaft, *Festschrift* für Otto-Friedrich Frhr. *v. Gamm*, hrsg. von Willi *Erdmann*, Hans-Kurt *Mees* u. a. (Köln/Berlin/Bonn/München 1990), 257–265.

Göbel, Michael, Zur Direktwirkung von Richtlinien, in: Verfassungsprobleme der Europäischen Gemeinschaft, ZERP-DP 1/1991, 88–91.

Goerdeler, Reinhard, Überlegungen zum künftigen Gesellschaftsrecht in der EG, in: *Festschrift* für Ernst *Steindorff* zum 70. Geburtstag am 13. März 1990, hrsg. von Jürgen F. *Baur*, Klaus J. *Hopt* und K. Peter *Mailänder* (Berlin u. a. 1990), 1211–1227.

Goldmann, Berthold, Le projet de convention entre les États Membres de la Communauté Économique Européenne sur la reconnaissance mutuelle des sociétés et personnes morales, RabelsZ 31 (1967) 201–232.

– Note (zu: Cour d'Appel de Paris [3e chambre], 19. 3. 1965, *Banque ottomane*, Clunet 93 [1966], 118) Clunet 93 (1966) 132–138.

González Campos/Fernández Rozas, *Derecho internacional privado*, Parte especial, 5. Aufl. Madrid 1993.

Gottwald, Peter, Zur Revisibilität ausländischen Rechts, IPRax 1988, 210–212.

Götz, Volkmar, Europäische Gesetzgebung durch Richtlinien – Zusammenwirkung von Gemeinschaftsrecht und Staat, NJW 1992, 1849–1856.

– Auf dem Weg zur Rechtseinheit in Europa?, Drei Thesen zur europäischen Rechtsordnung, JZ 1994, 265–276.

Gotzen, Paul, Niederländisches Handels- und Wirtschaftsrecht, Heidelberg 1979.

Goubeaux, Gilles, Traité de droit civil, hrsg. von Jacques *Ghestin*, Les personnes (= Bd. 7) Paris 1989.

Grabitz, Eberhard, Gemeinschaftsrecht bricht nationales Recht, Hamburg 1966 (Universität Hamburg, Abhandlungen aus dem Seminar für öffentliches Recht, Bd. 55).

– Entscheidungen und Richtlinien als unmittelbar wirksames Gemeinschaftsrecht, EuR 1971, 1–22.

– Europäisches Verwaltungsrecht – Gemeinschaftsrechtliche Grundsätze des Verwaltungsverfahrens, NJW 1989, 1776–1783.

– Das Gemeinschaftsrecht und die Einheit Deutschlands, EWS 1991, 89–96.

– Die Wirkungsweise von Richtlinien, in: Europarecht, Kartellrecht, Wirtschaftsrecht, *Festschrift* Arved *Deringer*, hrsg. von Ulrich Everling (Baden-Baden 1993), 59–71.

Grabitz, Eberhard (Hrsg.), Kommentar zum EWG-Vertrag, Loseblattsammlung, Stand: 5. Ergänzungslieferung, 2. Aufl., München 1992; *zitiert: Grabitz/Bearbeiter.*

Grasmann, Günther, System des internationalen Gesellschaftsrechts, Außen- und Innenstatut der Gesellschaften im internationalen Privatrecht, Berlin 1970.

Grassi, Paolo, Consolidamento della giurisprudenzia della Corte de Giustizia dell Communità Europee in tema di rapporti tra ordinamento comunitario e diritto valutario nazionale, Dir. comunit. scambi int. 23 (1984) 481–510.

Graveson, Ronald, The English Conflict of Laws and the European Economic Communities, in: Liber Amicorum Ernst J. Cohn, *Festschrift* für Ernst J. *Cohn* zum 70. Geburtstag, hrsg. von A. G. *Chloros* und K. H. *Neumayer* (Heidelberg 1975), 61–74.

Grawert, Rolf, Staatsvolk und Staatsangehörigkeit, in: Handbuch des Staatsrechts der Bundesrepublik Deutschland, Bd. 1, Grundlagen von Staat und Verfassung, hrsg. von Josef *Isensee* und Paul *Kirchhof* (Heidelberg 1987), 663–690.

Groeben, Hans v. d., Die Politik der Europäischen Kommission auf dem Gebiet der Rechtsangleichung, NJW 1970, 359–364.

Groeben/Thiesing/Ehlerman, Kommentar zum EWG-Vertrag, Bände 1–4, 4. Aufl., Baden-Baden 1991.

Gronau, Franz-Stephan v., Die Börsentermingeschäfte mit Auslandsberührung nach der Kodifizierung des Internationalen Vertragsrechts im IPR-Gesetz vom 25. 7. 1986, München 1990.

Groß, Wolfgang, Nationales Kartellrecht und Europäischer Binnenmarkt, Aktiengesellschaft 1990, 326–332.

– Europa 1992: Einwirkungen des Europäischen Rechts in den innerstaatlichen Bereich der BRD, JuS 1990, 522–526.

Großfeld, Bernhard, Die Sitztheorie des internationalen Gesellschaftsrechts in der EG, IPRax 1986, 145–146.
– Die Anerkennung der Rechtsfähigkeit juristischer Personen, RabelsZ 31 (1967) 1–50.
– Die „ausländische juristische Person & Co. KG", IPRax 1986, 351–355.
– Buchbesprechung (von *Eyles*, Uwe: Das Niederlassungsrecht der Kapitalgesellschaften in der Europäischen Gemeinschaft) RabelsZ 56 (1992) 594–595.
– Europäisches Gesellschaftsrecht, WM 1992, 2121–2128.
Großfeld/Luttermann, Anmerkung (zu EuGH 27.9. 1988, Rs. 81/87 (*Daily Mail*) JZ 1989, 384) JZ 1989, 386–387.
Grote, Ralf, Das neue Statut der Euopäischen Aktiengesellschaft zwischen europäischem und nationalem Recht, Diss. Göttingen 1990.
Grothe, Helmut, Die „ausländische Kapitalgesellschaft & Co.", Zulässigkeit grenzüberschreitender Gundtypenvermischung und Anknüpfung des Gesellschaftsstatuts unter besonderer Berücksichtigung des Europäischen Gemeinschaftsrechts, Diss. 1988 (Osnabrücker Rechtswissenschaftliche Abhandlungen, Bd. 17); *zitiert: Die ausländische KG & Co.*
Grube, Lars, Deutsch-spanische Gerichtsstandsvereinbarungen, EuZW 1992, 17–20.
Grundmann, Stefan, Europäisches Vertragsrechtsübereinkommen, EWG-Vertrag und § 12 AGBG, IPRax 1992, 1–5.
Grunwald, Jürgen, Die nicht-völkerrechtlichen Verträge der Europäischen Gemeinschaften, EuR 1984, 227–267.
Guiho, Pierre, Note (zu *Cour d'Appel de Paris*, 1re chambre civile, 21.6. 1991, D. 1992, 158), D. 1992, 158–159.
Guiliano/Lagarde, Bericht über das Übereinkommen über das auf vertragliche Schuldrechtsverhältnisse anzuwendende Recht, BT-Drucks. 10/503, 33–79.

Habersack/Kleindiek/Wiedenmann, Die EG-Richtlinie über mißbräuchliche Klauseln in Verbraucherverträgen und das künftige AGB-Gesetz, ZIP 1993, 1670–1675.
Hachenburg, Max (früher Staub-Hachenburg), Kommentar zum Gesetz betreffend die Gesellschaften mit beschränkter Haftung, 6. Aufl., bearbeitet von Walter *Schmidt* und Wolfgang *Schilling*, unter Mitarbeit von Reinhard *Goerdeler*, Berlin 1965.
Hachenburg, Max (früher Staub-Hachenburg), GmbHG, Großkommentar, 8. Aufl., hrsg. von Peter *Ulmer*, 1. Lieferung: Allgemeine Einleitung; § 1–14 (mit Anhang § 13), bearbeitet von Peter *Ulmer*, Peter *Behrens*, Irmgard *Heinrich*, Thomas *Raiser* und Hans-Joachim *Mertens*, Berlin/New York 1989; *zitiert*: *Hachenburg*/Bearbeiter.
Hafke, Heinz Christian, Anmerkung (zu EuGH 12. 7. und 22. 11. 1982, Rs. 286/82 und 26/83 – *Luisi und Carbone*), EuR 1984, 398–402.
Hahn, Volker, Die „europäische" Kollisionsnorm für Versicherungsverträge, Untersuchung der Art. 7ff. EGVVG unter besonderer Berücksichtigung des zwingenden Rechts, Karlsruhe 1992.
Haidinger, Michael, Die „ausländische Kapitalgesellschaft & Co. KG", Frankfurt/Main 1990 (Europäische Hochschulschriften: Reihe 2, Rechtswissenschaft, Bd. 929).
Hailbronner, Kay, Europa 1992: Das institutionelle System der EG, JuS 1990, 263–268 und 433–446.

– Prüfungspflicht der Mitgliedstaaten zur Vergleichbarkeit ausländischer Diplome und Prüfungszeugnisse – EuGH NJW 1991, 2073, JuS 1991, 917–921.
– Staatshaftung bei säumiger Umsetzung von EG-Richtlinien, Zur Entscheidung des EuGH v. 19. 11. 1991 – Rs. C-6/90 und C-9/90, JZ 1992, 284–289.
Hailbronner/Nachbaur, Die Dienstleistungsfreiheit in der Rechtssprechung des EuGH, EuZW 1992, 105–113.
Hailbronner/Renner, Staatsangehörigkeitsrecht, Kommentar, unter Mitarbeit von Markus *Lang*, München 1991.
Hakenberg/Harles, Anmerkung (zu EuGH 7. 3. 1990, Rs. C-362/88 – *GB-INNO-BM/Confédération du commerce luxembourgeois*, GRUR Int. 1990, 955), GRUR Int. 1990, 957–960.
Hallstein, Walter, Angleichung des Privat- und Prozeßrechts in der Europäischen Wirtschaftsgemeinschaft, RabelsZ 28 (1964) 211–231.
Haneklaus, Winfried, Direktwirkung von EG-Richtlinien zu Lasten einzelner?, DVBl. 1993, 129–134.
Hanisch, Hans, Anwendbares Recht und Konkurswirkungen im revidierten Entwurf eines EG-Konkursübereinkommens von 1984, Stellungnahme zu den Artt. 2, 17–19, 34–40 und 53 nach den Vorschlägen zweiter Lesung der Arbeitsgruppe beim Rat der EG, in: *Vorschläge und Gutachten zum Entwurf eines EG-Konkursübereinkommens*, hrsg. von Gerhard *Kegel*, bearbeitet von Jürgen *Thieme* (Tübingen 1988), 491–496.
Hantel, Sabine, Anwendung ausländischen Rechts vor französischen Gerichten, RabelsZ 55 (1991) 143–151.
Hartard, Matthias, Die Europäische wirtschaftliche Interessenvereinigung im deutschen, englischen und französischen Recht, Berlin/New York 1991 (Recht des internationalen Wirtschaftsverkehrs, Band 7).
– Die Europäische wirtschaftliche Interessenvereinigung – EWIV – mit Sitz in Frankreich, EWS 1991, 215–218.
Hartung, Werner, Unmittelbare Wirkung von Bestimmungen der EG-Bilanzrichtlinie?, RIW 1988, 52–55.
Hatzig, Christoph, Die Europäische Wirtschaftliche Interessenvereinigung, Frankfurt am Main/Bern/New York/Paris 1990 (Wirtschaftsrecht und Wirtschaftsverfassung, Bd. 10).
Hatzis-Schoch, Brent, Die Bedeutung von Delaware für das US-amerikanische Gesellschaftsrecht, RIW 1992, 539–543.
Hauschka, Christoph, Zur privatrechtlichen Wirkung des Verbots nichttarifärer Handelshemmnisse in der EG, DB 1990, 873–876.
– Grundprobleme der Privatrechtsfortbildung durch die EWG, JZ 1990, 521–532.
– Der Stand der gemeinschaftsrechtlichen Rechtsangleichung im Recht der privaten Wirtschaft drei Jahre vor Vollendung des Binnenmarktes 1992, NJW 1989, 3048–3058.
– Die Europäische Aktiengesellschaft (SE) im Entwurf der Kommission von 1991: Vor der Vollendung?, EuZW 1992, 147–149.
Hay/Lando/Rotunda, Conflict of Laws as a Technique for Legal Integration, in: *Integration Through Law*, Europe and the American Federal Experience, Band 1: Methods, Tools and Institutions, Buch 2: Political Organs, Integration Techniques and Judicial Process, hrsg. Mauro *Cappeletti*, Monica *Seccombe* und Joseph *Weiler* (New York 1986), 161–258.

Heck, Hans-Joachim, Produkthaftung, Stuttgart/München 1990 (Das Recht der Wirtschaft Bd. 204).

Heerstrassen, Frank, Die künftige Rolle von Präjudizien des EuGH im Verfahren des Luganer Übereinkommens, RIW 1993, 179–184.

Heinen/Dennewald, Eléments de droit commercial luxembourgeois, Les sociétés commerciales, 2. Aufl., Luxemburg 1985.

Heinrichs, Helmut, Die EG-Richtlinie über mißbräuchliche Klauseln in Verbraucherverträgen, NJW 1993, 1817–1822.

Heintzen, Markus, Subsidiaritätsprinzip und Europäisches Gemeinschaftsrecht, JZ 1991, 317–323.

Heinz, Bodo, Die kollisionsrechtliche Bedeutung des Termin- und Differenzeinwandes bei Börsentermingeschäften im Ausland unter besonderer Berücksichtigung des EWG-Vertrages, Zugleich ein Beitrag zur Anwendung des nationalen ordre public gegenüber den Mitgliedstaaten der Europäischen Gemeinschaften, Frankfurt a. M. u. a. 1991.

Helmholz, R. H., Continental Law and Common Law: Historical Strangers or Companions?, Duke L. J. 1990, 1207–1228.

Helmrich, Helmut, Gemeinschaftsrecht und nationale Verfassung – Organisations- und Verfahrensrechtliche Aspekte einer Konfliktfrage, EuGRZ 1990, 413–423.

Henn, Günter, Handbuch des Aktienrechts, 3. Aufl., Heidelberg 1987.

Hentzen, Matthias, Zur Anwendung fremden Eingriffsrechts seit der IPR-Reform, RIW 1988, 508–511.

Herber, Rolf, Direktwirkung sogenannter horizontaler Richtlinien? (Anmerkungen zum Urteil des OLG Celle, EuZW 1990, 550), EuZW 1991, 401–404.

– UN-Kaufrechtsübereinkommen: Produkthaftung – Verjährung, MDR 1993, 195–107.

Herdegen, Matthias, Der Vorrang des Europäischen Gemeinschaftsrechts und innerstaatliche Vorlagepflichten (BGH, MDR 1985, 341), MDR 1985, 542–543.

– Die EG-Gentechnikrichtlinien und das deutsche Gentechnikgesetz, RIW 1992, 89–92.

Herrmann, Hans Joachim, Einwirkungen von EG-Richtlinien auf das nationale deutsche Umsatzsteuerrecht, RIW 1982, 566–570.

Herzfelder, François, Die Prüfungspflicht der französischen Gerichte hinsichtlich kollisionsrechtlicher Fragen, RIW 1990, 354–358.

Hess/Raaflaub, Die Auswirkungen des Acquis Communautaire auf das Recht des EWR, Dargestellt am Beispiel der Schweiz, EuZW 1992, 379–387.

Hesse, Konrad, *Grundzüge des Verfassungsrechts* der Bundesrepublik Deutschland, 18. Aufl., Heidelberg 1991.

Heymann, Handelsgesetzbuch (ohne Seerecht), Kommentar von Volker *Emmerich*, Harald *Herrmann*, Thomas *Honsell* u. a., Band 2, Zweites Buch, §§ 105–237, Berlin/New York 1989.

Heymann, Ekkehardt v., Zum neuen Verbraucherkreditgesetz, WM 1991, 1285–1322.

Hilf, Meinhard, Die *Auslegung mehrsprachiger Verträge*, Eine Untersuchung zum Völkerrecht und zum Staatsrecht der Bundesrepublik Deutschland, Berlin/Heidelberg 1973 (Beiträge zum ausländischen öffentlichen Recht und Völkerrecht, Bd. 61).

– Der Justizkonflikt um EG-Richtlinien gelöst, EuR 1988, 1–18.

– Europäisches Gemeinschaftsrecht und Drittstaatsangehörige, in: Staat und Völkerrechtsordnung, *Festschrift* für Karl *Doehring*, hrsg. von Kay *Hailbronner*, Georg *Ress* und Torsten *Stein* (Berlin u. a. 1989; Beiträge zum ausländischen öffentlichen Recht und Völkerrecht, Bd. 98) 339–364.
– Ein Grundrechtskatalog für die Europäische Gemeinschaft, EuR 1991, 19–30.
– Die Richtlinie der EG – ohne Richtung, ohne Linie?, EuR 1993, 1–22.
Hillgruber, Christian, Grundrechtsschutz im Vertragsrecht, AcP 191 (1991) 69–86.
Hippel, Eike v., Verbraucherschutz in Europa, RabelsZ 45 (1981) 351–376.
– Verbraucherschutz, 3. Aufl., Tübingen 1986.
– Produkthaftung und Verbraucherschutz, BB 1987, 721–723.
Hodges, Christopher J.S. (Hrsg.), Product Liability, European Laws and Practice, bearbeitet von Peter *Prettenhofer*, Eugene *Tchen* u. a., London 1993.
Hoffmann, Bernd v., Empfiehlt es sich, das EG-Übereinkommen über das auf vertragliche Schuldverhältnisse anwendbare Recht in das deutsche IPR-Gesetz zu inkorporieren?, IPRax 1984, 10–13.
– Internationales Privatrecht: US-Pflanzenschutzmittel in inländischen Obstgärten, JuS 1986, 385–388.
– Produkthaftung des Importeurs und Freihandel, in: Kollision und Vereinheitlichung, *Mélanges* en l'honneur d'Alfred E. von *Overbeck* (1990), 767–786.
– Inländische Sachnormen mit zwingendem internationalem Anwendungsbereich, IPRax 1989, 261–271.
Höfling, Wolfram, Vertragsfreiheit: eine grundrechtsdogmatische Studie, Heidelberg 1991 (Schriften zum Wirtschaftsverfassungs- und Wirtschaftsverwaltungsrecht Bd. 26).
Hofmann, Edgar, Privatversicherungsrecht, 3. Aufl., München 1991.
Hofmann, Rainer, Art. 25 GG und die Anwendung völkerrechtswidrigen ausländischen Rechts, ZaöRV 49 (1989) 41–60.
Hohloch, Gerhard, Harmonisierung der Produkthaftung in der EG und Kollisionsrecht, in: *Festschrift* für Max *Keller* zum 65. Geburtstag, Beiträge zum Familien- und Vormundschaftsrecht, Schuldrecht, Internationales Privatrecht, Verfahrens-, Banken-, Gesellschafts- und Unternehmensrecht, zur Rechtsgeschichte und zum Steuerrecht, hrsg. von Peter *Forstmoser*, Hans *Gigi* u. a. (Zürich 1989) 433–449.
– Anm. zu BGH v. 15. 11. 1990, JuS 1991, 605–606.
Holleaux/Foyer/Geouffre de la Pradelle, Droit international privé, Paris u. a. 1987.
Hollmann, Herrmann, Die EG-Produkthaftungsrichtlinie, DB 1985, 2389–2396 und 2439–2443.
– Zum Stand der Umsetzung der EG-Produkthaftungsrichtlinie, RIW 1988, 81–86.
Hommelhoff, Peter, Zivilrecht unter dem Einfluß europäischer Rechtsangleichung, AcP 192 (1992) 71–107.
– Konturen eines gemeinschaftsrechtlichen Unternehmensrecht, in: *Gemeinsames Privatrecht* in der Europäischen Gemeinschaft, Baden-Baden 1993 (Schriftenreihe des Arbeitskreises Europäische Integration e. V., Bd. 33), hrsg. von Peter-Christian *Müller-Graff*, 287–308.
Hondius, Ewoud, Allgemeine Bedingungen in Verbraucherverträgen: Zu einer europäischen Richtlinie, EuZVR 1988, 159–179.
Hopt, Klaus J., Insiderwissen und Interessenkonflikte im europäischen und deut-

schen Bankrecht, in: *Festschrift* für Theodor *Heinsius* zum 65. Geburtstag am 25. September 1991, hrsg. von Friedrich *Kübler*, Hans-Joachim *Mertens* und Winfried *Werner* (Berlin/New York 1991) 288–322.
– Europäisches und deutsches Insiderrecht, ZGR 1991, 17–73.
Hopt/Wiedemann (Hrsg.), AktG, Großkommentar, begründet von W. Gadow (†) und E. *Heinicken*, 1. Lieferung: Einleitung A–D, bearbeitet von Heinz-Dieter *Assmann*, 4. Aufl. Berlin/New York 1992.
Horn, Nobert, Die Entwicklung des internationalen Wirtschaftsrechts durch Verhaltensrichtlinien, RabelsZ 44 (1980) 423–453.
Horsmans/Nicaise, Chapitre Premier Les groupements et leur constitution, in: Les groupements d'intérêts économique, hrsg. von Guy *Horsmans* (Brüssel 1991).
Houin, R., Le régime juridique des sociétés dans la Communauté Economique Européenne, Rev.trim.dr.europ. 1 (1965) 11–27.
Howells, Geraint, United Kingdom's Consumer Protection Act 1987 – The Implementations of the EC Directrive on Product Liability, EuZVR 1987, 156–164.
– Implication of the implementation and non-implementation of the EC Products Liability directrive, Northern Ireland Legal Quarterly 41 (1990) 22–42.
– Comparative Product Liability, Dartmouth 1993.
Hübner, Ulrich, Internationales Privatrecht des Versicherungsvertrages und EG-Recht, Zu den Entwicklungen des EG-Rechts und ihren Auswirkungen auf das Versicherungsvertragsrecht, ZgesVersWiss. 72 (1983) 21–40.
– Zum Stand der Rechtsvereinheitlichung im internationalen Versicherungsvertragsrecht, in: Europäisches Gemeinschaftsrecht und Internationales Privatrecht, Tagung des Instituts für Internationales Privatrecht und Rechtsvergleichung des Fachbereichs Rechtswissenschaften der Universität Osnabrück am 6. und 7. April 1990 in Osnabrück, hrsg. von Christian *von Bar* (Köln/Berlin/Bonn/München 1991; *zitiert: Gemeinschaftsrecht und IPR*), 111–127.
Huff, Martin, Haustürwiderrufsrecht und Freizeitveranstaltungen – ein erster Überblick, VuR 1988, 306–313.
– Kurzkommentar (zu OLG Hamm v. 1.12. 1988), § 2 HWiG, 1/89, EWiR 1989, 383–384.
– Unwirksame Rechtswahlklausel bei ausländischen Verkaufsveranstaltungen, Art. 27 EGBGB 1/89, EWiR 1989, 995–996.
– Kurzkommentar (zu EuGH 7.3. 1990 – Rs. C-362/88, *GB-INNO-BM/Confédération du commerce luxembourgeois*), Art. 30 EWGV 2/90, EWiR 1990, 473–474.
– Kippt der EuGH das Verbot der Preisgegenüberstellung?, EuZW 1992, 617.
– Sommer, Sonne und die Pleite – wenn Europarecht die breite Öffentlichkeit interessiert, EuZW 1993, 521.
– Anmerkung (zu LG Bonn EuZW 1994, 442 und 445), EuZW 1994, 446–447.
Hülsen, Hans-Viggo v., Ist die von der EG-Kommission vorgeschlagene Form der strikten Produzentenhaftung eine gute Lösung?, RIW 1977, 373–383.
Hummer, Waldemar, Der EWR und seine Auswirkungen auf Österreich, EuZW 1992, 361–373.

Immenga/Mestmäcker, GWB, Gesetz gegen Wettbewerbsbeschränkungen, Kommentar, 2. Aufl., München 1992.
Institut Universitaire International Luxembourg (Hrsg.), L'influence des Communautés européennes sur le droit international privé des etats membres, The Influence of

the European Communities upon Private International Law of the Member States, Vorträge von Pierre *Bourel*, Ulrich *Drobnig* u. a., Préface von Franois *Rigaux*, Brüssel 1981.

Ipsen, Hans Peter, Richtlinie – Ergebnisse, in: Zur Integration Europas, *Festschrift* Carl-Friedrich *Ophüls*, hrsg. von Walter *Hallstein*, Hans-Jürgen *Schlochauer* (Karlsruhe 1965), 67–84.

– Europäisches *Gemeinschaftsrecht*, Tübingen 1972.

– Die Rolle des Prozeßrichters in der Vorrang-Frage: Zur Bedeutung des II. Simmenthal-Urteils (Rs. 106/77) des Europäischen Gerichtshofs, EuR 1979, 223–238 (= *Ipsen*, Europäisches Gemeinschaftsrecht in Einzelstudien, Baden-Baden 1984, 231–246).

– Zum Referat von Thomas Oppermann, in: *Lüneburger Symposium* für Hans Peter Ipsen zur Feier des 80. Geburtstages, hrsg. von Gert *Nicolaysen* und Helmut *Quaritsch* (Baden-Baden 1988), 94–95.

Ipsen, Knut, Völkerrecht, Ein Studienbuch, in Zusammenarbeit mit Volker *Epping*, Horst *Fischer* u. a., 3. Aufl. des von Eberhard *Menzel* begründeten Werkes, München 1990; *zitiert: K. Ipsen/Bearbeiter, Völkerrecht.*

Ipsen/Nicolaysen, Haager Kongreß für Europarecht und Bericht über die aktuelle Entwicklung des Gemeinschaftsrechts, NJW 1964, 339–344.

Irmen, Friedrich, Langenscheidts Taschenwörterbuch der portugiesischen und deutschen Sprache, Erster Teil, Portugiesisch-Deutsch, Neubearbeitung, Berlin/München/Wien/Zürich 1982.

Israël, Séverine, Une avancée du droit communautaire: le groupement européen d'intérêt économique (GEIE) Rev.M.C. 1985, 645–655.

IZVR, Handbuch des Internationales Zivilverfahrensrechts, hrsg. vom Max-Planck-Institut für ausländisches und internationales Privatrecht, Bd. III/1: Anerkennung ausländischer Entscheidungen nach autonomem Recht, bearbeitet von Dieter *Martiny*, Tübingen 1984.

Jacobs/Lindacher/Teplitzky, UWG, Großkommentar, 5. Lieferung: §§ 2–6 e, bearbeitet von Rainer *Jacobs*, Walter F. *Lindacher* u. a., Berlin/New York 1992.

Jaenicke, Günther, Zur Frage des internationalen Ordre public, BerDGesVölkR 7 (1967) 77–131.

Jarass, Hans, Voraussetzung der innerstaatlichen Wirkung des EG-Rechts, NJW 1990, 2420–2425.

– Richtlinienkonforme bzw. EG-rechtskonforme Auslegung nationalen Rechts, EuR 1991, 211–223.

– Folgen der innerstaatlichen Wirkung von EG-Richtlinien, NJW 1991, 2665–2669.

Jarass/Pieroth, Kommentar zum Grundgesetz für die Bundesrepublik Deutschland, 2. Aufl., München 1991.

Jayme, Erik, Allgemeine Geschäftsbedingungen und internationales Privatrecht, ZHR 142 (1978) 105–123.

– La création d'un droit international privé européen, Les Petites Affiches 1985, 13–17 (in: Nr. 58 v. 15. 5. 1985).

– Die internationale Zuständigkeit bei Haustürgeschäften – Nationale und internationale Wege zu einem europäischen Prozeßrecht, in: Beiträge zum Internationalen Verfahrensrecht und zur Schiedsgerichtsbarkeit, *Festschrift* Heinrich *Nagel* (1987), 123–132.

– Methoden der Konkretisierung des *ordre public* im Internationalen Privatrecht, Juristische Studiengesellschaft Karlsruhe Bd. 183, 1989.
– *Ein internationales Privatrecht für Europa*, Reden zur Verleihung des Landesforschungspreises Baden-Württemberg 1989. Mit einem Beitrag über Internationales Privatrecht und Europäischer Binnenmarkt, Heidelberg 1990.
– Haustürgeschäfte deutscher Urlauber in Spanien: Horizontale Wirkungen der EG-Richtlinien und internationales Vertragsrecht, IPRax 1990, 220–222.
– IPR und Europarecht – Tagung im portugiesischen Kulturzentrum in Paris, IPRax 1990, 346–347.
– Rechtsspaltung im spanischen Privatrecht und deutsche Praxis, RabelsZ 55 (1991) 304–323.
– Buchbesprechung zum Münchener Kommentar zum bürgerlichen Gesetzbuch, Bd. 7, NJW 1991, 896–897.
– Inhaltskontrolle von Rechtswahlklauseln in Allgemeinen Geschäftsbedingungen, *Festschrift* Werner *Lorenz* (1991), 435–439.
– Das IPR – ein Handelshemmnis in der Europäischen Union? Heidelberg-Montpellier-Seminar 1992, IPRax 1992, 339–340.
– Ferienhausvermittlung und Verbraucherschutz: Zur einschränkenden Auslegung des Art. 16 Nr. 1 EuGVÜ, IPRax 1993, 18–19.

Jayme, Erik (Hrsg.), *Ein internationales Zivilverfahrensrecht für Gesamteuropa*, EuGVÜ, Lugano-Übereinkommen und die Rechtsentwicklungen in Mittel- und Osteuropa, Länderberichte – Modellvergleich – Erfahrungen. Beiträge und Diskussionen des Symposions 1991 in Heidelberg mit einschlägigen Materialien im Anhang, mit Beiträgen von Michael *Bogdan*, Mark M. *Boguslavskij* u. a., Heidelberg 1992.

Jayme/Kohler, Zum Stand des internationalen Privat- und Verfahrensrechts der Europäischen Gemeinschaft, IPRax 1985, 65–71.
– Das Internationale Privat- und Verfahrensrecht der EG – Jüngste Entwicklungen, IPRax 1988, 133–140.
– Das Internationale Privat- und Verfahrensrecht der EG – Stand 1989, IPRax 1989, 337–346.
– Das Internationale Privat- und Verfahrensrecht der EG auf dem Wege zum Binnenmarkt, IPRax 1990, 353–361.
– Das Internationale Privat- und Verfahrensrecht der EG 1991 – Harmonisierungsmodell oder Mehrspurigkeit des Kollisionsrechts, IPRax 1991, 361–369.
– Das Internationale Privat- und Verfahrensrecht der EG nach Maastricht, IPRax 1992, 346–356.
– Das Internationale Privat- und Verfahrensrecht der EG 1993 – Spannungen zwischen Staatsverträgen und Richtlinien, IPRax 1993, 357–371.
– Europäischer Binnenmarkt: Internationales Privatrecht und Rechtsangleichung, IPRax 1994, 253.

Jenard, P., Bericht zu dem Übereinkommen über die gerichtliche Zuständigkeit und die Vollstreckung gerichtlicher Entscheidungen in Zivil- und Handelssachen (unterzeichnet in Brüssel am 27. September 1968) ABl. 1979 Nr. C 59, 1–65.

Jenard/Möller, Übereinkommen über die gerichtliche Zuständigkeit und die Vollstreckung gerichtlicher Entscheidungen in Zivil- und Handelssachen, geschlossen in Lugano am 16. September 1988 (90/C 189/07) Bericht, ABl. 1990 Nr. C 189, 57–122 (auch abgedruckt bei: *Stoll*, Stellungnahmen, 38–138).

Jessurun d'Oliveira, Hans, The Community Case, Is reserve discrimination still permissible under the Single European Act, in: *Fourty Years On*: The Evolution of Postwar Private International Law in Europe, Symposium in celebration of the 40th anniversary of the Centre of Foreign Law and Private International Law, University of Amsterdam, on 27 October 1989, hrsg. vom *Centrum voor Buitenlands Recht en Internationaal Privatrecht, Universiteit van Amsterdam* (Deventer 1990) 71–86.

Jestaedt/Kästle, Kehrtwende oder Rückbesinnung in der Anwendung von Art. 30 EGV: Das *Keck*-Urteil, EWS 1994, 26–29.

Joerges/Brüggemeier, Europäisierung des Vertragsrechts- und Haftungsrechts, in: *Gemeinsames Privatrecht* in der Europäischen Gemeinschaft, Baden-Baden 1993 (Schriftenreihe des Arbeitskreises Europäische Integration e. V., Bd. 33), hrsg. von Peter-Christian *Müller-Graff*, 233–286.

Juenger, Friedrich K., Parteiautonomie und objektive Anknüpfung im EG-Übereinkommen zum Internationalen Vertragsrecht, RabelsZ 46 (1982) 57–83.

Jung, Hans, The Brussels and Lugano Convention: The European Court's Jurisdiction; its Procedure and Methods, Civ. Just. Q. 11 (1992) 38–51.

Junker, Abbo, Die „zwingenden Bestimmungen" im neuen internationalen Arbeitsrecht, IPRax 1989, 69–75.

– Die einheitliche Auslegung nach dem EG-Schuldvertragsübereinkommen, RabelsZ 55 (1991) 674–696.

– Die freie Rechtswahl und ihre Grenzen – Zur veränderten Rolle der Parteiautonomie im Schuldrecht, IPRax 1993, 1–10.

– Arbeits- und Sozialrecht in der Europäischen Union, JZ 1994, 277–286.

Jura Europae, Le droit des pays des Communautés Européennes, Das Recht der Länder der Europäischen Gemeinschaften, The Law of the Member States of the European Comunities: Droit des sociétés, Gesellschaftsrecht, Company Law, Band 1–4, Loseblatt Stand: Dezember 1990; *zitiert*: *Jura Europae* (grundsätzlich unter Angabe des Bearbeiters; für Dänemark war er nicht zu ermitteln).

Kampf, Holger, Sicherheitsleistungen durch britische Staatsangehörige, Ein Beitrag zur Anwendbarkeit des § 110 ZPO, NJW 1990, 3054–3057.

Kandut, Gabriele, Zur Neuordnung der Produkthaftung in Italien, PHI 1988, 114–124.

Karl, Joachim, Zur Rechtswirkung von Protokollerklärungen in der Europäischen Gemeinschaft, JZ 1991, 593–599.

– Die Schadensersatzpflicht der Mitgliedstaaten bei Verletzungen des Gemeinschaftsrechts, Anmerkungen zum Urteil des Europäischen Gerichtshofs vom 19. November 1991, RIW 1992, 440–448.

Karoff, Martina, Richtlinie und Umsetzungspraxis, RabelsZ 48 (1984) 649–720.

Kaum, Markus, Ausländersicherheit und Europarecht (zu OLG München, 17. 11. 1992 – 7 W 2406/92, und EuGH, 1. 7. 1993 – Rs. C 20/92), IPRax 1994, 180–183.

Keane, Ronan, Company Law in the Republic of Ireland, London 1985.

Kegel, Gerhard, Allgemeines Kollisionsrecht, in: Conflits et harmonisation, Kollision und Vereinheitlichung, Conflicts and harmonization, *Mélanges* en l'honneur d'Alfred E. von *Overbeck*, à l'occasion de son 65ème anniversaire, hrsg. von der Faculté de Droit de l'Université de Fribourg, Walter E. *Stoffel* und Paul *Volken* (Fribourg, Schweiz 1990) 43–73; *zitiert*: *Kegel*, Fs. Overbeck.

– Die selbstgerechte Sachnorm, in: *Gedächtnisschrift* für Albert A. *Ehrenzweig*, hrsg. von Erik *Jayme* und Gerhard *Kegel* (Karlsruhe/Heidelberg 1976) 51–87.

– Internationales Privatrecht, 6. Aufl., München 1987; *zitiert: IPR*.

Keller/Siehr, Allgemeine Lehren des internationalen Privatrechts, Zürich 1986.

Keßler, Jürgen, Produktsicherheit im europäischen Binnenmarkt – Abstimmungskonflikte und Kollisionsprobleme im deutschen und europäischen Verbraucherrecht, EuZW 1993, 751–754.

Kessel, Wolfgang, Der Entwurf zum Statut der Europäischen Genossenschaft, EuZW 1992, 475–479.

Keutgen, Guy, Le groupement européen d'intérêt économique, Cah. dr. eur. 23 (1987) 492–511.

Khan, Daniel-Erasmus, Zur unmittelbaren Anwendbarkeit der EG-Richtlinien über die allgemeine Personenfreizügigkeit, ZAR 1992, 161–166.

Kindler, Peter, Umsetzung der EG-Richtlinie 653/86: Harmonisiertes Handelsvertreterrecht in der Bundesrepublik Deutschland und in Italien, Jahrbuch für Italienisches Recht 4 (1991) 25–48.

– Neues deutsches Handelsvertreterrecht aufgrund der EG-Richtlinie, RIW 1990, 358–364.

Kirchhoff, Wolfgang, Die Bedeutung des EuGH für Europa und für die einzelnen Marktteilnehmer, DB 1989, 2261–2264.

Kleinmann, Werner, Verfassungsbeschwerde gegen deutsche Gesetze, die europäisches Gemeinschaftsrecht transformieren?, NJW 1969, 355–358.

Klinke, Ulrich, Europäisches Unternehmensrecht und EuGH: Die Rechtsprechung in den Jahren 1991–1992, ZGR 1993, 1–40.

Kloepfer, Michael, EG-Recht und Verfassungsrecht in der Rechtsprechung des Bundesverfassungsgerichts, in: Die Bedeutung der Europäischen Gemeinschaften für das deutsche Recht und die deutsche Gerichtsbarkeit, Seminar Bettermann (1989) 11–30.

Knebel, Hans Werner, Die Extraterritorialität des Europäischen Kartellrechts, EuZW 1991, 265–274.

Knobbe-Keuk, Brigitte, Niederlassungsfreiheit: Diskriminierungs- oder Beschränkungsverbot?, Zur Dogmatik des Art. 52 EWG-Vertrag – am Beispiel einiger gesellschaftsrechtlicher Beschränkungen, DB 1990, 2573–2584.

– Umzug von Gesellschaften in Europa, ZHR 154 (1990) 325–356.

Koch, Harald, Internationale Produkthaftung und Grenzen der Rechtsangleichung durch die EG-Richtlinie, ZHR 152 (1988) 537–563.

Koch, Ulrich, Die Entwicklung des Gesellschaftsrechts in den Jahren 1989/90, Rechtspolitische Entwicklungen, Steuerrecht, deutsches internationales Gesellschaftsrecht, Recht der Personengesellschaften, NJW 1992, 404–419.

Kocks, Christoph, Grundzüge des belgischen Produkthaftungs- und Gewährleistungsrechts, PHI 1990, 182–196.

Kohler, Christian, Kein Weg zur Rechtsvereinheitlichung – Zur Übernahme des EG-Übereinkommens vom 19. Juni 1980 über das auf vertragliche Schuldverhältnisse anzuwendende Recht, EuR 1984, 155–173.

– Die zweite Revision des Europäischen Gerichtsstands- und Vollstreckungsübereinkommens, EuZW 1991, 303–307.

– Einheit, Vielfalt und Relativität im Kollisionsrecht der EG-Mitgliedstaaten, IPRax 1992, 277–284.

– Integration und Auslegung – Zur Doppelfunktion des Europäischen Gerichtshofs, in: *Ein internationales Zivilverfahrensrecht für Gesamteuropa*, EuGVÜ, Lugano-

Übereinkommen und die Rechtsentwicklungen in Mittel- und Osteuropa, Länderberichte – Modellvergleich – Erfahrungen. Beiträge und Diskussionen des Symposions 1991 in Heidelberg mit einschlägigen Materialien im Anhang, mit Beiträgen von Michael *Bogdan*, Mark M. *Boguslavskij* u. a., hrsg. von Erik *Jayme* (Heidelberg 1992), 11–28.

Kollatz, Udo, Hinweis der Redaktion, DZWiR 1992, 25–26.

Kölner Kommentar, Kommentar zum Aktiengesetz, Band 1, §§ 1–75 AktG, bearbeitet von Carsten Peter *Claussen*, Gerd *Geilen* u. a., 2. Aufl., Köln/Berlin/Bonn/München 1988; *zitiert*: *Kölner Kommentar/Bearbeiter.*

König, Detlef, Vereinheitlichung des internationalen Schuldrechts in der EG, EuR 1975, 289–318.

Koppensteiner, Hans-Georg, Internationale Unternehmen im deutschen Gesellschaftsrecht, Frankfurt/Main 1971 (Wirtschaftsrecht und Wirtschaftspolitik, 17); *zitiert: Internationale Unternehmen.*

Korn, Harold, The Choice-of-Law Revolution: A Critique, Colum.L.Rev. 83 (1983) 772–973.

Kothe, Wolfhard, Verbraucherschutz im Lichte des europäischen Wirtschaftsrechts, EuZW 1990, 150–156.

Kötz, Hein, Zur Anerkennung der Rechtsfähigkeit nach liechtensteinischem Recht gegründeter juristischer Personen, Anmerkung, GmbH-Rdsch. 1965, 69–70.

– Allgemeine Rechtsgrundsätze als Ersatzrecht, RabelsZ 34 (1970) 663–678.

– Rechtsvereinheitlichung – Nutzen, Kosten, Methoden, Ziele, RabelsZ 50 (1986) 1–18.

– Ist die Produkthaftung eine vom Verschulden unabhängige Haftung?, *Festschrift* Werner *Lorenz* (1991), 109–121.

– EG-Kodifikation des wirtschaftsnahen Zivilrechts, Bericht über ein Kolloquium, RabelsZ 56 (1992) 317–319.

– Rechtsvergleichung und gemeineuropäisches Privatrecht, in: *Gemeinsames Privatrecht* in der Europäischen Gemeinschaft, Baden-Baden 1993 (Schriftenreihe des Arbeitskreises Europäische Integration e. V., Bd. 33), 95–108.

– Europäische Juristenausbildung, ZEuP 1993, 268–278.

Kramer, Ernst A., Privatrechtsvereinheitlichung, JBl. 1988, 477–489.

Krämer, Ludwig, EWG-Verbraucherrecht (Schriftenreihe Europäisches Recht, Politik und Wirtschaft Bd. 118) Baden-Baden 1985.

Krauß, Harald, Frankreich: Der Vorentwurf zur Umsetzung der EG-Richtlinie, PHI 1988, 26–32.

Kretschmer, Friedrich, Bemerkungen zum EG-Richtlinienvorschlag über die Haftung für Dienstleistungen, PHI 1991, 64–69.

Kreuzer, Karl-Friedrich, „Apfelschorf im Alten Land" – Kollisionsrechtliche Probleme der Produkthaftung, IPR 1982, 1–12.

– Einheitsrecht als Ersatzrecht, NJW 1983, 1943–1948.

– Erklärung eines generellen Vorbehalts zu Art. 7 Abs. 1 des Übereinkommens vom 19. 6. 1980 über das auf vertragliche Schuldverhältnisse anzuwendende Recht?, IPRax 1984, 293–296.

– Die Europäisierung des Internationalen Privatrechts – Vorgaben des Gemeinschaftsrechts –, in: *Gemeinsames Privatrecht* in der Europäischen Gemeinschaft, Baden-Baden 1993 (Schriftenreihe des Arbeitskreises Europäische Integration e. V., Bd. 33), hrsg. von Peter-Christian *Müller-Graff*, 373–447.

Kronke, Herbert, Anmerkung (zu BayObLG 7.5. 1992–3 Z BR 14/92, IPRax 1992, 389), IPRax 1992, 389–390.

Kropholler, Jan, Die Europäischen Gemeinschaften und der Grundrechtsschutz, EuR 1969, 128–146.

– Ein Anknüpfungssystem für das Deliktsstatut, RabelsZ 33 (1969) 601–653.

– Der „Ausschuß" des IPR im Einheitlichen Kaufgesetz, RabelsZ 38 (1974) 373–387.

– Internationales *Einheitsrecht*, Tübingen 1975 (Beiträge zum ausländischen und internationalen Privatrecht, Bd. 39).

– Das kollisionsrechtliche System des Schutzes der schwächeren Vertragspartei, RabelsZ 42 (1978) 634–661.

– Anmerkung zu: OLG Düsseldorf, Urt. v. 24.8. 1978–4 U 241/77, NJW 1980, 533–534.

– Völkerrechtlicher Vertrag und Drittstaaten, BerDGesVölkR 28 (1988) 105–126.

– Internationales Privatrecht, Tübingen 1990; *zitiert: IPR*.

– Eine Auslegungskompetenz des Gerichtshofes der Europäischen Gemeinschaften für das Internationale Schuldvertragsrecht, in: Stellungnahmen und Gutachten zum Europäischen Internationalen Zivilverfahrens- und Versicherungsrecht, hrsg. von Hans *Stoll* (Tübingen 1991) 171–176; *zitiert: Kropholler in: Stoll (Hrsg.) Stellungnahmen*.

– Buchbesprechung (von: *Jayme*, Erik: Ein Internationales Privatrecht für Europa. Reden zur Verleihung des Landesforschungspreises Baden-Würtemberg 1989. Mit einem Beitrag über Internationales Privatrecht und Europäischer Binnenmarkt. Laudatio von Helmut *Engler*. Heidelberg 1991) RabelsZ 56 (1992) 330–331.

– Europäisches Zivilprozeßrecht, Kommentar zum *EuGVÜ*, 3. Aufl., Heidelberg 1991.

Kuhlmann, Ulrich, Drittstaatsbezogene Unternehmenszusammenschlüsse im EWG-Kartellrecht, Frankfurt/Main 1990 (Europäische Hochschulschriften, Bd. 1028).

Küstner/v. Manteuffel, Die Änderungen des Handelsvertreterrechts aufgrund der EG-Harmonisierungsrichtlinie vom 18.12. 1986, BB 1990, 291–299.

Lagarde, Paul, Note (zu: Cour d'Appel de Paris [3e chambre], 19.3. 1965, *Banque ottomane*, Rev. crit. d.i.p. 56 [1967], 85) Rev. crit. d.i.p. 56 [1967], 101–109.

Lagarde, Paul, Le nouveau droit international privé des contrats après l'entrée en vigueur de la convention de Rome du 19 juin 1980, Rev. crit. d.i.p. 1991, 287–340.

Lando, Ole, Principles of European Contract Law, An Alternative or a Precursor of European Legislation, RabelsZ 56 (1992) 261–273.

– The EEC Convention on the Law applicable to contractual obligations, C.M.L.Rev. 1987, 159–214.

Landscheidt, Christoph, Das neue Produkthaftungsrecht, Herne/Berlin 1990.

Lange, Dirk, Haustürgeschäfte deutscher Spanienurlauber nach spanischem Recht, Konstanz 1993.

Langeheine, Bernd, Rechtsangleichung unter Art. 100a EWGV – Harmonisierung vs. nationale Schutzinteressen, EuR 1988, 235–256.

Langenfeld/Schlemmer-Schulte, Die TA Luft – kein geeignetes Instrument zur Umsetzung von EG-Richtlinien, EuZW 1991, 622–627.

Langenfeld, Christine, Die Gleichbehandlung von Mann und Frau im Europäischen Gemeinschaftsrecht, Baden-Baden 1990.
– Zur Direktwirkung von EG-Richtlinien, DÖV 1992, 955–965.
– Noch einmal: Die EG-Richtlinie zum Haustürwiderrufsgesetz und deutsches IPR, IPRax 1993, 155–157.
Langenscheidts, Enzyklopädisches Wörterbuch der englischen und deutschen Sprache, „Der Große Muret-Sanders", Teil I, Englisch-Deutsch, 2. Band, N–Z, hrsg. von Otto *Springer*, Berlin/München/Wien u. a., 9. Aufl. 1989.
– Grosswörterbuch Französich: Teil I, Französisch-Deutsch, begründet von Karl *Sachs* und Césaire *Villate*, hrsg. von Erich *Weis*, Berlin/München/Wien u. a., 5. Aufl. 1987.
Langhein, A. W. Heinrich, Das Prinzip der Analogie als juristische Methode, Diss. Hamburg 1991.
Larenz, Karl, Methodenlehre der Rechtswissenschaft, Studienausgabe, 5. Aufl., Berlin/Heidelberg 1983.
– Lehrbuch des Schuldrechts, 14. Aufl., Bd. I, Allgemeiner Teil, München 1987.
Lasok/Stone, Conflicts of Law in the European Community, Worcester 1987.
Lastres, José Manuel, Das neue spanische Gesetz gegen unlauteren Wettbewerb, GRUR Int. 1992, 183–192.
Layton, Alexander, The Interpretation of the Brussels Convention by the European Court and English Courts, Civ. Just. Q. 11 (1992) 28–37.
Leflar/McDougal/Felix, American Conflicts Law, 4. Aufl., Charlottesville/Va., 1986.
Lehmann, Michael, Der neue Europäische Rechtsschutz von Computerprogrammen, NJW 1991, 2112–2117.
Lehmann, Rolf, Eingriffsnormen dritter Staaten und die deutsche IPR-Reform, ZRP 1987, 319–321.
– Zwingendes Recht dritter Staaten im internationalen Vertragsrecht (Europäische Hochschulschriften Bd. 577) Frankfurt a. M. 1986.
Leible/Sosnitza, „MP Travel Line", EG-Recht und Staatshaftung, MDR 1993, 1159–1165.
Lemaire, W. L. G., Nederlands Internationaal Privaatrecht (Hoofdlijnen) Leiden 1968.
Lenz, Carl, Entwicklung und unmittelbare Geltung des Gemeinschaftsrechts, DVBl. 1990, 903–910.
Léon Sanz, Francisco J., El caso „Marleasing, S. A." (I) Rev. Der. Merc. (Madrid) 1990, 801–819.
Lerche, Clemens, Die Kompetenz des französischen Conseil d'Etat zur Auslegung völkerrechtlicher Verträge, ZaöRV 50 (1990) 869–890.
Leupold, Andreas, Die europäische Aktiengesellschaft unter besonderer Berücksichtigung des deutschen Rechts, Chancen und Probleme auf dem Weg zu einer supranationalen Gesellschaftsform, Aachen 1993.
Littré, Paul-Emile, Dictionnaire de la langue française, Bd. 4, hrsg. von der Encyclopaedia Britannica Inc., Chicago 1982.
Lloyd, Ian, Copyright in Computer Software, The Scots Law Times 1991, 233–237.
Lorenz, Egon, Die Rechtswahlfreiheit im internationalen Schuldvertragsrecht, RIW 1987, 570–584.
– Die Umsetzung der internationalprivatrechtlichen Bestimmungen der Zweiten

Schadensversicherungsrichtlinie (88/357/EWG) zur Regelung der Direktversicherung der in der EWG belegenen Risiken, in: Stellungnahmen und Gutachten zum Europäischen Internationalen Zivilverfahrens- und Versicherungsrecht, hrsg. von Hans *Stoll* (Tübingen 1991) 210–241; *zitiert: Lorenz in: Stoll (Hrsg.) Stellungnahmen.*

– Das auf grenzüberschreitende Lebensversicherungsverträge anwendbare Recht – eine Übersicht über die kollisionsrechtlichen Rechtsgrundlagen, ZgesVersWiss. 1991, 121–144.

Lorenz, Werner, Das internationale Privatrecht der Produkthaftpflicht, in: Rechtswissenschaft und Gesetzgebung, *Festschrift* Eduard *Wahl* (1973), 185–206.

– Der Haager Konventionsentwurf über das auf die Produkthaftpflicht anwendbare Recht, RabelsZ 37 (1973) 317–353.

– Der Entwurf einer Europäischen Konvention über die Produkthaftpflicht, RIW 1975, 246–253.

– Fortschritte bei der Auflockerung des Deliktstatuts im internationalen Verkehrsunfallrecht, IPRax 1984, 85–88.

– Europäische Rechtsangleichung auf dem Gebiet der Produzentenhaftung, ZHR 151 (1987) 1–39.

Loussouarn, Yvon, Les incidences des Communautés Européennes sur la conception du droit international privé, Rev.trim.dr.europ. 1974, 708–727.

– Les conflits de loi en matière de contrat d'assurance et la directive communautaire du 22 juin 1988, Rev. gén. ass. 69 (1989) 291–305.

Löwe, Walter, Schutz gegen Überrumplung bei Vertragsschluß, BB 1986, 821–832.

Lowell, John, EG-Richtlinie – Ein Kompromiß wird Realität, PHI 1986, 30–36.

Luchsinger, Thomas K., Die Niederlassungsfreiheit der Kapitalgesellschaften in der EG, den USA und der Schweiz, Freiburg/Schweiz 1992.

Lüderitz, Alexander, Internationaler Verbraucherschutz in Nöten, IPRax 1990, 216–219.

– Fortschritte im deutschen internationalen Privatrecht, Festschrift der Rechtswissenschaftlichen Fakultät zur 600-Jahr-Feier der Universität zu Köln (1988) 271–292.

– Internationales Privatrecht, 2. Aufl., Frankfurt a. M. 1992.

– Ein Haustürgeschäft über Haustüren: Deutsch-französischer Justizkonflikt wegen Bagatellen, IPRax 1989, 25–28.

Ludet/Stolz, Die neue Rechtsprechung des französischen Conseil d'Etat zum Vorrang völkerrechtlicher Verträge, EuGRZ 1990, 93–98.

Lutter, Marcus, Genügen die vorgeschlagenen Regelungen für eine „Europäische Aktiengesellschaft"?, Aktiengesellschaft 1990, 413–421.

– *Europäisches Unternehmensrecht*, Grundlagen, Stand und Entwicklung nebst Texten und Materialien zur Rechtsangleichung, Berlin/New York 1991.

– Die Auslegung angeglichenen Rechts, JZ 1992, 593–607.

Lyon-Caen, Gérard, Le recours de la sécurité sociale contre le tiers responsable d'un accident en droit communautaire, Rev.trim.dr.europ. 1 (1965) 425–431.

Lyon-Caen/Lyon-Caen, Droit social international et européen (7. Aufl. Paris 1991).

Magiera, Siegfried, Die Rechtswirkungen von EG-Richtlinien im Konflikt zwischen Bundesfinanzhof und Europäischem Gerichtshof, DÖV 1985, 937–944.

Magnus, Ulrich, Zweispurigkeit im Binnenmarkt, – Probleme des neuen Produkthaftungsgesetzes, JZ 1990, 1100–1108.

Majo, Adolfo Di, Die Umsetzung der EG-Produkthaftpflicht-Richtlinie im italienischen Recht, Jahrbuch für Italienisches Recht 4 (1991) 3–24.

Majoros, Ferenc, Zur Krise der internationalen Kodifikationspolitik, ZRP 1973, 65–73.

– Konflikte zwischen Staatsverträgen auf dem Gebiet des Privatrechts, RabelsZ 46 (1982) 84–117.

Makarov, Alexander N., Der Gleichbehandlungsgrundsatz und das IPR, in: *Eranion* in honorem Georgii S. *Maridakis* qui in fungendo professoris munere annos iam XXXV docendo consumpsit, *Band 3*: Ius gentium varia (Athen 1964) 231–245.

Makarov/v. Magoldt, Deutsches Staatsangehörigkeitsrecht, Kommentar, Loseblatt, Stand: 9. Lieferung Frankfurt/Main 1987.

Mangold, Werner, Das neue spanische Staatsangehörigkeitsrecht – wesentliche Inhalte der Reform, IPRax 1992, 391–396.

Manin, Philippe, L'invocabilité des directives: Quelques interrogations, Rev. trim. dr. europ. 26 (1990) 669–693.

Mankowski, Peter, Zur Analogie im internationalen Schuldvertragsrecht, IPRax 1991, 305–313.

– Nationale Erweiterungen der Rechtswahl im neuen Internationalen Versicherungsrecht. Konzept, Methodik und Inhalt des Art. 10 Abs. 3 EGVVG, VersR 1993, 154–163.

– Der Arrestgrund der Auslandsvollstreckung und das Europäische Gemeinschaftsrecht (Anmerkung zu OLG Hamburg 16. 11. 1992–6 W 53/92 – TranspR 1993, 136), TranspR 1993, 182–186.

– Kollisionsrechtsanwendung bei Güterbeförderungsverträgen, TransportR 1993, 213–227.

Mann, Françis A., Eingriffsgesetze und Internationales Privatrecht, in: Rechtswissenschaft und Gesetzgebung, *Festschrift* Eduard *Wahl* (1973), 139–160.

– Einheitsrecht und Internationales Privatrecht, *Festschrift* Frank *Vischer*, Zürich (1983), 207–221.

– Zum Anwendungsbereich des neuen Seefrachtrechts, NJW 1988, 3074–3075.

– The Proper Law of the Contract – An Obituary (Note) L.Q.Rev. 1991, 353–355.

Mansel, Heinz-Peter, Kollisions- und Zuständigkeitsrechtlicher Gleichlauf der vertraglichen und deliktischen Haftung, ZVglRWiss 86 (1987) 1–24.

– *Personalstatut*, Staatsangehörigkeit und Effektivität, Internationalprivat- und verfahrensrechtliche Untersuchung zu Mehrstaatern, einer Ausweichklausel für die Staatsangehörigkeitsanknüpfung und zum innerdeutschen Kollisionsrecht, München 1988 (Münchener Universitätsschriften, Bd. 70).

– Substitution im deutschen Zwangsvollstreckungsrecht, Zur funktionellen Rechtsvergleichung bei der Sachrechtsauslegung, in: *Festschrift* für Werner *Lorenz* zum siebzigsten Geburtstag, hrsg. von Bernhard *Pfister* und Michael R. *Will* (Tübingen 1991), 689–715.

– Europäisches Gemeinschaftsrecht und IPR, IPRax 1990, 344–345.

– Rechtsvergleichung und europäische Einheit, JZ 1991, 529–534.

– Buchbesprechung (von: Peter Christian *Müller-Graff*, Privatrecht und Europäisches Gemeinschaftsrecht. Gemeinschaftsprivatrecht. 2. Aufl. 1991) JZ 1992, 415.

Marazzi, Alessandro, Diritto internazionale privato e Communità europee, Dir. econ. 1962, 791–800.

Marschall, Wolfgang v., Rechtsvergleichende Überlegungen zur Produkthaftung, Aktiengesellschaft 1987, 97–108.

Martens, Jörg, Anwendungsbereich des Verbraucherkreditgesetzes, Die Bank 1991, 278–283.

Martinek, Michael, Das uneingestandene Auswirkungsprinzip des EuGH zur extraterritorialen Anwendbarkeit der EG-Wettbewerbsregeln, IPRax 1989, 347–354.

Martiny, Dieter, Autonome und einheitliche Auslegung im Europäischen Internationalen Zivilprozeßrecht, RabelsZ 45 (1981) 427–447.

– Der deutsche Vorbehalt gegen Art. 7 Abs. 1 des EG-Schuldvertragsübereinkommens vom 19. 6. 1980 – seine Folgen für die Anwendung ausländischen zwingenden Rechts, IPRax 1987, 277–280.

– Gemeinschaftsrecht, ordre public, zwingende Bestimmungen und Exklusivnormen, in: Europäisches Gemeinschaftsrecht und Internationales Privatrecht, Tagung des Instituts für Internationales Privatrecht und Rechtsvergleichung des Fachbereichs Rechtswissenschaften der Universität Osnabrück am 6. und 7. April 1990 in Osnabrück, hrsg. von Christian *von Bar* (Köln/Berlin/Bonn/München 1991; *zitiert: Gemeinschaftsrecht und IPR*), 211–242.

– Das Römische Vertragsrechtsübereinkommen vom 19. Juni 1980, ZEuP 1993, 298–305.

Marty/Raynaud, Droit civil, Bd. 1, Introduction Générale à l'Étude du Droit, 2. Aufl., Paris 1972.

Mascardi, Fabiola, La fusione di società nel diritto comunitario, Riv.società 1992, 1721–1788.

Mäsch, Gerald, Rechtswahlfreiheit und Verbraucherschutz: Eine Untersuchung zu den Art. 29 I, 27 III und 34 EGBGB (Schriften zum Internationalen Recht Bd. 62) Berlin 1993.

Massfeller/Böhmer/Coester, Das gesamte Familienrecht, Sammlung familienrechtlicher Vorschriften mit Erläuterungen und Hinweisen, Band 1, Das innerstaatliche Recht der Bundesrepublik Deutschland, Stand: 18. Lieferung, abgeschlossen im Dezember 1990, Frankfurt/Main 1991.

Mathijsen, P. S. R. F., A Guide to European Community Law, London 1990.

Matscher, Franz, Multilaterale Staatsverträge erga omnes und deren Inkorporation in nationale IPR-Kodifikationen – Vor- und Nachteile einer solchen Rezeption, BerDGesVölkR 27 (1986) 11–44.

Matthies, Heinrich, Die Bindungswirkung von Urteilen des Gerichtshofes der Europäischen Gemeinschaften, in: Probleme des Europäischen Rechts, *Festschrift* für Walter *Hallstein* zu seinem 65. Geburtstag, hrsg. von Ernst *v. Caemmerer*, Hans-Jürgen *Schlochauer* und Ernst *Steindorff* (Frankfurt/Main 1966), 304–354.

– Zur Anerkennung gleichwertiger Regelungen der EG (Art. 100 b EWG-Vertrag) in: *Festschrift* für Ernst *Steindorff* zum 70. Geburtstag am 13. März 1990, hrsg. von Jürgen F. *Baur*, Klaus J. *Hopt* und K. Peter *Mailänder* (Berlin u. a. 1990) 1287–1301.

Maunz/Dürig/Herzog, Grundgesetz, Kommentar, Band I, Art. 1–12, Loseblatt (Stand: 29. Ergänzungslieferung, München 1991).

Maxl, Martin, Produkthaftung, Internationales Zivilprozeßrecht und Internationales Privatrecht, JBl. 1992, 156–169.

Max-Planck-Institut für ausländisches und internationales Privatrecht, Kodifikation des deutschen Internationalen Privatrechts, Stellungsnahme des Max-Planck-Instituts für ausländisches und internationales Privatrecht zum Regierungsentwurf von 1983, RabelsZ 47 (1983) 595–690.

Mayer, Kurt, Das neue Produkthaftungsrecht, VersR 1990, 691–702.

– EG-rechtliche, international-prozeßrechtliche und kollisionsrechtliche Aspekte des neuen Produkthaftungsgesetzes, DAR 1991, 81–87.

Mayer, Pierre, Droit international privé, 4. Aufl., Paris 1991.

McCaffrey, Elizabeth M., The Lugano and San Sebastian Conventions: General Effects, Civ. Just. Q. 11 (1992) 12–27.

McConnell, Michael, A Choice-of-Law Approach to Products-Liability Reform, in: New Directions in Liability Law, Hrsg. Walter Olson, New York (1988), 90–101.

McIntosh/Holmes, Personal Injury Awards in EC Countries, London 1991.

Mégret/Louis/Vignes, Le Droit de la Communauté Economiques Européenne, Commentaire du traité et des textes pris pour son application, Band 3, Libre circulation des travailleurs, Etablissements et services, Capitaux – Transports, bearbeitet von Jean-Victor *Louis*, Daniel *Vignes* u. a., 1. Aufl., Brüssel 1971.

Mégret/Waelbroeck/Louis, Le Droit de la Communauté Economiques Européenne, Commentaire du traité et des textes pris pour son application, Band 15, dispositions générales et finales, bearbeitet von Jean-Louis *Dewost*/Félix *van Craeyenest* u. a., 1. Aufl., Brüssel 1987.

Mehren, Arthur T. v., Book Review of „Selected Essays on the Conflict of Laws" by Brainhard Currie, J. Legal Education 17 (1964–65) 91–97.

Meier, Gert, Gemeinschaftsrecht und mitgliedstaatliches Gemeinrecht, EuR 1970, 324–333.

– Anmerkung (zu OLG Köln 20. 6. 1991, EuZW 1991, 574) EuZW 1991, 576.

– Anmerkung (zu EuGH 13. 12. 1990, Rs. C-238/89 – *Pall Corp./P. J. Dahlhausen*) WRP 1991, 563–564.

– Anmerkung (zu EuGH 19. 11. 1991, Rs. C-6/90 und 9/90 – *Francovich* und *Bonifaci/Italien*) RIW 1992, 245–246.

Meilicke, Wienand, Sitztheorie und EWG-Vertrag nach Handels- und Steuerrecht, RIW 1990, 449–452.

Meise, Helmut, Zur Relativität der Vorbehaltsklausel im Internationalen und Interlokalen Privatrecht, Diss. Hamburg 1966.

Mengoni, Luigi, L'Europa dei codici o un codice per l'Europa? Rom 1993 („Saggi, Conferenze e Seminari" des „Centro di studi e ricerche di divitto comparato e straniero", Bd. 7).

Mercier/Dutoit, L'Europe judiciaire: les Conventions de Bruxelles et de Lugano, Basel/Frankfurt/Main 1991.

Mergenthaler/Reichard, Standesamt und Ausländer, Sammlung systematischer Übersichten über die wesentlichen Rechtsnormen ausländischer Staaten, Loseblattsammlung, bearbeitet von Rupert *Brandhofer* und Walter *Zeyring*, Stand: 8. Lieferung der Neufassung August 1991.

Merkt, Hanno, US-amerikanisches Gesellschaftsrecht, Heidelberg 1991.

– Europäische Aktiengesellschaft: Gesetzgebung als Selbstzweck?, Kritische Bemerkungen zum Entwurf 1991, BB 1992, 652–661.

Mertens de Wilmars, J., Observations sous l'arrêt Cowan, Cah.dr.eur. 26 (1990) 396–402.

Mestmäcker, Ernst-Joachim, Staatliche Souveränität und offene Märkte, RabelsZ 52 (1988) 205–255.

Meyer-Landrut, Andreas, Europäische Wirtschaftliche Interessenvereinigung, RIW 1986, 107–111.
– Die Europäische Wirtschaftliche Interessenvereinigung, Gründungsvertrag und innere Verfassung einer EWIV mit Sitz in der Bundesrepublik Deutschland, Stuttgart 1988.
Meyer-Sparenberg, Wolfgang, Rechtswahlvereinbarungen in Allgemeinen Geschäftsbedingungen, RIW 1989, 347–351.
– Staatsvertragliche Kollisionsnormen, Berlin 1990.
Micklitz, Hans W., Der Vorschlag für eine Richtlinie des Rates über den Verbraucherschutz bei Vertragsabschlüssen im Fernabsatz, VuR 1993, 129–139.
Micklitz/Reich, Verbraucherschutz im Vertrag über die Europäische Union – Perspektiven für 1993, EuZW 1992, 593–598.
Miert, Karel van, Verbraucher und Binnenmarkt – Drei-Jahres-Aktionsplan der Kommission, EuZW 1990, 401–405.
Millan Moro, Lucia, La efficacia directa de las directivas: evolución recente, Rev. Instituc. Eur. 18 (1991) 845–879.
Millarg, Eberhard, Anmerkung zu BFH vom 16. 7. 1981, EuR 1981, 444–454.
Minor, Jacqueline, The Lugano Convention: Some Problems of Interpretation, C.M.L.Rev. 27 (1990) 507–519.
Monaco, Riccardo, Problemi di diritto internazionale privato negli ordinamenti delle Comunità europee, Riv.dir.int. 1973, 205–223.
Morawitz, Gabriele, Das internationale Wechselrecht, Tübingen 1991.
Morris, J. H. C., The Conflict of Laws, 3. Aufl., London 1984.
Morris, P. E., The Direct Effect of Directives – Some Recent Developments in the European Court, JBL 1989, 233–320.
Möschel, Wernhard, Zum Subsidiaritätsprinzip im Vertrag von Maastricht, NJW 1993, 3025–3028.
– Kehrtwende in der Rechtsprechung des EuGH zur Warenverkehrsfreiheit, NJW 1994, 429–431.
Moser, Rudolf, Internationales Privatrecht, Rechtsvereinheitlichung und EWG, in: Zukunftsaufgaben in Wirtschaft und Gesellschaft 1963, *Festschrift* zur Einweihung der neuen Gebäude der Hochschule *St. Gallen* für Wirtschafts- und Sozialwissenschaften (1963) 363–375.
Mozet, Peter, Das Abkommen zwischen der EG und den USA über die Zusammenarbeit der Kartellbehörden, EuZW 1992, 201–203.
Mpournoús, Giórgos, I elevtheria egatástasis epichiríseon kai pistotikon ithrimáton stin EOK, epiptosis gia tin elláthа (Die Niederlassungsfeiheit von Unternehmen und Kreditinstituten in der EWG, Auswirkungen auf Griechenland) Athen 1981.
Mülbert, Peter O., Die 1. EG-Richtlinie über den Verbraucherkredit und ihre Umsetzung durch das geplante Verbraucherkreditgesetz, WM 1990, 1357–1358.
Müller, Klaus, Delikte mit Auslandsberührung, JZ 1986, 212–219.
Müller-Gidullis, Dirk, Das Internationale Privatrecht in der Rechtsprechung des BGH, Berlin 1971.
Müller-Graff, Peter-Christian, Fakultatives Kollisionsrecht im internationalen Wettbewerbsrecht?, RabelsZ 48 (1984) 289–318.
– Binnenmarktziel und Rechtsordnung (Kölner Juristische Gesellschaft Bd. 8) Bergisch Gladbach/Köln 1989.

– Die Rechtsangleichung zur Verwirklichung des Binnenmarktes, EuR 1989, 107–151.

– *Privatrecht und* europäisches *Gemeinschaftsrecht*, Gemeinschaftsprivatrecht, 2. Aufl. 1991.

– Gemeinsames Privatrecht in der Europäischen Gemeinschaft: Ebenen und gemeinschaftsprivatrechtliche Grundfragen, in: Europarecht, Energierecht, Wirtschaftsrecht, *Festschrift* für Bodo *Börner*, hrsg. von Jürgen F. *Baur*, Peter-Christian *Müller-Graff* und Manfred *Zuleeg* (Köln/Berlin/Bonn/München 1992) 303–343.

– Europäisches Gemeinschaftsrecht und Privatrecht, NJW 1993, 13–23.

– Gemeinsames Privatrecht in der Europäischen Gemeinschaft – Ansatzpunkte, Ausgangssfragen, Ausfaltungen –, in: *Gemeinsames Privatrecht* in der Europäischen Gemeinschaft, Baden-Baden 1993 (Schriftenreihe des Arbeitskreises Europäische Integration e.V., Bd. 33), hrsg. von Peter-Christian *Müller-Graff*, 7–44.

Münch, Ingo von (Hrsg.), Grundgesetz-Kommentar, München

– Band 1 (Präambel bis Art. 20) 4. Aufl. 1992,

– Band 2 (Art. 21–69) 2. Aufl. 1983.

Münchener Kommentar, Kommentar zum Bürgerlichen Gesetzbuch, 2. Aufl., München *zitiert: MünchKomm(-Bearbeiter)*.

– Band 3: Schuldrecht, Besonderer Teil, 1.Halbband (§§ 433–651 k) hrsg. von Peter *Westermann*, 1988,

– Band 7: Einführungsgesetz zum Bürgerlichen Gesetzbuche, Internationales Privatrecht, hrsg. von Kurt *Rebmann* und Franz-Jürgen *Säcker*, Redakteur: Hans Jürgen *Sonnenberger*, 1990.

Münchener Kommentar, Kommentar zur Zivilprozeßordnung mit Gerichtsverfassungsgesetz und Nebengesetzen, Band 1: §§ 1–354, hrsg. von Gerhard *Lüke* und Alfred *Walchshöfer* (†) bearbeitet von August *Belz*, Karl Günther *Deubner* u.a., 1. Aufl., München 1992; *zitiert: MünchKomm (-Bearbeiter)*.

Münnich, Lutz, Art. 7 EWGV und Inländerdiskriminierung, ZRvgl. 1992, 92–100.

Nachbaur, Andreas, Art. 52 EWGV – Mehr als nur ein Diskriminierungsverbot?, Anmerkung zur Entscheidung des EuGH vom 7.5. 1991 in der Rs. C-340/89, EuZW 1991, 470–472.

Nadelmann, Kurt, Conflicts between Regional and International Work on Unification of Rules of Choice of Law, Harv. Int.L.J. 15 (1974) 213–237.

Nagel, Heinrich, Internationales Zivilprozeßrecht, 3. Aufl., Münster 1991.

Nessler, Volker, Richterrecht wandelt EG-Richtlinien, RIW 1993, 206–214.

Neuhaus/Kropholler, Rechtsvereinheitlichung – Rechtsverbesserung?, RabelsZ 45 (1981) 73–90.

Neuhaus, Paul Heinrich, Die Grundbegriffe des internationalen Privatrechts (Beiträge zum ausländischen und internationalen Privatrecht) Tübingen 1962.

Neuhold, Hanspeter, Völkerrechtlicher Vertrag und Drittstaaten, BerDGesVölkR 28 (1988) 51–103.

Neuss, Jobst Joachim, Die GmbH im luxemburgischen Recht, GmbH-Rdsch. 1992, 83–90.

Nguyen Quoc Dinh/Dailler/Pellet, Droit international public, 3. Aufl., Paris 1987.

Niboyet, J.-P., Traité de droit international français, Bd. 2: La Condition des Étrangers, I. Personnes physiques – II. Personnes morales, 2. Aufl., Paris 1951.

Nicolaysen, Gert, Europäisches *Gemeinschaftsrecht*, Stuttgart/Berlin/Köln/Mainz 1979.
– Richtlinienwirkung und Gleichbehandlung von Männern und Frauen, Besprechung der EuGH-Urteile vom 10. 4. 1984 – Rs. 14/83 und Rs. 79/83, EuR 1984, 380–392.
– Keine horizontale Wirkung von Richtlinien-Bestimmungen, Anmerkung zum EuGH – Urteil Rs. 152/84 vom 26. 2. 1986, EuR 1986, 370–371.
– Difficile est satiram non scribere, EuR 1988, 411–412.
– Tabakrauch, Gemeinschaftsrecht und Grundgesetz, EuR 1989, 215–225.
– Inländerdiskriminierung im Warenverkehr, EuR 1991, 95–120.
– *Europarecht I*, Baden-Baden 1991.
– Rezension (von: Reimer *von Borries*/Klaus *Winkel* [Hrsg. und Bearb.], Europäisches Wirtschaftsrecht. Loseblattsammlung, Stand: 15. August 1990; und von: Bengt *Beutler*/Roland *Bieber*/Jörn *Pipkorn*/Jochen *Streil* [Hrsg.], Das Recht der Europäischen Gemeinschaft, Fortsetzungswerk in Loseblattform, 6. Lieferung 1989), EuR 1992, 103–104.
Niessen, Hermann, IPR für unerlaubte Handlungen im Widerspruch zum Diskriminierungverbot des EWG-Vertrages?, NJW 1968, 2170–2172.
– Niederlassungsrecht von Gesellschaften nach den Regeln des europäischen Gemeinschaftsrechts, NJW 1986, 1408 (= Anmerkung zu BayObLG, Beschluß vom 18. 7. 1985, Aktiengesellschaft 1986, 116).
Nolte, Georg, Zur Technik der geplanten Einführung des EG-Schuldvertragsübereinkommens in das deutsche Recht aus völkerrechtlicher Sicht, IPRax 1985, 71–76.
North, Peter, Is European Harmonisation of Private International Law a Myth or a Reality? A British Perspective, in: *Forty Years On*: The Evolution of Postwar Private International Law in Europe (1990).
North, Peter (Hrsg.), *Contract Conflicts*. The E. E. C. Convention on the Law Applicable to Contractual Obligations: A Comparative Study, Amsterdam/New York/Oxford 1982.
North, Peter (Hrsg.), Reform, but not revolution, General Course on Private International Law, Rec. des Cours 220 (1990) Bd. I, 9–288.

O'Connell, D., International Law, 2. Aufl., London 1990.
O'Malley/Layton, European Civil Practice, London 1989.
Oldekop, Dieter, Die Richtlinien der EWG, Göttingen 1968.
– Die Richtlinien der Europäischen Wirtschaftsgemeinschaft, JöR 21 (1972) 55–106.
Oldenbourg, Andreas, Die unmittelbare Wirkung von EG-Richtlinien im innerstaatlichen Bereich (Europarecht – Völkerrecht Bd. 2), München 1984.
Oliver, Peter, Wie wichtig ist das Urteil „Hag II"?, EuZW 1991, 274–277.
Opfermann, Wilhelm, Der neue Produkthaftungsentwurf, ZIP 1988, 463–475.
Ophüls, Carl-Friedrich, Die Geltungsnormen des europäischen Gemeinschaftsrechts, *Festschrift* Otto *Riese* (1964), 1–26.
Oppenhoff, Walter, Im Spannungsfeld zwischen Gemeinschaftsrecht und deutschem Wettbewerbsrecht, in: *Festschrift* für Otto-Friedrich Frhr. von *Gamm*, hrsg. von Willi *Erdmann*, Hans-Kurt *Mees* u. a. (Köln/Berlin/Bonn/München 1990), 117–127.
Oppermann, Thomas, *Europarecht*, Ein Studienbuch, München 1991.

– Vom Marktbürger zum EG-Bürger?, in: *Lüneburger Symposium* für Hans Peter Ipsen zur Feier des 80. Geburtstages, hrsg. von *Gert Nicolaysen* und *Helmut Quaritsch* (Baden-Baden 1988), 87–93.

Oppetit, Bruno, Droit commun et droit européen, in: L'internationalisation du droit, Mélanges en l'honneur de Yvon Loussouarn, hrsg. von Bernard *Audit*, Jacques *Béguin* u. a. („Comité de rédaction") Paris 1994, 311–319; *zitiert: Festschrift Loussouarn.*

Ortiz-Arce, Antonio, Communidad Economica Europea y Derecho Internacional Privado, Rev. Instituc. Eur. 1 (1974) 1077–1018.

Otto, Dirk, Nochmals: UN-Kaufrecht und EG-Produkthaftungsrichtlinie, MDR 1993, 306.

Overbeck, Alfred E. von, Buchbesprechung (von: Gedächtnisschrift für Albert A. Ehrenzweig, hrsg. von Erik *Jayme* und Gerhard *Kegel*, Karlsruhe/Heidelberg 1976) RabelsZ 43 (1979) 386–396.

Paanila, Riku, Das finnische Produkthaftungsgesetz, RIW 1991, 560–565.

Paefgen, Thomas Christian, Unlauterer Wettbewerb durch Rechtsbruch in internationalprivatrechtlicher Sicht, WRP 1991, 447–458.

Palandt, Otto, Bürgerliches Gesetzbuch, bearbeitet von Peter *Bassenge*, Uwe *Diederichsen* u. a., 53. Aufl., München 1994.

Papier, Hans-Jürgen, Die Einwirkungen des europäischen Gemeinschaftsrechts auf das nationale Verwaltungs- und Verfahrensrecht, in: Die Bedeutung der Europäischen Gemeinschaften für das deutsche Recht und die deutsche Gerichtsbarkeit, Seminar Bettermann, 1989.

Pauli, Andreas, Das zukünftige deutsche Produkthaftungs-Gesetz, PHI 1987, 138–145.

Pernice, Ingolf, Gemeinschaftsverfassung und Grundrechtsschutz – Grundlagen, Bestand und Perspektiven, NJW 1990, 2409–2420.

– Gestaltung und Vollzug des Umweltrechts im europäischen Binnenmarkt – Europäische Impulse und Zwänge für das deutsche Umweltrecht, NVwZ 1990, 414–426.

Pescatore, Pierre, The Doctrine of „Direct Effect", an Infant Disease of Community Law, Eur.L.Rev. 1983, 155–177.

– Das Zusammenwirken der Gemeinschaftsrechtsordnung mit den nationalen Rechtsordnungen, EuR 1970, 307–323.

Pesendorfer, Christine, Staatshaftung für legislatives Unterlassen, Anmerkung zum Urteil des EuGH „Francovich und Bonifaci", ÖRWirt. 1992, 102–103.

Petriccione, Raffaele Mauro, New Legal Forms of Organised Economic Activity at Community Level: Council Regulation on a European Economic Interest Grouping (EEIG), Leg.Iss.Eur.Integr. 1986/2, 17–44.

Pfeiffer, Thomas, Haustürwiderrufsgesetz und Bürgschaft, Ein Beitrag zur causa „kausaler" Rechtsgeschäfte und zum europäischen Zivilrecht, ZBB 1992, 1–9.

Pfister, Bernhard, Produkthaftung in Europa, in: Probleme im deutsch-österreichischen Handel, Hrsg. Ress/Will, Wien 1989.

Philip, Allan, Dansk international privat- og procesret, 3. Aufl., Kopenhagen 1976.

Philipps, Günter, Erscheinungsformen und Methoden der Privatrechts-Vereinheitlichung. Ein Beitrag zur Methodenlehre der Privatrechtsvereinheitlichung unter besonderer Berücksichtigung der Verhältnisse Westeuropas, Frankfurt a. M./Berlin 1963.

Pieper, Stefan Ulrich, Die Direktwirkung von Richtlinien der EG, DVBl. 1990, 684–688.

Piltz, Burghard, Der Anwendungsbereich des UN-Kaufrechts, AnwBl. 1991, 57–62.

Piper, Henning, Zu den Auswirkungen des EG-Binnenmarktrechtes auf das deutsche Recht gegen den unlauteren Wettbewerb, WRP 1992, 685–691.

Pipkorn, Jörn, Das Subsidiaritätsprinzip im Vertrag über die Europäische Union – rechtliche Bedeutung und gerichtliche Überprüfbarkeit, EuZW 1992, 697–700.

Pirrung, Jörg, Die Einführung des EG-Schuldvertragsübereinkommens in die nationalen Rechte, in: Europäisches Gemeinschaftsrecht und Internationales Privatrecht, Tagung des Instituts für Internationales Privatrecht und Rechtsvergleichung des Fachbereichs Rechtswissenschaften der Universität Osnabrück am 6. und 7. April 1990 in Osnabrück, hrsg. von Christian *von Bar* (Köln/Berlin/Bonn/München 1991; *zitiert: Gemeinschaftsrecht und IPR*), 21–70.

– „Parallelübereinkommen" zum Brüsseler Gerichtsstands- und Vollstreckungsübereinkommen zwischen den EG- und den EFTA-Staaten von Lugano vom 16. September 1988 sowie das Übereinkommen über den Beitritt Spaniens und Portugals zum GVÜ von Donastia-San Sebastian vom 26. Mai 1989, in: Stellungnahmen und Gutachten zum Europäischen Internationalen Zivilverfahrens- und Versicherungsrecht, hrsg. von Hans *Stoll* (Tübingen 1991), 161–170; *zitiert*: *Pirrung in: Stoll, Stellungnahmen.*

Planiol, Traité Élémentaire de Droit Civil, Bd. 1, Principes généraux, Personnes – Biens, bearbeitet von Georges *Ripert* und Jean *Boulanger*, Paris 1950.

Plender, Richard, The European Contracts Convention – The Rome Convention on the Choice of Law for Contracts, London 1991.

Pohl/Henry, Das neue finnische Produkthaftungsgesetz, PHI 1991, 42–52.

Pohlmann, Das französische Internationale Gesellschaftsrecht, Berlin 1988 (Münsterische Beiträge zur Rechtswissenschaft, Bd. 34).

Posch, Willibald, Probleme „autonomer Rechtsanpassung" – dargestellt am Produkthaftungsgesetz, in: Beitrag zum Zivil- und Handelsrecht, *Festschrift* Rolf *Ostheim*, Wien (1990), 665–678.

– Kollisions- und Einheitsrechtliche Überlegungen zum Produkthaftungsrecht, in: Österreichs Weg in die EG (Wien 1991), 246–267.

– Österreich: Teilnahme am EWR bedingt Novelle des Produkthaftungsgesetzes, PHI 1993, 16–18.

– Neues Produkthaftpflichtgesetz im Fürstentum Liechtenstein, PHI 1993, 56–59.

Prager, Matthias, Die Produkt-Haftpflicht im internationalen Privatrecht (Schweizer Schriften zum Handels- und Wirtschaftsrecht Bd. 10) Zürich 1975.

Prieß, Hans-Joachim, Die Haftung der EG-Mitgliedstaaten bei Verstößen gegen das Gemeinschaftsrecht, NVwZ 1993, 118–125.

Probst, Ulrich, Die Umsatzsteuer-Rechtsprechung des Jahres 1988, BB 1989, 887–892.

Prosser/Keeton, The Law of Torts, 5. Aufl., St. Paul/Minn. 1984.

Prütting, Hans, Auf dem Weg zu einer Europäischen Zivilprozeßordnung, Dargestellt am Beispiel des Mahnverfahrens, in: *Festschrift* für Gottfried *Baumgärtel* zum

70. Geburtstag, hrsg. von Hanns *Prütting* (Köln/Berlin/Bonn/München 1990), 457–469.
Püls, Joachim, Grundfragen bei der Bestimmung des auf Schuldverträge anwendbaren Rechts, JuS 1991, 566–571.

Quadri/Monaco/Trabucchi (Hrsg.), Trattato istitutivo della Communità Economica Europea. Commentario. 4 Bände, Band 1, Art. 1–84, Mailand 1965.

Raape, Leo, Internationales Privatrecht, 5. Aufl., München 1961.
Raape/Sturm, Internationales Privatrecht, Band I. Allgemeine Lehren, 6. Aufl., München 1977.
Rabe, Hans-Jürgen, Europäische Gesetzgebung – das unbekannte Wesen, NJW 1993, 1–5.
Rabe/Winkler, Gegenseitige Anerkennung und Herkunftslandskontrolle im EG-Binnenversicherungsmarkt, VersWirt 1990, 1104–1110.
Rack, Reinhard, Fragen zur EWR- bzw. EG-Rechtsreform aus der Sicht der österreichischen Länder, EuZW 1992, 373–379.
Radtke, Rolf, Schuldstatut und Eingriffsrecht, ZVglRWiss 84 (1985) 335–357.
Raeschke-Kessler, Hilmar, Binnenmarkt, Schiedsgerichtsbarkeit und ordre public, EuZW 1990, 145–150.
Rauscher, Thomas, Sachnormverweisungen aus dem Sinn der Verweisung, NJW 1988, 2151–2154.
Reese, Ulrich, Grenzüberschreitende Werbung in der Europäischen Gemeinschaft – unter besonderer Berücksichtigung der Auswirkungen des Gemeinschaftsrechts auf das deutsche Recht des unlauteren Wettbewerbs, München 1994 (Europäisches Wirtschaftsrecht, Bd. 8).
Rehbinder, Manfred, Zur Rechtsqualität des Richterspruchs im System kodifizierten Rechts, JuS 1991, 542–543.
Reich, Norbert, Rechtliche Grundlagen zur Schaffung eines Konsumentenschutzrechtes innerhalb der Europäischen Gemeinschaften, in: Europäisches Rechtsdenken in Geschichte und Gegenwart, *Festschrift* Helmut *Coing* II (1982), 441–467.
– *Förderung und Schutz* diffuser Interessen durch die Europäische Gemeinschaft, Baden-Baden 1987.
– Die Freiheit des Dienstleistungsverkehrs als Grundfreiheit, ZHR 153 (1989) 571–594.
– Cleverles Binnenmarkt, Gutachters Kunst und Richters Rechtsverfremdung, VuR 1989, 158–161.
– Competition between legal orders: A new paradigm of EC law?, C.M.L.Rev. 1992, 861–896.
– Rechtsprobleme grenzüberschreitender irreführender Werbung im Binnenmarkt – dargestellt am deutschen, französischen und englischen Recht unter besonderer Berücksichtigung des EG-Rechts, RabelsZ 56 (1992) 445–520.
– *Europäisches Verbraucherschutzrecht*, Binnenmarkt und Verbraucherinteresse, 2. Aufl., Baden-Baden 1993.
Reichelt, Gerte, „Europäischer" ordre public im autonomen Kollisionsrecht?, ZRvgl. 16 (1975) 217–226.
Reichert-Facilides, Fritz, Zum internationales Versicherungsvertragsrecht im Rahmen der EWG, in: Studi per/Escritos en honor de/Festschrift für/Etudes offertes

à/A Tribute to Antigono Donati, Bd. 1: Diritto delle assicurazioni/Derecho de seguros/Versicherungsrecht/Droit des assurances/Insurance law, hrsg. von der Association Internationale de Droit des Assurances (Rom 1970) 465–479.

– Versicherungsverbraucherschutz und Internationales Privatrecht, in: *Festschrift* für Reimer *Schmidt*, hrsg. von Fritz *Reichert-Facilides*, Fritz *Rittner* und Jürgen *Sasse* (Karlsruhe 1976), 1023–1041.

– Zur Kodifikation des deutschen internationalen Versicherungsvertragsrechts, IPRax 1990, 1–18.

– Bemerkungen zur Transformation des Internationalprivatrechtsteils der Zweiten Nicht-Lebensversicherungsrichtlinie, in: Stellungnahmen und Gutachten zum Europäischen Internationalen Zivilverfahrens- und Versicherungsrecht, hrsg. von Hans *Stoll* (Tübingen 1991), 242–256; *zitiert: Reichert-Facilides in: Stoll (Hrsg.), Stellungnahmen.*

– Versicherungsvertragsrecht in Europa am Vorabend des Binnenmarktes, Ein Kolloquiumsbericht aus Florenz, VersWirt. 1991, 805–807.

Reindl, Andreas, Die Importeurshaftung nach dem Produkthaftungsgesetz und das Freihandelsabkommen Österreich/EWG, WBl. 1991, 121–126.

Reinhart, Gert, UN-Kaufrecht, Kommentar zum Übereinkommen der Vereinten Nationen vom 11. April 1980 über Verträge über den internationalen Warenkauf, Heidelberg 1980.

Reindl, Andreas, Companies in the European Community: Are the Conflict-of-Law Rules Ready for 1992?, Mich.J.Int.Law 11 (1989–90) 1270–1293.

Reinking/Nießen, Das Verbraucherkreditgesetz, ZIP 1991, 79–87.

Reithmann/Martiny, Internationales Vertragsrecht, Das internationale Privatrecht der Schuldverträge, unter Mitarbeit von Frerich *van Dieken*, Rainer *Hausmann* u. a., 4. Aufl., Köln 1988; *zitiert: Bearbeiter in: Reithmann/Martiny.*

Reitmaier, Marion-Angela, Inländerdiskriminierungen nach dem EWG-Vertrag, Zugleich ein Beitrag zur Auslegung von Art. 7 EWGV, Kehö am Rhein/Straßburg 1984 (Schriftenreihe Europa-Forschung, Bd. 6).

Remien, Oliver, Ansätze für ein Europäisches Vertragsrecht, ZVglRWiss 87 (1988) 105–122.

– Abkommen, in: Kurzinformationen/Internationales Vertragsrecht, RabelsZ 55 (1991) 770.

– Niederlande, in: Kurzinformationen/Rechtsgrundlagen, RabelsZ 55 (1991) 771.

– Möglichkeiten und Grenzen eines europäischen Privatrechts, in: Jahrb. Junger ZivilRWiss. 1991: Europäisches Privatrecht, Unternehmensrecht, Informationspflichten im Zivilrecht, Tübinger Tagung 11.–14. September 1991, hrsg. von Joachim *Jickeli*, Herbert *Kutzur*, Ulrich *Noack* und Helmut *Weber* (Stuttgart/München/Hannover u. a. 1992), 11–42.

– Rechtseinheit ohne Einheitsgrenze? – Zum Symposium „Alternativen zur legislatorischen Rechtsvereinheitlichung" –, RabelsZ 56 (1992) 300–319.

– Illusion und Realität eines europäischen Privatrecht, JZ 1992, 277–284.

– Gemeinsames Privatrecht in der Europäischen Gemeinschaft, – Tagung in Trier, 2. bis 4. April 1994 –, JZ 1993, 301–302.

– AGB – Gesetz und Richtlinie über mißbräuchliche Verbrauchervertragsklauseln in ihrem europäischen Umfeld, ZEuP 1994, 34–66.

– Grenzen der gerichtlichen Privatrechtsangleichung mittels der Grundfreiheiten des EG-Vertrages, Bemerkungen zu den Urteilen des EuGH vom 24. 11. 1993 (Keck und Mithouard) und 15. 12. 1993 (Hühnermund u. a.), JZ 1994, 349–353.

Renauld, J., Droit européen des sociétés, Brüssel 1969.

Rengeling/Middeke/Gellermann, Rechtsschutz in der Europäischen Union, Durchsetzung des Gemeinschaftsrechts vor europäischen und deutschen Gerichten (unter Mitarbeit von Michael *Jakobs*), München 1994 (NJW-Schriftenreihe, Bd. 56).

Ress, Georg, Löst Art. 100a EWGV die Probleme der Rechtsangleichung des einheitlichen Binnenmarktes?, in: *Rechtsprobleme* der Rechtsangleichung (Vorträge, Reden und Berichte aus dem Europa-Institut Bd. 137) Saarbrücken 1988.

– Das Verhältnis zwischen Gemeinschaftsrecht und nationalem Recht der Mitgliedstaaten, in: Korinek/Rill, Österreichisches Wirtschaftsrecht und das Recht der EG, Wien 1989, 55–92; *zitiert*: *Ress, öWirtschaftsrecht.*

– Die Direktwirkung von Richtlinien: Der Wandel von der prozeßrechtlichen zur materiellrechtlichen Konzeption, in: *Gedächtnisschrift* für Peter *Arens*, hrsg. von Dieter *Leipold* (München 1993) 351–367.

– Abschied von Cassis de Dijon und Dassonville?, EuZW 1993, Editional zu Heft 24.

Reuter, Alexander, Neues zu Euro-Marketing und §§ 6e, 7 UWG: Der EuGH-Entscheid zu Schlußverkauf und Preisgegenüberstellung, BB 1990, 1649–1653.

Reymond, Christophe, Institutions, Decision-Making Procedure and Settlement of Disputes in the European Economic Area, C.M.L.Rev. 1993, 448–480.

RGR-Kommentar, Kommentar zum Bürgerlichem Gesetzbuch mit besonderer Berücksichtigung der Rechtsprechung des Reichsgerichts und des Bundesgerichtshofes, Bd. VI, Internationales Privatrecht, 12. Aufl., Berlin/New York 1981.

Richter, Stefan, Die unmittelbare Wirkung von EG-Richtlinien zu Lasten Einzelner, EuR 1988, 394–404.

Riese, Otto, Einheitliche Gerichtsbarkeit für vereinheitlichtes Recht, RabelsZ 26 (1961) 604–628.

Rohde-Liebenau, Wolfram, Rechtsetzung auf Grund von EWG-Richtlinien und OECD-Beschlüssen, RIW 1970, 304–308.

Rigaux, François, Préface, *Droit international privé, Bd. 1*: Théorie générale, 2. Aufl. Brüssel 1987.

– Examen de quelques questions laissées ouvertes par la Convention de Rome sur la loi applicable aux obligations contractuelles, Cah. dr. eur. 1988, 306–321.

– Droit international privé et droit communautaire, in: L'internationalisation du droit, Mélanges en l'honneur de Yvon Loussouarn, hrsg. von Bernard Audit, Jacques Béguin u. a. (Paris 1994) 341–354; *zitiert: FS Loussouarn.*

Rigaux/Fallon, *Droit international privé, Bd. 2*: Droit positif belge, 2. Aufl. Brüssel 1993.

Ripert/Roblot, Traité de droit commercial, Bd. 1, 13. Aufl. 1989

Rittner, Fritz, Die wirtschaftsrechtliche Ordnung der EG und das Privatrecht, JZ 1990, 838–846.

Rokas, Ioannis K., Die Umsetzung der Produkthaftungsrichtlinie der EG – Das Beispiel Griechenland, VersR 1989, 437–450.

Rolland, Walter, Kommentar zum Produkthaftungsrecht, Köln 1990.

Roller, Gerhard, Die neuere Entwicklung des Umwelthaftungsrechts – Internationale, gemeinschaftsrechtliche und nationale Regelungen und Vorschläge, PHI 1990, 154–165.

Rooij/Polak, Private International Law in the Netherlands, Deventer/Antwerp 1987.

Roth, Wulf-Henning, Internationales Versicherungsvertragsrecht, Das Versicherungsverhältnis im internationalen Vertragsrecht – Zugleich ein Beitrag zum Schutz des schwächeren Vertragspartners im IPR und zur Dienstleistungsfreiheit in der Europäischen Gemeinschaft, Tübingen 1985.

– Der Einfluß des Europäischen Gemeinschaftsrechts auf das Internationale Privatrecht (Zweite Ernst-Rabel-Vorlesung, 1990), RabelsZ 55 (1991) 623–673.

– Die Vollendung des europäischen Binnenmarktes für Versicherungen, NJW 1993, 3028–3033.

– Freiheiten des EG-Vertrages und nationales Privatrecht, ZEuP 1994, 5–33.

– Angleichung des IPR durch sekundäres Gemeinschaftsrecht, IPRax 1994, 165–174.

Ruffert, Matthias, Gemeinsames Privatrecht in der Europäischen Gemeinschaft, Tagungsbericht, EuR 1992, 320–327.

Rupp, Hans Heinrich, Anmerkungen zu BVerfG v.8.4. 1987, BVerfG v. BFH, JZ 1988, 194–196.

– Verfassungsprobleme auf dem Weg zur Europäischen Union, ZRP 1990, 1–4.

Sack, Jörn, Zum Verstoßverfahren gegen Mitgliedstaaten in Einzelfällen, EuZW 1993, 567–569.

Sack, Rolf, Die wettbewerbsrechtliche Relevanz der Widerrufsbelehrung i. S. d. AbzahlungsG und des HaustürgeschäftewiderrufsG, BB 1987, 1048–1055.

– Das Verhältnis der Produkthaftungsrichtlinie der EG zum nationalen Produkthaftungsrecht, DAR 1988, 109–114.

– Die kollisions- und wettbewerbsrechtliche Beurteilung grenzüberschreitender Werbe- und Absatztätigkeit nach deutschem Recht, GRUR Int. 1988, 320–343.

– Das Verhältnis der Produkthaftungsrichtlinie der EG zum nationalem Produkthaftungsrecht, VersR 1988, 439–452.

– Auswirkungen der Art. 52, 58 EWGV auf das internationales Gesellschaftsrecht, JuS 1990, 352–356.

– B. (Urteilsanmerkung zu EuGH 7.3. 1990, Rs. C-362/88 – *GB-INNO-BM/Confédération du commerce luxembourgeois*, EuZW 1990, 222) in: Nationale Werbebeschränkungen und freier Warenverkehr, EuZW 1990, 313–314.

– Die Importeurshaftung nach dem Produkthaftungsgesetz und das Freihandelsabkommen Österreich/EWG, WBl. 1991, 251–256.

– Marktortprinzip und allgemeine Ausweichklausel im internationalen Wettbewerbsrecht, am Beispiel der sog. Gran-Canaria-Fälle, IPRax 1992, 24–29.

– Staatliche Regelungen sogenannter „Verkaufsmodalitäten" und Art. 30 EG-Vertrag, EWS 1994, 37–47.

Sagasser/Swienty, Die Gründung einer Europäischen Aktiengesellschaft im Wege der Verschmelzung – Zur Praktikabilität des SE-Statuts in der Entwurfsfassung vom 6./16. 5. 1991, Teil 1, DSteuerR 29 (1991) 1188–1194, und Teil 2, DSteuerR 29 (1991) 1222–1226.

Salje, Peter, Deutsche Umwelthaftung versus europäische Abfallhaftung, DB 1990, 2053–2057.

Samtleben, Jürgen, Das Internationale Privatrecht der Börsentermingeschäfte und der EWG-Vertrag, RabelsZ 45 (1981) 218–252.

– Termingeschäfte an Auslandsbörsen – Zur Neuregelung des Börsengesetzes, NJW 1990, 2670–2672.
– Warentermingeschäfte im Ausland und Schiedsverfahren – Neues Recht für alte Fälle, IPRax 1992, 362–366.
– Der unfähige Gutachter und die ausländische Rechtspraxis, NJW 1992, 3057–3062.
Sandrock/Austmann, Das Internationale Gesellschaftsrecht nach der Daily Mail Entscheidung des Europäischen Gerichtshofs, RIW 1989, 249–253.
Sandrock, Otto, Ein amerikanisches Lehrstück für das Kollisionsrecht der Kapitalgesellschaften, RabelsZ 42 (1978) 227–267.
– Die Bedeutung des Gesetzes zur Neuregelung des Internationalen Privatrechts für die Unternehmenspraxis, RIW 1986, 841–855.
– Sitztheorie, Überlagerungstheorie und der EG-Vertrag: Wasser, Öl und Feuer, RIW 1989, 505–513.
Santa Maria, Alberto, Le società nel diritto internazionale privato, Meiland 1973; *zitiert: Le società nel d. i. p.*
– Problemi attinenti al diritto internazionale privato e processuale delle società, in: L'Unificazione del diritto internazionale privato e processuale, *Studi in memoria di* Mario *Giuliano*, hrsg. von Tullio *Treves,* Fausto *Pocar* u. a. (Verona 1989) 805–838.
– *Diritto commerciale comunitario*, Mailand 1990.
Saulle, Maria Rita, Diritto communitario e diritto internazionale, Neapel 1983.
Sauveplanne, J. G., Chapter 6, Renvoi, in: International Encyclopedia of Comparative Law (hrsg. von Ulrich *Drobnig* und Konrad *Zweigert*, verantwortliche Redakteure), Bd. 3: Private International Law (hrsg. von *Kurt Lipstein*, Tübingen/Dodrecht u. a. 1990) 3–50.
Savatier, René, Le Marché commun au regard du droit international privé, Rev. Crit.dr.int.privé 48 (1959) 237–258 (auch abgedruckt in: Les Problèmes Juridiques et Economiques du Marché Commun, Colloque des Facultés de Droit (Lille, Juin 1959), von Henri *Batiffol*, Maxime *Chrétien* u. a. m. (Lille 1960), 55–71).
– Les aspects de droit international privé de la communauté économique européenne, in: *Travaux du Comité Franais* de droit international privé, Vingt-et-unième à Vingt-troisième Années (1960–1962) Paris 1963, 2–37.
Schack, Haimo, Internationales Zivilverfahrensrecht, Ein Studienbuch, München 1991.
Schaefer, Detlef, Die unmittelbare Wirkung des Verbots der nichttarifären Handelshemmnisse (Art. 30 EWGV) in den Rechtsbeziehungen zwischen Privaten (Europäische Hochschulschriften Bd. 619) Frankfurt a. M. 1986.
Schäfer, Frank, Materielle Aspekte der EG-Richtlinie über Wertpapierdienstleistungen, Aktiengesellschaft 1993, 389–394.
Schäfer, Günther, Die institutionelle Weiterentwicklung der Europäischen Gemeinschaft: Überlegungen zu neuen Strukturen der EG-Institutionen, DÖV 1991, 261–271.
Schapira/Le Tallec/Blaise, Droit européen des affaires, 3. Aufl., Paris 1992.
Schatz, Ulrich, Zur rechtlichen Bedeutung von Art. 189 Abs. 3 EWGV für die Rechtsangleichung durch Richtlinien, NJW 1967, 1694–1697.
Scherer, Joachim, Solange II: Ein grundrechtspolitischer Kompromiß, JA 1987, 483–489.
Schermers/Pearson, Some Comments on Article 5 of the EEC Treaty, in: *Festschrift* für

Ernst *Steindorff* zum 70. Geburtstag am 13. März 1990, hrsg. von Jürgen F. *Baur*, Klaus J. *Hopt* und K. Peter *Mailänder* (Berlin u. a. 1990) 1359–1378.

Schilling, Theodor, Zur Wirkung von EG-Richtlinien, ZaöRV 1988, 637–682.

– Art. 24 Abs. 1 des Grundgesetzes, Art. 177 des EWG-Vertrags und die Einheit der Rechtsordnung, Der Staat 1990, 161–183.

Schimke, Martin, Zur Haftung der Bundesrepublik Deutschland gegenüber Bürgern wegen Nichtumsetzung der EG-Richtlinie über Pauschalreisen, EuZW 1993, 698–702.

Schlechtriem, Peter, Das Wiener Kaufrechtsübereinkommen von 1980, IPRax 1990, 277–283.

– Angleichung der Produkthaftung in der EG, VersR 1986, 1033–1043.

Schlemmer-Schulte, Sabine, Gemeinschaftsrechtlicher vorläufiger Rechtsschutz und Vorlagepflicht, Anmerkungen zum verfahrensrechtlichen Teil des Urteils des EuGH vom 21. 2. 1991 in den verb. Rs C-143/88 und C-92/88, EuZW 1991, 307–312.

Schlemmer-Schulte/Ukrow, Haftung des Staates gegenüber dem Marktbürger für gemeinschaftsrechtswirdriges Verhalten, Zum Francovich-Urteil des EuGH vom 19. 11. 1991, verb. Rs. C-6/90 und C-9/90, EuR 1992, 82–95.

– EG-Richtlinien: Haftung der Mitgliedstaaten für vertragswidriges Verhalten, RIW 1992, 411–412.

Schlosser, Peter, Sonderanknüpfungen von zwingendem Verbraucherschutzrecht und europäisches Prozeßrecht, Eine Studie unter besonderer Berücksichtigung der deutschen Rechtsprechung zu Differenzeinwand und Börsentermingeschäftsfähigkeit, in: *Festschrift* für Ernst *von Caemmerer* zum 70. Geburtstag, hrsg. von Hans Claudius *Ficker*, Detlef *König* u. a. (Tübingen 1978) 1379–1391.

– Das Recht der internationalen privaten *Schiedsgerichtsbarkeit*, 2. Aufl., Tübingen 1989.

– Prozeßkostensicherheit durch Ausländer und gemeinschaftsrechtliches Diskriminierungsverbot (Zugleich Anmerkung zu EuGH, EuZW 1993, 514), EuZW 1993, 659–661.

Schlunck, Angelika, Die Grenzen der Parteiautonomie im internationalen Arbeitsrecht, München 1990.

Schmeinck, Sabine, Internationales Privatrecht und Europäisches Gemeinschaftsrecht – Berührungspunkte und Konfliktbereiche, in: Europa 93 – auf dem Weg zur Europäischen Union, *Festschrift* für Albert *Bleckmann*, hrsg. von Martin *Coen* (Berlin 1993), 251–267.

Schmid, Fritz, Internationales Privatrecht, Wien 1990.

Schmid, Walter, *Privatrechtsangleichung* in den Europäischen Gemeinschaften (Arbeiten zur Rechtsvergleichung Bd. 74) Frankfurt a. M. 1975.

Schmidhuber, Peter, Das Subsidiaritätsprinzip im Vertrag von Maastricht, DVBl. 1993, 417–422.

Schmidt, Jörg, Vertragsfreiheit und EG-Handelsvertreterrichtlinie, ZHR 156 (1992) 512–520.

Schmidt, Karsten (Hamburg), Gesellschaftsrecht, 2. Aufl., Köln/Berlin/Bonn/München 1991.

Schmidt, Karsten (London), „Company Residence" nach britischem Steurrecht: Regelungen zur Doppelansässigkeit, RIW 1987, 35–37.

Schmidt-Leithoff, Christian, Gedanken über die Privatrechtsordnungen als Grundlage zum EWG-Vertrag, in: Beiträge zum Handels- und Wirtschaftsrecht, *Festschrift* für Fritz *Rittner* zum 70. Geburtstag, hrsg. von Manfred *Löwisch*, Christian *Schmidt-Leithoff* und Burkhard *Schmiedel* (München 1991), 597–611.

Schmidt-Räntsch, Jürgen, Die Umsetzung der Produkthaftungsrichtlinie des Rats der EG v. 25. 7. 1985, ZRP 1987, 437–442.

Schmidt-Salzer/Hollmann, Kommentar EG-Richtlinie Produkthaftung, Heidelberg
- Bd. 1 Deutschland (1986),
- Bd. 2 Ausland (1990).

Schmidt-Salzer, Joachim, Die EG-Richtlinie Produkthaftung, BB 1986, 1103–1112.

Schmitt Glaeser, Walter, Staatsangehörigkeit, in: Münchener Rechts-Lexikon, Bd. 3, Redaktor: Horst *Tilch* (München 1987) 437.

Schneider/Burgard, Die zunehmende Bedeutung der Rechtsprechung des EuGH auf dem Gebiet des Privatrecht, EuZW 1993, 617.

Schneider, Hans, Rang und Rangänderung von Rechtsnormen in der Bundesrepublik Deutschland, in: Europäische Gerichtsbarkeit und nationale Verfassungsgerichtsbarkeit, *Festschrift* Hans *Kutscher*, hrsg. von Wilhelm *Grewe*, Hans *Rupp* und Hans *Schneider* (Baden-Baden 1981), 385–395.

Schneider, Uwe, Plädoyer für ein Dokumentationszentrum zur europäischen und internationalen Rechtsangleichung, WM 1993, 1839.

Schnitzer, Adolf F., Vergleichende Rechtslehre, Bd. 2, 2. Aufl., Basel 1961.

Schnopfhagen, Richard, Produkthaftung in England, ZfRV 1993, 62–80.

Schnyder, Anton K., Wirtschaftskollisionsrecht, Zürich 1990.
- Gemeinschaftsrechtliches Kollisionsrecht? – Zur Anwendbarkeit des EG-Wettbewerbsrechts bei Sachverhalten mit Beziehungen zu Drittstaaten, in: Europäisches Gemeinschaftsrecht und Internationales Privatrecht, Tagung des Instituts für Internationales Privatrecht und Rechtsvergleichung des Fachbereichs Rechtswissenschaften der Universität Osnabrück am 6. und 7. April 1990 in Osnabrück, hrsg. von Christian *von Bar* (Köln/Berlin/Bonn/München 1991) 3–15; *zitiert: Gemeinschaftsrecht und IPR*).

Schockweiler, Fernand, *Les conflits de lois* et les conflits de juridictions en droit internationale privé luxembourgeois, hrsg. vom *Ministère de la Justice Luxembourg*, Luxemburg 1990.
- La loi applicable aux obligations contractuelles au Luxembourg, après l'adoption, en droit national, des règles de la convention de Rome du 19 juin 1980, in: Diagonales à travers le droit luxembourgeois, *Livre jubilaire* de la Conférence *Saint-Yves* 1946–1986, hrsg. vom Comité de la Conférence Saint-Yves (Luxemburg 1986), 763–801.
- La responsabilité de l'autorité nationale en cas de violation du droit communautaire, Rev.trim.dr.eur. 28 (1992) 27–50.

Schockweiler/Wivenes/Godart, Le régime de la responsabilité extra-contractuelle du fait d'actes juridiques dans la Communauté européenne, Rev.trim.dr.eur. 26 (1990) 27–74.

Schohe, Gerrit, Die Haftung juristischer Personen für ihre Organe im internationalen Privatrecht, Berlin 1991.

Scholz, Kommentar zum GmbH-Gesetz mit Nebengesetzen und den Anhängen Konzernrecht sowie Umwandlung und Verschmelzung, bearbeitet von Georg *Crzelius*, Volker *Emmerich* u. a., I. Band §§ 1–44 Anh. Konzernrecht, 8. Aufl., Köln 1993.

Scholz, Rupert, Wie lange bis „Solange III"?, NJW 1990, 941–946.
Schönfeld, Ulrich v., Die Immunität ausländischer Staaten vor deutschen Gerichten, NJW 1986, 2980–2987.
Schricker, Gerhard, Die europäische Angleichung des Rechts des unlauteren Wettbewerbs – ein aussichtsloses Unterfangen?, GRUR Int. 1990, 771–777.
– Zur Werberechtspolitik der EG – Liberalisierung und Restriktion im Widerstreit, GRUR Int. 1992, 347–361.
Schrödermeier, Martin, Werbung ohne Grenzen? – Eine Analyse des EuGH-Urteils vom 7.3. 1990 zu Art. 30 des EWG-Vertrages –, DB 1990, 2511–2513.
Schrödermeier/Wallach, Die Insider-Richtlinie der Europäischen Gemeinschaft, EuZW 1990, 122–126.
Schubert, Mathias, Internationale Verträge und Eingriffsrecht – ein Beitrag zur Methode des Wirtschaftskollisionsrechts, RIW 1987, 729–746.
– Umsetzung der EG-Produkthaftungs-Richtlinie, RIW 1990, 272–279.
Schuler, Rolf, Das Internationale Sozialrecht der Bundesrepublik Deutschland, Grundlagen und systematische Zusammenschau des für die Bundesrepublik Deutschland geltenden Internationalen Sozialrechts, Baden Baden 1988 (Studien aus dem Max-Planck-Institut für ausländisches und internationales Sozialrecht, Bd. 7).
Schurig, Klaus, Zwingendes Recht, „Eingriffsnormen" und neues IPR, RabelsZ 54 (1990) 217–248.
– Die Gesetzesumgehung im Privatrecht, *Festschrift* für Murad *Ferid*, hrsg. von Andreas *Heldrich* und Hans-Jürgen *Sonnenberger* (Frankfurt/Main 1988), 375–422.
Schuster, Helmut-Ernst, Die EWG-Richtlinie (Europäische Hochschulschriften Bd. 170) Frankfurt a. M. 1977.
Schütz, Dieter, Der internationale ordre public (Schriften zum Staats- und Völkerrecht Bd. 15) Frankfurt a. M. 1984.
Schütze, Rolf A., EG-Recht im deutschen Zivilprozeß, EWS 1990, 49–51.
– Der Abschied von der Nichtrevisibilität ausländischen Rechts?, EWS 1991, 372–373.
– Internationales Notarverfahrensrecht, DNotZ 1992, 66–84.
– Feststellung und Revisibilität europäischen Rechts im deutschen Zivilprozeß, in: *Wege zu einem europäischen Zivilprozeßrecht*, Tübinger Symposium zum 80. Geburtstag von Fritz Baur, in Zusammenarbeit mit der Juristischen Fakultät der Universität Tübingen hrsg. von Wolfgang *Grunsky*, Rolf *Stürner*, Gerhard *Walter* und Manfred *Wolf* (Tübingen 1992) 93–100.
Schwander, Ivo (Hrsg.), Das Lugano-Übereinkommen, Europäisches Übereinkommen über die gerichtliche Zuständigkeit und die Vollstreckung gerichtlicher Entscheidungen in Zivil- und Handelssachen, geschlossen in Lugano am 16. September 1988, mit Beiträgen von Gerardo *Broggini*, Isaak *Meier* u. a., St. Gallen 1990.
Schwander/Stoffel (Hrsg.), Beiträge zum schweizerischen und internationalen Zivilprozeßrecht, *Festschrift* für Oscar *Vogel*, Freiburg/Schweiz 1991.
Schwartz, Ivo E., Zur Konzeption der Rechtsangleichung in der Europäischen Wirtschaftsgemeinschaft, in: Probleme des europäischen Rechts, *Festschrift* für Walter *Hallstein* zu seinem 65. Geburtstag, hrsg. von Ernst von *Caemmerer*, Hans-Jürgen *Schlochauer* und Ernst *Steindorff* (Frankfurt am Main 1966) 474–514.
– Wege zur EG-Rechtsvereinheitlichung: Verordnung der EG oder Übereinkommen unter den Mitgliedstaaten, in: *Festschrift* für Ernst *von Caemmerer* zum 70.

Geburtstag, hrsg. von Hans Claudius *Ficker*, Detlef *König* u. a. (Tübingen 1978) 1067–1116.

– Übereinkommen zwischen den EG-Staaten – Völkerrecht oder Gemeinschaftsrecht?, in: Im Dienste Deutschlands und des Rechtes – *Festschrift* für Wilhelm G. *Greve*, hrsg. von Friedrich J. *Kroneck* und Thomas *Oppermann* (Baden-Baden 1981) 551–607.

– 30 Jahre EG-Rechtsangleichung, in: Eine Ordnungspolitik für Europa, *Festschrift* für *v. d. Groeben*, hrsg. von Ernst-Joachim *Mestmäcker*, Hans *Möller* und Hans-Peter *Schwarz* (Baden-Baden 1987) 333–368.

– Fernsehen ohne Grenzen: Zur Effektivität und zum Verhältnis von EG-Richtlinie und Europarats-Konventionen, EuR 1989, 1–12.

Schwarz, Eckhard, Schutzkollision im internationalen Verbraucherschutz, Heidelberg 1991.

Schwarze, Jürgen, *Die Befugnis zur Abstraktion* im europäischen Gemeinschaftsrecht, Eine Untersuchung zur Rechtsprechung des Europäischen Gerichtshofes, Baden-Baden 1976.

– Die Befolgung von Vorabentscheidungen des Europäischen Gerichtshofs durch deutsche Gerichte, Baden-Baden 1988.

– *Europäisches Verwaltungsrecht*, Entstehung und Entwicklung im Rahmen der Europäischen Gemeinschaft, 2 Bände, Baden-Baden 1988.

– Das Staatsrecht in Europa, JZ 1993, 585–594.

Schweitzer/Hummer, Europarecht, 3. Aufl., Frankfurt a. M. 1990 (Juristische Lernbücher, Bd. 16).

Schwung, Siegfried, Die Grenzen der freien Rechtswahl, WM 1984, 1301–1308.

Scoles/Hay, Conflict of Laws, St. Paul/Minn. 1982.

Scriba, Michael O. E., Die europäische wirtschaftliche Interessenvereinigung, Heidelberg 1988 (Abhandlungen zum Recht der Internationalen Wirtschaft, Bd. 8).

Séché, Jean-Claude, Observations (zu EuGH 12. 7. und 22. 11. 1982, Rs. 286/82 und 26/83 – *Luisi und Carbone*), Cah. dr. eur. 20 (1984) 706–713.

Seeberg, Oliver, Der Termin- und Differenzeinwand und die internationale Zuständigkeit bei Geschäften mit ausländischen Banken nach der Börsengesetznovelle 1989, ZIP 1992, 600–608.

Seelig/Scheele, Vom Reichsgericht, JW 33 (1904) 231–245.

Seibert, Ulrich, Die Umsetzung der Zweigniederlassungs-Richtlinie der EG in deutsches Recht, GmbH-Rdsch. 1992, 738–741.

Seidel, Lore, „Fernsehen ohne Grenzen" – Zum Erlaß der EG-Rundfunkrichtlinie, NVwZ 1991, 120–125.

Seidel, Martin, *Direktwirkungen* von Richtlinie, Saarbrücken 1983 (Vorträge, Reden und Berichte aus dem Europa-Institut, Bd. 14).

– Die Direktwirkung von Richtlinien des Gemeinschaftsrechts, NJW 1985, 517–522.

– *Rechtsangleichung* und Rechtsgestaltung in der Europäischen Gemeinschaft, 1990.

Seidl-Hohenveldern, Ignaz, Völkerrecht, 6. Aufl., Köln/Berlin/Bonn/München 1987.

– Das Recht der *internationalen Organisationen* einschließlich der supranationalen Gemeinschaften, 5. Aufl., Köln/Berlin/Bonn/München 1992.

Siedentopf, Heinrich, Europäische Gemeinschaft und kommunale Beteiligung, DÖV 1988, 981–988.

Siehr, Kurt, Ehrenzweigs Lex-Fori-Theorie und ihre Bedeutung für das amerikanische und deutsche Kollisionsrecht, RabelsZ 34 (1970) 585–635.
– Kurzinformation, Internationales Zivilverfahrensrecht, RabelsZ 56 (1972) 177.
– Produkthaftung und Internationales Privatrecht, RIW 1972, 373–389.
– Multinationale Staatsverträge erga omnes und deren Inkorporation in nationale IPR-Kodifikationen – Vor- und Nachteile einer solchen Rezeption, BerDGesVölkR 27 (1986) 45–146.
– Ausländische Eingriffsnormen im inländischen Wirtschaftskollisionsrecht, RabelsZ 52 (1988) 41–103.

Sigloch, Heinrich, Zur angeblichen unmittelbaren Wirkung von EG-Richtlinie im deutschen Umsatzsteuerrecht, BB 1982, 791.

Simon, Denys, *Une étape décisive* dans la protection des droits des justiciables communautaires: la responsabilité des États membres en cas de non-transposition des directives, in: J.C.P. 1992, Édition Entreprise, Études et Chroniques, 83–88 (Nr. 123).

Simson, Werner von, Rezension (von: Zuleeg, Manfred, Das Recht der Europäischen Gemeinschaften im innerstaatlichen Bereich, Köln 1969) in: EuR 1970, 185–192.

Smit/Herzog (Hrsg.), The Law of the European Economic Community, A Commentary on The EEC Treaty, Bd. 1–6, bearbeitet von Jean *Amphoux*, Jacques *Henri*, Jean *Bourgeois* u. a., New York, Loseblatt Stand: 1991; *zitiert: Smit/Herzog(-Bearbeiter)*.

Smith/*Hamill*, Neuregelung der Produkthaftpflicht im Vereinigten Königreich: The Consumer Protection Act 1987, PHI 1988, 82–88.

Smulders/Glazener, Harmonization in the field of insurance law through the introduction of community rules of conflict, C.M.L.Rev. 1992, 775–797.

Soergel, Bürgerliches Gesetzbuch mit Einführungsgesetz und Nebengesetzen, Band 8, Einführungsgesetz, hrsg. von *Wolfgang Siebert*, 11. Aufl., Redaktion: *Gerhard Kegel*, Stuttgart/Berlin/Köln/Mainz 1984; *zitiert*: Soergel/Bearbeiter.

Söllner, Renate, Art. 5 EWG-Vertrag in der Rechtsprechung des Europäischen Gerichtshofes, München 1985.

Sommerlad, Klaus, Grundsätze für die Ermittlung ausländischen Rechts im Zivilprozeß, RIW 1991, 856.

Sommerlad/Schrey, Die Ermittlung ausländischen Rechts im Zivilprozeß und die Folgen der Nichtermittlung, NJW 1991, 1377–1383.

Spätgens, Klaus, Zum Problem der sogenannten Inländerdiskriminierung nach dem EWG-Vertrag, in: Festschrift für Otto-Friedrich Frhr. v. *Gamm*, hrsg. von Willi *Erdmann*, Hans-Kurt *Mees* u. a. (Köln/Berlin u. a. 1990) 201–212.

Spetzler, Eugen, Die unmittelbare Wirkung von Richtlinien-Bestimmungen als neue Sanktionskategorie nach Art. 189 EWG-Vertrag, RIW 1989, 362–364.
– Die Kollision des Europäischen Gemeinschaftsrechts mit nationalem Recht und deren Lösung, RIW 1990, 286–290.
– Die richtlinienkonforme Auslegung als vorrangige Methode steuerjuristischer Hermeneutik, RIW 1991, 579–582.

Spetzler, Wolfgang, Wirkung und Einfluß des Rechts der Europäischen Gemeinschaft auf das nationale Steuerrecht, DB 1993, 553–558.

Spickhoff, Andreas, Der ordre public im internationalen Privatrecht (Arbeiten zur Rechtsvergleichung, Bd. 143) Neuwied/Frankfurt a. M. 1989.

Stauder, Bernd, Schweizerische Produktehaftung im europäischen Umfeld, ZfSR 1990, 365–388.

Stauder, Dieter, Die ausschließliche internationale gerichtliche Zuständigkeit in Patentstreitsachen nach dem Brüsseler Übereinkommen – Art. 16 Nr. 4 EuGVÜ, Art. 19 EuGVÜ, IPRax 1985, 76–79.

Staudinger, Kommentar zum Bürgerlichen Gesetzbuch mit Einführungsgesetz und Nebengesetzen, Berlin,
- Einführungsgesetzbuch zum Bürgerlichen Gesetzbuch: Einleitung zu Art. 5, 6 nF EGBGB, hrsg. von Dieter *Blumenwitz*, 12. Aufl. 1988,
- Einführungsgesetzbuch zum Bürgerlichen Gesetzbuch: Einleitung zu Art. 7 ff., Art. 7, 8; § 12 VerschG; Internationales Gesellschaftsrecht; Art. 11; erläutert von Günther *Beitzke*, Bernhard *Großfeld* u. a., 12. Aufl. 1984 (*zitiert unter Hinweis auf die Auflage*),
- Einführungsgesetzbuch zum Bürgerlichen Gesetzbuch: Internationales Schuldrecht I, Vorbemerkungen zu Art 27–37 nF, erläutert von Karl *Firsching*, Redakteur: Bernd *von Hoffmann*, 12. Aufl. 1987,
- Einführungsgesetz zum Bürgerlichen Gesetzbuch/IPR; Internationales Gesellschaftsrecht; erläutert von Bernhard *Großfeld*, Redakteur Jan *Kropholler*, 13. Aufl. 1993.

Steiling, Ronald, Mangelnde Umsetzung von EG-Richtlinien durch den Erlaß und die Anwendung der TA Luft, NVwZ 1992, 134–137.

Stein, Eric, Conflict-of-Law Rules by Treaty: Recognition of Companies in a Regional Market, Mich.L.Rev. 68 (1969–70) 1327–1354.

Stein/Jonas, Kommentar zur Zivilprozeßordnung, bearbeitet von Wolfgang *Grunsky*, Dieter *Leipold* u. a., Tübingen, *zitiert*: *Stein-Jonas/Bearbeiter*,
- Erster Band, §§ 1–90 (21. Aufl. 1993),
- Zweiter Band, Teilband 1, §§ 253–299 a (20. Aufl. 1987),
- Dritter Band, §§ 511–703 d (20. Aufl. 1987).

Steindorff, Ernst, Das Offenhalten der Rechtswahl im IPR und die Nachprüfung ausländischen Rechts durch das Revisionsgericht, JZ 1963, 200–205.
- Der *Gleichheitssatz* im Wirtschaftsrecht des Gemeinsamen Marktes, Vortrag gehalten vor der Berliner Juristischen Gesellschaft am 24. Juni 1964, Berlin 1965 (Schriftenreihe der Juristischen Gesellschaft Berlin e. V. Berlin, Heft 19).
- Europäisches Gemeinschaftsrecht und deutsches Internationales Privatrecht – Ein Beitrag zum ordre public und zur Sonderanknüpfung zwingenden Rechts, EuR 1981, 426–441.
- Termingeschäfte an ausländischen Börsen, IPRax 1982, 49–51.
- Reichweite der Niederlassungsfreiheit, EuR 1988, 19–32.
- Gesellschaftsrecht, EG-Richtlinien und EWG-Vertrag, Aktiengesellschaft 1988, 57–60.
- Gesellschaftsrechtliche Richtlinie der EG und strengeres staatliches Recht, EuZW 1990, 251–254.
- Anerkennung im EG-Recht, in: *Festschrift* für Werner *Lorenz* zum siebzigsten Geburtstag, hrsg. von Bernhard *Pfister* und Michael R. *Will* (Tübingen 1991) 561–576.
- Vorlagepflicht nach Art. 177 Abs. 3 EWGV und Europäisches Gesellschaftsrecht, ZHR 156 (1992) 1–16.
- Unvollkommener Binnenmarkt, ZHR 158 (1994) 149–169.

Steiner, Josephine, Coming to Terms with EEC Directives, L.O.Rev. 1990, 144–159.

– From direct effects to Francovich: shifting means of enforcement of Community Law, Eur.L.Rev. 1993, 3–22.

Stern, Klaus, Das Staatsrecht der Bundesrepublik Deutschland, 2. Aufl., Bd. I, München 1984.

Stettner, Rupert, Europäisches Gemeinschaftsrecht als Quelle der Rechtsfindung deutscher Gerichte 1974–84, AöR 1986, 359–413 und 537–594.

Stoll, Hans, Anknüpfungsgrundsätze bei der Haftung für Straßenverkehrsunfälle und der Produkthaftung nach der neuen Entwicklung des internationalen Deliktrechts, *Festschrift* Gerhard *Kegel* (1976) 117–139.

– Internationalprivatrechtliche Fragen bei der landesrechtlichen Ergänzung des Einheitlichen Kaufrechts, *Festschrift* für Murad *Ferid*, hrsg. von Andreas *Heldrich* und Hans-Jürgen *Sonnenberger* (Frankfurt/Main 1988) 495–518.

– Sturz vom Balkon auf Gran Canaria – Akzessorische Anknüpfung, deutsches Deliktsrecht und örtlicher Sicherheitsstandard, IPRax 1989, 89–93.

Stoll, Hans (Hrsg.), *Stellungnahmen* und Gutachten zum Europäischen Internationalen Zivilverfahrens- und Versicherungsrecht, bearbeitet von Fotius *Karatzenis* und Ralf *Busch*, Tübingen 1991; *zitiert: Stoll (Hrsg.), Stellungnahmen.*

Stollberg, Joachim, Die EG-Richtlinie im innerstaatlichen Bereich, Der Städtetag 1989, 515–517.

Stolz, Rüdiger, Vorrang des Gemeinschaftsrechts, EuZW 1991, 118–119.

Storm, Paul M., Rechtsangleichung durch die EG-Produkthaftungs-Richtlinie, PHI 1986, 112–118.

Storme, Marcel, Rechtsvereinheitlichung in Europa, Ein Plädoyer für ein einheitliches europäisches Prozeßrecht, RabelsZ 56 (1992) 290–299.

Streinz, Rudolf, Der Verfassungsstaat als Glied einer europäischen Gemeinschaft, DVBl. 1990, 949–963.

– Gemeinschaftsrecht und deutsches Personenstandsrecht, StAZ 1993, 243–249.

– Staatshaftung für Verletzungen primären Gemeinschaftsrechts durch die Bundesrepublik Deutschland (Zum Vorlagebeschluß des EuGH, EuZW 1993, 226) EuZW 1993, 559–605.

Struycken, A. V. M., Les conséquences de l'intégration européenne sur le développement du droit international privé, Rec. des Cous 232 (1992) Bd. I (Dordrecht/Boston/London 1993) 257–283.

Stumpf, Cordula, EG-Insiderrecht: Die Insider-Richtlinie als Bestandteil eines europäischen Kapitalmarktrechts und ihre Folgen für das deutsche Recht, JahrbJZ 1990, 31–37.

Sturm, Fritz, Fakultatives Kollisionsrecht: Notwendigkeit und Grenzen, FS Konrad Zweigert (1981) 329–351.

Stürner, Rolf, Der europäische Zivilprozeß – Einheit oder Vielfalt?, in: *Wege zu einem europäischen Zivilprozeßrecht*, Tübinger Symposium zum 80. Geburtstag von Fritz Baur, in Zusammenarbeit mit der Juristischen Fakultät der Universität Tübingen, hrsg. von Wolfgang *Grunsky*, Rolf *Stürner*, Gerhard *Walter* und Manfred *Wolf* (Tübingen 1992) 1–24.

Suárez Robledando, J. M., El juez español frente al Derecho internacional privado europeo, Actualidad Civil N XI 1990 (semana 12–18 marzo 1990) und N XII 1990 (semana 19–25 marzo 1990).

Suhr, Elke, Das Recht des Personalstatuts im Zeichen der europäischen Integration, Die besondere Situation in der Europäischen Gemeinschaft, Diss. Hamburg 1967.

Taschner, Hans Claudius, Rechtsangleichung in der Bewährung, in: Europäische Rechtsvergleichung und Staatenintegration, GS Léontin-Jean Constantinesco (1983) 765–780.
– *Rechtsangleichung* in der Bewährung? (Vorträge, Reden und Berichte aus dem Europa-Institut Bd. 7) Saarbrücken 1982.
– Qualifizierte Mehrheit für Maßnahmen zur Rechtsangleichung?, in: *Rechtsprobleme* der Rechtsangleichung (Vorträge, Reden und Berichte aus dem Europa-Institut Bd. 137) Saarbrücken 1988.
– Die EG-Richtlinie „Produkthaftung", NJW 1988, 1432–1433.
– Die Umsetzungen der Produkthaftungsrichtlinie in einzelstaatliches Recht der Mitgliedstaaten der EG und die Reform des Produkthaftungsrechts in den EFTA-Staaten, WBl. 1991, 1–6.
– Privatrechtsentwicklung durch die Europäische Gemeinschaft – Rechtsgrundlagen, Ziele, Sachgebiete, Verfahren, in: *Gemeinsames Privatrecht* in der Europäischen Gemeinschaft, Baden-Baden 1993 (Schriftenreihe des Arbeitskreises Europäische Integration e. V., Bd. 33), hrsg. von Peter-Christian *Müller-Graff*, 155–165.

Taschner/Frietsch, Produkthaftungsgesetz und EG-Produkthaftungsrichtlinie, Kommentar, 2. Aufl., 1990, (*zitiert: Taschner, ProdHaftG*).

Taupitz, Jochen, Kaffeefahrten deutscher Urlauber auf Gran Canaria – Deutscher Verbraucherschutz im Urlaubsgepäck, BB 1990, 642–652.
– Privatrechtsvereinheitlichung durch die EG: Sachrechts- oder Kollisionsrechtsvereinheitlichung?, JZ 1993, 533–539.
– Staatshaftung gegenüber leichtfertigen Urlaubern im Konkurs des Reiseveranstalters?, BB 1993, 2169–2172.

Teitgen, Pierre Henri, Cour de droit institutionnel européen, Brüssel 1976/77.

Teske, Horst, Die Sanktion von Vertragsverstößen im Gemeinschaftsrecht, EuR 1992, 265–286.

Teske/Simon, Verbraucherschutz bei Haustürgeschäften, in: Recht und Ökonomie beim Konsumentenschutz und Konsumentenkredit, hrsg. von *Magoulas/Simon*, Baden-Baden 1985, 311–389.

Teske, Wolfgang, Verbraucherschutz beim Abschluß von Versicherungsverträgen an der Haustür, ZRP 1990, 412–414.
– Freizeitveranstaltung im Ausland, Wettbewerbswidrigkeit, Begehungsort, anwendbares Recht, § 1 UWG 4/91, EWiR 1991, 297–298.

Theiss, Wolfram, Die Behandlung fremden Rechts im deutschen und italienische Zivilprozeß (Rechtswissenschaftliche Forschung und Entwicklung, Bd. 235) München 1989.

Thieme, Jürgen, Grundsätze des EG-Konkursübereinkommens, Allgemeine Stellungnahme zum Entwurf von 1980, in: *Vorschläge und Gutachten zum Entwurf eines EG-Konkursübereinkommens*, hrsg. von Gerhard *Kegel*, bearbeitet von Jürgen *Thieme* (Tübingen 1988) 213–304.

Thomas, Sven, Die Anwendung europäischen materiellen Rechts im Strafverfahren, NJW 1991, 2233–2238.

Thümmel, Roderich, Der Arrestgrund der Auslandsvollstreckung im Fadenkreuz des

Europäischen Rechts, Zugleich Anmerkung zu EuGH (EuZW 1994, 216) – Mund & Fester/Hatrex Internationaal Transport, EuZW 1994, 242–245.

Tilmann, Winfried, Ansätze und Leitlinien für ein europäisches Zivilrecht, Bonner *Rundgespräch* am 27. April 1979, Düsseldorf 1979.

– EG-Kodifikation des wirtschaftsnahen Privatrechts, JZ 1991, 1023 (wortgleich unter erweiterten oder anderen Titeln u. a. auch abgedruckt in: NJW 1991, 3266–3267; EuR 1991, 379–381; IPRax 1992, 62); *zitiert: Tagungsbericht.*

– Zur Entwicklung eines europäischen Zivilrechts, *Festschrift* für Walter *Oppenhoff*, hrsg. von Walter *Jagenburg*, Georg *Maier-Reimer* und Thomas *Verhoeven* (München 1985) 495–507.

– Eine Privatrechtskodifikation für die Europäische Gemeinschaft?, in: *Gemeinsames Privatrecht* in der Europäischen Gemeinschaft, Baden-Baden 1993 (Schriftenreihe des Arbeitskreises Europäische Integration e. V., Bd. 33), hrsg. von Peter-Christian *Müller-Graff*, 485–500.

Timmermans, Christiaan, Directives: Their Effect within the National Legal Systems, C.M.L.Rev. 1979, 533–555.

– The Convention of 29 February 1968 on the Mutual Recognition of Companies and Firms, Neth.Int.L.Rev. 27 (1980) 357–361.

– Die europäische Rechtsangleichung im Gesellschaftsrecht, Eine integrations- und rechtspolitische Analyse, RabelsZ 48 (1984) 1–47.

Tomuschat, Christian, Die gerichtliche *Vorabentscheidung* nach den Verträgen über die europäischen Gemeinschaften, Köln/Berlin 1964.

– Nein, und abermals Nein! Zum Urteil des BFH vom 25. April 1985, EuR 1985, 346–354.

– Völkerrechtlicher Vertrag und Drittstaaten, BerDGesVölkR 28 (1988) 9–49.

– Aller guten Dinge sind III? – Zur Diskussion um die Solange-Rechtsprechung des BVerfG, EuR 1990, 340–361.

Tonner, Klaus, Staatshaftung wegen verspäteter Umsetzung der EG-Pauschalreise-Richtlinie, ZIP 1993, 1205–1210.

Travers, Noel, Harmonisation of Laws and European Community Law, Irish Law Times 1993, 4–7.

Treves/Pocar (Hrsg.), L'Unificazione del diritto internazionale privato e processuale, *Studi in memoria* di Mario *Giuliano*, Verona 1989.

Triantafyllou, Dimitris, Haftung der Mitgliedstaaten für Nichtumsetzung von EG-Recht, DÖV 1992, 564–571.

Trojan-Limmer, Ursula, Die Geänderten Vorschläge für ein Statut der Europäischen Aktiengesellschaft (SE), Gesellschaftsrechtliche Probleme, RIW 1991, 1010–1017.

Trunk, Alexander, Die Erweiterung des EuGVÜ-Systems am Vorabend des europäischen Binnenmarktes, München 1992.

Tscherwinka, Ralf, Das Recht des Handelsvertreters, JuS 1991, 110–117.

Tsikrikas, Dimitrios, Die Wirkungen der Urteile des Europäischen Gerichtshofs im Vertragsverletzungsverfahren (Art. 169ff. EWGV), Konstanz 1989 (Schriften zum Internationalen Recht, Bd. 48).

Tsouroulis/Rediadis, Verbraucherschutz in Griechenland – Haftung und Verfahrensrecht, PHI 1993, 223–227.

Tunc, André, La directive Europeenne sur la responsabilite du fait des produits defectueux – son incorporation en droit français (Vorträge, Reden und Berichte aus dem Europainstitut, Bd. 140) Saarbrücken 1988.

Ulmer, Peter, Zur Anpassung des AGB-Gesetzes an die EG-Richtlinie über mißbräuchliche Klauseln in Verbraucherverträgen, EuZW 1993, 337–347.
– Vom deutschen zum europäischen Privatrecht?, JZ 1992, 1–8.
Ulmer/Brandner/Hensen, Kommentar zum Gesetz zur Regelung des Rechts der Allgemeinen Geschäftsbedingungen, 6. Aufl., Köln 1990.
Urlesberger, Franz, Neues vom europäischen Gemeinschaftsrecht, WBl. 1991, 160–165.

Vallindas, Petros G., Der Vorbehalt des Ordre Public im Internationalen Privatrecht, RabelsZ 18 (1953) 1–11.
Vander Elst, Raymond, Droit international privé Belge et droit conventionnel international, Bd. 1, Conflits de lois, hrsg. von Raymond *Vander Elst* und Martha *Weser*, Brüssel 1983.
Vedder, Christoph, Ein neuer gesetzlicher Richter, NJW 1987, 526–531.
Veelken, Winfried, Buchbesprechung (von *Pohlmann*, Jens: Das französische Internationale Gesellschaftsrecht), RabelsZ 56 (1992) 186–197.
– Die Bedeutung des EG-Rechts für die nationale Rechtsanwendung, JuS 1993, 265–272.
– Gemeinschaftsrechtliche Einwirkungen im Recht des unlauteren Wettbewerbs, EWS 1993, 377–386.
Verdross/Simma, Universelles Völkerrecht, Theorie und Praxis, 3. Aufl., Berlin 1984.
Vergès, Jean, Droits fondamentaux de la personne et principes généraux de droit communautaire, in: L'Europe et le Droit, *Mélanges* en hommage à Jean *Boulois*, hrsg. von den Éditions Dalloz (Paris 1991) 513–531.
Vestweber, Ursula, Verbraucherschutz in Spanien, RIW 1992, 678–680.
Viebrock, Jan, Direktwirkung von EG-Richtlinien, JZ 1991, 555–556.
Vignes, Daniel, The Harmonization of National Legislation and the EEC, Eur.L. Rev. 1990, 358–374.
– Le rapprochement des législations mérite-t-il encore son nom?, in: L'Europe et le Droit, *Mélanges* en hommage à Jean *Boulois*, hrsg. von den *Éditions Dalloz* (Paris 1991) 533–546.
Virgós Soriano, Miguel, Capítulo XLVI: El convenio de Roma de 19 junio de 1980 sobre Ley aplicable a las obligaciones contractuales, in: *Tratado de derecho comunitario* europeo (Estudio sistematico desde de derecho español, Band *III*, Parte Quinta: Derecho Internacional Privado Comunitario), hrsg. von Eduardo *Garcia de Entería*, Julio D. *González-Campos* und Santiago *Muñoz Machado* (Madrid 1986), 753–825.
– La interpretación del Convenio de Roma de 1980 sobre Ley aplicable a las obligaciones contractuales y el Tribunal de Jusiticia de las Comunidades Europeas: Noticias/C.E.E. 1990, 83–94.
Vitta, Edoardo, Diritto internazionale privato, I, Parte generale, Turin 1972.
Volken, Paul, Probleme einer nicht abgestimmten Ratifikationspolitik, Erste Erfahrungen mit dem EG-Schuldvertragsübereinkommen, in: Europäisches Gemeinschaftsrecht und Internationales Privatrecht, Tagung des Instituts für Internationales Privatrecht und Rechtsvergleichung des Fachbereichs Rechtswissenschaften der Universität Osnabrück am 6. und 7. April 1990 in Osnabrück, hrsg. von

Christian von Bar (Köln/Berlin/Bonn/München 1991; zitiert: *Gemeinschaftsrecht und IPR*), 131–150.

– Rechtsprechung zum Lugano-Übereinkommen (1991), Schw.Z.int.eur. R. 1992, 223–249.

Vollmer, Lothar, Der Europäische Verein, ZHR 157 (1993) 373–399.

Voss, Reimer, Verfassungsrechtliche Probleme des Streits um die unmittelbare Wirkung von EG-Richtlinien, RIW 1982, 570–571.

Wägenbaur, Rolf, Die Umsetzung von EG-Recht in deutsches Recht und ihre gesetzgeberische Problematik, ZG 1988, 303–318.

– Ist die Unterscheidung zwischen Verordnung und Entscheidung nach Art. 189 EWGV hinfällig geworden?, DVBl. 1972, 244–297.

Wahl, Rainer, Der Vorrang der Verfassung und die Selbständigkeit des Gesetzesrechts, NVwZ 1984, 401–409.

Walch, Georg, Gespaltene Normen und Parallelnormen im deutschen Internationalen Privatrecht, Zum Verhältnis zwischen staatsvertraglichem und nationalem IPR unter besonderer Berücksichtigung der rechtsvergleichenden Methode bei der Auslegung von Kollisionsrecht, Frankfurt am Main/Bern/New York/Paris 1991 (Europäische Hochschulschriften, Reihe II, Rechtswissenschaft, Bd. 115).

Ward, Angela, Government Liability in the United Kingdom for Breach of Individual Rights in European Community Law, Anglo-American L. Rev. 19 (1990) 1–35.

Wasmund, P., Stand und Perspektiven der Verwirklichung des Europäischen Binnenmarktes, in: Europäischer Binnenmarkt – Stand und Perspektiven der Rechtsharmonisierung, Hrsg. Jürgen Ensthaler (Berlin 1989) 9–17.

Weber, Albrecht, *Rechtsfragen* der Durchführung des Gemeinschaftsrechts in der Bundesrepublik, 1988 (Osnabrücker Rechtswissenschaftliche Abhandlungen, Bd. 12).

Weber, Nikolaus, Die Richtlinie im EWG-Vertrag, 1974 (Hamburger Abhandlungen aus dem Seminar für öffentliches Recht, Bd. 62).

Weber, Stefan, Kapitalverkehr und Kapitalmärkte im Vertrag über die Europäische Union, EuZW 1992, 561–566.

Wehlau, Andreas, The societas europea: A critique of the Commission's 1991 amended proposal, C.M.L.Rev. 1992, 473–510.

Weinmeier, Edith, Österreichisches Arbeitsrecht und das Recht der EG, ZIAS 1990, 238–269.

Weis, Hubert, Inländerdiskriminierung zwischen Gemeinschaftsrecht und nationalem Verfassungsrecht, NJW 1983, 2721–2726.

Weis, Stefan, Kapitalverkehr und Kapitalmärkte im Vertrag über die Europäische Union, EuZW 1992, 561–566.

Weitnauer, Wolfgang, Die europäische grenzüberschreitende Gesellschaft, Zum gegenwärtigen Stand des europäischen Gesellschaftsrechts, EWS 1992, 165–173.

Wengler, Wilhelm, Die Vorfrage im Kollisionsrecht, RabelsZ 8 (1934) 148–251.

– Die Anknüpfung des zwingenden Schuldrechts im internationalen Privatrecht, ZVglRWiss 54 (1941) 168–212.

– Les conflits de lois et le principe d'égalité, Rev.Crit.dr.int.privé 52 (1963) 203–231, 503–527.

– Betrachtungen zum Begriff der Staatsangehörigkeit, in: Internationale und staats-

rechtliche Abhandlungen, *Festschrift* für Walter *Schätzel* zu seinem 70. Geburtstag, hrsg. von Erik *Brüel*, Dimitri *Constantopoulos* u. a. (Düsseldorf 1960) 545–558.
– Rechtsgleichheit und Vielheit der Rechte, Rechtsvergleichende Betrachtungen zum Staatsrecht und zum Kollisionsrecht, in: Hundert Jahre Deutsches Rechtsleben, Festschrift zum hundertjährigen Bestehen des Deutschen Juristentages 1860–1960, Band I, hrsg. von Ernst *von Caemmerer*, Ernst *Friesenhahn* und Richard *Lange* (1960) 239–304; *zitiert: Wengler, DJT-FS I.*
– Sonderanknüpfung, positiver und negativer ordre public, JZ 1979, 175–177.
– Band VI, Internationales Privatrecht, in: *BGB/RGRK*, Das Bürgerliche Gesetzbuch mit besonderer Berücksichtigung der Rechtssprechung des Reichsgerichts und des Bundesgerichtshofes, Kommentar, hrsg. von Mitgliedern des Bundesgerichtshofes, 12. Aufl. Berlin/New York 1981 (= Internationales Privatrecht, 1. und 2. Teilband, Berlin/New York 1981); *zitiert*: nach der BGB/RGRK Fundstelle.

Wenz, Martin, Die Societas Europaea (SE), Analyse der geplanten Rechtsreform und ihre Nutzungsmöglichkeiten für eine europäische Konzernunternehmung, Berlin 1993 (Abhandlungen aus dem Industrieseminar der Universität Mannheim, Heft 36).

Werklauff, Erik, The Development of Community Company Law, Eur.L.Rev. 1992, 207–231.

Werner/Machunsky, Kommentar zum Haustürwiderrufsgesetz, Göttingen 1990.

Wessel/Ziegenhahn, Sitz- und Gründungstheorie im internationalen Gesellschaftsrecht, GmbH-Rdsch. 1988, 423–431.

Westphalen, Friedrich, Graf v., Das neue Produkthaftungsgesetz, NJW 1990, 83–93.
– AGB-Richtlinie und AGB-Gesetz, EWS 1993, 161–167.

Weymüller, Rainer, Der Anwendungsvorrang von EG-Richtlinien – Eine Diskussion ohne Ende?, RIW 1991, 501–504.

White, R. H. H., The Government Role – Negotiation, Legislation and Litigation, Civ.Just.Q. 11 (1992) 52–61.

Wiedemann, Herbert, Gesellschaftsrecht, Ein Lehrbuch des Unternehmens- und Verbandsrechts, Band 1: Grundlagen, München 1980.
– Internationales Gesellschaftsrecht, in: Internationales Privatrecht und Rechtsvergleichung im Ausgang des 20. Jahrhunderts, Bewahrung oder Wende?, Festschrift für Gerhard *Kegel*, hrsg. von Alexander *Lüderitz* und Jochen *Schröder*, Frankfurt/Main 1977, 187–211, *zitiert: Wiedemann in: FS Kegel I.*

Wieseler/Schmitz, Das Verhältnis des europäischen Gemeinschaftsrechts zum Recht der Mitgliedstaaten, MDR 1993, 723–727.

Wiesner, Peter M., Stand des Europäischen Unternehmensrechts, EuZW 1992, 270–279.
– Stand des Europäischen Unternehmensrechts, EuZW 1993, 500–510.

Wiethölter, Rudolf, Zur Frage des internationalen ordre public, BerDGesVölkR 7 (1967) 133–177.

Will, Michael, Autonome Rechtsangleichung in Europa, in: Österreichs Weg in die EG, Wien (1991) 53–109.

Winkler, Peter, Italien, das EG-Recht und die Direktwirkung der Richtlinien, EuZW 1992, 443–445.

Winter, Gerd, Direktwirkung von EG-Richtlinien, DVBl. 1991, 657–666.

– Direktwirkung von Richtlinien, in: Verfassungsprobleme der Europäischen Gemeinschaft, ZERP-DP 1/1991, 45–87.

Wohlfarth/Everling/Glaesner/Sprung, Die Europäische Wirtschaftsgemeinschaft, Kommentar zum EWG-Vertrag, Berlin und Frankfurt/Main 1960.

Wolf/Horn/Lindacher, Kommentar zum AGB-Gesetz, 2. Aufl., München 1989.

Wolf, Manfred, Störungen des Binnenmarktes durch das Verbraucherkreditgesetz, in: *Festschrift* für Theodor *Heinsius* zum 65. Geburtstag am 25. September 1991, hrsg. von Friedrich *Kübler*, Hans-Joachim *Mertens* und Winfried *Werner* (Berlin/New York 1991) 967–978.

– Abbau prozessualer Schranken im europäischen Binnenmarkt, in: *Wege zu einem europäischen Zivilprozeßrecht*, Tübinger Symposium zum 80. Geburtstag von Fritz Baur, in Zusammenarbeit mit der Juristischen Fakultät der Universität Tübingen hrsg. von Wolfgang *Grunsky*, Rolf *Stürner*, Gerhard *Walter* und Manfred *Wolf* (Tübingen 1992) 35–67.

Würmeling, Joachim, Kooperatives Gemeinschaftsrecht – Die Rechtsakte der Gesamtheit der EG-Mitgliedstaaten, Kehl u. a. 1988.

Wyatt, Derrick, The Direct Effect of Community Social Law, Eur.L.Rev. 1983, 241–248.

Wymeersch, Eddy, Part III, Company Law Harmonization, in: European Company and Financial Law, European Community Law-Text Collection, hrsg. von Klaus J. *Hopt* und Eddy *Wymeersch* (Berlin/New York 1991), 49–111; *zitiert: Wymeersch in: Hopt/Wymeersch.*

Young, James, The Contracts (Applicable Law) Act 1990. Convention on the Law Applicable to Contractual Obligations 1980, Lloyd's Marit.Com.L.Q. 1991, 314–325.

Zekoll, Joachim, US-Amerikanisches Produkthaftpflichtrecht vor deutschen Gerichten, Baden-Baden 1987.

Zemanek, Karl, Das Vertragsrecht der internationalen Organisationen, Wien 1957.

Zimmermann, Andreas, Die Ausländersicherheit des § 110 ZPO auf dem Prüfstand des Europäischen Gemeinschaftsrechts, Anmerkungen zum Vorlagebeschluß des LG Hamburg vom 11. 12. 1991, RIW 1992, 707–712.

Zippelius, Reinhold, Verfassungskonforme Auslegung von Gesetzen, in: *Bundesverfassungsgericht und Grundgesetz*, Festgabe aus Anlaß des 25jährigen Bestehens des Bundesverfassungsgerichts, *Zweiter Band*, Verfassungsauslegung, hrsg. von Christina *Starck*, Martin *Drath*, Ernst *Friesenhahn* u. a. (Tübingen 1976) 108–124.

– Juristische Methodenlehre, 4. Aufl., München 1985.

Zitelmann, Ernst, Internationales Privatrecht, Bd. 1, München 1897.

Zoeller, Richard, Zivilprozeßordnung mit Gerichtsverfassungsgesetz und den Einführungsgesetzen, mit Internationalem Zivilprozeßrecht, Kostenanmerkungen, bearbeitet von Reinhold *Geimer*, Egon *Schneider* u. a., 17. Aufl., Köln 1991; *zitiert*: Zöller/Bearbeiter.

Zöllner, Wolfgang, Wertpapierrecht, 14. Aufl., München 1987.

Zuleeg, Manfred, Das Recht der Europäischen Gemeinschaft im innerstaatlichen Bereich, Köln/Berlin/Bonn/München 1969; *zitiert: EG-Recht im innerstaatlichen Bereich.*

– Die Kompetenzen der EG gegenüber den Mitgliedstaaten, JöR 20 (1971) 1–64.

– Die Rechtswirkung europäischer Richtlinien, ZGR 1980, 466–485.
– Der Rang des europäischen im Verhältnis zum nationalen Wettbewerbsrecht, EuR 1990, 123–134.
Zumbusch, Die Schiedsfähigkeit privatrechtlicher Kartellstreitigkeiten nach US-, deutschem und EG-Recht, GRUR Int. 1988, 541–558.
Zweigert, Konrad, Grundsatzfragen der europäischen Rechtsangleichung, ihre Schöpfung und Sicherung, in: Vom deutschem zum europäischen Recht, Bd. 2: Internationales Recht, Kollisionsrecht und Internationales Zivilprozeßrecht – Europäisches Recht, *Festschrift* für Hans *Dölle*, hrsg. von Ernst *v. Caemmerer*, Arthur *Nickisch* und Konrad *Zweigert* (Tübingen 1963) 401–418.
– Einige Auswirkungen des Gemeinsamen Marktes auf das Internationale Privatrecht der Mitgliedstaaten, in: Probleme des europäischen Rechts, *Festschrift* für Walter *Hallstein* zu seinem 65. Geburtstag, hrsg. von *Ernst von Caemmerer, Hans Jürgen Schlochauer* und *Ernst Steindorff* (Frankfurt am Main 1966) 555–569.
Zweigert/Drobnig, Einheitliches Kaufgesetz und IPR, RabelsZ 29 (1965) 146–165.
Zweigert/Kötz, Einführung in die Rechtsvergleichung auf dem Gebiet des Privatrechts, 2. Aufl., Bd. I, Grundlagen, Tübingen 1984.

Sachregister

Die Zahlen verweisen auf Randnummern, die hochgestellten Zahlen auf Fußnoten.